항균+ 99.9% 잉크 인쇄

안심 도서

KB036987

항균잉크란?

코로나19 바이러스
"친환경 99.9% 항균잉크 인쇄"
전격 도입

언제 끝날지 모를 코로나19 바이러스
99.9% 항균잉크(V-CLEAN99)를 도입하여 「안심도서」로
독자분들의 건강과 안전을 위해 노력하겠습니다.

시대교육그룹

Clean Zone

항균 ✚
99.9%
안심도서

본 도서는 항균잉크로 인쇄하였습니다.

항균잉크(V-CLEAN99)의 특징

● 바이러스, 박테리아, 곰팡이 등에 항균효과가 있는 산화아연을 적용

● 산화아연은 한국의 식약처와 미국의 FDA에서 식품첨가물로 인증받아 **강력한 항균력**을 구현하는 소재

● 황색포도상구균과 대장균에 대한 테스트를 완료하여 **99.9%의 강력한 항균효과** 확인

● 잉크 내 중금속, 잔류성 오염물질 등 **유해 물질 저감**

TEST REPORT

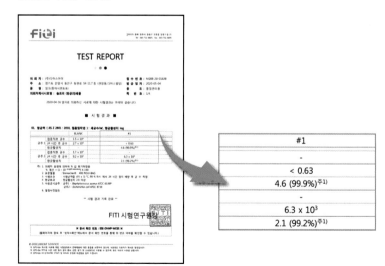

#1
-
< 0.63
4.6 (99.9%)주1)
-
6.3 x 10³
2.1 (99.2%)주1)

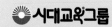

2022

E·D·F

Essential	Drill	Final
기본기 마스터	훈 련	출제자의 시각

바이블

약술형 + 주관식 풀이형

신체 손해사정사 2차

Always **with you**

사람이 길에서 우연하게 만나거나 함께 살아가는 것만이 인연은 아니라고 생각합니다.
책을 펴내는 출판사와 그 책을 읽는 독자의 만남도 소중한 인연입니다.
(주)시대고시기획은 항상 독자의 마음을 헤아리기 위해 노력하고 있습니다.
늘 독자와 함께 하겠습니다.

합격의 공식
온라인 강의

잠깐!

혼자 공부하기 힘드시다면 방법이 있습니다.
시대에듀의 동영상강의를 이용하시면 됩니다.
www.sdedu.co.kr ➜ 회원가입(로그인) ➜ 강의 살펴보기

PREFACE

머리말

손해사정사 시험은 2014년부터 대폭 변경하여 시행되고 있습니다. 즉 손해사정사의 종류를 1종에서 4종까지 업무영역에 따라 분류하던 방식에서 재물 · 차량 · 신체의 세 영역으로 새롭게 분류하였습니다.

신체손해사정사 2차 시험과목은 의학이론, 책임보험 · 근로자재해보상보험의 이론과 실무, 제3보험의 이론과 실무, 자동차보험의 이론과 실무(대인배상 및 자기신체손해)로 구성되어 있으며, 약술형+주관식 풀이형으로 시험을 치르게 됩니다.

본서는 신체손해사정사 2차 시험을 준비할 때 어려움을 겪는 약술형+주관식 풀이형 문제를 연습할 수 있도록 구성한 교재입니다. 2차 시험은 각 개념에 대한 정의, 특징, 실무내용 등을 서술할 것을 요구하며, 기본개념을 묻는 문제에서부터 사례유형문제, 보험금 산출문제 등 다양한 형태로 출제되고 있습니다. 특히 주관식 풀이형 문제의 경우 개념 순서를 나열하여 그 답을 일목요연하게 서술하여야 하며, 문제에서 묻는 핵심내용을 기입하여야 높은 점수를 받을 수 있습니다. 이러한 문제 유형은 문제를 많이 풀어보고 실전 연습을 통하여 유사문제 유형에 익숙해져야 합니다.

본서는 이러한 시험준비 과정이 수월하도록 각 과목마다 CHAPTER별로 개념을 나열하고, 그 개념에 대한 모범답안을 서술하는 방식으로 구성되어 있습니다. 또한 까다로운 사례문제, 보험금 산출문제 등을 수록하여 실전문제에도 대비할 수 있도록 하였으며, 별책에는 새로 개정된 표준약관을 실어 필요한 약관을 적시에 확인할 수 있도록 하였습니다.

본서가 내용과 구성면에서 수험생들의 시험준비에 조금이나마 도움이 되었으면 합니다. 마지막으로 이 책을 믿고 선택해 주신 수험생분들에게 감사의 마음을 표합니다.

편저자 씀

도서의 구성 및 특징

STEP 1 **상세한 개념설명과 심화학습**

그림자료를 활용한 개념설명과 심화학습을 도와주는 부가설명

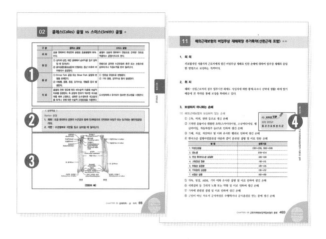

❶ 개념설명
❸ 이해를 도와주는 그림자료
❷ 심화학습을 도와주는 부가설명
❹ 저자가 알려주는 두문자 암기법

STEP 2 **답안작성의 형식을 알려주는 모범답안**

어렵고 난해한 약술형+주관식 풀이형 문제의 답안 작성방법을 알려주는 모범답안

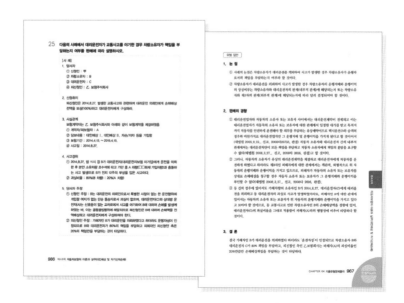

STEP 3 학습의 방향을 알려주는 기출문제 수록

최근 7개년 기출문제로 출제경향을 파악하고 학습의 방향을 설정하여 효율적인 학습을 할 수 있도록 구성

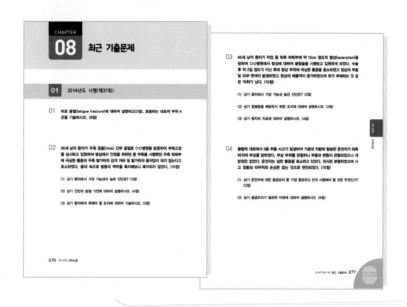

STEP 4 최신 개정 표준약관 수록

별책으로 수록된 최신 개정 표준약관으로 정확하고 편리하게 학습할 수 있도록 구성

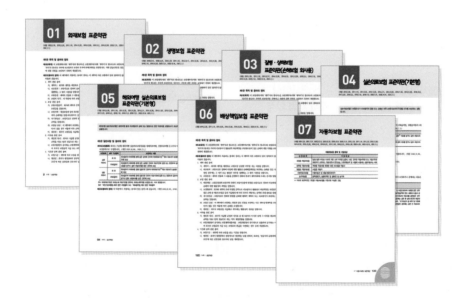

손해사정사란

보험사고 발생시 손해액 및 보험금의 산정업무를 전문적으로 수행하는 자로서 보험금 지급의 객관성과 공정성을 확보하여 보험계약자나 피해자의 권익을 침해하지 않도록 해주는 일, 즉 보험사고 발생시 손해액 및 보험금을 객관적이고 공정하게 산정하는 자를 말합니다.

손해사정사 업무

➜ 손해발생 사실의 확인
➜ 보험약관 및 관계법규 적용의 적정여부 판단
➜ 손해액 및 보험금의 사정
➜ 손해사정업무와 관련한 서류작성, 제출 대행
➜ 손해사정업무 수행 관련 보험회사에 대한 의견 진술

손해사정사의 구분

업무영역에 따른 구분	업무수행에 따른 구분
재물손해사정사 차량손해사정사 신체손해사정사 종합손해사정사	고용손해사정사 독립손해사정사

※ 단, 종합손해사정사는 별도의 시험없이 재물 · 차량 · 신체손해사정사를 모두 취득하게 되면 등록이 가능합니다.

자격취득

손해사정사 1차 시험 합격	▶	손해사정사 2차 시험 합격	▶	실무실습	▶	손해사정사 등록

※ 금융감독원에서 실시하는 1차 및 2차 시험에 합격하고 일정기간 수습을 필한 후 금융감독원에 등록함으로써 자격을 취득합니다.

시험일정

손해사정사 시험은 1차와 2차 각각 연 1회 실시됩니다. 1차 시험은 그 해의 상반기(4월)에 실시하고, 2차 시험은 그 해의 하반기(8월)에 실시합니다. 매해 시험일정이 상이하므로 상세한 시험일정은 보험개발원(www.insis.or.kr)의 홈페이지에서 '시행계획공고'를 통하여 확인하시기 바랍니다.

시험과목 및 방법

구 분	재 물	차 량	신 체
시험과목	• 회계원리 • 해상보험의 이론과 실무 (상법 해상편 포함) • 책임 · 화재 · 기술보험 등의 이 론과 실무	• 자동차보험의 이론과 실무(대물 배상 및 차량손해) • 자동차구조 및 정비이론과 실무	• 의학이론 • 책임보험 · 근로자재해보상보험 의 이론과 실무 • 제3보험의 이론과 실무 • 자동차보험의 이론과 실무(대인 배상 및 자기신체손해)
시험방법	논문형(약술형 또는 주관식 풀이형)		

응시자격

❶ 당해 연도 및 직전 연도 해당분야 손해사정사 1차 시험에 합격한 자('95년 이전 1차 시험 합격자 포함)

❷ 보험업법시행규칙 제53조의 규정에 의한 기관(금융감독원, 손해보험회사, 손해보험협회, 생명보험협회(신체), 화재보험협회(재물), 손해사정법인, 농업협동조합중앙회)에서 해당분야의 손해사정업무에 5년 이상 종사한 경력이 있는 자

❸ 타 종목의 손해사정사 자격을 취득한 자(재물, 차량, 신체). 다만, 차량손해사정사 또는 신체손해사정사가 재물손해사정사 시험에 응시하려는 경우 2차 시험 접수 전에 영어시험 성적표를 제출하여야 합니다.

❹ 종전 규정에 따른 손해사정사(1종~4종)

합격자 결정

절대평가에 의해 합격자를 결정하며, 절대평가에 의한 합격자가 최소선발예정인원에 미달하는 경우 미달인원에 대하여 상대평가에 의해 합격자를 결정합니다.

❶ 2차 시험 합격자를 결정할 때에는 매 과목 100점을 만점으로 하여 매 과목 40점 이상, 전 과목 평균 60점 이상 득점한 사람을 합격자로 합니다. 다만, 금융감독원장이 손해사정사의 수급상 필요하다고 인정하여 미리 선발예정인원을 공고한 경우에는 매 과목 40점 이상 득점한 사람 중에서 선발예정인원의 범위에서 전 과목 총득점이 높은 사람부터 차례로 합격자를 결정할 수 있습니다.

❷ 손해사정사의 선발예정인원은 전환응시자를 제외하고 일반응시자에게만 적용합니다.

❸ 전환응시자에 대한 합격결정은 응시한 매 과목에 대하여 40점 이상 득점한 자 중, 전체 응시과목 평균점수가 일반응시자 중 합격자의 최저점수(평균점수) 이상을 득한 경우에 합격자로 결정합니다.

검정현황

❶ 재 물

구 분	접수(명)	합격(명)	합격률(%)
2015년 제38회	316	51	16.14
2016년 제39회	347	50	14.41
2017년 제40회	387	57	14.73
2018년 제41회	422	49	11.61
2019년 제42회	434	42	9.68
2020년 제43회	464	40	8.62
2021년 제44회	471	50	10.62

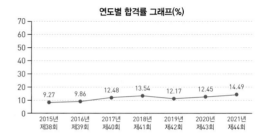

❷ 차 량

구 분	접수(명)	합격(명)	합격률(%)
2015년 제38회	1,100	102	9.27
2016년 제39회	1,065	105	9.86
2017년 제40회	825	103	12.48
2018년 제41회	746	101	13.54
2019년 제42회	822	100	12.17
2020년 제43회	803	100	12.45
2021년 제44회	766	111	14.49

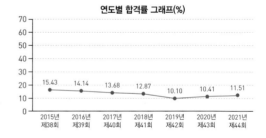

❸ 신 체

구 분	접수(명)	합격(명)	합격률(%)
2015년 제38회	3,247	501	15.43
2016년 제39회	3,323	470	14.14
2017년 제40회	2,786	381	13.68
2018년 제41회	3,177	409	12.87
2019년 제42회	3,249	328	10.10
2020년 제43회	3,121	325	10.41
2021년 제44회	2,981	343	11.51

최고득점&커트라인

❶ 재 물

구 분	2015	2016	2017	2018	2019	2020	2021
최고득점	75.11	63.72	75.33	72.22	73.33	72.22	68.89
커트라인	42.78	41.72	53.67	52.00	54.67	54.89	49.45

❷ 차 량

구 분	2015	2016	2017	2018	2019	2020	2021
최고득점	71.34	70.50	72.34	78.83	68.50	75.84	73.33
커트라인	53.75	56.67	56.34	54.84	52.17	53.50	54.50

❸ 신 체

구 분	2015	2016	2017	2018	2019	2020	2021
최고득점	71.67	76.17	67.89	69.25	68.75	65.50	67.92
커트라인	44.08	50.25	44.42	50.83	50.42	51.25	53.50

CONTENTS
이 책의 차례

CONTENTS
이 책의 차례

CONTENTS
이 책의 차례

제2과목   책임보험 · 근로자재해보상보험의 이론과 실무

CONTENTS
이 책의 차례

CONTENTS
이 책의 차례

제3과목 제3보험의 이론과 실무

CONTENTS
이 책의 차례

CONTENTS
이 책의 차례

제4과목 자동차보험의 이론과 실무(대인배상 및 자기신체손해)

CONTENTS
이 책의 차례

신체
손해사정사

2차 시험

제1과목

의학이론

신체손해사정사 2차 시험

CHAPTER 01 상해의학 - 기초이론

01 체간부의 구성 ✿✿✿

1. 두개골

두개골은 머리를 이루는 골격으로서 뇌를 수용하여 보호하고 있는 뇌 두개골(협의의 두개골)과
감각기 · 소화기 및 호흡기관 등을 수용하여 보호하는 안면 두개골로 구분되고, 총 15종 23개의
뼈(설골 포함시)로 이루어져 있다.

(1) 뇌두개골(6종 8개)

① 두정골(2개)

② 측두골(2개)

③ 후두골, 접형골, 전두골, 사골(각 1개)

(2) 안면골(9종 15개)

① 서골, 하악골, 설골(각 1개)

② 하비갑개, 누골, 비골, 구개골, 상악골, 관골(협골)(각 2개)

2. 척 추

척추는 총 32~34개(성인 총 26개)의 추골이 겹쳐진 뼈의 기둥이며, 위로부터 경추(7개), 흉추
(12개), 요추(5개), 천추(5개, 성인은 1개), 미추(4개, 성인은 1개)로 이루어져 있다.

3. 흉 곽

흉곽은 12개의 흉추, 12쌍의 늑골, 1개의 흉골로 이루어진 바구니형의 골격이다.

(1) 흉 추
흉추에서 늑골이 파생되고 척수신경을 보호하는 역할을 한다.

(2) 흉 골
흉골은 흉골병, 흉골체, 검상돌기의 3부분으로 구성되어 있다.

(3) 늑 골
늑골은 늑경골과 늑연골로 나뉘며, 흉곽의 외측벽을 형성한다.

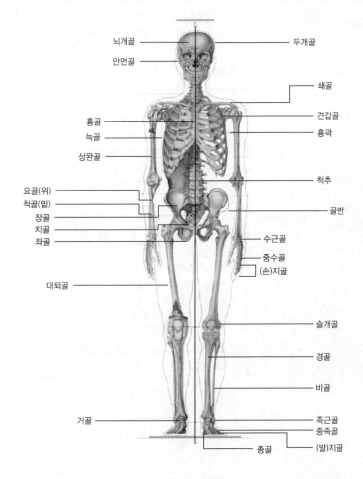

[골격의 구성]

02 신경계의 구조 ✤✤

1. 개 요

신경계는 중추신경계(Central Nervous System, CNS)와 말초신경계(Peripheral Nervous System, PNS)로 분류된다. 중추신경계는 뇌와 척수로 되어 있고, 말초신경계는 뇌신경(12쌍)과 척수신경(31쌍), 자율신경계로 구분할 수 있다.

2. 신경계의 구조

신경계	중추 신경계	1. 뇌	전뇌(대뇌, 간뇌), 뇌간(중뇌, 뇌교, 연수), 소뇌로 분류된다.
		2. 척 수	척추관내 존재하는 긴 원통형 구조물로서 연수부터 시작하여 제1요추체의 아래부분까지 위치하고 뇌척수막에 의해 싸여 있다.

	말초
	신경계
		1. 뇌신경(12쌍)	① 후신경(감각) : 후각
			② 시신경(감각) : 시각
			③ 동안신경(운동) : 안구운동
			④ 활차신경(운동) : 안구운동
			⑤ 삼차신경(혼합 = 운동 + 감각)
			  • 안신경 : 이마, 눈, 코, 측두부 지각
			  • 상악신경 : 위턱, 이, 입술, 뺨 지각
			  • 하악신경 : 저작근, 아래턱, 이, 입술, 혀, 외이 지각
			⑥ 외전신경(운동) : 안구운동
			⑦ 안면신경(혼합 = 운동 + 감각) : 얼굴 표정근, 눈물샘, 침샘, 청각 강도조절
			⑧ 청(내이)신경(감각) : 청각, 위치/균형감각
			⑨ 설인신경
			⑩ 미주신경(혼합 = 운동 + 감각)
			  • 인후두부, 혀의 운동, 감각
			  • 귓바퀴, 외이도의 일반 감각
			  • 내장기관과 분비샘 기능
			  • 미주신경 양측성 마비시 대부분 사망
			⑪ 부신경(운동) : 흉쇄유돌근, 승모근
			⑫ 설하신경(운동) : 혀 운동

신경계	말초
	신경계
		2. 척수신경
		(31쌍)
			① 경신경(8쌍)
			  • 경신경총 : 제1~4경신경(C1~4)
			  • 상완신경총 : 제5~8경신경(C5~8), 제1흉신경(T1)
			② 흉신경(12쌍)
			  늑간신경(T1~12) : 제1~12흉추는 신경총을 형성하지 않고 늑간근에 개
			  별적으로 분포한다.
			③ 요신경(5쌍)
			  요신경총 : 제1~4요신경(L1~4)
			④ 천골신경(5쌍)
			  천골신경총 : 제4~5요신경(L4~5), 제1~3천골신경(S1~3)
			⑤ 미골신경
			  미골신경총 : 제4~5천골신경(S4~5), 미골신경

		3. 자율신경계	내장, 혈관, 피부 등에 분포되어 있는 평활근의 운동이나 선의 분비기능 등 을 지배하는 신경계로 불수의적 신경계이다. ① 교감신경 ② 부교감신경

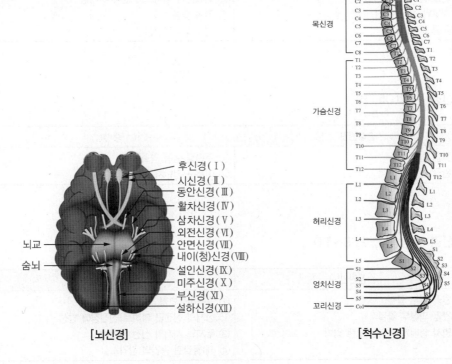

[뇌신경]

[척수신경]

후신경(Ⅰ)
시신경(Ⅱ)
동안신경(Ⅲ)
활차신경(Ⅳ)
삼차신경(Ⅴ)
외전신경(Ⅵ)
안면신경(Ⅶ)
내이(청)신경(Ⅷ)
설인신경(Ⅸ)
미주신경(Ⅹ)
부신경(Ⅺ)
설하신경(Ⅻ)

뇌교
숨뇌

목신경
가슴신경
허리신경
엉치신경
꼬리신경

안심Touch

1. 서 론

상지의 주요 신경으로는 상완신경총(C5, 6, 7, 8~T1 신경근)에서 분지하는 액와신경, 근피신경, 요골신경, 정중신경, 척골신경이 있다.

2. 액와신경 손상(C5, 6)

손상원인	증 상
① 상완신경총의 손상	① 견관절 외전제한
② 상완골 골두의 골편 전이	② 어깨근육 위축으로 윤곽 비대칭
③ 어깨부위 좌상, 총상, 자창	③ 견봉 돌출
④ 잘못된 목발 사용	④ 견관절의 불안정성

3. 근피신경 손상(C5, 6)

손상원인	증 상
① 견관절 탈구	① 주관절 굴곡 약화
② 상완골 근위부 골절	② 이두근 건반사 소실

4. 요골신경 손상(C6, 7, 8~T1)

손상원인	증 상
① 상완골 간부 골절	① 손목하수변형
② 상완골 과상부 골절	② 상지의 신전근 마비로 신전장애 발생
③ 수면시 팔베개에 의한 오랜 압박	③ 무지와 시지의 신전 불가능
	④ 제1물갈퀴 공간의 감각소실

5. 정중신경 손상(C6, 7, 8~T1)

손상원인	증상
① 전완부의 열상 및 관통상 ② 상완골 상과골절 후 동반손상 ③ 볼크만(Volkmann) 저혈성 구축 등 전완부의 상흔이나 원회내근에 의한 압박, 콜레스(Colles)골절 또는 월상골의 전방탈구	① 손바닥과 장측의 1~3 수지, 4수지 1/2 감각 소실 ② 수지와 무지의 내향운동이 불가능 ③ 원숭이 손(단무지외전근, 무지대립근의 약화, 위축)

6. 척골신경 손상(C8~T1)

손상원인	증상
① 주관절 또는 수근관절 부근의 열창 ② 상완골이나 상완골 내과 골절 ③ 주관절 탈구	① 손가락 벌리기 제한 ② 갈퀴손 변형 초래 ③ 척골신경의 지각 고유영역인 손바닥의 내측부위와 제5지, 제4지의 내측 1/2에서 감각소실

1. 서 론

하지의 주요 신경으로는 요추신경총(L4, 5~S1, 2, 3신경근)에서 분지하는 좌골신경, 경골신경, 총비골신경 등이 있다.

2. 좌골신경 손상(L4~S3)

인체에서 가장 큰 신경으로 대퇴골 원위부 1/3에서 경골신경과 총비골신경으로 분지한다.

손상원인	증 상
① 고관절 골절, 탈구 ② 전위성 골반 골절 ③ 총 상 ④ 신생아의 고관절 탈구의 정복 또는 둔부의 근육주사	① 슬관절 굴곡장애 ② 하위 신경손상 증상(주로 비골신경 이상) ③ 국소궤양, 작열통

3. 경골신경 손상(L4~S3)

하퇴 후측으로 수직 하행하여 경골내과 하부까지 이른다.

손상원인	증 상
① 슬관절 탈구 ② 경골 근위부 골절 ③ 관통상 ④ 하퇴부 후방 구획증후군에 의한 허혈성 괴사	① 족부 굴곡, 내전, 내반 장해 ② 족지 굴곡, 내전, 외전 장해 ③ 발로 미는 힘이 없어짐 ④ 발바닥 감각 이상(무감각시 영양성 궤양이 발생할 수 있다)

4. 총비골신경 손상(L4~S2)

비골 경부에서 피부에 가깝게 하행한다.

손상원인	증 상
① 자상, 부종 ② 석고고정에 의한 압박 ③ 슬관절 골절 ④ 비골, 경골 상단부 골절	① 족부 배굴, 외반 장해 ② 족지 근위지절간 관절 배굴 불가능 ③ 족하수(foot drop)로 인한 파행보행 ④ 하퇴외측, 족배부 감각상실 ⑤ 1, 2족지 마주보는 면, 2~5족지 배부에 감각 저하(끝마디 제외)

1. 해부학적 자세와 중립 0도

(1) 해부학적 자세

모든 위치와 방향의 기준이 되는 자세로, 양발을 모은 채 똑바로 서서 수평선을 바라보며, 양팔은 손바닥을 앞쪽으로 한 채 자연스럽게 늘어뜨린다.

(2) 중립 0도

① 운동범위측정의 기준점으로 견관절, 족근관절을 제외하고 신전 위가 중립 0도이다.

② 견관절

주관절, 수관절이 중립 0도가 되고 무지가 앞으로 나온 상태이다.

③ 족근관절

족부가 하퇴부와 90도를 이룬 상태이다.

2. 고관절, 견관절의 측정법

(1) 고관절

① 누운 상태에서 정상 측 슬관절을 끌어당긴 후 환측 고관절 운동을 측정한다.

② 굴곡/신전

③ 내전/외전

④ 내회전/외회전

(2) 견관절

① 굴곡/신전(= 전방거상/후방거상)

② 내전/외전

③ 내회전/외회전

06 신체부위의 움직임(Movement)에 관한 해부학적 용어(10가지) ✿✿

1. 굴곡(flexion)과 신전(extension)

(1) 굴 곡

관절에서 각을 이루면서 굽히는 것을 말한다.

(2) 신 전

관절을 곧게 펴는 움직임을 말한다.

2. 내전(adduction)과 외전(abduction)

(1) 내 전

정중면(인체를 좌우 대칭으로 나누는 가상적인 수직면)으로 가까이 오는 것을 말한다.

(2) 외 전

내전의 반대말로서 정중면에서 멀어지는 것을 말한다.

3. 회내(pronation)와 회외(supination)

(1) 회 내

손바닥이 바닥 쪽을 향하도록 회전하는 운동을 말한다.

(2) 회 외

손바닥이 위쪽 또는 앞쪽을 향하도록 회전하는 운동을 말한다.

4. 내번(inversion)과 외번(eversion)

(1) 내 번

발목을 움직여 발바닥이 몸쪽을 향하도록 하는 운동을 말한다.

(2) 외 번

발목을 움직여 발바닥이 바깥쪽으로 향하도록 하는 운동을 말한다.

5. 회전(circumduction)과 회선(rotation)

(1) 회 전

장축을 축으로 하여 도는 운동을 말한다.

(2) 회 선

굴곡, 외전, 신전, 내전의 연속운동으로 팔이나 손가락으로 원을 그리는 운동을 말한다.

관절의 형태 ✿✿

1. 평면관절

의 의	관절두와 관절와가 모두 평면으로 되어 있는 무축성 관절이다.
특 징	① 좁은 관절낭과 강한 인대로 싸여 있다. ② 운동범위가 매우 제한적이다.
해당 부위	① 추간관절, ② 경비관절, ③ 수근간/족근간 관절

2. 구상관절

의 의	구상인 관절두와 깊게 오목한 관절와의 형태를 띠는 다축성 관절이다.
특 징	운동범위가 가장 크다.
해당 부위	① 견관절, ② 고관절

3. 경첩(접번)관절

의 의	홈이 있는 관절두와 이에 맞는 모가 있는 관절와로 이루어져 마치 경첩과 유사한 형태의 관절이다.
특 징	① 한 종류의 회전운동, 즉 굴신운동만이 가능하다. ② 강한 측부인대를 가지고 있다.
해당 부위	① 주관절, ② 슬관절, ③ 수지관절, ④ 족근관절

4. 차축관절

의 의	원판상의 관절두와 베어링모양의 관절와가 차바퀴처럼 도는 형태의 관절이다.
특 징	회전운동만 가능하다.
해당 부위	① 요척관절, ② 경추관절

5. 안장관절

의 의	두관절 면이 말안장처럼 생긴 것으로 서로 직각방향으로 움직이는 2축성 관절이다.
특 징	전후좌우 운동이 가능하다.
해당 부위	수근중수관절

6. 과상(타원)관절

의 의	관절두가 타원형이며, 장·단축의 운동을 하는 2축성 관절이다.
특 징	전후좌우 운동이 가능하다.
해당 부위	① 악관절, ② 요골수근관절, ③ 환추후두관절

─┤ 심화학습 ├─

활막(윤활)관절

1. 정 의
   활막관절은 활액으로 차 있는 관절강을 중심으로 양쪽의 골은 관절연골로 덮여 있고, 나머지 둘레는 관절낭으로 덮여 있는 관절이다.

2. 특 징
   ① 비교적 자유롭게 운동할 수 있다.
   ② 활막에는 윤활액으로 인해 마찰이 거의 없어 미끄러질 수 있다.

3. 해당 부위
   ① 어깨관절
   ② 무릎관절
   ③ 팔꿈관절
   ④ 손목뼈관절
   ⑤ 손가락뼈사이관절
   ⑥ 턱관절

08   장골의 특징 · 구조 ✿✿

1. 장골의 특징

① 길게 생기고 양 끝 또는 한 쪽 끝에 관절부가 있는 뼈이다.
② 대퇴골, 경골, 비골, 상완골, 척골, 요골, 지골 등이 있다.

2. 장골의 구조

(1) 골간부

두꺼운 치밀골(compact bone)로 되어 있고, 속은 한 개의 커다란 골수강이 있는 수도관 모양으로 되어 있다.

(2) 골단부

장골 양끝의 구형부분으로, 속은 불규칙한 해면골(spongy bone)로 되어 있고, 겉은 얇은 치밀골로 싸여 있다.

(3) 골 막

외막과 내막으로 나뉘며, 혈관이나 지각신경이 분포되어 있고, 뼈의 영양이나 감각을 관리한다.
  ① 골 외막
    골모세포와 혈관을 가지고 있어 뼈의 두께 성장과 재생에 기여한다.
  ② 골 내막
    골수강과 혈관이 지나가는 통로인 하버스관(Harversian canal)을 싸고 있는 얇은 섬유막으로, 골모세포로 분화될 수 있는 세포들로 구성되어 있다.

(4) 골수강

골단부와 골간부 내에 골수로 채워져 있는 공간이다.
  ① 적색골수(red marrow)
    조혈기능이 있으며, 척추, 늑골, 흉골은 평생 동안 적색골수로 남아있다.
  ② 황색골수(yellow marrow)
    적색골수의 조혈세포가 감소하고 지방세포가 증가하면서 황색으로 변한다.

(5) 연 골
　　① 골단연골
　　　　뼈의 길이성장에 관여한다.
　　② 관절연골
　　　　탄력성이 있어 관절부를 보호한다.

09 골의 기능 ✽✽

1. 서 론

인체의 많은 부분을 차지하고 있는 골은 그 위치와 형태, 구성성분에 따라 다양한 기능을 한다.

2. 기 능

(1) 보호기능

뇌나 심장 같은 매우 중요한 몸속의 장기를 보호한다.

(2) 지지기능

인체의 모양을 지탱하는 기능을 한다.

(3) 운동기능

근육의 부착점이 되어 신체의 운동을 가능하게 한다.

(4) 조혈기능

적색골수에서 조혈작용을 하며, 생성된 세포들은 골수혈관을 따라 혈류 속으로 방출된다.

(5) 광물질저장

칼슘, 인산, 나트륨, 마그네슘 등의 무기질을 저장하여 우리 몸속의 무기이온평형에 관여한다.

3. 결 론

골은 인체에서 다양한 기능을 수행하기 때문에 상병으로 인해 골이 손상받게 되면 인체에 다양한 합병증을 불러일으킬 수 있다.

10 연골의 종류·기능·특징 ✦

1. 서 론

연골은 뼈와 함께 몸을 지지하고 있는 조직으로 다른 조직과 다른 유연성을 제공한다.

2. 종 류

(1) 초자연골

가장 많은 연골로 혈관/신경 모두 결여되어 있으며, 코, 후두, 기관지, 늑골의 연골부위가 이에 해당한다.

(2) 탄성연골

초자연골과 유사하지만 더 많은 콜라겐 섬유와 탄성섬유를 가지고 있다. 귀의 외부부분, 후두개, 성대튜브 및 후두부의 일부 연골에 존재한다.

(3) 섬유연골

다른 연골종류와 달리 연골막으로 둘러 싸여 있지 않으며 불투명하다. 세포외기질(ECM)에는 다량의 1형 콜라겐 섬유가 존재하고 프로테오글리칸과 수분은 매우 적게 포함하고 있다.

3. 기능 및 특징

(1) 기 능

① 적당한 해부학적 위치에서 유연성 있는 지지를 제공한다.
② 골격의 압박에 대한 내성조직으로서의 기능을 한다.
③ 확장하는 골과 관련된 성장연골로써 기능을 한다.

(2) 특 징

① 변형 및 파괴강도가 비교적 크다.
② 탄성이 좋아 고무와 같은 물성을 가지고 있다.
③ 혈관이 없고 신경이 없어 재생이 잘 일어나지 않는다.
④ 혈관과 림프관이 없으므로 영양공급은 완전히 확산에 의해 이루어진다.

4. 결 론

연골부위는 혈액과 영양공급이 원활하지 않기 때문에 상병시 또는 노쇠시 잘 회복되지 않거나 퇴행성으로 진행될 수 있다.

11 골세포 ✿✿

1. 서 론

골세포는 조골세포에서 분화된 다소 특별한 세포군으로 실제 골의 90% 정도를 구성하는 주요 구성성분이다. 파골세포와 조골세포의 수명이 수개월인 것에 반해 골세포는 수십년간 생존하며, 다양한 기능을 수행한다.

2. 골세포의 종류

(1) 골 조상세포

① 골 외막의 내층, 골 내막 및 골수에 분포하고 있으며, 주위조직이나 혈류에서도 이동하여 골로 들어올 수 있다.

② 유사분열에 의해 증식되고 골 모세포로 분화한다.

(2) 골 모세포

① 골 조상세포로부터 분화한 세포로 직육면체형 또는 낮은 원주형 세포이다.

② 골 모세포는 유골을 형성하고 이의 석회화를 유도하는 등 골조직 생성에 필수적인 역할을 수행한다.

(3) 골세포

완전히 발육된 골의 주된 세포로 골 모세포가 분비한 골 기질 주변에 골화되면서 그 속에 파묻혀 있다.

(4) 파골세포

골의 흡수/파괴를 담당하는 다핵거대세포이다.

(5) 골 표면세포

골 표면에 존재하는 길고 납작한 세포를 말한다.

12 골의 성장과 재형성 ✦✦

1. 개 요

골은 간엽줄기세포로부터 골 모세포로의 분화가 연골내골화와 막내골화라는 두 과정을 거쳐 일어나면서 골모세포에서 만들어진 기질에 무기질이 침착되어 생성된다.

성체가 된 다음에도 골절 등 다른 요인이 있을 때 골수, 골막 및 근육에 존재하는 간엽줄기세포가 다시 동원되면서 유사한 과정이 일어나게 된다.

2. 연골내골화와 막내골화

(1) 연골내골화

① 골단판의 초자연골이 퇴행되면서 뼈로 대치되는 방식이다.

② 인체 대부분의 뼈들이 발생되는 과정으로 길이성장을 한다.

③ 대퇴골, 경골, 상완골, 척골, 요골, 비골 등의 장골 성장에 관여한다.

(2) 막내골화

① 막내골화는 섬유성 결합조직막이 직접 뼈로 전환되는 방식으로 두께성장을 한다.

② 이 과정으로 생성된 뼈들을 막성골이라고 한다.

③ 두개골의 전두골, 두정골, 후두골, 측두골, 상악골 및 하악골 같은 편평골, 그리고 상지뼈인 쇄골 등의 성장에 관여한다.

3. 골의 성장

(1) 골성장의 관여 요인

① 뼈의 성장에 관여하는 요인들은 체중과 운동에 의한 적당한 자극, 호르몬, 비타민 A, C, D, 칼슘 및 인 등이다.

② 부갑상선 호르몬이나 칼시토닌은 혈중의 칼슘농도를 조절하여 뼈의 발육을 돕는다.

(2) 장판골의 길이성장

주로 연골 골단을 포함한 골단판에서 일어나는 연골내골화에 의해 이루어진다.

(3) 두께성장

골 테두리의 바깥면에 있는 골막에서의 막내골화에 의하여 일어난다.

4. 골의 재형성

(1) 골의 재형성

① 파골세포(osteoclast)에 의해 골 조직의 파괴·흡수가 이루어지고, ② 대식세포 유사세포에 의해 골 표면이 정리된 후, ③ 조골세포(osteoblast)에 의해 골 기질이 형성되고, ④ 최종적으로 칼슘 등이 축적되면서 석회화가 이루어진다.

(2) 골간단의 재구성

골단판의 길이 성장에 따른 골간단의 재구성은 내측면에서의 골내막 작용에 의한 골의 침착과 바깥면에서의 골의 흡수를 통하여 발생한다.

(3) 골의 대사

골은 골 조상세포와 파골세포의 연속적인 작용에 의해 끊임없이 골의 형성과 파괴를 반복하게 되는데 나이에 따라 골 대사 비율이 달라진다.

① 성장기에는 골의 형성이 왕성한 '양성 골 평형'을 이룬다.

② 성인기에는 형성과 파괴가 같은 '동적 평형'을 이룬다.

③ 노년기에는 파괴비율이 높은 '음성 골 평형'이 발생하여 골연화 및 골다공증이 발생하게 된다.

┤ 심화학습 ├

파골세포(osteoclast)와 조골세포(osteoblast)

1. **파골세포**

   골조직을 파괴하는 세포이다. 즉 파골세포는 뼈에 부착해 콜라겐과 칼슘을 용해 및 분해하는 거대세포(다핵세포)로서 폐경기 여성의 경우 뼈를 만드는 조골세포보다 그 활동이 왕성하여 골연화 및 골다공증을 유발하게 된다.

2. **조골세포**

   뼈를 새롭게 생성하는 세포이다. 즉 파골세포가 골 조직을 분해한 후에 조골세포가 그 부위에 작용하여 콜라겐을 합성하고 칼슘을 부착시켜 새로이 뼈를 만드는 세포이다.

---

13 장관골 치유과정 ✿✿✿

1. 서론

장관골의 치유과정은 조직학적으로 염증기, 복원기, 재형성기가 연속적, 중첩적으로 진행된다.

2. 염증기

① 수상 후 1~4일에 해당하며, 수상 후 48시간에 절정에 이른다.
② 골과 주변조직의 손상으로 해당 부위에 혈종이 축적되고, 조직이 괴사하면서 염증반응으로 부종이 발생한다.
③ 염증반응이 소실되면서 괴사조직이 제거된다.
④ 새로운 세포의 출현으로 기질형성이 시작된다.

3. 복원기

① 4일~수 개월 동안 지속된다.
② 골모세포에 의한 가골형성과 점진적 골화가 진행되며 임상적 유합이 일어난다.
③ **임상적 유합** : 통증소실, 방사선 사진상 가골이 형성된다.
④ **막내골화** : 염증부위 변두리에서부터 경가골 층이 형성된다.
⑤ **연골내골화** : 중심부 저산소압력층에서부터 연가골이 성숙골로 대치된다.

4. 재형성기

① 수년간 계속되어 진행될 수 있다.
② 미성숙골이 성숙골로 대체된다.
③ 파골세포에 의해 불필요한 가골이 흡수된다.
④ 점차 견고해지면서 방사선적 유합이 이루어진다.
⑤ **방사선적 유합** : 골절 후 점차 유합이 견고해지면서 미성숙골과 연골이 성숙층판골로 대치되고 골수강이 재형성된 상태를 방사선적 유합이라 한다.
⑥ **Wolff의 법칙** : 힘을 받는 쪽의 골소주가 더 치밀해진다. 즉 굽은 뼈에 부하가 가해질 때, 압력을 받는 요부에 더 많은 골 형성을 보인다.

1. X선 촬영

① 가장 많이 사용되는 방법으로 인체에 X선을 투과하여 해부학적 구조를 볼 수 있는 방법이다.

② 주로 폐, 유방, 뼈 등의 검사에 이용한다.

③ 밀도변화, 윤곽, 표면침식정도, 구조변화, 체강의 액체존재여부 등을 알 수 있다.

④ 전후방과 측면사진을 찍어 병소를 입체적으로 관찰하며, 필요에 따라 사면위나 단층촬영을 한다.

⑤ 제1~2경추 병변 의심시 개구촬영(open mouth view), 불안정이 의심될 때에는 긴장위 (stress view)를 촬영해야 한다.

⑥ 폐에 공기가 있다면 검게 나오고, 따라서 기흉시 하얗게 나온다.

⑦ 연부조직의 경우, 지방은 검게, 근육은 하얗게 나온다.

⑧ 부작용 : 진단 목적의 단순 촬영시 노출되는 X선의 양은 미미하기 때문에 특별한 후유증은 없다.

2. CT(전산화 단층 촬영)

① X선을 이용하여 인체 조직의 횡단면상을 얻는 방법으로 단순 X선 촬영에 비해 구조물과 병변을 명확하게 볼 수 있기 때문에 정밀검사의 기본이 되는 방법이다.

② 주로 중추신경계, 머리, 목, 폐, 복부장기 등의 검사에 쓰인다.

③ 골절, 골의 변형, 종양, 질환 등을 파악하기 위해 쓰인다.

④ 내고정물 환자의 경우 음영의 질이 떨어질 수 있다.

⑤ 부작용 : 조영제를 사용한 검사의 경우 가려움, 두드러기 등의 과민반응이 일어날 수 있다.

3. MRI(자기공명영상)

① 자기장을 이용하여 인체의 수소원자핵을 공명시켜 발생되는 신호를 컴퓨터로 재구성하여 영상화하는 기술이다.

② 주로 뇌, 척수, 유방, 근골결계, 복부장기 검사에 유용하지만, 폐, 위, 대장 등과 같이 움직이는 장기의 검사로는 적절하지 않다.

③ T1(해부학적 구조 분석), T2(병변 분석) 강조영상을 비교하여 이상 부위를 발견할 수 있다.

④ **부작용** : 조영제 사용 검사시 알레르기 반응이 있을 수 있다.

4. 초음파 촬영

① 음파를 이용한 비교적 간단한 검사방법이다.

② 연부조직의 종양을 판정하기 위해 흔히 사용된다.

③ 주로 심장, 복부장기, 내분기계 기관 등을 검사할 때 사용한다.

④ 신생아의 고관절 탈구의 진단과 추시에 유용하다.

⑤ 색도플러기법을 통해 혈관질환의 검사에도 사용되고 있다.

5. Bone Scan(골주사)

① 골의 신생형성이 활발한 부위에 섭취되는 방사선 동위원소를 정맥주사하고, 일정 시간 후 이들이 골에 침착되는 정도를 촬영하는 방법이다.

② 골의 신생형성은 골의 손상, 질환 부위 등에서 증가하게 되며, 이에 따라 골 스캔에서 높은 섭취형태로 나타난다.

③ 단순 방사선 촬영보다 훨씬 예민하기 때문에 조기에 병변을 발견할 수 있다.

④ 진단이 힘든 골절이나 질환의 보조 검사로도 사용된다.

⑤ **부작용** : 특별한 부작용은 없다.

* 주 촬영부위

X선	폐	골격계	유 방			
CT	폐	근골격계		머리, 목	중추신경계	복부장기
MRI		근골격계	유 방	뇌	척 수	복부장기 (위, 폐, 대장 제외)
초음파	심장, 내분기계 기관					복부장기

15 CT vs MRI ✿✿✿

구 분	CT	MRI
의 의	X선을 이용하여 인체의 횡단면상을 얻는 방법이다.	자기장을 이용하여 인체의 수소원자핵을 공명시켜 발생되는 신호를 컴퓨터로 재구성하여 영상화하는 방법이다.
장 점	① MRI에 비해 가격이 저렴하다. ② 촬영시간이 짧기 때문에 응급상황시 유리하다. ③ 검사하는 동안 장운동, 호흡 등에 큰 영향을 받지 않는다.	① 조직 간의 대조도가 CT보다 훨씬 우수하다. ② 인체에 무해하다. ③ 환자의 자세 변화 없이 원하는 방향에 따라 인체에 대해 횡축 방향, 세로축 방향, 사선 방향 등의 영상을 자유롭게 얻을 수 있다. ④ 조영제 없이도 혈관 등의 영상을 얻을 수 있다.
단 점	① 방사선으로 인한 피해가 있을 수 있다(실질적으론 미미하다). ② 횡단면상만을 얻을 수 있다. 그러나 최근 들어 MDCT(Multi-detector CT)가 보급되면서 여러 단면상을 얻을 수 있게 되었다. ③ 내고정 환자에게서는 음영의 질이 떨어질 수 있다.	① CT에 비해 비싸다. ② 검사 도중 장운동이나 호흡에 의한 떨림현상으로 해상도가 낮을 수 있다. ③ 골조직이나 석회화된 장기의 진단에는 CT보다 진단적 가치가 낮을 수 있다. ④ 인공심장 등 체내 금속 이물질이 있는 경우 부작용이 나타날 수 있다.
부작용	방사선으로 인한 피해와 조영제 사용시 조영제에 대한 알레르기 반응이 있을 수 있다.	특별한 부작용은 없다. 단, 조영제 사용시 조영제에 대한 알레르기 반응이 있을 수 있다.
주요 용도	① 주요 장기와 조직의 병변검사 ② 외상환자의 응급상황시 촬영 ③ 암의 악성/양성 여부와 전이 여부	① 주요장기와 조직의 병변검사 ② 뇌출혈과 뇌경색 및 뇌종양 등 모든 뇌질환의 진단 ③ 추간판탈출증(디스크)이나 퇴행성 척추 질환의 검사 ④ 암의 악성/양성 여부와 전이 여부

1. 인대손상

인대란 뼈와 뼈를 연결하는 조직을 말하며, 외상으로 인해 인대가 늘어나거나 찢어진 것을 인대손상 또는 염좌라고 한다.

2. 인대손상의 유형 및 치료

(1) 1도 손상

① 특 징

  ㉠ 인대 섬유의 미세파열, 종창 등이 발생한다.

  ㉡ 약간의 통증만 있을 뿐, 체중부하와 보행은 가능하다.

② 치 료

  압박붕대, 고정 또는 얼음찜질 등으로 가능하다.

(2) 2도 손상

① 특 징

  ㉠ 인대 조직 혹은 인대가 뼈에 부착되는 부위에서 파열된 손상으로 전체가 파열되지 않고 부분적으로 파열되어 있는 상태이다.

  ㉡ 정상적인 상태에서는 불안정성이 없으나, 다친 방향으로 인위적인 힘을 가하게 되면(스트레스 부하 검사) 불안정성이 나타날 수 있다.

② 치 료

  3~4주 간의 석고고정이나, 보조기를 사용한 비수술적 방법으로 치료할 수 있다.

(3) 3도 손상

① 특 징

  ㉠ 뼈들을 연결하는 인대가 완전히 파열된 상태이다.

  ㉡ 육안으로도 불안정성이 관찰된다.

  ㉢ 초기치료가 매우 중요하며, 치료가 지연될 경우, 만성 불안정성이나 관절내 지방이 삽입되는 등의 합병증이 발생할 수 있다(수술 필요).

② 치 료
　　㉠ 비수술적 치료 : 적절한 초기 대응시 4~6주 간의 석고고정으로도 치유가 가능하다.
　　㉡ 수술적 치료
　　　• 내시경 수술 : 발목관절의 손상여부를 확인하기 위한 수술
　　　• 인대 재건술 : 끊어진 인대를 복원하는 수술

17 신경손상의 증상 및 치료 ✦

1. 신경손상의 증상 및 검사방법

(1) 증 상
① 지배근육의 운동마비
② 지각상실
③ 자율신경의 기능 이상
ㄱ 무발한증(땀의 무분비)
ㄴ 혈관운동장애
ㄷ 영양장애

(2) 검사방법
근전도 검사, 신경전도검사, 티넬(Tinel) 징후, 발한검사, 피부저항검사, 주름(Wrinkle)검사, 신경자극검사 등이 사용된다.

2. 손상신경의 회복

(1) 회복속도
회복은 통각신경이 가장 빠르고, 다음으로 접촉, 고유수용 등에 대한 신경회복이며, 운동신경의 회복이 가장 늦은 편이다(통각＞접촉, 고유수용＞운동신경).

(2) 신경회복인자
① 일반적으로 가늘고 얇은 수초막의 신경이 굵고 두꺼운 신경보다 회복이 빠르다.
② 환자의 연령이 낮을수록 회복이 잘 된다.
③ 수용기관과 손상부위의 거리가 짧으면 회복이 빠르다.
④ 단일신경손상이 복합신경손상보다 회복이 빠르다.
⑤ 좌골신경손상은 예후가 좋지 않은 편이다.
⑥ 그 밖에 손상의 정도, 동반손상(연부조직, 혈관, 골절)의 유무, 손상시부터 치료시까지의 시간이 영향을 미친다.

3. 치 료

(1) 보존적 치료

자연회복이 가능한 신경손상의 경우에 이용하는데, 물리치료가 필수이고 온욕 등의 방법이
있다.

(2) 수술적 치료

① 적응증

ㄱ 개방성 창상으로 인한 신경의 완전절단

ㄴ 비개방성 손상이더라도 신경의 완전절단이 의심되는 경우

ㄷ 비개방성 골절 치료 중 신경마비의 출현

② 신경봉합술

신경절단시 시행하며, 최근 현미경 수술의 발달로 정밀봉합이 가능하다.

ㄱ 일차봉합 : 손상 직후 시행한다.

ㄴ 지연일차봉합 : 창상 치유 2~3주 후 시행한다.

ㄷ 이차봉합 : 상황에 따라 다르다.

ㄹ 봉합 후 고정기간 : 상지 4주, 하지 6주 정도 지나면 서서히 관절운동을 시행한다.

③ 자가신경이식술

신경봉합이 불가능한 상태의 경우 마지막 선택방법이다.

1. 서 론

GCS는 의식의 정확한 수준을 파악하여 뇌기능의 손상정도를 알기 위한 도구로, 가장 일반적이고 보편적인 의식 사정도구이다. 즉 GCS는 개안반응(눈을 뜨는 행위), 언어반응, 운동반응의 3가지 평가항목에 대한 대상자의 반응에 따라 4~6단계로 나누고 평가 합계에 의해 의식수준과 의식장애의 중증도를 평가하는 방식으로 사용되는 객관적인 측정 도구이다.

2. 측정항목과 평가

(1) 측정항목 및 점수

구 분		환자의 반응	점 수
개안반응 (4단계)	자발적	스스로 눈을 뜬다.	4
	언 어	큰소리로 명령하면 눈을 뜬다.	3
	통 각	꼬집으면 눈을 뜬다.	2
	통 각	꼬집어도 눈을 뜨지 않는다.	1
운동반응 (6단계)	명 령	명령하면 따라한다.	6
	통 각	꼬집으면 검사자의 손을 뿌리친다.	5
	통 각	꼬집으면 그 부위를 피한다.	4
	통 각	꼬집으면 부적절하게 몸을 굴곡시킨다.	3
	통 각	꼬집으면 신전자세로 강직된다.	2
	통 각	꼬집어도 반응이 없다.	1
언어(구두)반응 (5단계)	언 어	대화가 가능하고 자신이 누구인지 어디에 있는지 그리고 시간에 대해 정확히 얘기할 수 있다.	5
	언 어	혼란스럽고 시간 개념이 없다.	4
	언 어	이해할 수 있기는 하지만 뜻이 통하지 않는 얘기를 한다.	3
	언 어	이해할 수 없는 소리를 한다.	2
	언 어	아무런 소리도 내지 않는다.	1

(2) 평가(의식수준 5단계)

두부외상 환자의 의식상태를 조사하는데 수치를 사용하여 의식의 정도를 정확히 알고 변화된 신경학적 상태를 파악하여 조기에 예후를 추정할 수 있는 방법이다.

① **15점 : 청명(Alert)**

의식이 명료하고 지남력이 정상인 상태이다.

② **13~14점 : 기면(Drowsy)**

외부의 자극에 의해 눈을 뜨다가도 가만히 있으면 다시 잠드는 상태, 의사소통은 어렵게 가능하나 계속 자려고 하는 상태이다.

③ **8~12점 : 혼미(Stupor)**

수의적 운동은 있으나 의사소통이 되지 않는 상태이다.

④ **4~7점 : 반혼수(Semicoma)**

수의적 운동 없이 외부 통증에만 이상운동 반응을 보이는 상태이다.

⑤ **3점 : 혼수(Coma)**

수의적 운동은 물론 외부의 강한 자극에도 반응하지 않는 상태이다.

3. 결 론

Jennet 등이 발표한 '외상초기의 GCS와 예후의 관계'에 대한 연구결과에 따르면 ① 3~4점 환자의 97%가 지속성 식물상태로 있거나 사망하였고, ② 8점 환자 중 25%는 식물상태로 있거나 사망하였으며, 61%는 양호한 회복 또는 중등도의 장애를 나타냈다.

CHAPTER 02 상해의학 – 골절의 증상과 치료

01 골절/탈구시 임상적 증상 ✿✿

1. 골절시 임상적 증상

골절환자의 임상적 증상이나 진단은 골절 직후에 나타나는 전신증상과 골절부위에 국한된 국소증상으로 분류할 수 있다.

(1) 전신증상

일반적으로 골절의 정도에 따라 출혈, 호흡곤란, 쇼크의 증상이 나타날 수 있다.

(2) 국소증상

① 통 증

동통과 압통이 증상의 전부인 경우도 있다.

② 피부손상

출혈과 연부조직 손상으로 인한 종창과 피하침윤으로 피부가 변색될 수 있다.

③ 기능손상

뼈가 지렛대 역할을 할 수 없기 때문에 통증과 함께 기능장애를 초래하게 되는데 특히, 장관 골간부 골절시 비정상적 운동과 함께 골절부위의 양단이 맞부딪치며 마찰음이 발생할 수 있다.

④ 변 형

각형성과 회전변형 등으로 외관상 변형을 일으킬 수 있다.

⑤ 신경/혈관 손상

신경/혈관 손상은 큰 부상일 가능성이 있으므로 반드시 검사해야 하며, 특히 상완골과 대퇴골의 과상부 골절시 필수적으로 검사해야 한다.

⑥ 동반손상

뇌, 척수, 신경, 혈관, 흉부 및 복부내 장기 등 중요 조직이나 기관에 동반손상을 초래할 수 있다.

2. 탈구시 임상적 증상

탈구환자의 임상적 증상이나 진단은 골절환자와 유사하다.

(1) 통 증

심한 통증을 유발하며, 탈구가 정복되면 심한 통증은 소실되나 둔통은 남는다.

(2) 관절외형의 변화

이는 관절을 이루는 골 모양의 변화를 포함한다.

(3) 운동상실

탈구가 일어나면 관절의 운동이 능동적으로는 물론 수동적으로 제한되거나 전혀 불가능해진다.

(4) 자세의 변화

고관절의 후방 탈구 시에는 고관절의 굴곡, 내전, 내회전변형과 외형상 하지의 단축이 일어나고, 전방 탈구 시에는 고관절의 외전, 외회전변형이 일어난다.

(5) 신경 및 혈관손상

① 탈구 시에는 골절 시보다 신경손상의 빈도가 높기 때문에, 신경학적 검사가 필수이다.
② 혈관손상 역시 주의해야 한다(예 슬관절 탈구시 슬와동맥 손상).
③ 혈액순환장애가 의심되면 빠른 시간 내에 혈관촬영술을 시행하여 확인하여야 한다.

3. 결 론

골절, 탈구시 불충분한 이학적/방사선 검사 등으로 동반손상을 놓치는 경우가 발생할 수 있다. 특히 골절을 동반한 탈구의 경우 탈구 자체에 대한 진단과 치료에만 집착하게 되어 골절에 대한 진단과 치료가 이루어지지 않는 경우가 많다.

02 골절/탈구의 진단 ✿✿

1. 골절의 진단

(1) 환자의 병력 청취

골절에 대한 환자의 문진으로 가장 기본적인 검사이다.

(2) 이학적 소견

① 통증과 압통

② 기능장애

③ 변 형

④ 자세의 변화

⑤ 손상부위의 비정상적인 운동과 마찰음

⑥ 신경 및 혈관 손상

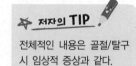

✿ 저자의 TIP

전체적인 내용은 골절/탈구 시 임상적 증상과 같다.

(3) 방사선 검사

① 서로 90도 교차되게 두 번(전후면, 측면) 촬영이 필수적이며, 필요에 따라 사면촬영이나 특별한 위치에서의 촬영이 요구된다.

② 장관골의 경우 상하관절을 포함하여야 한다.

③ 수근부의 주상골은 골절선이 수상직후 나타나지 않고, 2~4주 후 나타날 수 있다.

④ 피로골절의 경우 통증 발생 후 상당한 기간이 경과한 후에 골절선이 나타날 수 있다.

2. 탈구의 진단

① 통 증

② 관절외형 변화

③ 운동상실

④ 자세변화

⑤ 신경 및 혈관 손상

⑥ 방사선 검사

1. 탈구

탈구란 외상에 의하여 관절면의 접촉이 완전히 소실된 것으로 일부가 소실된 경우는 아탈구라 한다.

2. 호발부위와 동반손상

(1) 상지손상

    ① 견관절 : 상완신경총 손상

    ② 상완골 경부 골절/골두 탈구 : 액와신경 손상

    ③ 상완골 간부골절(특히, 나선형 골절의 경우) : 요골신경 손상

    ④ 상완골 내과 골절 및 탈구 : 척골신경 손상

    ⑤ 상완골 상과골절 및 전완부 관통상 : 정중신경 손상

    ⑥ 주관절부 골절/탈구 : 요골신경, 척골신경, 정중신경 손상

    ⑦ 수근골 골절/탈구 : 정중신경

(2) 하지손상

    ① 고관절 골절/탈구 : 좌골신경 손상

    ② 비골 골두/상단부 골절 : 비골신경 손상

    ③ 경비골하 1/3 분쇄골절 : 경골신경 손상

    ④ 슬관절 탈구 : 비골신경 손상

3. 치료

    ① 즉시 정복이 원칙이다. 지연될 경우 해당 부위의 혈액순환장애 또는 외상성 관절염을 초래할 수 있다.

    ② 대부분 도수정복을 시행하나 골절편이 끼어 있거나, 도수정복으로는 안정성을 확보할 수 없는 경우, 혈관/신경의 동반손상이 있을 경우 수술적 치료를 시행한다.

4. 결 론

골절/탈구시 불충분한 이학적/방사선 검사 등으로 동반손상을 놓치는 경우가 발생할 수 있다. 특히 골절을 동반한 탈구의 경우 탈구 자체에 대한 진단과 치료에만 집착하게 되어 골절에 대한 진단과 치료가 이루어지지 않는 경우가 많다.

04 완전골절과 불완전골절의 유형 ✦

1. 서 론

골절이란 골 피질의 연속성이 소실된 경우로서 양쪽 피질골이 손상되었을 경우를 완전골절, 한쪽 피질골만 손상되었을 경우를 불완전골절이라 한다.

2. 완전골절의 유형

(1) 단순(폐쇄)골절

뼈는 완전히 골절이 되었으나, 전위(displacement)의 정도가 작거나 일어나지 않아 골절부 주위의 연부조직이나 피부는 정상인 골절로 임상에서 골절이라고 흔히 부르는 골절이다.

(2) 분쇄 골절

2개 이상의 골절선이 만나 골절선의 수가 3편 이상인 골절이다.

(3) 개방성 골절

골절된 뼈의 일부가 연부조직을 뚫고 밖으로 돌출된 골절로 감염의 위험이 높다.

(4) 압박골절

골간부의 골절 없이 단단한 간부가 해면성 조직으로 눌려 들어가 골단과 골 피질을 경유하는 Y형 또는 T형 골절을 일으킨 골절이다.

(5) 매몰(감입)골절

골절된 뼈의 한 끝이 다른 뼈 속에 그대로 남아있는 골절이다.

(6) 합병골절

골절주위에 있는 중요한 조직이나 기관에 손상을 일으킨 골절이다.

3. 불완전골절의 유형

(1) 녹색줄기 골절(그린스틱 골절)

외력을 받은 쪽은 완전골절되고, 반대쪽은 소성변형을 일으켜 골 피질의 일부가 떨어져 나간 상태로 주로 소아에서 많이 일어나는 골절이다.

(2) 융기골절

한 쪽은 완전골절, 반대쪽은 소성변형을 일으켜 골절부위가 볼록하게 보이는 골절이다.

(3) 건열골절

인대와 연결된 골절편이 다른 골절편과 분리된 상태이다.

(4) 균열골절

골편의 전위 없이 뼈에 금이 간 상태이다.

(5) 뒤틀림골절

탄력적인 골 피질이 압박력에 의해 소성범위가 커지면 골절된 피질이 어느 정도 밖으로 밀려나면서 발생한다.

(6) 함몰골절

뼈의 일부분이 푹 들어간 골절로 주로 두개골에 발생한다.

(7) 관통골절

총탄의 관통 등으로 발생한다.

05 골절면 방향에 따른 골절의 분류 ✦

1. 횡상골절

① 골절면이 장관골 장축에 대하여 직각을 이룬 골절이다.
② 굴곡력이 직접 골절부에 작용한 경우에 발생한다.
③ 슬개골, 척골 주두의 경우 급작스러운 관절의 굴곡과 신전건의 수축으로 인한 견인에 의하여 간접손상으로 발생할 수 있다.

2. 사상골절

① 간접적인 외력이 각형성 골절을 일으킨 경우로 나선형 골절에 비해 골절선이 짧다.
② 이론적으로는 압박력에 의해 일어날 수 있으나, 실제로는 굴곡력, 염전력 등이 복합적으로 작용하기도 한다.

3. 나선형 골절

① 간접적인 외력이 회전골절을 일으킨 경우 발생한다.
② 골절선이 길고, 골절편의 끝이 예각을 이루며, 골절면이 넓다.
③ 주로 염전력이 축방향으로 작용할 때 일어난다.

4. 종상골절

골절의 방향이 뼈의 장축을 따라 형성된 골절이다.

1. Bone Scan(동위원소검사)에 의한 감별

(1) 방 법

해당 조영제를 정맥주사하면 통증, 염증 등 손상이 있는 부위의 Hot uptake가 증진되어 감마파를 발산하게 되고 이것을 감마카메라로 촬영한다.

(2) 판 독

신생골절은 해당부위가 검정색이 된다. 이는 치료가 진행되면서 색이 흐려지고 결국 없어지게 된다.

(3) 한 계

① 아이에게는 큰 의미가 없다.
② 수상 후 최소 6개월 이내 실시하여야 한다.

2. 일반 X선과 CT검사에 의한 감별

(1) 신생골절

골절부위가 검게 나오며, 골절선이 톱니처럼 날카롭다.

(2) 진구성 골절

골절부위가 하얗게 나오고, 골절선이 완만하다. 가골의 형성도 볼 수 있다.

1. 정 의

부정유합이란 골절된 골편이 해부학적 위치가 아닌 비정상적인 위치에서 골유합된 상태를 말한다.

2. 원 인

① 중추신경계의 손상으로 경련성 마비를 동반한 골절인 경우
② 심한 연부조직 손상을 동반한 골절로 내고정으로 양호한 정복(整復)이 어려운 경우
③ 골절의 골편의 전위가 심하거나, 골편의 전위가 있는데도 불구하고 고령이거나 건강상태가 불량하여 관혈적 정복을 하지 못하고, 보전적 치료를 시행한 경우에 많이 발생하는 부정확한 정복의 경우
④ 불충분한 고정(固定)을 한 경우
⑤ 환자의 부주의에 의한 경우

3. 분 류

부정유합은 발생위치에 따라 관절내 부정유합과 관절외 부정유합으로 구분하며, 부정유합의 형태에 따라 중첩(重疊), 각형성(角形成) 및 골편의 회전(回傳) 등의 변형으로 분류한다.

4. 치 료

① 외관상 변형의 정도와 기능의 장애는 반드시 일치하는 것은 아니다. 관절내 혹은 관절주위의 변형은 그 정도가 경하더라도 심한 기능의 장애를 나타낼 수 있다.
② 회전변형은 방사선 검사로 쉽게 발견할 수 없으므로 정확한 진단을 요하며, 대부분의 경우 교정수술이 필요하다.
③ 소아골절 치료시 발생한 부정유합은 성장에 따른 자연교정을 관찰한 후 교정수술을 하여야 한다.

④ 교정수술은 기능회복과 외관상 기형을 교정하기 위하여 시행하는 것이다. 교정수술은 골유합 후 6~12개월 후에 하는 것이 좋으며, 만약 골다골증이나 주위 연부조직의 위축이 있는 경우는 이들을 치료한 후 시행하여야 한다. 부정유합이라고 모두 교정수술을 요하거나 가능한 것은 아니고 다른 수술이 추가될 수도 있다.

5. 부정유합의 예후

(1) 관절내 부정유합

① 관절내 변형은 정도가 약하더라도 심한 장해를 동반한다.

② 성인의 경우 대관절 5mm 이상, 소관절 2mm 이상의 부정유합은 관절면의 불규칙성을 초래하며, 자발통 있는 관절을 유발하여 퇴행성 관절염을 초래한다.

(2) 관절외 부정유합

① 나이가 어릴수록 성장과 함께 변형이 감소한다.

② 하지의 경우 계속적 체중부하에 따르는 기능적 변화를 초래한다.

③ 각형성 변형의 경우 운동장애와 관절의 퇴행성 변화를 초래한다.

④ 회전변형의 경우 기능장애를 초래한다.

⑤ 2.5cm 이상의 하지 단축은 파행을 초래하는 등 연령, 발생부위, 변형의 종류에 따라 예후에 차이가 있다.

> ┤ 심화학습 ├
>
> 상/하지 길이측정
> 1. **상 지**
>   견봉 끝에서 수지의 중수지 끝까지
> 2. **하 지**
>   골반의 전장골극에서 족관절 내과까지

제1과목

의학이론

1. 정 의

골절부의 유합기전이 (수개월간) 정지된 상태로 다음과 같은 소견을 보인다.
① 골절부 사이는 가골이 없고 섬유조직으로 되어 있다.
② 방사선 소견으로 골절면이 둥글고 진하게 되어 선명하게 보인다.
③ 가관절이 관찰되기도 한다.

2. 원 인

① 불완전한 정복
② 불충분한 고정
③ 치료자의 부주의
④ 개방성 골절/분쇄골절/분절골절/관절내 골절
⑤ 골절부의 감염/병적골절/내고정물의 부식
⑥ 골절부 연부조직 삽입
⑦ 골절편의 상실
⑧ 골절부의 계속적인 운동성
⑨ 전신질환 : 혈액질환, 기타 소모성 질환 등
⑩ 그 밖의 전신적 요인 : 영양상태, 활동능력, 호르몬, 흡연 등

3. 분 류

(1) 과혈성 불유합

종류로는 거족불유합, 말굽불유합, 저영양불유합 등이 있다.

(2) 무혈성 불유합

종류로는 회전쐐기불유합, 복잡불유합, 결손불유합, 위축불유합 등이 있다.

4. 호발부위

① 경골 하 1/3부 골절

② 요골원위부 골절

③ 대퇴골경부 골절

④ 상완골간부 골절

⑤ 척골근위부 골절

⑥ 손의 주상골 골절

5. 치 료

불유합의 치료는 발생한 부위와 기능장애의 정도에 따라 그 방법을 달리하고 있다.

(1) 일반적 치료

① 견고한 내고정과 자가골이식술을 첨가한다.

② 충분한 기간 동안 외부 고정을 실시한다.

③ 관절내 골절 후 골편에 무혈성 괴사가 생겨 불유합이 발생했을 경우, 인공관절전치환술을 시행한다.

(2) 분류에 따른 치료

① 과혈성 불유합

골절단이 과혈성으로 살아 있기 때문에 치료를 계속할 수 있는 불유합으로 골주사를 시행하면 골절단에 혈액공급이 많아서 가골형성이 이루어지므로 견고한 내고정을 시행한다.

② 무혈성 불유합

골절단이 무혈성이고 치유반응을 일으키기에 불가능한 불유합으로 골주사 소견상 골절단의 혈액공급이 나쁘므로 하얗게 나타난다. 유합을 얻기 위해서는 안정된 내고정과 더불어 해면골이식술 및 골절단의 피질제거술이 필요하게 된다.

지연유합 ✿✿✿

1. 정 의

지연유합이란 충분한 기간 동안 골절에 대한 치료를 하였음에도 불구하고 골절이 치유되는 상태가 늦고, 골절부에 가동성이 남아 있는 등의 골유합이 완전하지 못한 상태를 의미한다. 따라서 지연유합은 골절치유가 완전히 정지된 것은 아니며, 계속하여 치료하면 골유합이 이루어질 수 있는 상태이다.

2. 원 인

① 불완전한 정복과 고정
② 고정기간의 불충분
③ 골절편의 상실
④ 불유합의 원인이 경하게 있을 경우
⑤ 혈액질환, 소모성질환 등의 전신질환

3. 치 료

① 지연유합의 원인을 제거한다.
② 보행용 석고붕대나 기능적 보조기를 통해 미세움직임과 부하를 준다. 단, 심할 경우 더욱 치료가 지연되거나, 불유합으로 발전할 수 있다.
③ 전기자극을 시행하면서 석고붕대 고정을 하여 보존적 요법을 시행한다.
④ 보존적 요법에 실패하는 경우에는 골이식술을 시행한다.

1. 의 의

병적 골절은 뼈에 침투한 병(골 종양, 골수염 등)으로 인하여 뼈가 약해져서 약한 힘만으로도
골절이 생기는 상태를 말한다.

2. 원 인

(1) 골다공증

주로 척추, 대퇴 경부/전자부, 요골 원위부, 상완골 등에서 발생한다.

(2) 국소적 골 질환

① 악성 및 양성 골종양
② 골 감염
③ 방사선 조사

(3) 전신적 골 질환

① 골연화증
② 골형성 부전증
③ 골수염
④ 파젯병

3. 진 단

(1) 증 상

① 골 전이가 있을시 동통이 가장 흔하다.
② 골 용해성 병변은 미세골절로 인한 통증이 발생하고, 조골성 병변은 호르몬분비와 종양의
직접적 침범이 증상의 원인이 된다.
③ 장관골과 골반골은 대개 병적 골절이 오기 전 증상이 발생한다.
④ 척추와 늑골은 증상이 먼저 발생하는 경우가 드물다.

(2) 검 사

    ① 과거의 병력

    ② 가족력

    ③ 방사선 검사

    ④ 혈액검사

    ⑤ CT

    ⑥ MRI

    ⑦ 골 주사

4. 치 료

병적 골절은 원인질환의 종류와 상태를 규명하는 것이 가장 우선이며, 각각의 원인질환에 따라 치료방법 및 치료의 목적이 달라질 수 있다.

(1) 경피적 척추성형술

골시멘트를 이용한 경피적 척추성형술은 척추체의 악성종양, 골다공증으로 인한 압박골절에 사용된다. 척추체 약화로 인하여 초래된 통증에 대하여 척추체를 안정시켜 통증을 완화하는 효과가 있다.

(2) 고관절 주위의 골절시

고관절 주위의 골절 시에는 골절부위의 견고한 내고정, 인공관절치환술 등을 시행한다.

11 개방성 골절 ✿✿

1. 의 의

개방성 골절은 골절부위가 외부에 개방된 형태의 골절로 뼈 주위의 연부조직과 피부손상이 동반된다. 따라서 골절 자체뿐만 아니라, 주변 연부조직의 손상정도와 오염정도를 잘 파악하여 치료해야 한다.

2. 분 류

창상의 크기, 연부조직의 손상 정도, 이물(foreign body)에 의한 오염의 정도에 따라 세 가지 유형으로 나뉜다.

(1) 제1형

창상 크기가 1cm 이하의 저에너지 손상으로서, 연부조직 손상정도와 오염이 경미하다.

(2) 제2형

창상 크기가 1cm 이상이며, 연부조직 손상과 오염은 중등도이다.

(3) 제3형

보통 10cm 이상의 심히 오염된 창상이며, 근육의 손상이 심하고, 골편의 전위가 많다.

3. 치료의 단계

(1) 세 척

충분한 양의 생리식염수로 세척한다. 최소 2~10L 이상을 사용한다.

(2) 항생제 투여

외부 세균오염에 의한 감염을 방지한다.

(3) 변연절제술

① 괴사된 근육은 각종 세균의 좋은 번식지가 되므로 절제하는 것이 원칙이다.

② 근육의 생존 가능여부 판단은 보통 4가지(색깔, 경도, 출혈능력, 수축도)로 하는데 이 중 수축도가 가장 믿을만한 신빙성 있는 지표이다.

③ 변연절제술 시행 후 외막이 벗겨진 골이나 건, 신경 및 혈관 조직을 근육 또는 피하지방으로 잘 덮어주어야 한다.

(4) 봉 합

① 너무 서둘러 봉합하면 오히려 감염, 특히 혐기성 감염의 위험성이 증가한다. 따라서 상태에 따라 일차봉합, 이차봉합 등으로 나누어 진행한다.

② **일차봉합** : 직접피부봉합, 피부이식술 등

③ **지연일차봉합** : 4~6일 경과 후 봉합하는 것이다. 봉합 전 변연절제와 세척을 다시 시행한다. 노출된 골조직은 5~10일 내에 덮어주도록 한다.

④ **이차봉합** : 이차봉합 시기는 일정하지 않고 창상에 따라 다르다.

4. 예후/합병증

(1) 예 후

연부조직의 광범위한 파열이나 연부조직의 압궤는 골절부의 혈류공급에 차질을 주어 괴사된 골과 연부조직을 남기며, 이로 인해 골절의 조직복원이 지연될 수 있다.

(2) 합병증

① 감 염

② 불유합

③ 골 결손시 단축장해

④ 장기 치료시 강직장해

1. 손상인자

(1) 개방성 골절

① 개방성 골절이란 골편이 연부조직을 뚫고 외부에 노출되는 것을 말한다.

② 연부조직의 손상이 동반되며, 골과 연부조직의 감염의 위험이 높다는 점에서 폐쇄성 골절과 차이를 보인다.

③ 광범위한 파열이나, 연부조직의 압궤는 골절부에 혈류공급을 제한하여 괴사를 발생시키며, 이로 인해 치유가 지연될 수 있다.

(2) 관절내 골절

① 관절 내에서 골절이 발생하면 관절에는 골절치유과정 초기에 생기는 혈종을 용해시키는 작용을 하는 효소가 있어 치유가 지연된다.

② 관절운동이나 부하가 전위의 원인이 될 수 있다.

(3) 분절/분쇄 골절

분절 골절은 혈액공급을 감소시키거나 단절시켜 불유합이나 지연유합을 일으킬 수 있다.

(4) 골절편에 연부조직 삽입

근육, 근막, 인대 등 연부조직이 골절편 간에 삽입되기도 하며 드물게 신경, 혈관 등도 삽입된다. 이러한 연부조직의 골절편간 삽입은 골절의 치유를 방해한다.

(5) 동반손상

혈관 등의 주변 주요 조직이 동반손상하면 치유를 지연시킨다.

(6) 손상정도

골 자체의 손상이 심하거나 연부조직의 손상이 심한 경우 또는 골 결손이 심한 경우는 골절치유가 지연된다.

(7) 불충분한 혈액공급

불충분한 혈액공급으로 혈액순환이 차단되어 무혈성 괴사가 발생하면 골 유합을 지연시킨다.

2. 환자요인

(1) 나 이

나이가 어릴수록 골절이 치유되는 속도가 빠르다.

(2) 영양상태

골절 치유를 위한 세포의 이동, 증식, 합성은 충분한 에너지를 필요로 한다. 골절은 영양상태가 좋을수록 치유속도가 빠르다.

(3) 전신호르몬

① 성장 호르몬, 갑상선 호르몬, 칼시토닌, 인슐린 등은 골절의 치유를 촉진시킨다.
② 부신피질 호르몬이나 인슐린 과다분비, 부갑상선의 과다분비 등은 골절의 치유를 지연시킨다.
③ 당뇨병, 비타민D과다증, 구루병 등은 골절의 치유를 지연시킨다.

(4) 니코틴

임상적 경험상 흡연은 골절 치유를 방해한다.

3. 조직인자

(1) 골의 형태

골절 접촉면, 세포수, 혈행 등의 차이로 해면골이 피질골보다 치유가 빠르다.

(2) 골의 괴사

손상이나 수술로 인한 혈관파열, 방사선 치료, 지속적인 부신피질호르몬의 복용 등은 골을 괴사시켜 치유를 지연시킨다.

(3) 골의 질병

병적 골절, 골다공증, 골연화증 등의 질병이 있는 경우에는 골절의 치유가 되지 않으므로, 골절의 치유에 앞서 질병의 치료나 병변이 있는 골의 제거가 필요하다.

(4) 골의 감염

감염은 정상조직을 괴사시키고, 부종과 혈전증의 원인이 되어 치유를 방해하거나 둔화시킬 수 있다.

4. 치료인자

(1) 골절편의 부가

골절 간의 간격감소는 골절치유에 필요한 조직의 양을 감소시킨다.

(2) 부하 및 미세 움직임

골절부에 적절한 부하는 골 유합을 촉진시키며, 장골 골절부의 미세 움직임은 골절의 치유를 향상시킨다.

(3) 골절의 고정

견인, 석고붕대 등에 의한 골절의 고정을 통해 치유조직의 반복되는 파열을 막음으로써 골절의 치유를 촉진시킨다. 골절의 고정은 ① 연부조직 손상이 광범위한 경우, ② 골절부의 혈액공급이 혈류의 변연부일 때, ③ 관절내 골절일 때 특히 중요하다.

13 골절치유기간 ✿✿✿

1. 연령에 따른 대퇴골 간부골절시 치유기간

① 신생아 : 3주

② 8세 : 8주

③ 12세 : 12주

④ 20세 이후 : 20주 이상

2. 성인의 골절시 부위별 치유기간(진단지수의 근거)

① 수지골 : 3~4주 ② 수근골 : 6~12주 ③ 요척골 및 상완골 : 8~12주	① 족지골 : 6~8주 ② 족근골 : 8~12주 ③ 경골 : 12~16주 ④ 대퇴골 : 16주~20주	쇄골 : 6~9주

3. 기 타

① 골이 근육이 싸여있는 경우(예 대퇴)가 피하에 위치해 있는 경우(예 손목)보다 치유가 빠르다.

② 해면골(골수생성)이 피질골보다 빠르다.

③ 골간단부가 골간부보다 빠르다.

④ 골절의 접촉면적이 크고, 전이가 작고, 복합성이 없을수록 빠르다.

⑤ 폐쇄성이 개방성보다 빠르다.

⑥ 기타 골절치유 지연인자가 없을수록 빠르다.

1. 도수정복

(1) 의 의

　① 비수술적으로 전위된 원위 골절편을 근위 골절편에 맞추어 가능한 해부학적 위치에 맞추어 정렬하는 것이다.

　② 골절의 부종은 6~12시간이 지나면 심해져 연부조직이 유연하지 못하게 되어 적절한 정복을 방해하게 되므로 가능한 한 빨리 정복을 시도하는 것이 중요하다.

(2) 금기증

　① 골편의 전위가 예후에 심각한 영향을 미칠 때

　② 정복 후 유지할 수 없을 때

　③ 도수정복이 불가능 할 때

　④ 견인골절일 때

2. 석고붕대 고정

　① 골절에서 가장 빈번히 이용되는 방법으로 물이 첨가되면 발열반응을 일으켜 수 분 후에 단단한 덩어리로 굳게 된다.

　② 일반적으로 골절부위의 상하관절을 포함하여 고정한다.

　③ 고정 후 압박궤양, 혈액순환 장애, 신경마비 등에 주의한다.

3. 견인고정

(1) 의 의

환부에 당기는 힘을 주어 고정시키는 방법으로 피부견인과 골견인 등이 있다.

　① 피부견인(Skin traction)

　　피부에 직접 견인력을 작용하는 견인

　② 골견인(Bone traction)

　　수술을 통하여 못, 철사 등을 뼈에 삽입하는 견인

(2) 적응증

    ① 소아의 대퇴골절

    ② 고관절 탈구/대퇴골의 분쇄 골절

    ③ 경추 골절/탈구

    ④ 감입골절

    ⑤ 부종, 종창 또는 연부조직 손상으로 외부고정이 불가능할 경우 견인에 의한 정복 후 외부고정 한다.

(3) 견인 목적

    ① 골절의 올바른 정복

    ② 근육경련을 제거하여 통증을 완화

    ③ 척추의 압박요인 제거

    ④ 불구의 교정과 예방 역할

(4) 견인시 주의사항

    ① 침요 등에 닿는 부위의 욕창을 예방한다(예 공기침대 사용).

    ② 핀이 꽂힌 부위에 발적과 배농을 확인한다.

    ③ 피부견인시 삽입부위 피부의 지각이상이나 통증 등에 주의한다.

    ④ 견인장치 제거 후에는 천천히 운동하기 시작한다.

4. 기능적 보조기

도수정복과 석고고정 후, 동통과 종창이 소실되고 연부조직이 치유되기 시작할 때, 섬유유리나 합성수지를 이용해 보조기를 만들어 고정시키는 방법으로, 원위 및 근위 관절의 운동을 조기에 시켜 관절강직을 예방하기 위해 시행한다.

1. 인공관절치환술

적응증 : ① 대퇴골 경부골절시, ② 환자가 고령이거나, ③ 관절염이 있을 때 시행한다.

2. 골수강내 금속정

① 장점 : 조기보행 가능, 관절강직이 잘 남지 않는다.
② 단점 : 회전변형
③ 금기증 : 개방성 골절, 소아골절, 변형동반 골절

3. 금속판과 나사

① 장점 : 정확한 고정
② 단점 : 골다공증, 면역학적 반응

4. 나사고정

① 피질골 나사 : 골편을 고정할 때
② 해면골 나사 : 골간단부에 사용
③ 족근과 나사 : 족관절 내/외과 골절시 사용

5. 핀고정

적응증 : ① 내/외과 골절, ② 수지/족지 골절

6. 강선고정

적응증 : ① 슬개골 골절, ② 내/외과 골절시 이개 방지

7. 외고정술

외부에서 골절부 상하로 핀을 삽입하고, 봉과 관을 연결하는 고정술이다.

16 외고정술 vs 내고정술 ✿✿✿

구 분	외고정술	내고정술
의 의	피부 밖에서 골절부 상하에 핀을 삽입하고, 봉과 관으로 연결하는 고정술	피부 안 쪽에서 골절부에 핀이나 금속판 등을 이용해 시행하는 고정술
장 점	① 골 혈류 공급이 원활하다. ② 골절 고정에 방해가 적다. ③ 부수적 치료가 가능하다. ④ 관절운동이 가능하여 강직, 위축, 골다공증 등을 예방한다. ⑤ 전신상태가 좋지 않을 때 국소마취가 가능하다. ⑥ 감염이나 불유합의 경우에도 견고한 고정이 가능하다.	① 외고정술에 비해 편하고 저렴하다. ② 외고정술과 달리 고정물이 외부와 접촉해 있지 않기 때문에 감염의 위험이 적다(외고정술에 비해). ③ 외고정술에 비해 고정물의 이완이나 파열 위험이 적다.
단 점	① 핀 주위의 감염 우려가 있다. ② 핀의 이완이나 파열 위험이 있다. ③ 대퇴골 골절과 같은 부위에서는 제한된 강직이 발생한다. ④ 불편하고, 비싸다.	① 내고정물이 골의 고정이나 혈류공급에 지장을 줄 수 있다. ② 부수적 치료가 힘들다. ③ 전신상태가 좋지 않은 환자에게는 전신마취가 불가하여 시행하기 힘들다. ④ 감염이나 불유합시 견고한 고정을 얻기 어렵다.
적응증	① 심한 연부조직손상/골소실을 동반한 골절 ② 장관골, 특히 개방성 제2, 3형 골절 ③ 골반의 개방성 골절로 인한 불유합 ④ 두부손상 동반골절 ⑤ 다발성 폐쇄성 골절 ⑥ 이차적 재건술이 필요한 경우 ⑦ 사지 재합술/연장술, 관절유합술이 필요한 경우 ⑧ 선천성 강직의 교정	기본적인 수술의 적응증에 외고정술 적응증에 대한 요소가 없을시

1. 적응증

① 도수정복으로 치료가 불가능한 골절
② 전위된 병적 골절, 전위된 관절강내 골절, 전위된 대퇴경부골절
③ Salter-Harris 제3, 4형과 같은 전위된 골단판골절
④ 불유합, 혈관손상과 사지가 절단된 경우
⑤ 구획증후군으로 근막절개술이 필요한 경우
⑥ 갈레아찌, 몬테지아 골절

2. 수술의 상대적 적응증

① 불안정한 척수손상이나 골반골절
② 다발성 골절 같이 전신합병증을 초래할 가능성이 높은 경우
③ 고령의 고관절 또는 대퇴의 골절
④ 지연유합

3. 금기증

① 활동성 감염이나 골수염이 발생한 경우
② 내고정이 부적절한 심한 골다공증
③ 심한 분쇄골절
④ 골절편이 너무 작아 견고한 내고정을 시행하기 어려운 경우
⑤ 주위 연부조직에 심한 화상이나 반흔 또는 염증이 동반된 경우
⑥ 전신상태가 불량하여 마취가 불가능한 경우
⑦ 전위가 없는 안정성 골절 또는 감입성 골절

18 소아골절의 특징 및 치료 ✿✿✿

1. 소아골절의 특징

(1) 소성변형

① 골절시 에너지를 흡수하면서 소성변형이 일어난다.

② 소아의 소형변형은 비교적 쉽게 재성형력에 의해 교정되나 그렇지 않은 경우도 있다.

　例 전완부에서 골절이 20도 이상 외견상 변형이 뚜렷하고, 회내/회외 운동의 제한이 예상되는 경우 교정이 필요하다.

③ 척골 소성변형시 요골두 탈구가 발생할 수 있다.

(2) 융기골절(토로스골절)

소성변형이 한 쪽에서 일어나며, 반대쪽 피질골에서 완전골절이 되면서 융기골절이 일어난다.

(3) 녹색줄기골절

미성숙골의 유연성과 두꺼운 골막의 영향으로 인장력을 받은 피질골은 완전골절이 일어나지만, 반대측은 피질골과 골막이 손상되지 않고 자주 소성변형을 동반한다.

(4) 재성형력

① 소아골절은 치유속도가 빠르고, 잔존변형에 대하여 스스로 빠른 교정을 보인다.

② 간혹 손상사지에 과성장이 나타날 수 있다.

③ 2cm까지 단축변형은 자연교정이 허용된다.

(5) 골단판 손상(성장판골절)

골단판 손상시 성장장애가 올 수 있으며, 성장 정지는 1~10%에서만 발생되고 있다.

(6) 그 밖의 특징들

① 인대손상의 빈도가 성인에 비해 적다.

② 골막이 강하여 심한 전위가 없다.

③ 외/내반 변형이 잘 생긴다.

④ 개방성 골절시 감염에 특히 유의해야 한다.

2. 치 료

① 비수술적 정복이 원칙이다(※ 예외 : 관절내의 전위된 골절, 대퇴경부골절, 일부의 골단판 손상).

② 회전변형의 경우는 수술이 필요하다.

③ 장관골 골절에서 과성장이 우려될 경우, 1~2cm 정도 겹쳐서 정복하는 베이오네트 접촉 (bayonet apposition)이 권장되기도 한다.

1. 서론

골절의 응급처치 중 가장 중요하고 먼저 시행하여야 할 것은 골절 부위의 부목고정이다. 부목고정은 환자에게 골절 및 탈구 발생시 그 손상 부위에 부목을 대어 고정시켜 주는 방법을 말한다.

2. 부목고정이 필요한 이유

① 추가적인 연부조직 손상을 예방하고 폐쇄성 골절이 개방성 골절로 전환되는 것을 방지한다.
② 동통을 감소시켜 준다.
③ 지방 색전증이나 쇼크(shock)와 같은 합병증을 감소시킨다.
④ 환자의 이송과 병원에서의 방사선 촬영을 용이하게 할 수 있다.

20 응급처치 ✦

1. 서 론

실족이나 가벼운 외상에 의한 골절이 아닌 큰 사고에 의해 일어나는 다발성 손상의 경우 골절보다는 우선 환자의 생명을 살릴 수 있는 모든 처치가 선행되어야 한다.

2. 응급처치

(1) 기도확보(Airway)

의식이 없는 환자에서 가장 중요한 것은 깨끗한 기도를 유지하는 것이다.

(2) 호흡유지(Breathing)

기도 유지 후 호흡이 유지되도록 한다.

(3) 순환(Circulation)

수액보충과 외부출혈의 압박처치는 사고현장과 응급실에서 지체 없이 시행되어야 한다.

(4) 부 목

사고 발생 장소에서부터 시행되어야 한다.

CHAPTER 03 상해의학 – 상·하지

01 몬테지아(Monteggia) 골절 vs 갈레아찌(Galeazzi) 골절 ✿✿

구 분	몬테지아 골절	갈레아찌 골절
의 의	척골의 근위부 골절과 요골두의 탈구가 동반한 상태를 말한다.	① 요/척골 원위부 골절과 하요/척관절 탈구가 동반된 골절을 말한다. ② 역몬테지아 골절 또는 수술적 치료가 필요하다는 의미에서 필요골절이라고도 한다.
원 인	① 직접력 : 전박부에 직접적인 타격에 의한 경우 ② 간접력 : 과회내전, 과신전 등에 의한 경우	완관절의 후외면에 직접적인 타격을 받거나 이 부위로 손을 짚고 넘어져서 발생된다.
증 상	요골신경 손상	외전장애
치 료	① 소아의 경우 : 비수술적 치료(도수정복, 석고고정)만으로도 만족할만한 결과를 얻을 수 있다. ② 성인의 경우 : 수술적 치료로서 요골두의 도수정복과 척골골절시 압박금속판에 의한 고정술이나 핀을 이용하여 견고한 고정을 한다.	① 소아의 경우 : 비수술적 치료(도수정복, 석고고정)만으로도 만족할만한 결과를 얻을 수 있다. ② 성인의 경우 : 변형력이 작용되는 요소가 많고, 추후 전위나 퇴행성 방지를 위해 수술적 치료가 필요하다.
예 후	성인의 경우, 수술 후에도 만족할만한 결과를 얻기 어렵기 때문에 척골의 견고한 내고정으로 재탈구되는 것을 막는 정도가 양호한 결과이다.	유합 상태의 지속적 관찰이 필요하다.

콜레스(Colles) 골절 vs 스미스(Smith) 골절 ✦

구 분	콜레스 골절	스미스 골절
의 의	요골 원위부의 후방전위 골절로 요골골절의 90%이다.	골절이 요골의 원위부가 전방으로 전위된 것으로 역콜레스 골절이라고도 한다.
원 인	① 상지의 신전, 외전 상태에서 손바닥을 짚고 넘어질 때 일어난다. ② 골다공증(골조송증)이 빈발하는 중년 이후의 여자에게서 호발한다.	전방으로 굴곡된 수근관절의 후면 또는 손등으로 넘어지거나 직접타격을 받아 일어난다.
증 상	① Dinner Fork 골절 또는 Silver Fork 골절의 변형을 초래한다. ② 자발통, 동통, 종창, 감각이상, 염발음 등이 발생한다.	① 정원삽 모양으로 변형된다. ② 기타 통증, 감각이상 등이 발생한다.
치 료	골절의 전위 정도에 따라 비수술적 치료와 수술적 치료를 결정한다. 즉 골절의 전위가 적으면 석고붕대를 하여 고정하고, 심하면 도수정복후 석고붕대를 하거나, 핀에 의한 수술적 고정방법을 사용한다.	도수정복하나 유지되지 않으면 핀고정을 시행한다.

┤ 심화학습 ├

Barton 골절

1. **의의** : 요골 원위부의 골편이 수근골과 함께 전/후방으로 전위되어 아탈구 또는 탈구되는 불안정골절이다.
2. **기전** : 수관절부로 지면을 짚고 넘어질 때 일어난다.

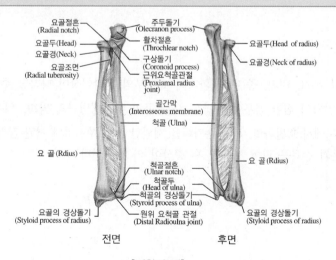

[전완의 뼈]

03 수근관 증후군 ✦✦✦

1. 의 의

수근관(손목 수장부에 위치한 섬유골 터널)의 협착 또는 수근관내 조직(정중신경, 수지굴근건 등)의 비대로 수근관 내압이 증가되어 정중신경이 압박되는 증후군으로, 상지에서 가장 흔한 신경압박증후군이다.

2. 원 인

(1) 수근관 내부의 해부학적 변화
　① 수근관절/요골 원위부의 골절/탈구
　② 류마토이드 관절염
　③ 기타 부종이나 종양

(2) 혈관/신경세포질환을 야기하는 전신질환
　당뇨, 알코올 중독, 갑상선 기능저하증 등

(3) 반복적 운동
　논란이 있다.

3. 증 상

① 손바닥과 무지, 시지, 중지 및 환지의 요측부의 감각이상이 나타날 수 있다.
② 장기간 압박이 심한 경우에는 단무지외전근과 무지대립근의 약화, 위축 소견을 보인다.
③ 중년 여자에서 호발하며, 새끼 손가락을 제외한 손이 쑤시거나 저린 감각 이상이 주된 증상이다. 손과 손목을 많이 사용한 후 증상이 더 심해진다.

4. 검 사

(1) 운동검사

원숭이 손(무지구 근육 특히 무지대립근의 약화나 위축) 여부를 검사한다.

(2) 티넬징후(Tinel's sign) 검사

손목부위 정중신경을 타진하여 통증이나 감각이상 여부를 검사한다.

(3) 진동수용역치 검사

음차를 이용하여 진동에 대한 역치를 측정한다.

(4) 피부감각역치 검사

나일론단 섬유를 이용한 압력에 대한 피부감각역치를 측정한다.

(5) 팔렌검사(Phalen's test)

손목을 1분 정도 수동적으로 굴곡시켜 저린감이나 감각이상 여부를 검사한다.

(6) 전완압박 검사

전완부의 정중신경 부위를 직접 압박하여 감각이상을 검사한다.

(7) 근전도 검사

손목부위의 신경전달 속도의 지연과 무지구근의 근전도 이상을 검사한다.

5. 치 료

(1) 보존적 치료

증상이 경한 경우, 특히 근위축이나 감각이상이 없는 경우 시도해 볼 수 있다.

(2) 수술적 치료

보존적 치료에도 반응하지 않는 경우, 증상이 심하거나 근 위축과 감각이상이 지속된 경우(10개월 이상), 무지 및 수지의 지속적인 무감각과 무지구근의 위축이 있는 경우 시행한다.

04 회전근개 파열 ✥✥✥

1. 회전근개를 구성하는 근육

회전근개는 어깨 관절 부위를 덮고 있는 극상근, 극하근, 소원근, 견갑하근의 4개의 근육으로 형성되어 있다. 4개의 근육은 하나의 기관처럼 움직이며, 어깨 관절의 회전운동과 안정성에 기여한다.

2. 원인 및 증상

(1) 원 인

① 지나친 신전 상태에서 외력을 받은 경우

② 어깨를 과도하게 사용하여 연부조직이 스트레스를 받은 경우

③ 50세 이상의 연령층에서 퇴행성 변화에 따라 자연적으로 파열되는 경우

(2) 증 상

① 어깨 통증, 근력 약화, 어깨 결림, 삐걱거리는 소리 등을 동반한다.

② 팔을 들어올리거나 무거운 물건을 들어올릴 때 통증이 심해지며, 누운자세에서 악화된다.

3. 진 단

환자의 진단 및 진찰을 토대로 먼저 진단하며, X-ray, 초음파, MRI 등의 영상검사를 병행한다.

4. 치 료

(1) 비수술적 치료

① 회전근개 파열을 동반하지 않은 회전근개 질환이나 부분적 파열이 있는 경우 비수술적 치료를 먼저 시행한다.

② 약물 또는 주사를 이용한 통증치료, 스트레칭을 이용한 관절운동, 어깨 주위근력강화운동을 시행한다.

③ 주로 75세 이상 고령환자에게 시행한다.

(2) 수술적 치료

① 3~6개월 간의 비수술적 치료가 호전이 없는 경우, 파열의 크기가 큰 경우 시행한다.

② 견봉성형술, 회전근개 봉합술 등이 널리 이용되고 있다.

골반골 골절 ✦

1. 서 론

골반골 골절은 비교적 심한 외력에 의해 발생하는 경우가 많고, 동
반손상이 흔하여 사망률이나 이환율이 높으며, 비구골절과 동반시
치료가 쉽지 않고, 후유장해가 남는 경우가 많다.

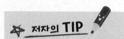

✦ 저자의 TIP

골절에 대한 문제에서는 일
반적인 골절의 국소적/전신
적 증상에 대해 체크를 해보
면 좋다.

2. 골반의 구조

골반은 세개의 관골(장골, 좌골, 치골)과 천골, 미골로 구성되어 있으며, 앞쪽에서는 치골결합
이라는 연골로 연결되고, 뒤쪽 양측에는 매우 강한 인대로 연결된 관절에 의해 골반고리를
형성한다.

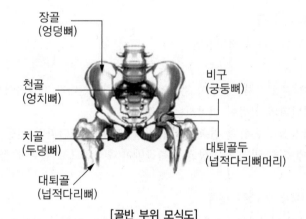

[골반 부위 모식도]

3. 원인 및 증상

(1) 원 인

① 대부분의 골반골절은 교통사고, 추락사고, 낙상사고와 같은 강력한 외부의 힘에 의해 발생한다.

② 고령이거나 골다공증이 심한 사람에게서도 많이 호발한다.

(2) 증 상

① 골반골절은 상당히 큰 외력에 의하여 일어나므로 50% 정도가 골반 내부장기 손상, 타 부위 골절, 연부조직 손상 등을 동반하다.

② 골절자체로 출혈도 많으나, 주위의 대소혈관이 손상되어 더욱 많은 출혈이 생겨 골반골의 골절에 의한 사망원인의 약 60%를 차지한다.

③ 출혈량은 대개는 500cc, 많게는 3,000cc 이상 출혈될 수 있다.

4. 분 류

(1) 외력의 크기에 따른 분류

① 작은 외력골절 : 골기의 견열골절

② 큰 외력골절

ⓐ 전후방 압박골절 : 치골결합이 분리되고 전방 천장인대가 파열되어서 편측 골반이 외회전되어 골반환의 전방이 벌어지는 골절

ⓑ 측방 압박골절 : 손상된 편측골반이 내회전되어서 골반환의 전방부가 중첩된 골절

ⓒ 수직전단에 의한 골절 : 손상된 편측골반이 후상방으로 전위한 골절

(2) 비구골절의 동반유무에 따른 분류

추락 및 교통사고시 대전자부, 슬관절전방부 혹은 족부에 가해진 외력이 대퇴골간부, 경부 및 골두를 경유하여 비구에 전해져 골절된다.

① 비구골절

골반골의 골절이 비구골절을 동반한 경우의 골절이다.

② 골반골절

비구골절을 동반하지 않은 경우의 골절이다.

5. 진단 및 치료

(1) 진 단

골반골의 골절은 동통, 종창, 압통 등의 국소증상이 나타나며, 골절의 전위가 심할 때에는 골절면에서 다량의 출혈과 골반강내의 출혈이 합병되어서 출혈성 쇼크상태에 빠지는 수가 많기 때문에 뇌손상과 함께 감별하여야 한다.

(2) 치 료

골반 골절의 치료방법 및 시기는 골절의 양상 이외에도 동반손상 등으로 인한 환자의 상태에 따라 크게 좌우된다.

① **보존적 치료(비수술적 치료)**

골반고리의 손상이 없는 골절이나 골반고리의 손상은 있으나, 금만 가 있는 골절의 경우 대개 침상 안정 등 보존적 치료가 가능하다.

② **수술적 치료**

골반고리에 손상이 있고 뼈가 어긋난 경우에는 일단 보존적 방법으로 뼈를 맞추어 보고, 뼈가 잘 맞지 않고 심각한 다리 길이의 차이 및 하지의 운동제한 등이 예상되는 경우에는 보통 금속고정술(핀 고정)을 통해 수술적 치료를 하게 된다.

⊣ 심화학습 ⊢

말가이그니씨(Malgaigne's) 골절

1. 의 의
골반고리의 가장 약한 부분을 관통하여 동시에 여러 개의 뼈가 골절하는 것으로 주로 장골, 좌골, 치골을 관통하고 세로로 골절하여 골반골이 중복골절 된다.

2. 증 상
통증 때문에 하지 및 골반의 운동불능이 오고 종창, 피하출혈, 염발음, 이상가동성, 장골전상극의 상행이 온다.

3. 합병증
방광, 질, 골반내 대혈관 등의 손상이 동반된다.

---

06 슬관절 주위의 근육 및 인대 ✿✿

1. 굴곡운동에 관여하는 근육

① 대퇴이두근(장두, 단두)
② 반막양근
③ 반건양근

2. 신전운동에 관여하는 근육

① 대퇴직근   ② 중간광근
③ 내/외측광근   ④ 봉공근

3. 내측안정성에 관여하는 구조물

① 내측측부인대   ② 반막양근
③ 거위발건   ④ 사슬와인대

4. 외측안정성에 관여하는 구조물

① 외측측부인대   ② 장경대
③ 슬와건   ④ 대퇴이두건

5. 전후방 안정성에 관여하는 구조물

전/후방십자인대

┤ 심화학습 ├

슬관절내장증(슬내장)

전후십자인대, 반월상연골, 경골극, 측부인대 등의 특별조직이 외력에 의하여 손상을 받으면 그 결과로 슬관절의 기능장애, 운동통을 가져오는 상태를 총칭하여 슬관절내장증이라 부른다. 즉 슬관절 내·외의 병변으로 기능 장해를 일으키는 것들을 총칭하며, 주로 외상에 의한 것이 대부분이다.

07 반월상 연골 손상 ✿✿✿

1. 의 의

대퇴골과 경골의 관절연골 접촉면 사이에 위치하며, 슬관절에서 관절접촉면의 안정성을 높이
고, 외력을 분산 또는 흡수하여 관절연골을 보호하는 기능을 가지고 있다. 손상시 관절염이
급속하게 올 수 있으며, 연골 내연부에는 혈관분포가 없으므로 손상시 치유가 어렵다. 내측반월
상 연골과 외측반월상 연골이 있다.

2. 기전 및 원인

슬관절의 굴곡 위에서 회전운동이 가해질 때 발생한다. 즉, 내회전 시에는 내측반월상 연골이
손상되고, 외회전 시에는 외측반월상 연골이 손상된다.

3. 형태 및 증상

(1) 형 태

① 종파열

외상성으로, 주로 전방십자인대 손상과 동반된다. 내측반월상 연골의 후각부에서 흔하다.

② 횡파열

퇴행성으로, 후각부에서 흔하다.

③ 사파열(판상파열)

후각부와 중간부에서 가장 흔하다.

④ 양동이 손잡이형 파열

손상정도가 심한 형태로, 불안정한 경우 잠김증상을 보인다. 내측반월상 연골의 후각부에서
흔하다.

⑤ 복합형

관절연골의 퇴행성 변화와 자주 동반되며, 40세 이상의 환자에서 흔하다.

(2) 증 상

    ① 급성 동통 및 관절부종

        관절내 출혈로 심한 통증을 호소하며, 삼출액의 증가로 슬관절의 종창소견이 자주 반복된다.

    ② 운동제한

        특히 신전운동 제한이 나타난다.

    ③ 무릎잠김(Locking)

        굴곡 위에서 신전시, 일시적으로 신전이 되지 않는 것으로, 양동이 손잡이형에서 흔하다.

    ④ 무릎꺾임(Giving way)

        슬관절의 무기력증으로, 울퉁불퉁한 길을 걷거나, 계단을 내려올 때 등에서 많이 느껴진다.

    ⑤ 대퇴사두근과 내광근 위축

        수상 후 시일이 경과하면, 사두근이 위축되어 건측에 비해 가늘어진다.

4. 진 단

(1) McMurray test

    똑바로 누운 자세에서 슬관절을 90도로 굴곡, 발과 하지를 외측/내측으로 회전시킨 후, 서서히 슬관절을 펴면서 덜컥거리는 소리가 나는지 확인한다.

    ① 외측손상 : 내전, 내회전시 이상

    ② 내측손상 : 외전, 외회전시 이상

(2) Apley test

    엎드린 자세에서 대퇴부를 고정하고, 90도 굴곡위에서 2가지 검사를 한다.

    ① 신연검사 : 하퇴를 위로 견인하여 인대손상을 확인한다.

    ② 마멸검사 : 슬관절을 향하여 압력을 가하는 검사와 진단을 한다. 연골판의 손상이 있다면 동통이나 마찰음이 관찰된다.

(3) 웅크리기 검사

    선 상태로 양 하지를 내외전/외회전 한 후 앉았다 일어서도록 할 때 통증을 호소한다(손상된 연골이 관절면에 끼면서 통증유발).

(4) 관절경 검사

    피부를 절개하여 관절경을 삽입한 후 내부를 관찰하는 방법으로, 손상부위와 범위를 정확히 판정할 수 있다.

(5) 관절조영술

조영제를 주입하여 방사선촬영으로 손상을 확인하는 방법으로, 관절경 검사 등으로 진단이 어려운 경우 시행한다.

(6) 기 타

컴퓨터 단층촬영(CT), 자기공명단층촬영(MRI)검사

5. 치 료

(1) 보존적 치료

불완전 파열, 십자인대 손상과 같은 다른 소손상이 없는 경우 시행한다.

(2) 수술적 치료

보존적 치료에 반응하지 않거나 통증이나 운동제한이 심한 경우, 잠김현상이 있을 때 시행한다. 주로 관절 내시경을 이용한 반월상 연골 부분절제술이나 봉합술을 시행한다.

안심Touch

08 십자인대 손상으로 인한 증상과 치료 ✦

1. 의 의

(1) 전방십자인대
경골이 대퇴골에 대해 전방으로 미끄러지는 것을 방지하고, 무릎의 회전안전성을 제공한다.

(2) 후방십자인대
대퇴골과 경골을 이어주는 인대로, 경골이 후방으로 미끄러지는 것을 방지한다.

2. 원인 및 증상

(1) 원 인
① 전방십자인대 손상
  슬관절의 과신전과 경골의 내회전으로 발생한다.
② 후방십자인대 손상
  대퇴골에 대한 경골의 과신전 혹은 후방전위를 일으키는 외력으로 발생한다. 일반적으로 자동차사고에서 무릎이 굽혀진 상태에서 대시보드를 치거나 운동선수들이 무릎이 구부러진 상태에서 바닥이 떨어지는 상황에서 발생한다.

(2) 증 상
급성기(①, ②)를 거쳐 만성기(③, ④, ⑤)로 이행한다.
① 심한 통증, 종창
② Popping sound
③ 불안정성
④ 무력감(Giving way)
⑤ 종창의 반복적 재발

3. 진 단

(1) 전방전위검사

고관절 및 슬관절을 70~90°로 구부린 후 하퇴부를 전방으로 당겨 시행한다. 경골 및 족부를 중립위치, 내회전, 외회전하여 스트레스를 가함으로써 회전 불안정성을 관찰할 수 있다.

(2) 후방전위검사

슬관절을 90°로 구부린 상태에서 뒤쪽으로 밀어 검사하는 방법으로 건측과 비교하여 5~10mm 이상 뒤로 밀리면 인대파열을 진단할 수 있다.

4. 치 료

(1) 보존적(비수술적) 치료

십자인대의 부분파열이거나 불안정성이 심하지 않으면, 비수술적 치료를 시행한다.

(2) 수술적 치료

십자인대가 완전 파열되고, 다른 인대파열의 손상 등이 동반된다면 인대재건술(자가건, 동종이식건) 등의 수술적 치료를 시행한다.

09 족근골과 수근골의 구성 ✿✿✿

1. 족근골의 구성

종골, 거골, 주상골, 입방골, 3개의 설상골 등 크게 7개의 뼈로 구성되어 있다.

(1) 뒤발(2개)

① 종골(발꿈치뼈)(1개)

보행시 체중의 최초 충격을 지탱할 수 있게 하는 가장 큰 덩어리 뼈이며, 서 있을 때는 체중을 지탱하여 균형을 이루게 한다.

② 거골(목말뼈)(1개)

발의 뼈를 하지의 뼈들과 연결하여 발목을 형성하고 있다.

(2) 중간발(5개)

① 중간발을 구성하는 각각의 뼈는 뒤발의 종골(발꿈치뼈)과 거골(목말뼈) 및 앞발의 중족골(발허리뼈)과 관절을 이룬다.

② 입방골(1개), 주상골(1개), 설상골(3개)로 구성되어 있다.

(3) 앞발(19개)

① 중족골(발허리뼈)(5개)

중간발과 발의 지골 사이에 있는 뼈로 5개의 중족골로 구성되어 있다.

② 지골(족지골, 발가락뼈)(14개)

무지(엄지발가락)만 2개의 발가락뼈가 있고, 나머지 4개의 발가락에는 각각 3개씩의 발가락뼈(원위, 중위, 근위 지골)로 구성되어 있다.

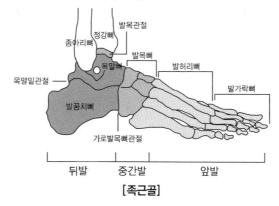

[족근골]

2. 수근골의 구성

손목에 있는 8개의 작은 뼈로 4개의 근위열과 4개의 원위열의 2열로 되어 있고, 이것은 서로 골간인대로 연결되어 있다.

(1) 근위열(4개)

주상골, 월상골, 삼각골, 두상골로 이루어진다.

(2) 원위열(4개)

대능형골, 소능형골, 유두골, 유구골로 이루어진다.

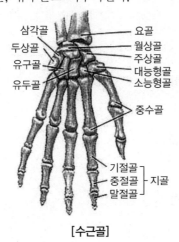

[수근골]

┤ 심화학습 ├

지 골
기절골(근위지골), 중절골(중위지골), 말절골(원위지골)로 구성되며, 엄지는 중위지골이 없다.

01 두개부 봉합선과 뇌막 ✿✿✿

1. 두개부 봉합선

(1) 관상봉합

두정골과 전두골 사이의 봉합

(2) 시상봉합

두정골과 두정골 사이의 봉합

(3) 인상봉합

두정골과 측두골 사이의 봉합

(4) 람다봉합(삼각봉합)

두정골과 후두골 사이의 봉합

2. 뇌 막

뇌를 지지·보호하고, 영양과 혈액을 공급한다.

(1) 경 막

가장 바깥쪽에서 중추신경 전체를 감싸는 매우 질기고 단단한 섬유질 막이다.

(2) 지주막(중막, 거미막)

경막과는 밀접하게 접해 있으며, 연막과는 지주막하강이라는 넓은 공간을 두고 있다. 지주막하강에는 뇌척수액이 차 있고, 뇌를 출입하는 혈관들이 통과한다. 척수까지 혈관이 닿기 때문에 지주막하 출혈시 허리에서 척수를 뽑아 검사한다.

(3) 연막(유막)

뇌막 중 가장 얇으며, 가는 혈관이 망상으로 퍼져있고, 뇌에 밀착해 있으며 많은 신경절을 포함하고 있다.

02 두개강 내압상승에 따른 기전과 증상 ✢✢

1. 발생기전

① 뇌는 단단한 두개골에 둘러싸여 있으며, 두개골 안에는 두부와 같은 성상을 갖는 뇌 외에도 혈액과 척수액이 있다. 이 세 가지 구성요소의 용적은 상호 균형을 이루며, 정상 뇌압을 유지하게 된다. 그러나 외상 등으로 뇌의 수종, 부종, 출혈 등이 생기면 두개강 안의 용적이 증가하면서 두개강 내압이 상승하게 된다.

② 두개강 내압이 상승하면 뇌조직은 압력이 낮은 곳으로 이동하게 되면서 뇌허니아가 일어나게 되고, 이로 인해 뇌간, 뇌신경, 소뇌 등이 압박받게 된다. 의식저하, 반대측 편마비, 뇌신경 마비(동공산대, 동안신경 마비, 안면신경 마비 등), 소뇌기능 저하 등의 증상을 일으키며, 심한 경우 호흡 중추와 심혈관 중추가 있는 연수의 마비로 사망에 이르게 된다.

2. 증상/징후

(1) 뇌허니아

뇌 조직이 압력이 낮은 곳으로 이동하여 뇌간, 뇌신경, 소뇌 등이 압박받으면서 이상증세가 나타난다. 뇌허니아의 증상은 두개내압 상승, 뇌 연부조직의 변화, 뇌조직의 이동, 뇌용적의 증가 등이 있으며, 심한 경우 연수의 호흡중추를 압박하여 사망에 이르게 한다.

(2) 두 통

두개강 내압 항진으로 발생하는 두통은 아침에 심한데, 이는 수면 중 이산화탄소 분압이 증가되고 뇌혈관이 확장되어 뇌압이 상승하였기 때문이다.

(3) 구 토

구토중추는 연수의 심부, 즉 제4뇌실의 최우부에 있다. 구토를 한 후 두통이 호전되는 경우가 있는데, 이는 구토를 할 때 과호흡을 하게 되어 뇌 혈류량이 감소되고 두개강 내압이 저하되기 때문이다.

(4) 유두부종

안저 유두부의 울혈에 의한 부종으로 흔히 양측성으로 발생한다. 두개강 내압이 상승하여 중심망막 정맥에 압력이 가해지고, 이는 안구로 유입되었던 혈액이 정맥으로 흐르지 못해 발생한다.

(5) 외전신경마비

뇌간부터 안와까지 두개골 기저부를 따라 분포하는 외전신경은 두개강 내압 항진시 뇌 및 주위
구조물로부터 압박을 받으며, 이 때 복시가 나타난다.

(6) 이명 및 현기증

내이의 내임파압이 상승하여 뇌척수액의 정상순환에 교란이 초래되어 전정기능의 장애가 발생
한다.

(7) 호흡과 연관성

뇌압상승으로 뇌간이 압박되어 호흡중추에 이상이 오며 호흡이 불규칙해진다.

3. 치료(항진 낮추기 → 뇌의 부종 감소)

① 치료목적은 뇌혈류를 증가시키고 뇌허니아를 막기 위해 두개강 내압을 감소시킨다. 기도를
   확보하고 산소를 공급하며 보존적 요법을 시행한다.
② 두개강 내압 항진으로 인한 고혈압시 혈압강하제를 쓰지 않는데, 그 이유는 혈압강하제로
   인한 뇌관류압 저하와 뇌혈류 감소 때문이다.
③ 일반적으로 두개강 내압 상승시 내과적 치료시점은 20~25mmHg이며, 이런 치료시점은 수
   치뿐 아니라 임상적 소견과 두부 단층촬영을 종합하여 판단해야 한다. 우선적으로 기도의
   확보와 전신적인 혈압의 유지가 첫 단계이다.
④ 내과적 치료방법으로는 일반적 지지요법(기침 등 억제, 항경련제 등), 과호흡, 두부거상,
   혈압과 수액, 심부정맥 혈전증과 소화기계 치료, 삼투성 제제와 이뇨제, 스테로이드, 저체온
   요법 등이 있다.

1. 서 론

두부외상이란 외부의 힘으로 두부가 충격을 받아 손상된 것으로 국내에서는 교통사고로 인한 빈도가 가장 높다.

2. 두부외상의 형태

두부외상으로 발생되는 손상은 1차적 손상과 그로 인하여 병발하는 2차적 손상으로 구분할 수 있다.

(1) 1차적 손상

두피손상, 두개골 골절, 뇌혈관/신경 손상, 뇌좌상, 뇌손상 등 기계적이고 비가역적인 손상이 많다.

(2) 2차적 손상

1차 손상 후 수 시간에서 수 주내에 걸쳐 ① 저산소증, 저혈압 같은 전신적 증상과, ② 두개강 내압 항진에 의한 뇌허혈 등이 주로 나타난다.

3. 두부외상의 특징

① 사망률이 높고, ② 응급치료를 요하며, ③ 후유장해가 다발한다. 특히, 두개골 함몰골절로 인한 두개강 내압 상승 또는 두개골 골절에 동반된 뇌 손상이나 두개강내 출혈 등은 생명과 직결되며, 후유장해의 가능성이 높다.

4. 결 론

뇌는 혈액차단이 2~3분정도만 되어도 재생불능의 손상을 가져오고, 1차 손상을 입었을 경우 이로 인해 손상을 입은 뇌 신경세포들이 2차 신경에 매우 취약해지기 때문에 상해 후 후속조치 시 매우 유의해야 한다. 특히 환자 수송시 머리를 단단히 고정시켜 머리의 운동을 제어해야 한다.

04 두개골 기저부 골절 의심증상 ✿✿

1. 서론

두개골 기저부 골절이란 두개골에 강한 충격으로 골 기저부의 연속성이 소실된 것을 말하며, 기저부의 뇌신경 및 혈관에 손상이 올 수 있으므로 검사시 주의가 필요하다. 단순 X선 검사보다는 CT나 임상적 소견이 중요하며, 특히 CT의 경우 측두골에서 골절선을 볼 수 있는 경우가 많다.

2. 의심증상

(1) 고막내 출혈(Hemotympanum)

골절이 내측으로 향하고 고실이 손상받지 않은 경우 혈액이 고실에 고일 가능성이 있다.

(2) 귀 후방 점상출혈(Battle's sign)

중두개와 골절 때 유상돌기 주위의 반상출혈이 나타난다.

(3) 너구리 눈 징후(Racoon's eye sign)

눈 주위에 반상출혈 및 부종이 나타나 마치 너구리 눈 모양으로 보이는 징후로 전두와 골절시 발생한다.

(4) 뇌척수액의 이루, 비루

골절로 인해 뇌경막이 손상되어 출혈되거나 뇌척수액이 흘러 귀와 코로 나올 수 있다.

(5) 신경손상

안면신경손상이 가장 많고 청신경, 외전신경, 동안신경, 활차신경 등의 손상을 유발할 수 있다.

(6) 기뇌증

골절부위로 공기가 유입되어 단순 X선이나 CT에서 뇌실질내 또는 지주막하강에 공기음영이 보인다.

3. 치 료

뇌 척수액루의 유무에 따라 치료를 결정하게 된다.

* **뇌 척수액루** : 두개내의 거미막하강에 있는 뇌척수액이 파열된 경막(硬膜)을 통하여, 비공(鼻孔), 이공(耳孔) 등에서 누출하여 오는 병적상태를 말한다.

(1) 뇌 척수액루가 없는 경우

① 3~5일 동안 관찰하며, 그 기간 동안은 머리를 높여주고 강하게 코를 풀거나 입으로 부는 행위를 금한다.

② 감염 예방차원에서 항생제를 투여하기도 한다.

③ 합병증이 발견되지 않을 경우 통원치료도 가능하다.

(2) 뇌 척수액루가 있는 경우

항생제를 투여하여 감염을 예방하고, 심한 출혈이 있는 경우 손상된 혈관은 수술이 필요하다.

1. 서 론

① 뇌진탕이란 두부 외상 후 일시적인 의식상실을 가져오는 상태를 말하며, ② 뇌좌상이란 두부 외상 후 뇌출혈이 발생한 상태이다. 이 둘의 근본적인 ③ 병리학적 차이는 뇌의 기질적 변화 유무에 있는데 기질적 변화가 없으면 뇌진탕, 있으면 뇌좌상이라 한다.

2. 증 상

(1) 뇌진탕

① 의식 장애/상실의 경우 주로 일시적이지만, 회복 없이 사망에 이르기도 한다.

② 구토, 안면창백, 체온하강, 분뇨실금 등이 있다.

③ 호흡이 느리거나, 때때로 심호흡을 한다.

④ 미주신경의 이상으로 맥박이 약하고, 느리며 불규칙해진다.

(2) 뇌좌상

① 의식 장애/상실의 경우 경한 경우 수시간 내에 회복되나, 중한 경우 지속적 장애(혼수)나 상실로 식물인간이 되거나 사망에 이르기도 한다.

② 뇌세포, 혈관 등의 파열, 출혈, 경색, 괴사 등 병리해부학적 변화가 온다.

③ 외상성 간질, 정신병, 중추신경마비, 운동실조증 등이 오기도 한다.

   * **운동실조증** : 어떤 행동을 하려고 할 때 근육들의 협조관계가 잘 이루어지지 않으면서 일어나는 증상

3. 치 료

(1) 뇌진탕

① 별도의 치료 없이 안정하면 치유되고 후유증이 남지 않는다.

② 강심제를 투여하는 등 대증적 치료를 하기도 한다.

(2) 뇌좌상

① 절대적 안정이 필요하며 특히 환자를 운반할 때 세심한 주의가 필요하다.

② 뇌출혈이 심하고 두개강 내압이 높을 경우 즉시 수술한다.

4. 결론

뇌좌상의 경우 전두엽과 후두엽에서 호발하는데, ① 전두부의 충격으로 전두엽에 직접 손상이나 좌상이 일어나기 쉽고, ② 후두골의 충격으로 반동에 의해 전두엽과 측두엽의 선단에 반충손상이 된다. ③ 또한, 측방의 충격으로 반대 편에 좌상이 일어나기 쉽다.

이러한 뇌좌상은 사망률이 매우 높으며, 특히 다른 뇌손상을 동반하거나 고령인 경우, 수술 전 의식상태가 나쁠 경우 예후가 좋지 않다.

* **반충손상** : 충격을 받은 쪽의 반대쪽 뇌에 생기는 손상

안심Touch

06 경막외 출혈(경막상 혈종) ✦✦

1. 서 론

두개골 골절시 자주 발생하지만 매우 치명적인 ① 동맥성 출혈이며, ② 짧은 시간 내에 대량출혈 되어 뇌압이 급속히 상승되므로 ③ 응급개두술을 시행하지 않으면 사망에 이를 수 있다.

2. 증 상

① 의식장애 : 혼수상태
② 동공부동(양측동공의 불균형)
③ 혈종과 반대쪽의 편마비
④ 건반사의 불균등
⑤ 두개내압항진의 증상인 두통·구토 등

3. 진 단

두개강내조형술, 뇌실촬영, 두부컴퓨터촬영, 자기공명단층촬영 등을 이용한다.

4. 치 료

① 응급개두술을 시행하여 혈종을 제거하고 지혈한다.
② 삼투이뇨제를 투입하여 뇌압을 감압시킨다.
③ 매시간 마다 환자의 의식상태를 확인한다.

┤ 심화학습 ├

혈관조형술
혈관조형술은 동맥경화가 생겼을 때 혈관을 열어 주는 시술을 말한다. 길고 가는 관을 혈관에 삽입하여 혈관을 따라 계속 밀어 넣는다. 동맥경화가 생겨서 혈관이 좁아진 곳까지 도달하면 관 끝에 달린 작은 풍선을 부풀려서 좁아진 곳을 넓혀준다. 보통 실시간 혈관조영술을 실시하면서 혈관조형술이 이루어진다.

88 제1과목 의학이론

지주막하 출혈 ✸✸

1. 서론

지주막 하강내에 혈액이 일혈(출혈)된 상태이며, 뇌동맥의 파열로 지주막과 유막 사이에 출혈이
발생한 것으로 ① 뇌좌상, ② 지주막열상, ③ 개방성 뇌손상, ④ 정맥기형 등이 원인이다.

2. 증상

두통, 경부강직, 안망막 출혈, 찌르는 듯한 통증 등이 있다.

3. 진단

요추천자, 초음파촬영, 혈관조영술, 컴퓨터단층촬영(CT) 등을 이용한다.

4. 치료

동맥류가 파열된 경우에는 수술을 요한다.

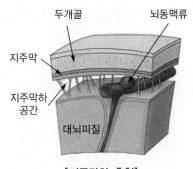

두개골   뇌동맥류

지주막

지주막하
공간

대뇌피질

[지주막하 출혈]

〈자료출처〉: 서울아산병원 홈페이지

뇌출혈(뇌일혈)의 원인과 증상

1. **뇌출혈의 정의**

   뇌혈관의 출혈이 원인이 되어 일어나는 뇌혈관장애를 말한다. 갑작스러운 의식장애·이완성 반신불수 등이 나타나는 뇌졸중을 일으키는 대표적인 질환이다.

2. **뇌출혈의 원인**

   뇌출혈은 두개강내의 여러 곳에서 일어날 수 있는 무서운 질환이다. 일반적으로 고혈압과 동맥경화증을 일으킨 혈관이 터져서 일어나는 것이 일반적인 현상이다. 드물게 백혈병이나 재생불량성 빈혈 등의 혈액질환과 종양·외상·매독 등이 원인이 된다.

3. **뇌출혈의 증상**

   ① 초기 증상 : 코피나 후두부 동통 외에 현기증·마비 등의 전조에 이어 발작이 일어나기도 한다.

   ② 일반적 증상 : 구토는 중요한 증세의 하나이며, 안면홍조를 보이는 경우도 있다. 맥박은 강하고 느리며, 양 쪽 눈의 동공의 차이가 있다. 혈압은 발작시에 고혈압인 경우가 많고, 발작 직후 더 상승하는 경우가 많다. 체온도 발작 후 차츰 상승한다.

   ③ 의식장애 : 갑자기 일어나는 의식장애가 특징인데, 그 정도는 출혈의 정도와 부위에 좌우된다. 경증은 아주 단시간이기 때문에 환자 자신이나 주위에서 전혀 알지 못하고 간과되기도 하지만, 치명적인 뇌출혈인 경우는 대부분이 깊은 혼수상태에 빠진다. 일반적으로 혼수상태가 24시간 이상 계속되는 것은 중증이며 예후가 좋지 않다.

   ④ 마비 : 운동마비는 편마비(片痲痺)라고 하여 반신마비가 오는 경우가 대부분(약 80%)이다. 혼수상태인 동안은 마비가 온 쪽을 알기 어렵지만 마비된 쪽 볼이 붓고 축 늘어지고 침을 흘리며 그 쪽 팔다리를 움직이지 못하는 등의 증세로써 판정할 수 있다.

08 뇌졸중(뇌경색, 뇌출혈)의 종류 및 위험인자 ✤✤✤

1. 뇌졸중의 종류

뇌졸중의 종류는 크게 뇌경색과 뇌출혈로 나눌 수 있다.

(1) 뇌경색(허혈 뇌졸중)

뇌혈관이 막혀서 뇌가 혈액과 산소 공급을 받지 못하여 뇌세포가 죽게 되는 경우이다.

① 혈전성 뇌경색 : 동맥경화로 큰 뇌혈관이 막힌 경우

② 색전성 뇌경색 : 심장이나 경동맥에서 생긴 혈전이 뇌혈관을 막은 경우

③ 열공성 뇌경색 : 작은 뇌혈관이 막힌 경우

(2) 뇌출혈(출혈 뇌졸중)

뇌혈관이 터져 피가 흘러나와 뇌에 고여서 뇌 손상이 오는 경우이다.

① 뇌내출혈 : 주로 고혈압, 뇌혈관 기형 등에 의한 뇌출혈

② 지주막하 출혈 : 뇌동맥류 파열에 의한 출혈

2. 뇌졸중의 위험인자

(1) 연 령

뇌졸중 1위 위험인자이다.

(2) 고혈압

고혈압은 뇌출혈 1위 위험인자로 연령 다음으로 가장 강력한 위험인자이다. 고혈압이 오래되면 '동맥경화증'이 생기고, 결국 혈관이 막히거나 터질 수 있다. 동맥경화증에 의한 가장 대표적인 고혈압 합병증은 '뇌졸중'과 '심근경색'이다.

(3) 심장질환

심방세동(발작성 심박세동)은 뇌졸중의 중요한 위험인자로 이 질환이 있는 환자에서 약 5배 정도 뇌졸중 발생률이 높으며, 관상동맥질환, 심부전, 심근경색, 승모판탈출증 등에서도 뇌졸중의 발생률이 높다.

(4) 당뇨병

뇌경색 1위 위험인자로 당뇨병 환자에서는 당뇨병의 유병, 성별, 나이, 고혈압 등과 무관하게 1.5배 내지 3배 정도 뇌졸중이 더 많이 발생한다. 당뇨병은 동맥경화, 심장질환 유발, 작은 혈관 손상 등의 기전으로 혈전성, 색전성 및 열공성 뇌경색을 모두 일으킬 수 있다.

(5) 흡 연

담배를 피우는 사람은 비흡연자보다 뇌졸중 발생의 위험이 높고, 금연하면 급속하게 그 위험성이 감소한다.

(6) 일과성 뇌허혈 발작

일과성 뇌허혈 발작은 후속적으로 뇌졸중이 발생될 수 있는 강력한 표지로, 일과성 뇌허혈 발작이 생긴 후 1년 이내에 뇌졸중이 발생할 위험률이 가장 높다.

⊣ 심화학습 ⊢

일과성 뇌허혈 발작

심하게 좁아진 뇌혈관으로 피가 흐르지 못하다가 다시 흐르거나 뇌혈관이 피떡(혈전)에 의해 막혔다가 다시 뚫린 것으로 뇌졸중 증상이 잠깐 왔다가 수 분에서 수 시간 내에 곧 좋아진다. 일과성 뇌허혈 발작은 금방 아무 일도 없었던 듯이 증상이 사라지기 때문에 대부분의 사람들은 이를 무시하기 쉽다. 또한 이런 증상들이 고령, 피로 등의 원인으로 발생했다고 여기고 간과하기 쉽다. 그래서 중요한 치료의 시기를 놓치는 경우가 많다. 경미한 뇌졸중이지만 가볍게 보아서는 안 될 것이다. 일과성 뇌허혈 발작은 당장 심각한 후유증을 남기지는 않지만 앞으로 발생할 뇌졸중의 강력한 경고이다. 일과성 뇌허혈 발작의 경험자 중 1/3에서 뇌졸중이 발생한다.

---

09 추간판탈출증의 손상기전과 종류 ✿✿

1. 손상기전

외력 등으로 추간판 중심부에 있는 수핵이 약해진 섬유륜을 찢고 후방돌출되어 척추의 신경근을 압박하여 신경증을 유발한다. 요추, 경추, 흉추 순으로 호발한다.

2. 종 류

(1) 연성과 경성

① 연성(Soft)

수핵이 찢어진 섬유륜을 통하여 후방으로 돌출된 상태이다.

② 경성(Hard)

척추골에 골극, 골증식체가 발생하여 신경근을 압박하는 상태이다.

(2) 탈출정도에 따른 분류

① 팽윤(Bulging)

퇴행성 변화에 의해 섬유륜이 추간판 정상범위 바깥쪽으로 3mm 이상 밀려난 것으로, 추간판탈줄증으로 보지 않는다.

② 돌출(Protrution)

추간판이 후방으로 탈출되었으나, 후종인대를 넘어서지 않은 정도이다.

③ 탈출(Extrusion)

후종인대를 넘어 척추관 또는 신경근관내로 전위된 상태이다.

④ 격리(Sequestrated)

탈출된 수핵이 모체와 완전히 단절되어 격리된 상태이다.

10 추간판탈출증의 치료 ✿✿

1. 보존적 치료

침상안정, 보조기 착용, 약물치료, 물리치료 등이 실시된다.

2. 수술적 치료

(1) 적응증

    ① 보존적 요법이 효과가 없는 경우

    ② 배뇨장애를 동반한 급성 마미총 증후군

    ③ 하지 근육의 운동 약화나 족하수와 같은 마비증상이 있는 경우

    ④ 견딜 수 없는 통증으로 정상 생활이 안되는 경우

(2) 절제술

추간판절제술, 추궁판절제술, 추간공천개절제술, 관절고정술 등이 있다.

(3) 화학적 수핵 용해술

척추의 수핵 내에 단백질용해효소인 키모파파인(Chymopapain)을 주입하여 추간판을 용해시키는 방법이다.

(4) 경피적 수핵 제거술

국소마취하에 경피적으로 추간판탈출증을 일으킨 척추간강 내에 직경 2~3mm, 길이 20cm의 흡인바늘을 삽입하여 수핵을 잘게 절단하면서, 절단된 수핵조각을 진공펌프로 흡입해서 빼내는 방법이다.

(5) 레이저 수술

레이저를 이용하여 탈출부위를 없애는 방법으로, 수술이 간편하고 회복시간도 매우 짧아서 효과적이나, 재발의 가능성이 다소 많다.

마미총 증후군

허리척추뼈 아래 부위에 있는 여러 다발의 신경근이 압박을 받아 생기는 병으로 허리 통증, 양측 하지의 통증 및 감각이상, 근력저하, 회음 주변부위의 감각이상, 배변 및 배뇨기능 장애 등의 복합적인 증상을 일으키는 질환이다. '마미(馬尾)'는 요추 1~2번에서 시작되는 척추 신경 말단 부분을 나타내는 말로 말의 꼬리와 생김새가 유사하여 붙여진 이름이다. 요추추간판탈출증(허리디스크)이나 척추관협착증을 동반하는 경우가 흔하며, 요추 수술 후에 드물게 발생하기도 한다.

11 추간판탈출증의 검사방법 ✿✿✿

1. 영상검사

X-ray 검사, 근전도 검사, 척추강조영술, 추간판조영술, 컴퓨터단층촬영(CT), 자기공명단층촬영(MRI) 등의 방법이 있다.

2. 임상검사

(1) 경추검사

① Spurling test

두부를 환부방면으로 돌리면서 압박을 가하여서 증상유발을 유도하여 진단하는 방법이다.

② Jackson test

머리를 똑바로 하고 위에서 누르거나, 경추를 정상측으로 타동적인 방법에 따라 경사지게 하며, 환측 어깨를 눌러 통증이 유발될 경우에 진단이 가능하다.

(2) 요추검사

① 하지직거상 검사(Straight leg raising test)

슬관절을 신전시킨 상태에서 서서히 하지를 거상시켜(고관절 굴곡), 좌골신경 긴장시키고 하지의 통증을 유발하는 검사로, 진단가치가 높다.

② 라세그 징후(Rasegue's sign)

하지직거상 검사와 동일한 방법으로 하지를 거상시키면서 족관절을 배굴시킬 때 통증이 악화되는 것을 관찰한다.

③ 페이톤 징후(Peyton sign)

정상측 하지를 거상시킬 때 통증이 유발되는 것으로, 추간판이 후방으로 완전히 탈출되었음을 의미한다.

구 분	추간판탈출증	섬유륜팽윤증
정 의	외력 등으로 추간판 중심부에 있는 수핵이 약해진 섬유륜을 찢고 후방돌출되어 척추의 신경근을 압박하여 신경증을 유발하는 질환이다.	퇴행성 변화에 의해 섬유륜이 추간판 정상 범위 바깥쪽으로 3mm 이상 밀려난 것이다.
진 단	① CT, MRI ② 근전도, DITI ③ 요추 : 하지직거상 검사, 라세그 징후(Rasegue's sign) ④ 경추 : 스펄링테스트(Spurling test) ⑤ 임상진단, 정밀검사, 신경학적 소견 등이 모두 일치해야 한다.	① CT, MRI ② 근전도, DITI ③ 하지직거상 검사상 저림증세가 없음(신경근을 압박하지 않으므로) ④ 요통의 잔존
치 료	① 보존적 치료 : 침상안정, 견인, 보조기 등 ② 수술적 치료 : 척추고정술, 수핵 절제술/용해술, 레이저 수술 등	보존적 치료
외상과의 인과관계	퇴행성 변화가 선행될 가능성이 높으므로 연령, 교통사고내용, 검사상 퇴행성 병변 등을 고려하여 사고관여도를 산정한다.	퇴행성 변화로 외상과의 인과관계가 매우 적다.

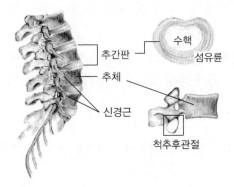

[척추체의 구성요소]

제1과목
의학이론

1. 섬유륜팽윤증

섬유륜팽윤증은 척추에서 수핵을 싸고 있는 섬유륜이 부풀어 올라 부종이 일어나는 것이다. 보통 상해나 후유장해 여부를 판단할 때에 염좌에 준한다. 척수손상으로 인한 압박은 거의 없고, 수술하는 경우도 거의 없으며, 염좌와 같이 보존적 치료로 회복하는 것이 보통이다.

2. 척추관협착증

척추관은 척수에서부터 척추뼈 사이를 통해 신경이 나오는 공간으로, 척수 및 연결된 신경을 보호하는 역할을 한다. 척추관협착증은 나이가 들어가면서 생기는 변화로서, 척추관이 여러 가지 원인으로 좁아져 신경을 압박하고 신경에 혈액공급이 적게 되어 요통과 더불어 하지에 여러 가지 신경 증상을 일으키는 퇴행성 척추 질환이다.

3. 척추분리증

(1) 의 의

척추 후궁의 협부에 한쪽 또는 양쪽으로 골결손이 발생하는 것으로, 대부분 외상과 무관하며, 협부의 골절이 발생하는 경우 외상으로 오게 된다.

(2) 원 인

명확하진 않지만, 피로성 골장애(한 곳에 작은 압력을 계속적으로 받아 결국 골절 발생)가 가장 인정되고 있다.

(3) 호발부위

요추(특히 4~5번)이며, 남녀 차이가 없다.

(4) 진 단

X선 촬영을 사위로(Oblique) 좌측과 우측에서 찍어야만 나타난다.

4. 척추전방전위증

척추분리증이 진행되어 상부추체가 전방으로 전위된 경우이다.

5. 척추이분증

선천성 기형의 하나로 추궁이 완전히 닫히지 않은 경우를 말한다. 무증상 형(type)과 척수신경 (마미신경)의 마비형이 있다.

6. 후종인대 골화증

후종인대가 퇴행성 변화로 석회화되는 것을 말하는데 경추에서 주로 발생한다. 주로 수술적 치료(후종인대 제거술, 척주관 확장술)가 필요하다.

7. 강직성 척추염

추간(후)관절의 관절낭과 추간인대에 점진적으로 골화가 일어나 결국 척추 전체가 한 덩어리가 되는 질환을 말한다.

1. 의 의

척추관협착증은 척추관, 신경근관, 추간공이 좁아져 신경근의 압박, 혈류장애로 인한 파행성 통증 및 방사통을 유발하는 임상증후군으로 선천성과 후천성으로 구분된다.

2. 원 인

척추의 퇴행성 변화가 주요 원인이다.

① 골 극

② 황색인대 비후

③ 변성 탈출된 추간반

3. 진 단

(1) 증 상

① 허리, 둔부, 하지의 통증

허리통증이 빈번하게 나타나며, 엉덩이나 항문 쪽으로 찌르는 듯한 통증과 함께 다리의 감각 장애와 근력저하가 동반된다.

② 신경인성 파행성 하지통증 및 방사통

보행시 다리가 아프고 이상한 감각을 느끼게 되어 보행을 중지하고, 자세를 구부리고 쪼그리고 앉거나 누우면 곧 없어진다.

(2) 검 사

하지직거상 검사에서 음성을 보이고, 허리 신전시 증상은 악화된다.

* 참고로, 추간판탈출증에서는 하지직거상 검사에서 양성이고, 허리 굴곡시 증상이 악화된다.

4. 치 료

(1) 보존적 치료

① 안정과 운동제한

② 약물치료(소염진통제, 근육이완제 투여)

③ 보조기 착용

④ 물리치료법(열치료, 초단파치료, 마사지, 견인치료)

⑤ 운동요법(급성기 증상 완화 후에 등척성 굴곡운동과 과신전운동)

(2) 수술적 치료

보존적 치료를 실패하거나, 보행시 심한 통증과 장애, 근력감소 등의 신경학적 증상이 있을 때 수술적 치료를 고려한다.

15 척추보조기 ✢✢

1. 보조기의 종류

(1) 경추 보조기

① 필라델피아 칼라

② 토마스 칼라

③ 포포스터

④ SOMI

(2) 흉/요추 보조기

① Back Brace(허리 지지대)

② 유연한 코르셋

③ 나이트-테일러 보조기

④ 쥬엣(과신전) 보조기(Jewett Brace)

2. 보조기의 효과 및 단점

(1) 보조기의 효과

① 동통 감소

② 변형의 예방과 교정

(2) 보조기의 단점

장기간 착용시, 근위축 및 에너지 소모의 증가, 심리적 의타심이 생긴다.

CHAPTER 05 상해의학 – 합병증

01 파상풍 ✿✿✿

1. 정 의

파상풍은 상처 부위에서 증식한 테타니 균(*Clostridium tetani*)이 번식과 함께 생산해내는 신경 독소가 신경세포에 작용하여 근육의 경련성 마비와 동통을 동반한 근육수축을 일으키는 감염성 질환이다.

2. 원인 및 증상

(1) 원 인

파상풍균인 테타니 균이 생산한 신경 독소에 의해 발생한다.

(2) 주요 증상

잠복기는 약 8일 정도이며, 주로 7~14일 이내에 발병한다.

① 근육수축

② 목과 턱 근육의 교경

③ 입을 열지 못하고 삼키지 못하는 등의 마비

④ 후궁반장

⑤ 발열 및 오한

제1과목

의학이론

안심Touch

3. 예방 및 치료법

(1) 경증 파상풍

① 상처가 났을 때에는 상처 부위를 소독한다.

② 파상풍 예방접종을 한다.

③ 파상풍 면역글로블린을 투여한다(면역력이 충분하지 않은 경우).

④ 메트로니다졸(metronidazole) 혹은 Penicillin G를 10일간 혈관주사 한다.

(2) 중증 파상풍

① 인간 파상풍 면역글로블린(TIG)을 척수주사 한다.

② 기관절개 및 인공호흡을 실시한다.

③ 근육 경련을 막기 위해 마그네슘을 혈관주사 한다.

④ 지속적인 혈관주사로 디아제팜을 투여한다.

1. 의 의

외상으로 인해 발생한 혈전이 이동하여 폐혈관을 막은 상태, 즉 폐혈관의 색전증을 말한다.

2. 원 인

(1) 과응고 상태

외상, 수술, 임신, 산후기 등 혈액이 지나치게 쉽게 굳어버리는 상태가 폐색전증의 가장 흔한 원인이다.

(2) 기타 위험인자

암세포, 호르몬 치료, 흡연, 고혈압 등이다.

3. 증상 및 검사

(1) 증 상

① 갑작스러운 호흡곤란이 가장 흔한 증상이다.

② 서맥, 실신, 청색증, 흉막성 통증, 기침, 객혈 등의 증상이 있을 수 있다.

③ 심부정맥혈전증이 흔히 동반되기 때문에 해당 다리의 통증, 부종, 발열이 나타날 수 있다.

④ 정확한 징후나 증상이 없는 경우도 있다.

(2) 검 사

① Spiral CT

② 폐 환기 – 관류스캔

③ 폐동맥 혈관조영술

④ 폐색전증을 배제하기 위한 혈액검사

⑤ X–선, 심전도, 심초음파, 정맥초음파

4. 치 료

(1) 입원 중 침상안정

입원 24~48시간 동안 침상안정을 취할 것을 권장한다. 최근에는 단순 심부정맥혈전증은 보행을 권유하기도 한다.

(2) 항응고 치료

혈전이 더 생성되는 것을 막고 재발을 막기 위해 항응고제를 투여한다. 재발이 흔하기 때문에 장기간 치료가 필요하다.

(3) 하대정맥필터

출혈로 타 치료가 곤란할 때 시행하며, 호전되면 항응고 치료를 한다.

(4) 혈전용해술

폐혈관을 막고 있는 혈전을 녹이는 약제를 투여하는 것으로, 중대한 출혈에 대한 금기증이 없을 때 시행한다.

(5) 기 타

① 카테터 삽입, 색전제거술
② 압박스타킹

1. 의 의

외상 후 발생된 혈전이 심부정맥을 막아 혈행장애를 일으키는 것이다.

2. 원인 및 호발요인

(1) 원 인

① 압박이나 활동력 감소로 인한 혈류지연과 혈관내벽 손상

② 외상이나 수술 후 혈액응고 기전의 변화

③ 골반 및 하지의 골절 수술 후 속발

(2) 호발요인

① 환자연령이 고령일수록

② 수술횟수가 많고 시간이 길수록

③ 고정기간 및 정도가 클수록

④ 기존의 전신질환이 심할수록

3. 진단 및 증상

(1) 진 단

① 선별검사 : 도플러 초음파

② 확진검사 : 정맥 조영술

(2) 증 상

동통, 부종, 온감 등이 있으나, 비특이적인 증세로 진단에 어려움이 있다.

4. 치료 및 예방법

(1) 치 료

① 일반요법

우선 다리를 높게 올리고 있는 자세를 유지하며, 혈액순환을 증진시키기 위해 탄력성 있는 압박스타킹을 신거나 탄력붕대를 감아 준다.

② 항응고제

더 이상 혈전증이 진행되지 않게 하고, 폐색전증의 합병증을 예방하기 위해 항응고제를 사용한다.

③ 혈전용해술

심부정맥혈전증이 초기인 경우 직접 혈전을 녹이는 혈전용해요법을 시행한다.

④ 하대정맥에 필터 삽입

폐색전증의 위험성이 높지만 출혈의 위험 등으로 인해 항응고제를 사용할 수 없는 경우라면, 떨어져 나온 혈전을 거르기 위해 하대정맥에 필터를 삽입하기도 한다.

(2) 예방법

최선의 치료는 예방이며, 조기보행을 시행한다.

1. 의 의

　지방색전증은 골수에서 떨어져 나간 지방미립자가 파열된 정맥을 통해 혈류에 진입 후 주요 장기에 색전증을 일으켜 급성호흡곤란증후군을 발생시키는 질환으로 다발성 외상 환자에게 서 호발한다.

2. 진단 및 증상

(1) 진 단

　혈액 검사, 방사선 검사, 심전도 검사 등을 통해 어느 정도 진단을 할 수 있다.

　① 외상의 병력
　② 주요 증상(호흡곤란, 뇌증상, 점상출혈반)
　③ 부차적 증상(고열, 빈맥, 안저변화, 황달, 콩팥기능 저하)
　④ 검사소견(빈혈, 혈소판 감소, 혈침속도 증가, 요중지방소적)

(2) 증 상

　12~72시간의 잠복기를 갖는데, 대부분은 수상 후 24시간 안에 전통적인 증상이 나타난다.

　① 호흡 곤란, 심박 항진, 고열과 뇌 기능 장애로 인한 두통, 불안, 정신 혼탁, 혼수 등이 관찰되 며 때로는 콩팥기능의 저하로 요량이 감소된다.
　② 드물게 객혈(hemoptysis)과 폐부종(pulmonary edema)이 나타나기도 하지만, 이는 대개 수상 2~3일 정도 잠시 존재하다가 소실된다.

3. 예방과 치료

(1) 예 방

① 지방색전증을 최소화시키기 위해 골절 부위를 부목 등으로 고정해 주어야 한다.

② 과도한 움직임은 지방색전증을 악화시킬 수 있으므로 불필요한 이동은 피하는 것이 좋다.

③ 조기 견고한 고정이 지방색전증의 발생을 줄일 수 있으며, 손상 당시 폐 손상의 정도가 폐색전증의 발생을 증가시킨다고 할 수 있다.

(2) 치 료

① 저산소증에 대한 치료는 산소를 공급하여 동맥혈의 산소 분압(PaO_2)이 정상 범위 내에서 유지되도록 하여야 한다.

② 의식이 없고 저산소증이 심한 경우에는 기계적 산소 공급장치로 산소를 공급하고 폐분비물에 대한 흡인과 기도 폐색을 예방하여야 한다.

1. 의 의

골절이나 탈구로 인해 혈류가 차단되어 해당 혈관의 지배하에 있던 골 조직이 괴사하는 현상을 말한다.

2. 호발부위

① 고관절 대퇴골두
② 수부 주상골
③ 거골 체부
④ 상완골 골두
⑤ 슬개골

3. 원 인

① 외 상
② 과도한 알코올
③ 혈색소 질환
④ 스테로이드 장기간 복용
⑤ 고셔병(Gaucher Disease)
⑥ 원인불명 특발성

4. 치 료

① 괴사 골편 제거술
② 골 이식술
③ 관절 고정술
④ 관절 전치환술(관절 전체를 제거한 뒤 인공관절을 이식하는 치료술)

06 이소성 골형성증 ✻✻

1. 의 의

골절이나 탈구 등의 외상 후 골이나 관절주위의 연부조직에 생기는 골화 현상 및 석회화 현상을 말한다.

2. 호발부위

① 주관절
② 고관절
③ 견관절

3. 증 상

① 통 증
② 부 종
③ 관절 구축(관절이 굳어지는 것)

4. 예방 및 치료

① 조기 운동으로 관절의 구축을 예방하는 것이 가장 중요하다.
② 스테로이드제를 투여하여 골화의 진행을 억제할 수 있다.
③ 기능장애가 있는 경우 방사선상 화골의 성장이 멈추고 완전히 성숙된 것을 확인하고 제거술을 시행한다.

1. 의 의

구획증후군은 외상 등으로 막힌 근막내 공간의 압력이 증가되어 혈류가 저하된 상태로, 구획내의 근육과 신경 등 연부조직이 괴사되면서 나타나는 증상을 말한다. 조직의 괴사가 발생하면 변형 및 기능소실이 심각해지므로 빠른 진단과 치료가 매우 중요하다.

2. 원 인

탄력이 적은 골과 근막으로 싸여있는 골격근에서 주로 발생한다.

(1) 소 아

상박골 과상부 골절에서 가장 흔하며, 대퇴골 골절에서도 견인치료의 부작용으로 발생할 수 있다.

(2) 성 인

골절, 연부조직 손상, 허혈 후 부종이 가장 흔한 원인이다. 특히 급성 구획증후군의 경우는 꽉 끼는 붕대나 석고의 착용 등으로 구획의 크기가 감소하거나 부종, 출혈 등으로 구획 내용물이 증가되어 발생하게 된다.

3. 분 류

(1) 급 성

대게 외상 후 발생되고 감압술을 필요로 하는데, 볼크만 허혈성 구축(근육과 신경의 괴사 후 발생된 지체의 구축변형 상태)이 한 형태이다.

(2) 만 성

운동에 의해 구획 내의 압력이 증가되어 순환장애, 동통 그리고 드물게는 신경마비를 가져오는 질환이다.

4. 증 상

(1) 5P 징후

　　① 동통(Pain) : 특히, 근육을 신장시킬 때

　　② 창백(Pale)

　　③ 감각이상(Paresthesia)

　　④ 마비(Paralysis)

　　⑤ 무맥(Pulseless)

(2) 조직내압 증가로 인한 부종

　　30mmHg 이상(정상 : 0mmHg)에서 부종이 나타날 수 있다.

(3) 국소적 빈혈상태

　　모세혈관에 혈류의 저하로 국소적 빈혈상태에 놓이게 된다.

5. 진단 및 치료

(1) 진 단

　　① 조직내압 검사

　　② 혈액검사

　　③ 소변검사

(2) 치 료

　　① 손상된 지체(肢體)를 높게 하여 정맥과 림프의 순환을 촉진시킨다.

　　② 신경기능의 저하가 발견되면 석고와 붕대를 제거하여 신경회복에 주력한다.

　　③ 조직내압이 30mmHg 이상이면 근막절개술 등의 수술적 치료를 시행한다.

08 압궤증후군 ✦✦✦

1. 의 의

광범위한 외상성 근육손상 또는 지혈대를 장시간 사용함으로써 근육이 괴사되고, 그 결과로 급격한 쇼크상태가 발생되는 상태를 말한다. 크러쉬 증후군(Crush syndrome)이라고도 불린다.

2. 원인 및 증상

(1) 원 인

교통사고, 건축공사장사고, 기차사고, 폭발사고, 지진, 광산사고 등에서 근육, 혈관, 신경 등의 손상으로 발생한다.

(2) 증 상

① 압착받은 부위에 심한 부종이 생기면 근육내 압력을 증가시켜 혈액 공급을 차단하고, 신경을 눌러 근육이 괴사된다.

② 괴사된 근육에서 유리된 독소(칼륨, 미오글로빈)가 심장, 폐, 신장 등에 부전을 일으킬 수 있다.

3. 진 단

혈액검사, 소변검사, X-ray, CT, MRI 검사를 통해 진단한다.

4. 치료 및 예후

(1) 치 료

① 지혈대의 장기간 사용으로 인한 근육괴사가 발생하는 경우, 지혈대 상부에서 절단술을 시행하는 경우도 있다.

② 소변량을 유지하면서 폐부종이 발생하지 않도록 수액을 조절한다.

(2) 예 후

① 높은 사망률

사망률이 높다.

② 급성신부전

대퇴근 등의 큰 근육이 오랜 시간 압박을 받아 조직괴사가 일어날 경우, 근육 내에서 산소를 저장하는 미오글로빈에서 만들어진 독성물질이 대량으로 해당 부위 쌓이게 된다. 따라서 구조 후 압박이 풀리면서 독성물질이 한꺼번에 대량으로 혈액으로 유입, 신세뇨관을 막아 급성신부전을 일으킨다. 신기능이 1주 이내 회복되면, 생존가능성이 있지만 대부분 2주 이내 증상이 악화되어 사망할 수 있다.

③ 부정맥

오랜 압박시 쌓인 칼륨이 대량으로 심장에 유입하여, 심장근육 이상으로 부정맥을 발생시킬 수 있으며, 처치가 늦어질 경우 사망할 수 있다.

1. 의 의

외상 후 특정 부위에 발생하는 만성 신경병성 통증과 이와 동반된 자율신경계 기능 이상, 피부 변화, 기능성 장애를 특징으로 하는 질환을 말한다.

2. 분 류

손상유형에 따라 제1형과 제2형으로 분류한다. 명백한 신경손상의 증거가 없는 경우를 제1형으로 분류하는데, 이는 과거 분류상 외상성 반사성 교감신경이영양증(= RPS)에 해당된다. 증명할 수 있는 신경손상이 있는 경우를 제2형으로 분류하는데, 이는 과거 분류상 작열통에 해당된다.

3. 원 인

여러 가지 원인에 의해 생길 수 있지만 어떤 이유든 조직의 신경이 손상을 받은 경우 유발된다.

① 외상, 골절 등으로 신경 손상을 입었을 때

② 팔이나 다리의 절단 후

③ 기브스(CAST) 후

④ 수술 후

⑤ 치과에 다녀온 후

⑥ 신경통을 앓은 후

4. 증 상

(1) 1단계 : 초기(3개월)

① 손상 부위에 가까운 부분에 통증과 부종이 나타난다.

② 피부가 따뜻해지고 땀이 많이 난다.

③ 감각과민이 나타나고 근육의 경련이 나타날 수 있다.

④ 외부 자극이나 정서 상태에 따라 통증이 증가한다.

(2) 2단계 : 이영양기(3개월~9개월)

① 화끈거리는 통증이 심해지고 부종의 범위도 넓어진다.

② 관절이 두꺼워지고 관절 운동의 제한이 있다.

③ 피부가 차고 딱딱해진다.

④ 골다공증이 생긴다.

⑤ 손발톱이 부서지고 갈라진다.

⑥ 피부의 색이 자줏빛으로 변한다.

(3) 3단계 : 위축기(수 개월~수 년)

① 통증이 마약성 진통제가 듣지 않을 정도로 심해진다.

② 통증이 신체의 광범위한 부분으로 퍼질 수 있다.

③ 근육 위축이 심하고, 관절 운동이 제한되어 강직이 생긴다.

┤ 심화학습 ├

복합부위 통증증후군의 통증과 다른 통증이 다른 점
• 손상 정도보다 훨씬 심한 정도의 통증을 호소한다.
• 독특한 표현으로 통증을 호소한다(예 '타는 듯하다', '칼로 찌르는 듯하다', '조인다' 등).
• 마약성 진통제가 듣지 않는다.
• 약한 자극에도 극심한 통증을 느낀다.
• 일반적으로는 통증을 일으키지 않는 물건에도 통증을 느낀다(예 바람, 옷, 가벼운 접촉, 종이 등).
• 예상된 기간보다 통증이 오래간다.

5. 진 단

(1) 방사선(X-ray) 검사

골다공증 등의 유무를 확인하기 위해 검사한다.

(2) 3상골스캔(3-phase bone scan)

뼈의 이상과 골감소 정도를 알 수 있다.

(3) 근전도 검사와 신경전도 검사

신경과 근육의 이상을 진단하기 위해 시행한다.

(4) 기 타

그 외에 확진을 위해 자율신경검사, MRI, 체열검사 등을 시행한다.

6. 치 료

(1) 약물치료

환자의 증상과 증상의 경중에 따라 진통소염제, 항우울제, 항경련제, 근육이완제, 골다공증 예방약, 스테로이드, 비타민 등 여러가지 약물이 사용된다.

(2) 경피적 전기신경자극법(Transcutaneous Electrical Nerve Stimulator, TENS)

통증의 억제회로를 자극하여 통증의 감소에 효과적이다.

(3) 신경차단술

약물로 교감신경을 차단하는 교감신경차단술과 영구적으로 교감신경을 파괴하는 교감신경절제술이 있다.

① 교감신경차단술

통증이 매우 심하고 잘 조절되지 않는 통증의 치료에 사용된다.

② 교감신경절제술

신경을 화학약품이나 고주파열응고술로 영구히 파괴하는 것이다.

(4) 통증조절장치

각종 신경차단술로 통증이 완화되지 않는 경우 전기자극을 통해 통증을 감소시키는 척수신경자극기 또는 척수약물주입기와 같은 통증조절장치를 시술한다.

(5) 심리 치료

복합부위 통증증후군을 가진 환자들은 우울증을 비롯한 정신적, 심리적 불안정이 동반될 가능성이 높으므로 신경정신과적 치료가 필요하다.

전신적 합병증	① 쇼크 : 출혈, 산소대사 장애 ② 심폐정지 : 출혈, 산소대사 장애, 비가역적 뇌손상 ③ 압궤증후군 ④ 출혈 합병증 : ㉠ 혈우병, ㉡ 응고이상증 ⑤ 색전증/혈전증 ⑥ 가스괴저 ⑦ 파상풍 ⑧ 폐렴 : 노인 환자 중 장기간의 침상안정을 요하는 골절 환자에서 폐렴이 발생할 수 있다.
국소 합병증	① 연부조직 손상 ② 신경 손상, 혈관 손상 ③ 장기 손상 ④ 구획증후군 ⑤ 감염 : 지연유합, 불유합, 골수염, 화농성 관절염, 관절강직과 같은 중증의 결과를 초래한다. ⑥ 비정상적인 골절치유 : 부정유합/지연유합/불유합 ⑦ 재골절 ⑧ 재발성 탈구 ⑨ 관절강직 ⑩ 외상성 관절염 ⑪ 무혈성 괴사 ⑫ 이소성 골형성 ⑬ 복합부위 통증증후군(CRPS)

01 심근경색증 vs 종류별 협심증 ✦✦✦

1. 정 의

심근경색증	관상동맥 혈류장애로 인한 지속적 심근허혈로, 심근의 비가역적 괴사가 일어나는 질환
협심증	관상동맥의 협착으로 인한 심근허혈 상태
안정형(만성)	동맥경화증으로 인한 관상동맥의 만성적 협착으로 생기는 협심증
불안정형	죽상경화판의 파열로 생긴 혈전으로 인한 급작스런 협착이 심해져서 생기는 협심증 예 운동시에만 있던 흉통이 상황에 관계없이 발생
변이형(이형성)	관상동맥의 연축(경련)에 의한 혈류장애로 생기는 협심증

2. 증상(임상적 진단)

심근경색증	통증이 가장 흔한 증상으로 협심증과 비슷한데 지속시간(20~30분 이상)이 더 길다. ① 흉골 부위의 심한 통증(호흡곤란을 동반) ② 목, 턱, 등, 좌측 팔로 퍼지는 방사통 ③ 조임, 짓누름, 쥐어짬 ④ 상당수(특히 고혈압, 당뇨환자, 노인)가 비정형적인 증상이나 무증상 경험 　　예 흉통 없는 구토나 속쓰림
협심증	증상이 비슷하지만 통증이 상대적으로 가볍고 지속시간이 짧다.
안정형(만성)	흉통 지속시간은 3분~10분 이내이다.
불안정형	① 새로 발생한 흉통 : 심한 통증과 하루 3번 이상 나타나는 협심증이 최근 2개월 이내 　새로이 발생하고, 그로 인해 일상생활에 장애가 있다. ② 점강성 흉통 : 원래의 흉통보다 빈도나 정도가 점차 악화된다. ③ 안정시 흉통 : 주로 20분 이상 지속되는 흉통이 있다(심근경색과 구분 필요). 　• 급성 : 48시간 이내 안정시 흉통이 있는 경우 　• 아급성 : 한 달 이내 안정시 흉통이 있는 경우
변이형(이형성)	① 특정시간대(주로 새벽, 특히 음주 후) 증상이 발현된다. ② 휴식할 때 발생한다(예 관상동맥 협착이 심하거나 급성으로 혈전이 발생한 경우). ③ 두근거림, 심한 호흡곤란, 공포감 증상이 나타난다. ④ 비교적 젊은 나이에 발병할 수 있다.

3. 검사소견

심근경색증		다음 중 2가지 이상에서 이상소견이 있을 때 추정한다. 특히, CK-MB(크레아티닌 키나아제)와 트로포닌(troponin) 수치가 상승되었을 때 더욱 의심할 수 있다. ① 심전도 : 허혈치료로도 정상화되지 않는 ST분절 상승 ② CK(크레아틴 인산효소) : 4~8시간 내에 상승, 48~72시간 후 정상 ③ CK-MB : 24시간 동안 간격을 두고 측정(심근손상 3~8시간 이내 검출, 12~24시간에 최고치, 24~48시간 후 정상) ④ LDH : 24시간 후 상승, 3~6일 정점, 7~14일 후 정상 ⑤ 트로포닌 I, T • 급성 심근경색 후 20배 증가 • 트로포닌 I : 7~10일간 상승, 트로포닌 T : 10~14일간 상승 ⑥ 미오글로빈 : 경색 후 24시간 내 정상 * 흉부 X선 : 좌심실 확장이 보일 수 있다.
협심증		CK-MB 정상
	안정형(만성)	① 흉부 X선 : 대부분 환자는 정상 소견을 보이나 심근경색, 고혈압 병력을 가진 자는 좌심실 확장이 보일 수 있다. ② 안정 심전도 : 비특이성 ST분절 변화가 가장 흔하다. 50%의 환자에서는 안정시 심전도가 정상으로 나온다.
	불안정형	① CK, CK-MB, LDH 상승이 없다. ② 1/3의 경우 트로포닌 I, T의 상승을 보인다.
	변이형(이형성)	–

1. 의 의

관상동맥의 혈류장애로 인한 지속적 심근허혈로, 심근세포의 비가역적인 괴사가 일어나는 심장 질환으로 다음과 같이 구별할 수 있다.

(1) ST절 상승 심근경색증

관동맥이 100% 막혀 응급으로 혈관 재개통이 필요한 심근경색증을 말한다.

(2) 비(非) ST절 상승 심근경색증

관동맥이 완전히 막히지 않은 심근경색증으로, 허혈성 흉통은 있지만 ST분절의 상승은 없다. 이는 급성심근경색부터 만성(안정형) 협심증까지 다양하다.

2. 원 인

(1) 관상동맥 혈류장애로 인한 심근허혈(= 협심증)

아래와 같은 요인들에 의해 일어난다.
① 동맥경화증
② 죽상경화증
③ 죽상경화판 파열로 인한 색전
④ 관상동맥 연축(경련)

(2) 관상동맥 질환의 위험인자

① 고 령   ② 경구피임약
③ 흡 연   ④ 음 주
⑤ 고혈압   ⑥ 혈관질환
⑦ 당뇨병   ⑧ 가족력

(3) 그 외의 원인

① 대동맥류, 혈관염, 선천성 기형 등
② 쇼크, 빈혈, 산소가 부족해지는 상황

3. 진단 및 증상

(1) 진 단

기본적으로 다음과 같은 순서로 진행된다.

① 기본검진 : 임상증상

② 심전도, 혈액검사 : 심근효소 수치 확인

③ 심장초음파 : 기본적인 심기능을 확인(좌심실의 기능도) → 향후 치료전략과 예후판정에도 도움이 된다(협심증의 경우 부가적으로 운동부하검사를 실시).

④ 심혈관조영술 : 확진

(2) 증상(임상적 진단)

통증이 가장 흔한 증상이다.

① 흉골후부의 심한 통증은 전형적 증상으로 주로 호흡곤란을 동반한다.

② 목, 턱, 등, 좌측 팔로 퍼지는 방사통을 동반할 수 있다.

③ 조이거나, 짓누름, 쥐어짜는 듯한 느낌으로 협심증과 유사하지만 더 심하고 오래 지속된다.

④ 상당수(특히 고혈압 또는 당뇨병 환자나 노인)가 비정형적인 증상이나 무증상을 경험한다.
　예 흉통 없는 구토나 속 쓰림

4. 검사소견

주로 심전도, 혈청표지자, 영상검사 등의 검사 중 2가지 이상에서 이상소견시 확진할 수 있다. 특히, 심근효소 CK-MB, 트로포닌의 상승이 있어야 한다.

(1) 심전도 : ST분절의 상승

① 니트로글리세린 투여 등 허혈치료로도 정상화되지 않는 최소 2개 이상의 인접 유도에서 1mm 이상의 ST분절 상승이 있어야 한다.

② 기본적으로 완전 폐색시 상승이 나타나며, 급성심근경색의 경우 국소적 상승이 나타난다. 일시적 폐색 또는 측부 순환 시에는 상승 소견이 나타나지 않는다.

③ 비(非) ST분절 상승 심근경색증은 관상동맥의 완전폐쇄가 드물고, 있다 하더라도 심전도의 변화가 잘 보이지 않는 좌회귀지 병변이나 측부혈관이 발달한 경우가 많다. 또한 이러한 심전도의 비진단적 경우는 노인이나 과거 경색을 앓았던 환자에게서 흔하다.

(2) 혈청 심장표지자

① CK(크레아틴 인산효소)

    ㉠ 4~8시간 내 상승, 48~72시간 후 정상화된다.

    ㉡ 단점 : CK는 심근외 다른 근육세포에도 존재하기 때문에 특이성이 결여된다.

② CK-MB(크레아틴 인산효소의 MB 동종효소)

    ㉠ 첫 24시간 동안 시간간격을 두고 반복 측정하여 상승하강 경향을 추시한다.

    ㉡ 심근손상 3~8시간 이내 검출, 12~24시간에 최고치, 24~48시간 후 정상화된다.

    ㉢ 장점 : 심근 이외의 조직에는 많이 존재하지 않아 비교적 특이성이 높다.

③ 트로포닌 I/T

    ㉠ 정상인은 검출되지 않으며, 급성 심근경색 후 20배 이상 증가한다.

    ㉡ 트로포닌-I는 7~10일간 상승, 트로포닌-T는 10~14일 동안 상승한다. 따라서 발작 수일 후 심근경색의 진단에 도움이 된다.

    ㉢ 불안정형 협심증환자는 CK, CK-MB, LDH는 증가하지 않고, 1/3은 토로포닌-I/T의 상승이 있다.

④ LDH

첫 24시간 후 상승, 3~6일 정점, 7~14일 후 정상화된다. 따라서 경색 후 수일이 지나 CK가 정상화된 환자에서 진단적 가치가 높다.

⑤ 미오글로빈

경색 후 24시간 내 정상화된다(혈중으로 방출 후 신속히 소변으로 배출).

(3) 영상검사

① 심초음파

좌심실의 기능도를 알아볼 수 있어 결과에 따른 치료전략의 수립과 예후 판정에도 도움이 된다.

② 심혈관조영술

관상동맥의 해부학적 구조와 협착부위의 정도를 알 수 있어 확진검사로 이용되고 있으며, 치료와 예후 결정에 큰 도움을 얻을 수 있다. 그러나 0.1% 미만에서 사망이나 심근경색증 같은 합병증이 발생하는 등 위험성이 있으므로 모든 환자에게 시행하지는 않는다. 적응증은 다음과 같다.

    ㉠ 심인성 급사에서 생존한 관상동맥 질환자 혹은 중증 관상동맥 질환자

    ㉡ 약물치료에 반응이 없어 혈관 재개통술이 필요한 경우

    ㉢ 타인의 안전에 관련된 직업으로 인해 확진이 필요한 경우

    ㉣ 동반된 질환으로 인해 비침습적 검사를 시행할 수 없는 경우

    ㉤ 비침습적 검사상 진단이 확실하지 않은 경우

ⓗ 비침습적 검사상 중증 허혈이나 다혈관 질환이 의심되는 경우

　＊ 최근에는 심혈관조영술 도중에 혈관내 초음파 등을 이용하여 보다 정밀하게 협착의 정도를 평가하기도 한다. 뿐만 아니라 조영술 후에 심혈관성형술 또는 스텐트삽입술을 시행할 수 있으므로 치료적인 의미도 함께 가지고 있다.

③ 동위원소 검사

혈관에 충분한 혈액이 흐르는지를 밝히는 생리학적 검사이다.

5. 치료

(1) 개요

① 심근경색증의 치료는 크게 막힌 혈관을 넓히는 관혈적 치료와 이후 약물치료로 나뉜다.

② ST절 상승 심근경색의 경우에는 가능한 한 빠른 시간 내에 막힌 혈관을 넓히는 시술 또는 약물이 요구된다.

③ 비 ST절 상승 심근경색증의 경우에는 쇼크가 동반되는 경우와 같이 특수한 경우가 아니면 약물 치료 후 안정화된 상태에서 시술할 수도 있다.

(2) 일반적 치료

① 경색의 크기를 제한하고 심기능을 보전한다.

② 쇼크, 심부전, 부정맥 등의 합병증을 예방한다.

③ 혈전용해제, 혈관확장제 등을 투여한다.

④ 관상동맥 우회술(CABS), 경피적 관상동맥 성형술(PTCA) 등을 시행한다.

(3) ST분절 하강 심근경색증의 치료(급성 관동맥 증후군)

① 불안정형 협심증의 경우 심근경색증의 바로 전 단계로서 심근경색증에 준한 관리와 치료가 필요하다. 따라서 최근에는 불안정형 협심증과 심근경색증의 병태생리가 같다고 하여 '급성 관동맥 증후군'으로 통칭하고 있다.

② 혈전용해치료의 경우, ST절 하강을 보이는 심근경색에서는 오히려 사망률을 높인다는 보고가 있으며, 현재까지 알려진 결과로는 심전도 변화가 비진단적일 때에도 마찬가지로 시행하지 않는다.

6. 합병증

(1) 주요 증상

심실성 부정맥, 전도장애, 심부전 및 쇼크 등이다.

(2) 부정맥

① 부정맥의 발생빈도는 주로 심근경색 발현 후 조기에 높다.

② 심근경색 후 24시간 내에 특별한 경고성 부정맥 없이 심신빈맥이나 심실세동이 발생할 수 있다.

(3) 심신파열

심신파열이 발생할 경우 사망할 수 있다.

03 협심증 ✿✿✿

1. 의 의

동맥경화, 죽상경화, 혈전, 혈관의 수축 및 연축 등으로 관상동맥이 급성 또는 만성으로 협착되어 혈류가 감소하고, 심근이 허혈상태에 빠지게 되는 질환이다.

2. 원인 및 증상

(1) 원 인

심근경색증의 내용과 같다.

(2) 증 상

① 심근경색증과 같다. 그러나 통증의 정도와 지속시간이 상대적으로 가볍고 짧다.
② 좌측 유방 아래 부위에서 느껴지는 날카롭고 빨리 지나가는 통증이나 지속적인 둔통은 협심증 증상이 아니다.

3. 검 사

(1) 임상증상

기본적 병력 청취와 이학적 검진 후 심전도를 비롯한 여러 검사를 시행한다. 특징적이고 전형적인 증상을 호소하는 환자는 병력만으로도 강력하게 의심해볼 수 있다.

(2) 심장초음파

대개 외래에서는 심장초음파를 먼저 시행하여 기본적인 심기능을 확인한 후 협심증이 의심된다면, 확진은 급성심근경색증과 마찬가지이고 심혈관조영술을 시행하여 확인한다.

(3) 운동부하검사

심장초음파에서 이상이 없는 경우도 많은데 이는 많은 환자가 운동시 흉통을 호소하는 데에 비해서 심장초음파는 가만히 누워서 휴식 시에 시행하기 때문이다. 따라서 심장에 인위적으로 부하를 가하여 관상동맥의 예비능을 평가하는 방법을 부가적으로 이용하는데 이를 운동부하검사라고 한다. 주로 아래의 방법을 실시한다.

① Treadmill test

② 심근 단일광전자단층촬영(심근 SPECT)

③ 도부타민(Dobutamine) 부하 심초음파

(4) 심혈관조영술

심혈관조영술은 협착 또는 폐쇄된 혈관을 찾아서 그 정도와 부위를 진단할 수 있어서 확진검사로 이용된다. 최근에는 심혈관조영술 도중에 혈관내 초음파 등을 이용하여 보다 정밀하게 협착의 정도를 평가하기도 한다. 뿐만 아니라 조영술 후에 심혈관성형술 또는 스텐트삽입술을 시행할 수 있으므로 치료적인 의미도 함께 가지고 있다.

(5) 그 밖의 검사

① 안저검사, 혈액검사, 소변검사

② 흉부 X-선 검사

③ 심전도 검사

4. 치 료

(1) 약물치료

① 니트로글리센

② 아스피린, 헤파린, 칼슘길항제, 베타차단제

(2) 관혈적 치료

협착이 심한 혈관을 넓혀주는 수술이다.

① 경피적 관상동맥 성형술

② 관상동맥 우회로 조영술

③ 금속망 삽입술

협심증 중에서 최근에 통증이 심해지거나 휴식 시에도 통증이 있는 경우, 즉 불안정형 협심증은 심근경색증의 바로 전 단계이기 때문에 심근경색증에 준해서 관리하고 치료해야 한다. 따라서 최근에는 불안정형 협심증과 심근경색증의 병태생리가 같다고 하여 급성 관동맥증후군으로 통칭한다. 우리나라에서도 근간에 여러 대형 병원에서 응급 심혈관성형술이나 스텐트삽입술을 시행하여 경과 및 치료 결과가 많이 향상되었다.

5. 합병증

심근경색, 심부전, 급사

6. 안정형 협심증

(1) 의 의

동맥경화증으로 인해 관상동맥의 혈류가 감소되어 발생하는 협심증으로 서서히 진행되는 것이 특징이다.

(2) 유발인자

① 동맥경화증

② 급작스러운 산소 작업량이 요구되는 상황(운동, 흥분, 추위, 기상 후 세수 또는 배변)

(3) 증 상

① 통증은 심근경색증과 비슷하다.

② 지속시간은 3~10분 이내이다.

③ 니트로글리세린 투여로 호전된다.

(4) 진단방법

① 흉부 X선

심근경색, 고혈압 병력을 가진 자는 좌심실 확장이 보일 수 있다.

② 안정 심전도

이상이 있을 경우 비특이성 ST분절 변화가 가장 흔하다. 50%의 환자에서는 안정시 심전도가 정상으로 나온다.

③ 부하검사

심근에 여러 방법으로 스트레스를 주어 허혈을 유발하고, 이로 인한 심전도나 관류 이상을 검사하는 방법이다. 심근허혈 진단뿐만 아니라, 허혈의 정도나 예후까지도 판단할 수 있다.

④ 관상동맥조영술

협심증을 확진하는 침습적인 방법으로, 진단과 동시에 치료를 시행할 수 있다.

(5) 내과적 치료

① 위험인자 교정

㉠ 금연이 가장 효과적이다.

㉡ 고지혈, 고혈압, 당뇨의 관리 및 체중조절 등도 필수적이다.

㉢ 그 외 악화요인을 교정한다(빈혈, 갑상선 항진증, 부정맥 등).

② 약물요법

nitrates, 베타차단제, 칼슘차단제 등이 있다.

(6) 혈관(관상동맥) 재개통술

관상동맥 조영술상 유의한 협착병변이 있는 경우, 병변의 심한 정도, 위치, 환자의 상태에 따라 고려한다. '경피적 관상동맥 중재술'과 '관상동맥 우회로 이식술'로 크게 나눈다.

① 경피적 관상동맥 중재술(PCI)

㉠ 관상동맥 풍선 확장술 : 혈관 통행로가 넓어져 혈액순환을 원활하게 해준다.

㉡ 관상동맥 스텐트 시술 : 관상동맥 풍선 확장술과 비슷한 방법으로 시술되며, 혈관을 튼튼하게 넓힐 수 있는 방법이다.

② 관상동맥 우회로 이식술(CABG)

㉠ 장점 : 내유동맥이나 복재정맥 등을 이용한 우회로를 통해 심근에 혈류를 공급하는 수술적 방법으로, 증상을 효과적으로 개선시키며, 일부 환자군의 생존율을 증가시키고, 완전한 혈관 재개통을 달성할 수 있다.

㉡ 단점 : 초기 의료비가 비싸고, 수술 관련 사망률이나 이환율이 높으며, 재수술 위험이 있다.

(7) 예 후

협심증 환자의 예후는 관동맥의 질환 정도 및 좌심실 기능에 따라 좌우된다.

7. 불안정형 협심증(색전)

(1) 의 의

불안정형 협심증은 대부분의 경우 관상동맥내 죽상판 파열에 의해 형성된 혈전이 관상동맥 혈류를 막아서 발생한다. 안정형 협심증과 달리, 갑작스런 관상동맥 혈류저하로 발생하므로 임상적으로 매우 불안정한 상태이다. 초기에 적절한 치료를 받지 못하는 경우 심근경색이나 심인성 급사 등으로 진행할 수 있으므로 적극적인 치료가 필요하다.

(2) 임상적 진단

① 새로 발생한 흉통

심한 통증과 하루 3번 이상 나타나는 협심증이 최근 2개월 이내 발생하였고, 일상생활에
현저한 장애가 있다.

② 점강성 흉통

원래 있었던 흉통의 빈도나 정도가 현저히 악화된다.

③ 안정시 흉통

주로 20분 이상 지속되는 흉통이다. 한 달 이내에 안정시 흉통이 있는 경우는 아급성, 48시
간 이내에 안정시 흉통이 있는 경우는 급성으로 분류한다.

(3) 치 료

① 항허혈 치료

② 항혈전 치료

③ 혈관 재개통술

④ 죽상경화 위험인자 제거

8. 변이형 협심증(= 이형성 협심증)

(1) 의 의

관상동맥의 경련성 내경 감소에 의한 혈류감소로 협심증 증상이 발현되는 질환이다.

(2) 임상적 증상

① 주로 새벽에 발생(특히 음주 후)한다.

② 휴식할 때 발생한다.

③ 비교적 젊은 나이에 발병한다.

④ 두근거림, 심한 호흡곤란이나 공포감 등이 나타난다.

(3) 진 단

① 경련이 발생되어 통증이 있을 때는(흉통시) 심전도상 ST분절의 상승을 확인할 수 있다. 경련
이 오랫동안 지속되면 심근경색으로 진행할 수도 있다.

② 운동부하 심전도는 도움이 되지 않는다.

③ 관상동맥조영술 도중 약물을 투여하여 경련 유발 여부를 판정한다.

④ CK-MB는 정상이다.

(4) 치 료

약물치료에 잘 반응하므로 장기 예후는 비교적 좋은 편이다.

① 니트로 글리세린 설하정

일시적 경련에 반응이 좋다.

② 칼슘길항제, 질산염제제

장기적인 치료에 투여한다.

04 | 부정맥 ✣✣

1. 의 의

부정맥이란 심장박동이 불규칙하게 되는 것으로, 이는 심장의 전기자극 체계에 이상이 있을 때 발생하며 다양한 증상을 보인다.

2. 유발원인 및 증상

(1) 유발원인

① 심장질환 및 폐질환(만성 폐쇄성 폐질환)
② 자율신경계 이상 : 갑상선 기능 항진증
③ 전신질환
④ 약물 및 전해질 이상 : 항생제, 칼슘/마그네슘 저하
⑤ 그 외에도 운동, 커피, 흡연, 음주 등에서 발생될 수 있다.

(2) 증 상

증상은 사람마다 매우 다양하게 나타나며, 일반적인 증상은 아래와 같다.
① 심계항진 및 호흡곤란
② 어지러움 및 피로감
③ 흉 통
④ 실 신

3. 진단 및 치료

(1) 진 단

일반적으로 아래와 같은 검사를 하나 일부 환자의 경우는 특수 검사를 하게 된다(임상 전기생리학적 검사 등).
① 심전도 검사
② 심초음파 검사
③ 24시간 심전도 검사
④ 운동부하 검사

(2) 치 료

① 전극도자절제술

② 인공 심박조율기

③ 전기적 심율동전환(cardioversion)

④ 자동 심실제세동기

⑤ 외과적 수술

⑥ 심부정맥제

1. 의 의

선천성 심질환은 출생 시에 알 수 없는 원인으로 심장의 기형 및 기능 장애를 나타내는 질환을 말한다. 유아와 어린이일 때 교정술을 받는다면 생존율을 높일 수 있으며, 수술결과가 좋더라도 계속적 추적 관찰이 필요하다.

2. 원인 및 증상

(1) 원 인

태아의 심장 형성은 임신 3개월 이전에 이미 완료되는데 선천성 심장병은 태아의 심장이 형성되는 임신 초기 과정에 이상이 생겨서 발생하게 된다.

일부 밝혀진 원인은 다음과 같다.

① 임신 중 모체 감염(풍진, 기타 바이러스 감염 중 일부) 및 당뇨병

② 임신 중의 약물 복용(탈리도마이드, 흡연, 알코올 섭취, 아스피린, 마약 등)

③ 다운증후군, 터너증후군과 같은 염색체 이상

④ 미숙아(동맥관 개존증 빈도가 높아짐)

　* **동맥관 개존증** : 동맥관 열림증(Patent Ductus Arteriosus ; PDA)

⑤ 다인자 요인(유전적 소인과 환경적 요인과의 상호 작용)

(2) 증 상

① 심한 선천성 심장병은 출생 1주 만에 사망할 수도 있다.

② 심방중격결손증 같은 경우는 성인이 되어서야 증상이 나타날 수도 있다.

③ 유아나 아동기에는 수유 곤란을 겪거나 호흡곤란, 발육부전, 청색증을 보이기도 한다.

④ 10대 이후에는 피곤함, 운동시 숨참 등의 증상이 주로 나타난다.

3. 분류

(1) 비청색증형 심장병

① 난원공결손

② 심방중격결손

③ 심실중격결손

④ 동맥관 개존증

⑤ 대동맥 축착증

⑥ 폐동맥 협착증

⑦ 대동맥 협착증

(2) 청색증형 심장병

① 팔로 4징후(Tetralogy of Fallot)

② 대혈관 전위증

③ 엡슈타인 기형(Ebstein's Disease)

④ 아이젠멩거 증후군(Eisenmenger Syndrome)

┤ 심화학습 ├

아이젠멩거 증후군(Eisenmenger Syndrome)

커다란 심실중격결손, 동맥관 개존증, 방실중격결손 등이 있는 경우에 적절한 시기에 치료를 하지 않으면, 폐로 가는 혈류량이 많아지게 되고, 이는 높은 폐동맥 고혈압을 유발하게 된다. 폐동맥 고혈압은 결국 폐혈관을 망가뜨리는 결과를 초래하고, 폐저항을 높여 더 이상 수술로는 치료할 수 없는 상태가 된다. 이때에는 결손을 통하여 혈액이 보통 때와는 반대쪽으로, 즉 좌심실이나 대동맥으로 흘러 청색증이 보이게 되며, 이러한 상태를 아이젠멩거 증후군이라고 한다.

06 팔로 4징후(Tetralogy of Fallot) ✿✿✿

1. 의 의

청색증을 나타내는 선천성 심질환 중 가장 흔하며, 전체 선천성 심장병의 10%를 차지하고 있다. 1세 이상의 청색증형 선천성 심장병의 75%를 차지하는 질환으로 아래 4가지 증상이 복합적으로 동반된다.

(1) 폐동맥 협착

폐동맥 협착으로 폐로 향하는 혈류의 공급 장애가 발생한다.

(2) 우심실 비대

협착으로 좁아진 폐동맥에 혈류공급을 늘리기 위해 우심실이 점점 비대하게 된다.

(3) 심실중격결손

심실중격의 결손으로 인해 우심실의 혈액이 대동맥으로 유입되어 전신순환이 이루어지고, 청색증이 발생하여 운동능력에 제한을 받게 된다.

(4) 대동맥 기승

대동맥이 정상보다 오른쪽에 위치하여, 심실중격 결손으로 인해 우심실과 좌심실에서 대동맥으로 흐르는 혈액의 흐름이 마치 Y자 형태를 띠는 것을 말한다.

2. 원인 및 증상

(1) 원 인
① 가족력(유전적 요소)
② 다운증후군(유전 질환)
③ 약물복용(태아기에 과도한 알코올이나 페니토인 등과 같은 약물)
④ 선천성 감염(풍진 감염)

(2) 증 상
① 청색증   ② 무산소발작
③ 심잡음   ④ 호흡곤란

1. 의 의

관상동맥은 심장의 근육인 심근에 산소와 영양을 공급하는 동맥을 말한다.

2. 위험인자

(1) 고 령

신체 노화에 따른 질환이나, 혈관의 약화로 나타난다.

(2) 경구피임약

심혈관질환 환자의 경구피임약 복용은 위험하기 때문에 복용시 반드시 의사의 처방이 필요하다.

(3) 흡 연

① 혈관을 수축시킨다.

② 경구피임약으로 인한 색전증 유발 위험을 더욱 증가시킨다. 이 위험은 나이와 흡연량에 따라 증가되고, 특히 35세 이상 여성들에게 현저하게 나타나므로 경구피임약을 복용하는 여성은 흡연을 삼가야 한다.

(4) 음 주

① 심장운동량을 증가시킨다.

② 음주시 음식섭취 등으로 인해 지방을 축적시킨다.

(5) 고혈압

혈압이 140/90mmHg 이상이거나, 항고혈압제를 복용하고 있는 경우 발생빈도가 증가한다.

(6) 혈관질환

고지혈증, 죽상경화증 등으로 위험이 증가한다.

(7) 당뇨병

다양한 혈관질환과 기타 전신질환의 원인이 된다.

(8) 가족력

특히 가족 중 남자 55세 이하, 여자 65세 이하의 연령에서 허혈성 심질환을 앓은 경우 유의해야 한다.

(9) 심전도 이상소견

① 허혈성 흉통 발생(특히 운동부하 심전도시 흉통으로 운동을 중지하게 되는 경우)

② 운동능력 이상

③ 수축기 혈압 반응 이상

④ 심박수 반응 이상

⑤ ST분절 하강

허혈성 심질환을 의심해 볼 수 있다.

⑥ ST분절 상승

관상동맥의 심한 폐쇄로 인한 심근경색증으로 혈관 재개통술이 필요하다.

(10) 스트레스 및 성격

스트레스는 다양한 질병의 원인이 될 수 있으며, 호전적이고 다혈질인 성격의 경우 심장 운동량이 급격히 증가하는 상황에서 특히 위험하다.

(11) 기 타

비만, 운동부족 등

08 수면무호흡증 ✿

1. 의 의

수면무호흡증은 목구멍 속 공기의 통로가 막혀 10초 이상 숨을 쉬지 않는 무호흡상태가 1시간당 5회 이상이거나, 7시간의 수면시간 동안 30회 이상인 경우를 말한다.

2. 위험인자 및 증상

(1) 위험인자

① 비 만

② 구조적 기형(특히 편도, 목젖, 연구개 등의 비대증이나 비용종 등)

③ 가족력

④ 음 주

⑤ 갑상샘 기능 저하증(hypothyroidism)

⑥ 양악수술

(2) 증 상

① 아침에 피로감

② 낮에 권태감

③ 증상이 악화됨에 따라 주의력 산만, 판단력 저하 등

3. 진 단

(1) 병력 진단

본인이나 배우자 또는 가족들을 통해 증상을 듣고 진단할 수 있다. 주간에 얼마나 졸리는지에 대한 문진을 통해서도 코골이나 무호흡의 심한 정도를 파악할 수 있다.

(2) 수면다원검사

8시간 동안 잠을 자면서 뇌파, 안구운동, 심전도, 근전도, 혈압, 호흡, 혈중 산소포화도 등을 측정하고, 이 결과를 바탕으로 코골이와 수면장애 정도를 진단한다.

4. 치 료

(1) 수 술

비강수술, 레이저 코골이 수술 등을 시행한다.

(2) 지속성비강 기도양압호흡기

코 위에 마스크를 밀착하여 기도 폐쇄를 방지한다.

5. 합병증

(1) 고혈압

수면무호흡 환자의 50% 정도는 고혈압을 동반한다.

(2) 허혈성 심질환

저산소증, 고혈압 등으로 심장마비가 올 수도 있다.

(3) 부정맥

수면무호흡증 환자의 50% 정도가 야간 심부정맥이 발생한다.

(4) 폐질환

폐성 고혈압, 호흡부전 등을 유발한다.

1. 기본적 병력청취와 이학적 검진

면담을 통한 진찰은 문제점 파악과 향후 검사 및 치료의 방향을 잡게 해준다. 특징적이고 전형적인 증상을 호소하는 환자는 병력만으로도 강력하게 의심해볼 수 있다.

2. X선 촬영

심장이 커지거나, 폐울혈 등을 쉽게 진단할 수 있다.

3. 심장초음파 검사

심장초음파 검사는 초음파를 이용한 비혈관적 심장검사 방법으로, 심장과 대동맥을 모든 방향에서 절단된 단면을 볼 수 있게 하여 심장과 혈관의 내부 구조 및 기능을 정확하게 파악할 수 있는 검사이다.

4. 운동부하검사

운동부하검사는 안정 시에는 얻을 수 없는 심혈관계 정보(협심증, 부정맥, 운동능력 포함)를 운동을 시켜 심전도와 혈압을 측정하면서 얻는 검사이다. 즉 일반적인 상황에서는 잘 나타나지 않는 관상동맥 질환을 발견하고 최대운동 수행능력을 알아보고자 실시하는 검사이다.

5. 심전도

심장의 자극 전도계를 그래프화 하여 검사하는 방법으로 ST분절의 상승/하강을 통해 진단한다.

6. 혈액검사

혈중 당, 지질 수치를 알 수 있으며, 심근경색증 환자의 심근이 손상되었을 때 혈액 속에 나타나는 심근 효소를 측정할 수 있다.

7. 심혈관(관상동맥)조영술

심혈관조영술은 직경이 가는 플라스틱관(직경 2~3mm, 길이 약 1m)을 동맥 혹은 정맥에 삽입하여 혈관을 따라 심장에 도달시킨 뒤 심장 근육에 혈액을 공급하는 관상동맥에 조영제를 주사하고 X-선을 투영하여 관상동맥 형태나 이상을 관찰하는 방법이다.

심혈관조영술은 대부분의 심장질환, 특히 협심증이나 허혈성 심장질환을 진단하는데 중요하며, 이외에도 심장의 기능 및 형태에 관해 정확하고 자세한 정보를 제공한다. 이러한 정보를 바탕으로 경피적 관상동맥 중재시술(풍선 확장술, 스텐트 삽입술, 판막성형술 등)을 시행할 수 있다.

8. 심도자 검사

심질환의 특수치료를 위해 실시하는 정밀검사로 심장과 혈관 안에 카테터를 서혜부나 손목 혈관을 통해 집어넣고 압력이나 산소 포화도를 측정하는 방법이다.

9. 심장 핵의학 검사

방사성 동위원소를 이용하여 좁아진 관상동맥을 확인할 수 있는 방법이다.

10. 그 밖의 검사

안전검사, 소변검사 등

1. 일반적 증상

(1) 암의 정의

암(cancer)은 여러가지 이유로 인해 세포의 유전자에 변화가 일어나 비정상적으로 세포가 변하여 불완전하게 성숙하고, 과다하게 증식하는 것으로 정의할 수 있다.

(2) 일반적 증상

암의 증상은 일반적으로 국소적 증상(종양, 출혈), 전이 증상(퍼지는 증상), 시스템적인 증상(체중 감소, 식욕감퇴) 등으로 나타난다. 일반적 증상은 다음과 같다.

① 비특이적 증상
② 생리기능의 변화로 인한 연하곤란, 배변장애
③ 혹이나 멍울
④ 자주 반복되는 통증이나 발열, 감염
⑤ 지속적인 체중감소, 식욕감퇴
⑥ 일부 출혈(암이 혈관을 침범한 경우)

2. 암의 진단

(1) 의사의 진찰

증상을 상담하고, 신체부위별로 체계적인 검진을 받는다. 시진, 촉진검사(유방, 갑상선), 문진 등이 있다.

(2) 내시경 검사

내시경을 통해 병변을 직접 관찰하여 암 정도를 평가하고, 동시에 조직검사를 시행할 수 있다.

(3) 영상검사

① 단순방사선 검사
　㉠ 가장 많이 사용되는 방법으로 해부학적 구조변화를 보기 위해 사용한다.
　㉡ 방사선이 인체를 통과할 때 조직과 뼈 등의 구조와 기능에 대한 영상을 검사한다.

ⓒ 밀도의 변화, 윤곽의 불규칙성, 표면의 침식정도, 뼈나 조직의 모양변화, 흉강 등 체강의 액체존재 여부를 알 수 있다.

ⓔ 주로 폐, 유방, 뼈 등을 검사할 때 사용한다.

② 투시검사

ⓐ 단순방사선 영상으로 구분이 잘 안되는 내부장기를 검사하기 위해 사용한다.

ⓑ 조영제를 사용하여 장기의 모양, 위치, 병변을 검사하여 암의 진단 및 수술시 절제범위를 결정하는데 유용하다.

③ CT(전산화단층촬영)

ⓐ X선을 이용하여 연조직의 해부학적 상태를 단층으로 보여준다.

ⓑ 병변의 악성/양성 여부, 특성과 부위를 확인할 수 있다.

ⓒ 다른 장기, 림프절로의 전이 여부 등을 확인할 수 있다.

ⓔ 일반적으로 중추신경계, 머리, 목, 폐, 복부장기를 평가할 때 사용한다.

④ 초음파검사

ⓐ 초음파를 이용하여 비침습적으로 쉽게 할 수 있는 검사로 종양의 내부구조를 확인할 때 사용된다.

ⓑ 다른 장기로의 전이여부를 검사할 때에도 유용하다.

ⓒ 주로 심장, 복부장기, 갑상선, 유방, 자궁, 난소, 전립선 등을 검사할 때 사용한다.

⑤ MRI(자기공명영상)

ⓐ 횡단면, 관상면, 시상면의 영상을 얻을 수 있다.

ⓑ 암의 악성/양성 여부, 전이여부 판단에 좋다.

ⓒ 뇌, 척수, 유방, 근골격계, 복부장기 검사에 유용하다.

ⓔ 폐, 위, 대장 등과 같이 움직이는 장기의 검사로는 적절하지 않다.

⑥ 골스캔

뼈로 전이되는 암의 전이여부를 판단하기 위해 흔히 사용되지만, 이것만으로 확진은 힘들다.

⑦ 양전자방출단층촬영(PET)

ⓐ 종양세포의 대사변화를 단층 및 3차원으로 관찰, 암의 유무 및 분포를 진단하는 방법이다.

ⓑ 전이가 의심되나 전이위치를 알기 어려운 경우, 다른 검사로 암과 감별이 어려운 경우 유용하다.

(4) 종양표지자

종양표지자(Tumor Markers, TMs)란 종양세포에서 생성되어 분비되거나 종양조직에 대한 반응으로 주위의 정상조직에서 생성되는 물질을 말한다. 이러한 종양표지자를 혈액이나 다른 체액에서 측정함으로써 암세포의 존재 유무를 결정하거나 정상조직과 암조직을 감별하는데 이용된다.

(5) 조직/세포 병리검사

암의 확진은 암조직에서 암세포를 진단하는 것인데, 하나의 기관에서도 여러 종류의 암세포가 생길 수 있기 때문에 세포검사를 통해 암세포의 종류를 확인해야 한다.

① 피부를 절개하여 직접 암조직을 검사하는 방법

② 미세침흡인검사(주사기를 이용하여 침흡인하는 방법)

③ 내시경을 이용한 방법

④ 정맥채취 또는 골수검사(혈액암의 경우)

⑤ 작은 브러시를 이용하는 방법(자궁경부의 경우)

⑥ 직접 검사(소변, 가래, 뇌척수액 등)

우리나라 암 검진 프로그램 ✿✿

구 분	검진대상	주 기	검사항목
위 암	40세 이상의 남·여	2년	① 위내시경 ② 조직검사 ③ 위장 조영검사
간 암	40세 이상의 남·여 중 간암 발생 고위험군 ※ "간암 발생 고위험군"이란 간경변증, B형간염 항원 양성, C형간염 항체 양성, B형 또는 C형간염 바이러스에 의한 만성 간질환 환자를 말한다.	6개월	① 간초음파 검사 ② 혈청알파태아단백검사 　(Alphafetoprotein)
대장암	50세 이상의 남·여	1년	① 분변잠혈검사 ② 대장내시경검사 ③ 조직검사 ④ 대장이중조영검사
유방암	40세 이상의 여성	2년	유방촬영
자궁경부암	20세 이상의 여성	2년	자궁경부세포검사
폐 암	54세 이상 74세 이하의 남·여 중 폐암 발생 고위험군 ※ "폐암 발생 고위험군"이란 30갑년[하루 평균 담배소비량(갑) × 흡연기간(년)] 이상의 흡연력(吸煙歷)을 가진 현재 흡연자와 폐암 검진의 필요성이 높아 보건복지부장관이 정하여 고시하는 사람을 말한다.	2년	① 저선량 흉부CT 검사 ② 사후 결과 상담

1. 종양표지자의 종류

(1) CEA(암태아성 항원)

소화기계통의 검사로 주로 대장암, 폐암 등에 특이성이 높다.

(2) AFP(알파태아 단백)

간암에 특이성이 높다.

(3) CA 19-9

췌장암에 특이성이 높다.

(4) CA 125

난소암에 특이성이 높다.

(5) PSA

전립선암에 특이성이 높다.

┤ **심화학습** ├

그 밖의 종양표지자
- 난소암 : CA 72-4
- 전립선암 : PAP
- 유방암 : CA 15-3
- 혈액종양 : Ferritin
- 갑상선암 : 칼시토닌

2. 종양표지자 검사의 의의 및 유의사항

(1) 의 의

　　① 암의 선별검사 및 진단보조

　　② 암의 원발부위와 조직형태 감별

　　③ 암의 치료효과 판정과 재발지표

　　④ 높은 위험군의 추적검사

　　⑤ 질병의 시기와 예후의 추정

(2) 유의사항

　　종양표지자 검사는 암의 보조적 진단을 하는 것일 뿐이며, 확진은 조직검사로 한다.

구 분	양성종양	악성종양
세포특성	분화가 잘 된 성숙세포	분화가 잘 되지 않은 미성숙 세포
성장양식	피막이 있어 주변조직 침윤을 방지한다.	피막이 없어 주변조직으로 침윤하면서 성장한다.
성장속도	성장이 느리고, 휴직기도 있다.	성장이 빠르다.
전이여부	잘 되지 않는다.	잘 된다.
재발여부	수술로 제거시 재발의 거의 없다.	재발가능성이 높다.
예 후	좋다.	종양의 크기, 림프절 침범여부, 다른 장기로의 전이 여부에 따라 예후가 달라진다.

14 자궁경부암의 발병요인 ✽✽

1. 의 의

여성의 자궁 입구에 발생하는 악성종양으로 상당기간의 전암단계를 거쳐 발생한다.

2. 자궁경부암 발생과정

'자궁경부 상피 이형성증(정상조직과 암조직의 중간과정)'을 거쳐 '자궁경부 상피내암(자궁경부암 0기)'으로 진행되며, 더 나아가 '침윤성 자궁경부암'으로 발전할 수 있다.

3. 발병요인

① 인유두종 바이러스 감염(가장 핵심적 요인)
② 흡 연
③ 조기 성 경험(16세 이전)
④ 성교 대상자가 다수인 여성
⑤ 경구피임약 장기복용
⑥ 면역력 저하
⑦ 성 병
⑧ 다(多) 출산
⑨ 저소득계층

4. 진 단

① 질 확대경 검사[육안 or 자궁경부 질세포검사(Pap smear)상 이상이 있을 경우]
② 원추 절제술(암세포의 침윤여부)
③ 조직검사

1. 의 의

유방암은 유방 밖으로 퍼져서 생명을 위협할 수 있는 악성 종양이다. 발생 부위에 따라 유관과 소엽(小葉) 같은 실질(實質)조직에 생기는 암과 그 외의 간질(間質)조직에 생기는 암으로 나뉘며, 유관과 소엽의 암은 암세포가 주위 조직으로 퍼진 정도에 따라 다시 침윤성 유방암과 비침윤성 유방암으로 나뉜다.

2. 위험요인과 검진대상 및 검사방법

(1) 위험요인

① 음주(매우 중요한 위험요인)

② 유방암 가족력

③ 비만(비만세포에서 에스트로겐이 나옴)

④ 에스트로겐의 장기간 노출(이른 초경, 늦은 폐경)

⑤ 40세 이후의 여성 및 출산경험이 없거나 수유하지 않은 여성

⑥ 한 쪽 유방에 유방암이 있었던 사람

⑦ 가슴부위에 방사선 치료를 받았거나 방사선에 노출된 사람

(2) 검진대상 및 검사방법

① **검진대상** : 40세 이상의 여성

② **검사방법** : 유방촬영

  ㉠ 유방촬영 양측은 좌우 각 2회씩, 편측은(유방절제술을 받은 자 등) 각 1회 표준촬영법으로 촬영한다.

  ㉡ 유방촬영은 영상의학과 전문의가 반드시 판독을 실시하여야 하며, 영상의학과 전문의가 상근하지 않는 검진기관은 영상의학과 전문의에게 판독을 의뢰하여야 한다.

3. 진단 및 치료

(1) 진 단

유방촬영술 및 초음파를 이용하여 유방내 종괴(혹)나 석회의 유무를 확인하고 유방암 가능성이 있는 종괴에 대해서는 총 조직 생검(core needle biopsy), 진공흡인 보조 생검(vacuum-assisted biopsy)을 시행하여 암의 유무를 확인한다.

(2) 치 료

① 수술치료

유방암은 수술이 가장 중요하며, 수술 후 잔류 암세포 억제를 위해 항암치료를 한다.

② 재발방지를 위한 항호르몬 치료

ⓐ 타목시펜 : 폐경전 여성

ⓑ 아로마타제 억제제 : 폐경기 이후

┤ 심화학습 ├

그 밖의 종양표지자

• **타목시펜** : 에스트로겐 억제제
• **아로마타제 억제제** : 부신수질에서 만들어지는 안드로겐이 에스트로겐으로 전환되는 것을 차단한다.

간 암 ✦✦

1. 의 의

간암은 간에서 일차적으로 발생한, 즉 원발성(原發性)의 악성 종양을 의미한다. 병리학적(조직적)으로 원발성 간암에는 간세포암종과 담관상피암종, 간모세포종, 혈관육종 등 다양한 종류가 있으며, 이 중 간세포암종과 담관상피암종이 대부분을 차지한다.

2. 위험요인

만성간염, 만성 간질환(B형 또는 C형간염 바이러스)

3. 증 상

초기 증상은 거의 없다. 주요 증상은 복부 팽만, 우상복부 동통, 체중 감소, 식욕 부진, 피로이다. 배를 만져보면 간이 크고 딱딱하며 우둘투둘하게 느껴진다.

4. 진 단

(1) 영상검사

초음파검사, 전산화 단층촬영(CT), 자기공명촬영(MRI), 혈관조영술

(2) 혈액검사

혈청 속의 알파태아단백(AFP)을 측정하는 검사

5. 치 료

(1) 외과적 수술

간절제술은 가장 효과적인 치료법이다.

(2) 간동맥 색전술, 경피적 에탄올 주입술

간암의 크기가 작거나 수가 3개 이하일 때 실시한다.

① 간동맥 색전술

간동맥에 항암제를 투여하고 혈류를 차단하여 암조직을 선택적으로 파괴하는 치료법이다.

② 경피적 에탄올 주입술

간암 부위에 직접 알코올을 주사하여 간암 세포를 죽이는 치료법이다.

(3) 간이식술(마지막 단계)

간절제술이 어려운 환자에게 시행할 수 있으며, 초기 간암이면서 간 기능이 나쁜 경우에 시도되는 치료법이다.

1. Child-Pugh scoring system에서 사용되는 5가지 지표

Child-Pugh scoring system은 만성 간질환에서 간기능 장애의 중등도를 평가하고 환자의 예후와 생존율을 예측하는데 널리 사용된다.

항 목	1점	2점	3점
총 빌리루빈 수치	< 2	2~3	> 3
알부민 수치	> 3.5	2.8~3.5	< 2.8
혈액응고검사	> 1.7	1.71~2.20	< 2.20
복 수	없 음	경 도	심 함
뇌병변(뇌증)	없 음	1~2단계	3~4단계

2. 생존율

Child-Pugh scoring system에서 사용되는 각 항목별로 3점씩 총 15점을 부여하고, 점수에 따라 5~6점은 A, 7~9점은 B, 10~15점은 C로 구분한다.

구 분	1년 생존율	2년 생존율
Class A (5~6점)	100%	85%
Class B (7~9점)	81%	57%
Class C (10~15점)	45%	35%

18 간경화증 ✦✦

1. 의 의

간경화증은 간 조직이 파괴와 재생 과정을 거듭하여 섬유화되고 결절성 조직으로 변화하여 굳어진 상태로, 정상으로 회복될 수 없는 경우를 말한다.

2. 원 인

① 장기간의 과다한 음주 및 간독성 약물 장기 복용
② 만성 바이러스 간염(B, C형)
③ 간흡충과 같은 기생충 감염
④ 담도의 폐쇄성 질환
⑤ 대사성 질환

3. 증 상

(1) 초기 증상
증상이 없거나, 가벼운 정도이다.

(2) 비특이적 증상
피로감, 우상복부 불쾌감, 식욕감퇴, 구역질, 허약감 등이 있다.

4. 진 단

(1) 임상 검사
① 간 효소치의 상승은 간경화가 진행되면 오히려 떨어진다.
② 응고 검사 이상이 흔히 발견된다.
③ 알부민 수치가 감소한다.
④ 빈혈과 혈소판 감소증이 자주 관찰된다.
⑤ 황달지수(빌리루빈)가 상승한다.

(2) 초음파검사

복수를 발견하고 간과 담관의 해부학적 이상을 감별한다.

(3) 복부 CT촬영

간과 비장의 모양, 간경화 특징, 문맥 고혈압 등을 잘 관찰할 수 있다(상부위장과 내시경검사).

5. 치 료

(1) 절대안정

가장 중요한 것은 절대안정, 즉 충분한 휴식과 섭취이다. 복수 예방에 도움이 된다.

(2) 식습관의 변화

① 어떠한 경우이든 금주가 필수적이다.
② 과량의 수분 섭취 및 소금기 있는 음식은 삼간다. 복수 및 부종을 야기할 수 있다.

6. 합병증

식도정맥류, 간성혼수와 간신증후군은 말기이다.

(1) 복 수

배에 물이 차는 것을 말한다.

(2) 식도정맥류

간장이 굳어져 혈액이 우회하여 직접 식도의 정맥으로 흘러 들어가 정맥류가 생기는 것으로 파열시 피를 토하거나 흑색변을 보게 된다.

(3) 간성혼수

간기능이 저하되어 암모니아가 해독되지 아니하고 신경계에 나쁜 결과를 초래한다.

(4) 자발성 복막염

간경변증으로 복수가 차있는 상태에서 저절로 세균성 복막염이 초래되는 것으로 사망률이 높다.

(5) 간신증후군

간경변증으로 신장 기능이 극단적으로 저하된 상태로 복수를 조절하는 과정에서 수분의 균형이 흔들려 신장 기능이 극단적으로 저하된 상태이다.

19 간기능 검사 ✦

1. 간기능의 혈액검사법

(1) 간합성 기능의 검사

① 혈청빌리루빈(증가하는 경우 황달)

② 혈청알부민, 혈청글로블린(감소하는 경우 중증 간질환)

③ 응고인자

ㄱ 간 손상시 다양한 응고검사에서 결함이 나타난다.

ㄴ 간세포의 기능장애가 있을 때 응고인자의 합성이 적어지고 혈액응고의 지연이 나타난다.

ㄷ 프로트롬빈 시간(PT) : 프로트롬빈 시간 검사는 혈액응고의 지연검사로 제 I, II, V, VII 및 X 인자들에 의해 영향을 받는다.

(2) 간세포손상의 증거

간세포 손상시 혈청으로 간세포 내의 효소들이 방출된다. 혈액검사를 통하여 정상치의 기준을 알아보면 다음과 같다.

① GOT, GPT(30단위 이하)

② ALP(3~12단위)

③ γ-GTP(남성 40단위 이하, 여성 30단위 이하)

2. 간염 바이러스 표지자

(1) B형간염 바이러스 표지자

① B형간염 표면항원(HBsAg) : 양성시 감염

B형간염 표면항체(HBsAb) : 양성시 면역

② B형간염 핵항원(HBcAg) : 간조직에서만 검출

B형간염 핵항체(HBcAb, IgM) : 급성간염 후 6개월간 양성

B형간염 핵항체(HBcAb, IgG) : 양성이면 과거 B형간염에 노출된 적이 있음

③ B형간염 e항원(HBeAg) : 바이러스가 증식되며 전염력이 있음

B형간염 e항체(HBeAb) : 바이러스 증식이 낮은 수준을 의미

④ B형간염 바이러스 DNA, HBV DNA : 현재 감염되어 있으며 바이러스가 증식됨

* H : 간염, B : B형, s : 표면, c : 핵, e : 전염력, Ag : 항원, Ab : 항체

(2) C형간염 바이러스 표지자

① C형간염 바이러스 항체검사(anti-HCV 혹은 HCV Ab)

혈액 속에 항체가 형성되어 있다면 현재 C형간염 바이러스가 들어있거나 과거에 들어온 흔적이 있음을 의미한다. 만성 간질환에서 양성시 현재 만성 C형간염을 갖고 있을 가능성 매우 높다.

② RIBA 검사

가짜 양성을 밝히는 정밀한 검사이다.

③ C형간염 바이러스 RNA역전사 중합효소 연쇄반응법(HCV RNA RT-PCR)

미량의 C형간염을 검출해내는 방법으로 양성시 현재 C형간염 바이러스가 증식하고 있음을 의미한다.

3. 기타 진단법

aFP, 항미토콘드리아항체검사, 경피적 간조직검사

B형 만성간염의 위험인자 ✦✦

1. 정 의

B형간염 바이러스에 의한 감염이 6개월 이상 지속되어 만성적으로 간의 염증이 지속되는 질환을 말한다.

2. 원인 및 위험인자

(1) 원 인

B형간염 바이러스는 주로 간과 혈액 속에 많이 있기 때문에 주로 혈액을 통해 감염이 된다. 즉, 오염된 면도날, 주사바늘, 침, 칫솔 등을 함께 사용하는 경우 감염될 수 있다. 그러나 체액이나 분비물에도 소량의 바이러스가 나올 수 있기 때문에 성관계 등을 통해 감염될 수도 있다.

(2) 위험인자

① B형간염 바이러스 보유자 산모로부터 출생한 신생아(= 수직감염 → 만성화 확률이 높음)

② B형간염 바이러스 보유자의 가족

③ 급성 B형간염 환자의 배우자

④ 혈액제제를 반복 투여하는 환자(혈우병, 투석환자)

⑤ 타인의 혈액 또는 분비물을 자주 접촉하는 의료관계자

⑥ 성관계가 문란한 자

⑦ 동성연애자

⑧ 마약중독자(주사기 돌려 씀)

21 대장암 ✿✿

1. 의 의

대장암은 결장과 직장에 생기는 악성 종양이다. 대장암의 대부분은 선암(샘암), 즉 점막의 샘세포에 생기는 암이며, 그 밖에 림프종, 악성 유암종, 평활근육종 같은 것이 원발성으로 생길 수 있다.

2. 원인 및 위험요인

(1) 원 인

크게 환경적인 요인과 유전적인 요인으로 나누며, 50세 이상의 연령, 높은 열량의 섭취, 동물성 지방 섭취, 섬유소 섭취 부족, 비만, 음주 그리고 선종성 대장용종, 만성 염증성 대장 질환 등이 대장암의 발생에 관련이 있는 것으로 알려져 있다.

(2) 위험요인

① 궤양성 대장염과 크론병(Crohn's disease)

궤양성 대장염의 경우 대장암 발생 위험률이 10배 이상, 크론병의 경우 4~7배 이상 증가한다.

② 대장용종

대장에 생기는 혹으로 선종성 용종이라는 암의 전 단계를 거쳐 암으로 발전하며, 조직검사에서 융모성 성분을 많이 포함하고 있다면 암 진행 가능성이 높아진다.

3. 증상 및 진단

(1) 증 상

가장 주의해야 할 증상은 배변 습관의 변화, 혈변, 동통 및 빈혈이다.

(2) 진 단

① 직장수지검사

항문을 통해 손가락을 삽입하여 직장부위를 진단하는 것으로 종양을 검사하는 가장 보편적 방법 중 하나이다.

② 대변검사

대변의 혈액성분을 확인하며 양성시 대장내시경 검사를 받아야 한다.

③ 대장내시경 검사

항문을 통해 내시경을 삽입하여 대장 전체를 관찰하는 검사로, 진단율이 매우 높고 조직검사와 용종제거가 가능하다.

④ 암태아성 항원 검사(CEA, 종양표지자 검사)

암태아성 항원 검사(CEA)는 대장암의 경과관찰 및 치료효과 판정 또는 재발 확인을 위한 검사에서 보조적으로 쓰인다.

┤ 심화학습 ├

암태아성 항원(Carcino Embryonic Antigen, CEA)

CEA는 태아 시기에 정상적으로 만들어지는 당단백질이다. 정상인에서는 태어나기 전에 CEA의 생산이 중단되지만, 대장암 환자의 경우 혈중 CEA 수치가 증가하게 된다. 그러므로 성인에게서 신생아보다도 더 높은 CEA수치가 나타난다면, 이는 대장암의 가능성을 시사한다고 할 수 있다.

---

1. 궤양성 대장염

(1) 의 의

대장에 일어나는 염증성 장질환의 일종으로 대장점막에 다발적으로 궤양이 생기며, 대장점막이 충혈되면서 붓고 출혈을 일으키는 질환이다.

(2) 원 인

원인은 아직 정확히 알려져 있지는 않지만 불규칙하고 자극성 있는 식습관, 카페인, 스트레스 등이 관련 있는 것으로 알려져 있다. 최근에는 서구화되어 가는 생활습관으로 발병 빈도가 급격하게 증가하고 있다.

(3) 호발부위

대개 항문과 직장에 호발하며, S상 결장을 걸쳐 내림결장으로 퍼져나가지만 전체 결장을 침범하기도 한다.

(4) 증 상

① 주 증상 : 직장 출혈과 설사(하루 20회)
② 점액변, 후중감(변이 남은 느낌), 긴급배변, 변실금, 복통 등
③ 전신증상 : 식욕부진, 오심, 구토, 체중감소, 좌하복부 산통

(5) 진 단

대장 및 직장내시경으로 대장의 궤양, 출혈 등의 소견을 보고 조직생검을 통해서 정확히 진단을 할 수 있다.

(6) 치 료

① 약물치료
스테로이드를 포함한 항염증제, 부신피질 호르몬제제, 면역억제제, 항생제, 생물학적 제제 등으로 치료한다.

② 수 술
약물치료에 반응하지 않는 경우나 합병증이 발생했을 때에 시행한다.

(7) 예후/합병증

   ① 대장암

     질환이 계속 진행될 경우 이형성 소견을 보이면서 대장암의 발병 위험이 증가한다. 대장암이 발병할 경우 대장절제술을 고려한다.

   ② 기 타

     독성거대결장, 천공, 협착, 대량출혈 등

2. 크론씨 병(Crohn's disease)

(1) 의 의

입에서 항문까지 위장관의 어느 부위에서나 발생할 수 있는 '비특이적 만성 육아종성 염증 질환'이다.

(2) 원 인

   ① 유전성 또는 환경적인 영향

   ② 흡 연

   ③ 마이코박테리아 감염, 홍역 바이러스에 의한 감염성 요인

   ④ 소화관 내에 정상적으로 존재하는 세균에 대한 과도한 면역반응

(3) 호발부위

   ① 말단 회장부 침범이 가장 흔하다.

   ② 40~60%가 소장과 대장을 동시에 침범한다.

(4) 증 상

복통(특히 우하복부, 간혹 급성충수염으로 오인하기도 한다)과 설사가 대표적인 증상이다.

(5) 진 단

소장의 엑스선 검사, 대장 엑스선 검사, 바륨 조영술 검사, S상 결장 검사, 대장내시경 검사로 장의 내부를 관찰한다.

(6) 치 료

   ① 약물치료

     대부분 내과적 치료(항염증제, 부신피질 호르몬제제, 면역억제제, 항생제, 철분제, 생물학적 제제 등)를 한다.

② 수 술

합병증이 동반될 경우 주로 시행한다.

(7) 예후/합병증

① 장 비후화와 장 내강의 협착에 따라 점막의 결절/궤양, 누공 등이 발생한다.

② 홍채염, 포도막염, 관절 강직성 척추염 등으로 진행될 수 있다.

③ 잦은 재발과 합병증으로 인한 무기력증이 나타난다.

④ 발병 연령이 낮을수록 예후가 나쁘고, 수술 받을 확률이 높아진다.

23 헬리코박터의 초기 진단검사 ✤✤

1. 위내시경 검사

(1) 의 의

위내시경 검사는 입으로 내시경 기구를 삽입하여 식도, 위, 십이지장을 관찰하면서 염증이나 종양 등을 진단하는 검사방법이다.

(2) CLO검사

헬리코박터균의 검출을 위해서 위내시경 검사에서 조직을 채취하여 CLO검사를 실시한다. 헬리코박터균은 강력한 요소 분해효소를 가지고 있기 때문에 조직을 특별한 배지에 넣어서 요소를 분해하는 정도를 측정하면 균의 유무를 알 수 있다.

2. 요소호기 검사

헬리코박터를 멸균치료 후에 멸균여부를 알아보는 검사이다. 위 속의 헬리코박터는 요소를 분해하여 암모니아를 발생시키므로, 호기에서 검출할 수 있다.

3. 치 료

아목시실린, 메트로니다졸, 비스무스 약제를 사용한다.

24 위 암 ✦✦

1. 의 의

위암은 위점막 상피세포에 발생하는 악성종양으로 조기위암과 진행성 위암으로 나뉜다. 조기위암은 암이 위의 점막층 또는 점막하층에만 국한되어 있는 경우를 말하며, 진행성 위암은 점막하층을 지나 근육층 이상을 뚫고 들어갔을 경우를 말한다.

2. 위험요인

만성위축성 위염, 장이형성, 위소장문합술, 식이요인, *Helicobacter pylori* 감염, 유전요인, 기타 환경적 요인 등이 원인이라 할 수 있다.

(1) 관련질병

① 과거의 위수술

② 만성위축성 위염

③ 위점막내 *Helicobacter pylori* 세균의 감염

④ 용종성 폴립

⑤ 악성빈혈

(2) 식이요인

① 염장 또는 훈제식품

② 질산, 아질산염 가공식품

③ 맵고 짠 음식

(3) 유전성

직계가족에게 위암이나 대장암이 있을시 위암발병률이 높다.

(4) 기타 환경적 요인

석면, 철가루 먼지, 공해, 전리방사선, 흡연, 산업폐기물, 방부제, 농약, 산업폐기물 등이 있다.

3. 증상

초기에 특이 증상이 없다. 주요 증상으로 상복부 불쾌감, 동통, 식사 후 소화불량, 식욕부진, 식후 팽만감이 있다.

조기위암	무증상, 속쓰림
진행성 위암	체중감소, 복통, 오심·구토, 식욕감퇴, 연하 곤란, 위장관 출혈

4. 진단

방사선 검사(위장조영술) 또는 위내시경으로 진단이 가능하며, 조직검사로 최종 확진된다.

필수적 검사	방사선검사, 위내시경검사
확진 검사	조직검사
병기 결정 검사	복부 전산화 단층 촬영

5. 치료

(1) 수술

수술로 암 병소를 제거하는 것이 1차적이고도 가장 중요한 치료법이다.

① 내시경 점막 절제술

점막에 국한되고 크기가 작은 조기위암의 경우 가능하다. 내시경 점막 절제술은 입을 통해 치료내시경을 위에 넣은 뒤 내시경 끝의 집게로 암 조직을 떼어내는 것이다.

② 복강경 수술

내시경 점막 절제술로 제거할 수 없는 점막상 넓게 퍼진 조기위암의 경우 가능하다.

(2) 항암 화학 요법

항암제의 사용은 수술이 불가능한 4기 진행 암 환자에게 하거나, 수술 전·후로 암세포의 활동을 억제하기 위해 사용한다.

(3) 기타

면역 요법, 방사선치료 등

25

폐암(종양) ✦✦

1. 의 의

폐암이란 폐에 생긴 악성 종양을 말하며, 폐 자체에서 발생하거나(원발성 폐암), 다른 장기에서 생긴 암이 폐로 전이되어(예 유방암의 폐 전이) 발생하기도 한다.

2. 종 류

원발성 폐암의 종류는 암세포의 크기와 형태를 기준으로 비소세포(非小細胞)폐암과 소세포(小細胞)폐암으로 구분한다.

(1) 비소세포(非小細胞)폐암

폐암 가운데 80~85%는 비소세포폐암이며, 선암(샘암), 편평상피세포암, 대세포암 등으로 나뉜다.

(2) 소세포(小細胞)폐암

소세포폐암은 폐암 가운데 15~20%이며, 전반적으로 악성도가 높아서 발견 당시에 이미 림프관 또는 혈관을 통하여 다른 장기나 반대편 폐, 종격동(양쪽 폐 사이의 공간으로 심장, 기관, 식도, 대동맥 등이 위치함)으로 전이되어 있는 수가 많다.

3. 위험요인

(1) 흡 연

폐암의 가장 중요한 발병 요인은 흡연으로, 여기에는 간접흡연까지 포함된다.

(2) 위험물질

석면, 비소, 크롬 따위 유독성 물질에의 장기적 노출(직업적 요인), 주변을 떠도는 벤조피렌을 비롯한 발암물질과 우라늄, 라돈 같은 방사성물질의 영향(환경적 요인)으로 발병한다.

(3) 유전적 요인

가족의 병력(유전적 요인) 등 여러 요소가 복합적으로 관여하여 발생한다.

4. 증 상

(1) 일반적 증상

폐암 초기에는 전혀 증상이 없으며, 어느 정도 진행된 후에도 일반 감기와 비슷하게 기침이나 객담(가래) 같은 증상만 나타나는 수가 많다.

(2) 구체적인 증상

① 피 섞인 가래나 객혈

② 호흡곤란

③ 흉부 통증

④ 쉰 목소리

⑤ 상(上)대정맥증후군(신체 상반부 정맥들의 피를 모아 심장으로 보내는 상대정맥이 막혀서 생기는 여러 증상)

⑥ 뼈의 통증과 골절

⑦ 두통, 오심, 구토 등

5. 진 단

흉부 단순 X-선 촬영이나 전산화단층촬영(CT), 객담검사, 기관지내시경검사, 경피적 미세침흡인세포검사(세침생검술) 등을 통해 폐암 여부와 진행 정도를 판단한다.

폐결핵 같은 질환은 흉부 단순 X-선 촬영에서 폐암과 비슷하게 나타나므로 조직검사를 통해 감별 진단해야 한다.

6. 치 료

소세포폐암은 매우 빨리 자라는데다 전신으로 퍼져나가므로 수술이 불가능하기 때문에 항암요법이 원칙이며, 방사선 치료를 병용한다.

26

만성 폐쇄성 폐질환(COPD) ✽✽

1. 의 의

만성 폐쇄성 폐질환(Chronic Obstructive Pulmonary Disease, COPD)은 유해한 입자나 가스의 흡입에 의해 발생하는 폐의 비정상적인 염증반응과 이와 동반되어 완전히 가역적이지 않으며 점차 진행하는 기류제한을 보이는 호흡기 질환이다.

2. 원 인

① 흡연(40대~60대)
② 실내/외 공해
③ 직업성 유해물질 피폭
④ 감염, 선천적 질환
⑤ 기관 과민 반응

3. 증상 및 진단

(1) 임상증상

대표적인 증상으로는 기침, 기침 발작 후에 소량의 끈끈한 객담 배출, 지속적으로 진행하며 점차 악화되는 호흡곤란, 천명음과 흉부 압박감 등이 있다.

① 만성기침
간헐적이거나 매일, 종일 할 수도 있다. 야간에만 있는 경우는 드물다.

② 만성객담
끈끈하며 양이 적고 아침에 기침과 함께 배출된다.

③ 호흡곤란
진행성(점차 악화)이며 지속적(매일 존재)이다. 운동시 더욱 악화된다.

④ 위험인자 노출 과거력
흡연이나 직업적 피폭, 요리/난방시 발생하는 연기에 장시간 노출 될 때이다.

(2) 진 단

증상, 진찰, 방사선 사진, 폐기능 검사 등을 종합하여 진단한다.

(3) 중등도에 따른 COPD 분류

단 계	특 징
제0기 : 위험시기	① 폐기능 정상 ② 만성기침, 가래
제1기 : 경증의 COPD	① FEV1 / FVC < 70% ② FEV1 ≥ 80%(정상예측치) ③ 만성기침, 가래 동반 또는 비동반
제2기 : 중등증의 COPD	① FEV1 / FVC < 70% ② 50% ≤ FEV1 < 80% ③ 만성기침, 가래 동반 또는 비동반
제3기 : 중증의 COPD	① FEV1 / FVC < 70% ② 30% ≤ FEV1 < 50% ③ 만성기침, 가래 동반 또는 비동반
제4기 : 고도중증의 COPD	① FEV1 / FVC < 70% ② FEV1 < 30% 또는 50% ③ 만성 호흡부전 동반

4. 치 료

(1) 약물요법

① 기관지 확장제

증상을 완화하거나 감소시키기 위해 정규적으로 처방한다.

② 항염증제

스테로이드제(부신피질호르몬제)는 천식환자와 같이 쓰이지만 난치성 천식환자에게는 잘 듣지 않는 경우가 있다.

(2) 외과적 수술

폐포절제술과 폐이식은 제4기 환자 중에서 선택된 일부의 환자를 대상으로 시행할 수 있다.

(3) 호흡재활치료

호흡곤란 등의 증상을 완화시키고, 삶의 질을 향상시키며, 일상 생활에서 신체적, 정서적인 참여를 확대시킨다(휘파람호흡법, 복식호흡 등).

(4) 산소요법

장기 산소요법은 일반적으로 제4기 고도중증 COPD 환자에게 적용한다.

1. 의 의

폐기능 검사는 폐의 환기 및 가스교환의 장애와 그 정도를 측정하는 방법이다.

2. 노력성 폐활량(FVC)

환자로 하여금 최대로 숨을 들이쉬게 한 다음 최대의 노력으로 숨을 끝까지 내쉬게 했을 때 내쉰량을 말한다.

3. 1초간 노력성 호기량(FEV1)

숨을 최대로 들이쉰 다음 자기의 노력을 다해 내쉴 때 첫 1초간 내쉰량으로 첫 1초간 얼마나 빨리 숨을 쉴 수 있느냐를 보는 지표이다.

4. FEV1/FVC 비율

노력성 폐활량에 비하여 첫 1초에 내쉬는 양이 적다면(FEV1/FVC < 0.7) 내쉬는데 장애가 있고 기관지폐쇄 유무를 확인할 수 있다.
* 보통 정상인은 자기 노력성 폐활량의 70% 이상을 첫 1초에 내쉴 수 있다. 즉, FEV1/FVC > 0.7이다.

5. 흡기 용량

휴식기에서 흡입할 수 있는 최대의 공기용량을 말한다.

28 갑상선암 ✻✻

1. 의 의

갑상선암은 말 그대로 갑상선에 생긴 암을 말한다.

2. 갑상선암의 분류

기원 세포의 종류에 따라 나누면, 여포세포에서 기원하는 유두암과 여포암, 저분화암 및 미분화암(역형성암), 비여포세포에서 기원하는 수질암과 림프종, 그리고 전이성암 등이 있다.

(1) 유두암

가장 예후가 좋으며, 갑상선암 중 가장 흔한 것으로 요오드 섭취량이 많은 나라에서 더 빈번하게 발생한다.

(2) 여포암

갑상선의 혈관들을 침범하는 경향이 있으므로 림프절로 전이하기보다는 혈류를 통해 폐, 뼈, 뇌 등 다른 장기로 전이하는 경우가 많아 유두암보다 예후가 좋지 않다.

(3) 수질암

전체 갑상선암의 1% 미만을 차지하며 서양에 비해 동양, 특히 한국에서는 드물게 나타난다.

(4) 미분화암

가장 악성도가 높고 예후가 좋지 않으며, 전체 갑상선암의 1% 미만을 차지한다.

3. 원 인

대부분의 갑상선암은 아직 원인이 밝혀져 있지 않다. 그러나 방사선 노출, 유전적 요인 등이 위험인자가 될 수 있다.

4. 증 상

특별한 증상은 없으나 통증, 쉰 목소리, 연하곤란(음식물을 삼키지 못하는) 등의 압박증상이 나타날 수 있다.

5. 진단 및 검사

(1) 초음파검사

초음파를 통하여 갑상선 결절의 모양과 크기를 평가한다.

(2) 조직검사

갑상선암이 의심될 경우 미세침흡인세포검사 또는 중심부바늘생검을 시행하여 세포의 악성 여부를 판단하여 진단한다.

(3) 영상검사

전산화단층촬영(CT), 초음파검사 등의 영상검사로 림프절 전이, 주위조직 침윤을 평가할 수 있다.

(4) 갑상선 기능검사 및 갑상선 스캔검사

기능성 종양을 감별하는데 이용된다.

6. 치 료

(1) 수 술

갑상선암의 가장 기본이 되는 치료는 수술이다. 갑상선암의 종류, 크기, 수, 주변조직 침윤, 림프절 전이 여부에 따라서 갑상선 전절제 또는 엽절제를 시행하며, 림프절 절제를 시행할 수 있다.

(2) 방사선 요오드 치료

방사선 요오드 치료는 갑상선 세포에 선택적으로 흡수되는 방사선 요오드를 이용하여 수술 후 남은 갑상선조직 및 암세포를 제거하는 방법이다.

(3) 호르몬 치료

① 갑상선을 모두 제거하면 갑상선 호르몬이 분비되지 않으므로 평생 갑상선 호르몬제를 복용해야 한다.
② 갑상선 호르몬을 투여하면 암세포의 성장을 더디게 하고, 갑상선 조직을 성장시키는 호르몬의 분비를 억제시키는 효과가 있다.

(4) 항암치료

위의 방법으로도 반응이 없을시 항암치료를 한다.

29 갑상선 결절의 진단 ✿✿

1. 의 의

갑상선에 발생하는 결절로 갑상선염이나 갑상선암 등의 원인이 된다.

2. 원 인

(1) 양성 원인

갑상선의 단순 선종이나 낭종, 염증 등

(2) 악성 원인

유두암, 여포암, 수질암, 미분화암, 림프암 등

3. 증상 및 진단

(1) 증상(임상소견)

① 결절이 큰 경우(특히 갑자기 커진 경우)
② 커진 결절이 기도나 식도를 눌러 호흡곤란이나 연하곤란의 증상이 있을 때
③ 결절이 존재하고, 목소리의 변화 동반
④ 결절이 존재하고, 가족 중에 갑상선암 환자가 있을 때
⑤ 결절과 같은 쪽에서 림프절이 만져질 때
⑥ 결절이 매우 딱딱하거나, 주위 조직과 붙어서 잘 움직이지 않을 때

(2) 진 단

① 초음파
결절의 크기, 수, 특징, 전이 여부 등을 알 수 있다. 결절의 약 5%는 갑상선암이기 때문에 발견시 갑상선암의 확인이 필요하다.
② 동위원소스캔(Whole body bond scan)
동위원소 섭취양상에 따라 열결절, 냉결절로 구분된다. 냉결절이 열결절에 비해 암의 가능성이 크다.

③ CT, MRI

종양의 특징, 전이여부 등을 알 수 있다.

④ 조직검사

확진검사로서 '미세침 흡입검사'가 가장 보편적이다.

4. 치 료

양성 종양의 경우에는 대부분 비수술적 치료를 하지만, 갑상선암으로 확인되면 바로 수술하는
것이 필요하다.

30 갑상선 기능 항진증 ✦

1. 정 의

갑상선 자체에서 갑상선 호르몬을 과잉 생산한 결과 나타나는 갑상선 중독증을 말한다.

2. 호발 요인

남자보다 20대~40대 여자에게 호발한다.

3. 원 인

(1) 주 원인

자가면역질환인 바제도 병(Basedow's disease) 또는 그레이브스 병(Graves' disease)이다.

* **자가면역질환** : 외부에서 들어온 바이러스를 공격하야 하는 면역력이 자신의 몸을 외부 바이러스 인줄 착각하고 공격하는 질환이다.

(2) 그 밖의 원인

① 중독성 결절성 갑상선종(플러머 병)

② 무통성 갑상선염

③ 아급성 갑상선염의 초기

④ 갑상선암

⑤ 뇌하수체의 갑상선 자극 호르몬 분비선종

4. 증상 및 진단

(1) 증 상

갑상선 호르몬의 과다 분비가 원인이기 때문에 일반적인 증상은 대사의 항진상태로 나타난다.

① 빈맥이며, 흥분을 잘하고, 불안감이 높다.

② 땀을 많이 흘리며, 피부가 붉어지고 따뜻해진다.

③ 왕성한 식욕에도 체중감소가 있고, 배변을 자주 본다.

④ 손에 미세한 떨림이 있다.

⑤ 월경과소/무월경

⑥ 안구돌출

(2) 진 단

① 신체진찰

심한 신체적인 외모의 변화 등은 진단에 도움이 된다(목이 커지거나 눈이 튀어나오고 불안해
하는 표정).

② 혈액검사

혈액검사로 갑상선 호르몬 농도를 검사한다.

③ 확 진

㉠ 혈청내 갑상선 호르몬의 상승

㉡ 혈청내 콜레스테롤 감소

㉢ T3 또는 T4의 상승

5. 치 료

(1) 약물치료

항갑상선제를 투여하는 방법으로 우리나라에서 가장 많이 이용하는 치료방법이다.

(2) 방사성 요오드 투여

비교적 간단하고 값이 싼 장점이 있지만 갑상선 기능 저하증이 나타날 수 있고 임산부에게는
할 수 없다.

(3) 수 술

갑상선종이 매우 크거나 방사선 요오드 요법을 원치 않는 경우에 시행할 수 있다.

31 전립선암 *

1. 의 의

정액의 일부를 만들어내는 기능을 하는 전립선에 발생하는 악성종양으로 전세계의 남성 발병률 1위인 암이다.

2. 원 인

가장 중요한 원인으로 연령, 인종, 가족력이 있다. 그 외 호르몬, 식이습관, 제초제와 같은 화학 약품 등의 환경적 요인이 관여한다.

3. 증 상

국소암인 경우 무증상이 대부분이지만, 암이 계속 진행될 경우 급성요폐, 혈뇨, 요실금 등이 발생한다. 전이암으로 진행되면 골 전이에 의한 뼈 통증, 척수압박에 의한 신경증상 및 골절 등이 발생한다.

4. 진단 및 검사

(1) 전립선 특이항원검사(PSA)

① PSA는 전립선 상피세포에서 만들어지는 효소로 전립선에만 있어 전립선암이나 전립선 비대증이 있을 때 혈중 PSA 수치가 증가하여 전립선암의 진단이나 추적관찰에 중요한 지표로 사용한다.

② 4.0ng/ml 이상이면 정상이 아닌 것으로 판정하지만, 검사하는 기관에 따라 3.0ng/ml, 2.5ng/ml 기준으로 하기도 한다.

(2) 직장수지검사

손가락을 항문으로 넣어 전립선을 만지는 검사로 전립선암이 있으면 전립선에 딱딱한 결절이 만져진다.

(3) **직장경유 초음파검사**

전립선 중심에 발생한 암은 그 크기가 0.5ml 미만인 경우에 직장수지검사로 진단이 어려울 수 있는데 이런 경우 직장경유 초음파검사가 도움이 된다. 전립선 용적을 측정할 수 있고, 전립선 내의 병리적 변화를 발견하는데 유용한 검사이다.

5. 치 료

국소암의 경우 근본적인 치료를 목적으로 치료하지만, 전이암의 경우 전신치료를 시행한다.

(1) **호르몬요법**

전립선암의 치료로서 가장 유효하기 때문에 기본이 되는 치료법이다.
① 고환적출술
② LH-RH촉진제
③ 에스트로겐(여성호르몬)
④ 항남성호르몬제

(2) **외과요법**

암이 전립선 내에 국한되어 있을 때 수술로 암을 제거하는 방법이다.

(3) **방사선요법**

전립선암의 경우에는 보통 체외에서 환부인 전립선으로 방사선을 조사한다.

(4) **화학요법**

호르몬 치료의 효과가 없어졌을 때 실시하는 치료로 전신에 대해 작용하지만, 효과가 지속되는 기간이 짧다.

6. 합병증

전립선암이 전이될 경우 주로 뼈에 전이가 흔히 발생해 매우 심한 통증을 유발한다. 이런 경우 많은 양의 코티코스테로이드(corticosteroid)를 투여한 후 방사선을 쪼이거나 수술을 고려해야 한다.

32 전립선비대증 ✤

1. 의 의

전립선이 비대해져 요도를 압박하여 소변이 잘 안 나오게 되거나 성기능 장애를 초래하는 질병이다.

2. 원 인

주요 원인은 ① 고환의 노화와 ② 유전적 요인 및 가족력과 관련이 많다고 알려져 있다.

3. 증상 및 진단

(1) 증 상

① 1단계 : 빈뇨, 지연뇨, 세뇨, 하복부의 긴장감, 성기능 장애 등

② 2단계 : 잔뇨감

③ 3단계 : 잔뇨량이 증가해 방광의 배뇨력이 더욱 악화되어 방광이 늘어나고 소변의 역류현상으로 인해 수신증(hydronephrosis)이 생길 수 있다.

  * **수신증(hydronephrosis)** : 어떤 원인에 의하여 콩팥에서 요관과 방광으로 내려가는 길이 막히게 되면 소변의 저류가 발생하며, 이로 인해 막힌 부위 상부의 압력이 상승하여 콩팥의 신우와 신배가 늘어나 있는 상태

(2) 진 단

① 병력청취 및 증상 평가

② 직장수지검사(= 전립선촉지검사)

③ 신기능검사

④ 전립선 특이항원검사(PSA)

⑤ 요류 측정 및 잔뇨량 측정

⑥ 초음파검사 및 방광경검사

4. 치 료

(1) 대기요법

일단은 증상이 심하지 않다면 경과를 관찰해 보면서 좌욕이나 배뇨습관 개선, 수분 섭취량 조절, 식이요법 등으로 증상이 개선될 수 있다.

(2) 약물요법

호르몬 계통에 작용하는 약물과 신경 수용체를 차단하는 약물로 치료한다.

(3) 보존적 요법

열치료 등

(4) 수 술

레이저 전립선 수술, 경요도 전립선 절제술, 전립선 요도 풍선확장술, 전립선 요도 스텐트 등이 있다.

1. 의 의

일반적으로 혈압이 수축기혈압 140mmHg 이상, 이완기혈압 90mmHg 이상의 혈압을 말한다. 진단하기도 쉽고 치료법도 간단하지만 별로 증상이 없어 그대로 방치하게 되면 치명적인 합병증을 일으킬 수 있다.

2. 원 인

(1) 일차성 고혈압(본태성)

① 유전적 소질

② 체 질

③ 식염(짜게 먹는 것)

④ 술과 담배

⑤ 비 만

⑥ 스트레스

⑦ 과 로

(2) 이차성 고혈압(속발성)

① 신장질환 : 신부전, 신장염, 신혈관성 고혈압

② 내분비질환 : 부신, 갑상선질환, 스테로이드 호르몬 섭취

③ 혈관질환 : 대동맥축약

④ 임신 : 자간증, 임신중독증

⑤ 신경질환 : 뇌압상승

3. 증 상

① 경증의 고혈압인 경우 자각증상이 거의 없다.

② 두통, 어지러움, 시력장애, 호흡곤란 등이 나타난다.

③ 어지럽고, 구역질과 구토가 나며, 신체 일부가 일시적으로 마비되었다가 풀리는 반복적인 증상이 나타난다.

4. 진 단

(1) 혈압 측정

일차적 방법으로 여러 가지 환경, 원인에 따라 변동하기 쉬우므로 심리적 안정상태에서 하루에 3~4회, 3~4일 동안 측정한다. 이완기 혈압이 90mmHg 이상 또는 수축기 혈압이 140mmHg 이상이면 고혈압으로 진단한다.

(2) 고혈압 환자로 의심될 때 검사

① 기본적 검사

고혈압 환자로 의심되면 소변검사, 혈색소검사(hematocrit), 혈당치, 혈청전해질(Ca, K), 요산, 콜레스테롤, 중성지방, 심전도, 흉부 X-선 검사를 기본적으로 시행한다.

② 신장 기능검사

부종 여부를 알아내기 위한 신장 기능검사와 몸무게 측정도 필요하다.

③ 안저검사

고혈압의 정도 및 예후 평가시 중요하다.

5. 치 료

고혈압은 완치되지 않고 조절될 뿐이므로, 평생 치료를 해야 한다.

(1) 약물 요법

혈압강하제, 이뇨제, 혈관확장제, 베타차단제 등

(2) 비약물 요법

금연, 체중감량, 알코올 제한, 저염식이, 운동요법 등

6. 합병증

(1) 고혈압 자체 합병증

악성고혈압, 심부전, 뇌출혈, 신경화증, 대동맥 질환 등

(2) 동맥경화 촉진에 의한 합병증

관상동맥 질환, 급사, 부정맥, 뇌경색, 말초혈관 질환 등

34 죽상동맥 경화증 ✦✦

1. 의 의

혈관의 가장 안쪽 막(내피)에 콜레스테롤 침착과 혈관 내피세포의 증식이 일어나 혈관이 좁아지
거나 막히게 되어 말초로의 혈류 장애를 일으키는 질환으로, 최근에는 죽상경화증과 동맥경화
증을 혼합하여 '죽상동맥경화'라고 쓰기도 한다.

2. 원 인

직접적인 원인에 대해서는 아직 밝혀지지는 않았다. 그러나 동맥경화를 잘 일으키고 진행을
촉진시키는 주요 위험인자는 다음과 같이 밝혀져 있다.

① 고콜레스테롤 혈증(정상 = 150mg/dL)

② 낮은 고밀도 지단백 콜레스테롤(HDL – 콜레스테롤)

③ 높은 저밀도 지단백 콜레스테롤(LDL – 콜레스테롤)

④ 높은 중성지방

⑤ 고혈압(140/90mmHg 이상)

⑥ 흡 연

⑦ 당뇨병

⑧ 심혈관 질환의 가족력

⑨ 연령증가

⑩ 운동부족, 과체중 및 복부비만

가장 주요한 인자는 고지혈증·흡연·고혈압·당뇨병이며, 가족력·연령증가에 따른 위험인자
는 교정이 힘들다.

┤ 심화학습 ├

심질환 위험성 높은 상태
① HDL ≤ 35mg/dL
② LDI / HDL ratio ≥ 3
③ Total Cholesterol / HDL ratio ≥ 4.5

3. 증상 및 진단

(1) 증 상

죽상동맥경화로 결국 혈관이 좁아지거나 막히게 되면 그 혈관이 담당하는 말초로의 혈액순환에 장애가 생기므로, 좁아진 혈관에 따라 증상이 다르게 나타나게 된다.

① 관상동맥 질환(협심증, 심근경색 등)

② 뇌/경(頸)동맥 질환(뇌졸중 : 뇌경색, 뇌출혈 등)

③ 신동맥 질환(신부전 등)

④ 말초혈관 질환(허혈성 사지질환 등)

⑤ 그 밖에 장기의 허혈성 질환

(2) 진 단

① 관상동맥 검사

② 뇌동맥 검사 : 뇌 MRI / MRA(자기공명 혈관조영술)

③ 경동맥 검사 : 경동맥 초음파, MRA

④ 말초/사지 혈관검사

　　㉠ 혈압측정 : 상지와 하지의 혈압의 비율에 따라 짐작할 수 있다.

　　㉡ 혈관조영술 : 말초혈관의 폐쇄성 질환이 의심될 경우 시행한다.

4. 치 료

(1) 비수술적 요법

위험인자 제거와 약물요법

(2) 수술적 요법

① 혈관성형술

② 우회로 이식술

5. 경과/합병증

죽상동맥경화는 매우 느리게 진행되는 만성 질환으로 질병으로 나타나기 전까지는 증상이 없기 때문에 예방하는 것이 중요하다.

죽상동맥경화의 치료

죽상동맥경화의 치료는 크게 두 가지로 나눌 수 있는데, 질환의 진행을 예방하기 위한 치료 및 장기로의 혈액 공급에 이미 장애가 생겨 증상이 나타났거나 장기의 기능 저하가 초래된 경우, 좁아진 혈관을 넓히거나 혈관을 붙여 우회로를 만들어주는 치료가 있다. 진행을 예방하는 치료에는 건강한 혈관을 유지하기 위한 혈압 관리, 당뇨병 관리, 금연, 규칙적인 유산소 운동과 체중 관리 및 혈액의 콜레스테롤 함량을 개선시키기 위한 생활습관 관리와 약물치료(지질 강하제) 등이 있다.

좁아진 혈관의 혈행(혈액순환)을 개선시키기 위해 혈관조영술을 시행하여 좁아진 곳이 있으면 카테터를 통해 혈관성형풍선을 넣어서 부풀려줌으로써 동맥경화로 인해 좁아진 부분을 넓혀줄 수 있다. 또는 그물망처럼 생긴 스텐트라는 것을 넣어서 관상동맥의 혈관벽을 지지해 줌으로써 다시 좁아지는 것을 방지하기도 하는데 이를 혈관성형술이라고 한다. 그러나 혈관이 좁아졌다고 모두 확장하는 것은 아니다. 확장 시술을 했을 때 혈류 공급에 이득이 된다고 생각되고 시술하기 적절한 병변일 때 풍선성형술 또는 스텐트 시술을 한다.

대개 혈관의 내경이 50% 이상 좁아져 있을 때 증상과 관련이 있고 이 병변을 넓혀주면 증상의 호전을 가져온다. 경미하게 혈관에 쌓인 물질들은 금연, 혈압 조절, 혈중 콜레스테롤 관리 등을 통해 안정화될 수 있으며 철저한 위험 요인의 관리를 통해 향후 죽상경화반이 생기고 진행하는 것을 방지할 수 있다.

외과적 치료 방법으로는 내과적 치료 특히 동맥성형술이 여의치 않은 경우 행해지며, 우회로 이식술을 하게 된다. 이는 자신의 다른 혈관이나 인공 혈관을 이용하여 혈관의 좁아진 부분의 아래로 혈관을 우회하여 연결시켜 주는 것이다.

6. 죽상경화증과 동맥경화증의 차이

구 분	죽상경화증	동맥경화증
발생위치	① 혈관의 일부에 생김 ② 내막에서 발생	① 전신의 동맥에 고루 생김 ② 중막에서 발생
발생기전	① 혈관내피세포 손상 ② 지방흔 형성 ③ 죽상경화판 형성 ④ 섬유화판 파열	중막의 변화로 섬유화가 진행되고, 혈관의 탄력성이 떨어지게 된다.
증 상	안정형 협심증 환자가 갑자기 불안정형 협심증 또는 심근경색증, 심인성 급사로 악화	① 수축기 혈압 상승 ② 심근비대
주요 위험인자	고콜레스테롤 혈증	① 고혈압 ② 노화현상 등

당뇨병의 정의 및 종류 ✿✿✿

1. 의 의

당뇨병이란 인슐린이 부족하거나 인슐린에 대한 감수성이 떨어져 당·탄수화물대사에 이상이 생기는 질환을 말한다.

2. 종 류

(1) 제1형 당뇨병(인슐린의존형 당뇨병)

① 호발요인

급성으로 주로 어린 나이(30세 이전)에 많이 발생하여 소아형 당뇨라고 한다.

② 원 인

선천성 또는 바이러스 침입이나 자가면역기전의 췌장손상으로 발병한다.

③ 치 료

인슐린을 투여한다.

(2) 제2형 당뇨병(인슐린비의존형 당뇨병)

① 호발요인

주로 성인층에서 발생하며 성인형 당뇨라 한다.

ⓐ 비 만

ⓑ 45세 이상

ⓒ 가족력

② 원 인

인슐린에 대한 조직의 거부반응으로 발병한다.

③ 치 료

운동, 식이요법을 기본으로 하나 필요에 따라 약물요법을 시행한다.

(3) 임신성 당뇨병

① 호발요인

임신의 시작과 동시에 또는 임신 중 발생한다.

② 원 인

임신으로 신체적 변화가 나타나 태반 호르몬이 분비되어 인슐린 작용을 방해한다.

③ 치 료

임신 중 혈당수치를 정상으로 유지해야 하며, 실패시 태아 사망이나 선천성 기형아 출산율이
높아진다.

1. 소변검사

소변에서 당과 아세톤을 쉽게 발견할 수 있다. 그러나 당이 나왔다고 해서 무조건 당뇨병을 의미하는 것은 아니다.

2. 혈액검사

(1) 혈중 당 검사

공복시 혈당 126mg/dL 이상, 식후 2시간 혈당 200mg/dL 이상일 때 당뇨병으로 진단한다(정상 혈당은 80~120mg/dL).

(2) 포도당 내인검사

아침 공복 시에 혈액을 채취하고 포도당을 75g 경구 투여한 후 1시간, 2시간의 혈당을 측정한다.

(단위 : mg/dL)

시 간	정 상	내당능력 장애	당뇨병
공 복	109 이하	110~125	126 이상
1시간	180 이하	200 이상	200 이상
2시간	140 이하	140~199	200 이상

(3) 당화 혈색소(HbA1c) 검사

지난 2~3개월 동안의 혈당조절 상태를 추측할 수 있는 방법으로 검사 결과 수치가 6.5% 이상이면 당뇨로 진단한다.

(4) C-Peptide 검사

췌장의 기능을 알아보는 검사로 현재 어느 정도의 인슐린이 분비되고 있는지 미리 알아보고 거기에 맞는 방법을 알기 위해 실시한다. 즉, 1형 당뇨인지, 2형 당뇨인지 또는 인슐린 저항성 당뇨인지에 따라 약제의 처방에 참고가 될 수 있다.

당뇨병의 진단기준

다음 네 가지 항목 중 어느 한 가지에 해당될 경우 당뇨병이라고 진단할 수 있다.

1. 8시간 이상 금식한 상태에서 측정한 혈당(공복혈당)이 126mg/dL 이상인 경우
2. 포도당 75g을 물 300cc에 녹여 5분에 걸쳐 마신 후(경구당부하검사) 2시간째 측정한 혈당이 200mg/dL 이상인 경우
3. 당화혈색소 검사결과가 6.5% 이상인 경우
   ※ 위의 세 가지 검사는 명백한 고혈당이 아니라면 다른 날에 반복 검사
4. 다뇨, 다음, 체중감소와 같은 당뇨병의 전형적인 증상이 있으면서 식사 시간과 무관하게 측정한 혈당이 200mg/dL 이상인 경우

2형 당뇨병의 위험인자는 다음과 같다.

① 나이 : 45세 이상

② 과체중 : BMI 25kg/m^2 이상

③ 직계가족의 당뇨병 경력

④ 신체활동 저하

⑤ 고위험 인종

⑥ 과거 당 조절장애 : 공복혈당 장애 또는 내당능 장애(=당내인성장애)

⑦ 임신성 당뇨병 진단, 몸무게 4.1kg 이상 아기 출산 과거력

⑧ 고혈압 : 140/90mmHg 이상

⑨ HDL 콜레스테롤 35mg/dL 이하

⑩ 중성지방 250mg/dL 이상

⑪ 다낭성 난소 증후군

⑫ 혈관 질환의 병력

38 당뇨병 급성 합병증 ✿✿✿

1. 고혈당성 혼수

처음에 다뇨현상이 있다가 심해지면 구토, 설사, 복통 등 위장장애까지 동반되어 탈수로 인해 혼수에 빠질 수 있다.

2. 케톤산혈증

인슐린 결핍상태가 심하여 당분을 에너지원으로 사용할 수 없게 되면 저장된 지방질을 분해하여 에너지를 얻게 되는데, 이 때 생성된 케톤체가 혈중에 많아져 체내의 액성이 산성으로 바뀌고 호흡과 심박동이 빨라지며 의식이 소실되거나 사망할 수 있다. 이 경우 인슐린을 투여하거나, 수분 및 전해질을 공급해야 한다.

3. 저혈당

혈당이 50~60mg/dL 이하로 떨어졌을 때 증상이 나타나는데, 심한 경우 즉시 치료하지 않으면 경련, 무의식, 뇌손상을 유발하여 사망에 이를 수 있다.

1. 서론

혈당이 올라가면 혈관 안에 있는 내피세포가 변형을 일으키므로, 당뇨병은 혈관질환에 속한다. 미세혈관(망막, 신장, 신경 등) 및 대혈관(뇌혈관, 관상동맥, 하지동맥 등)에 합병증이 올 수 있다.

2. 만성 합병증

(1) 당뇨병성 망막증

당뇨병 환자의 약 반수 이상에서 병증이 눈을 침범하여 당뇨병성 망막증이 일어난다.

① 비증식성 당뇨 망막증

90%의 환자가 여기 속하며, 방치할 경우 증식성 당뇨 망막증으로 발전할 수 있다.

② 증식성 당뇨 망막증

망막에 비정상적인 신생 혈관들이 나타나 증식하게 되는데, 이 혈관들은 쉽게 출혈을 일으키고 또 그 주위로 막들이 자라 나와 망막을 잡아당겨서 망막 박리가 생기기도 한다.

(2) 당뇨병성 신증

당뇨병이 발생하면 사구체의 여과율이 증가하면서, 미세알부민뇨가 생기고, 그 이상이 지나면 단백뇨가 심하게 증가한다. 결국 신장에서 노폐물이 배설되지 않아 만성 신부전이 되고, 결국 요독증에 빠져 혈액투석을 하거나 신장 이식을 받아야 한다.

(3) 당뇨병성 신경병증

당뇨병성 신경병증은 신장 합병증, 안과적 합병증과 더불어 당뇨병 환자의 가장 흔한 합병증 중 하나로, 이 자체가 사망의 원인이 되는 경우 드물지만, 병적상태에 의해 일상생활의 장애를 초래하게 된다.

① 단발성 신경병증

② 다발성 말초 신경병증

③ 자율 신경병증

(4) 심혈관계 질환

당뇨병은 혈관 내 포도당이 많게 되어 혈액의 점성도가 높아 혈관이 좁아지거나 막히게 되어 심장질환과 뇌혈관 질환, 말초혈관 질환이 생길 위험이 높다.

(5) 기타 합병증

① 고혈압

② 피부질환 : 농피증, 습진, 당뇨병성 가려움증, 괴저

③ 구강질환 : 치조농루 등(치아가 흔들려서 빠지고, 충치가 많은 중년 이후에 걸릴 확률이 큼)

④ 말초 신경병증 : 당뇨병이 없는 사람에 비해 약 5배 정도 높으며, 이환기간이 긴 당뇨병 환자의 30% 이상에서 말초혈관 질환이 나타난다.

⑤ 당뇨병성 백내장

│ 심화학습 │

당뇨병성 족부 궤양

1. 의 의

　장기 당뇨병 환자에게서 필연적으로 발생하는 신경장애, 혈관장애, 면역기능장애 등으로 인해 형성되는 발의 모든 질환을 총칭하는 것이다.

2. 증 상

　① 신경은 서서히 파괴되고, 혈관도 점점 막히면서 몸의 가장 말단에 위치한 발에서 문제가 발생한다.

　② 쉽게 상처가 나며, 일단 상처나 감염이 되면 잘 치료가 되지 않고, 점점 상부로 번지게 된다.

　③ 초기에 치료시기를 놓치면 급속히 진행되어서 돌이킬 수 없게 된다.

3. 고위험군

　① 10년 이상의 당뇨환자

　② 남성환자

　③ 당 조절이 잘 안되는 자

　④ 기타 만성 합병증 동반자

4. 관 리

　① 잘 맞는 신발을 착용한다.

　② 작은 상처도 세심히 살핀다.

　③ 발톱을 깎을 때 매우 조심하며, 티눈이나 굳은살을 제거해서는 안 된다.

---

1. 서 론

일반적으로 식사요법과 운동요법을 실시하면 약 100mg/dL 정도의 혈당을 떨어뜨릴 수 있다. 그러나 이 방법으로도 조절이 안되는 경우 다음과 같은 방법을 실시한다.

2. 치료 및 관리방법

(1) 혈당, 혈압, 콜레스테롤 조절

구 분	목 표
혈 당	① 식전 혈당 70~130mg/dL ② 식후 2시간 혈당 90~180mg/dL ③ 당화혈색소 6.5% 미만
혈 압	① 단백뇨가 없는 경우 130/80mmHg 미만 ② 단백뇨가 있는 경우 120/75mmHg 미만
콜레스테롤 (동맥경화 유발)	① HDL 100mg/dL 미만 ② LDL 40mg/dL 이상 ③ 중성지방 150mg/dL 미만

(2) 발관리

혈관과 신경합병증으로 발의 감각이 둔해져 상처입기 쉽고, 세균에 대한 저항력이 약해 세균침범이 쉬워 발 합병증이 많이 발생하게 된다. 궤양과 궤저 등으로 발을 절단하게 되는 심각한 상황을 초래할 수 있으므로 발관리는 매우 중요하다.

| 심화학습 |

당뇨병의 일반적 관리
- 항상 규칙적으로 생활한다.
- 정상체중을 유지하도록 한다.
- 식사 및 운동요법을 철저히 한다.
- 정기적으로 병원을 방문하여 검사를 받는다.
- 의사의 처방을 받지 않은 약물은 함부로 복용하지 않는다.
- 매일 규칙적으로 본인이 혈당검사를 하여 몸의 상태를 알아본다.
- 술, 담배를 삼간다.
- 발에 상처가 나지 않도록 세심하게 주의한다.

1. 서 론

통풍은 체내에 요산이 결정체를 만들어 관절이나 다른 조직에 침착되어 염증 반응을 일으키는 대사성 질환이다. 주로 중년 이상의 남성에서 많이 발생한다.

2. 통풍의 4단계

(1) 고요산혈증

① 의 의

혈장에서 약 7.0mg/dL 이상일 때 고요산혈증이라 한다.

② 원 인

퓨린을 많이 함유한 음식을 섭취하거나, 체내 용혈성 질환, 림프종, 백혈병, 진성 적혈구과 다증 등의 질병으로 요산 생성이 많아지는 경우 발생한다.

③ 치 료

이뇨제, 저용량 아스피린 등을 투여한다.

(2) 급성 통풍관절염(통풍 발작)

① 호발부위

제1중수족지관절, 발목, 발뒤꿈치, 슬관절, 팔목, 손가락, 팔꿈치 등이다.

② 증 상

수일에서 1~2주간 서서히 호전되는 발작, 열, 발적, 종창, 통증 등 염증소견을 보인다.

(3) 무발작 기간의 통풍

① 통풍 발작 후 수 개월 혹은 수 년 동안 아무런 증상 없이 지낼 수 있다.

② 통풍 발작이 있었던 사람은 1년내 재발률이 60%, 2년내 재발률이 78%, 10년내 재발하지 않을 확률이 7%이다.

③ 증상이 없는 기간에도 지속적인 관리가 필요하다.

(4) 만성 결절성 통풍

　① 원 인

　　발작과 무증상의 과정이 반복되다가 아무런 치료를 받지 않으면 결국에는 만성 결절성 통풍
　　으로 진행한다.

　② 호발부위

　　발등, 발목, 뒤꿈치, 무릎, 팔꿈치, 손목, 손가락 등에서 관절통이 생기게 된다.

　③ 증 상

　　관절을 파괴하여 만성 2차성 퇴행성 관절염을 유발한다.

3. 진 단

통풍 발작이 와 있는 관절의 관절액을 뽑아 요산결정을 특수한 편광 현미경으로 확인함으로써
진단한다.

4. 치 료

(1) 약물요법

　① 급성 관절염 발작의 치료로서 이 시기에는 안정과 약물치료를 하게 되며, 약물은 소염제를
　　처방한다.

　② 약물은 통풍이 완화되었다고 해서 복용을 중단해서는 안 되며, 장기간 복용하면서 통풍을
　　관찰해야 한다.

(2) 비약물요법

　① 관절 발작의 빈도가 매우 드물거나 다른 신체의 통풍 합병증이 없으면 식이요법이나 금주
　　등의 비약물요법을 우선 시도할 수도 있다.

　② 관절염의 발작이 빈번하고 가족력이 있거나, 관절의 손상, 요로 결석, 통풍결절이 이미 온
　　경우에는 혈액내 고요산혈증을 낮추는 치료를 평생 계속하여 관절염의 예방은 물론 다른
　　장기에 합병증을 예방해야 한다.

(3) 식생활 개선

　① 고단백, 고칼로리식은 요산을 발생시키는 퓨린이 많이 들어 있으므로 식단을 개선한다.

　② 저퓨린식이와 금연을 해야 한다.

　③ 음주, 비만, 고콜레스테롤혈증, 당뇨, 고혈압 등이 있는지 확인하고 이에 대한 치료를 같이
　　한다.

42 통풍성 관절염 ✿✿

1. 의 의

대사 후 생성된 요산이 과도하게 많이 생산되고 콩팥을 통해 배설이 제대로 안되어 혈중에 많아진 요산이 조직에 침착하여 생기는 병이다.

2. 원 인

① 요 산
② 가족력
③ 60세 이상의 남자
④ 비 만
⑤ 육식 또는 술을 많이 하는 사람
⑥ 간과 신장의 기능이 약해서 노폐물을 배설하는 기능이 약해진 경우

3. 증 상

① 저녁 또는 아침에 첫 번째 발가락 관절이나 한 개의 관절이 심하게 아프고, 붓고, 열이 나고 빨갛게 변하면서 3일 내지 10일 정도 지속된 후 가라 앉는다.
② 초기에는 재발의 빈도가 낮으나, 시간이 갈수록, 혈중 요산치가 높을수록 재발의 횟수가 많아지게 된다.

4. 진 단

① 주사기로 염증이 있는 관절에서 관절액을 빼내어 현미경으로 요산결정체를 확인한다.
② 관절액 검사결과를 못 믿는 경우 특징적인 통풍증상과 혈액검사로 진단한다.

5. 치 료

(1) 약물요법

① 진통소염제 및 콜키친(통풍 특효약)으로 염증치료를 한다.

② 이후에는 재발을 막기 위해 요산을 낮추는 약제(알로퓨리놀, 프로베네시드)를 사용한다.

(2) 식이요법

① 요산의 재료가 되는 퓨린이 많이 함유된 식품의 섭취를 줄여야 한다.

② 비만이 혈중 요산치가 높은 것과 관련되어 있으므로 비만하다면 체중을 줄여야 한다.

43 만성 신부전 합병증 ✿✿

1. 의 의

만성 사구체신염, 당뇨병성 신증, 신증후군 등의 원인으로 수 년에 걸쳐 신기능이 서서히 저하되는 상태이며, 사구체여과율이 50% 이하로 떨어지는 단계쯤에서 만성 신부전이라 한다.

2. 원 인

만성 사구체신염에서 발전하는 것이 대부분이며, 그 외 당뇨 합병증, 고혈압 합병증이 3대 원인이다.

3. 신기능 장애 분류

제1기 예비력 저하	정상 배설 기능이 50% 이상
제2기 신기능부전	배설 기능이 30~50%
제3기 신부전	배설 기능이 5~30%
제4기 요독증	배설 기능이 5% 이하

4. 진단 및 치료

(1) 진 단

　① 요 검사

　　혈뇨나 단백뇨 등을 파악할 수 있다.

　② 신기능 검사

　　사구체 여과율을 측정하여 신기능을 평가한다.

　③ 방사선학적 검사

　　신요관방광 사진, 경정맥 요로 조영술, 초음파검사가 있다.

(2) 치 료

　① 보존적 치료(식이요법과 약물요법 등)

　② 신장이식술

　③ 인공 신장기(혈액투석, 복막투석 등)

5. 만성 신부전의 합병증

(1) 전해질 불균형

고혈압, 울혈성 심부전, 골연화증

(2) 대사의 변화

당, 지질, 단백질 대사 장애

(3) 혈액계 변화

빈혈, 혈액 응고장애

(4) 위장관 장애

식욕부진, 오심, 구토, 위장관 출혈, 설사, 변비

(5) 면역계 변화

항체 생성이 둔화되고, 백혈구의 탐식기능이 저하된다.

(6) 심혈관계 변화

동맥경화의 진행속도가 빨라져 고혈압, 심낭염, 울혈성 심부전, 다리부종 등

(7) 호흡기계 변화

폐수종, 호흡수 증가

(8) 근골격계 변화

비타민D 대사 장애, 골연화증, 골다공증

(9) 신경계 변화

건망증, 집중력 저하, 판단력 장애, 신경불안증, 발작, 혼수

1. 혈액 요소 질소(BUN, Blood Urea Nitrogen)

요소 질소는 90% 이상 거의 대부분이 신장을 통해 배설되므로 신장의 배설 기능을 알아보는데 좋은 지표이다(정상치 9~29mg/dL).

2. 크레아티닌(Creatinine)

크레아틴은 신장과 간에서 생합성되며, 근수축 에너지로 사용되기 위해 크레아틴인산의 형태로 존재하다가 ATP에 의해 크레아티닌이 되어 신장을 통해 배출된다. 만성 신질환의 진행단계를 판단하는 지표로 사용된다(정상치 0.4~1.5mg/dL).

3. 요산(Uric acid)

요산은 DNA를 구성하는 퓨린의 최종분해산물인 질소화합물이며, 간에서 합성 75%는 신장으로 배설되며 25%는 소화기로 배설된다. 급성신부전에서는 요산이 대개 15mg/dL을 초과하며, 통풍 치료시 요산의 목표치는 5mg/dL 미만이다.

4. CCr(Creatinine Clearance, CrCl, 크레아티닌 청소율)

간단한 혈액검사와 24시간 채집한 소변을 이용해 신장의 노폐물 배설기능, 즉 사구체 여과율을 추정하는 검사이다. 크레아티닌은 세뇨관에서 분비도 재흡수도 되지 않고, 혈중농도도 안정한 상태이므로 특별한 약제를 투여하지 않고서도 간단히 사구체 여과치를 알 수 있다.

(1) 정상치 : 75~125ml/min
　　① 경도 신기능장애 : 50~70ml/min
　　② 중등도 신기능 장애 : 31~50ml/min
　　③ 고도 신기능 장애 : 30ml/min 이하

(2) **임상적 의의**

신기능의 정도를 아는데 일반적인 지표가 된다.

① 감소하는 경우

사구체 병변, 만성, 급성 사구체 신염, 간질성 세뇨관 질환, 신혈관성 병변, 신부전, 쇼크, 세뇨관혈압 상승 질환, 탈수 등 신장의 기능이 저하되었을 때이다.

② 증가하는 경우

당뇨병성 신증, 임신 등이다.

대사증후군 ✦✦

1. 서 론

대사증후군이란 각종 심혈관 질환과 제2형 당뇨병의 위험 요인들이 서로 관련되어 질환이 함께 동반된다(증후군)는 현상을 개념화시킨 것이다. 고중성지방혈증, 낮은 고밀도콜레스테롤, 고혈압 및 당뇨병을 비롯한 당대사 이상 등 각종 성인병이 복부비만과 함께 동시 다발적으로 나타나는 상태를 말한다.

2. 원인 및 증상

(1) 원 인

대사증후군의 발병 원인은 잘 알려져 있지 않지만, 일반적으로 인슐린 저항성(insulin resistance)이 근본적인 문제라고 추정하고 있다.

(2) 증 상

대개 복부비만이 특징적이다.

3. 진단기준

세계보건기구는 아래 중 3가지 이상이 있는 경우 대사증후군으로 정의한다.

(1) 복부비만

한국인의 경우 허리둘레 남자≥90cm, 여자≥85cm

(2) 중성 지방

150mg/dL 이상

(3) 고밀도지방

남자 40mg/dL 미만, 여자 50mg/dL 미만

(4) 높은 혈압

130/85mmHg 이상 또는 고혈압약 투약 중

(5) 혈당 장애

공복혈당 100mg/dL 이상 또는 혈당조절약 투약 중

4. 치 료

대사증후군에 대한 가장 중요한 치료방법은 체지방, 특히 내장지방을 줄이는 것이다. 이를 위해서는 <u>적절한 식사 조절</u> 및 <u>규칙적이고 꾸준한 운동</u>이 가장 중요하다.

1. 의 의

류마티스 관절염은 활막(synovium)의 염증을 시작으로 관절과 뼈를 손상시켜 변형과 장애를 유발하는 대표적인 전신적 만성 자가면역질환이다.

주로 손과 발의 작은 관절에서 시작해 큰 관절로 진행하며, 관절뿐 아니라 다른 장기도 침범하여 류마티스 결절, 심막염, 폐섬유화, 말초신경염 등 관절외 증상을 초래할 수 있다.

2. 원인 및 증상

(1) 원 인

① 정확한 원인은 밝혀지지 않았지만 자가면역현상이 주요 기전으로 알려져 있다.

② 유전적 감수성과 환경적 요인이 복합적으로 작용하여 발생하는 것으로 알려져 있다.

③ 신체적 또는 정신적 스트레스를 받은 후 발병하기 쉽다.

④ 남성보다 폐경 초기의 여성이 발병률이 높다.

(2) 증 상

① 초기 증세는 주로 손마디가 뻣뻣해지는 것으로, 특히 아침에 자고 일어난 직후에 심하며, 1시간 이상 관절을 움직여야만 뻣뻣한 증세가 풀린다.

② 무릎이나 팔꿈치, 발목, 어깨, 발까지 침범하는 경우도 흔하고 통증이 있는 마디를 만지면 따뜻한 열감을 느낄 수 있다.

③ 관절의 통증과 동시에 전신 무력감이 나타난다.

3. 진 단

(1) ACR 류마티스 관절염의 분류기준(1987년)

다음 7가지 항목 중 4가지 이상을 만족하면 류마티스 관절염으로 진단하였으며, 이 중 ①~④번 항목은 최소한 6주 이상 지속되어야 한다.

① 1시간 이상 지속되는 손가락의 아침강직

② 3곳 이상의 관절염

③ 손관절의 관절염

④ 대칭성 관절염

⑤ 류마티스 결절

⑥ 혈청 류마티스인자 양성

⑦ 손관절의 단순 X선 검사에서 골미란(bone erosion) 또는 골감소증의 소견

(2) ACR/EULAR 류마티스 관절염의 분류기준(2010년)

침범된 작은 관절의 수(A), 혈청 류마티스인자와 항CCP항체 검사(B), 혈청 염증반응물질, 적혈구 침강속도(erythrocyte sedimentation rate, ESR)와 C단백반응(C-reactive protein, CRP)(C), 증상의 발생 기간(D) 등을 기준으로 삼아 그 결과에 따라 총 10점 만점에 합이 6점 이상의 점수를 만족하면 류마티스 관절염으로 진단하여 조기 진단이 가능하게 되었다.

① 대상 환자

㉠ 적어도 하나의 관절에서 분명한 활막염의 증상을 갖는 환자

㉡ 다른 질환에 의해 잘 설명되지 않는 활막염

② 새로운 분류기준

분류기준 범주 A~D에서 10점 만점 중 합이 6점 이상이면 확실한 류마티스 관절염으로 분류한다.

구 분		점 수
관절 침범	큰 관절 1개	0점
	큰 관절 2~10개	1점
	작은 관절 1~3개	2점
	작은 관절 4~10개	3점
	작은 관절 1개 이상 포함 10개 이상	5점
혈청 검사	류마티스인자와 항CCP항체 모두 음성	0점
	낮은 역가의 류마티스인자 또는 항CCP항체 양성	2점
	높은 역가의 류마티스인자 또는 항CCP항체 양성	3점
혈청 염증반응물질 (ESR 또는 CRP)	혈청 염증반응물질 음성	0점
	혈청 염증반응물질 양성	1점
증상의 발생 기간	6주 이내	0점
	6주 이상	1점

1. 의 의

만성 염증성 자가면역질환으로 피부, 관절, 혈액 등 신체의 다양한 기관에 침범하는 전신성 질환으로, 신체의 일부에만 나타나는 경미한 경우가 있는가 하면 생명을 위협하는 심각한 합병증이 동반되는 경우도 있다.

2. 원인 및 증상

(1) 원 인

루푸스의 정확한 원인은 아직 밝혀지지 않았지만 자가면역질환으로 몇 가지 호르몬, 유전적, 환경적 요인이 복합적으로 작용하여 발생하는 것으로 알려져 있다.

(2) 증 상

① 피부, 점막 증상

80~90%의 환자에게서 나타나는 증상으로 뺨의 발진, 원반성 발진, 광 과민성, 구강 궤양 등이 나타난다.

② 근골격계 증상

관절통과 관절염은 가장 흔히 보이는 증상으로, 주로 손, 팔목 등 작은 관절과 무릎관절을 대칭적으로 침범하는 양상을 보인다. 또한 부종이나 열감, 발진 등 관절염의 증상 없이 관절통만 나타나기도 한다.

③ 신장 증상

25~75%의 환자에서 신장기능 저하가 발생한다.

④ 뇌신경 증상

우울증, 불안, 주의력 결핍, 집중력 저하, 기억력 장애, 두통 등이 나타날 수 있으며, 정신병이나 심한 발작이 일어나기도 한다.

⑤ 기타 증상

복부 내 여러 장기에 침범할 경우 흉막염, 심낭염, 복막염 등이 발병할 수도 있으며, 그 밖에도 위장관, 간, 눈 등 다양한 전신 장기를 침범하는 경우도 있다.

3. 검사 및 진단기준

(1) 검 사

루푸스의 검사에는 특수혈액검사를 통한 자가항체검사, 일반혈액검사, 간기능 검사, 신장 기능 검사 등이 있다.

(2) 진단기준

아래 11가지 진단 중 4가지 이상의 증상을 가질 경우 진단을 내린다.

① **뺨에 나타나는 나비모양의 발진**
입술주위는 정상인 경우가 많다.

② **원판 모양의 피부병변**
몸통, 팔, 다리에 동그랗고 융기된 원형발진이 나타난다.

③ **광 과민성**
자외선 노출로 발진이 생긴다.

④ **구강궤양**
보통 통증이 없는 경우가 많다.

⑤ **관절염**
말초 관절 2개 이상이 비미란성 관절염이 생긴다.
  * **미란성** : 피부 또는 점막이 손상된 것

⑥ **신장질환**
단백뇨 또는 특정세포가 합쳐져 보일 때

⑦ **신경질환**
원인이 밝혀지지 않은 간질이나 정신병이 있을 때

⑧ **장간막염**
늑막염이나 심낭염

⑨ **혈액질환**
용혈성 빈혈 또는 백혈구 감소증

⑩ **면역질환**
세포내 핵 성분에 대한 자가항체의 발견이나 혈액내 항인지질항체의 존재

⑪ **항핵 항체**
양성, 루푸스 유발 약물복용이 없을 때

48 골다공증 ✷✷

1. 의 의

골다공증은 폐경 및 노화로 인해 뼈의 양이 감소하고 뼈 미세구조의 질적인 변화로 인해 뼈의 강도가 약화되어 척추와 대퇴, 요골 등의 골절 위험도가 증가하는 대사성 질환이다.

2. 원인 및 증상

(1) 원 인

골다공증은 주로 폐경기 이후 여성들에게 호발된다. 이는 골밀도 유지기능을 하는 에스트로겐 감소에서 기인한다. 그 외에도 아래와 같은 원인들이 있다.

① 식이인자

저칼슘 섭취, 고단백 섭취, 알코올 중독, 카페인, 흡연

② 칼슘 흡수장애

노화, 선천적 장애, 제산제 복용(위산작용 억제), 위장관 장애

③ 비타민D 결핍

불충분한 일광노출

④ 호르몬

에스트로겐 결핍, 성장 호르몬 감소, 칼시토닌 결핍

⑤ 약물 복용

스테로이드 남용

⑥ 운동부족

고령자에서 골절을 유발하는 가장 큰 요인으로 근력강화, 유연성, 균형감각을 키우는 것이 중요하다.

⑦ 유전적 및 체질적 인자

남성보다 여성, 흑인보다 백인이나 동양인에 다발한다.

(2) 증 상

① 요배통(등에서부터 허리에 걸쳐 무겁고 아픈 증상)이 나타난다.

② 잘 넘어진다.

③ 척추와 대퇴, 요골 등에서 쉽게 골절이 일어난다.

3. 진 단

(1) 골밀도 검사
골절 발생 확률 및 골 손실률을 알 수 있다. 주로 완관절, 척추, 고관절 세 부위의 골밀도 검사를 실시한다.

(2) T-Score
WHO는 환자의 골밀도와 소속 집단의 최고 골밀도의 비율에 따라 다음과 같이 평가한다.
① -1.0 이상 : 정상
② -1.0~-2.5 : 골감소증
③ -2.5 이하 : 골다공증
④ 하나 이상의 골다공증성 골절이 동반된 경우를 중증 골다공증으로 분류한다.

4. 치 료

(1) 약물요법
칼슘제제, Vitamin-D, 칼시토닌, 에스트로겐, 부갑상선 호르몬 등을 투여한다.

(2) 운동요법
뼈를 튼튼하게 하고 골절예방에 도움을 주므로 1주일에 3번은 규칙적인 운동을 한다.

제1과목

의학이론

49 뇌졸중 ✿✿✿

1. 의 의

뇌기능의 부분적 또는 전체적 장애가 급속히 발생하여 상당기간 지속된 것으로, 뇌혈관의 병 이외에는 다른 원인을 찾을 수 없는 상태를 말하며, 다음과 같이 분류된다.

(1) 뇌경색

뇌혈관이 막혀서 발생하는 허혈성 뇌졸중을 말한다.

(2) 뇌출혈

뇌혈관의 파열로 인한 출혈성 뇌졸중을 말한다.

2. 허혈성 뇌졸중(뇌경색)

(1) 의 의

뇌혈관 폐색으로 뇌혈류의 장애가 나타나 뇌기능이 저하되는 질환이다.

(2) 분 류

① 뇌경색

혈류장애가 지속되어 뇌조직이 비가역적 괴사에 이른 상태를 말한다.

② 일과성 허혈성 발작

적절한 치료로 뇌조직의 괴사 없이 회복된 상태를 말한다.

(3) 원 인

① 고혈압, 당뇨, 고지혈 등으로 인한 죽상동맥경화증

② 심장부정맥, 심부전/심근경색 후유증 등으로 생긴 혈전으로 인한 색전증

③ 기타 혈관질환

④ 심인성

(4) 증 상

편측마비, 안면마비, 감각/운동 이상, 구음장애, 오심/구토 등 다양하다.

(5) 진 단

① 심전도, 심초음파

② 뇌 CT(컴퓨터 단층촬영), CTA(컴퓨터단층영상 혈관조영술)

③ MRI, MRA, 확산(Diffusion)영상

확산 영상에서 증상 발현 직후 뇌경색 부위가 고신호 강도로 나타난다.

④ 카테터 뇌혈관 조영술

⑤ SPECT(Single Photon Emission Tomography)

방사선 동위원소를 이용하여 뇌 혈류의 양을 알아내는 검사

(6) 치 료

① 기도확보 및 산소공급

② 혈압/뇌압 관리

③ 약물치료 : 항혈전제, 혈소판 억제제

④ 고혈압, 당뇨, 고지혈 등의 치료

⑤ 수술치료 : 혈관내 수술, 뇌혈관문합술

┤ 심화학습 ├

혈전용해술

뇌졸중의 증상이 처음 나타난 후 3시간이 경과하지 않았다면 폐색된 혈관의 재개통을 목표로 한 혈전용해술을 시도해 볼 수 있다. 3시간(병원에 따라 6시간) 이후의 혈전용해술은 뇌출혈의 위험이 증가하기 때문에 권장되지 않는다.

3. 출혈성 뇌졸중(뇌출혈)

(1) 의 의

두개내 출혈이 있어 생기는 모든 변화로 다음과 같이 구분한다.

① 출혈성 뇌출혈

외상으로 인한 출혈이다.

② 자발성 뇌출혈

고혈압이나 뇌동맥류, 뇌동정맥 기형 등으로 인한 출혈로 특히, 고혈압성 뇌출혈은 뇌내출혈을 초래하여 약 40% 정도의 사망률을 보인다. 연령, 고혈압, 뇌경색, 관상동맥 질환, 당뇨 등이 위험인자이다.

(2) 자발성 두개강내 출혈

① 의 의

뇌의 안쪽에 있는 가느다란 혈관이 터져서 뇌 속에 피가 고이고, 이로 인해 뇌가 손상되는 것을 말한다.

② 원 인

직접적인 외상, 골절, 뇌간의 꼬임, 고혈압, 신장병, 나이, 흡연, 당뇨병, 음주, 운동부족, 비만, 스트레스 등이 있다.

③ 증 상

㉠ 어지럽거나 머리가 아픈 증상, 구토 등이 나타난다.

㉡ 갑작스런 의식 변화, 두통, 혈압 상승, 반신 편마비 등이 나타나기도 한다.

④ 진 단

㉠ 뇌 CT

㉡ 자기공명영상촬영(MRI)

⑤ 치 료

㉠ 보존적 치료 : 우선 혈압을 적정수준으로 조절하고 출혈과 관련하여 뇌의 압력이 높아지는데 대한 치료와 더 이상의 출혈을 방지하는 치료 등을 한다.

㉡ 수술적인 치료 : 뇌를 열고 혈종을 제거하는 방법과 도관을 혈종이 있는 부위에 삽입하여 혈종을 녹여 빼내는 방법 등이 있다.

(3) 지주막하 출혈

① 의 의

지주막하 출혈로 인한 혈액은 뇌와 두개골 사이의 공간으로 흘러들어 가는데 이것은 뇌와 뇌 척수 사이에 완충 역할을 하고 있는 뇌 척수액과 혼합된다. 이로 인해 뇌 주위의 압력이 증가하고 뇌압 상승으로 인해 뇌의 기능을 방해하게 된다.

② 원 인

뇌좌상, 지주막열상, 개방성뇌손상, 관통성뇌좌상, 외실질내출혈, 뇌대혈종, 뇌실내 천파, 뇌동맥류파열, 뇌동, 정맥기형 등이 원인이다.

③ 증 상

㉠ 매우 심하고 갑작스러운 두통이 나타날 수 있다.

㉡ 오심과 구토, 뒷목의 뻣뻣함, 어지러움 등이 나타날 수 있다.

④ 진 단

요추천자, 초음파촬영, 혈관조영술, 컴퓨터단층촬영 등을 이용한다.

⑤ 치 료

㉠ 약물이나 정맥주사 : 지주막하출혈은 혈액 속의 전해질의 변화를 가져올 수 있으므로 체내 전해질 수치를 정상으로 유지하기 위해 약물이나 정맥주사를 투여한다.

㉡ 수술치료 : 동맥류 파열에 의한 출혈의 경우 출혈의 재발을 방지하기 위해 수술을 요한다.

50

뇌하수체 선종 ✦

1. 의 의

뇌하수체 선종이란 뇌 조직 중 호르몬 분비를 담당하는 뇌하수체에 발생하는 모든 양성 종양을 말한다.

2. 분 류

(1) 비기능성 종양

호르몬을 분비하지 않은 세포들이 종양으로 발달하는 경우이다. 종괴효과로 주변 신경조직을 압박하게 되어 시력저하, 시야감소 증세가 나타난다.

(2) 기능성 종양

특정 호르몬을 과다 분비하는 종양이므로 호르몬 과다로 인한 증상이 나타난다.
① 유즙분비 호르몬 분비선종(프로락틴 선종)
② 성장 호르몬 분비선종
③ 부신피질자극 호르몬 분비선종

3. 원인 및 증상

(1) 원 인

① 시상하부의 기능장애
② 뇌하수체세포 자체의 이상

(2) 증 상

① 종양의 확장에 의한 두통, 시야 장애
② 유루증(모유수유를 하지 않아도 젖이 나오는 증상) 및 성선기능저하증
③ 가임 여성의 경우 늦은 초경, 월경장애, 불임 등

4. 검사

(1) 방사선학적 진단
    ① 뇌 MRI
    ② 고해상도 CT
    ③ 뇌혈관 조영술

(2) 혈액검사(호르몬 수치 검사)
    ① 기능성과 비기능성 판단요소
    ② 유즙분비 호르몬, 코티졸, T4, 남성호르몬, 황체형성호르몬, 난포형성 호르몬 검사

5. 치 료

(1) 외과적 수술
크기가 큰 비기능성 종양이 시야장애나 주변장기 압박증세를 보이면 빠른 수술적 제거가 필요하다.

(2) 방사선 치료
① 수술적 치료가 어려운 경우, ② 수술적 제거 후 종괴가 완전히 절제되지 않은 경우, ③ 종괴의 재발로 반복적인 수술을 해야 하는 경우 방사선 치료를 고려한다.

(3) 약물요법
소마토스타틴 유도체, 도파민 유도체 등이 있다.

51

뇌하수체 호르몬 ✦

1. 서 론

뇌하수체는 타원형 기관으로 전엽과 후엽으로 구성되어 있고, 전엽에서 6개, 후엽에서 2개의
호르몬을 생산한다.

2. 뇌하수체 전엽 호르몬

(1) 여포자극 호르몬[FSH]

난소에서 여포의 성숙을 촉진, 정소에서 정자의 성숙을 촉진한다.

(2) 황체형성 호르몬[LH]

배란을 촉진하고 정소에서 테스토스테론의 생산을 촉진한다.

(3) 프로락틴

수유 중인 여자의 모유 분비를 촉진한다.

(4) 성장 호르몬

다양한 물질대사에 영향을 주는데, 특히 단백질 생성에 영향을 준다.

(5) 부신피질 자극 호르몬[ACTH]

부신피질에서의 일련의 호르몬 생산을 자극한다.

(6) 갑상선 자극 호르몬[TSH]

갑상선에서의 호르몬 생산을 자극한다.

3. 뇌하수체 후엽 호르몬

(1) 옥시토신

임산부의 출산시 자궁수축을 촉진시켜 주고, 수유활동을 증진시켜 준다.

(2) 바소프레신[ADH]

신장에서의 수분재흡수를 촉진시켜 준다.

| 심화학습 |

뇌하수체

1. **정 의**

   뇌의 가운데 위치한 작은 내분비샘으로 우리 몸의 다양한 호르몬 분비를 총괄하는 기관이다. 뇌하수체는 전엽과 후엽으로 나뉘며, 각각에서 다른 호르몬이 분비되어 우리 몸의 생식과 발육, 대사에 관여하게 된다.

2. **위 치**

   뇌의 가운데 아래쪽, 나비뼈의 위쪽에 위치하고 있다.

3. **구 조**

   뇌하수체는 1.2~1.5cm 크기에 500~600mg 정도의 무게를 가지며, 전엽과 후엽으로 구분된다. 뇌하수체 전엽은 다각형 세포로 구성되어 있으며, 구강으로부터 기원하고 있다. 뇌하수체 후엽은 시상하부로부터 기원하며, 전엽보다 크기는 작다.

---

52 부신의 기능 ✿

1. 정상상태와 그 기능

부신은 양측 신장 위에 존재한다. 외부를 부신피질이라 하며, 스테로이드 호르몬을 분비한다. 내부를 부신수질이라 하며, 신경조직에서 발생되었고 아미노산인 티로신의 유도체로 된 호르몬을 분비한다.

2. 부신피질

부신의 바깥쪽에서 스테로이드 호르몬을 생성하고 분비하는 기관으로 부신의 90%를 차지한다. 뇌하수체와 관련하여 생명유지에 없어서는 안 될 호르몬을 분비하는데, 이를 코르티코이드라 총칭한다.

(1) 무기질코르티코이드

혈액과 조직액에서 이온 균형을 조절하는 호르몬 집단으로 가장 중요한 호르몬인 알도스테론은 신장에서 나트륨이온의 재흡수와 칼륨이온의 분비를 촉진한다.

(2) 당질코르티코이드

여러 개의 호르몬 중 가장 강하고 우세하게 활동하는 코티솔은 당합성 증가와 항염작용을 담당한다.

(3) 부신 성호르몬

안드로겐(남성화)과 에스트로겐(여성화)이 부신피질에서 분비된다. 에스트로겐은 아주 소량 분비되며, 안드로겐은 남성의 초기 성기관 발달에 매우 중요한 일을 한다.

3. 부신수질

부신피질에 둘러싸여 있는 내부의 부드러운 조직을 말하며, 적갈색을 띠고 있다. 전체 내분비선의 약 15%를 구성하며, 부신피질자극 호르몬의 조절을 받지 않는다. 스테로이드성 호르몬을 생산하지 않지만 아드레날린과 노르아드레날린이 생산된다.

(1) 아드레날린(에피네프린)

간에서의 글리코겐(glycogen) 분해, 근육에서의 포도당 섭취 감소에 의한 혈당상승작용과 혈압
상승, 맥박수와 심박출력의 증가, 말초혈관 이완에 의한 저항성 감소작용이 있으며, 지방분해를
촉진하여 혈중 지방산의 증가를 가져온다.

(2) 노르아드레날린(노르에피네프린)

교감신경전달물질로 말초혈관 수축에 의한 저항성 증가와 혈압상승, 맥박수의 감소, 심박출력
의 감소를 가져오는 작용을 하며, 혈당상승작용은 약하다.

1. 의 의

빈혈은 혈액이 인체 조직의 대사에 필요한 산소를 충분히 공급하지 못해 조직의 저산소증을
초래하는 경우를 말한다.

2. 원 인

① 부적절한 식이
② 흡수장애
③ 위장의 출혈, 치질, 월경과다 등

3. 진 단

조직에 산소를 공급하는 일은 혈액 내의 적혈구가 담당하고 있으므로 적혈구 내의 혈색소(헤모
글로빈)를 기준으로 하여 진단한다.
① 6개월~6세 이하 : 11g/dL 미만
② 6세~14세 이하 : 12g/dL 미만
③ 성인 남자 : 13g/dL 미만, 헤마토크릿트 39% 미만
④ 성인 여자 : 12g/dL 미만, 헤카토크릿트 36% 미만

4. 치 료

① 균형된 식사
② 경구용 철분제
③ 비경구용 철분제
　　경구용 철분제제를 견딜 수 없는 환자, 출혈이 심하여 경구용으로 대상할 수 없는 경우,
　　철분흡수장애가 있는 경우, 원인 증상이 철분 투여시 더 악화되는 경우에 사용된다.

1. 의의

시회적 파급력이 큰 감염병들을 법적으로 정해 놓고, 환자가 발생하였을 때 의무적으로 신고하도록 되어 있는 감염병을 법정 감염병이라고 한다.

「감염병의 예방 및 관리에 관한 법률」에서 "감염병이란 제1급 감염병, 제2급 감염병, 제3급 감염병, 제4급 감염병, 기생충감염병, 세계보건기구 감시대상 감염병, 생물테러감염병, 성매개감염병, 인수(人獸)공통감염병 및 의료관련감염병을 말한다"고 규정하고 있다.

2. 감염병의 분류

(1) 제1급 감염병

생물테러감염병 또는 치명률이 높거나 집단 발생의 우려가 커서 발생 또는 유행 즉시 신고하여야 하고, 음압격리와 같은 높은 수준의 격리가 필요한 감염병을 말한다.

(2) 제2급 감염병

전파가능성을 고려하여 발생 또는 유행시 24시간 이내에 신고하여야 하고, 격리가 필요한 감염병을 말한다.

(3) 제3급 감염병

그 발생을 계속 감시할 필요가 있어 발생 또는 유행시 24시간 이내에 신고하여야 하는 감염병을 말한다.

(4) 제4급 감염병

제1급 감염병부터 제3급 감염병까지의 감염병 외에 유행 여부를 조사하기 위하여 표본감시 활동이 필요한 감염병을 말한다.

(5) 기생충감염병

기생충에 감염되어 발생하는 감염병 중 보건복지부장관이 고시하는 감염병을 말한다.

(6) 세계보건기구 감시대상 감염병

세계보건기구가 국제공중보건의 비상사태에 대비하기 위하여 감시대상으로 정한 질환으로서 질병관리청장이 고시하는 감염병을 말한다.

(7) 생물테러감염병

고의 또는 테러 등을 목적으로 이용된 병원체에 의하여 발생된 감염병 중 질병관리청장이 고시하는 감염병을 말한다.

(8) 성매개감염병

성 접촉을 통하여 전파되는 감염병 중 질병관리청장이 고시하는 감염병을 말한다.

(9) 인수공통감염병

동물과 사람 간에 서로 전파되는 병원체에 의하여 발생되는 감염병 중 질병관리청장이 고시하는 감염병을 말한다.

(10) 의료관련감염병

환자나 임산부 등이 의료행위를 적용받는 과정에서 발생한 감염병으로서 감시활동이 필요하여 질병관리청장이 고시하는 감염병을 말한다.

(11) 관리대상 해외 신종감염병

기존 감염병의 변이 및 변종 또는 기존에 알려지지 아니한 새로운 병원체에 의해 발생하여 국제적으로 보건문제를 야기하고 국내 유입에 대비하여야 하는 감염병으로서 질병관리청장이 보건복지부장관과 협의하여 지정하는 것을 말한다.

3. 법정 감염병(제1급~제4급)의 세부종류

제1급 감염병	• 에볼라바이러스병 • 라싸열 • 남아메리카출혈열 • 두 창 • 탄 저 • 야토병 • 중증급성호흡기증후군(SARS) • 동물인플루엔자 인체감염증 • 디프테리아	• 마버그열 • 크리미안콩고출혈열 • 리프트밸리열 • 페스트 • 보툴리눔독소증 • 신종감염병증후군 • 중동호흡기증후군(MERS) • 신종인플루엔자
제2급 감염병	• 결 핵 • 홍 역 • 장티푸스 • 세균성이질 • A형간염 • 유행성이하선염 • 폴리오 • b형헤모필루스인플루엔자 • 한센병 • 반코마이신내성황색포도알균(VRSA) 감염증	• 수 두 • 콜레라 • 파라티푸스 • 장출혈성대장균감염증 • 백일해 • 풍 진 • 수막구균 감염증 • 폐렴구균 감염증 • 성홍열 • 카바페넴내성장내세균속균종(CRE) 감염증
제3급 감염병	• 파상풍 • 일본뇌염 • 말라리아 • 비브리오패혈증 • 발진열 • 렙토스피라증 • 공수병 • 후천성면역결핍증(AIDS) • 뎅기열 • 웨스트나일열 • 진드기매개뇌염 • 치쿤구니야열 • 지카바이러스 감염증 • 크로이츠펠트-야콥병(CJD) 및 변종크로이츠펠트-야콥병(vCJD)	• B형간염 • C형간염 • 레지오넬라증 • 발진티푸스 • 쯔쯔가무시증 • 브루셀라증 • 신증후군출혈열 • 황 열 • 큐열(Q熱) • 라임병 • 유비저(類鼻疽) • 중증열성혈소판감소증후군(SFTS)
제4급 감염병	• 인플루엔자 • 회충증 • 요충증 • 폐흡충증 • 수족구병 • 클라미디아감염증 • 성기단순포진 • 장관감염증 • 해외유입기생충감염증 • 사람유두종바이러스 감염증 • 메티실린내성황색포도알균(MRSA) 감염증 • 다제내성아시네토박터바우마니균(MRAB) 감염증	• 매독(梅毒) • 편충증 • 간흡충증 • 장흡충증 • 임 질 • 연성하감 • 첨규콘딜롬 • 급성호흡기감염증 • 엔테로바이러스감염증 • 반코마이신내성장알균(VRE) 감염증 • 다제내성녹농균(MRPA) 감염증

55 백내장 ✤

1. 의 의

백내장은 동공의 뒤에 있는 수정체가 흐려지고 혼탁해지면서 시력저하가 일어나는 질환을 말한다.

2. 백내장의 종류

(1) 노인성 백내장

시력장애의 주원인이며, 50세경에 시작되어 나이가 들면서 진행된다.

(2) 선천성 백내장

유전에 의한 것과 임신 중에 모체가 풍진, 이하선염 등을 앓았을 경우 발생한다.

(3) 외상성 백내장

외상으로 수정체가 파열되거나, 타박으로 인하여 수정체 혼탁이 오는 경우 발생한다.

(4) 당뇨병성 백내장

유아성 당뇨환자에게 일찍 나타날 수 있고, 진행이 매우 빠른 것이 특징이다.

(5) 합병성 백내장

포도막염, 녹내장, 안약 및 내복약의 부작용 등으로 수정체에 혼탁이 오는 경우이다.

3. 증상 및 진단

(1) 증 상

① 시력이 흐려지고, 복시와 눈부심이 나타난다.
② 동공이 확대되어 불빛이 밝지 않을 때 더 잘 본다.
③ 수정체가 혼탁되어도 통증은 없다.
④ 보통 양측성으로 오며, 양 눈의 진행정도는 다르다.

제1과목 의학이론

(2) 진 단

산동 검사를 통해 동공을 확대시킨 후 세극등현미경 검사(일종의 현미경 검사로 눈을 최대 40배
까지 확대하여 자세히 볼 수 있는 검사 방법)로 수정체 혼탁의 정도와 위치를 확인한다.

⊣ 심화학습 ⊢

백내장의 구분

백내장은 검사로 확인한 혼탁의 위치에 따라 크게 전낭하 백내장, 핵경화 백내장, 후낭하 백내장로
구분할 수 있다.

1. **전낭하 백내장**

   수정체의 전면을 싸고 있는 막(전낭)의 안쪽에 생긴 백내장을 말한다.

2. **핵경화 백내장**

   수정체의 중심부인 핵이 딱딱해지고 뿌옇게 변하는 백내장으로, 중심부에 생긴 백내장을 말한다.

3. **후낭하 백내장**

   수정체의 뒷면을 감싸고 있는 후낭 바로 앞쪽에 생긴 백내장을 말한다.

---

4. 치 료

(1) 약물치료

초기에 약물치료로 진행속도를 더디게 할 수 있지만, 호전시킬 수는 없다.

(2) 근본적인 치료

혼탁한 수정체를 제거하고 인공수정체로 대체한다.

1. 의 의

치매는 후천적으로 기억, 언어, 판단력 등의 여러 영역의 인지 기능이 감소하여 일상생활을 제대로 수행하지 못하는 임상 증후군을 말한다. 치매에는 '알츠하이머병'이라 불리는 노인성 치매, 중풍 등으로 인해 생기는 혈관성 치매가 있으며, 이 밖에도 다양한 원인에 의한 치매가 있을 수 있다.

2. 원 인

(1) 알츠하이머병

① 원인 미상의 신경퇴행성 질환으로 전체의 50~60%를 차지한다.

② 두뇌의 수많은 신경세포가 서서히 쇠퇴하여 뇌조직이 소실되고 뇌가 위축되게 된다. 이에 대해서는 뚜렷한 원인이 밝혀지지 않고 있다.

(2) 혈관성 치매

① 뇌의 혈액순환장애에 의한 혈관성 치매가 20~30%를 차지한다.

② 뇌 안에서 혈액순환이 잘 이루어지지 않아 서서히 신경세포가 죽거나, 갑자기 큰 뇌혈관이 막히거나 뇌혈관이 터지면서 뇌세포가 갑자기 죽어서 생기는 치매를 말한다.

3. 증 상

(1) 기억력 저하

건망증이라면 어떤 사실을 기억하지 못하더라도 힌트를 주면 금방 기억을 되살릴 수 있지만 치매에서는 힌트를 주어도 모르는 경우가 많다.

(2) 언어장애

가장 흔한 증상은 물건의 이름이 금방 떠오르지 않아 머뭇거리는 현상인 '명칭 실어증'이다.

(3) 시공간 파악능력 저하

길을 잃고 헤매는 증상이 나타날 수 있다.

(4) 계산능력의 저하

거스름돈과 같은 잔돈을 주고받는데 자꾸 실수가 생기고, 전에 잘하던 돈 관리를 못하게 되기도 한다.

(5) 성격 변화

매우 흔하게 나타날 수 있는 증상으로, 예를 들어 과거에 매우 꼼꼼하던 사람이 대충대충 일을 처리한다거나 전에는 매우 의욕적이던 사람이 매사에 관심이 없어지기도 한다.

(6) 감정의 변화

특히 우울증이 동반되는 경우가 많고, 수면장애가 생길 수도 있어 잠을 지나치게 많이 자거나 반대로 불면증에 시달리기도 한다.

4. 치매의 진단평가

(1) CDR(치매임상평가척도)

치매환자의 중증도를 평가하는 대표적인 척도(선별검사 아님)로 다음의 6가지 평가에 기초하여 5단계로 구분한다.

① 기억력　　　　　　　　　　　② 지남력

③ 판단력과 문제해결능력　　　　④ 사회활동

⑤ 집안생활과 취미　　　　　　　⑥ 위생과 몸치장

(2) MMSE(인지기능선별검사)

노인의 인지기능을 평가하는데 가장 널리 사용되는 평가도구이다.

① 기억력　　　　　　　　　　　② 지남력

③ 주의집중력　　　　　　　　　④ 시공간구성능력

⑤ 언어관련기능　　　　　　　　⑥ 전두엽 집행기능

(3) GDS(전반적 퇴화척도)

CDR과 마찬가지로 치매의 유무를 판별하기 위한 도구가 아니라, 퇴행성 치매의 중증도를 평가하기 위한 도구이다.

(4) 7분 치매선별검사

10분 이내에 시행할 수 있는 간편한 치매 조기선별도구이다.

1. 의 의

심각한 외상을 겪은 후에 나타나는 불안장애를 의미한다.

2. 원인 및 위험인자

(1) 원 인

① 어떤 외상적 사건이 질병을 일으킨다. 남자의 경우 전쟁 경험이 많고 여자의 경우 물리적 폭행, 강간을 당한 경우가 많다.

② 외상을 경험한 모든 사람에게서 병이 발병하지는 않는 것을 고려하면 단순히 외상만은 아니고 다른 생물학적, 정신 사회적 요소가 발병에 관여한다고 볼 수 있다.

(2) 위험인자

① 아동기 외상의 경험

② 경계성, 의존성 및 반사회성 인격장애의 경향이 있는 경우

③ 여 자

④ 정신과 질환에 취약한 유전적 특성

⑤ 최근 스트레스가 되는 생활변화

⑥ 부적절한 가족, 동료의 정서적 지원

⑦ 과도한 음주

3. 증상 및 진단

(1) 증 상

① 꿈이나 반복되는 생각을 통해 외상의 재경험

② 외상과 연관되는 상황을 피하려고 하거나, 무감각해지는 것

③ 자율신경계가 과각성되어 쉽게 놀라고 집중력 저하, 수면 장애, 짜증 증가 등

(2) 진단기준

외상 후 스트레스 장애의 진단은 환자면담과 심리검사 등을 통해 내려지며, 진단기준은 다음과 같다.

① 외상을 경험하고 이후 극심한 불안, 공포, 무력감, 고통을 느낌

② 외상에 대한 재경험(악몽, 환시, 생각, 해리를 통한 경험)

③ 외상에 대한 회피 또는 무감각(외상 관련된 것에 대해 말을 하지 않고 장소를 피함, 외상 관련된 일이 기억나지 않음, 감각의 저하, 의욕 저하 등)이 3가지 이상

④ 각성 상태(수면 장애, 짜증·분노 증가, 집중력 저하, 자주 놀람 등)의 증가가 2가지 이상

4. 검사 및 치료

(1) 검 사

① 뇌 자기공명영상 촬영

② 뇌파 검사

(2) 치 료

① **심리치료요법** : 개인적인 면담, 최면요법

② **약물치료** : SSRI(선택적 세로토닌 재흡수 억제제 – 항우울제의 일종)

③ **정신치료** : 정신역동적 정신치료

5. 실 무

제3보험 장해분류표 신경계/정신행동장해에서 외상 후 스트레스성 장애는 면책대상이다.

예방접종 대상은 나이가 6개월 이상인 사람 중에서 다음과 같다.

① 폐질환, 심장질환(만성 기관지염, 천식 등)

② 만성질환으로 요양원이나 집단 치료소에 있는 사람들

③ 병원에 다닐 정도의 만성질환(당뇨, 만성 간질환, 암, 면액저하질환 등)

④ 65세 이상의 노인

⑤ 의료인 또는 환자가족

⑥ 본인이 원할 때, 해외여행 전에 여행지가 인플루엔자 유행시기 때, 국가 중요 임무 담당자들

   * 임신 14주 이상이면서 인플루엔자가 유행할 경우에는 임산부에게도 접종이 가능하다.

1. 의 의

대상포진은 어릴적 수두를 앓은 사람에게 발생하게 되고, 몸에 남아있던 수두균에 의해 피부에 작은 물집들이 띠 모양으로 발생하고, 극심한 통증을 유발하는 질환이다.

2. 원인 및 위험인자

(1) 원 인

대상포진은 원인균인 베리셀라–조스터 바이러스(varicella–zoster virus, VZV)에 의해 발생한다.

(2) 위험인자

① 60세 이상의 노인

② 스트레스

③ 호지킨 병(림프조직에 감염이 일어나 무제한으로 증식하는 병)

④ 저항력이 감소되는 병에 걸렸을 경우

⑤ 항암제, 면역억제제 같은 약물복용시

3. 증상 및 진단

(1) 증 상

① 주로 발생하는 증상은 통증인데, 몸의 한 쪽 부분에 국한되는 경우가 대부분이며 아프거나 따끔거리는 증상이 발생한다.

② 이러한 증상이 1~3일간 지속된 이후에 붉은 발진이 일어나게 되고 열이나 두통이 발생하게 된다.

③ 수포는 2~3주간 지속되며, 이것이 사라지면 농포나 가피가 형성되고 점차 사라지게 된다.

(2) 진 단

① 대상포진은 피부에 나타나는 병적인 변화가 매우 특징적이므로 증상을 관찰하여 임상적으로
진단을 할 수가 있다. 단, 면역억제 환자는 피부의 병적인 변화가 특징적이지 않을 수 있다.

② 전형적인 피부변화가 나타나지 않는 경우에는 피부병변을 긁어 현미경적 검사, 바이러스
배양, 또는 분자유전자 검사를 할 수 있다.

4. 치료 및 합병증

(1) 치 료

① 항바이러스제제 투여

② 진통제 및 소염제 투여

(2) 합병증

① 포진 후 신경통

통증은 병변이 사라진 후에도 지속될 수 있는데, 이를 포진 후 신경통이라고 한다. 포진
후 신경통은 통증이 매우 심하여 일반적인 진통제에 잘 반응하지 않을 정도로 아주 심한
경우에는 신경차단술 등을 시행하기도 한다.

② 람세이-헌트 증후군

대상포진이 안면신경을 따라 발생할 경우 안면신경 마비증상이 발생할 수 있으며, 이 경우
한쪽 눈이 감겨지지 않고, 입이 삐뚤어지게 된다.

③ 각막염과 실명

삼차신경의 안신경절을 침범한 경우 각막염에 걸리거나 심한 경우 시력을 잃을 수도 있다.

60 자살 위험인자 ✿

자살의 주요 위험인자는 다음과 같다.

① 남 자
② 청소년, 노인
③ 우울증이 심한 경우
④ 자살 시도의 과거력
⑤ 알코올이나 약물남용
⑥ 환시, 환청 등의 정신병적인 증상이 있는 경우
⑦ 사회적 고립
⑧ 자살계획이 치밀한 경우
⑨ **독신** : 미혼에서 가장 위험하고, 배우자 사망, 별거나 이혼
⑩ **질병** : 암 병력 환자

01 **다음 골절을 약술하시오.**

> 1. 병적 골절
> 2. 스트레스 골절
> 3. 개방성 골절
> 4. 골단판(성장판) 손상

[모범 답안]

1. 병적 골절

뼈에 침투한 병(골 종양, 골수염 등)으로 인하여 뼈가 약해져서 약한 힘만으로도 골절이 생기는 상태를 말한다.

2. 스트레스 골절

① 금속 막대를 반복해서 구부리면 금이 가는 것처럼 뼈에 질환이 있거나 외상을 당하지 않았으나 심한 훈련 등으로 반복되는 자극에 뼈의 일부분에 스트레스가 쌓여 생긴 골절을 말하며, 일명 피로 골절(fatigue fracture), 혹은 행군 골절 등으로도 잘 알려져 있다.

② 호발 부위는 경골, 비골, 중족골, 종골, 대퇴골, 치골, 좌골, 상완골, 척골, 거골, 주상골, 늑골, 척추의 관절 간부이다.

> 예 장거리 행군에 의한 제2, 3, 4 중족골 골절인 행군 골절과 장거리 육상선수에 의한 경골 스트레스 골절

3. 개방성 골절

① 부러진 뼈의 끝부분이 피부를 뚫고 나오거나 피부 등이 사고로 인하여 소실되는 경우이다.

② 골절된 뼈가 외부 환경에 노출되어 심한 근육 손상과 함께 감염의 위험이 높아진다.

4. 골단판(성장판) 손상

① 어린 뼈가 자라서 큰 뼈가 되기 위해서는 골단판에서 계속 뼈를 만들어야 하는데 사고로 손상을 받으면 성장의 장애가 발생하여 팔다리가 짧아지거나 휘게 된다.

② 골단판 손상은 소아 골절의 15~30%에서 발생하며, 성장 기간이 많이 남아 있을수록 결과가 불량해진다.

02 25세 남자가 오토바이를 타고 가던 중 사고로 응급실에 이송되었는데, 뇌CT촬영 상 두개골 기저골절 의심증상을 보였다. 두개골의 기저골절을 의심할 수 있는 증 상과 치료방법을 약술하시오.

모범 답안

1. 의 의

① 사고나 상해 또는 운동과 관련하여 두부에 강한 충격을 받았을 때, 두개 밑의 작은 구멍으로 많은 뇌신경 및 혈관의 통로가 있어 골절로 인해 이들 통로가 손상을 받으면 뇌신경 또는 뇌혈관을 손상시킬 수 있다.

② 단순 두개골 X선으로는 진단하기 어려우며, 임상적 증상소견이 중요하다. CT의 두개골 검 사, 특히 측두골 검사에서 골절선을 볼 수 있는 경우가 많다.

2. 두개골 기저골절 의심 징후

(1) 고막내출혈(Hemotympanum)

골절이 내측으로 향하고 고실이 손상을 입지 않은 경우 혈액은 고실내에 있게 된다.

(2) 귀후방 점상출혈(Battle's sign)

중두개와골절 때 유상돌기 주위의 반상출혈이 나타난다.

(3) 너구리눈 징후(Racoon's eye sign)

눈 주위의 반상출혈 및 부종으로 마치 너구리 눈 모양으로 보이는 징후로서 기저골 골절 중 전두와 골절이 있을 때 발생한다.

(4) 뇌척수액의 이루, 비루

뇌척수액이 귀나 코로 흘러나온다. 이는 골절로 뇌경막이 손상되어 출혈되거나 뇌척수액이 흘 러나오는 것이다.

(5) 신경손상

신경손상에는 안면 신경손상이 가장 많고 청신경, 외전신경, 동안신경, 활차신경 등의 신경손상 을 유발할 수 있다.

(6) 기뇌증

골절부위로 공기가 유입되어 단순 두개골 X-선촬영이나 두부 CT촬영 사진상 뇌실내 또는 지주막하강에 공기음영이 보인다.

3. 치료방법

뇌척수액루의 유무에 따라 치료를 결정하게 된다.

(1) 뇌척수액루가 없는 경우

3~5일간 관찰을 하고 관찰 기간 동안 머리를 약간 높여 주고 강하게 코를 풀거나 입으로 부는 행위를 금하도록 한다. 이 기간 동안 예방 차원에서 항생제를 투여하기도 하는데, 뇌척수액루나 감염 등의 합병증이 나타나지 않으면 통원 치료도 가능하다.

(2) 뇌척수액루가 있는 경우

항생제를 투여하여 감염을 예방하고, 심한 출혈이 있는 경우에는 손상된 혈관에 수술이 필요하다.

03 교통사고나 추락 등에 의해 발생하는 늑골골절 증상 및 치료방법 등을 약술하시오.

모범 답안

1. 의 의

① 늑골골절이란 12쌍의 늑골 중 어느 한 부분이 부러진 상태를 의미하며, 대부분의 늑골골절은 늑골 사이에 있는 근육, 건, 인대의 염좌나 파열을 수반한다.

② 타박이나 충돌 등에 의하여 외력작용 부위에 굴곡골절이 일어나며, 두 방향으로부터의 흉곽 압박에 의하여 그 중간부위에 골절이 일어난다.

2. 증상과 치료

주요 증상으로는 재채기가 일어나고, 심호흡시 통증이 심하며, 흉곽을 누르면 골절부에 통증이 나타나고, 때로는 골절단이 발생된다. 하지만 심한 외력에 의해 다발성 늑골골절이 생기면 혈흉 또는 기흉을 동반할 수 있다.

(1) 혈 흉

① 늑골골절시 골절편이 폐실질을 손상시켜 흉곽내에 출혈을 일으키는 것으로 자연지혈되는 경우가 많으나, 보통 흉벽에서 나올 때는 많은 혈액의 저류로 쇼크를 일으킬 때가 있다.

② 치료는 실혈량이 많을 때에는 조기에 수혈을 해야 하며, 흉곽내의 혈액과 공기는 흉강천자에 의해서 제거시킴으로써 호흡곤란을 완화시켜 주고, 또한 투관침개흉술에 의한 흉관을 장치함으로써 폐의 완전팽창에 도움을 준다.

(2) 기 흉

① 늑골골절시 골절편의 폐실질손상으로 인한 폐의 공기누출과 흉벽의 개방성 상처로 흉곽 내에 공기가 들어차는 것이다.

② 치료는 흉벽에 개방창이 있을 때에 우선 환자의 상태가 허락하면 개방창구를 외과적으로 폐쇄하고 투관침개흉술 후에 카테터장치에 의한 흉곽내의 공기의 흡인으로 폐가 완전팽창되도록 한다.

제1과목

의학이론

04 교통사고로 인하여 다발하는 내부장기파열의 유형을 약술하시오.

[모범 답안]

1. 의 의

① 체간내 내부장기는 교통사고나 낙상 등 외부의 힘에 의한 충격이나 타격에 의한 손상시에 파열된다.

② 체간내 장기 손상의 경우 다른 골격계 손상에 비해 자각 증상이 일부 신체 부위에 국한되지 않고 증상 자체가 모호할 수 있다. 따라서 손상 기전이나 관련 요인에 비추어 체간 내 손상을 의심하여 CT나 초음파 등의 방사선학적 검사나 진단적 수술 등의 방법을 이용하지 않는 한, 상대적으로 체간 내부의 손상을 놓칠 가능성이 높다.

2. 교통사고로 인하여 다발하는 장기파열

(1) 간장파열

간장이 파열되면 쇼크, 안면창백, 오심, 구토, 복부전반에 걸친 통증이 있으며, 개복술을 시행하여 간장을 봉합한다.

(2) 비장파열

비상이 파열되면 다량의 출혈이 있고, 비장부의 격통, 오심, 구토 등의 증세가 있으며, 개복술을 시행하여 비장봉합이나 비장적출을 한다.

(3) 장파열

복강내출혈과 복강내의 장내용물과 유출에 의하여 염증이 생기고, 개복술을 시행하여 파열부를 봉합하며, 지혈과 복막염치료를 한다.

(4) 신장파열

① 신장의 파열은 충돌, 추락 등에 의하여 발생하며 요부, 측복부의 격통과 압통이 심하다.

② 신장실질의 손상이 있으면 혈뇨가 심하고, 신장주위에 혈종을 형성하기도 한다.

③ 손상이 심하면 수술이 불가피하고, 신장봉합 혹은 한쪽 신장에 한하여 적출수술이 불가피하다.

(5) 방광파열

방광이 파열하면 압통, 구토, 혈뇨, 급성빈혈이 있으며, 뇨가 복강내로 샐 때에는 배뇨장애, 배뇨통이 있고, 개복술을 시행하여 방광벽을 봉합한다.

05 A는 21세 여자 대학생으로, 학교 계단을 내려오다가 오른쪽 발을 헛디뎌서 우측 종아리 아래쪽으로 골절상을 입고 병원에 입원하여 구획증후군의 진단을 받았다. 이 경우 A에게 나타나는 주요 5대 징후를 나열하시오.

1. 의 의

구획증후군은 근막에 둘러 쌓인 폐쇄된 구획 내의 조직압이 높아져서 모세혈관에서의 관류가 저하되어, 마침내는 구획내의 근육과 신경 등 연부조직이 괴사되면서 나타나는 임상증상을 통칭하는 용어이다.

2. 5대 징후(5P)

① 통증(Pain) : 통증은 가장 빨리 나타나고 가장 중요하다.
② 창백(Pale)
③ 감각이상(Paresthesia)
④ 마비(Paralysis)
⑤ 무맥(Pulseless)

06 족근관절 골절의 원인, 증상 및 치료방법에 대하여 설명하시오.

모범 답안

1. 의 의

족근관절 골절은 골절뿐만 아니라, 중요한 인대 및 연부조직의 손상을 동반한다. 그리고 관절면을 침범해 후유증의 발생빈도가 높다.

2. 원 인

족근관절 손상은 환자의 연령, 골조직의 질, 손상시 족부의 위치, 외부 힘의 방향, 정도 및 속도 등에 의하여 좌우된다. 이때 흔한 외부의 힘은 내전, 외전, 외회전, 내회전 등이다.

① 회내전과 회외전은 거골하관절을 중심으로 회전할 때 족부의 위치를 말한다.

② 내전과 외전은 장축을 중심으로 했을 때 거골에 회전된 위치를 가져오는 힘을 가리킨다.

③ 외회전과 내회전은 경골의 장축을 중심으로 한 회전운동으로 설명된다.

3. 증상과 진단

족근관절의 골절시 거골이 1mm만 전위되어도 체중부하에 이용되는 관절면이 20~40% 감소하며, 5mm 진이의 경우 80%가 감소된다. 따라서 족근관절 골절은 정상범위에 거의 가깝게 정복되어야 좋은 기능을 얻을 수 있다.

① 족부외측의 손상은 내전 시에 외측인대손상 또는 비골원위부의 견열골절을, 외전 시에는 분쇄 또는 횡적골절을, 외회전 시에는 특징적인 나선형 골절을 가져온다.

② 비골골절이 인대결합이 있는 위치보다 상방에 나타난 경우 인대결합의 손상을 의심하여야 한다.

③ 족부내측의 손상은 거골에 가해지는 직접적 충격이나 거골이 회전 및 외측으로 이동할 때 발행하는 긴장에 의하여 나타난다.

④ 거골후과의 골절은 외전, 외회전, 거골의 후방이동 및 수직성 힘에 의해 발생하고, 인대결합의 손상은 외회전 혹은 외전의 힘에 의하여 발생한다.

⑤ 원위경골관절면의 골절은 족근관절의 천정을 이루는 부분의 골절로서, 거골이 원위경골에 부딪히는 수직의 힘에 의하여 발생한다. 대부분 치료하기가 어렵고 치료결과도 만족스럽지 못하다.

⑥ 족근관절 골절과 원위경골골간단의 골절이 같이 발생한 것을 pilon 골절이라고 하며, 원위경골골간단 골절은 관절내의 분쇄모양을 하는 것이 보통이다.

4. 치료방법

(1) 비수술적 치료

① CT에서 전위가 없다고 판단된 골절(Sanders 제1형)의 치료로는 비수술적 방법이 선호된다.

② 비수술적 치료의 적응증으로는 심한 말초혈관장애, 제1형 당뇨병, 수술을 제한할 수 있는 내과적 질병, 원래 잘 거동하지 않는 고령자 등이 있다. 연령 자체가 수술의 비적응증이 아닌 이유는, 70대에도 건강하게 활동하고 생활하는 노인들이 많기 때문이다. 비수술적 방법은 물집이나 부종이 심한 경우, 개방창이 있는 경우, 생명을 위협하는 손상이 있는 환자와 같은 경우 선호될 수 있다.

③ 비수술적 치료는 혈종을 없애기 위한 부목고정이 우선이며, 다음으로는 부종을 줄이기 위한 탄력 붕대, 첨족(drop foot) 구축을 방지하기 위해 골절 보조신발(boots) 등이 필요하다.

④ 조기 관절 운동이 필요하지만 방사선학적 유합이 확인되는 10주에서 12주간은 체중 부하는 금지해야 한다.

(2) 수술적 치료

① 후방 관절면을 포함한 전위된 관절 내 골절의 치료로 수술적 치료가 보편화되어 있다.

② 수술적 치료의 우선적 목표는 정렬의 해부학적 회복과 통증 없는 기능의 회복이다.

③ 주름이 잡히고 부종이 남아 있지 않다면 검사는 양성이고 수술을 안전하게 진행할 수 있다는 증거가 된다.

07 아파트 3층에서 이불을 털다가 아파트 화단으로 낙상한 환자가 양측 족부의 종골 골절을 입었다. 다른 부위의 골절이 동반될 가능성이 가장 많은 부위는 어디인지 설명하시오.

모범 답안

1. 의 의

종골은 족근골 중 가장 크고 체중을 지면에 전달하는 부분으로 족근골 골절 중 가장 많다. 족저부에는 외측 및 내측 돌기가 있으며, 상부에는 거골과 3개의 관절면을 가진 거골하관절이 있다. 후방의 관절이 가장 크며 중앙과 전방의 관절면 사이에 골간구가 있어서 족근동을 형성한다.

2. 손상기전

대부분 추락사고(80~90%)이며, 해면골로 구성되어 있어서 치료가 어렵고 동통이나 관절염 등 합병증이 많은 골절이다. 이중 5~9%는 양측 종골 모두 골절이 온다.

(1) 관절내 골절에 대한 역학
① 대부분 축성 압박력에 의해서 온다.
② 관절내 골절은 높은 곳에서 추락하여 많이 발생하며, 이때 척추 골절이 약 10~15% 정도에서 동반된다.
③ 신체의 하중이 종골과 접촉하는 곳은 종골의 외측이다.
④ 전단응력이 후관절면을 통하여 내측으로 전달이 된다.
⑤ 1차 골절선의 방향은 외측의 족근동(sinus tarsi)에서 시작하여 사선으로 후관절을 지나서 내측면으로 연결이 된다.
⑥ 2차 골절선은 대개 다양한 방향으로 나타난다.

(2) 관절외 골절
관절외 골절의 발생 기전은 꼬이는 힘에 의하여 나타나며, 특히 전방돌기, 재거돌기, 내측돌기 등의 골절을 유발한다.

08 자동차사고 등으로 뇌손상시 뇌손상의 과정은 충격시 두피, 두개골 및 뇌에 발생하는 일차손상과 충격에 이어 시작되는 병태생리학적 과정의 결과인 이차손상으로 대별된다. 다음 중 이차적 뇌손상의 원인을 서술하시오.

모범 답안

1. 의 의

외상성 뇌손상의 병태생리는 전통적으로 일차적 손상과 이차적 손상으로 나뉘어진다.

(1) 일차적 손상

뇌에 충격이 가해지는 순간에 일어나며, 직접적 충격뿐만 아니라 가속과 감속에 의한 전단력과 회전력에 의해 발생하게 된다.

(2) 이차적 손상

손상 후 수분 내에서부터 며칠이 지나서까지 진행되며 나타날 수 있는데, 일차적 손상에 의해 다양한 이차적 병태생리학적 변화가 일어날 수 있으며, 이에 따른 추가적 뇌손상이 발생할 수 있다.

2. 이차적 손상을 일으키는 원인

이차적 손상을 일으키는 원인에는 전신적 요인과 두개강내 요인의 두가지가 있다.

(1) 전신적 요인

전신적 요인에는 저산소증, 저혈압, 고탄산증, 저탄산증, 고체온, 저혈당, 고혈당, 전해질 이상 등이 있다.

① 저산소증

저산소증은 PaO_2 < 60mmHg로 정의되는 것으로 사고시의 기도폐쇄, 기도흡인, 흉곽손상, 일차성 호흡 저하, 폐장션트(pulmonary shunt) 등에 기인한다.

② 저혈압

저혈압은 수축기혈압 < 90mmHg로 정의되며, 두부 손상 후의 뇌경색의 주요 원인이다. 대부분 전신성 쇼크에 의해 유발되며 두개강내압 상승에 의해 악화된다.

③ 고탄산증

고탄산증은 뇌혈관을 확장시켜 두개강내압의 상승과 종괴효과를 악화시키며, 이론적으로는 대사성 뇌산증도 동반하게 되어 신경학적 회복에 나쁜 영향을 주게 된다.

④ 저탄산증

혈관수축에 의한 뇌혈 용적과 뇌혈류의 감소를 초래하게 되어 손상 부위의 뇌에 허혈성 손상을 일으킬 수 있다.

⑤ 고체온

고체온은 감염이나 중심성 체온조절계 결손에 의하여 고열이 나타나게 되는데, 이 경우 뇌손상에 의한 허혈성 상태에서 흥분독성 신경전달물질의 증가 등에 의하여 허혈성 뇌손상의 병리생리적 과정이 더욱 가속화되는 것으로 보고되고 있다.

(2) 두개강내 요인

두개강내 요인에는 두개강내압 상승(항진), 뇌부종, 뇌충혈, 뇌허니아, 지연성 두개강내 혈종, 경련, 두개강내 감염, 수두증 등이 있다.

① 두개강내압 항진

두부 외상에 의한 종괴 병소를 동반한 환자에게서 나타나는 것으로, 두개강내압 상승시 뇌관류압이 떨어져 뇌허혈을 초래하며 뇌탈출로 인한 뇌간 구조의 압박으로 인해 뇌 조직의 기능장애가 오게 된다.

② 뇌부종

뇌부종은 조직 내에 수분이 증가하는 현상으로서, 모세혈관 투과성의 증가에 의한 세포외 공간의 부종인 혈관인성(vasogenic)과 세포막 펌프 작용의 장애에 의한 세포내 공간의 부종인 세포독성(cytotoxic)으로 구분한다.

③ 뇌충혈

두부외상으로 인하여 혈관 조절 중추의 기능이상으로 뇌혈관마비가 초래되면 뇌혈관에 울혈이 초래된다. 이러한 뇌충혈은 소아 두부외상 환자에서 흔히 관찰된다.

④ 뇌허니아

뇌조직이 압력 차이에 의하여 병변이 발생된 구획을 벗어나는 것을 뇌허니아라고 한다. 뇌허니아의 증상은 두개내압 상승, 뇌 연부조직의 변화, 뇌조직의 이동, 뇌용적의 증가 등이 있으며, 심한 경우 연수의 호흡중추를 압박하여 사망에 이르게 한다.

⑤ 지연성 두개강내 출혈

지연성 두개강내 출혈이란 수상 후 3주 이내(보통 48시간 이내)에 두개강내에 발생하는 출혈로, 예후가 비교적 나쁘다.

⑥ 두개강내 감염

손상시 개방성 두개골절, 뇌척수액의 유출 등이 있는 경우 뇌내 감염이 생길 수 있다.

⑦ 수두증

뇌와 척수를 감싸고 흐르는 뇌척수액이 선천성이나 후천성의 이유로 너무 많은 양이 있어서 정체되어 뇌실이 커지고 뇌압이 높아지는 상태를 말한다.

⑧ 경 련

함몰된 두개골 골절, 뇌실질내 출혈, 의식 소실이 오랫동안 지속되는 경우에 잘 생기며, 대부분 손상 후 2년 이내에 발생한다.

09 다음 사례에 대한 질문에 답하시오.

> 35세 남자 환자가 우측 경골(tibia) 간부 골절로 ○○병원을 방문하여 부목고정을 실시하고 입원하여 병실에서 안정을 취하던 중 부목을 시행했던 우측 하퇴부에 극심한 통증과 우측 발가락의 감각 저하 및 발가락의 움직임이 되지 않는다고 호소하였다. 붕대 속으로 발등의 맥박을 촉지해보니 촉지되지 않았다.

질문사항 1. 상기 환자에서 가장 가능성이 높은 진단은?

모범 답안

부목고정 후 우측 하퇴부에 극심한 통증과 우측 발가락의 감각 저하 및 발가락의 움직임이 되지 않고 발등의 맥박이 촉지되지 않는 증상으로 보아 구획증후군이 의심된다. 구획증후군은 외상 등으로 막힌 근막 내 공간의 압력이 증가되어 혈류가 저하된 상태로, 구획내의 근육과 신경 등 연부조직이 괴사되면서 나타나는 증상을 말한다.

질문사항 2. 상기 진단의 발생 기전에 대하여 설명하시오.

모범 답안

하퇴 근육과 같은 특정 근육은 근막이라 부르는 섬유질 조직으로 이루어지는 단단한 막으로 싸여 있다. 이러한 막은 근육 조직, 혈관 및 신경을 포함하는 폐쇄 공간(구획)을 형성한다. 그런데 구획 내부의 근육 또는 뼈가 심하게 손상되면, 구획 내 근육 조직에 대한 압력이 증가하게 된다. 증가된 압력이 해당 부위 내의 혈관에 압력을 가하게 되면, 혈액공급이 차단되고, 근육이 추가로 손상되어 조직에서 더 많은 부기와 압력 증가를 유발하게 된다. 단 몇 시간 만에 근육과 주변 연조직이 손상되어 조직괴사가 발생하게 된다. 구획증후군은 골절, 특히 하퇴의 골절과 사지에 대한 압궤 손상의 경우에 발생할 가능성이 높다. 또한, 구획증후군은 깁스나 붕대가 너무 단단하여 혈액 공급을 차단할 때 발생한다.

상기 환자에게 취해야 할 조치에 대하여 기술하시오.

모범 답안

구획증후군 환자에게 취해야 할 조치는 다음과 같다.

① 손상된 지체를 높게 하여 정맥과 림프의 순환을 촉진시킨다.

② 신경기능의 저하가 발견되면 석고와 붕대를 제거하여 신경회복에 주력한다.

③ 조직내압이 30mmHg 이상이면 근막절개술 등의 수술적 치료를 시행한다.

10 다음 사례에 대한 질문에 답하시오.

> 45세 남자 환자가 작업 중 좌측 하퇴부에 약 10cm 정도의 열상(laceration)을 당하여 ○○병원에서 창상에 대하여 봉합술을 시행받고 입원하게 되었다. 수술 후 약 2일 정도가 지난 후에 창상 부위에 극심한 통증을 호소하였고 창상의 부종 및 피부 변색이 발생하였고 창상의 배출액이 증가하였으며, 쥐가 부패하는 것 같은 악취가 났다.

질문사항 1. 상기 환자에서 가장 가능성 높은 진단은?

[모범 답안]

창상 부위에 극심한 통증과 창상의 부종 및 피부 변색, 창상의 배출액 증가, 부패하는 것 같은 악취가 나는 것으로 보아 외상후 창상감염에 의한 가스괴저가 의심된다.

가스괴저는 상처부위가 가스를 만드는 세균인 클로스트리다 박테리아(*Clostridial perfringens*)에 감염되어 유해한 독소와 가스가 만들어지면서 근육이 괴사되고 전신적인 증상이 발현되는 중증 질환이다.

질문사항 2. 상기 합병증을 예방하기 위한 조치에 대하여 설명하시오.

[모범 답안]

클로스트리듐 감염은 어떠한 백신으로도 예방할 수 없기 때문에 가스괴저를 예방하기 위해 다음과 같은 작업을 수행해야 한다.
① 상처를 깨끗이 소독한다.
② 상처에서 이물질 및 죽은 조직을 제거한다.
③ 복부 수술 전, 중 및 후에 감염 예방을 위해 항생제를 정맥 주사한다.

상기 환자의 치료에 대하여 설명하시오.

모범 답안

① 감염되어 괴사된 부위는 즉시 제거하여 주변 조직으로 감염이 퍼지는 것을 예방하고, 항생제를 투여하여야 한다.

② 고압의 산소를 투여하면 균을 사멸시키고 상처 치유를 돕기도 한다.

③ 괴사조직 제거와 항생제 투여로도 감염 조절이 안 되면 그 부위를 절단할 수도 있다.

11 다음 사례에 대한 질문에 답하시오.

> 올림픽 대로에서 3중 추돌 사고가 발생하여 가운데 차량에 탑승한 운전자가 좌측 하지에 부상을 당하였다. 부상 부위를 관찰하니 부종과 변형이 관찰되었으나, 개방창은 없었다. 운전자는 심한 통증을 호소하고 있었다. 의식은 분명하였으며, 사고 정황상 타부위의 손상은 없는 것으로 판단되었다.

질문사항 1. 상기 운전자에 대한 응급조치 중 가장 중요하고 먼저 시행해야 할 것은 무엇인가?

모범 답안

골절의 응급처치 중 가장 중요하고 먼저 시행하여야 할 것은 골절 부위의 부목고정이다. 부상당한 좌측 하지에 부종과 변형이 관찰되었고 개방창이 없었으므로 부목고정을 시행한다.

질문사항 2. 상기 응급조치가 필요한 이유에 대하여 설명하시오.

모범 답안

① 추가적인 연부조직 손상을 예방하고 폐쇄성 골절이 개방성 골절로 전환되는 것을 방지한다.
② 동통을 감소시켜 준다.
③ 지방 색전증이나 쇼크(shock)와 같은 합병증을 감소시킨다.
④ 환자의 이송과 병원에서의 방사선 촬영을 용이하게 할 수 있다.

12
전방 십자인대의 손상은 대표적인 스포츠 손상으로 젊은 남자에서 호발한다고 한다. 이러한 전방 십자인대 손상을 진단하기 위한 대표적인 신체검진 소견에 대하여 기술하고, 가장 대표적인 영상진단 방법에 대해 쓰시오.

모범 답안

1. 신체검진 소견

전방십자인대 손상은 슬관절의 과신전과 경골의 내회전으로 발생한다.

(1) 전방전위검사

고관절 및 슬관절을 70~90°로 구부린 후 하퇴부를 전방으로 당겨 시행한다. 경골 및 족부를 중립위치, 내회전, 외회전하여 스트레스를 가함으로써 회전 불안정성을 관찰할 수 있다.

(2) Lachman 검사

전방십자인대 손상이 의심되는 무릎을 20~30° 정도 구부린 상태에서 경골을 전방으로 당겨 보아 앞쪽으로 당겨진다고 느껴진다면 전방 십자인대의 손상을 의심해볼 수 있다.

2. 영상진단 방법

(1) 스트레스 방사선검사

무릎 관절의 동요(불안정성) 정도를 파악하기 위해 무릎 관절을 앞, 뒤로 밀면서 촬영하는 검사로, 진단이나 치료 과정 중에 동요 정도를 객관적으로 판단할 수 있는 검사이다.

(2) 자기공명영상검사(MRI)

MRI는 90% 이상의 진단율을 보이고 있으며, 무릎내의 동반 손상(반월상연골판 손상이나 관절연골 손상, 미세 골절, 다른 인대 손상)에 대해서도 확인할 수 있는 유용한 검사이다.

(3) 관절경검사

무릎 관절 피부에 1cm 정도의 피부 절개를 하고 내시경 기구를 무릎 관절 안으로 넣어서 관절내 상태를 진단하고 수술을 하는 검사이다.

13 40세 남자 환자로 자동차에 우측 무릎이 부딪친 후 무릎에 부종이 생겼다. 일반 방사선 촬영상 골절의 소견을 보이지 않아 슬관절 무릎내 장애(슬내장)로 진단되었다. 손상이 의심되는 조직을 모두 쓰시오.

1. 슬내장의 정의

슬내장이란 일반적으로 외상 후 슬관절에 운동통, 관절액 증가, 운동제한 등의 기능장애가 일어나는 상태를 말한다. 즉 슬관절 내·외의 병변으로 기능 장해를 일으키는 것들을 총칭하며, 주로 외상에 의한 것이 대부분이다.

2. 슬내장의 원인

① 반월상 연골, 측부인대, 십자인대, 경골극(tibial spine)의 손상
② 관절내 유리체
③ 슬개하 지방비후(infrapatellar fat pad)
④ 활액막추벽증후군(synovial plica syndrome)
⑤ 경골 주위의 관절내 외골종(exostosis)

14 다음 사례에 대한 질문에 답하시오.

40세 남자 환자로 5m 높이에서 떨어지면서 우측 족근관절에 골절이 있었다. 수술 후 3
주가 지나서 발바닥 및 발가락 끝 부위에 약물치료에도 반응이 없는 통증과 저림을 호소
하였고 족근관 부위에 압통이 나타났다.

질문사항 1. 의심되는 진단명은?

모범 답안

족근관 증후군(발목터널 증후군)이 의심된다. 족근관 증후군은 발바닥에 광범위한 저린감과 이
상 감각(화끈거리는 느낌 등), 족관절과 족부의 통증의 증상이 나타난다.

질문사항 2. 압박되는 신경은?

모범 답안

족근관 증후군은 발목 안쪽 복숭아뼈 뒤쪽에 있는 족근관 내부 압력이 여러가지 원인으로 인해
증가하면서 후경골신경이 압박을 받아 발생하는 말초신경 압박 질환이다.
족근관 증후군의 원인은 다음과 같다.
① 족근관내 낭종이나 종양
② 하체 골격의 불균형
③ 류마티스 관절염
④ 발목 부위 외상
⑤ 운동을 많이 하는 경우
⑥ 발에 잘 맞지 않는 신발의 착용
⑦ 급격한 체중 변화

진단법과 치료방법을 쓰시오.

모범 답안

1. 진단법

(1) 신체검사

　① 환자가 서있는 상태에서 후족부의 내반 및 외반 정렬을 확인하여야 하며, 경골 신경과 분지를 포함하여 그 주행 범위를 촉진함으로써 결절종, 활액낭종, 지방종 등의 공간 점유 병소와 연관된 종창과 비후를 확인한다.

　② 압통 및 돌출된 부분이 있는지 촉진하고 이후 신경의 경로를 주의 깊게 타진하여 티넬 징후(Tinel sign)가 나타나는지 확인한다.

(2) 영상진단검사

　① 일반 방사선 사진을 촬영하여 족근관 주변의 해부학적 이상을 관찰하고 그 주위에 전위되거나 부정유합된 골편, 부골, 거종결합, 골외골종 등이 있는지 확인한다. 또한 체중 부하 사진을 통하여 발의 정렬을 관찰한다.

　② 자기공명영상검사는 특히 공간 점유 병소의 확인에 유용하며, 그 외 주위 골의 이상 유무를 관찰할 수 있으므로 효과적으로 족근관 내의 구조물을 확인할 수 있다.

(3) 근전도검사

　① 근전도검사의 정확도는 90% 정도로 알려져 있으며, 특히 요추 신경병증과의 감별에 많은 도움을 준다.

　② 경골 신경상부에 대해서도 실시해야 하며, 반대측도 확인하여 신경근 압박과 족근관 증후군이 동시에 존재하는 이중 압박 증후군(double crush syndrome)이나 그 외 말초신경 병증에 의한 증상을 감별해야 한다.

2. 치료방법

(1) 보존적 치료

　보존적인 치료는 대부분의 족근관 증후군에서 일차적으로 시행하는 치료로서 비스테로이성 소염제의 사용과 함께 환자의 활동을 줄이고 경골 신경 가동 범위를 점진적으로 늘리는 운동을 함으로써 그 증상을 개선할 수 있다.

(2) 수술적 치료

약물치료로 호전되지 않는 경우에는 수술을 시행한다. 수술 전에 미리 환자에게 수술 후에 발생 가능한 합병증, 즉 증상의 악화, 이상감각, 신경 및 혈관 손상, 감염, 부종 또는 복합 국소통증 증후군 등에 대하여 미리 설명하여야 한다.

15 75세 남자 환자로 자동차에 충돌 후 우측 대퇴경부 골절이 생겼으나, 전신상태가 좋지 않아 수술이 늦어지고 심한 골다공증이 있는 상태이다. 예상되는 국소적 합병증(4가지)과 합당한 수술적 방법은?

모범 답안

1. 예상되는 국소적 합병증

① 혈관손상으로 무혈성 괴사 및 감염 등이 발생할 수 있다.

② 유합이 지연되는 지연유합 및 불유합 등이 나타날 수 있다.

③ 유합이 되더라도 부정유합 및 재골절 등이 발생할 수 있다.

④ 불유합, 무혈성 괴사와 같은 합병증 등으로 재수술이 필요할 수 있다.

2. 합당한 수술적 방법

75세 남자 환자로 전신상태가 좋지 않고 심한 골다공증이 있는 상태이므로 인공관절 치환술을 시행한다. 대부분의 환자들은 수술을 시행한 다음 7일 이내에 보행이 가능하며, 지속적인 골다공증 치료를 요한다.

16 골다공증은 폐경 또는 노화에 의해 발생하는 흔한 대사성 질환으로 뼈를 구성하는 미세구조가 약해지고 손상되어 쉽게 골절이 생기는 질환이다. 다음 질문에 답하시오.

질문사항 1. 주(major) 위험인자 3가지 쓰시오.

모범 답안

(1) 나 이

연령의 증가

(2) 생활습관

① 비활동성 생활 양식

② 칼슘과 비타민 D 섭취가 적은 식사

③ 흡 연

④ 과도한 알코올 또는 카페인 섭취

⑤ 마른 체구

(3) 인 종

백인 또는 아시아인

(4) 내분비계 이상

① **조기 폐경** : 여성호르몬인 에스트르겐의 감소

② **약물복용** : 부신피질호르몬, 갑상성호르몬, 항응고제 등의 장기복용

(5) 유전적 요소

골다공증이 있는 가족력

질문사항 2. 예방을 위해서는 '이 시기'에 형성되는 최대 골량을 최고로 만드는 것이 중요하므로 '이 시기'의 영양이 매우 중요하다. '이 시기'는?

모범 답안

골다공증을 예방하기 위해서는 20~30대 때부터 최대 골량을 많이 확보해놓고, 칼슘과 비타민 D를 섭취하고, 뼈와 근육을 자극해주는 운동을 해야 한다.

질문사항 3. 고령자에서는 골절을 유발하는 가장 큰 요인이 '이것'이며, 이를 예방하기 위해서는 근력강화와 유연성, 균형능력을 키우는 것이 중요하다. '이것'은?

모범 답안

낙상은 골다공증이 있는 고령자에게 골절 위험을 증가시키는 요인이다. 낙상의 위험인자는 환경 요인과 내적 요인으로 나뉘는데, 환경 요인은 미끄러지거나 걸려 넘어지거나 무게중심을 잃어버리는 모든 상황이다. 내적 요인은 나이, 여자, 중추신경계억제약물, 인지능력 약화, 시력 저하, 균형기능 약화, 신경 질환, 전신 약화, 하지근력 약화, 심부정맥, 우울증 등이다. 이 중 균형기능 약화는 낙상의 주요 원인이 된다. 따라서 낙상을 예방하기 위해서 근력강화와 유연성, 균형능력을 키우는 **체중부하운동**을 적절히 해야 한다.

17 다음 사례에 대한 질문에 답하시오.

> 65세 여자가 최근 식사량이 줄고 스트레스로 인하여 잠을 설치는 등 3~4일전부터 평소보다 힘들게 지내면서 몸통 왼쪽 가슴에서 등쪽에 걸쳐 가려움과 통증이 발생하였고, 금일 같은 부위에 수포가 관찰되었다.

질문사항 1. 의심되는 진단명은?

모범 답안

65세 여자가 스트레스로 잠을 설치고 왼쪽 가슴에서 등쪽에 걸쳐 가려움증과 통증, 수포가 관찰되는 것으로 보아 대상포진이 의심된다. 대상포진은 수두를 일으키는 바이러스인 수두-대상포진 바이러스의 재활성화로 인한 감염이 원인이다.

질문사항 2. 동반 가능한 합병증을 2가지 쓰시오.

모범 답안

(1) 대상포진 후 신경통

대상포진의 흔한 합병증으로는 피부 증상이 완치된 후에도 몇 개월 내지 수년 동안 신경통이 남을 수 있다. 대상포진을 앓은 환자의 약 30%에서 신경통이 진행되는 것으로 알려져 있으며, 특히 노인이나 면역기능이 저하된 사람에게서 발생하는 경우가 많다.

(2) 기타 합병증

대상포진이 안면신경을 따라 발생할 경우에는 안면신경 마비 증상이 발생하며, 눈에 대상포진이 발생하는 경우에는 각막염 증상과 함께 심한 경우 시력을 잃을 수도 있다.

18 자궁경부암의 발생에는 (①) 감염이 중요한 요인이다. (①)은(는) 자궁 경부의 편평세포암 환자의 99%에서 발견되며, 과정은 다를 것으로 보이지만 편 평세포암과 선암 모두의 원인으로 밝혀져 있다.

질문사항 1. ①에 들어갈 내용을 쓰시오.

모범 답안

인유두종바이러스(HPV ; Human Papilloma Virus)

자궁경부암은 자궁의 입구인 자궁경부에 발생하는 여성 생식기 암이다. 자궁경부암은 두 가지 주된 종류가 있는데, 한 종류는 편평상피세포암(squamous cell carcinoma)으로 약 80~90%를 차지하며, 다른 한 종류는 선암(adenocarcinoma)으로 10~20%를 차지한다. 자궁경부암은 성 접촉에 의한 인유두종바이러스(HPV)의 감염으로 주로 발생한다.

질문사항 2. 자궁경부암의 발생 위험요인을 3가지 쓰시오.

모범 답안

1. 사회 · 인구학적 특성

사회경제적으로 낮은 계층, 서양보다 동양이 많은 편이다.

2. 조기 결혼 및 성 경험

① 첫 성교경험의 나이가 어릴수록 자궁경부암의 발생위험이 처녀의 경우나 첫 성교경험을 늦게 한 경우에 비해 높다.

② 성교상대자 수가 많다거나 성병에 걸린 적이 많다거나, 접대부와의 접촉, 즉 남성의 불결한 성적 행위가 여성의 자궁경부암 발생과 밀접히 관련되어 있다.

3. 흡 연

담배를 피우는 여성은 담배를 피우지 않는 여성에 비하여 면역기능이 저하되어 자궁경부암에 걸릴 위험이 높다.

4. 경구피임약

경구피임약을 오래 복용시 자궁경부암 위험률이 1.2~1.5배 증가된다.

19 암은 우리나라 국민의 사망원인 1위를 차지하는 질환으로 평균적으로 우리나라 국민 3명 중 1명은 암을 경험하게 된다고 한다. 전 세계적으로 암을 치료하기 위한 노력을 계속하고 있으나, 전반적인 발생 및 암사망률은 줄어들지 않고 있어 현실적으로 관리에 가장 효율적인 방법으로 암 조기진단을 시행하고 있다. 이상적인 암 선별검사의 조건에 대하여 5가지 이상 약술하시오.

모범 답안

이상적인 암 선별검사의 조건
① 흔한 질병이어야 하고 중요한 건강상의 문제이면서 고위험군을 쉽게 찾아낼 수 있어야 한다.
② 질병의 자연 경과상 증세가 발현되기 이전의 전임상 단계가 존재해야 한다.
③ 적절한 검진 방법이 있어야 한다.
④ 조기 진단된 질병에 대해 효과적인 치료가 가능해야 한다.
⑤ 비용 효과적인 측면에서 타당성을 확보해야 한다.
⑥ 선별검사를 환자와 집단에서 수용할 수 있어야 한다.

20 당뇨병은 만성진행성 질환으로 현대인의 식생활 습관의 변화와 비만의 증가에 따라 급증하고 있다. 최근 2형 당뇨병에 대한 많은 연구 결과에 따라 새로운 진료지침과 새로운 약제들이 개발되어 치료에 적용하고 있으나, 아직까지도 당뇨병의 유병률은 줄어들지 않고 있어 당뇨병은 현대인의 건강을 위협하는 중요한 질환 중 하나이다. 이러한 당뇨병의 진단기준을 모두 쓰시오.

모범 답안

당뇨병의 진단기준
① 8시간 이상 금식한 상태에서 측정한 혈당(공복혈당)이 126mg/dL 이상인 경우
② 포도당 75g을 물 300cc에 녹여 5분에 걸쳐 마신 후(경구당부하검사) 2시간 째 측정한 혈당이 200mg/dL 이상인 경우
③ 당화혈색소 검사결과가 6.5% 이상인 경우

제1과목

의학이론

21 만성 간질환에서 간기능 장애의 중등도를 평가하고 환자의 예후와 생존율을 예측하는데 널리 사용되는 Child-Turcotte-Pugh scoring system에서 사용되는 5가지 지표와 Model for Endstage Liver Disease(MELD)에서 이용되는 3가지 지표들을 모두 열거하시오.

$\boxed{\text{모범 답안}}$

1. 개 요

간질환 환자는 수술에 따른 이환율과 사망률이 높기 때문에 이러한 위험성을 정확히 반영할 수 있는 방법이 필요하게 되었다. 현재까지 만성 간질환의 예후를 알아보기 위한 많은 점수체계가 알려져 있으나, 이 중 Child-Turcotte-Pugh(CTP) 점수와 Model for End-stage Liver Disease(MELD) 점수가 가장 많이 사용되고 있다.

2. Child-Turcotte-Pugh(CTP) 점수의 5가지 지표

(1) 의 의

환자의 간성 뇌증, 복수, 빌리루빈, 알부민, 혈액응고시간의 정도에 따라 3단계로 점수를 매기고, 각 점수를 합산한 값을 바탕으로 환자를 판단한다. 간성 뇌증과 복수의 상태를 판단하는데 의료진의 주관적인 판단이 개입될 여지가 있다.

(2) 5가지 지표

① 간성 뇌증(Hepatic encephalopathy)
② 복수(Ascites)
③ 빌리루빈(Bilirubin)
④ 알부민(Albumin)
⑤ 혈액응고시간

3. Model for End-stage Liver Disease(MELD)에서 이용되는 3가지 지표

(1) 의 의

MELD 점수란 간의 기능을 나타내는 혈청 크레아티닌(Creatinine)과 혈액응고시간, 빌리루빈 수치를 수학적으로 계산하여 만든 점수이다. 점수가 높을수록 간 기능이 나쁘다. 객관적인 혈액 검사 수치만 반영하므로 의료진의 주관적 판단 없이 이식 대기자의 중증도를 정확히 구분할 수 있다.

(2) 3가지 지표

① 크레아티닌

체내의 에너지로 사용된 단백질의 노폐물로, 신장에서 소변으로 배설되는데, 간 기능이 나빠지면 신장에 부하가 높아져 신장 기능도 떨어져 크레아티닌 수치는 올라간다.

② 혈액응고시간

간은 혈액을 응고시켜 주는 효소를 분비하는데 간 기능이 나빠지면 수치는 올라간다.

③ 빌리루빈 수치

보통 황달수치라고 알려져 있다. 빌리루빈은 간에서 생성되는 담즙을 구성하는 물질인데, 독성이 있어 우리 몸에 불필요하다. 간은 해독작용의 일환으로 빌리루빈을 소변이나 대변으로 배출하지만 간 기능이 나빠지면 빌리루빈 수치는 올라간다.

22 유방암의 경우 여러 가지 위험요인에 의해 복합적으로 영향을 받는데, 다음 사례를 읽고 김갑순씨가 가지고 있는 유방암 위험인자(위험요인)를 모두 기술하시오.

> 60세 김갑순씨는 매달 유방자가검진을 시행하고 있었고, 정기유방검진을 받기 위해서 주치의를 찾았다. 신장 150cm, 체중 70kg이며, 혈압이 150/100이었다. 그녀는 10세 때 첫 월경을 시작하였고, 학교성적은 보통이었다. 그녀는 23세 때 일찍 결혼하였지만, 40세에 가서야 첫 임신을 한 후 건강한 사내아이를 얻었다. 그녀는 아이를 기를 때 모유수유를 하지 않았다. 그녀는 58세까지 월경이 있었다. 그녀의 어머니도 10년 전에 유방암 수술을 받은 적이 있었다. 수술 당시 그녀의 어머니는 신장 160cm, 체중 80kg이었고, 당뇨병을 가지고 있었다. 그녀의 아버지는 초등학교 졸업 후 석면을 사용하는 공사를 자주 하셨고, 음주량이 많았다. 김갑순씨는 유방조영술을 받았고, 양성 석회화 소견이 관찰되었다.

모범 답안

1. 유방암의 고위험군 대상

① 음주(매우 중요한 위험요인)

② 유방암 가족력이 있는 사람

③ 한쪽 유방에 유방암이 있었던 사람

④ 출산 경험이 없었던 사람

⑤ 30세 이후에 첫 출산을 한 사람

⑥ 비만, 동물성 지방을 과잉 섭취하는 사람

⑦ 장기간 에스트로겐 호르몬의 자극을 받은 사람(이른 초경, 늦은 폐경, 폐경 후 장기적인 여성 호르몬의 투여)

⑧ 가슴부위에 방사선 치료를 받았거나 방사선에 노출된 경험이 있는 사람

2. 김갑순씨의 유방암 위험인자

(1) 연령 및 출산·수유 요인

대부분의 유방암은 40세 이후의 여성에서 발견되며, 연령이 증가하면서 빈도도 높아진다. 김갑순씨의 경우 40세에 첫 임신을 하였고, 수유를 하지 않아 유방암의 발생 가능성이 높다.

(2) 비 만

비만은 유방암 발생의 주요 위험요인 중 하나이다. 특히 폐경 후 여성의 비만은 유방암 발생위험을 높인다. 김갑순씨의 경우 신장 150cm, 체중 70kg으로 비만에 해당한다.

(3) 이른 초경과 늦은 폐경

10세 때의 이른 초경과 58세의 늦은 폐경이 김갑순씨의 위험인자이다.

(4) 유방암 가족력

김갑순씨의 어머니도 유방암 수술을 받은 적이 있기 때문에 김갑순씨의 경우 유방암 가족력이있는 사람에 해당된다.

(5) 석 면

초등학교 졸업후부터 아버지로부터 석면에 노출된 것도 유방암의 위험인자가 될 수 있다.

(6) 기 타

김갑순씨의 고혈압 및 양성 석회화 진단은 유방암과 관련이 없다.

23 두통은 머리 또는 목에 발생하는 통증을 의미하는 것으로 병원을 방문하게 하는 매우 흔한 증상 가운데 하나이다. 이렇게 흔하게 접하는 두통이라 하더라도 위험신호(red flag)들이 발견될 경우에는 위험한 결과를 야기할 수 있는 이차성 두통의 가능성이 높아지게 된다. 이러한 두통의 위험신호(red flag)에 대하여 5가지 이상 약술하시오.

모범 답안

두통의 위험신호(red flag)

① 새로운 형태의 심한 두통이 갑자기 시작될 때

② 두통이 수 일~수 주에 걸쳐 점차 심해질 때

③ 일반 진통제를 수 일 째 복용하고 있으나 증상의 호전이 없는 경우

④ 과로, 긴장, 기침, 용변 후 또는 성행위 후에 두통이 나타나는 경우

⑤ 50세 이후 처음으로 두통이 발생했을 때

⑥ 구역과 구토가 동반되고 구토 증상이 점차 심해지는 경우

⑦ 열이 나고 목이 뻣뻣하며, 전신무기력, 근육통, 관절통 등이 있는 경우

⑧ 점차 시력이 떨어지고 팔, 다리에 힘이 없거나 걸을 때 균형을 잡기 힘든 경우

⑨ 의식수준이 떨어져 혼미하거나 자꾸 졸리거나 자려고 하는 경우

⑩ 과거에 경련발작을 했던 적이 있거나 머리를 다친 후 두통이 발생한 경우

⑪ 다른 이유로 항응고제를 사용 중인 경우

⑫ 임신 중이거나 암으로 치료 중인 경우

〈출처 : 대한두통학회(http://www.headache.or.kr)〉

24 고혈압은 세계적으로 높은 유병률을 보이는 만성 질환으로 관상동맥질환, 심부전증, 뇌졸중, 신부전 등을 일으키는 심혈관계 질환의 위험인자이다. 우리나라에서도 27~28% 정도의 유병률을 보이고 있으며, 남자 30~40대에서 인지, 치료, 조절률이 낮아 문제가 되고 있다. 이러한 고혈압의 치료에는 여러 가지 방법을 사용하고 있는데, 약물치료 이외의 생활 습관 개선에 대하여 4가지 이상 약술하시오.

모범 답안

① **금연** : 흡연은 심장혈관질환의 가장 강력한 위험인자이므로 금연은 반드시 해야 한다.

② **염분섭취 제한** : 염분은 혈압을 올리는 중요 인자이므로 염분섭취를 줄여야 한다.

③ **칼륨의 섭취** : 소금을 많이 섭취하는 사람의 경우 하루 3.5g 이상의 칼륨 섭취가 혈압강하에 도움을 준다.

④ **적절하고 가벼운 규칙적인 운동** : 운동은 혈압을 낮추고, 심폐기능개선, 체중감소를 돕고, 고지혈증의 개선, HDL의 증가, 스트레스 등을 해소해 고혈압 환자에게 매우 유용하다.

⑤ **과음금지** : 과도한 음주는 고혈압을 악화시키므로 삼가해야 한다. 마실 때에는 소량의 음주가 바람직하고 절대로 매일 마시는 일은 없어야 한다.

⑥ **동물성 지방이나 당분의 섭취 최소화** : 고혈압을 낮추고 동물성 지방과 과량의 당분을 줄여 과체중과 비만을 예방하여야만 동맥경화증을 줄일 수 있다.

⑦ **스트레스 조절** : 항상 정신적 안정을 생각하고 일상 생활에서 스트레스를 최대한 피하도록 해야 한다.

⑧ **기타 생활 습관 개선**
- 표준체중 범위를 유지해야 한다.
- 급격한 환경변화를 피해야 한다.
- 변비를 피해야 한다.
- 정상 혈압을 유지해야 한다.

〈출처 : 국민고혈압사업단(http://www.hypertension.or.kr)〉

01 　2014년도 시행(제37회)

01 　피로 골절(fatigue fracture)에 대하여 설명하고(2점), 호발하는 대표적 부위 4 곳을 기술하시오. (8점)

02 　35세 남자 환자가 우측 경골(tibia) 간부 골절로 ○○병원을 방문하여 부목고정을 실시하고 입원하여 병실에서 안정을 취하던 중 부목을 시행했던 우측 하퇴부에 극심한 통증과 우측 발가락의 감각 저하 및 발가락의 움직임이 되지 않는다고 호소하였다. 붕대 속으로 발등의 맥박을 촉지해보니 촉지되지 않았다. (10점)

(1) 상기 환자에서 가장 가능성이 높은 진단은? (3점)

(2) 상기 진단의 발생 기전에 대하여 설명하시오. (4점)

(3) 상기 환자에게 취해야 할 조치에 대하여 기술하시오. (3점)

03 45세 남자 환자가 작업 중 좌측 하퇴부에 약 10cm 정도의 열상(laceration)을 당하여 ○○병원에서 창상에 대하여 봉합술을 시행받고 입원하게 되었다. 수술 후 약 2일 정도가 지난 후에 창상 부위에 극심한 통증을 호소하였고 창상의 부종 및 피부 변색이 발생하였고 창상의 배출액이 증가하였으며 쥐가 부패하는 것 같은 악취가 났다. (10점)

(1) 상기 환자에서 가장 가능성 높은 진단은? (3점)

(2) 상기 합병증을 예방하기 위한 조치에 대하여 설명하시오. (3점)

(3) 상기 환자의 치료에 대하여 설명하시오. (4점)

04 올림픽 대로에서 3중 추돌 사고가 발생하여 가운데 차량에 탑승한 운전자가 좌측 하지에 부상을 당하였다. 부상 부위를 관찰하니 부종과 변형이 관찰되었으나 개방창은 없었다. 운전자는 심한 통증을 호소하고 있었다. 의식은 분명하였으며 사고 정황상 타부위의 손상은 없는 것으로 판단되었다. (10점)

(1) 상기 운전자에 대한 응급조치 중 가장 중요하고 먼저 시행해야 할 것은 무엇인가? (2점)

(2) 상기 응급조치가 필요한 이유에 대하여 설명하시오. (8점)

05 운동 마비의 정도를 평가하기 위한 근력 등급에 대하여 설명하시오. (10점)

06 전방 십자 인대의 손상은 대표적인 스포츠 손상으로 젊은 남자에서 호발한다고 한다. 이러한 전방 십자 인대 손상을 진단하기 위한 대표적인 신체 검진 소견에 대하여 기술하고(8점), 가장 대표적인 영상 진단 방법에 대해 쓰시오. (2점)

07 암은 우리나라 국민의 사망원인 1위를 차지하는 질환으로 평균적으로 우리나라 국민 3명 중 1명은 암을 경험하게 된다고 한다. 전 세계적으로 암을 치료하기 위한 노력을 계속하고 있으나 전반적인 발생 및 암사망률은 줄어들지 않고 있어, 현실적으로 관리에 가장 효율적인 방법으로 암 조기진단을 시행하고 있다. 이상적인 암 선별검사의 조건에 대하여 5가지 이상 약술하시오. (10점)

08 당뇨병은 만성진행성질환으로 현대인의 식생활 습관의 변화와 비만의 증가에 따라 급증하고 있다. 최근 2형 당뇨병에 대한 많은 연구 결과에 따라 새로운 진료지침과 새로운 약제들이 개발되어 치료에 적용하고 있으나 아직까지도 당뇨병의 유병률은 줄어들지 않고 있어, 당뇨병은 현대인의 건강을 위협하는 중요한 질환 중 하나이다. 이러한 당뇨병의 진단기준을 모두 쓰시오. (10점)

09 두통은 머리 또는 목에 발생하는 통증을 의미하는 것으로 병원을 방문하게 하는 매우 흔한 증상 가운데 하나이다. 이렇게 흔하게 접하는 두통이라 하더라도 위험신호(red flag)들이 발견될 경우에는 위험한 결과를 야기할 수 있는 이차성 두통의 가능성이 높아지게 된다. 이러한 두통의 위험신호(red flag)에 대하여 5가지 이상 약술하시오. (10점)

10 고혈압은 세계적으로 높은 유병률을 보이는 만성 질환으로 관상동맥질환, 심부전증, 뇌졸중, 신부전 등을 일으키는 심혈관계 질환의 위험인자이다. 우리나라에서도 27~28% 정도의 유병률을 보이고 있으며, 남자 30~40대에서 인지, 치료, 조절률이 낮아 문제가 되고 있다. 이러한 고혈압의 치료에는 여러 가지 방법을 사용하고 있는데, 약물치료 이외의 생활 습관 개선에 대하여 4가지 이상 약술하시오. (10점)

01 활막 관절에 대하여 설명하시오. (10점)

02 40세 남자 환자로 자동차에 우측 무릎이 부딪친 후 무릎에 부종이 생겼다. 일반
    방사선 촬영상 골절의 소견을 보이지 않아 슬관절 무릎내 장애(슬내장)로 진단되
    었다. 손상이 의심되는 조직을 모두 쓰시오. (10점)

03 관절 강직의 원인은? (10점)

04 부정유합의 정의(5점)와 원인(5점)은? (10점)

05 40세 남자 환자로 5m 높이에서 떨어지면서 우측 족근관절에 골절이 있었다. 수술 후 3주가 지나서 발바닥 및 발가락 끝 부위에 약물치료에도 반응이 없는 통증과 저림을 호소하였고 족근관 부위에 압통이 나타났다. (10점)

(1) 진단명은? (2점)

(2) 압박되는 신경은? (3점)

(3) 진단법을 모두 쓰시오. (3점)

(4) 치료방법은? (2점)

06 75세 남자 환자로 자동차에 충돌 후 우측 대퇴경부 골절이 생겼으나 전신상태가 좋지 않아 수술이 늦어지고 심한 골다공증이 있는 상태이다. 예상되는 국소적 합병증(4가지)과 합당한 수술적 방법은? (10점)

07 골다공증은 폐경 또는 노화에 의해 발생하는 흔한 대사성 질환으로 뼈를 구성하는 미세구조가 약해지고 손상되어 쉽게 골절이 생기는 질환이다. (10점)

(1) 주(major) 위험인자 3가지 약술하시오. (6점)

(2) 예방을 위해서는 '이 시기'에 형성되는 최대 골량을 최고로 만드는 것이 중요하므로 '이 시기'의 영양이 매우 중요하다. '이 시기'는? (2점)

(3) 고령자에서는 골절을 유발하는 가장 큰 요인이 '이것'이며 이를 예방하기 위해서는 근력강화와 유연성, 균형능력을 키우는 것이 중요하다. '이것'은? (2점)

08 65세 여자가 최근 식사량이 줄고 스트레스로 인하여 잠을 설치는 등 3~4일 전부터 평소보다 힘들게 지내면서 몸통 왼쪽 가슴에서 등쪽에 걸쳐 가려움과 통증이 발생하였고, 금일 같은 부위에 수포가 관찰되었다. (10점)

(1) 진단은? (4점)

(2) 동반 가능한 합병증을 2가지 쓰시오. (6점)

09 우리나라의 유방암은 여성에서 2번째로 호발하는 암이다. 유방암의 경우 여러 가지 위험요인에 의해 복합적으로 영향을 받는데 이러한 고위험군에 해당하는 경우를 3가지 약술하시오. (10점)

10 자궁경부암의 발생에는 (①) 감염이 중요한 요인이다. (①)은(는) 자궁경부의 편평세포암 환자의 99%에서 발견되며, 과정은 다를 것으로 보이지만 편평세포암과 선암 모두의 원인으로 밝혀져 있다. (10점)

(1) ①에 들어갈 내용을 쓰시오. (4점)

(2) 자궁경부암의 발생 위험요인을 3가지 쓰시오. (6점)

01 병적 골절의 원인이 되는 전신적 병변 및 국소적 병변 5개 이상을 기술하시오.
(10점)

02 골다골증성 골절이 많이 발생하는 곳 3곳 이상을 기술하시오. (10점)

03 29세 환자로 교통사고 후 우측 전완부의 요골 및 척골에 분쇄 골절이 발생하였
다. 예상되는 합병증은? (5개 이상) (10점)

04 50세 환자로 교통사고 후 우측 고관절 비구부 골절 및 탈구가 발생하여 수술적
치료를 받았다. 예상되는 합병증은? (5개 이상) (10점)

05 발에서 중족부에 해당되는 골구조물을 쓰시오. (5개) (10점)

06 교통사고로 대퇴골 원위부 관절내 골절이 발생하였다. 관절내 골절편을 견고하게
고정시켜야 하는 이유를 설명하시오. (10점)

07 대표적인 우리나라 가을철 고열성 질환으로 제3군 법정 감염병으로 지정되어 있
어, 공중보건학적으로 지속적 감시가 필요한 질환 3가지를 쓰시오. (10점)

08 우리나라는 과거에 비하여 결핵 환자수가 많이 감소하였으나, 여전히 가장 중요
한 감염병이다. 일반적으로 결핵의 진단에 사용할 수 있는 검사를 3가지 쓰시오.
(10점)

09 간암은 우리나라에서 갑상선암을 제외하고 5번째로 호발하는 암이며, 사망률로
는 폐암 다음으로 두 번째에 해당하는 질환이다. 이러한 간암의 대표적인 위험요
인을 3가지 쓰시오. (10점)

10 간경변증은 만성 간 손상에 대한 회복과정에서 발생하는 섬유화가 진행되어 불규
칙한 재생결절이 생긴 상태이다. 대상성 간경변증 환자의 50%는 진단 후 10년
이내 합병증이 발생한다. 간경변증의 대표적인 합병증 3가지를 쓰시오. (10점)

01 골절의 국소 합병증 중 하나인 구획증후군(compartment syndrome)의 증상에 대하여 기술하고(5점), 진단 방법에 대하여 기술하시오. (5점)

02 45세 남자 환자가 요통 및 우측 하지로의 방사통(radiating pain)을 호소하며, ○○병원 응급실을 방문하였다. 요통은 3년 전부터 있었고 3주 전부터는 우측 종아리 외측으로의 통증이 있어 인근 병원에서 추간판탈출증이 의심된다고 들었다고 한다. 약물 치료 등의 보존적 치료를 시행하였으나 1일 전부터는 보행시 하지의 위약감을 호소하였고, 금일 아침부터는 소변을 보기가 어렵다고 한다. 신체 검진상 좌측 하지의 위약이 관찰되었고 항문 주위의 감각이 저하되었다.

(1) 상기 환자에서 가장 타당한 진단은? (5점)

(2) 상기 환자의 가장 적절한 치료 방법은? (5점)

03 25세 남자 환자가 축구하다가 회내전 상태로 손을 뻗힌 상태에서 땅을 짚고 넘어지면서 발생한 극심한 수근부 통증 및 부종을 주 증상으로 내원하였다. X-ray 상 요골 원위부의 골절과 원위 요척 관절의 탈구가 동반된 소견을 보였다.

(1) 상기 환자에서 가장 가능성 높은 진단은? (5점)

(2) 상기 환자의 가장 적절한 치료 방법은? (5점)

04 수근부를 이루는 8가지의 뼈를 기술하시오. (각 1점, 총 8점)

이 중 가장 흔하게 골절되는 뼈를 기술하시오. (2점)

05 견관절 탈구는 가능한 빨리 정복을 시행하여야 한다. 견관절 탈구에서 흔히 사용되는 정복술을 4가지 기술하고(명칭만 기술할 것, 각 2점, 총 8점), 가장 안전하고 널리 사용되는 방법에 대해 기술하시오(명칭만 기술할 것, 2점).

06 슬관절 후방 십자인대 손상은 슬관절의 과신전이나 경골의 후방 전위로 인하여 발생한다. 이러한 후방 십자인대 손상을 진단하기 위한 신체검진법에서 대표적인 방법 2가지만 기술하시오(각 4점, 총 8점). 또한 가장 민감도가 높다고 알려진 영상 검사 방법에 대하여 기술하시오. (2점)

07 만성콩팥병의 정의는 KDIGO 2012 가이드라인에 따르면 사구체 여과율(GFR) 60ml/min/1.73m^2 미만의 콩팥기능의 장애가 3개월 이상 있거나 콩팥기능의 장애가 없더라도 '콩팥 손상의 증거'가 3개월 이상 있는 경우 진단을 내릴 수 있다고 알려져 있다. 여기에서 '콩팥 손상의 증거'에 해당하는 소견을 4개 쓰시오. (10점)

08 중증재생불량성빈혈의 일반적인 정의를 보면 골수검사에서 세포충실도가 통상 (①)% 미만으로 저하되어 있고, 이와 함께 '말초혈액검사에서 이상소견들'이 있는 경우이다. (10점)

(1) ①에 들어갈 적절한 내용을 쓰시오. (5점)

(2) '말초혈액검사에서 이상소견들'에 해당하는 3개의 기준 중 호중구감소와 혈소판감소에 대한 기준을 쓰시오. (5점)
   ① 호중구 (   )/ml 이하
   ② 혈소판 (   )/ml 이하

09 일반적으로 베체트병은 International Study Group(ISG) 진단기준에 따라 재발성구강궤양이 존재하고 '4가지 항목' 중 2가지 이상을 만족시킬 때 진단내릴 수 있다. 이 '4가지 항목'에 해당하는 기준들을 3가지 이상 쓰시오. (10점)

10 원발성심근병증(primary cardiomyopathy)은 일반적으로 심장근육 자체의 질환을 말하는 것으로 다른 구조적인 심장질환(예를 들면 관상동맥질환, 판막질환)으로부터 이차적으로 유발된 심근의 기능부전은 제외한다고 알려져 있다. 이 원발성심근병증의 대표적인 3가지 질환을 모두 쓰시오. (10점)

01 다음 골절 또는 탈구시 동반되는 신경 손상은? (10점)

    (1) 상완골두 탈구

    (2) 상완골 간부 골절

    (3) 비골 근위부 골절

    (4) 고관절 탈구

02 관절내 골절에 의한 부정유합으로 진행되는 질환(5점)과 치료방법(5점)은?

03 무혈성 괴사의 정의(4점) 및 골절 후 무혈성 괴사가 흔히 발생하는 부위(3개 이상, 6점)는?

04 개방성 골절에 대한 치료 원칙에 대해 기술하시오. (10점)

05 골절에 대한 부목고정의 장점은? (10점)

06 대부분의 쇄골골절은 보존적 치료로 골유합을 얻을 수 있다. 그러나 수술이 필요
　　한 경우는? (10점)

07 유아 및 소아에서 발생하는 고관절(Hip Joint)의 이상은 일시적인 경우도 있으나
　　질병에 따라 후유증을 남기게 되는 경우도 있어 그 원인 파악이 중요하다. 유아
　　및 소아에서 발생하는 고관절 이상의 질병적 원인에 대하여 기술하시오. (10점)

08 허혈성 심질환은 사망과 장애를 초래하며 상당한 경제적 손실을 초래한다. 심근의 허혈은 심근으로 산소 전달이 원활하지 못하여 발생하는 것으로 심장의 관상동맥과 관련이 깊다.

(1) 허혈성 심질환인 '협심증'의 종류를 쓰시오. (5점)

(2) 허혈성 심질환인 심근경색증의 진단방법에 대해 기술하시오. (5점)

09 42세의 여성이 양측 유방에서 젖이 나와서 내원하였다.

(1) 유방 검사에서 특별한 이상을 발견할 수 없는 경우 생각할 수 있는 유즙분비의 원인을 약술하시오. (6점)

(2) 만약 이 환자가 유즙분비와 더불어 시야 장애 및 두통을 호소한다면 생각할 수 있는 질병을 쓰시오. (4점)

10 치매는 후천적으로 발생한 인지기능 손상에 의해 성공적인 일상생활 수행이 불가능해진 상태로 정의할 수 있으며 인구노령화와 관련하여 그 중요도가 크다. 치매의 원인 및 감별질환에 대해 약술하시오. (10점)

01 골관절계의 정상적인 관절에서는 능동적 운동범위가 수동적 운동범위와 일치하나, 수동적 운동범위가 능동적 운동범위보다 큰 경우는? (10점)

02 6세 남아가 우측 경골 간부에 골절 후 부정유합으로 7도 정도의 전방 각 변형이 형성되었다. 향후 치료(5점)와 그 이유(5점)는?

03 외상성 관절염이 있을 때 관절의 기능 유지를 위한 수술법에 대해 열거 하시오. (10점)

04 말초신경의 손상 후 회복이 잘 되는 경우를 열거 하시오. (10점)

05 불안정성 골절이란 무엇인가? (10점)

06 75세의 여자환자가 자동차 사고로 인해 우측 상완골 근위부에 사분 골절 및 탈구가 생겼다. 치료방법(5점)과 그 이유(5점)는?

07 아프가점수(APGAR score)는 출생 직후에 소생술이 필요한 신생아를 계통적으로 알아내는 실제적인 방법이라고 할 수 있다. 즉 1분 아프가점수(APGAR score)는 출생 직후 소생술의 필요성을 의미하며, 이후의 아프가점수(APGAR score)의 호전은 신생아가 성공적으로 소생될 가능성과 연관이 깊다. 아프가점수(APGAR score)를 구성하는 구성요소 5가지에 대해 기술하시오. (10점)

08 대부분의 암에서 병의 범위는 다양한 침습적 및 비침습적 진단 검사와 시술에 의해 평가되며, 이러한 과정을 시기결정 혹은 병기 결정(staging)이라고 한다. 이러한 병기의 결정은 암환자의 예후와 밀접한 관련이 있으며, 치료 방법을 결정하는데 중요한 역할을 한다.

(1) 시기(병기) 결정에는 임상적 시기결정과 병리학적 시기결정의 두 가지가 있다. 임상적 시기와 병리학적 시기는 어떻게 결정되는지 기술하시오. (4점)

(2) 가장 널리 사용되는 시기(병기)분류 체계 중 하나는 TNM체계에 따른 시기(병기)이다. T, N, M은 각각 어떤 의미가 있는지 기술하시오. (6점)

09 현훈(vertigo)은 사물이나 공간 혹은 자신이 빙빙 도는 증상을 뜻하며 다양한 원인에 의해 발생할 수 있다. 현훈의 원인을 찾을 때는 특히 내이(속귀)질환에 의한 말초성인지, 뇌졸중과 같은 중추성인지 감별이 매우 중요하다.

(1) 귀의 구조는 크게 외이, 중이, 내이로 나누어지며, 이 중 현훈은 내이와 관련이 깊다. 내이(속귀, inner ear)를 이루는 구조물을 쓰시오. (4점)

(2) 내이와 관련된 말초신경성 현훈을 일으키는 질병(원인)을 쓰시오. (6점)

10 환자가 급성 흉통 혹은 흉부 불쾌감을 호소할 때 감별해야 할 질환 중 심근경색증은 급격한 사망 및 합병증을 초래할 수 있어 반드시 감별해야 할 중요한 질환이다. 그러나 급성 흉통 혹은 흉부 불쾌감을 일으키는 질환은 심근경색증 외에도 다양하다. 급성 흉통 혹은 흉부 불쾌감을 일으킬 수 있는 질환 중 심근경색을 제외한 다른 원인들에 대하여 기술하시오. (10점)

제1과목

해부생리

01 체간골은 흉곽과 척추체로 이루어져 있다. 흉곽과 척추체를 구성하는 뼈의 이름을 서술하고(7점) 체간골의 기능을 서술하시오.(3점)

02 어깨 손상의 주요 부위인 회전근개 파열에 대해 아래의 물음에 답하시오.

(1) 회전근개를 이루는 근육은? (각 1점, 총 4점)

(2) 이 중 가장 손상이 많이 발생하는 근육은? (1점)

(3) 회전근개 파열의 진단시 가장 많이 사용하는 영상검사 2가지는? (각 1점, 총 2점)

(4) 회전근개 파열의 주요 치료 3가지는? (각 1점, 총 3점)

03 사지의 근력 평가는 마비환자와 신경 손상 환자에서 중요하다. 사지근력 평가와 관련하여 아래의 물음에 답하시오.

(1) 근력을 평가하는 도수근력평가의 단계를 각각 작성하시오. (6점)
   (숫자, 영어단어, 영어기호 모두 표시할 것)

(2) 이 중, 중력의 제거 유무로 구분되는 두 개의 단계를 작성하시오. (4점)

04 외상 후 발생할 수 있는 가동범위 감소나 근력약화와 관련된 아래의 물음에 답하시오.

(1) 외상 후 운동장해(장애)가 발생할 수 있는 원인을 나열하시오. (6점)

(2) 외상 후 관절염과 가장 관련이 높은 주요 손상을 나열하시오. (4점)

05 압박골절과 관련된 아래의 물음에 답하시오.

(1) 압박골절이 발생했을 때 일차적으로 가장 많이 진단에 사용하는 영상검사 2가지
    (각 1점, 총 2점)

(2) 급성골절과 만성(진구성) 골절을 구분하는데 가장 유용한 영상검사 2가지
    (각 1점, 총 2점)

(3) 압박골절이 가장 호발하는 부위 (3점)

(4) (3)이외 압박골절이 많이 발생하는 부위 (3점)

06 25세 남자가 축구경기를 하던 중 점프 후 착지하며 '뚝'하는 파열음과 함께 슬관절의 통증이 발생하였다.

(1) 손상 가능성이 가장 높은 부위의 이름은? (2점)

(2) 상기 경우에서 가장 우선적으로 선택하는 치료 방법은? (2점)

(3) 상기 손상을 진단(치료후 장애 평가시에도 활용)하기 위한 신체 검사방법 2가지의 이름과 내용을 서술하시오. (6점)

07 당뇨병은 췌장에서 분비되는 인슐린의 기능에 문제가 발생해서 혈당이 비정상적으로 상승해 우리 몸에 많은 문제를 일으키는 대표적인 만성 질환이다. 정상 혈당은 최소 8시간 이상 금식한 상태에서 공복 혈장 혈당이 100mg/dL 미만, 75g 경구 당부하 후 2시간 혈장 혈당이 140mg/dL 미만이다. 당뇨병 진단과 관련된 다음 빈칸을 채우시오. (각 1점, 총 10점)

(1) 당뇨병 진단기준

    1) 당화혈색소 (①)% 이상 또는

    2) 8시간 이상 공복 혈장 혈당 (②)mg/dL 이상 또는

    3) 75g 경구 당부하 후 2시간 혈장 혈당 (③) mg/dL 이상 또는

    4) 당뇨병의 전형적인 증상 [(④), (⑤), (⑥)] 이 있으면서 무작위 혈장 혈당 검사에서 (⑦) mg/dL 이상

(2) 당뇨병 전단계(당뇨병 고위험군)

    1) 당화혈색소 (⑧ ~ ⑧)% 해당하는 경우 당뇨병 전단계로 정의한다.

    2) 8시간 이상 금식후 공복 혈장 혈당 (⑨ ~ ⑨)mg/dL 인 경우 공복 혈당 장애로 정의한다.

    3) 75g 경구 당부하 후 2시간 혈장 혈당 (⑩ ~ ⑩)mg/dL 인 경우 내당능 장애로 정의한다.

08 자살은 2018년 기준 우리나라 사망원인 5위를 차지할 정도로 심각하고 중요한 문제이며, 10~30대 사망원인 1위이다. 최근 청소년 자살률도 지속적으로 증가하고 있으며, OECD 평균 10만 명 당 11.5명인 것에 비해 우리나라는 24.7명으로 매우 높은 편이라 자살 예방을 위해서 많은 노력을 하고 있다. 자살의 고위험군에 대해서 10개 이상 서술하시오. (10점)

09 종양이란 우리 몸속에 새롭게 비정상적으로 자라난 덩어리라 볼 수 있다. 종양은 크게 양성 종양과 악성 종양으로 구분할 수 있다. 종양이 가지는 특성별로 양성 종양과 악성 종양의 차이점에 대해서 5가지 이상 서술하시오. (10점)

10 우리나라 사망원인 1위인 암을 조기에 발견해서 암 치료율을 높이고 암 사망률을 감소시키기 위해서 국가 암 검진 사업을 하고 있다. 국가 암 검진에는 총 6개 항목이 제공되고 있는데 이들의 이름(최고 5점)과 검진 방법(최고 5점)에 대해서 서술하시오. (10점)

제2과목

책임보험 · 근로자재해보상보험의 이론과 실무

신체손해사정사 2차 시험

CHAPTER 01 배상책임보험의 개요

01 배상책임보험의 의의와 기능 ✧✧✧

1. 의 의

피보험자가 보험기간 중의 사고로 인하여 제3자에게 배상할 책임을 진 경우에 이를 보상하는 보험이다(상법 제719조).

2. 기 능

(1) 순기능

① 피보험자 보호

가해자(피보험자)의 위험부담을 보험자에게 전가시켜 가해자의 재산상의 손해를 방지하는 합리적인 경제제도이다.

② 안정성·신뢰성 제공

배상책임보험 가입을 통해 피보험자의 각종 활동에 대한 법적 책임부담 경감과 신뢰성을 제공받을 수 있다.

③ 피해자 구제

가해자가 배상책임에 가입된 경우, 피해자의 손해배상권리가 우선적으로 보호되고, 신속한 보상이 이루어질 수 있다.

(2) 역기능

① 책임의식 약화로 사고방지의 노력이 감소할 수 있다.

② 도덕적 위험이 나타날 수 있다.

3. 특징

(1) 제3자(피해자)

피보험자가 배상책임을 지는 제3자가 존재하여야 한다.

(2) 법률상 배상책임

피보험자의 제3자에 대한 법률상 배상책임이 발생하여야 하고, 제3자로부터의 손해배상청구가 있어야 한다.

(3) 보험의 목적

'피보험자의 전 재산(통설)'이라는 견해와 '제3자에 대하여 부담하는 배상책임'이라는 견해가 있다.

(4) 보험가액의 미정

피보험자의 전 재산이 보험의 목적이므로 보험사고로 손해가 발생하기 전까지 보험가액을 정할 수 없다(예외 : 보관자배상책임보험).

(5) 보험사고

① 배상책임사고가 발생한 시점을 보험사고로 보는 손해사고설(통설)과 피해자로부터의 배상 청구를 받은 시점을 보험사고로 보는 배상청구설이 있다.

② 급격한 사고뿐 아니라 서서히 반복적으로 누적되어 발생하는 사고도 포함한다.

1. 신체장해

신체의 부상, 질병, 사망 등을 모두 포함한 사람의 신체·생명에 대한 훼손상태를 말한다.

2. 재물손해

재물의 훼손으로 인해 발생한 직접손해, 사용손실(재물을 사용하지 못함으로써 발생하는 손해) 등을 말하며, 재물은 유체물과 무체물을 구별하지 않는다.

3. 사 고

급격하고 우연한 외래사고와 서서히, 계속적, 반복적, 누적적으로 발생한 사고도 포함한다. '1회의 사고'란 하나의 위험으로 인하여 발생한 사고를 말하며, 피해자나 손해배상청구의 수와 관계 없이 1회의 사고로 본다.

4. 법률상 배상책임

법률규정을 위반하거나 그에 따른 배상책임을 말하며, 계약상 가중책임(계약에 의해 법률보다 가중된 책임)은 제외한다.

1. 개 요

보험자는 보험기간 중에 발생된 보험사고로 인하여 피보험자가 피해자에게 법률상의 배상책임을 짐으로써 입은 손해를 보상한다.

2. 법률상의 손해배상금

민사적 손해배상금 또는 법원의 판결금

3. 계약자 또는 피보험자가 지출한 비용

① 피보험자가 손해의 방지 또는 경감을 위하여 지출한 필요 또는 유익하였던 비용
② 피보험자가 제3자로부터 손해의 배상을 받을 수 있는 그 권리를 지키거나 행사하기 위하여 지출한 필요 또는 유익하였던 비용
③ 피보험자가 지급한 방어비용(소송·변호사·중재·화해·조정에 관한 비용)
④ 보험증권상의 보상한도액내의 금액에 대한 공탁보증보험료(보험사는 보증을 제공할 책임은 없다)
⑤ 피보험자가 보험회사의 요구에 따르기 위하여 지출한 비용

04 배상책임보험의 손해배상 범위 ✦✦

1. 배상책임보험에서의 손해배상액

채무불이행책임의 경우 「민법」 제393조(손해배상의 범위)의 통상의 손해를 한도로 하고 있고, 불법행위책임 또한 이 규정을 준용하고 있다.

2. 통상의 손해

「민법」상 통상의 손해에 대해 규정된 바가 없으므로, 판례를 통하여 아래와 같이 정리할 수 있다.

(1) 요 건
　　① 객관적
　　② 합리적
　　③ 1차 손해(가해행위로부터 직접 발생한 손해)

(2) 재산손해에서의 통상손해

재산이 훼손 또는 멸실 되었을 당시의 시장가치와 이자를 포함한다. 위자료(정신적 손해)의 경우 재산손해에서는 특별손해로 보고 있다.

(3) 인적 손해에서의 통상손해
　　① 재산적 손해
　　　　㉠ 적극적 손해 : 기존의 이익에 관한 손해(치료비, 장례비, 진단비 등)
　　　　㉡ 소극적 손해 : 장래의 이익에 관한 손해(휴업손해, 상실수익액 등)
　　② 정신적 손해 : 위자료

3. 특별손해

당사자간 개별적 사정에 의해 발생한 손해로 개별적 사정에 대해 가해자・채무자가 알았거나 알 수 있었을 경우에 해당한다.

1. 방어의무

(1) 의 의

피보험자를 상대로 제기된 소송이나 중재에서 보험자가 이를 방어해야 하는 의무를 말한다.

(2) 방어의무 불이행의 효과

보험자가 방어의무를 해태함으로써 가중된 피보험자의 손해에 대하여 보험자는 피보험자에 대한 손해배상책임이 있다고 본다.

2. 방어비용

(1) 의 의

보험자의 방어의무를 이행하기 위해 지급된 재판상 또는 재판 외의 비용을 말한다.

(2) 법적 성질

판례 및 다수설은 손해방지비용설을 따른다.

(3) 보상한도

손해방지비용과는 달리 방어비용은 보험가입금액을 한도로 하며(상법 제720조 제2항), 보험자의 지시에 의하여 지출한 비용의 경우에만 보험금액을 초과하는 경우에도 보험자가 부담하도록 정하고 있다(상법 제720조 제3항).

┤ 심화학습 ├

피보험자가 지출한 방어비용의 부담(상법 제720조)

② 피보험자가 담보의 제공 또는 공탁으로써 재판의 집행을 면할 수 있는 경우에는 보험자에 대하여 보험금액의 한도내에서 그 담보의 제공 또는 공탁을 청구할 수 있다.

③ 제1항 또는 제2항의 행위가 보험자의 지시에 의한 것인 경우에는 그 금액에 손해액을 가산한 금액이 보험금액을 초과하는 때에도 보험자가 이를 부담하여야 한다.

제2과목 책임보험·근로자재해보상보험의 이론과 실무

① <u>보관자</u>책임에 대한 손해(피보험자가 소유·사용 또는 관리하는 재물이 손해를 입었을 경우에 그 재물에 대하여 정당한 권리를 가진 사람에게 부담하는 손해에 대한 배상책임)

✿ 저자의 TIP

쉽게 외워요!
'보관자'가 '고의'로 'EMF' 싸서 '천·전·핵·방'이 일어나 '먼지·소음'이 발생해 '가중책임·징벌'을 받았다.

② 계약자, 피보험자(법인인 경우 그 이사 또는 법인의 업무를 집행하는 그 밖의 기관) 또는 이들의 법정대리인의 <u>고의</u>로 생긴 손해에 대한 배상책임

③ 전자파, 전자장(<u>EMF</u>)으로 생긴 손해에 대한 배상책임

④ 지진, 분화, 홍수, 해일 또는 이와 비슷한 <u>천</u>재지변으로 생긴 손해에 대한 배상책임

⑤ <u>전</u>쟁, 혁명, 내란, 사변, 테러, 폭동, 소요, 노동쟁의 기타 이들과 유사한 사태로 생긴 손해에 대한 배상책임

⑥ <u>핵</u>연료물질(사용된 연료를 포함) 또는 핵연료물질에 의하여 오염된 물질(원자핵분열 생성물을 포함)의 방사성, 폭발성 그 밖의 유해한 특성 또는 이들의 특성에 의한 사고로 생긴 손해에 대한 배상책임

⑦ 방사선을 쬐는 것 또는 방사능 오염으로 인한 손해

⑧ 티끌, <u>먼지</u>, 석면, 분진 또는 <u>소음</u>으로 생긴 손해에 대한 배상책임

⑨ 피보험자와 타인 간에 손해배상에 관한 약정이 있는 경우, 그 약정에 의하여 <u>가중</u>된 배상 <u>책임</u>

⑩ 벌과금 및 <u>징벌</u>적 손해에 대한 배상책임

1. 의 의

가해자의 악의적 행위로 인한 법률적 손해배상책임 이외에 법원이 추가로 부과하는 배상금으로 영미법에서 비롯된 이론이다.

2. 기 능

가해자의 악의적 행위에 대한 재발방지를 위한 기능을 한다.

3. 국내 배상책임보험에서의 적용

우리나라에서는 징벌적 손해배상에 대해 명확히 구분 짓지 않고, 위자료 산정시 포함시킨 판례가 있다.

08 보상한도액 및 자기부담액(공제금액) ✦✦✦

1. 보상한도액

(1) 정 의

보상한도액이란 회사와 계약자 간에 약정한 금액으로 피보험자가 법률상의 배상책임을 부담함으로써 입은 손해 중 보험금 등의 지급한도에 따라 보험회사가 책임지는 금액의 최대 한도를 말한다.

(2) 대인보상한도액(BI)

신체상해사고의 보상한도액으로, ① 1인당 보상한도액(AOP)과 ② 1사고당 보상한도액(AOO)이 있다.

(3) 대물보상한도액(PD)

재물손해사고의 보상한도액으로 1사고당 보상한도액이다.

(4) 일괄보상한도액(CSL)

신체상해, 재물손해에 관계없이 모든 손해에 대한 보상한도이다.

(5) 연간보상총액(AGG)

보험기간 중 보상할 수 있는 총 한도, 생산물배상 등 사고발생 위험이 높은 특약의 경우 무조건 연간총액을 설정하여야 한다. 사고로 보험금 지급 시마다 감액되고, 총보상한도액이 소진되면 해당 증권이 소멸된다.

2. 자기부담액(공제금액)

① 보험사고로 인하여 발생한 손해에 대하여 계약자 또는 피보험자가 부담하는 일정 금액을 말한다.
② 발생빈도가 많은 소손해 처리에 따른 보험자 측의 경비절감으로 보험료 경감효과가 있다.
③ 보험계약자는 자기부담액 증액을 통해 보험료를 할인받을 수 있다.
④ 보험계약자에게 자기부담액을 부담하게 함으로써 계약자의 적극적인 위험관리를 유도한다.

1. 보험사고

보험자책임을 발생시키는 사고로서 아래 3가지 요건을 충족해야 한다.
① 우연성
② 발생가능성
③ 범위의 한정성

2. 학 설

(1) 손해사고설

피해자에게 손해사고가 발생한 시점(상법 제724조)

(2) 손해배상청구권설

피해자가 피보험자에게 배상청구를 한 시점(상법 제722조)

(3) 법률상 책임발생설

피보험자의 손해배상책임이 확정된 시점(상법 제719조)

3. 담보기준에 따른 보험사고

보험자는 보험사고 발생시기 여부에 따라 다음과 같이 구분하고 있다.

(1) 손해사고기준증권

보험기간 중에 발생한 사고를 기준으로 담보하는 증권이다. 대부분의 보험이 이 기준을 따르고 있다.

(2) 손해발견기준증권

보험기간 중에 발생한 손해를 기준으로 담보하는 증권이다. 금융기관보험, 도난보험, 암보험 등이 대표적인 예이다.

(3) 배상청구기준증권

보험기간 중에 최초로 제기된 손해배상의 청구를 기준으로 담보하는 증권이다. 사고발생일자를 특정할 수 없는 생산물배상책임보험, 전문직배상책임보험 등에 적용되고 있다.

10 배상청구기준증권 ✦✦

1. 의의

보험기간 중에 최초로 제기된 손해배상의 청구를 기준으로 담보하는 증권이다. 사고발생일자를 특정할 수 없는 생산물배상책임보험, 전문직배상책임보험 등에 적용되고 있다.

2. 보상책임 발생요건

① 소급담보일자와 보험기간 말일 사이에 발생한 사고여야 한다.
② 사고의 통지와 배상청구가 보험기간 내에 이루어져야 한다.

3. 취지(= 배상청구기준증권의 필요성)

아래와 같은 손해사고기준증권의 문제를 해결할 수 있다.
① 손해발생일을 특정하기 어렵거나, 사고일과 손해발생일의 기간이 긴 경우 담보하기 어렵다.
② 사고일과 손해발생일의 기간이 긴 경우, 그로 인한 물가 차이로 인해 적절한 보상액 산정이 어렵다.
③ 지급준비금(IBNR)이 장기간 설정되면서, 보험료산정과 보험회사의 재정건전성에 악영향을 미친다.

4. 소급담보일자

당사자 약정을 통해 소급담보일자를 지정하여 소급담보일 이후 발생한 사고에 대해 보험기간 중 배상청구가 이루어져야 한다.

5. 보고연장기간

보험기간 종료 후 일정기간까지의 배상청구를 담보하기 위하여 보고기간 연장조건을 둔다.

(1) 연장요건
  ① 피보험자의 보고연장 보상요청
  ② 보험자의 동의
  ③ 추가보험료 납입

(2) 보고연장기간의 설정
  ① 단기 자동연장담보기간(Mini tail)
    보험기간 종료 후 60일 이내에 손해배상청구가 제기된 경우 계약자의 의사표시 여부에 관계 없이 자동으로 만기일에 청구가 제기된 것으로 담보한다.
  ② 중기 자동연장담보기간(Midi tail)
    보험기간 종료 후 60일 이내 통지한 사고에 대하여 보험기간 종료 후 5년 이내에 받은 배상 청구에 대하여 보험자책임을 인정한다.
  ③ 선택 연장담보기간(Full tail)
    사고통지기한과 배상청구기한을 무제한으로 연장한다. 보험기간 종료 후 60일 이내에 신청 하고 200% 이내의 추가보험료를 납부하여야 한다. 보험자는 위 기간 내 신청을 거절할 수 없으며 보험계약자는 보험료 지급 후 이 특약을 해지할 수 없다.
  ④ 보상한도액
    원보험계약의 보험기간 및 통지기간의 연장담보기간 중에 제기되는 모든 손해배상청구는 원보험계약상의 총 보상한도액 내에서만 보상한다.

1. 근로자재해보장책임보험

(1) 국내 근로자재해보장책임보험
    ① 보통약관
    ② 재해보상책임특약
    ③ 재해보상확장 추가특약
    ④ 사용자배상책임특약

(2) 해외/선원 근로자재해보장책임보험
    ① 비업무상 재해확장 추가특약(선원·해외 근로자용)
    ② 간병보상 추가특약(해외 근로자용)

(3) 직업훈련생 재해'보상'책임보험
    「근로자직업능력개발법」에 의한 직업훈련 과정 중 훈련생이 훈련에 기인하여 재해를 입은 경우 직업훈련생 재해보상책임보험 보통약관 및 재해보상 관련 법령에 따라 보상되는 금액과 이를 초과하여 피보험자(훈련기관 등)가 부담하는 법률상의 손해배상금을 보상하는 보험이다.

2. 일반배상책임보험

(1) 개인배상책임보험
    일상생활배상책임담보특약

(2) 영업배상책임보험
    ① 시설소유관리자특약
    ② 도급업자특약
    ③ 보관자배상책임특약
    ④ 임차자특약

(3) 영문 영업배상책임보험(Commercial General Liability Insurance — C.G.L.)

① Coverage A. Bodily injury and Property damage Liability (신체/재물 손해)

② Coverage B. Personal and Advertising injury Liability (인권/광고권 침해)

③ Coverage C. Medical payments (의료비)

(4) 생산물 및 완성작업 배상책임보험

생산물배상책임을 담보하는 단일 약관이다.

(5) 가입강제 배상책임보험

① 가스배상책임보험

② 적재물배상책임보험

③ 각종 체육시설업자배상책임보험

④ 특약부화재보험

3. 전문직업인배상책임보험

(1) 신체에 관한 전문직업위험

의사배상책임보험

(2) 신체 이외의 전문직업위험

① 변호사배상책임보험

② 손해사정사배상책임보험

③ 기타 전문직 배상책임보험

배상책임보험의 유형별 비교 ✦✦✦

1. 일반배상책임보험 vs 전문직업인배상책임보험

일반배상책임보험	피보험자가 타인에게 지는 법률상 배상책임손해를 담보한다.
전문직업인배상책임보험	① 피보험자가 수행하는 전문직업 행위로 인해 타인에게 지는 법률상 손해배상책임손해를 담보한다. ② 위험의 전문성 여부는 담보위험에 의해 판단되는 것이지 직업 자체에 의해 결정되는 것은 아니다.

2. 임의배상책임보험 vs 의무배상책임보험

임의배상책임보험	① 피보험자의 임의적 의사에 따라 가입하는 보험이다. ② 피보험자 자체적 구제 보험이다.
의무배상책임보험	① 법령에 의해 가입이 강제되어 있는 보험이다. ② 법령에 의한 피해자 구제 보험이다.

3. 개인배상책임보험 vs 영업배상책임보험

개인배상책임보험	개인의 일상생활 중 사고로 발생한 배상책임을 담보한다. 주로 장기종합보험에서 특약 형태로 담보하고 있다.
영업배상책임보험	업무활동 중 사고로 발생한 배상책임을 담보한다.

4. 제3자 배상책임보험 vs 보관자배상책임보험 vs 혼합배상책임보험

제3자 배상책임보험	피보험자의 제3자에 대한 배상책임을 담보한다.
보관자배상책임보험	피보험자가 보호, 관리, 통제하는 재물에 대한 손해를 담보한다.
혼합배상책임보험	제3자와 보관자배상책임을 모두 담보한다.

5. 기초배상책임보험 vs 초과배상책임보험 vs 포괄배상책임보험

기초배상책임보험	어떠한 배상책임 위험에 대하여 최초로 가입한 보험이다.
초과배상책임보험	기초배상책임보험의 보상한도를 초과하여 일정한도까지 보상하는 보험이다.
포괄배상책임보험	여러 가지 배상책임 위험에 대하여 이미 체결된 기초배상책임에서 ① 그 한도액을 초과하거나, ② 담보하지 않는 위험에 대해 새로이 보상한도를 정하여 보상하는 보험이다.

6. 법률상 배상책임보험 vs 계약상 가중책임보험

법률상 배상책임보험	① 법률상 배상책임을 담보한다. ② 본인책임주의에 근거한 배상책임과 법률규정에 근거한 전가책임이 있다.
계약상 가중책임보험	① 당사자 간의 약정에 의한 배상책임을 담보한다. ② 실질적으로 계약상 가중책임은 보험사고의 우연성 결여로 대부분의 배상책임보험에서 면책하고 있다. 그러나 계약상 가중책임도 법률에 의해 보호받을 수 있는 범위 내에서 보험으로 담보할 필요성이 제기되어 마련되었다.

7. 손해사고기준 배상책임보험 vs 배상청구기준 배상책임보험

손해사고기준	① 배상책임사고가 발생한 시점을 보험사고로 보는 보험이다. ② 대부분의 배상책임보험이 해당한다.
배상청구기준	① 손해배상청구가 발생한 시점을 보험사고로 보는 보험이다. ② 생산물배상책임보험, 전문직업인배상책임보험 등이 있다.

13 보관자배상책임보험과 제3자 배상책임보험 비교 ✦

구 분	보관자배상책임보험	제3자 배상책임보험
보험의 목적	보관물(특정)	피보험자의 전 재산(불특정)
피해자	보관물 위탁자(특정)	불특정 다수
책임법리	채무불이행책임	불법행위책임
예	창고업자배상책임보험	자동차배상책임보험

구 분	일반(영업)배상책임보험	전문직업인배상책임보험
보험사고	시설 및 영업/업무에 기인된 사고	전문업무에 기인된 사고
	비행배상(신체/재물의 물리적 손해)	① 비행배상 ② 하자배상[업무 중 부주의 또는 부작위(E & O)로 인한 사고]
피해자	불특정 다수	서비스 이용 고객
담보기준	손해사고기준	배상청구기준
보상한도	인당 및 사고당	사고당

1. 의 의

피해자(손해배상청구권자)가 보험자에게 직접 본인이 입은 손해의 배상 또는 보상을 청구할 수 있는 권리를 말한다.

2. 법적 근거

「상법」 제724조(보험자와 제3자와의 관계) 제2항에 의하면, 제3자는 피보험자가 책임을 질 사고로 입은 손해에 대하여 보험금액의 한도 내에서 보험자에게 직접 보상을 청구할 수 있다.

3. 취 지

① 가해자의 무능력·무성의로부터 피해자를 보호한다.
② 보상절차 간소화를 통해 피해자를 효율적으로 구제한다.

4. 특 징

(1) 독립성

보험사고 발생시 피보험자가 가지는 권리와는 별개로 법 규정에 의해 원시취득 한다.

(2) 강행성

「상법」 제724조 제2항에 의해 강행규정화 되어 있다.

(3) 배타성

피보험자의 보험금청구권과 경합시 직접청구권이 우선한다(대법원 2014. 9. 25., 선고, 2014다207672, 판결).

(4) 자주성

피보험자의 협력 없이 직접청구권을 행사할 수 있다. 단, 직접청구권은 가해자가 가입한 책임보험계약을 전제로 하고 있기 때문에 보험자가 피보험자에게 가지는 항변으로 피해자에게 대항할 수 있다.

(5) 부종성

피해자의 피보험자에 대한 손해배상청구권이 소멸하면 같이 소멸된다.

5. 법적 성질(손해배상청구권설 & 보험금청구권설)

(1) 손해배상청구권설(최근 판례)

피해자가 피보험자에게 가지는 법률상 손해배상청구권은 보험자가 피보험자와 연대하여 인수한 것이므로 피해자는 보험자에게도 손해배상을 직접 청구할 수 있다.

(2) 보험금청구권설

피해자의 직접청구권은 피보험자와 보험자 간의 보험계약을 전제로 하고 있고, 이 계약은 보험자는 피보험자의 피해자에 대한 손해배상책임을 연대하여 인수하는 것이 아닌, 손해의 보상을 약정한 것일 뿐이다.

(3) 비 교

구 분	손해배상청구권설	보험금청구권설
지급액 산정기준	일반손해배상액 또는 소송판결액 기준	약관상 기준
지연이자	연 5푼(민사손해배상채권 법정이자)	연 6푼(상사채권 법정이자)
소멸시효	청구권자가 손해 및 가해자를 안 날로부터 3년(민법 제766조)	청구권자가 보험사고의 발생을 알았거나 알 수 있었던 때로부터 3년(상법 제662조 & 판례)

판례 | **보험금청구권의 소멸시효**

일반적으로 보험사고가 확정된 때부터 기산하는 것이 원칙이지만, 보험사고의 발생이 객관적으로 분명하지 않을 경우에도 이와 같이 기산한다면, 이는 보험금청구권자에게 가혹한 결과를 초래하게 되어 정의와 형평의 관념에 반하고, 소멸시효제도 취지에도 부합하지 않는다. 따라서 객관적으로 보아 보험사고가 발생한 사실을 확인할 수 없는 사정이 있는 경우에는 보험금청구권자가 보험사고 발생을 알았거나 알 수 있었던 때부터 보험금청구권 소멸시효가 진행된다(대법원 2008. 11. 13., 선고, 2007다19624, 판결).

6. 직접청구권에 대한 보험자의 항변사유

(1) 피보험자의 제3자(피해자)에 대한 항변사유

보험자는 피보험자가 그 사고에 관하여 가지는 항변으로써 제3자에게 대항할 수 있다(상법 제724조 제2항).

(2) 보험자가 계약자 또는 피보험자에 대한 항변사유

보험자가 계약자 또는 피보험자에게 가지는 항변사유로 피해자에게 대항할 수 있다.

① 직접청구권은 보험계약을 전제로 하고 있으므로, 보험자가 보험계약자 또는 피보험자에게 가지는 보험계약상의 항변사유(보험계약의 하자, 면책사유의 발생 등)로 피해자에게 대항할 수 있다.

② 피보험자의 보험사고발생 통지의무 등 보험사고 발생 후의 항변사유로는 대항할 수 없다. 이는 직접청구권이 보험사고 발생 후 피해자가 당연 취득하는 독립적 권리이기 때문이다.

③ 그럼에도 불구하고 피해자에게 보상하는 경우 피보험자에게 구상이 가능하다. 그러나 역시 보험사고 발생 후 생긴 항변사유로는 대항할 수 없다.

7. 기타 의무

(1) 보험자의 의무

「상법」에 의거 보험자가 피해자로부터 직접청구를 받은 때에는 지체 없이 피보험자에게 이를 통지함으로써 피보험자를 보호한다(상법 제724조 제3항). 따라서 피보험자에게는 협조의무가 부여된다.

(2) 피보험자의 협조의무

피보험자는 보험회사의 요청에 따라 증거확보, 권리보전 등에 협력하여야 하며, 만일 피보험자가 정당한 이유 없이 협력하지 않은 경우 그로 인하여 늘어난 손해는 보상하지 아니한다(상법 제724조 제4항 참조).

16 실손보상의 원칙 ✿✿

1. 의 의

손해보험의 근간이 되는 원칙으로 보험사고로 인한 피보험자의 실제손해를 보상한다는 원칙이다. 이득금지의 원칙이라고도 한다.

2. 취 지

보험은 우연한 사고를 통해 소액의 보험료로 고액의 보험금을 받는다는 점에서 사행계약성을 가지고, 이로 인해 도덕적 위험이 발생한다. 따라서 이를 예방하기 위한 방법으로 이 원칙을 두고 있다.

3. 실손보상원칙의 실현

(1) 피보험이익

① 보험계약을 통해 피보험자가 얻는 경제적 이익으로서 이러한 피보험이익이 없다면 해당 보험계약은 존재할 수가 없게 되고, 이를 통해 피보험이익이 없는 자가 보험금을 청구하여 부당이득을 받게 되는 것을 방지할 수 있다.

② 배상책임보험의 경우 피보험자가 복수로 존재할 수 있는데, 이때에는 기명피보험자에게 피보험이익이 없으면 보험계약이 소멸된다.

(2) 보험가액

① 피보험이익의 평가액으로 법률상 보상최고한도액을 의미하고, 초과·중복보험의 기준이 된다.

② 배상책임보험의 경우, 피보험자의 전 재산에 대한 손해를 담보하기 때문에 보험가액의 개념이 없지만, 타 보험계약에 대하여 알릴 의무를 부여하고, 분담조항을 따르도록 하고 있다.

(3) 보험자대위

① 보험자에게 보상을 받은 피보험자가 제3자에게 갖는 손해배상청구권까지 행사할 수 있다면, 이는 이중이득을 취하게 되는 것이다. 따라서 피보험자에게 보험금을 지급한 보험자는 피보험자가 제3자에게 갖는 권리를 이전받게 되는데 이를 보험자대위라 한다.

② 배상책임보험에서는 청구권대위만 존재하며, 대위권과 손해배상청구권이 경합될 경우 피보험자의 제3자에 대한 권리가 우선하고, 남은 차액에 대하여 대위권을 행사한다.

1. 의 의

동일한 보험계약의 목적과 동일한 사고에 관하여 수 개의 보험계약이 동시에 또는 순차적으로 체결되어 보험금액의 합이 보험가액을 초과하는 경우를 말하며, 부당이득방지를 위해 각 보험자는 각자의 보험금액 한도 내에서 보험금액의 비율에 따라 보상책임을 진다(상법 제672조).

2. 효 과

(1) 사기로 인한 계약의 무효

수 개의 책임보험이 보험계약자의 사기로 인하여 체결된 경우에는 전부 무효가 된다. 계약이 무효가 되어도 보험계약자는 보험자가 그 사실을 안 때까지의 보험료를 지급하여야 한다(상법 제672조 제3항, 제669조 제4항).

(2) 비례보상

보험자는 각자의 보험금액 한도 내에서 보험금액의 비율에 따라 보상책임을 진다.

(3) 통지의무

수 개의 책임보험의 보험계약자는 각 보험자에 대하여 각 보험계약의 내용을 통지하여야 한다 (상법 제672조 제2항). 「상법」상 의무위반에 대한 규정은 없고, 판례 또한 통지의무 해태를 이유로 사기로 인한 계약이라 볼 수 없다고 판결하고 있다.

(4) 보험자 중 1인에 대한 권리포기

수인(數人)의 보험자 중 1인에 대한 권리의 포기는 다른 보험자의 권리의무에 영향을 미치지 않는다(상법 제673조).

3. 보험금의 분담

(1) 책임한도분담방식(= 독립책임액분담)

국문배상책임보험의 일반적 분담방식으로 타 보험사의 부존재를 가정한 각자의 독립책임의 비율에 따라 보상한다.

보험금액	甲보험사 100	乙보험사 200	丙보험사 300
손해 150	$150 \times 100 \div 400 = 37.5$	$150 \times 150 \div 400 = 56.25$	$150 \times 150 \div 400 = 56.25$
손해 200	$200 \times 100 \div 500 = 40$	$200 \times 200 \div 500 = 80$	$200 \times 200 \div 500 = 80$
손해 600	$600 \times 100 \div 600 = 100$	$600 \times 200 \div 600 = 200$	$600 \times 300 \div 600 = 300$

(2) 초과액타보험분담방식

타보험으로부터 받을 수 있는 금액을 초과하는 금액만을 보상하는 방식으로 사용자배상책임특약에서 주로 사용된다.

보험금액	甲보험사 500(초과액타보험약관)	乙보험사 300
손해 200	–	200
손해 350	50	300
손해 900	500	300

(3) 균등액분담방식

주로 영문배상책임보험에서 사용되는 방식으로, 여러 보험 중 가장 낮은 한도부터 균등하게 분담해 나가는 방식이다.

보험금액	甲보험사 100	乙보험사 200	丙보험사 300
손해 150	50	50	50
손해 300	100	100	100
손해 600	100	200(= 100 + 100)	300(= 100 + 100 + 100)

CHAPTER 02 법률상 배상책임

01 과실책임과 무과실책임 ✦✦✦

1. 과실책임

(1) 의 의

가해자의 행위로 인해 타인이 손해를 입은 경우, 해당 행위가 고의 또는 과실에 의한 경우 부담하는 책임을 말한다. 현행「민법」은 이 과실책임을 기본으로 하고 있으며, 자기의 고의 또는 과실에 대해 책임진다고 하여 자기책임주의라고도 한다.

(2) 입증책임

① 손해배상을 청구하는 피해자, 채권자가 가해자의 고의 또는 과실과 손해 사이의 인과관계 등을 입증할 책임이 있다.

② 입증책임분배의 원칙에 따라서 원칙적으로 손해배상을 청구하는 자(피해자, 채권자)가 손해배상책임의 요건과 손해발생, 인과관계 등을 입증(법률요건분류설)하고, 상대방은 그러한 주장에 대한 반증책임을 진다.

(3) 배상책임보험에서의 적용

배상책임보험에서는 임의가입 형태를 띠는 보험들의 경우 대부분이 이 과실책임주의를 적용하여 피보험자의 과실행위로 인해 제3자가 손해를 입은 경우를 담보하고 있다. 고의로 인한 손해는 우연성 결여 등을 이유로 보험종목을 막론하고 담보하지 않는 것이 원칙이지만 인격침해로 인한 배상책임이나 무체물에 대한 배상책임 등은 특약을 통해 담보하기도 한다.

2. 무과실책임(Liability without Fault)

(1) 의 의

과실책임에 대응하는 개념으로, 타인에 대한 가해자의 행위에 고의 또는 과실이 없어도 행위와 손해간 인과관계만 있다면 부담하게 되는 책임을 말한다(미국법상 Strict Liability라고 표현되기도 함). 현재 우리나라에서는 과실책임을 기본으로 광업이나 원자력 산업 등 다수의 높은 위험을 가지는 사업에 관하여 무과실책임을 적용시키고 있으며, 아래의 이론적 근거를 바탕으로 하고 있다.

① 위험책임주의

공공적 위험을 야기시키는 자는 그로 인하여 생기는 손해에 대하여 책임을 부담한다.

② 보상책임주의

이익을 얻는 과정에서 타인에게 손해를 끼쳤다면 그 이익 중에서 배상을 시키는 것이 공평하다.

(2) 입증책임

가해자가 본인의 행위와 피해자의 손해간 인과관계가 없음을 입증하여 면책을 주장할 수 있다. 이는 상대적 약자인 피해자를 보호하기 위한 입증책임의 전환이라 볼 수 있다.

(3) 엄격책임과의 비교

구 분	무과실책임	엄격책임
의 의	가해자의 과실을 책임요건으로 하지 않는다.	행위자의 과실이 아닌 결과에 대한 책임이다.
책임부담	가해자의 고의·과실이 없어도 부담한다.	고의·과실여부를 묻지 않고 발생 결과에 대해 무조건 부담한다(무과실책임주의에 바탕을 두고 있음).
예	공작물소유자책임 원자력배상책임 특수건물화재신체배상책임	제조물책임

(4) 배상책임보험에서의 적용

배상책임보험에서는 근로자의 과실로 인한 손해에 대한 사용자의 책임을 담보하는 근재보험(근로자재해보장책임보험)과 그 외에도 강제 가입되는 책임보험(자동차손해배상책임, 제조물책임, 원자력손해배상책임 등)에서 무과실책임주의를 적용시키고 있다.

02 (일반)불법행위책임 ✿✿✿✿

1. 의 의

고의 또는 과실로 인한 위법행위로 타인에게 손해를 가한 자가 그 손해를 배상할 책임(민법 제750조)을 말한다. 자기책임주의에 따라 가해자는 본인의 행위에 대해서만 책임을 진다.

2. 성립요건

(1) 주관적 요건

  ① 자기책임주의

    자기의 고의 또는 과실 있는 행위에 대해서만 책임을 지고, 타인의 행위에 대해서는 책임을 지지 않는다.

  ② 고의 또는 과실

    ㉠ 고의 : 어떤 행위가 일정한 결과를 발생시킨다는 것을 인식하면서도 행하는 것을 말하며, 그 결과의 발생을 용인한 <u>미필적 고의</u>도 포함한다.

      * 미필적 고의의 예 : 사냥을 하면서 주위 사람이 다칠 수도 있다는 인식이 있음에도 불구하고, 그 행위로 인해 사람이 다쳤을 경우

    ㉡ 과실 : 어떤 행위가 일정한 결과의 발생을 예견할 수 있음에도 불구하고, 부주의로 그것을 인식하지 못한 것을 말하며, 대부분의 배상책임보험은 이러한 과실에 의한 배상책임을 담보(중과실 포함)한다(상법 제659조).

    ㉢ 입증책임

      • 원칙 : 손해배상을 청구하는 피해자, 채권자가 가해자의 고의 또는 과실과 손해 사이의 인과관계 등을 입증할 책임이 있다.

      • 입증책임의 전환

        – 과실의 추정 : 피해자 쪽에서 가해행위로 손해가 발생하였음을 증명한 때에는 가해자에게 과실이 있는 것으로 일응 추정되고, 가해자 쪽에서 과실이 없음을 증명하지 못하면 책임을 지게 된다. 판례는 주로 환경오염사고, 제조물 책임, 의료사고 등에서 가해자의 과실을 추정한다.

        – 무과실책임주의 : 가해자가 본인의 행위와 피해자의 손해간 인과관계가 없음을 입증하여 면책을 주장할 수 있다.

③ 책임능력

　㉠ 자기의 행위에 대한 결과와 그에 따른 법률상 책임을 인지할 수 있는 정신능력을 말하며, 「민법」에서는 아래의 경우 손해배상책임이 없다고 정하고 있다.

　　• 제753조(미성년자의 책임능력) 미성년자가 타인에게 손해를 가한 경우에 그 행위의 책임을 변식할 지능이 없는 때에는 배상의 책임이 없다.

　　• 제754조(심신상실자의 책임능력) 심신상실 중에 타인에게 손해를 가한 자는 배상의 책임이 없다. 그러나 고의 또는 과실로 인하여 심신상실을 초래한 때에는 그러하지 아니하다.

　㉡ 판례에 따르면 15세 이상의 경우 책임능력이 인정되며, 14세의 경우 사안에 따라 개별적으로 판단되고 있다.

(2) 객관적 요건

① 위법성

　㉠ 타인의 법익을 침해하는 행위

　㉡ 위법성 조각사유 : 위법성을 소멸시키는 사유로서 정당방위와 긴급피난(민법 제761조) 및 피해자의 승낙이 있다.

　　• 정당방위 : 타인의 불법행위로부터 자기 또는 제3자의 이익을 방위하기 위하여 부득이 그 타인에게 손해를 가한 경우 배상할 책임이 없다(민법 제761조 제1항).

　　• 긴급피난 : 자기나 제3자에게 닥친 급박한 위난을 피하기 위하여 부득이 타인에게 손해를 가한 경우에도 배상책임이 발생하지 아니한다(민법 제761조 제2항).

② 손해의 발생

　일반적으로 손해란 본인의 의사에 의하지 않은 범위에 대한 모든 불이익적 침해로 정의된다(학설 및 판례).

③ 가해행위와 손해와의 인과관계

　상당인과관계(어떤 원인이 있으면 그러한 결과가 발생하리라고 보통 인정되는 관계)의 존재가 통설이다. 입증책임은 기본적으로 피해자가 부담하며, 경우에 따라 입증책임의 경감이 이루어진다.

1. 채무불이행책임

채무자가 계약의 내용을 좇은 이행을 하지 아니하여 채권자가 입은 손해를 배상할 책임(민법 제390조)을 말하며, 계약상 배상책임이라고도 한다.

2. 성립요건

전반적으로 불법행위책임과 유사하다.

(1) 주관적 요건

① 자기책임주의

타인의 행위에 의한 결과는 책임지지 않는다.

② 고의 또는 과실

채무자의 법정대리인이 채무자를 위하여 이행하거나 채무자가 타인을 사용하여 이행하는 경우에는 법정대리인 또는 피용자의 고의나 과실은 채무자의 고의나 과실로 본다(민법 제391조).

③ 책임능력

채무자가 채무불이행에 대한 책임능력이 있을 경우에 손해배상책임이 성립된다.

(2) 객관적 요건

① 위법성

계약위반의 사실 자체로 위법성이 인정된다.

② 손해의 발생

가해자에게 손해발생책임을 지우기 위해서 피해자는 자신에게 손해가 발생했음을 증명해야 한다.

③ 채무불이행과 손해발생과의 인과관계

채무불이행과 손해 사이에는 인과관계가 있어야 한다.

3. 유 형

(1) 이행지체

이행기를 지나 채무를 이행하지 않은 상태이다.

(2) 불완전이행

채무이행이 불완전한 상태이다.

(3) 이행불능

채무이행이 불가능한 상태이다.

4. 계약상 배상책임을 담보하는 보험

① 보관자 배상책임
② 물적손해확장담보 추가특약

┤ 심화학습 ├

계약상 가중책임
법률에 의한 것이 아닌 당사자 약정에 의한 책임이기 때문에 면책으로 규정하고 있고, 특약을 통해서만 담보가 가능하다.

불법행위책임과 채무불이행책임 비교 ✥✥

1. 의 의

불법행위책임은 법령상 위법행위에 대한 배상책임인데 반해, 채무불이행책임은 채무자가 계약의 내용을 좇은 이행을 하지 아니하여 채권자가 입은 손해를 배상할 책임이다.

2. 유사점

성립요건	① 가해자(채무자)의 고의 또는 과실　② 가해자(채무자)의 책임능력 필요 ③ 불법행위(채무불이행) 사실　④ 손해발생 ⑤ 불법행위(채무불이행) – 손해간 인과관계
과실책임	자기(과실)책임주의
손해배상의 범위	손해배상의 범위에 차이가 없다.
손해배상의 방법	모두 금전배상을 원칙으로 한다.
과실상계	모두 가능하다. * 과실상계 : 손해배상의 책임 및 금액의 결정에 있어 피해자의 과실을 참작하는 것

3. 차이점

구 분	불법행위책임	채무불이행책임
입증책임	피해자가 가해자의 고의나 과실에 대해 입증책임을 진다.	채무자가 자신의 고의나 과실의 귀책사유가 없음을 입증하여야 한다.
상계금지	손해배상채무를 상계하지 못한다.	상계금지 규정이 없다.
배상액의 경감	배상액의 경감을 청구할 수 있다.	배상액의 경감 규정이 없다.
타인의 행위에 대한 책임	사용자의 면책가능성이 인정된다.	채무자에게 면책가능성이 부정된다.
연대책임 유무	연대책임(부진정연대채무) 규정이 존재한다.	연대책임 규정이 없다.
소멸시효	① 불법행위가 있음을 안 날로부터 3년 ② 불법행위 발생일로부터 10년	① 원칙 : 10년 ② 상사(상행위) : 5년
간접피해자 유무	근친자에게도 위자료를 인정한다.	근친자의 손해배상청구권은 인정되지 않는다.

4. 청구권 경합

피해자 또는 채권자는 선택에 따라 어느 청구권이든 먼저 행사할 수 있다.

1. 의 의

가해자와 일정한 신분관계가 있는 경우 가해자의 제3자에 대한 책임을 자신이 부담함으로써
지는 책임을 말한다.

(1) 「민법」상 특수불법행위책임

① 감독자의 책임(민법 제755조)

② 사용자책임(민법 제756조)

③ 도급인의 책임(민법 제757조)

④ 공작물 등의 점유자, 소유자의 책임(민법 제758조)

⑤ 동물의 점유자의 책임(민법 제759조)

⑥ 공동불법행위자의 책임(민법 제760조)

(2) 「민법」 이외의 특별법상 특수불법행위책임

「자동차손해배상보장법」, 「국가배상법」, 「원자력손해배상법」, 「실화(失火)책임에 관한 법률」 등

2. 「민법」상 특수불법행위책임에 관한 규정

(1) 책임무능력자의 감독자책임(민법 제755조)

① 다른 자에게 손해를 가한 사람이 제753조(미성년자의 책임능력) 또는 제754조(심신상실자
의 책임능력)에 따라 책임이 없는 경우에는 그를 감독할 법정의무가 있는 자가 그 손해를
배상할 책임이 있다. 다만, 감독의무를 게을리하지 아니한 경우에는 그러하지 아니하다.

② 감독의무자를 갈음하여 제753조 또는 제754조에 따라 책임이 없는 사람을 감독하는 자도
제1항의 책임이 있다.

(2) 사용자책임(민법 제756조)

① 타인을 사용하여 어느 사무에 종사하게 한 자는 피용자가 그 사무집행에 관하여 제삼자에게
가한 손해를 배상할 책임이 있다. 그러나 사용자가 피용자의 선임 및 그 사무감독에 상당한
주의를 한 때 또는 상당한 주의를 하여도 손해가 있을 경우에는 그러하지 아니하다.

② 사용자에 갈음하여 그 사무를 감독하는 자도 전항의 책임이 있다.

③ 전2항의 경우에 사용자 또는 감독자는 피용자에 대하여 구상권을 행사할 수 있다.

(3) 도급인의 책임(민법 제757조)

도급인은 수급인이 그 일에 관하여 제삼자에게 가한 손해를 배상할 책임이 없다. 그러나 도급
또는 지시에 관하여 도급인에게 중대한 과실이 있는 때에는 그러하지 아니하다.

(4) 공작물 점유자 및 소유자의 책임(민법 제758조)

① 공작물의 설치 또는 보존의 하자로 인하여 타인에게 손해를 가한 때에는 공작물점유자가
손해를 배상할 책임이 있다. 그러나 점유자가 손해의 방지에 필요한 주의를 해태하지 아니한
때에는 그 소유자가 손해를 배상할 책임이 있다.

② 전항의 규정은 수목의 재식 또는 보존에 하자있는 경우에 준용한다.

③ 전2항의 경우에 점유자 또는 소유자는 그 손해의 원인에 대한 책임 있는 자에 대하여 구상권
을 행사할 수 있다.

(5) 동물점유자의 책임(민법 제759조)

① 동물의 점유자는 그 동물이 타인에게 가한 손해를 배상할 책임이 있다. 그러나 동물의 종류
와 성질에 따라 그 보관에 상당한 주의를 해태하지 아니한 때에는 그러하지 아니하다.

② 점유자에 갈음하여 동물을 보관한 자도 전항의 책임이 있다.

(6) 공동불법행위책임(민법 제760조)

① 수인이 공동의 불법행위로 타인에게 손해를 가한 때에는 연대하여 그 손해를 배상할 책임이
있다.

② 공동 아닌 수인의 행위 중 어느 자의 행위가 그 손해를 가한 것인지를 알 수 없는 때에도
전항과 같다.

③ 교사자나 방조자는 공동행위자로 본다.

1. 의 의

① 공작물의 점유자·소유자(법률상 소유자)는 그 공작물의 설치 또는 보존의 하자로 인하여 타인에게 손해가 발생한 경우 이를 배상할 책임이 발생하며, 무과실책임주의가 적용된다.

② 점유자가 1차적으로 책임을 부담하고, 점유자 면책시 소유자가 그 책임을 부담한다.

2. 책임성립 요건

(1) 공작물로부터의 손해

손해가 공작물로부터 발생해야 한다.

(2) 공작물 설치·보존의 하자 존재

공작물의 설치·보존에 하자가 있어야 한다.

(3) 하자 – 손해 인과관계

무과실책임주의가 적용되므로, 하자와 손해 간의 인과관계가 추정된다. 판례에 따르면, 공작물 하자와 피용자의 업무상 과실이 경합할 때, 공작물 하자책임을 인정하고 있다.

(4) 면책사유가 없을 것

점유자가 손해발생의 방지에 필요한 주의의무를 다했다는 사실을 입증하면 점유자의 책임은 면책된다. 그러나 소유자의 면책은 인정되지 않는다.

3. 입증책임

원칙적으로 피해자가 하자의 존재에 관해 입증해야 한다. 그러나 자연적 상황에서 손해가 발생하여 하자가 있음이 추정될 경우 점유자·소유자가 하자의 부존재를 입증해야 한다.

4. 구상권의 청구

점유자 또는 그 소유자는 그 손해의 원인에 대한 책임 있는 자에 대하여 구상권을 행사할 수 있다.

┤ 심화학습 ├

「민법」 제758조(공작물 등의 점유자, 소유자의 책임)

① 공작물의 설치 또는 보존의 하자로 인하여 타인에게 손해를 가한 때에는 공작물점유자가 손해를 배상할 책임이 있다. 그러나 점유자가 손해의 방지에 필요한 주의를 해태하지 아니한 때에는 그 소유자가 손해를 배상할 책임이 있다.

② 전항의 규정은 수목의 재식 또는 보존에 하자있는 경우에 준용한다.

③ 전2항의 경우에 점유자 또는 소유자는 그 손해의 원인에 대한 책임 있는 자에 대하여 구상권을 행사할 수 있다.

제조물 책임 ✦✦

1. 제조물 책임

제조물의 결함으로 인해 제품의 사용자가 입은 손해에 대한 제조자나 유통업자 등이 지는 법률상 배상책임을 말한다. 소비자 보호를 위해 무과실책임주의/엄격책임을 적용하고 있다.

> ┤ 심화학습 ├
>
> 제조물 책임(제조물 책임법 제3조)
>
> ① 제조업자는 제조물의 결함으로 생명·신체 또는 재산에 손해(그 제조물에 대하여만 발생한 손해는 제외한다)를 입은 자에게 그 손해를 배상하여야 한다.
>
> ② 제1항에도 불구하고 제조업자가 제조물의 결함을 알면서도 그 결함에 대하여 필요한 조치를 취하지 아니한 결과로 생명 또는 신체에 중대한 손해를 입은 자가 있는 경우에는 그 자에게 발생한 손해의 3배를 넘지 아니하는 범위에서 배상책임을 진다. 이 경우 법원은 배상액을 정할 때 다음 각 호의 사항을 고려하여야 한다.
>   1. 고의성의 정도
>   2. 해당 제조물의 결함으로 인하여 발생한 손해의 정도
>   3. 해당 제조물의 공급으로 인하여 제조업자가 취득한 경제적 이익
>   4. 해당 제조물의 결함으로 인하여 제조업자가 형사처벌 또는 행정처분을 받은 경우 그 형사처벌 또는 행정처분의 정도
>   5. 해당 제조물의 공급이 지속된 기간 및 공급 규모
>   6. 제조업자의 재산상태
>   7. 제조업자가 피해구제를 위하여 노력한 정도
>
> ③ 피해자가 제조물의 제조업자를 알 수 없는 경우에 그 제조물을 영리 목적으로 판매·대여 등의 방법으로 공급한 자는 제1항에 따른 손해를 배상하여야 한다. 다만, 피해자 또는 법정대리인의 요청을 받고 상당한 기간 내에 그 제조업자 또는 공급한 자를 그 피해자 또는 법정대리인에게 고지(告知)한 때에는 그러하지 아니하다.

2. 제조물 결함

「제조물 책임법」 제2조는 제조물 결함에 대하여 다음과 같이 규정한다.

"결함"이란 해당 제조물에 다음의 어느 하나에 해당하는 제조상·설계상 또는 표시상의 결함이 있거나 그 밖에 통상적으로 기대할 수 있는 안전성이 결여되어 있는 것을 말한다.

(1) 제조상의 결함

제조업자가 제조물에 대하여 제조상·가공상의 주의의무를 이행하였는지에 관계 없이 제조물이 원래 의도한 설계와 다르게 제조·가공됨으로써 안전하지 못하게 된 경우를 말한다.

(2) 설계상의 결함

제조업자가 합리적인 대체설계를 채용하였더라면 피해나 위험을 줄이거나 피할 수 있었음에도 대체설계를 채용하지 아니하여 해당 제조물이 안전하지 못하게 된 경우를 말한다.

(3) 표시상의 결함

제조업자가 합리적인 설명·지시·경고 또는 그 밖의 표시를 하였더라면 해당 제조물에 의하여 발생할 수 있는 피해자 위험을 줄이거나 피할 수 있었음에도 이를 하지 아니한 경우를 말한다.

3. 제조물 범위

(1) 제조물

사용 또는 소비를 위해 제조·가공된 동산(부동한 이외의 물건, 민법 제99조 제2항)을 말한다.

(2) 예 외

① 아파트 : 제조물에 포함
② 서비스(소프트웨어 포함), 가공되지 않은 동·식물, 혈액·장기 등 : 불포함

4. 배상의무자

기본적으로 제조업자가 배상의무를 진다. 그러나 제조업자를 알 수 없는 경우에는 그 제조물을 영리목적으로 판매·대여 등의 방법으로 공급한 자에게 배상의무를 진다.

┤ 심화학습 ├

제조업자(제조물 책임법 제2조 제3호)
"제조업자"란 다음 각 목의 자를 말한다.
가. 제조물의 제조·가공 또는 수입을 업(業)으로 하는 자
나. 제조물에 성명·상호·상표 또는 그 밖에 식별(識別) 가능한 기호 등을 사용하여 자신을 가목의 자로 표시한 자 또는 가목의 자로 오인(誤認)하게 할 수 있는 표시를 한 자

5. 면책사유(제조물 책임법 제4조)

(1) 면책사유의 경우

손해배상책임을 지는 자가 다음의 어느 하나에 해당하는 사실을 입증한 경우에는 「제조물 책임법」에 따른 손해배상책임을 면(免)한다.

① 제조업자가 해당 제조물을 공급하지 아니하였다는 사실

② 제조업자가 해당 제조물을 공급한 당시의 과학·기술 수준으로는 결함의 존재를 발견할 수 없었다는 사실

③ 제조물의 결함이 제조업자가 해당 제조물을 공급한 당시의 법령에서 정하는 기준을 준수함으로써 발생하였다는 사실

④ 원재료나 부품의 경우에는 그 원재료나 부품을 사용한 제조물 제조업자의 설계 또는 제작에 관한 지시로 인하여 결함이 발생하였다는 사실

(2) 면책사유를 주장할 수 없는 경우

손해배상책임을 지는 자가 제조물을 공급한 후에 그 제조물에 결함이 존재한다는 사실을 알거나 알 수 있었음에도 그 결함으로 인한 손해의 발생을 방지하기 위한 적절한 조치를 하지 아니한 경우에는 위 (1)의 ②~④까지의 규정에 따른 면책을 주장할 수 없다.

6. 소멸시효(제조물 책임법 제7조)

(1) 제소기간

손해배상의 청구권은 피해자 또는 그 법정대리인의 다음의 사항을 모두 알게 된 날로부터 3년간 행사하지 아니하면 시효의 완성으로 소멸한다.

① 손 해

② 손해배상책임을 지는 자

(2) 소멸시효

손해배상의 청구권은 제조업자가 손해를 발생시킨 제조물을 공급한 날로부터 10년 이내에 행사하여야 한다. 다만, 신체에 누적되어 사람의 건강을 해치는 물질에 의하여 발생한 손해 또는 일정한 잠복기간이 지난 후에 증상이 나타나는 손해에 대하여는 그 손해가 발생한 날로부터 기산한다.

7. 입증책임

「제조물 책임법」은 입증책임에 관하여 아무런 규정이 없고, 「제조물 책임법」에서 정한 것을 제외하고는 「민법」에 따르므로(제조물 책임법 제8조), 민사상 입증책임의 일반원칙에 따라서 피해자가 제조물 결함, 손해의 발생, 인과관계에 대하여 입증책임을 부담한다. 다만, 법원은 결함과 과실에 대한 사실상 추정의 원칙을 적용함으로써 피해자의 입증책임을 완화 및 전환하고 있다.

* 「제조물 책임법」 제8조(「민법」의 적용) : 제조물의 결함으로 인한 손해배상책임에 관하여 이 법에 규정된 것을 제외하고는 「민법」에 따른다.

(1) 입증책임의 완화

① 직접증거 없이 피해자의 결함 주장에 대하여 정황상·경험칙상 추정한다.

② 배상의무자가 반증이 없다면 과실로 추정한다.

(2) 입증책임의 전환

피해자가 결함이 있었다는 객관적 사실만 입증하면, 무과실책임주의에 의해서 고의·과실 여부에 대한 주관적 사실은 배상의무자가 입증해야 한다.

01 일반배상책임보험의 개요 ★★★

1. 일반배상책임

개인 또는 기업의 활동 또는 소유·사용·관리하고 있는 재물로 인해 제3자에게 손해를 입힌 경우 지게 되는 배상책임을 말한다.

2. 담보계약

(1) 개인배상책임보험

개인의 활동 또는 소유·사용·관리하고 있는 재물로 인해 제3자에게 손해를 입힌 경우 지게 되는 배상책임을 담보하는 보험으로서 주로 장기보험의 '일상생활배상책임특약' 형태로 가입한다.

(2) 영업배상책임보험

기업의 활동 또는 소유·사용·관리하고 있는 재물로 인해 제3자에게 손해를 입힌 경우 지게 되는 배상책임을 담보하는 보험으로서 기본적인 보통약관에 위험에 따라 개별적으로 특약을 조합하여 가입하고 있다.

① 국문영업배상책임보험

보통약관은 일반조항만 규정되어 있고, 아래와 같은 특약을 피보험자의 필요성에 맞게 조합하여 담보한다.

㉠ 시설소유관리자특약 : 피보험자가 소유·사용 또는 관리하는 시설 및 그 시설의 용도에 따른 업무의 수행으로 인해 발생한 법률상 배상책임을 담보한다.

㉡ 창고업자특약 : 창고업자인 피보험자가 임차인에 대하여 부담하는 법률상 배상책임을 담보한다.

㉢ 임차자특약 : 임차인의 임차목적물에 대한 배상책임을 담보한다.

㉣ 도급업자특약 : 피보험자인 수급인(어느 일을 완성하는 채무를 부담하는 자)이 도급계약의 작업수행 중에 제3자에게 입힌 법률상 배상책임을 담보한다.

② 영문영업배상책임보험(C.G.L.)

  ㉠ 기업의 영업활동과 관련한 배상책임위험을 포괄적으로 담보한다. 단일약관 안에서 일반
    배상책임(COVERAGE A), 인격침해 및 광고특허권침해 배상책임(COVERAGE B), 구내
    치료비 배상책임(COVERAGE C)까지 모두 담보하는 포괄담보형식을 취한다.
    • COVERAGE A. BODILY INJURY AND PROPERTY DAMAGE LIABILITY
    • COVERAGE B. PERSONAL AND ADVERTISING INJURY LIABILITY
    • COVERAGE C. MEDICAL PAYMENTS
  ㉡ 아울러 보험증권에 사용자배상책임(EL ; Employer's Liability)담보나 생산물배상책임
    (PL ; Product Liability)담보를 위한 가입금액을 별도로 설정하게 되면 같은 증권에서
    이를 담보할 수 있다.

③ 생산물 및 완성작업 배상책임보험

  생산물의 결함으로 그 사용자가 입은 손해에 대해 생산자나 매도인 등이 부담하는 법률상
  손해배상책임(제조물 책임)을 담보하는 보험으로서 단일약관으로 담보되고 있다.

④ 가입강제 배상책임보험

  ㉠ 가스배상책임보험 : 가스사고로 인한 책임
  ㉡ 적재물배상책임보험 : 운송업자의 수탁화물에 대한 책임
  ㉢ 각종 체육시설업자 배상책임보험 : 체육시설업자의 시설사용자에 대한 책임

1. 의 의

피보험자가 일상생활 중 타인에게 손해를 입힘으로써 부담하게 되는 법률상 배상책임을 부담한다.

2. 피보험자

① 기명피보험자

② 기명피보험자 본인의 호적상 또는 주민등록상에 기재된 배우자

③ 가족일상배상책임보험의 경우 다음의 친족 포함(사고발생 당시의 관계)

  ㉠ 피보험자 본인 또는 배우자와 생계를 같이하고, 주민등록상 동거 중인 친족

  ㉡ 피보험자 본인 또는 배우자와 생계를 같이하는 별거 중인 미혼 자녀

3. 보상하는 손해

피보험자가 아래에 열거한 사고로 타인의 신체(의수, 의족, 의안, 의치 등 신체보조장구는 제외하나, 인공장기나 부분 의치 등 신체에 이식되어 그 기능을 대신할 경우는 포함) 또는 재물에 입힌 손해에 대한 법률상의 배상책임을 담보한다.

① 피보험자가 주거용으로 사용하는 보험증권에 기재된 주택(부지 내의 동산 및 부동산을 포함)의 소유·사용·관리에 인한 우연한 사고

② 피보험자의 일상생활(주택 이외의 부동산의 소유·사용 또는 관리를 제외한다)에 기인하는 우연한 사고

③ 손해방지·경감비용, 방어비용, 공탁보증보험료, 협조비용

4. 보상하지 않는 손해(보통약관 면책사유＋)

그 원인의 직접, 간접을 묻지 않고 아래의 사유로 생긴 배상책임을 부담함으로써 입은 손해는 보상하지 않는다.

① 피보험자의 직무수행으로 인한 배상책임

② 보험증권에 기재된 주택을 제외하고 피보험자가 소유·사용 또는 관리하는 부동산에 인한 배상책임

③ 피보험자의 피용인이 피보험자의 업무에 종사 중에 입은 신체의 장해에 인한 배상책임

④ 피보험자와 세대를 같이하는 친족에 대한 배상책임

⑤ 가중 배상책임

⑥ 보관자책임에 따른 배상책임

⑦ 피보험자의 심신상실에 의한 배상책임

⑧ 피보험자 또는 피보험자의 지시에 따른 폭행 또는 구타에 인한 배상책임

⑨ 항공기, 선박, 차량, 총기(공기총 제외)의 소유·사용·관리에 인한 배상책임

⑩ 주택의 수리, 개조, 신축 또는 철거공사로 생긴 손해에 대한 배상책임. 그러나 통상적인 유지, 보수작업으로 생긴 손해에 대한 배상책임은 보상한다.

⑪ 폭력행위로 인한 배상책임

1. 보상하는 손해

보험회사는 피보험자가 보험증권상의 보장지역 내에서 보험기간 중에 발생된 특약에 기재된 보험사고로 인하여 피해자에게 법률상의 배상책임액을 부담함으로써 입은 아래의 손해를 이 약관에 따라 보상한다.

(1) 피보험자가 피해자에게 지급할 책임을 지는 법률상의 손해배상금

　① 민사적 손해배상금

　② 민사적 합의금

　③ 소송의 경우 법원의 판결비용 등

(2) 계약자 또는 피보험자가 지출한 아래의 비용

　① 피보험자가 손해의 방지 또는 경감을 위하여 지출한 필요 또는 유익하였던 비용

　② 피보험자가 제3자로부터 손해의 배상을 받을 수 있는 그 권리를 지키거나 행사하기 위하여 지출한 필요 또는 유익하였던 비용

　③ 피보험자가 지급한 소송비용, 변호사비용, 중재, 화해 또는 소정에 관한 비용

　④ 보험증권상의 보상한도액 내의 금액에 대한 공탁보증보험료. 그러나 회사는 그러한 보증을 제공할 책임은 부담하지 않는다.

　⑤ 피보험자가 회사의 요구에 의해 지출한 비용

2. 보상하지 아니하는 손해

기본면책사유와 벌과금 및 징벌적 손해에 대한 배상책임은 보상하지 아니한다.

3. 의무보험과의 관계

　① 의무보험이란 법률에 의해 가입이 강제된 보험을 말하며, 공제계약을 포함한다.

　② 회사는 이 약관에 의하여 보상하여야 하는 금액이 의무보험에서 보상하는 금액을 초과할 때에 한하여 그 초과액만을 보상한다.

　③ 피보험자가 의무보험에 가입하여야 함에도 불구하고 가입하지 않은 경우에는 그가 가입했더라면 의무보험에서 보상했을 금액을 '의무보험에서 보상하는 금액'으로 본다.

4. 양 도

보험의 목적의 양도는 회사의 서면동의 없이는 회사에 대하여 효력이 없으며, 회사가 서면동의한 경우 계약으로 인하여 생긴 권리와 의무를 함께 양도한 것으로 한다. 다만, 의무보험인 경우에는 회사의 서면동의가 없는 경우에도 보험계약 청약서에 기재된 사업을 양도하였을 때 보험계약으로 인하여 생긴 권리와 의무를 함께 양도한 것으로 본다.

1. 보상하는 비용손해의 종류

(1) 손해방지비용

① 피보험자가 손해 방지・경감을 위해 필요 또는 유익하였던 비용을 의미한다.

② 반드시 효과가 있어야 하는 것은 아니다.

③ 법률상 손해배상금에 대한 보험금과 합하여 보험가입금액(보상한도액)을 초과하더라도 보상한다.

(2) 방어비용

피보험자가 지급한 방어비용(소송・변호사・중재・화해・조정에 관한 비용)을 보상한다.

(3) 대위권보존비용

사고에 대해 배상책임이 있는 타인에 대한 손해배상청구권의 표시・보존・채무명의 확보・변제력의 확보를 위해 지출한 필요하고 유익한 비용은 보상한다.

(4) 공탁보증보험료

공탁으로서 재판의 집행을 면하는 경우, 해당 보증보험료는 보상된다(보험사가 보증을 제공할 책임은 없다).

(5) 보험사 요청에 의한 협력비용

피보험자가 회사의 요구에 따르기 위하여 지출한 비용을 보상한다.

2. 비용보상의 예외

(1) 손해방지비용

선주배상책임보험, 유도선사업자배상책임보험에서는 보상하지 않는다.

(2) 오염제거비용

배상책임보험 보통약관에서는 오염제거비용을 면책사유로 규정하고 있다. 오염사고담보특약을 통해 담보가 가능하다.

3. 각종 비용보상시 고려되어야 할 사항

(1) 손해방지비용

가입금액을 초과해도 보상한다. 단, 도로운송업자배상책임보험·적재물배상책임보험에서는 손해방지비용을 15만원으로 제한한다.

(2) 비례보상

보관자책임보험의 경우 수탁화물의 가액이 가입금액보다 큰 경우 비례보상한다.

(3) 가스사고배상책임보험

비용의 종류, 범위 구분 없이 100만원 한도로 실제비용을 지급한다.

(4) 비용에 대한 자기부담금의 적용

국문이든 영문이든 Deductible(공제)은 손해배상액에만 적용하고, 비용보상에는 적용하지 아니한다.

05 C.G.L.(Commercial General Liability, 영문영업배상책임보험) ✿✿✿

1. 피보험자

피보험자에 관한 규정은 성질상 모든 형태의 손해보험약관에 필수적인 규정임에도 불구하고 현재 이를 규정하고 있는 국문약관은 자동차보험 외에는 없다.

(1) 기명피보험자

보험증권에 기재된 사람으로 기명피보험자가 2인 이상인 경우를 공동피보험자라 한다.

(2) 타인을 위한 보험계약과 공동피보험자(Co-Insured)

하수급업자가 원수급업자의 요청에 의하여 도급업자 배상책임보험이나 근재보험에 가입하면서 피보험자를 하수급업자와 원수급업자로 하였을 경우, 그 보험계약은 자기를 위한 보험계약일 뿐만 아니라 타인을 위한 보험계약이기도 하다. 따라서 공사기간 중 하수급업자가 동 보험계약을 해지하고자 할 경우에는 반드시 원수급업자의 동의를 얻거나 보험증권 원본을 제시하여야 하며, 만약 이에 위배하여 보험계약이 해지된 경우 보험자는 원수급업자에게 보험계약이 해지되었음을 주장하지 못한다.

> 예) 하수급업자가 원수급업자의 동의 없이 근재보험계약의 해지를 요청하여 보험자가 이를 해지한 후에 업무상 재해를 입은 근로자가 원수급업자를 상대로 소송을 제기한 경우 보험자는 그 소송비용과 함께 손해배상금도 보상하여야 한다.

(3) 추가피보험자(Additional Insured)

생산물특약의 판매인특약이나 명의사용인특약과 같은 추가피보험자특약은 보험계약상 판매인이나 명의사용인을 피보험자로 포함하지만, 이들 피보험자는 보험증권상의 기명피보험자가 아니고 단지 배서에 의하여 피보험자에 포함되는 사람들로서 기명피보험자와는 구별하는데, 이들은 실질적으로는 제1순위 기명피보험자 이외의 기명피보험자와 같이 취급된다.

(4) 의제피보험자(Agreed Insured)

기명피보험자와 추가피보험자의 근로자, 재산관리인 등 피보험자 사무를 수행하는 자들은 피보험자의 업무를 수행하는 범위 내에서 피보험자로 간주하여야 할 필요가 있는데, 이들을 의제피보험자라 한다.

2. 보험기간

(1) 기간보험과 구간보험

일반적으로 기간보험의 보험기간을 적용하지만 도로운송업자배상책임보험의 구간운송특약과 같은 경우에는 구간보험과 혼용하고 있다.

(2) 보험기간 산정 및 기준지역

영국 런던에 거주하는 교포가 우리나라에 입국하여 전기기구를 우리나라 기업으로부터 구입하여 미국에 수출하면서 국내의 보험회사에 생산물배상책임보험 계약을 체결하였을 경우, 보험기간 산정의 기준이 되는 표준시에 대해 영국의 런던, 미국 또는 우리나라의 표준시 중 어느 곳의 표준시를 기준으로 할 것인가가 문제되는데, 이에 관하여 국문약관은 보험증권 발행지(우리나라)의 표준시를 기준으로 하는데 비하여 C.G.L.은 보험계약자의 주소지(영국지)의 표준시를 기준으로 한다.

3. 보험사고

급격하게 발생하는 것을 포함하여 사실상 같은 종류의 위험에 계속적, 반복적으로 노출되는 것을 포함한다.

4. 보상하는 손해

(1) Coverage A(신체장해와 재물손해)

신체장해란 보험사고로 인한 신체의 부상, 질병 그로 인한 사망을 모두 포괄하여 사람의 신체 · 생명에 대한 위해상태를 말한다.

(2) Coverage B(인격침해와 광고침해)

① 인격침해(Personal Injury)

물리적 사고 이외의 명예훼손 · 무고 · 사생활침해 · 신체의 자유 · 인격 등을 침해하는 행위로 신체장해와 구분된다.

㉠ 불법체포, 불법감금 또는 불법구치

㉡ 무고에 기인하는 소추(검사가 특정한 사건에 관하여 공소를 제기하고 유지하는 일)

㉢ 주거침입 또는 불법퇴치

㉣ 구두 또는 출판물로 개인이나 단체를 중상, 비방하거나 개인이나 단체의 제품이나 서비스에 대한 중상

㉤ 구두 또는 출판물에 의한 사생활 침해(근거 없는 말로 남을 헐뜯어 명예나 지위를 손상시킴)

② 광고침해(Advertising Damage)
  ㉠ 구두 또는 출판물로 개인이나 단체를 중상, 비방하거나 개인 또는 단체의 제품이나 서비스에 대한 중상
  ㉡ 구두 또는 출판물에 의한 사생활 침해
  ㉢ 광고기획 또는 사업방식의 유용
  ㉣ 저작권, 타이틀 또는 표어의 침해

(3) Coverage C(의료비)
  ① 보험회사의 책임범위
    ㉠ 사고일자로부터 1년 이내에 발생하여 통지된 치료비여야 한다.
    ㉡ 아래의 경우 피해자가 회사의 요청과 비용으로 회사가 지정한 의사의 진단서를 제출한 경우에 한하여 보상한다.
      • 피보험자가 소유 또는 임차하는 시설에서 발생한 사고
      • 피보험자가 소유 또는 임차하는 시설에 인접하는 시설에서 발생한 사고
      • 피보험자의 사업활동에 기인된 사고

  ② 의료비
    회사는 필요하고도 유익한 비용으로서 피보험자의 과실유무를 불문하고 보상한도액 내에서 아래의 의료비를 보상한다.
    ㉠ 사고발생시의 응급처치 비용
    ㉡ 치료, 수술, X선 검사, 보철기구를 포함한 치과치료비
    ㉢ 구급차, 입원, 전문간호, 장례비

(4) 추가지급조항(Coverage A 및 Coverage B)
  ① 신체장해 배상책임담보가 적용되는 차량사용에 기인하는 사고, 또는 도로교통법규 위반으로 필요한 보석보증 보험료를 250달러까지 보상한다. 그러나 회사는 보석보증을 제공할 의무는 없다.
  ② 증권상의 보상한도액 이내의 보증금액에 대한 차압해제 보증보험료를 보상한다. 그러나 회사는 차압해제보증을 제공할 의무는 없다.
  ③ 회사의 요청에 따라 조사 또는 손해배상청구 및 소송에 대한 방어에 협조하는데 소요된 비용과 일당 100달러 한도 내의 소득상실에 대하여 보상한다.
  ④ 피보험자에게 부과된 모든 소송비용을 보상한다.
  ⑤ 회사가 지급하는 판결액에 대해서 피보험자에게 부과되는 예비판결의 이자를 제공한다. 다만, 회사가 이 보험에서 보상되는 금액을 지급할 것을 통지하였다면 통지 후의 예비판결의 이자는 보상하지 아니한다.

⑥ 판결확정 후에 발생하는 판결액에 대한 이자를 제공한다. 다만, 이 보험의 보상한도액 내에서 판결액의 일부를 법원에 지급, 지급제의 또는 공탁할 때까지 발생한 것에 한한다.

⑦ 추가지급조항에서 보상되는 비용은 보상한도액을 초과하여 보상한다.

5. 보상하지 않는 손해

(1) Coverage A의 면책손해

① 피보험자가 야기하였거나 피보험자의 고의로 발생한 신체장해 또는 재물손해. 그러나 신체 또는 재물을 보호하기 위해 필요한 행위의 결과로 생긴 신체장해는 보상한다.

② 계약에 의하여 가중된 배상책임. 그러나 아래의 경우에는 보상한다.

　㉠ 담보계약에 의하여 가중된 배상책임

　㉡ 계약이 없었을 경우에도 피보험자가 부담하게 될 손해배상책임

③ 주류의 제조, 배급, 판매, 제공, 공급을 사업으로 하고 있을 경우, 다음과 같은 사유로 피보험자가 배상책임을 부담하는 신체장해 또는 재물손해

　㉠ 다른 사람을 취하게 하거나 취하도록 기여한 것

　㉡ 법령상의 음주연령에 미달한 사람 또는 주기가 있는 사람에게 주류를 제공한 것

　㉢ 주류의 판매, 증여, 배급 또는 사용에 관한 법령, 규칙

④ 근로자의 재해보상, 불구폐질급부 또는 실업에 관한 법률, 기타 이와 유사한 법률에 따라 피보험자가 부담하는 책임

⑤ 아래에 열거한 사람에게 입힌 신체장해

　㉠ 피보험자의 근로자가 업무 수행 중 그 업무에 기인하여 입은 신체장해

　㉡ 위 ㉠의 결과로서 그 근로자의 배우자, 자녀, 부모, 형제자매가 입은 손해

⑥ 공해물질 등에 의해 발생한 다음의 신체장해와 재물손해

　㉠ 아래의 장소 또는 경우에 공해물질의 배출, 확산, 방출 또는 유출이 있었거나, 있었다고 주장되거나 또는 있을 위험 때문에 발생한 신체장해나 재물손해

　　• 피보험자가 소유, 임차 또는 점유하는 시설내 또는 그 시설로부터

　　• 폐기물질의 취급, 보관, 처리, 가공하거나 처치하기 위하여, 피보험자가 사용하는 부지내 또는 부지로부터, 또는 피보험자나 타인을 위해 사용하는 부지내 또는 부지로부터

　　• 피보험자나 피보험자가 법적책임을 부담하는 타인 또는 단체를 위하여 언제라도 폐기물을 운송, 취급, 보관, 처분 또는 가공하고 있을 경우

　　• 피보험자나 피보험자를 대신하여 직접간접으로 도급인 또는 하도급인이 아래의 사업을 하고 있는 시설내나 그 시설로부터

　　　– 그 사업과 관련하여 부지내에 공해물질이 반입되었을 때

　　　– 공해물질의 시험, 검사, 청소, 제거 또는 용기에 담아 봉하거나 처리, 독성제거 또는 중화작업을 하였을 때

ⓛ 정부기관의 지시 또는 요청에 의하여 피보험자가 공해물질의 시험, 검사, 청소, 제거, 용기에 담아 봉하거나 처리, 독성제거, 중화작업으로 발생한 손실

⑦ 피보험자가 소유, 관리, 사용 또는 타인에게 위탁한 항공기와 자동차 또는 피보험자가 소유, 운행, 임차한 선박으로 생긴 신체장해와 재물손해

⑧ 다음에 기인하는 신체장해 또는 재물손해
  ㉠ 피보험자가 소유, 운행, 임차하는 자동차에 의한 이동장비의 운송
  ㉡ 이동장비를 시합, 속도경기, 해체경기의 연습, 준비 또는 곡예운전에 사용

⑨ 선전포고의 유무에 불구하고 전쟁 또는 전쟁에 수반되는 사태로 생긴 신체장해나 재물손해

⑩ 다음의 재물손해
  ㉠ 피보험자가 소유, 임차 또는 점유하는 재물
  ㉡ 피보험자가 판매, 양도 또는 포기한 시설로서 재물손해가 그 시설의 일부에서 발생할 때
  ㉢ 피보험자가 임차하는 재물
  ㉣ 피보험자가 보관, 관리 또는 지배하에 있는 동산
  ㉤ 피보험자 또는 피보험자를 대신하는 도급인 또는 하도급인이 직접간접을 불문하고 작업을 하는 부동산의 특정부분의 손해가 그 작업에서 발생하였을 경우
  ㉥ 피보험자의 작업이 부적절하였기 때문에 복구, 수리, 교환을 해야만 하는 재물의 그 특정부분

⑪ 피보험자의 생산물 또는 그 일부에 기인하여 피보험자의 생산물에 끼친 재물손해

⑫ 피보험자의 생산물/완성작업물 자체에 입힌 재물손해

⑬ 손상재물 또는 물리적 손상을 입지 않은 재물손해로서 아래의 사유에 기인하는 경우
  ㉠ 피보험자의 생산물 또는 피보험자의 작업의 결함, 불비, 부적절 또는 위험한 상태
  ㉡ 피보험자나 피보험자의 대리인의 계약상의 이행지체 또는 불이행

⑭ 다음의 사용불능, 회수, 철수, 조사, 수리, 교환, 조정, 제거, 처분으로 피보험자 또는 다른 사람이 입은 손실, 경비 또는 지출에 대한 손해배상
  ㉠ 피보험자의 생산물
  ㉡ 피보험자의 작업
  ㉢ 손상재물

(2) Coverage B의 면책손해
  ① 아래의 사유에 의한 인격침해 또는 광고침해
    ㉠ 허위임을 알면서도 피보험자 또는 피보험자의 지시에 의해 구두 또는 서면에 의한 자료의 공표로 발생한 경우
    ㉡ 보험기간 개시 전에 구두 또는 서면 자료가 최초로 공표되어 발생한 경우
    ㉢ 피보험자의 또는 피보험자의 동의하에 고의적인 형법위반으로 발생한 경우
    ㉣ 계약에 의하여 가중된 경우. 그러나 계약이 없었더라도 부담하게 될 배상책임은 보상한다.

② 아래의 사유로 인한 광고침해

    ㉠ 계약을 위반한 경우. 그러나 묵시 계약상 광고기획의 유용으로 발생한 경우에는 보상한다.

    ㉡ 제품 또는 서비스가 광고된 품질 또는 성능에 적합하지 않은 경우

    ㉢ 제품, 서비스의 가격표시가 잘못된 경우

    ㉣ 광고, 라디오방송, 출판물 또는 TV방송을 사업으로 하는 피보험자에 의해 위법으로 발생한 경우

(3) Coverage C의 면책손해

① 피보험자 자신의 신체장해

② 피보험자를 위해 또는 피보험자를 대신해서 고용된 사람 또는 피보험자에게 세든 사람에 대한 신체장해

③ 피보험자가 소유 또는 임차하는 시설을 통상적으로 점유하고 있는 자가 입은 신체상해

④ 피보험자의 근로자 여부를 불문하고 노동자재해보상에 관한 법률, 폐질급부에 관한 법률, 기타 이와 유사한 법률에 의해 보상되는 신체상해

⑤ 운동경기 참가 중에 입은 신체상해

⑥ 생산물/완성작업위험에 포함되는 신체상해

⑦ Coverage A에서 보상하지 않는 신체상해

⑧ 선전포고의 유무에도 불구하고 전쟁 또는 전쟁에 수반되는 사태로 생긴 신체장해

6. 보상한도액

회사는 피보험자의 수, 손해배상청구의 건수 또는 제기된 소송의 수, 손해배상청구 또는 소송을 제기하고 있는 개인 또는 단체의 수를 불문하고 회사가 지급할 보상한도액을 신고란 기재의 금액으로 하고 아래의 규정에 따라 지급한다.

(1) 총보상한도액

총보상한도액은 아래의 항목에 대하여 회사가 지급할 최고액을 말한다.

① Coverage A 및 B에 따른 손해배상금. 그러나 생산물/완성작업위험에서 보상되는 장해 또는 손해에 손해배상금은 제외된다.

② Coverage C에 따른 의료비

(2) 생산물/완성작업위험에 대한 총보상한도액

생산물/완성작업위험에 대한 총보상한도액은 생산물/완성작업위험에서 보상되는 장해 또는 손해에 따른 손해배상금에 대하여 Coverage A에 있어서 회사가 지급하는 최고액이 된다.

(3) 인격침해 및 광고침해한도액

위 (1)에 있어서 인격침해 및 광고침해한도액은 개인 또는 단체가 인격침해 또는 광고침해를 입힘으로써 발생하는 모든 손해배상금에 대하여 회사가 Coverage B에 의해 지급할 최고액이 된다.

(4) 1사고당 한도액

위 (1)이나 (2)의 어느 것을 적용하든 1사고당 한도액은 한 사고로 발생하는 모든 신체장해 또는 재물손해로 인한 손해배상금 및 비용에 대하여 회사가 지급할 최고액이 된다.

① Coverage A에 의한 손해배상금

② Coverage B에 의한 의료비

(5) 화재손해보상한도액

위 (4)의 화재손해보상한도액은 하나의 화재사고로 피보험자가 임차하고 있는 시설의 화재손해에 대하여 회사가 Coverage A에 의하여 지급할 최고한도액이다.

(6) 의료비한도액

위 (4)의 의료비한도액은 한 피해자가 입은 신체장해로 발생하는 모든 의료비에 대하여 Coverage C에 의하여 회사가 지급하는 최고액이 된다.

이 보험증권의 한도액은 신고란에 기재된 보험기간 개시일로부터 시작하여 매 연도별 및 12개월 미만의 추가 기간으로 연장이 되지 않을 때에는 12개월 미만의 잔여기간에 개별적으로 적용된다. 보험기간 추가 연장될 경우 연장된 기간은 원보험기간을 구성하는 것으로 하여 한도액이 적용된다.

구 분	국문영업배상책임보험	C.G.L.
위험담보방식	선택담보방식 ① 기본적 담보위험이 특약에 위임 ② 보통약관에 첨부하여 가입	포괄담보방식 ① 보통약관에서 피보험자의 모든 배상책임위험을 포괄담보 ② 특약에 의해 면책위험을 제외
가입대상	① 담보하지 않는 위험을 보상받고자 하는 경우 ② 외국의 기업 또는 외국계 기업과 거래를 하는 기업의 경우	① 고액보상보험한도액을 설정할 필요가 있는 경우 ② 보상한도액 및 보험료를 외화로 표시할 필요가 있는 경우
보상한도액	신체장해(BI)나 재물손해(PD)에 구분없이 1사고당(EO) 및 총보상한도(AI)로 계약	

1. 타보험약관 조항의 의의

중복보험간 보험금의 분담여부 및 분담방법을 구체적으로 규정한 약관조항을 말한다.

2. 유 형

(1) 분담방식

　① 균등액분담방식

　② 비례분담방식

(2) 비분담방식

　① 우선보상방식

　② 초과액보상방식

　③ 면책방식

3. 국문영업배상책임보험의 타보험약관 조항

(1) 제9조(의무보험과의 관계)

　① 회사는 이 약관에 의하여 보상하여야 하는 금액이 의무보험에서 보상하는 금액을 초과할 때에 한하여 그 초과액만을 보상한다. 다만, 의무보험이 다수인 경우에는 제10조(보험금의 분담)를 따른다.

　② 제1항의 의무보험은 피보험자가 법률에 의하여 의무적으로 가입하여야 하는 보험으로서 공제계약을 포함한다.

　③ 피보험자가 의무보험에 가입하여야 함에도 불구하고 가입하지 않은 경우에는 그가 가입했더라면 의무보험에서 보상했을 금액을 제1항의 "의무보험에서 보상하는 금액"으로 본다.

(2) 제10조(보험금의 분담)

① 이 계약에서 보장하는 위험과 같은 위험을 보장하는 다른 계약(공제계약을 포함한다)이 있을 경우 각 계약에 대하여 다른 계약이 없는 것으로 하여 각각 산출한 보상책임액의 합계액이 손해액을 초과할 때에는 아래에 따라 손해를 보상한다. 이 계약과 다른 계약이 모두 의무보험인 경우에도 같다.

$$\text{손해액} \times \frac{\text{이 계약의 보상책임액}}{\text{다른 계약이 없는 것으로 하여 각각 계산한 보상책임액의 합계액}}$$

② 이 계약이 의무보험이 아니고 다른 의무보험이 있는 경우에는 다른 의무보험에서 보상되는 금액(피보험자가 가입을 하지 않은 경우에는 보상될 것으로 추정되는 금액)을 차감한 금액을 손해액으로 간주하여 제1항에 의한 보상할 금액을 결정한다.

③ 피보험자가 다른 계약에 대하여 보험금 청구를 포기한 경우에도 회사의 제1항에 의한 지급보험금 결정에는 영향을 미치지 않는다.

4. C.G.L.의 타보험약관 조항

① 우선보상방식

② 초과액보상방식

③ 비례분담방식

시설소유관리자특약 ✦✦✦

1. 개요

피보험자가 소유·사용 또는 관리하는 시설 및 그 시설의 용도에 따른 운용으로 생긴 우연한 사고로 인해 지게 되는 법률상 배상책임을 담보한다.

2. 담보위험

① 완성된 시설을 본래의 용도에 따라 이용하는 행위에서 비롯된 위험이다.
② 사무에 필수적인 행위와 이에 수반하는 활동까지 포함한다.
③ 일반 업무만을 담보한다.

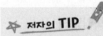

저자의 TIP
• 전문직업위험은 전문직업 인배상책임보험에서 담보
• 시설을 본래의 용도에 이용하기 위하여 제작, 설치, 수리, 보수하는 행위는 도급업자특약에서 담보

3. 보상하는 손해의 범위 및 보험금 등의 지급한도

회사가 1사고당 보상하는 손해의 범위 보험금의 지급한도는 다음과 같다.

(1) 피보험자가 피해자에게 지는 법률상의 손해배상금

1사고당 이 특약의 보험가입금액(보상한도)을 한도로 보상하되, 자기부담금이 약정된 경우에는 그 자기부담금을 초과한 부분만 보상한다.

(2) 계약자 또는 피보험자가 지출한 아래의 비용

① 피보험자가 손해의 방지 또는 경감을 위하여 지출한 필요 또는 유익하였던 비용 : 전액 보상
② 피보험자가 손해방지의무의 조치를 취하기 위하여 지출한 필요 또는 유익하였던 비용 : 전액 보상
③ 피보험자가 지급한 소송비용, 변호사비용, 중재, 화해 또는 조정에 관한 비용 : 이 비용과 법률상의 손해배상금의 합계액을 보험가입금액(보상한도액) 내에서 보상
④ 보험증권(보험가입증서)상의 보상한도액 내에서 금액에 대한 공탁보증보험료 : 전액 보상
⑤ 피보험자가 손해배상청구를 해결하기 위한 회사의 요구에 따르기 위하여 지출한 비용 : 이 비용과 법률상의 손해배상금의 합계액을 보험가입금액(보상한도액) 내에서 보상

4. 보험가입대상 및 보험기간

모든 시설운영업체는 본 보험에 가입할 수 있다. 보험 기간은 원칙적으로 1년으로 하되 필요에 따라서 단기로도 가입이 가능하다.

5. 시설의 범위

'시설'의 범위를 제한하지 않는다. 그러므로 동산, 부동산 및 '도구·기계·장치 따위를 갖춘' 모든 것이 시설에 포함된다. 그러나 체육시설업자 배상책임보험, 어린이놀이시설 배상책임보험, 다중이용업소 화재배상책임보험 등은 특정한 시설 또는 특정목적의 시설에 국한하여 담보한다. 자연물도 경우에 따라 시설물이 될 수 있다.

6. 책임법리

(1) 불법행위책임

시설소유관리자특약이 부담하는 배상책임법리는 원칙적으로 불법행위책임이다.

(2) 채무불이행책임

어떤 특정한 시설을 이용하기 위하여 별도의 이용계약을 한 시설이용자(예 골프장 이용자)가 시설을 이용하던 중에 시설의 하자 또는 시설소유자의 피용인의 잘못으로 손해를 입었다면, 이는 시설소유자의 계약상 주의의무위반 또는 안전배려의무위반이 되어 채무불이행책임을 물을 수 있다.

(3) 엄격행위책임

① 공작물 점유·소유자 책임

공작물의 설치 또는 보존의 하자로 인하여 타인에게 손해를 가한 때에 공작물 점유자가 1차적으로 손해배상책임을 부담하고 공작물 소유자가 2차적으로 손해배상책임을 부담한다. 만일 공작물에 화재가 발생하여 타인에게 손해를 가한 경우에는 「실화책임에 관한 법률」이 적용되고, 하자가 없는 공작물의 사용부주의(조작부주의)로 발생한 사고에 대하여는 본 책임이 아닌 일반불법행위책임이 적용된다.

② 사용자책임

시설의 업무수행에 따른 위험 발생시 사용자책임을 물을 수 있다. 타인을 사용하여 어느 사무에 종사하게 한 자는 피용자가 그 사무집행에 관하여 제3자에 손해를 가한 경우, 그 피용자의 선임 및 사무 감독에 과실이 없음을 입증하지 못하는 한 손해를 배상하도록 하고 있다.

(4) 그 외 적용 법률

「환경보건법」, 「고압가스안전관리법」 등

7. 보상하지 않는 손해

기본면책사유 및 벌과금 및 징벌적 손해에 대한 배상책임은 보상하지 않는다.

① 피보험자가 소유, 점유, 임차, 사용 또는 관리(화물의 하역작업 포함)하는 자동차, 항공기, 선박으로 생긴 손해에 대한 배상책임. 그러나 아래의 경우는 보상한다.

　㉠ 피보험자가 시설 내에서 피보험자가 소유, 임차 또는 사용하지 아니하는 자동차의 주차로 생긴 손해 대한 배상책임

　㉡ 피보험자의 시설에 양륙되어 있는 선박 또는 피보험자가 요금을 받지 아니하고 여객이나 물건을 운송하는 길이 26피트 이하의 피보험자 소유가 아닌 소형선박으로 생긴 손해에 대한 배상책임

② 통상적이거나 급격한 사고에 의한 것인가의 여부에 관계 없이 공해물질의 배출, 방출, 누출, 넘쳐흐름 또는 유출로 생긴 손해에 대한 배상책임

③ 시설의 수리, 개조, 신축 또는 철거공사로 생긴 손해에 대한 배상책임. 그러나 통상적인 유지, 보수작업으로 생긴 손해에 대한 배상책임은 보상한다.

④ 아래의 사유로 생긴 손해에 대한 배상책임과 그러한 음식물이나 재물 자체의 손해에 대한 배상책임

　㉠ 피보험자의 시설 내에서 사용, 소비되는 피보험자의 점유를 벗어난 음식물이나 재물

　㉡ 피보험자의 점유를 벗어나고 시설 밖에서 사용, 소비되는 음식물이나 재물

⑤ 작업의 종료(작업물건의 인도를 요하는 경우 인도) 또는 폐기 후 작업의 결과로 부담하는 손해에 대한 배상책임 및 작업물건 자체의 손해에 대한 배상책임

⑥ 피보험자의 근로자가 피보험자의 업무에 종사 중 입은 신체장해에 대한 손해배상책임

⑦ 에너지 및 관리할 수 있는 자연력, 상표권, 특허권 등 무체물에 입힌 손해에 대한 배상책임

⑧ 피보험자가 양도한 시설로 생긴 손해에 대한 배상책임과 시설자체의 손해에 대한 배상책임

⑨ 아래의 사유로 생긴 물리적으로 파손되지 아니한 유체물의 사용손실에 대한 배상책임

　㉠ 피보험자의 채무불이행이나 이행지체

　㉡ 피보험자의 생산물이나 공사물건이 피보험자가 보증한 성능, 품질적합성 또는 내구성 결함

⑩ 의사(한의사 및 수의사를 포함한다), 간호사, 약사, 건축사, 설계사, 측량사, 이용사, 미용사, 안마사, 침술사(뜸을 포함한다), 접골사 등 전문직업인의 직업상 과실로 생긴 손해에 대한 배상책임

⑪ 가입여부를 묻지 아니하고 피보험자가 법률에 의하여 의무적으로 가입하여야 하는 보험(공제계약을 포함한다. 이하 '의무보험'이라 한다)에서 보상하는 손해에 대한 배상책임

⑫ 지하매설물에 입힌 손해 및 손해를 입은 지하매설물로 생긴 다른 재물의 손해에 대한 배상책임

8. 추가특약

구내치료비담보 추가특약, 비행담보 추가특약, 물적손해확장담보 추가특약, 운송위험담보 추가특약 등이 있다.

(1) 구내치료비담보 추가특약

① 의 의

시설소유자의 법률상 배상책임이 없음에도 불구하고, 시설사용자에게 신체적 손해가 발생할 경우 그에 따른 치료비를 보상하는 특약을 말한다(no-fault coverage).

② 취 지

공공시설 영업활동 중 사고 발생시 책임여부를 가리는 것이 쉽지 않고, 피보험자의 고객관리 차원에서도 치료비를 보상할 필요가 있다.

③ 보상하는 손해

치료비만 보상한다. 상대적으로 한도가 작고, 원칙적으로 공제금액을 설정하지 않는다.
- ㉠ 구급차, 응급처치비용
- ㉡ 치료, 수술, X선 검사, 입원
- ㉢ 전문간호
- ㉣ 장례비
- ㉤ 보철기구를 포함한 치과치료비
- ㉥ 의료보험법 적용대상인 한방치료

④ 주요 면책사항(보통약관+)

- ㉠ 피보험자가 소유, 점유, 임차, 사용 또는 관리(화물의 하역작업 포함)하는 자동차, 항공기, 선박으로 생긴 신체장해에 대한 치료비. 그러나 아래의 경우는 보상한다.
  - 시설 내에서 피보험자가 소유, 임차 또는 사용하지 아니하는 자동차의 주차로 생긴 신체장해에 대한 치료비
  - 피보험자의 시설에 양륙되어 있는 선박으로 생긴 신체장해에 대한 치료비
- ㉡ 피보험자와 타인 간에 치료비에 관한 약정이 있는 경우 그 약정에 의하여 발생한 치료비
- ㉢ 사고일로부터 1년 후에 발생하는 치료비
- ㉣ 타인의 신체장해에 대하여 피보험자에게 법률상 배상책임이 있는 치료비
- ㉤ 통상적이거나 급격한 사고에 의한 것인가의 여부에 관계 없이 공해물질의 배출, 방출, 누출, 넘쳐흐름 또는 유출로 생긴 신체장해에 대한 치료비
- ㉥ 경기나 묘기에 사용(그에 따른 일체의 준비·정리 포함)되는 운반차량, 제설기 및 여기에 부착되어 사용되는 트레일러로 생긴 신체장해에 대한 치료비
- ㉦ 피보험자의 수급인이 수행하는 업무로 생긴 신체장해에 대한 치료비
- ㉧ 피보험자나 피보험자의 동업자, 임차인, 기타 피보험자의 구내 상주자 또는 이들의 근로자가 입은 신체장해에 대한 치료비

ⓩ 피보험자의 구내에서 시설의 관리, 개축, 철거, 수리 또는 신축하는 업무에 종사하는 사람이 입은 신체장해에 대한 치료비

ⓒ 「근로기준법」, 「국민건강보험법」, 기타 유사 법률에 의하여 보상되는 신체장해에 대한 치료비

ⓚ 각종의 신체적 훈련, 운동경기 또는 시합에 참가 도중 입은 신체장해에 대한 치료비

ⓣ 피보험자의 근로자나 기타 제3자의 신체장해에 대하여 피보험자가 치료하여 발생한 치료비

ⓟ 아래의 사유로 생긴 손해에 대한 배상책임과 그러한 음식물이나 재물 자체의 손해에 대한 배상책임
  • 피보험자의 시설 내에서 사용, 소비되는 피보험자의 점유를 벗어난 음식물이나 재물
  • 피보험자의 점유를 벗어나고 시설 밖에서 사용, 소비되는 음식물이나 재물

ⓗ 작업의 종료(작업물건의 인도를 요하는 경우 인도) 또는 폐기 후 작업의 결과로 생긴 신체장해에 대한 치료비

(2) 비행담보 추가특약

보통약관 면책사유인 전문직업활동에 의한 사고에 대하여, 그 사고가 시설 내에서 특정한 업무수행(전문직활동) 중 발생하여 타인의 신체의 손해를 입힌 경우 피보험자가 지게 되는 발생한 법률상 배상책임을 담보한다.

(3) 물적손해확장담보 추가특약

보통약관 면책사유인 '피보험자가 보호·관리·통제(원인에 관계 없이 모든 형태의 실질적인 통제행위를 포함한다)하는 재물이 손해를 입었을 경우, 그 재물에 대하여 정당한 권리를 가진 자에 대한 손해배상책임'을 담보한다.

(4) 운송위험담보 추가특약

피보험자가 소유·사용·점유·임차·사용 또는 관리하는 자동차로 화물을 운송하는 도중 적재된 화물로 인하여 타인에게 손해를 입힘으로써 피보험자가 지는 법률상 배상책임을 담보한다. 다만, 적재된 화물 자체에 대한 배상책임은 적재물배상책임에서 담보하므로 포함시키지 않는다.

(5) 부동산임대업자 추가특약

임대건물이 화재, 폭발 및 붕괴되어 임차인의 재물에 손해를 입힘으로써 임대인에게 발생한 법률상 배상책임을 담보한다.

1. 의 의

도급계약관계의 수급인이 도급계약으로 인한 작업 중 타인에게 입힌 법률상 배상책임을 담보한다. 이 경우 수급인이 작업 수행을 위하여 소유·사용·관리하는 시설로 인한 사고가 포함된다.

2. 법적 근거

(1) 「민법」 제750조(불법행위책임)

수급인에게 타인에 대한 불법행위책임이 발생한다.

(2) 「민법」 제756조(사용자의 배상책임)

수급인의 근로자가 타인에게 손해를 입힌 경우 수급인에게 배상책임이 발생한다.

(3) 「민법」 제757조(도급인의 책임), 제760조(공동불법행위자의 책임)

수급인은 도급인과는 독립적으로 작업을 수행하므로 타인에 대한 배상책임은 수급인에게 있다. 그러나 도급 또는 지시에 관하여 도급인에게 중대한 과실이 있는 때에는 그러하지 아니하다.

3. 보상하는 손해

피보험자가 증권에 기재된 작업의 수행 또는 작업의 수행을 위하여 소유·사용 또는 관리하는 시설로 생긴 우연한 사고에 의해 타인에게 신체장해 또는 재물손해를 입혀 이를 배상할 책임을 짐으로써 입은 손해를 보상한다.

4. 보상하지 아니하는 손해(보통약관+)

① 피보험자가 소유, 점유, 임차, 사용 또는 관리(화물의 하역작업을 포함)하는 자동차, 항공기, 선박으로 생긴 손해에 대한 책임. 그러나 아래의 경우는 보상한다.

저자의 TIP

도급업자특약의 면책사항 중 ①, ②, ③, ⑨ 조항은 구내치료비 면책사항과 유사하다.

　㉠ 피보험자가 시설 내에서 피보험자가 소유, 임차 또는 사용하지 아니하는 자동차의 주차로 생긴 손해에 대한 책임

ⓒ 피보험자의 시설에 양륙되어 있는 선박 또는 피보험자가 요금을 받지 아니하고 여객이나 물건을 운송하는 길이 26피트 이하의 피보험자 소유가 아닌 소형 선박으로 생긴 손해에 대한 배상책임

② 통상적이거나 급격한 사고에 의한 것인가의 여부에 관계없이 공해물질의 배출, 방출, 누출, 넘쳐흐름 또는 유출로 생긴 배상책임 및 오염제거비용

③ 아래의 사유로 생긴 손해에 대한 배상책임과 그러한 음식물이나 재물 자체의 손해에 대한 배상책임

　ⓐ 피보험자의 시설 내에서 사용, 소비되는 피보험자의 점유를 벗어난 음식물이나 재물
　ⓑ 피보험자의 점유를 벗어나고 시설 밖에서 사용, 소비되는 음식물이나 재물

④ 벌과금 및 징벌적 손해에 대한 배상책임

⑤ 피보험자의 수급인(하수급인 등을 포함한다)이 수행하는 작업으로 생긴 손해에 대한 배상책임. 그러나 아래의 경우에는 보상한다.

　ⓐ 보험계약을 맺을 때에 미리 정하여 이에 해당하는 보험료를 받았을 때
　ⓑ 피보험자가 소유, 임차한 시설의 관리, 수리 또는 그 시설 내에서 피보험자의 수급인이 수행하는 시설의 규모변경이나 이전이 아닌 구조변경작업으로 생긴 배상책임

⑥ 피보험자의 수급인의 근로자가 피보험자의 하도급작업에 종사 중 입은 신체장해에 대한 손해배상책임

⑦ 피보험자의 근로자가 피보험자의 업무에 종사 중 입은 신체장해에 대한 손해배상책임

⑧ 피보험자가 양도한 시설로 생긴 손해에 대한 배상책임과 시설자체의 손해에 대한 배상책임

⑨ 다음의 사유로 생긴 물리적으로 파손되지 아니한 유체물의 사용손실에 대한 배상책임

　ⓐ 피보험자의 채무불이행이나 이행지체
　ⓑ 피보험자의 생산물이나 공사물건이 피보험자가 보증한 성능, 품질적합성 또는 내구성의 결함

⑩ 공사의 종료(공사물건의 인도를 요하는 경우에는 인도) 또는 폐기 후 공사의 결과로 부담하는 배상책임

⑪ 공사물건 자체의 손해에 대한 배상책임

⑫ 전문직업인의 직업상 과실로 생긴 손해에 대한 배상책임

⑬ 토지의 내려앉음, 융기, 이동, 진동, 붕괴, 연약화 또는 토사의 유출로 생긴 토지의 공작물(기초 및 부속물을 포함), 그 수용물 및 식물 또는 토지의 망그러뜨림과 지하수의 증감으로 생긴 손해에 대한 배상책임

⑭ 지하매설물에 입힌 손해 및 손해를 입은 지하매설물로 생긴 다른 재물의 손해에 대한 배상책임

⑮ 폭발로 생긴 재물손해에 대한 배상책임

⑯ 지하자원에 입힌 손해에 대한 배상책임

⑰ 피보험자가 수행하는 공사가 전체공사의 일부일 경우 그 전체공사에 참여하고 있는 모든 근로자에게 입힌 신체장해에 대한 손해배상책임

⑱ 가입여부를 묻지 아니하고 피보험자가 법률에 의하여 의무적으로 가입하여야 하는 보험(공제를 포함. 이하 의무보험)에서 보상하는 손해에 대한 배상책임

5. 주요 특약

(1) 운송위험담보 추가특약

시설소유관리자특약과 동일하다.

(2) 일부공사담보특약

피보험자가 수행하는 공사가 전체공사의 일부일 경우에도 전체 공사에 참여하고 있는 모든 근로자(피보험자의 근로자 제외. 산재/근재에서 담보)에게 입힌 신체손해에 대한 배상책임손해를 보상한다.

(3) 폭발, 붕괴 및 지하매설물 손해담보 추가특약

다음의 배상책임에 대하여 보상한다.

① 폭발로 생긴 재물손해에 대한 배상책임

② 토지의 내려앉음, 융기, 이동, 진동, 붕괴, 연약화 또는 토사의 유출로 생긴 토지의 공작물(기초 및 부속물을 포함한다), 그 수용물 및 식물 또는 토지의 망그러뜨림과 지하수의 증가 등으로 생긴 손해에 대한 배상책임

③ 지하매설물 자체에 입힌 물적 손해에 대한 배상책임

(4) 오염사고담보 추가특약

① 보상하는 손해

오염사고로 타인에게 신체장해나 재물손해를 입힘으로써 발생하는 법률상 배상책임손해와 오염제거비용의 합계액을 보상한도액 내에서 보상한다.

② 보상하지 않는 손해

㉠ 배출시설에서 통상적으로 배출되는 배수 또는 배기(연기를 포함)로 생긴 손해에 대한 배상책임 및 오염제거비용

㉡ 급격한 사고가 아닌 오염물질이 서서히, 계속적 또는 반복적으로 누적되어 발생한 사고로 생긴 손해에 대한 배상책임 및 오염제거비용

1. 도급업자특약과 시설소유관리자특약의 공통점

도급업자특약과 시설소유관리자특약 모두 '제3자 배상책임위험'만을 담보하며, 해당 목적물 자체의 사고는 담보하지 않는다.

2. 차이점

구 분	도급업자특약	시설소유관리자특약
시 설	① 신축, 증·개축, 수리 또는 철거와 같이 공사가 진행 중인 시설 ② 공사에 이용되는 사무소, 가설물, 자재 보관장 등의 시설	완성시설을 본래의 용도에 맞게 이용되는 시설
업무장소	주로 시설 밖	주로 시설 내
보험기간	① 포괄계약의 경우 1년 기준 ② 개별계약은 당해 도급공사기간	언제나 1년
보험료	① 포괄계약의 경우 보험기간과 비례 ② 개별계약의 경우 보험기간과 관계없이 도급공사금액에 의하여 결정	언제나 보험기간과 비례

11 발주자미필적배상책임특약 ✿✿

1. 의 의

피보험자(도급인)의 수급인이 보험증권에 기재된 작업의 수행 또는 그에 대한 피보험자의 감독부주의로 생긴 우연한 사고로 제3자에게 입힌 법률상 배상책임을 보상한다.

2. 기간의 연장

증권에 기재된 보험기간 내에 작업이 끝나지 않을 경우, 계약자 또는 피보험자는 연장사유 및 종료예정일을 지체 없이 서면으로 회사에 통지하면, 보험기간은 작업이 끝나거나 폐기될 때까지 자동 연장된다. 그러나 정당한 사유 없이 통지를 안 하거나 지체한 경우 또는 회사가 다른 의사표시를 한 때에는 연장되지 않는다.

3. 도급업자특약과의 비교

구 분		도급업자특약	발주자미필적배상책임특약
피보험자		수급인을 위한 보험	도급인을 위한 보험
법적 근거	「민법」 제750조 (불법행위책임)	수급인의 타인에 대한 불법행위책임	도급인의 타인에 대한 불법행위책임
	「민법」 제756조 (사용자의 배상책임)	수급인의 근로자가 타인에게 손해를 입힌 경우 수급인의 책임	수급인이 도급인에게 종속되거나 작업을 수행함에 있어 직접적 지휘를 받았을 경우 도급인의 책임
	「민법」 제757조 (도급인의 책임) 「민법」 제760조 (공동불법행위자의 책임)	수급인은 도급인과는 독립적으로 작업을 수행하므로 타인에 대한 배상책임은 수급인에게 있다.	도급 또는 지시에 관하여 도급인에게 중대한 과실이 있는 때에는 그러하지 아니하다.

제조물(생산물)배상책임보험 ✿✿

1. 의 의

제조업자 또는 유통업자 등이 제조물의 결함으로 인해 타인에게 손해를 입힌 경우에 부담하는 책임(제조물 책임)을 담보하는 보험이다. 국문/영문약관 모두 Ⅰ, Ⅱ로 구분되며, 약관Ⅰ은 손해사고기준증권을 적용하고, 약관Ⅱ는 배상청구기준증권을 적용한다.

2. 가입대상

제품의 제조와 최종판매자에 이르기까지의 유통과정에 관련된 모든 사람이 가입대상이다.

3. 법적 근거

「제조물 책임법」의 제조물 책임에 기초하고 있으며, 이는 「민법」의 특별법 지위로서 무과실책임·엄격책임을 적용하고 제조물의 결함만을 책임발생요건으로 한다. 또한 강행법규로 이를 배제하거나 제한하는 특약은 무효로 한다.

┤ 심화학습 ├

제조물의 결함
① 제조상의 결함 : 주의의무 이행과 관계 없이 원래 의도한 설계와 다르게 제조된 경우
② 설계상의 결함 : 대체설계를 채용하지 않아 제조물이 안전하지 못하게 된 경우
③ 표시상의 결함 : 설명·지시·경고 또는 그 밖의 표시를 하지 않아서 피해가 발생한 경우

---

4. 보험의 목적(제조물)

피보험자가 제조, 가공 또는 공급한 각종 제조물, 유형동산 및 완성작업을 말한다.

(1) 제조물의 종류
   ① 일반제조물
   ② 음식물류
   ③ 완성작업위험 : 각종 시설, 전광판 등의 설치, 해체, 수리 점검 및 보수작업

(2) 제조물이 아닌 경우

    ① 피보험자가 실질적으로 점유하고 있는 제조물

    ② 미완성 작업 : 미완성 작업은 도급업자 특약을 통해 담보 가능

5. 피보험자

(1) 기명피보험자

    보험증권에 기재된 사람

(2) 승낙피보험자

    기명피보험자의 승낙을 얻어 이동장비를 사용하거나 관리하고 있는 자

(3) 자동피보험자

    기명피보험자의 배우자, 사원과 업무관련 그의 배우자, 업무수행 중인 피용자, 임원, 주주

(4) 공동피보험자

    판매인, 하도급인, 부품공급업자 등 담보위험에 관련된 작업이나 일을 하는 자

6. 보상하는 손해

    ① 제조업자 또는 매도인 등이 제조물의 결함으로 인해 타인에게 손해를 입힌 경우에 부담하는 책임(제조물 책임)을 부담함으로써 입은 손해를 보상한다.

    ② 손해방지비용, 방어비용을 보상한다.

7. 주요 면책사유

    약관 면책사유 및 벌과금 및 징벌적 손해에 대한 배상책임에 대하여 보상하지 않는다.

    ① 제품자체손해

    ② 리콜비용

    ③ 피보험자가 소유·사용·관리하는 재물에 대한 손해

    ④ 계약상 배상책임

    ⑤ 위법행위로 인한 손해

⑥ 약관상 면책사유(보통약관 사유에 추가)
  ㉠ 피보험자의 생산물로 생긴 수질오염, 토지오염, 대기오염 등 일체의 환경오염에 대한 배상책임 및 오염제거비용
  ㉡ 피보험자의 근로자가 피보험자의 업무에 종사 중 입은 신체장해에 대한 배상책임
  ㉢ 가입여부를 묻지 않고 피보험자가 법률에 의하여 의무적으로 가입하여야 하는 보험에서 보상하는 손해에 대한 배상책임
  ㉣ 타인에게 양도된 생산물로 인하여 피보험자의 구내에서 생긴 신체장해나 재물손해에 대한 배상책임. 그러나 타인에게 양도되어 피보험자의 구내에서 소비되는 생산물로 발생한 사고에 대한 배상책임은 보상한다.
  ㉤ 생산물 및 구성요소의 고유의 흠, 마모, 찢어짐, 점진적인 품질하락에 대한 배상책임
  ㉥ 다음의 배상책임
    • '피보험자의 생산물' 또는 그 일부에 기인하여 '피보험자의 생산물 그 자체'에 끼친 '재물손해'
    • '피보험자의 작업' 또는 그 작업의 일부에서 발생한 '피보험자의 작업'에 끼친 '재물손해'
    • '손상재물' 또는 '물리적으로 파손되지 아니한 유체물'에 생긴 재물손해로서 아래의 원인에 기인하여 사용불능 상태이거나 사용가치가 하락한 경우
      – '피보험자의 생산물'의 결함, 불완전, 부적절 또는 위험한 상태
      – 피보험자나 피보험자의 대리인이 보증한 효용, 성능, 기능의 불발휘, 계약상 이행지체 또는 불이행. 그러나 '피보험자의 생산물'이 본래의 용도에 사용된 후에 '피보험자의 생산물'이 급격하고 우연하게 물리적으로 파손되어 다른 재물이 입은 사용손실은 보상한다.
  ㉦ 생산물의 성질 또는 하자에 의한 생산물자체의 손해에 대한 배상책임
  ㉧ 결함있는 생산물의 회수, 검사, 수리 또는 대체비용 및 사용손실에 대한 배상책임
⑦ 「제조물 책임법」상 면책사유(제4조)
  배상의무자가 다음 중 하나를 입증할 경우 보상책임을 면한다. 다만, 배상의무자가 제조물을 공급한 후에 그 제조물에 결함이 존재한다는 사실을 알거나 알 수 있었음에도 그 결함으로 인한 손해의 발생을 방지하기 위한 적절한 조치를 하지 아니한 경우에는 면책을 주장할 수 없다.
  ㉠ 해당 제조물을 공급하지 않았다는 사실
  ㉡ 공급 당시 기술 수준으로 결함을 발견할 수 없었다는 사실
  ㉢ 공급 당시 법령을 준수함으로써 발생하였다는 사실
  ㉣ 원재료나 부품을 사용한 제조업자의 지시로 인하여 결함이 발생하였다는 사실

13 가스사고배상책임보험 ✛✛

1. 의 의

가스사업자(가스사업관련 포괄적 책임), 용기제조업자(제조물 책임), 법정가스사용자(시설소유관리배상책임)가 강제가입하는 의무보험으로서, 가스사고로 인한 배상책임을 보상한다. 가스사업자의 과실에 의한 누출 및 폐가스 축적 누출에 의한 질식사도 가스사고에 포함된다.

2. 보상하는 손해

가스의 폭발, 파열, 화재, 누출로 인한 타인의 신체장해나 재산피해를 일으키는 사고로 인한 배상책임을 담보한다.

3. 보상한도

(1) 신체장해

「고압가스안전관리법 시행규칙」 제53조 제2항에 따르고, 총보상한도와 사고당 보상한도 없이 1인당 한도액만 존재한다.

① 사망의 경우 : 8,000만원. 실손해액이 2,000만원 미만일 경우 2,000만원까지 보상

② 부상의 경우(1~14급) : 1,500만원~20만원

③ 후유장해(1~14급) : 8,000만원~500만원

④ 부상자가 치료 중에 당해 부상이 원인이 되어 사망한 경우 : ①+②

⑤ 부상한 자에게 당해 부상이 원인이 되어 후유장해가 생긴 경우 : ②+③

⑥ 위 후유장해의 금액을 지급한 후 당해부상이 원인이 되어 사망한 경우 : ① – ③

(2) 재산피해(대물배상)한도액

사업체 규모에 따라 1사고당 1억, 3억, 50억으로 구분한다(고압가스안전관리법 시행규칙 별표 33의2).

4. 특 약

(1) 임차자특약

가스사고배상책임보험 보통약관 면책규정("피보험자가 소유・사용 또는 관리하는 재물이 손해를 입었을 경우에 그 재물에 대하여 정당한 권리를 가진 사람에게 부담하는 손해를 면책한다")에도 불구하고, 피보험자의 법률상 손해배상책임을 부담함으로써 입은 손해를 보상한다.

(2) 특수건물소유자특약

특수건물신체손해배상책임보험에 의하여 '가스화재사고에 의한 타인의 신체상해에' 대하여 동일한 보상이 이루어지므로 중복을 피하기 위하여 첨부한다.

(3) 소비자보장특약

강제 첨부특약으로 첨부시 과실상계하지 않는다.

1. 의 의

「화재로 인한 재해보상과 보험가입에 관한 법률(화재보험법)」상의 특수건물 소유자가 해당 특수건물의 화재로 타인의 신체에 발생한 손해에 대하여 지는 법률상 배상책임을 담보한다.

2. 취 지

공공성을 가지는 특수건물의 경우, 타 건물에 비해 위험이 크기 때문에 보상범위를 확대할 필요가 있다.

3. 특수건물

「화재보험법」 제2조에서 정하고 있는 특수건물은 아래와 같다.

① 국유건물   ② 공유건물
③ 교육시설   ④ 백화점・시장
⑤ 의료시설   ⑥ 흥행장
⑦ 숙박업소   ⑧ 다중이용업소
⑨ 운수시설   ⑩ 공 장
⑪ 공동주택
⑫ 그 밖에 여러 사람이 출입 또는 근무하거나 거주하는 건물로서 화재의 위험이나 건물의 면적 등을 고려하여 대통령령으로 정하는 건물

4. 책임법리

「화재보험법」상의 무과실책임주의를 따른다. 「화재보험법」상 특수건물의 소유자는 그 건물의 화재로 인하여 다른 사람이 사망하거나 부상을 입었을 때에는 과실이 없는 경우에도 법에서 정한 보험금액의 범위에서 그 손해를 배상할 책임이 있으며, 특수건물 소유자의 경과실이 있는 경우에도 면책이 아닌, 「실화책임에 관한 법률」에 따라 손해배상액의 경감을 주장할 수 있다.

5. 가입의 강제

특수건물의 소유자는 다음에서 정하는 날부터 30일 이내에 특약부화재보험에 가입하여야 한다 (화재보험법 제5조 제4항).

① 특수건물을 건축한 경우 : 「건축법」 제22조에 따른 건축물의 사용승인, 「주택법」 제49조에 따른 사용검사 또는 관계 법령에 따른 준공인가 · 준공확인 등을 받은 날

② 특수건물의 소유권이 변경된 경우 : 그 건물의 소유권을 취득한 날

③ 그 밖의 경우 : 특수건물의 소유자가 그 건물이 특수건물에 해당하게 된 사실을 알았거나 알 수 있었던 시점 등을 고려하여 <u>대통령령으로 정하는 날</u>

> ┤ 심화학습 ├
>
> "대통령령으로 정하는 날"(화재보험법 시행령 제3조)
> "대통령령으로 정하는 날"이란 특수건물에 해당하게 된 날 이후 특수건물의 소유자(건물의 소유자와 점유자가 다른 경우는 점유자, 계약에 따라 소유자 또는 점유자로부터 건물에 대한 관리책임과 권한을 부여받은 경우는 관리자 등을 포함한다. 이하 "특수건물 관계인"이라 한다)가 한국화재보험협회로부터 통지를 받은 날을 말한다. 다만, 이의신청이 있는 경우에는 특수건물 관계인이 협회로부터 특수건물임을 확인한 결과의 통지를 받은 날을 말한다.

6. 타인의 범위

(1) 정 의

'타인'이라 함은 특수건물 내에서 화재를 일으킨 해당 소유자 및 그 주거를 같이 하는 직계가족 (법인의 경우 이사 또는 업무집행기관) 이외의 사람을 말한다.

(2) 주요 타인

① 세입자
화재가 그 타인의 고의, 중과실 또는 법령위반으로 생겼을 경우 그 타인의 손해는 면책이다.

② 종업원
종업원, 관리인 역시 타인에 속하지만, 해당 사업주가 가입한 산재보험(산업재해보상보험) 에서도 보상받을 수 있기 때문에 종업원에 대한 배상책임을 보장하지 않는 특약을 기본적으로 첨부하고 있다.

③ 특수건물 관리인
산재와 경합시 본 보험에서 우선 보상한다[산업재해보상보험법 제80조(다른 보상이나 배상과의 관계)].

7. 보험금 산정

(1) 비례보상

피보험자가 둘 이상인 경우에는 소유지분에 따라 비례보상한다.

(2) 보상한도액

① 사망 : 1억5,000만원. 실손해액이 2,000만원 미만일 경우 2,000만원까지 보상

② 부상(1~14급) : 3,000만원~50만원

③ 후유장해(1~14급) : 1억5,000만원~1,000만원

8. 가스사고배상책임보험과의 관계

(1) 의료비

신체손해배상책임에서 선 보상 후 초과손해를 가스사고배상책임에서 보상한다.

(2) 사 망

다른 의무보험 유무를 불문하고 전액 지급한다.

9. 다중이용업소 화재배상책임과의 차이점

구 분	다중이용업소 화재배상책임	신체손해배상책임특약
적용법	「다중이용업소 특별법」	「화재보험법」
가 입	의무보험	의무보험
책임법리	「민법」, 「실화책임법」에 따른 과실책임	「화재보험법」에 따른 무과실 책임
가입자	건물에 입주한 업주	특수건물의 소유주
보험사고	화재, 폭발	화재
보상대상	신체, 재물손해	신체손해

10. 보험금의 분담

'이 계약에서 보장하는 위험과 같은 위험을 보장하는 다른 계약이 있을 경우'에 해당하므로 독립 책임액 안분방식을 따른다.

15

다중이용업소 화재배상책임보험 ✦✦

1. 의 의

피보험자가 소유·사용·관리하는 업소에서 발생한 화재로 인하여 타인에게 손해를 입힌 경우 지는 법률상 배상책임을 담보하는 보험으로 「다중이용업소의 안전관리에 관한 특별법」에 따라 업주가 의무적으로 가입하는 보험이다.

2. 법적 근거

① 「다중이용업소의 안전관리에 관한 특별법」상 책임
② 공작물 소유·점유자 책임
③ 사용자책임
④ 「실화책임법」(손해배상액의 경감)

3. 보상하는 손해 및 손해배상금의 범위

(1) 보상하는 손해

피보험자가 소유·사용 또는 관리하는 물건(보험목적)에서 발생한 화재로 인하여 타인에게 손해를 입혀 법률상의 손해배상책임을 부담함으로써 입은 손해를 보상한다.

① 피보험자가 피해자에게 지급할 책임을 지는 법률상의 손해배상금
② 계약자 또는 피보험자가 지출한 다음의 비용(손해방지·경감비용)
  ㉠ 피해자에 대한 응급처치, 긴급호송 또는 그 밖의 긴급조치를 위한 비용
  ㉡ 피보험자가 제3자에 대한 손해배상청구권을 지키거나 행사하기 위한 필요한 조치를 위한 비용
③ 방어비용
④ 보험증권상 보상한도액 내의 금액에 대한 공탁보증보험료
⑤ 협조비용

(2) 「다중이용업소의 안전관리에 관한 특별법」상 손해배상금의 범위

① **사망의 경우** : 피해자 1명당 1억5천만원. 다만, 실손해액이 2,000만원 미만인 경우에는 2,000만원까지 보상

② **부상의 경우** : 피해자 1명당 '부상 등급별 화재배상책임보험 보험금액의 한도(3천만원~80만원)'에서 정하는 금액

③ **후유장해의 경우** : 부상에 대한 치료를 마친 후 더 이상의 치료효과를 기대할 수 없고 그 증상이 고정된 상태에서 그 부상이 원인이 되어 신체의 장해가 생긴 경우 피해자 1명당 '후유장해 등급별 화재배상책임보험 보험금액의 한도(1억5천만원~1,000만원)'에서 정하는 금액

④ **부상자가 치료 중에 당해 부상이 원인이 되어 사망한 경우** : ①+②의 금액

⑤ **부상자가 당해 부상이 원인이 되어 후유장해가 생긴 경우** : ②+③의 금액

⑥ **후유장해의 금액을 지급한 후 당해 부상이 원인이 되어 사망한 경우** : 피해자 1명당 ①의 금액에서 ③의 금액 중 사망한 날 이후에 해당하는 손해액을 뺀 금액

⑦ **재산피해의 경우** : 1사고당 10억원의 범위에서 지급

4. 보상하지 않는 손해

(1) 특정한 사유로 생긴 배상책임손해

보험자가 피보험자가 아래와 같은 사유로 생긴 배상책임을 부담함으로써 입은 손해는 보상하지 않는다.

① 보험계약자 또는 피보험자의 고의사고로 인한 배상책임손해

② 지진, 분화, 홍수, 해일 등의 천재지변에 의하여 생긴 배상책임손해

③ 전쟁, 혁명, 내란, 사변, 폭동, 소요, 노동쟁의 등에 기인된 사고로 인한 배상책임손해

④ 원자핵물질, 방사능 관련사고로 생긴 배상책임손해

(2) 열거된 배상책임손해

보험자는 피보험자가 다음에 열거한 배상책임을 부담함으로써 입은 손해는 보상하지 않는다(보통약관 면책사유+).

① 벌과금 및 징벌적 손해에 대한 배상책임

② 에너지 및 관리할 수 있는 자연력, 상표권, 특허권 등 무체물에 입힌 손해에 대한 배상책임

③ 통상적이거나 급격한 사고에 의한 것인가의 여부에 관계없이 공해물질의 배출, 방출, 누출, 넘쳐흐름 또는 유출로 생긴 손해에 대한 배상책임 및 오염제거비용

④ 배출시설에서 통상적으로 배출되는 배수 또는 배기로 생긴 손해에 대한 배상책임

⑤ 선박 또는 항공기의 소유·사용 또는 관리로 인한 손해에 대한 배상책임

⑥ 화재(폭발 포함)사고를 수반하지 않은 자동차사고로 인한 손해에 대한 배상책임

5. 화재보험의 신체손해배상책임특약과 비교

구 분	다중이용업소 화재배상책임	신체손해배상책임특약
적용법	「다중이용업소의 안전관리에 관한 특별법」	「화재보험법」
가 입	의무보험	의무보험
책임법리	「민법」, 「실화책임법에 따른 과실책임」	「화재보험법에 따른 무과실책임」
가입자	건물에 입주한 업주	특수건물의 소유주
보험사고	화재, 폭발	화재
보상대상	신체손해, 재물손해	신체손해

16 체육시설업자배상책임보험 ✦✦

1. 의 의

피보험자가 소유·사용·관리하는 체육시설 및 그 시설의 용도에 따른 직무수행으로 생긴 우연한 사고로 타인의 신체 또는 재물에 입힌 법률상의 손해를 보상하는 보험으로서, 시설소유관리자특약과 같은 방식으로 운영된다.

2. 가 입

체육시설업자는 체육시설의 설치·운영과 관련되거나 그 체육시설 안에서 발생한 피해를 보상하기 위하여 보험에 가입하여야 한다(체육시설의 설치·이용에 관한 법률 제26조). 체육시설업자는 체육시설업을 등록하거나 신고한 날부터 10일 이내에 「자동차손해배상 보장법 시행령」 제3조 제1항 각 호에 따른 금액 이상을 보장하는 손해보험에 가입하여야 하며, 이 경우 보험가입은 단체로 할 수 있다(동법 시행규칙 제25조).

| 심화학습 |

「자동차손해배상 보장법 시행령」 제3조 제1항
1. **사망한 경우** : 1억5천만원의 범위에서 피해자에게 발생한 손해액. 다만, 그 손해액이 2천만원 미만인 경우에는 2천만원으로 한다.
2. **부상한 경우** : '상해구분과 책임보험금액의 한도금액'에서 정하는 금액의 범위에서 피해자에게 발생한 손해액
3. **후유장해의 경우** : 부상에 대한 치료를 마친 후 더 이상의 치료효과를 기대할 수 없고 그 증상이 고정된 상태에서 그 부상이 원인이 되어 신체의 장애가 생긴 경우에는 '후유장해의 구분과 책임보험금액의 한도금액'에서 정하는 금액의 범위에서 피해자에게 발생한 손해액

---

3. 가입 제외대상 체육시설

문화체육관광부령으로 정하는 소규모(영세) 체육시설업자인 체육도장업, 골프연습장업, 체력단련장업 및 당구장업을 설치·경영하는 자는 가입대상에 해당하지 않는다.

4. 부가할 수 있는 특별약관

구내치료비특약, 주차장특약, 물적손해확장담보특약 등을 부가할 수 있다.

1. 의 의

피보험자가 보관하고 있는 타인의 물건에 대하여 임차·사용·관리 중에 발생하는 타인(물건위탁자)에 대한 배상책임을 담보하고 있다.

2. 법적 근거

(1) 「민법」 제390조(채무불이행책임)

보관자배상책임보험은 위탁자와 수탁자(보관자) 사이의 계약상 의무를 기초로 하므로 채무불이행책임(민법 제390조)의 법리가 주로 적용된다.

(2) 「상법」 제160조(창고업에서의 손해배상책임)

창고업자는 자기 또는 사용인이 임치물의 보관에 관하여 주의를 해태하지 아니하였음을 증명하지 아니하면 임치물의 멸실 또는 훼손에 대하여 손해를 배상할 책임을 면하지 못한다.

(3) 「상법」 제166조(창고업자의 책임의 시효)

임치물의 멸실 또는 훼손으로 인하여 생긴 창고업자의 책임은 그 물건을 출고한 날로부터 1년이 경과하면 소멸시효가 완성한다.

(4) 「상법」 제725조(보관자의 책임보험)

임차인 기타 타인의 물건을 보관하는 자가 그 지급할 손해배상을 위하여 그 물건을 보험에 붙인 경우에는 그 물건의 소유자는 보험자에 대하여 직접 그 손해의 보상을 청구할 수 있다.

(5) 「민법」 제697조(임치물의 성질, 하자로 인한 임치인의 손해배상의무)

임치인은 임치물의 성질 또는 하자로 인하여 생긴 손해를 수치인에게 배상하여야 한다. 그러나 수치인이 그 성질 또는 하자를 안 때에는 그러하지 아니하다.

3. 주요특약

① 창고업자특약   ② 주차장특약

③ 차량정비업자특약   ④ 하청업자특약

CHAPTER 04 전문직업인배상책임보험

01 전문직업인배상책임보험 ✿✿✿

1. 의 의

피보험자가 전문직업인으로서 업무 수행 중 피보험자 과실의 직접적 결과로 타인에게 손해를 입힌 경우, 보험기간 내에 최초로 제기된 손해배상청구에 대해 피보험자가 부담하는 배상책임을 담보하는 보험이다.

2. 전문직업의 요건

① 전문업무에 관한 면허 또는 자격증이 있어야 한다.
② 전문업무 제공에 따른 적정보수를 받아야 한다.
③ 전문업무에 관한 단체가 구성되어 있어야 한다.

3. 배상책임의 법적 근거

(1) 계약상 의무(계약상 배상책임)

고객을 위해 서비스를 수행하는 약속의 실패는 계약의 위반을 초래한다. 이로 인해 배상해야 할 손해는, ① 계약의 내용대로 이루어지지 못해 발생하는 손해와, ② 그의 결과적 손해를 포함한다.

(2) 불법행위관련 의무(불법행위책임)

전문적인 서비스제공 실패가 전문인의 고의 또는 과실에 의한 것인 경우, 계약불이행에 따른 책임과 함께 불법행위에 따른 배상책임도 발생한다.

4. 종 류

(1) 신체에 관한 전문직업위험

　　① 의사배상책임보험

　　② 미용사배상책임보험

(2) 신체 이외의 전문직업위험

　　① 변호사배상책임보험

　　② 손해사정사배상책임보험

　　③ 기타 전문직 배상책임보험

의사/병원배상책임보험 ✤✤✤

1. 의 의

피보험자의 의료행위로 인해 타인의 신체에 손해가 발생하여(의료사고), 피보험자가 지는 배상책임을 담보하는 보험이다.

2. 의료행위

판례는 의료행위를 의학적 전문지식을 기초로 하는 경험과 기능으로 진찰, 검안, 처방, 투약 또는 외과적 수술을 시행하여 하는 질병의 예방 또는 치료행위와 그 밖에 의료인이 행하지 아니하면 보건위생상 위해가 생길 우려가 있는 행위(대법원 2001. 7. 13., 선고, 99도2328, 판결)라 한 바 있다.

3. 보험사고(의료사고)

기명피보험자(의료인·의료기관)와 기명피보험자의 지시·감독에 따라 의료행위를 보조하는 자가 의료행위를 함에 있어 과실로 인해 타인의 신체에 손해를 입힌 사고를 말한다.

4. 배상책임의 법적 근거

구 분	채무불이행책임	불법행위책임
내 용	의료인과 환자 간의 의료계약을 충분히 이행하지 않은 책임(예 설명의무위반)	의료행위 중에 의료인의 주의의무위반책임
입증책임	① 피해자 : 의료행위가 불완전했거나 불법행위가 있었다는 사실과 손해와의 인과관계 ② 가해자(의료인) : 의료행위가 불완전하지 않았거나 불법행위가 없었다는 사실 ③ 입증책임의 완화 : 의료행위 후 발생한 증세가 의료행위 전에는 없었으므로 의료과실 이외의 원인이 없고, 이 경우 일반인이 이를 증명하기에 너무 전문적이기 때문에 입증책임을 완화시키고 있다(판례).	
배상범위	① 통상손해 : 의료사고로 지출되었거나 당연히 예상되는 비용 ② 특별손해 : 의료인이 특별한 사정을 알았을 경우 그 사정으로 인해 발생한 비용	① 적극적 손해 : 치료비·개호비·장례비 등 ② 소극적 손해 : 일실수익 등 ③ 위자료
소멸시효	배상청구를 행사할 수 있는 날로부터 10년	① 가해행위와 가해자를 안 날부터 3년 ② 가해행위가 있은 날부터 10년

5. 보상하는 손해

(1) 피해자의 청구에 의한 법률상 손해배상금

피보험자가 보험기간 중에 담보조항에 해당하는 사고로 인하여 타인으로부터 손해배상청구가 제기되어 법률상 배상책임을 부담함으로써 입은 손해를 보상한다.

(2) 피보험자가 지출한 아래의 비용

① 손해방지의 방법을 강구하기 위해 지급된 필요, 유익했던 비용

② 피보험자가 미리 보험회사의 동의를 받아 지급한 소송비용, 변호사비용, 중재, 화해 또는 조정에 관한 비용

③ 보험증권상 보상한도액 내의 금액에 대한 공탁보증보험료

④ 손해배상청구에 대하여 보험회사가 대응하는 과정에서 피보험자가 보험회사의 요구에 협조하기 위하여 지급한 비용 등

6. 보상하지 않는 손해

① 무면허 또는 무자격의 의료행위로 생긴 손해에 대한 배상책임

② 의료결과를 보증함으로써 가중된 배상책임

③ 피보험자의 친족에 입힌 손해에 대한 배상책임

④ 피보험자의 지시에 따르지 아니한 피보험자의 피용인이나 의료기사의 행위로 생긴 손해에 대한 배상책임

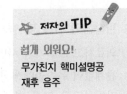

쉽게 외워요!
무가친지 핵미설명공
재후 음주

⑤ 원자핵 물질의 방사능 등으로 인한 손해에 대한 배상책임(단, 방사능을 이용한 의료진단을 하는 경우 보상)

⑥ 미용 또는 이에 준한 것을 목적으로 한 의료행위 후 그 결과에 관하여 생긴 손해에 대한 배상책임

⑦ 피보험자의 업무시설 또는 설비, 항공기, 차량, 자동차, 선박, 동물의 점유, 사용 또는 관리에 기인하는 배상책임. 그러나 피보험자가 동승하여 환자의 긴급수송도중 수행한 의료행위의 과실에 기인하는 배상책임은 보상한다.

⑧ 타인의 명예를 훼손하거나 비밀을 누설함으로써 생긴 손해에 대한 배상책임

⑨ 공인되지 아니한 특수의료 행위를 함으로써 생긴 손해에 대한 배상책임

⑩ 재물손해에 대한 배상책임

⑪ 후천성면역결핍증에 기인하여 발생하는 손해에 대한 배상책임

⑫ 피험자의 부정, 사기, 범죄행위 또는 피보험자가 음주상태나 약물복용 상태에서 의료행위를 수행함으로써 생긴 손해에 대한 배상책임

7. 주요 특약

(1) 외래진료 휴업손해특약

피해자 측의 진료방해 행위 등으로 휴업하거나 회사의 요청에 의한 관계기관 출석 등으로 휴업한 때, 과실여부와 관계 없이 병(의)원당 최대 15일 한도로 보상한다.

특별약관	특약공제료	보상한도액 (1청구당/연간총한도)	자기부담금 (1청구당)
외래진료 휴업손해	150,000원 200,000원 250,000원	750만원(1일 50만원) 1,500만원(1일 100만원) 2,250만원(1일 150만원)	없음

(2) 일반시설특약

피보험자가 소유 또는 관리하는 시설 및 그 시설의 용도에 따른 업무의 수행으로 생긴 우연한 사고에 대한 배상책임(시설소유관리자책임, 제조물·주차장은 제외) 손해를 보상한다.

(3) 경호비용특약

피해자 측의 의료기관 점거행위 등에 대응하기 위한 경호비용을 과실여부와 관계없이 보상한다.

(4) 관습상의 비용 및 형사합의금담보특약

의료사고로 환자가 사망하여 소송 또는 의료분쟁이 제기된 건에 한하여 피보험자의 책임여부와 관계없이 유족들에게 지급할 관습상 위로금, 합의금 등을 보상한다. 보험자의 동의가 필요하며, 자기부담금 없이 피해자 1인당 500만원 한도로 총보상한도액 내에서 지급한다.

(5) 방어비용 특약

피보험자가 의료사고로 인하여 구속되었을 경우 지출되는 방어비용을 보상한다.

03 임원배상책임보험 ✧✧✧

1. 의 의

임원이 직무수행 중 발생한 회사 또는 타인에 대한 배상책임을 담보하는 보험으로서 일반영업배상책임보험과 전문직업인배상책임보험의 성격을 동시에 가지고 있다.

2. 법적 근거

(1) 타인에 대한 배상책임

① 「민법」 제390조(채무불이행책임)

② 「상법」 제401조(이사의 제3자에 대한 책임)

③ 「상법」 제414조(감사, 이사의 제3자에 대한 연대책임)

(2) 회사에 대한 배상책임

① 「민법」 제681조(업무수임자의 선량한 관리자로서의 주의의무)

② 「상법」 제399조(이사의 회사에 대한 책임)

③ 「상법」 제414조(감사, 이사의 회사에 대한 연대책임)

3. 약 관

배상청구기준이 적용되고 있으며, 국문약관과 영문약관으로 운영되고 있다.

(1) 국문약관

① **보통약관** : 임원의 업무 중 배상책임

② **특별약관**

ㄱ 임원의 업무 중 회사에 대한 배상책임

ㄴ 회사가 입은 손해

(2) 영문약관

① Coverage A : 임원의 부당행위로 인한 배상책임

② Coverage B : 임원에 대한 회사의 보상

③ Coverage C : 회사가 입은 손해

4. 보상하는 손해

피보험자(임원)가 직무수행 중 발생한 행위에 대하여 피보험자에 대한 회사 또는 타인의 손해배상청구가 제기되어 피보험자가 지는 배상책임을 담보한다. 보상하는 손해는 일반배상책임과 같다.

① 피보험자의 피해자에 대한 법률상 손해배상금

② 손해방지의무와 관련한 비용

③ 소송비용, 변호사비용 등

④ 공탁보증보험료

⑤ 피보험자의 회사에 대한 협조에 따른 비용

5. 보상하지 않는 손해

(1) 보상하지 않는 손해 Ⅰ

보험자는 피보험자에 대하여 아래의 손해배상청구로 인한 손해를 보상하지 않는다. 또한 다음의 사유 또는 행위가 실제로 발생하였거나 또는 행해졌다고 인정될 경우에도 적용되고, 각각의 피보험자마다 개별로 적용한다.

① 피보험자가 불법적으로 사적인 이익을 취득함으로 인한 배상청구

② 피보험자의 범죄행위로 인한 배상청구

③ 법령에 위반(고의 또는 중과실로 위반하고, 법령위반 사실과 보험사고간 인과관계가 있는 경우에 한한다)된다는 것을 피보험자가 인식하면서(인식하고 있었다고 판단되는 합리적인 사유가 있는 경우를 포함) 행한 행위로 인한 배상청구

④ 피보험자에게 보수 또는 상여 등이 법령을 위반(고의 또는 중과실로 위반하고, 법령위반 사실과 보험사고간 인과관계가 있는 경우에 한한다)하여 지급함으로 인한 배상청구

⑤ 피보험자가 공표되지 아니한 정보를 불법적으로 이용하여 법인이 발행한 주식, 사채 등 매매를 함으로써 발생하는 배상청구

⑥ 다음의 단체 또는 개인에게 제공한 이익으로 인한 배상청구

　　㉠ 정치단체, 공무원 또는 거래선의 임원, 종업원 등(그들의 대리인, 대표자 또는 가족 및 그들과 관계있는 단체 등을 포함)

　　㉡ 이익제공이 법에 의하여 금지되어 있는 ㉠ 이외의 자

(2) 보상하지 않는 손해 Ⅱ

보험자는 피보험자에 대하여 제기되는 아래의 손해배상청구로 인한 손해를 보상하지 아니한다. 또한, 다음의 사유 또는 행위에 대하여 실제로 발생하였거나 행해졌다고 인정되는 경우에도 적용된다.

① 초년도 계약의 보험기간 개시일 이전에 행해진 행위로 인한 배상청구

② 초년도 계약의 보험기간 개시일 이전에 보험증권에 기재된 법인에 대하여 제기된 소송 및 이 소송에서 주장된 사실과 같거나 관련되는 사실로 인한 배상청구

③ 이 계약의 보험기간 개시일에 피보험자에 대한 손해배상청구가 제기될 우려가 있는 상황을 피보험자가 알고 있었을 경우(알고 있었다고 판단할 수 있는 합리적인 사유가 있는 경우를 포함) 및 그 상황의 원인이 되는 행위로 인한 배상청구

④ 이 계약의 보험기간의 개시일 이전에 피보험자에 대하여 제기된 손해배상청구 중에서 주장되었던 행위로 인한 배상청구

⑤ 다음 사유에 대한 배상청구

   ㉠ 신체장해

   ㉡ 재물손해, 재물의 분실 또는 도난(그로 인한 재물의 사용불능 손해를 포함한다)

   ㉢ 구두 또는 문서에 의한 비방, 중상 또는 타인의 사생활 침해하는 행위 등의 인격침해

   ㉣ 벌과금 및 징벌적 손해에 대한 배상책임

⑥ 보험증권에 기재된 자회사의 임원에 대한 손해배상청구 중 법인이 직접 혹은 다른 자회사를 통한 간접인지를 불문하고 그 자회사가 발행한 주식(의결권이 없는 주식은 제외) 총수의 50%가 넘는 주식을 소유하고 있지 않은 시기에 행해진 행위로 인한 배상청구

⑦ 다른 피보험자, 법인 또는 자회사(보험증권에 기재되지 않은 자회사를 포함)가 제기하는 배상청구 또는 또 다른 피보험자, 법인 또는 자회사가 관여하여 법인 또는 그 자회사가 발행한 유가증권을 소유하는 자가 손해배상청구나 주주대표소송 여부에 관계없이 제기하는 배상청구

⑧ 회사가 발생한 주식(의결권이 없는 주식은 제외) 총수에 대하여 보험증권에 기재된 비율(특수관계인을 포함) 이상을 소유하는 자(주주권 행사에 대하여 지시를 하는 권한이 있는 자를 포함. 이하 '대주주'라 함)로부터 제기된 배상청구, 또는 직·간접을 불문하고 대주주가 관여하여 회사가 발행한 유가증권을 소유하는 자가 손해배상청구나 주주대표소송에 관계없이 제기하는 배상청구

⑨ 법인 이외의 타 법인단체의 임원으로서 행한 행위로 인한 배상청구 또는 그러한 타 법인의 임원인 신분을 이유로 인한 배상청구

(3) 보상하지 않는 손해 Ⅲ

회사는 보험기간 중에 아래에서 정하는 거래가 행해진 경우 거래의 발효일 이후에 행해진 행위로 인한 손해배상청구가 제기되어 피보험자가 입은 손해를 보상하지 아니한다. 또한 이 사유로 해지하는 경우 회사는 보험료를 반환하지 아니한다.

① 법인이 제3자와 합병하는 경우 또는 법인의 자산 모두를 제3자에게 양도하는 경우

② 제3자가 법인이 발행한 주식(의결권이 없는 주식은 제외) 총수의 50%를 초과하는 주식을 취득하는 경우

다만, 보험계약자 또는 피보험자가 위와 같은 거래가 행해진 경우에 그 사실을 지체 없이 회사에 서면으로 통지하고 회사가 면책조항을 적용하지 아니할 것을 서면으로 승인하였을 경우에는 그러하지 아니한다.

05 기타 담보

01 기업포괄배상책임보험 ✦✦

1. 의 의

① 피보험자의 업무에 따르는 각종의 배상책임위험에 관하여 피보험자가 이미 가입하고 있는 영업배상책임보험(C.G.L.), 근로자재해보장책임보험(WC/EL), 자동차배상책임보험 등 각종 기초배상책임보험의 보상한도액을 초과하는 손해와 기타 부담보위험을 총괄하여 담보하는 약관이다.

② 본 약관은 대형계약자의 개별적인 위험담보에 적합하도록 작성되는 이른바 Tailor made policy(맞춤형 정책)로서 비표준약관이기 때문에 보험약관의 형태가 매우 다양한 것이 특징이다.

2. 기 능

① 기초배상책임보험의 보상한도액을 필요한 금액까지 증가시킨다.

② 보험기간 중 모든 사고에 대한 총보상한도액이 소진된 경우, 기초배상책임보험의 역할을 한다.

③ 기초배상책임보험에서 담보하지 않는 기타의 배상책임위험도 추가 담보된다.

3. 보상하는 손해

(1) 담보위험

① 기초보험을 초과하는 손해를 보상한다.

② 각종 부담보위험 특약

(2) 방어비용

기초보험증권에는 적용되지 아니한다. 그러나 기초보험증권의 보상한도액이 사고로 소진된 경우에는 그 사고에 대하여도 동 규정이 적용된다.

4. 보상한도액

(1) 총보상한도액(Aggregate Limit)

C.G.L.과 같이 보험기간 중의 모든 사고에 대한 총보상한도액을 규정하고 있고, 또한 총보상한도액은 생산물위험에 대한 총보상한도액과 기초위험을 제외한 기타의 모든 위험에 대한 총보상한도액으로 구분된다.

(2) 피보험자부담한도액(Retained Limit)

기초보험증권의 보상한도액 또는 기초보험이 없는 배상책임위험에 대하여 별도로 설정된 기초공제금액을 초과하는 손해만을 보상하는 바, 이와 같이 기업포괄배상책임보험에서 부담하지 않는 손해인 기초보험증권의 보상한도액 또는 기초공제금을 피보험자부담한도액이라 한다.

(3) 사고당 한도액(Occurrence Limit)

손해의 형태별로 1사고당 정의를 규정하고 있다.

1. 의 의

보관자책임보험으로 창고업자가 임치인에 대하여 부담하는 손해배상책임을 담보한다.

2. 법적 근거

보관자배상책임보험과 유사하다.

3. 보상하는 손해

(1) 창고업자특약 I

열거위험방식(화재, 폭발, 파손, 강도, 도난사고)을 적용하고, 일부보험일 경우 비례보상방식을 따른다.

(2) 창고업자특약 II

포괄위험담보방식을 적용하여 사고의 원인을 묻지 않고 보험증권에 지정한 장소에서 보관 중인 물건에 대한 손해를 보상한도 내에서 실손보상한다. 창고업자특약 I과 혼용되지 않는다.

4. 보상한도

일반적으로 보험사고가 생긴 때와 곳에 있어서 수탁물이 손해를 입지 아니하였을 경우의 가액을 한도로 한다.

5. 현물보상 조항

보험자는 손해의 일부 또는 전부에 대하여 현물보상으로써 보험금의 지급에 갈음할 수 있다.

03 임차자특약 ✦✦

1. 의 의

임차인이 임차한 물건(부동산)에 발생한 우연한 사고로 임대인에게 손해배상책임을 부담하는 것을 담보하는 보험이다.

* 임대차 계약이란 당사자 일방(임대인)이 상대방에게 목적물을 사용, 수익하게 할 것을 약정하고 상대방(임차인)이 이에 대하여 차임을 지급할 것을 내용으로 하는 계약을 말한다(민법 제618조).

2. 법적 근거

(1) 「민법」 제390조(채무불이행책임)

임차인이 의무이행을 하지 아니한 때에는 임대인은 손해배상을 청구할 수 있다(대법원 2017. 5. 18., 선고, 2012다86895, 86901, 전원합의체 판결).

(2) 「민법」 제654조(원상회복의무)

임차인이 목적물을 반환하는 때에는 원상회복의무를 가진다.

3. 보상하는 손해

임차인(피보험자)이 임차한 부동산에 생긴 사고로 임대인(피해자)에게 지는 법률상 배상책임을 담보하고 있다. 임차자 외에 동거친족·동숙자 및 이들이 고용한 자, 방문자도 피보험자에 포함된다.

1. 의 의

피보험자의 소유·사용·관리하는 주차시설 및 그 시설용도에 따른 주차업무를 담보의 대상으로 한다. 시설이 주차시설로 제한된다는 점을 제외하면 시설소유관리자특약과 유사하다.

2. 주차시설

「주차장법」에 의한 주차장을 말하며, 노상·노외주차장, 기계식주차장, 부설주차장으로 구분한다. 이에 해당하지 않는 경우에는 시설소유관리자특약을 통해 담보할 수 있다.

3. 법적 근거

「주차장법」에 따른 주차장 소유·관리자의 차량관리책임에 근거한다(주차장법 제10조, 제17조, 제19조).

4. 보상하는 손해

피보험자가 소유·사용·관리하는 주차시설 및 그 시설의 용도에 따른 주차업무의 수행으로 인해 제3자에게 입힌 재산손해, 신체손해에 대한 법률상 배상책임을 담보한다.

5. 보상하지 않는 손해

보통약관 면책손해와 벌과금 및 징벌적 손해에 대한 배상책임에 대하여는 보상하지 않는다.

(1) 주요 면책위험
① 주차장 내에서 무면허 운전자의 자동차조작으로 생긴 손해
② 주차장 이외의 장소에 주차한 자동차 및 그 자동차에 기인된 사고로 생긴 손해배상책임
③ 주차장관리자의 자동차 사용 중 사고로 인한 배상책임손해
④ 차량의 사용손실 등 일체의 간접손해

(2) 약 관

① 계약자 또는 피보험자가 소유·점유·임차·사용 또는 관리(화물의 하역작업 포함)하는 자동차, 항공기, 선박으로 생긴 손해에 대한 배상책임. 그러나 피보험자가 주차의 목적으로 수탁받은 차량으로 생긴 손해에 대한 배상책임은 보상한다.

② 통상적이거나 급격한 사고에 의한 것인가의 여부에 관계없이 공해물질의 배출, 방출, 누출, 넘쳐흐름 또는 유출로 생긴 손해에 대한 배상책임

③ 시설의 수리, 개조 신축 또는 철거공사로 생긴 손해에 대한 배상책임. 그러나 통상적인 유지, 보수작업으로 생긴 손해에 대한 배상책임은 보상한다.

④ 아래의 사유로 생긴 손해에 대한 배상책임과 그러한 음식물이나 재물 자체의 손해에 대한 배상책임
  ㉠ 피보험자의 시설 내에서 사용, 소비되는 피보험자의 점유를 벗어난 음식물이나 재물
  ㉡ 피보험자의 점유를 벗어나고 시설 밖에서 사용, 소비되는 음식물이나 재물

⑤ 공사의 종료(공사물건의 인도를 요하는 경우 인도) 또는 폐기 후 공사의 결과로 부담하는 손해에 대한 배상책임 및 공사물건 자체의 손해에 대한 배상책임

⑥ 피보험자의 근로자가 피보험자의 업무에 종사 중 입은 신체장해에 대한 손해배상책임

⑦ 피보험자가 양도한 시설로 생긴 손해에 대한 배상책임과 시설자체의 손해에 대한 배상책임

⑧ 아래의 사유로 생긴 물리적으로 파손되지 아니한 유체물의 사용손실에 대한 배상책임
  ㉠ 피보험자의 채무불이행이나 이행지체
  ㉡ 피보험자의 생산물이나 공사물건이 피보험자가 보증한 성능, 품질 적합성 또는 내구성 결함

⑨ 의사(한의사 및 수의사를 포함한다), 간호사, 약사, 건축사, 설계사, 측량사, 이용사, 미용사, 안마사, 침술사(뜸을 포함한다), 접골사 등 전문직업인의 직업상 과실로 생긴 손해에 대한 배상책임

⑩ 가입여부를 묻지 아니하고 피보험자가 법률에 의하여 의무적으로 가입하여야 하는 보험(공제계약을 포함한다. 이하 '의무보험'이라 함)에서 보상하는 손해에 대한 배상책임

⑪ 지하매설물에 입힌 손해 및 손해를 입은 지하매설물로 생긴 다른 재물의 손해에 대한 배상책임

⑫ 이륜자동차의 도난으로 생긴 손해에 대한 배상책임. 그러므로 이륜자동차의 도난 이외의 손해에 대한 배상책임은 보상한다.

⑬ 타이어나 튜브에만 생긴 손해 또는 일부 부분품, 부속품이나 부속기계장치만의 도난으로 생긴 손해에 대한 배상책임. 타이어나 튜브의 손해는 장기간 사용에 따른 제품의 마모에서 비롯되는 것이 일반적이므로 해당 손해가 주차장 내에서 발생했음을 입증하기 어렵기 때문이다. 그러나 화재, 도난 또는 타이어 이외의 부분과 함께 손해가 발생한 경우에는 보상한다.

⑭ 자연마모, 결빙, 기계적 고장이나 전기적 고장으로 차량에 발생한 손해 배상책임

⑮ 차량에 부착한 고정설비가 아닌 차량 내에 놓아둔 물건의 손해에 대한 배상책임

⑯ 정부, 공공기관 기타 지방자치단체의 몰수, 국유화 또는 징발로 생긴 손해에 대한 배상책임

⑰ 주차장 내에서 자동차 또는 중기운전면허가 없는 사람의 차량 조작으로 생긴 손해에 대한 배상책임, 대리주차를 수행하는 자가 무면허인 경우

⑱ 공공도로(도로교통법상의 도로에 한한다)에서 수행하는 주차대행업무로 생긴 손해에 대한 배상책임. 이는 자동차손해배상보장법의 담보대상인 운행 중 사고이므로 면책한다.

⑲ 차량의 수리작업(차량부품의 수리, 대체작업을 포함한다)으로 생긴 손해에 대한 배상책임

⑳ 차량의 사용손실 등 일체의 간접손해

예 휴차기간의 영업손실과 렌트카비용(대차료)

05 차량정비업자특약 ✦✦

1. 의 의

차량정비업자가 수탁받은 차량에 입힌 손해(보관자책임)와 피보험자가 차량정비를 위하여 소유·사용 및 관리하는 시설 및 업무활동에 기인한 사고로 타인에게 입힌 제3자 배상책임을 포괄 담보한다.

2. 가입대상

「자동차관리법」상의 자동차관리업 중 자동차정비업자를 의미한다.

3. 주요 면책손해

① 타이어나 튜브에만 생긴 손해 또는 일부 부분품, 부속품이나 부속기계장치만의 도난으로 생긴 손해에 대한 배상책임
② 자연마모, 결빙, 기계적 고장이나 전기적 고장으로 차량에 발생한 손해배상책임
③ 차량에 부착한 고정설비가 아닌 차량 내에 놓아둔 물건의 손해
④ 시설 밖에서의 시험목적 이외의 차량운행 중 사고
⑤ 차량부품의 수리, 대체 또는 통상적인 수리작업 중 발생한 사고로 차량에 입힌 손해배상책임
⑥ 차량의 정비를 위한 견인 또는 정비가 끝난 차량의 인도 중 사고
⑦ 공사의 종료(공사물건의 인도를 요하는 경우에는 인도) 또는 폐기 후 공사의 결과로 부담하는 배상책임 및 공사물건
⑧ 차량의 사용손실 등 일체의 간접손해

1. 의 의

피보험자가 소유・사용 또는 관리하는 선박에 의하여 운송하는 여객이 우연한 사고로 신체장해를 입은 경우의 법적 배상책임을 담보하는 배상책임보험의 하나이다.

2. 가입대상

「해운법」상의 해상여객운송 대상인 선박이 가입대상이다.

3. 보상하는 손해

피보험자가 보험증권에 기재된 선박에 탑승한 여객(유람, 관광 및 도하목적의 탑승객을 말한다)의 신체에 손해를 입혀 법률상 배상책임을 부담함으로써 입은 손해를 보상한다.

4. 주요 보상하지 않는 손해(기본 면책손해+)

① 승선한 여객 이외의 제3자에게 입힌 신체장해에 대한 배상책임
② 재물손해에 대한 배상책임
③ 선박 또는 선박에 승강시키는 연락용 선박의 뚜렷한 정원초과로 생긴 손해에 대한 배상책임. 그러나 뚜렷한 정원 초과로 생긴 손해가 아님을 피보험자가 입증한 때에는 정원을 한도로 보상한다.

5. 부가할 수 있는 특별약관

① 구조비담보 특별약관
② 승객 외 제3자담보 특별약관
③ 관습상의 비용담보 특별약관

07 선박수리업자특약 ✦

1. 의 의

선박수리업자특약은 보관자배상책임과 제3자 배상책임을 담보한다. 수리를 수탁받은 선박과 선박에 선적된 물건에 입힌 위험을 담보하고, 피보험자의 수리 업무 또는 관련시설에 기인한 사고로 인한 재물손해 및 제3자의 신체손해를 담보한다.

2. 보상하는 손해

피보험자가 선박수리작업의 수행 또는 작업의 수행을 위하여 소유·사용·관리하는 아래에 기재된 시설로 생긴 아래의 사고를 담보한다.

① 피보험자가 수리하기 위하여 보관·관리 또는 작업항에서 100마일 이내의 해면에서 시험운항하는 선박에 손해를 입히는 사고

② 시험운항 중이 아닌 항해 중의 선박을 제외하고 위 ① 이외의 피보험자가 수리작업 중인 선박에 손해를 입히는 사고

③ ① 또는 ②의 선박에 적재된 또는 하역되어 있는 화물이나 기타 재물에 손해를 입히는 사고

④ 수리의 목적으로 선박에서 분리하여 피보험자가 보관·관리 중 생긴 기계, 장치에 손해를 입히는 사고(피보험자의 구내와 선박 간 또는 피보험자의 구내와 전문수리업자나 제조업자의 구내 간 운반 중 발생한 사고를 포함한다)

⑤ ①, ② 이외의 재물에 손해를 입히는 사고

⑥ 타인의 신체에 장해를 입히는 사고

⑦ 잔해의 제거 중 발생하는 사고

1. 의의

본 특약은 소유·사용·관리하는 부두구역 내에서 수행하는 하역작업과 각종 시설의 결함에 기인한 사고로 선박 및 하역화물은 물론 기타 제3자에게 입힌 인적·물적 손해를 보상한다.

2. 가입대상

선박하역사업(자동차, 기차 및 항공기 제외)에 한정된다.

3. 주요 면책위험

① 하역 화물의 사용손실 등 일체의 간접손해에 대한 배상책임

② 색깔 및 향기의 변질만으로 생긴 손해에 대한 배상책임

③ 지붕, 문, 창의 통풍장치에서 새어든 비 또는 눈 등으로 생긴 손해에 대한 배상책임. 그러나 상당한 주의를 다한 경우에도 발생하였을 것으로 피보험자가 입증한 손해는 보상한다.

④ 선박사고로 생긴 위약금, 체선료, 억류, 사용손실, 운임손실, 용선료손실, 시장손실 등 일체의 간접손해에 대한 배상책임

4. 추가특약

(1) 바케트·그래브사고담보 추가특약

피보험자가 고철을 선적 또는 하역하거나 전자석, 그래브, 바게트 기타 이와 유사한 장비로 선적 또는 하역하는 작업으로 선박에 입힌 직접 손해를 보상한다.

(2) 화재위험부담보 추가특약

화재사고로 입힌 하역화물에 생긴 손해에 대한 배상책임을 보상하지 아니하는 특약이다.

(3) 항만하역위험확장부담 추가특약

항만해역 내(항만 내의 해상, 접안시설을 포함)에서의 하역작업의 수행 또는 하역작업의 수행을 위하여 소유·사용·관리하는 시설로 생긴 우연한 사고로 인한 배상책임손해를 보상한다.

1. 의 의

학교시설이나 활동으로 인한 사고로 타인에게 부담하는 배상책임을 담보하는 보험을 말한다.

2. 보상하는 손해

보험증권에 기재된 피보험자가 학교경영과 관련하여 소유・사용 또는 관리하는 시설(이하 "학교시설") 및 학교업무와 관련된 지역에서 학교업무의 수행으로 인한 사고로 타인에게 부담하는 배상책임을 말한다.

> ┤ 심화학습 ├
>
> **특약상 용어의 정의**
> ① **학 교**
>   교육기본법, 초・중등교육법, 고등교육법 등에 의한 정규교육기관을 말하며, 유아교육기관부터 대학교까지 보험가입의 대상이 된다.
> ② **학교업무**
>   ㉠ 학교시설 내에서 이루어지는 통상적인 업무활동
>   ㉡ 학교가 주관하는 업무
>   ㉢ 학교의 장이나 그 대리인이 허가하고 학교 교직원의 인솔・감독 하에 이루어지는 교외활동 포함

3. 보상하지 않는 손해

보통약관 면책사유와 벌과금 및 징벌적 손해에 대한 배상책임은 보상하지 않는다.
① 계약자 또는 피보험자가 소유・점유・임차・사용 또는 관리(화물의 하역작업 포함)하는 자동차, 항공기, 선박으로 생긴 손해에 대한 배상책임. 그러나 아래의 경우는 보상한다.
   ㉠ 시설 내에서 피보험자가 소유・임차 또는 사용하지 아니하는 자동차의 주차로 생긴 손해에 대한 배상책임
   ㉡ 피보험자의 시설에 양륙되어 있는 선박 또는 피보험자가 요금을 받지 아니하고 여객이나 물건을 운송하는 길이 26피트 이하의 피보험자 소유가 아닌 소형선박으로 생긴 손해에 대한 배상책임

② 통상적이거나 급격한 사고에 의한 것인가의 여부에 관계없이 공해물질의 배출, 방출, 누출, 넘쳐흐름 또는 유출로 생긴 손해에 대한 배상책임

③ 학교시설의 수리, 개조 신축 또는 철거공사로 생긴 손해에 대한 배상책임. 그러나 통상적인 유지·보수작업으로 생긴 손해에 대한 배상책임은 보상한다.

④ 다음의 사유로 생긴 손해에 대한 배상책임과 그러한 음식물이나 재물 자체의 손해에 대한 배상책임
　㉠ 피보험자의 시설 내에서 사용·소비되는 피보험자의 점유를 벗어난 음식물이나 재물
　㉡ 피보험자의 점유를 벗어나고 시설 밖에서 사용, 소비되는 음식물이나 재물

⑤ 공사의 종료(공사물건의 인도를 요하는 경우 인도) 또는 폐기 후 공사의 결과로 부담하는 손해에 대한 배상책임 및 공사물건 자체의 손해에 대한 배상책임

⑥ 피보험자의 근로자(교사를 포함)가 피보험자의 업무에 종사 중 입은 신체장해에 대한 손해배상책임

⑦ 에너지 및 관리할 수 있는 자연력, 상표권, 특허권 등 무체물에 입힌 손해에 대한 배상책임

⑧ 피보험자가 양도한 시설로 생긴 손해에 대한 배상책임과 시설자체의 손해에 대한 배상책임

⑨ 아래의 사유로 생긴 물리적으로 파손되지 아니한 유체물의 사용손실에 대한 배상책임
　㉠ 피보험자의 채무불이행이나 이행지체
　㉡ 피보험자의 생산물이나 공사물건이 성능, 품질 적합성 또는 내구성 결함

⑩ 의사(한의사 및 수의사를 포함한다), 간호사, 약사, 건축사, 설계사, 측량사, 이용사, 미용사, 안마사, 침술사(뜸을 포함한다), 접골사 등 전문직업인의 직업상 과실로 생긴 손해에 대한 배상책임

⑪ 가입여부를 묻지 아니하고 피보험자가 법률에 의하여 의무적으로 가입하여야 하는 보험(공제계약을 포함한다. 이하 '의무보험'이라 함)에서 보상하는 손해에 대한 배상책임

⑫ 지하매설물에 입힌 손해 및 손해를 입은 지하매설물로 생긴 다른 재물의 손해에 대한 배상책임

⑬ 총기(공기총을 포함한다) 또는 동·식물의 소유, 임차, 사용이나 관리로 생긴 손해에 대한 배상책임

⑭ 학교시설을 타인이 임차하여 사용하는 중 그 타인(타인의 구성원을 포함한다)에게 입힌 손해에 대한 배상책임. 그러나 일부를 사용할 경우 그 밖의 지역에서 생긴 손해에 대한 배상책임을 보상한다.

⑮ 교직원이나 학생들의 개인적인 배상책임

⑯ 학교의 운동선수로 등록된 자 또는 그의 지도감독을 위하여 등록된 자가 그 운동을 위한 연습, 경기 또는 지도 중에 생긴 손해에 대한 배상책임

⑰ 군사훈련 및 데모로 생긴 손해에 대한 배상책임

4. 추가특약

(1) 치료비담보 추가특약

학교경영자의 법률상 책임 없는 경우에도 치료비를 보상한다. 학생의 치료비는 피해일로부터 180일을 한도로 한다.

(2) 구내치료비담보 추가특약

학교구내에서 발생한 사고로 학생이 입은 신체장해의 치료비를 담보한다. 따라서 학교구내인 점을 제외하고 치료비담보 추가특약과 같다.

(3) 신입생담보 추가특약

학교경영자특약에서 정하는 사고로 신입생*이 입학식 이전에 학교에서 주최하는 행사에 참석 중에 입은 신체장해에 대한 치료비를 보상한다. 반드시 학교 측의 인솔이 있어야 하며, 학교행 사에 참석하기 위해 이동하거나 학교행사 종료 후 이동하는 동안은 제외한다.

* **신입생** : 해당 학교의 입학전형에 합격하여 입학금 및 등록금 등을 납입한 자로서, 학교가 확정한 자를 말한다.

10 경비업자특약 ✿✿

1. 의 의

경비계약에 의해 경비업자가 경비업무를 수행 중 경비대상이 화재, 폭발, 도난, 파손 등의 사고로 피해를 입거나 기타 제3자에게 인적 · 물적 피해를 입힘으로써 부담하는 손해를 보상한다.

2. 가입대상

「경비업법」에 의한 경비업체를 대상으로 한다.

3. 특약의 종류

구 분	특별약관 I	특별약관 II
인수대상	용역경비계약	보안경비계약
면책위험의 범위	① 면책위험 넓음 ② 추가특약을 첨부하여 담보위험 확장	면책위험 좁음

4. 추가특약

(1) 귀중품담보 추가특약

화폐, 수표, 유가증권, 인지, 금 · 은 등의 보석류, 시계, 모피류, 글 · 그림류, 골동품에 입힌 배상책임손해를 보상한다.

(2) 공동주택담보 추가특약

공동주택과 단독주택에서 발생한 손해에 대한 배상책임손해를 보상한다.

(3) 업무시간담보 추가특약

불특정 다수인의 출입이 허용되는 사업장의 근무시간 중의 사고로 생긴 손해에 대한 배상책임손해를 보상한다.

(4) 경비업자특약 II

피보험자가 체결한 경비계약에 의거한 보안경비업무의 수행으로 타인(경비업무 위탁자 및 그 사용인을 포함)에게 생긴 우연한 사고로 인한 손해를 보상한다.

1. 의 의

피보험자(건설기계업자)가 소유·사용 또는 관리하는 중장비 및 그 중기의 용도에 따른 업무의
수행으로 생긴 우연한 사고로 타인의 신체에 장해를 입히거나 재물을 망그러뜨려 법률상 배상책
임을 부담함으로써 입은 손해를 담보하는 특약이다.

2. 대 상

(1) 가입대상

① 중기를 직접 소유·관리 또는 운영하는 업체 및 개인 중기 소유자

② 중기를 임차하여 건설, 설비 또는 토목공사 등을 수행하는 업체 또는 개인 중기 임차자

(2) 가입제한

「자동차손해배상 보장법」의 적용대상인 9종 건설기계[덤프트럭, 타이어식 기중기, 콘크리트믹
서트럭, 트럭적재식 콘크리트펌프, 트럭적재식 아스팔트살포기, 타이어식 굴삭기, 트럭지게차,
도로보수트럭, 노면측정장비(노면측정장치를 가진 자주식인 것)]는 가입이 제한된다.

3. 주요 보상하지 아니하는 손해

① 지하자원에 입힌 손해에 대한 배상책임

② 중기 자체의 결함으로 생긴 손해로서 중기제작자에게 배상책임이 있는 손해로 인한 배상책임

③ 폭발로 생긴 손해에 대한 배상책임

④ 통상적인 중기 용도에 따르지 않은 작업이나 중기의 허용된 사용능력을 뚜렷이 초과하여
사용함으로써 발생된 손해에 대한 배상책임. 그러나 피보험자가 손해발생의 원인이 사용능
력의 초과와 무관함을 입증할 때는 보상한다.

4. 추가특약

① 물적손해확장담보 추가특약

② 유리제품담보 추가특약

CHAPTER 06 대인손해배상금 산정

01 위자료 ✢✢

1. 의 의

피해자의 정신적 손해에 대한 금전적 배상을 의미한다. 태아는 위자료청구권에 관하여 이미 출생한 것으로 본다(민법 제762조).

2. 산 정

(1) 사망위자료

사망 당시 법원이 통상 인정하고 있는 위자료(약 8,000만원~1억원) × {1 − (피해자 과실비율 × 60%)}

(2) 후유장해 위자료

① 사망위자료 × 장해율 × {1 − (피해자 과실비율 × 60%)}

② 단, 한시장해의 경우 위자료를 인정하지 않는다.

(3) 부상 위자료

사고경위, 부상정도 등을 종합적으로 고려하여 인정한다. 명목적인 금액 단위로 인정되고 있다.

적극적 손해 ✽✽✽

1. 치료비

피해자의 치료를 위해 지출된 필요 타당한 비용을 말하며, 의학지식, 약품, 시설, 기구 등을 이용하여 손상이나 질병을 원상으로 회복하는 의료행위로서 증세의 호전이나 완치뿐 아니라 증세의 악화 방지 등을 위한 것도 포함된다(대법원 1988. 4. 27., 선고, 87다카74, 판결).

2. 개호비

(1) 의 의

'음식물 섭취, 목욕, 옷 갈아입기, 대소변 배출 등 생존을 위해 필수적인 일상동작을 자기 힘만으로 할 수 없는 중증 신체장해자를 도와주거나 보살펴 주는 행위'로서 간병과 비슷한 개념으로 의료적인 행위는 아니다. 개호에는 일상생활에 필요한 조력뿐 아니라 인간다운 삶을 누릴 수 있는 조력이 포함되며(대법원 1990. 10. 23., 선고, 90다카 15171, 판결), 정신적·신체적 장해로 타인의 도움을 받아야 할 경우도 포함된다(대법원 1998. 12. 22., 선고, 98다46747, 판결).

(2) 개호의 인정

치료가 종결되어 더 이상의 치료효과를 기대할 수 없고, 1인 이상의 해당 전문의로부터 개호의 필요성이 인정된 때를 의미한다.

① **식물인간 상태의 환자**

뇌손상으로 다음 항목에 모두 해당되는 상태에 있는 자

㉠ 스스로는 이동이 불가능하다.

㉡ 자력으로는 식사가 불가능하다.

㉢ 대소변을 가릴 수 없는 상태이다.

㉣ 안구는 겨우 물건을 쫓아갈 수 있으나 알아보지는 못한다.

㉤ 소리를 내도 뜻이 있는 말은 못한다.

㉥ '눈을 떠라', '손으로 물건을 쥐어라'하는 정도의 간단한 명령에는 가까스로 응할 수 있어도 그 이상의 의사소통은 불가능하다.

② **척추손상으로 인한 사지완전마비 환자**

척수손상으로 인해 양팔과 양다리가 모두 마비된 환자로서 다음 항목에 모두 해당되는 자

㉠ 생존에 필요한 일상생활의 동작(식사, 배설, 보행 등)을 자력으로 할 수 없다.

㉡ 침대에서 몸을 일으켜 의자로 옮기거나 집안에서 걷기 등의 자력이동이 불가능하다.

㉢ 욕창을 방지하기 위해 수시로 체위를 변경시켜야 하는 등 다른 사람의 상시 개호를 필요로 한다.

(3) 산정방법

① 개호비

　㉠ 개호비 = 일용임금(月) × 개호인수 × 개호기간 해당 호프만계수

　㉡ 개호인을 고용하는 비용이다. 통상 개호인 고용비용은 일용근로자를 고용하는 것과 같다.

② 개호인수

1일 8시간 = 1인, 1일 4시간 = 1/2인

③ 개호기간

피해자의 잔존여명기간으로, 연령별 평균 여명표의 평균여명과 전문의 소견의 생존율을 곱한다.

　예 평균여명 50년, 생존율 20% → 전체 개호기간 = 50년 × 20% = 10년

3. 장례비

판례는 500만원 이내에서 장례비를 인정하고 있다.

03 소극적 손해 ☆☆☆

1. 일실수익

사고로 인해 잃게 되는 소득(수익)에 대한 손해로서 피해자의 노동능력상실(후유장해)에 대한 피해를 금전적으로 산정한 것이다.

2. 소 득

경제주체(근로자)의 여러 경제활동(근로 제공)으로 얻은 재화로서 일실수익 산정시 기초자료가 된다. 따라서 피해자의 소득을 입증할만한 객관적 자료를 바탕으로 하고, 일용근로자의 경우 고용노동부와 건설물가월보 등의 임금통계자료를 적용한다.

3. 휴업손해

(1) 의 의

사고로 인한 치료기간 동안 일을 못함으로써 발생한 경제적 손실을 말한다.

(2) 산정방법

① **유직자** : 「소득세법」상 관련 증빙자료를 통해 입증된 소득감소분을 배상액으로 정한다.

② **일용근로자·무직자** : 도시일용근로자의 하루 노임을 휴업일수만큼 계산하여 배상한다.

③ 입원기간 동안만 100% 노동능력상실을 인정한다.

④ 통원기간에는 휴업손해를 인정하지 않는 것이 판례의 추세이지만, 사정상 생업종사가 불가능한 경우에는 인정된다.

⑤ 타 보상에 의해 휴업급여가 공제될 경우 해당 휴업기간 중의 일실소득 상당의 손해액에서만 공제되어야 한다.

1. 의 의

경제주체(근로자)의 여러 경제활동(근로 제공)으로 얻은 재화로서 일실수익 산정시 기초자료가 된다. 따라서 피해자의 소득을 입증할만한 객관적 자료를 바탕으로 하고, 일용근로자의 경우 고용노동부와 건설물가월보 등의 임금통계자료를 적용한다.

2. 소득상실

구 분	노동능력상실설(판례, 통설)	소득상실설
개 념	① 사고로 잃어버린 피해자의 노동능력의 총평가액, 적극적 손해로 본다. ② 노동능력상실 자체가 손해이고 수입감소 여부와는 관계없이 노동능력상실이 있으면 손해가 있다고 본다. ③ 평가설적 입장	① 사고가 없었더라면 얻을 수 있었던 소득액의 합계, 소극적 손해로 본다. ② 노동능력상실이 있더라도 수입의 감소가 없으면 손해는 없는 것으로 본다. ③ 차액설적 입장 　'사고 전 수입' – '사고 후 수입' = 손해액
무직자 사상	가동능력상실 그 자체를 손해로 보기 때문에 손해인정 가능	일실소득 추정불가
손해발생시점	사상이 발생한 때	수입의 감소가 있는 때
소득액	노동능력을 평가하는 자료에 불과	개개의 소득 자체가 주요사실
평 가	노동능력상실 역시, 순수익 즉, 소득을 기초로 가동기간을 곱하고 중간이자를 공제하므로 결과적으로는 종전의 소득상실설에서의 산정결과와 다를 것이 없다.	

3. 소득의 인정

(1) 요 건
　① 본인 근로에 대한 대가성
　② 적법성
　③ 계속성 등

(2) 산정방법

[소득자의 분류]

유직자	증명할 수 있는 자	급여소득자
		사업소득자
		그 밖의 유직자
		기술직 종사자
	증명하기 곤란한 자	급여소득자
		사업소득자
		그 밖의 유직자
		기술직 종사자
	미성년자로서 현실소득액이 일용근로자 임금에 미달하는 자	
가사종사자		
무직자(학생 포함)		
소득이 두 가지 이상인 자		
외국인	유직자	국내 소득자로서 그 입증이 가능한 자
		그 이외의 자
	무직자(학생, 미성년자 포함)	

① 유직자

㉠ 산정대상 기간

ⓐ 급여소득자 : 사고발생 직전 또는 사망 직전 과거 3개월로 하되, 계절적 요인 등에 따라 급여의 차등이 있는 경우와 매월 수령하는 금액이 아닌 것은 과거 1년으로 한다.

ⓑ 급여소득자 이외의 자 : 사고발생 직전 과거 1년으로 하며, 기간이 1년 미만인 경우 계절적 요인을 감안하여 타당한 기간으로 한다.

㉡ 산정방법

ⓐ 현실소득액을 증명할 수 있는 자 : 세법에 의한 관계증빙서에 따라 소득을 산정할 수 있는 자에 한하여 다음과 같이 산정한 금액으로 한다.

급여소득자	의 의	「소득세법」 제20조에서 규정한 근로소득을 얻고 있는 자로서 일용근로자 이외의 자를 말한다.
	산 정	피해자가 근로의 대가로서 받은 보수액에서 제 세액을 공제한 금액. 그러나 피해자가 사망 직전에 보수액의 인상이 확정된 경우에는 인상된 금액에서 제 세액을 공제한 금액
	참 고	• '근로의 대가로 받은 보수' : 본봉, 수당, 성과급, 상여금, 체력단련비, 연월차 휴가보상금 등을 말하며, 실비변상적인 성격을 가진 대가는 제외한다. • '세법에 따른 관계증빙서' : 사고발생 전에 신고하거나 납부하여 발행된 관계증빙서를 말한다. 다만, 신규취업자, 신규사업개시자 또는 사망 직전에 보수액의 인상이 확정된 경우에 한하여 세법 규정에 따라 정상적으로 신고하거나 납부(신고 또는 납부가 지체된 경우는 제외함)하여 발행된 관계증빙서를 포함한다.

사업소득자	의 의	「소득세법」 제19조에서 규정한 사업소득을 얻고 있는 자로서 원칙적으로 세금 납부 여부, 사업자등록증 여부, 상설사업자의 유무를 불문한다. 노무가치설을 통설 및 판례로 하고 있다.
	산 정	① 세법에 따른 관계증빙서에 따라 증명된 수입액에서 그 수입을 위하여 필요한 제 경비 및 제 세액을 공제하고 본인의 기여율을 감안하여 산정한 금액 **█ 산 식** [연간수입액 − 주요경비 − (연간수입액 × 기준경비율) − 제세공과금] × 노무기여율 × 투자비율 ㈜ 1. 제 경비가 세법에 따른 관계증빙서에 따라 증명되는 경우에는 위 기준경비율 또는 단순경비율을 적용하지 않고 그 증명된 경비를 공제함 2. 「소득세법」 등에 의해 단순경비율 적용대상자는 기준경비율 대신 그 비율을 적용함 3. 투자비율은 증명이 불가능할 때에는 '1/동업자수'로 함 4. 노무기여율은 85/100를 한도로 타당한 율을 적용함 ② 본인이 없더라도 사업의 계속성이 유지될 수 있는 경우에는 위의 산식에 따르지 않고 일용근로자 임금을 인정한다. ③ 위에 따라 산정한 금액이 일용근로자 임금에 미달한 경우에는 일용근로자 임금을 인정한다.
	참 고	**일용근로자 임금** 「통계법」 제15조에 의한 통계작성 지정기관(대한건설협회, 중소기업중앙회)이 「통계법」 제17조에 따라 조사·공표한 노임 중 공사부문은 보통인부, 제조부문은 단순노무종사원의 임금을 적용하여 아래와 같이 산정한다. **█ 산 식** (공사부문 보통인부임금 + 제조부문 단순노무종사원임금)/2 * 월 임금 산출시 25일을 기준으로 산정
그 밖의 유직자		• 이자소득자, 배당소득자 제외 • 세법상의 관계증빙서에 따라 증명된 소득액에서 제 세액을 공제한 금액 • 다만, 부동산임대소득자의 경우에는 일용근로자 임금을 인정하며, 이 기준에서 정한 여타의 증명되는 소득이 있는 경우에는 그 소득과 일용근로자 임금 중 많은 금액을 인정한다.
기술직 종사자		「통계법」 제15조에 의한 통계작성지정기관(공사부문 : 대한건설협회, 제조부문 : 중소기업중앙회)이 「통계법」 제17조에 따라 조사, 공표한 노임에 의한 해당직종 임금이 많은 경우에는 그 금액을 인정한다. 다만, 사고발생 직전 1년 이내 해당 직종에 종사하고 있었음을 관련 서류를 통해 객관적으로 증명한 경우에 한한다. * 기술직 종사자가 '관련 서류를 통해 객관적으로 증명한 경우'라 함은 자격증, 노무비 지급확인서 등의 입증 서류를 보험회사로 제출한 것을 말한다.

ⓑ 현실소득액을 증명하기 곤란한 자 : 세법에 의한 관계증빙서에 따라 소득을 산정할 수 없는 자는 다음과 같이 산정한 금액으로 한다.
- 급여소득자 : 일용근로자 임금
- 사업소득자 : 일용근로자 임금
- 그 밖의 유직자 : 일용근로자 임금
- 기술직 종사자 : 입증 가능자와 같음

ⓒ 미성년자로서 현실소득액이 일용근로자 임금에 미달한 자 : 19세에 이르기까지는 현실소득액, 19세 이후는 일용근로자 임금

② 가사종사자 : 일용근로자 임금

③ 무직자(학생포함) : 일용근로자 임금

④ 현역병 등 군 복무해당자

    ㉠ 현역병 등 군 복무자(급여소득자는 제외) : 공무원보수규정에 따른 본인 소득(단, 병역법에 따른 잔여 복무기간에 대해서만 적용)

    ㉡ 현역병 능 군 복무예정자 : 공무원 보수규정에 따른 현역병 육군 기준 소득(단, 병역법에 따른 예정 복무기간에 대해서만 적용)

─┤ 심화학습 ├─

〈용어풀이〉
① '현역병 등'이라 함은 병역법에 따른 현역병, 의무소방원·의무경찰, 사회복무요원을 말함
② '병역법에 따른 잔여 또는 예정 복무기간'이라 함은 현역병은 병역법 제19조에 따른 기간, 의무소방원·의무경찰은 병역법 제25조에 따른 기간, 사회복무요원은 병역법 제42조에 따른 기간에 대해 사고발생일 기준으로 계산한 기간을 말함
③ '공무원보수규정에 따른 본인 또는 현역병 육군 기준 소득'이라 함은 공무원보수규정 [별표13]에 따른 병 계급별 월 지급액의 산술평균을 말함

⑤ 소득이 두 가지 이상인 자

    ㉠ 세법에 따른 관계증빙서에 따라 증명된 소득이 두 가지 이상 있는 경우 : 그 합산액을 인정한다.

    ㉡ 세법에 따른 관계증빙서에 따라 증명된 소득과 증명 곤란한 소득이 있는 때 혹은 증명이 곤란한 소득이 두 가지 이상 있는 경우 : 이 기준에 따라 인정하는 소득 중 많은 금액을 인정한다.

⑥ 외국인

    ㉠ 유직자

    국내에서 소득을 얻고 있는 자로서 그 증명이 가능한 자 : 위의 현실소득액의 증명이 가능한 자의 현실소득액 산정방법으로 산정한 금액

    그 이외의 자 : 일용근로자 임금

    ㉡ 무직자(학생 및 미성년자 포함) : 일용근로자 임금

4. 취업가동연한

(1) 산 정

① 원칙적으로 20세부터 적용되지만, 현행 실무(판례, 손해사정업무 포함)에서는 가동연한개시 연령을 19세로 인정하고 있다. 그러나 미성년자의 경우 사고 당시 수입이 있었다면 인정되고 있으며, 남자의 경우 특별한 사정이 없는 한, 「병역법」상 의무복무기간은 제외하고 있다.

② 노동에 의한 수입의 경우 원칙으로 만 20세부터이고, 다만, 미성년자는 사고 당시 수입이 있었다면 그 수입이 인정된다(대법원 1991. 6. 25., 선고, 91다9602, 판결). 그런데 남자의 경우에는 병역의무가 있으므로 특별한 사정(면제 등)이 없는 한, 「병역법」상의 의무복무기 간이 끝나는 때로부터 기산한다(대법원 2000. 4. 11., 선고, 98다33161, 판결).

(2) 정 년

① 기업체 정년은 60세를 원칙으로 하지만, 최근 대법원 전원합의체 판결에서 육체노동자 가동연한을 60세에서 65세로 연장하였다. 이에 따라 자동차보험 약관개정으로 2019년 5월 1일부터 취업가동연한이 60세에서 65세로 상향되었다. 다만, 별도의 정년에 관한 규정이 있으면 이에 의하여 산정한다.

② 회사원이나 공무원은 정년(통상 60세)까지는 근로소득을 적용하고, 이후 65세까지는 일용근로자 임금을 적용한다. 단, 약관개정일인 2019년 5월 1일 이전 사고에 대해서는 종전대로 가동연한을 60세로 적용하되, 법원소송 시에는 65세까지 인정된다. 이러한 가동연한 연장(5년)은 산재보험을 포함한 모든 배상책임에서 피해자 일실소득액 산정시 반영된다.

| 심화학습 |

약관에 따른 취업가능월수

① 취업가능연한을 65세로 하여 취업가능월수를 산정한다. 다만, 법령, 단체협약 또는 그 밖의 별도의 정년에 관한 규정이 있으면 이에 의하여 취업가능월수를 산정하며, 피해자가 「농업·농촌 및 식품산업 기본법」 제3조제2호에 따른 농업인이나 「수산업·어촌 발전 기본법」 제3조제3호에 따른 어업인일 경우(피해자가 객관적 자료를 통해 증명한 경우에 한함)에는 취업가능연한을 70세로 하여 취업가능월수를 산정한다.

② 피해자가 사망 당시(후유장애를 입은 경우에는 노동능력상실일) 62세 이상인 경우에는 다음의 「62세 이상 피해자의 취업가능월수」에 의하되, 사망일 또는 노동능력상실일부터 정년에 이르기까지는 월현실소득액을, 그 이후부터 취업가능월수까지는 일용근로자 임금을 인정한다.

〈62세 이상 피해자의 취업가능월수〉

피해자의 나이	취업가능월수
62세부터 67세 미만	36월
67세부터 76세 미만	24월
76세 이상	12월

③ 취업가능연한이 사회통념상 65세 미만인 직종에 종사하는 자인 경우 해당 직종에 타당한 취업가능연한 이후 65세에 이르기까지의 현실소득액은 사망 또는 노동능력 상실 당시의 일용근로자 임금을 인정한다.

④ 취업시기는 19세로 한다.

1. 후유장해

의학적 치료가 종결되어 더 이상 치료의 효과를 기대할 수 없는 신체의 훼손상태를 말한다.

2. 후유장해 평가방식

(1) 맥브라이드 장해율표

「노동능력상실률표」라고도 하며, 일반육체노동자(30세)를 기준으로 279개의 직업별 14개 신체부위에 대한 장해율을 표시해 놓았다. 현재 자동차보험을 비롯한 여러 대인배상금 산정에 주로 사용되고 있다.

(2) A.M.A.표

미국의학협회(American Medical Association)에서 발표한 지침으로서 환자의 직업, 연령과는 상관 없이 순수 의학적 평가를 다루고 있기 때문에, 대인배상실무보다는 주로 제3보험의 후유장해 평가에 사용되고 있다.

3. 기여도(기왕증) 판단

기왕증이란 사고 시점 이전부터 이미 피해자에게 있어 왔던 병력으로 이미 장해가 인정된 기왕증과 현재의 사고로 인한 장해에 기여한 기왕증으로 구분할 수 있다.

(1) 기왕장해

기존의 기왕증이 사고로 인한 후유장해에 기여한 경우

> 예 최종장해율 A%, 기왕증기여도 B% → A×(100 − B)%

(2) 복합장해

2개 이상의 신체부위에 장해를 입었고, 1개 신체부위 장해에만 기왕증이 기여한 경우

> 예 상지에 10%, 하지에 20%, 기왕증은 하지에만 20% 기여
> → ① 하지 : 20%×(100 − 20)% = 16%
> ② 복합장해 : 10%×(100 − 16)% + 16% = 24.4%

(3) 이미 장해가 있는 경우 사고 발생시 총 장해율에서 사고로만 인한 최종 장해율

기존장해와 후행장해의 복합장해율 – 기존장해

> 예 기존장해 10%, 후행장해 20%
> → {20%+10% × (100 − 20)%} − 10% = 18%

06 중간이자 공제 ✲✲

1. 의 의

장래 일정기간 동안 얻을 수 있는 수입을 상실한 경우, 그 손해액을 불법행위 당시의 시점을 기준으로 현가화하여 일시금으로 배상받는 방법이다.

2. 취 지

향후 순차적으로 지급될 피해자의 보상액 대하여 일시금으로 지급할 경우, 장래의 가치를 현재시점으로 일괄 평가하여 지급하는 것이라 할 수 있으므로 중간이자 공제를 통해 실손보상을 실현할 수 있다.

3. 적 용

(1) 장래 발생하게 될 일실소득에 대한 손해배상금 일체

사망·후유장해에 의한 일실소득배상액 등

(2) 개호비

개호인에게 지급되는 비용(간병비)

(3) 향후 치료비

의치와 같이 장기적으로 지출되어야 하는 비용

4. 구간계수

(1) 호프만식

단리 공제, 소송 등

(2) 라이프니츠식

복리 공제, 자동차책임보험 등

(3) 계수산출

📖 **입원치료 6개월, 영구후유장해, 정년이 60세인 때 → 공제구간은 총 3구간**

입원기간	(퇴원 ~ 퇴직) : 근로소득기간	(61 ~ 65) : 일용노동자 적용

입원기간 = 6개월에 해당하는 H계수
퇴원 ~ 퇴직 = 사고 ~ 60세(퇴직)까지의 H계수 − 입원기간
61 ~ 65 = 사고 ~ 65세까지의 전체 H계수 − 사고 ~ 60세까지의 H계수

(4) 적 용

📖 **장해기간에 따른 일실소득**
월평균현실소득액 × 장해율 × (장해진단일부터 보험금지급일까지의 월수 + 보험금지급일부터 취업
가능연한까지의 월수에 해당하는 구간계수)

07 생계비 공제 ✦✦

1. 의 의

사망손해배상금 산정에 있어서 사회생활에 필요한 비용을 공제하는 것을 말하며, 일실수익의 1/3을 공제하고 있다(대법원 1992. 7. 28., 선고, 92다7269, 판결).

2. 공제하는 경우

① 사 망
② 여명단축 이후 시점부터 가동기간까지의 기간 동안 일실수익
③ 가동기간 이후에도 일정한 급여를 받는 자(예 연금생활자)가 사망한 경우

3. 적 용

사망일실수익 = 월 평균소득 × 노동가능 월수의 H계수 × 2/3

1. 과실상계

(1) 의 의

불법행위로 인한 손해의 발생, 확대에 관하여 피해자에게도 과실이 있을 때에는 손해배상의 책임 및 금액을 정함에 있어 이를 참작하는 것을 말한다(민법 제396조).

(2) 적 용

각 손해배상금 항목에 대해 공제한다. 단, 위자료 산정의 경우, 이미 감안이 되기 때문에 다시 과실상계를 적용하지 않을 수 있다.

2. 손익상계

(1) 의 의

피해자가 피해사고와 동일한 이유로 이익을 얻은 경우 이를 손해배상금에서 공제하는 것을 말한다.

(2) 요 건

① 피해사고와 동일한 이유일 것
② 상당인과관계가 있을 것

3. 과실상계와 손익상계

과실상계 적용 후, 총 손해배상금에서 손익상계를 적용한다.

CHAPTER 07 근로자재해보장책임보험의 개요

01 근로자재해보장책임보험 ✦✦✦

1. 의의

사업(장)의 사용자가 본인의 근로자에게 발생한 업무상 상해 또는 질병(이하 "업무상 재해")에 대하여 「근로기준법」, 「선원법」 등에 의해 부담하는 재해보상책임과 민사상 손해배상책임을 담보하는 보험이다.

2. 법적 성질

① 「근로기준법」, 「선원법」, 「민법」 등의 사용자의 근로자에 대한 책임
② 사용자의 근로계약상 안전배려의무위반에 대한 책임

3. 특징

(1) 기초사회보장보험의 보충적 형태

기초사회보장보험을 보충한다. 「산업재해보상보험법」에 의한 산재보험급여금을 초과하는 「민법」상의 손해를 산업재해보상보험(이하 "산재보험")과 별도로 보상한다. 국내사업장의 경우 기본적으로 산재보험에 가입되어 있기 때문에, 이에 초과된 손해를 국내근재보험에서 보상한다.

(2) 타인(근로자)을 위한 보험

타인(근로자)을 위한 보험으로서의 성격을 가진다. 그러나 기본적으로 계약자·피보험자 모두 사용자인 자기를 위한 보험으로 「상법」 제639조(타인을 위한 보험)가 적용되는 것은 아니다.

(3) 임의성과 강제성 혼재

국내근재보험의 경우 임의가입이 가능하나, 선원근재보험은 「선원법」에 의해, 해외근재보험은 「산재보험법」에 의해 가입이 강제되어 있다.

(4) 「상법」 제663조(보험계약자 등의 불이익변경금지) 적용

근재보험의 경우, 사업주가 피보험자인 기업보험이라고 볼 수도 있지만, ① <u>근본적으로 근로자의 보상과 권익보호를 목적으로 한다는 점</u>, ② <u>그 근로자가 보험회사에 비해 상대적 약자라는 점</u>에서 「상법」 제663조를 적용할 수 있다.

4. 약관의 구성

(1) 구 분

근재보험은 기본적으로 국내·해외·선원근재보험으로 구분된다.

(2) 보통약관

계약체결과 관련된 일반적 내용, 보상하는 손해, 보상하지 않는 손해를 정하고 있다. 특약에서 정하지 않은 사항에 대하여는 보통약관이 우선 적용된다.

(3) 특별약관

① 재해보상책임특약과 사용자배상책임특약 중 어느 보험이든 하나 이상 기본 부가
　㉠ <u>재해보상책임특약</u> : 국내·해외·선원근로자의 업무상 재해에 대한 사용자의 법률상(근로기준법, 선원법) 제 보상을 담보하는 특약이며, 무과실책임주의를 적용한다. 해외·선원근재보험의 기본특약이고 국내근재보험의 경우 「산업재해보상보험법」상 적용제외 사업장이 그 가입 대상이 되나, 실무적으로 가입하는 경우는 흔하지 않다.
　㉡ <u>사용자배상책임특약</u> : 근로자의 업무상 재해에 대한 「근로기준법」, 「산재보험법」 또는 「선원법」 등에 따른 제 보상을 초과하는 사용자의 법률상 손해배상책임을 담보한다. 따라서 과실책임 법리와 사용자의 민사상 책임(사용자책임, 사용자안전배려의무위반, 사용자불법행위책임 등)에 기초한다. 국내근재보험은 사실상 재해보상책임특약이 적용되지 않고 사용자배상책임특약만으로 운영된다.

② 그 외 추가특약
　㉠ <u>재해보상확장 추가특약</u> : 재해보상책임특약의 보상수준을 「산업재해보상보험법」상의 수준에 맞도록 조정한 것으로 해외근재보험의 경우 기본담보로 되어 있다. 「산업재해보상보험법」 제121조 '국외사업에 대한 특례'에 따라 해외근재보험의 보험회사가 지급하는 보험급여는 「산업재해보상보험법」에 따른 보험급여보다 근로자에게 불이익해서는 안 되므로, 본 특약을 통해 급여수준을 조정한 것이다.

ⓛ <u>간병보상 추가특약</u> : 「산업재해보상보험법」상 간병급여의 수준과 근접한 보상이 이루어지는 특약으로서 해외근재보험의 경우 기본담보로 되어 있다.

ⓒ <u>비업무상 재해확장 추가특약</u> : 선원·해외근재보험에 부가되는 특약으로서, 선원·해외근로자는 업무가 종결된 후에도 선박 또는 해외의 제한된 지역으로 생활반경이 제한되고, 사업자의 영향력에 속하는 경우가 흔하므로 비업무 중 사고에 대해 보상할 필요가 있다. 선원·해외근재보험의 경우 자동 부가된다.

ⓔ <u>업무상 재해에 대한 제한보상 추가특약들</u> : 쿠웨이트 및 사우디아라비아 근로자가 업무 중 재해를 입은 경우, 해당 국가의 의무적인 재해보상보험에 의하여 보상받게 된다. 그러므로 업무상 재해에 대한 현지치료비 추가특약(쿠웨이트 근로자용) 및 현지휴업보상금 부보장 추가특약(사우디아라비아 근로자용)을 필수적으로 부가하여 해외근재보험의 보험금과 조정하도록 하고 있다.
  • 쿠웨이트 근로자용 : 비업무상 재해보상 및 업무상의 재해로 인한 국내치료비만을 보상
  • 사우디아라비아 근로자용 : 현지 사회보장법의 보상금을 제외하고 보상

ⓜ <u>해외취업선원 재해보상 추가특약</u> : 해외취업선원에 대해 행정적으로 가입이 강제되는 특약으로「해외취업선원 재해보상에 관한 규정」에 맞게 보상한다. 본 규정(해양수산부)은 「선원법」상 재해보상에 비하여 유족보상, 장제비, 장해보상에 관한 보상금을 특별히 규정하고 있으며, '현지 화장 또는 매장시 특별위로금'과 '실습선원 재해보상'에 관한 내용을 독자적으로 두고 있다.

ⓗ <u>산업재해보상보험 초과특약</u> : 「산업재해보상보험법」 또는 「재해보상확장 추가특약」에 의하여 보상이 이루어진 경우 장해급여, 유족급여에 대해 추가적으로 보상한다. '재해보상확장 추가특약'이 적용되어도 실제 산재급여에 미치지 못하는 경우가 있으므로 보상 수준을 조정하기 위함이다. 본 특약은 일반적으로 '재해보상책임특약'과 '재해보상확장 추가특약'이 부가된 근재보험에 한하여 추가할 수 있다.

ⓢ <u>전쟁위험특약</u> : 보통약관 면책사유에 해당하는 전쟁위험에 대한 보상이 가능하다.

ⓞ 보험료분할납입특약

ⓩ 적용환율특약

ⓧ 공동인수특약

ⓚ 날짜인식오류 부보장 추가특약

5. 적용사업장별 구분

(1) 국내사업장

국내근재보험에서 담보한다. ① 재해보상책임특약은 「산재보험법」의 적용제외 사업에 한하여 가입이 가능하며, ② 사용자배상책임특약은 제한이 없다. 실제적으로는 거의 대부분의 사업장이 산재보험에 가입되어 있기 때문에 재해보상책임특약은 해당이 없다.

(2) 해외사업장

해외근재보험에서 담보한다. 「산재보험법」 제121조에 의해 ① 재해보상책임특약과, ② 재해보상확장 추가특약, ③ 간병보상 추가특약의 가입이 강제되어 있으며, 가입시 ④ 사용자배상책임특약과, ⑤ 비업무상 재해확장특약이 자동 부가된다.

(3) 선박사업장

선박소유자가 가입한 선원근재보험에서 담보하며, ① 재해보상책임특약은 실질적으로 가입이 강제되어 있다. 가입시 ② 비업무상 재해확장 추가특약, 해외취업선원의 경우 ③ 해외취업선원 재해보상 추가특약이 필수적으로 부가된다.

(4) 직업훈련시설

직업훈련시설의 훈련생이 직업능력개발훈련 중에 입은 재해는 그 훈련을 실시하는 자가 가입한 직업훈련생보험으로 담보한다.

02   근재보험에서 보상하는 손해 ✢✢

1. 보통약관(의의)

(1) 보장내용(제1항)

회사는 피보험자의 근로자(단,「산업재해보상보험법」제125조의 특수형태근로종사자로서 이 법의 적용을 받는 자를 포함한다)에게 생긴 업무상의 재해로 인하여 피보험자가 부담하는 손해 를 이 약관 및 특별약관의 규정에 따라 보상한다.

(2) 사고발생기준증권의 적용(제2항)

'회사는 재해의 원인이 된 사실이 보험기간 중에 생긴 경우에 한하여 보상하여 드립니다'라는 문구를 통해 사고발생일자가 보험기간 이내일 것을 요구하고 있다.

2. 특별약관

특별약관의 성격에 맞게 구체적으로 정하고 있다.

1. 의 의

보험자는 다음과 같은 사유로 인하여 근로자가 입은 재해로 인한 손해(그러한 사유가 발생하지 않거나 또는 확대되지 않았을 손해를 포함한다)는 보상하지 않는다.

2. 보상하지 않는 손해

(1) 계약자, 피보험자의 고의 · 법령위반

① 상법상 고의 · 중과실 면책사유를 반영한 것이다.

② 피보험자가 법인인 경우 '그 이사 또는 법인의 업무를 집행하는 그 밖의 기관'의 고의 또는 법령위반을 포함한다(업무 집행권한에 있어서 피보험자의 대리인과 같기 때문이다).

③ 단순 고용된 자는 대리인으로 보지 않는다(부산지방법원 2009. 4. 8., 선고, 2008나18502, 판결).

> 선장의 고의 또는 법령위반에 의하여 선원이 업무상 재해를 당한 경우, 선장은 선박소유자에게 단순히 고용된 자에 불과하므로 법인의 업무를 집행하는 자로 볼 수 없어, 보험자는 면책을 주장할 수 없다.

(2) 근로자의 고의 또는 범죄행위, 무면허운전 · 음주운전으로 인한 손해

그 근로자가 입은 손해에 한한다.

(3) 피보험자의 원수급인, 하도급인 및 그들의 근로자에게 생긴 손해

보험계약을 맺을 때에 미리 정하여 이에 해당하는 보험료를 받았을 때에는 보상한다.

> 예 사업이 여러 차례 도급에 따라 행하여지는 경우에 대해서는 원수급인이 사용자로서 재해보상에 대한 책임을 지는 규정(근로기준법 제90조)과 건설업이 여러 차례의 도급에 의하여 시행되는 경우에 그 원수급인을 사업자로 보는 규정(보험료징수법 제9조 제1항)이 적용될 경우에는 피보험자가 이들 근로자에 대하여 사용자책임을 부담하는 경우가 흔히 발생한다.

(4) 피보험자가 아닌 다른 자에 의하여 사실상 고용되어 있는 동안에 생긴 손해

출장·파견 근무시 다른 사업자의 지휘감독 하에 발생한 재해는 보상하지 않는다.

(5) 지진, 분화 등의 천재지변

제한적 <u>엄격해석의 원칙</u>을 따른다. 따라서 열거한 지진, 분화, 해일이 모두 지각변동을 수반하고 있으므로 지각변동이 없는 사태는 천재지변으로 볼 수 없다. 예를 들어 홍수, 태풍, 폭풍우, 눈사태 등은 지각변동이 없으므로 보상대상이 되지만 지진해일(쓰나미)은 지각변동에 의한 천재지변이므로 보상하지 않는다. 그러나 보통약관에서 보상하는 손해에 해당하더라도 사용자배상책임특약에서는 사용자의 과실을 묻기 어려울 경우 면책될 것이다.

| 심화학습 |

엄격해석의 원칙

주로 사업자의 이익을 위한 면책약관을 엄격하고 제한적으로 해석하여 약관규정을 그것이 규정하고 있는 적용범위를 넘어서 확대 적용하는 것에 반대하는 해석원칙(축소해석의 원칙)이다. 예를 들어 약관에서 구체적인 사유를 열거하고, 후에 '그 밖의 경우' 또는 '그와 동일한' 등의 포괄적 문구를 두고 있는 경우에 그 문구는 선행한 사유와 동일 종류의 사유로 한정하여 해석하는 것이다. 이 원칙은 작성자 불이익원칙의 하부원칙으로 이해되기도 하는데, 약관규제법상 명문의 규정은 없으나, 대법원은 이 원칙을 약관 해석의 기본원칙으로서 받아들이고 있다. 판례 역시 면책약관의 중요한 해석원리로 채택하고 있다.

---

(6) 전쟁, 기타 이와 유사한 사태

재해보상책임특약은 사용자의 무과실책임을 묻고 있으므로 전쟁으로 인한 업무상 재해에 대하여 보상한다. 하지만 사용자배상책임특약은 사용자의 과실을 묻기 힘들다면 면책한다.

(7) 핵연료물질 손해

핵연료물질(사용된 연료를 포함) 또는 핵연료물질에 의하여 오염된 물질(원자핵분열 생성물을 포함)의 방사성, 폭발성 그 밖의 유해한 특성 또는 이들의 특성에 의한 사고로 생긴 손해는 보상하지 않는다.

1. 보통약관에서의 무효

일반적 손해보험의 경우 위험이 소멸되면 보험계약이 당연 종료되고 보험자가 그때까지의 보험료를 청구할 수 있지만, 근재보험에서는 위험의 소멸을 계약의 무효사유로 정함으로써 보험자는 보험계약자에게 기납입보험료 전액을 반환해야 한다.

2. 재해보상책임특약에서의 무효

계약을 맺을 때에 피보험자의 사업이 정부가 관장하는 산업재해보상보험의 의무가입대상인 경우(가입여부 불문) 계약을 무효로 한다. 또한 피보험자의 사업이 산재보험에 가입된 때에는 그때부터 효력이 상실된다. 본 특약은 산재에서 보상하지 않는 근로자에 대한 보험이므로 산재와의 중복보상을 피하기 위함이다.

3. 무효시 보험료 반환

(1) 보험계약자와 보험자의 선의인 경우

「민법」 제741조(부당이득의 내용), 제748조(수익자의 반환범위)에 의하여 보험자는 기납입보험료를 반환하여야 한다.

① 제741조(부당이득의 내용)

법률상 원인 없이 타인의 재산 또는 노무로 인하여 이익을 얻고 이로 인하여 타인에게 손해를 가한 자는 그 이익을 반환하여야 한다.

② 제748조(수익자의 반환범위)

㉠ 선의의 수익자는 그 받은 이익이 현존한 한도에서 전조(민법 제747조)의 책임이 있다.

㉡ 악의의 수익자는 그 받은 이익에 이자를 붙여 반환하고 손해가 있으면 이를 배상하여야 한다.

┤ 심화학습 ├

「민법」 제747조(원물반환불능한 경우와 가액반환, 전득자의 책임)

① 수익자가 그 받은 목적물을 반환할 수 없는 때에는 그 가액을 반환하여야 한다.

② 수익자가 그 이익을 반환할 수 없는 경우에는 수익자로부터 무상으로 그 이익의 목적물을 양수한 악의의 제삼자는 전항의 규정에 의하여 반환할 책임이 있다.

(2) 보험계약자의 고의 또는 중과실인 경우

「상법」 제648조에 따라 기납입보험료를 반환하지 않는다.

> ┤ 심화학습 ├
>
> 「상법」 제648조(보험계약의 무효로 인한 보험료반환청구)
> 보험계약의 전부 또는 일부가 무효인 경우에 보험계약자와 피보험자가 선의이며 중대한 과실이 없는 때에는 보험자에 대하여 보험료의 전부 또는 일부의 반환을 청구할 수 있다. 보험계약자와 보험수익자가 선의이며 중대한 과실이 없는 때에도 같다.

(3) 보험자의 고의 또는 과실

보험료 납입일 다음날부터 반환일까지 기간에 대하여 보험개발원이 공시하는 정기예금이율을 연 단위 복리로 계산한 금액을 이자로 더하여 지급한다(민법 제748조, 수익자의 반환범위).

(4) 인건비를 산정할 수 없는 경우

계약자의 귀책사유를 불문하고 경과한 기간 동안 발생한 인건비를 산정할 수 없는 경우에는 총 보험기간 일수에 대한 경과된 보험기간의 일수를 감안하여 산정한 금액을 반환한다.

1. 보통약관

(1) 손해방지의무

① '계약자 또는 피보험자(보험대상자)는 자기의 비용으로「근로기준법」또는「선원법」에 정한 안전 및 위생에 관한 규정과 그 밖의 재해방지에 관한 법령을 준수하여야 한다.' 따라서 사고 발생 이전부터 근로자의 안전·위생·재해방지를 위해 노력해야 한다는 점이「상법」의 손해 방지의무와 다르다. 그러나 이 역시 해태하였을 때의 규제조항은 없다.

② 재해가 생긴 때에는 계약자 또는 피보험자는 손해의 방지와 경감에 힘써야 한다. 만약 고의 또는 중대한 과실로 이를 게을리 한 때에는, 방지 또는 경감할 수 있었을 것으로 밝혀진 금액은 보상하지 아니한다.

③ 회사는 위 제2항의 손해방지 또는 경감에 소요된 필요 또는 유익한 비용을 보상한다.

(2) 보상한도

보상한도에 대해서는 별도의 규정이 없으므로,「상법」제680조를 적용한다. 따라서 보상하여야 하는 금액이 보험금액을 초과하더라도 보험자가 이를 부담한다.

2. 사용자배상책임특약 제4조

(1) 재해의 통지 및 이행의무

계약자 또는 피보험자(보험대상자)는 재해가 생긴 경우 지체 없이 회사에 알리고 아래 사항을 이행하여야 한다.

① 제3자로부터 손해의 배상을 받을 수 있는 경우 그 권리의 보전 및 행사에 필요한 절차를 밟는 일

② 손해배상책임의 전부 또는 일부를 승인하고자 할 때에는 미리 회사의 동의를 받는 일

③ 손해배상책임에 관하여 피보험자(보험대상자)가 소송을 제기하려고 할 때에는 미리 회사의 동의를 받는 일

④ 손해배상책임에 관한 소송을 받았을 때에는 회사에 서면으로 통지하는 일

(2) 이행의무를 하지 않은 경우

계약자 또는 피보험자(보험대상자)가 상당한 이유 없이 위 재해의 통지 및 이행의무 사항을 이행하지 아니한 경우 회사는 아래 손해의 전부 또는 일부를 보상하지 아니한다.

① 위 (1)의 ①의 경우 : 권리의 보전 또는 행사로서 경감할 수 있었다고 인정되는 손해

② 위 (1)의 ②의 경우 : 회사가 손해배상책임이 없다고 인정되는 손해

③ 위 (1)의 ③ 및 ④의 경우 : 소송비용과 회사가 손해배상책임이 없다고 인정되는 손해

3. 보험자의 사업장 조사

사업장의 환경은 보험료 산정에 중요한 영향을 미치므로 보험자는 이에 대해 보험기간 중 언제든지 조사할 수 있으며, 이는 보험자가 보험기간 중 변경되는 위험을 수시로 확인하여 보험료 산정에 반영하고, 사고발생시 정확한 손해사정을 위한 보험자 협조의무라고 볼 수 있다.

┤ 심화학습 ├

사업장 조사

① 회사는 보험기간 중 언제든지 피보험자(보험대상자)의 사업장과 재해방지를 위한 안전시설들을 조사할 수 있고 필요한 경우에는 그의 개선을 피보험자(보험대상자)에게 요청할 수 있다.

② 회사는 제1항에 따른 개선이 완료될 때까지 계약의 효력을 정지할 수 있다.

③ 회사는 이 계약의 중요사항과 관련된 범위 내에서는 보험기간 중 또는 회사에서 정한 보험금청구서류를 접수한 날로부터 1년 이내에는 언제든지 피보험자(보험대상자)의 임금대장, 취업규칙, 근로조건, 회계장부 등을 열람할 수 있다.

1. 보험금 청구와 지급

(1) 보험금 청구

피보험자(보험대상자)가 보험금을 청구할 때에는 다음의 서류를 회사에 제출하여야 한다.

① 보험금청구서

② 신분증(주민등록증 또는 운전면허증 등 사진이 부착된 정부기관발행 신분증, 본인이 아닌 경우에는 본인의 인감증명서 포함)

③ 손해배상금 및 그 밖의 비용을 지급하였음을 증명하는 서류

④ 회사가 요구하는 그 밖의 서류

(2) 보험금의 지급

① 회사는 보험금 청구를 받은 후 지체 없이 지급할 보험금을 결정하고 지급할 보험금이 결정되면 7일 이내에 이를 지급한다. 그러나 지급할 보험금이 결정되기 전이라도 피보험자 또는 피보험자의 근로자(이 보험에서 정한 업무상 재해 피해를 입은 근로자에 한한다)의 청구가 있을 때에는 회사가 추정한 보험금의 50% 상당액을 가지급보험금으로 지급한다.

② 회사는 지급보험금이 결정된 후 7일이 지나도록 보험금을 지급하지 아니하였을 때에는 지체된 날로부터 지급일까지 보험개발원이 매월 공시하는 1년 만기 정기예금이율을 연단위 복리로 계산한 금액을 지급한다. 그러나 피보험자 또는 피보험자의 근로자(이 보험에서 정한 업무상 재해를 입은 근로자에 한한다)의 책임 있는 사유로 지체된 경우에는 그러하지 아니하다.

③ 회사는 피보험자(보험대상자)가 서류 중 기재사항에 관하여 거짓으로 기재하거나 어떠한 사실을 숨겼을 경우에는 일체의 보험금을 지급하지 아니한다.

④ 계약자, 피보험자(보험대상자) 또는 이들의 대리인이 상당한 이유 없이 재해의 조사를 방해 또는 회피한 때에는 그 해당 손해는 보상하지 아니한다.

2. 보험금의 분담

책임한도분담조항(독립책임액 방식)을 적용한다.

┤ 심화학습 ├

보험금의 분담

① 이 계약에서 보장하는 위험과 같은 위험을 보장하는 다른 계약 [공제계약(각종 공제회에 가입되어 있는 계약)을 포함한다] 이 있을 경우 각 계약에 대하여 다른 계약이 없는 것으로 하여 각각 산출한 보상책임액의 합계액이 보상하는 손해에 따른 재해보상액을 초과할 때에는 회사는 아래와 같이 지급보험금을 계산한다.

> 재해보상액 × 이 계약에 의한 보험금 ÷ 다른 계약이 없는 것으로 하여 각각 계산한 보험금의 합계액

② 이 계약이 의무보험이 아니고 다른 의무보험이 있는 경우에는 다른 의무보험에서 보상되는 금액[피보험자(보험대상자)가 가입하지 않은 경우에는 보상될 것으로 추정되는 금액]을 차감한 금액을 손해액으로 간주하여 제1항에 의한 보상할 금액을 결정한다.
③ 피보험자(보험대상자)가 다른 계약에 대하여 보험금 청구를 포기한 경우에는 회사의 제1항에 의한 지급보험금 결정에는 영향을 미치지 아니한다.

3. 소멸시효

(1) 보험금청구권, 보험료 · 환급금반환청구권

① 보통약관

피보험자에게 손해배상책임이 발생한 때로부터 3년이다(「근로기준법」상 재해보상청구권의 기산점 적용).

② 사용자배상책임특약

근로복지공단에서 해당 보험금을 지급한 날로부터 기산한다.

(2) 피해자 직접청구권

보통약관에 명시적으로 규정된 바가 없으므로, 근로계약상 채무불이행책임의 소멸시효인 5년을 적용한다.

1. 의 의

보험금을 지급한 보험자가 보험의 목적(잔존물 대위) 또는 제3자(청구권 대위)에게 가지는 피보험자의 권리를 법률상 당연 취득하는 것을 말한다.

근재보험 보통약관에서 정하고 있는 대위권은 「상법」상 청구권대위에 해당한다. 청구권대위란 피보험자의 손해가 제3자의 행위로 인하여 생긴 경우에는 보험금액을 지급한 보험자가 그 지급한 금액의 한도에서 제3자에 대한 보험계약자 또는 피보험자의 권리를 취득하는 것을 말하는데, 「상법」에서는 '제3자에 대한 보험대위(상법 제682조)'라고 표현하고 있다.

2. 근재보험에서의 보험자대위

근재보험에서의 대위는 청구권대위를 의미한다. 즉, 피보험자의 손해에 책임이 있는 제3자에 대하여 갖는 피보험자의 권리를 보험자가 대위하는 것이다.

(1) 보통약관상 대위권

① 회사가 보험금을 지급한 때에(현물보상한 경우를 포함한다)에는 회사는 지급한 보험금의 한도 내에서 아래의 권리를 가진다. 다만, 회사가 보상한 금액이 피보험자(보험대상자)가 입은 손해의 일부인 경우에는 피보험자(보험대상자)의 권리를 침해하지 아니하는 범위 내에서 그 권리를 가진다.

㉠ 피보험자(보험대상자)가 제3자로부터 손해배상을 받을 수 있는 경우에는 그 손해배상 청구권

㉡ 피보험자(보험대상자)가 손해배상을 함으로써 대위 취득하는 것이 있을 경우에는 그 대위권

② 계약자 또는 피보험자(보험대상자)는 제1항에 의하여 회사가 취득한 권리를 행사하거나 지키는 것에 관하여 조치를 하여야 하며, 또한 회사가 요구하는 증거 및 서류를 제출하여야 한다.

③ 회사는 제1항, 제2항에도 불구하고 타인을 위한 보험계약의 경우에는 계약자에 대위권을 포기한다.

(2) 제3자의 범위

    ① 불법행위를 한 제3자(피보험자의 근로자 포함)

    ② 불법행위를 한 제3자에 대한 책임을 지는 자(예 사용자 책임)

    ③ 공동불법행위자

    ④ 공작물의 점유자·소유자 등

08 그 밖의 보통약관 내용 ✦

1. 의무보험과의 관계

① 회사는 이 약관에 한하여 보상하여야 하는 금액이 의무보험에서 보상하는 금액을 초과할 때에 한하여 그 초과액만을 보상한다. 다만, 의무보험이 다수인 경우에는 보험금 분담(독립책임액 방식)의 조항 내용을 따른다.

② 제1항의 의무보험은 피보험자가 법률에 의하여 의무적으로 가입하여야 하는 보험으로서 공제계약을 포함한다.

③ 피보험자가 의무보험에 가입하여야 함에도 불구하고 가입하지 않은 경우에는 그가 가입했더라면 의무보험에서 보상했을 금액을 제1항의 '의무보험에서 보상하는 금액'으로 본다.

2. 계약후 알릴의무

계약을 맺은 후 보험의 목적에 아래와 같은 사실이 생긴 경우에는 계약자나 피보험자는 지체없이 서면으로 회사에 알리고 보험증권에 확인을 받아야 한다.

① 청약서의 기재사항을 변경하고자 할 때 또는 변경이 생겼음을 알았을 때

② 이 계약에서 보장하는 위험과 동일한 위험을 보장하는 계약을 다른 보험자와 맺으려고 하든지 또는 이와 같은 계약이 있음을 알았을 때

③ 근로자 수 또는 임금 등의 변동이 있을 때

④ 위험이 뚜렷이 변경되거나 변경되었음을 알았을 때

제2과목 책임보험·근로자재해보상보험의 이론과 실무

CHAPTER 08 근로자재해보장책임보험 기본이론

01 적용법률 ✦

1. 「근로기준법」

(1) 의 의

헌법에 따라 근로조건의 기준을 정함으로써 근로자의 기본적 생활을 보장·향상시키며, 균형 있는 국민경제의 발전을 꾀하는 것을 목적으로 하는 법이다.

(2) 근재보험으로의 적용

① 근로자의 의미 적용

근재보험 약관에서는 '피보험자의 근로자에게 생긴 업무상 재해'를 보상한다고 정하고 있고, 여기서의 근로자는 「근로기준법」상의 근로자로 해석할 수 있다.

② 재해보상규정 적용

국내·해외 근재보험의 '재해보상책임특약'의 경우 「근로기준법」에 따른 제 보상을 시행하고, '사용자배상책임특약'에서 이를 초과하는 손해를 보상한다.

2. 「선원법」

(1) 의 의

선원의 직무, 복무, 근로조건의 기준, 직업안정, 복지 및 교육훈련에 관한 사항 등을 정함으로써 선내(船內) 질서를 유지하고, 선원의 기본적 생활을 보장·향상시키며, 선원의 자질 향상을 도모함을 목적으로 하는 법이다.

(2) 근재보험으로의 적용

① 가입강제

선박소유자로 하여금 선원에 대한 재해보상이 완전히 이행될 수 있도록 대통령령으로 정하는 보험 또는 공제에 가입을 강제하고 있다.

② 재해보상규정 적용

선원근재보험의 '재해보상책임특약'의 경우 「선원법」에 따른 제 보상을 시행하고, '사용자배상책임특약'에서 이를 초과하는 손해를 보상한다.

3. 「산재보험법」

(1) 의 의

산업재해보상보험 사업을 시행하여 근로자의 업무상의 재해를 신속하고 공정하게 보상하며, 재해근로자의 재활 및 사회 복귀를 촉진하기 위하여 이에 필요한 보험시설을 설치·운영하고, 재해 예방과 그 밖에 근로자의 복지 증진을 위한 사업을 시행하여 근로자 보호에 이바지하는 것을 목적으로 하는 법이다.

(2) 근재보험으로의 적용

① 국내근재보험의 사용자배상책임특약

국내 거의 모든 사업장이 산재보험가입에 강제되어 있으므로 이 경우 국내근재보험의 사용자배상책임특약은 「산재보험법」상 보상금액을 초과하는 손해를 보상하며, 「산재보험법」 면책사고의 경우에는 담보하지 않는다.

② '국외사업에 대한 특례' 조항

해외근재보험의 경우 그 보상수준이 「산재보험법」에 따른 보상보다 근로자에게 불이익할 수 없다(산재보험법 제121조 제2항). 재해보상책임 추가특약이나 간병보상 추가특약은 이러한 취지를 반영한 것이다.

4. 그 밖의 법률

(1) 「민법」

'사용자배상책임특약'과 관련하여 불법행위책임, 채무불이행책임, 사용자책임 등이 적용된다.

(2) 「약관규제법」

「약관규제법」은 사업자와 고객 사이에 사용되는 모든 종류의 약관을 규제하는 일반법이므로 보험자가 작성한 근재보험약관은 「약관규제법」의 적용을 받는다. '개별약정 우선의 원칙', '객관적·통일적 해석의 원칙', '작성자 불이익 해석의 원칙' 등의 적용이 그것이다.

(3) 「상법」

보험의 인수를 영업으로 하는 행위는 기본적 상행위에 속하므로 보험자가 보험계약자와 체결하는 상행위로서 「상법」이 적용된다. 특히 「상법」 제4편 '보험편'이 주로 적용된다.

(4) 「보험업법」

　　「보험업법」은 행정기관이 민영보험회사를 감독·규제하기 위한 법이다. 「상법」의 특별법으로서 「상법」에 우선하여 적용된다.

(5) 기타 사항

　　① 보험계약이 강행법규나 공서양속 또는 보험계약의 본질에 반하지 않는 한, 당사자 간의 특약과 보통약관의 내용을 가장 우선 적용한다.
　　② 보험업법 > 보험계약법 > 약관규제법 > 상법(계약법 외) > 상관습법 > 민법 > 관습법 순으로 적용한다.

1. 「근로기준법」상 근로재해보상책임

사업주는 그의 과실여부와 관계 없이 근로자의 '업무 중 재해'에 대하여 「근로기준법」상의 재해 보상책임을 지며, 이 경우 근재보험 담보대상에 해당한다.

2. 「근로기준법」 적용대상

(1) 적용대상

① 상시 5명 이상의 근로자를 사용하는 모든 사업 또는 사업장으로 일시적으로 5명이 되더라도 일정기간내 평균수가 5명이면 해당한다.

② 사업장은 사업(영리, 비영리 불문)을 영위하기 위해 사용하는 일체의 공간을 의미하는 것으로 공장, 사무소, 점포, 공사현장 등을 모두 사업장이라 할 수 있다.

③ '상시 5명'이란 상시고용상태에 있는 근로자가 5명 이상이라는 의미로 상시 근로자의 수에는 사용근로자와 일용직 단기 근로자, 동거 친족 근로자, 외국인 근로자를 모두 포함한다. 그러나 파견근로자나 사내도급근로자는 제외한다.

(2) 일부적용

영세사업자의 부담을 고려하여, 상시 4명 이하의 근로자를 사용하는 사업(장)에 대하여는 재해보상규정을 포함한 법의 일부를 적용한다.

(3) 적용제외 대상

① 동거하는 친족만을 사용하는 사업 또는 사업장

근로자가 모두 친족인 경우에는 지배종속관계가 아니므로 사생활보호를 고려하여 법적용을 제외한다.

② 가사사용인

사업자의 가사에만 종사하므로 사생활보호를 고려하여 법적용을 제외한다.

3. 「근로기준법」상 용어(제2조)

이 법에서 사용하는 용어의 뜻은 다음과 같다.

(1) 근로자

직업의 종류와 관계없이 임금을 목적으로 사업이나 사업장에 근로를 제공하는 사람을 말한다.

(2) 사용자

사업주 또는 사업 경영 담당자, 그 밖에 근로자에 관한 사항에 대하여 사업주를 위하여 행위하는 자를 말한다.

(3) 근 로

정신노동과 육체노동을 말한다.

(4) 근로계약

근로자가 사용자에게 근로를 제공하고 사용자는 이에 대하여 임금을 지급하는 것을 목적으로 체결된 계약을 말한다.

(5) 임 금

사용자가 근로의 대가로 근로자에게 임금, 봉급, 그 밖에 어떠한 명칭으로든지 지급하는 모든 금품을 말한다.

(6) 평균임금

이를 산정하여야 할 사유가 발생한 날 이전 3개월 동안에 그 근로자에게 지급된 임금의 총액을 그 기간의 총 일 수로 나눈 금액을 말한다. 근로자가 취업한 후 3개월 미만인 경우도 이에 준한다.

(7) 소정(所定)근로시간

근로시간의 범위에서 근로자와 사용자 사이에 정한 근로시간을 말한다.

(8) 단시간 근로자

1주 동안의 소정근로시간이 그 사업장에서 같은 종류의 업무에 종사하는 통상 근로자의 1주 동안의 소정근로시간에 비하여 짧은 근로자를 말한다.

「근로기준법」상 재해보상 규정 ✿✿✿

1. 요양보상

(1) 의 의

근로자가 업무상 부상 또는 질병(이하 '재해'라 함)에 걸리면 사용자는 그 비용으로 필요한 요양을 행하거나 필요한 요양비를 부담하여야 한다. 요양보상은 매월 1회 이상 하여야 한다.

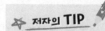

> ✑ **저자의 TIP**
>
> 재해보상 규정은 「근로기준법」 제8장(재해보상)에 규정되어 있다.

(2) 범 위

① 진 찰

② 약제 또는 진료 재료의 지급

③ 인공팔다리 또는 그 밖의 보조기의 지급

④ 처치, 수술, 그 밖의 치료비

⑤ 입 원

⑥ 간 병

⑦ 이 송

(3) 산재보험 요양급여와의 차이

「산재보험법」상 요양급여는 3일 이내의 요양으로 치유될 수 있는 경우 지급되지 않는다.

2. 휴업보상

(1) 의 의

요양 중에 있는 근로자에게 매월 1회 이상 하여야 한다.

① 평균임금 × 60%

② 해당기간에 대하여 임금의 일부를 받은 경우에는 '(평균임금 − 지급액) × 60%'

(2) 산재보험 휴업급여와의 차이

산재보험 휴업급여의 특징은 다음과 같다.

① 평균임금 × 70%

② 근로자의 중과실이어도 보상한다.

③ 휴업기간이 3일 이내일 경우 지급하지 않는다.

3. 장해보상

(1) 의 의

① 평균임금×장해등급에 해당하는 일수

② 기왕장해가 있을시 '(심해진 장해등급 일수 – 기존장해등급 일수)×평균임금'

③ 「근로기준법」상 '신체장해의 등급'에 해당하지 않을 경우에는 그 정도에 따라 등급표에 준하
여 장해보상을 한다.

(2) 산재보험 장해급여와의 차이

산재보험 장해급여의 특징은 다음과 같다.

① 장해등급기준 금액이 더 높다.

② 근로자의 중과실이어도 보상한다.

(3) 휴업보상과 장해보상의 예외

근로자가 중대한 과실로 업무상 재해를 입고 사용자가 그 과실에 대하여 노동위원회의 인정을
받을 경우 휴업보상과 장해보상을 하지 않는다.

4. 유족보상

(1) 의 의

평균임금×1,000일. 업무상 재해로 인한 사망시 지체 없이 유족에게 보상한다.

(2) 산재보험 유족급여와의 차이

산재보험 유족급여의 특징은 다음과 같다.

① 평균임금×1,300일

② '사망의 추정'에 대하여 「민법」의 실종선고, 인정사망을 적용하는 「근로기준법」과 달리, 「산
재보험법」은 아래와 같은 구체적 기준을 마련하고 있다.

┤ 심화학습 ├

「산재보험법」 제39조(사망의 추정)

① 사고가 발생한 선박 또는 항공기에 있던 근로자의 생사가 밝혀지지 아니하거나 항행(航行) 중인
선박 또는 항공기에 있던 근로자가 행방불명 또는 그 밖의 사유로 그 생사가 밝혀지지 아니하면
대통령령으로 정하는 바에 따라 사망한 것으로 추정하고, 유족급여와 장례비에 관한 규정을 적용한다.

② 공단은 제1항에 따른 사망의 추정으로 보험급여를 지급한 후에 그 근로자의 생존이 확인되면 그
급여를 받은 사람이 선의(善意)인 경우에는 받은 금액을, 악의(惡意)인 경우에는 받은 금액의 2배에
해당하는 금액을 징수하여야 한다.

---

5. 장례비

(1) 의 의
① 평균임금×90일
② 일반적으로 유족에게 지체 없이 지급된다. 그러나 장례의식을 위해 지출되는 실비변상적인 성질도 가지고 있어, 유족이 아니라고 해도 실제 장례를 치르고 그 경비를 부담하는 사람에게 지급할 수 있다.

(2) 산재보험 장례비와의 차이
산재보험 장례비의 특징은 다음과 같다.
① 평균임금×120일
② 유족이 아닐 경우 120일분 한도 내에서 실제비용을 지급한다.
③ 장례비가 고용노동부장관이 고시하는 최고 금액을 초과하거나 최저 금액에 미달하면 그 최고 금액 또는 최저 금액을 각각 장례비로 한다.

6. 일시보상

(1) 의 의
근로자의 요양이 2년 이상 지속될 경우 평균임금×1,340일분의 일시보상을 한 후, 「근로기준법」의 모든 보상책임을 면할 수 있다. 그러나 「민법」에 따른 손해배상책임(사용자책임)까지 면하는 것은 아니다.

(2) 산재보험과의 차이
산재보험에는 일시보상 조항이 없다.

7. 분할보상과 보상청구권

(1) 분할보상
사용자는 지급능력이 있는 것을 증명하고, 보상을 받는 사람의 동의를 받으면 장해보상, 유족보상, 일시보상에 따른 보상금을 1년에 걸쳐 분할보상 할 수 있다.

(2) 보상청구권
보상을 받을 권리는 퇴직으로 인하여 변경되지 아니하고, 양도나 압류하지 못한다.

8. 다른 손해배상과의 관계

보상을 받게 될 사람이 동일한 사유에 대하여 「민법」이나 그 밖의 법령에 따라 「근로기준법」의 재해보상에 상당한 금품을 받으면 그 가액의 한도에서 사용자는 보상의 책임을 면한다. 정신적인 위자료는 「근로기준법」상 재해보상 범위에 속하지 않는다.

근로자의 고의 · 중과실 ✿✿✿

1. 관계법령상 고의 · 중과실

(1) 「근로기준법」상 근로자의 중과실

「근로기준법」은 사용자(사업주)의 무과실책임이 적용된다. 그러나 「근로기준법」 제81조 '휴업보상과 장해보상의 예외'는 '근로자가 중대한 과실로 업무상 부상 또는 질병에 걸리고 또한 사용자가 그 과실에 대하여 노동위원회의 인정을 받으면 휴업보상이나 장해보상을 하지 아니하여도 된다' 라고 정하고 있다.

(2) 「산재보험법」상 근로자의 고의

「산재보험법」 역시 사업주의 무과실책임이 적용된다. 그러나 「산재보험법」 제37조 제2항은 '근로자의 고의 · 자해행위나 범죄행위 또는 그것이 원인이 되어 발생한 부상 · 질병 · 장해 또는 사망은 업무상의 재해로 보지 아니한다. 다만, 그 부상 · 질병 · 장해 또는 사망이 정상적인 인식능력 등이 뚜렷하게 낮아진 상태에서 한 행위로 발생한 경우로서 대통령령으로 정하는 사유가 있으면 업무상의 재해로 본다'라고 정하고 있다.

(3) 「선원법」과 근로자의 고의

「선원법」상 재해보상도 선박소유자의 무과실책임이 적용된다. 그러나 요양보상과 유족보상의 경우, 선원의 고의에 의한 부상이나 질병에 대하여 선박소유자가 선원노동위원회의 인정을 받아 보상하지 않을 수 있다.

(4) 「민법」과 근로자의 고의 · 과실

「민법」은 원칙적으로 과실책임주의에 의한다. 그러므로 근로자의 업무상 재해의 발생에 사용자의 고의 또는 과실이 없는 경우, 사용자가 민사상 손해배상책임을 부담하지 않는다.

2. 근재보험에서 근로자의 고의·중과실

(1) 보통약관의 면책사유

① 근로자의 고의 또는 범죄행위로 인하여 그 근로자가 입은 손해

② 근로자가 무면허운전 또는 음주운전 중에 그 근로자가 입은 손해

(2) 해외근재보험

보통약관이 적용된다. 따라서 휴업보상, 장해보상에 한하여 근로자의 중과실을 면책하는「근로기준법」과 차이가 있다.

(3) 선원근재보험

보통약관이 적용된다. 따라서 요양보상, 유족보상에 한하여 근로자의 고의사고를 면책으로 하는「선원법」의 보상기준과 차이가 있다.

(4) 사용자배상책임특약

사용자배상책임특약의 '보상하는 손해'에서는 '재해보상책임특약과「산재보험법」에 의한 급부가 이루어진 경우에 한하여 보상한다'라고 정하고 있다.

① 국내근재보험

근로자의 고의·범죄행위는「산재보험법」의 면책사유이므로 자동면책이고, 근로자의 음주·무면허로 인한 사고는「산재보험법」상 지급사유에 해당하지만 근재보험에서는 보통약관의 면책사유에 해당한다.

② 해외근재·선원근재보험

근로자의 고의·범죄행위·음주 및 무면허로 인한 재해는 기초배상책임보험인 재해보상책임특약에서 면책이므로 초과배상책임보험인 사용자배상책임특약에서도 면책이다.

근재보험의 「민법」상 책임 ✦✦✦

1. 의 의

근로자의 업무상 재해가 '사용자 또는 제3자'의 고의 또는 과실로 인하여 발생한 경우의 책임을 말한다.

2. 사용자의 고의 · 과실에 따른 책임

(1) 안전배려의무(보호의무)의 위반(채무불이행책임)

① 의 의

법규에 명문화된 의무가 아닌 판례와 학설에 의해 인정되는 의무로서, 사용자는 업무 중 근로자의 권리가 침해되지 않도록 노력해야 한다.

② 입증책임

㉠ 근로자의 입증책임 : 손해배상청구를 위하여 본인의 손해가 사용자의 의무위반으로 비롯되었다는 것을 입증하여야 한다.

㉡ 사용자의 입증책임 : 의무가 존재하지 않았거나, 의무이행 조치를 구체적으로 시행했다는 사실 또는 근로자의 과실이나 불가항력에 의한 손해라는 것을 입증하여야 한다.

(2) 불법행위책임

사용자의 지배 · 관리 밖에서 사용자의 고의 · 과실에 의한 손해인 경우 주로 불법행위책임을 적용할 수 있다.

3. 제3자의 고의 · 과실에 따른 손해배상책임

(1) 동료 근로자의 고의 · 과실

① 불법행위책임

가해근로자는 피해근로자에게 불법행위책임을 부담한다.

② 사용자책임

사용자가 피용자의 선임 및 그 사무 감독에 상당한 주의를 한 것이 아니라면 가해근로자 행위에 대해 부진정연대책임을 진다. 피해근로자에게 손해를 배상한 사용자는 가해근로자에게 구상권을 행사할 수 있다.

(2) 일반 제3자의 고의 · 과실

사용자는 본인의 무과실일 경우에도 「근로기준법」과 「산재보험법」에 따라 근로자의 업무상 재해에 대하여 보상책임을 진다. 피해근로자에게 손해를 배상한 사용자는 가해자인 제3자에게 구상권을 행사할 수 있다.

4. 「근로기준법」상 책임과의 관계

(1) 상호보완적 관계

① 「근로기준법」에서는 근로자가 동일한 사유로 타 법령에 따라 재해보상에 대한 금품을 받게 되면 그 가액의 한도 내에서 사용자는 보상책임을 면한다.

② 「민법」에서는 근로자의 손해가 「근로기준법」상 재해보상을 초과하는 경우 별도로 사용자에게 민사상 손해배상책임을 요구할 수 있다.

(2) 차이점

① 위자료

「근로기준법」상 재해보상에서는 위자료를 포함하지 않는다.

② 손해배상청구 요건

「근로기준법」은 사용자로서의 무과실책임주의를 따르며, 민사상 책임은 과실책임주의를 따른다.

1. 개 요

(1) 의 의

국가가 직접 운영하는 사회보험이며, 상시근로자 1인 이상 모든 국내사업장이 가입한다.

(2) 적용제외 대상

① 「공무원 재해보상법」 또는 「군인 재해보상법」에 따라 재해보상이 되는 사업. 다만, 「공무원 재해보상법」 제60조에 따라 순직유족급여 또는 위험직무순직유족급여에 관한 규정을 적용받는 경우는 제외한다.

② 「선원법」, 「어선원 및 어선 재해보상보험법」 또는 「사립학교교직원 연금법」에 따라 재해보상이 되는 사업

③ 가구내 고용활동

④ 농업, 임업(벌목업은 제외), 어업 및 수렵업 중 법인이 아닌 자의 사업으로서 상시근로자 수가 5명 미만인 사업

(3) 보험료 납부의무

① 산업재해보상보험료는 사업주가 전액 부담한다.

② 국민연금보험료ㆍ고용보험료ㆍ건강보험료(장기요양보험료)는 사업주와 직원이 1/2씩 부담한다.

2. 가입자ㆍ수급권자

(1) 가입자

① 당연가입

「산재보험법」의 적용을 받는 사업의 사업주가 가입자이다.

② 임의가입

「산재보험법」의 적용을 받지 않는 사업의 사업주는 근로복지공단의 승인을 받아 가입 가능하다.

③ 의제가입

    ㉠ 당연가입자가 사업규모의 변동 등으로 인해 적용제외 사업에 해당하게 될 경우, 그 날로부터 임의 가입한 것으로 본다.

    ㉡ 당연·임의 가입자가 그 사업의 운영 중에 근로자를 고용하지 않게 된 경우에는 그 날부터 1년의 범위 안에서 근로자를 사용하지 않은 기간 동안에도 산재보험에 가입한 것으로 본다.

(2) 수급권자

산재보험이 가입된 사업(장)에서 업무상 재해를 당한 근로자

3. 용어(산재보험법 제5조)

(1) 유 족

사망한 사람의 배우자(사실혼 관계 포함), 자녀, 부모, 손자녀, 조부모, 형제자매

(2) 치 유

부상 또는 질병이 완치되거나 치료의 효과를 더 이상 기대할 수 없고 그 증상이 고정된 상태

(3) 장 해

부상 또는 질병이 치유되었으나 정신적 또는 육체적 훼손으로 인하여 노동능력이 상실 또는 감소된 상태

(4) 중증요양상태

업무상의 부상 또는 질병에 따른 정신적 또는 육체적 훼손으로 노동능력이 상실되거나 감소된 상태로 그 부상 또는 질병이 치유되지 않은 상태

(5) 진 폐

분진을 흡입하여 폐에 생기는 섬유증식성 변화를 주된 증상으로 하는 질병

4. 심사청구 및 소송

(1) 방 법

근로자가 「산재보험법」상 보험급여에 이의가 있는 경우에는 근로복지공단의 산재보험 심사위원회에 심사청구하거나, 이후 재심사위원회에 재심사를 청구할 수도 있다. 심사·재심사와 관련한 결정은 행정처분의 효력을 가지며, 근로자는 심사 등을 거치지 않고 행정법원을 통하여 행정소송을 제기할 수도 있다.

(2) 「근로기준법」과의 비교

「근로기준법」의 경우 사용자에 의하여 재해보상이 이루어지지 않을 경우 벌칙의 대상이며, 근로자가 보상여부의 결정 및 보상수준 등에 이의가 있는 경우 고용노동부장관, 노동위원회의 심사·중재를 통하여 불복할 수 있다. 「근로기준법」상 심사·중재는 법적인 구속력이 없으며, 행정처분에도 해당하지 않는 단순한 권고사항일 뿐이다.

5. 특례

(1) 국외사업에 대한 특례

「산재보험법」에 따라 국외보험사업(해외근재보험)을 지정받은 보험회사는 자기의 계산으로 보험사업을 영위할 수 있다.

(2) 해외파견자에 대한 특례

공단에 보험가입 신청을 하여 승인을 받으면 「산재보험법」의 적용이 가능하다.

(3) 현장실습생에 대한 특례

「산재보험법」 적용 사업(장)에서 현장실습을 하고 있는 학생 및 직업훈련생 중 고용노동부장관이 정하는 현장실습생은 「산재보험법」을 적용함에 있어 그 사업(장)의 근로자로 보아, 그 현장실습생이 실습과 관련하여 입은 재해는 업무상의 재해로 인정한다.

(4) 중·소기업 사업주 등에 대한 특례

① 중·소기업 사업주(근로자를 사용하지 아니하는 자를 포함)는 공단의 승인을 받아 자기 또는 유족을 보험급여를 받을 수 있는 사람으로 하여 보험에 가입할 수 있다.

② 중·소기업 사업주의 배우자(사실상 혼인관계에 있는 사람을 포함) 또는 4촌 이내의 친족으로서 대통령령으로 정하는 요건을 갖추어 해당 사업에 노무를 제공하는 사람은 공단의 승인을 받아 보험에 가입할 수 있다.

③ 중·소기업 사업주 및 중·소기업 사업주의 배우자 또는 4촌 이내의 친족(이하 "중·소기업 사업주 등"이라 한다)은 「산재보험법」을 적용할 때에는 근로자로 본다.

(5) 특수형태근로종사자에 대한 특례

본 특례의 적용을 받은 보험설계사, 학습지교사 등의 근로자와 유사한 지위에 있는 자를 사용하는 사업은 「산재보험법」에 의한 사업으로 보고, 사업자와 근로자가 각각 보험료의 1/2씩 부담한다. 다만, 해당 근로자가 적용제외 신청을 한 경우에는 그러하지 아니하다.

(6) 기초생활수급자에 대한 특례

국민기초생활수급자가 국가 및 지방자치단체가 실시하는 자활사업에 의무적으로 참여하던 중에 재해를 입은 경우 「산재보험법」을 적용한 근로자로 간주하여 보상한다.

6. 「근로기준법」과의 관계

(1) 상호병존

산재보험에 의한 보상을 받을 경우, 보험가입자는 그 한도 내에서 「근로기준법」상의 보상책임을 면한다.

(2) 보험급여 차이

「근로기준법」상의 내용과 거의 비슷하나, 일시보상 대신 상병보상연금이 규정되어 있는 점, 특별급여제도가 있는 점 등이 다르다.

7. 근재보험과의 관계

(1) 근재보험의 적용

근재보험과 산재보험 모두 각각 타 법령에 따라 재해보상을 받을 경우 그 한도 내에서 책임을 면한다고 규정하고 있으므로 상호보완적 관계에 있다. 만약 재해보상 사유가 중복될 경우, 산재보험의 강제성을 이유로 산재보험의 선보상을 인정한 판례가 있다.

(2) 사용자배상책임특약의 적용

사용자배상책임특약은 '재해보상책임특약 및 재해보상 관련법령'에 따라 보상되는 재해보상금액을 초과하여 피보험자가 법률상 손해배상책임을 부담함으로써 입은 손해를 보상한다. 따라서 특별법에 따른 「산재보험법」 적용제외 사업의 경우에도 해당 특별법에 따라 재해보상이 이루어진 경우에는 사용자배상책임특약의 담보대상이 된다. 그러나 중소기업사업자나 기초생활수급자의 경우 특례를 통해 산재보험에서 보상을 받을 수 있을 뿐이지 약관상 근로자에는 해당하지 않기 때문에 사용자배상책임특약의 담보대상이 아니다.

구 분		「근로기준법」	「산재보험법」
적용범위		① 상시 5인 이상의 근로자를 사용하는 모든 사업(장). 다만, 동거 친족만을 사용하는 사업(장), 가사사용인에 대해서는 적용하지 않는다. ② 4인 이하의 사업장에 대하여 일부를 적용한다.	대부분의 국내사업자에 적용(대통령령으로 정한 일부사업을 제외)한다.
대응보험		근로자재해보상책임보험(WC)	산업재해보상보험
성 격		임의성	강제성
보상내용	요양급여	치료비	좌동(비급여 항목에서 차이 有)
	휴업급여	평균임금 60%	평균임금 70%
	장해급여	• 평균임금 × 50일(14급)~1,340일(1급) • 139항목	• 평균임금 × 55일(14급)~1,474일(1급) • 175항목
	유족보상	평균임금 1,000일	평균임금 1,300일
	장례비	평균임금 90일	평균임금 120일
	일시보상	평균임금 1,340일	–
	간병급여	–	상시간병급여, 수시간병급여
	직업재활 급여		재해를 입은 근로자의 직업훈련비용과 훈련수당 지원
	상병연금 보상	「근로기준법」의 재해보상은 연금지급 방식이 없다.	① 근로자가 요양 이후 2년이 경과된 때, 폐질상태가 3급 이상이 된 경우 휴업급여에 갈음하여 지급 ② 일시보상을 연금형식으로 지급 ③ 「근로기준법」상 휴업보상을 대체하거나 보완하는 성격을 가지므로 휴업보상과 중복보상 및 조정의 대상이 된다.
	장해·유족 특별급여	–	① 사업자의 고의·과실에서 비롯된 업무상 재해로 근로자가 일정한 장해를 입거나 사망한 경우에 민사상 손해배상청구에 갈음하여 장해특별급여 또는 유족특별급여를 지급할 수 있다. ② 사용자에게 구상할 수 있다.

1. 근로자의 정의

임금을 목적으로 노무를 제공하는 자로서 근로계약을 체결하고 업무수행에 있어 사용자의 지휘, 감독을 받는 종속적 지위에 있는 자를 근로자라 한다.

2. 종속적 지위에 대한 판단기준

① 사용자가 정한 업무와 규정을 행하고, ② 그 과정에서 사용자의 지휘·감독을 받으며, ③ 근로제공관계의 계속성과 전속성 유무, ④ 법령상 근로자에 해당하는지 등을 종합적으로 고려하여 판단한다.

3. 근로자 여부에 대한 판단

구 분	근로자 인정 여부	예외 조건
도급계약의 수급인, 위탁계약의 수임인(법인대표, 업무집행사원 등 포함), 임가공자 등	원칙 : × 예외 : ○	실질적으로 지휘, 감독을 받으며 보수나 임금을 받는지가 중요하다.
일용근로자	원칙 : × 예외 : ○	일급을 받고 노무를 제공하는 자를 말하며, 그 노무 제공이 계속적·반복적인 계약관계이면 인정한다.
실습생	×	교육을 위한 위탁관계이므로 근로자가 아니다.
아르바이트생	○	–
연예인	○	전속계약을 맺고 출연료를 받는 관계이면 근로자로 보아야 한다.
공동사업자	원칙 : × 예외 : ○	원칙적으로는 사용자이다. 그러나 다른 사업자의 지휘, 감독을 받고 보수를 받는 경우에는 근로자로 인정할 수 있다.
불법취업근로자	○	입국은 불법이지만 근로자에 해당한다.
학습지 상담교사, 골프장캐디, 학원강사, 유흥접대부, 보험모집인	×	–

1. 의 의

① 보험설계사, 학습지교사 등과 같이 사용자에게 완벽히 종속되지 않고 업무를 수행하는 근로자와 유사한 지위에 있는 자를 말하다.

② 「근로기준법」의 경우 근로자로 인정하고 있지 않으며, 「산재보험법」의 경우 일정한 조건 하에서 인정하고 있다.

2. 「산재보험법」상 특수형태근로종사자

(1) 특수형태근로종사자의 정의(제125조 제1항 특수형태근로종사자에 대한 특례)

계약의 형식에 관계 없이 근로자와 유사하게 노무를 제공함에도 「근로기준법」 등이 적용되지 아니하여 업무상의 재해로부터 보호할 필요가 있는 사람으로서 다음의 모두에 해당하는 사람 중 대통령령으로 정하는 직종에 종사하는 자(이하 "특수형태근로종사자"라 한다)의 노무(勞務)를 제공받는 사업은 제6조(적용범위)에도 불구하고 「산재보험법」의 적용을 받는 사업으로 본다.

① 주로 하나의 사업에 그 운영에 필요한 노무를 상시적으로 제공하고 보수를 받아 생활할 것

② 노무를 제공함에 있어서 타인을 사용하지 아니할 것

(2) 범 위

① 보험을 모집하는 사람

  ㉠ 보험설계사

  ㉡ 우체국보험의 모집을 전업으로 하는 사람

② 건설기계를 직접 운전하는 사람

③ 학습지 방문강사, 교육 교구 방문강사 등 회원의 가정 등을 직접 방문하여 아동이나 학생 등을 가르치는 사람

④ 골프장에서 골프경기를 보조하는 골프장캐디

⑤ 택배사업에서 집화 또는 배송 업무를 하는 택배원

⑥ 퀵서비스업자로부터 업무를 의뢰받아 배송 업무를 하는 사람

⑦ 대출모집인

⑧ 신용카드회원 모집인

⑨ 대리운전업자로부터 업무를 의뢰받아 대리운전 업무를 하는 사람

제2과목 책임보험ㆍ근로자재해보상보험의 이론과 실무

⑩ 방문판매원 또는 후원방문판매원으로서 고용노동부장관이 정하는 기준에 따라 상시적으로 방문판매업무를 하는 사람

⑪ 대여 제품 방문점검원

⑫ 가전제품 설치 및 수리원으로서 가전제품을 배송, 설치 및 시운전하여 작동상태를 확인하는 사람

⑬ 화물차주로서 다음의 어느 하나에 해당하는 사람
  ㉠ 안전운임이 적용되는 수출입 컨테이너를 운송하는 사람
  ㉡ 안전운임이 적용되는 시멘트를 운송하는 사람
  ㉢ 피견인자동차 또는 일반형 화물자동차로 안전운송원가가 적용되는 철강재를 운송하는 사람
  ㉣ 일반형 화물자동차 또는 특수용도형 화물자동차로 위험물질을 운송하는 사람

(3) 「산재보험법」의 적용과 적용제외

① 특수형태근로자는 「산재보험법」이 적용될 경우(사업자와 각각 보험료의 1/2를 분담하여 납입함으로써 가입한 경우) 그 사업의 근로자로 본다. 그러나 특수형태근로종사자가 법의 적용제외 신청을 한 경우에는 근로자에 해당하지 않는다.

② 특수형태근로종사자가 다음의 어느 하나의 사유(이하 "적용제외 사유"라 한다)에 해당하는 경우에는 특수형태근로종사자 또는 사업주는 보험료징수법으로 정하는 바에 따라 공단에 「산재보험법」의 적용제외를 신청할 수 있다.
  ㉠ 특수형태근로종사자가 부상·질병, 임신·출산·육아로 1개월 이상 휴업하는 경우
  ㉡ 사업주의 귀책사유에 따라 특수형태근로종사자가 1개월 이상 휴업하는 경우
  ㉢ 그 밖에 ㉠ 또는 ㉡에 준하는 사유로서 대통령령으로 정하는 경우

③ 특수형태근로종사자 또는 사업주가 「산재보험법」의 적용제외를 신청하여 공단이 이를 승인한 경우에는 신청한 날의 다음 날부터 「산재보험법」을 적용하지 아니한다.

④ 「산재보험법」의 적용을 받지 아니하는 사람이 적용제외 사유에 해당하지 아니하게 된 경우에는 해당 사유가 소멸한 날부터 「산재보험법」을 적용한다. 이 경우 특수형태근로종사자 또는 사업주는 「보험료징수법」으로 정하는 바에 따라 공단에 적용제외 사유의 소멸 사실을 알려야 한다.

(4) 업무상 재해의 인정

특수형태근로종사자에 대한 업무상 재해의 인정은 「산재보험법」상 근로자에 대한 업무상 재해의 인정기준과 같다.

3. 근재보험에서의 특수형태근로종사자

약관상 근로자란 '「근로기준법」 적용 근로자(단, 「산재보험법」 제125조의 특수형태근로자로서 이 법의 적용을 받는 자 포함)'라고 명시하고 있다.

1. 의 의

근재보험의 담보요건으로서 업무행위로 인한 근로자의 부상, 질병, 장해 또는 사망을 말한다.

2. 업 무

사업주의 지휘, 감독 하에 근로자가 본래 행하여야 할 업무로서 구체적인 내용은 근로계약이나, 취업규칙, 사업장내 관행, 관습 등으로 정한다. 또한 본래 담당 업무 이외에 아래와 같은 행위도 포함한다.

① 담당업무의 개시, 수행을 위해 필요한 행위와 부수 행위(음료수 마시는 행위 포함)

② 관습상 또는 객관적으로 업무의 일부인 행위(심부름 포함)

③ 사업 경영상 필요한 행위(회사 대표로 대외경기 출전 포함)

3. 업무상 재해의 판단

(1) 업무수행성

근로자가 사용자의 지휘, 통제 하에서 업무를 수행하는 것으로, 대체로 업무수행성이 인정되면 업무기인성도 인정된다.

(2) 업무기인성

업무와 재해로 인한 상병 사이에 상당인과관계가 성립되는지 여부를 말한다.

(3)「산재보험법」상 기준

① 업무상 재해의 인정기준

근로자가 다음의 어느 하나에 해당하는 사유로 부상, 질병, 장해, 사망이 발생하였을 경우 업무상 재해로 본다. 다만, 업무와 재해 사이에 상당인과관계가 없는 경우에는 그러하지 아니하다.

㉠ 업무상 사고

• 근로자가 근로계약에 따른 업무나 그에 따르는 행위를 하던 중 발생한 사고

• 사업주가 제공한 시설물 등을 이용하던 중 그 시설물 등의 결함이나 관리소홀로 발생한 사고

- 사업주 주관 또는 지시에 의해 참여한 행사 또는 행사준비 중 발생한 사고
- 휴게시간 중 사업주의 지배관리 하에 있다고 볼 수 있는 행위로 발생한 사고
- 그 밖에 업무와 관련하여 발생한 사고

ⓛ 업무상 질병
- 업무수행 과정에서 물리적 인자(因子), 화학물질, 분진, 병원체, 신체에 부담을 주는 업무 등 근로자의 건강에 장해를 일으킬 수 있는 요인을 취급하거나 그에 노출되어 발생한 질병
- 업무상 부상이 원인이 되어 발생한 질병
- 직장내 괴롭힘, 고객의 폭언 등으로 인한 업무상 정신적 스트레스가 원인이 되어 발생한 질병
- 그 밖에 업무와 관련하여 발생한 질병

ⓒ 출퇴근 재해
- 사업주가 제공한 교통수단이나 그에 준하는 교통수단을 이용하는 등 사업주의 지배관리하에서 출퇴근하는 중 발생한 사고
- 그 밖에 통상적인 경로와 방법으로 출퇴근하는 중 발생한 사고

② 업무상 재해의 불인정
ⓐ 근로자의 고의·자해행위나 범죄행위 또는 그것이 원인이 되어 발생한 부상·질병·장해 또는 사망은 업무상의 재해로 보지 아니한다. 다만, 그 부상·질병·장해 또는 사망이 정상적인 인식능력 등이 뚜렷하게 낮아진 상태에서 한 행위로 발생한 경우로서 대통령령으로 정하는 사유가 있으면 업무상의 재해로 본다.
ⓑ 출퇴근 경로 일탈 또는 중단이 있는 경우에는 해당 일탈 또는 중단 중의 사고 및 그 후의 이동 중의 사고에 대하여는 출퇴근 재해로 보지 아니한다. 다만, 일탈 또는 중단이 일상생활에 필요한 행위로서 대통령령으로 정하는 사유가 있는 경우에는 출퇴근 재해로 본다.
ⓒ 출퇴근 경로와 방법이 일정하지 아니한 직종으로 대통령령으로 정하는 경우에는 출퇴근 재해를 적용하지 아니한다.

4. 구체적 예

(1) 업무수행 중의 사고
① 근로자가 다음의 어느 하나에 해당하는 행위를 하던 중에 발생한 사고는 업무상 사고로 본다.
ⓐ 근로계약에 따른 업무수행 행위
ⓑ 업무수행 과정에서 하는 용변 등 생리적 필요 행위
ⓒ 업무를 준비하거나 마무리하는 행위, 그 밖에 업무에 따르는 필요적 부수행위
ⓓ 천재지변·화재 등 사업장 내에 발생한 돌발적인 사고에 따른 긴급피난·구조행위 등 사회통념상 예견되는 행위

② 근로자가 사업주의 지시를 받아 사업장 밖에서 업무를 수행하던 중에 발생한 사고는 업무상 사고로 본다. 다만, 사업주의 구체적인 지시를 위반한 행위, 근로자의 사적(私的) 행위 또는 정상적인 출장 경로를 벗어났을 때 발생한 사고는 업무상 사고로 보지 않는다.

③ 업무의 성질상 업무수행 장소가 정해져 있지 않은 근로자가 최초로 업무수행 장소에 도착하여 업무를 시작한 때부터 최후로 업무를 완수한 후 퇴근하기 전까지 업무와 관련하여 발생한 사고는 업무상 사고로 본다.

(2) 시설물 등의 결함 등에 따른 사고

① 사업주가 제공한 시설물, 장비 또는 차량 등(이하 "시설물 등"이라 한다)의 결함이나 사업주의 관리 소홀로 발생한 사고는 업무상 사고로 본다.

② 사업주가 제공한 시설물 등을 사업주의 구체적인 지시를 위반하여 이용한 행위로 발생한 사고와 그 시설물 등의 관리 또는 이용권이 근로자의 전속적 권한에 속하는 경우에 그 관리 또는 이용 중에 발생한 사고는 업무상 사고로 보지 않는다.

(3) 행사 중의 사고

운동경기·야유회·등산대회 등 각종 행사에 근로자가 참가하는 것이 사회통념상 노무관리 또는 사업운영상 필요하다고 인정되는 경우로서 다음의 어느 하나에 해당하는 경우에 근로자가 그 행사에 참가(행사 참가를 위한 준비·연습을 포함한다)하여 발생한 사고는 업무상 사고로 본다.

① 사업주가 행사에 참가한 근로자에 대하여 행사에 참가한 시간을 근무한 시간으로 인정하는 경우

② 사업주가 그 근로자에게 행사에 참가하도록 지시한 경우

③ 사전에 사업주의 승인을 받아 행사에 참가한 경우

④ 그 밖에 ① ~ ③의 규정에 준하는 경우로서 사업주가 그 근로자의 행사 참가를 통상적·관례적으로 인정한 경우

(4) 특수한 장소에서의 사고

사회통념상 근로자가 사업장 내에서 할 수 있다고 인정되는 행위를 하던 중 태풍·홍수·지진·눈사태 등의 천재지변이나 돌발적인 사태로 발생한 사고는 근로자의 사적 행위, 업무 이탈 등 업무와 관계없는 행위를 하던 중에 사고가 발생한 것이 명백한 경우를 제외하고는 업무상 사고로 본다.

(5) 요양 중의 사고

업무상 부상 또는 질병으로 요양을 하고 있는 근로자에게 다음의 어느 하나에 해당하는 사고가 발생하면 업무상 사고로 본다.

① 요양급여와 관련하여 발생한 의료사고

② 요양 중인 산재보험 의료기관(산재보험 의료기관이 아닌 의료기관에서 응급진료 등을 받는 경우에는 그 의료기관을 말한다) 내에서 업무상 부상 또는 질병의 요양과 관련하여 발생한 사고

③ 업무상 부상 또는 질병의 치료를 위하여 거주지 또는 근무지에서 요양 중인 산재보험 의료기관으로 통원하는 과정에서 발생한 사고

(6) 제3자의 행위에 따른 사고

제3자의 행위로 근로자에게 사고가 발생한 경우에 그 근로자가 담당한 업무가 사회통념상 제3자의 가해행위를 유발할 수 있는 성질의 업무라고 인정되면 그 사고는 업무상 사고로 본다.

(7) 출퇴근 중의 사고

근로자가 출퇴근하던 중에 발생한 사고가 다음의 요건에 모두 해당하면 출퇴근 재해로 본다.

① 사업주가 출퇴근용으로 제공한 교통수단이나 사업주가 제공한 것으로 볼 수 있는 교통수단을 이용하던 중에 사고가 발생하였을 것

② 출퇴근용으로 이용한 교통수단의 관리 또는 이용권이 근로자 측의 전속적 권한에 속하지 아니하였을 것

11 | 업무상 질병 ✦✦

1. 의 의

업무행위로 인해 발생한 질병으로, ① 사고성 질병(재해로 인한)과 ② 직업성 질병으로 구분한다.

2. 「근로기준법」

「근로기준법」은 업무상 질병의 범위를 구체적으로 열거하고 있다(열거주의).

3. 「산재보험법」

(1) 직업성 질병(업무상 부상이 원인이 되지 않은 질병)

　① 의 의

　　업무수행 과정에서 물리적 인자, 화학물질, 분진, 병원체, 신체에 부담을 주는 업무 등 근로자의 건강에 장해를 일으킬 수 있는 요인을 취급하거나 그에 노출되어 발생한 질병이다.

　② 업무상 질병의 요건

　　근로자가 「근로기준법」의 업무상 질병의 범위에 속하는 질병에 걸린 경우(임신 중인 근로자가 유산·사산 또는 조산한 경우를 포함) 다음의 요건 모두에 해당하면 업무상 질병으로 본다.

　　㉠ 근로자가 업무수행 과정에서 유해·위험요인을 취급하거나 유해·위험요인에 노출된 경력이 있을 것

　　㉡ 유해·위험요인을 취급하거나 유해·위험요인에 노출되는 업무시간, 그 업무에 종사한 기간 및 업무 환경 등에 비추어 볼 때 근로자의 질병을 유발할 수 있다고 인정될 것

　　㉢ 근로자가 유해·위험요인에 노출되거나 유해·위험요인을 취급한 것이 원인이 되어 그 질병이 발생하였다고 의학적으로 인정될 것

(2) 업무상 부상이 원인이 되어 발생한 질병

　업무상 부상을 입은 근로자에게 발생한 질병이 다음의 요건 모두에 해당하면 업무상 질병으로 본다.

　① 업무상 부상과 질병 사이의 인과관계가 의학적으로 인정될 것

　② 기초질환 또는 기존 질병이 자연발생적으로 나타난 증상이 아닐 것

(3) 그 밖에 업무와 관련하여 발생한 질병

제2과목

책임보험·근로자재해보상보험의 이론과 실무

12 임금 ✦✦

1. 의의

사용자가 근로의 대가로 근로자에게 임금, 봉급, 그 밖에 어떠한 명칭으로든지 지급하는 일체의 금품을 말한다(근로기준법 제2조 제1항 제5호). 무상으로 제공되는 식사, 사택, 자사주식 등도 임금에 포함된다.

2. 근로의 대가성

근로의 대가가 아닌 일시적, 손해배상적 급여는 해당하지 않는다. 복리후생비의 경우 일률적, 계속적으로 지급된다면 임금에 포함된다(대법원 2013. 12. 18., 선고, 2012다89399, 전원합의체 판결).

3. 지급 관련 「근로기준법」 규정

(1) 제43조(임금 지급)

① 임금은 통화(通貨)로 직접 근로자에게 그 전액을 지급하여야 한다. 다만, 법령 또는 단체협약에 특별한 규정이 있는 경우에는 임금의 일부를 공제하거나 통화 이외의 것으로 지급할 수 있다.

② 임금은 매월 1회 이상 일정한 날짜를 정하여 지급하여야 한다. 다만, 임시로 지급하는 임금, 수당, 그 밖에 이에 준하는 것 또는 대통령령으로 정하는 임금에 대하여는 그러하지 아니하다.

(2) 제49조(임금의 시효)

「근로기준법」에 따른 임금채권은 3년간 행사하지 아니하면 시효로 소멸한다.

(3) 제68조(임금의 청구)

미성년자는 독자적으로 임금을 청구할 수 있다.

4. 임금채권의 우선변제(근로기준법 제38조)

임금, 재해보상금, 그 밖에 근로관계로 인한 채권은 사용자의 총 재산에 대하여 '질권·저당권 또는 동산·채권 등의 담보에 관한 법률에 따른 담보권에 따라 담보된 채권' 외에는 조세·공과금 및 다른 채권에 우선하여 변제되어야 한다. 다만, '질권·저당권 또는 동산·채권 등의 담보에 관한 법률에 따른 담보권에 따라 담보된 채권'에 우선하는 조세·공과금에 대하여는 그러하지 아니하다. 그럼에도 불구하고 ① 최종 3개월분의 임금, ② 재해보상금은 최우선적으로 변제되어야 한다.

1. 의 의

사용자가 근로자의 노동력에 대하여 정하는 가치액 또는 평가액으로서, 「근로기준법 시행령」
제6조 제1항에서 통상임금은 근로자에게 정기적이고 일률적으로 소정근로 또는 총 근로에 대하
여 지급하기로 정한 시간급·일급·주급·월급 금액 또는 도급 금액이라 정하고 있다. 평균임금
이 실제로 지급된 임금이라면 통상임금은 소정근로시간에 대하여 지급하기로 정한 임금액이다.

2. 요 건

(1) 사용자에게 지급의무 존재

지급의무는 노동관행으로도 인정되면 충분하다.

(2) 정기적, 고정적, 일률적으로 지급

① 정기적

기존에는 1임금 산정기간(예 1월)을 기준으로 판단하였으나, 통상임금의 성질을 갖출 임금이
1개월을 넘는 기간마다 정기적으로 지급되었다면 그 지급주기가 1개월을 넘는다는 사정만으
로는 통상임금에서 제외할 수는 없다(대법원 2014. 8. 28., 선고, 2013다74363, 판결). 예를
들어 체력단련비, 월동보조비, 고정상여금, 정기상여금 등도 통상임금에 해당할 수 있다(대
법원 2012. 3. 29., 선고, 2010다91046, 판결).

② 고정적

'근로자가 제공한 근로에 대하여 그 업적, 성과 기타의 추가적인 조건과 관계 없이 당연히
지급될 것이 확정되어 있는 성질'을 말하고, '고정적인 임금'은 임금의 명칭 여하를 불문하고
임의의 날에 소정근로시간을 근무한 근로자가 그 다음 날 퇴직한다 하더라도 그 하루의 근로
에 대한 대가로 당연하고도 확정적으로 지급받게 되는 최소한의 임금'이다.
근로자가 소정근로를 제공하더라도 추가적인 조건을 충족하여야 지급되는 임금이나 그 조건
충족 여부에 따라 지급액이 변동되는 임금 부분은 고정성을 갖춘 것이라고 할 수 없다(대법
원 2013. 12. 18., 선고, 2012다89399, 전원합의체 판결).

③ 일률적

모든 근로자에게 지급되는 것뿐만 아니라 '일정한 조건 또는 기준에 달한 모든 근로자'에게
지급되는 것도 포함한다(대법원 2005. 9. 9., 선고, 2004다41217, 판결). 그러므로 근속수당
이 일정한 근로연수에 달한 자에게 근무성적과 관계 없이 고정적으로 지급되는 것이라면
통상임금에 해당한다(대법원 2013. 12. 18., 선고, 2012다89399, 전원합의체 판결).

일정 범위의 모든 근로자에게 지급된 임금이 일률성을 갖추고 있는지 판단하는 잣대인 '일정한 조건 또는 기준'은 통상임금이 소정근로의 가치를 평가한 개념이라는 점을 고려할 때, 작업내용이나 기술, 경력 등과 같이 소정근로의 가치 평가와 관련된 조건이어야 한다(대법원 2013. 12. 18., 선고, 2012다89399, 전원합의체 판결).

(3) 포함과 불포함의 예

① 포함되는 급여

정기상여금의 경우 근로자에게 1개월을 초과하는 기간마다 정기적으로 지급되는 경우 통상임금에 포함된다.

② 포함되지 않는 급여

㉠ 연장근로수당, 야간수당 등(비정기적, 비일률적)

㉡ 명절휴가비, 하계휴가비, 김장보너스(비고정성) : 특정 시점에 재직 중인 근로자에게만 지급하는 경우 고정성 불충족. 다만, 퇴직자에게도 근무일수에 비례해 지급하는 경우에는 통상임금으로 볼 수 있다.

3. 통상임금의 용도

① 「근로기준법」에 따라 휴업수당, 해고예고수당, 연장·야간·휴일근로가산수당, 연차유급휴가수당 등의 지급에 대한 기초자료이다.

② 최저임금의 판단기준이다.

┤ 심화학습 ├

「근로기준법」상 휴업수당

사용자의 귀책사유로 휴업하는 경우, 사용자는 휴업기간 동안 그 근로자에게 통상임금액을 한도로 하여 평균임금의 70% 이상의 수당을 지급하여야 한다.

4. 통상임금과 노사합의

「근로기준법」상 통상임금에 속하는 임금을 통상임금에서 제외하기로 노사 간에 합의하였다 하더라도 그 합의는 효력이 없다(대법원 2013. 12. 18., 선고, 2012다89399, 전원합의체 판결). 다만, 근로자가 합의의 무효를 주장하면서 노사가 합의한 임금수준을 훨씬 초과하는 예상 외의 이익을 추구하고 그로 말미암아 사용자에게 예측하지 못한 새로운 재정적 부담을 지워 중대한 경영상의 어려움을 초래하거나 기업의 존립을 위태롭게 한다면 정의와 형평 관념에 비추어 신의에 현저히 반하므로 받아들일 수 없다(대법원 2013. 12. 18., 선고, 2012다89399, 전원합의체 판결).

5. 근재보험에의 적용

평균임금이 통상임금보다 낮은 경우에는 통상임금을 평균임금으로 하며(근기법), 선원근재보험의 경우 상병보상, 행방불명보상, 소지품유실보상에 있어서는 통상임금을 기초로 한다.

6. 산정방법

시간급 금액(시급)과 일급 금액으로 산정하는 방법이 있다.

(1) 시간급 금액으로 산정하는 경우

아래의 기준으로 산정된 시급은 최저임금의 판단기준이 된다.

① 임금을 시간급 금액으로 정한 경우 : 그 금액

② 일급 금액으로 정한 경우 : 일급액/1일 소정근로시간 수

③ 주급 금액으로 정한 경우 : 주급액/주의 통상임금 산정 기준시간 수(= 주의 소정근로시간과 그 외 시간에 유급으로 처리되는 시간을 합산)

④ 월급 금액으로 정한 경우 : 월급액/월의 통상임금 산정 기준시간 수(= 주의 통상임금 산정 기준시간 수×1년 평균 주수/12)

⑤ 그 외 일정한 기간으로 정한 경우 : 위 규정에 준하여 산정된 금액

⑥ 도급금액으로 정한 경우 : 해당 기간의 <u>도급제</u>*에 따라 계산된 임금 총액/해당기간(임금 마감일이 있는 경우 임금마감기간)의 총 근로시간 수

   * **도급제** : 근로자의 채용, 인사관리, 작업지휘 등을 하청업체가 직접 관리하는 것

⑦ 기준이 둘 이상일 경우 : 각각 산정된 금액을 합산한 금액

(2) 일급 금액으로 산정하는 경우

'시간급 금액×1일 소정근로시간 수'로 산정한다.

1. 의 의

근로자의 정상적인 생활을 보장하기 위하여 지급되는 통상적인 생활임금의 기준 또는 어떠한 급여산출금에 기초가 되는 단위개념으로서 평균임금을 산정해야 할 사유가 발생한 날 이전 3개월(발생당일 불포함) 동안, 해당 근로자에게 지급된 임금의 총액을 그 기간의 총 일수로 나눈 금액을 말한다. 근로자가 취업한 후 3개월 미만인 경우도 이에 준한다.

2. 용 도

① 퇴직금, 휴업수당, 재해보상, 취업규칙에 의한 감급 등을 산출하는 기초가 된다.
② 「산재보험법」에서도 「근로기준법」상의 평균임금을 따르며, 「근로기준법」상 산정이 곤란할 경우, 노동부장관이 고시하는 금액을 당해 평균임금으로 한다.

3. 산 정

사전에 미리 정해진 통상임금과 달리 평균임금은 실제 지급받은 임금액을 의미한다.

(1) 산정 방법

3개월 동안 받은 임금총액/3개월 일수

> 예 월급 200만원, 6월 1일 산정(휴업, 퇴직, 진단 등), 이전 3개월 → 3월 1일
>
> 5월 임금 : 200만원, 31일
> 4월 임금 : 200만원, 30일
> 3월 임금 : 200만원, 31일
> 계 　　　 : 600만원, 92일
> 따라서, 평균임금은 600만원/92일 = 65,217원/일

(2) 평균임금 산정에서 제외되는 기간

해당기간과 이에 지급된 임금은 산정시 각각 빼서 계산한다.
① 수습 사용 중인 기간(3개월 이내의 기간)
② 사용자의 귀책사유로 휴업한 기간

③ 출산전후휴가 기간

④ 업무상 부상 또는 질병으로 요양하기 위하여 휴업한 기간

⑤ 육아휴직 기간

⑥ 적법한 쟁의행위 기간

⑦ 병역의무 이행 기간(다만, 그 기간 중 임금을 지급받은 경우에는 제외)

⑧ 업무 외 부상이나 질병, 그 밖의 사유로 사용자의 승인을 받아 휴업한 기간

> 예 위 예시에서 4월 한 달 동안 육아휴직으로 인해 월급을 받지 못한 경우
> 400만원/62일 = 64,516원/일

(3) 평균임금이 당해 근로자의 통상임금보다 저액일 경우

「근로기준법」에 따라 통상임금을 평균임금으로 하되 일용근로자의 평균임금은 고용노동부장관
이 사업이나 직업에 따라 정하는 금액으로 한다.

* 임금이 시간급, 일급, 성과급제에 의하여 지급되는 경우나 도급제의 경우, 평균임금을 산정하여야
하는 3개월 동안 결근일 수가 많아서 당해 근로자의 평균임금이 저액으로 될 우려가 있으므로 이
로 인한 불이익을 방지하기 위함이다.

4. 평균임금의 조정

(1) 휴업보상, 장해보상, 유족보상, 일시보상의 규정에 따른 보상금 등을 산정할 때 적용할 평균임금

해당 근로자가 속한 사업(장)에서 같은 직종의 근로자에게 지급된 통상임금의 '1인 1개월 평균액
(이하 "평균액")'이 재해가 발생한 달에 지급된 평균액보다 5% 이상 변동된 경우, 그 변동 비율
에 따라 조정하되, 변동사유가 발생한 달의 다음 달부터 적용한다. 다만, 제2회 이후의 조정시
직전 회의 변동사유가 발생한 달의 평균액을 기준으로 한다.

(2) 사업(장)이 폐지된 경우

재해 발생 당시 사업(장)과 같은 종류, 규모를 기준으로 한다.

(3) 해당 근로자와 같은 직종의 근로자가 없을 경우

유사한 직종의 근로자를 기준으로 한다.

(4) 요양보상을 받는 근로자에게 지급할 퇴직금을 산정할 경우

위 규정에 따라 조정된 평균임금으로 한다.

5. 연 습

▌문 제

2016년 12월 5일에 사고가 발생하였다. 이 때 월 평균임금 200만원인 근로자의 평균임금은 얼마인가?

▌풀 이

사고 전 3개월 12월 4일~9월 5일 → 4일(12월)＋30일(11월)＋31일(10월)＋26일(9월)＝91일

12월 : 200만원 × 4/31 = 258,064원

11월 : 200만원

10월 : 200만원

9월 : 200만원 × 26/30 = 1,733,333원

계 : 5,991,397원

∴ 평균임금 = 5,991,397원/91일 = 65,839원/일

CHAPTER 09 근로자재해보장책임보험의 종류

01 국내근재보험의 개요 ✿

1. 국내근재보험

국내 사업자의 사용자를 피보험자로 하여 그 사용자의 근로자가 업무 수행 중에 업무 중 재해를 입었을 경우, 사용자의 「근로기준법」상 재해보상책임과 민사상 손해배상책임을 담보하는 보험이다. 특약에 따라 다음의 두 가지 형태로 분류된다.

(1) 재해보상책임특약(WC ; Workmen's Compensation)

「근로기준법」상 제 보상을 담보한다.

(2) 사용자배상책임특약(EL ; Employer's Liability)

「근로기준법」 또는 「산재보험법」상의 제 보상을 초과하여 사용자가 부담하는 민사상 손해배상책임액과 이에 따른 비용 등을 보상한다.

2. 계약유형

유형은 아래와 같이 구분하며, 보상한도는 1인당 보상한도와 1사고당 보상한도를 함께 설정한다.

(1) 개별계약

특정한 사업장(공사현장)을 담보한다.

(2) 포괄계약

해당 사업의 모든 사업장을 담보한다.

3. 가입대상

(1) 제 한

① 산재보험이나 재해보상책임특약에 미가입된 업체는 사용자배상책임만을 가입할 수 없다.

② 산재보험 의무가입 대상업체(국내 사업장)인 경우 재해보상책임특약을 가입할 수 없다.

(2) 특 징

① 산재보험에 가입을 한 후 사용자배상책임특약을 가입하거나 재해보상책임특약과 사용자배상책임특약을 동시에 가입할 수 있다. 하지만 「산재보험법」에 따라 상시 근로자수가 1인 이상이 되는 사업장은 산재보험에 의무적으로 가입하여야 하므로 대부분 산재보험에 가입한 후 사용자배상책임특약을 가입하고 있다.

② 「산재보험법」 적용제외 사업자가 재해보상책임특약을 가입하는 경우, 재해보상확장 추가특약과 산재보험 추가특약을 부가함으로써 보상범위를 확장시킬 수 있다.

4. 보험가입시 제출서류

(1) 연간단위 가입시

① 사업자등록증

② 임금산출내역서

　㉠ 전년도 손익계산서(사무직근로자에 대한 임금)

　㉡ 전년도 공사(제조)원가 설명서(현장근로자에 대한 인건비)

③ 산재보험 보험료 신고서

(2) 공사건별 가입시

① 사업자등록증 사본

② 인건비 내역서

③ 공사(하도급)계약서

1. 의 의

사용자(피보험자)의 근로자가 업무상 재해를 입고 그 결과 사업자가 「근로기준법」상(또는 「선원법」) 재해보상책임을 부담하는 경우 해당 법령의 제 보상 및 소송비용과 이송비용을 담보한다.

2. 보상하는 손해

(1) 법령상 제 보상

「근로기준법」상(또는 「선원법」) 제 보상에 대하여 보상한다. 단, 사업장 내(또는 선박 내)에서의 간이치료비용 및 그 기간의 휴업급여는 제외한다.

(2) 소송비용

피보험자가 회사의 동의를 받아 지출한 소송비용을 보상한다.

(3) 이송비용

재해를 입은 근로자가 국외지역에서 요양기관으로 이송되거나 본국으로 송환되는 경우는 이송비용을 보상하지 아니한다. 그러나 ① 기동이 불가능하여 호송을 요하는 중환자나 유해의 송환비용 또는 ② 요양기관으로 긴급히 이송을 요하는 경우의 이송비용은 적절한 운송용구에 의한 편도에 한하여 실비로 1인당 500만원을 한도로 보상한다. 다만, 어떤 경우라도 호송인에 대한 비용은 보상하지 아니한다.

(4) 요양보상의 특례

「근로기준법」, 「산재보험법」 그리고 「선원법」에 따른 요양보상은 피해를 입은 근로자가 실제 지출한 요양비용을 기준으로 보상하고 있다. 보험계약자가 근재보험의 보험료를 적게 납부하고자 선원근로자의 임금을 실제보다 적게 신고한 경우에도 요양보상은 실제비용으로 보상되므로 근재보험회사의 손해율 악화의 주요한 원인이 될 수 있다. 그러므로 재해보상책임특약 '요양보상의 특례'는 '계약자 또는 피보험자가 고지한 월임금총액이 선원최저임금에 미달할 경우에는 요양보상액에 대하여 선원최저임금에 대한 보험가입임금의 비율에 따라 산출한 금액'으로 보상한다고 정하고 있다.

3. 가 입

국내사업자의 사업이 「산업재해보상보험법」 적용제외 대상에 한하여 본 특약에 가입할 수 있다. 만일 의무가입대상이 본 특약에 가입할 경우 해당 계약은 무효가 된다.

4. 「산재보험법」 적용제외 사업

위험률·규모 및 장소 등을 고려하여 대통령령으로 정하는 사업에 대하여는 「산업재해보상보험법」을 적용하지 않는다(산재보험법 제6조). "대통령령으로 정하는 사업"이란 다음의 어느 하나에 해당하는 사업 또는 사업장(이하 "사업"이라 함)을 말한다.

① 「공무원 재해보상법」 또는 「군인 재해보상법」에 따라 재해보상이 되는 사업

　다만, 「공무원 재해보상법」 제60조에 따라 순직유족급여 또는 위험직무순직유족급여에 관한 규정을 적용받는 경우는 제외한다.

② 「선원법」, 「어선원 및 어선 재해보상보험법」 또는 「사립학교교직원 연금법」에 따라 재해보상이 되는 사업

③ 가구내 고용활동

④ 농업, 임업(벌목업은 제외한다), 어업 및 수렵업 중 법인이 아닌 자의 사업으로서 상시근로자 수가 5명 미만인 사업

5. 부가 약관

(1) 재해보상확장 추가특약

산재보험급여 수준에 가깝게 보상범위를 확장할 수 있다. 그러나 치료비이기 때문에 요양보상에 대해서는 확장되지 않으며, 「산재보험법」상 독자적 제도인 간병급여와 직업재활급여는 포함되지 않는다.

(2) 산업재해보상보험 초과특약

① 취 지

재해보상확장 추가특약을 통하여 「산재보험법」에 가깝게 보상을 받는다고 해도 근로자의 실질적인 손해액에 못 미치는 경우가 흔하므로, 본 특약을 통하여 실질수준에 가깝게 보상을 받을 수 있다.

② 내 용

재해보상책임·재해보상확장 추가특약이 모두 가입된 경우에 한하여 유족보상금과 장해보상금의 초과금액을 추가로 보상하는 것을 내용으로 한다.

③ 초과금액의 지급

　㉠ 유족급여와 장해급여의 일시금(연금으로 보상되는 경우 일시금으로 환산)에 대하여 특약 가입당시 정한 비율(각 급여의 10%~50% 상당액)에 따라 지급한다.

　㉡ 사용자가 재해보상책임·재해보상확장 추가특약 외의 비용을 개인적으로 근로자에게 지급한 경우에는 해당 금액을 공제한 후 지급한다.

　㉢ 사업자가 보험회사로부터 초과금액을 수령한 후에 재해를 입은 근로자 또는 그의 유족에게 지급하지 않은 부분은 보험회사에 반환하여야 한다.

④ 사용자배상책임특약과의 관계

사용자배상책임특약은 「산재보험법」 적용사업의 경우에도 가입할 수 있으며, 「산재보험법」의 급부가 이루어진 후, 요양급여와 장해급여의 초과금액을 지급한다. 그러나 산재초과특약의 보상액이 사용자배상책임특약의 보상범위에 포함되는 경우가 흔하므로 보험가입자는 사용자배상책임특약을 통해 보상받는 것이 일반적이다.

1. 휴업보상

요양 중에 있는 근로자에 대하여 사용자는 근로자의 요양기간 중 휴업보상을 행하여야 한다. 단, 여기서 요양기간이라 함은 요양보상에 해당하는 기간을 말한다.

(1) 산정기준

의사의 소견에 따라 요양이 완료되거나 치료가 종결되어 더 이상의 의학적인 치료와 효과를 기대할 수 없을 때까지 휴업보상을 지급하나, 동 기간 중일 지라도 취업 가능한 상태에서 치료를 받을 경우 휴업급여를 지급하지 않는다.

(2) 보상방법

① 「근로기준법」 : 평균임금의 60%
② 「선원법」(상병수당) : 최초 4개월은 승선평균임금 전액, 그 이후 치유될 때까지 매월 1회 통상임금의 70%

2. 장해보상

「근로기준법」(또는 「선원법」)에 의하여 근로자가 업무상 재해를 입어 치료가 종결된 후에도 신체에 영구적인 정신적·육체적 훼손으로 노동력의 손실이나 감소를 가져오는 장해가 남을 경우 해당 법령의 장해등급에 따라 장해보상을 한다.

평균임금(「선원법」은 승선평균임금)을 기준으로 대통령령으로 정한 「신체장해등급표」상 해당 일 수를 곱하여 얻은 금액을 보상한다.

(1) 둘 이상의 장해

「신체장해등급표」는 기재된 신체장해가 둘 이상 있을 경우, 중한 신체장해에 해당하는 등급을 적용하여 보상한다. 다만, 다음에 해당하는 경우 그에 따라 조정하며, 그 조정된 등급이 제1급을 초과하는 때에는 제1급으로 한다.

① 5급 이상에 해당하는 신체장해가 2개 이상 있는 경우 3개 등급 인상
② 8급 이상에 해당하는 신체장해가 2개 이상 있는 경우 2개 등급 인상

③ 13등급 이상에 해당하는 신체장해가 2개 이상 있는 경우 1개 등급 인상

> 예 · 8급+10급＝7급(높은 등급 +1)
>   · 6급+7급＝4급(높은 등급 +2)

(2) 장해등급표에 기재된 것 이외의 장해

그 정도에 따라 장해등급표에 준하여 적용한다.

(3) 이미 신체에 장해가 있는 자

재해로 인해 동일한 부위에 장해가 가중된 경우, 그 가중된 장해에 해당하는 장해보상액으로부터 이미 받은 장해에 해당하는 장해보상액을 공제한 금액으로 보상한다.

3. 유족보상

(1) 「근로기준법」에 따른 산정 방법

평균임금×1,000일

(2) 「선원법」에 따른 산정 방법

① **직무상 사망** : 승선평균임금×1,300일

② **직무외 사망** : 승선평균임금×1,000일

③ **선원 실종자와 실종수당**

  ㉠ 선원이 해상에서 실종(행방불명) 되었을 때에는 1개월의 통상임금과 3개월의 승선평균임금

  ㉡ 선원의 실종기간이 1개월을 경과할 경우, 사망으로 추정하여 유족수당과 장제비 지급

(3) 유족의 범위

① **우선순위**

  ㉠ 1순위 : 근로자의 사망 당시 그에 의하여 부양되고 있는 배우자, 자녀, 부모, 자손 및 조부모를 기재된 순서에 의해 지급

  ㉡ 2순위 : 1순위에 해당하지 않는 배우자, 자녀, 부모, 자손 및 조부모, 근로자의 사망 당시 그에 의하여 부양되고 있던 형제자매를 기재된 순서에 의해 지급

  ㉢ 3순위 : 1, 2순위에 해당하지 않는 형제자매

② 조부모보다 양부모를 선순위로 한다.

③ 근로자의 유언이나 특별한 지정이 있었을 경우 그에 따른다.

4. 장례비

(1) 「근로기준법」에 따른 산정 방법

평균임금×90일

(2) 선원근재에 따른 산정 방법

평균임금×120일

5. 일시보상

(1) 「근로기준법」에 따른 산정 방법

평균임금×1,340일분

(2) 선원근재에 따른 산정 방법

평균임금×1,474일분

6. 후송비

① 기동이 불가능하여 호송을 요하는 중환자나 유해의 송환비용과 ② 요양기관으로 긴급히 이송을 요하는 경우의 이송비용에 대하여 적절한 운송용구에 의한 편도에 한하여 실비로 1인당 500만원을 한도로 보상한다. 다만, 어떤 경우라도 호송인에 대한 비용은 보상하지 아니한다.

04 일시보상 ✧✧✧

1. 의 의

근로자의 업무상 재해로 인한 부상 또는 질병이 장기화 될 경우, 사용자는 장해보상 1등급에 해당하는 일시보상을 행하고, 그 후 모든 책임을 면할 수 있는 제도를 말한다.

2. 요 건

① 요양을 개시한 후 2년이 경과해야 한다.

② 요양 중지기간 등을 공제한 실제 요양기간이 2년을 넘어야 한다.

③ 그 부상이나 질병이 장기간 완치되지 않고 향후 치료기간도 불투명한 경우여야 한다.

3. 지 급

① 2년이 경과되는 시점의 1~2개월 전부터 담당의사의 소견서를 받아 검토한다.

② 2년 경과 후이면 언제든지 보험자 일방의 의사표시 또는 보험계약자가 보험자의 사전 동의를 얻어 행할 수 있다.

③ 평균임금×1,340일분(선원근재는 1,474일분)을 지급한다.

4. 효 과

(1) 「근로기준법」상 효과

일시보상 후 동 법률상 모든 재해보상책임을 면한다. 하지만 민사상 손해배상책임까지 모두 면하는 것은 아니다.

(2) 「선원법」상의 효과

요양보상, 상병수당, 장해수당의 지급책임을 면한다.

1. 의의(보상하는 손해)

근로자가 재해보상책임특약이나 재해보상 관련법령(근기법, 산재보험법, 선원법 등)에 따라 받은 재해보상을 초과하여 사용자(피보험자)가 지는 법률상 손해배상액과 비용을 보상한다. 따라서 재해보상책임특약이나 재해보상 관련법령에 의한 보험금 지급이 이루어진 후 보상하며, 본 특약의 보험금 청구권 역시 지급이 이루어진 날로부터 소멸시효를 기산한다.

2. 가 입

산재보험 또는 재해보상책임특약에 가입된 경우에 한하여 가입할 수 있다. 일부 특정 사업분야를 선별하여 가입여부를 결정하기도 한다. 근재보험이 아닌 영업배상책임보험(C.G.L. 등)에서도 설정할 수 있다.

3. 사용자의 법적 책임

① 불법행위책임(공작물 소유자 또는 점유자의 책임, 사용자책임 등)
② 안전배려의무위반에 따른 책임(채무불이행책임)
③ 「근로기준법」상 책임

4. 「근로기준법」상 책임

(1) 「근로기준법」상 사용자의 안전과 보건에 관한 의무(제76조, 안전과 보건)
　　근로자의 안전과 보건에 관하여는 「산업안전보건법」에서 정하는 바에 따른다.

(2) 「산업안전보건법」상 사업주의 의무
　　① 사업주 등의 의무(제5조)
　　　　근로자의 안전과 건강을 유지·증진시키는 한편, 국가의 산업재해 예방시책에 따라야 한다.
　　　　㉠ 산업재해 예방을 위한 기준을 지킬 것
　　　　㉡ 근로자의 신체적 피로와 정신적 스트레스 등을 줄일 수 있는 쾌적한 작업환경을 조성하고 근로조건을 개선할 것
　　　　㉢ 해당 사업장의 안전·보건에 관한 정보를 근로자에게 제공할 것

② 안전조치(제38조)

사업주는 사업을 할 때 다음의 위험을 예방하기 위하여 필요한 조치를 하여야 한다.

㉠ 기계·기구, 그 밖의 설비에 의한 위험

㉡ 폭발성, 발화성 및 인화성 물질 등에 의한 위험

㉢ 전기, 열, 그 밖의 에너지에 의한 위험

③ 보건조치(제39조)

사업주는 사업을 할 때 건강장해를 예방하기 위해 필요한 조치를 하여야 한다.

④ 근로자에 대한 안전보건교육(제29조)

사업주는 소속 근로자에게 고용노동부령으로 정하는 바에 따라 정기적으로 안전보건교육을 하여야 한다.

5. 보상하는 손해의 범위

(1) 법률상(민사) 손해배상책임액

1사고당 보험가입금액을 한도로 보상하며, 자기부담금이 설정된 경우 이를 공제한다.

(2) 비 용

① 손해방지비용

보험가입금액한도를 초과하더라도 아래의 금액을 전액 보상한다.

㉠ 피보험자가 피해자의 응급처치 등을 위해 지출한 필요 또는 유익한 비용

㉡ 제3자에 대한 피보험자의 손해배상청구권

② 협조비용

피해자가 보험회사에 대하여 직접청구권을 행사하였거나, 피보험자에 대하여 손해배상을 청구한 경우에 보험회사의 요구에 의하여 피보험자가 서류제출·증인출석 등의 협조를 위하여 지출한 비용의 경우 보험가입금액을 초과하더라도 전액 보상한다.

③ 방어비용

피보험자가 지출한 '소송비용, 변호사비용, 중재·화해·조정에 관한 비용 그리고 공탁보증 보험료(또는 피보험자가 손해배상에 관한 소송을 위하여 회사의 서면동의를 받아 지급한 비용)'에 대하여는 보험금액 한도 내에서 보상한다.

(3) 방어비용의 비례보상

손해배상금이 보상한도액을 초과할 경우, 보상한도액/손해배상액의 비율로 보상한다.

> ㉠ 손해배상금 4억, 한도액 2억/1인, 소송비용 1,000만원
> → 보상 : 손해배상금 2억(한도적용), 소송비용 : 1,000만원 × 2/4

6. 보상한도

사고횟수와 관계없이 1인당/1사고당 보상한도액을 설정할 수 있다. 건설·공사업체의 경우 연간 총 보상한도액을 설정하기도 한다.

7. 보험금 지급

「민법」의 통상손해를 기준으로 손해액을 산정하고, 재해보상특약 또는 재해보상 관련법령에 의해 지급되는 보상액은 공제한다.

8. 보상하지 않는 손해(보통약관+)

① 피보험자(보험대상자)와 근로자와의 사이에 손해보상 또는 재해보상에 대한 다른 약정이 있는 경우 그 약정에 따라 가중된 배상책임

② 보통약관 또는 재해보상 관련법령에 의하여 보상대상이 되지 아니하는 업무상 재해에 대한 배상책임

③ 「산업재해보상보험법」의 규정에 의하여 급부를 행한 보험자가 구상권의 행사 또는 비용의 청구를 함에 따라 부담하게 된 배상책임

④ 피보험자(보험대상자)의 동거친족에 대한 배상책임

⑤ 재해발생일로부터 3년이 경과한 후 피보험자(보험대상자)가 손해배상청구를 받음으로써 부담하게 된 배상책임

⑥ 재해보상책임 특별약관을 첨부하는 계약의 경우 보험가입임금이 실임금에 미달함으로써 재해보상특별약관에 따른 보상액이 재해보상 관련법령에 따른 보상액보다 적은 경우에 그 차액

⑦ 티끌, 먼지, 석면, 분진 또는 소음으로 생긴 손해에 대한 배상책임

⑧ 전자파, 전자장(EMF)으로 생긴 손해에 대한 배상책임

9. 산재보상액의 공제

(1) 동일한 사유에서의 공제

① 요양급여, 장례비, 간병보상급여 : 적극적 손해에서 공제

② 휴업급여, 장해급여 : 소극적 손해액에서 공제

⊣ 심화학습 ⊢

「산재보험법」제80조(다른 보상이나 배상과의 관계)

① 수급권자가 이 법에 따라 보험급여를 받았거나 받을 수 있으면 보험가입자는 동일한 사유에 대하여 「근로기준법」에 따른 재해보상책임이 면제된다.

② 수급권자가 동일한 사유에 대하여 이 법에 따른 보험급여를 받으면 보험가입자는 그 금액의 한도 안에서 「민법」이나 그 밖의 법령에 따른 손해배상의 책임이 면제된다. 이 경우 장해보상연금 또는 유족보상연금을 받고 있는 사람은 장해보상일시금 또는 유족보상일시금을 받은 것으로 본다.

---

(2) 위자료

민사상 손해배상에만 해당하는 항목이므로 공제의 여지가 없다.

06 사용자배상책임특약과 근재·산재의 비교 ✿✿

손해배상 항목	근재·산재 급여금	사용자배상책임특약에 따른 보험금 산정
치료비	요양보상	없음(요양보상에서 전액 해결)
향후치료비	요양보상	요양보상과 사용자배상책임특약 중 택 1로 청구가 가능하다.
휴업손해	휴업급여	① 초과액 보상 ② 실무 : 없음(산재보상액이 민사상 휴업손해액 산정액보다 높다)
일실소득(사망)	유족보상	초과액 보상
일실소득(장해)	장해보상, 상병연금액	초과액 보상
개호비	간병보상	초과액 보상
장례비	있음	없음(산재보상액이 더 높다)
위자료	없음	전액

07 산재보험의 특별급여 ✲✲

1. 의 의

보험자의 고의 또는 과실로 발생한 업무상 재해로 인하여 근로자가 대통령령으로 정하는 제1급 내지 제3급의 장해를 입거나, 사망하였을 경우, 수급권자가 「민법」에 따른 손해배상청구를 갈음하여 근로복지공단에 특별급여를 청구할 수 있고, 특별급여 지급시 사업주는 민사상 손해배상책임을 면하게 되는 일종의 민사대불제도이다.

2. 취 지

근로자(유족)의 신속한 손해복구와 사업주의 손해부담을 분산·경감하기 위함이다.

3. 「산재보험법」 규정

(1) 제78조(장해특별급여)

① 보험가입자의 고의 또는 과실로 발생한 업무상의 재해로 근로자가 대통령령으로 정하는 장해등급 또는 진폐장해등급에 해당하는 장해를 입은 경우에 수급권자가 「민법」에 따른 손해배상청구를 갈음하여 장해특별급여를 청구하면 장해급여 또는 진폐보상연금 외에 대통령령으로 정하는 장해특별급여를 지급할 수 있다. 다만, 근로자와 보험가입자 사이에 장해특별급여에 관하여 합의가 이루어진 경우에 한정한다.

② 수급권자가 장해특별급여를 받으면 동일한 사유에 대하여 보험가입자에게 「민법」이나 그 밖의 법령에 따른 손해배상을 청구할 수 없다.

③ 공단은 장해특별급여를 지급하면 대통령령으로 정하는 바에 따라 그 급여액 모두를 보험가입자로부터 징수한다(분납가능).

(2) 제79조(유족특별급여)

① 보험가입자의 고의 또는 과실로 발생한 업무상의 재해로 근로자가 사망한 경우에 수급권자가 「민법」에 따른 손해배상청구를 갈음하여 유족특별급여를 청구하면 유족급여 또는 진폐유족연금 외에 대통령령으로 정하는 유족특별급여를 지급할 수 있다.

② 유족특별급여에 관하여는 제78조 제1항 단서·제2항 및 제3항을 준용한다. 이 경우 "장해특별급여"는 "유족특별급여"로 본다.

4. 급여 산정

① 과실상계하지 않는다.

② 근로자의 친족에 대한 위자료는 인정되지 않는다.

③ 장해/유족보상연금에 대해 수령자가 특별급여를 청구할 경우, 특별급여지급 전까지 수령한
연금액을 공제한 금액을 지급하고, 그 이후부터의 연금은 지급하지 아니한다.

④ 장해특별급여

평균임금 × 30일 × 노동능력상실률 × L계수 − 장해급여

⑤ 유족특별급여

[(평균임금 × 30일) − (평균임금 × 30 × 본인의 생활비율)] × L계수 − 유족급여

5. 효 과

(1) 사용자배상책임

민사상 손해배상책임을 모두 면하기 때문에 지급할 보험금이 없다.

(2) 해외 · 선원근재보험

「산재보험법」의 적용대상이 아니다.

1. 의 의

피보험자인 사용자의 근로자가 업무상 재해를 입었을 경우에 사용자가 부담해야 할 법률상 제 보상 및 손해배상책임을 담보하는 보험으로, 적용 사업장이 해외인 경우를 그 대상으로 한다.

2. 법적 근거

해외사업의 경우 해당 국가의 법령이 적용된다. 이에 따라 발생할 수 있는 해외근로자의 재해보 상에 대한 권리를 보호하고자 「산재보험법」 제121조 '국외사업에 대한 특례'를 통해 가입의 강제 성을 가진다.

> ─┤ 심화학습 ├─
>
> 「산재보험법」 제121조(국외의 사업에 대한 특례)
> ① 국외 근무 기간에 발생한 근로자의 재해를 보상하기 위하여 우리나라가 당사국이 된 사회 보장에 관한 조약이나 협정(이하 "사회보장관련조약"이라 한다)으로 정하는 국가나 지역에서의 사업에 대하 여는 고용노동부장관이 금융위원회와 협의하여 지정하는 자(이하 "보험회사"라 한다)에게 이 법에 따른 보험사업을 자기의 계산으로 영위하게 할 수 있다.
> ② 보험회사는 「보험업법」에 따른 사업 방법에 따라 보험사업을 영위한다. 이 경우 보험회사가 지급하 는 보험급여는 이 법에 따른 보험급여보다 근로자에게 불이익하여서는 아니 된다.
> ③ 제1항에 따라 보험사업을 영위하는 보험회사는 이 법과 근로자를 위한 사회보장관련조약에서 정부가 부담하는 모든 책임을 성실히 이행하여야 한다.
> ④ 제1항에 따른 국외의 사업과 이를 대상으로 하는 보험사업에 대하여는 제2조, 제3조 제1항, 제6조 단서, 제8조, 제82조와 제5장 및 제6장을 적용하지 아니한다.
> ⑤ 보험회사는 제1항에 따른 보험사업을 영위할 때 이 법에 따른 공단의 권한을 행사할 수 있다.

3. 약관구성

해외근재보험에서는 재해보상책임특약(WC)과 사용자배상책임특약(EL), 그리고 '비업무상 재해확장 추가특약'이 별도의 특약표시 없이 계약 시에 자동가입 된다.

(1) 기본담보

① 재해보상책임특약(WC)

「근로기준법」상의 제 보상을 시행한다.

② 재해보상확장 추가특약

WC의 보상내용을 산재보험수준으로 확장하여 보상한다(산재보험법 제121조 제2항).

③ 비업무상 재해확장 추가특약

사업장 내에서의 비업무상 재해를 추가로 담보한다.

④ 간병보상 추가특약

간병보상의 재해보상으로 인한 손해를 보상한다.

(2) 선택담보

① 사용자배상책임특약(EL)

재해보상책임특약(WC)에서 보상한 금액을 초과하는 법률상 배상책임을 보상한다.

② 업무상 재해에 대한 제한보상 추가특약(쿠웨이트 근로자용)

비업무상의 재해보상 및 업무상의 재해로 인한 국내치료비만을 보상한다.

③ 업무상 재해에 대한 현지 치료비 및 현지 휴업보상금 부담보 추가특약(사우디아라비아 근로자용)

사우디아리비아 법령상 부담되는 근로자의 업무상 재해에 대한 현지 치료비 및 동 기간의 현지 휴업보상금을 제외하고 보상한다.

1. 개 요

해외근재보험은 「산재보험법」 제121조에 근거한 보험으로서 「산재보험법」에 비하여 근로자에게 불리하게 적용할 수 없으므로 보험계약 당시 보통약관에 더하여 필수적으로 특약을 부가하여야 한다.

2. 재해보상책임특약

「근로기준법」상의 재해보상금액을 보상하는 손해로 하고 있다. 그러나 해외근재보험은 필수적으로 '재해보상확장 추가특약'을 부가하여야 하므로 그 보상기준이 곧 해외근재보험의 기본적 보상기준이 된다.

3. 재해보상확장 추가특약

산재보험 보상급여 수준으로 확장된다.

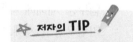

✦ 저자의 TIP

선원근재보험의 경우, 「선원법」상의 재해보상수준이 「산재보험법」과 비슷하기 때문에 '재해보상확장 추가특약'은 부가하지 않는다.

1. 의 의

'재해보상책임특약' 및 '재해보상확장 추가특약'에 의한 요양보상을 받은 자 중 치유 후 의학적으로 상시 또는 수시로 간병이 필요하여 실제로 간병을 받는 자에 대해 보상하는 특약으로 해외근재보험에 부가된다.

2. 가입의 강제

해외근재보험은 「산재보험법」 제121조에 의한 보험으로서 해외근재보험회사가 지급하는 보험급여가 「산재보험법」에 따른 보험급여보다 근로자에게 불이익할 수 없다. 따라서 본 특약의 강제부가를 통해 「산재보험법」의 간병급여 기준을 적용시키고 있다.

3. 보상하는 손해

(1) 보상하는 손해(제1조)

보험회사는 이 추가특별약관을 첨부한 근로자에 대하여는 재해보상책임 특별약관 제1조 제1항 제1호의 규정에도 불구하고, 피보험자(보험대상자)가 부담하기로 한 제2조(간병보상)의 재해보상으로 인한 손해를 이 특별약관의 규정에 따라 보상한다.

(2) 지급대상 및 기준(제2조, 간병보상)

① 보험회사는 재해보상책임 특별약관 및 재해보상확장 추가특별약관에 의한 요양보상을 받은 자 중 치유 후 의학적으로 상시 또는 수시로 간병이 필요하여 실제로 간병을 받는 자에게 지급한다.

② 간병보상 지급대상 및 지급기준은 다음과 같다.

구 분	지급대상	지급기준
상시간병급여	① 신경계통의 기능, 정신기능 또는 흉복부 장기의 기능에 장해등급 제1급에 해당하는 장해가 남아 일상생활에 필요한 동작을 하기 위하여 항상 다른 사람의 간병이 필요한 사람 ② 두 눈, 두 팔 또는 두 다리 중 어느 하나의 부위에 장해등급 제1급에 해당하는 장해가 남고, 다른 부위에 장해등급 제7급 이상에 해당하는 장해가 남아 일상생활에 필요한 동작을 하기 위하여 항상 다른 사람의 간병이 필요한 사람	「산재보험법」 제40조 제4항 제6호의 규정에 의한 간병과 관련하여 노동부장관이 고시하는 금액
수시간병급여	신경계통의 기능, 정신기능 또는 흉복부 장기의 기능 장해등급 제2급에 해당하는 장해가 남아 일상생활에 필요한 동작을 하기 위하여 수시로 다른 사람의 간병이 필요한 사람	상시간병보상액의 2/3에 해당하는 금액

비고 : 간병보상 지급대상자가 무료요양소에 입소하여 간병비용을 지출하지 아니하거나 지출한 간병비용이 간병보상액에 미달함이 명백한 경우에는 간병보상을 지급하지 아니하거나 실제 지출된 간병비용만을 지급한다.

┤ 심화학습 ├

요양급여의 범위(산재보험법 제40조 제4항)

1. 진찰 및 검사
2. 약제 또는 진료재료와 의지(義肢) 그 밖의 보조기의 지급
3. 처치, 수술, 그 밖의 치료
4. 재활치료
5. 입 원
6. 간호 및 간병
7. 이 송
8. 그 밖에 고용노동부령으로 정하는 사항

11 | 해외근재보험의 비업무상 재해확장 추가특약(선원근재 포함) ✦✦

1. 의 의

피보험자인 사용자의 근로자에게 생긴 비업무상 재해로 인한 손해에 대하여 업무상 재해와 동일한 방법으로 보상하는 특약이다.

2. 취 지

해외·선원근로자의 경우 업무시간 외에도 사업자에 의한 통제(숙소나 선박내 생활) 하에 있기 때문에 본 특약을 통해 보상을 확대하고 있다.

3. 보상하지 아니하는 손해

(1) 해외근재보험의 보상하지 않는 손해

① 중독, 마취, 만취 등으로 생긴 손해

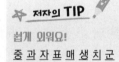

저자의 TIP

쉽게 외워요!
중 과 자 표 매 생 치 군

② 과격한 운동이나 위험한 오락(스카이다이빙, 스쿠버다이빙, 행글라이딩, 자동차경주 등)으로 인하여 생긴 손해

③ 자해, 자살, 자살미수 및 이와 유사한 행위로 인하여 생긴 손해

④ 한국표준 질병사인분류상 다음과 같이 분류된 질병 및 이로 인한 손해

병 명	분류기호
1. 악성신생물	C00~C95, D00~D09
2. 당뇨병	E10~E14
3. 만성 류마티스성 심질환	I05~I09
4. 고혈압성 질환	I10~I15
5. 허혈성 심질환	I20~I25
6. 기타형의 심질환	I35~I52
7. 뇌혈관 질환	I60~I69

⑤ 매독, 임질, AIDS, 기타 이와 유사한 질병 및 이로 인하여 생긴 손해

⑥ 시력감퇴 등 생리적 노화 또는 약화 및 이로 인하여 생긴 손해

⑦ 치아에 관련된 질병 및 이로 인하여 생긴 손해

⑧ 군인이 아닌 자로서 군사작전을 수행하거나 군사훈련을 받는 중에 생긴 손해

제2과목 · 책임보험 · 근로자재해보상보험의 이론과 실무

(2) 선원근재보험의 보상하지 않는 손해

(1) 해외근재보험의 보상하지 않는 손해 중 ④항과 ⑦항이 「선원법」상 근로자에 해당하는 경우 「선원법」에서 정한 재해보상금은 보상한다. 「선원법」은 건강보험상 요양급여의 대상이 되는 경우에 3개월 범위의 비용을 요양보상으로 인정하고 있기 때문이다.

1. 의 의

피보험자인 선박소유자의 선원근로자가 직무상 재해 등으로 피해를 입은 경우 피보험자가 지는 「선원법」상 제 보상 및 법률상 손해배상책임을 담보하는 보험이다.

2. 가 입

(1) 가 입

선박소유자 또는 선박관리자가 보험계약자가 되며, 해외취업선(외국적선)의 경우에는 선원관리사업협회에 등록된 선원관리사업자가 계약자가 될 수 있다.

(2) 적용제외

아래 적용제외 선박근로자는 「근로기준법」과 「산재보험법」의 적용을 받는다.

① 총 톤수 5톤 미만의 선박으로서 항해선이 아닌 선박

② 호수, 강 또는 항내만을 항행하는 선박

③ 총 톤수 20톤 미만인 어선으로서 연해구역 또는 근해구역에서 어로사업에 종사하는 어선 및 운반선

④ 「선박법」에 따른 부선

(3) 가입의 강제성(「선원법」상 근거)

① 「선원법」제106조(재해보상보험 등의 가입 등) 제1항

선박소유자는 해당 선박에 승무하는 모든 선원에 대하여 재해보상을 완전히 이행할 수 있도록 대통령령으로 정하는 보험 또는 공제(이하 "재해보상보험 등"이라 한다)에 가입하여야 한다.

② 「선원법」제124조(행정처분) 제1항

해양수산부장관은 선박소유자나 선원이 「선원법」, 「근로기준법」(선원의 근로관계에 관하여 적용하는 부분만 해당한다) 또는 「선원법」에 따른 명령을 위반하였을 때에는 그 선박소유자나 선원에 대하여 시정에 필요한 조치를 명할 수 있다.

③ 「선원법」제173조(벌칙) 제1항

선박소유자, 유기구제보험사업자 등 또는 재해보험사업자 등이 다음의 어느 하나에 해당할 때에는 1년 이하의 징역 또는 1,000만원 이하의 벌금에 처한다.

⊙ 제106조 제1항을 위반하여 재해보상을 완전히 이행할 수 있는 재해보상보험 등에 가입하지 아니하였거나 같은 조 제2항을 위반하여 보험가입 금액을 승선평균임금 미만으로 가입하였을 때

　　　ⓛ 정당한 사유 없이 제106조 제4항을 위반하여 기간 내에 재해보상을 하지 아니하였을 때

3. 약 관

(1) 기본담보

　　① 재해보상책임특약

　　「선원법」 제10장 재해보상규정에 따른 제 보상(요양보상, 상병보상, 장해보상, 일시보상, 유족보상, 장제비, 행방불명보상)을 담보한다. 그 외에 소송비용, 이송비 등과 관련한 내용은 해외·선원근재보험이 서로 다르지 않다.

　　② 비업무상 재해확장특약

　　비업무상의 신체의 상해 또는 질병에 대하여도 업무상 재해와 동일한 방법으로 보상한다.

(2) 선택담보

　　① 사용자배상책임특약

　　재해보상책임특약에서 보상하는 제 보상을 초과하여 사용자가 부담하게 되는 민사상 손해배상책임액과 이에 따른 소송비용을 보상한도액 내에서 보상한다.

　　② 해외취업선원 재해보상 추가특약

　　선원근재 중 해외취업선에 승선하는 선원에 대한 추가보상을 규정한 약관으로 해외취업선원의 경우 필수특약이다.

　　③ 선원은 「선원법」의 적용을 받으므로 산재보험적용 대상에서 제외된다. 따라서 '재해보상책임특약'을 「산재보험법」 수준으로 확장하여 담보하는 '재해보상확장 추가특약'이 없다.

「선원법」상 재해보상규정 ✿✿✿

1. 서 론

「선원법」제10장 '재해보상'은 선원의 재해에 대하여 보상할 책임을 정하고 있다. 다만, 별도 약정이 있는 경우에는 그에 따른다. 「선원법」상 재해보상은 요양보상, 상병보상, 장해보상, 일시보상, 유족보상, 장제비, 행방불명보상, 소지품 유실보상이 있다.

2. 재해보상 규정

(1) 요양보상(제94조)

① 직무상 사고

선박소유자는 직무상 부상을 당하거나 질병에 걸린 경우(이하 "재해"라 함)에는 그 부상이 치유될 때까지 선박소유자의 비용으로 요양을 시키거나 요양에 필요한 비용을 지급하여야 한다. '직무상'은 직무수행성, 직무기인성을 그 요건으로 한다. 직무상 질병의 범위는 「근로기준법 시행령」제44조 '업무상 질병의 범위'를 따른다(선원법 시행령 제24조).

② 직무외 사고

선박소유자는 선원이 승무(기항지에서의 상륙기간, 승선·하선에 수반되는 여행기간을 포함) 중 직무외 원인에 의하여 재해를 입었을 경우 다음에 따라 요양에 필요한 3개월 범위의 비용을 지급하여야 한다.

㉠ 선원이 「국민건강보험법」에 따른 요양급여의 대상이 되는 재해를 입었을 경우에는 동법 제44조에 따라 요양을 받는 선원의 '본인부담액'에 해당하는 비용을 지급하여야 하고, 동법에 따른 요양급여의 대상이 되지 아니하는 재해를 입었을 경우에는 그 선원의 요양에 필요한 비용을 지급하여야 한다.

㉡ 국제항해에 종사하는 선박에 승무하는 선원이 재해를 입어 승무 중 치료받는 경우에는 ㉠에도 불구하고 그 선원의 요양에 필요한 비용을 지급하여야 한다.

③ 비용을 부담하지 않는 경우

선박소유자는 '직무외 사고'에도 불구하고 선원의 고의에 의한 재해에 대하여는 선원노동위원회의 인정을 받을 경우 그 비용을 부담하지 아니할 수 있다.

④ 요양의 범위(제95조)

㉠ 진 찰

㉡ 약제나 치료재료와 의지 및 그 밖의 보철구 지급

㉢ 수술 및 그 밖의 치료

㉣ 병원, 진료소 및 그 밖에 치료에 필요한 자택 외의 장소에 수용(식사제공을 포함)

　　　　ⓜ 간 병

　　　　ⓗ 이송 : 기존 재해보상책임특약과 같다. 「선원법」에서 정하는 이송비에는 동행간호인의
　　　　　　비용이 포함되지만 선원근재보험은 호송인에 대한 비용은 일체 지급하지 않는다.

　　　　ⓢ 통원치료에 필요한 교통비

　　⑤ '요양보상의 특례' 조항

　　　요양보상액을 조정하고 있다.

　　⑥ 비업무상 재해확장 추가특약

　　　비업무상 재해를 보상하고 있다.

(2) 상병보상(제96조)

　　① 직무상 사고

　　　　㉠ 4개월의 범위 내에서 매월 1회 통상임금을 지급한다.

　　　　㉡ 4개월 후에는 요양종료 시까지 매월 1회 통상임금×70%의 금액을 지급한다.

　　② 직무외 사고

　　　3개월의 범위 내에서 매월 1회 통상임금×70%의 금액을 지급한다.

(3) 장해보상(제97조)

　　선원이 직무상 재해로 치유 후에도 신체에 장해가 남는 경우, 선박소유자는 지체 없이 '산재보험
　　법 장해등급 일수×승선평균임금'의 금액을 보상한다.

(4) 일시보상(제98조)

　　선박소유자는 직무상 사고로 요양보상, 상병보상을 받고 있는 선원이 2년이 지나도 요양이 종료
　　되지 않을 경우, 「산재보험법」 장해등급 1급에 상당하는 금액을 선원에게 일시지급함으로써
　　요양보상, 상병보상, 장해보상에 따른 보상책임을 면할 수 있다(근로기준법상 일시보상은 근기
　　법상 모든 재해보상책임을 면할 수 있다).

(5) 유족보상(제99조)

　　「산재보험법」은 '사망의 추정'에 대하여 정하고 있으나, 「선원법」에서는 별도로 정한 바 없으므
　　로 「민법」에 따라 적용한다. 예를 들어 「선원법」은 근로자의 사망이 추정되는 경우 「민법」 제27
　　조, 제28조에 따른 '실종의 신고'나 「가족관계등록법」 제87조에 따른 '인정사망(재난 등으로
　　인한 사망)'이 적용되므로 산재보험과 사망의 인정시점이 달라질 수 있다.

　　① 직무상 사망

　　　지체 없이 대통령령으로 정하는 유족에게 '승선평균임금 1,300일분'에 상당하는 금액을 보
　　　상한다.

② 직무외 사망

'승선평균임금 1,000일분'에 상당하는 금액을 보상하여야 한다. 다만, 사망원인이 선원의 고의에 의한 경우로서 선박소유자가 선원노동위원회의 인정을 받은 경우에는 그러하지 아니하다.

(6) 장제비(제100조)

승선평균임금×120일분에 상당하는 금액을 장제비로 지급하여야 한다. 장제비를 지급하여야 할 유족이 없는 경우에는 실제로 장제를 한 자에게 장제비를 지급하여야 한다.

(7) 행방불명보상(제101조)

① 선원이 해상에서 행방불명된 경우, 대통령령으로 정하는 피부양자에게 '통상임금 1개월분'과 '승선평균임금의 3개월분'에 상당하는 금액의 행방불명보상을 하여야 한다.

② 행방불명기간이 1개월을 지났을 때에는 유족보상 및 장제비를 지급한다.

③ 해상에서의 의미는 기본적으로 선박이 운항(항해) 중인 상황을 의미하지만, 운항 중 해상·항구 정박을 포함한 일체의 승선 중 상황으로 볼 수 있어 각 사건별로 구체적인 사실관계에 따라 판단하여야 할 것이다.

(8) 소지품 유실보상(제102조)

선박소유자는 선원이 승선하고 있는 동안 해양사고로 소지품을 잃어버린 경우에는 통상임금의 2개월분의 범위 내에서 그 잃어버린 소지품의 가액에 상당하는 금액을 보상하여야 한다.

(9) 다른 법률과의 관계

행방불명보상과 소지품 유실보상은 육상근로자가 적용받는 「근로기준법」과 「산재보험법」에는 없는 매우 독특한 보상제도로서, 재해를 입은 선원의 가족의 정신적 손해와 경제적 손해에 대한 위로금의 일종으로 보상하는 것이다.

(10) 다른 급여와의 관계(제103조)

당해 규정에 따라 재해보상을 받을 권리가 있는 자가 그 재해보상을 받을 수 있는 같은 사유로 「민법」이나 그 밖의 법령에 따라 「선원법」에 따른 재해보상에 상당하는 급여를 받았을 때에는 선박소유자는 그 가액의 범위에서 「선원법」에 따른 재해보상의 책임을 면한다.

14 해외취업선원 재해보상 추가특약 ✿✿

1. 의 의

해외취업선에 승선하는 선원에 대한 추가보상을 담보한다.

2. 보상기준

(1) 유족보상

① 직무상 사망

선박소유자는 선원이 직무상 사망한 경우에는 지체 없이 「선원법 시행령」이 정하는 유족에게 다음을 합산한 금액(㉠+㉡)을 유족보상 하여야 한다.

㉠ 승선평균임금의 1,300일분에 상당하는 금액

㉡ 특별보상금 USD 40,000(어선에 승무하는 선원 : USD 20,000)

다만, 합산한 유족보상금이 USD 70,000(어선 승무선원 : USD 56,000) 미만일 경우에는 USD 70,000(어선 승무선원 : USD 56,000)로 한다.

② 직무외 사망

선박소유자는 선원이 승무(제11조 제2항의 규정에 의한 요양을 포함한다) 중 직무 외의 원인으로 사망하는 경우에는 지체 없이 「선원법 시행령」이 정하는 유족에게 다음을 합산한 금액(㉠+㉡)을 유족보상 하여야 한다.

㉠ 승선평균임금의 1,000일분에 상당하는 금액

㉡ 특별보상금 USD 40,000(어선 승무선원 : USD 20,000)

│ 심화학습 │

유족의 범위(선원법 시행령 제29조)

1. 선원의 사망 당시 그에 의하여 부양되고 있던 배우자(사실상 혼인관계에 있던 자를 포함한다) · 자녀 · 부모 · 손 및 조부모
2. 선원의 사망 당시 그에 의하여 부양되고 있지 아니한 배우자 · 자녀 · 부모 · 손 및 조부모
3. 선원의 사망 당시 그에 의하여 부양되고 있던 형제자매
4. 선원의 사망 당시 그에 의하여 부양되고 있지 아니한 형제자매
5. 선원의 사망 당시 그에 의하여 부양되고 있던 배우자의 부모, 형제자매의 자녀 및 부모의 형제자매
6. 선원의 사망 당시 그에 의하여 부양되고 있지 아니한 배우자의 부모, 형제자매의 자녀 및 부모의 형제자매

---

(2) 장제비

선박소유자는 선원이 직무상 사망한 경우에는 지체 없이 「선원법 시행령」이 정하는 유족에게 승선평균임금 120일분을 지급하여야 한다. 다만, 장제비가 USD 4,500(어선 승무선원 : USD 3,000) 이하일 경우에는 USD 4,500(어선 승무선원 : USD 3,000)로 한다.

(3) 장해보상

선원이 직무상 부상 또는 질병이 치유된 후에도 신체에 장해가 남는 경우에는 선박소유자는 지체 없이 다음을 합산한 금액(①+②)을 보상한다.
① 「산재보험법」 장해등급에 따른 일수 × 승선평균임금
② 특별보상금으로 「산재보험법」 장해등급에 따른 일수 × USD 30(어선 승무선원 : USD 12)

(4) 일시보상

선박소유자는 상병보상 및 요양보상의 규정에 의하여 보상을 받고 있는 선원이 2년이 지나도 그 부상 또는 질병이 치유되지 아니하는 경우에는 제1급의 장해보상에 상당하는 금액을 선원에게 일시에 지급함으로써, 장해보상, 상병보상 그리고 요양보상에서 정하는 보상책임을 면할 수 있다.

(5) 행방불명보상

선박소유자는 선원이 해상에서 행방불명이 된 경우에는 「선원법」상 유족에게 '통상임금 1월분 + 승선평균임금 3월분'에 상당하는 금액의 행방불명보상을 행하여야 한다. 선원의 행방불명기간이 1월을 경과한 때에는 유족보상과 장제비에 관한 규정을 적용한다.

(6) 소지품 유실보상

선박소유자는 선원이 승선 중 해난사고로 인하여 소지품을 잃어버린 경우에는 통상임금의 2월분의 범위 안에서 그 유실된 소지품의 가액에 상당하는 금액을 보상하여야 한다.

(7) 현지 화장 또는 매장시 특별위로금

선원이 외국에서 사망하여 화장 또는 매장하는 경우에는 승선평균임금의 90일분(어선 승무선원 : 60일분)을 특별위로금으로 지급하여야 한다.

(8) 상병보상
① 직무상 사고

선박소유자는 직무상 부상하거나 질병에 걸려 요양 중에 있는 선원에게 통상임금을 4개월 한도로 매월 지급하며, 그 이후의 기간에 대하여 매월 통상임금의 70%에 해당하는 금액을 보상한다.

② 직무외 사고

선박소유자는 선원이 승무 중(기항지에서의 상륙기간, 승하선에 수반되는 여행기간을 포함) 직무 외의 원인으로 부상하거나 질병에 걸려 요양 중에 있는 선원에게 요양기간 중(3월의 범위에 한한다) 매월 1회 통상임금의 70%에 상당하는 금액의 상병보상을 하여야 한다.

(9) 요양보상

① 직무상 사고

선박소유자는 선원이 직무상 부상하거나 질병에 걸린 때에는 그 부상이나 질병이 치유될 때까지 선박소유자의 비용으로 요양을 시키거나 요양에 필요한 비용을 지급하여야 한다.

② 직무외 사고

선박소유자는 선원이 승무 중(기항지에서의 상륙기간, 승하선에 수반되는 여항기간을 포함) 직무 외의 원인으로 부상하거나 질병에 걸린 경우에는 3월의 범위 안에서 선박소유자의 비용으로 요양을 시키거나 요양에 필요한 비용을 지급하여야 한다. 다만, 그 부상 또는 질병이 선원의 고의 또는 중대한 과실로 인한 것일 경우에 선박소유자가 「선원법」제4조의 규정에 의한 선원노동위원회의 인정을 받은 때에는 보상하지 않는다.

15 국내근재 · 확장담보특약 · 선원근재 지급기준 ✿✿

구 분	국내근재(근로기준법)	확장담보특약(산재)	선원근재
요양보상	치료비 전액	치료비 전액	① 직무상 사고 : 치료비 전액 ② 직무외 사고 : 3개월 범위 전액
휴업보상	평균임금 60%	평균임금 70%	① 직무상 사고 　㉠ 사고~4개월 : 통상임금 전액 　㉡ 4개월 이상 : 통상임금 70% ② 직무외 사고 : 3월 범위 내에서 통상임금 70%
장해보상	평균임금 50일~1,340일	평균임금 55일~1,474일	승선평균임금 55일~1,474일
유족보상	평균임금 1,000일	평균임금 1,300일	① 직무상 사고 　승선평균임금 1,300일 ② 직무외 사고 　승선평균임금 1,000일
장례비	평균임금 90일	평균임금 120일	승선평균임금 120일
일시보상	평균임금 1,340일	평균임금 1,474일	승선평균임금 1,474일
행방불명보상	없음	없음	① 통상임금 1개월+승선평균임금 3개월 ② 실종 1개월 경과 : 사망추정(유족수당, 장제비)

* 승선평균임금 = 승선기간 중 지급된 총액/승선 총일수

제2과목

책임보험 · 근로자재해보상보험의 이론과 실무

16 · 직업훈련생 재해보상책임보험 ✦

1. 의 의

직업훈련을 받는 훈련생이 그 훈련에 의해 재해를 입은 경우 「근로자직업능력개발법」 제11조 및 「동법 시행령」 제5조에 의거 직업훈련원(피보험자)이 부담하는 손해를 보상하는 보험이다.

┤ 심화학습 ├

재해 위로금

- **「근로자직업능력개발법」 제11조 제1항(재해 위로금)**
  직업능력개발훈련을 실시하는 자는 해당 훈련시설에서 직업능력개발훈련을 받는 근로자(「산업재해보상보험법」을 적용받는 사람은 제외한다)가 직업능력개발훈련 중에 그 직업능력개발훈련으로 인하여 재해를 입은 경우에는 재해 위로금을 지급하여야 한다. 이 경우 위탁에 의한 직업능력개발훈련을 받는 근로자에 대하여는 그 위탁자가 재해 위로금을 부담하되, 위탁받은 자의 훈련시설의 결함이나 그 밖에 위탁받은 자에게 책임이 있는 사유로 인하여 재해가 발생한 경우에는 위탁받은 자가 재해 위로금을 지급하여야 한다.
- **「근로자직업능력개발법 시행령」 제5조(재해 위로금)**
  법 제11조에 따른 재해 위로금의 지급에 관하여는 「근로기준법」 제8장(제79조는 제외한다)을 준용한다. 이 경우 재해 위로금의 산정기준이 되는 평균임금은 「산업재해보상보험법」 제36조 제7항 및 제8항에 따라 고용노동부장관이 매년 정하여 고시하는 최고 보상기준 금액 및 최저 보상기준 금액을 각각 그 상한 및 하한으로 한다.

---

2. 약 관

직업훈련생 재해보상책임보험은 국내근재보험과 유사한 형태로 담보된다.

(1) 보통약관

① 보상하는 손해

'직업훈련을 받는 훈련생'을 대상으로 '훈련 중에 그 훈련으로 재해를 입은 경우'를 보험사고로 한다.

② 보상하지 않는 손해

㉠ 피보험자의 고용된 자나 피보험자의 수급인의 고용된 자에 생긴 손해(근재보험의 근로자에 해당)

㉡ 피보험자가 위탁에 의하여 직업훈련을 실시하는 경우 수탁자의 훈련시설의 흠결, 기타 책임있는 이유로 생긴 손해[피보험자(위탁자)가 아닌 수탁자가 부담하여야 하는 책임]

(2) 선택담보

① 재해보상책임특약

「근로자직업능력개발법」상 제 보상(요양보상, 장해보상, 장제비, 일시보상)을 담보한다.
단, 정식 취업상태가 아니므로 휴업보상은 제외한다.

② 재해보상확장 추가특약

아래와 같은 손해는 보상하지 아니한다.

㉠ 피보험자나 피보험자가 아닌 자연인 또는 법인에 의하여 사실상 고용되어 있는 동안 생긴
손해

㉡ 중독, 마취, 만취 등으로 인하여 생긴 손해

㉢ 경주, 사냥, 폴로, 등산 또는 겨울철의 운동 등 위험한 운동이나 오락 중에 생긴 상해

㉣ 자살행위로 생긴 상해

㉤ 직업훈련생의 능동적인 싸움으로 생긴 상해

③ 직업훈련 이외의 재해보상책임 추가특약(≒ 비업무상 재해보상책임 추가특약)

직업훈련원 내에서 직업훈련 이외의 원인으로 훈련생에게 발생하는 재해(질병 제외)를 기본
계약과 동일하게 보상한다.

④ 직업훈련기관 배상책임특약(≒ 사용자배상책임특약)

재해보상책임특약을 초과하는 민사상 손해배상책임을 담보한다.

3. 산재보험의 적용을 받는 경우

만약 실질적으로 사용자에게 근로를 제공하고 사용자와 종속관계가 있거나 고용노동부장관이
정하는 현장실습생에 대해서는 산재보험을 적용한다.

01 다음은 주방에서 피해자의 과실에 의한 액화석유시설의 폭발사고 사례이다. 액화석유가스소비자보장 특별약관에 따른 배상책임 여부를 약술하고, 총 지급보험금을 산정하시오.

1. 보험가입현황
   ① 보험종목 : 액화석유가스소비자보장 특별약관
   ② 계약사항 : 가입금액 1인당 8,000만원 / 공제금액 없음
   ③ 사고일자 : 2016.9.25.
   ④ 사고장소 : 대형 음식점
   ⑤ 사고내용 : 주방에서 가스를 제대로 잠그지 않은 상태에서 새어나온 가스가 담뱃불에 폭발하여 손님 4명이 부상한 사고

2. 손해사항
   ① A : 상해 1급, 장해 5급   손해액 8,700만원
   ② B : 상해 2급, 장해 8급   손해액 7,200만원
   ③ C : 상해 2급, 장해 9급   손해액 6,500만원
   ④ D : 상해 2급, 장해 11급   손해액 5,700만원

3. 보상한도액
   ① 상해 1급 : 1,500만원
   ② 상해 2급 : 800만원
   ③ 장해 5급 : 4,800만원
   ④ 장해 8급 : 2,400만원
   ⑤ 장해 9급 : 1,800만원
   ⑥ 장해 11급 : 1,200만원

1. 배상책임 여부

(1) 피보험자의 과실여부와 배상책임

피보험자는 액화석유가스 충전사업자로서,「액화석유가스의 안전 및 사업관리법」에 따라 소비자의 고의에 의하여 발생한 사고이거나 공급업자와 사전협의 없이 공급업자소유의 설비를 임의로 철거하거나 변경하여 발생한 사고 등이 아닌 경우, 가스공급업자의 과실 유무에 관계없이 법이 정한 한도 내에서 배상책임이 발생한다.

(2) 피해자의 과실여부와 배상책임

피해자의 과실에 의한 담뱃불에 의하여 폭발한 사고이지만 액화석유가스소비자보장 특약은 피해자의 과실에 의한 손해까지 담보하는 특약이므로 피보험자의 배상책임이 발생한다.

2. 보험금 산정

가스사고배상책임보험의 보상한도는 1사고당 한도액은 없으며, 1인당 상해 및 후유장해의 경우 각 급수별로 한도액이 정해져 있다.

(1) A

상해 1급(1,500만원) + 장해 5급(4,800만원) : 보상금액은 6,300만원으로 발생손해액보다 적으므로 모두 보상한다.

(2) B

상해 2급(800만원) + 장해 8급(2,400만원) : 보상금액은 3,200만원으로 발생손해액보다 적으므로 모두 보상한다.

(3) C

상해 2급(800만원) + 장해 9급(1,800만원) : 보상금액은 2,600만원으로 발생손해액보다 적으므로 모두 보상한다.

(4) D

상해 2급(800만원) + 장해 11급(1,200만원) : 보상금액은 2,000만원으로 발생손해액보다 적으므로 모두 보상한다.

(5) 총 지급보험금

총 지급보험금 = 6,300만원 + 3,200만원 + 2,600만원 + 2,000만원 = 1억4,100만원

02 다음은 일상생활 중 배상책임 보험사고의 사례이다. 일상생활배상책임 특별약관에 따라 피보험자 측의 법적 배상책임 성립여부를 약술하고, 지급보험금을 산출하시오.

1. 공통사항
   ① 분   류 : 일상생활배상책임 특별약관
   ② 사고일자 : 2016년 10월 02일
   ③ 사고장소 : 서울시 ○○구 ○○동
   ④ 사고원인 : 빙판길의 우발적 사고
   ⑤ 손해유형 : 제3자 상해(850,000원), 대물(220,000원)
   ⑥ 합의금액 : 1,070,000원
   ⑦ 계약사항 : 가입금액 1사고당 1억원 / 대물 공제금액 1사고당 20만원(대인 無)

2. 사고내용
   빙판길에 미끌어 넘어지면서 행인과 부딪쳐 상대방이 넘어지면서 상대방이 들고 있던 가방 속 노트북 액정파손과 상대방 부상사고

[모범 답안]

1. 배상책임 성립 여부

피보험자가 의도하지 않은 우발적으로 미끄러지면서 상대방에게 상해와 노트북 파손을 입힌 경우로, 「민법」 제750조(과실로 인한 위법행위로 타인에게 손해를 가한 자가 그 손해를 배상할 책임이 있다)에 의거 피보험자는 상대방이 입은 신체적, 재산상 손해를 배상할 책임이 있다.

2. 책임의 제한

상기 사고를 미연에 방지하거나 회피할 수 있는 상황이 아니었으므로 100% 피보험자 책임이다. (피해자 상해치료비 850,000원)＋(노트북 액정 교체비＋A/S 수리비 220,000원)

3. 보험금 산정

피해자 상해치료비 850,000원＋(노트북 액정 교체비＋A/S 수리비) 220,000원
– 대물 공제금액 200,000원 = 870,000원

2019년 5월 1일 18:00경 ○○유람선㈜ 소속 동백호가 거제도 앞 해상에서 갑작스러운 폭우로 급히 선착장으로 회항하던 중에 다른 유람선을 피하려 항해사 김기철이 키를 급히 돌리는 바람에 전복되어 항해사 김기철이 실종되고, 승객 중 홍가람(직장인)이 익사한 사고가 발생하였다. ○○유람선㈜는 B보험회사에 다음과 같이 선원근로자재해보장책임보험 및 유도선사업자배상책임보험에 가입하였다. 주어진 조건을 참조하여 B보험회사가 지급해야 할 보험금을 산출하되 그 과정을 명시하여 각각 계산하시오.

구 분	선원근로자재해보장책임보험	유도선사업자배상책임보험
보상한도액	–	대인배상 1인당 : 2억원 1사고당 : 10억원
자기부담금	–	1사고당 : 500만원
보험조건	근로자재해보장책임보험 보통약관 재해보상책임담보 특별약관 비업무상재해 확장담보추가 특별약관	유도선사업자배상책임보험 보통약관 구조비 특별약관
기타 관련사항	김기철 월 통상임금 ₩3,000,000 (일 ₩100,000) 월 승선평균임금 ₩3,600,000 (일 ₩120,000)	홍가람 인적사항 : 생년월일 : 1960.6.1. 월급여 : ₩4,500,000 (일 평균임금 ₩150,000) 고용계약서상 정년 60세 도시보통인부 일당 : ₩75,000 호프만계수 : (계산 편의를 위함) 　사고일부터 60세 10.000 　　　　　 65세 60.000 위자료는 판례경향을 감안 : ₩80,000,000

[모범 답안]

1. 선원근로자재해보장책임보험

선원근재보험은 일정한 선박에 승선하는 선원이 업무수행 중 불의의 재해를 입을 경우에 사업자(선주)가 부담하여야 할 「선원법」상 법정제보상과 「민법」상 사업자(선주)가 추가로 부담하게 되는 법률상의 배상책임손해를 보상하는 보험이다.

문제 사례의 경우 재해보상책임담보 특별약관 보험조건에 의해 유족보상, 장제비 및 행방불명 보상을 지급하게 된다.

(1) 유족보상

직무상 사망하였으므로, 유족보상은 승선평균임금의 1,300일분이다. 즉

120,000원/일 × 1,300일 = 156,000,000원

(2) 장제비

항해사 김기철이 실종되었으므로, 장제비는 승선평균임금의 120일분이다. 즉
120,000원/일 × 120일 = 14,400,000원

(3) 행방불명보상

1개월의 통상임금＋3개월의 승선평균임금
3,000,000원＋(3,600,000원 × 3) = 13,800,000원

(4) B보험회사가 지급해야 할 보험금

156,000,000원＋14,400,000원＋13,800,000원 = 184,200,000원

2. 유도선사업자배상책임보험

유도선사업자배상책임보험은 피보험자가 보험증권상의 보장지역 내에서 보험기간 중에 발생된
보험사고로 인하여 보험증권에 기재된 유도선에 탑승한 승객의 신체에 장해를 입혀 피해자에게
법률상의 배상책임을 부담함으로써 입은 손해를 보상해 주는 보험이다.

문제 사례의 경우 항해사 김기철의 일반불법행위로 인해 승객 홍가람이 사망하였으므로 ○○유
람선㈜는 손해배상책임을 진다.

(1) 일실수입

사고가 발생하지 않았다면 사고 피해자가 얻을 수 있는 소득을 계산하여 그에 따라 손해액에
대한 보상을 받을 수 있다. 만약 가동연한(65세)보다 정년이 짧으면 정년까지는 사고 당시의
소득을 기준으로 하고, 그 이후부터 65세까지는 도시보통인부 일당을 기준으로 한다. 사고 당시
소득은 일반근로자의 경우 월평균임금으로 하고, 건설노동자의 경우 도시보통인부 일당을 기준
으로 월가동일수(통상 22일)을 곱하여 계산한다. 피해자(홍가람)가 사망한 경우 노동력상실률
은 100%이므로 계산할 필요 없고, 다만 생활비공제율(2/3)을 곱한다.

① 정년 60세까지 : 월평균임균 × 호프만계수 × 노동력상실률 × 과실상계율
= 4,500,000원 × 10 × 생활비공제율(2/3) = 30,000,000원

② 60세 이후 ～ 65세까지 : 도시보통인부 일당 × 22일 × 호프만계수 × 2/3
= 75,000원/일 × 22일 × (60 − 10) × 2/3
= 55,000,000원

③ 일실수입의 합계 : 30,000,000원＋55,000,000원 = 85,000,000원

(2) 위자료

위자료 = 80,000,000원 × {100% − (재해자과실률 × 0.6)}

　　　 = 80,000,000원 × {100% − (0 × 0.6)} = 80,000,000원

(3) 장례비

최근 판례경향을 감안하면 장례비는 5,000,000원이다.

(4) B보험회사가 지급해야 할 보험금

사망시 보상하는 손해의 경우 일실수입, 위자료, 장례비 등을 합산하여 자기부담금 공제 후 지금보험금을 산정한다.

(85,000,000원＋80,000,000원＋5,000,000원) − 5,000,000원 = 165,000,000원

04 △△병원 소속 설비기사인 김○○은 병원 내에서 가스설비 점검작업을 하던 중 가스폭발로 현장에서 사망하였다. 국립과학수사연구소의 사고원인 감정 결과 관리상의 하자와 설비기사 본인의 작업부주의가 결합하여 사고가 발생한 것으로 밝혀졌다. 김○○의 유족들은 산업재해보상보험에서 보상을 받은 후 △△병원에 손해배상을 청구하였다. 〈별표〉의 내용을 참고하여 보험금을 산정하고, 그 산출 과정을 기재하시오.

〈별표〉
1. △△병원 보험가입 사항
   ① 근로자재해보장책임보험(사용자배상책임 특별약관)
      • 1인당/200,000,000원, 1사고당/200,000,000원
   ② 가스사고배상책임보험
      • 의무보상한도액

2. 전제조건
   ① 피해자 김○○ 인적사항
      • 생년월일 : 1969.02.28.
      • 입사일자 : 1999.02.28
   ② 사고일 : 2019.03.01.
   ③ 피해자 과실률 : 20%
   ④ 월평균임금 : 3,000,000원(단, 월수계산이 필요한 경우 1개월은 30일로 가정함)
   ⑤ 도시일용노임단가 : 보통인부 80,000원/1일
   ⑥ 호프만계수
      • 사고일 ~ 정년퇴직 60세(120개월) : 100
      • 사고일 ~ 가동기간까지(180개월) : 130
   ⑦ 민사 판례에 따른 장례비 5,000,000원 가정
   ⑧ 일실 퇴직금 산정시 현가율은 『1 / (1+0.05 × 잔여재직기간)』으로 함
   ⑨ 위자료는 서울중앙지방법원 산정기준에 따르며, 사망 또는 100% 장해시 기준금액 80,000,000원 적용

사용자배상책임 특별약관은 재해보상책임특약 및 재해보상 관련법령에 따라 보상되는 재해보상금액을 초과하여 피보험자가 법률상 손해배상책임을 부담함으로써 입은 손해를 보상한다. △△병원 소속 설비기사인 김○○은 관리상의 하자와 설비기사 본인의 작업부주의가 결합하여 사망하였으므로 보험회사는 보상한도액 내에서 손해배상책임을 진다.

1. 산재보험금

△△병원 소속 설비기사인 김○○은 사망하였으므로 유족급여와 장의비를 보상받는다.

(1) 유족급여

일평균임금 × 1,300일 = 100,000원/일 × 1,300일 = 130,000,000원

(2) 장례비

일평균임금 × 120일 = 100,000원/일 × 120일 = 12,000,000원

2. 근재보험금

(1) 일실수입

① 사고일 ~ 정년퇴직 60세 : 월평균임균 × 호프만계수 × 노동력상실률 × 과실상계율
= 3,000,000원 × 100 × 2/3 × (100% − 20%) = 160,000,000원

② 사고일 ~ 가동기간까지
80,000원/일 × 22일 × (130 − 100) × 2/3 × (100% − 20%) = 28,160,000원

③ 합계 : 160,000,000원 + 28,160,000원 = 188,160,000원

④ 손익상계 : 188,160,000원 − 130,000,000원(유족급여) = 58,160,000원

(2) 일실퇴직금

{(정년시 퇴직금 × 사고당시 현가율) − 기근속 퇴직금} × 노동능력상실률

① 정년시 퇴직금 = 월평균임금 × 총재직가능기간 = 3,000,000원 × 30년 = 90,000,000원

② 사고당시 현가율 = 1 / (1 + 0.05 × 잔여재직기간)
= 1 / (1 + 0.05 × 10년) = 1 / 1.5

③ 기근속 퇴직금 = 월평균임금 × 재직기간 = 3,000,000원 × 20년 = 60,000,000원

④ 노동능력상실률 = 100% − 20% = 80%

⑤ 일실퇴직금

{(90,000,000원×1 / 1.5) − 60,000,000원} × 0.8 = 0원

(3) 위자료

위자료 = 80,000,000원 × {100% − (재해자과실률×0.6)}

= 80,000,000원 × {100% − (20%×0.6)} = 70,400,000원

(4) 장례비

산재보험 장례비 외에 초과발생하지 않음

(5) 총 지급보험금

58,160,000원＋70,400,000원＝128,560,000원

05 2015년 7월 30일 11시경 경기도 소재 ○○LPG충전소에서 가스폭발사고가 발생하여 충전소 고객인 이○○가 사망하였다. 〈별표〉에 주어진 내용을 참고하여 보험계약별로 분담할 지급보험금을 산정하고, 그 산출과정을 기재하시오.

〈별표〉

1. ○○LPG 충전소 보험가입 사항

구 분	보상한도액	자기부담금
가스사고배상책임보험(A보험사) 액화석유가스소비자보장 특별약관	의무보상한도액	–
영업배상책임보험(B보험사) 시설소유관리자 특별약관	1사고당/50,000,000원	1사고당/1,000,000원
영업배상책임보험(C보험사) 시설소유관리자 특별약관	1사고당/1,000,000,000원	1사고당/20,000,000원

2. 전제조건
   ① 이○○의 과실률 : 50%
   ② 일실수입(현가) : 200,000,000원
   ③ 일실퇴직금(현가) : 28,000,000원
   ④ 위자료는 서울중앙지방법원 산정기준에 따르며, 사망 또는 100% 장해시 기준금액 80,000,000원 적용

모범 답안

1. 손해액 산정

① 일실수입 : 200,000,000원 × (100% − 50%) = 100,000,000원

② 일실퇴직금 : 28,000,000원 × (100% − 50%) = 14,000,000원

③ 위자료 : 80,000,000원 × {100% − (50% × 0.6)} = 56,000,000원

④ 합계 : 100,000,000원 + 14,000,000원 + 56,000,000원 = 170,000,000원

2. 보험회사별 분담 지급보험금

(1) A 보험회사

가스사고배상책임보험의 의무보상한도액은 사망시 80,000,000원이고, 손해액이 이를 초과하므로 보상한도액 한도 내에서 보상한다. → 80,000,000원

(2) B 보험회사

(170,000,000원 − 80,000,000원) − 1,000,000원(자기부담금) = 89,000,000원

보상한도액 50,000,000원을 초과하므로 보상한도액 내에서 보상한다. → 50,000,000원

(3) C 보험회사

(170,000,000원 − 80,000,000원) − 20,000,000원(자기부담금) = 70,000,000원

보상한도액 10억원에 미달하므로 손해액 전액을 보상한다. → 70,000,000원

(4) 지급보험금 분담

① **A 보험회사** : 가스사고배상책임보험 액화석유가스소비자보장 특별약관에 따라 A 보험회사는 의무보상한도액인 80,000,000원을 보상한다.

② **B와 C 보험회사** : 영업배상책임보험 시설소유관리자 특별약관에 따라 B와 C 보험회사는 보상한도액 비례분담방식으로 보상한다.

- B 보험회사 : 보상한도액이 50,000,000원이므로

  (170,000,000원 − 80,000,000원) × 50,000,000원 / (50,000,000원 + 70,000,000원)

  = 37,500,000원

- C 보험회사 : 보상한도액이 70,000,000원이므로

  (170,000,000원 − 80,000,000원) × 70,000,000원 / (50,000,000원 + 70,000,000원)

  = 52,500,000원

06 △△건설 소속 허○○이 2010년 11월 17일 10시 30분경 경기도 용인에 소재한 건설현장에서 굴삭기로 송수관을 들어 올리다가 굴삭기와 송수관을 연결했던 밴드로프가 절단되면서 송수관이 관로 하부에서 작업 중이던 같은 회사소속 박○○의 복부를 충격한 사고로 박○○이 다발성 늑골골절 및 비장파열 등의 상해를 입었다. 〈별표〉에 주어진 내용을 참고하여 피해자의 복합장해율과 보험금을 산정하고, 그 산출과정을 기재하시오.

〈별표〉
1. △△건설 보험가입 사항
   ① 근로자재해보장책임보험
      사용자배상책임 특별약관
   ② 보상한도액 : 1인당/100,000,000원, 1사고당/200,000,000원

2. 전제조건
   ① 피해자 : 박○○
      ㉠ 사고일로부터 가동기간까지의 일실수입(현가) : 200,000,000원
      ㉡ 피해자 과실률 : 20%
      ㉢ 후유장해 및 노동능력상실률
        • 정형외과
          – 경추 추간판 탈출증 : 50%(기왕증기여도 : 20%)
          – 요추 추간판 탈출증 : 30%(기왕증기여도 : 50%)
        • 일반외과
          – 비장결손 : 10%
   ② 근로복지공단으로부터 지급받은 장해일시금 : 45,000,000원
   ③ 부상부위의 향후 반흔 성형수술비 : 8,000,000원
   ④ 위자료는 고려하지 않음

1. 복합장해율

(1) 추간판 탈출증

① 경추 추간판 탈출증 : 사고만으로 인한 노동능력상실률 = 노동능력상실률 × (1 − 기왕증 기여도) = 50% × (1 − 20%) = 40%

② 요추 추간판 탈출증 : 30% × (1 − 50%) = 15%

③ 약관상 척추체는 동일부위로 보기 때문에 경추장해와 요추장해가 동시에 발생하면 높은 지급률만 인정하므로 40%를 적용한다.

> ※ 그런데 판례는 동일부위의 후유장해를 복합장해율로 합산하여 최종 장해율로 인정하는 경우도 있다.
> 즉 추간판 탈출증의 복합장해율 = 40% + (1 − 40%) × 15% = 49%

(2) 비장결손 : 10%

(3) 복합장해율

큰 장해율 A(%), 작은 장해율 B(%)라 할 때, 중복장해율은 A(%) + (100 − A) × B(%)로 산정한다.
40% + (1 − 40%) × 10% = 46%

> ※ 판례에 따른 복합장해율
> 49% + (1 − 49%) × 10% = 54.1%

2. 지급보험금 산정

(1) 일실수입

피해자 과실률이 20%이므로

200,000,000원 × (1 − 20%) = 160,000,000원

근로복지공단으로부터 지급받은 장해일시금이 45,000,000원이므로 손익상계하면,

160,000,000원 − 45,000,000원 = 115,000,000원

(2) 향후 반흔 성형수술비

8,000,000원 × (1 − 20%) = 6,400,000원

(3) 지급보험금

총 지급보험금은 115,000,000원 + 6,400,000원 = 121,400,000원

그런데 1인당 보상한도액은 100,000,000원이므로,

최종 지급보험금은 100,000,000원이다.

07 영업배상책임보험(국문)을 가입하고 있는 H호텔에서 보험기간 중 2회의 서로 다른 사고가 발생하였다. 〈별표〉에 주어진 내용을 참고하여 각 사고별 지급보험금을 산정하고 산출과정을 기재하시오.

〈별표〉

1. H호텔 보험가입 사항

   영업배상책임보험 시설소유관리자 특별약관

보상한도액	신체장해	1인당/100,000,000원
		1사고당/200,000,000원
	재물손해	1사고당/200,000,000원
자기부담금		1사고당/1,000,000원

2. 1차 사고

   ① 사고내용

   대형조명설비의 붕괴로 인한 투숙객 A, 투숙객 B 부상

   ② 손해내역

   • 투숙객에 대한 손해배상금   : 투숙객 A/150,000,000원

     　　　　　　　　　　　　　　　　　　투숙객 B/120,000,000원

   • 조명설비 복구비용   : 70,000,000원

   • 부상투숙객 응급처치 및 호송비용 : 1,000,000원

3. 2차 사고

   ① 사고내용

   호텔 내 사우나의 온수관 파열로 내방객 1인 전신화상

   ② 손해내역

   • 피해자에 대한 손해배상금(법원 판결금) : 96,000,000원

   • 소송비용   : 10,000,000원

   • 온수관 복구비용   : 5,000,000원

1. 1차 사고

(1) 투숙객에 대한 신체손해배상금

1인당 보상한도액이 100,000,000원이므로 신체손해배상금은 다음과 같다.

① 투숙객 A : 100,000,000원

② 투숙객 B : 100,000,000원

(2) 응급처치 및 호송비용

응급처치 및 호송비용 1,000,000원은 손해방지비용으로 보상한도액에 관계없이 전액보상한다.

(3) 조명설비 복구비용

시설소유관리자 특별약관은 피보험자가 소유·사용·관리하는 시설과 그 시설을 본래의 용법에 따라 이용하는 중에 발생하는 사고로 제3자에게 신체장해나 재물손해를 입힘으로써 부담하는 법률(민사)상 배상책임을 보상하는 보험이므로, 조명설비 복구비용은 담보되지 않는다.

(4) 총 지급보험금

100,000,000원 + 100,000,000원 + 1,000,000원 = 201,000,000원

2. 2차 사고

(1) 피해자에 대한 손해배상금

피해자에 대한 손해배상금(법원 판결금)에서 자기부담금을 공제한다.

96,000,000원 − 1,000,000원 = 95,000,000원

(2) 소송비용

피보험자가 지급한 소송비용 10,000,000원을 전액보상한다.

(3) 온수관 복구비용

온수관 복구비용은 제3자에 대한 재물손해가 아니므로 담보되지 않는다.

(4) 총 지급보험금

95,000,000원 + 100,000,000원 = 105,000,000원

그런데 소송비용과 손해배상액의 합계액을 보상한도액(1인당 100,000,000원) 내에서 보상하므로, 최종 지급보험금은 100,000,000원이다.

08 △△칼국수 식당의 종업원 백○○가 음식물을 제공하던 중 바닥에 잔존한 물기에 미끄러지면서 국물을 쏟아 피해자 박○○의 우측 허벅지에 심한 화상을 입힌 사고가 발생하였다.

아래 〈별표〉의 내용을 참고하여, 각 보험사의 지급보험금을 산정하고, 그 산출과정을 기재하시오.

〈별표〉
1. 보험가입사항

보험사	보험종목	보상한도액(대인)	자기부담금
A	(국문)영업배상책임보험 시설소유(관리)자 특별약관	1사고당/30,000,000원	1사고당/1,000,000원
B	장기종합보험 시설소유(관리)자 특별약관 음식물배상책임 특별약관	1사고당/100,000,000원 1사고당/30,000,000원	1사고당/10,000,000원 1사고당/1,000,000원

2. 손해내역

응급처치 및 호송비용	1,000,000원
피해자에 대한 손해배상금(법원 판결금)	70,000,000원
소송비용	8,000,000원
합　계	79,000,000원

[모범 답안]

1. A보험사의 독립책임액(시설소유관리자 특별약관)

① 피해자에 대한 손해배상금(법원 판결금) : 70,000,000원

② 응급처치 및 호송비용 : 1,000,000원

③ 소송비용 : 8,000,000원

④ 자기부담금 : 1,000,000원

⑤ 지급보험금

(70,000,000원＋8,000,000원) － 1,000,000원 = 77,000000원

그런데 1사고당 보상한도액 30,000,000원을 초과하므로, 30,000,000원을 지급한다.

결국, 응급처치 및 호송비용은 손해방지비용으로 보상한도액에 관계없이 전액보상하므로, 30,000000원＋1,000,000원 = 31,000,000원

2. B보험사의 독립책임액

(1) 시설소유관리자 특별약관

    ① 피해자에 대한 손해배상금(법원 판결금) : 70,000,000원

    ② 응급처치 및 호송비용 : 1,000,000원

    ③ 소송비용 : 8,000,000원

    ④ 자기부담금 : 10,000,000원

    ⑤ 지급보험금

        (70,000,000원 + 8,000,000원) − 10,000,000원 = 68,000000원

        1사고당 보상한도액 100,000,000원을 한도 내이므로, 68,000,000원을 지급한다.

        결국, 응급처치 및 호송비용은 손해방지비용을 합산하면,

        68,000000원 + 1,000,000원 = 69,000,000원

(2) 음식물배상책임 특별약관

음식물배상책임 특별약관은 피보험자가 제조, 판매, 공급한 음식물 때문에 발생한 사고로 제3자에게 신체장해, 재물손해를 입힌 경우 배상하는 보험, 즉 음식물로 인해 발생한 손해를 배상하는 보험이므로, B보험회사는 담보책임이 없다.

3. 각 보험사의 지급보험금

손해배상금 합계가 79,000,000원이고, 독립책임액 비례분담방식을 채택하므로,

(1) A보험사

79,000,000원 × 31,000,000원 / (31,000,000원 + 69,000,000원) = 24,490,000원

(2) B보험사

79,000,000원 × 69,000,000원 / (31,000,000원 + 69,000,000원) = 54,510,000원

09 △△건설㈜ 근로자(재해자) 김○○는 건설공사현장에서 작업 중 건설구조물의 관리부실 및 본인의 작업부주의로 3m 아래로 추락하는 산재사고를 당하여 근로복지공단으로부터 아래와 같이 산재보험금을 수령하였다.

보험급여 지급 내역

휴업급여	요양급여	장해급여	유족 및 장례비	계
10,000,000원	15,000,000원	50,000,000원	-	75,000,000원

재해자 김○○는 산재보험금을 수령한 후 △△건설㈜에 손해배상을 추가로 청구하였는 바, 아래 〈별표〉의 내용을 참고하여 지급보험금을 산정하고, 그 산출과정을 기재하시오.

〈별표〉

1. 보험가입사항
   ① 보험종목 : 국내근로자재해보장책임보험
              사용자배상책임 특별약관
   ② 보상한도액 : 1인당/100,000,000원, 1사고당/200,000,000원

2. 전제조건
   ① 재해자   : 김○○
   ② 생년월일   : 1969.5.1.
   ③ 사고일자   : 2019.9.1.
   ④ 직 업   : 보통인부(월소득은 월 22일 인정)
   ⑤ 노임단가(1일) : 2019년 하반기 90,000원, 2020년 상반기 100,000원
   ⑥ 가동연한   : 65세
   ⑦ 재해자과실 : 20%
   ⑧ 요양종료일 : 2019.12.31.
   ⑨ 후유장해율 : 요추부 25% 및 족관절 20%
   ⑩ 직불치료비 : 없음
   ⑪ 기타 손해   : 보조구 교체비용 3회 인정(1회 100만원, 교체주기 3년)
   ⑫ 위 자 료   : 서울중앙지방법원 산정기준에 따르며, 사망 또는 100% 장해시
                  기준금액 80,000,000원 적용

3. 호프만계수(경과월수)

4월(사고일~요양종료일)	176월(사고일~가동연한)
3	103

4. 호프만계수(경과년수)

1년	2년	3년	4년	5년
1.00	0.95	0.9	0.85	0.8
6년	7년	8년	9년	10년
0.75	0.7	0.65	0.6	0.55

※ 호프만계수는 계산상 편의를 위해 위 표의 계수를 적용

[모범 답안]

1. 보험사의 보상책임

보험사는 △△건설㈜의 안전배려의무 위반에 따른 법률상 손해배상책임에 대해 산재보험을 초과하는 손해에 대한 보상책임을 진다. 단, 산재손해배상과 근재보험 간의 항목별 공제 방식으로 지급보험금을 산정한다.

2. 지급보험금 산정

(1) 휴업손해

① 사고일~치료종료일

90,000원 × 22일 × 100%(입원기간 노동능력상실률) × 3(호프만계수) × (1 − 20%)

= 4,752,000원

② 손익상계

4,752,000원 − 10,000,000원(휴업급여) = 0원

※ 산재 휴업급여가 손해배상금을 초과하므로 보상액은 "0원"이다.

(2) 위자료

80,000,000원 × 노동능력상실률 × {100% − (피해자과실 × 60%)}

노동능력상실률 = 25% + {(100% − 25%) × 20%} = 40%

위자료 = 80,000,000원 × 40% × {100% − (20% × 60%)} = 28,160,000원

위자료는 산재보험에서 보상하지 않으므로 28,160,000원을 전액보상한다.

(3) 상실수익액

① 치료종료일~가동연한

100,000원 × 22일 × 40% × (103 − 3) × (1 − 20%) = 70,400,000원

② 손익상계

70,400,000원 − 50,000,000원(장해급여) = 20,400,000원

(4) 보조구비

사고 직후 구입한 최초의 보조구 비용은 산재보험 요양급여로 처리되었으므로 사용자배상책임 특별약관에서는 향후에 소요될 교체비용을 3년 주기로 3회 인정하면 된다.

1,000,000원 × (0.9 + 0.75 + 0.6) × (1 − 20%) = 1,800,000원

(5) 총 지급보험금

휴업손해(0원) + 위자료(28,160,000원) + 장해상실수익액(20,400,000원) + 보조구 교체비용 (1,800,000원) = 50,360,000원

10 갑(甲)이 소유한 11층 건물에서 화재가 발생하여 인명피해가 발생하였다. 화재는 을(乙)이 운영하는 3층 음식점(바닥면적 200제곱미터)에서 화기 취급부주의에 의해 발화하여 을(乙) 본인이 부상당하고, 4층 독서실로 연소 확대되어 이용고객 병(丙)과 정(丁)이 사망하는 사고가 발생하였다. 아래 〈별표〉의 내용을 참고하여, 각각의 질문에 답하시오.

〈별표〉

1. 보험가입사항

보험사	계약자/피보험자	보험종목	보상한도액(대인)	자기부담금
A	갑	특약부화재보험	의무보상한도액	−
B	을	다중이용업소 화재배상책임보험	의무보상한도액	−
		시설소유(관리)자 배상책임 특별약관	1인당/50,000,000원 1사고당/100,000,000원	1사고당 1,000,000원

2. 손해내역

피해자	피해사항	손해액	참고사항
을	부상	30,000,000원	각 특약별 위험률의 부상등급표상 1급 부상
병	현장사망	150,000,000원	법률상 손해배상책임액
정	현장사망	300,000,000원	법률상 손해배상책임액

질문사항 1. A, B보험사의 보상책임유무 및 보상대상자 범위를 약술하시오.

모범 답안

1. A보험사의 보상책임유무 및 보상대상자 범위

(1) A보험사의 보상책임

특약부화재보험은 화재로 인한 건물의 손해와 특수건물의 소유자가 그 건물의 화재로 인하여 다른 사람이 사망하거나 부상을 입었을 때에 과실이 없는 경우에도 보험금액의 범위에서 그 손해를 배상하는 보험을 말한다.

문제에서 갑(甲)이 소유한 11층 건물에서 화재가 발생하여 인명피해가 발생한 사고로 본 건물은 특수건물에 해당하므로 A보험사는 보험계약에 따라 보상책임을 진다.

(2) A보험사의 보상대상자 범위

특약부화재보험에서는 타인이 사망하거나 부상함으로써 피보험자가 부담할 손해를 보상하는데, 여기서 타인이란 특수건물의 소유자 및 그 주거를 같이하는 직계가족(법인인 경우에는 이사 또는 업무집행기관) 이외의 사람을 말한다.

문제에서 을(乙)은 3층 음식점을 운영하고 있고, 병(丙)과 정(丁)은 4층 독서실 이용고객이므로 모두 타인에 해당된다. 따라서, A보험사의 보상대상자는 을(乙), 병(丙), 정(丁) 모두이다.

2. B보험사의 보상책임유무 및 보상대상자 범위

(1) B보험사의 보상책임

① 다중이용업소 화재배상책임보험은 「다중이용업소의 안전관리에 관한 특별법」에 따라 다중이용업주가 의무적으로 가입해야 하는 보험으로 화재(폭발)로 인한 타인의 신체 또는 재산피해를 보상하는 보험이다.

문제에서 을(乙)이 운영하는 3층 음식점(바닥면적 200제곱미터)은 다중이용업(일반음식점 영업으로서 영업장으로 사용하는 바닥면적의 합계가 100제곱미터 이상인 것)에 해당하므로 B보험사는 보험계약에 따라 보상책임을 진다.

② 시설소유(관리)자배상책임 특별약관은 피보험자가 소유·사용 또는 관리하는 시설 및 그 시설의 용도에 따른 업무의 수행으로 생긴 우연한 사고로 타인에게 손해를 입힌 경우 담보하는 보험이다.

문제에서 을(乙)은 화기 취급부주의에 의해 화재가 발생하였기 때문에 B보험사는 보험계약에 따라 타인에 대한 보상책임을 진다.

(2) B보험사의 보상대상자 범위

을(乙)은 피보험자이므로 보상대상이 아니고, 병(丙), 정(丁)은 화재사고의 피해자로 타인에 해당하므로 보상대상자이다.

A, B보험사에 가입한 의무보험의 약관상 대인 보상한도액을 약술하시오.

[모범 답안]

1. A보험사의 특약부화재보험

① **사망의 경우** : 피해자 1인당 1억5,000만원 범위에서 피해자에게 발생한 손해액(손해액이 2,000만원 미만일 경우에는 2,000만원)

② **부상의 경우** : 피해자 1인당 급별 보상한도 내에서 피해자에게 발생한 손해액(1급 3,000만원 ~ 14급 50만원)

③ **후유장해의 경우** : 피해자 1인당 급별 보상한도 내에서 피해자에게 발생한 손해액(1급 1억 5,000만원 ~ 14급 1,000만원)

2. B보험사의 다중이용업소 화재배상책임보험

① **사망의 경우** : 피해자 1인당 1억원 범위에서 피해자에게 발생한 손해액(손해액이 2,000만원 미만일 경우에는 2,000만원)

② **부상의 경우** : 피해자 1인당 급별 보상한도 내에서 피해자에게 발생한 손해액(1급 2,000만원 ~ 14급 80만원)

③ **후유장해의 경우** : 피해자 1인당 급별 보상한도 내에서 피해자에게 발생한 손해액(1급 1억원 ~ 14급 630만원)

질문사항 3. 상기 다수보험계약에 따른 보험금 산정 우선순위를 약술하시오.

[모범 답안]

다수보험계약에 따른 보험금 산정 우선순위는 다음과 같다.
① **1순위** : B보험사의 다중이용업소 화재배상책임보험
② **2순위** : B보험사의 시설소유(관리)자배상책임 특별약관
③ **3순위** : A보험사의 특약부화재보험

피해자별, 보험사별 지급보험금을 산정하고, 그 산출과정을 기재하시오.

모범 답안

1. 피해자별 지급보험금

(1) 을(乙) : 3,000만원

을(乙)은 손해액이 3,000만원이고 부상등급이 1급이므로, A보험회사의 특약부화재보험에서 부상등급 1급 보상한도액인 3,000만원을 보상한다.

(2) 병(丙) : 1억5,000만원

병(丙)은 사망으로 손해액이 1억5,000만원이므로, B보험사의 다중이용업소 화재배상책임보험에서 보상한도액인 1억원, 시설소유(관리)자배상책임 특별약관에서 보상한도액인 5,000만원이 보상된다.

(3) 정(丁) : 2억원

정(丁)은 사망으로 손해액이 2억이므로, B보험사의 다중이용업소 화재배상책임보험에서 보상한도액인 1억원, 시설소유(관리)자배상책임 특별약관에서 보상한도액인 5,000만원이 보상된다. 그리고 A보험회사의 특약부화재보험에서 나머지 손해액인 5,000만원이 보상된다.

2. 보험사별 지급보험금

(1) A보험사 : 8,000만원

3,000만원(乙)+5,000만원(丁) = 8,000만원

(2) B보험사 : 3억원

① 다중이용업소 화재배상책임보험 : 2억원
1억원(丙)+1억원(丁) = 2억원
② 시설소유(관리)자배상책임 특별약관 : 1억원
5,000만원(丙)+5,000만원(丁) = 1억원

최근 기출문제

01 2014년도 시행(제37회)

01 배상책임보험의 보상하는 손해 및 보험금 등의 지급 한도에 대하여 국문 영업배상책임보험 보통약관과 Commercial General Liability Policy를 비교하여 서술하시오. (15점)

02 통상임금과 평균임금에 대하여 약술하고, 근로자재해보장책임보험의 재해보상책임담보 특별약관에서 규정하고 있는 휴업보상(상병보상)의 보상기준을 기술하시오. (15점)

03 2013년 5월 1일 18:00경 ○○유람선㈜ 소속 동백호가 거제도 앞 해상에서 갑작스런 폭우로 급히 선착장으로 회항하던 중에 다른 유람선을 피하려 항해사 김기철이 키를 급히 돌리는 바람에 전복되어 항해사 김기철이 실종되고, 승객 중 홍가람(직장인)이 익사한 사고가 발생하였다. ○○유람선㈜는 B보험회사에 다음과 같이 선원근로자재해보장책임보험 및 유도선사업자배상책임보험에 가입하였다. 주어진 조건을 참조하여 B보험회사가 지급해야 할 보험금을 산출하되 그 과정을 명시하여 각각 계산하시오. (30점)

구 분	(선원근로자재해보장책임보험)	(유도선사업자배상책임보험)
보상 한도액	-	대인배상 1인당 : 2억원 1사고당 : 10억원
자기 부담금	-	1사고당 : 5백만원
보험조건	근로자재해보장책임보험 보통약관 재해보상책임담보 특별약관 비업무상재해 확장담보추가 특별약관	유도선사업자배상책임보험 보통약관 구조비 특별약관
기타 관련사항	김기철 월 통상임금 ₩3,000,000 (일 ₩100,000) 월 승선평균임금 ₩3,600,000 (일 ₩120,000)	홍가람 인적사항 생년월일 : 1959.6.1. 월급여 : ₩4,500,000(일 평균임금 ₩150,000) 고용계약서상 정년 55세 도시보통인부 일당 : ₩75,000 호프만계수 : (계산 편의를 위함) 　　　사고일부터 55세 10.000 　　　　　　　60세 60.000 위자료는 판례경향을 감안 : ₩80,000,000

04 배상책임보험의 담보기준(Coverage Trigger)를 약술하고, 국문 영업배상책임
보험과 국문 의사 및 병원배상책임보험을 예시하여 설명하시오. (10점)

05 일반불법행위의 성립요건에 대하여 약술하시오. (5점)

06 피해자 직접청구권의 법적성질에 대하여 약술하시오. (10점)

07 배상책임보험에서 일실 수입의 개념 및 산정요인을 약술하고, 취업형태별로 손해
배상금을 산출하는 방식에 대하여 기술하시오. 단, 취업형태는 급여소득자, 개인
사업자, 무직자로 구분한다. (15점)

제2과목 책임보험·근로자재해보상보험의 이론과 실무

CHAPTER 11 최근 기출문제 533

01 △△병원 소속 설비기사인 김○○은 병원 내에서 가스설비 점검작업을 하던 중 가스폭발로 현장에서 사망하였다. 국립과학수사연구소의 사고원인 감정 결과 관리상의 하자와 설비기사 본인의 작업부주의가 결합하여 사고가 발생한 것으로 밝혀졌다. 김○○의 유족들은 산업재해보상보험에서 보상을 받은 후 △△병원에 손해배상을 청구하였다. 〈별표〉의 내용을 참고하여 보험금을 산정하고, 그 산출 과정을 기재하시오. (25점)

〈별표〉
(1) △△병원 보험가입 사항
   ① 근로자재해보장책임보험(사용자배상책임특별약관)
      • 1인당/200,000,000원, 1사고당/200,000,000원
   ② 가스사고배상책임보험
      • 의무보상한도액

(2) 전제조건
   ① 피해자 김○○ 인적사항
      • 생년월일 : 1969.02.28.
      • 입사일자 : 1999.02.28.
   ② 사고일   : 2014.03.01.
   ③ 피해자 과실률 : 20%
   ④ 월평균임금   : 3,000,000원
      (단, 월수계산이 필요한 경우 1개월은 30일로 가정함)
   ⑤ 도시일용노임단가 : 보통 인부 80,000원/1일
   ⑥ 호프만계수
      • 사고일 ~ 정년퇴직 55세(120개월) : 100
      • 사고일 ~ 가동기간까지(180개월) : 130
   ⑦ 민사 판례에 따른 장례비 3,000,000원 가정
   ⑧ 일실 퇴직금 산정시 현가율은 『1/(1+0.05×잔여재직기간)』으로 함
   ⑨ 위자료는 서울중앙지방법원 산정기준에 따르며, 사망 또는 100% 장해시 기준금액 80,000,000원 적용

02 2015년 7월 30일 11시경 경기도 소재 ○○ LPG충전소에서 가스폭발사고가 발생하여 충전소 고객인 이○○가 사망하였다. 〈별표〉에 주어진 내용을 참고하여 보험계약별로 분담할 지급보험금을 산정하고, 그 산출과정을 기재하시오. (20점)

〈별표〉

(1) ○○ LPG 충전소 보험가입 사항

구 분	보상한도액	자기부담금
가스사고배상책임보험(A보험사) 액화석유가스 소비자보장특별약관	의무보상한도액	–
영업배상책임보험(B보험사) 시설소유관리자 특별약관	1사고당/50,000,000원	1사고당/1,000,000원
영업배상책임보험(C보험사) 시설소유관리자 특별약관	1사고당/1,000,000,000원	1사고당/20,000,000원

(2) 전제조건
① 이○○의 과실률 : 50%
② 일실수입(현가) : 200,000,000원
③ 일실퇴직금(현가) : 28,000,000원
④ 위자료는 서울중앙지방법원 산정기준에 따르며, 사망 또는 100% 장해시 기준금액 80,000,000원 적용

03 △△건설 소속 허○○이 2010년 11월 17일 10시 30분경 경기도 용인에 소재한 건설현장에서 굴삭기로 송수관을 들어 올리다가 굴삭기와 송수관을 연결했던 밴드로프가 절단되면서 송수관이 관로 하부에서 작업 중이던 같은 회사소속 박○○의 복부를 충격한 사고로 박○○이 다발성 늑골골절 및 비장파열 등의 상해를 입었다. 〈별표〉에 주어진 내용을 참고하여 피해자의 복합장해율과 보험금을 산정하고, 그 산출과정을 기재하시오. (15점)

〈별표〉
(1) △△건설 보험가입 사항
    ① 근로자재해보장책임보험
        사용자배상책임 특별약관
    ② 보상한도액 − 1인당/100,000,000원, 1사고당/200,000,000원

(2) 전제조건
    ① 피해자 : 박○○
        ㉠ 사고일로부터 가동기간까지의 일실수입(현가) : 200,000,000원
        ㉡ 피해자 과실률 : 20%
        ㉢ 후유장해 및 노동능력 상실률
            ㉮ 정형외과
                • 경추 추간판 탈출증 : 50%(기왕증 기여도 : 20%)
                • 요추 추간판 탈출증 : 30%(기왕증 기여도 : 50%)
            ㉯ 일반외과
                • 비장결손 : 10%
    ② 근로복지공단으로부터 지급받은 장해일시금 : 45,000,000원
    ③ 부상부위의 향후 반흔 성형수술비 : 8,000,000원
    ④ 위자료는 고려하지 않음

04 영업배상책임보험(국문)을 가입하고 있는 H호텔에서 보험기간 중 2회의 서로 다른 사고가 발생하였다. 〈별표〉에 주어진 내용을 참고하여 각 사고별 지급보험금을 산정하고 산출과정을 기재하시오. (10점)

〈별표〉

(1) H호텔 보험가입 사항
- 영업배상책임보험 시설소유관리자 특별약관

보상한도액	신체장해	1인당/100,000,000원
		1사고당/200,000,000원
	재물손해	1사고당/200,000,000원
자기부담금		1사고당/1,000,000원

(2) 1차사고
① 사고내용
- 대형조명설비의 붕괴로 인한 투숙객 A, 투숙객 B 부상
② 손해내역
- 투숙객에 대한 손해배상금 : 투숙객 A / 150,000,000원
  투숙객 B / 120,000,000원
- 조명설비 복구비용 : 70,000,000원
- 부상투숙객 응급처치 및 호송비용 : 1,000,000원

(3) 2차사고
① 사고내용
- 호텔 내 사우나의 온수관 파열로 내방객 1인 전신화상
② 손해내역
- 피해자에 대한 손해배상금 (법원 판결금) : 96,000,000원
- 소송비용 : 10,000,000원
- 온수관 복구비용 : 5,000,000원

05 우리나라 「제조물책임법」상 제조물책임의 의의와 제조물의 결함에 대하여 서술하시오. (10점)

06 영업배상책임보험(국문)에서 보험계약자 및 피보험자가 부담하는 손해방지의무에 대하여 서술하시오. (10점)

07 영업배상책임보험(국문) 학교경영자특별약관에서 보상하는 손해와 학교업무의 범위에 대하여 서술하시오. (10점)

01 갑(甲)이 소유한 11층 건물에서 화재가 발생하여 인명피해가 발생하였다. 화재는 을(乙)이 운영하는 3층 음식점(바닥면적 200제곱미터)에서 화기 취급부주의에 의해 발화하여 을(乙) 본인이 부상당하고, 4층 독서실로 연소 확대되어 이용고객 병(丙)과 정(丁)이 사망하는 사고가 발생하였다. 아래 〈별표〉의 내용을 참고하여, 각각의 질문에 답하시오. (30점)

〈별표〉

(1) 보험가입사항

보험사	계약자 / 피보험자	보험종목	보상한도액(대인)	자기부담금
A	갑	신체손해배상특약부 화재보험	의무보상한도액	–
B	을	다중이용업소 화재배상책임보험	의무보상한도액	–
		시설소유(관리)자 배상책임특별약관	1인당/50,000,000원 1사고당/100,000,000원	1사고당 1,000,000원

(2) 손해내역

피해자	피해사항	손해액	참고사항
을	부상	30,000,000원	각 특약별 위험률의 부상등급표상 1급 부상
병	현장사망	150,000,000원	법률상 손해배상책임액
정	현장사망	300,000,000원	법률상 손해배상책임액

(1) A, B보험사의 보상책임유무 및 보상대상자 범위를 약술하시오. (5점)

(2) A, B보험사에 가입한 의무보험의 약관상 대인 보상한도액을 약술하시오. (5점)

(3) 상기 다수보험계약에 따른 보험금 산정 우선순위를 약술하시오. (5점)

(0) 피해자별, 보험사별 지급보험금을 산정하고, 그 산출과정을 기재하시오. (15점)

02 △△건설㈜ 근로자(재해자) 김○○는 건설공사현장에서 작업 중 건설구조물의 관리부실 및 본인의 작업부주의로 3m 아래로 추락하는 산재사고를 당하여 근로복지공단으로부터 아래와 같이 산재보험금을 수령하였다.

〈보험급여 지급 내역〉

휴업급여	요양급여	장해급여	유족 및 장의비	계
10,000,000원	15,000,000원	50,000,000원	–	75,000,000원

재해자 김○○는 산재보험금을 수령한 후 △△건설㈜에 손해배상을 추가로 청구하였는 바, 아래 〈별표〉의 내용을 참고하여 지급 보험금을 산정하고, 그 산출과정을 기재하시오. (20점)

〈별표〉
(1) 보험가입사항
　　① 보험종목 : 국내근로자재해보장책임보험
　　　　　　　　　사용자배상책임특별약관
　　② 보상한도액 : 1인당/100,000,000원, 1사고당/200,000,000원

(2) 전제조건
　　① 재해자　　　 : 김○○
　　② 생년월일　　 : 1970.5.1.
　　③ 사고일자　　 : 2015.9.1.
　　④ 직　　　업　 : 보통인부(월소득은 월22일 인정)
　　⑤ 노임단가(1일) : 2015년 하반기 90,000원, 2016년 상반기 100,000원
　　⑥ 가동연한　　 : 만 60세
　　⑦ 재해자과실　 : 20%
　　⑧ 요양종료일　 : 2015.12.31.
　　⑨ 후유장해율　 : 요추부 25% 및 족관절 20%
　　⑩ 직불치료비　 : 없음
　　⑪ 기타 손해　　: 보조구 교체비용 3회 인정(1회 100만원, 교체주기 3년)
　　⑫ 위 자 료　　 : 서울중앙지방법원 산정기준에 따르며, 사망 또는 100% 장해시
　　　　　　　　　　 기준금액 80,000,000원 적용

(3) 호프만계수(경과월수)

4월(사고일~요양종료일)	176월(사고일~가동연한)
3	103

(4) 호프만계수(경과년수)

1년	2년	3년	4년	5년
1.00	0.95	0.9	0.85	0.8
6년	7년	8년	9년	10년
0.75	0.7	0.65	0.6	0.55

※ 호프만계수는 계산상 편의를 위해 위 표의 계수를 적용

03 △△칼국수 식당의 종업원 백○○가 음식물을 제공하던 중 바닥에 잔존한 물기에 미끄러지면서 국물을 쏟아 피해자 박○○의 우측 허벅지에 심한 화상을 입힌 사고가 발생하였다.
아래 〈별표〉의 내용을 참고하여, 각 보험사의 지급보험금을 산정하고, 그 산출과정을 기재하시오. (10점)

〈별표〉

(1) 보험가입사항

보험사	보험종목	보상한도액(대인)	자기부담금
A	(국문)영업배상책임보험 시설소유(관리)자특별약관	1사고당/30,000,000원	1사고당/1,000,000원
B	장기종합보험 시설소유(관리)자특별약관 음식물배상책임특별약관	1사고당/100,000,000원 1사고당/30,000,000원	1사고당/10,000,000원 1사고당/1,000,000원

(2) 손해내역

응급처치 및 호송비용	1,000,000원
피해자에 대한 손해배상금(법원 판결금)	70,000,000원
소송비용	8,000,000원
합 계	79,000,000원

04 민법상 특수불법행위책임을 열거하고, 내용을 약술하시오. (10점)

05 사업주(사용자)의 안전배려의무를 설명하고, 위반시 효과에 대하여 약술하시오. (10점)

06 해외근로자재해보장책임보험에 첨부되는 특별약관을 중심으로 보상하는 손해의 종류와 내용을 약술하시오. (10점)

07 손해사고기준 배상책임보험과 배상청구기준 배상책임보험의 의의 및 장단점을 비교 약술하시오. (10점)

01 「재난 및 안전관리 기본법」에 따라 의무적으로 가입해야 하는 재난배상책임보험의 의무가입 대상시설과 가입의무 면제시설을 열거하고, 담보위험과 대인사고에 대한 보상한도를 기술하시오. (10점)

02 장기종합보험의 가족일상생활배상책임 특별약관에서 피보험자의 범위를 열거하고, 책임능력 없는 미성년자의 불법행위에 대한 책임법리를 약술하시오. (10점)

03 「산업재해보상보험법」에서 정하고 있는 특수형태근로종사자의 개념과 범위를 설명하고, 그 적용특례에 대하여 약술하시오. (10점)

04 국문영업배상책임보험에서 피보험자가 피해자로부터 손해배상청구소송을 받고 보험회사에 소송의 대행을 요청하는 경우 보험회사가 대행하는 업무의 범위를 약술하고, 피보험자의 의무와 보험회사가 소송을 대행하지 않는 경우를 기술하시오. (10점)

05 2016년 12월 15일 갑(甲) 소유의 15층 건물 5층에서 원인미상의 화재사고가 발생하였다. 이 사고로 방문객 을(乙)이 중증화상을 입고 긴급 이송되었으나 입원 치료 중 사망하였다.
아래 〈별표〉의 내용을 참고하여 각각의 질문에 답하시오. (25점)

〈별표〉
(1) 보험가입사항
　① 계약자/피보험자 : 갑(甲)
　② 국문화재보험
　　• 특약부화재보험(구 신체손해배상책임특별약관)

(2) 전제조건
　① 피 해 자 : 을(乙)
　② 생년월일 : 1957년 2월 5일
　③ 피해사항 : 전신 3도 화상 진단 후 치료 중 사망
　④ 상해급수 : 1급 11항(보상한도액 : 15,000,000원)
　⑤ 입원치료비용 : 3,000,000원
　⑥ 사고발생시 갑(甲)이 지출한 긴급조치비용 : 2,000,000원
　⑦ 일실수익(현가) : 5,000,000원
　⑧ 남자평균임금 : 100,000원/1일

(1) 「화재로 인한 재해보상과 보험가입에 관한 법률」에 따른 갑(甲)의 손해배상책임에 대하여 약술하시오. (5점)

(2) 「화재로 인한 재해보상과 보험가입에 관한 법률」에서 정하고 있는 실손해액의 범위를 기술하고, 을(乙)의 실손해액을 산출하시오. (10점)

(3) 보험회사가 지급해야 할 보험금을 산정하고, 그 산출과정을 기재하시오. (10점)

06 2017년 5월 10일 12:05분경 △△노인전문 간호센터에서 요양보호사 김○○는 요양 3등급인 입소자 박○○가 간식으로 떡 드시는 것을 도와주던 중 자리를 잠시 비웠다. 박○○는 12:15분경 갑자기 기침 및 사례를 시작하였으나 멈추지 않아 인근 병원으로 이송되었고 치료 중에 사망하였다.
아래 〈별표〉의 내용을 참고하여 보험회사가 지급해야 할 보험금을 산정하고, 그 산출과정을 기재하시오. (10점)

〈별표〉
(1) 보험가입사항
　　① 국문영업배상책임보험
　　　　• 시설소유(관리)자 특별약관
　　　　　(보상한도액 : 1억/1인당, 2억/1사고당, 자기부담금 : 10만원)
　　② 전문직업배상책임보험(요양보호사)
　　　　(보상한도액 : 1억/1인당, 2억/1사고당, 자기부담금 : 50만원)

(2) 전제조건
　　① 피 해 자 : 박○○
　　② 생년월일 : 1931년 3월 1일
　　③ 사 고 일 : 2017년 5월 10일
　　④ 사 망 일 : 2017년 7월 10일
　　⑤ 피해자과실 : 20%(기존 연하장해 고려하여 적용)
　　⑥ 사망관여도 : 50%(직접사인 : 심부전)
　　⑦ 책임비율 : 간호센터 30%, 요양보호사 70%
　　⑧ 손해사항

치료비	간병비	장례비
5,000,000원	5,000,000원	4,000,000원

* 피해자과실은 치료관계비에만 적용한다.
* 위자료는 감안하지 아니한다.

07 김○○은 도로공사 하수관거 작업현장 옆을 지나던 중 자전거를 피하려다 도로 절개면의 토사를 밟고 미끄러져 넘어지는 상해를 입어 시공자 △△건설㈜를 상대로 소송을 제기하여 판결을 받았다.

아래 〈별표〉의 내용을 참고하여 보험회사가 지급해야 할 보험금을 산정하고, 그 산출과정을 기술하시오. (10점)

〈별표〉
(1) 보험가입사항
    ① 계약자/피보험자 : △△건설㈜
    ② 보험 종목 : 국문영업배상책임보험
                • 도급업자 특별약관
    ③ 보상한도액 : 대인 50,000,000원/1인당
    ④ 자기부담금 : 10,000,000원/1사고당

(2) 손해사항
    ① 사고시 응급 호송비용 : 1,000,000원
    ② 상해 및 장해진단서 발급비용(피해자 부담) : 300,000원
    ③ 사고원인 등 필요조사비용(피보험자 부담) : 2,000,000원
    ④ 제3자에 대한 권리행사를 위한 비용 : 100,000원
    ⑤ 변호사비용(피보험자 부담) : 5,000,000원
    ⑥ 인지대, 송달료(피보험자 부담) : 500,000원
    ⑦ 신체감정비용(피해자 부담) : 1,000,000원
    ⑧ 판결금 : 60,000,000원

08 남대서양 해역에서 오징어 채낚기 조업 중이던 △△수산㈜ 소속 선원 강○○은 2016년 3월 10일 조타기 유압라인이 파열되어 이를 수리하던 중 기상악화로 인한 선체의 롤링으로 유압파이프에 안면부와 무릎을 부딪히는 사고를 입었다. 당시 충격으로 치아가 파절되고 슬관절부에 통증이 있어 병원에서 치료를 받았다. 아래 〈별표〉의 내용을 참고하여 각각의 질문에 답하시오. (15점)

〈별표〉
(1) 보험가입사항
　① 계약자/피보험자 : △△수산㈜
　② 선원근로자재해보장책임보험
　　• 재해보상책임 특별약관
　　• 비업무상재해확장 추가특별약관

(2) 전제조건
　① 피해자 : 강○○
　② 사고발생일 : 2016년 3월 10일
　③ 상병명 : 치아 파절 및 상실(장해등급 11급)
　　　　　　 슬관절 손상(장해등급 12급)
　④ 입원(2016년 5월 1일~2016년 11월 30일) : 5,000,000원
　⑤ 통원(2016년 12월 1일~2016년 12월 31일) : 1,000,000원(요양종료)
　⑥ 임금현황
　　• 고정급 : 2,000,000원
　　• 통상임금 : 2,700,000원(월 30일 가정)
　　• 승선평균임금 : 3,300,000원(월 30일 가정)
　⑦ 장해등급별 장해급여표(평균임금 기준)

구 분	근로기준법	산업재해보상보험법
9급	350일	385일
10급	270일	297일
11급	200일	220일
12급	140일	154일

(1) 위 〈별표〉와 같이 둘 이상의 장해가 있는 경우에 적용하는 장해등급의 조정방법에 대하여 약술하시오. (5점)

(2) 보험회사가 지급해야 할 재해보상금을 산정하고, 그 산출과정을 기재하시오. (10점)

01 갑(甲)은 5층 높이의 비계 위에서 철골절단 작업 중 추락하여 인근병원으로 이송하였으나 사망하였으며, 근로복지공단은 유족급여를 산재법상 수급권자에게 지급하였다. 이후 유족인 배우자와 성년의 자녀(1인)는 사용자를 상대로 각자 손해배상을 청구하였다.

아래 〈별표〉의 내용을 참고하여 보험회사가 지급해야 할 보험금을 각각 산정하고, 그 산출과정을 기재하시오. (15점)

〈별표〉
(1) 보험가입사항
    ① 국내근로자재해보장책임보험
    ② 사용자배상책임담보 특별약관
        • 보상한도액 : 1인당 100,000,000원, 1사고당 200,000,000원

(2) 전제조건
    ① 피 해 자 : 갑(甲)
    ② 사고일자 : 2018년 3월 5일
    ③ 직   업 : 철골공
    ④ 임   금 : 2,500,000원(월)
    ⑤ 근로복지공단 지급내역

(단위 : 원)

요양급여	휴업급여	유족급여(일시금)	장의비	기 타
1,000,000	–	100,000,000	12,000,000	–

    * 유족급여는 일시금으로 환산한 금액임

    ⑥ 피해자 과실 : 40%
    ⑦ 호프만계수(H) : 계산상 편의를 위한 임의계수임
        • 사망일 ~ 가동연한 : 120개월(H : 100)
    ⑧ 위자료 : 유족들은 50,000,000원에 합의함

02 가스공급업자 A는 2018년 1월 22일 행복음식점을 방문하여 가스통 1개를 교체하였다. 이후 행복음식점에서 근무하는 갑(甲)은 주방에서 조리를 위해 가스밸브를 열고 점화하는 순간 폭발하며 건물이 붕괴되었다. 갑(甲)은 무너진 건물에 매몰되었다가 구조되어 병원으로 이송되었다. 동 사고의 원인은 불상의 가스누출에 의한 폭발사고로 확인되었다.
아래 〈별표〉의 내용을 참고하여 각각의 질문에 답하시오. (15점)

〈별표〉
(1) A의 보험가입사항
　① 가스사고배상책임보험
　② 액화석유가스 소비자보장 특별약관

(2) 전제조건
　① 직업 / 임금 : 일용직 / 290만원(월)
　② 진단명 : 목 부위 3도 화상
　③ 후유장해 : 추상장해 10%
　④ 호프만계수(H) : 계산상 편의를 위한 임의계수임
　　• 사고일 ~ 퇴원일 : 3개월 (H : 3)
　　• 사고일 ~ 가동종료일 : 25개월 (H : 23)
　⑤ 피해자의 부상급수 1급, 장해급수 14급
　⑥ 발생비용

(단위 : 원)

치료비	향후치료비	응급처치 및 호송비용	구조비용
4,000,000	2,000,000	200,000	500,000

---

(1) 가스사고배상책임보험에서 보험을 가입해야 하는 사업자 및 담보하는 가스사고는 무엇인지 약술하시오. (5점)

(2) 액화석유가스 소비자보장특약에서 보상하는 손해와 보상하지 아니하는 손해를 약술하시오. (5점)

(3) 상기 〈별표〉의 내용을 참고하여 갑(甲)의 지급보험금을 산정하고, 그 산출 과정을 기재하시오. (5점)

03 갑(甲)은 본인 소유의 1층 단독건물에서 일반음식점을 운영하고 있다. 2018년 1월 20일 22:00경 영업 중인 갑(甲)의 음식점에 불상의 자가 침입하여 미리 준비한 인화성 물질을 붓고 방화하여 그 화재와 유독가스로 인해 음식점 손님 을(乙), 병(丙), 정(丁)이 상해를 입는 사고가 발생하였다.
아래 〈별표〉의 내용을 참고하여 각각의 질문에 답하시오. (15점)

〈별표〉
(1) 갑(甲)의 보험가입사항
① 보험회사 A : 재난배상책임보험
② 보험회사 B : 장기재물보험, 화재(폭발포함)배상책임 특별약관
• 보상한도액 : 사망 1인당 100,000,000원, 부상 1인당 20,000,000원

(2) 손해사항

(단위 : 원)

피해자	피해사항	법률상 손해배상금	손해 세부내역
을(乙)	현장사망	200,000,000	사망에 따른 실제손해액 2억원
병(丙)	치료 중 사망	220,000,000	사망에 따른 실제손해액 2억원 부상등급 1급, 실제치료비 2천만원
정(丁)	부상	50,000,000	부상등급 1급, 실제치료비 5천만원

(3) 전제조건
① 음식점 바닥면적은 165제곱미터이다.
② 경찰조사 및 국립수사연구원 화재감식결과 등에 따르면, 화재원인은 불상자의 방화로 최종 확인되었고, 갑(甲)의 건물소유에 따른 관리상 하자나 기타 귀책사유에 따른 손해 확대 등은 확인되지 않아 갑(甲)의 과실 없는 사고로 종결되었다.
③ 갑(甲)의 음식점은 다중이용업소 화재배상책임보험 의무가입대상 시설에는 해당하지 않는다.

(1) 각 보험종목별 보상하는 손해와 보상책임에 대하여 각각 약술하시오. (5점)

(2) 보험사별, 피해자별 지급보험금을 산정하고, 그 산출과정을 기재하시오. (10점)

04 갑(甲)은 을(乙) 소유의 건물에 사무실을 임차하여 사용 중이다. 2018년 5월 10
일 갑(甲)의 사무실 내에서 화재사고가 발생하였으며, 외국인 내방객들(A, B, C)
이 대피하는 과정에서 상해를 입었다.
아래 〈별표〉의 내용을 참고하여 각각의 질문에 답하시오. (15점)

〈별표〉
[보험가입사항]
① Commercial General Liability Insurance
② Insured : 갑(甲)
③ Limits of Insurance
  • General Aggregate Limit $ 500,000
  • Each Occurrence Limit $ 500,000
  • Fire Damage Limit $ 100,000 (any one fire)
  • Medical Expense Limit $ 5,000 (any one person)
  • All Costs & Expenses Limit $ 20,000

(1) 피해자 A는 임차인 갑(甲)을 상대로 응급치료비 $ 3,000을 청구하였다. 피해자 B는
$ 1Million의 손해배상 청구의 소를 제기하였고, 임차인 갑(甲)은 변호사를 선임하여
변론한 결과 배상판결금 $ 200,000과 변호사비용 $ 25,000이 발생하였다. 이 경우
지급보험금을 산정하고, 그 산출과정을 기재하시오. (5점)

(2) 피해자 A와 B의 보험금이 지급된 후, 보험자는 갑(甲)과 을(乙) 간의 합의된 건물
화재손해 $ 135,000에 대하여 증권상 보험금을 지급하였다. 이후 피해자 C는 $
2Million의 손해배상 청구의 소를 제기하였고, 임차인 갑(甲)은 변호사를 선임하여
변론한 결과 배상판결금 $ 300,000과 변호사비용 $ 40,000이 발생하였다. 이 경우
지급보험금을 산정하고, 그 산출과정을 기재하시오. (10점)

05 아래 〈별표〉를 참고하여 A, B, C 보험회사별로 근로자 갑(甲)과 을(乙)에 대한 약관상 담보여부 및 그 사유를 약술하시오. (10점)

〈별표〉

(1) 사고내용

주상건설㈜는 상가건물 신축을 도급 받아 비계공사의 일부를 상승비계㈜에 하청을 주었으며, 상승비계㈜는 서울크레인㈜와 크레인 임대차 계약을 별도로 맺어 공사를 진행 중이다.

2017년 2월 10일 위 현장에서 상승비계㈜ 소속 현장반장의 유도에 따라 공사자재를 이동하던 중 크레인 붐대가 비계를 충격하여 비계 작업 중 이던 갑(甲)이 추락하여 사망하였고, 무너진 비계에 의해 을(乙)이 부상을 입었다.

* 갑(甲) : 상승비계소속 비계공, 을(乙) : 서울크레인 소속 운전자

(2) 보험가입사항

① A 보험회사(계약자 : 주상건설㈜)
- 국내근로자재해보장책임보험(보험료는 전체도급공사의 총 임금으로 보험가입)
- 사용자배상책임 특별약관

② B 보험회사(계약자 : 상승비계㈜)
- 국문영업배상책임보험
- 도급업자 특별약관

③ C 보험회사(계약자 : 서울크레인㈜)
- 국문영업배상책임보험
- 건설기계업자 특별약관

* 상승비계㈜와 서울크레인㈜의 과실은 각각 50% 가정

06 건물신축공사 현장에서 2014년 5월 8일 근로자 갑(甲)은 5m 높이의 벽체 미장 작업 중 사다리에서 미끄러져 추락하여 상해를 입었다. 갑(甲)은 산재보상을 청구하였으며, 2017년 12월 22일 산재보상이 종료되었다. 그 후 사용자를 상대로 손해배상을 청구하고 있다. (10점)

    (1) 위와 같이 근로자 갑(甲)이 손해배상을 청구하는 경우 「민법」상 손해배상청구권 소멸시효와 사용자배상책임 특별약관의 소멸시효관련 내용을 기술하시오. (5점)

    (2) 위 사례의 경우, 보험금 청구권 소멸시효의 기산점에 대하여 설명하고 그 사유를 약술하시오. (5점)

07 의사 및 병원배상책임보험 보통약관의 "의료과실 배상책임 담보조항"에서 말하는 담보하는 의료과실(사고)의 정의, 법률상 의료과실의 판단기준, 보상하지 아니하는 손해(일반조항의 보상하지 아니하는 손해 제외)에 대하여 약술하시오. (10점)

08 2018년 4월 19일 시행된 「제조물책임법」의 개정취지, 주요 개정내용(제조업자의 책임, 결함의 추정)을 약술하시오. (10점)

01 A 건설회사의 전공보조직원(정규직)인 피해자 "김〇〇"은 2016년 12월 1일 11시경 회사가 시행하는 전신주 조류피해방지 공사현장에서 동료직원 박〇〇이 약 16m 높이의 전신주 위에서 작업도중 떨어뜨린 약 3kg정도의 전류방지 커버에 머리부분을 충격당하여 두개골 함몰골절, 뇌실질내 출혈 및 두개골 결손상태의 재해를 입었다. 피해자 "김〇〇"은 사전에 안전교육을 받은바 없었고, 사고당시 안전모를 착용하지 않았다. 피해자 "김〇〇"은 치료종결 후 다음 날부터의 일실수익과 개호비를 회사에 청구하였다.

아래 〈별표〉의 내용을 참고하여 각각의 질문에 답하시오.

〈별표〉

[보험가입사항]

① 보 험 사 : 〇〇보험(주)

② 피보험자 : A 건설회사

③ 보험종목
- 근로자재해보장책임보험
- 사용자배상책임담보 특별약관(보상한도액 : 1인당 2억원 / 1사고당 4억원)

[전제조건]

① 피 해 자 : 김〇〇

② 생년월일 : 1961년 12월 1일

③ 입사일자 : 2010년 12월 1일

④ 사고일자 : 2016년 12월 1일

⑤ 정　　년 : 만 60세

⑥ 월 급 여 : 3,000,000원

⑦ 기대여명 : 치료종결일부터 20년

⑧ 개　　호 : 치료종결일부터 여명기간까지 1일 8시간의 개호가 필요함.

⑨ 치료기간 : 사고일 ～ 2019년 4월 4일

⑩ 노동능력상실률
- 우측 상하지 강직성 부전마비 : 50%
- 기질성 인격장해 : 20%

⑪ 과실비율 : 30%(피해자 과실비율)

제2과목

책임보험 · 근로자재해보상보험의 이론과 실무

⑫ 근로복지공단 지급내역
  • 휴업급여 : 58,000,000원
  • 요양급여 : 72,000,000원
⑬ 호프만계수
  • 사고일 ∼ 치료종결일 : 28개월(H계수 : 20)
  • 사고일 ∼ 정년 : 60개월(H계수 : 50)
  • 사고일 ∼ 가동기간 : 120개월(H계수 : 100)
  • 사고일 ∼ 여명기간 : 268개월(H계수 : 180)
⑭ 기타
  • 도시일용임금 : 일 90,000원
  • 일실퇴직금 산정시 현가율은 [1/(1+0.05×잔여재직기간)]으로 계산
  • 위자료는 고려하지 않음.
  • 월수계산이 필요한 경우 1개월은 30일로 가정

(1) 복합장해율(노동능력상실률)을 계산하고, 그 산출과정을 기재하시오. (3점)

(2) 치료종결일 이후의 일실수익을 계산하고, 그 산출과정을 기재하시오. (10점)

(3) 일실퇴직금을 계산하고, 그 산출과정을 기재하시오. (10점)

(4) 개호비를 계산하고, 그 산출과정을 기재하시오. (5점)

(5) 보험회사가 지급해야 할 보험금을 계산하고, 그 산출과정을 기재하시오. (2점)

02 2019년 7월 8일 19시경 서울 종로구 인사동에 소재한 ○○빌딩(10층) 지하 1층
"을"이 임차한 대중목욕탕 기계실에서 화재가 발생하여 미처 대피하지 못한 입욕
객 "김○○"이 연기에 질식하여 사망하는 사고가 발생하였다. 1개월 전 종로소방
서 소방점검에 대비하여 건물소유주 "갑"과 임차인 "을"은 임대차 계약규정에 따
라 연대하여 시설점검을 실시한바 있다.

아래 〈별표〉의 내용을 참고하여 각각의 질문에 답하시오.

〈별표〉
[보험가입사항]
(1) A 보험회사
   ① 피보험자 : 건물소유주 "갑"
   ② 보험종목 : Commercial General Liability Insurance Policy
   ③ 보상한도액
     • Bodily Injury : 1인당 1억원 / 1사고당 5억원
     • Property Damage : 1사고당 10억원
   ④ 자기부담금
     • Bodily Injury : 1사고당 1천만원
     • Property Damage : 1사고당 3천만원

(2) B 보험회사
   ① 피보험자   : 임차인 "을"
   ② 보험종목   : 다중이용업소화재배상책임보험
   ③ 보상한도액 : 의무보상한도액

[전제조건]
① 피 해 자 : 김○○
② 생년월일 : 1963년 6월 30일
③ 직　　　종 : 전기기사(정규직)
④ 월 급 여 : 3,000,000원
⑤ 과실비율 : 20%(피해자 과실비율)
⑥ 호프만계수
   • 사고일 ∼ 정년 : 48개월(H계수 : 40)
   • 사고일 ∼ 65세 : 108개월(H계수 : 90)
⑦ 기타
   • 도시일용임금 : 일 90,000원
   • 민사판결사례에 따른 장례비는 4,000,000원으로 가정
   • 위자료는 100,000,000원을 기준으로 함.
   • 퇴직금 손실은 고려하지 않음.
   • 상기 사고에 대하여 건물소유주 "갑"과 임차인 "을"은 공동으로 연대책임을 부담하
     며, 지급보험금은 독립책임액 분담방식에 따라 계산한다.

(1) 피해자 "김○○"에 대한 법률상 손해배상책임액을 계산하고, 그 산출과정을 기재하시오. (10점)

(2) A, B 보험회사가 지급해야 할 보험금을 계산하고, 그 산출과정을 기재하시오. (10점)

03 여객선 ○○호가 백령도 선착장에 접안하던 중 갑작스런 파도로 접안시설에 충돌하여, 갑판선상에 미리 나와 있던 여객 수명이 넘어지고 1명이 해상으로 추락하였으며, 선착장에 나와 있던 주민 수명이 부상을 입는 사고가 발생하였다. 추락한 여객은 구조되었다.

〈별표〉
[보험가입사항]
① 보험종목
  • 선주배상책임보험보통약관
  • 구조비 특별약관
② 보상한도액 : 1인당 2억원 / 1사고당 10억원

[손해사항]
① 추락 승객의 구조비 : 3,000,000원
② 부상 승객의 긴급 후송비 : 2,500,000원
③ 부상 주민의 응급 치료비 : 1,500,000원
④ 파손된 접안시설의 복구비 : 20,000,000원
⑤ 탑승 승객의 소화물 파손손해 : 5,000,000원

(1) 상기 보험계약의 보통약관 및 특별약관에서 보상하는 손해를 약술하시오. (5점)

(2) 상기 손해사항의 항목별 보상여부를 기술하고, 지급보험금을 계산하시오. (5점)

04 근로자재해보장책임보험의 재해보상책임 특별약관에서 국내근로자와 선원근로자에 대하여 보상하는 손해를 비교하여 약술하시오. (10점)

05 배상책임보험에서 보고기간연장담보(Extended Reporting Period)의 종류와 설정대상 계약조건 및 필요성을 기술하시오. (10점)

06 가스사고배상책임보험에서 피해자의 후유장해가 1등급일 경우, 그 해당 신체장해유형 9가지 및 1인당 지급가능한 보험금액을 약술하시오. (10점)

07 산업재해보상보험법에서 정의하고 있는 업무상 재해의 개념 및 동법 시행령에서 규정하고 있는 업무상 재해의 유형별 인정기준을 약술하시오. (10점)

01 A건설㈜는 베트남 하노이 인근 △△쇼핑센터 신축공사를 수주하여 공사를 진행하던 중 2018년 4월 11일 현장근로자 "김○○"은 지하 1층 기계실 내에서 발판이 설치된 사다리 위에 올라가 펌프배관 용접작업을 하던 중 발을 헛디며 중심을 잃고 바닥으로 떨어지는 사고로 허리 및 손가락 부위에 큰 부상을 입었다. 사고 이후 "김○○"은 현지 병원에서 응급치료 시행 후 국내로 긴급 이송되어 입원치료를 받았으며, 이후 영구후유장해 판정을 받았다.

아래 〈별표〉의 내용을 참고하여 각각의 질문에 답하시오. (20점)

〈별표〉

[보험가입사항]

① 계약자/피보험자 : A건설㈜

② 보험종목 : 해외근로자재해보장책임보험
- 재해보상책임 특별약관
- 재해보상확장 추가특별약관
- 비업무상재해확장 추가특별약관

[전제조건]

① 재 해 자 : 김○○

② 담당직무 : 용접공

③ 근로계약 : 2018년 4월 1일 ～ 2018년 9월 30일(6개월)

④ 지급된 임금총액 : 2,000,000원(2018년 4월 1일 ～ 2018년 4월 10일)

⑤ 과 실 율 : 30%

⑥ 손해사항
- 현지에서 국내 요양기관으로의 긴급이송비용 : 3,500,000원
  (재해자 이송비용 2,500,000원, 동행간호인 호송비용 1,000,000원)
- 현지/국내 병원치료비 : 15,000,000원
- 향후치료비 : 2,000,000원(현가액)
- 사고일 ～ 요양종료일 : 200일

⑦ 영구후유장해 판정사항
- 요추부 장해 : 산재법 제8급 제2호 판정
- 손가락 장해 : 산재법 제14급 제6호 판정
- 재해사고이전 요추부 수술에 따른 기왕증 기여도 50%
⑧ 근로기준법상 신체장해등급과 재해보상표

장해등급	제7급	제8급	제13급	제14급
장해보상일시금	560일분	450일분	90일분	50일분

(1) 근로기준법에서 정하고 있는 "요양의 범위" 7가지를 기재하시오. (5점)

(2) 재해자 "김○○"의 요양보상을 산정하고, 그 산출 과정을 기재하시오. (5점)

(3) 재해자 "김○○"의 휴업보상을 산정하고, 그 산출 과정을 기재하시오. (3점)

(4) 재해자 "김○○"의 장해보상을 산정하고, 그 산출 과정을 기재하시오. (7점)

02 ○○아파트 101동 101호에 거주하는 "갑"은 해외여행을 가기 위해 본인의 반려견을 평소 친하게 지내는 옆집 102호에 거주하는 "을"의 배우자 "병"에게 맡기고 해외여행을 갔다. 잠시 반려견을 맡게 된 "병"은 인근 공원을 혼자 산책하던 중 개 목줄을 놓쳐 같은 아파트 주민 "정"이 반려견에게 전신을 물려 병원으로 긴급 후송되어 치료를 받던 중 과다출혈로 사망하였다. 이에 피해자 "정"의 유가족은 "갑" 및 "병"을 상대로 손해배상을 청구하였다.

아래 〈별표〉의 내용을 참고하여 각각의 질문에 답하시오. (20점)

〈별표〉

[보험가입사항]

보험회사	계약자/피보험자	가입담보특약	보상한도액	자기부담금
A	갑	일상생활중배상책임	1억	대물 20만원
B	을	일상생활중배상책임	1억	대물 2만원
C	병	가족일상생활중배상책임	3억	대물 20만원

[전제조건]

– "정"에 대한 손해배상금 산정내역

치료비	장례비	일실수익	위자료
20,000,000원	5,000,000원	175,000,000원	100,000,000원

* 생활비 공제는 고려하지 않음

(1) 상기 사례에서 "갑", "을", "병"에게 적용되는 민법상의 특수불법행위책임에 대하여 약술하시오. (10점)

(2) 각 보험사가 지급해야 할 지급보험금을 산정하고, 그 산출과정을 기재하시오. (10점)

03 □□인테리어㈜는 인천시 소재 △△모텔 리모델링 공사를 수주하여 보수공사를 진행하던 중 2018년 7월 31일 오후 3시경 소속 근로자 "김○○"가 건물 4층 외벽에 설치된 작업 발판이 무너지며 1층으로 추락하여 사망하는 사고가 발생하였다. 때마침 공사현장 아래를 지나가던 행인 "박○○"가 철제 구조물 및 건축자재 더미에 깔려 머리, 척추, 다리 등에 큰 부상을 입고 약 10개월간 병원치료를 받았고, 이후 영구후유장해 판정을 받았다.
아래 〈별표〉의 내용을 참고하여 각각의 질문에 답하시오. (20점)

〈별표〉
[보험가입사항]
① 보험회사 : A보험㈜
② 계약자/피보험자 : □□인테리어㈜
③ 보험조건 : 영업배상책임보험 보통약관
　　　　　　　　• 도급업자 특별약관
④ 보상한도액(대인) : 1인당 5억원, 1사고당 10억원
⑤ 자기부담금(대인) : 1사고당 100만원

[전제조건]
(1) 피 해 자 : 김○○ (현장사망)
　　① 직무(직종) : 현장근로자 (비계공)
　　② 과 실 율 : 30%
　　③ 일실수익 : 120,000,000원
　　④ 위 자 료 : 70,000,000원

(2) 피 해 자 : 박○○ (부상/장해)
　　① 생년월일 : 1970년 7월 30일
　　② 직무(직종) : 도시일용근로자 (보통인부)
　　③ 시중노임 : 1일 120,000원 (월가동일수 22일)
　　④ 과 실 율 : 20%
　　⑤ 병원치료비 : 25,000,000원
　　⑥ 향후치료비 : 5,000,000원 (현가액)
　　⑦ 영구후유장해부위별 노동능력상실률
　　　　• 두부 손상 장해 50%
　　　　• 척추체 장해 40% (기왕증 기여도 50%)
　　　　• 다리 부위 10%

⑧ 호프만 계수 (계산상 편의를 위한 임의계수임)
  • 사고일 ~ 치료 종료 : 10개월 (H계수 : 10)
  • 사고일 ~ 가동 기간 : 144개월 (H계수 : 110)
⑨ 위자료 : 서울중앙지방법원 산정기준에 따르며, 사망 또는 100% 장해시 기준금액
  100,000,000원 적용

(1) A보험(주)의 피해자별 보상책임에 대하여 약술하시오. (6점)

(2) "박○○"의 복합장해율을 계산하고, 그 산출과정을 기재하시오. (4점)

(3) A보험(주)가 지급해야 할 지급보험금을 산정하고, 그 산출과정을 기재하시오. (10점)

04 부진정연대채무(不眞正連帶債務)에 대하여 연대채무(連帶債務)와 비교하여 설명하고, 판례에서 부진정연대채무관계로 보는 경우에 대한 민법상의 관련규정을 2가지 기재하시오. (10점)

05 근로기준법 및 선원법의 재해보상에서 정하고 있는 일시보상에 대하여 각각 설명하고, 그 지급의 효과에 대하여 비교 설명하시오. (10점)

06 산재법상 일용근로자의 평균임금 산정 시 적용하는 통상근로계수의 개념을 설명하고, 통상근로계수 적용을 제외하는 3가지 경우에 대하여 약술하시오. (10점)

07 어린이놀이시설 배상책임보험의 가입대상별 담보위험과 보상한도액을 기재하고, 이 보험에 적용되는 손해배상책임법리에 대하여 약술하시오. (10점)

제3과목

제3보험의 이론과 실무

신체손해사정사 2차 시험

제3보험 일반

제3보험의 특징 ✦✦✦

1. 의 의

제3보험은 상해보험, 질병보험, 간병보험을 말하며, 실손보상의 손해보험과 신체를 보험목적으로 하는 인보험의 이중적 성격을 띠고 있다. 즉, 위험보장을 목적으로 사람의 질병·상해 또는 이에 따른 간병에 관하여 금전 및 그 밖의 급여를 지급할 것을 약속하고 대가를 수수하는 계약으로서 상해보험계약, 질병보험계약, 간병보험계약을 말한다(보험업법 제2조 제5호).

┤ 심화학습 ├

보험업법에 따른 제3보험의 분류
보험업법에서는 제3보험을 상해보험, 질병보험, 간병보험으로 분류한다.

상해보험	• 우연하고도 급격한 외래의 사고로 인한 치료비, 사망·후유장해 등을 보상한다. • 실손보상 또는 정액보상이 가능하다.
질병보험	• 질병에 걸리거나 질병으로 인해 발생되는 치료비, 후유장해 등을 보상한다. • 실손보상 또는 정액보상이 가능하다.
간병보험	• 상해·질병으로 인한 활동불능 또는 인식불능 등 개호상태로 인한 간병비 등을 보상한다. • 실손보상 또는 정액보상이 가능하다.

2. 인보험으로서의 특징

(1) 보험의 목적

손해보험이 피보험자의 재물을 보험의 목적으로 하는 반면에 제3보험은 피보험자의 신체를 대상으로 한다.

(2) 피보험이익의 부존재

사람의 가치는 금전으로 평가할 수 없으므로 제3보험은 피보험이익의 개념이 원칙적으로 존재하지 않는다.

(3) 초과 · 일부 · 중복보험의 개념

피보험이익의 개념이 존재하지 않으므로 피보험이익을 기본으로 하는 보험가액의 개념도 존재하지 않는다. 따라서 상법상 초과 · 중복 · 일부보험의 개념도 존재하지 않는다.

(4) 보험자대위 및 손해방지의 의무

제3보험은 피보험이익의 개념이 없기 때문에 피보험이익에서 비롯되는 실손보상의 원칙이 적용되지 않는다. 따라서 보험자대위 및 손해방지의무의 규정을 두고 있지는 않는다. 상법상 상해보험의 경우에 한하여 보험자대위를 허용하지만, 제3보험 약관에서 이를 규정하고 있지는 않다.

(5) 중과실 사고의 담보

제3보험은 인보험의 범주에 속하므로 중과실 사고도 담보한다. 손해보험과 생명보험 모두 고의사고는 절대적 면책사유에 해당하나, 제3보험 실무상 판매되는 약관에는 고의사고도 담보하는 경우가 있다.

(6) 피보험자의 동의

타인의 사망을 보험사고로 하는 보험계약은 타인의 서면동의를 요한다. 동의 없는 보험계약은 효력이 발생하지 않는다. 다만, 단체보험에서는 동의 없이도 가능하다.

(7) 15세 미만자 등의 사망담보

15세 미만자, 심신상실, 심신박약자의 사망을 담보로 하는 보험계약은 무효로 한다. 다만 상해, 질병담보는 가능하다.

3. 손해보험으로서의 특징

(1) 보험사고의 특징

인보험의 보험사고인 사망은 그 시기만 불확정한 반면, 제3보험에서의 상해·질병·간병의 진단 등 보험사고는 손해보험과 마찬가지로 보험사고의 발생여부, 시기, 원인, 형태 등이 모두 불확정하다는 특징을 가진다.

(2) 실손보상 방식과 비례보상의 적용

제3보험은 정액보상과 실손보상방식이 모두 가능하다. 따라서 실손보상방식의 상품의 경우에는 초과·중복·일부보험 규정을 준용하여 독립책임비례방식에 따라 비례보상하도록 하고 있다.

┤ 심화학습 ├

생명보험, 손해보험, 제3보험의 비교

구 분	생명보험	손해보험	제3보험
보험사고	생존 또는 사망	재산상의 손해	신체의 상해, 질병, 간병
보험사고 객체	사 람	재 물	사 람
피보험이익	없 음	존 재	없 음
중복보험 (보험가액초과)	없 음	존 재	실손보상급부에 존재
보상방법	정 액	실 손	정액, 실손
비례보상	해당 없음	비례보상	비례보상가능
피보험자(보험대상액)	보험사고의 대상	손해의 보상을 받을 권리가 있는 사람	보험사고의 대상
보험기간	장 기	단 기	장 기

02 제3보험에서의 실손보상방식 ✿✿✿

1. 의 의

제3보험은 사람의 신체를 담보하는 보험으로서 원칙적으로 이득과 손실의 개념이 존재하기 어렵다. 하지만 치료비 담보 등의 경우는 피보험이익이 인정되므로 실손보상방식이 적용된다. 즉 실손보상방식은 보험기간 내에 보험사고가 발생한 경우에 피보험자가 입은 실제손해액만큼을 보상하는 것을 말한다. 보험사고로 이익을 얻을 경우에 도덕적 위험이 발생할 수 있기 때문에 보험의 기본원칙인 이득금지원칙의 실현방식으로 실제 손해액의 한도 내에서 보상하기 위한 방식이다.

보상금액은 보험가입금액을 한도(보험가입금액이 보험가액을 초과하는 경우에는 보험가액이 한도)로 하며, 보험가입금액이 보험가액보다 큰 초과보험인 경우와 보험가입금액이 보험가액과 동일한 전부보험일 때만 해당된다. 보험가입금액이 보험가액보다 작은 일부보험일 때는 보험가액에 대한 보험가입금액의 비율로 비례보상되기 때문에 실제손해의 일부만 보상받을 수 있다.

2. 제3보험에서의 실손보상담보

(1) 의료비 담보(상해ㆍ질병 의료비 등)

피보험자가 상해 또는 질병의 치료를 위하여 부담한 실제비용을 기준으로 일정금액을 보험가입금액 한도 내에서 보상한다. 다수의 의료비 담보계약이 체결된 경우에는 비례보상한다.

(2) 해외여행보험

① 인질구조비용 특약

피보험자가 여행 도중 인질상태에 놓이게 되었을 경우, 해당 피보험자의 사망후유장해 보험가입금액의 10% 범위 내에서 실제로 소요된 구조비용(수색구조비용, 구조대 파견비용, 정보수집비, 정보제공자 사례비 등)을 보상한다.

② 특별비용 특약

피보험자가 해외여행 중 생사가 불명하거나 긴급수색ㆍ구조 등이 필요한 상태가 된 경우에 피보험자 또는 피보험자의 법정상속인이 부담하는 비용을 보상하는 보험으로서 수색구조비용(실비), 항공운임 등의 교통비, 숙박비, 이송비용(실비) 및 기타 제 잡비를 일정 한도 내에서 보상한다.

(3) 운전자보험 비용담보(벌금 및 형사합의금)

① 피보험자가 보험기간 중 자동차를 운전하던 중에 급격하고도 우연한 자동차사고로 타인의 신체에 상해를 입혔을 때, 신체상해와 관련하여 법원의 확정판결에 의해 정해진 벌금액을 담보한다. 뺑소니 사고, 음주 및 무면허 사고, 자동차를 영업목적으로 운행하던 중 발생한 사고는 보상하지 아니한다.

② 보험가입금액 한도 내에서 인사사고에 한하여 형사합의금을 담보한다.

(4) 소득보상보험

취업불능상태로 인하여 피보험자가 입은 손실을 담보한다.

3. 다수 보험계약의 중복보험처리

보상책임을 같이하는 다수의 보험계약의 경우 독립책임액 안분방식을 취한다.

1. 의 의

보험계약의 성립은 보험계약자의 청약과 보험자의 승낙으로 이루어진다. 이때 청약 이후부터 보험자의 승낙 전까지 피보험자가 무보험상태에 놓일 수 있게 되므로, 이를 방지하기 위해 청약과 함께 초회보험료가 납입된 경우 보험자의 보장책임이 개시되도록 하고 있다. 단, 보험회사는 피보험자가 계약에 적합하지 않은 경우에는 승낙을 거절하거나 별도의 조건을 붙여 승낙할 수 있다.

2. 보장책임의 개시

(1) 초회보험료 납입시

보험회사의 책임은 제1회 보험료를 받은 때부터 개시된다. 그러나 보험계약자가 청약을 하며, 제1회 보험료를 납입한 경우에는 보험회사의 승낙이 있기 전이라도 보장책임이 개시된다.

① 현금결제

제1회 보험료를 납부한 때부터 보장책임이 개시된다.

② 자동이체 및 신용카드 결제

자동이체신청 및 신용카드 매출승인에 필요한 정보를 제공한 때를 제1회 보험료를 납입한 때로 보며, 이때부터 보장책임이 개시된다. 단, 계약자의 귀책사유로 위 과정이 불가능하게 된 경우에는 제1회 보험료가 납입되지 않은 것으로 본다.

(2) 보험자의 승낙 : 낙부통지의무

① 의 의

보험회사는 보험계약자로부터 계약의 청약을 받고 초회보험료를 받은 경우, 청약일로부터 30일 이내에 승낙 또는 거절의 통지를 하여야 한다. 진단계약인 경우에는 진단일부터 30일 이내에 승낙 또는 거절의 통지를 하여야 한다.

② 기산일

주로 청약일을 기산일로 하며, 진단보험의 경우 건강검진일(재진단의 경우에는 최종진단일)로 한다.

③ 효 과
  ㉠ 승낙 : 보험자의 보장책임이 개시되며, 보험회사는 그에 따른 의무를 이행하여야 한다(약관교부설명의무 등).
  ㉡ 거절 : 초회보험료를 받고 승낙을 거절한 경우, 거절통지와 함께 받은 초회보험료와 계약 당시 예정이율 +1%를 연단위 복리로 계산한 이자를 더하여 지급한다. 신용카드결제의 경우 매출취소 후 이자지급은 하지 않는다.
④ 승낙의제
  보험회사가 승낙여부를 청약일로부터 30일 이내에 통지하지 않을 경우 승낙된 것으로 본다.

04 제3보험에서의 청약철회제도 ✿✿✿

1. 청약철회제도의 의의 및 취지

청약의 의사표시가 상대방에게 도달한 이후에는 청약을 철회할 수 없고, 철회에 따른 위약금이나 손해배상 책임을 부담하여야 한다. 청약을 신뢰하여 계약체결의 준비를 한 상대방의 지위를 보호하기 위해서이다. 그러나 보험계약은 보험자가 일방적으로 작성한 약관을 가지고 계약을 체결하므로 계약자가 그 계약내용을 제대로 이해하지 못하고 청약을 하는 경우가 많고, 모집인의 일방적인 권유에 의하여 충동적으로 청약을 하는 경우도 있으므로 계약자에게 숙고할 시간을 주고자 제3보험 보통약관에서는 청약철회제도를 인정하고 있다.

2. 청약철회의 요건 및 예외

(1) 청약철회의 요건
① 계약자는 보험증권을 받은 날로부터 15일 이내에 청약을 철회할 수 있다.
② 통신판매계약의 경우에는 청약을 한 날부터 30일 이내에 청약을 철회할 수 있다.

(2) 청약철회의 예외
① 보험기간이 1년 미만인 계약의 경우에는 청약의 철회를 인정하지 않는다.
② 진단계약, 단체계약의 경우 청약의 경우에는 청약의 철회를 인정하지 않는다.

3. 청약철회의 효과

(1) 일반적 효력
보험계약자가 청약철회를 한 때에는 보험계약의 효력은 발생하지 않는다.

(2) 보험료의 반환
계약자가 청약을 철회한 때에는 보험회사는 청약의 철회를 접수한 날부터 3일 이내에 납입한 보험료를 계약자에게 반환한다.

(3) 청약철회전 보험금 지급사유의 발생
청약을 철회할 당시에 이미 보험금 지급사유가 발생하였으나 계약자가 그 발생사실을 알지 못한 경우에는 청약의 철회를 인정하지 않고, 계약자가 보험금 지급사유의 발생을 알면서도 청약철회를 하는 경우에는 청약철회를 인정한다.

05 제3보험 청약서상 「계약전 알릴의무 사항」에서 10대 질병 ✿✿

1. 계약전 알릴의무의 의의

보험계약 체결시 보험자의 인수 여부, 인수조건이나 보험료 결정에 영향을 미치는 중요한 사항을 보험계약자나 피보험자가 보험자에게 알려야 하는 의무를 '계약전 알릴의무'라고 한다. 이는 상법에서 고지의무로 칭한다.

2. 10대 질병

① 암

② 백혈병

③ 고혈압

④ 협심증

⑤ 심근경색

⑥ 심장판막증

⑦ 간경화증

⑧ 뇌졸중증(뇌출혈, 뇌경색)

⑨ 당뇨병

⑩ 에이즈(AIDS) 및 HIV 보균

1. 승낙전 보험사고시 보험자의 보상책임

보험계약자가 청약과 함께 제1회 보험료를 납부한 경우, 보험회사의 청약에 대한 낙부통지 전에 보험사고가 발생하였더라도 보험회사는 그 청약을 거절할 사유가 없는 한 초회보험료가 납입된 때부터 보상책임을 진다. 그러나 보험회사가 그 청약을 거절할 사유가 있는 경우에는 보상책임을 지지 아니한다.

2. 청약의 거절사유

① 고지의무 규정에 의하여 계약자 측이 알린 내용 또는 건강진단 내용이 보험금 지급사유에 영향을 미쳤음을 보험자가 입증한 경우

② 고지의무위반에 준용하여 보험자가 보상하지 아니할 수 있는 경우

③ 진단계약에서 보험사고 시까지 진단을 받지 않은 경우. 단, 상해로 인한 보험사고일 경우는 보상한다.

제3과목

제3보험의 이론과 실무

07 제3보험에서의 무효 ✿✿✿✿

1. 의 의

무효란, 어떤 원인 때문에 법률행위의 내용에 따른 법률효과가 당연히 생기지 않는 일로서, 제3보험에서는 아래와 같은 사유들을 보험계약의 무효사유로 보고 있다.

① 당사자 간의 특약으로 보험계약자 등의 불이익으로 변경 금지(상법 제663조)

② 보험사고가 이미 발생하였거나 또는 발생할 수 없는 것인 때(상법 제644조)

③ 질병보험이나 간병보험에 있어 면책기간 내에 발생된 사고(약관규정)

④ 보험계약 체결시 약관교부 및 설명의무를 위반한 계약내용(약관규제법)

⑤ 반사회질서의 법률행위(민법 제103조), 불공정한 법률행위(민법 제104조)

2. 주요 계약의 무효사유

(1) 동의 없는 타인의 사망보험 계약

타인의 사망을 보험금 지급사유로 하는 계약에서 계약체결 시까지 피보험자의 서면에 의한 동의를 얻지 아니한 계약은 계약 성립 이후에 피보험자의 추인이 있다고 하더라도 그 계약은 무효가 된다. 다만, 단체규약에 따른 단체보험의 경우 무효로 하지 않는다. 이 때 단체보험의 보험수익자를 피보험자 또는 그 상속인이 아닌 자로 지정할 때에는 단체의 규약에서 명시적으로 정한 경우가 아니면 무효로 한다.

(2) 심신상실자 등을 피보험자로 하는 계약

15세 미만자, 심신상실자 또는 심신박약자를 피보험자로 하여 사망을 보험금 지급사유로 한 보험계약은 무효이다(상법 제732조). 단, 심신상실자가 자기의 사망보험을 가입한 때에는 무효로 하지 않는다.

(3) 보험연령이 미달하거나 초과한 계약

가입연령에 대한 조건부 보험상품의 경우 계약체결시 계약에서 정한 나이에 해당하지 않을 경우 그 계약은 무효이다. 그러나 보험회사가 그 사실을 안 날, 이미 계약에서 정한 연령에 도달한 경우에는 유효하다.

3. 무효의 효과

(1) 일반적 효과

보험자는 보험계약자에게 이미 지급받은 보험료를 반환하여야 하고, 보험계약자 등이 보험계약을 원인으로 행한 행위도 모두 원상회복된다.

(2) 보험자의 귀책사유로 인한 무효

보험회사는 계약자가 납입한 보험료를 납입일 다음날부터 반환일까지의 기간에 대하여 보험계약대출이율을 연단위 복리로 계산한 금액을 더하여 환급하여야 한다.

(3) 모집인 및 대리점의 귀책사유로 인한 무효

모집인 및 대리점의 귀책사유로 인하여 계약자 등에게 손해를 입힌 때에 보험자의 손해배상책임을 인정하고 있고, 보험자는 모집인 및 보험대리점의 모집행위로 인해 발생된 계약자에 대한 손해배상책임을 이행하고, 「보험업법」 제102조 또는 「민법」 제756조에 의해 해당 모집인이나 보험대리점에서 구상권을 행사할 수 있다.

08 제3보험에서의 취소 ✿✿✿

1. 의 의

보험계약은 아직 발생하지 않은 우연한 사고를 담보하는 사행계약의 성질을 가지고 있기 때문에 보험계약의 양 당사자는 서로에게 최대 선의를 다할 의무가 있으며, 이를 위반한 때에는 계약을 취소할 수 있다.

2. 보험계약자의 취소

보험계약자는 보험계약 시에 다음과 같은 보험자의 의무위반이 있는 경우 청약일로부터 3개월 이내에 계약을 취소할 수 있다. 단체계약의 경우에는 계약체결일로부터 1개월 이내에 계약을 취소할 수 있다.

① 보험자가 약관 및 청약서 부본을 교부하지 아니한 경우

② 보험자가 약관의 중요한 사항을 설명하지 아니한 경우

③ 청약서에 자필서명을 이행하지 않은 경우

3. 보험자의 취소

보험자는 아래와 같이 보험계약자 또는 피보험자의 뚜렷한 사기에 의하여 계약이 성립되었음을 입증한 경우에 보장개시일로부터 5년 이내, 안 날부터 1개월 이내에 계약을 취소할 수 있다.

① 계약자 또는 피보험자의 대리진단, 약물복용을 수단으로 진단절차를 통과한 경우

② 진단서를 위·변조한 경우

③ 청약일 이전에 암 또는 인간면역결핍바이러스(HIV) 감염의 진단확정을 받고 이를 숨기고 보험에 가입한 경우

4. 취소의 효과

취소는 유효하게 성립한 법률효과를 소급하여 소멸시키는 의사표시이다. 즉, 취소는 처음부터 무효였던 것으로 취급되므로, 보험계약의 당사자가 상대방에 대하여 보험계약의 취소권을 행사 하게 되면, 보험자는 보험료 등을 환급하여야 하고, 보험사고의 발생유무와 관계 없이 보험자의 보상책임은 발생하지 아니한다.

1. 의 의

해지란 계속적인 계약관계를 당사자의 일방적 의사표시로 장래에 대하여 소멸시키는 것으로서, 일반적으로 보험계약자는 언제든지 임의해지가 가능하며, 보험자는 보험계약자 또는 피보험자의 의무위반 등을 이유로 계약을 해지할 수 있다.

2. 보험계약자의 임의해지

보험계약자는 계약이 소멸하기 전에는 언제든지 계약을 해지할 수 있으며, 보험회사는 약관에서 정한 해지환급금을 계약자에게 지급한다.

3. 피보험자의 서면동의 철회

타인의 사망보험에서 서면동의자인 피보험자는 계약의 효력이 유지되는 기간 중에는 언제든지 서면동의를 장래에 향하여 철회할 수 있다. 연금보험의 경우 이미 연금의 지급이 개시된 경우라면 해지할 수 없다(연금수급자 보호).

4. 보험자의 해지

(1) 계속보험료 납입연체

계속보험료의 납입이 지체된 때에는 보험자는 보험계약자에게 상당한 기간을 정하여 보험료 지급을 최고하고 그 기간 내에 보험료의 지급이 없는 경우에는 계약을 해지할 수 있다.

(2) 고지의무 위반

보험계약자 또는 피보험자가 고지의무를 위반한 때에는 보험자는 보험사고의 발생여부와 관계없이 보험계약을 해지할 수 있다. 다만, 아래의 경우 그 해지권을 제한하고 있다.

① 보험자의 고의 또는 과실
② 제척기간의 경과
③ 해지기간의 경과
④ 건강진단서 등의 명기
⑤ 보험모집인 등의 고의 또는 과실

(3) 통지의무위반에 따른 해지

보험계약자 또는 피보험자가 직업 또는 직무의 변경으로 인해 위험이 증가되었을 경우, 그 통지를 받은 날로부터 1개월 이내에 보험료의 증액을 청구하거나 계약을 해지할 수 있다.

(4) 중대사유로 인한 해지

보험계약은 선의성이 요구된다. 이러한 선의성에 위배하여 보험범죄 또는 보험사기에 악용된 보험계약에 대하여 보험자는 보험유지기간에 관계없이 그 사실을 안 날로부터 1개월 이내에 계약을 해지할 수 있다.

① 고의사고

② 보험금 청구서류 위·변조. 다만, 이미 보험금 지급사유가 발생한 경우 보험금지급에 영향을 미치지 않는다.

1. 의 의

계약자가 제2회 이후의 보험료를 납입기일까지 납입하지 않아 보험료 납입이 연체 중인 경우, 보험회사는 14일(보험기간 1년 미만의 경우 7일) 이상을 기간을 납입최고기간으로 정하여 아래 사항에 대하여 서면, 전화 또는 전자문서 등으로 알려야 한다. 다만, 해지 전에 발생한 보험금 지급사유에 대하여는 보상한다.

① 납입최고기간 내에 연체보험료를 납입하여야 한다는 내용

② 납입최고기간 내에 보험료를 납입하지 않을 경우 해당 납입최고기간 마지막 날의 다음날 계약이 해지된다는 내용

③ 계약 해지시, 해지환급금에서 보험계약대출원금과 이자가 차감된다는 내용

2. 전자문서로의 최고

전자문서로 최고할 경우 계약자에게 서면, 「전자서명법」에 따른 전자서명 또는 공인전자서명으로 동의를 얻고, 수신확인을 조건으로 전자문서를 송신하여야 하여야 하며, 계약자의 수신확인이 된 경우 완료된 것으로 본다. 수신확인이 계속 되지 않을 경우 서면 또는 전화로 다시 알려야 한다.

3. 계약해지의 효과

납입연체로 인한 계약의 해지시 해지환급금 조항에 따라 해지환급금을 계약자에게 지급한다.

제3과목

제3보험의 이론과 실무

11 해지환급금이 납입보험료보다 적거나 없을 경우의 이유와 보통약관 해지환급금 지급사유 ✦✦

1. 해지환급금이 납입보험료보다 적은 이유

보험계약자가 납입한 보험료 중 일부는 보험사고자의 보험금으로 지급되고, 또 일부는 보험회사 운영을 위한 경비로 사용되므로 중도해지시 지급되는 해지환급금은 납입한 보험료보다 적거나 없을 수 있다.

2. 해지환급금 지급사유

(1) 보험계약자의 해지

① 보험계약기간 동안 언제든지 임의해지가 가능하다.

② 보험회사가 파산선고를 받은 경우 3월 이내 해지할 수 있다. 단, 해지하지 않은 계약은 파산선고 후 3개월이 지난 때에는 그 효력을 잃는다.

(2) 피보험자의 서면동의 철회

피보험자의 사망을 담보로 하는 보험계약에서 피보험자가 보험계약기간 동안 언제든지 서면동의를 장래에 향하여 철회할 수 있다. 서면동의를 철회하는 경우에 해지환급금이 보험계약자에게 지급된다.

(3) 보험자의 해지

① 계속보험료 납입 지체로 인한 해지

② 계약자 등의 고지의무 위반으로 인한 해지

③ 계약자 등이 중대사유를 위반으로 인한 해지

  ㉠ 계약자, 피보험자 또는 보험수익자가 고의로 보험금 지급사유를 발생시킨 경우

  ㉡ 계약자, 피보험자 또는 보험수익자가 보험금 청구에 관한 서류에 고의로 사실과 다른 것을 기재하였거나 그 서류 또는 증거를 위조 또는 변조한 경우

④ 통지의무 위반시 일정기간 내에 해지 가능

(4) 제3자에 의한 계약해지

보험계약자의 해지환급금 청구권에 대한 강제집행, 담보권실행 및 지방세 체납처분 절차에 따라 계약이 해지되는 경우 해지환급금이 지급된다.

1. 의 의

보험회사는 청약시 계약자에게 약관의 중요한 내용을 설명하여야 하며, 청약 후 지체 없이 약관 및 계약자 보관용 청약서를 계약자에게 교부하여야 한다.

2. 교부 방법

보험회사는 계약자의 동의 하에 약관 및 보관용 청약서를 전자적 방법(광기록 매체, 전자우편 등)으로 송부할 수 있으며, 계약자 또는 그 대리인이 이를 수신하였을 때 해당 문서를 교부한 것으로 본다.

3. 통신판매계약의 설명 방법

계약자의 동의 하에 다음 중 한 가지 방법으로 설명의무를 다한 것으로 본다.
① 인터넷 홈페이지에서 해당 문서를 읽거나 내려받은 것이 확인된 경우
② 전화를 이용하여 청약내용, 보험료납입, 보험기간, 계약전 알릴의무, 약관의 중요한 내용 등의 설명을 하고, 보험계약자의 답변과 확인내용이 음성녹음된 경우

4. 약관교부 및 설명의무 위반의 효과

보험회사가 약관교부 및 설명의무를 위반하거나 계약시 계약자가 청약서에 자필서명을 하지 않은 경우 계약자는 계약이 성립한 날로부터 3개월 이내에 계약을 취소할 수 있으며, 취소시 기납입보험료를 돌려준다. 전화를 이용한 계약의 경우 다음 중 하나일 때 자필서명 생략이 가능하다.
① 보험계약자, 피보험자, 보험수익자가 동일한 계약
② 보험계약자, 피보험자가 동일하고 보험수익자가 보험계약자의 법정상속인일 경우

1. 의 의

(1) 약관교부·설명의무

보험자는 청약시 계약자에게 약관 및 청약서 부본을 교부하고, 중요한 내용을 설명해야할 의무가 있으며, 의무위반시 계약자는 계약 성립일로부터 3개월 이내에 취소할 수 있다.

(2) 자필서명

계약시 계약자는 청약서에 자필서명을 해야 하며, 하지 않을 경우 역시 계약자가 계약 성립일로부터 3개월 이내에 취소할 수 있다.

2. 통신판매계약의 경우

(1) 약관설명의무

보험자는 계약자의 동의를 얻어 다음 중 한 가지 방법으로 의무를 이행할 수 있다.

① 인터넷 홈페이지

홈페이지에서 약관 및 그 설명문을 읽거나 내려받는 방법이 있다. 이 경우 계약자가 이를 읽거나 내려받은 것을 확인한 때에 당해 약관을 드리고 그 중요한 내용을 설명한 것으로 본다.

② 전화계약

전화계약의 경우, 계약체결에 필요한 사항을 질문·설명하고, 계약자의 답변과 확인을 음성 녹음함으로써 약관의 중요한 내용을 설명한 것으로 본다.

(2) 자필서명·청약서 교부의무

다음 중 하나를 충족한 때에는 자필서명을 생략할 수 있고, 음성내용을 문서화 한 확인서를 계약자에게 줌으로써 청약서 부본을 준 것으로 본다.

① 보험계약자 = 피보험자 = 보험수익자

② 보험계약자 = 피보험자, 보험수익자 = 계약자의 법정상속인

14 | 알릴의무 위반의 효과 ✿✿✿

1. 의 의

보험회사는 계약 전후로 알릴의무에 대한 조항을 두어 해당의무 위반시 해지, 보험금 차감 또는 보험료 인상의 조치를 통해 도덕적 위험을 방지하고 있다.

2. 계약전 알릴의무(고지의무)

(1) 의 의

보험계약자 또는 피보험자는 청약시 청약서 질문사항에 대하여 사실대로 알려야 한다. 다만, 진단계약의 경우 「의료법」에 따른 의료기관의 건강진단으로 대신할 수 있다. 중복보험에 대한 사항은 고지의무 대상이 아니다.

(2) 의무위반의 효과

보험계약자 또는 피보험자가 고의 또는 중대한 과실로 중요한 사항의 고지의무를 위반한 경우 손해 발생여부와 관계없이 계약해지가 가능하며, 보험사고 이후에도 보험금을 지급하지 않고, 반대 증거가 있을 경우 이의를 제기할 수 있다는 내용을 보험계약자에게 서면으로 알린다.

3. 계약후 알릴의무(통지의무)

(1) 의 의

보험계약자 또는 피보험자는 보험기간 중 피보험자의 직업·직무의 변경, 이륜차의 주기적 사용 등으로 담보위험이 증가하게 된 경우 지체 없이 보험회사에 알려야 한다.

(2) 의무위반의 효과

보험계약자 또는 피보험자가 고의 또는 중대한 과실로 통지의무를 위반한 경우 손해 발생여부와 관계없이 보험회사는 위반사실을 안 날로부터 1개월 이내에 보험료의 증액을 청구하거나 해지할 수 있다. 보험사고 이후의 의무위반에 대하여는 위험 변경전 요율과 변경후 요율의 비율에 따라 보험금을 삭감하여 지급한다. 그러나 변경된 위험이 보험금 지급사유와 인과관계가 없을 경우 원래대로 지급한다.

4. 해지환급금

알릴의무 위반에 따라 계약이 해지될 경우 보험회사는 해지환급금을 지급한다.

5. 사기로 인한 계약의 취소

계약자 또는 피보험자가 계약시 ① 대리진단, ② 약물사용을 수단으로 진단절차를 통과하거나, ③ 진단서 위·변조 또는 ④ 청약일 이전에 암 또는 HIV 감염의 진단확정을 받은 후 이를 숨기고 가입하는 등 사기에 의하여 계약이 성립되었음을 회사가 증명하는 경우, 계약일로부터 5년 이내 (사기 사실을 안 날로부터 1개월 이내)에 계약을 취소할 수 있다. 이때 취소를 하면 보험계약체 결일로 소급하여 보험계약이 실효된다.

15 고지의무와 해지권 제한사유 ✦✦✦

1. 고지의무

보험계약자나 피보험자는 청약 시에 보험자에게 중요한 사항을 알려야 한다. 중요한 사항이란 보험자의 인수여부, 인수조건, 보험료 결정 등에 영향을 미치는 정보를 말한다. 보험계약자가 이를 위반할 경우, 보험계약의 해지 또는 보험금 부지급 등의 불이익을 받을 수 있다.

2. 중요한 사항

중요한 사항이란 보험회사가 그 사실을 알았더라면 그 계약을 체결하지 않았거나 적어도 동일한 조건으로 체결하지 않았을 사항을 말한다. 실무에서는 청약서상 건강질문표를 사용한다.

3. 해지권 제한사유

(1) 보험자의 고의 또는 과실

보험자가 계약당시에 그 사실을 알았거나 과실로 인하여 알지 못하였을 때에는 그 계약을 해지할 수 없다.

(2) 상법상 제척기간의 경과

보험자가 고지의무 위반사실을 안 날부터 1개월이 지났거나 계약체결일부터 3년이 지났을 경우 계약을 해지할 수 없다.

(3) 약관상 해지기간의 경과

보험자는 제1회 보험료를 받은 때부터 보험금지급사유가 발생하지 아니하고 2년이 경과하였을 때(진단계약의 경우 1년) 계약을 해지할 수 없다. 또한 진단계약의 경우에는 보험계약일 또는 제1회 보험료를 지급받은 날로부터 보험사고 없이 1년이 경과하였을 때에는 계약을 해지할 수 없다.

(4) 건강진단서 등의 명기

피보험자의 건강진단서에 의하여 계약을 승낙한 경우 건강진단서에 명시되어 있는 사항으로 보험사고가 발생한 때에는 계약을 해지할 수 없다. 다만, 계약자 또는 피보험자가 제출한 기초자료의 내용 중 중요사항을 고의로 사실과 다르게 작성한 때에는 해지할 수 있다.

(5) 보험모집인 등의 고의 과실

보험모집인이 계약자 또는 피보험자에게 고지할 기회를 부여하지 아니하였거나 고지의무이행을 방해한 경우, 부실고지 또는 불(不)고지를 권유했을 때에는 계약해지권이 제한된다. 보험계약자 등은 보험가입을 위하여 성실히 고지의무를 이행하려고 하였음에도 보험모집인이 실적을 위해 정상적인 고지의무이행을 방해한 경우, 보험계약자가 이로 인하여 손해를 입었다면 보험모집인에 대한 관리·감독할 권한이 있는 보험자가 배상책임을 져야 하기 때문이다(보험업법 제102조 제1항 참조).

(6) 타사 가입 사항

보험자는 타보험가입에 대한 고지의무 위반을 이유로 계약을 해지하거나 보험금 지급을 거절할 수 없다.

1. 의 의

보험계약대출이율은 표준이율보다 높다. 따라서 보통 보험회사의 귀책사유로 인해 적용되도록
규정하고 있다.

2. 유 형

(1) 청약철회시 납입보험료 반환의 지체

계약자가 보험계약을 철회한 경우 3일 이내에 납입보험료를 반환해야 하며, 지연시 반환기일
다음날부터 반환일까지의 기간에 대해 연단위 복리로 이율을 적용한다.

(2) 제 지급금 지급의 지체

보험금, 환급금 등의 청구시 접수일부터 3영업일 이내에 지급해야 하며, 지연시 적용한다.

(3) 보험자의 설명의무 위반에 따른 취소

보험료를 받은 기간 동안 적용한다.

(4) 보험자의 고의 또는 중과실로 인한 계약의 무효

보험료를 납입한 날의 다음날부터 반환일까지의 기간에 대하여 보험계약대출이율을 연단위복
리로 계산한 금액을 더하여 환급하여야 한다.

17 보험료의 납입면제방식 ✿✿✿

1. 의 의

납입면제방식이란 보험기간 중의 보험사고로 일정한 조건(고도의 후유장해, 질병의 진단 등)을 만족한 경우에 보험계약자의 차회 이후의 보험료 납입을 면제하면서도, 보험계약기간 동안 보장을 유지하는 방식이다.

2. 법적 성질

납입면제는 보험자의 보험금 지급의무에 대한 보험계약자의 보험료 납입의무를 면제하는 것이므로 채무면제의 일종으로 볼 수 있다[채권자가 채무자에게 채무를 면제하는 의사를 표시한 때에는 채권은 소멸한다. 그러나 면제로써 정당한 이익을 가진 제3자에게 대항하지 못한다(민법 제506조)].

3. 납입면제의 요건

(1) 생명보험에서의 납입면제 요건

① 피보험자가 장해분류표 중 동일한 재해 또는 재해 이외의 동일한 원인으로 여러 신체부위의 장해지급률을 더하여 50% 이상인 장해상태가 되었을 때

② 암, 뇌출혈, 급성심근경색이나 중대한 질병으로 진단확정 되었을 때

③ 중대한 수술을 받았을 때

(2) 손해보험에서의 납입면제 요건

① 피보험자가 보험기간 중 발생한 상해 또는 질병의 직접결과로 80% 이상의 후유장해 상태가 된 때

② 피보험자가 보험료 납입기간 중 '첫 번째 암'의 보장개시일 이후 첫 번째 암으로 진단확정 된 때

(3) 납입면제의 예외(손해보험의 경우)

① 배우자를 피보험자로 하는 특별약관

② 자동갱신 특별약관

위의 경우에 보장보험료 납입을 면제하지 않는다.

4. 실무 처리 과정

보험회사에서 정한 구비서류를 제출하여 납입면제를 청구하고 보험회사는 서류를 접수한 날부터 3영업일 이내에 보험료 납입을 면제한다. 다만, 지급사유의 조사나 확인이 필요한 경우에는 접수 후 10영업일 이내에 보험료 납입을 면제한다.

1. 의 의

보험기간 중 보험사고가 발생하였더라도 보험자의 보상책임이 발생하지 아니하는 사유로서, 절대적 면책사유, 상대적 면책사유, 행위 면책사유로 구분된다.

2. 절대적 면책사유

우연성이 없고, 도덕적 위험이 큰 고의는 절대적 면책사유이다. 생명보험 및 손해보험의 공통 사항이다.

(1) 피보험자의 고의

피보험자가 스스로 자신을 해친 경우 보험금을 지급하지 아니한다. 그러나 피보험자가 심신상실 등으로 자유로운 의사결정을 할 수 없는 상태에서 자신을 해친 경우에는 보험금을 지급한다.

(2) 보험수익자의 고의

보험수익자가 피보험자를 해친 경우에는 보험금을 지급하지 아니한다. 그러나 그 보험수익자가 보험금의 일부 보험수익자인 경우에는 그 보험수익자에 해당하는 보험금을 제외한 나머지 보험금을 다른 보험수익자에게 지급한다.

(3) 계약자의 고의

보험계약자의 고의로 보험사고가 발생한 때에는 보험금을 지급하지 않는다.

3. 상대적 면책사유

상대적 면책사유는 보험 상품의 특성, 보험 경영상의 문제 등으로 일정한 위험을 담보배제 할 수 있다.

(1) 피보험자의 임신, 출산 등

피보험자의 임신, 출산(제왕절개를 포함한다), 산후기 등은 보상하지 아니한다. 그러나 회사가 보장하는 보험금 지급사유로 인한 경우에는 보상한다.

(2) 전쟁, 외국의 무력행사, 혁명, 내란, 사변, 폭동 등

전쟁, 외국의 무력행사, 혁명, 내란, 폭동에 의한 사고는 보상하지 아니한다.

4. 행위 면책사유

보험자는 다른 약정이 없으면 피보험자가 직업, 직무 또는 동호회 활동목적으로 아래에 열거된 행위로 인하여 상해 관련 보험금 지급사유가 발생한 때에는 해당 보험금을 지급하지 않는다. 손해보험 표준약관에서는 아래의 사항을 열거하고 있다.

(1) 위험한 취미 활동

전문등반(전문적인 등산용구를 사용하여 암벽 또는 빙벽을 오르내리거나 특수한 기술, 경험, 사전훈련을 필요로 하는 등반을 말한다), 글라이더 조종, 스카이다이빙, 스쿠버다이빙, 행글라이딩, 수상보트, 패러글라이딩 등

(2) 경기·흥행을 위한 운전

모터보트, 자동차 또는 오토바이에 의한 경기, 시범, 흥행(이를 위한 연습을 포함한다) 또는 시운전(다만, 공용도로상에서 시운전을 하는 동안 보험금 지급사유가 발생한 경우에는 보장한다)

(3) 직무상 선박승무원 등

선박승무원, 어부, 사공, 그 밖에 선박에 탑승하는 것을 직무로 하는 사람이 직무상 선박에 탑승하고 있는 동안 생긴 사고. 해상위험의 경우 위험도와 빈도 높고, 사고 후에 시체확인 등이 쉽지 않은 점을 이용한 도덕적 위험을 방지하기 위하여 이와 같은 면책사항을 규정하고 있다. 다만, 이들이 직무 이외의 사유로 선박에 탑승하고 있는 동안 발생한 사고는 보상한다.

19 보험료 납입연체로 인한 해지계약의 부활 ✿✿✿

1. 부활제도의 의의

보험계약의 부활이란 보험계약의 효력이 상실되었으나, 일정의 절차를 거쳐 계약의 효력을 회복시키는 것을 말한다. 계속보험료의 미납으로 인해 계약이 해지된 경우에 계약자가 보험계약의 부활을 청구할 수 있도록 만든 제도이다.

2. 부활계약의 법적 성질

부활계약은 실효된 기존 계약의 회복을 위한 특수계약이라는 견해가 일반적이다(대판 93나 19452).

3. 부활계약의 요건 및 효과

(1) 부활계약의 요건

① 계속보험료의 납입이 연체된 경우, 납입최고를 거친 후 계약해지조항에 따라 계약이 해지되어야 한다.

② 해지환급금이 반환되지 않아야 한다.

③ 보험계약자는 계약이 해지된 날부터 3년 이내에 보험회사에 부활청약을 하여야 한다.

④ 연체된 보험료와 회사가 정한 이자를 납입하여야 한다.

⑤ 보험자가 승낙하여야 한다.

(2) 부활계약의 효과

① 부활일을 청약일로 본다.

② 신계약의 성립과 관련한 규정을 준용한다. 단, 약관교부·명시의무는 없고, 변경된 약관내용이 있을 경우만 신의칙상 의무가 있다.

　예 암보험계약 부활시 부활일로부터 90일 면책기간을 다시 적용한다.

③ 보험계약의 내용은 종전보험계약의 내용과 동일한 효과를 갖는다. 따라서 종전의 계약에서의 사기, 무효, 고지의무위반 등이 있다면 부활계약에서도 그대로 인정된다. 다만, 부활계약의 청약시 종전 계약의 고지의무를 이행한다면 그것을 이유로 계약을 해지할 수 없다.

20 | 일반부활과 특별부활의 차이점 ✿✿✿

1. 의 의

보험계약의 부활이란 일정사유로 계약의 효력이 상실되었다가 일정절차를 거쳐 이전 계약내용으로 다시 효력을 회복시키는 것을 말한다.

(1) 일반부활

계속보험료의 납입연체로 해지된 계약의 효력을 회복시키는 것을 말한다.

(2) 특별부활

제3자의 담보권 실행으로 해지된 계약의 효력을 회복시키는 것을 말한다.

① 보험료 납입연체로 인한 해지계약의 부활

해지 후 납입환급금이 지급되지 않았다면(해지환급금이 차감되거나 없는 경우 포함) 계약자는 해지일로부터 3년 이내에 보험회사가 정한 절차에 따라 계약의 부활을 청약할 수 있으며, 이때 표준약관의 보험계약성립과 보험료, 보장개시, 알릴의무 등의 조항을 준용한다. 청약 승낙 후 계약자는 연체보험료와 표준이율 ±1%에 해당하는 이자를 더하여 납입하여야 한다. 다만, 금리연동형보험은 각 상품별 사업방법서에서 별도로 정한 이율로 계산한다.

② 강제집행 등으로 인한 해지계약의 특별부활

계약자의 해지환급금 청구권에 대해 강제집행, 담보권의 실행, 국세 및 지방세 체납처분절차에 따라 계약이 해지된 경우, 해지 당시의 보험수익자가 계약자의 동의를 얻어 계약해지로 회사가 채권자에게 지급한 금액을 회사에 지급하고, 표준약관 제24조(계약내용의 변경)에 따라 계약자 명의를 보험수익자로 변경하여 계약의 특별부활을 청구할 수 있다. 보험회사는 해지 후 7일 이내에 보험수익자에게 이를 통지하여야 하며(수익자가 법정상속인일 경우 계약자), 보험수익자는 통지를 받은 날로부터 15일 이내에 특별부활의 청약을 해야 한다.

제3과목

제3보험의 이론과 실무

2. 일반부활과 특별부활의 차이점

구 분	일반부활	특별부활
해지 사유	계속보험료 연체	계약자의 해지환급금 청구권에 대한 강제비행, 담보권실행, 세금체납 처분절차
보험자 의무	14일(7일) 이상의 최고기간을 두고 계약자에게 납입최고	① 수익자에게 해지사유 및 부활절차 등을 해지일로부터 7일 이내 통지 ② 수익자가 법정상속인일 경우 계약자에게 통지
부활 기간	해지일 ~ 3년 이내	통지일 ~ 15일 이내
보험료	실효기간 동안의 미납보험료 + 연체이자	보험자가 제3자에게 지급한 금액
명의변경	보험계약자 명의변경 없음	수익자를 보험계약자로 함
해지환급금	해지환급금 지급시 부활청약을 못 함	할 수 있음
승낙/효과	① 보험자가 승낙거절 가능 ② 승낙시 신계약과 동일한 효과	① 특단의 사정이 없는 한 거절 못 함 ② 계약이 연속된 것으로 봄(≠신계약)

1. 의 의

보험계약자 등은 주소 또는 연락처가 변경된 경우, 지체 없이 그 변경내용을 보험회사에 알려야 한다.

2. 주소변경 통지의무를 이행하지 아니한 경우

보험자는 보험계약자가 알린 최종의 주소 또는 연락처로 통지하고, 그 통지가 등기우편이 도달에 필요한 통상의 시간이 지난 경우에 계약자에게 도달한 것으로 본다.

3. 대표자 지정의무

(1) 의 의

계약자 또는 보험수익자가 2인 이상인 경우에 보험계약의 유지, 변경, 소멸 등에 관한 업무절차의 간소화를 위하여 대표자 1인을 지정하여야 한다.

(2) 효 과

대표자는 각각 다른 계약자 또는 보험수익자를 대리한 것으로 본다. 대표자의 소재가 확실하지 아니한 경우 또는 대표자를 선정하지 아니하거나 선정할 수 없는 경우 보험자가 계약자 또는 보험수익자 1인에 대하여 한 행위는 각각 다른 계약자 또는 보험수익자에 대하여도 효력이 미친다.

(3) 연대책임

계약자가 2인 이상인 경우에 연대책임을 진다.

제3과목

제3보험의 이론과 실무

안심Touch

22 특정여가활동 중 상해담보 특약에서 보장하는 특정여가활동 5가지 ✿✿

1. 의 의

보험회사는 피보험자가 보험기간 중에 약관에서 정한 특정여가활동을 하는 동안 발생한 급격하고 우연한 외래의 사고로 상해를 입었을 때, 그 상해로 인한 손해를 보상한다.

2. 특정여가활동의 종류

(1) 스포츠시설 내의 상해

피보험자가 스포츠를 목적으로 스포츠 전용시설 또는 그의 병용 시설 내에서 발생한 사고를 보상한다. 즉, 스포츠 시설 내에서 스포츠 활동, 착·탈의, 휴식, 준비운동 등으로 인한 상해사고를 보상한다.

(2) 게이트볼

게이트볼 시합 또는 5인 이상이 연습하는 동안에 발생한 상해사고를 보상한다.

(3) 낚 시

낚시를 하는 동안 발생하는 상해사고를 보상한다. 단, 직업상 물고기잡이는 해당되지 않는다.

(4) 유료시설의 관객·입장객

유료시설에 관객 또는 입장객으로 있는 동안 발생한 상해사고를 보상한다. 단, 유료시설이란 구체적으로 관리되고 있는 유료시설을 말하며, 이 시설이 무료로 개방되는 경우에는 보상하지 않는다.

(5) 여행 중 사고

피보험자가 숙박을 동반한 여행목적으로 보험증권에 기재된 주소지를 출발하여 여행을 마치고 당해 주소지로 도착할 때까지 발생한 상해사고를 보상한다. 다만, 업무출장 및 업무목적 병행 여행은 제외한다.

1. 건강(우량)체

건강우량체라 함은 보험가입적격자로서 아래의 사유에 해당하는 자를 말한다.

① 최근 1년간 어떠한 형태와 종류를 불문하고 담배를 피우거나 씹거나 또는 기타 이와 유사한 형태로 사용하지 아니한 자

② 수축기혈압이 139mmHg 이하이고 이완기혈압이 89mmHg 이하이며, <u>BMI수치가 18.5 이상 ~ 25 미만인 자</u>

⎯| 심화학습 |⎯

체질량지수(Body Mass Index ; BMI, 카우프지수)
사람의 비만도를 판정하는 지수로, 체중과 키의 관계로 측정한다.

체질량지수(BMI) = 체중(kg) / [키(m)]^2		
판정기준	저체중	18.5 미만
	정 상	18.5 ~ 22.9
	과체중	23 ~ 24.9
	비 만	25 ~ 29.9
	고도비만	30 이상

---

2. 건강체서비스 특별약관

주로 생명보험계약에서 운용되는 특약으로 피보험자가 건강(우량)체이고 보험가입적격자인 경우 보험요율을 할인하여 주는 특약을 말한다. 주 계약 또는 해당특약의 보험기간 중 피보험자가 건강체에 해당되는 경우, 계약자의 청약과 보험자의 승낙으로 가입할 수 있다. 이 경우, ① <u>계약 자는 특약의 청약일 장래로의 보험료를 할인받으며</u>, ② <u>보험료 변동시점 정산기준의 책임준비 금을 정산한 잔여액이 있을 경우</u> 보험자는 이를 계약자에게 지급하여야 한다.

24 단체보험의 특징과 피보험자의 지정변경 ✿✿✿

1. 의 의

동일한 단체에 소속된 5인 이상의 구성원이 동일한 계약으로 단체 또는 단체의 대표자를 통해 가입하는 보험이다.

2. 단체보험의 특징

(1) 서면동의 불필요

단체가 규약에 따라 구성원의 전부 또는 일부를 피보험자로 하는 생명보험계약을 체결하는 경우에는 피보험자의 서면에 의한 동의를 요하지 않는다(상법 제735조의3 제1항).

(2) 보험수익자 변경

피보험자 또는 그 상속인이 아닌 자를 보험수익자로 지정할 때에는 단체규약에서 명시적으로 정하는 경우 외에는 해당 피보험자의 서면동의를 받아야 한다(상법 제735조의3 제3항).

3. 피보험자의 변경

(1) 변 경

보험계약 체결 후 피보험자를 변경하는 경우 계약자는 보험자에게 변경내역을 서면으로 알리고 승인을 받아야 한다. 이를 위반할 경우, 변경된 피보험자에 대한 보상책임은 발생하지 않는다.

(2) 책임개시

보험자의 책임은 원칙적으로 승인한 이후부터 시작되며, 거절할 사유가 없다면 서면이 보험자에게 도달한 때부터 발생한다.

(3) 피보험자의 탈퇴

피보험자가 단체보험계약에서 탈퇴하는 경우, 계약자는 이를 보험자에게 서면으로 알려야 한다. 탈퇴자의 계약에 대하여는 약관상 탈퇴일로부터 1개월 이내에 피보험자의 동의 및 보험회사의 승낙을 얻어 개별계약으로 전환할 수 있다.

25 특별조건부 계약인수 ✿✿✿

1. 의 의

보험회사는 피보험자가 계약에 적합하지 아니한 경우에는 승낙을 거절하거나 별도의 조건을
부과하여 계약을 인수할 수 있다. 피보험자가 일반인과 비교하여 사고발생위험이 높은 것을
'표준하체'라고 한다. 즉 표준미달체로 판정된 피보험자에게 일정의 조건을 부가시킴으로써 표
준체로 가입한 보험가입자와 형평성을 유지시키고 있다.

2. 특별조건부 계약인수의 방법

(1) 보험가입금액 제한

피보험자의 직업, 직종, 연령, 건강상태, 과거 사고발생력 등을 고려하여 일정금액 이하로 보험
가입금액을 제한한다.

(2) 일부보장 제외

피보험자의 과거병력 등을 고려하여 특정 질병이나 신체의 특정 부위에 발생한 질환을 담보하지
않을 것을 조건으로 보험계약을 인수한다. 제한하는 기간에 따라 보험계약일로부터 일정기간
내로 제한하는 것과 보험기간 전기간 동안 제한하는 것이 있다.

(3) 보험금 삭감

보험가입 후 일정 기간 이내에 보험금을 청구하는 경우, 보험금을 삭감하여 지급하는 것을 조건
으로 계약한다. 삭감방법에는 계단식 삭감방법과 평균식 삭감방법이 있다.

(4) 보험료 할증

피보험자의 건강, 직업, 과거 사고경력 등을 고려하여 보험료를 표준체 위험요율보다 높게 적용
하여 계약을 인수한다.

26 사망일 인정기준 ✿✿✿

1. 의 의

사망은 의학적으로 심장의 박동이 완전 영구히 정지된 때 사망으로 인정되고, 이와 같이 사망한 경우에 사망보험금을 지급하게 된다. 하지만 의학적으로 사망이 확인되지 않은 경우라고 하더라도 다음과 같은 경우에는 사망보험금의 지급대상이 될 수 있다.

2. 사망일 인정기준

(1) 실종선고를 받은 경우

법원에서 인정한 실종기간이 끝나는 때에 사망한 것으로 본다. 일반실종은 부재자의 생사가 5년간 확인되지 아니하는 경우에 인정되고, 특별실종은 그 위난(항공기 추락, 선박의 침몰, 전쟁의 참가, 기타 위난)이 끝난 날로부터 1년이 경과하는 경우에 인정된다.

(2) 인정사망

관공서에서 수해, 화재나 그 밖의 재난을 조사하고 사망한 것으로 인정하는 경우에 가족관계등록부에 기재된 사망 연월일을 기준으로 한다.

(3) 80% 이상의 고도후유장해를 진단받은 경우

약관에 따라서는 피보험자가 보험기간 중에 상해로 후유장해지급률 80% 이상이 되는 경우에 사망보험금을 지급하는 경우가 있다. 이러한 경우에는 후유장해 진단일을 사망일로 추정한다.

(4) 피보험자의 귀환시

일반실종선고, 특별실종선고, 인정사망에 의하여 피보험자가 사망한 것으로 보아 사망보험금이 이미 지급된 후라도, 피보험자가 생존한 것이 확인되면 보험자는 지급된 사망보험금을 회수한다.

CHAPTER 02 장해분류표

01 장해의 정의 ✿✿✿

1. 장 해

'장해'라 함은 상해 또는 질병에 대하여 치유된 후 신체에 남아있는 영구적인 정신 또는 육체의 훼손상태 및 기능상실 상태를 말한다. 다만, 다만, 질병과 부상의 주증상과 합병증상 및 이에 대한 치료를 받는 과정에서 일시적으로 나타나는 증상은 장해에 포함되지 않는다.

2. '영구적'의 개념

'영구적'이라 함은 원칙적으로 치유하는 때 장래 회복할 가망이 없는 상태로서 정신적 또는 육체적 훼손상태임이 의학적으로 인정되는 경우를 말한다.

3. '치유된 후'의 개념

'치유된 후'라 함은 상해 또는 질병에 대한 치료의 효과를 기대할 수 없게 되고 또한 그 증상이 고정된 상태를 말한다.

4. 한시장해

영구히 고정된 증상은 아니지만 치료 종결 후 한시적으로 나타나는 장해에 대하여는 그 기간이 5년 이상인 경우 해당 장해지급률의 20%를 장해지급률로 한다.

안심Touch

02   신체부위 ✦✦✦

'신체부위'라 함은 ① 눈, ② 귀, ③ 코, ④ 씹어먹거나 말하는 기능, ⑤ 외모, ⑥ 척추(등뼈), ⑦ 체간골, ⑧ 팔, ⑨ 다리, ⑩ 손가락, ⑪ 발가락, ⑫ 흉・복부 장기 및 비뇨생식기, ⑬ 신경계・정신행동의 13개 부위를 말하며, 이를 각각 동일한 신체부위라 한다. 다만, 좌・우의 눈, 귀, 팔, 다리, 손가락, 발가락은 각각 다른 신체부위로 본다.

1. 장해분류표상 2가지 이상의 신체부위에서 장해로 평가되는 경우

하나의 장해가 관찰 방법에 따라서 장해분류표상 2가지 이상의 신체부위에서 장해로 평가되는 경우에는 그 중 높은 지급률을 적용한다.

2. 동일한 신체부위에 2가지 이상의 장해가 발생한 경우

동일한 신체부위에 2가지 이상의 장해가 발생한 경우에는 합산하지 않고 그중 높은 지급률을 적용함을 원칙으로 한다. 그러나 각 신체부위별 판정기준에서 별도로 정한 경우에는 그 기준에 따른다.

3. 하나의 장해가 다른 장해와 통상 파생하는 관계에 있는 경우

하나의 장해가 다른 장해와 통상 파생하는 관계에 있는 경우에는 그중 높은 지급률만을 적용하며, 하나의 장해로 둘 이상의 파생장해가 발생하는 경우 각 파생장해의 지급률을 합산한 지급률과 최초 장해의 지급률을 비교하여 그 중 높은 지급률을 적용한다.

4. 뇌사판정을 받은 경우

의학적으로 뇌사판정을 받고 호흡기능과 심장박동기능을 상실하여 인공심박동기 등 장치에 의존하여 생명을 연장하고 있는 뇌사상태는 장해의 판정대상에 포함되지 않는다. 다만, 뇌사판정을 받은 경우가 아닌 식물인간상태(의식이 전혀 없고 사지의 자발적인 움직임이 불가능하여 일상생활에서 항시 간호가 필요한 상태)는 각 신체부위별 판정기준에 따라 평가한다.

04 장해판정의 시점 ✿✿✿

1. 장해판정의 시점

(1) 원 칙

'장해'의 정의에 부합하게 된 때에 판정한다. 즉, 상해 또는 질병에 대한 치료의 효과를 더 이상 기대할 수 없고, 장해의 상태가 고정된 시점에 평가하는 것이 원칙이다.

(2) 판정의 시점

사고일로부터 180일 이내에 확정이 가능한 경우에는 증상이 고정된 시점에 장해지급률을 결정한다. 그러나 장해지급률이 상해 발생일 또는 질병의 진단 확정일부터 180일 이내에 확정되지 않는 경우에는 180일이 되는 날의 의사 진단에 기초하여 고정될 것으로 인정되는 상태를 장해지급률로 결정한다.

2. 장해판정시기를 별도로 정한 경우

(1) 눈의 장해

안구(눈동자) 운동장해의 판정은 질병의 진단 또는 외상 후 1년 이상이 지난 뒤 그 장해 정도를 평가한다.

(2) 신경계 장해

뇌졸중, 뇌손상, 척수 및 신경계의 질환 등은 발병 또는 외상 후 12개월 동안 지속적으로 치료한 후에 장해를 평가한다. 그러나, 12개월이 지났다고 하더라도 뚜렷하게 기능 향상이 진행되고 있는 경우 또는 단기간 내에 사망이 예상되는 경우는 6개월의 범위에서 장해 평가를 유보한다.

(3) 정신행동 장해

정신행동장해는 보험기간 중에 발생한 뇌의 질병 또는 상해를 입은 후 18개월이 지난 후에 판정함을 원칙으로 한다. 단, 질병발생 또는 상해를 입은 후 의식상실이 1개월 이상 지속된 경우에는 질병발생 또는 상해를 입은 후 12개월이 지난 후에 판정할 수 있다.

3. 장해판정 이후 악화된 경우

장해지급률이 결정되었으나, 그 이후 보장받을 수 있는 기간(계약의 효력이 없어진 경우에는 보험기간이 10년 이상인 계약은 상해 발생일 또는 질병의 진단확정일부터 2년 이내로 하고, 보험기간이 10년 미만인 계약은 상해 발생일 또는 질병의 진단확정일부터 1년 이내)에 장해상태가 더 악화된 때에는 그 악화된 장해상태를 기준으로 장해지급률을 결정한다.

05 장해진단서의 필수기재사항 ✿✿

1. 필수기재사항

① 장해진단명 및 발생시기

② 장해의 내용과 그 정도

③ 사고와의 인과관계 및 사고의 관여도

④ 향후 치료의 문제 및 호전도

2. 신경계ㆍ정신행동 장해의 추가 기재사항

① 개호(장해로 혼자서 활동이 어려운 사람을 곁에서 돌보는 것) 여부

② 객관적 이유 및 개호의 내용

1. 장해의 분류

장해의 분류	지급률
① 두 눈이 멀었을 때	100
② 한 눈이 멀었을 때	50
③ 한 눈의 교정시력이 0.02 이하로 된 때	35
④ 한 눈의 교정시력이 0.06 이하로 된 때	25
⑤ 한 눈의 교정시력이 0.1 이하로 된 때	15
⑥ 한 눈의 교정시력이 0.2 이하로 된 때	5
⑦ 한 눈의 안구(눈동자)에 뚜렷한 운동장해나 뚜렷한 조절기능장해를 남긴 때	10
⑧ 한 눈에 뚜렷한 시야장해를 남긴 때	5
⑨ 한 눈의 눈꺼풀에 뚜렷한 결손을 남긴 때	10
⑩ 한 눈의 눈꺼풀에 뚜렷한 운동장해를 남긴 때	5

2. 장해판정기준

(1) 시력장해의 경우

시력장해의 경우 공인된 시력검사표에 따라 최소 3회 이상 측정한다.

(2) 교정시력

'교정시력'이라 함은 안경(콘택트렌즈를 포함한 모든 종류의 시력 교정수단)으로 교정한 원거리 최대교정시력을 말한다. 다만, 각막이식술을 받은 환자인 경우 각막이식술 이전의 시력상태를 기준으로 평가한다.

(3) 한눈이 멀었을 때

'한눈이 멀었을 때'라 함은 안구의 적출은 물론 명암을 가리지 못하거나('광각무') 겨우 가릴 수 있는 경우('광각유')를 말한다.

(4) 한눈의 교정시력이 0.02 이하로 된 때

'한눈의 교정시력이 0.02 이하로 된 때'라 함은 안전수동(Hand Movement)[주1], 안전수지 (Finger Counting)[주2] 상태를 포함한다.

※ 주1) 안전수동 : 물체를 감별할 정도의 시력상태가 아니며 눈앞에서 손의 움직임을 식별할 수 있을 정도의 시력상태
　 주2) 안전수지 : 시표의 가장 큰 글씨를 읽을 수 있는 정도의 시력은 아니나 눈 앞 30cm 이내에서 손가락의 개수를 식별할 수 있을 정도의 시력상태

(5) 안구(눈동자)의 뚜렷한 운동장해

'안구(눈동자)의 뚜렷한 운동장해'라 함은 아래의 두 경우 중 하나에 해당하는 경우를 말한다.

① 한 눈의 안구(눈동자)의 주시야(머리를 움직이지 않고 눈만을 움직여서 볼 수 있는 범위)의 운동범위가 정상의 1/2 이하로 감소된 경우

② 중심 20도 이내에서 복시(물체가 둘로 보이거나 겹쳐 보임)를 남긴 경우

(6) 안구(눈동자)의 뚜렷한 조절기능장해

'안구(눈동자)의 뚜렷한 조절기능장해'라 함은 조절력이 정상의 1/2 이하로 감소된 경우를 말한다. 다만, 조절력의 감소를 무시할 수 있는 50세 이상(장해진단시 연령 기준)의 경우에는 제외한다.

(7) 뚜렷한 시야 장해

'뚜렷한 시야 장해'라 함은 한 눈의 시야 범위가 정상시야 범위의 60% 이하로 제한된 경우를 말한다. 이 경우 시야검사는 공인된 시야검사방법으로 측정하며, 시야장해 평가시 자동시야검사계(골드만 시야검사)를 이용하여 8방향 시야범위 합계를 정상범위와 비교하여 평가한다.

(8) 눈꺼풀에 뚜렷한 결손을 남긴 때

'눈꺼풀에 뚜렷한 결손을 남긴 때'라 함은 눈꺼풀의 결손으로 눈을 감았을 때 각막(검은자위)이 완전히 덮이지 않는 경우를 말한다.

(9) 눈꺼풀에 뚜렷한 운동장해를 남긴 때

'눈꺼풀에 뚜렷한 운동장해를 남긴 때'라 함은 눈을 떴을 때 동공을 1/2 이상 덮거나 또는 눈을 감았을 때 각막을 완전히 덮을 수 없는 경우를 말한다.

(10) 기 타

① 외상이나 화상 등으로 안구의 적출이 불가피한 경우에는 외모의 추상(추한 모습)이 가산된다. 이 경우 안구가 적출되어 눈자위의 조직요몰(凹沒) 등으로 의안마저 끼워 넣을 수 없는 상태이면 '뚜렷한 추상(추한 모습)'으로, 의안을 끼워 넣을 수 있는 상태이면 '약간의 추상(추한 모습)'으로 지급률을 가산한다.

② '눈꺼풀에 뚜렷한 결손을 남긴 때'에 해당하는 경우에는 추상(추한 모습)장해를 포함하여 장해를 평가한 것으로 보고 추상(추한 모습)장해를 가산하지 않는다. 다만, 안면부의 추상(추한 모습)은 두 가지 장해평가 방법 중 피보험자에게 유리한 것을 적용한다.

유 형	제한 정도에 따른 지급률
이동 동작	• 특별한 보조기구를 사용함에도 불구하고 다른 사람의 계속적인 도움이 없이는 방 밖을 나올 수 없는 상태 또는 침대에서 휠체어로 옮기기를 포함하여 휠체어 이동시 다른 사람의 계속적인 도움이 필요한 상태 (지급률 40%) • 휠체어 또는 다른 사람의 도움 없이는 방밖을 나올 수 없는 상태 또는 보행이 불가능하나 스스로 휠체어를 밀어 이동이 가능한 상태 (30%) • 목발 또는 보행기(walker)를 사용하지 않으면 독립적인 보행이 불가능한 상태 (20%) • 보조기구 없이 독립적인 보행은 가능하나 보행시 파행(절뚝거림)이 있으며, 난간을 잡지 않고는 계단을 오르내리기가 불가능한 상태 또는 평지에서 100m 이상을 걷지 못하는 상태 (10%)
음식물 섭취	• 입으로 식사를 전혀 할 수 없어 계속적으로 튜브(비위관 또는 위루관)나 경정맥 수액을 통해 부분 혹은 전적인 영양공급을 받는 상태 (20%) • 수저 사용이 불가능하여 다른 사람의 계속적인 도움이 없이는 식사를 전혀 할 수 없는 상태 (15%) • 숟가락 사용은 가능하나 젓가락 사용이 불가능하여 음식물 섭취에 있어 부분적으로 다른 사람의 도움이 필요한 상태 (10%) • 독립적인 음식물 섭취는 가능하나 젓가락을 이용하여 생선을 바르거나 음식물을 자르지는 못하는 상태 (5%)
배변 · 배뇨	• 배설을 돕기 위해 설치한 의료장치나 외과적 시술물을 사용함에 있어 타인의 계속적인 도움이 필요한 상태, 또는 지속적인 유치도뇨관 삽입상태, 방광루, 요도루, 장루상태 (20%) • 화장실에 가서 변기위에 앉는 일(요강을 사용하는 일 포함)과 대소변 후에 뒤처리시 다른 사람의 계속적인 도움이 필요한 상태, 또는 간헐적으로 자가 인공도뇨가 가능한 상태(CIC), 기저귀를 이용한 배뇨, 배변 상태 (15%) • 화장실에 가는 일, 배변, 배뇨는 독립적으로 가능하나 대소변 후 뒤처리에 있어 다른 사람의 도움이 필요한 상태 (10%) • 빈번하고 불규칙한 배변으로 인해 2시간 이상 계속되는 업무를 수행하는 것이 어려운 상태, 또는 배변, 배뇨는 독립적으로 가능하나 요실금, 변실금이 있는 때 (5%)
목 욕	• 세안, 양치, 샤워, 목욕 등 모든 개인위생 관리시 타인의 지속적인 도움이 필요한 상태 (10%) • 세안, 양치시 부분적인 도움 하에 혼자서 가능하나 목욕이나 샤워시 타인의 도움이 필요한 상태 (5%) • 세안, 양치와 같은 개인위생관리를 독립적으로 시행가능하나 목욕이나 샤워시 부분적으로 타인의 도움이 필요한 상태 (3%)
옷 입고 벗기	• 상 · 하의 의복 착탈시 다른 사람의 계속적인 도움이 필요한 상태 (10%) • 상 · 하의 의복 착탈시 부분적으로 다른 사람의 도움이 필요한 상태 또는 상의 또는 하의중 하나만 혼자서 착탈의가 가능한 상태 (5%) • 상 · 하의 의복착탈시 혼자서 가능하나 미세동작(단추 잠그고 풀기, 지퍼 올리고 내리기, 끈 묶고 풀기 등)이 필요한 마무리는 타인의 도움이 필요한 상태 (3%)

제3과목

제3부 보험의 이론과 실무

1. 추간판탈출증

척추뼈와 척추뼈 사이에 있는 추간판이 어떤 원인에 의해 손상을 입으면서 추간판 내부의 수핵이 탈출하여 주변을 지나는 척추신경을 압박함으로써 신경학적 이상증상을 유발하는 질환이다.

2. 장해지급률과 판정기준

구 분	지급률(%)	판정기준
추간판탈출증으로 인한 심한 신경 장해	20	추간판탈출증으로 추간판 2마디 이상(또는 1마디 추간판에 대해 2회 이상) 수술하고도 마미신경증후군으로 하지의 현저한 마비 또는 대소변 장해가 있는 경우
추간판탈출증으로 인한 뚜렷한 신경 장해	15	추간판탈출증으로 추간판 1마디를 수술하고도 신경생리검사에서 명확한 신경근병증의 소견이 지속되고 척추신경근의 불완전 마비가 인정되는 경우
추간판탈출증으로 인한 약간의 신경 장해	10	추간판탈출증이 확인되고 신경생리검사에서 명확한 신경근병증의 소견이 지속되는 경우

1. 의 의

다리의 관절기능장해 평가는 하지의 3대 관절(고관절, 무릎관절, 발목관절)의 관절운동범위 제한 및 동요성 유무 등으로 평가한다. 각 관절의 운동범위 측정은 장해평가시점의 「산업재해보상보험법 시행규칙」 제47조 제1항 및 제3항의 정상인의 신체 각 관절에 대한 평균 운동가능영역을 기준으로 정상각도 및 측정방법 등을 따른다. 관절기능장해가 신경손상으로 인한 경우에는 운동범위 측정이 아닌 근력 및 근전도 검사를 기준으로 평가한다.

2. 기능장해 판단기준

(1) 관절 하나의 기능을 완전히 잃었을 때(장해지급률 30%)

　① 완전 강직(관절굳음)

　② 근전도 검사상 완전손상(complete injury) 소견이 있으면서 도수근력검사(MMT)에서 근력이 '0등급(zero)'인 경우

(2) 관절 하나의 기능에 심한 장해를 남긴 때(장해지급률 20%)

　① 해당 관절의 운동범위 합계가 정상 운동범위의 1/4 이하로 제한된 경우

　② 인공관절이나 인공골두를 삽입한 경우

　③ 객관적 검사(스트레스 엑스선)상 15mm 이상의 동요관절(관절이 흔들리거나 움직이는 것)이 있는 경우

　④ 근전도 검사상 완전손상(complete injury) 소견이 있으면서 도수근력검사(MMT)에서 근력이 '1등급(trace)'인 경우

(3) 관절 하나의 기능에 뚜렷한 장해를 남긴 때(장해지급률 10%)

　① 해당 관절의 운동범위 합계가 정상 운동범위의 1/2 이하로 제한된 경우

　② 객관적 검사(스트레스 엑스선)상 10mm 이상의 동요관절이 있는 경우

　③ 근전도 검사상 불완전한 손상(incomplete injury) 소견이 있으면서 도수근력검사(MMT)에서 근력이 2등급(poor)인 경우

(4) 관절 하나의 기능에 약간의 장해를 남긴 때(장해지급률 5%)

　① 해당 관절의 운동범위 합계가 정상 운동범위의 3/4 이하로 제한된 경우

　② 객관적 검사(스트레스 엑스선)상 5mm 이상의 동요관절이 있는 경우

　③ 근전도 검사상 불완전한 손상(incomplete injury) 소견이 있으면서 도수근력검사(MMT)에서 근력이 3등급(fair)인 경우

　※ 동요장해 평가 시에는 정상측과 환측을 비교하여 증가된 수치로 평가한다.

3. 주의사항

　① 골절부에 금속내고정물 등을 사용하였기 때문에 그것이 기능장해의 원인이 되는 때에는 그 내고정물 등이 제거된 후 장해를 평가한다. 단, 제거가 불가능한 경우에는 고정물 등이 있는 상태에서 장해를 평가한다.

　② 관절을 사용하지 않아 발생한 일시적인 기능장해[석고붕대(cast)로 환부를 고정시켰기 때문에 치유 후의 관절에 기능장해가 발생한 경우]는 제외한다.

　③ 한 다리의 3대 관절 중 관절 하나에 기능장해가 생기고 다른 관절 하나에 기능장해가 발생한 경우 지급률은 각각 적용하여 합산한다.

　④ 1하지(다리와 발가락)의 후유장해 지급률은 원칙적으로 각각 합산하되, 지급률은 60% 한도로 한다.

「장해분류표」상 외모의 추상(추한 모습) 장해판단기준 ✿✿✿

1. 장해판단기준

(1) 외 모

얼굴(눈, 코, 귀, 입 포함), 머리, 목

(2) 추상(추한 모습)장해

성형수술(반흔성형술, 레이저치료 등 포함)을 시행한 후에도 영구히 남게 되는 상태의 추상(추한 모습)을 말한다.

(3) 추상장해(추상을 남긴 때)

상처의 흔적, 화상 등으로 피부의 변색, 모발의 결손, 조직(뼈, 피부 등)의 결손 및 함몰 등으로 성형수술을 하여도 더 이상 추상(추한 모습)이 없어지지 않는 경우를 말한다.

(4) 기 타

① 다발성 반흔 발생시 각 판정부위(얼굴, 머리, 목) 내의 다발성 반흔의 길이 또는 면적은 합산하여 평가한다. 단, 길이가 5mm 미만의 반흔은 합산대상에서 제외한다.

② 추상(추한 모습)이 얼굴과 머리 또는 목 부위에 걸쳐 있는 경우에는 머리 또는 목에 있는 흉터의 길이 또는 면적의 1/2을 얼굴의 추상(추한 모습)으로 보아 산정한다.

2. 뚜렷한 추상과 약간의 추상

구 분	뚜렷한 추상(지급률 15%)	약간의 추상(지급률 5%)
얼 굴	① 손바닥 크기 1/2 이상의 추상(추한 모습) ② 길이 10cm 이상의 추상 반흔(추한 모습의 흉터) ③ 지름 5cm 이상의 조직함몰 ④ 코의 1/2 이상 결손	① 손바닥 크기 1/4 이상의 추상(추한 모습) ② 길이 5cm 이상의 추상 반흔(추한 모습의 흉터) ③ 지름 2cm 이상의 조직함몰 ④ 코의 1/4 이상 결손
머 리	① 손바닥 크기 이상의 반흔(흉터) 및 모발결손 ② 머리뼈의 손바닥 크기 이상의 손상 및 결손	① 손마다 1/2 크기 이상의 반흔(흉터) 및 모발결손 ② 머리뼈의 손바닥 1/2 크기 이상의 손상 및 결손
목	손바닥 크기 이상의 추상	손바닥 크기 1/2 이상의 추상

3. 손바닥 크기

해당 환자의 손가락을 제외한 손바닥의 크기를 말한다.

① 12세 이상의 성인 : $8 \times 10cm$(1/2 크기는 $40cm^2$, 1/4 크기는 $20cm^2$)

② 6세 ~ 11세 : $6 \times 8cm$(1/2 크기는 $24cm^2$, 1/4 크기는 $12cm^2$)

③ 6세 미만 : $4 \times 6cm$(1/2 크기는 $12cm^2$, 1/4 크기는 $6cm^2$)

4. 기타 사항

(1) 눈의 장해와 병합

외상이나 화상 등으로 안구의 적출이 불가피한 경우에는 외모의 추상(추한 모습)이 가산된다.

① 의안마저 끼워 넣을 수 없는 상태 : 뚜렷한 추상

② 의안을 끼워 넣을 수 있는 상태 : 약간의 추상

(2) 귓바퀴 결손

귓바퀴의 연골부가 1/2 미만 결손이고, 청력에 이상이 없으면 외모의 추상(추한 모습)장해로만 평가한다.

(3) 코의 추상장해

코의 추상(추한 모습)장해를 수반한 때에는 기능장해의 지급률과 추상장해의 지급률을 합산한다.

(4) 눈썹, 머리카락 등

눈썹이나 머리카락 등으로 감추어진 부분은 추상장해 대상이 아니다.

11 흉·복부장기 및 비뇨생식기 장해에서 장해판정기준 ✿✿

1. 장해판정기준

(1) 심장의 기능을 잃었을 때(지급률 100%)

심장이식을 한 경우

(2) 흉복부장기 또는 비뇨생식기 기능을 잃었을 때(지급률 75%)

① 폐, 신장 또는 간장의 장기이식을 한 경우

② 장기이식을 하지 않고서는 생명유지가 불가능하여 혈액투석, 복막투석 등 의료처치를 평생 토록 받아야 할 때

③ 방광의 기능이 완전히 상실한 때

(3) 흉복부장기 또는 비뇨생식기 기능에 심한 장해를 남긴 때(지급률 50%)

① 위, 대장(결장~직장) 또는 췌장의 전부를 잘라내었을 때

② 소장을 3/4 이상을 잘라내었을 때 또는 잘라낸 소장의 길이가 3m 이상일 때

③ 간장의 3/4 이상을 잘라내었을 때

④ 양 쪽 고환 또는 양 쪽 난소를 모두 잃었을 때

(4) 흉복부장기 또는 비뇨생식기 기능에 뚜렷한 장해를 남긴 때(지급률 30%)

① 한쪽 폐 또는 한쪽 신장을 전부 잘라내었을 때

② 방광 기능상실로 영구적인 요도루, 방광루, 요관 장문합 상태

③ 위, 췌장을 50% 이상 잘라내었을 때

④ 대장절제, 항문 괄약근 등의 기능장해로 영구적으로 장루, 인공항문을 설치한 경우(치료과 정에서 일시적으로 발생하는 경우는 제외)

⑤ 심장기능 이상으로 인공심박동기를 영구적으로 삽입한 경우

⑥ 요도괄약근 등의 기능장해로 영구적으로 인공요도괄약근을 설치한 경우

(5) 흉복부장기 또는 비뇨생식기 기능에 약간의 장해를 남긴 때(지급률 15%)

① 방광의 용량이 50cc 이하로 위축되었거나 요도협착, 배뇨기능 상실로 영구적인 간헐적 인공 요도가 필요한 때

② 음경의 1/2 이상이 결손되었거나 질구 협착으로 성생활이 불가능한 때

③ 폐질환 또는 폐 부분절제술 후 일상생활에서 호흡곤란으로 지속적인 산소치료가 필요하며, 폐기능검사(PFT)상 폐환기 기능(1초간 노력성 호기량, FEV1)이 정상예측치의 40% 이하로 저하된 때

※ 흉복부, 비뇨생식기계 장해는 질병 또는 외상의 직접 결과로 인한 장해를 말하며, 노화에 의한 기능장해 또는 질병이나 외상이 없는 상태에서 예방적으로 장기를 절제, 적출한 경우는 장해로 보지 않는다.

2. 기 타

(1) 상기 흉복부 및 비뇨생식기계 장해항목에 명기되지 않은 기타 장해상태

'일상생활 기본동작(ADLs) 제한 장해평가표'에 해당하는 장해가 있을 때 ADLs 장해지급률을 준용한다.

(2) 상기 장해 항목에 해당되지 않는 장기간의 간병이 필요한 만성질환(만성간질환, 만성폐쇄성폐질환 등)

장해의 평가 대상으로 인정하지 않는다.

1. 정신행동장해의 보상

각종 기질성 장해와 외상 후 간질에 한하여 보상한다.

2. 객관적 근거와 비객관적 근거

(1) 객관적 근거

정신행동장해는 뇌의 기능 및 결손을 입증할 수 있는 뇌자기공명촬영, 뇌전산화촬영, 뇌파 등 객관적 근거를 기초로 평가한다.

(2) 비객관적 근거

보호자나 환자의 진술, 감정의의 추정 혹은 인정, 한국표준화가 이루어지지 않고 신빙성이 적은 검사들(뇌 SPECT 등)은 객관적 근거로 인정하지 않는다.

3. 보장제외 질환

외상 후 스트레스장애, 우울증(반응성) 등의 질환, 정신분열증(조현병), 편집증, 조울증(양극성장애), 불안장애, 전환장애, 공포장애, 강박장애 등 각종 신경증 및 각종 인격장애는 보상의 대상이 되지 않는다.

1. 경증발작과 중증발작의 개념

(1) 경증발작

다음 중 어느 하나에 해당되는 것을 말한다.

① 운동장해가 발생하나 스스로 균형을 유지할 수 있는 발작

② 3분 이내에 정상으로 회복되는 발작

(2) 중증발작

다음 중 어느 하나에 해당되는 것을 말한다.

① 전신경련을 동반하는 발작으로 신체의 균형을 유지하지 못하고 쓰러지는 발작

② 의식장해가 3분 이상 지속되는 발작

2. 간질장해의 인정기준

간질이란 돌발적 뇌파이상을 나타내는 뇌질환으로 발작(경련, 의식장해 등)을 반복하는 것을 말한다.

(1) 심한 간질 발작

월 8회 이상의 중증발작이 연 6개월 이상의 기간에 걸쳐 발생하고, 발작할 때 유발된 호흡장애, 흡인성 폐렴, 심한 탈진, 구역질, 두통, 인지장해 등으로 요양관리가 필요한 상태를 말한다(장해지급률 70%).

(2) 뚜렷한 간질 발작

월 5회 이상의 중증발작 또는 월 10회 이상의 경증발작이 연 6개월 이상의 기간에 걸쳐 발생하는 상태를 말한다(장해지급 40%).

(3) 약간의 간질 발작

월 1회 이상의 중증발작 또는 월 2회 이상의 경증발작이 연 6개월 이상의 기간에 걸쳐 발생하는 상태를 말한다(장해지급률 10%).

1. 의 의

순음청력검사는 전기적으로 순음(pure tone)을 발생시켜 각 주파수마다 음의 강도를 조절하면서 측정하는 검사이다. 약관상 청력장해는 순음청력검사 결과에 따라 데시벨(dB ; decibel)로 표시하고 3회 이상 청력검사를 실시한 후 순음평균역치에 따라 적용한다. 다만, 각 측정치의 결과값 차이가 ±10dB 이상인 경우 청성뇌간반응검사(ABR)를 통해 객관적인 장해상태를 재평가하여야 한다.

2. 순음청력검사의 검사방법

오디오미터를 사용해 125Hz에서 8,000Hz의 7단계별 각 주파수의 순음에 대해서 들리는 최소의 역치를 측정하는 검사이다. 음의 전달과정에 따라 기도검사와 골도검사로 나눈다.

3. 검증을 위한 보조적 검사

① 언어청력검사
② 임피던스 청력검사
③ 뇌간유발반응청력검사
④ 자기청력계기검사
⑤ 이음향방사검사
* 대표적인 주관적 검사법은 순음청력검사이고 대표적인 객관적 검사법은 청성유발반응검사이다.

15 골반뼈와 갈비뼈의 장해판정기준 ✿✿✿

1. 골반뼈의 뚜렷한 기형

① 천장관절 또는 치골문합부가 분리된 상태로 치유된 경우

② 좌골이 2.5cm 이상 분리된 부정유합 상태

③ 육안으로 변형(결손을 포함)을 명백하게 알 수 있을 정도로 방사선 검사로 측정한 각(角) 변형이 20° 이상인 경우

④ 미골의 기형은 골절이나 탈구로 방사선 검사로 측정한 각(角) 변형이 70° 이상 남은 상태

2. 갈비뼈의 뚜렷한 기형

① '갈비뼈(늑골)에 뚜렷한 기형이 남은 때'라 함은 방사선 검사로 측정한 각(角) 변형이 20° 이상인 경우를 말한다.

② 갈비뼈(늑골)의 기형은 그 개수와 정도, 부위 등에 관계없이 전체를 일괄하여 하나의 장해로 취급한다. 다발성늑골 기형의 경우 각각의 각(角) 변형을 합산하지 않고, 그 중 가장 높은 각(角) 변형을 기준으로 평가한다.

16

치아의 상실 인정기준 ✿✿✿

1. 치아의 결손

'치아의 결손'이란 치아의 상실 또는 발치된 경우를 말하며, 치아의 일부 손상으로 금관치료(크라운 보철수복)를 시행한 경우에는 치아의 일부 결손을 인정하여 1/2개 결손으로 적용한다.

2. 인정하지 않는 치아의 결손

① 보철치료를 위해 발치한 정상치아, 노화로 인해 자연 발치된 치아, 보철(복합레진, 인레이, 온레이 등)한 치아, 기존 의치(틀니, 임플란트 등)의 결손
② 가철성 보철물(신체의 일부에 붙였다 떼었다 할 수 있는 틀니 등)의 파손
③ 어린이의 유치와 같이 새로 자라서 갈 수 있는 치아 결손(선천적으로 영구치 결손이 있는 경우에는 유치의 결손을 후유장해로 평가함)
④ 사고와 관계 없이 새로운 치아가 결손된 경우
　예 상해사고와 관계 없이 치료목적으로 발치한 경우

3. 치아의 결손 정도에 따른 지급률

치아의 결손 정도	치아에 14개 이상의 결손	치아에 7개 이상의 결손	치아에 5개 이상의 결손
지급률(%)	20	10	5

| 심화학습 |

용어정의
• **유상의치** : 치과 보철물 전체를 의미
• **가교의치(브릿지)** : 치아 결손부에 사기관이나 금관을 접착시켜 치아 상실부위를 수복시킨 것
• **지대관** : 치아의 안 쪽에 넣은 금속
• **구의 장착지** : 완성된 치아를 삽입하기 전에 씌우는 갈고리 모양의 임시 치아
• **포스트(post)** : 치관의 2/3 미만이 파절된 경우 잔존치질이 부족하여 파절의 우려가 있는 경우에 기둥을 박아 보강하는 것
• **인레인(inlay)** : 손상된 부위를 대신해 씹는 면의 일부분 만큼 레진 또는 도자기 등으로 채워 넣는 치료

CHAPTER 03 상해보험

01 「재해분류표」상 재해의 개념과 법정 감염병 ✦✦✦

1. 재해의 개념

생명보험은「재해분류표」에서 정한 우발적인 외래의 사고를 재해사고로 보며, 열거위험담보방식으로 재해사고를 정의하고 있다.

2. 보장대상이 되는 재해

① 「한국표준질병·사인분류(KCD)」상의 '손상, 중독 및 사망의 외인(S00~Y84)'에 해당하는 우발적인 외래의 사고
② 「감염병의 예방 및 관리에 관한 법률」제2조 제2호에서 규정한 제1급 감염병

3. 보험금을 지급하지 않는 재해

① 질병 또는 체질적 요인이 있는 자로서 경미한 외부 요인(사고기여도 20% 미만)으로 발병하거나 그 증상이 악화된 경우
② 사고의 원인이 다음과 같은 경우
   ㉠ 과잉노력 및 격심한 또는 반복적 운동(X50)
   ㉡ 무중력 환경에서의 장시간 체류(X52)
   ㉢ 식량 부족(X53)
   ㉣ 물 부족(X54)
   ㉤ 상세불명의 결핍(X57)
   ㉥ 고의적 자해(X60~X84)
   ㉦ 법적 개입 중 법적 처형(Y35.5)

③ '외과적 및 내과적 치료 중 환자의 재난(Y60~Y69)' 중 진료기관의 고의 또는 과실이 없는 사고[단, 처치 당시에는 재난의 언급이 없었으나 환자에게 이상반응 또는 이후 합병증의 원인이 된 외과적 및 기타 내과적 처치(Y83~Y84)는 보장]

④ '자연의 힘에 노출(X30~X39)' 중 급격한 액체손실로 인한 탈수

⑤ '우발적 익사 및 익수(W65~W74), 호흡과 관련된 불의의 위협(W75~W84), 눈 또는 인체의 개구부를 통하여 들어온 이물(W44)' 중 질병에 의한 호흡장해 및 삼킴장해

⑥ 「한국표준질병·사인분류」상의 U00~U99에 해당하는 질병

4. 법정 감염병(제1급)

생명보험 「재해분류표」에선 「감염병의 예방 및 관리에 관한 법률」 제2조 제2호에서 규정한 1급 감염병을 재해로 인정하여 재해 보험금을 지급한다. "제1급 감염병"이란 생물테러감염병 또는 치명률이 높거나 집단 발생의 우려가 커서 발생 또는 유행 즉시 신고하여야 하고, 음압격리와 같은 높은 수준의 격리가 필요한 감염병으로서 다음의 감염병을 말한다. 다만, 갑작스러운 국내 유입 또는 유행이 예견되어 긴급한 예방·관리가 필요하여 보건복지부장관이 지정하는 감염병을 포함한다.

① 에볼라바이러스병
② 마버그열
③ 라싸열
④ 크리미안콩고출혈열
⑤ 남아메리카출혈열
⑥ 리프트밸리열
⑦ 두 창
⑧ 페스트
⑨ 탄 저
⑩ 보툴리눔독소증
⑪ 야토병
⑫ 신종감염병증후군
⑬ 중증급성호흡기증후군(SARS)
⑭ 중동호흡기증후군(MERS)
⑮ 동물인플루엔자 인체감염증
⑯ 신종인플루엔자
⑰ 디프테리아

1. 상해

제3보험 보통약관상 상해란 보험기간 중에 발생한 급격하고도 우연한 외래의 사고로 신체에 입은 상해를 말한다. 신체가 아닌 의족, 의안, 의치 등의 손상은 상해에 해당되지 않는다. 그러나 인공장기나 부분 의치 등과 같이 신체에 이식되어 그 기능을 대체하는 장치의 손상은 상해로 본다.

2. 상해보험 보험사고의 요건

(1) 급격한 사고

시간적으로 갑작스럽게 일어난 사고뿐만 아니라, 피보험자가 예견하지 아니하였거나 예견할 수 없었던 순간에 일어난 사고를 말한다.

(2) 우연한 사고

우연한 사고란 피보험자가 의도한 것이 아닌 예측할 수 없는 사고를 말한다.

(3) 외래의 사고

외래의 사고란 상해 또는 사망의 원인이 피보험자의 신체적 결함, 즉 질병이나 체질적 요인 등에 기인한 것이 아닌 외부적 요인에 의해 초래된 모든 것을 말한다.

3. 인과관계

상해보험사고의 인과관계는 의학적·자연과학적으로 명백히 입증되어야 하는 것은 아니며, 사회적·법적 인과관계이면 족하다. 우리나라는 상당인과관계설을 통설로 하고 있다.

4. 입증책임

재해사망만을 담보하는 상해보험 보험사고에서의 입증책임은 권리를 주장하는 자, 즉 피보험자 측은 보험사고의 요건인 사고의 급격성·우연성·외래성·인과관계 등을 입증하여야 한다. 그 입증은 엄격한 입증일 필요는 없고, 사실상의 추정 또는 표현의 증명으로 충분하다.

03 운전자보험 3대 비용담보 특별약관 ✦✦✦

1. 의 의

운전자보험은 피보험자가 보험기간 중에 자동차를 운전하던 중 발생한 급격하고도 우연한 자동차사고로 인하여 타인의 신체에 상해를 입힘으로써 발생하는 벌금, 방어비용(변호사비용), 교통사고처리지원금 등의 손실비용을 보상한다.

2. 운전자보험 3대 비용담보

(1) 벌금담보

피보험자가 보험기간 중 자동차를 운전하던 중에 급격하고도 우연한 자동차사고로 타인의 신체에 상해를 입힘으로써 신체상해와 관련하여 법원의 확정판결에 의하여 정해진 벌금액을 1사고당 보험가입금액 한도로 보상한다.

(2) 방어비용(변호사선임비용)담보

피보험자가 보험기간 중 자동차를 운전하던 중에 급격하고도 우연한 자동차사고로 타인의 신체에 상해를 입힘으로써 구속영장에 의해 구속되었거나 검찰에 의해 공소제기된 경우에 방어비용을 지급한다.

(3) 교통사고처리지원금(형사합의금)담보

피보험자가 보험기간 중 자동차를 운전하던 중에 급격하고도 우연한 자동차사고로 타인에게 다음의 상해를 입힌 경우 매사고마다 피해자 각각에 대하여 형사합의금을 교통사고처리지원금으로 지급한다.

① 피해자를 사망하게 한 경우
② '중대법규위반 교통사고'로 피해자가 42일 이상의 치료를 요하는 진단을 받을 경우
③ '일반 교통사고'로 피해자에게 「형법」 제258조 제1항 또는 제2항의 중상해를 입혀 검찰에 의해 공소제기 되거나 「자동차손해배상보장법 시행령」 제3조에서 정한 상해급수 1급, 2급 또는 3급에 해당하는 부상을 입힌 경우

제3과목

제3보험의 이론과 실무

3. 공통 면책사유

① 피보험자의 고의

② 계약자의 고의

③ 피보험자가 사고를 내고 도주하였을 때

④ 피보험자가 「도로교통법」에서 정하는 무면허운전 또는 음주운전 상태에서 운전하던 중 사고를 일으킨 때

⑤ 피보험자가 자동차를 경기용이나 경기를 위한 연습용 또는 시험용으로 운전하던 중 사고를 일으킨 때

04 교통기관의 종류 및 교통상해로 보지 않는 사고 ✿✿✿

1. 서 론

교통기관이라 함은 본래 사람이나 물건을 운반하기 위한 것으로 생명보험 교통재해분류표에서는 다음과 같이 정하고 있다.

2. 교통기관의 종류

(1) 자동차

승용자동차, 승합자동차, 화물자동차, 특수자동차, 이륜자동차 9종 건설기계(단, 9종 건설기계가 작업기계로 사용될 때는 자동차로 보지 않음)

(2) 기타 교통기관

기차, 전동차, 기동차, 케이블카, 리프트, 엘리베이터 및 에스컬레이터, 모노레일, 스쿠터, 자전거, 원동기를 붙인 자전거, 항공기, 선박(요트, 모터보트, 보트 포함), 9종 건설기계를 제외한 건설기계 및 농업기계

> ┤ 심화학습 ├
>
> 9종 건설기계(자동차손해배상보장법 시행령 제2조)
> 덤프트럭, 타이어식 기중기, 콘크리트믹서트럭, 트럭적재식 콘크리트펌프, 트럭적재식 아스팔트살포기, 타이어식 굴삭기, 트럭지게차, 도로보수트럭, 노면측정장비

3. 교통재해로 보지 않는 사고

(1) 유사 교통기관으로 인한 사고

약관에 열거되지 않은 기구라도 그것이 본래 교통수단으로 설계제작된 것이거나, 교통수단으로 불법개조된 것이거나 특수차량이더라도 교통기능을 수행하는 때의 사고는 교통재해로 인정된다.

(2) 구내 교통기관으로 인한 사고

공장, 토목작업장, 채석장, 탄광 또는 광산의 구내에서 사용되는 교통기관에 의한 직무상 관계하는 피보험자의 직무상의 사고는 교통재해로 인정되지 않는다.

05 대중교통 이용 중 교통상해 사망·후유장해 특약 ✿✿✿

1. 보험금 지급사유

보험자는 보험기간 중 피보험자가 대중교통을 이용하는 중에 교통상해를 입고 그 직접결과로써 사망하거나 후유장해로 진단된 경우에 보험금을 지급한다.

2. 대중교통 이용 중 교통상해

(1) 대중교통 이용 중의 범위

① 운행 중 대중교통수단에 피보험자가 탑승 중에 일어난 사고

② 대중교통수단에 피보험자가 탑승 목적으로 승·하차 하던 중 일어난 사고

③ 대중교통수단의 이용을 위해 피보험자가 승강장 내 대기 중 일어난 사고(목적지에 도착하여 승강장을 벗어나기 전까지도 포함)

(2) 대중교통수단의 범위

① 여객수송용 항공기

② 여객수송용 지하철·전철·기차

③ 여객자동차운수사업법에서 규정한 시내버스·농어촌버스·마을버스·시외버스 및 고속버스(전세버스 제외)

④ 여객자동차운수사업법에서 규정한 일반택시·개인택시(렌트카 제외)

⑤ 여객수송용 선박

3. 보험금을 지급하지 아니하는 사유

(1) 시운전·경기 또는 흥행 중 교통사고

시운전·경기 또는 흥행을 위하여 운행 중인 대중교통수단에 탑승하고 있는 동안 발생한 사고는 통상적인 운송목적이 아니기 때문에 보상하지 않는다.

(2) 하역작업 중 사고

하역작업을 하는 동안 발생된 사고는 교통상해에 해당되지 않기 때문에 면책된다.

(3) 설치ㆍ수선ㆍ점검ㆍ정비ㆍ청소 중 사고

대중교통수단의 설치ㆍ수선ㆍ점검ㆍ정비나 청소 작업을 하는 동안 발생한 사고도 면책된다.

(4) 작업기계로 사용 중 사고

건설기계 및 농업기계가 작업기계로 사용되는 동안에는 교통수단으로 볼 수 없기 때문에 면책된다.

06 　주말, 신주말, 운전 중의 개념 ✲✲

1. 주 말

토요일, 일요일, 법정공휴일, 근로자의 날 00시부터 그 날의 24시까지를 말한다. 법정공휴일은
법에서 정한 공휴일로서 「관공서의 공휴일에 관한 규정」, 「국경일에 관한 법률」에 근거하며,
근로자의 날은 「근로기준법」에 근거한다.

2. 신주말

신주말이란 보험기간 중에 사고발생지의 표준시를 기준으로 금요일, 토요일, 법정공휴일(일요
일 포함) 또는 근로자의 날을 말한다.

3. 운전 중

운전 중이라 함은 도로 여부, 주정차 여부, 엔진의 시동 여부를 불문하고 피보험자가 자동차
운전석에 탑승하여 핸들을 조작하거나 조작 가능한 상태를 말한다.

CHAPTER 04 질병보험

01 입원 및 수술의 정의, 선진의료적 첨단수술 ✵✵✵

1. 입원의 정의

병원 또는 의원 등의 의사, 치과의사 또는 한의사 자격을 가진 자에 의하여 해당 질병의 치료가 필요하다고 인정한 경우로서 자택 등에서 치료가 곤란하여 「의료법」 제3조 제2항에서 정한 병원, 의원 또는 이와 동등하다고 인정되는 의료기관에 입실하여 의사의 관리 하에 치료에 전념하는 것을 말한다.

2. 수술의 정의

의사, 치과의사 또는 한의사의 자격을 가진 자에 의하여 질병의 치료가 필요하다고 인정된 경우로서 자택 등에서 치료가 곤란하여 「의료법」 제3조 제2항에서 정한 병원 · 의원 또는 이와 동등하다고 인정되는 의료기관에서 의사의 관리 하에 질병의 치료를 직접적인 목적으로 기구를 사용하여 생체에 절단, 절제 등의 조작을 가하는 것을 말한다. 단, 흡인, 천자 등의 조치 및 신경차단은 제외한다.

3. 선진의료적 첨단수술

(1) 의 의

수술의 정의에 해당하고, 약물투여 · 방사선조사 · 기타 보존적 치료로 분류될 수 없는 경우로, 완치율이 높고 일반적으로 의학계에서 인정하고 있는 첨단수술기법을 말한다.

안심Touch

(2) 종 류

　① 내시경 수술

　② 카테터·고주파 등에 의한 악성신생물 수술

　③ 악성신생물 근치 사이버나이프 정위적 방사선 치료

　④ 두개내 신생물 근치 감마나이프 정위적 방사선 치료

(3) 약관적용

　① 약관에서는 보험기간 중 시술 개시일로부터 60일간을 1회의 수술로 본다.

　② 악성신생물 수술의 수술분류표 적용(생명보험)

　　악성신생물 근치수술은 원칙적으로 5종 수술이 적용되지만, 선진의료수술을 시행할 경우 3종 수술로 인정된다.

　　* 생명보험약관에서는 각 수술의 난이도, 부위, 비용 등에 따라 수술분류표에서 1종 ~ 5종 수술 또는 1종 ~ 3종 수술로 분류하고 있다.

다음과 같은 경우 동일한 질병으로 간주한다.

① 발생원인이 동일한 질병

② 의학상 중요한 관련성 있는 질병

③ 질병의 치료 중에 발생된 합병증 또는 새로이 발견된 질병의 치료가 병행될 때

④ 의학성 관련이 없는 여러 종류의 질병을 갖고 있는 상태에서 입원한 때

청약전 진단확정된 질환의 보상책임 ✿✿✿

1. 서 론

원칙적으로 청약전 이미 진단확정된 질환은 보상하지 않는다. 다만, 청약전 이미 진단확정된 질병이라고 하더라도 일정한 경우에 보상책임이 발생하는 경우가 있다.

2. 보상하지 않는 질환(원칙)

청약전 진단확정된 질환은 원칙적으로 보상책임이 발생하지 않는다. 청약전 진단확정된 질환은 청약서에서 묻는 중요한 사항에 한하고, 청약서상 당해 질병의 고지대상 기간 내에 진단, 처치, 치료를 받은 경우를 말하며, 다음 아래의 사항에 포함되어야 한다.

① 청약일로부터 3개월 이내에 의사로부터 진찰, 처치, 정밀검사를 통하여 진단, 입원, 수술, 투약을 받은 경우

② 청약일로부터 5년 이내에 의사로부터 진찰, 검사를 받고 그 결과 입원, 수술, 정밀검사, 진단, 조직검사를 받았거나 계속하여 7일 이상의 치료 또는 30일 이상의 투약받은 사실이 있는 경우

③ 청약일로부터 5년 이내에 10대 질환으로 진단받은 사실이 있는 경우

3. 보상하는 질환(예외)

① 청약일 이전 진단확정된 질병이라 하여도 청약일 이후 5년이 지나는 동안 그 질병으로 추가적인 진단(단순 건강검진 제외) 또는 치료 사실이 없을 경우에는 청약일로부터 5년이 지난 이후부터 보상한다.

② 갱신형 계약의 경우 최초 계약의 청약일 이후 <u>5년이 지나는 동안</u> 추가적인 진단 또는 치료사실이 없으면 보상한다.

　＊ '5년이 지나는 동안'이라 함은 보험료의 납입연체 등으로 인한 계약해지가 발생하지 않은 경우를 말하며, 보험료의 납입연체로 계약이 해지된 후 부활이 이루어진 경우에는 부활일을 청약일로 적용한다.

04 질병보험의 역선택을 방지하기 위한 방법 ✿✿✿

1. 서 론

질병은 특성상 신체에 내재하기 때문에 본인이 아닌 한 타인이 외부에서 질병 발병 여부를 객관적으로 확인하기 어렵고, 증상을 통해서만 주관적으로 확인이 가능하기 때문에 보험자는 계약을 인수할 때 역선택의 위험에 빠지지 않게 주의하여야 한다.

2. 역선택 방지수단

(1) 조건부 인수

특정한 질병의 발병위험이 높은 피보험자는 인수거절사유가 된다. 그러나 "특정질병 또는 특정부위 부담보" 특약을 통해 담보제외 조건으로 인수하기도 한다.

(2) 계약전 질병의 5년 면책조항

청약서상 "계약전 알릴의무"에 해당하는 질병으로 과거에 진단 또는 치료를 받은 경우에는 해당 질병과 관련한 보험금을 지급하지 않는다. 다만, 청약일로 5년이 지나는 동안 진단 또는 치료가 없다면 보장한다.

(3) 특정 질병 면책조항

질병보험은 ① 선천성 질환, ② 항문질환, ③ 알코올중독 등의 역선택 위험이 높은 질병에 대하여 면책하고 있다.

(4) 담보제외기간 조항

① 암보험의 경우 계약일로부터 90일

② 치매를 담보하는 보험의 경우 계약일로부터 2년

(5) 기간에 따른 감액조항

계약일 이후 일정한 기간 이내에 발병한 질병은 보험가입금액의 일부만 지급한다.

예 암보험, 중대한 질병보험

제3과목

제3보험의 이론과 실무

05 국내여행보험의 질병사망특약 및
일반 질병사망특약과의 담보 차이 ✿✿

1. 국내여행보험의 질병사망 특별약관

보험자는 피보험자가 국내여행 도중 아래의 한 가지 경우에 해당하는 사유가 발생한 때에는 보험수익자에게 보험금을 지급한다.

① 보험기간 중 질병으로 인하여 사망한 경우
② 보험기간 중 진단확정된 질병으로 장해지급률 80% 이상에 해당하는 장해상태가 된 경우

2. 담보의 차이

(1) 일반 질병사망특약의 경우

진단확정된 질병으로 보험기간 이내의 사망만을 담보한다.

(2) 국내여행보험 질병사망특약의 경우

보험기간 마지막 날로부터 30일 이내에 사망 또는 80% 이상의 장해상태가 되었을 때에도 보험금을 지급한다.

암보험의 주요 보장내용 ✿✿✿

1. 암의 정의

암보험약관에서 '암'이라 함은 한국표준질병·사인분류에서 악성신생물(C00~C97)로 분류되는 질병을 말한다. 다만, 분류번호 C44(기타 피부의 악성신생물), 분류번호 C73(갑상선의 악성신생물) 및 전암(前癌)상태(암으로 변하기 이전 상태)는 제외한다.

2. 보장내용

(1) 암 진단비의 지급

일반적으로 암, 기타 피부암, 갑상선암, 제자리암, 경계성 종양 등으로 진단된 경우에 보험수익자에게 최초 1회에 한하여 진단비를 지급한다.

(2) 암 입원비

암의 직접적인 치료를 목적으로 4일 이상 입원한 경우 약정한 암관련 입원일당을 지급한다. 암 입원비는 120일 한도로 한다.

(3) 암 수술비

암의 직접적인 치료를 목적으로 수술을 한 경우에는 보험수익자에게 수술 1회당 암 수술비 보험금을 지급한다.

제3과목

제3보험의 이론과 실무

07 암보험의 특징 ✧✧✧

1. 가입연령

일반적인 암보험은 60세 이하의 건강한 자를 가입대상으로 하여 통상 80세까지 보장한다. 그러나 최근 암보험은 70~80세의 경우에도 가입이 가능하고 기존에 암으로 진단된 자 또는 만성질환자의 경우에도 가입이 가능하다.

2. 책임개시일 · 면책기간

일반적인 제3보험은 초회 보험료를 납입한 때부터 보장이 개시되지만 암보험은 계약일로부터 그 날을 포함하여 90일이 경과한 날의 다음날을 보장개시일로 한다. 그러나 15세 미만의 경우 제1회 보험료를 받은 때부터 책임이 개시된다(소아암, 유사암 포함).

3. 보험금의 감액

① 계약일 이후 1년 또는 2년 이내에 암으로 진단확정된 경우에는 통상 보험가입금액의 50%를 지급한다.
② 자가진단이 가능한 유방암의 경우에는 보장개시일로부터 90일 이내에 진단 확정된 경우 보험가입금액의 10%를 보장하기도 한다.

4. 납입면제

대부분의 보험회사는 피보험자가 암으로 진단확정된 경우에 차회 이후의 보험료 납입을 면제하고 암에 대한 보장을 지속하는 납입면제 제도를 적용하고 있다.

1. 의 의

한국표준질병·사인분류(KCD)는 종양의 특정 부위와 형태에 따라 형태학적 분류방식을 적용하고 있다. 형태분류 번호는 총 5자리 숫자로 구성되며, 첫 4자릿수는 신생물의 조직학적 형태를 표시하고, 사선 뒤 5번째 자릿수는 그 행동양식을 표시한다.

2. 행동양식 분류번호와 질병코드[제7차 개정 한국표준질병·사인분류(KCD)]

행동양식 분류번호	질병코드
/0 양성신생물	D10 ~ D36
/1 경계성 종양(행동양식 불명 또는 미상의 신생물)	D37 ~ D44 D47.0(D47.1, D47.3, D47.4, D47.5 제외) D48
/2 제자리(상피내)신생물	D00 ~ D09
/3 일차성 악성신생물	C00 ~ C75 C81 ~ C97 D45, D46, D47.1, D47.3, D47.4, D47.5
/6 이차성 및 상세불명 부위의 악성신생물	C76 ~ C80

* **악성신물에 포함되지만 암상태로 구분되는 암** : C44(기타피부암), C73(갑상선암)

┤ 심화학습 ├

제8차 한국표준질병·사인분류 주요 개정내용(통계청고시 제2020-175호, 2021.1.1. 시행)
① 세계보건기구(WHO)가 권고한 국제질병분류(ICD-10)와 종양학국제질병분류(ICD-O-3)의 최신 변경 내용을 반영하였다.
② 사전 현장적용시험을 통해 우리나라 세분화 분류를 사전 검토하였다.
③ 활용도가 낮은 분류는 정비하고, 신규 희귀질환을 반영하였다.
④ 의학용어는 전문분야의 특성을 반영하면서 일반인이 이해하기 쉬운 한글용어로 수정하였다.

제3과목

제3보험의 이론과 실무

09 악성신생물분류표에서 D코드임에도 암으로 보장하는 종양의 종류 ✿✿✿

대상 질병명	분류번호
진성 적혈구 증가증	D45
골수 형성이상 증후군	D46
만성 골수증식성 질환	D47.1
본태성(출혈성) 혈소판 증가증	D47.3
골수섬유증	D47.4
만성 호산구성 백혈병[과호산구증후군]	D47.5

1. 진행단계에 의한 암의 분류

(1) 1기

① 원발부위에만 종양이 있고 전이가 일어나지 않음

② 침투두께가 1.5mm 이하인 상태

(2) 2기

① 원발부위에만 종양이 있고 전이가 일어나지 않음

② 침투두께가 1.5mm 이상 ~ 4.0mm 이하인 상태

(3) 3기

① 원발부위에만 종양이 있고 전이가 일어나지 않음

② 침투두께가 4.0mm를 넘는 것 또는 침투가 피하조직까지 도달한 것

③ 소속림프절로 전이가 된 것

④ 원발부위 주변 또는 원발부위에서 소속림프절까지의 사이에 피부전이나 피하전이가 나타난 것

(4) 4기

소속림프절을 벗어난 영역에서 피부전이, 피하전이, 림프절전이가 나타나는 것 또는 내장으로 전이가 있는 것

2. 양성종양과 악성종양의 특징 비교

구 분	양성종양	악성종양
생명 위협 정도	드물다	흔하다
성장 속도	느리다	대부분 빠르다
국소 침입	없다	흔하다
전 이	없다	흔하다
조직 파괴	적다	많다
기능의 파괴	대부분 적다	대부분 흔하다
제거 후 재발	드물다	있다
피낭의 형성	있다	없다
세포의 모양	정형적	비정형적(다양한 모양)

1. 경계성 종양과 상피내암의 정의

(1) 경계성 종양

양성종양과 악성종양의 구분하기 어려운 경계성 종양을 말한다. 한국표준질병·사인분류의 행동양식 불명 또는 미상의 신생물(D37~D44, D47, D48)에 해당하는 신생물이다.

(2) 상피내암(제자리 암)

상피조직에서 발생하는 암이 침윤암으로 발전하기 직전의 단계, 즉 암세포가 상피에는 존재하나 기저막까지는 침입이 안 된 상태를 말한다.

2. 진단확정

해부병리 또는 임상병리의 전문의사 자격증을 가진 자에 의하여 내려져야 하며, 이 진단은 조직검사, 미세침흡인검사, 혈액검사, 현미경 소견을 기초로 하여야 한다. 위의 진단이 어려운 경우 경계성 종양 또는 상피내암의 진단 또는 치료를 받고 있음을 증명할 문서화된 자료 또는 증거가 있어야 한다.

3. 암보험에서의 보장개시일

경계성 종양, 상피내암의 경우 암보험(진단, 수술, 입원)에서 계약일로부터 90일간 면책기간을 적용하지 아니한다. 즉, 제1회 보험료를 받은 때부터 보장책임이 개시된다.

1. 암의 진단확정 방법

중대한 암은 해부병리 또는 임상병리 전문의사 자격증을 가진 자 또는 진단검사의학과 전문의 자격증을 가진 자에 의하여 내려져야 하며, 진단 방법은 다음 아래와 같다.

① 조직검사

② 미세침흡인검사

③ 혈액검사 또는 골수검사에 대한 현미경 소견

④ 병리학적 진단이 가능하지 않을 때에는 피보험자가 이와 관련해 진단 또는 치료를 받고 있음을 증명할 만한 문서화된 기록 또는 증거

2. 중대한 암에 해당하지 않는 질환

① 악성흑색종 중에서 침범정도가 낮은 경우(1.5mm 이하)

② 초기 전립선암

③ HIV 감염과 관련된 악성 종양

④ 악성흑색종 이외의 모든 피부암

⑤ '중대한 질병 및 수술 보장 책임개시일' 이전에 발생한 암이 '중대한 질병 및 수술 보장 책임 개시일' 이후에 재발되거나 전이된 경우

⑥ 대장점막내암

⑦ 병리학적으로 전암병소, 상피내암, 경계성 종양, TNM 병기분류상 0기

⑧ 신체부위에 관계없이 병리학적으로 양성인 종양

⑨ 갑상선암 및 림프절의 이차성 및 상세불명 부위의 악성신생물에 해당하는 질병 중 갑상선을 일차부위로 하는 질병

13 뇌사판정의 선행조건 ✿✿

① 원인질환이 확정된 상태

② 치료 가능성이 없는 기질적인 뇌병변

③ 깊은 혼수상태

④ 자발호흡이 없고 인공호흡기로 호흡 유지

⑤ 치료 가능한 급성약물중독, 대사성 또는 내분비성 장애가 없음

⑥ 저체온 상태(직장온도 32℃ 이하)가 아님

⑦ 쇼크상태가 아님

1. 서 론

CI보험은 사고나 질병 등으로 인해 생명이 위독한 치명적인 중병상태가 되었을 때 사망보험금의 일부 또는 전액을 선지급하거나 별도의 생활비를 생전에 지급함으로써 중병에 걸린 환자의 경제적 생활 안정을 돕는 보험이다. CI보험은 중대한 질병, 중대한 수술, 중대한 화상을 구분하여 담보한다.

2. 중대한 질병

(1) 중대한 암

악성종양세포가 존재하고 또한 주위의 정상조직에 악성종양세포가 침윤파괴적 증식을 특징으로 하는 악성종양이다.

(2) 중대한 급성심근경색증

관상동맥의 폐색으로 말미암아 심근으로의 혈액공급이 급격히 감소되어 전형적인 흉통의 존재와 함께 해당 심근조직의 비가역적인 괴사를 가져오는 질병이다. 중대한 급성심근경색증은 전형적인 급성심근경색 심전도 변화가 새롭게 출현하고, CK-MB를 포함한 심근효소가 발병 당시 새롭게 상승하는 특징이 있다.

(3) 중대한 뇌졸중

뇌혈액 순환의 급격한 차단이 생겨 영구적인 신경학적 결손이 나타나는 질병이다.

(4) 말기 신부전증

양 쪽 신장 모두가 비가역적인 기능부전을 보이는 말기 신장질환으로, 혈액투석이나 복막투석을 지속적으로 받아야 하는 질병이다.

(5) 중증 만성간질환

만성간질환이 진행된 결과 간부전 상태가 되어 회복가능성이 없는 질환이다.

(6) 중증 만성폐질환

양 쪽 폐장 모두가 심한 비가역적인 기능부전을 보여서 도보 동작이 지속적으로 현저하게 제한되고, 평생 일상생활의 기본동작의 제한을 받아야 하는 상태를 말한다.

3. 중대한 수술

① 관상동맥 우회술

② 대동맥 인조혈관 치환수술

③ 특정심장수술

④ 5대장기(간장, 신장, 심장, 췌장, 폐장) 이식수술

4. 중대한 화상 및 부식

중대한 화상 및 부식이란 전신피부의 약 20% 이상이 3도 화상 및 부식을 입은 경우를 말한다.

15 | 중대한 뇌졸중 진단비 특별약관 ✿✿✿

1. 의 의

보험자는 피보험자가 보험기간 중에 중대한 뇌졸중으로 진단 확정된 경우에 1회에 한하여 중대한 뇌졸중 진단비를 지급한다.

2. 중대한 뇌졸중의 정의

지주막하 출혈, 뇌내출혈, 뇌경색이 발생하여 뇌혈액 순환의 급격한 차단이 생겨 그 결과 영구적인 신경학적 결손(언어장애, 운동실조, 마비 등)이 나타나는 질병을 말한다.

3. 진 단

(1) 뇌혈액순환의 급격한 차단

의사가 작성한 진료기록부상의 전형적 병력을 기초로 한다.

(2) 영구적 신경학적 결손

신경학적 검사를 기초로 한 객관적인 신경학적 증후로 나타난 장애로서 후유장해분류표에서 정한 '신경계에 장해가 남아 일상생활 기본동작에 제한을 남긴 때'의 지급률 25% 이상인 장해 상태를 말한다.

(3) 진단확정

아래의 검사를 기초로, 영구적 신경학적 결손에 일치되게 '중대한 뇌졸중' 특징 소견이 발병 당시에 새롭게 출현함을 근거로 하여야 한다. 피보험자가 사망하여 아래의 검사방법을 진단의 기초로 할 수 없는 경우에는 피보험자가 중대한 뇌졸중으로 진단 또는 치료를 받고 있었음을 증명할 수 있는 문서화된 기록 또는 증거를 진단확정의 기초로 할 수 있다.

① Brain CT scan(뇌전산화단층촬영)

② MRI(자기공명영상)

③ 뇌혈관 조영술

④ PET scan(양전자방출단층술)

⑤ SPECT(단일광자전산화단층술)

4. 보장제외 질환

① 일과성 허혈 발작

② 가역적 허혈성 신경학적 결손

③ 외상으로 인한 경우

④ 뇌종양으로 인한 경우

⑤ 뇌수술 합병증으로 인한 경우

⑥ 신경학적 결손을 가져오는 안동맥(ophthalmic artery)의 폐색

1. 크론병

(1) 의 의

크론병(K50)은 입에서 항문까지 소화관 전체에 걸쳐 어느 부위에서든지 발생할 수 있는 만성 염증성 장질환을 말한다. 염증이 장의 모든 층을 침범하며, 병적인 변화가 분포하는 양상이 연속적이지 않고 드문드문 나타나는 경우 많다. 회맹부에 질환이 발생하는 경우가 가장 흔하다.

(2) 진단확정

① 조직병리학적 및 방사선학적 검사

② 내시경 검사(가장 대표적)

③ CT 촬영

④ 위의 검사를 근거로 국내 병원 또는 이와 동등하다고 인정되는 국외의 의료기관의 내과 전문 의가 작성한 문서화된 기록 또는 기록결과를 기초로 진단

(3) 보장제외

가족성 크론증은 제외한다.

(4) 보험금의 지급

주로 손해보험에서 진단특약으로 담보하며, 크론병으로 진단비가 지급되면 특약은 소멸한다.

2. 다발성 경화증

(1) 의 의

다발성 경화증(G35)은 중추신경계의 탈수초성 질환(신경세포의 축삭을 둘러싸고 있는 절연물질인 수초가 탈락되는 질병) 중 가장 흔한 유형으로 주로 젊은 연령층에서 발생하는 만성 염증성 질환이다.

(2) 증 상

임상적으로 재발과 완화를 반복하는 질환이며, 초기에는 재발 후 장애 없이 증상이 호전되지만 재발이 반복되면 완전히 호전되지 않고 장해가 남는 것이 특징이다.

(3) 진단확정

① 병력 및 신경학적 검진

② 뇌척수액 검사(CSF)

③ 자기공명영상장치(MRI)

④ 뇌유발전위 검사(Brain E-P)

⑤ 위의 검사들을 근거로 국내의 병원 또는 이와 동등하다고 인정되는 국외의 의료기관의 신경
과 전문의가 작성한 문서화된 기록 또는 기록결과를 기초로 진단한다.

(4) 보험금의 지급

주로 손해보험에서 진단특약으로 담보하며, 다발성 경화증으로 진단비가 지급되면 특약은
소멸한다.

17 수혈에 의한 HIV 감염 진단특약 ✦✦

1. 서 론

피보험자가 보험기간 중에 「의료법」제3조의 규정에 의한 국내의 병원 또는 의원 등에서 수혈을 받고 그 직접적인 원인으로 HIV에 감염되어 진단확정된 경우 진단비를 지급한다.

2. 진단확정

「의료법」제3조 및 제5조의 규정에 의한 국내의 병원 또는 이와 동등하다고 회사가 인정하는 국외의 의료기관의 해당분야 전문의가 작성한 문서화된 기록 또는 기록결과를 기초로 한다.

3. 지급 요건

수혈에 의한 HIV 감염은 다음의 요건이 모두 충족되어야 한다.
① 의학적 필요에 의해 치료의 목적으로 수혈을 받은 경우
② 보장개시일 이후 국내에서 수혈을 받은 경우(부활계약의 경우 부활일 이후)
③ 감염된 혈액을 제공한 공급자가 HIV 감염자의 혈액으로 확인한 경우

4. 보장제외

① 피보험자가 수혈 후 HIV 검사 결과가 음성으로 판명되거나 유지되는 경우
② HIV 감염이 수혈이 아닌 다른 원인으로 인한 경우(약물, 마약투여, 성관계 등에 의한 감염)

1. 정의(표기체계)

'만성 당뇨합병증'이라 함은 제7차 한국표준질병사인분류에 있어서 E10~E14의 4단위 세분류 항목에서 다음에 정한 항목 및 기타 당뇨병성 합병증을 말한다.

① .2† : 콩팥(신장) 합병증 동반(신장병증, 모세혈관내 사구체신증 등)

② .3† : 눈 합병증을 동반(백내장, 망막병증)

③ .4† : 신경학적 합병증을 동반(근육위축, 자율신경병증, 단신경병증 등)

④ .5 : 말초순환장애 합병증 동반(괴저, 말초맥관병증, 궤양)

2. 진단확정

「의료법」에서 정한 병원 또는 이와 동등하다고 인정되는 의료기관의 의사자격증을 가진 자에 의해 내려져야 하며, 반드시 피보험자가 당뇨병의 병력과 함께 다음과 같은 기준에 의하여 합병증 진단을 받아야 한다.

(1) 당뇨병성 망막증

내과와 안과에서 시행한 안저검사 및 형광 안저혈관 조형술을 시행하여 망막출혈반, 미세동맥류, 면화반(cotton-wool spot ; 망막의 작은 하얀 점), 부종 등의 소견이 보이는 경우

(2) 당뇨병성 신증

소변검사상 단백뇨가 생길 수 있는 다른 질환이 없는 상태에서 24시간 소변에서 단백질 500mg 이상 검출된 경우(단백뇨균으로 분류), 혈청크레아틴 수치가 1.5mg/dL 이상인 경우(당뇨로 인한 신부전증으로 분류)

(3) 당뇨병성 신경병증

말초신경증과 자율신경병증으로 구분하여 신경전도검사상 당뇨병성 신경병증의 이상소견을 보이거나 Ewing 방법에 의한 심혈관계 자율신경 기능검사상 이상이 있는 경우

(4) 당뇨병성 말초순환장애

이학적 검사상 피부궤양, 괴저 및 말초혈관병증이 있는 경우

19 중증 만성 폐질환 및 말기 신부전증 ✦✦✦

1. 중증 만성 폐질환

(1) 의 의

양 쪽 폐장(허파) 모두가 심한 비가역적인 기능부전을 보여서 그 결과 도보 동작이 지속적으로 현저하게 제한되고 평생 일상생활의 기본동작의 제한을 받아야 하는 상태로서 다음의 한 가지 기준 이상에 해당되어야 한다.

① 폐기능 검사에서 최대한 노력하여 잘 불었을 때 1초간 노력성 호기량(FEV 1.0)이 지속적으로 정상예측치의 30% 이하인 경우

② 비가역적인 만성 저산소증으로서 안정상태에서의 동맥혈 가스분석검사상 동맥혈 산소분압(PaO_2)이 60mmHg 이하인 경우

(2) 진단확정

정기적인 흉부 X-선, 폐기능 검사, 동맥혈 가스검사 등을 포함한 진단서, 소견서 및 진료기록 등으로 확인되어야 한다.

(3) 진단확정시 유의점

폐기능 검사결과와 동맥혈 가스분석검사는 그 성질상 변동하기 쉬워 가장 적절하게 상병을 나타내고 있다고 생각되는 검사 성적에 근거하여야 한다.

2. 말기 신부전증

(1) 의 의

양 쪽 신장 모두가 비가역적인 기능부전을 보이는 말기 신질환으로서 보존요법으로는 치료가 불가능하여 혈액투석이나 복막투석을 받고 있거나 받은 경우 또는 신장이식을 받은 경우를 말한다.

(2) 예 외

일시적으로 투석치료를 필요로 하는 신부전증은 제외한다.

제3과목
제3보험의 이론과 실무

20 중증 만성 간질환 ✦✦✦

1. 약관상 정의

만성 간질환이 진행된 결과 간부전 상태가 되어 회복 가능성이 없는 질환으로서 영구적 황달이 있으며, 간성혼수 또는 지속적인 복수가 존재하는 질병이다.

* 손해보험의 경우 통제 불가능한 복수증, 영구적 황달, 위나 식도벽의 정맥류, 간성뇌증 중 어느 하나에 해당하는 경우에 만성 말기 간경화로 진단한다.

2. 용어의 정의

(1) 영구적 황달

혈청 빌리루빈이 지속적으로 3.0mg/dL 이상인 경우

(2) 간성혼수

이학적 검사와 뇌파검사를 기초로 한 간성뇌기능의 장애가 반복되는 상태

(3) 지속적 복수

이학적 소견, 복수천자, 영상검사에 의하여 1개월 이상 복수가 지속적으로 존재하는 것

3. 진단의 확정

① 정기적인 이학적 검사
② 혈액검사
③ 영상검사(초음파 등)
④ 소견서, 진료기록 등

CHAPTER

05 간병보험

01 활동불능상태(손해보험) ✿✿✿

1. 활동불능상태의 정의

활동불능상태라 함은 질병이나 신체적 부상으로 종일 누워 있으면서, 다음의 (1)의 내용을 포함하고, (2)의 ①~④ 중 어느 하나에 해당하는 상태를 말한다.

(1) 보행에 있어 보조기구(의수, 의족, 휠체어 등)를 사용하여도 「일상생활동작 장해분류표」의 1.(보행을 스스로 할 수 없음)에 규정한 어느 상태 또는 이와 같은 정도의 간병을 필요로 하는 상태에 있기 때문에 항상 타인의 간병이 필요한 경우

(2) 다음의 ①~④ 중 어느 행위에 있어 보조기구를 사용하여도 항상 타인의 간병이 필요한 경우
①「일상생활동작 장해분류표」의 2.(음식물 섭취를 스스로 할 수 없음)의 상태 또는 이와 같은 정도의 상태
②「일상생활동작 장해분류표」의 3.(대소변의 배설후 뒤처리를 스스로 할 수 없음)의 상태 또는 이와 같은 정도의 상태
③「일상생활동작 장해분류표」의 4.(목욕을 스스로 할 수 없음)의 상태 또는 이와 같은 정도의 상태
④「일상생활동작 장해분류표」의 5.(의복을 입고 벗는 일을 스스로 할 수 없음)의 상태 또는 이와 같은 정도의 상태

제3과목

제3보험의 이론과 실무

안심Touch

2. 일상생활동작 장해분류표

(1) 보행을 스스로 할 수 없음

① 두 손, 두 발로 기거나 무릎 또는 엉덩이를 바닥에 붙이 않으면 이동할 수 없다.

② 혼자서 뒤집지 못하거나 침대 위에서 조금밖에 이동할 수 없다.

③ 혼자서 전혀 이동할 수 없다.

(2) 음식물 섭취를 스스로 할 수 없음

① 혼자서 식사도구를 사용하여 식사할 수 없다.

② 혼자서는 전혀 식사를 할 수 없다(신체의 장해에 의해 요양 중이어서 입을 통한 영양 섭취 및 식사가 불가능하여 혈관 또는 신체에 튜브를 통해 수액제를 넣거나 유동식으로 영양공급 이 한정되어 있는 상태 포함).

(3) 대소변의 배설 후 뒤처리를 스스로 할 수 없음

① 혼자서는 배변을 닦아내는 것이 불가능하다.

② 혼자서는 배변을 위해 앉아 있는 자세를 취할 수 없다.

③ 잦은 실금으로 인하여 기저귀 또는 특수용기를 사용하고 있다.

④ 치료를 위한 절대안정으로 침상에서 특수용기를 사용하여 배설행위를 해야 한다.

(4) 목욕을 스스로 할 수 없음

① 혼자서는 몸을 씻거나 닦거나 할 수 없다.

② 혼자서는 욕조에 출입을 할 수 없다.

③ 혼자서는 전혀 목욕을 할 수 없다.

(5) 의복을 입고 벗는 일을 스스로 할 수 없음

혼자서는 옷을 입거나 벗을 수 없다.

구 분	MMSE-K(간이인지기능검사)	CDR(임상치매척도)
신뢰성	환자의 주관이 개입할 우려가 있음	객관적 진단 가능
비 고	역선택의 소지가 있음	역선택의 소지가 적음
중증도	점수가 낮을수록 중증(19점 이하)	점수가 높을수록 중증(3점)
난이도	평가 용이	평가 난해
평가시간	짧음(10 ~ 15분)	긺(30 ~ 40분)
비 용	다소 저렴	다소 고액
평가자	일반의, 수련의, 간호사, 사회복지사	신경과, 정신과 전문의

1. 일상생활동작 평가항목

① 이동하기

② 식사하기

③ 화장실 사용하기

④ 목욕하기

⑤ 옷입기

2. 임상치매척도검사 평가항목

① 기억력

② 지남력

③ 판단 및 문제해결능력

④ 사회활동능력

⑤ 가사활동 및 취미

⑥ 개인관리

1. 의 의

간병보험이란 피보험자가 보험기간 중 상해 또는 질병으로 인하여 활동불능 또는 치매 상태가 되어 타인의 간병을 필요로 하는 경우에 간병비용을 보장해 주는 보험이다.

2. 책임개시요건

간병보험(LTC)은 피보험자가 보험기간 중 상해나 질병으로 인하여 일상생활장해상태 또는 치매 상태로 판정되었을 경우에 약관상 보장받게 된다.

3. 진단요건

① 중증치매 또는 활동불능 진단확정

② 장기요양 1~3등급 판정

③ 장기요양 1~2등급 판정받고 중증치매 또는 활동불능 진단확정

CHAPTER 06 기타 특약

01 해외여행보험 특별비용 담보 특약 ✿✿✿

1. 의 의

피보험자가 해외여행 중 생사가 불명하거나 긴급수색구조 등이 필요한 상태가 된 경우 피보험자 또는 피보험자의 법정상속인이 부담하는 비용을 보상하는 보험이다.

2. 보상하는 손해

보험자는 아래의 사유로 보험계약자, 피보험자, 보험수익자 또는 피보험자의 법정상속인이 부담하는 비용을 보상한다.

(1) 행방불명 또는 조난

여행 도중 피보험자가 탑승한 항공기 또는 선박이 행방불명 또는 조난된 경우, 산악등반 중 조난된 경우

* 조난이 확실치 않은 경우 피보험자의 하산 예정일 이후 계약자 또는 피보험자의 법정상속인이나 이들을 대신한 사람이 공공기관, 조난구조대, 해난구조회사 또는 항공회사에 수색을 의뢰한 경우 조난이 발생한 것으로 본다.

(2) 긴급수색구조

여행 도중 급격하고도 우연한 외래의 사고에 따라 긴급수색구조 등이 필요한 상태가 된 것이 공공기관에 의하여 확인된 경우

(3) 상해사망 또는 입원

해외여행 중 급격하고도 우연한 외래의 사고로 1년 이내 사망한 경우 또는 14일 이상 계속 입원한 경우

(4) 질병사망 또는 입원

질병을 직접 원인으로 하여 여행 도중에 사망한 경우 또는 여행 도중에 질병을 직접 원인으로 하여 14일 이상 계속 입원한 경우. 다만, 입원에 대하여는 여행 도중에 의사가 치료를 개시한 질병으로 인한 입원에 한한다.

3. 비용의 범위

비용의 한도는 보험기간당 총 한도이다.

(1) 수색구조비용

수색, 구조 또는 이송하는 활동에 필요한 비용 중 이들의 활동에 종사한 사람으로부터의 청구에 의하여 지급한 비용을 보상한다(현지 수색활동에 종사한 사람으로부터 청구받은 금액만이 보상된다).

(2) 항공운임 등 교통비

피보험자의 수색, 간호 또는 사고처리를 위하여 사고발생지 또는 피보험자의 법정상속인의 현지 왕복교통비를 말하며, 2명분을 한도로 보상한다.

(3) 숙박비

현지에서의 구원자 2명분(1명당 14일분)을 한도로 보상한다.

(4) 이송비용

피보험자가 사망한 경우 그 유해를 현지로부터 증권상 피보험자의 주소지에 이송하는데 필요한 비용 및 치료를 계속 중인 피보험자를 증권상 피보험자의 주소지로 이송하는 데 드는 비용으로서 통상액을 넘는 피보험자의 운임 및 수행하는 의사, 간호사의 호송비를 보상한다.

(5) 제 잡비

구원자의 출입국 절차에 필요한 비용 및 구원자 또는 피보험자가 현지에서 지출한 교통비, 통신비, 유해처리비 등에 필요한 비용을 10만원을 한도로 보상한다.

4. 기 타

① 정당하다고 인정된 부분에 대해서만 보상한다.
② 중복보험계약이 있을시 독립책임액 안분방식을 통해 지급한다.

02 해외여행 인질구조 담보특약 ✿✿✿

1. 의 의

피보험자가 여행 도중 인질상태에 놓였을 경우, 피보험자의 사망후유장해 담보특약의 보험가입금액 10% 범위 내에서 구조에 소요된 실비를 보장한다.

2. 인질상태의 범위

① 불법적인 유괴납치로 소재가 불명하거나, 유괴 또는 납치되었음이 증명되었을 경우
② 정치적이건 비정치적이건을 막론하고 피보험자가 비우호적 집단에 의해 감금되어 있을 경우

3. 비용의 범위

(1) 수색 구조비용

피보험자를 수색, 구조 또는 이송하는 활동에 필요한 비용 중 이들 활동에 종사한 사람의 청구에 의하여 지급한 비용을 보상한다.

(2) 구조대 파견비용

피보험자를 구조하기 위하여 사고발생지로 구조대를 파견하는 경우 현지의 왕복항공운임 등의 교통비를 보상한다.

(3) 정보수집비 · 정보제공자 사례비

피보험자를 구조하는데 직접적으로 사용된 정보수집비 또는 정보제공자에 대한 사례비 등을 보상한다.

1. 서 론

일정기간 무사고자에 대하여 보험료를 할인해 주는 특약이다.

2. 무사고 판정기간

갱신 직전계약의 갱신일이 속한 달의 2개월전 초일부터 갱신계약의 갱신일이 속한 달의 3개월 전 말일까지로 한다.

3. 보험료 할인

무사고자 할인특약이 적용되는 경우 보장보험료의 10%를 할인한다.

04 중대한 재생불량성 빈혈 진단비 특약에서의 진단기준 ✿✿✿

1. 중대한 재생불량성 빈혈

① 영구적 재생불량성 빈혈로서, ② 피보험자가 근본적 치료를 목적으로 수혈, 면역억제제, 골수 촉진제와 같은 표준적 치료를 3개월 이상 지속적으로 받고 있고, ③ 현재 골수이식이 필요한 상태이다.

2. 진단확정 기준

영구적 재생불량성 빈혈이란 만성 골수부전상태로서 호중구 수가 200/mm³ 미만 또는 골수의 세포충실성이 25% 이하이면서 다음의 두 가지 이상에 해당되는 것을 말한다.

① 호중구 수 500/mm³ 미만

② 혈소판 수 20,000/mm³ 미만

③ 절대망상적혈구 수 20,000/mm³ 미만

3. 제외사항

일시적이거나 회복 가능한 재생불량성 빈혈은 보장에서 제외된다.

1. 의 의

첫 번째 암 진단보험금을 지급한 후에 일정기간 경과 후, 두 번째로 암을 진단받은 경우 다시 암진단비를 지급하는 특약을 말한다.

2. 두 번째 암의 개념

(1) 원발암

원발부위에 발생한 암으로 첫 번째 암이 발생한 기관과 다른 기관에 다른 조직병리학적 특성을 가진 암이어야 한다. 따라서 첫 번째 암이 발생한 기관에 생긴 암이나, 첫 번째 암이 침윤 또는 전이된 암은 제외된다.

(2) 전이암

원발부위의 암세포가 새로운 장소로 퍼져(침윤 또는 원격 전이) 다시 그 곳에 자리잡고 계속적인 분열과 성장과정을 거쳐 증식하는 암을 말한다.

(3) 재발암

첫 번째 암과 동일한 조직병리학적 특성을 가진 암으로서, 치료를 통해 몸에서 첫 번째 암을 제거 후에도, 그 첫 번째 암으로 인해 새롭게 암이 출현되어 치료가 필요한 상태로 판명된 암을 말한다(단, 첫 번째 암 진단확정시 발견된 암세포 중 제거되지 못하고 남아있는 암과 그 암의 증식은 재발암으로 인정하지 않음).

3. 진단확정

해부병리 또는 임상병리의 전문의사 자격증을 가진 자에 의해 내려져야 하며, 이 진단은 조직검사 또는 혈액검사, 미세침흡인검사에 대한 현미경 소견을 기초로 내려져야 한다. 그러나 병리학적 진단이 불가능할 경우 피보험자가 암의 진단 또는 치료를 받고 있음을 증명할만한 문서화된 기록 또는 증거가 있어야 한다.

4. 책임개시일

① 첫 번째 암으로 진단확정된 날을 포함하여 1년이 지난 다음날부터 보상책임이 개시된다. 최초의 진단확정일이 없는 경우에는 해당 월의 말일로 한다.

② 책임개시일전 2차암 진단시 계약자는 90일 이내에 계약을 취소할 수 있다. 취소하지 않으면, 2차암으로 인하여 발생한 전이암, 재발암에 대하여는 보상하지 않는다. 단, 2차암 책임개시일 이후 5년이 지나는 동안 추가적인 진단, 치료 사실이 없는 경우에 그 후 발생한 전이암, 재발암은 보상한다.

5. 기타 사항

최초로 암진단 후부터 납입면제되는 상품이 있다. 보험기간 중 피보험자가 사망시 책임준비금을 지급한다.

항공기 납치 담보특약 ✿✿

1. 의 의

피보험자가 해외여행 도중에 승객으로써 탑승한 항공기가 납치되어 예정목적지에 도착할 수 없게 된 경우에 1일당 일정액을 보상하는 특약이다.

2. 항공기 납치의 개념

부당한 의도를 가진 폭력, 폭행 또는 폭력이나 폭행의 위협으로써 항공기를 탈취하거나 지배권을 행사하는 것을 말한다.

3. 보상범위

당해 항공기의 목적지 도착예정시간에서 12시간이 경과된 이후부터 시작되는 24시간을 1일로 보아 20일을 한도로 약정한 보험금을 지급한다. 항공기가 최초의 명백한 납치가 있기 이전에 비행장에서 출발이 지연되었을 경우에는 지연시간에 12시간을 합한 시간 이후부터의 24시간을 1일로 본다.

> 예 예정시간 : 7시
> 7＋12 ＝ 19시
> 19시부터 시간을 재고, 지연시 19시에 더한다.

제3과목

제3보험의 이론과 실무

1. 보상요건

보험기간 중에 피보험자가 「초·중등교육법 시행령」 제45조에 정한 교육기관의 수업일에 급격하고도 우연한 외래의 사고로 신체에 상해를 입었을 때 그 상해로 생긴 손해를 보상한다. 학교생활에는 통상적인 경로를 통한 등·하교 및 방과후를 포함한다.

2. 교육기관의 수업일

아래에 어느 하나에 해당하는 날을 제외한 날을 말한다. 다만, 공식적인 학교행사 중 발생한 사고는 보상한다.

① 「초·중등교육법 시행령」 제47조에 정한 관공서의 공휴일

② 「초·중등교육법 시행령」 제47조에 정한 관할청 또는 학칙에서 정하는 여름, 겨울, 학기말의 휴가 및 개교기념일

③ 「초·중등교육법 시행령」 제47조에 정한 비상재해 등으로 인한 임시휴업일

3. 피보험자의 정의

「유아교육법」, 「초·중등교육법」, 「고등교육법」 등 교육관계법과 유사 교육관계법령에서 정한 교육기관에 재학 중인 학생[고등학교, 중학교, 초등학교와 유치원(특수학교 유치부를 포함)]을 말한다. 다만, 방송통신 중·고등학교 및 근로청소년을 위한 특별학급 및 산업체부설 중·고등학교에 재학 중인 학생은 제외한다.

4. 보상하지 아니하는 손해

(1) 표준약관의 면책규정

표준약관의 면책사항과 동일하다.

(2) 학교통제의 이탈

수업일에 부모 또는 친권자에 의해 학교의 통제를 벗어나 생활하던 중 발생한 사고는 보상하지 아니한다.

1. 모성사망담보 특별약관

보험자는 보험기간 중 피보험자가 "여성산과관련 특정질병"으로 인하여 임신 중 또는 분만 후 42일 이내에 사망한 경우에는 수익자에게 보험가입금액을 지급한다.

2. 보험기간

이 특약의 보험기간은 계약일 ~ 분만 후 42일까지로 한다.

3. 여성산과 특정질병 분류표

① 유산된 임신
② 임신, 출산 및 산후기의 부종, 단백뇨 및 고혈압성 장애
③ 주로 임신과 관련된 기타 모성장애
④ 태아와 양막강 및 가능한 분만 문제와 관련된 산모관리
⑤ 진통 및 분만의 합병증
⑥ 분 만
⑦ 주로 산후기에 관련된 합병증

1. 특별약관의 적용

임부 및 그의 배우자가 출생전 자녀를 피보험자로 할 수 있는 제도성 특별약관이다. 이 특별약관은 질병·상해사망보장 특별약관 중 하나 이상을 피보험자의 부양자에게 부가한 계약에 한하여 부가할 수 있으며, 피보험자로 될 자가 계약체결시 출생전 자녀인 계약에 대해 적용된다. 태아는 출생 시에 피보험자로 된다.

2. 보장의 시기와 종기

① 부양자에 대한 보장은 계약일에 시작하며, 계약일로부터 태아가 출생한 날까지의 기간에 보통약관의 보험기간을 더한 날에 끝난다.

② 태아에 대한 보장은 태아의 출생 시에 시작하며, 출생일로부터 보통약관의 보험기간을 더한 날에 끝난다.

3. 출생의 통지 및 유산 또는 사산

(1) 출생의 통지

계약자는 태아가 출생한 경우 출생증명서 등의 서류를 제출하여 보험회사에 알려야 하며, 출생통지가 있는 경우 보험회사는 이를 보험증권에 기재한다.

(2) 유산 또는 사산된 경우

태아의 유산 또는 사산에 의하여 출산하지 못한 경우 보험자는 태아관련 특별약관을 무효로 하고 받은 보험료를 반환한다.

4. 복수출생의 경우

태아가 복수로 출생한 경우에는 계약자가 지정한 자녀를 피보험자로 한다. 피보험자가 출생한 날부터 1년 이내에 사망하고 동시에 출생한 자녀가 있는 경우에는 계약자는 피보험자가 사망한 날부터 1개월 이내에 한하여 동시에 출생한 자 가운데 다른 자녀를 새로운 피보험자로 할 수 있다.

5. 보험나이의 계산 및 특례

계약일에 있어서의 피보험자의 보험나이는 0세로 한다.

6. 보험료의 정산

태아에 대한 보험료는 남자 0세 보장부분 영업보험료의 합계액과 여자 0세 보장부분 영업보험료의 합계액 중 높은 보험료를 기준으로 적용하고 출생 후 피보험자의 성별이 확정된 경우 "보험료 및 책임준비금 산출방법서"에서 정한 방법에 따라 정산하고, 이후의 보험료는 변경된 보험료로 납입한다.

10 교통사고처리지원금 특약 ✿✿

1. 형사합의금의 지급대상이 되는 사고

피보험자가 자동차를 운전하던 중 아래의 사고로 타인에게 상해를 입혀 형사합의금을 지급하는 경우에 그 손해를 보상한다.

① 피해자(피보험자의 부모, 배우자, 자녀 제외)를 사망하게 한 경우

② '중대법규위반 교통사고'로 피해자가 42일(피해자 1인 기준) 이상 치료를 요한다는 진단을 받은 경우

③ '일반교통사고'로 피해자에게 중상해를 입혀 「형법」과 「교통사고처리특례법」에 따라 검찰에 기소되거나, 「자동차손해배상보장법 시행령」에서 정하는 상해급수 1급 ~ 3급에 해당하는 부상을 입은 경우

　＊ 일반 교통사고라도 피해자가 중상해의 피해를 입게 되는 경우 운전자를 기소할 수 있다. 이에 운전자인 피보험자의 방어권을 보호하기 위해 일반 교통사고의 경우에도 교통사고처리지원금 이 지급된다.

2. 관련 개념

(1) 자동차의 개념

① 「자동차관리법 시행규칙」 제2조에서 정한 승용자동차, 승합자동차, 화물자동차, 특수자동차, 이륜자동차

② 「자동차손해배상보장법 시행령」 제2조에서 정한 9종 건설기계. 단, 그 건설기계가 작업기계로 사용 중일 때는 자동차로 보지 않는다.

(2) 운전 중의 개념

자동차를 '운전 중'이라 함은 도로 여부, 주정차 여부, 엔진의 시동 여부를 불문하고 피보험자가 자동차 운전석에 탑승하여 핸들을 조작하거나 조작 가능한 상태에 있는 것을 말한다.

1. 벌금보장 특별약관

(1) 보험금의 지급사유

피보험자가 보험기간 중 자가용 또는 영업용 자동차를 운전하던 중에 급격하고도 우연한 자동차 사고로 타인의 신체에 상해를 입힘으로써 신체상해와 관련하여 받은 벌금액을 보험수익자에게 1사고당 일정금액 한도로 지급한다(일반적으로 2,000만원 한도).

(2) 벌금액

확정판결에 의하여 정해진 벌금액을 말한다.

＊ 사고가 보험기간 중에 났다면 확정판결이 보험기간 종료 후에 나더라도 보장한다.

(3) 보험금을 지급하지 아니하는 사유

피보험자가 다음과 같은 사유로 보험금 지급사유가 발생한 때에는 보험금을 지급하지 않는다.

① 사고를 내고 도주한 경우

② 자동차를 경기용·경기를 위한 연습용·시험용으로 운전한 경우

③ 음주운전(혈중 알코올농도 0.05% 이상)

④ 무면허 운전

⑤ 자동차를 영업 목적으로 운전한 경우(자가용 운전자용 벌금담보에 한하여 면책)

2. 중복보험계약이 있을시 보험금 지급

벌금에 대하여 보험금을 지급할 중복보험계약이 있을시 각각의 계약에 대하여 독립책임액 분담 방식을 통해 보험금을 지급한다.

12 VDT증후군 수술비 특별약관 ✦✦

1. 의 의

보험자는 피보험자가 보험기간 중에 VDT증후군으로 진단확정되고, 그 치료를 직접 목적으로 수술을 받은 경우 수술 1회당 특별약관의 보험가입금액을 수술비로 지급한다.

2. VDT증후군의 정의

VDT증후군이란 「한국표준질병·사인분류(KCD)」상 '컴퓨터과잉질환'으로 분류되는 다음의 질병을 말한다.
① 근육, 연골 및 기타 연부조직 장애
② 결합조직의 기타 전신침범
③ 관절부의 통증과 경직
④ 경추상완증후군
⑤ 팔의 단일신경병증

┤ 심화학습 ├

VDT증후군
Visual Display Terminal Syndrome의 약자로 컴퓨터단말기증후군이라고 한다. 컴퓨터와 같이 디스플레이가 부착된 기기를 장시간 보면서 작업하는 사람들은 눈의 피로감, 시력의 저하, 두통, 구토 증세, 정신 불안 등의 증상이 나타날 수 있다.

3. 진단확정

「의료법」 제3조에서 정한 병원 또는 이와 동등하다고 인정되는 의료기관의 의사자격을 가진 자에 의한 진단서에 의한다.

CHAPTER

07 실손의료보험

01 기본형 실손의료보험상품의 보장 종목 ✿✿✿

기본형 실손의료보험상품은 다음과 같이 상해입원형, 상해통원형, 질병입원형 및 질병통원형의
4개 이내의 보장종목으로 구성되어 있다.

보장종목		보상하는 내용
상 해	입 원	피보험자가 상해로 인하여 병원에 입원하여 치료를 받은 경우에 보상
	통 원	피보험자가 상해로 인하여 병원에 통원하여 치료를 받거나 처방조제를 받은 경우에 보상
질 병	입 원	피보험자가 질병으로 인하여 병원에 입원하여 치료를 받은 경우에 보상
	통 원	피보험자가 질병으로 인하여 병원에 통원하여 치료를 받거나 처방조제를 받은 경우에 보상

제3과목

제3보험의 이론과 실무

안심Touch

02 실손의료보험에서 보상하는 상해/질병 입원의료비 ✿✿✿

1. 표준형

구 분	보상금액
입원실료, 입원제비용, 입원수술비	'「국민건강보험법」에서 정한 요양급여 또는 「의료급여법」에서 정한 의료급여 중 본인부담금' 과 '비급여[주](상급병실료 차액은 제외한다)'를 합한 금액(본인이 실제로 부담한 금액을 말한다) 의 80%에 해당하는 금액. 다만, 나머지 20%가 계약일 또는 매년 계약해당일부터 기산하여 연간 200만원을 초과하는 경우 그 초과금액은 보상한다.
상급병실료 차액	입원시 실제로 사용한 병실과 기준병실의 병실료 차액에서 50%를 뺀 금액. 다만, 1일 평균금 액 10만원을 한도로 하며, 1일 평균금액은 입원기간 동안 상급병실료 차액 전체를 총 입원일수 로 나누어 산출한다.

주)「국민건강보험법」또는「의료급여법」에 따라 보건복지부장관이 정한 비급여대상(「국민건강보험법」에서 정한 요양급여 또는「의료급여법」에서 정한 의료급여 절차를 거쳤지만 급여항목이 발생하지 않은 경우로 「국민건강보험법」또는「의료급여법」에 따른 비급여항목 포함)

2. 선택형

구 분	보상금액
입원실료, 입원제비용, 입원수술비	'「국민건강보험법」에서 정한 요양급여 또는 「의료급여법」에서 정한 의료급여 중 본인부담금' 과 '비급여[주](상급병실료 차액은 제외한다)'를 합한 금액(본인이 실제로 부담한 금액을 말한다) 의 90%에 해당하는 금액. 다만, 나머지 10%가 계약일 또는 매년 계약해당일부터 기산하여 연간 200만원을 초과하는 경우 그 초과금액은 보상한다.
상급병실료 차액	입원시 실제로 사용한 병실과 기준병실의 병실료 차액에서 50%를 뺀 금액. 다만, 1일 평균금 액 10만원을 한도로 하며, 1일 평균금액은 입원기간 동안 상급병실료 차액 전체를 총 입원일수 로 나누어 산출한다.

주)「국민건강보험법」또는「의료급여법」에 따라 보건복지부장관이 정한 비급여대상(「국민건강보험법」에서 정한 요양급여 또는「의료급여법」에서 정한 의료급여 절차를 거쳤지만 급여항목이 발생하지 않은 경우로 「국민건강보험법」또는「의료급여법」에 따른 비급여항목 포함)

구 분	보상한도
외 래	방문 1회당 '「국민건강보험법」에서 정한 요양급여 또는 「의료급여법」에서 정한 의료급여 중 본인부담금'과 '비급여^{주1)}'를 합한 금액(본인이 실제로 부담한 금액을 말한다)에서 '항목별 공제금액'을 뺀 금액을 외래의 보험가입금액^{주2)}의 한도 내에서 보상(매년 계약해당일부터 1년간 방문 180회를 한도로 한다)
처방조제비	처방전 1건당 '「국민건강보험법」에서 정한 요양급여 또는 「의료급여법」에서 정한 의료급여 중 본인부담금'과 '비급여^{주1)}'를 합한 금액(본인이 실제로 부담한 금액을 말한다)에서 '항목별 공제금액'을 뺀 금액을 처방조제비의 보험가입금액^{주2)}의 한도 내에서 보상(매년 계약해당일부터 1년간 처방전 180건을 한도로 한다)

주1) 「국민건강보험법」 또는 「의료급여법」에 따라 보건복지부장관이 정한 비급여대상(「국민건강보험법」에서 정한 요양급여 또는 「의료급여법」에서 정한 의료급여 절차를 거쳤지만 급여항목이 발생하지 않은 경우로 「국민건강보험법」 또는 「의료급여법」에 따른 비급여항목 포함)

주2) 외래 및 처방조제비는 회(건)당 합산하여 30만원 이내에서 계약시 계약자가 각각 정한 금액으로 한다.

1. 표준형

구 분	항 목	공제금액
외래 (외래제비용 및 외래수술비 합계)	「의료법」 제3조 제2항 제1호에 따른 의원, 치과의원, 한의원, 같은 항 제2호에 따른 조산원, 「지역보건법」 제10조, 제12조 및 제13조에 따른 보건소, 보건의료원 및 보건지소, 「농어촌 등 보건의료를 위한 특별조치법」 제15조에 따른 보건진료소	1만원과 보상대상 의료비의 20% 중 큰 금액
	「의료법」 제3조 제2항 제3호에 따른 종합병원, 병원, 치과병원, 한방병원, 요양병원	1만5천원과 보상대상 의료비의 20% 중 큰 금액
	「국민건강보험법」 제42조 제2항에 따른 종합전문요양기관 또는 「의료법」 제3조의4에 따른 상급종합병원	2만원과 보상대상 의료비의 20% 중 큰 금액
처방조제비	「국민건강보험법」 제42조 제1항 제2호에 따른 약국, 같은 항 제3호에 따른 한국희귀의약품센터에서의 처방, 조제(의사의 처방전 1건당, 의약분업 예외 지역에서 약사의 직접조제 1건당)	8천원과 보상대상 의료비의 20% 중 큰 금액

2. 선택형

구 분	항 목	공제금액
외래 (외래제비용 및 외래수술비 합계)	「의료법」 제3조 제2항 제1호에 따른 의원, 치과의원, 한의원, 같은 항 제2호에 따른 조산원, 「지역보건법」 제10조, 제12조 및 제13조에 따른 보건소, 보건의료원 및 보건지소, 「농어촌 등 보건의료를 위한 특별조치법」 제15조에 따른 보건진료소	1만원
	「의료법」 제3조 제2항 제3호에 따른 종합병원, 병원, 치과병원, 한방병원, 요양병원	1만5천원
	「국민건강보험법」 제42조 제2항에 따른 종합전문요양기관 또는 「의료법」 제3조의4에 따른 상급종합병원	2만원
처방조제비	「국민건강보험법」 제42조 제1항 제2호에 따른 약국, 같은 항 제3호에 따른 한국희귀의약품센터에서의 처방, 조제(의사의 처방전 1건당, 의약분업 예외 지역에서 약사의 직접조제 1건당)	8천원

1. **다음의 사유로 인하여 생긴 입·통원의료비**

   ① 피보험자가 고의로 자신을 해친 경우. 다만, 피보험자가 심신상실 등으로 자유로운 의사결정을 할 수 없는 상태에서 자신을 해친 사실이 증명된 경우에는 보상한다.

   ② 보험수익자가 고의로 피보험자를 해친 경우. 다만, 그 보험수익자가 보험금의 일부 보험수익자인 경우에는 다른 보험수익자에 대한 보험금은 지급한다.

   ③ 계약자가 고의로 피보험자를 해친 경우

   ④ 피보험자가 임신, 출산(제왕절개를 포함), 산후기로 입·통원한 경우. 다만, 회사가 보상하는 상해로 인하여 입·통원한 경우에는 보상한다.

   ⑤ 전쟁, 외국의 무력행사, 혁명, 내란, 사변, 폭동으로 인한 경우

   ⑥ 피보험자가 정당한 이유 없이 입·통원기간 중 의사의 지시를 따르지 않아 발생한 입·통원의료비

2. **다른 약정이 없으면 피보험자가 직업, 직무 또는 동호회 활동 목적으로 한 다음의 어느 하나에 해당하는 행위로 인하여 생긴 상해**

   ① 전문등반(전문적인 등산용구를 사용하여 암벽 또는 빙벽을 오르내리거나 특수한 기술, 경험, 사전 훈련이 필요한 등반을 말한다), 글라이더 조종, 스카이다이빙, 스쿠버다이빙, 행글라이딩, 수상보트, 패러글라이딩

   ② 모터보트·자동차 또는 오토바이에 의한 경기, 시범, 행사(이를 위한 연습을 포함) 또는 시운전(다만, 공용도로에서 시운전을 하는 동안 발생한 상해는 보상한다)

   ③ 선박에 탑승하는 것을 직무로 하는 사람이 직무상 선박에 탑승하고 있는 동안

3. **다음의 입·통원의료비**

   ① 치과치료(다만, 안면부 골절로 발생한 의료비는 치아관련 치료를 제외하고 보상한다)·한방치료(다만, 「의료법」 제2조에 따른 한의사를 제외한 '의사'의 의료행위에 의해서 발생한 의료비는 보상한다)에서 발생한 「국민건강보험법」에 따른 요양급여에 해당하지 않는 비급여의료비

② 「국민건강보험법」에 따른 요양급여 중 본인부담금의 경우 국민건강보험 관련 법령에 따라 국민건강보험공단으로부터 사전 또는 사후 환급이 가능한 금액(본인부담금 상한제)

③ 「의료급여법」에 따른 의료급여 중 본인부담금의 경우 의료급여 관련 법령에 따라 의료급여기금 등으로부터 사전 또는 사후 환급이 가능한 금액(「의료급여법」에 따른 본인부담금 보상제 및 본인부담금 상한제)

④ 건강검진(단, 검사결과 이상 소견에 따라 건강검진센터 등에서 발생한 추가 의료비용은 보상한다), 예방접종, 인공유산에 든 비용. 다만, 회사가 보상하는 상해 치료를 목적으로 하는 경우에는 보상한다.

⑤ 영양제, 비타민제, 호르몬 투여, 보신용 투약, 친자 확인을 위한 진단, 불임검사, 불임수술, 불임복원술, 보조생식술(체내, 체외 인공수정을 포함), 성장촉진, 의약외품과 관련하여 소요된 비용. 다만, 회사가 보상하는 상해 치료를 목적으로 하는 경우에는 보상한다.

⑥ 의치, 의수족, 의안, 안경, 콘택트렌즈, 보청기, 목발, 팔걸이(Arm Sling), 보조기 등 진료재료의 구입 및 대체 비용. 다만, 인공장기 등 신체에 이식되어 그 기능을 대신하는 경우에는 보상한다.

⑦ 아래에 열거된 국민건강보험 비급여 대상으로 신체의 필수 기능개선 목적이 아닌 외모개선 목적의 치료로 인하여 발생한 의료비

    ㉠ 쌍꺼풀수술(이중검수술. 다만, 안검하수, 안검내반 등을 치료하기 위한 시력개선 목적의 이중검수술은 보상한다), 코성형수술(융비술), 유방 확대(다만, 유방암 환자의 유방재건술은 보상한다)・축소술, 지방흡입술(다만, 「국민건강보험법」 및 관련 고시에 따라 요양급여에 해당하는 '여성형 유방증'을 수술하면서 그 일련의 과정으로 시행한 지방흡입술은 보상한다), 주름살 제거술 등

    ㉡ 사시교정, 안와격리증(양쪽 눈을 감싸고 있는 뼈와 뼈 사이의 거리가 넓은 증상)의 교정 등 시각계 수술로서 시력개선 목적이 아닌 외모개선 목적의 수술

    ㉢ 안경, 콘택트렌즈 등을 대체하기 위한 시력교정술(국민건강보험 요양급여 대상 수술방법 또는 치료재료가 사용되지 않은 부분은 시력교정술로 본다)

    ㉣ 외모개선 목적의 다리정맥류 수술

    ㉤ 그 밖에 외모개선 목적의 치료로 국민건강보험 비급여대상에 해당하는 치료

⑧ 진료와 무관한 각종 비용(TV시청료, 전화료, 각종 증명료 등을 말한다), 의사의 임상적 소견과 관련이 없는 검사비용, 간병비

⑨ 자동차보험(공제를 포함) 또는 산재보험에서 보상받는 의료비. 다만, 본인부담의료비는 보상한다.

⑩ 「국민건강보험법」 제42조의 요양기관이 아닌 외국에 있는 의료기관에서 발생한 의료비

⑪ 「응급의료에 관한 법률」 및 동 시행규칙에서 정한 응급환자에 해당하지 않는 자가 「의료법」 제3조의4에 따른 상급종합병원 응급실을 이용하면서 발생한 응급의료관리료(※ 상해 통원 의료비에 한함)

1. 다음의 사유로 생긴 입·통원의료비

① 피보험자가 고의로 자신을 해친 경우. 다만, 피보험자가 심신상실 등으로 자유로운 의사결정을 할 수 없는 상태에서 자신을 해친 사실이 증명된 경우에는 보상한다.

② 보험수익자가 고의로 피보험자를 해친 경우. 다만, 그 보험수익자가 보험금의 일부 보험수익자인 경우에는 다른 보험수익자에 대한 보험금은 지급한다.

③ 계약자가 고의로 피보험자를 해친 경우

④ 피보험자가 정당한 이유없이 입·통원기간 중 의사의 지시를 따르지 않아 발생한 입·통원의료비

2. '한국표준질병·사인분류'에 따른 다음의 입·통원의료비

① 정신 및 행동장애(F04~F99)

(다만, F04~F09, F20~F29, F30~F39, F40~F48, F51, F90~F98과 관련한 치료에서 발생한 「국민건강보험법」에 따른 요양급여에 해당하는 의료비는 보상한다)

② 여성생식기의 비염증성 장애로 인한 습관성 유산, 불임 및 인공수정관련 합병증(N96~N98)

③ 피보험자가 임신, 출산(제왕절개를 포함), 산후기로 입원한 경우(O00~O99)

④ 선천성 뇌질환(Q00~Q04)

⑤ 비만(E66)

⑥ 요실금(N39.3, N39.4, R32)

⑦ 직장 또는 항문 질환 중 「국민건강보험법」에 따른 요양급여에 해당하지 않는 부분(I84, K60~K62, K64)

3. 다음의 입·통원의료비

① 치과치료(K00~K08) 및 한방치료(다만, 「의료법」 제2조에 따른 한의사를 제외한 '의사'의 의료행위에 의해서 발생한 의료비는 보상한다)에서 발생한 「국민건강보험법」에 따른 요양급여에 해당하지 않는 비급여의료비

② 「국민건강보험법」에 따른 요양급여 중 본인부담금의 경우 국민건강보험 관련 법령에 따라 국민건강보험공단으로부터 사전 또는 사후 환급이 가능한 금액(본인부담금 상한제)

③ 「의료급여법」에 따른 의료급여 중 본인부담금의 경우 의료급여 관련 법령에 따라 의료급여기금 등으로부터 사전 또는 사후 환급이 가능한 금액(「의료급여법」에 따른 본인부담금 보상제 및 본인부담금 상한제)

④ 건강검진(단, 검사결과 이상 소견에 따라 건강검진센터 등에서 발생한 추가 의료비용은 보상한다), 예방접종, 인공유산에 든 비용. 다만, 회사가 보상하는 질병 치료를 목적으로 하는 경우에는 보상한다.

⑤ 영양제, 비타민제, 호르몬 투여(다만, 국민건강보험의 요양급여 기준에 해당하는 성조숙증을 치료하기 위한 호르몬 투여는 보상한다), 보신용 투약, 친자 확인을 위한 진단, 불임검사, 불임수술, 불임복원술, 보조생식술(체내, 체외 인공수정을 포함), 성장촉진, 의약외품과 관련하여 소요된 비용. 다만, 회사가 보상하는 질병 치료를 목적으로 하는 경우에는 보상한다.

⑥ 다음의 어느 하나에 해당하는 치료로 인하여 발생한 의료비
　㉠ 단순한 피로 또는 권태
　㉡ 주근깨, 다모, 무모, 백모증, 딸기코(주사비), 점, 모반(피보험자가 보험가입당시 태아인 경우 화염상모반 등 선천성 비신생물성모반(Q82.5)은 보상한다), 사마귀, 여드름, 노화현상으로 인한 탈모 등 피부질환
　㉢ 발기부전(impotence)·불감증, 단순 코골음(수면무호흡증(G47.3)은 보상한다), 치료를 동반하지 않는 단순포경(phimosis), 「국민건강보험 요양급여의 기준에 관한 규칙」 제9조 제1항([별표2] 비급여대상)에 따른 업무 또는 일상생활에 지장이 없는 검열반 등 안과질환

⑦ 의치, 의수족, 의안, 안경, 콘택트렌즈, 보청기, 목발, 팔걸이(Arm Sling), 보조기 등 진료재료의 구입 및 대체 비용. 다만, 인공장기 등 신체에 이식되어 그 기능을 대신하는 경우에는 보상한다.

⑧ 아래에 열거된 국민건강보험 비급여 대상으로 신체의 필수 기능개선 목적이 아닌 외모개선 목적의 치료로 인하여 발생한 의료비
　㉠ 쌍꺼풀수술(이중검수술. 다만, 안검하수, 안검내반 등을 치료하기 위한 시력개선 목적의 이중검수술은 보상한다), 코성형수술(융비술), 유방확대(다만, 유방암 환자의 유방재건술은 보상한다)·축소술, 지방흡입술(다만, 「국민건강보험법」 및 관련 고시에 따라 요양급여에 해당하는 '여성형 유방증'을 수술하면서 그 일련의 과정으로 시행한 지방흡입술은 보상한다), 주름살 제거술 등
　㉡ 사시교정, 안와격리증(양쪽 눈을 감싸고 있는 뼈와 뼈 사이의 거리가 넓은 증상)의 교정 등 시각계 수술로서 시력개선 목적이 아닌 외모개선 목적의 수술
　㉢ 안경, 콘택트렌즈 등을 대체하기 위한 시력교정술(국민건강보험 요양급여 대상 수술방법 또는 치료재료가 사용되지 않은 부분은 시력교정술로 본다)
　㉣ 외모개선 목적의 다리정맥류 수술
　㉤ 그 밖에 외모개선 목적의 치료로 국민건강보험 비급여대상에 해당하는 치료

⑨ 진료와 무관한 각종 비용(TV시청료, 전화료, 각종 증명료 등을 말한다), 의사의 임상적 소견과 관련이 없는 검사비용, 간병비

⑩ 산재보험에서 보상받는 의료비. 다만, 본인부담의료비는 보상한다.

⑪ 인간면역결핍바이러스(HIV) 감염으로 인한 치료비(다만, 「의료법」에서 정한 의료인의 진료 상 또는 치료중 혈액에 의한 HIV 감염은 해당 진료기록을 통해 객관적으로 확인되는 경우는 보상한다)

⑫ 「국민건강보험법」 제42조의 요양기관이 아닌 외국에 있는 의료기관에서 발생한 의료비

⑬ 「응급의료에 관한 법률」 동 시행규칙에서 정한 응급환자에 해당하지 않는 자가 「의료법」 제3조의4에 따른 상급종합병원 응급실을 이용하면서 발생한 응급의료관리료(※ 질병 통원 의료비에 한함)

07 해외여행 실손의료보험(기본형) ✿✿✿

1. 보장종목

보장 종목	세부 구성 항목		보상하는 내용
상해 의료비	해 외		피보험자가 해외여행 중에 입은 상해로 인하여 해외의료기관㈜에서 의료비가 발생한 경우에 보상한다.
	국 내	상해입원	피보험자가 해외여행 중에 입은 상해로 인하여 병원에서 입원하여 치료를 받은 경우에 보상한다.
		상해통원	피보험자가 해외여행 중에 입은 상해로 인하여 병원에 통원하여 치료를 받거나 처방조제를 받은 경우에 보상한다.
질병 의료비	해 외		피보험자가 해외여행 중에 질병으로 인하여 해외의료기관㈜에서 의료비가 발생한 경우에 보상한다.
	국 내	질병입원	피보험자가 해외여행 중에 질병으로 인하여 병원에서 입원하여 치료를 받은 경우에 보상한다.
		질병통원	피보험자가 해외여행 중에 질병으로 인하여 병원에 통원하여 치료를 받거나 처방조제를 받은 경우에 보상한다.

㈜ 해외의료기관은 해외소재 의료기관을 말하며, 해외소재약국을 포함한다.

2. 해외에서 발생한 상해(질병) 의료비

(1) 보장조건(상해 = 질병)

피보험자가 보험증권에 기재된 해외여행 중에 상해(질병)를 입고, 이로 인해 해외의료기관에서 의사(치료받는 국가의 법에서 정한 병원 및 의사의 자격을 가진 자에 한함)의 치료를 받은 때에는 보험가입금액을 한도로 피보험자가 실제 부담한 의료비 전액을 보상한다.

※ 상해에는 유독가스 또는 유독물질을 우연히 일시에 흡입, 흡수 또는 섭취한 결과로 생긴 중독증상이 포함된다. 다만, 유독가스 또는 유독물질을 상습적으로 흡입, 흡수 또는 섭취한 결과로 생긴 중독증상과 세균성 음식물 중독증상은 포함되지 않는다.

(2) 보장기간

해외여행 중에 피보험자가 입은 상해(질병)로 인해 치료를 받던 중 보험기간이 끝났을 경우에는 보험기간 종료일부터 180일까지(보험기간 종료일은 제외) 보상한다.

3. 국내에서 발생한 상해(질병)의료비

(1) 보장조건

피보험자가 보험증권에 기재된 해외여행 중에 상해 또는 질병으로 인해 국내 의료기관·약국에서 치료를 받은 때에는 보상한다.

(2) 보장기간

보험기간이 1년 미만인 경우에는 해외여행 중에 피보험자가 입은 상해 또는 질병으로 인해 보험기간 종료후 30일(보험기간 종료일은 제외) 이내에 의사의 치료를 받기 시작했을 때에는 의사의 치료를 받기 시작한 날부터 180일(통원은 180일 동안 외래는 방문 90회, 처방조제비는 처방전 90건)까지만(보험기간 종료일은 제외) 보상한다.

08 노후실손의료비보험 ✤✤

1. 기본계약

구 분	지급사유	보장내용
상해형	상해로 인하여 병원(요양병원 제외)에 입원 또는 통원하여 치료를 받거나 처방 조제를 받은 경우	아래 ((① − ②) × ③의 금액을 연간 1억원 한도로 보상한다. 다만, 통원은 회(건)당 1백만원을 최고한도로 한다. ① 의료비(대상금액) 　㉠ 급여 본인부담금 : 「국민건강보험법」에서 정한 요양급여 또는 「의료급여법」에서 정한 의료급여 중 본인이 실제로 부담한 의료비 　㉡ 비급여 본인부담금 : 「국민건강보험법」 또는 「의료급여법」에 따라 보건복지부장관이 정한 비급여 대상(상급병실료차액 제외) 중 본인이 실제로 부담한 의료비 　　※ 급여 및 비급여 의료비 중 입원의료비(상급병실료 차액을 제외한 입원실료, 입원제비용, 입원수술비)와 통원의료비(외래제비용, 외래수술비, 처방조제비)에 한함.
질병형	질병으로 인하여 병원(요양병원 제외)에 입원 또는 통원하여 치료를 받거나 처방조제를 받은 경우	② 공제금액(Deductible) 　입원당 30만원, 통원당 3만원(단, 비급여 본인부담금에서 우선 공제한 후 급여 본인 부담금에서 공제) ③ 보상비율(Co-insurance) 　㉠ 급여 본인부담금에서 공제금액을 뺀 금액에 대해 80% 　㉡ 비급여 본인부담금에서 공제금액을 뺀 금액에 대해 70%

2. 선택계약

구 분	지급사유	보장내용
요양병원실손의료비	상해 또는 질병으로 인하여 요양병원에 입원 또는 통원하여 치료를 받거나 처방조제를 받은 경우	상해·질병을 합산하여 아래 ((① − ②) × ③의 금액을 연간 5천만원 한도로 보상한다. 다만, 통원은 회(건)당 1백만원을 최고한도로 한다. ① 의료비(대상금액) 　㉠ 급여 본인부담금 : 「국민건강보험법」에서 정한 요양급여 또는 「의료급여법」에서 정한 의료급여 중 본인이 실제로 부담한 의료비 　㉡ 비급여 본인부담금 : 「국민건강보험법」 또는 「의료급여법」에 따라 보건복지부장관이 정한 비급여 대상(상급병실료차액 제외) 중 본인이 실제로 부담한 의료비 　　※ 급여 및 비급여 의료비 중 입원의료비(상급병실료 차액을 제외한 입원실료, 입원제비용, 입원수술비)와 통원의료비(외래제비용, 외래수술비, 처방조제비)에 한함.

제3과목 제3보험의 이론과 실무

요양
병원
실손
의료비
	상해 또는 질병으로 인하
	여 요양병원에 입원 또는
	통원하여 치료를 받거나
	처방조제를 받은 경우
		② 공제금액(Deductible)
		    입원당 30만원, 통원당 3만원(단, 비급여 본인부담금에서 우선 공제한 후
		    급여 본인 부담금에서 공제)
		③ 보상비율(Co-insurance)
		    ㉠ 급여 본인부담금에서 공제금액을 뺀 금액에 대해 80%
		    ㉡ 비급여 본인부담금에서 공제금액을 뺀 금액에 대해 50%

상급 병실료 차액 보장	상해 또는 질병으로 인하 여 병원의 상급병실에 입 원하여 치료를 받은 경우	실제로 사용한 병실과 기준병실의 병실료 차액에서 50%를 뺀 금액을 계약일 또는 매년 계약해당일로부터 기산하여 1년 단위로 보험가입금액을 연간한도 로 보상한다(상해·질병 합산하여 연간 2천만원 한도로 보상). ※ 단, 1일당 평균금액 10만원 한도로 하며 1일 평균금액은 입원기간 동안 상 급병실료 차액 전체를 총 입원일수로 나누어 산출한다.

3. 「국민건강보험법」 또는 「의료급여법」을 적용받지 못한 경우

노후실손 의료비	상해형	의료비 중 본인이 실제로 부담한 금액에서 공제금액을 뺀 금액의 40%를 연간 1억원 한도로 보상한다.
	질병형	
요양병원 실손의료비		의료비 중 본인이 실제로 부담한 금액에서 공제금액을 뺀 금액의 40%를 연간 5천만원 한도로 보상한다.
상급병실료 차액보장		보상하지 않는다.

1. 다수보험의 개념

다수보험이란 실손의료보험계약(우체국보험, 각종 공제, 상해·질병·간병보험 등 제3보험, 개인연금·퇴직보험 등 의료비를 실손으로 보상하는 보험·공제계약을 포함)이 동시에 또는 순차적으로 2개 이상 체결되었고, 그 계약이 동일한 보험사고에 대하여 각 계약별 보상책임액이 있는 여러 개의 실손의료보험계약을 말한다.

2. 다수보험의 처리방식

① 다수보험의 경우 각 계약의 보상대상의료비 및 보상책임액에 따라 다음에서 정한 방법으로 계산된 각 계약의 비례분담액을 지급한다.

② 각 계약의 보상책임액 합계액이 각 계약의 보상대상의료비 중 최고액에서 각 계약의 피보험자부담 공제금액 중 최소액을 차감한 금액을 초과한 다수보험은 아래의 산출방식에 따라 각 계약의 비례분담액을 계산한다. 이 경우 입원, 외래, 처방조제를 각각 구분하여 계산한다.

> 각 계약별 비례분담액
> = (각 계약의 보상대상의료비 중 최고액 – 각 계약의 피보험자부담 공제금액 중 최소액)
>
> $$\times \frac{\text{각 계약별 보상책임액}}{\text{각 계약별 보상책임액을 합한 금액}}$$

1. 상해입원비

① 피보험자가 상해로 인하여 병원에 입원하여 치료를 받은 경우에는 입원의료비를 하나의 상해당 보험가입금액(5천만원 이내에서 계약시 계약자가 정한 금액을 말한다)의 한도 내에서 보상한다.

② 상해에는 유독가스 또는 유독물질을 우연히 일시에 흡입, 흡수 또는 섭취한 결과로 생긴 중독증상이 포함된다. 다만, 유독가스 또는 유독물질을 상습적으로 흡입, 흡수 또는 섭취한 결과로 생긴 중독증상과 세균성 음식물 중독증상은 포함되지 않는다.

③ 피보험자가 「국민건강보험법」 또는 「의료급여법」을 적용받지 못하는 경우에는 입원의료비(「국민건강보험 요양급여의 기준에 관한 규칙」에 따라 보건복지부장관이 정한 급여 및 비급여의료비 항목만 해당한다) 중 본인이 실제로 부담한 금액의 40%를 하나의 상해당 보험가입금액(5천만원 이내에서 계약시 계약자가 정한 금액을 말한다)의 한도 내에서 보상한다.

④ 하나의 상해(같은 상해로 2회 이상 치료를 받는 경우에도 이를 하나의 상해로 본다)로 인한 입원의료비를 보험가입금액까지 보상한 경우에는 보상한도종료일부터 90일이 경과한 날부터 최초 입원한 것과 동일한 기준으로 다시 보상한다(계속입원을 포함한다). 다만, 최초 입원일부터 275일(365일 – 90일) 이내에 보상한도종료일이 있는 경우에는 최초 입원일부터 365일이 경과되는 날부터 최초 입원한 것과 동일한 기준으로 다시 보상한다.

⑤ 피보험자가 입원하여 치료를 받던 중 보험기간이 끝나더라도 그 계속 중인 입원에 대해서는 보험기간 종료일부터 180일까지(보험기간 종료일은 제외한다) 보상하며, 이 경우 ④항은 적용하지 않는다. 다만, 종전 계약을 자동갱신하거나 같은 회사의 보험상품에 재가입하는 경우에는 종전 계약의 보험기간을 연장하는 것으로 보아 ④항을 적용한다.

⑥ 피보험자가 직원복리후생제도에 의해 의료비를 감면받고 그 감면받은 의료비가 근로소득에 포함되는 경우에는 그 감면 전 의료비를 기준으로 입원의료비를 계산한다.

⑦ 피보험자가 상해로 인하여 병원에 입원하여 본인의 장기 등(「장기 등 이식에 관한 법률」 제4조에 의한 "장기 등"을 의미한다)의 기능회복을 위하여 「장기 등 이식에 관한 법률」 제42조 및 관련 고시에 따라 장기 등의 적출 및 이식에 드는 비용(공여적합성 여부를 확인하기 위한 검사비, 뇌사장기기증자 관리료 및 이에 속하는 비용항목 포함)은 보상한다.

2. 질병입원비

① 피보험자가 질병으로 인하여 병원에 입원하여 치료를 받은 경우에는 입원의료비를 하나의 질병당 보험가입금액(5천만원 이내에서 계약 시 계약자가 정한 금액을 말한다)의 한도 내에서 보상한다.

② 피보험자가 「국민건강보험법」 또는 「의료급여법」을 적용받지 못하는 경우에는 입원의료비(「국민건강보험 요양급여의 기준에 관한 규칙」에 따라 보건복지부장관이 정한 급여 및 비급여의료비 항목만 해당한다) 중 본인이 실제로 부담한 금액의 40%를 하나의 질병당 보험가입금액(5천만원 이내에서 계약시 계약자가 정한 금액을 말한다)의 한도 내에서 보상한다.

③ 하나의 질병으로 인한 입원의료비를 보험가입금액까지 보상한 경우에는 보상한도 종료일부터 90일이 경과한 날부터 최초 입원한 것과 동일한 기준으로 다시 보상한다(계속입원을 포함한다). 다만, 최초 입원일부터 275일(365일 - 90일) 이내에 보상한도종료일이 있는 경우에는 최초 입원일부터 365일이 경과되는 날부터 최초 입원한 것과 동일한 기준으로 다시 보상한다.

┤ 심화학습 ├

"하나의 질병"이란?
발생 원인이 동일한 질병(의학상 중요한 관련이 있는 질병은 하나의 질병으로 간주하며, 하나의 질병으로 2회 이상 치료를 받는 경우에는 이를 하나의 질병으로 본다)을 말하며, 질병의 치료 중에 발생된 합병증 또는 새로 발견된 질병의 치료가 병행되거나 의학상 관련이 없는 여러 종류의 질병을 갖고 있는 상태에서 입원한 경우에는 하나의 질병으로 간주한다.

④ 피보험자가 입원하여 치료를 받던 중 보험기간이 끝나더라도 그 계속 중인 입원에 대해서는 보험기간 종료일부터 180일까지(보험기간 종료일은 제외한다) 보상하며, 이 경우 ③항은 적용하지 않는다. 다만, 종전 계약을 자동갱신하거나 같은 회사의 보험상품에 재가입하는 경우에는 종전 계약의 보험기간을 연장하는 것으로 보아 ③항을 적용한다.

⑤ 피보험자가 직원복리후생제도에 의해 의료비를 감면받고 그 감면받은 의료비가 근로소득에 포함되는 경우에는 그 감면 전 의료비를 기준으로 입원의료비를 계산한다.

⑥ 피보험자가 질병으로 인하여 병원에 입원하여 본인의 장기 등(「장기 등 이식에 관한 법률」 제4조에 의한 "장기 등"을 의미한다)의 기능회복을 위하여 「장기 등 이식에 관한 법률」 제42조 및 관련 고시에 따라 장기 등의 적출 및 이식에 드는 비용(공여적합성 여부를 확인하기 위한 검사비, 뇌사장기기증자 관리료 및 이에 속하는 비용항목 포함)은 보상한다.

01   1983년 2월 19일생인 피보험자가 2017년 7월 19일 질병보험계약을 체결한 경우 계약일 현재 피보험자의 나이를 계산하시오.

모범 답안

1. 원 칙

질병보험의 약관상 피보험자의 나이는 보험나이를 기준으로 한다. 다만, 만 15세 미만자를 피보험자로 하여 사망을 보험금 지급사유로 함으로써 무효가 되는 계약에서는 만 나이를 기준으로한다.

2. 보험나이의 계산방법

보험나이는 계약일 현재 피보험자의 실제 만 나이를 기준으로 6개월 미만의 끝수는 버리고 6개월 이상의 끝수는 1년으로 하여 계산하며, 이후 매년 계약 해당 일에 나이가 증가하는 것으로 한다.

3. 보험나이 계산

① 생년월일 : 1983년 2월 19일

② 현재(계약일) : 2017년 7월 19일

③ 보험나이

     2017년 7월 19일 − 1983년 2월 19일 = 34년 5월 = 34세

제3과목

제3보험의 이론과 실무

02 다음은 보험금의 계약에 관한 사항이다. 아래의 제 조건을 읽고 질문에 답하시오.

1. 계약사항

보험종목	피보험자	보험기간	가입금액(보장내용)	납입주기
장기상해보험	홍길동	2009.10.01. ~ 2019.10.01.	상해사망 담보 : 1억원	월 납

2. 청구일 및 청구방법

사고일(사망일)	사고내용	청구서류 접수일	청구방법
2013.5.10.	교통사고	2013.6.5.	내방접수

3. 2013년 6월 달력

일	월	화	수	목	금	토
						1
2	3	4	5	6	7	8
9	10	11	12	13	14	15
16	17	18	19	20	21	22
23	24	25	26	27	28	29

4. 조 건
   ① 해당기간 중 공휴일은 토요일, 일요일, 현충일(6/6) 외에는 없음
   ② 기간의 계산시 접수당일은 산입하는 것으로 함
   ③ 계약자 측의 보험금 지급 관련 귀책사유는 없음
   ④ 위의 장기상해보험은 질병·상해보험(손해보험 회사용) 표준약관을 기준으로 함

질문사항 1. 보험회사는 2013년 6월 5일(수요일) 보험금 청구서류를 접수받고 조사 후 2013년 6월 27일 상해사망보험금을 지급하였다. 이 경우 표준약관상 지연이자 산정일수를 계산하시오.

모범 답안

1. 원 칙

① 회사는 보험금의 청구서류를 접수한 때에는 접수증을 주고 휴대전화 문자메세지 또는 전자우편 등으로도 송부하며, 그 서류를 접수한 날로부터 3영업일 이내에 보험금을 지급해야 한다.

② 따라서 보험회사는 3영업일인 6월 10일까지 보험금을 지급하여야 하며, 지급기일내에 보험금을 지급하지 않았을 때에는 그 다음날부터 지급일까지의 기간에 대하여 보험계약대출이율로 계산한 금액을 보험금에 더하여 지급한다.

2. 지연이자 산정일수

지연일수는 6월 11일부터 6월 27일까지 총 17일간이 된다.

질문사항 2. 보험회사가 보험금 지급사유의 조사 및 확인을 위하여 표준약관상 지급기일 이내에 보험금을 지급하지 못할 것으로 예상되는 경우에는 피보험자 또는 보험수익자에게 지급예정일 외에 즉시 통지하여야 할 2가지 사항을 쓰시오.

모범 답안

회사가 보험금 지급사유를 조사·확인하기 위하여 지급기일 이내에 보험금을 지급하지 못할 것으로 명백히 예상되는 경우에는 다음의 사항에 대하여 피보험자 또는 보험수익자에게 즉시 통지한다.

1. 그 구체적인 사유
2. 보험금 가지급제도(회사가 추정하는 보험금의 50% 이내를 지급)

질문사항 3. 상기 약관상 지급기일의 초과가 예상되는 경우에는 서류를 접수한 날부터 30영업일 이내에 지급예정일을 정하여 안내하도록 규정하고 있다. 다만, 예외적인 경우 6가지를 규정하고 있는데 이를 나열하시오.

모범 답안

예외적인 경우 6가지는 다음과 같다.

1. 소송제기
2. 분쟁조정 신청
3. 수사기관의 조사
4. 해외에서 발생한 보험사고에 대한 조사
5. 회사의 조사요청에 대한 동의 거부 등 계약자, 피보험자 또는 보험수익자의 책임있는 사유로 인하여 보험금 지급사유의 조사 및 확인이 지연되는 경우
6. 보험금 지급에 관한 세부규정에 따라 보험금 지급사유에 대해 제3자의 의견에 따르기로 한 경우

03 "장해"라 함은 상해 또는 질병에 대하여 치유된 후 신체에 남아 있는 영구적인 정신 또는 육체의 훼손상태를 말하는데, 현재 사용되고 있는 장해분류표에서 지급률이 100%인 장해상태를 기술하시오.

모범 답안

지급률이 100%인 장해상태인 경우는 다음과 같다.

1. 두 눈이 멀었을 때
2. 씹어먹는 기능과 말하는 기능 모두에 심한 장해를 남긴 때
3. 두 팔의 손목 이상을 잃었을 때
4. 두 다리의 발목 이상을 잃었을 때
5. 심장기능을 잃었을 때
6. 신경계에 장해가 남아 일상생활 기본동작에 제한을 남긴 때
7. 정신행동에 극심한 장해를 남긴 때
8. 극심한 치매 : CDR 척도 5점

안심Touch

04 다음 주어진 조건을 읽고 M보험회사가 지급해야 할 사망보험금을 계산하시오.

〈계약사항〉

보험종목	피보험자	보험기간	보장내용	가입금액
장기상해보험 (M보험사)	홍길동	2016.01.10. ~ 2026.01.09.	일반상해사망	5,000만원
			교통상해사망	1억원
			대중교통이용 중 교통상해사망	2억원

※ 장기상해보험은 질병·상해보험 표준약관을 사용하며, 정상 유지 계약임.
※ 알릴의무위반사항과 보상하지 아니하는 사항 없음.

〈사고사항〉
피보험자(홍길동)는 2016년 3월 21일 강원도 강릉으로 친구들과 함께 전세버스를 타고 친목모임을 가던 중 영동고속도로에서 교통사고가 발생하여 두개골 골절 등으로 현장에서 사망함.

[모범 답안]

① 전세버스는 대중교통수단에 해당되지 않기 때문에 대중교통이용 중 교통상해사망 담보는 제외된다.

② 일반상해사망보험금(5,000만원)과 교통상해사망보험금(1억원)은 지급된다.
5,000만원＋1억원＝1억5,000만원

┤ 심화학습 ├

대중교통수단의 범위
① 여객수송용 항공기
② 여객수송용 지하철·전철·기차
③ 여객자동차운수사업법에서 규정한 시내버스·농어촌버스·마을버스·시외버스 및 고속버스(전세버스 제외)
④ 여객자동차운수사업법에서 규정한 일반택시·개인택시(렌트카 제외)
⑤ 여객수송용 선박

05 다음의 사례에서 후유장해보험금을 산출하시오.

1. 계약내용
   ① 피보험자(계약자) : 홍길동
   ② 보험종목 : A생명보험사의 ×××상해보험
   ③ 보험계약일 : 2017.6.1.
   ④ 후유장해보험금 가입금액 : 1억원

2. 사고내용
   보험계약자인 홍길동은 2017.7.1. 저녁 퇴근길에 음주운전차에 치여 중상을 입고 병원에 입원하였다.

3. 장해판정 및 해당 장해의 장해분류표상 지급률
   ① 영구장해 : 치아에 14개의 결손(해당 장해의 장해분류표상 지급률 : 20%)
   ② 7년 한시장해 : 척추(등뼈)에 심한 운동장해(해당 장해의 장해분류표상 지급률 : 40%)
   ③ 3년 한시장해 : 한 귀의 청력에 약간의 장해(해당 장해의 장해분류표상 지급률 : 5%)

모범 답안

1. 정 의

(1) 장 해

'장해'라 함은 상해 또는 질병에 대하여 치유된 후 신체에 남아 있는 영구적인 정신 또는 육체의 훼손상태를 말한다.

(2) 한시장해

영구히 고정된 증상은 아니지만 치료 종결 후 한시적으로 나타나는 장해에 대하여는 그 기간이 5년 이상인 경우 해당 장해지급률의 20%를 보험가입금액에 곱하여 산출한 금액을 지급한다.

2. 후유장해보험금의 계산

(1) 영구장해

① 치아에 14개의 결손(해당 장해의 장해분류표상 지급률 : 20%)

② 1억원 × 20% = 2,000만원

(2) 7년 한시장해

① 척추에 심한 운동장해(해당 장해의 장해분류표상지급률 : 40%)

② 영구적일 경우에는 4,000만원이지만 5년 이상의 한시적 장해이므로 4,000만원의 20%가 인정된다.

③ 4,000만원 × 20% = 800만원

(3) 3년 한시장해

① 한귀의 청력에 약간의 장해(해당 장해의 장해분류표상 지급률 : 5%)

② 5년 이상의 장해에 해당하지 않기 때문에 보험금이 지급되지 않는다.

(4) 총 지급보험금

2,000만원 + 800만원 = 2,800만원을 지급받게 된다.

06 다음의 사례를 보고 질문에 답하시오.

1. 계약내용
   ① 보험종목 : A손해보험사의 ×××상해보험
   ② 보험계약일 : 2016.5.1.
   ③ 후유장해 가입금액 : 1억원
   ④ 계약자 직업 및 직무 : 건설회사 사무직(상해급수 1급)

2. 사고내용
   보험가입 당시에 건설회사 사무직(상해급수 1급)에 근무하던 피보험자 B는 2017.3.5. 현장 전기가설공(상해급수 3급)으로 발령받아 직무가 변경되었으나 회사에 알리지 않고 있던 중 사고를 당하였다.

3. 보험요율
   ① 1급 요율 : 0.01
   ② 3급 요율 : 0.02

질문사항 1. 피보험자 B는 2017.4.1. 친구들과 지리산으로 등산 중 언덕에서 떨어져 심한 추간판 탈출증(영구장해, 후유장해율 20%) 진단을 받았다. 피보험자 B가 A보험회사에 보험금을 청구할 경우 A보험회사에서 지급해야 할 지급보험금을 산출하시오.

모범 답안

피보험자 B는 직무변경사실을 알리지 않아 계약 후 알릴의무 위반행위에 해당하지만 낙상사고는 변경된 업무와 무관한 사고이므로 변경요율은 적용하지 않고, 처음 계약한 요율에 따라 지급보험금을 계산한다.

따라서 A보험회사가 피보험자인 B에게 지급할 보험금은 다음과 같다.

1억원 × 20% = 2,000만원

질문사항 2. 피보험자 B는 2017.4.1. 현장 전기가설 도중 추락하여 심한 추간판탈출증(영구장해, 후유장해율 20%) 진단을 받았다. 피보험자 B가 A보험회사에 보험금을 청구할 경우 보험회사에서 지급해야 할 지급보험금을 산출하시오.

[모범 답안]

피보험자 B가 직업을 사무직에서 전기가설공으로 변경하였으나, 통지하지 아니 하였기 때문에 가입 후 알릴의무의 위반사항이며, 사고도 변경된 직무와 관련이 있는 사고이므로 변경된 요율을 적용하여 다음과 같이 계산한다.

1억 × 20% × 0.01/0.02 = 1,000만원

07 다음 사례에서 2017.6.1. 자궁암 진단확정에 따라 지급된 총 보험금을 계산하시오.

> 1. 가입금액 및 보장내용
>   ① 가입금액 : 1,000만원
>   ② 상피내암 진단 : 가입금액의 20%(1회한)
>   ③ 암 진단 : 가입금액의 100%(1회한)
>
> 2. 진단확정 내용 및 보험금 지급
>   ① 2017.5.1. : 자궁경부 상피내암으로 진단확정
>   ② 2017.6.1. : 자궁암으로 진단확정

모범 답안

1. 자궁경부 상피내암으로 진단확정

갑상샘암 · 기타 피부암 · 경계성종양 · 상피내암이 발생했을 경우에는 일반암 가입금액의 20%를 지급받는다. 암 진단금 특약은 삭제가 되지 않고 그대로 남아 있다.

1,000만원 × 가입금액의 20% = 200만원

2. 자궁암으로 진단확정

① 갑상샘암 · 기타피부암 · 경계성종양 · 상피내암이 발전 진행되어 일반암으로 진단 확정을 받을 경우에는 나머지 차액을 지급하고 특약은 삭제된다.

② 갑상샘암 · 기타피부암 · 경계성종양 · 상피내암이 발전 진행 된 것이 아니라, 전혀 다른 부위에 새로운 암이 발생한 경우에는 나머지 차액을 지급하는 것이 아니라 일반암 가입금액 전액을 지급하고 특약은 삭제된다.

③ 설문의 경우 자궁경부 상피내암이 발전 진행되어 자궁암으로 진단 확정을 받은 경우이므로 자궁암 진단금 1,000만원 중 이미 지급된 200만원을 제외한 800만원을 지급받는다.

3. 지급된 총 보험금

200만원 + 800만원 = 1,000만원

08 실손의료보험 표준약관의 다수 보험의 처리 기준에 의할 경우, 다음 표에서 A사와 B사의 각각의 보상책임액과 비례분담액을 구하시오.

[기준 : 본인부담 발생의료비 1,100만원]

구 분	입원의료비 보상한도	회사부담률	자기부담률	보상제외금액	보상대상 의료비	보상책임액	비례분담액
A사	5,000만원	90%	10%	110만원	990만원	(1)	(3)
B사	500만원	90%	10%	110만원	990만원	(2)	(4)

모범 답안

1. 보상책임액

> (실제 부담액 − 보상제외금액) × 회사부담률

(1) A사의 보상책임액

(1,100만원 − 110만원)×90% = 891만원

(2) B사의 보상책임액

(1,100만원 − 110만원)×90% = 891만원인데, 891만원이 보험가입금액 500만원을 초과하므로, 보험가입금액이 보상책임액이 되어 보상책임액은 500만원이 된다.

2. 비례분담액

각 계약별 비례분담액 = (각 계약의 보상대상의료비 중 최고액 − 각 계약의 피보험자부담 공제금액 중 최소액) × $\dfrac{\text{각 계약별 보상책임액}}{\text{각 계약별 보상책임액을 합한 금액}}$

(1) A사의 비례분담액

$(1,100\text{만원} - 110\text{만원}) \times \dfrac{891\text{만원}}{(891\text{만원} + 500\text{만원})} ≒ 634\text{만원}$

(2) B사의 비례분담액

$(1,100\text{만원} - 110\text{만원}) \times \dfrac{500\text{만원}}{(891\text{만원} + 500\text{만원})} ≒ 356\text{만원}$

09 계약자 김○○씨는 A보험회사에 아래와 같이 상해보험을 가입한 후 경제적 사정으로 인해 2016년 4월분 보험료를 납부하지 않은 상태이다. 이와 관련하여 아래 계약사항 및 5월∼6월 달력을 보고 제3보험 표준약관을 근거로 질문에 답하시오. [단, 공휴일은 토요일, 일요일 이외는 없음]

1. 계약 사항

보험종류	계약자	피보험자	계약일	보험기간	납입주기	최종 보험료 납입월도(회수)	수익자(관계)
가족상해 보험	김○○	김○○	2015.1.10.	20년	월 납	2016.3월 (15회)	이○○ (배우자)

2. 2016. 5월∼6월 달력

일	월	화	수	목	금	토
5/1	2	3	4	5	6	7
8	9	10	11	12	13	14
15	16	17	18	19	20	21
22	23	24	25	26	27	28
29	30	31	6/1	2	3	4
5	6	7	8	9	10	

질문사항 1. 2016년 4월분 보험료를 계약자 김○○씨가 2016년 5월 31일까지도 납부하지 않을 경우를 대비하여 A보험회사가 2016년 6월 1일자로 계약을 해지하기 위해서는 언제까지 보험계약자에게 해지예고부 납입최고장을 서면으로 도달시켜야 하는지 그 최종일자를 쓰시오.

[모범 답안]

1. 원 칙

계약자가 제2회 이후의 보험료를 납입기일까지 납입하지 않아 보험료 납입이 연체 중인 경우에 회사는 14일(보험기간이 1년 미만인 경우에는 7일) 이상의 기간을 납입최고(독촉)기간[납입최고기간의 마지막 날이 영업일이 아닌 때에는 최고(독촉)기간은 그 다음 날까지로 한다]으로 정하여 서면(등기우편 등), 전화(음성녹음) 또는 전자문서 등으로 알려줘야 한다.

2. 사례의 적용

① 본 계약의 경우 보험기간이 1년 이상이므로 회사는 14일 이상의 기간을 납입최고(독촉)기간으로 정하여야 한다.

② 2016년 5월 31일을 납입최고만기일로 정할 경우 그로부터 14일 전은 「민법」 제157조에 의하여 초일을 산입하지 않으므로, 5월 17일까지는 해지예고부 납입최고장을 서면으로 도달시켜야 한다.

3. 결 론

해지예고부 납입최고장을 서면으로 도달시켜야 하는 최종일자는 2016년 5월 17일이 된다.

질문사항 2. 계약자 김○○씨는 2016년 4월분 보험료를 납부하지 못하여 2016년 5월 20일 보험료 자동대출납입을 신청하였다면 계약자 김○○씨가 약관에 따라 보험료 자동대출납입이 가능한 최종 연, 월을 쓰시오. [단, 해지환급금액의 크기는 약관에서 정한 최장기간까지 보험료 자동대출이 가능한 것으로 가정함]

모범 답안

1. 약관의 규정

보험료의 자동대출납입기간은 최초 자동대출납입일부터 1년을 한도로 하며, 그 이후의 기간에 대한 보험료의 자동대출납입을 위해서는 재신청을 하여야 한다.

2. 사례의 검토

① 계약자 김○○은 약관에 따라 보험료의 납입최고(독촉)기간인 5월 31일이 지나기 전까지 보험료의 자동대출납입을 신청할 수 있다.

② 보험료의 자동대출납입 기간은 최초 자동대출납입일(2016년 5월)부터 1년을 한도로 하므로, 보험료 자동대출납입이 가능한 최종 연, 월, 일은 2017년 4월까지이다.

질문사항 3. 계약자 김○○씨가 2016년 4월분부터 보험료 납입을 계속 지체할 경우 제3보험 표준약관에서 정한대로 A보험회사가 계속보험료 납입지체에 따른 계약 해지권을 행사하기 위해 필요한 사전적 절차(계약해지의 요건)를 약술하시오.

모범 답안

1. 최고의 기한

회사는 보험기간이 1년 이상이므로 14일 이상의 기간을 납입최고(독촉)기간(납입최고기간의 마지막 날이 영업일이 아닌 때에는 최고(독촉)기간은 그 다음 날까지로 한다)으로 정하여 계약자에게 고지하여야 한다.

2. 고지의 방법 및 고지 사항

다음 사항에 대하여 서면(등기우편 등), 전화(음성녹음) 또는 전자문서 등으로 알린다.

① 계약자(보험수익자와 계약자가 다른 경우 보험수익자를 포함한다)에게 납입최고(독촉)기간 내에 연체보험료를 납입하여야 한다는 내용

② 납입최고(독촉)기간이 끝나는 날까지 보험료를 납입하지 않을 경우 납입최고(독촉)기간이 끝나는 날의 다음 날에 계약이 해지된다는 내용(이 경우 계약이 해지되는 때에는 즉시 해지환급금에서 보험계약대출원금과 이자가 차감된다는 내용을 포함한다)

10 피보험자 K씨는 아래와 같이 보험계약을 체결한 후 보험기간 중 교통사고로 인하여 후유장해 진단을 받고 보험금을 청구하였다. 아래의 제 조건을 참고하여 질문에 답하시오.

1. 계약 사항

보험종목	피보험자	가입당시 나이	보험기간	가입금액(보장내용)	
장기상해보험	K	48세	2010.12.01. ~2030.12.01.	상해후유장해 담보	1억원
				교통상해후유장해 담보	1억원

※ 상기의 상해후유장해, 교통상해후유장해 담보는 별도의 특약 보험료를 각각 납입하였음. 장기상해보험은 질병·상해보험 표준약관을 사용함.

2. 손해 사항
　① 신경계장해로 인하여 「일상생활기본동작(ADLs) 제한 장해평가표」상 장해지급률 20%에 해당함
　② 신경계손상에서 비롯된 것으로 확인되는 아래의 장해가 함께 관찰됨
　　• 우측 귀의 청력에 심한 장해 : 15%
　　• 우측 눈의 안구에 뚜렷한 조절기능 장해 : 10%
　　• 씹어 먹는 기능에 뚜렷한 장해 : 20%
　③ 약간의 추간판탈출증 : 10%(전문의 소견에 의하면 7년 한시장해에 해당함)
　④ 우측 다리의 3대관절 중 1관절의 기능에 뚜렷한 장해 : 10%

3. 기타 사항
　약관상 보상하는 손해이며, 계약 전·후 알릴의무 위반사실은 없음.

질문사항 1. 보험자가 지급하여야 할 장해보험금을 계산하시오.

모범 답안

1. 의의

피보험자 K씨는 보험계약을 체결한 후 보험기간 중 교통사고로 인하여 후유장해 진단을 받은 상태이므로 각각 가입한 보험으로 보험금을 지급받을 수 있다.

2. 보험금액의 계산

(1) 신경계 장해의 경우

① 신경계 장해로 인하여 「일상생활기본동작(ADLs) 제한 장해평가표」상 장해지급률 20%에 해당하는 보험금을 지급받을 수 있다.

② 신경계 손상으로 인하여 원칙적으로 다음의 장해를 모두 합한 45%의 장해지급률이 적용되지만, 안구의 조절기능 장해는 피보험자의 연령이 45세 이상(48세)인 경우에는 장해판정에서 제외되므로 결국 35%의 장해율이 적용된다.

　㉠ 우측 귀의 청력에 심한 장해 : 15%

　㉡ 우측 눈의 안구에 뚜렷한 조절기능 장해 : 10%

　㉢ 씹어 먹는 기능에 뚜렷한 장해 : 20%

③ ①과 ②의 경우 높은 지급률만을 지급하므로, 지급률이 더 높은 ②의 35% 장해지급률을 적용한다.

(2) 약간의 추간판탈출증

10%(전문의 소견에 의하면 7년 한시장해에 해당함)의 장해지급률 중 한시적으로 나타나는 장해에 대하여는 5년 이상인 경우 해당 장해지급률의 20%만을 적용하므로 10%×20% = 2%의 장해지급률이 적용된다.

(3) 우측 다리의 3대관절 중 1관절의 기능에 뚜렷한 장해

10%의 장해지급률을 적용한다.

714 제3과목 제3보험의 이론과 실무

3. 보험금의 지급액

(1) 총 장해지급률

35% + 2% + 10% = 47%

(2) 피보험자 K가 받아야 할 장해보험금

① 상해후유장해보험금 : 1억원 × 47% = 4,700만원

② 교통상해후유장해보험금 : 1억원 × 47% = 4,700만원

(3) 총 지급보험금

4,700만원 + 4,700만원 = 9,400만원

질문사항 2. 피보험자 K씨는 이후 2차 교통사고가 발생하여 우측 귀의 청력을 완전히 잃은 상태(장해지급률 25%)와 우측 팔의 1관절 기능에 심한 장해를 남긴 상태(장해지급률 20%)가 발생하였을 때 장해지급률을 계산하시오. [단, 피보험자는 보험가입 전부터 우측 팔의 1관절 기능에 뚜렷한 장해를 남긴 상태(장해지급률 10%)에 해당하는 기존 장해가 이미 있었음]

모범 답안

1. 청력상실에 따른 장해지급보험금

(1) 상해후유장해보험금

청력의 완전한 상실로 인한 장해지급률에서 1차 사고시 발생한 장해지급률 15%를 감하여 계산한다.

1억원 × (25% − 15%) = 1,000만원

(2) 교통상해후유장해보험금

상해후유장해보험금과 같은 형식으로 구하므로 1,000만원을 지급받는다.

(3) 지급보험금

청력상실에 따른 장해보험금은 총 2,000만원이 된다.

2. 우측 팔의 1관절 기능에 심한 장해를 남긴 상태의 장해지급보험금

(1) 상해후유장해보험금

우측 팔의 1관절 기능에 심한 장해를 남긴 상태의 장해지급률에서 보험가입전 발생한 장해지급률 10%를 감하여 계산한다.

1억원 × (20% − 10%) = 1,000만원

(2) 교통상해후유장해보험금

상해후유장해보험금과 같은 형식으로 구하므로 1,000만원을 지급받는다.

(3) 지급보험금

우측팔의 장애발생에 따른 장해보험금은 총 2,000만원이 된다.

3. 총 지급보험금

2,000만원 + 2,000만원 = 4,000만원

11 다음은 甲을 피보험자로 하는 암보험계약이다. 아래의 제 조건을 참고하여 보험자가 지급하여야 할 보험금을 ① 진단급여금, ② 수술급여금, ③ 입원급여금으로 구분하여 계산하시오.

1. 계약 사항

보험 기간	가입 금액	보장내용		
		암진단급여금 (최초 1회 보장)	암수술급여금 (1회당)	입원급여금
2009.6.1. ~ 2039.6.1.	2천 만원	고액암 : 4천만원 일반암 : 2천만원 상피내암 : 4백만원 경계성종양 : 4백만원	고액암 : 1천만원 일반암 : 5백만원 상피내암 : 1백만원 경계성종양 : 1백만원	입원일을 포함하여 3일 초과 1일당, 120일 한도 보상 * 암(고액암 포함) : 10만원 * 상피내암, 경계성종양 : 2만원 질병일당보험금 : 질병 1일당 2만원(입원일을 포함하여 180일 한도 보상)

2. 기타 사항

① 고액암 : 식도암, 췌장암, 뼈암, 뇌암
② 약관상 보상하는 손해이며, 계약전 알릴의무 위반사실은 없음.

3. 손해 사항

① 2015년 9월 15일 상세불명 부위의 상피내암(D09)으로 진단 확정
② 2016년 10월 5일 골수섬유증(D47.4)으로 진단 확정
③ 2016년 10월 16일부터 2016년 11월 12일까지 골수섬유증(D47.4)으로 28일간 입원 후 퇴원 [2016년 10월 17일 골수섬유증(D47.4) 1차 수술 시행]
④ 2017년 1월 3일부터 2017년 4월 8일까지 골수섬유증(D47.4)으로 97일간 입원 후 퇴원 [2017년 1월 5일 골수섬유증(D47.4) 2차 수술 시행]

[별표] 가입 당시 약관에 첨부된 악성신생물 분류표
약관에 규정하는 한국표준질병사인분류에 있어서 악성신생물로 분류되는 질병은 제7차 한국표준질병사인분류 중 다음에 적은 질병을 말한다.

대상 질병	분류번호
1. 입술, 구강 및 인두의 악성 신생물	C00 ~ C14
2. 소화기관의 악성 신생물	C15 ~ C26
3. 호흡기 및 흉곽내 장기의 악성 신생물	C30 ~ C39
4. 골 및 관절연골의 악성 신생물	C40 ~ C41
5. 흑색종 및 피부의 기타 악성 신생물	C43 ~ C44
6. 중피성 및 연조직의 악성 신생물	C45 ~ C49

7. 유방의 악성 신생물	C50
8. 여성 생식기관의 악성 신생물	C51 ~ C58
9. 남성 생식기관의 악성 신생물	C60 ~ C63
10. 요로의 악성 신생물	C64 ~ C68
11. 눈, 뇌 및 중추신경계통의 기타 부위의 악성 신생물	C69 ~ C72
12. 갑상선 및 기타 내분비샘의 악성 신생물	C73 ~ C75
13. 불명확한, 속발성 및 상세불명부위의 악성 신생물	C76 ~ C80
14. 림프, 조혈 및 관련조직의 악성 신생물	C81 ~ C96
15. 독립된(원발성) 다발성 부위의 악성 신생물	C97
16. 진성 적혈구 증다증	D45
17. 골수 형성이상 증후군	D46
18. 만성 골수증식성 질환	D47.1
19. 본태성(출혈성) 혈소판 증가증	D47.3
20. 골수섬유증	D47.4
21. 만성 호산구성 백혈병[과호산구증후군]	D47.5

모범 답안

1. 진단급여금

① 2015년 9월 15일 상세불명 부위의 상피내암(D09)으로 진단 확정 : 400만원

② 2016년 10월 5일 골수섬유증(D47.4)으로 진단 확정 : 2,000만원

③ 총 진단급여금 : 400만원＋2,000만원＝2,400만원

2. 수술급여금

① 2016년 10월 16일부터 2016년 11월 12일까지 골수섬유증(D47.4)으로 28일간 입원 후 퇴원 [2016년 10월 17일 골수섬유증(D47.4) 1차 수술 시행] : 500만원

② 2017년 1월 3일부터 2017년 4월 8일까지 골수섬유증(D47.4)으로 97일간 입원 후 퇴원 [2017년 1월 5일 골수섬유증(D47.4) 2차 수술 시행] : 500만원

③ 총 수술 급여금 : 500만원＋500만원＝1,000만원

3. 입원급여금

① 2016년 10월 16일부터 2016년 11월 12일까지 골수섬유증(D47.4)으로 28일간 입원 후 퇴원 [2016년 10월 17일 골수섬유증(D47.4) 1차 수술 시행]

(28일 − 3일) × 10만원 = 250만원

② 2017년 1월 3일부터 2017년 4월 8일까지 골수섬유증(D47.4)으로 97일간 입원 후 퇴원 [2017년 1월 5일 골수섬유증(D47.4) 2차 수술 시행]

입원급여금은 총 120일을 한도로 하므로 95일만 보상받을 수 있다.

95일 × 10만원 = 950만원

③ 질병일당보험금 : 125일 × 2만원 = 250만원

④ 총 입원급여금 : 250만원 + 950만원 + 250만원 = 1,450만원

12 계약자 홍길동씨는 아래와 같이 해외여행 실손의료보험을 가입하고 해외여행 중 발병한 질병으로 현지 병원에서 입원치료 후 귀국하여 국내 병·의원에서 치료를 마친 후 해당 실손의료비를 청구하였다. A보험회사가 지급하여야 할 실손의료비를 ① 해외의료비와 ② 국내의료비로 구분하여 계산하시오.

1. 계약사항

| 회 사 | 보험종류 | 담보종목 | 가입금액(보상한도) | | 보험기간 | 여행지역 |
			해 외	국 내		
A손해보험	해외여행 실손의료보험	종합의료비	3,000만원	입원 : 5,000만원 통원(외래/처방) • 외래 1회당 20만원 • 처방 1건당 10만원	2013.8.10. ~2014.2.10.	전세계

2. 해외의료비 발생내역

(단위 : 원)

치료기관	구 분	치료기간	병명(치료)	본인부담 의료비
중국 K대학병원	입 원	2014.1.20. ~ 2014.2.1.	급성간염	700,000
중국 L한방병원	통 원	2014.2.5.	급성간염, 급성간염에 따른 침 치료	150,000
중국 P약국	처 방	2014.2.5.	급성간염에 따른 처방	50,000

3. 국내의료비 발생내역

(단위 : 원)

| 치료기관 | 구 분 | 치료기간 | 병 명 | 요양급여 | | 비급여 |
				공 단	본 인	
S 한방병원	외 래	2014.3.5.	급성간염	30,000	25,000	10,000
S 한방병원	외 래	2014.4.15.	급성간염	30,000	25,000	10,000
S 한방병원	외 래	2014.4.20.	급성간염	30,000	25,000	10,000
M 의원	외 래	2014.6.12.	급성간염	30,000	20,000	10,000
M 의원	외 래	2014.6.30.	급성간염	30,000	20,000	10,000
M 의원	외 래	2014.9.10.	급성간염	30,000	20,000	10,000

4. 조 건
   ① 계약전 알릴의무 위반사실은 없음.
   ② 해외발생의료비는 모두 지급일 기준 원화로 환산 표시한 것으로 가정하고 지급금 계산시 환율은 무시할 것.

1. 해외의료비

(1) 의 의
회사는 피보험자가 보험증권에 기재된 해외여행 중에 질병으로 인하여 해외의료기관에서 의사 (치료받는 국가의 법에서 정한 병원 및 의사의 자격을 가진 자에 한함)의 치료를 받은 때에는 보험가입금액을 한도로 피보험자가 실제 부담한 의료비 전액을 보상한다.

(2) 보험금 산정
700,000원 + 150,000원 + 50,000원 = 900,000원

2. 국내의료비

(1) 의 의

① 약관의 규정
회사는 피보험자가 보험증권에 기재된 해외여행 중에 발생한 질병으로 인해 국내 의료기 관·약국에서 치료를 받은 때에는 약관에 따라 보상한다. 다만, 보험기간이 1년 미만인 경 우에는 해외여행 중에 질병(다만, 청약서 상 '계약 전 알릴 의무(중요한 사항에 한함)'에 해당하는 질병으로 인하여 과거(청약서 상 해당 질병의 고지대상 기간을 말함)에 진단 또 는 치료를 받은 경우에는 제외한다)을 원인으로 하여 보험기간 종료후 30일(보험기간 종 료일은 제외한다) 이내에 의사의 치료를 받기 시작했을 때에는 의사의 치료를 받기 시작 한 날로부터 180일(통원은 180일 동안 외래는 방문 90회, 처방조제비는 처방전 90건)까지 만(보험기간 종료일은 제외한다) 보상한다.

② 사례의 적용
보험기간 종료(2014.2.10.) 후 30일 이내인 2014.3.5. 의사의 치료를 받기 시작하였으므로 의사의 치료를 받기 시작한 날로부터 180일 이내인 2014.6.30. 외래치료비까지만 보험금을 받을 수 있으며, 2014.9.5. 외래방문은 180일이 지났으므로 보험금 지급 대상에서 제외된다.

③ 보상에서 공제하는 금액
　㉠ 한방병원 : 1만 5천원과 보상대상 의료비의 20% 중 큰 금액
　㉡ 의원 : 1만원과 보상대상 의료비의 20% 중 큰 금액

(2) 보험금 산정

본인 부담금과 비급여액의 합계액에서 공제금액을 제한 금액을 보험금으로 지급받는다.

① S 한방병원   외래   2014.3.5.   급성간염 : 35,000원 - 15,000원 = 20,000원

② S 한방병원   외래   2014.4.15.   급성간염 : 35,000원 - 15,000원 = 20,000원

③ S 한방병원   외래   2014.4.20.   급성간염 : 35,000원 - 15,000원 = 20,000원

④ M 의원   외래   2014.6.12.   급성간염 : 30,000원 - 10,000원 = 20,000원

⑤ M 의원   외래   2014.6.30.   급성간염 : 30,000원 - 10,000원 = 20,000원

⑥ M 의원   외래   2014.9.10.   급성간염 : 기간경과로 보험금지급대상에서 제외

⑦ A보험회사가 지급하여야 할 국내 실손의료비는 100,000원이 된다.

13 아래의 보험금 청구 사례를 읽고 다음 질문에 답하시오.

1. 계약사항

보험종목	피보험자	보험기간	가입금액(보장내용)		사망시 수익자
장기상해보험	A	2010.12.1. ~ 2020.12.1.	상해사망 특약	1억원	법정 상속인
			교통상해사망 특약	2억원	

※ 상기의 특약은 특약 보험료를 각각 납입하였음.

2. 알릴 의무 사항

① 피보험자 A씨는 보험가입당시 운수회사 사무직(상해 직업급수 1급)으로 고지하고 보험에 가입한 후, 2012년 10월 1일자로 영업용 택시운전기사(상해 직업급수 3급)로 직무가 변경된 사실을 사고일까지 통보하지 않았음.

② 보험요율 : 1급 요율(0.1%), 2급 요율(0.2%), 3급 요율(0.3%)

3. 사고사항

피보험자 A씨는 가족과 함께 비행기에 승객으로 탑승하여 중국으로 여행을 가던 중 비행기 추락사고로 2013년 6월 25일 가족 B, C, D, F와 함께 동시에 사망함.

4. 가족사항

A : 피보험자
B : A의 배우자
C(아들) 및 D(딸) : A의 자녀
E : C의 배우자
F : D의 배우자
G : C의 자녀
H : D의 자녀
(가족 모두 성년이며, 제한능력자가 아닌 정상인임)

질문사항 1. 상기의 조건에서 알릴 의무 위반 여부와 보상책임에 관해 약술하시오.

모범 답안

상기의 조건에서 알릴 의무 위반 여부와 보험사고 발생과는 인과관계가 전혀 없으므로 「상법」 제655조 단서 규정에 의하여 보험회사는 보험금을 지급할 책임이 있다.

상기의 조건에서 보험회사가 지급해야 할 각 수익자별 지급보험금 산출과정을 명시하여 계산하시오.

모범 답안

① 「민법」상의 동시사망규정에 의하여 E, G, H가 상해사망특약 보험금과 교통상해사망특약 보험금을 각각 대습상속하게 된다.

② 상속비율은 먼저 E, G는 사망한 C의 상속분을, H는 D의 상속분을 각각 5 : 5로 나누어 대습상속하게 된다.

③ 상해사망특약 보험금 1억원은 E, G 가 5,000만원, H가 5,000만원을 상속하게 된다. E, G는 상속받은 5,000만원을 「민법」의 상속비율에 따라 3 : 2로 분배한다. 따라서 배우자인 E는 3,000만원, G는 2,000만원을 상속하게 된다.

④ 교통상해사망특약 보험금 2억원은 E, G가 1억원, H가 1억원을 상속하게 된다. E, G는 상속받은 1억원을 「민법」의 상속비율에 따라 3 : 2로 분배한다. 따라서 배우자인 E는 6,000만원, G는 4,000만원을 상속하게 된다.

⑤ 최종 지급보험금은 다음과 같다.
  • E : 3,000만원＋6,000만원 = 9,000만원
  • G : 2,000만원＋4,000만원 = 6,000만원
  • H : 5,000만원＋1억원 = 1억5,000만원

14 표준형 실손의료보험 표준약관에 의할 경우 다음의 치료내용을 기준으로 실제 지급될 상해통원의료비를 계산하시오.

---

1. 치료내용
   ① 2014.3.10. 상해사고로 외과병원에서 진찰료 29,000원
   ② 2014.3.10. 처방전에 의한 약국조제비 10,000원
   ③ 2014.3.11. 상해사고로 외과병원에서 수술비 100,000원(의수 50,000원 포함)
   ④ 2014.3.20. 상해사고로 치과병원에서 진찰료 30,000원
   ⑤ 2014.4.20. 상해사고로 한방병원에서 침술치료비 20,000원
   ※ 보험가입금액은 1일당 10만원, 발생의료비는 전액 본인부담액이며, 중복하여 가입한 보험은 없는 것으로 한다.

2. 항목별 공제금액

구 분		항 목	공제금액
표준형	외래 (외래제비용 및 외래수술비 합계)	「의료법」 제3조 제2항 제1호에 따른 의원, 치과의원, 한의원, 같은 항 제2호에 따른 조산원, 「지역보건법」 제10조, 제12조 및 제13조에 따른 보건소, 보건의료원 및 보건지소, 「농어촌 등 보건의료를 위한 특별조치법」 제15조에 따른 보건진료소	1만원과 보상대상 의료비의 20% 중 큰 금액
		「의료법」 제3조 제2항 제3호에 따른 종합병원, 병원, 치과병원, 한방병원, 요양병원	1만 5천원과 보상대상 의료비의 20% 중 큰 금액
		「국민건강보험법」 제42조 제2항에 따른 종합전문요양기관 또는 「의료법」 제3조의4에 따른 상급종합병원	2만원과 보상대상 의료비의 20% 중 큰 금액
	처방조제비	「국민건강보험법」 제42조 제1항 제2호에 따른 약국, 같은 항 제3호에 따른 한국희귀의약품센터에서의 처방, 조제(의사의 처방전 1건당, 의약분업 예외 지역에서 약사의 직접조제 1건당)	8천원과 보상대상 의료비의 20% 중 큰 금액

1. 개 요

실손의료보험 표준약관에서는 통원치료의 경우 병의원의 유형에 따라 본인이 부담하는 공제액을 일률적으로 규정하고 있다. 즉 소손해의 직접공제방식을 취함으로써 손해사정 시간과 비용을 절감하고, 과잉진료 등을 방지하고 있다.

2. 실제 지급될 상해통원의료비

① 2014.3.10. 상해사고로 외과병원에서 진찰료 29,000원

　29,000원 − 15,000원(공제금액) = 14,000원

② 2014.3.10. 처방전에 따른 약국조제비 10,000원

　10,000원 − 8,000원(공제금액) = 2,000원

③ 2014.3.11. 상해사고로 외과병원에서 수술비 100,000원(의수 50,000원 포함)

　의수 50,000원은 보험회사에서 보상하지 않는다. 따라서 수술비 50,000원 중에서 공제금액을 제하고 보상을 하게 된다.

　50,000원 − 15,000원(공제금액) = 35,000원

④ 2014.3.20. 상해사고로 치과의원에서 진찰료 30,000원

　30,000원 − 10,000원(공제금액) = 20,000원

⑤ 2014.4.20. 상해사고로 한방병원에서 침술치료비 10,000원

　공제금액이 15,000원이므로 지급할 보험금이 없다.

3. 실제 지급될 상해통원의료비

14,000원 + 2,000원 + 35,000원 + 20,000원 = 71,000원

15 2016년 1월 1일 ~ 2017년 12월 31일의 보험기간동안 3일 초과 1일당 1만원 지급 받는 입원특약에 가입하고 아래와 같이 입원 치료한 경우 총 지급받는 입원급여금의 합계를 구하시오.

1. 2016년 1월 20일 재해사고로 2016년 1월 20일부터 60일간 입원치료
2. 퇴원 2개월 후 다시 90일간 입원치료
3. 그 때의 사고 후유증으로 2017년 8월 21일부터 30일간 입원치료
4. 2017년 12월 1일 또 다른 사고로 60일간 입원치료

모범 답안

1. 2016년 1월 20일부터 60일간 입원치료하고, 퇴원 2개월 후 다시 90일간 입원치료를 한 경우

최종 입원의 퇴원일로부터 180일이 경과하지 않고, 180일 이내에 재입원한 것이므로 처음 입원한 3일간만 빼고 입원급여금을 지급한다.

즉, 57일(60일 – 3일) + 90일 = 147일 간의 입원급여금을 지급한다.

2. 사고 후유증으로 2017년 8월 21일부터 30일간 입원치료를 한 경우

동일 사고라도 최종퇴원일로부터 180일 경과하여 발생한 입원이므로 30일 입원 중 처음 3일을 제외한 27일 간의 입원급여금을 지급한다.

3. 2017년 12월 1일 또 다른 사고로 60일간 입원치료를 한 경우

피보험자가 입원하여 치료를 받던 중 보험기간이 끝나더라도 그 계속 중인 입원에 대하여는 보험기간 종료일로부터 180일까지(보험기간 종료일은 제외한다) 보상한다.

12월 1일 사고는 다른 사고이므로 60일 중 처음 3일을 뺀 57일 간의 입원급여금을 지급한다.

4. 입원급여금의 합계

① 147일 + 27일 + 57일 = 231일

② 1일당 1만원이므로, 231일 × 1만원 = 231만원의 입원급여금을 지급한다.

16 다음 계약사항과 사고내용을 읽고 甲의 아버지(A)와 乙의 어머니(B)에게 지급할 보험금을 계산하시오.

1. 보험계약사항

회사명	피보험자	재해사망시 보장금액	사망시 수익자
K생명 보험회사	甲(남편)	1억원	법정상속인
D생명 보험회사	乙(배우자)	1억원	법정상속인
S생명 보험회사	丙(자녀)	1억원	

2. 사고내용

2017년 5월 5일에 가족 해외여행 중 교통사고로 피보험자 甲(남편)과 丙(미혼자녀)은 사고 현장에서 동시 사망하고 乙(배우자)은 병원에서 치료 중 5월 6일 사망한 사고이다(약관상 담보되는 사고임).

3. 가족사항

① 甲(남편) : 아버지(A) 생존, 처(乙)는 다음날 사망, 자녀(丙)는 동시 사망
② 乙(배우자) : 어머니(B) 생존, 남편(甲)과 자녀(丙)는 하루전 동시 사망

모범 답안

1. 甲(남편)을 피보험자로 한 보험

① 甲(남편)의 사망에 의하여 상속은 처(乙)와 아버지(A)가 1억원을 1.5 : 1의 비율로 상속한다.
② 따라서 처(乙)는 6,000만원, 아버지(A)는 4,000만원을 각각 상속받는다.
③ 처(乙)의 6,000만원은 처(乙)의 사망과 함께 처(乙)의 어머니(B)에게 상속된다.

2. 乙(배우자)을 피보험자로 한 보험

처(乙)의 사망과 함께 법정상속인인 어머니(B)에게 1억원이 상속된다.

3. 丙(자녀)을 피보험자로 한 보험

어머니인 乙이 1억원을 상속받지만 乙이 다음날 사망함과 동시에 법정상속인인 어머니(B)에게 1억원이 상속된다.

4. 지급보험금

① 아버지(A)에게 지급할 보험금 = 4,000만원

② 어머니(B)에게 지급할 보험금 = 6,000만원+1억원+1억원 = 2억6,000만원

17 다음의 청구 사례를 보고 아래 질문에 답하시오.

〈계약사항〉

보험종목	피보험자	보험기간	보장내용(가입금액)		보험수익자
장기상해보험 (K보험사)	김보상	2014.05.01. ~ 2029.04.30.	일반상해후유장해 : 1억원		피보험자
			교통사고후유장해 : 2억원		피보험자
			80% 이상 후유장해 : 1억원		피보험자
			일반상해사망 : 7,000만원		법정상속인

※ 장기상해보험은 질병·상해보험 표준약관을 사용하며, 정상 유지 계약임
※ 알릴의무위반사항과 보상하지 아니하는 사항 없음
※ 80% 이상 후유장해 발생시 일시금으로 전액지급
※ 파생장해 및 기왕증 없음

〈사고내용〉
피보험자(김보상)는 2016년 1월 9일 자가용 자동차를 타고 가족들과 여행을 가던 중 교통사고를 당하여 아래와 같은 장해진단을 받았다(장해진단일 : 2016년 8월 9일).

〈장해진단내용〉

① 머리뼈와 상위경추(상위목뼈 : 제1, 2 목뼈) 사이에 뚜렷한 이상전위가 있음
② 요추의 특수검사(CT, MRI 등)에서 추간판 병변이 확인되고, 의학적으로 인정할 만한 하지방사통(주변부위로 뻗치는 증상)이 있음
③ 우측 고관절의 운동범위 합계가 정상 운동범위의 1/2 이하로 제한됨(7년 한시장해)
④ 우측 슬관절에 스트레스 엑스선상 13mm의 동요관절이 있음
⑤ 얼굴에 지름 4cm의 조직함몰
⑥ 머리에 손바닥 1/2 크기 이상의 반흔 모발결손
⑦ 좌측 귀의 순음청력검사결과 평균순음역치가 90dB 이상(3회 이상 청력검사 실시함)
⑧ 뇌 손상으로 다음과 같은 일상생활기본동작(ADLs) 제한 남음
  • 독립적인 음식물 섭취는 가능하나 젓가락을 이용하여 생선을 바르거나 음식물을 자르지는 못하는 상태
  • 목욕시 신체(등 제외)의 일부 부위만 때를 밀수 있는 상태

※ 상기 장해진단은 장해판정기준에 의해 확정됨.

〈장해분류표상 장해지급률〉

- 심한 추간판탈출증(20%)
- 뚜렷한 추간판탈출증(15%)
- 약간의 추간판탈출증(10%)
- 척추에 심한 운동장해를 남긴 때(40%)
- 척추에 뚜렷한 운동장해를 남긴 때(30%)
- 척추에 약간의 운동장해를 남긴 때(10%)
- 외모에 뚜렷한 추상을 남긴 때(15%)
- 외모에 약간의 추상을 남긴 때(5%)
- 한 다리의 3대관절 중 관절 하나의 기능을 완전히 잃었을 때(30%)
- 한 다리의 3대관절 중 관절 하나의 기능에 심한 장해를 남긴 때(20%)
- 한 다리의 3대관절 중 관절 하나의 기능에 뚜렷한 장해를 남긴 때(10%)
- 한 다리의 3대관절 중 관절 하나의 기능에 약간의 장해를 남긴 때(5%)
- 한 귀의 청력을 완전히 잃었을 때(25%)
- 한 귀의 청력에 심한 장해를 남긴 때(15%)
- 한 귀의 청력에 약간의 장해를 남긴 때(5%)
- 독립적인 음식물 섭취는 가능하나 젓가락을 이용하여 생선을 바르거나 음식물을 자르지는 못하는 상태(5%)
- 목욕시 신체(등 제외)의 일부 부위만 때를 밀 수 있는 상태(3%)

질문사항 1. K보험회사가 김보상에게 지급해야 할 후유장해보험금을 각 담보별로 계산하시오(산출근거 명시).

[모범 답안]

1. 장해지급률의 산정

(1) 척추의 장해 : 30%

① 머리뼈와 상위경추 사이에 뚜렷한 이상전위 : 척추에 뚜렷한 운동장해를 남긴 때(30%)를 적용한다.

② 요추의 특수검사에서 추간판 병변이 확인되고, 의학적으로 인정할 만한 하지방사통이 있음 : 약간의 추간판탈출증(10%)을 적용한다.

③ 경추, 요추는 동일한 부위로 보아 높은 지급률을 적용한다(30%).

(2) 다리의 장해 : 12%

① 우측 고관절의 운동범위 합계가 정상 운동범위의 1/2 이하로 제한(7년 한시장해) : 뚜렷한 장해를 남긴 때(10%)를 적용하지만 5년 이상의 한시장해에 해당되므로 해당 지급률의 20%를 적용한다. 즉 10% × 20% = 2%이다.

④ 우측 슬관절에 스트레스 엑스선상 13mm의 동요관절이 있음 : 10mm의 동요관절이 있는 경우 뚜렷한 장해를 남긴 때(10%)를 적용한다.

(3) 추상 장해 : 5%

① 얼굴에 지름 4cm의 조직함몰 : 외모에 약간의 추상을 남긴 때(5%)를 적용한다.

② 머리에 손바닥 1/2 크기 이상의 반흔 모발결손 : 외모에 약간의 추상을 남긴 때(5%)를 적용한다.

③ 동일한 부위로 보아 높은 지급률을 적용한다(5%).

(4) 귀의 장해 : 25%

좌측 귀의 순음청력검사결과 평균순음역치가 90dB 이상이므로, 한 귀의 청력을 완전히 잃었을 때(25%)를 적용한다.

(5) 신경계·정신행동 장해

① 독립적인 음식물 섭취는 가능하나 젓가락을 이용하여 생선을 바르거나 음식물을 자르지는 못하는 상태(5%)

② 목욕시 신체(등 제외)의 일부 부위만 때를 밀 수 있는 상태(3%)

③ 신경계 장해의 경우 10% 미만은 장해로 인정하지 않으므로 면책된다.

(6) 후유장해지급률

30% + 12% + 5% + 25% = 72%

2. 후유장해 보험금의 산정

교통사고에 의해 장해진단을 받았으므로 일반상해후유장해와 교통사고후유장해에 대하여 가입 금액에 장해지급률에 해당하는 금액을 보험금으로 지급한다.

(1) 일반상해후유장해보험금

1억원 × 72% = 7,200만원

(2) 교통사고후유장해보험금

2억원 × 72% = 1억4,400만원

질문사항 2. 만약, 김보상이 위 교통사고로 현장사망 하였다고 가정할 경우 K보험회사가 지급해야 할 사망보험금을 수익자별로 계산하시오(계산과정 명시).

> 피보험자는 배우자A, 자녀B(30세, 양자), 자녀C(27세)가 있으며, 자녀C는 결혼하여 배우자D와 자녀E(3세)가 있다. 자녀C는 피보험자가 사망하기 1개월 전 질병으로 사망함.

※ 보험수익자는 심신상실자, 심신박약자가 아닌 정상인임.

모범 답안

피보험자의 일반상해사망에 따른 보험금은 7,000만원이다. 다음의 상속순위에 따라 상속자들에게 사망보험금을 상속한다.

① **배우자A** : 배우자A는 자녀B와 자녀C와 1.5 : 1 : 1 비율로 상속하므로 3,000만원을 상속받는다.

② **자녀B** : 마찬가지로 자녀B는 2,000만원을 상속받는다.

③ **자녀C(2/7)** : 자녀C는 피보험자가 사망하기 1개월 전 질병으로 사망하였기 때문에 자녀C가 상속받을 2천만 원에 대해서는 배우자D와 자녀E가 1.5 : 1 비율로 대습상속한다. 즉 배우자D는 1,200만원, 자녀E는 800만원을 대습상속한다.

18 김갑동씨는 사무직으로 근무시 아래의 보험을 가입하고 2014.5.3.일자에 엘리베이터 정비원으로 직무가 변경되었으나, 사고일까지 통보하지 않았다. 아래의 제 조건을 참고하여 질문에 답하시오.

〈계약사항〉

보험종목	피보험자	보험기간	보장내용(가입금액)	
장기상해보험	김갑동	2013.4.1. ~ 2033.4.1	일반상해후유장해 담보	1억원
			교통상해후유장해 담보	2억원
			신주말일반상해후유장해 담보	1억원
			일반상해80%이상후유장해 담보	1억원

※ 상기 각 담보는 별도의 특약보험료를 각각 납입함. 질병·상해보험 표준약관 사용함.
※ 일반상해 80% 이상 후유장해는 상해사고로 장해지급률 80% 이상에 해당하는 장해상태가 되었을 때 보험수익자에게 가입금액을 전액 지급함.
※ 보험요율 : 1급 요율(0.2%), 2급 요율(0.3%), 3급 요율(0.4%)
※ 직업급수 : 사무직(1급), 엘리베이터 정비원(3급)

〈사고사항〉
피보험자는 2014.8.22.(금요일) 쇼핑몰의 엘리베이터 고장으로 본인이 직접 수선 작업을 하는 동안 발생한 사고로 상해를 입고 1차 장해진단 받아 2015.2.18.일 보험금을 청구하였다. 이에 보험회사가 알릴의무 위반으로 2015.3.5.일 계약해지 처리하였으며, 그 후 장해상태가 악화되어 2차 장해진단 받았음.

〈장해상태〉
1. 1차 장해진단[진단일자 : 2015.2.17.(화요일)]
   ① 우) 슬관절 동요관절 8mm(건측대비 환측)
   ② 코의 1/4 이상 결손
   ③ 한쪽 코의 후각기능을 완전히 잃음
   ④ 좌) 고관절 인공골두 삽입

2. 2차 장해진단 : 〈후유장해진단서〉 참조

〈후유장해진단서〉

성 명	김갑동	남	주민번호	******-*******	병록번호	******
수상일	2014년 8월 22일		초진일	2014년 8월 22일	장해 진단일	2015년 7월 30일

□ 상병명(※ 상병명이 많을 때는 장해와 관계있는 주요 상병명을 기재하여 주십시오.)
  1) 우측 안와부 골절   2) 좌측 족관절 골절
  3) 양측 슬관절 후방 십자인대파열 및 대퇴골 골절

□ 주요 치료경과 현증 및 기왕증 주요검사소견 등
  상기 환자는 엘리베이터 수선 작업 중 발생한 사고로 본원 내원하여 상병으로 치료 후
  1차 후유장해 진단받았으나, 그 후 장해상태 악화되어 2차 후유장해 진단받음.

□ 상하지, 수, 족 척추관절의 운동범위 등
  – 우)슬관절 – 스트레스 엑스선상 12mm 이상의 동요관절(건측대비 환측)
  – 좌)슬관절 – 근전도 검사상 심한 마비 소견이 있고 근력검사에서 근력 '1등급(Trace)'
  – 좌)족관절 – 굴곡 : 5(40), 신전 5(20), 외반 : 10(20), 내반 5(30)
  ※ ( ) : 정상운동범위(AMA 5판 의거)

시력	라안시력 : (좌) (우)	※ 정상시력에 대비한 (좌) % 시각장해율 (정상 100을 기준) (우) %	청력	적용기준 ASA ISO	(좌) db (우) db
	교정시력 : (좌) (우)				
	복시유무 : 정면시에서 복시유무 – (유)			보통대화청취거리 : m	

□ 장해진단(AMA장해평가)
  – 우측 안구의 뚜렷한 운동장해(정면 양안시에서 복시를 남긴 때)
  – 우측 슬관절 장해상태는 위와 같음
  – 좌측 슬관절 및 족관절 장해상태는 위와 같음

비고 (장해부위의 그림표시 등) ※ 영구장해로 사료됨.	상기와 같이 진단함. 진단서 발행일 : 2015년 7월 30일 병의원 명칭 : **대학교병원

〈장해분류별 장해지급률〉
① 코의 기능 완전히 잃었을 때(15%)
② 외모에 약간의 추상을 남긴 때(5%)
③ 외모에 뚜렷한 추상을 남긴 때(15%)
④ 한 눈의 안구에 뚜렷한 운동장해(10%)
⑤ 한다리 1관절 기능 완전히 잃었을 때(30%)
⑥ 한다리 1관절 기능 심한 장해(20%)
⑦ 한다리 1관절 기능 뚜렷한 장해(10%)
⑧ 한다리 1관절 기능 약간의 장해(5%)

1차 장해진단으로 지급하여야 할 보험금을 계산하시오(지급근거 및 계산과정 명시).

1. 장해지급률의 산정

(1) 우측 슬관절 동요관절 8mm

5mm 이상의 동요관절이 있는 경우는 약간의 장해지급률(5%)을 적용한다.

(2) 코의 1/4 이상 결손

외모에 약간의 추상을 남긴 때(5%)를 적용한다.

(3) 한쪽 코의 후각기능을 완전히 잃음

양쪽 코의 후각기능을 완전히 잃은 경우에 한해 장해지급률(15%)을 적용하므로 해당사항이 아니다.

(4) 좌측 고관절 인공골두 삽입

한다리 1관절 기능 완전히 잃었을 때(30%)를 적용한다.

(5) 후유장해지급률

5% + 5% + 30% = 40%

2. 후유장해 보험금의 산정

(1) 일반상해후유장해 담보

김갑동은 사무직으로 근무 중 엘리베이터 정비원으로 직무가 변경되었으나 사고일까지 이를 통보하지 않아 알릴의무를 위반하였다. 따라서 직무가 변경되기전 요율의 변경 후 요율에 대한 비율에 따라 보험금을 삭감하여 지급한다.

$$1억원 \times 40\% \times \frac{1급(0.2)}{3급(0.4)} = 2,000만원$$

(2) 신주말일반상해후유장해 담보

피보험자는 2014.8.22(금요일)에 사고를 당하였으므로 신주말일반상해후유장해 담보에 해당된다.

$$1억원 \times 40\% \times \frac{1급(0.2)}{3급(0.4)} = 2,000만원$$

(3) 후유장해 보험금

2,000만원 + 2,000만원 = 4,000만원

질문사항 2.   2차 장해진단으로 지급하여야 할 보험금을 계산하시오(지급근거 및 계산과정 명시).

모범 답안

1. 장해지급률의 산정

(1) 우측슬관절 : 스트레스 엑스선상 12mm 이상의 동요관절

10mm 이상의 동요관절이 있는 경우는 뚜렷한 장해(10%)를 적용한다. 그러나 1차 진단시 우측슬관절의 동요장해에 의한 장해지급률 5%를 적용하였으므로 5%를 차감한다. 즉 10% − 5% = 5%를 적용한다.

(2) 좌측 슬관절

근전도 검사상 심한 마비 소견이 있고 근력검사에서 근력 '1등급(Trace)'인 경우 심한 장해(20%)를 적용한다.

(3) 좌측 족관절

정상운동범위의 1/4 이하로 제한된 경우(좌족관절의 운동범위의 합계 25도)이므로, 심한 장해(20%)를 적용한다.

(4) 우측 안구의 뚜렷한 운동장해

안구운동장해의 평가는 외상 후 1년이 경과해야 하므로 해당되지 않는다.

(5) 후유장해지급률

좌측 다리의 후유장해지급률은 1차 진단에 따른 후유장해 지급률 30%와 2차 진단에 따른 후유장해 장해지급률 20%와 20%를 각각 합산하면 70%로, 60%를 초과하므로 그 중 높은 지급률인 30%를 적용한다.

5%＋30% = 35%

2. 후유장해 보험금의 산정

(1) 일반상해후유장해 담보

$$1억원 \times 35\% \times \frac{1급(0.2)}{3급(0.4)} = 1,750만원$$

(2) 신주말일반상해후유장해 담보

$$1억원 \times 35\% \times \frac{1급(0.2)}{3급(0.4)} = 1,750만원$$

(3) 후유장해 보험금

1,750만원＋1,750만원 = 3,500만원

19 김행복은 2014년 회사를 퇴직하고, 2015년부터 현재(2016년 8월)까지 국민건강보험료로 매월 58,000원을 납입해왔다. 아래의 제 조건을 읽고 질문에 답하시오.

〈계약사항〉

보험회사	보험종목	피보험자	보험기간	보장내용(가입금액)	자기부담률
갑	실손의료보험 〈표준형〉	김행복	2016.01.05. ~ 2036.01.04.	질병입원의료비 : 5,000만원	20%

※ 고지의무 위반 등 계약상 하자는 없으며, 퇴직시 연령은 고려하지 않음.

〈건강보험 기준보험료〉

분 위	본인부담 상한액	보험료수준	월별 직장보험료구간	월별 지역보험료구간
1분위	120만원	10% 이하	30,440원 이하	9,380원 이하
2~3분위	150만원	10% 초과~30% 이하	30,440원 초과 ~ 45,640원 이하	9,380원 초과~ 25,050원 이하
4~5분위	200만원	30% 초과~50% 이하	45,640원 초과~ 67,410원 이하	25,050원 초과 ~ 54,450원 이하
6~7분위	250만원	50% 초과~70% 이하	67,410원 초과 ~ 103,010원 이하	54,450원 초과~ 105,000원 이하
8분위	300만원	70% 초과~80% 이하	103,010원 초과 ~ 132,770원 이하	105,000원 초과~ 141,000원 이하
9분위	400만원	80% 초과~90% 이하	132,770원 초과~ 179,700원 이하	141,000원 초과~ 190,870원 이하
10분위	500만원	90% 초과	179,700원 초과	190,870원 초과

※ 건강보험 기준보험료 : 2015년과 2016년은 동일하며, 매년 1월1일부터 12월31일까지 적용한다고 가정함.
※ 김행복은 국민건강보험법 적용 대상자이며, 퇴직 이후 건강보험 가입자 및 피부양자로 건강보험료 전액을 납입해 왔음.
※ 갑보험사로부터 2016년 지급받지 못한 실손보험금은 2017년 국민건강보험공단에서 환급받을 수 있음.

〈입원의료비 발생내역〉

진료기관	진단명	입원기간	요양급여 공단부담	요양급여 본인부담	비급여의료비
A상급종합병원	위 암	2016.03.01. ~ 2016.03.15.	600만원	200만원	400만원
B요양병원	위 암	2016.04.01. ~ 2016.06.15.	400만원	100만원	600만원
C한방병원	위 암	2016.07.01. ~ 2016.07.30.	350만원	300만원	300만원

※ 비급여 비용은 치료관련 비용이고, 상급병실료는 없음.
※ C한방병원은 한의사만 진료하는 병원임.
※ 2016.07.30. 이후 추가 치료사항은 없음.

질문사항 1. 갑보험사가 지급해야 할 실손의료비를 계산하시오(풀이과정 명시).

모범 답안

1. 본인부담상한제에 따른 의료비

요양급여 본인부담금은 A상급종합병원 200만원＋B요양병원 100만원＋C한방병원 300만원 = 600만원이다. 김행복은 지역보험 가입자로 매월 58,000원 납입하므로 6~7분위에 해당하여 본인부담상한액인 250만원을 초과하는 금액은 환급받을 수 있으므로 실손의료비에서는 보상하지 않는다. 따라서 보상대상의료비는 250만원이다.

2. 갑보험사의 실손의료비 지급보험금

(1) 보상대상의료비

실제본인부담액 − 보상제외금액 = (요양급여 본인부담＋비급여의료비) − {(본인부담상한제 초과금액)＋(한방병원 비급여)}

= (600만원＋1,300만원) − (350만원＋300만원) = 1,250만원

(2) 공제금액

1,250만원 × 20% = 250만원

의료급여 본인부담액과 비급여의 합계액의 20%를 200만원 한도에서 공제하므로 200만원만 공제한다.

(3) 지급보험금

지급보험금 = 보상대상의료비 − 공제금액 = 1,250만원 − 200만원 = 1,050만원

질문사항 2. 실손의료보험 표준약관상 "본인부담금 상한제"를 기술하고, 김행복이 2017년 국민건강보험공단으로부터 환급받을 수 있는 금액을 계산하시오.

모범 답안

1. 본인부담상한제의 의의

과다한 의료비 지출로 인한 가계의 부담을 덜어주기 위하여 가입자의 소득수준에 따라(건강보험료기준), 1년간 지출한 건강보험 본인부담금(비의료급여비 제외)이 본인부담상한액을 초과하는 경우 그 초과금액을 가입자에게 돌려주는 제도를 말한다.

2. 환급받을 수 있는 금액

총 요양급여 중 본인부담금은 600만원이고 지역가입자로써 6~7분위에 해당하여 본인부담상한액은 250만원이므로 이를 차감한 350만원을 국민건강보험공단으로부터 환급받을 수 있다.

20 피보험자 김소망씨는 A, B사에 보험을 가입하고 해외여행 중 발병한 질병으로 현지 병원에서 치료 후 귀국하여 국내 병·의원에서 치료받고 해당 실손의료비를 청구하였다. 아래 질문에 답하시오.

〈계약사항〉

보험사	보험종류	보험기간	담보종목	가입금액(보상한도액)		비 고
A	실손의료보험 (표준형)	2015.5.1. ~ 2035.5.1.	질 병	입원 : 5,000만원 통원 : 외래 1회당 20만원 처방 1건당 10만원		자기부담률 (20%)
B	해외여행 실손의료보험 (표준형)	2015.10.1. ~ 2015.10.15.	질병 의료비	해 외	1,000만원	자기부담률 (20%)
				국 내	입원 : 5,000만원 통원 : 외래 1회당 20만원 처방 1건당 10만원	

※ 상기 보험은 실손의료보험 표준약관 개정(2014.12.26.)으로 아래의 통원의료비 및 입원의료비는 발생한 것으로 가정함. 계약전 알릴의무 위반사항 없음.
※ 보험금 계산시 편의상 본인부담금 상한제도와 자기부담금 한도제도는 적용하지 않음.

〈해외의료비 발생내역〉

진료기관	진단명(병명)	치료기간	구 분	본인부담의료비
일본 E대학병원	뇌내출혈(I61)	2015.10.3.	통 원	1,000,000원
일본 F치과의원	치주염(K05)	2015.10.14.	통 원	300,000원
일본 K약국	치주염(K05)	2015.10.14.	처 방	30,000원

〈국내 입원의료비 발생내역〉

진료기관	진단명(병명)	입원기간	요양급여		비급여 의료비
			공단부담	본인부담	
L상급종합병원	뇌내출혈(I61)	2016.5.7. ~ 6.5.(30일)	700만원	400만원	300만원*
N한방병원	뇌내출혈(I61)	2016.11.25. ~ 12.22.(28일)	200만원	200만원	500만원
O병원	뇌내출혈(I61)	2017.5.15. ~ 5.24.(10일)	150만원	300만원	100만원

* L상급종합병원 입원기간(2016.5.7.~6.5.) 중 비급여 의료비 300만원에는 회사가 보상하는 질병치료를 목적으로 하는 영양제 30만원, TV시청료 10만원, 의사의 임상적 소견과 관련이 없는 검사비용 50만원이 포함됨.

〈국내 통원의료비 발생내역〉

진료기관	진단명(병명)	치료기간	구 분	본인부담의료비
P상급종합병원	뇌출혈후유증(I69)	2017.5.25.	통 원	80,000원
Q약국	뇌출혈후유증(I69)	2017.5.25.	처 방	30,000원
R의원	상세불명 치매(F03)	2017.6.25.	통 원	150,000원
S약국	상세불명 치매(F03)	2017.6.25.	처 방	130,000원

질문사항 1. 해외의료비 발생내역에 대하여 A, B 보험사가 지급하여야 할 실손의료비를 계산하시오 (각각 계산과정 명시).

[모범 답안]

1. A보험사의 실손의료비

A보험사의 실손의료보험에서는 해외에서 발생한 의료비는 보상하지 않는다.

2. B보험사의 실손의료비

B보험사의 해외여행실손의료보험에서는 해외의료기관에서 치료를 받은 피보험자의 의료비 전액을 보상한다. 따라서 1,000,000원＋300,000원＋30,000원 = 133만원을 지급한다.

질문사항 2. 국내의료비 발생내역에 대하여 A, B 보험사가 지급하여야 할 실손의료비[① 입원의료비, ② 통원의료비(외래), ③ 통원의료비(처방조제비)]를 계산하시오(각각 계산과정 명시).

[모범 답안]

1. A보험사의 실손의료비

(1) 입원의료비

① L상급종합병원 : 본인부담금과 비급여의료비의 합계액의 80% 해당액을 보상한다. 여기서 비급여의료비 중 진료와 무관한 TV시청료 10만원과 의사의 임상적 소견과 관련이 없는 검사비용 50만원은 제외한다. 따라서

(400만원＋300만원 − 10만원 − 50만원)×80% = 512만원

② N한방병원 : 비급여의료비는 보상하지 않으므로 본인부담금 200만원의 80% 해당 금액을 보상한다.

200만원×80% = 160만원

③ O병원 : 최초 입원일 2016년 5월 7일부터 365일이 지나 입원한 O병원의 입원의료비는 보상 제외기간에 해당되므로 보상하지 않는다.

④ 지급보험금

512만원＋160만원 = 672만원

(2) 통원의료비(외래)

① P상급종합병원(2017.5.25. 통원) : 본인부담금이 8만원이므로, 상급종합병원의 공제금액 2만원과 보상대상의료비의 20% 해당 금액 1만 6천원 중 높은 금액인 2만원을 공제하여 지급한다.

8만원 − 2만원 = 6만원

② R의원(2017.6.25. 통원) : 본인부담금 15만원이므로 의원의 공제금액 1만원과 보상대상의료비의 20% 해당 금액 3만원 중 높은 금액인 3만원을 공제하여 지급한다.

15만원 − 3만원 = 12만원

③ 통원의료비(외래) 지급보험금

6만원＋12만원 = 18만원

(3) 통원의료비(처방조제비)

① Q약국(2017.5.25. 처방) : 처방조제비 30,000원이므로 항목별 공제금액 8,000원과 보상대상의료비의 20% 해당 금액인 6,000원 중 높은 금액인 8,000원을 공제하여 지급한다.

30,000원 − 8,000원 = 22,000원

② S약국(2017.6.25. 처방) : 처방조제비 130,000원이므로 항목별 공제금액 8,000원과 보상대상의료비의 20% 해당 금액인 26,000원 중 높은 금액인 26,000원을 공제하여 지급한다.

130,000원 − 26,000원 = 114,000원

그러나 처방조제비는 1건당 10만원을 한도로 지급하므로 10만원을 지급한다.

③ 통원의료비(처방조제비) 지급보험금

22,000원＋100,000원 = 122,000원

2. B보험사의 실손의료비

B보험사의 해외여행실손의료보험에서는 해외여행 중에 질병을 원인으로 하여 보험기간 종료후 30일(보험기간 종료일은 제외) 이내에 의사의 치료를 받기 시작했을 때에는 의사의 치료를 받기 시작한 날부터 180일(통원은 180일 동안 외래는 방문 90회, 처방조제비는 처방전 90건)까지만 (보험기간 종료일은 제외) 보상한다.

문제에서 B보험사의 보험기간 종료일 2015년 10월 15일부터 180일이 경과하여 치료비가 발생했기 때문에 보험금을 지급하지 않는다.

21 피보험자 행복해씨는 보험가입당시 보험사에 과거병력을 고지하여 "위, 십이지장" 및 "경추부"에 아래 보험계약의 보험기간(보험금을 지급하지 않는 기간)으로 「특정신체부위·질병보장제한부인수 특별약관」이 부가된 보험계약을 체결하였다. 다음 질문에 답하시오.

<계약사항>

보험종목	보험기간	가입금액(보장내용)	
종합보험	2015.2.1. ~ 2035.2.1.	암진단비 담보	2,000만원
		질병사망 담보	5,000만원
		질병수술비 담보(수술 1회당)	100만원
		일반상해입원일당(1일 이상)	1일당 2만원
		교통상해입원일당(4일 이상)	1일당 5만원

※ 암진단비 담보 : 원발암 및 전이암 여부와 관계없이 최초 1회만 지급됨.
※ 알릴의무 위반 사항은 없음. 특약 개정으로 사고는 발생한 것으로 가정함.

질문사항 1. 피보험자는 2015.10.17. 콤바인으로 벼 수확작업을 마치고 콤바인을 운전하여 도로 운행 중 사고로 경추골절이 발생하여 2015.10.17. ~ 10.26.일까지 10일간 병원에서 입원치료를 받았다. 보험사가 지급해야 할 보험금과 그 근거를 기술하시오.

[모범 답안]

1. 지급보험금의 산정

(1) 일반상해

피보험자가 교통상해사고로 10일간 병원에 입원하였으므로 10일 × 2만원/일 = 20만원을 지급한다.

(2) 교통상해

4일 이상 입원한 경우 1일당 5만원이 지급되므로, (10일 – 3일) × 5만원/일 = 35만원을 지급한다.

(3) 지급보험금

20만원 + 35만원 = 55만원

2. 보험금지급 근거

(1) 특정신체부위·질병보장제한부인수 특별약관

특정신체부위·질병보장제한부인수 특별약관은 면책기간 중에 회사가 지정한 부위에 발생한 질병 또는 특정부위에 발생한 질병의 전이로 인하여 특정부위 이외의 부위에 발생한 질병, 회사가 지정한 질병을 직접적인 원인으로 주계약에서 정한 보험금의 지급사유가 발생한 경우에는 보험금을 지급하지 않는다. 그러나 문제에서 피보험자는 콤바인을 운전하여 도로 운행 중 사고로 경추골절로 상해가 발생하였으므로 보험금을 지급해야 한다. 즉 '경추부'에 회사가 지정한 질병이 발생하였으면 부담보이지만, 상해사고가 발생하였으므로 이를 보상해야 한다.

(2) 교통상해

건설기계 및 농업기계가 작업기계로 사용되는 동안에는 교통수단으로 볼 수 없기 때문에 면책된다. 그러나 농업기계인 콤바인으로 벼 수확작업을 마치고 도로 운행 중에 사고가 발생하였으므로 교통상해사고에 해당되어 이를 보상해야 한다.

질문사항 2. 피보험자는 2016.3.1. 건강검진시 위암으로 진단받고 치료 후 2016.12.1. 간으로 전이되어 간암 진단받아 치료 중 2017.10.15. 간암으로 사망하였다. 보험사가 지급해야 할 보험금과 그 근거를 기술하시오.

[모범 답안]

1. 지급보험금의 산정

(1) 암진단비 보험금

특정부위에 발생한 질병의 전이로 인하여 특정부위 이외의 부위에 발생한 질병에 대해 보험금을 지급하지 않는다. 따라서 위암으로 진단받고 치료 후 간으로 전이되어 간암 진단받아 치료 중 간암으로 사망하였으므로, 암 진단비 2,000만원은 지급하지 않는다.

(2) 질병사망 보험금

피보험자가 질병으로 인하여 사망한 경우에는 질병사망 보험금 5,000만원은 지급한다.

(3) 지급보험금

0원 + 5,000만원 = 5,000만원

2. 보험금지급 근거

(1) 특정신체부위·질병보장제한부인수 특별약관

특정신체부위·질병보장제한부인수 특별약관에 따라 회사가 지정한 부위에 발생한 질병 또는 특정부위에 발생한 질병의 전이로 인하여 특정부위 이외의 부위에 발생한 질병을 직접적인 원인으로 주계약에서 정한 보험금의 지급사유가 발생한 경우에는 보험금을 지급하지 않는다.

(2) 질병사망 보험금

피보험자가 사망으로 인하여 보험금 등의 지급사유가 발생한 경우에는 해당 보험금을 지급한다.

질문사항 3. 피보험자가 상기 보험가입 이후 병원에 내원 없이 지내다가 가입 이후인 2020.5.1. 최초 내원한 병원에서 위선종 진단받고 선종제거수술을 받았다. 보험사가 지급해야 할 보험금과 그 근거를 기술하시오.

[모범 답안]

1. 지급보험금의 산정

피보험자가 계약청약일 이후 병원에 내원 없이 지내다가 5년이 지난 이후인 2020.5.1. 최초 내원한 병원에서 위선종 진단받고 선종제거수술을 받았으므로 질병수술비 100만원을 지급한다.

2. 보험금지급 근거

계약청약일 이후 5년(갱신형 계약의 경우에는 최초 계약의 청약일 이후 5년)이 지나는 동안 회사가 지정한 특정 부위에서 발생한 질병 또는 회사가 지정한 특정질병으로 추가 진단(단순건강검진 제외) 또는 치료사실이 없고, 청약일부터 5년이 지난 이후 회사에서 정한 질병으로 주계약에서 정한 보험금의 지급사유가 발생한 경우 특별약관에 따라 회사는 보험금을 지급한다.

01   질병·상해보험 표준약관 「제4관 보험계약의 성립과 유지」 "청약의 철회" 조항
중 ① 청약철회 기간 및 청약철회를 제한하는 계약 유형, ② 청약철회 접수시 보
험회사가 약관에서 정한 유형별 업무처리 내용을 각각 기술하고(개정 보험업법
2014년 7월 15일 시행 기준), ③ "계약의 무효" 조항 중 계약이 무효가 되는 3가
지를 약술하시오. (15점)

02 피보험자 신나라씨는 실손의료보험을 가입하고 계약을 정상으로 유지중 의료기관에서 입원 및 통원치료를 받고 보험금을 청구하였다. 아래 제 조건을 읽고, ① 통원의료비(외래), ② 통원의료비(처방조제비), ③ 입원의료비를 계산하시오 (각각 계산과정 명시). (20점)

〈계약사항〉

보험종류	피보험자	보험기간	담보종목	가입금액(보상한도액)	자기부담률
실손의료보험 (표준형)	신나라	2014.5.6. ~ 2017.5.6.	질병입원형 질병통원형	입원 : 3,000만원 통원 : 외래 1회당 25만원, 　　　처방 1건당 5만원	20%

※ 상기 보험은 실손의료보험 표준약관 및 표준사업방법서 개정(2014.2.11.)으로 아래의 통원의료비 및 입원의료비는 발생한 것으로 가정함.
※ 동일회사 계약의 자동갱신 또는 재가입은 없는 것으로 가정함.

〈통원의료비 발생내역〉

통원일	진단명(병명)	진료기관	본인부담의료비	
			외 래	처방조제비
2017.3.11.	위 염	A의원	40,000원	10,000원
2017.3.11.	위 염	B병원	200,000원	50,000원
2017.4.25.	비 만	B병원	50,000원	100,000원
2017.5.4.	위궤양	C상급종합병원	250,000원	70,000원
2017.10.7.	위궤양	C상급종합병원	300,000원	50,000원

〈입원의료비 발생내역〉

입원기간	진단명(병명)	진료기관	본인부담의료비	
			요양급여 중 본인부담의료비	비급여 의료비
2014.10.1. ~ 10.10.(10일)	추간판탈출증	D상급종합병원	100만원	500만원*
2014.11.1. ~ 11.15.(15일)	추간판탈출증	E한방병원	50만원	300만원
2015.3.1. ~ 3.30.(30일)	추간판탈출증	B병원	200만원	400만원**
2015.11.15. ~ 11.30.(16일)	추간판탈출증	D상급종합병원	150만원	50만원

* D상급종합병원 입원기간(2014.10.1.~10.10.) 중 비급여 의료비 500만원에는 병실료차액 300만원(상급병실 10일 사용)이 포함됨.

** B병원 입원기간(2015.3.1.~3.30.) 중 비급여 의료비 400만원에는 보조기 구입비용 50만원, 환자 간병비 50만원, 선택진료비 100만원, 보호자 식대비 48만원, 진단서 발급비용 2만원이 포함됨.

〈기타사항〉
• 계약전 알릴의무 위반사실은 없음.
• 보험금 계산시 편의상 본인부담금 상한제도와 자기부담금 한도제도는 적용하지 않음.

03 장기간병보험의 중증치매진단비 특별약관에서 제6차 개정 한국표준질병·사인 분류(통계청 고시, 2011.1.1. 시행) 중 중증치매로 분류되는 질병명 및 질병코드에 관하여 기술하시오. (10점)

04 제3보험 신경계 장해의 장해판정 기준은 뇌, 척수 및 말초신경계 손상으로 "일상생활 기본동작(ADLs) 제한 장해평가표"의 5가지 기본동작 중 하나 이상의 동작이 제한되었을 때를 말한다. 아래 (1)~(5)의 유형에서 질문하는 제한정도에 따른 지급률의 장해상태를 설명하시오. (15점)

(1) 이동동작 : 제한정도에 따른 지급률 30%의 장해상태

(2) 음식물 섭취 : 제한정도에 따른 지급률 20%의 장해상태

(3) 배변/배뇨 : 제한정도에 따른 지급률 10%의 장해상태

(4) 목욕 : 제한정도에 따른 지급률 3%의 장해상태

(5) 옷입고 벗기 : 제한정도에 따른 지급률 5%의 장해상태

05 다음 보험금 청구 사례를 읽고 주어진 문제에 대하여 답하시오.

〈계약사항〉

보험종목	피보험자	보험기간	가입금액(보장내용)		사망시 수익자
장기상해보험	A	2012.12.1. ~ 2022.12.1.	일반상해사망 담보	2,500만원	법정 상속인
			교통상해사망 담보	5,000만원	
			일반상해후유장해 담보	1억원	
			일반상해 80% 이상 후유장해재활자금	5,000만원	

※ 상기의 일반상해사망, 교통상해사망, 일반상해후유장해, 일반상해 80% 이상 후유장해재활자금 담보는 별도의 특약보험료를 각각 납입하였음.
※ 일반상해 80% 이상 후유장해재활자금은 일반상해 사고로 장해지급률이 80% 이상에 해당하는 장해상태가 되었을 때 보험수익자에게 일시금으로 가입금액을 지급함.
※ 장기상해보험은 질병·상해보험 표준약관을 사용함.

〈사고사항〉
피보험자 A(47세)는 2013.8.1. 건축공사 현장을 지나던 중 철골구조물이 낙하하여 부상을 입고 치료 후 후유장해가 남아 2014.2.25. 후유장해를 진단받았으나 보험금을 청구하지 않고 지내다가 교통사고로 2014.6.28. 현장 사망함.

〈장해진단 사항〉
• 경추에 약간의 추간판탈출증 : 10%
• 우측 눈의 안구에 뚜렷한 조절기능 장해 : 10%
• 우측 손의 5개 손가락을 모두 잃었을 때 : 55%
• 우측 손목관절의 기능에 뚜렷한 장해를 남긴 때 : 10%
• 요추에 심한 추간판탈출증 : 20%(5년 한시장해)
• 좌측 어깨관절의 기능에 약간의 장해를 남긴 때 : 5%

〈가족사항〉
• 피보험자(A) : 사망 당시 부친(B)과 모친(C)이 생존해 있음.
• 피보험자(A) : 배우자와 자녀가 없음.
• 피보험자(A) : 형제자매로 성년의 동생(D)과 방계혈족으로 4촌 형(E)이 있음.

상기의 조건에서 유가족이 2014.8.5. 보험회사에 보험금을 청구하였을 때, 지급 보험금을 ① 후유장해보험금, ② 일반상해 80% 이상 후유장해재활자금, ③ 사망 보험금으로 구분하여 산출하고, ④ 모친(C)이 수령할 보험금을 계산하시오(각각 계산과정 명시). (20점)

06 다음은 피보험자 행복해씨가 계약한 암보험계약이다. 아래의 제 조건을 참고하여 ① A보험사가 지급하여야 할 진단급여금 및 수술급여금, ② B보험사가 지급하여 야 할 진단급여금 및 수술급여금을 계산하시오(각각 계산과정 명시). (20점)

〈계약사항〉

보험회사	보험기간	보장내용	
		암진단급여금	암수술급여금(1회당)
A보험사	2011.9.11. ~ 2031.9.11.	고액암 : 2,000만원 일반암 : 1,000만원 경계성암 : 200만원 갑상선암 : 200만원	고액암 : 400만원 일반암 : 200만원 경계성암 : 50만원 갑상선암 : 50만원
B보험사	2012.7.10. ~ 2022.7.10.	고액암 : 1,000만원 일반암 : 500만원	고액암 : 200만원 일반암 : 100만원

※ 상기의 질병(암)은 제6차 개정 한국표준질병·사인분류(통계청 고시, 2011.1.1. 시행)를 기준으로 함.

〈기타사항〉
• 고액암 : 식도암, 췌장암, 뼈암, 뇌암, 혈액암
• 약관상 보상하는 손해이며, 계약전 알릴의무 위반사실은 없음.
• 고액암, 일반암 진단급여금은 최초 1회에 한하여 지급. 경계성암과 갑상선암도 각각 최초 1회에 한하여 지급.
• 고액암, 일반암, 갑상선암, 경계성암 진단급여금은 가입일로부터 1년 이내 진단받은 경우 해당 진단급여금의 50% 지급

〈치료사항〉
• 2012.7.25. : 갑상선암(C73) 진단
• 2012.8.17. : 상세불명부위의 악성신생물(C77) 진단
• 2012.8.20. : 상세불명 부위의 악성 신생물(C77)로 수술을 시행하고, 조직검사결과 일차성 암은 갑상선암(C73)으로 최종 확인됨
• 2012.10.5. : 조직검사결과 원발성 유방암(C50) 진단 및 유방절제수술 시행
• 2013.6.1. : 백혈병으로 1차 수술 후 시행한 검사결과 만성 호산구성 백혈병(D47.5) 최종 진단
• 2013.11.10. : 백혈병 상태 악화로 재입원하여 만성 호산구성 백혈병(D47.5) 2차 수술 시행

01 김갑동씨는 사무직으로 근무시 아래의 보험을 가입하고 2014.5.3.일자에 엘리베이터 정비원으로 직무가 변경되었으나 사고일까지 통보하지 않았다. 아래의 제 조건을 참고하여 질문에 답하시오. (30점)

〈계약사항〉

보험종목	피보험자	보험기간	보장내용(가입금액)	
장기상해보험	김갑동	2013.4.1. ~ 2033.4.1.	일반상해후유장해 담보	1억원
			교통상해후유장해 담보	2억원
			신주말일반상해후유장해 담보	1억원
			일반상해80%이상후유장해 담보	1억원

※ 상기 각 담보는 별도의 특약보험료를 각각 납입함. 질병 · 상해보험 표준약관 사용함.
※ 일반상해 80% 이상 후유장해는 상해사고로 장해지급률 80% 이상에 해당하는 장해상태가 되었을 때 보험 수익자에게 가입금액을 전액 지급함.
※ 보험요율 : 1급 요율(0.2%), 2급 요율(0.3%), 3급 요율(0.4%)
※ 직업급수 : 사무직(1급), 엘리베이터 정비원(3급)

〈사고사항〉
피보험자는 2014.8.22.(금요일) 쇼핑몰의 엘리베이터 고장으로 본인이 직접 수선작업을 하는 동안 발생한 사고로 상해를 입고 1차장해진단 받아 2015.2.18.일 보험금을 청구하였다. 이에 보험회사가 알릴의무 위반으로 2015.3.5.일 계약해지 처리하였으며, 그 후 장해상태가 악화되어 2차장해진단 받았음.

〈장해상태〉
① 1차 장해진단[진단일자 : 2015.2.17.(화요일)]
  • 우)슬관절 동요관절 8mm(건측대비 환측)
  • 코의 1/4 이상 결손
  • 한쪽 코의 후각기능을 완전히 잃음
  • 좌)고관절 인공골두 삽입
② 2차 장해진단 : 〈후유장해진단서〉 참조

〈후유장해진단서〉

성 명	김갑동	남	주민번호	******–*******	병 록 번 호		******
수상일	2014년 8월 22일		초진일	2014년 8월 22일	장해 진단일		2015년 7월 30일

□ 상명병(※ 상병명이 많을 때는 장해와 관계있는 주요상병명을 기재하여 주십시오.
  1)우측 안와부 골절　　　2)좌측 족관절 골절
  3)양측 슬관절 후방 십자인대파열 및 대퇴골 골절

□ 주요 치료경과 현증 및 기왕증 주요검사소견 등
  상기 환자는 엘리베이터 수선 작업 중 발생한 사고로 본원 내원하여 상병으로 치료 후 1차 후유장해
  진단받았으나, 그 후 장해상태 악화되어 2차 후유장해 진단받음.

□ 상하지, 수, 족 척추관절의 운동범위 등
  – 우)슬관절 – 스트레스 엑스선상 12mm 이상의 동요관절(건측대비 환측)
  – 좌)슬관절 – 근전도 검사상 심한 마비 소견이 있고 근력검사에서 근력 '1등급(Trace)'
  – 좌)족관절 – 굴곡 :　5(40),　신전 :　5(20),　외반 :　10(20),　내반 :　5(30)
  ※ (　) : 정상운동범위(AMA 5판 의거)

시력	라안시력 : (좌)　(우)	※ 정상시력에 대비한 시각장해율 (정상100을기준)	(좌) %	청력	적용기준 ASA ISO	(좌) db (우) db
	교정시력 : (좌)　(우)		(우) %			
	복시유무 : 정면시에서 복시유무 – (유)				보통대화청취거리 :　m	

□ 장해진단(AMA장해평가)
  – 우측 안구의 뚜렷한 운동장해(정면 양안시에서 복시를 남긴 때)
  – 우측 슬관절 장해상태는 위와 같음
  – 좌측 슬관절 및 족관절 장해상태는 위와 같음

비고 (장해부위의 그림표시 등) ※ 영구장해로 사료됨.	상기와 같이 진단함. 진단서발행일 :　　2015년　7월　　30일 병의원 명칭 :　　**대학교병원

〈장해분류별 장해지급률〉
① 코의 기능 완전히 잃었을 때(15%)
② 외모에 약간의 추상을 남긴 때(5%)
③ 외모에 뚜렷한 추상을 남긴 때(15%)
④ 한 눈의 안구에 뚜렷한 운동장해(10%)
⑤ 한 다리 1관절 기능 완전히 잃었을 때(30%)
⑥ 한 다리 1관절 기능 심한 장해(20%)
⑦ 한 다리 1관절 기능 뚜렷한 장해(10%)
⑧ 한 다리 1관절 기능 약간의 장해(5%)

제3과목

제3보험의 이론과 실무

(1) 1차 장해진단으로 지급하여야 할 보험금을 계산하시오(지급근거 및 계산과정 명시). (10점)

(2) 2차 장해진단으로 지급하여야 할 보험금을 계산하시오(지급근거 및 계산과정 명시). (10점)

(3) 상기 제 조건과 달리, 제3보험의 장해분류표상 아래의 「장해판정기준」에 대해 기술하시오. (10점)
　　① 한 귀의 청력에 "약간의 장해를 남긴 때"
　　② 흉복부장기 또는 비뇨생식기 기능에 "뚜렷한 장해를 남긴 때"

02　CI(Critical Illness) 보험에서 「말기 폐질환(End Stage Lung Disease)」에 해당하는 2가지 기준과 제6차 한국표준질병 · 사인분류(통계청 고시, 2011.1.1. 시행) 중 말기 폐질환으로 분류되는 대상 질병명 및 분류번호를 기술하시오. (15점)

03 피보험자 행복해씨는 보험가입당시 보험사에 과거병력을 고지하여 "위, 십이지
    장" 및 "경추부"에 아래 보험계약의 보험기간(보험금을 지급하지 않는 기간)으로
    「특정 신체부위·질병 보장제한부 인수 특별약관」이 부가된 보험계약을 체결하
    였다. 다음 질문에 답하시오. (20점)

〈계약사항〉			
보험종목	보험기간	가입금액(보장내용)	
종합보험	2015.2.1. ~ 2035.2.1.	암진단비 담보	2,000만원
		질병사망 담보	5,000만원
		질병수술비 담보(수술 1회당)	100만원
		일반상해입원일당(1일 이상)	1일당 2만원
		교통상해입원일당(4일 이상)	1일당 5만원

※ 암진단비 담보 : 원발암 및 전이암 여부와 관계없이 최초 1회만 지급됨.
※ 알릴의무 위반사항은 없음. 특약 개정으로 사고는 발생한 것으로 가정함.

(1) 피보험자는 2015.10.17. 콤바인으로 벼 수확작업을 마치고 콤바인을 운전하여 도로
    운행 중 사고로 경추골절이 발생하여 2015.10.17.~10.26.까지 10일간 병원에서 입
    원치료를 받았다. 보험사가 지급해야 할 보험금과 그 근거를 기술하시오. (6점)

(2) 피보험자는 2016.3.1. 건강검진시 위암으로 진단받고 치료 후 2016.12.1. 간으로 전
    이되어 간암 진단받아 치료 중 2017.10.15. 간암으로 사망하였다. 보험사가 지급해
    야 할 보험금과 그 근거를 기술하시오. (7점)

(3) 상기 (1), (2) 질문사항과 달리, 피보험자가 상기 보험가입 이후 병원에 내원 없이
    지내다가 가입 이후인 2020.5.1. 최초 내원한 병원에서 위선종 진단받고 선종제거
    수술을 받았다. 보험사가 지급해야 할 보험금과 그 근거를 기술하시오. (7점)

04 다음은 「질병·상해보험 표준약관」에 관한 내용이다. 아래 질문에 답하시오. (15점)

(1) 사기에 의하여 계약이 성립되었음을 회사가 증명하는 경우에는 계약일로부터 5년 이내(사기사실을 안 날부터 1개월 이내)에 계약을 취소할 수 있다. 약관에 규정된 "계약 취소 사유"를 모두 기술하시오. (4점)

(2) 보험료의 납입연체로 인한 해지계약을 부활(효력회복)하는 경우에 "준용하는 약관 조항"을 모두 기술하시오. (5점)

(3) 해지환급금이란 계약이 해지된 때에 회사가 계약자에게 돌려주는 금액을 말하는데, "해지환급금을 지급하는 약관 조항"을 모두 기술하시오. (6점)

05 피보험자 김소망씨는 A, B사에 보험을 가입하고 해외여행 중 발병한 질병으로 현지 병원에서 치료 후 귀국하여 국내 병·의원에서 치료받고 해당 실손의료비를 청구하였다. 아래 질문에 답하시오. (20점)

〈계약사항〉

보험사	보험종류	보험기간	담보종목	가입금액(보상한도액)		비 고
A	실손의료보험 (표준형)	2015.5.1. ~ 2035.5.1.	질 병	입원 : 5,000만원 통원 : 외래 1회당 20만원, 처방 1건당 10만원		자기부담률 (20%)
B	해외여행 실손의료보험 (표준형)	2015.10.1. ~ 2015.10.15.	질병 의료비	해 외	1,000만원	여행지역 (전세계) 자기부담률 (20%)
				국 내	입원 : 5,000만원 통원 : 외래 1회당 20만원, 처방 1건당 10만원	

※ 상기 보험은 표준약관 개정(2014.12.26)으로 아래의 통원의료비 및 입원의료비는 발생한 것으로 가정함. 계약전 알릴의무 위반 사항 없음.
※ 보험금 계산시 편의상 본인부담금 상한제도와 자기부담금 한도제도는 적용하지 않음.

〈해외의료비 발생내역〉

진료기관	진단명(병명)	치료기간	구 분	본인부담의료비
일본 E대학병원	뇌내출혈(I61)	2015.10.3.	통 원	1,000,000원
일본 F치과의원	치주염(K05)	2015.10.14.	통 원	300,000원
일본 K약국	치주염(K05)	2015.10.14.	처 방	30,000원

〈국내 입원의료비 발생내역〉

진료기관	진단명(병명)	입원기간	요양급여		비급여 의료비
			공단부담	본인부담	
L상급종합병원	뇌내출혈(I61)	2016.5.7. ~ 6.5.(30일)	700만원	400만원	300만원*
N한방병원	뇌내출혈(I61)	2016.11.25. ~ 12.22.(28일)	200만원	200만원	500만원
O병원	뇌내출혈(I61)	2017.5.15. ~ 5.24.(10일)	150만원	300만원	100만원

* L상급종합병원 입원기간(2016.5.7.~6.5.) 중 비급여 의료비 300만원에는 회사가 보상하는 질병 치료를 목적으로 하는 영양제 30만원, TV시청료 10만원, 의사의임상적 소견과 관련이 없는 검사비용 50만원이 포함됨.

〈국내 통원의료비 발생내역〉

진료기관	진단명(병명)	치료기간	구 분	본인부담의료비
P상급종합병원	뇌출혈후유증(I69)	2017.5.25.	통 원	80,000원
Q약국	뇌출혈후유증(I69)	2017.5.25.	처 방	30,000원
R의원	상세불명 치매(F03)	2017.6.25.	통 원	150,000원
S약국	상세불명 치매(F03)	2017.6.25.	처 방	130,000원

(1) 해외의료비 발생내역에 대하여 A, B 보험사가 지급하여야 할 실손의료비를 계산하시오(각각 계산과정 명시). (5점)

(2) 국내의료비 발생내역에 대하여 A, B 보험사가 지급하여야 할 실손의료비[① 입원의료비, ② 통원의료비(외래), ③ 통원의료비(처방조제비)]를 계산하시오(각각 계산과정 명시). (15점)

01 다음의 청구 사례를 보고 아래 질문에 답하시오. (30점)

〈계약사항〉

보험종목	피보험자	보험기간	보장내용(가입금액)	보험수익자
장기상해보험 (K보험사)	김보상	2014.05.01. ~ 2029.04.30.	일반상해후유장해 : 1억원	피보험자
			교통사고후유장해 : 2억원	피보험자
			80% 이상 후유장해 : 1억원	피보험자
			일반상해사망 : 7천만원	법정상속인

※ 장기상해보험은 질병·상해보험 표준약관을 사용하며, 정상 유지 계약임.
※ 알릴의무 위반사항과 보상하지 아니하는 사항 없음.
※ 80% 이상 후유장해 발생시 일시금으로 전액지급.
※ 파생장해 및 기왕증 없음.

〈사고내용〉
피보험자(김보상)는 2016년 1월 9일 자가용 자동차를 타고 가족들과 여행을 가던 중 교통사고를 당하여 아래와 같은 장해진단을 받았다. (장해진단일 : 2016년 8월 9일)

〈장해진단내용〉
① 머리뼈와 상위경추(상위목뼈 : 제 1, 2목뼈) 사이에 뚜렷한 이상전위가 있음
② 요추의 특수검사(CT, MRI 등)에서 추간판 병변이 확인되고, 의학적으로 인정할 만한 하지방사통(주변부위로 뻗치는 증상)이 있음
③ 우측 고관절의 운동범위 합계가 정상 운동범위의 1/2 이하로 제한됨(7년 한시장해)
④ 우측 슬관절에 스트레스 엑스선상 13mm의 동요관절이 있음
⑤ 얼굴에 지름 4cm의 조직함몰
⑥ 머리에 손바닥 1/2 크기 이상의 반흔, 모발결손
⑦ 좌측 귀의 순음청력검사결과 평균순음역치가 90dB 이상 3회 이상 청력검사 실시함)
⑧ 뇌 손상으로 다음과 같은 일상생활기본동작(ADLs) 제한 남음
  • 독립적인 음식물 섭취는 가능하나 젓가락을 이용하여 생선을 바르거나 음식물을 자르지는 못하는 상태
  • 목욕시 신체(등 제외)의 일부 부위만 때를 밀 수 있는 상태
※ 상기 장해진단은 장해판정기준에 의해 확정됨.

〈장해분류표상 장해지급률〉

① 심한 추간판탈출증(20%) − 뚜렷한 추간판탈출증(15%) − 약간의 추간판탈출증(10%)

② 척추에 심한 운동장해를 남긴 때(40%) − 척추에 뚜렷한 운동장해를 남긴 때(30%)

③ 척추에 약간의 운동장해를 남긴 때(10%)

④ 외모에 뚜렷한 추상을 남긴 때(15%) − 외모에 약간의 추상을 남긴 때(5%)

⑤ 한 다리의 3대관절 중 관절 하나의 기능을 완전히 잃었을 때(30%)

⑥ 한 다리의 3대관절 중 관절 하나의 기능에 심한 장해를 남긴 때(20%)

⑦ 한 다리의 3대관절 중 관절 하나의 기능에 뚜렷한 장해를 남긴 때(10%)

⑧ 한 다리의 3대관절 중 관절 하나의 기능에 약간의 장해를 남긴 때(5%)

⑨ 한 귀의 청력을 완전히 잃었을 때(25%) − 한 귀의 청력에 심한 장해를 남긴 때(15%)

⑩ 한 귀의 청력에 약간의 장해를 남긴 때(5%)

⑪ 독립적인 음식물 섭취는 가능하나 젓가락을 이용하여 생선을 바르거나 음식물을 자르지는 못하는 상태(5%)

⑫ 목욕시 신체(등 제외)의 일부 부위만 때를 밀 수 있는 상태(3%)

(1) K보험회사가 김보상에게 지급해야 할 후유장해보험금을 각 담보별로 계산하시오(산출근거 명시). (15점)

(2) 만약 김보상이 위 교통사고로 현장사망 하였다고 가정할 경우 K보험회사가 지급해야 할 사망보험금을 수익자별로 계산하시오(계산과정 명시). (7점)

> 피보험자는 배우자A, 자녀B(30세, 양자)와 자녀C(27세)가 있으며 자녀C는 결혼하여 배우자D와 자녀E(3세)가 있다. 자녀C는 피보험자가 사망하기 1개월전 질병으로 사망함.

※ 보험수익자는 심신상실자, 심신박약자가 아닌 정상인임.

(3) 질병·상해보험 표준약관「보험금 지급에 관한 세부규정」에는 일반적인 장해판정시기가 규정되어 있으며, 장해분류표에 장해판정시기를 별도로 정한 경우에는 그에 따르도록 되어 있다. "그 별도로 정한 경우"를 모두 기술하시오. (8점)

02 CI(Critical Illness) 보험의 「중대한 뇌졸중(Critical Stroke)」에서 규정하고 있는 "보상에서 제외하는 질병(질환)"을 기술하시오. (10점)

03 다음의 질문에 답하시오. (15점)

(1) 「보험업법」상 손해보험업의 보험종목 전부를 취급하는 손해보험회사가 질병을 원인으로 하는 사망을 제3보험의 특약의 형식으로 "담보할 수 있는 요건"을 모두 기술하시오. (6점)

(2) 「질병·상해보험 표준약관」상 "회사의 손해배상책임"을 쓰시오. (5점)

(3) 다음은 「질병·상해보험 표준약관」 중 「보험금 지급에 관한 세부규정」이다. 빈칸 (①, ②)에 들어갈 내용을 쓰시오. (4점)

> 보험금의 지급사유의 '사망'에는 보험기간에 다음 어느 하나의 사유가 발생한 경우를 포함합니다.
> • 실종선고를 받은 경우 : (①) 때에 사망한 것으로 봅니다.
> • 관공서에서 수해, 화재나 그 밖의 재난을 조사하고 사망한 것으로 통보하는 경우 : (②)을 기준으로 합니다.

04 김행복은 2014년 회사를 퇴직하고, 2015년부터 현재(2016년 8월)까지 국민건강보험료로 매월 58,000원을 납입해왔다. 아래의 제조건을 읽고 질문에 답하시오. (30점)

〈계약사항〉

보험회사	보험종목	피보험자	보험기간	보장내용(가입금액)	자기부담률
갑	실손의료보험 〈표준형〉	김행복	2016.01.05. ~ 2036.01.04.	질병입원의료비 : 5,000만원	20%

※ 고지의무위반 등 계약상 하자는 없으며, 퇴직시 연령은 고려하지 않음.

〈건강보험 기준보험료〉

분위	본인부담 상한액	보험료수준	월별 직장보험료구간	월별 지역보험료구간
1분위	120만원	10% 이하	30,440원 이하	9,380원 이하
2분위 ~ 3분위	150만원	10% 초과 ~ 30% 이하	30,440원 초과 ~ 45,640원 이하	9,380원 초과 ~ 25,050원 이하
4분위 ~ 5분위	200만원	30% 초과 ~ 50% 이하	45,640원 초과 ~ 67,410원 이하	25,050원 초과 ~ 54,450원 이하
6분위 ~ 7분위	250만원	50% 초과 ~ 70% 이하	67,410원 초과 ~ 103,010원 이하	54,450원 초과 ~ 105,000원 이하
8분위	300만원	70% 초과 ~ 80% 이하	103,010원 초과 ~ 132,770원 이하	105,000원 초과 ~ 141,000원 이하
9분위	400만원	80% 초과 ~ 90% 이하	132,770원 초과 ~ 179,700원 이하	141,100원 초과 ~ 190,870원 이하
10분위	500만원	90% 초과	179,700원 초과	190,870원 초과

※ 건강보험 기준보험료 : 2015년과 2016년은 동일하며, 매년 1월1일부터 12월 31일까지 적용한다고 가정함.
※ 김행복은 국민건강보험법 적용대상자이며, 퇴직 이후 건강보험가입자 및 피부양자로 건강보험료 전액을 납입해왔음.
※ 갑 보험사로부터 2016년 지급받지 못한 실손보험금은 2017년 국민건강보험공단에서 환급받을 수 있음.

〈입원의료비 발생내역〉

진료기관	진단명	입원기간	요양급여		비급여의료비
			공단부담	본인부담	
A상급종합병원	위 암	2016.03.01. ~ 2016.03.15.	600만원	200만원	400만원
B요양병원	위 암	2016.04.01.~ 2016.06.15.	400만원	100만원	600만원
C한방병원	위 암	2016.07.01.~ 2016.07.30.	350만원	300만원	300만원

※ 비급여 비용은 치료관련 비용이고, 상급병실료는 없음.
※ C한방병원은 한의사만 진료하는 병원임.
※ 2016.07.30. 이후 추가 치료사항은 없음.

(1) 갑보험사가 지급해야 할 실손의료비를 계산하시오(풀이과정 명시). (15점)

(2) 실손의료보험 표준약관상 "본인부담금 상한제"를 기술하고, 김행복이 2017년 국민 건강보험공단으로부터 환급받을 수 있는 금액을 계산하시오. (5점)

(3) 실손의료보험 표준약관 「질병입원의료비의 보상하지 않는 사항」 중 면책사항으로 오인되거나 보험가입자가 놓치기 쉬운 보장내용을 2016.01.01. 개정 이후 약관에는 명확히 기재하고 있다. "이에 해당하는 약관조항"을 5가지 이상 기술하시오. (10점)

05 다음 주어진 조건을 읽고 질문사항에 대해 답하시오. (15점)

〈계약사항〉

보험종목	피보험자	보험기간	보장내용	가입금액
장기상해보험 (M 보험사)	홍길동	2016.01.10. ~ 2026.01.09.	일반상해사망	5,000만원
			교통상해사망	1억원
			대중교통이용중교통상해사망	2억원

※ 장기상해보험은 질병·상해보험 표준약관을 사용하며, 정상유지 계약임.
※ 알릴의무위반사항과 보상하지 아니하는 사항 없음.

〈사고사항〉
피보험자(홍길동)는 2016년 3월 21일 강원도 강릉으로 친구들과 함께 전세버스를 타고 친목모임을 가던 중 영동고속도로에서 교통사고가 발생하여 두개골 골절 등으로 현장에서 사망함.

(1) 상해보험의 교통상해사망과 대중교통이용 중 교통상해사망 특별약관에서 공통적으로 "보험금을 지급하지 않는 사유"를 기술하시오(단, 보통약관의 보험금을 지급하지 않는 사유는 제외함). (8점)

(2) 대중교통이용 중 교통상해사망 특별약관에서 "대중교통수단의 범위"에 대해 기술하고, M보험회사가 지급해야 할 사망보험금을 계산하시오. (7점)

01 질병 · 상해보험 표준약관(2015.12.29. 개정) 조항에 관한 내용이다. 다음 질문에 답하시오. (10점)

   (1) 「보험금 지급에 관한 세부규정」 조항 중 "보험수익자와 회사가 보험금 지급 사유에 대해 합의하지 못할 때"에 약관에서 정하고 있는 내용을 기술하시오. (5점)

   (2) 「계약자의 임의해지 및 서면동의 철회」 조항에서 정한 "서면동의 철회의 의의, 가능 시기, 효과"에 대하여 기술하시오. (5점)

02 CI(Critical Illness) 보험에서 보장하는 중대한 수술 중 "관상동맥우회술"의 정의와 보장에서 제외되는 수술에 대하여 기술하시오. (10점)

03 피보험자 홍길동은 상해보험을 가입 후, 2017.1.1. 교통사고를 당하여 2017.8.10. 아래와 같이 후유장해 진단을 받았다. 다음 질문에 답하시오. (20점)

〈계약사항〉

보험종목	피보험자	보험기간	보장내용(가입금액)
장기상해보험	홍길동	2016.6.1. ~ 2031.6.1.	일반상해 후유장해 1억
			교통상해 후유장해 2억

※ 장기상해보험은 질병·상해보험 표준약관을 사용하며, 정상 유지 계약임.
※ 상기 각 담보는 별도의 특약보험료를 각각 납입함.
※ 알릴의무 위반사항 등 계약 및 보상과정상 문제점 없음.

〈장해분류표 : 귀의 장해〉

장해의 분류	지급률(%)
1. 두 귀의 청력을 완전히 잃었을 때	80
2. 한 귀의 청력을 완전히 잃고, 다른 귀의 청력에 심한 장해를 남긴 때	45
3. 한 귀의 청력을 완전히 잃었을 때	25
4. 한 귀의 청력에 심한 장해를 남긴 때	15
5. 한 귀의 청력에 약간의 장해를 남긴 때	5
6. 한 귀의 귓바퀴의 대부분이 결손된 때	10

〈장해 진단내용〉
• 좌측 귀 : 50cm 이상의 거리에서는 보통의 말소리를 알아듣지 못하는 상태
• 우측 귀 : 귀에다 대고 말하지 않고는 큰 소리를 알아듣지 못하는 상태
• 3회 이상 시행한 순음청력 검사결과는 아래와 같음.

주파수	500Hz	1,000Hz	2,000Hz	4,000Hz
좌측청력수준(dB)	40	80	80	60
우측청력수준(dB)	80	70	90	80

(1) 홍길동의 좌, 우측 귀의 순음평균역치를 4분법과 6분법을 기준으로 각각 구하시오 (계산식 및 산출근거를 명시할 것). (8점)

(2) 6분법을 기준으로 계산한 경우, 장해분류표상 좌, 우측 귀의 장해지급률과 장해보험 금을 구하시오(계산식 및 산출근거를 명시할 것). (7점)

(3) 위 질문에 상관없이, 순음청력검사를 실시하기 곤란하거나 검사결과에 대한 검증이 필요한 경우에 귀의 「장해판정기준」에서 규정하고 있는 추가검사 5가지를 기술하시오. (5점)

04 「질병·상해보험 표준약관」상 "상해보험계약 후 알릴의무 위반의 효과"에 대하여 약술하시오. (10점)

05 피보험자 김대한(만 51세)은 2016.8.9. 등산 중 추락사고로 상해를 입고 47일간 의식불명 상태로 있다가, 2016.9.25. 의식을 찾았고, 2017.8.12. 장해보험금을 청구하였다. 아래의 제 조건을 읽고 질문에 답하시오(보험계약은 정상유지 중이며, 보상과정에 면책사항은 없음). (20점)

〈계약사항〉

보험종목	피보험자	보험기간	보장내용(가입금액)
장기상해보험	김대한	2014.1.1.~2044.1.1.	일반상해 후유장해 2억

〈장해진단서〉

성명	김대한	남	주민번호	660111-1******	병록번호	*******
수상일	2016.8.9.		초진일	2016.8.10.	장해진단일	2017.8.10.

상병명(※ 상병명이 많을 때는 장해와 관계있는 주요 상병명을 기재)
가. 안와골절(우측)
나. 외상성 뇌실내 출혈, 뇌좌상(개두술 시행)
다. 양 슬관절 십자인대파열(수술후 상태)
라. 코의 1/3 결손(후각감퇴 상태)
마. 요추 방출성 골절(2개의 척추체 고정술)

슬관절의 운동범위 등
슬관절(우) : 스트레스 엑스선상 3mm 동요
슬관절(좌) : 스트레스 엑스선상 18mm 동요

장해진단사항
가. 한 눈의(우측) 안구에 뚜렷한 조절기능 장해를 남긴 때에 해당
나. 정신행동에 뚜렷한 장해가 남아 대중교통을 이용한 이동, 장보기 등의 기본적 사회 활동을 혼자서 할 수 없을 때에 해당
다. 슬관절(우, 좌)측의 장해 상태는 위(슬관절의 운동범위 등)와 같음
라. (㉠)에 해당
마. 척추(등뼈)에 약간의 운동장해를 남긴 때에 해당

비고(장해부위의 그림표시 등) ※ 영구장해에 해당	상기와 같이 진단함. 진단서발행일 : 2017.8.11. 병의원 명칭 : ** 병원

※ 위 장해진단서의 "상병명"과 "장해진단사항"의 각 항목은 일치함.

(1) 위 장해진단서의 "장해진단사항" 가~마 항목에서,

    ① 장해진단일 현재 장해판정을 유보하는 항목과 그 이유를 쓰시오. (4점)

    ② 장해분류별 판정기준상 장해에 해당하지 않는 항목 2가지와 그 이유를 쓰시오.
      (6점)

(2) 위 장해진단서상의 괄호 ㉠에 해당하는 장해의 분류와 지급률을 쓰시오. (5점)

(3) 2017.8.12. 청구한 장해에 대하여 보험회사가 지급하여야 할 장해보험금을 구하고
    산출 근거를 기술하시오. (5점)

06 피보험자 김행복은 2017.6.20. 넘어지는 상해사고로 K정형외과의원에서 외래치료 1회를 받고, 30만원의 실손통원의료비(급여 본인부담금 10만원, 비급여 20만원)를 청구하였다. 아래의 제 조건을 읽고 질문에 답하시오. (30점)

※ 단, 아래의 문제 (1)~(4)은 실손의료보험 표준약관을 준용함.
※ 비급여 : 「국민건강보험법」 또는 「의료급여법」에 따라 보건복지부장관이 정한 비급여대상(「국민건강보험법」에서 정한 요양급여 또는 「의료급여법」에서 정한 의료급여 절차를 거쳤지만 급여항목이 발생하지 않은 경우로 「국민건강보험법」 또는 「의료급여법」에 따른 비급여항목 포함)

〈보험가입내역〉

보험종목	피보험자	보험기간	가입금액	비 고
실손의료보험 (표준형)	김행복	2017.1.2. ~ 2036.1.2.	입원 : 5,000만원 통원 : 외래 1회당 20만원 처방 : 1건당 10만원	자기부담률(20%)

〈과거 치료내역〉
① 2010.1.1. 갑상선암 완치
② 2011.3.1. ~ 2011.3.7. 자궁근종으로 입원
③ 2012.8.2. ~ 2012.8.16. 심장판막증으로 입원 및 수술
④ 2013.6.2. ~ 2013.7.3. 기관지염으로 계속하여 6회 치료
⑤ 2014.12.1. ~ 2014.12.3. 기관지염으로 입원
⑥ 2016.8.2. 검사상 고지혈증 의심 소견
⑦ 2016.9.2. 고지혈증 추가검사
⑧ 2016.12.5. 검진상 이상소견이 발생하여 당뇨병 확정 진단을 받고 치료를 받음

(1) 보험회사는 청구내역을 심사하던 중 김행복이 계약전 치료사실을 회사에 알리지 않고 보험에 가입한 것을 알게 되었다. 위 ①~⑧ 치료 항목 중 알려야 할 대상이 되는 치료항목의 번호를 쓰고, 그에 해당하는 청약서상 질문사항을 기술하시오. (5점)

   ※ 단, 위 청약서의 질문표는 표준사업방법서에서 정한 계약전 알릴의무 사항을 준용함.

(2) 상기 보험계약이 계약전 알릴의무 위반으로 인해 2017.7.1. 해지되었다고 가정할 때, 외래 치료비 지급여부와 지급금액을 구하고, 이에 적용되는 「상법」 조항을 기술하시오. (10점)

(3) 만약 상기 계약이 진단계약인 경우, 김행복이 보험가입을 위해 2016.12.5. 확정진단 받은 당뇨병을 숨길 목적으로 당뇨약을 복용하고 보험회사의 진단절차를 통과하였다면, 「실손의료보험 표준약관」에서 적용되는 약관조항을 기술하시오. (5점)

(4) 위 질문과 상관없이, 2017.4.1.부터 판매된 실손의료보험 상품은 3개 진료군을 특약으로 분리하여 보장하고 있는데, 「비급여 도수치료·체외충격파·증식치료 실손의료보험 특별약관」에서 보장하는 비급여 치료에 대한 용어와 정의에 대하여 각각 기술하시오. (10점)

01 「질병·상해보험 표준약관」에 관한 아래 질문에 답하시오. (20점)

(1) 「제1회 보험료 및 회사의 보장개시」 조항에 '회사가 청약과 함께 제1회 보험료를 받고 청약을 승낙하기 전에 보험금 지급사유가 발생하였을 때에도 보장개시일부터 이 약관이 정하는 바에 따라 보장을 합니다.'라고 규정하고 있다. 이 조항에도 불구하고 "보장하지 않는 경우"를 모두 기술하시오. (7점)

(2) 계약자는 회사의 승낙을 얻어 계약내용을 변경할 수 있는데, 「계약내용의 변경 등」 조항에 규정된 "계약내용을 변경할 수 있는 항목"을 모두 기술하시오. (7점)

(3) 「약관의 해석」 조항에 규정된 해석원칙을 모두 기술하시오. (6점)

02 제3보험의 「지정대리청구서비스 특약」에 의하면 보험계약자는 보험금을 직접 청구할 수 없는 특별한 사정이 있는 경우를 대비하여 계약 체결시 또는 계약 체결 후 보험금의 대리청구인을 지정할 수 있는데, 이 특약을 체결할 수 있는 "적용대상" 계약 및 "지정대리청구인의 자격"에 대해 기술하시오. (10점)

03 피보험자 김소망(女)은 실손의료보험(표준형)을 가입하고 정상 유지 중 아래와 같이 입원, 통원치료를 시행하였다. 아래 제 조건을 참고하여 질문에 답하시오. (20점)

〈계약사항〉

피보험자	보험종목	보험기간	가입금액(담보내용)
김소망	실손의료보험 (표준형)	2018.04.05. ~ 2019.04.05.	입원 : 5,000만원 통원 : 외래 20만원(1회당) 처방 10만원(1건당)

※ 계약전 알릴의무 위반사항은 없으며, 본인부담금 상한제도는 적용하지 않음.
※ 김소망은 국민건강보험법 적용 대상자임.

〈입원 치료 내용〉

(단위 : 만원)

입원기간	진료기관	진단명(병명)	요양급여		비급여
			공단부담	본인부담	
2018.05.01~05.15.	A 산부인과	요실금(N39.3)	100	40	50
2018.06.15.~06.18.	B 외과의원	치핵(K64)	100	50	40
2018.07.03~07.20.	C 상급종합병원	척추협착(M48)	300	200	120
2018.07.21.~07.31.	D 한방병원	척추협착(M48)	200	100	80
2018.08.03.~08.10.	E 상급종합병원	심근경색증(I21)	500	200	300

※ C 상급종합병원의 비급여 항목 중 허리보조기 구입비용 20만원 포함.
※ D 한방병원은 「의료법」 제2조에 따른 한의사만 진료.
※ E 상급종합병원 입원기간(2018.08.03~08.10) 중 비급여 300만원에는 상급병실료 차액(상급병실 5일 이용) 200만원 포함.

〈통원 치료 내용〉

(단위 : 만원)

통원일자	진료기관	진단명(병명)	요양급여		비급여
			공단부담	본인부담	
2018.05.20.	F 치과의원	치아우식(K02)	10	3	5
	G 치과병원	치아우식(K02)	20	10	6
2018.06.20.	D 한방병원	척추협착(M48)	10	30	10
2018.08.15.	E 상급종합병원	협심증(I20)	20	10	5
	E 상급종합병원	기타 섬망(F05)	10	5	6

※ D 한방병원은 「의료법」 제2조에 따른 한의사만 진료

〈기타사항〉
- 비급여 : 「국민건강보험법」에 따라 보건복지부장관이 정한 비급여대상
- 3대 진료군 특약에서 보장하는 비급여 항목은 없음.

(1) 보험회사가 김소망에게 지급하여야 할 입원의료비를 산출하시오. (10점)
   (계산과정 명시할 것)

(2) 보험회사가 김소망에게 지급하여야 할 통원의료비를 산출하시오. (10점)
   (계산과정 명시할 것)

04 피보험자 김믿음과 관련된 아래의 조건을 참고하여 질문에 답하시오. (20점)

〈계약사항〉

보험회사	보험종류	보험기간	가입금액(담보내용)	
생명보험 (A)	CI 보험	2015.7.1. ~ 2035.7.1.	주보험	5,000만원
			암진단비(1회한)	2,000만원
			암사망	2,000만원
			암수술비(수술 1회당)	200만원
손해보험 (B)	질병보험	2016.10.5. ~ 2031.10.5.	암진단비(1회한)	1,000만원
			질병사망	1,000만원
			질병수술비(수술 1회당)	50만원

※ A 보험사 : 주보험의 담보유형은 80% 선지급형임.
※ 계약전 알릴의무 위반사항은 없음. 주보험 및 선택특약 보험료는 정상적으로 각각 납부함.
※ A, B 보험사 : 암진단비(1년 이내 진단 시 50% 지급)

〈진단 및 치료과정 요약〉
• 2017.3.7. B 형간염 등으로 동년 3.30.까지 입원
• 2017.3.10. CI 보험 약관상 말기 간질환(간경화) 진단
• 2017.3.25. 식도정맥류 결찰술 시행
• 2017.5.23. 조직검사결과 간암 진단
• 2018.5.30. 간암으로 동년 6.10.까지 입원
• 2018.6.3. 간동맥색전술 시행
• 2018.6.17. 간암으로 동년 6.30.까지 입원
• 2018.6.20. 간동맥색전술 시행
• 2018.8.12. 간암으로 사망
※ 간동맥색전술(수술의사 소견상 간암에 대한 직접치료 목적으로 확인됨)

(1) CI(중대한 질병)보험의 「말기 간질환(간경화)」 정의에 대해 약술하시오. (5점)

(2) 제3보험의 수술보장 특별약관에서 규정하고 있는 "수술의 정의"에 대해 약술하시오. (5점)

(3) A, B 보험회사가 보험수익자에게 지급해야 할 보험금을 담보별로 계산하시오. (10점) (산출근거 명시)

05 아래의 제 조건을 참고하여 물음에 답하시오. (30점)

〈계약사항〉

보험종목	피보험자	보험기간	가입금액(담보내용)
장기상해보험	김정상 (1969.3.1.일생)	2018.4.10. ~ 2038.4.10.	일반상해후유장해 2억원
			교통상해후유장해 1억원

※ 장기상해보험은 질병·상해보험 표준약관(2018.3.2. 개정) 적용, 정상유지 계약임.
※ 알릴의무 위반사항은 없으며, 각 담보는 별도 특약보험료를 각각 납입함.

〈사고 및 장해진단 내용〉

(가) 1차 사고 : 2009년 1월 15일 낙상 사고 발생

> ▶ 후유장해 진단 : 2009년 8월 10일
> • 요추 제2번 압박골절(압박률 20%, 척추 후만증 10° 변형)

(나) 2차 사고 : 2018년 7월 1일
피보험자는 P회사에서 새로 개발한 자동차의 엔진 성능 시험을 위해 용인 소재 공용도로상에서 자동차 시운전을 하던 중 교통사고 발생

> ▶ 후유장해 진단 : 2019년 5월 10일
> • 좌측 안구 조절력이 정상의 1/2 이하 감소
> • 얼굴(길이 3cm)과 머리(길이 4cm)에 걸쳐있는 추상 반흔
> • 흉추 제12번 압박골절(압박률 50%)
> • 미골 골절로 방사선 검사상 각 변형 70° 남은 상태
> • 우측 고관절 인공관절 삽입술 시행
> • 우측 슬관절 근전도 검사상 완전 손상 소견이며 도수근력검사상 근력이 1등급(trace)
> • 우측 족관절 근전도 검사상 불완전한 손상 소견이며 도수근력검사상 근력이 4등급(good)

※ 후유장해는 영구장해이며 발생한 것으로 가정함. (사고관여도 100%)

〈장해분류표상 장해지급률〉
① 한 눈의 안구(눈동자)에 뚜렷한 조절기능장해를 남긴 때(10%)
② 외모에 뚜렷한 추상을 남긴 때(15%)
③ 외모에 약간의 추상을 남긴 때(5%)
④ 어깨뼈나 골반뼈에 뚜렷한 기형을 남긴 때(15%)
⑤ 빗장뼈, 가슴뼈, 갈비뼈에 뚜렷한 기형을 남긴 때(10%)
⑥ 척추에 심한 기형을 남긴 때(50%)

⑦ 척추에 뚜렷한 기형을 남긴 때(30%)

⑧ 척추에 약간의 기형을 남긴 때(15%)

⑨ 한 다리의 3대 관절 중 관절 하나의 기능을 완전히 잃었을 때(30%)

⑩ 한 다리의 3대 관절 중 관절 하나의 기능에 심한 장해를 남긴 때(20%)

⑪ 한 다리의 3대 관절 중 관절 하나의 기능에 뚜렷한 장해를 남긴 때(10%)

⑫ 한 다리의 3대 관절 중 관절 하나의 기능에 약간의 장해를 남긴 때(5%)

(1) 보험회사가 김정상에게 지급해야 할 후유장해보험금을 담보별로 계산하시오. (20점)
(지급근거 및 산출과정을 명시할 것)

(2) 상기 제 조건과 달리 질병・상해보험 표준약관(2018.03.02. 개정) 장해분류표상,

① '정신행동' 장해판정기준에 규정된 보건복지부고시 「장애등급판정기준」의 "능력
장해측정기준의 항목" 6가지를 기술하시오. (6점)

② '흉복부장기 및 비뇨생식기의 장해'에 규정된 장해지급률 100%에 해당하는 "장해
의 분류"와 "장해판정기준"을 기술하시오. (4점)

01 **질병상해보험표준약관 「보험료납입이 연체되는 경우 납입최고(독촉)와 계약의 해지」 조항에 대해 아래 질문에 답하시오.**

    (1) 조항에서 규정한 ① "납입최고(독촉)기간"과 ② "보험회사가 납입최고(독촉)시 계약 자에게 알려야 할 사항"을 기술하시오. (4점)

    (2) 해지계약을 부활(효력회복)하는 경우 「준용조항」을 모두 기술하시오. (6점)

02 **다음 질문에 답하시오.**

    (1) 아래의 조건을 참고하여 A, B 보험회사의 지급보험금을 산출하시오(판단근거를 제 시할 것). (14점)

<계약사항>

보험회사	보험종목	계약자 및 피보험자	보험기간	가입금액 (담보내용)
A	장기상해보험	김안심 (여, 57세)	2015.05.11.~2030.05.11.	상해사망 1억원
B	장기종합보험		2016.07.15.~2026.07.15.	상해사망 1억원

※ 정상 유지 계약임(계약 성립 과정상의 보험회사 측 귀책사유 없음).

<청구사항>

> 피보험자는 2019.07.16. 23시경 본인이 종업원으로 일하고 있는 갑식당 주방에서 쓰러져 사망한 채로 발견되어, 사망수익자가 2019.07.30. A, B 보험회사에 보험금을 청구함.

〈직업관련 사항〉

- 피보험자는 A, B 보험회사에 보험가입시 직업을 전업주부로 고지함.
- 전업주부였던 피보험자는 2016.01.01.부터 갑식당에서 종업원으로 사고일까지 계속 근무함.
- A 보험회사에 직업변경 사실을 알리지 않음.
- 보험요율 : 1급 요율(0.1%), 2급 요율(0.2%), 3급 요율(0.3%)
- 직업급수 : 전업주부(1급), 식당종업원(2급), 이륜차배달원(3급)

〈경찰수사 결과〉

피보험자는 사망하기 전까지 평소 지병 및 근황에 특이점이 없었고, CCTV 확인결과 2019.07.16. 16시경 음식점 주방에서 미끄러져 넘어지는 것이 확인되었으며, 부검결과 두부손상으로 인한 외인사로 확인되어 자살 및 타살 혐의점이 없어 내사 종결됨.

(2) 「상해보험의 계약 후 알릴 의무(2018.03.02. 개정)」 조항에서 계약자 또는 피보험자는 피보험자에게 변경내용이 발생한 경우 지체 없이 회사에 알리도록 규정하고 있는데, "회사에 알려야 할 피보험자의 변경사항"을 모두 쓰시오. (6점)

03 다음의 질문에 답하시오.

(1) 피보험자는 교통사고를 당해 치료 후 장해가 발생하여 후유장해보험금을 청구했다. 보험회사가 지급해야 할 후유장해보험금을 산출하시오(산출과정 명기). (8점)

〈계약내용〉

보험종목	피보험자	보험기간	가입금액(담보내용)	
장기상해보험	이석수	2018.05.15.~2038.05.15.	상해후유장해	1억원

※ 정상 유지 계약이며, 계약전 알릴의무 및 계약후 알릴의무 위반 없음.

〈사고내용〉
- 2018.07.10. : 교통사고로 인한 흉복부장기 손상으로 응급실 내원(한국대학병원)
- 2018.07.10.~2019.01.31. : 흉복부장기 손상으로 수술 및 입원 치료(한국대학병원)
- 2019.02.10. : 후유장해진단(한국대학병원)

〈상해진단내용〉

- 방광의 용량이 50cc 이하로 위축됨.
- 요도괄약근 등의 기능장해로 영구적으로 인공요도괄약근을 설치함.
- 대장절제, 항문괄약근 등의 기능장해로 영구적으로 장루, 인공항문을 설치함(치료 종결).

※ 후유장해는 교통사고로 인해 기인한 것이며, 영구장해임.

〈장해분류표 장해지급률〉

① 흉복부장기 또는 비뇨생식기 기능을 잃었을 때 (75%)
② 흉복부장기 또는 비뇨생식기 기능에 심한 장해를 남긴 때 (50%)
③ 흉복부장기 또는 비뇨생식기 기능에 뚜렷한 장해를 남긴 때 (30%)
④ 흉복부장기 또는 비뇨생식기 기능에 약간의 장해를 남긴 때 (15%)

(2) 표준약관 장해분류표 총칙에서 규정하고 있는 "파생장해"의 장해지급률 적용기준을 기술하시오. (6점)

(3) 아래는 표준약관 장해분류표 "신경계정신행동·장해" 장해판정기준의 장해진단 전문의에 대한 규정이다. 빈칸(①~⑥)에 들어갈 내용을 쓰시오. (6점)

- 신경계 장해진단 전문의는 (①), (②) 또는 (③) 전문의로 한다.
- 정신행동 장해진단 전문의는 (④) 전문의를 말한다.
- 치매의 장해평가는 (⑤, ⑥) 전문의에 의한 임상치매척도(한국판 Expanded Clinical Dementia Rating) 검사결과에 따른다.

04 아래의 제 조건을 참고하여 질문에 답하시오.

〈계약사항〉

보험회사	계약자 및 피보험자	보험기간	보험종목 (특별약관)	가입금액 (담보내용)
A	심건강 (45세)	2017.01.01.~2027.01.01.	장기상해 (질병사망특약)	• 상해사망 : 1억원 • 질병사망 : 5천만원
B		2019.01.01.~2029.01.01.	장기상해 (질병사망특약)	• 상해사망 : 2억원 • 질병사망 : 1억원

※ 유효한 정상 유지 계약이며, 질병사망담보는 제3보험의 특별약관임.

〈청구사항〉

피보험자 심건강씨는 2019.06.30. 21시경 다발성골절 등을 선행사인으로 사망하여 2019.07.15. 배우자(수익자)는 사망보험금을 청구함.

〈손해사정 내용〉

1. 기본조사내용
   • 직업사항 : 3년 전부터 사무직으로 종사하고 있음.
   • 병력사항 : 2016.04.01. "마음편한 정신건강의학과"에서 "우울증"으로 진단받고, 사망 시까지 매월 1회 통원 및 투약치료를 지속적으로 받아오고 있었음(가입시 각 보험회사에 치료사실을 알린바 없음).

2. 사망원인(경찰수사 결과)
   [사례1] 우울증 치료를 받는 현실을 비관하여 배우자에게 "먼저 가서 미안하다."라는 내용의 유서를 남기고 자신의 아파트 15층 옥상에서 스스로 뛰어내려 사망.
   [사례2] 유서를 남긴 사실이 없이 평소 치료받던 우울증이 원인이 되어 고도의 심신상실 상태에서 자신의 아파트 15층 옥상에서 스스로 뛰어내려 사망.

(1) "사망원인-[사례1]"에 따라 손해사정을 할 경우 보험회사별로 지급보험금을 산출하시오(판단근거를 제시할 것). (10점)

(2) "사망원인-[사례2]"에 따라 손해사정을 할 경우 보험회사별로 지급보험금을 산출하시오(판단근거를 제시할 것). (10점)

05 피보험자 원대한(남, 50세)은 아래 〈표1〉과 같이 2개 보험회사에 실손의료보험을 가입하고, 〈표2〉와 같이 민국병원에서 총 5회 입원치료 후 각 보험회사에 실손의료비를 청구하였다. 각 보험회사가 지급하여야 할 실손의료비를 입원기간별로 구분하여 산출하시오(풀이과정을 제시할 것). (30점)

〈표1〉 계약사항

보험회사 (계약일자)	보험종류 (공제유형)	보험종목(보상한도)	선택특별약관(보상한도)
A (2018.04.01.) 갱신형	기본형 실손의료보험 (표준형)	질병입원형(2천만원) 상해입원형(2천만원)	• 없 음
B (2018.05.01.) 갱신형	기본형 실손의료보험 (표준형)	상해입원형(3천만원)	• 비급여주사료 실손의료보험 (약관상 보상한도)

※ 유효한 정상 유지 계약이며, 가입 전 치료력 및 계약 전 알릴 의무 위반사항 없음.

〈표2〉 입원의료비 발생내역(민국병원) (단위 : 만원)

구분	입원기간	병명 (병명코드)	요양급여		비급여	
			본인 부담금	공단 부담금	비급여 금액	비급여에 포함된 비용
1	2018.06.01.~06.30.	제4~5요추 추간판탈출증 (M51)	300	1,200	1,200	• 상급병실료 차액 : 300만원 (10일 이용)
2	2018.09.11.~10.20.	우측 경골 미세골절 (S82)	100	400	400	• 보조기구입비 : 100만원 • 주사료(20만원×10회) : 200 만원(항생제비용 100만원 포 함)
3	2019.03.01.~03.20.	제4~5요추 추간판탈출증 (M51)	200	800	700	
4	2019.04.01.~04.20.	제4~5요추 추간판탈출증 (M51)	100	400	400	• 주사료(20만원×15회) : 300 만원
5	2018.07.01.~07.15.	제4~5요추 추간판탈출증 (M51)	200	800	1,100	• 도수치료(10만원×10회) : 100 만원

※ 입원의료비는 발생한 것으로 가정, 병명코드 M51은 질병, S82는 보상하는 상해임.
※ 피보험자 소득 10분위로 본인부담금 상한제 고려하지 않음.

01 「질병·상해보험 표준약관」에 관한 "아래의 질문"에 답하시오. (35점)

(1) 회사는 계약자 또는 피보험자가 고의 또는 중대한 과실로 계약전 알릴의무를 위반하고 그 의무가 중요한 사항에 해당하는 경우에는 계약을 해지할 수 있는데, "회사가 계약을 해지할 수 없는 경우"를 모두 기술하시오. (10점)

(2) 「약관교부 및 설명의무 등」 조항에서 "전화를 이용하여 계약을 체결하는 경우에 자필서명을 생략할 수 있는 2가지 경우"를 기술하시오. (4점)

(3) 지급기일의 초과가 예상되는 경우에는 서류를 접수한 날부터 30영업일 이내에 지급 예정일을 정하여 안내하도록 규정하고 있으나, "예외적으로 서류를 접수한 날부터 30영업일을 경과하여 지급예정일을 정할 수 있는 경우"를 기술하시오. (6점)

(4) 「소멸시효」 조항에 규정된 "청구권(6가지)"과 "소멸시효 완성기간"을 기술하시오. (7점)

(5) 「사기에 의한 계약」 조항에 규정된 "계약취소의 사유와 제척기간"을 기술하시오. (8점)

02 아래의 조건을 참고하여 A보험회사의 사망보험금을 산출하시오. (15점)
(표준약관에 근거하여 풀이과정을 제시할 것)

〈계약사항〉

보험회사	보험종목	계약자 및 피보험자	보험수익자	보험기간	담보내용 : 가입금액 (특별약관 : 가입금액)
A종합손해	장기상해	김민국 (남, 50세)	상속인	2018.2.1.~ 2038.1.31.	상해사망 : 2억원 (질병사망 : 1억원)
	장기상해	박사랑 (여, 45세)	상속인	2018.4.1.~2038.3.31.	상해사망 : 1억원 (휴일상해사망 : 1억원)

※ 질병·상해보험 표준약관 및 특별약관이 적용되는 정상 유지 계약으로 계약전·후 알릴의무 위반사항은 없음(휴일상해사망 특약의 보장은 사고 발생지의 표준시를 적용함).

〈사고내용〉

부부사이인 김민국과 박사랑은 여행 목적으로 베트남 호치민에 여행을 갔고, 현지기준 2020.8.9.(일) 23:00시경 호치민 호텔에서 부부싸움 도중 남편 김민국이 부인 박사랑을 흉기로 찌르고, 본인은 이를 비관하여 자유로운 의사결정 상태에서 유서를 남기고 호텔 5층 창문으로 투신함.

김민국과 박사랑은 호치민 병원으로 후송되어 치료 중 박사랑은 현지기준 2020.8.10. (월) 01:00시경 찔린 부위 과다출혈로 사망하고, 김민국도 현지기준 2020.8.10.(월) 04:00시경 다발성 손상으로 사망함.

〈참고사항〉

• 상기 사고내용은 객관적(사망진단서, 현지 경찰조사서류)으로 확인된 내용임.
• 김민국과 박사랑은 법률상 부부이며, 자녀 1명(여, 만20세)이 있음.
• 대한민국 서울과 베트남 호치민의 시차는 2시간임.
  (서울 16:00 ↔ 호치민 14:00)

03 피보험자 강철중(남, 43세)은 2020.3.6. 오전 07시경 출근 중 교통사고를 당하여 2020.9.15. 영구 후유장해 진단을 받았다. 아래 질문에 답하시오. (25점)

피보험자는 보험 가입 이전에 상해사고로 인해 "우측 슬관절의 기능에 약간의 장해를 남긴 때"에 해당하는 기존 장해가 있었음.

〈계약사항〉

보험회사	피보험자/수익자	보험기간	담보내용(가입금액)
K	강철중	2018.7.20.~2038.7.20.	상해후유장해 : 1억원
			80%이상 상해후유장해 : 5천만원

※ 질병·상해보험 표준약관을 사용하며, 알릴의무 위반사항 없는 정상 유지 계약임.
※ 80%이상 상해후유장해 진단시 해당 특약 가입금액 전액 지급함.

〈후유장해 진단내용〉

① 코의 1/5 이상 결손 상태
② 후각신경의 손상으로 양쪽 코의 후각기능을 완전히 잃은 경우
③ 목에 손바닥 크기 1/2 이상의 추상(추한 모습)
④ 머리뼈(두개골), 제1경추, 제2경추를 모두 유합 또는 고정한 상태
⑤ 요추 2-3번 방출성 골절로 인해 12°이상의 척추측만증 변형이 있음
⑥ 우측 고관절에 인공관절을 삽입한 상태
⑦ 우측 슬관절에 스트레스 엑스선상 17mm의 동요관절이 있음
   (정상측인 좌측 슬관절에 스트레스 엑스선상 3mm의 동요관절이 있음)

〈장해분류표상 장해지급률〉

• 코의 호흡기능을 완전히 잃었을 때(15%)
• 코의 후각기능을 완전히 잃었을 때(5%)
• 외모에 뚜렷한 추상(추한 모습)을 남긴 때(15%)
• 외모에 약간의 추상(추한 모습)을 남긴 때(5%)
• 척추(등뼈)에 심한 운동장해를 남긴 때(40%)
• 척추(등뼈)에 뚜렷한 운동장해를 남긴 때(30%)
• 척추(등뼈)에 약간의 운동장해를 남긴 때(10%)
• 척추(등뼈)에 심한 기형을 남긴 때(50%)
• 척추(등뼈)에 뚜렷한 기형을 남긴 때(30%)
• 척추(등뼈)에 약간의 기형을 남긴 때(15%)

- 한 다리의 3대 관절 중 관절 하나의 기능을 완전히 잃었을 때(30%)
- 한 다리의 3대 관절 중 관절 하나의 기능에 심한 장해를 남긴 때(20%)
- 한 다리의 3대 관절 중 관절 하나의 기능에 뚜렷한 장해를 남긴 때(10%)
- 한 다리의 3대 관절 중 관절 하나의 기능에 약간의 장해를 남긴 때(5%)

(1) K보험회사가 강철중에게 지급해야 할 후유장해보험금을 계산하시오. (15점)
(산출근거를 명기할 것)

(2) 상기 제 조건과 달리, 아래의 표준약관 장해분류표 내용상 빈칸(① ~ ⑩)에 들어갈
내용을 쓰시오. (10점) (단위도 명기할 것)

귀에 "약간의 장해를 남긴 때"라 함은 순음청력검사 결과 평균순역음치가 (①) 이상인 경우에 해당되어, (②) 이상의 거리에서는 보통의 말소리를 알아듣지 못하는 경우를 말한다.

체간골의 장해 중 "골반뼈의 뚜렷한 기형"이라 함은 아래의 경우 중 하나에 해당하는 때를 말한다.
㉮ 천장관절 또는 치골문합부가 분리된 상태로 치유되었거나 좌골이 (③) 이상 분리된 부정유합 상태
㉯ 육안으로 변형(결손을 포함)을 명백하게 알 수 있을 정도로 방사선 검사로 측정한 각(角)변형이 (④) 이상인 경우
㉰ 미골의 기형은 골절이나 탈구로 방사선 검사로 측정한 각(角) 변형이 (⑤) 이상 남은 상태

"장해지급률 100%인 장해"는 ㉮ 두 눈이 멀었을 때, ㉯ 심장 기능을 잃었을 때, ㉰ 신경계에 장해가 남아 일상생활 기본동작에 제한을 남긴 때, ㉱ (⑥), ㉲ (⑦), ㉳ (⑧), ㉴ (⑨), ㉵ (⑩)

04 피보험자 이보상(남, 50세)씨는 행복 보험회사에 〈표1〉과 같이 보험에 각각 가입하고, 〈표2〉와 같이 입원치료 후 보험회사에 입원보험금과 실손의료비를 2020.8.30. 일괄 청구하였다. 입원차수별 지급보험금을 산출하시오. (25점) (입원차수별 각 5점 / 풀이과정을 명기할 것)

〈표1〉 계약사항

보험회사 (계약일자)	보험종류 (공제유형)	보장종목(보상한도)	선택 특별약관(보상한도)
행복 ('19.8.1.)	장기종합	상해보장(1천만원)	질병입원보장(1천만원)
	기본(갱신)형 실손의료보험 (표준형)	질병입원형(2천만원) 상해입원형(2천만원)	비급여 도수치료·체외충격파치료·증식치료 실손의료보험 (약관상 보상한도)

※ 종합건강보험 질병입원보장특약 보장내용

동일 질병의 직접치료 목적으로 입원 : 1만원(3일초과 1일당)
단, 동일 질병의 입원보험금 지급한도는 90일

〈표2〉 치료 청구사항 (추가 치료내역 없음) (단위 : 만원)

구분 (병원)	입원기간	병명(코드)	요양급여			비급여
			본인 부담	공단 부담		포함 비용
1차 (A정형)	'19.9.1.~ 10.20.(50일)	주상병)목뼈 원판장애(M50) 부상병)팔의 신경병증(G56)	200	800	800	도수치료 (20회*10만원)
2차 (B내과)	'19.11.1.~ 11.10.(10일)	주상병)알콜성 간염(K70) 부상병)대사성 산증(E87)	50	200	150	영양제(100만원) ※ 의사 소견상 치료 목적 50만원
3차 (C신경)	'19.12.1.~ 12.30.(30일)	주상병)팔의 신경병증(G56) 부상병)관절염(M00)	100	400	300	증식치료 (20회*5만원)
4차 (D한방)	'20.2.1.~ 2.10(10일)	주상병)경추 염좌(S13) 부상병)요추 염좌(S33)	-	-	250	도수치료 (5회*10만원)
5차 (E재활)	'20.3.1.~ 4.19.(50일)	주상병)목뼈 원판장애(M50) 부상병)관절증(M15)	200	800	1,200	도수치료 (20회*10만원)

※ 정상 유지 계약이며 계약전 알릴의무 위반사항 없음.
※ 치료의사 소견상 입원치료가 필요했던 질환은 주상병으로 기재.
※ 4차 입원사유는 교통사고(자동차보험 지불보증)로 비급여는 전액본인 부담액이며, 해당 병원은 의료법 제2조에 따른 한의사만 진료함.
※ 피보험자 소득 10분위로 본인부담금 상한제 고려하지 않음.

제4과목

자동차보험의 이론과 실무 (대인배상 및 자기신체손해)

신체손해사정사 2차 시험

01 자동차보험 개관 ✳

1. 의 의

피보험자가 (피보험)자동차를 소유・사용・관리 중 발생한 자동차사고로 인한 손해를 보상하는
보험이다.

2. 기 능

(1) 피보험자의 경제적 구제

　① 개인 : 생활안정

　② 기업 : 경영상의 안정

(2) 피해자 보호・구제

　① 책임보험(대인배상Ⅰ)

　② 정부보장사업

　③ 진료수가제도

　④ 최저보험금제도

　⑤ 과실상계 후 치료비 지불보증

　⑥ 가불금제도 등

(3) 교통사고 예방

　① 위험률 변경에 따른 보험료 할인・할증

　② 면책조항

(4) 산업기금 조성

보험회사에 의해 각종 투자재원으로 활용됨으로써 산업자금으로 활용된다.

3. 종 류

(1) 개인용

10인승 이하 개인소유 자가용 승용차

(2) 업무용

개인용을 제외한 비사업용 자동차

(3) 영업용

사업용 자동차

4. 담보종목

(1) 배상책임 담보

대인배상 Ⅰ·Ⅱ, 대물

(2) 배상책임 외 담보

자기신체사고, 무보험차 상해, 자기차량손해

5. 주요용어 정리

보험가액과 피보험이익은 손해보험에만 있는 개념이다.

보험금액	약관상 보상한도액
보험가액	법률상 보상한도액, 피보험이익의 금전적 평가액. 따라서 배상책임보험에서는 보험사고발생 전까지 보험가액을 정할 수 없다.
피보험이익	보험계약의 목적. 피보험자가 보험의 목적에 가지는 경제적 이익
보험의 목적	보험에 의해 보호되는 신체 또는 재물 등
보험사고	보험자의 보상책임이 발생되는 사고. 우연성, 발생가능성, 한정성

자동차보험 관련법률 ✦✦

1. 개 요

자동차사고가 발생하면 다음과 같은 책임이 발생하며, 보험에서는 민사상의 책임만을 담보한다.

형사상 책임	교특법(형법의 특별법), 형법
민사상 책임	자배법 : 운행자책임, 민법 : 불법행위책임 등
행정적 책임	도로교통법 : 행정처분

2. 자동차손해배상 보장법(이하 '자배법')

(1) 의 의

자동차의 운행으로 사람 또는 재물에 관한 손해가 발생할 경우 그 손해배상을 보장하는 제도이다.

(2) 취 지

피해자보호, 자동차운송의 건전한 발전을 촉진하는데 있다.

(3) 특 징

① 민법의 특별법

민법에 우선 적용된다.

② 배상책임 주체의 확대

운행자와 운행 등의 용어의 정의를 통해 배상책임 주체를 확보함으로써 배상자력을 확보하였다.

③ 입증책임의 전환

가해자에게 입증책임을 부담하고 있다.

④ 조건부무과실 책임

운행자는 피해자가 ㉠ 승객일 경우 승객의 고의 또는 자살이 있거나, ㉡ 비승객일 경우 3면 책요건을 모두 입증하지 못하면 운행자 책임을 진다.

⑤ 운행자 책임

「자배법」 제3조의 운행자 책임은 인적손해에만 적용된다.

  * 「**자배법**」상 손해배상책임 : 「자배법」에서는 자기를 위하여 자동차를 운행하는 자(운행자)가 그 운행으로 말미암아 타인을 사상케 한 경우, 그 손해를 배상할 책임을 지도록 하고 있다(제3조).

(4) 「자배법」상 무보험상태 방지를 위한 조치들

    ① 보험가입 강제(제5조)

    ② 미가입자에 대한 통지(제6조)

    ③ 미가입자에 대한 벌칙(제48조)

    ④ 계약인수거절 또는 보험자 임의해지 제한(제24조, 제25조)

    ⑤ 양도에 따른 보험계약 자동승계(제26조)

(5) 그 밖의 피해자보호를 위한 각종 장치

    ① 가입의무화

    ② 정부보장사업

    ③ 피해자 직접청구권

    ④ 가불금제도

    ⑤ 진료수가제도

03 　대인배상 I 의 피해자보호 ✿✿✿

1. 대인배상 I

피보험자가 피보험자동차의 운행으로 인하여 다른 사람을 죽거나 다치게 하여 「자배법」 제3조에 의한 손해배상책임을 짐으로써 입은 손해를 보상하는 담보이다.

2. 피해자보호를 위한 특징

(1) 「자배법」의 적용

「자배법」의 적용을 받는 의무보험으로써 피해자 보호를 위해 다음과 같은 특징을 가진다.

① 운행자 책임의 적용

　　㉠ 운행자 개념을 통해 배상주체의 범위를 확대하고, ㉡ 조건무 무과실주의, ㉢ 입증책임의 전환 등을 통해 피해자에 대한 배상력을 확보하고 있다.

② 최저보험금

　　사망의 경우 피해자의 손해액이 2천만원 미만인 경우 2천만원을 보상한다.

③ 치료비지불보증

　　부상 손해액이 자동차보험진료수가 기준에 따른 치료비에 미달하는 경우 「자배법」상 부상한도 별표에서 정하는 금액 내에서 해당 치료비를 부상손해액으로 한다.

(2) 피보험자의 확대

보유자를 피보험자에 포함시켰다.

(3) 고의사고에 대한 피보험자의 직접청구권 인정

계약자 또는 피보험자의 고의로 인한 손해에 대해 피해자의 「자배법」상 직접청구권을 인정하고, 손해배상금 지급일로부터 3년 이내에 고의사고를 일으킨 계약자 또는 피보험자에게 구상이 가능하다.

1. 의 의

자동차 운행으로 인한 사고의 피해자가 의무보험(대인배상Ⅰ)에 의하여 보상 받을 수 없는 경우, 정부가 최저한의 보상을 해주는 제도를 말한다(자배법 제30조).

2. 보상책임 발생요건

① 보유불명자동차에 의한 사고(뺑소니)
② 무보험차 사고
③ 타 법률에서 보상받지 않을 것

3. 지급보험금

책임보험인 대인배상Ⅰ의 지급기준과 같다.

(1) 사 망

최저보험금인 2,000만원에서 최고 1억5천만원 한도 내(2016. 4. 1. 이후 사고)에서 보상되며, 과실상계 후 금액이 최저보험금에 미달할 경우 최저보험금을 보상한다.
* **2016. 4. 1. 이전** : 최저 2,000만원~최고 1억원

(2) 부 상

최고 3,000만원(2016. 4. 1. 이후)

(3) 장 해

최고 1억5천만원(2016. 4. 1. 이후)

4. 기타 사항

(1) 청구권 소멸시효

손해의 사실을 안 날(통상 사고발생일)로부터 3년을 소멸시효로 한다.

(2) 대위가능

피해자의 손해배상청구권에 대하여 대위가 가능하다.

(3) 정부의 지원

사망자나 중증 후유장애인의 유자녀 및 피부양가족의 생계와 학업, 재활 등을 지원한다.

1. 서론

(1) 의의 및 효과

손해배상청구권자(피해자)가 보험자에게 직접 본인의 손해에 대한 보상을 청구할 수 있는 권리를 말하며, 보험회사는 약관상 피보험자의 보험금액을 한도로 지급 후, 해당금액을 한도로 피보험자에게 지급한 것으로 한다.

(2) 취지

① 보상절차 간소화를 통해 피해자를 효율적으로 구제할 수 있다.

② 피보험자가 보험금을 다른 곳에 유용하는 것을 방지할 수 있다.

③ 가해자의 무능력, 무성의로부터 피해자를 보호할 수 있다.

2. 법률상 근거

(1) 「자배법」 제10조

보험가입자 등에게 '「자배법」 제3조'에 따른 손해배상책임이 발생하면 그 피해자는 대통령령에서 정하는 바에 따라 보험회사 등에게 「상법」 제724조 제2항에 따라 보험금 등을 자기에게 직접 지급하여 줄 것을 청구할 수 있다.

(2) 상법 제724조 제2항

제3자는 피보험자가 책임질 사고로 입은 손해에 대하여 보험금액의 한도 내에서 보험자에게 직접 보상을 청구할 수 있다.

(3) 표준약관 제29조

피보험자가 법률상 손해배상책임을 지는 사고가 생긴 경우, 손해배상청구권자는 보험회사에 직접 손해배상금을 청구할 수 있다. 다만, 보험회사는 피보험자가 그 사고에 가지는 항변으로 손해배상청구권에 대항할 수 있다.

제4과목 자동차보험의 이론과 실무(대인배상 및 자기(신체)손해)

3. 약관상 지급절차

(1) 피보험자에게 통지

보험회사는 피해자 직접청구시 지체 없이 피보험자에게 통지한다.

(2) 피보험자 협조의무

피보험자는 보험회사의 증거확보, 권리보전 등에 대해 협조해야 하며, 이를 해태할 경우 그로 인해 늘어난 손해는 보상하지 않는다.

(3) 손해배상액 결정과 지급

보험회사는 직접청구를 받은 때로부터 지체 없이 지급할 손해배상액을 정하고, 그 정하여진 날로부터 7일 이내 지급한다.

(4) 지급지연

① 지연이란?

보험회사가 직접청구를 받은 때로부터 30일 이내 청구권자에게 손해배상금 지급/거절이유 또는 지연이유(추가 조사가 필요한 경우 그 내용과 시기 포함)를 서면(전자우편 등에 서면에 갈음할 수 있는 통신수단을 포함)으로 통지하지 않은 경우, 정당한 사유 없이 손해배상액을 정하는 것을 지연한 것으로 본다.

② 지연의 효과

보험회사가 정당한 사유 없이 손해배상액의 결정이나 지급을 지연할 경우, ㉠ 지연한 일수에 대하여 보험개발원이 공시한 정기예금이율에 따라 연단위 복리로 계산한 금액, ㉡ 직접청구권자의 책임 있는 사유로 지급이 지연될 경우 그 해당기간에 대한 이자를 더하여 준다.

(5) 정기금 지급

보험회사는 직접청구권자의 요청이 있을 경우, 손해배상액을 일정기간으로 정하여 정기금으로 지급할 수 있다. 이 경우, 각 정기금의 지급기간에 대하여 보험개발원이 공시한 정기예금이율에 따라 연 단위 복리로 계산한 금액을 손해배상금에 더하여 준다.

4. 특 징

(1) 독립성

보험사고 발생시 피보험자에게 가지는 권리와는 별개로 법 규정(「상법」, 「자배법」)에 의해 보험자에 대한 직접청구권을 원시 취득한다.

(2) 강행성

「자배법」 제40조 '동법 제10조에 대한 권리는 압류 또는 양도할 수 없다'와 「상법」 제724조 제2항에 의해 강행규정화 되어있는 조항으로서 이를 피해자에게 불리하게 변경할 수 없다.

(3) 배타성

표준약관 제26조 제5항에 의해 "보험금청구권과 경합시 직접청구권이 우선한다"는 조항을 통해 피해자의 불법행위 채권에 최우선적 지위를 부여한다.

(4) 자주성

피보험자의 협력 없이 직접청구권을 행사할 수 있다. 단, 직접청구권은 피보험자가 가입한 책임보험계약을 전제로 하고 있기 때문에 보험자가 피보험자에게 가지는 항변으로 피해자에게 대항할 수 있다.

(5) 부종성

피해자의 피보험자에 대한 손해배상 청구권 소멸시 같이 소멸된다.

5. 법적 성질(손해배상청구권설 & 보험금청구권설)

(1) 구별취지

학설에 따라 아래의 항목들을 달리하고 있다.

구 분	손해배상청구권설	보험금청구권설
지급액 산정기준	일반손해배상액 또는 소송판결액 기준	약관상 기준
지연이자	연 5푼(민사손배채권)	연 6푼(상시채권)
소멸시효	3년	3년

(2) 손해배상청구권설(판례)

직접청구권을 피해자가 피보험자에게 가지는 손해배상청구권으로 보는 설로, 피보험자와 보험자가 손해배상채무를 중첩적으로 인수한 연대채무자로 본다.

(3) 보험금청구권설

직접청구권을 피해자가 법 규정에 의해 보험자에게 청구하는 보험금청구권으로 보고, 손해의 보상을 약정한 것일 뿐 사고에 대한 귀책사유가 없고, 채무의 인수를 약정한 것으로는 볼 수 없다는 설이다. 아래의 내용을 구체적 근거로 하고 있다.

① 책임보험계약의 기초는 계약자의 보험료납부에 대한 보험자의 보험금지급관계로 이루어져 있다.

② 「상법」 제724조 제1항 : 보험자는 피보험자가 제3자에게 배상을 한 후에 보험금을 지급한다.

③ 「상법」 제724조 제2항 : 제3자는 보험금액의 한도 내에서 직접청구가 가능하다.

④ 손해배상청구권설은 보험자가 피보험자에 대한 항변으로 피해자에게 대항하기 어렵기 때문에 불합리하다.

6. 보험자의 항변사유

(1) 피보험자의 제3자(피해자)에 대한 항변사유

피해자는 가해자인 피보험자에 대한 손해배상청구권을 전제로 하여 직접청구권을 가지는 것이므로, 보험자는 피보험자가 그 사고에 관하여 가지는 항변으로써 제3자에게 대항할 수 있다(상법 제724조 제2항 단서).

(2) 보험자의 계약자 또는 피보험자에 대한 항변사유

보험자의 계약자 또는 피보험자에 대한 항변사유로 피해자에게 대항할 수 있다.

① 직접청구권은 법에 의하여 인정된 독립된 권리이지만 책임보험계약에 바탕을 두고 있다. 따라서 보험자는 보험계약자 또는 피보험자에 대한 보험계약상의 항변사유로(보험계약의 하자, 면책사유의 발생 등) 피해자에게 대항할 수 있어야 한다.

② 보험사고 발생 후의 항변사유로 대항할 수 없다. 직접청구권의 독립성에 따라 손해발생 후 보험계약자나 피보험자의 행위로 인한 불이익을 받지 않아야 한다. 따라서 보험사고 발생에 관한 항변으로만 대항할 수 있고, 피보험자의 통지의무 불이행 등 사고 발생 후의 항변사유로는 피해자(제3자)에게 대항할 수 없다고 본다. 그럼에도 불구하고 피해자에게 보상하는 경우 피보험자에게 구상이 가능하다.

(3) 대인배상 I 에서의 고의사고 특칙

피해자의 충실한 보호를 위하여 '계약자 등의 고의'로 인한 손해의 경우 직접청구시 보험자는 보상하며 계약자 등에게 구상할 수 있다.

7. 보험금청구권과의 경합

표준약관 제26조 제5항에 의거 직접청구권이 우선한다. 그러나 피보험자가 이미 손해배상한 금액을 보험금으로 청구한 경우 보험금청구권이 우선이다(① 책임보험계약의 근본목적, ② 피해자의 이중이득방지 때문이다).

8. 기타 의무

(1) 보험자의 의무

　① 통지의무

　　상법, 약관에 의거 보험자가 피해자로부터 직접청구를 받은 때에는 지체 없이 피보험자에게 이를 통지함으로써 피보험자를 보호한다(상법 제724조 제3항). 따라서 피보험자에게는 협조의무가 부여된다.

　② 보험가입자에게 의견 제시 기회부여의무

　　보험사업자 등은 보험금 등을 지급하는 때에는 보험가입자에게 의견을 제시할 기회를 주어야 한다(자배법 시행령 제8조 제2항).

(2) 피보험자의 협조의무

표준약관 제30조 제1항에 "피보험자는 보험회사의 요청에 따라 증거확보, 권리보전 등에 협력하여야 하며, 만일 피보험자가 정당한 이유 없이 협력하지 않은 경우 그로 인하여 늘어난 손해는 보상하지 아니한다"고 규정되어 있다(상법 제724조 제4항 참조).

9. 소멸시효

(1) 「자배법」

　① 「자배법」 제41조

　　「자배법」 제10조의 규정에 의한 청구권은 3년간 이를 행사하지 아니하면 시효로 인해 소멸한다.

　② 기산점

　　「자배법」 제10조 제1항 '<u>보험가입자 등에게 제3조에 따른 손해배상책임이 발생하면</u>'이란 문구의 해석상 피보험자가 피해자에게 손해배상책임을 지는 사고가 발생한 때부터 기산한다. 그러나 과실 없이 그 사고의 발생을 알 수 없었을 경우 '그 사고의 발생을 알았거나 알 수 있었을 때부터' 기산한다.

(2) 학설에 따른 견해

① 손해배상청구권설

　ㄱ 시효는 그 권리를 행사할 수 있는 때로부터 진행하므로(민법 제166조 제1항), 손해배상청구권설은「민법」제766조 제1항 '불법행위로 인한 손해배상청구권의 소멸시효에 관한 규정'에 의거 피해자 또는 그 법정대리인이 가해자 및 손해를 안 날로부터 3년이라고 판결한 바가 있다.

　ㄴ 제3자는 피보험자에 대한 손해배상청구권을 전제로 하여 직접청구권을 가지는 것이므로 배상청구권이 시효로 소멸한 경우라면 직접청구권도 함께 시효로 소멸한다고 풀이한다. 예를 들어 창고업자(보관자)의 책임보험계약에서 물건소유자가 임치물의 멸실 후 그 책임에 관한 시효기간(1년)이 지나도록 권리를 행사하지 않으면 그의 직접청구권도 함께 소멸한다.

② 보험금청구권설

「상법」제662조에 따라 보험금청구권의 소멸시효를 3년으로 보고 있으며, 일반적인 시효기산점 '보험사고가 확정된 때'로부터 기산한다.

10. 직접청구권과 손해배상청구권, 보험금청구권과의 관계

(1) 가해자인 피보험자에 대한 손해배상청구권과의 관계

이 청구권들은 그 발생 근거가 각기 다른 독립된 권리이기 때문에 피해자는 직접청구권과 손해배상청구권을 임의로 선택하여 행사할 수 있다. 그러나 피해자가 이중으로 이득을 취하는 것은 허용할 수 없으므로 그 중 하나의 청구권을 행사하여 이행된 때에는 그 범위 내에서 양 청구권은 동시에 소멸한다(청구권경합 중 한 경우로 본다).

(2) 피보험자의 보험금청구권과의 관계

직접청구권과 보험금청구권은 서로 병존하고 있는데, 어느 청구권이 우선하는 지가 문제가 된다. 이와 관련하여 피보험자의 책임재산의 복구를 중시하여 보험금청구권이 우선하다는 견해와 반대로 직접청구권을 우선하는 견해가 있다. 판례는「상법」의 직접청구권 규정이 피보험자의 보험금청구권에 우선함을 선언하는 규정이라고 보았다.

1. 불법행위

(1) 의 의

고의 또는 과실로 타인에게 손해를 가하는 위법행위로, 법률상 채권·채무 발생의 이유가 된다.

(2) 성립요건

① 고의 또는 과실

  ㉠ 고의 : 일정한 결과가 발생하리라는 것을 인식하면서도 감히 이를 행하는(의욕) 심리상태를 말한다.

    * **미필적 고의** : 일정한 결과가 발생할지도 모른다는 인식(가능성)

  ㉡ 과실 : 일정한 결과가 발생한다는 것을 알고 있었어야 함에도 불구하고 부주의로 그것을 알지 못하고서 어떤 행위를 하는 심리상태를 말한다. ⇒ 결과발생에 대한 인식과 의욕이 없다.

② **책임능력**

  자기의 행위의 책임을 인식할 수 있는 능력 = 행위의 결과가 위법이라는 것을 인식하는 능력을 말한다.

③ **위법행위**

  일반적으로 침해행위 측면과 그 침해행위로 인한 피해법익 측면 등 양 측에서 이를 파악하고 있으며, 이것이 침해되면 위법성이 있는 것으로 된다.

④ **위법행위로 인한 손해발생**

  위법행위와 손해발생 사이에 상당인과관계가 존재하여야 하며, 이는 일반적으로 피해자가 입증해야 한다.

(3) 효 과

피해자에게 손해배상청구권이 발생하게 된다.

제4과목 자동차보험의 이론과 실무(대인배상 및 자기신체손해)

2. 사용자 손해배상책임

(1) 의 의

사용자는 피용자가 사용자의 업무 중 제3자에게 가한 손해를 배상할 책임이 있다. 그러나 사용자가 피용자의 선임 및 그 사무·감독에 상당한 주의를 한 때는 그러하지 아니하다.

(2) 성립요건

① 배상의무자 = 사용자 또는 사용자에 갈음하는 자

② 사실적 사용관계

③ 피용자 업무 중 제3자에게 손해를 주었을 것

④ 피용자의 불법행위 성립

⑤ 사용자 면책사유가 없을 것

3. 공동불법행위

(1) 의 의

복수의 사람이 공동으로 불법행위를 하여 타인에게 손해를 주는 경우 연대책임을 진다.

(2) 불법행위 책임자

① 공동으로 불법행위를 한 수인

② 수인의 행위 중 가해자가 명확하지 않은 경우

③ 교사자, 방조자

07 공동불법행위의 유형 및 효과 ✥✥

1. 공동불법행위

여러 사람이 공동으로 타인에게 손해를 가하는 불법행위를 말하며, ① 협의의 공동불법행위, ② 가해자 불명의 공동불법행위, ③ 교사·방조가 있다.

2. 유 형

(1) 협의의 공동불법행위

① 각자의 행위가 각각 독립하여 불법행위의 요건을 갖추고, ② 각자의 행위가 서로 관련되고, 공동성이 있는 경우를 말한다.

(2) 가해자 불명의 공동불법행위

수 인의 행위 중 어느 자의 행위가 손해발생의 원인이 되었는지를 알 수 없는 때에 성립하는 것으로 각 가해자 역시 고의, 과실 및 책임능력이 있을 것을 요건으로 한다.

(3) 교사·방조

교사라 함은 타인으로 하여금 불법행위의 의사결정을 하게 하는 것을 말하고, 방조라 함은 타인의 불법행위를 보조하는 것을 말한다. 부작위 내지 과실에 의한 방조도 이에 해당한다.

3. 효 과

공동불법행위 사고에서 가해자들은 피해자에 대하여 부진정연대채무를 부담하므로 피해자는 배상자력이 있는 연대채무자 중 1인을 상대로 청구하거나 연대채무자 전원을 상대로 연대하여 청구할 수 있다.

공동불법행위자간 구상권 인정 여부에 관하여 부진정연대채무자간 구상은 이론상 발생하지 않으나, 판례는 일관되게 구상권을 인정하고 있다.

| 08 | 「자배법」상 손해배상책임 ✦✦✦ |

1. 손해배상책임의 발생요건

(1) 「자배법」제3조

자기를 위하여 자동차를 운행하는 자는 그 운행으로 다른 사람을 사망하게 하거나 부상하게 한 경우에는 그 손해를 배상할 책임을 진다.

(2) 손해배상책임의 발생요건

① 손해배상책임의 주체가 운행자일 것

② 자동차운행으로 인한 사고일 것

③ 피해자는 타인에 해당되고, 그 타인이 사상되었을 것

④ 「자배법」상 운행자 면책사유에 해당되지 않을 것

2. 자동차손해배상책임의 주체

(1) 운행자

운행자란 '<u>자기를 위하여 자동차를 운행하는 자</u>'로 자동차에 대한 운행지배권을 가지고, 그 운행으로 인한 이익(경제적 이익뿐만 아니라 사회생활상의 이익을 포함)이 자기에게 귀속되는 자를 말한다.

(2) 자기를 위하여 자동차를 운행하는 자

「자배법」제3조에 의하면 「민법」과는 달리 직접 가해자인 운전자가 손해배상책임을 지는 것이 아니라, '자기를 위하여 자동차를 운행하는 자', 즉 운행자가 손해배상책임을 지도록 규정하였다. 여기서 '자기를 위하여 자동차를 운행하는 자'란 자동차의 소유자 또는 사용자를 말하지만, 이 밖에도 자동차의 임차인, 자동차보관업자, 위탁판매업자, 자동차의 정비업자, 육상운송업자 등은 물론 무단운전자와 절취운전자도 포함한다.

3. 자동차손해배상책임의 객체

(1) 타인(피해자)

타인은 운행자, 운전자 및 운전보조자를 제외한 모든 자로서 운행자에 대하여 손해배상을 청구할 수 있는 피해자를 말한다. 따라서 동승 중인 가족은 「자동차손해배상 보장법」상의 타인에 해당한다.

(2) 타인의 범위

운행자와 운전자의 가족이 자동차사고로 죽거나 다친 경우에 그 가족 또한 운행자의 지위에 서지 않는 한 당연히 손해배상책임의 객체인 타인에 속하므로 자동차보험 대인배상Ⅰ(책임보험)에서 보상받을 수 있다.

4. 운행과 손해 간의 상당인과관계

운행자가 타인의 사상에 대하여 손해배상책임을 지려면, 자기를 위한 운행과 타인의 생명 또는 신체의 사상과의 사이에 상당인과관계가 존재하여야 한다.

5. 운행자의 면책사유

책임을 면하려면 운행자가 입증하여야 한다.

(1) 운행자의 3면책요건이 존재하는 경우

피해자가 승객 이외인 경우, 운행자가 다음의 3면책요건을 입증하면 운행자책임을 면한다.
① 운행자 및 운전자의 무과실일 것
② 피해자에게 고의 또는 과실이 있거나 또는 제3자의 고의 또는 과실이 존재할 것
③ 자동차에 구조상 결함이나 기능상 장애가 없다는 것을 증명할 것

(2) 승객이 고의나 자살행위로 사망하거나 부상당한 경우

자동차에 탑승한 승객이 사상당한 경우에는 그 원인이 그 승객의 고의 또는 자살행위로 말미암은 것임을 운행자가 입증해야 한다.

(3) 「자배법」 제3조 단서 이외의 면책사유

불가항력, 정당방위, 긴급피난 등은 면책사유가 된다.

6. 입증책임의 전환

「자배법」상 운행자(가해자)의 면책사유 입증책임은 「민법」상 불법행위책임과 비교할 때 입증책임이 전환된 것으로 볼 수 있다. 즉, 입증책임이 「민법」상 피해자로부터 「자배법」상 운행자로 전환된 것이라고 할 수 있다. 피해자는 입증책임이 없고, 다만 교통사고에 의하여 손해를 입었다는 사실만 입증하면 된다. 그러므로 운행자가 책임을 면하려면 승객 이외의 경우에 3면책요건을, 승객의 경우에는 고의 또는 자살행위임을 입증하여야 한다.

7. 조건부 무과실책임주의

「민법」에서는 과실이 없으면 책임이 없다는 과실책임주의를 채택하고 있는데(제750조) 반하여, 「자배법」 제3조에서는 운행자가 타인의 생명 또는 신체를 사상한 때 그 손해에 대한 배상책임을 고의 또는 과실의 유무에 관계없이 운행자에게 일단 배상책임을 인정하므로, 무과실책임주의라고 할 수 있다. 다만, 책임을 면하려면 운행자가 승객 이외의 피해자에 대하여는 3면책요건을, 승객인 피해자에 대하여는 승객 자신의 고의 및 자살행위로 인한 사상임을 입증하여야 한다. 따라서, 승객 이외의 피해자의 경우 일단 운행자가 책임을 지고, 단서 위의 3면책요건을 입증함으로써 책임을 면하게 되는 조건부(상대적) 무과실책임주의를 취하며, 승객인 피해자는 가해자 측의 과실 없이 운행자가 책임을 지게 되는 절대적 무과실책임주의라고 본다.

8. 타법과의 관계

(1) 「민법」의 특별법

「자배법」은 「민법」의 특별법이므로 교통사고로 인한 인적 손해에 대하여는 당사자가 「자배법」의 적용을 청구하지 않더라도 「민법」에 우선하여 적용된다.

(2) 「국가배상법」과의 관계

① 국가 또는 지방자치단체는 공무원이 그 직무를 집행함에 있어 자동차사고로 타인의 생명 또는 신체를 사상한 경우 「국가배상법」과 「자배법」의 관계가 문제된다. 하지만 「자배법」의 입법취지에 비추어 볼 때, 동법 제3조는 자동차의 운행이 사적인 용무를 위한 것이건 국가 등의 공무를 위한 것이건 구별하지 아니하고 「국가배상법」에 우선하여 적용된다고 보아야 한다.

② 즉 공무원이 직무상 자동차를 운전하다가 사고를 일으켜 다른 사람에게 손해를 입힌 경우에는 그 사고가 자동차를 운전한 공무원의 경과실에 의한 것인지 중과실 또는 고의에 의한 것인지를 가리지 않고, 그 공무원이 「자배법」 제3조의 '자기를 위하여 자동차를 운행하는 자'에 해당하므로 「자배법」상 손해배상책임을 부담한다.

1. 운행자

자기를 위하여 자동차를 운행하는 자로서 차량에 대한 운행지배와 운행이익을 가지는 자를 말한다. 판례에서는 차량에 대한 운행지배만 있어도 운행자성을 인정하고 있다.

* **운행지배** : 자동차의 운행과 관련하여 현실적으로 자동차를 관리할 수 있는 것을 말하는데 최근에는 그 범위가 확대되어 지배가능성만 있어도 족하다고 보고 있다. 이는 「자배법」의 목적인 피해자보호에 부합하는 것이라 볼 수 있다.
* **운행이익** : 자동차 운행으로부터 나오는 직·간접적 이익과 정신적 만족을 포함한 일체의 이익을 말한다.

2. 보유자와 운전자

(1) 보유자

자동차의 소유자나 자동차를 사용할 권리가 있는 자로서 자기를 위하여 자동차를 운행하는 자를 말한다. 판례에서는 운행지배를 상실할 만한 특별한 사정이 없는 한 운행자로 추정한다.

(2) 운전자

운행자를 위하여 운전하는 자로 운행지배와 운행이익이 운행자에 귀속된다.

3. 인정방법

(1) 구체설(요건사실설)

피해자가 운행자의 책임을 주장, 입증해야 한다. 조건부 무과실책임주의에 부합하지 않는다.

(2) 추상설(항변설, 간접반증설)

피해자(원고)는 가해자(피고)가 소유자임을 입증하면 가해자는 운행자라 추정이 이루어져 피해자는 입증을 다한 것이고, 가해자가 면책사유를 입증해야 한다. 현재 판례와 통설이다.

판례 「자동차손해배상 보장법」 제3조 소정의 "자기를 위하여 자동차를 운행하는 자"의 의의(대법원 1987. 4.28., 선고, 86다카667, 판결)

「자동차손해배상 보장법」 제3조 소정의 "자기를 위하여 자동차를 운행하는 자"라 함은 일반적, 추상적으로 자동차의 운행을 지배하여 그 이익을 향수하는 책임주체로서의 지위에 있는 자를 말한다 할 것이므로 통상적으로 그 지위에 있다고 인정되는 자동차의 소유자는 비록 제3자가 무단히 그 자동차를 운전하다가 사고를 내었다 하더라도 그 운행에 있어 소유자의 운행지배 및 운행이익이 완전히 상실되었다고 볼 수 없는 경우에는 그 사고에 대하여 위 법조의 운행자로서의 책임을 진다.

판례 소유자의 운행지배 및 운행이익의 상실여부의 판단기준(대법원 1987.4.28., 선고, 86다카667, 판결)

운행지배 및 운행이익의 상실여부는 자동차나 그 자동차열쇠의 관리상태, 소유자의 의사와 관계없이 운행이 가능하게 된 경위, 소유자와 운전자의 인적관계, 운전자의 차량 반환의사의 유무와 기타 객관적이고 외형적인 여러 사정을 종합적으로 평가하여 이를 판단하여야 한다.

1. 서 론

「자배법」에서는 운행자 개념을 통하여 배상의무자 범위를 확대하고, 조건부 무과실 책임주의를 채택함으로써 피해자 보호수단을 마련하고 있다.

2. 운행자책임 판단요소

* **「자배법」 제3조 운행자책임** : 운행자는 그 '운행'으로 '인하여' 타인을 사상케 한 경우 그 손해를 배상할 책임을 진다.

(1) 배상의무자 = 운행자

피해자에게 손해배상의무를 지닌 자가 당해 차량을 자기를 위해 운행한 운행자에 해당하여야 한다. 판례에서는 운행지배와 운행이익을 기준으로 운행자를 판단하는 이원설의 입장을 취하고 있다.

(2) 「자배법」상 자동차의 운행으로 인한 사고

① **「자배법」상 자동차**
「자동차관리법」의 적용을 받는 자동차와 「건설기계관리법」의 적용을 받는 건설기계 중 대통령령이 정하는 것을 말한다.

② **운 행**
「자배법」 제2조 '운행'이란 사람 또는 물건의 운송여부에 관계 없이 자동차를 그 용법에 따라 사용 또는 관리하는 것을 말하며, 용법의 정의에 대하여 통설과 판례는 고유장치설의 입장을 취하고 있다.

③ **운행으로 인한 사고**
운행자는 운행과 인과관계가 있는 사고(손해)에 대해서만 책임을 지며, 통설과 판례는 상당인과관계설(통상적으로 동일한 조건하에서 동일한 결과를 발생케 하는 관계)의 입장을 취하고 있다.

(3) 그 사고로 타인이 사상될 것

타인이라 함은 운행자와 운전자를 제외한 모든 자로서 「자배법」상 보호를 받을 수 있는 자를 말한다.

제4과목 자동차보험의 이론과 실무(대인배상 및 자기신체손해)

(4) 운행자 면책사유가 없을 것

    ① 피해자가 승객일 경우

       피해자의 고의 또는 자살행위가 없다면 운행자는 책임을 면치 못한다.

    ② 피해자가 비승객일 경우

       아래의 3면책요건을 모두 만족하여야 한다.

       ㉠ 운행자 및 운전자의 무과실일 것

       ㉡ 피해자 또는 제3자의 과실이 있을 것

       ㉢ 자동차의 구조상 결함 및 기능상 장해가 없을 것

3. 기타 「민법」상 불법행위책임과의 차이

    ① 차량 소유자의 경우 피해자에 대한 불법행위책임이 없더라도 당해 차량에 대해 운행지배와 이익을 상실했다는 특단의 사정이 없는 한 운행자 책임을 진다.

    ② 차량 탑승객에 대하여 운행자는 조건부 무과실책임을 진다.

운행자성 논란이 있는 주요 유형 ✯✯✯

1. 무단운전

(1) 의 의

일정한 신분관계에 있는 자가 보유자의 승낙 없이 운전한 경우를 말한다. 승낙은 묵시적·간접적이어도 인정된다.

(2) 보유자의 운행지배 판단요소

① 신분관계가 가까울수록 보유자의 운행지배가 높다.

② 차량보관·관리가 허술할수록 보유자의 운행지배가 높다.

   * 차량과 열쇠의 보관·관리가 허술하면 보유자가 객관적으로 용인했다 추정된다(객관적 용인설). 차량보관허술은 불법행위책임과 연결될 수도 있다.

③ 운행거리가 짧을수록 보유자의 운행지배가 높다.

④ 피해자의 주관적 인식이나 무단운전에 대한 가담정도가 약할수록 보유자의 운행지배가 높다.

⑤ 판례는 "사회통념상 선해할 만한 사정" 여부 또는 "보유자의 사후 승낙개연성" 여부를 고려하여 판단하도록 하고 있다. → 무단운전에 대한 사회적 평가, 사회적 비난 가능성 또는 무단운전의 극단성 등을 함께 판단요소로 하고 있다.

2. 절취운전

(1) 의 의

인적관계가 없는 제3자가 보유자 승낙 없이 운전한 경우를 말한다.

(2) 보유자의 책임

보유자의 차량관리상 과실에 대하여 「자배법」상 손해배상책임을 적용할 수 있을까?

판례는 객관적 용인설을 따르고 있다. 즉 제반사항을 종합적으로 검토하여 보유자의 중대한 과실로 인한 객관적 용인이 인정될 경우 운행자책임을 물을 수 있다.

3. 명의대여

보유자(대여자)의 운행자성은 보유자가 운행지배와 이익이 없다는 특별한 사정을 입증하지 못하는 한 운행자성이 있다고 추정된다(추정설).

* 빌려준 사람 = 명의대여자, 명의수탁자, 빌린 사람 = 명의차용인, 명의신탁자

4. 사용대차(무상대여)/임대차(유상대여)

기본적으로 명의대여와 같이 보유자(대여자)의 운행자성은 보유자가 운행지배와 이익이 없다는 특별한 사정을 입증하지 못하는 한 운행자성이 있다고 추정된다(추정설).
* 대주 = 대여자, 차주 = 빌린 자
* 특별한 사정 : ① 차주의 적극/극단적 요청이나 강요, ② 대주의 수차례 반환 요청 등
* 피교습자(운전연습생) : 운행자성 인정

5. 명의잔존(= 양도하여 명의이전 절차가 종료 전인 상태)

매매대금결제 여부와 명의이전 서류교부 여부가 중요하다. 판례는 약관상 양도에 대한 기준을 따르고 있다.

6. 취급업자

취급업자는 보유자/운행자에 해당한다. 따라서 소유자는 의뢰~인도까지의 기간 동안 운행지배를 상실한다.

7. 소유권유보부 할부판매

매도인의 운행자성은 인정되지 않는다. 통상 판매대금을 담보하기 위하여 소유권을 유보한 것일 뿐 실질적인 지배는 없다고 보기 때문이다.

8. 도급/하도급

도급인의 운행에 관한 실질적 지휘·감독 사실이 중요한 판단기준이다.

9. 가정용 차량

실질적 사용, 관리, 비용부담 여부가 중요하다.

10. 피용자의 개인소유 차량의 업무 중 사용

사용자의 권장, 지시, 묵시적 승인, 업무상 당연히 사용해야 할 경우 사용자의 운행자성이 인정된다. 그러나 개인적인 편의를 위한 사용은 인정되지 않는다.

12 절취운전시 보유자책임/운전자한정특약 위배시 효과 ✦✦

1. 절취운전

보유자와 아무런 인적관계가 없는 제3자가 불법영득의 의사로 자동차를 절취하여 운전한 경우를 말한다.

2. 보유자의 손해배상책임

① 특단의 사정이 없는 한 절취 순간 보유자의 운행자성이 상실되는 것으로 보고 있다. 따라서 보유자는 운행자책임을 면하게 된다.
② 피해자가 공범(방조범)인가 여부는 고려대상이 아니다.
③ 그러나 절취운전에 관한 보유자의 자동차 관리상의 하자가 있을 경우 「민법」 제750조의 불법행위 책임이 발생하게 되고, 이를 「자배법」에 적용시키는 문제에 관하여 통설과 판례는 적용설의 입장에서 보유자의 운행자책임을 긍정하고 있다(근거 : 객관적 용인설과 피해자보호).

3. 운전자한정특약 위배시 효과

(1) 운전자한정특약

약관상 기명피보험자가 설정한 인원 이외의 자가 운전할 경우 대인배상Ⅰ을 제외한 전담보가 면책된다.

(2) 절취운전으로 인한 특약위배시 효과

기명피보험자의 명시적, 묵시적 승인이 없는 절취운전의 경우 비록 특약위반이라 하더라도 기명피보험자와의 관계에 있어서는 면책시킬 수 없다(= 면책약관 개별적용).

1. 개 념

(1) 「자배법」상 타인

「자배법」의 보호대상자로서 운행자와 당해 자동차 운전자(운전보조자 포함)를 제외한 그 외의 자를 말한다(판례).

(2) 운행자의 타인성

만약 운행자가 피해자가 될 경우, 운행자라는 이유로 항상 보호받지 못하게 된다면, 이는 운행자 제도와 손해배상제도의 본래취지(배상책임의 주체적 역할을 정하고 손해를 공평하게 분담한다)에 부합하지 않는다.

2. 타인성 문제의 유형과 인정범위

공동운행자	① 사용대차 ② 임대차 ③ 대리운전		
운행관여자	① 운전자 ② 운전보조자 ③ 운전위탁자 ④ 운전지도원		
운행미관여자	① 운행자의 근친자 ② 운전자의 근친자		
무상동승자	운행목적에 따라	① 동승자만을 위한 운행 ② 공동목적 ③ 편 승 ④ 운전자만을 위한 운행	
	동승경위에 따라	① 피해자 강요 ② 무단동승 ③ 의뢰동승 ④ 유인승낙 ⑤ 유 인	

공동운행자의 타인성 ✿✿✿

1. 공동운행자

(1) 의 의

하나의 차량에 대하여 2인 이상의 운행자가 있는 경우 이들 운행자를 말한다. 운행지배와 운행이익이 단독으로만 존재하는 것이 아니기 때문에 수인(數人)의 운행자가 있을 수 있다.

(2) 유 형

① 전부적 공동운행자

수인이 ㉠ 단일목적, ㉡ 공동경비를 부담하는 경우로서 서로 타인성을 주장할 수 없다.

② 부분적 공동운행자

수인이 ㉠ 차량의 공유, ㉡ 경비분담을 하지만, 1인이 구체적으로 운행을 독점하는 경우이다. 유형별로 운행지배가 직접적, 현실적, 구체적(직, 현, 구)인지 여부가 중요하다.

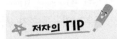

저자의 TIP

쉽게 외워요!

직, 현, 구
① 누가 사고발생을 방지할 수 있는 지위에 있는가?
② 누가 운전을 지휘·감독할 수 있는 지위에 있는가?
③ 누가 더 주도적으로 운행에 관여하는가?

③ 절충적 공동운행자

수인 중 1인이 소유, 관리를 하지만 다른 1인이 자기 목적을 위해 수시로 사용하는 경우이다. 유형별로 운행지배가 직접적, 현실적, 구체적인지 여부가 중요하다.

④ 중첩적 공동운행자

수인의 운행지배가 수직적으로 중복되는 경우로서 유형별로 운행지배가 직접적, 현실적, 구체적인지 여부가 중요하다. (예 임대인-임차인, 대주-차주)
그렇다면 이들 중 1인이 피해자인 경우 그의 타인성은 어떻게 해야 할까?

2. 공동운행자의 타인성 기준에 대한 학설

공동운행자 중 어느 1인이 피해자에 해당할 경우 그 운행자의 타인성 여부에 관하여 '무상동승에 관한 이론'들을 적용한다.

(1) 위험인수설(승인설)

① 의 의

무상동승의 뜻을 비친 의뢰자는 곧 위험인수자라 할 수 있으므로, 손해배상청구를 할 수 없다는 설이다.

② 비 판

차량이 위험체라는 사실의 인식만으로 그 위험까지 인수했다고 보는 것은 곤란하다. 따라서 잠입형 동승을 해결하는 한 가지 방법일 뿐 일반적 상황에서는 적용하기 힘들다.

(2) 면책특약설

① 의 의

운전자–동승자 사이에 묵시적인 면책특약이 있다고 본다.

② 비 판

면책대상이 인간의 생명과 신체에 대한 배상책임이므로 묵시만으로 그 특약이 인정되는 것은 상식에 맞지 않다.

(3) 무상수취인의 책임경감이론의 유추설

① 의 의

계약법상 '무상으로 채무를 부담한 자는 그 책임이 경감' 된다는 내용에서 유추하여, 운전자는 고의 또는 중과실에 대해서만 책임을 부담한다.

② 비 판

㉠ 신체사고에 대해 경과실이기 때문에 면책한다는 것은 타당하지 않으며, ㉡ 경과실과 중과실은 양적 차이에 불과한데 과실의 경중에 따라 책임유무가 결정되는 것은 공평성에 어긋난다.

(4) 개별적 해결설

① 의 의

「자배법」상 무상동승자에 대한 보유자 책임제한 규정이 없기 때문에 민법에 따를 수밖에 없으므로(자배법 제4조), 다양한 형태의 무상동승을 하나의 이론으로 설명하기 힘들다는 입장이다. 따라서 유형별로 종합적 상황을 고려하여, 특별한 사정(⑩ 동승자의 운행지배 간섭행위)이 없다면 동승자는 타인에 해당한다.
잠입동승의 경우 과실상계의 대상이지만, 무상동승의 경우 위자료 참작사유에 그친다.

② 비 판

호의동승에 관한 「자배법」상 보유자책임에 이론적 노력의 포기로 볼 수밖에 없다.

(5) 타인성 조각설

① 의 의

동승자가 본래의 운행자보다 그 지배가 더 직, 현, 구였다면(특별한 사정), 스스로 운행자성을 가지면서 동승자의 타인성이 조각되며, 과실상계와 위자료 참작이론으로 보완된다.

② 비 판

㉠ 타인성 조각의 전제가 운행자성 취득에 있기 때문에 일반 무상동승 상황에 적용하기 어렵다.

㉡ 동승자의 대외적인 운행자 책임여부에도 문제가 발생한다.

이러한 이유들로 타인성 조각설은 '공동운행자 상호간 타인성 유무'를 가릴 때 적용되는 것이 더 타당하다.

(6) 운행자성 조각설(책임상대설)

① 의 의

특별한 사정이 있다면 내부관계에 한하여 보유자는 운행자성을 상실하고 동승자는 운행자성을 취득한다. 외부관계에서는 보유자만 운행자 책임을 진다. 따라서 운행자 책임은 상대적이다.

② 비 판

운행자성을 상대적으로 파악하는 것은 적절하지 않다. 왜냐하면 운행자성은 차에 대한 관리상의 위험책임으로서 차에 대한 운행자의 객관적 지배에서 오기 때문이다.

(7) 비율적 책임설

① 의 의

타인성 조각설의 발전된 형태로 동승자는 운행자성과 타인성을 동시에 가질 수 있고, 그가 취득한 운행자성 만큼 타인성을 상실하여 상실한 비율의 한도 내에서 배상청구권이 감소한다(예 보유자의 운행자성 100%, 동승자의 운행자성 40%라면 동승자의 타인성은 60%).

② 비 판

타인성 조각의 이유를 동승자의 운행자성 취득에 두고 있기 때문에 외부관계에서 제3자인 피해자에 대하여 보유자와 부진정 연대채무관계에 서게 되고 동승자의 운행자성 취득비율에 상관 없이 보유자와 함께 제3자에 대한 100% 손해배상책임을 지게 된다.

(8) 수정책임상대설(책임상대설의 과실상계적 운용설)

책임상대설의 발전된 형태로 동승자의 운행자성을 고려하지 않고, 보유자 운행자성의 비율적 조각을 인정하여 감소한 운행자성만큼 동승자에 대해 그 책임도 감소하고(예 보유자의 제3자에 대한 운행자성 100%, 보유자의 동승자에 대한 운행자성 60%라면 동승자의 타인성은 60%), 이를 동승자 감액주장시 과실상계처럼 처리하기 때문에 '책임상대설의 과실상계적 운용설'이라 부른다.

(9) 요약정리

위험인수설	동승자의 면책에 대한 내용(운행자성에 대한 내용 아님)	
면책특약설		
무상수취인의 책임경감이론의 유추설		
개별적 해결설	동승자의 운행자성 취득인정	① 동승자에 대한 보유자 책임 없음 ② 제3자인 피해자에 대하여 연대책임
타인성 조각설		운행자성 취득에 따른 타인성의 전면적 상실
비율적 책임설		운행자성 취득 비율만큼 상실
운행자성 조각설(책임상대설)	운행자성 취득은 상대적이다.	
수정책임상대설	① 동승자 운행자성은 고려하지 않는다. ② 보유자의 운행자성 상실 비율만큼 동승자는 타인성을 가진다.	

3. 결 론

배상의무자인 공동운행자의 운행자성을 비율적으로 파악하여 책임론(누구 책임?)이 아닌 손해론(얼마나 손해?)의 입장에서 동승자에 대한 과실상계의 유추적용을 통해 책임의 상대화와 양적처리를 시도했다는 이유로 초기에는 수정책임상대설이 주류를 이루었다.

그러나 공동운행자 문제는 ① 내부관계의 문제인 점(운행자 상호간의 타인성 문제), ② 피해자인 운행자도 대외적으로 운행자로서 책임을 질 수 있다는 점, ③ 비율적 책임설 역시 타인성 상실에 따른 배상액의 감액을 인정하기 때문에(손해론) 비율적 책임설이 더 타당하다는 의견이 현재는 더 유력하다.

판례는 운행지배가 타 공동운행자보다 간·잠·추(간접적·잠재적·추상적)일 때 보다 직·현·구(직접적, 현실적, 구체적)인 공동운행자에 대하여 타인성을 주장할 수 있고, 상호평등의 경우에는 인정되지 않는다고 보고 있다. 그러나 타인성이 인정된다는 사실만으로 운행자성을 부인할 수는 없다고 보고 있다.

4. 구체적 사례 검토

(1) 사용대차

일반적으로 대차인(의뢰인)이 대여인보다 직, 현, 구(직접적, 현실적, 구체적)이다.

(2) 임대차

사용대차와 비슷하다. 그러나 "렌트카업자의 경우 임차인보다 더 직, 현, 구"라는 판례가 있다. 그러나 그 반대인(임차인도 일반임차인과 같다는) 판례 역시 있다.

(3) 대리업자

의뢰자(소유자)가 사상될 경우, 대리운전은 유상/쌍무 계약이므로 업자에게 직, 현, 구가 발생하기 때문에 의뢰자의 타인성이 인정된다. 하지만 상반되는 판례 또한 있다.

(4) 배상액의 감액

통상 40%를 감액한다.

(5) 대인배상 Ⅱ 인적관계 면책조항

약관상 대인배상 Ⅱ 피보험자 인적관계 면책조항에 해당하는지 유의해야 한다.

15 그 밖의 타인성 문제 유형 ✿

1. 운행관여자

(1) 운전자

① 운행자를 위하여 운전업무에 종사하는 자이다.

② 운전업무에 종사할 의무가 있는 자로서 선관주의의무를 부담한다(스스로가 사고를 미연에 방지하여야 할 의무).

(2) 운전보조자

① 업무로써 운전자의 운전행위에 참여하여 그 지배 하에서 운전행위를 도와주는 자이다.

② 사고발생을 미연에 방지할 의무가 있거나, 실제 운전에 관여한 경우에는 타인에 해당하지 않는다.

2. 운행미관여자(가족)

운행자 및 운전자의 직계비속 등 근친자들에 대하여 판례는 타인성을 인정하고 있다.

3. 무상동승자

대가의 지불 없이 타인의 자동차에 동승하는 것으로 호의동승은 무상동승에 포함된다. 보통은 무상동승자의 타인성을 인정한다.

(1) 무상동승자에 대한 배상액의 감경

대법원 판례는 무상동승의 일정유형에 대해 그 책임제한을 긍정하고 있다.

판례 **대법원 1990. 4. 25., 선고, 90다카3062, 판결)**

피해자가 사고차량에 무상으로 동승하다가 사고를 당한 경우 운행의 목적, 호의동승자와 운행자와의 인적관계, 피해자가 차량에 동승한 경위 등 제반사정을 비추어 사고차량의 운전자에게 일반의 교통사고와 같은 책임을 지우는 것이 신의칙이나 형평의 원칙에 비추어 매우 불합리한 것으로 인정되는 경우에는 그 배상액을 감경할 사유로 삼을 수 있다.

(2) 문제점(복수의 가해행위와 무상동승 감액적용 여부)

동승하고 있던 피해자가 상대방 차량의 운행자를 상대로 손해배상청구를 하는 경우, 상대 차량 측에서 피해자의 동승자 감액을 주장할 수 있는가?

판례는 동승자 감액은 동승한 차량 측에서만 적용되므로(상대적 사유) 부정설의 입장을 취하고 있다. 단, 동승자의 과실상계 사유는 양 차량측 모두 적용한다(절대적 사유).

16

손해배상책임의 소멸 ✲✲

1. 합 의

(1) 의 의

당사자간 분쟁을 사적으로 해결하는 약정으로, 통상 '권리포기조항'과 '부제소의 특약'을 삽입한다.

(2) 효 과

① 확정적 효력

법률관계의 안정성을 가져온다.

② 창설적 효력

법률관계의 재정립, 새로운 법률효과가 적용된다.

③ 유 형

㉠ 부진정 연대채무자 사이의 효력 : 변제의 사유가 있다면 채권의 목적이 달성되었으므로 연대채무자 전원에 효력을 미친다(절대적 효력). 그 밖의 사유는 상대적 효력을 미친다(예 배상권리자 1인 채무자에 대한 청구권 포기는 다른 채무자에 효력이 없다).

㉡ 표현상속인과의 합의 : 가해자가 선의이며 무과실일 경우 '채권의 준점유자(표현상속인)에 대한 변제'로서 유효하다. 단, 손해배상채권포기 합의는 효력이 없다.

㉢ 후발청구소송 : 후발손해의 발생이 예견될 수 없거나 청구를 포기하였다고 볼 수 없는 상황이라면 후발청구소송은 이전 소송과 별개로 가능하다.

㉣ 가족 중 1인의 합의 : 미성년자의 부모가 피해자의 손해를 합의할 때에는 부모 본인들의 손해(위자료)의 합의와는 별개로 한다.

(3) 효력제한

① 합의의 성립 부정

합의시 문구는 단순 예문에 불과하며, 손해전부에 대한 포기라고 볼 수 없다.

② 불공정 법률행위

당사자의 궁박, 경솔 또는 무경험으로 인하여 현저하게 공정을 잃은 법률행위는 무효로 한다(민법 제104조).

③ 착 오

화해의 목적인 분쟁 이외의 사항에 착오가 있을 때에 한하여 취소할 수 있다.

④ 제한적 해석이론(한정적 포기이론)

합의 당시 인식했던 손해에 대해서만 효력이 있다.

(4) 법률상 합의권자

합의의 당사자는 원칙적으로 배상(청구)권리자와 배상의무자이다. 이들이 법률행위능력이 없다면 이들의 법정대리인(친권자, 후견인, 임의대리인)이 합의권자가 된다.

2. 소멸시효

(1) 의 의

권리자의 권리 불행사 상태가 일정기간 계속되는 경우 그 권리가 소멸되는 제도이다.

(2) 취 지

법적 안정성 확보, 채증상의 곤란 해소 등 사회적·공익적 이유에 근거하고 있다.

(3) 기산점

① 소멸시효의 기산점(민법 제166조)

ㄱ 소멸시효는 권리를 행사할 수 있는 때로부터 진행한다.

ㄴ 부작위(법률상의 의무를 이행하지 않는 것)를 목적으로 하는 채권의 소멸시효는 위반행위를 한 때로부터 진행한다.

② 불법행위에 의한 손배청구권의 소멸시효(민법 제766조)

ㄱ 불법행위로 인한 손해배상의 청구권은 피해자나 그 법정대리인이 그 손해 및 가해자를 안 날로부터 3년간 이를 행사하지 아니하면 시효로 인하여 소멸한다.

ㄴ 불법행위를 한 날로부터 10년을 경과한 때에도 같다.

(4) 소멸시효 중단사유

① 청구/최고

② 압류 등의 법적절차

③ 채무승인

(5) 소멸시효 완성의 효과

기산일에 소급하여 권리가 상실된다.

제4과목

자동차보험의 이론과 실무(대인배상 및 자기신체손해)

3. 혼 동

(1) 의 의

채권과 채무가 동일한 주체에 귀속한 때 채권은 소멸한다. 그러나 그 채권이 제3자의 권리의 목적인 때에는 그러하지 아니하다.

(2) 효 과

채권은 원칙적으로 소멸한다. 그러나 법률상 의미가 남아있을 경우 존속한다.

(3) 자동차사고에서의 주요 유형

① 가해자가 살아서 피해자를 상속하는 경우

예외적으로 인정한다. → 생계를 같이하는 사이인 경우 소멸하지 않는다.

② 가해자의 대습상속인이 피해자의 손배청구권을 대습상속할 경우

가해자가 피해자의 손배청구권을 상속한 것이 아니므로 혼동에 의해 소멸되지 아니한다.

┤ 심화학습 ├

대습상속
추정상속인(피대습자)이 상속개시 이전에 사망 또는 결격으로 인하여 상속권을 상실한 경우 그 사람의 직계비속이 상속하는 제도로서 피대습자가 피상속인 사망 전(상속개시 전) 사망하여야 한다. 동시사망도 인정한다.

4. 변 제

(1) 의 의

채무의 내용인 급부를 실현하는 것을 말한다.

(2) 효 과

① **표현수령권자에 대한 변제의 효력**

표현수령권자가 선의/무과실일 경우 변제의 효력을 인정한다.

② **예금계좌에 입금시킨 경우**

계좌에 기재된 때 변제의 효력이 발생한다.

③ **변제공탁**

채권자가 변제를 받지 아니하거나 받을 수 없는 때 또는 변제자가 과실 없이 채권자를 알수 없는 경우에 변제자는 변제물을 공탁하여 그 채무를 면할 수 있다(민법 제487조).

1. 의 의

합의란 일반적으로 재판에 의하지 않고 당사자 간에 존재하는 분쟁을 사적으로 해결하는 약정을
말한다.

> ┤ 심화학습 ├
>
> 「민법」 제731조(화해의 의의)
> 화해는 당사자가 상호 양보하여 당사자 간의 분쟁을 종지할 것을 약정함으로써 그 효력이 생긴다.

2. 법적 성격

합의는 당사자간 상호 양보하여 분쟁을 끝내는 것을 주요 내용으로 하므로 「민법」상의 화해계약
의 일종이라고 할 수 있다.

3. 효 력

(1) 확정적 효력

합의가 있게 되면 당사자 간에 있었던 법률관계는 합의내용에 따라 확정되고 서로 다툴 수 없게
된다.

(2) 창설적 효력

합의가 있게 되면 종래의 법률관계가 어떠했는지 불문하고 현재의 합의에 의한 법률관계의 재정
립과 그에 따른 새로운 법률효과가 발생한다.

4. 합의 후 추가손해보상에 대한 보상여부

(1) 합의서 권리포기조항의 제한적 해석이론(한정적 포기이론)

피해자보호를 위한 이론으로 합의서의 권리포기는 합의 당시 피해자가 인식, 예상했던 손해만
을 포기한 것으로, 당시 예상불가한 중대손해에 대해서는 추가청구가 가능하다.

(2) 제한적 해석 판단을 위한 기준

① 합의에 이르게 된 경위, ② 합의 당시 예측할 수 있었던 사항들의 범위, ③ 합의금과 후발손해의 불균형정도, ④ 후발손해의 중대성 등을 종합 검토한다.

(3) 손해액 산정방법

합의 후 현재 나타난 최종적 전체 손해액에서 합의금을 단순 공제할 것이 아니라 합의의 효력이 여전히 미치는 손해, 즉 합의 당시 인식하고 있었거나 예견할 수 있었던 손해 등을 고려하여 산정한다.

(4) 적용요건

① 합의가 손해의 범위를 정확히 확인하기 어려운 상황에서 이루어졌을 것
② 후발손해가 합의 당시의 사정으로 보아 예상이 불가능할 것
③ 합의의 당사자가 후발손해를 예상했더라면 사회통념상 그 합의금액으로는 화해하지 않았을 것이라고 보는 것이 상당할 만큼 그 후발손해가 중대한 경우일 것
④ 손해가 사고와 상당인과관계가 있고, 소멸시효가 완성되지 않았을 것

상속에 대한 법정순위는 다음과 같다.

1. 제1순위 직계비속

(1) 특 징

① 자녀, 손자녀(외손자녀 포함) 등을 말하며, 자연혈족, 법정혈족 모두 인정한다.

② 최근친이 우선이며, 촌수가 같으면 공동상속한다.

(2) 태아의 권리

태아는 이미 출생한 것으로 본다.

① 인격소급설(= 정지조건설, 판례)

출생 전에는 무권리상태이고, 출생과 동시에 태아 시절까지 소급하여 권리능력을 취득한다.

ㄱ 장점 : 태아 사산시 불예측 또는 미예측에 대한 손해가 발생하지 않는다.

ㄴ 단점 : 태아의 법정대리인을 인정하지 않으므로 태아가 상속할 재산을 태아시절 보존, 관리할 수 없다.

② 해제조건설(다수설)

출생 전부터 제한된 권리능력을 인정한다. 다만, 사산 시에는 태아시절까지 소급하여 권리능력이 소멸한다.

ㄱ 장점 : 태아의 법정대리인을 통해 태아의 권리보전이 용이하다.

ㄴ 단점 : 태아 사산시, 불예측 또는 미예측 손해가 발생할 수 있다.

2. 제2순위 직계존속

① 사망자의 부모/조부모 등을 말한다.

② 생/양친 관계 없으며, 둘 다 존재할 경우 동 순위이다.

③ 적모/계모는 상속권이 없다.

제4과목 자동차보험의 이론과 실무(대인배상 및 자기신체손해)

3. 제3순위 형제자매

남녀의 성별, 기혼·미혼, 동복·이복 등에 차별은 없다.

4. 제4순위

4촌 이내 방계혈족이다.

5. 배우자

① 법률상의 배우자를 말하며, 최우선자와 공동상속하는 경우에는 5할을 가산한다.
② 사실혼은 인정하지 않는다.

19 과실상계 ✿✿✿

1. 의 의

손해의 발생, 확대, 회피, 경감 등에 대하여 피해자의 과실을 참작하여 손해배상액을 정하는 제도이다.

2. 취 지

손해의 공평한 분담이라는 이념에 근거한다.

3. 피해자 과실상계의 적용

(1) 과실의 존재

「민법」 제750조 불법행위 성립요건으로서의 과실과 달리 손해액의 공평하고 합리적인 조정을 위한 것으로 판례에서는 사회통념상 단순 부주의로 해석하고 있다(= 이질설 ⇔ 동질설).

(2) 사리변식능력의 존재

피해자에게 사리변식능력(= 손해의 발생을 피하는 데 필요한 정도의 능력)이 존재하면 족하다. 판례에서는 ① 만 6세 이하, ② 심신상실자, 정신병자 등의 사리변식능력의 존재를 불인정하고 있다.

(3) 상당인과관계의 존재

피해자의 과실과 손해의 발생 또는 확대간 상당인과관계가 있어야 한다.

(4) 피해자측 과실의 고려

피해자와 일정신분관계에 있는 자의 과실도 고려한다.

제4과목 자동차보험의 이론과 실무(대인배상 및 자기신체손해)

안심Touch

4. 피해자측 과실의 적용

피해자 본인의 과실과 동일하게 평가하여 단순 합산한다.

(1) 포함하는 경우

　① 감독의무자의 과실

　　피해자의 과실상계능력 유무와 무관하다(일시적 감독관계는 포함하지 않음).

　② 피용자의 과실

　　피해자 = 사용자인 경우 피용자의 과실은 피해자측 과실에 포함된다(단, 사용자가 피용자 선임/감독에 상당한 주의를 다하였거나 상당한 주의를 하여도 손해가 있었음을 입증하는 경우는 예외).

　③ 가족의 과실

　　배우자, 친자는 포함하지만 나머지 친족은 상황별(case by case)로 판단해야 한다.

　④ 보유자 = 피해자인 경우

　　운전자의 과실을 참작한다.

(2) 불포함하는 경우

　① 사용자의 과실

　② 우호동료관계

　③ 애인/약혼관계

5. 피해자 과실평가 방법

(1) 상대설

차 대 차 사고에 적용한다. 가해자와 피해자간 과실비율에 따라 산정하고 불가항력부분은 과실비율에 따라 안분한다.

(2) 절대설

차 대 사람 사고에 적용한다. 피해자 과실만 판단하여 감액하고 불가항력부분은 과실상계 요소가 아니므로 그 자체를 가해자가 부담한다.

(3) 가해자 위법성설

피해자 과실은 가해자의 위법성을 감소시키는 하나의 표지일 뿐이고, 불가항력부분은 배상으로부터 공제한다.

(4) 사 례

가해자 과실 : 4, 피해자 과실 : 2, 불가항력 : 4의 비율로 사고가 발생한 경우

① 절대설 : 20% 상계

② 상대설 : 33% 상계 → 2+(4×1/3) = 3.3

③ 가해자 위법성설 : 60% 상계(피해자+불가항력)

6. 적용범위

(1) 자동차 보험금 지급기준

전 항목에 적용한다. 그러나 상계 후 금액이 치료관계비에 미달할 경우 치료관계비는 보상한다.

(2) 소송실무

전 항목에 적용한다. 다만, 위자료에 있어서는 참작설이 다수설이다.

7. 효 과

(1) 필요적 참작

손해배상의 책임 및 그 금액을 정함에 있어 필요적으로 이를 참작하여야 한다.

(2) 면책여부 판단

민법에서는 가해자의 면책여부 판단 요소로 피해자 과실을 참작하여야 한다.

8. 참작/과실평가 기준

(1) 교통법규

피해자의 교통법규 위반 유무 및 그 정도의 형태로 구체화된다.

(2) 우자 위험부담이론

위험도가 강한 편, 회피/방어능력이 우수한 편에서 위험책임을 부담한다.

① 위험성이 높은 차 > 낮은 차

② 차 > 사람

③ 건강한 성인 > 유아/노인/불구자

(3) 요보호자 수정이론

사회적 보호가 필요한 자는 과실상계율을 저감해야 한다는 이론이다. 「도로교통법」에서 아동, 고령자, 신체장애자 등 보호를 위해 적용한다.

(4) 신뢰의 원칙

특별한 사정이 없는 한 모든 교통관여자는 타 교통관여자가 교통법규를 준수하고 사고를 회피하기 위한 적절한 행동을 취하리라고 신뢰하여 행동하면 족하고, 따라서 타인이 위 신뢰에 반하는 행동을 취하는 것까지 염두에 두어가며 행동할 필요는 없다.

9. 관련문제

(1) 과실상계와 손익상계의 순서

과실상계 후 손익상계한다(판례).

(2) 손해방지의무 불이행과 배상액 감경가능 여부

손해방지의무가 존재하는 경우 정당한 사유 없이 이를 위반하면 참작할 수 있다(판례).

10. 자동차보험에서의 과실비율 적용기준

(1) 의 의

사고유형에 따른 과실비율의 정형화로 분쟁을 줄일 수 있다. 동 기준의 적용이 곤란할 경우 판례를 적용한다.

(2) 과실수정방법

① 복수의 수정요소는 합산한다. 다만, 현저한 과실과 중과실이 경합할 경우 하나의 수정요소로 적용한다.
② 수정요소 구분이 점선으로 되어 있는 경우에는 택일하여 중한 쪽 과실만 가산한다.
③ 일방의 기본수치에 가산하고 상대방 기본수치에서는 감산하여 합계는 항상 100%가 되어야 한다.

(3) 유형별 과실적용

① 과실 우선적용 사고
　ㄱ 보호자의 자녀감호 태만
　ㄴ 차량 밑에서 놀거나 잠

      ⓒ 차도에서 택시 잡기

      ⓔ 안전벨트 미착용

      ⓜ 이륜차 안전모 미착용 탑승

      ⓗ 정원초과

      ⓢ 적재함에 탑승행위

      ⓞ 차 내에 서 있다가 넘어진 사고

      ⓩ 출발 후 갑자기 뛰어내림

      ⓧ 달리는 차에 매달려가다가 추락

② **과실적용원칙**

      ㉠ 최저, 최고의 중간수리를 기본과실로 한다.

      ㉡ 최종 과실률은 최저, 최고치를 벗어나지 못한다.

      ㉢ 과실 없는 타 차량의 탑승 피해자에게도 적용한다.

      ㉣ 기타 주변 사정을 종합적으로 고려한다.

③ **차 - 사람 사고**

      ㉠ 가산요소

         ⓐ 야간(해가 진 후~해가 뜨기 전) : 예외 → 가로등의 조명등이 밝을 때, 운전자가 전조등을 OFF한 경우(오히려 보행자의 과실비율 감산)

         ⓑ 간선도로(폭 14m 이상, 왕복 4차로 이상)

         ⓒ 차 앞, 차 뒤 횡단(골목길 급충돌 포함) : 예외 → 횡단보도 또는 경찰신호에 따라 횡단하던 중 사고

         ⓓ 정지, 후회, 사행

         ⓔ 횡단규제, 표지 위반

         ⓕ 교차로 사각횡단

      ㉡ 감산요소

         ⓐ 주택/상점가(출퇴근 시간대 공장, 관청가 등 포함)

         ⓑ 어린이(사고일 현재 만 12세 이하)

         ⓒ 노인(사고일 현재 만 65세 이상)

         ⓓ 집단횡단(2인 이상의 동시횡단)

         ⓔ 보·차도 구분 없음

         ⓕ 차의 현저한 과실

            • 전방주시에 있어서 현저한 부주의

            •「도로교통법」상 주취한계 미달 운전

            • 10km 이상 20km 미만 속도위반

            • 핸들 또는 브레이크 조작의 현저한 부적절

ⓖ 차의 중과실
- 졸음운전
- 중앙선 침범
- 「도로교통법」상 주취한계 초과운전
- 20km 이상 제한속도 위반
- 무면허운전
- 약물운전

④ 차 - 차 사고
㉠ 적용원칙
ⓐ 직진차량간
- 우측 차의 과실을 좌측 차의 과실보다 적게 산정
- 대로 차의 기본과실을 적게 산정
ⓑ 직진 차 - 좌회전 차간 사고
- 직진 차의 과실을 적게 산정
- 좌회전 차 : 서행불이행, 급좌회전, 신호불이행 등이 있으면 가산
㉡ 수정요소
ⓐ 대형차에 대해 가산
- 36인 이상 승합차
- 최대적재량 5t 이상 화물차
- 견인능력 5t 이상 특수차
- 건설기계
- 기타 이와 유사한 자동차
ⓑ 차의 현저한 과실/중과실
ⓒ 명확한 선 진입
ⓓ 서행(즉시 정지할 수 있는 속도) 또는 감속(제한속도 1/2) 불이행

⑤ 차 - 이륜차(원동기장치 자전거 포함)
㉠ 우자부담원칙 : 이륜차가 유리하다.
㉡ 이륜차를 끌고 가는 경우 보행자 취급한다.

⑥ 자동차 - 자전거(농기계 포함)
차 대 차, 차 대 이륜차보다 유리하지만 보행자와 동일시할 정도는 아니다.

1. 의 의

사고의 당사자가 사고로 인해 손해와 동시에 이득을 얻고 그 이득이 ① <u>손해와 상당인과관계</u>를 갖고, ② <u>손해의 전보를 목적으로 지급된 경우</u> 그것을 공제하는 것을 말한다(요건). 부당이득공제, 과실상계처럼 서로 대립하는 두 개의 채권을 대등액에서 소멸케 하는 것은 아니다.

2. 과실상계, 동승자 감액과의 비교

(1) 유사성

피해자의 손해배상을 감액하여, 적정 배상액을 산출하기 위한 제도이다.

(2) 이질성 : 효력발생의 근거

① 과실상계

피해자의 부주의(사고, 손해 발생, 확대에 기여)

② 동승자 감액

동승자의 운행자성(동승경위, 평소차량이용 실태)

③ 손익상계

이중이득, 부당이득 방지

3. 유 형

① 사망과 상실수익액에서의 생활비 공제

② 중간이자 공제

③ 타 법령, 타 약관 보상시 제외 또는 비례보상

4. 구체적인 예

(1) 양육비

비공제설이 통설, 판례이다.

(2) 보험금

① 생명보험금

공제하지 않는다.

② 손해보험금

손해의 전보가 목적이므로 공제한다.

③ 상해보험금

손해보험적 성격의 계약일 경우 공제될 여지가 있다.

(3) 사회보장적 급부(「근로기준법」, 「산업재해보상보험법」상)

같은 성격의 항목 내에서 공제한다.

(4) 「공무원연금법」상 급여

유족급여를 제외한 나머지 유족보상금을 공제한다(판례).

(5) 기타 연금법에 의한 급여, 국민건강보험법, 형사합의금 등

공제하는 것이 타당하며, 동일 목적의 급부인지에 대한 판단이 중요하다.

1. 서 론

과실상계와 손익상계 모두 피해자의 손해배상금을 감액하여 적정배상액을 지급하기 위한 제도이다.

(1) 과실상계

손해의 발생, 확대, 회피, 경감에 대해 피해자의 과실이 있을 경우 이를 참작하여 손해배상금을 산정하는 것이다.

(2) 손익상계

사고로 피해자가 손해와 이득을 동시에 얻었을 때 그 이득이 이중 또는 부당이득에 해당한다면 최종손해배상금에서 이를 공제하는 것을 말한다.

2. 취 지

(1) 과실상계

손해의 공정한 분담을 그 취지로 한다.

(2) 손익상계

이중 또는 부당이득 방지를 취지로 한다.

3. 효 과

(1) 과실상계

해당 과실을 참작하거나 해당부분을 직접 공제하기도 한다.

(2) 손익상계

해당금액을 최종배상금에서 공제한다. 과실상계 후 손익상계 한다.

4. 적용요건

(1) 과실상계

손해의 발생, 확대, 회피, 경감에 대하여 상당인과관계가 있는 피해자의 과실을 그 근거로 하는데, 여기서의 과실은 「민법」상 위법성 여부를 판단하는 과실이 아닌 손해의 분담을 위한 단순 부주의 정도로 해석한다. 따라서 피해자에게 책임능력이 아닌 손해의 발생을 피하는데 필요한 사리분별력만을 원한다.

(2) 손익상계

피해자의 과실이 아닌 불법행위와 상당인과관계가 있는 이중 또는 부당이득이 있을 경우 적용한다. 위법성 여부의 판단을 불문하고 이중(부당)이득이 있다면 적용할 수 있으나, 피해자에게 특정능력기준을 요하지는 않는다.

5. 산정방법

(1) 과실상계

'자동차사고 과실비율 인정기준'에 따라 산정된 과실을 상대설(차 대 차 사고), 절대설(차 대 사람 사고), 가해자 위법성설 등에 따라 적용한다.

(2) 손익상계

피해자의 현실적 손해보다 최종배상금이 크고 그 차액이 이중 또는 부당이득에 해당하는 경우 이를 공제한다.

6. 적용범위/유형

(1) 과실상계

① 보험금지급기준은 전 항목에 적용한다. 그러나 상계 후 금액이 치료관계비에 미달할 경우 치료관계비는 보상한다.
② 소송실무의 경우 역시 전 항목에 적용한다. 다만, 위자료에 있어서 판례는 참작설을 따르고 있다.

(2) 손익상계

① 사망과 상실수익액 산정시 생활비를 공제한다.
② 중간이자 공제 방식을 적용한다.
③ 타 법령, 타 약관 보상시 해당부분 공제 또는 비례보상한다.

1. 의 의

특별한 사정이 없는 한 모든 교통관여자는 타 교통관여자가 교통법규를 준수하고 사고를 회피하기 위한 적절한 행동을 취하리라고 신뢰하여 행동하면 족하다. 따라서 타인이 위 신뢰에 반하는 행동을 취할 것까지 염두에 두어가며 행동할 필요는 없다.

2. 기 능

신뢰의 원칙은 단순히 과실상계 여부나 그 비율을 결정하는 기준이 아니라, 이 원칙을 지킨 사람에게는 과실을 물을 수 없어 무과실을 적용할 수 있다.

3. 적용유형

① 신호대가 설치된 교차로에서 차량 상호 간의 사고
② 명백히 통행 우선권이 확보된 상태의 차량과의 사고
③ 교행 중 사고에서 정상운행차량의 경우
④ 차량과 횡단자 간의 사고

4. 적용 한계

① 피해자가 노인, 유아 등인 경우
② 피해자의 교통질서 위반이 일반적으로 용이하게 예견 가능한 경우
③ 자기에게 교통법규 위반이 있는 경우

제4과목 자동차보험의 이론과 실무(대인배상 및 자기신체손해)

1. 의 의

타인을 대신하여 채무를 변제한 사람(채권자)이 그 타인에 대하여 가지는 (상환)청구권을 말한다.

> **┤ 심화학습 ├**
>
> 용어정의
> - **부진정 연대채무** : 채무 당사자간 상호의사 표현 없이도 우연한 사유에 의해서 성립하는 연대채무관계를 말한다.
> - **보험자 대위** : 보험자가 피보험자의 손해를 보상하고 나면 그 범위 내에서 피보험자가 가진 권리를 취득한다.

2. 소멸시효

(1) 일반채권, 부당이득반환청구권일 경우

소멸시효는 10년이다(민법 제162조).

(2) 손해배상청구권

소멸시효는 3년 또는 10년이다(민법 제766조).

3. 자동차보험에서의 구상

(1) 대인배상 Ⅰ, Ⅱ
   ① 횡적 책임경합(대등한 개체간)
      ㉠ 공동불법행위 사고 예 차 – 차 사고
      ㉡ 과실책임 vs 연대책임 예 자동차사고 vs 도로관리상 하자(국가배상법)
      ㉢ 과실 vs 무과실 : A(과실 100%), B(무과실), C(B차량 승객 피해자)
      A, B는 C에 대해 부진정 연대채무를 지며, B측 선 배상 후 A측에 전액구상이 가능하다.
   ② 종적 책임경합
      동일한 사고차량에 대하여 신분을 달리하는 수인의 배상의무자 간의 구상문제이다.
      ㉠ 피용자 업무 중 사고 : 피용자 = 불법행위책임, 사용자 = 사용자배상책임
      ㉡ 자동차사고 : 운전자 = 불법행위책임, 소유자 = 운행자책임
      ㉢ 약관상 면책되는 피보험자에 대한 구상문제

(2) 무보험차 상해 담보

'피보험자 = 피해자'이기 때문에 '구상권 = 손해배상청구권'이다.

4. 산정기준

(1) 조 건

상대 채무자에 대한 구상은 부진정 연대채무에 대한 선 배상(보상)을 전제로 한다.

(2) 구상할 금액

① 상대방 부담분을 기준으로 산정한다.

② 자동차사고에서는 각자 사고발생에 기여한 과실비율에 따라 산정한다. 따라서 손해배상책임이 있어도 과실이 없다면 피구상책임이 없다.

24 보험자대위 ✦✦✦

1. 의 의

보험자가 보험사고로 인한 피보험자의 손실을 보상한 경우, 피보험자 또는 계약자가 보험의 목적 또는 제3자에 대해 가지는 권리를 법률상 당연히 이전시키는 제도를 말한다.

2. 특징 및 법적 성질

(1) 특 징

① 손해보험에서만 인정되는 제도이다. 그러나 예외적으로 손해보험성 상해보험의 경우 당사자 약정이 있을 때 피보험자의 권리를 해하지 않는 범위에서 인정하고 있다(상법 제792조).
② 자동차보험에서는 자기신체사고를 제외하고 전 종목에 적용된다.
③ 무보험차 상해의 경우 피보험자의 손해액이 보험가입금액을 초과할 경우 제한된다.

(2) 법적 성질

보험자대위는 당사자의 의사표시에 따른 양도행위의 효과가 아니라 법률상 인정한 당연한 효과로서, 대위의 요건이 충족되면 당사자의 의사표시와 상관 없이 당연히 권리가 보험자에게 이전된다. 따라서 목적물(잔존물)대위에서 인도·등기를 요하는 물권변동의 절차(민법 제186조, 제188조)나 청구권대위에서 지명채권양도의 대항요건(민법 제450조)의 절차가 없어도 채무자 또는 그 밖의 제3자에게 대항할 수 있다.

3. 보험자대위의 유형

(1) 보험의 목적에 대한 보험자대위(= 잔존물대위)

① 의 의
보험의 목적이 전부멸실 한 경우에 보험금액의 전부를 지급한 보험자는 그 목적에 대한 피보험자의 권리를 취득하는데(상법 제681조), 이를 보험의 목적에 관한 보험자대위 또는 목적물대위, 잔존물대위라 한다.
② 인정근거
피보험자의 이익을 방지하기 위한 것으로 보는 이득방지설이 다수설이다.

③ 요 건
ㄱ 보험의 목적의 전부멸실 : 보험사고로 보험의 목적의 전부가 멸실되어야 한다(상법 제681조). 여기서 전부멸실이란 보험계약의 체결당시에 보험의 목적이 지닌 형태의 멸실을 의미하고, 일부잔존물이 있어도 경제적 가치가 전부멸실하였으면 전손으로 본다.
ㄴ 보험금액의 전부지급 : 보험자가 보험금액의 전부를 피보험자에게 지급하여야 한다(상법 제681조).

④ 효 과
ㄱ 보험의 목적에 관한 권리의 이전
ⓐ 이전되는 권리내용 : 보험자는 피보험자가 보험의 목적에 대하여 가졌던 모든 권리를 취득한다.
ⓑ 이전되는 권리범위 : 피보험자가 보험의 목적에 대하여 가지는 모든 권리에는 보험목적의 소유권뿐만 아니라 채권 등도 포함한다.
ⓒ 권리이전의 시기 : 보험자가 보험금을 전부지급한 때부터 그 권리가 이전한다.
ㄴ 일부보험의 경우 : 일부보험은 보험자가 보험금액의 보험가액에 대한 비율에 따라 보상할 책임을 지므로(상법 제674조) 보험자가 보험금액의 전부를 지급하면 보험금액의 보험가액에 대한 비율에 따라 피보험자 보험의 목적에 대하여 가지는 권리를 취득한다(상법 제681조 단서).
ㄷ 피보험자의 협조의무 : 보험자의 권리행사를 위하여 피보험자의 협조를 요구하는데, 이는 보험의 목적을 피보험자가 점유하는 것이 일반적이고 또한 그 내용을 잘 알고 있는 위치에 있기 때문에 손해감소를 위한 조치나 필요한 통지 등 보험자의 권리행사에 협력하도록 하고 있다.
ㄹ 목적물에 대한 부담과 대위권의 포기 : 보험자는 그 대위권에 의하여 보험의 목적에 관한 소유권을 취득함으로써 그 목적물에 부수하는 의무를 부담하지 않으면 안 되는 경우가 있다. 즉, 대위권에 의한 권리취득이 오히려 잔존물 제거의무 등 보험자에게 불이익할 때는 대위권을 포기하고 보험의 목적에 따른 공법상, 사법상의 부담을 피보험자에게 귀속시킬 수 있다.

(2) 제3자에 대한 보험자대위(= 청구권대위)
① 의 의
ㄱ 손해가 제3자의 행위로 인하여 발생한 경우에 보험금을 지급한 보험자는 그 지급한 금액의 한도에서 그 제3자에 대한 보험계약자 또는 피보험자의 권리를 취득한다. 다만, 보험자가 보상할 보험금의 일부를 지급한 경우에는 피보험자의 권리를 침해하지 아니하는 범위에서 그 권리를 행사할 수 있다.
ㄴ 보험계약자나 피보험자의 권리가 그와 생계를 같이 하는 가족에 대한 것인 경우 보험자는 그 권리를 취득하지 못한다. 다만, 손해가 그 가족의 고의로 인하여 발생한 경우에는 그러하지 아니하다.

② 인정근거

피보험자의 이중이득방지와 보험사고 발생에 예방적 효과에 근거를 두고 있다.

③ 요 건

㉠ 제3자에 의한 보험사고와 손해발생 : 보험사고로 인한 피보험자의 손해가 제3자의 행위로 말미암은 것이어야 한다.

㉡ 보험자의 보험금지급 : 보험자가 피보험자에게 보험금을 지급하여야 한다. 따라서 보험금을 일부 지급하여도 그 지급한 범위 안에서 대위권을 행사할 수 있는 것이 목적물대위와 다르다.

㉢ 제3자에 대한 피보험자의 권리의 존재 : 청구권대위는 보험자가 보험금을 지급하면 당연히 발생하지만 피보험자의 권리에서 나오므로, 제3자의 행위에 의하여 보험사고가 발생하여 피보험자가 제3자에게 손해배상청구권을 가지고 있어야 한다.

④ 효 과

㉠ 피보험자 권리의 이전 : 제3자의 행위로 인하여 보험사고의 발생 시에 보험금액을 지급한 보험자는 그 지급한 금액의 한도에서 그 제3자에 대한 보험계약자 또는 피보험자의 권리를 취득한다(상법 제682조).

㉡ 권리행사의 범위 : 보험자 대위권의 범위는 지급한 보험금액의 한도 내에서 피보험자 또는 보험계약자가 제3자에 대하여 가지는 권리로 지급한 보험금액을 초과할 수 없다.

㉢ 피보험자의 협조의무 : 피보험자는 제3자에 대한 권리내용, 보전방법을 잘 알고 있는 위치에 있으므로 보험금을 지급받은 후 보험자가 권리를 행사할 수 있도록 협조할 의무가 있다.

㉣ 피보험자에 의한 권리처분 : 보험자의 보험금 지급에 의하여 보험자대위의 효과가 발생하면 보험계약자, 피보험자는 보험금을 지급받은 한도 내에서 그 권리를 잃게 되므로 제3자에 대한 권리를 행사하거나 처분할 수 없고 보험자만이 그 권한을 갖는다.

⑤ 대위권 행사의 제한

㉠ 보험금의 일부를 지급한 경우 : 보험자가 보상할 보험금액의 일부를 지급한 때에는 피보험자의 권리를 해하지 않는 범위 내에서만 그 권리를 행사할 수 있다(상법 제681조 단서).

㉡ 일부보험의 경우 : 우리 「상법」 제681조 단서에 아무 규정이 없으므로 이전하는 권리가 보험금 지급액의 상당액에 대한 청구권이라는 절대설, 비례부담(안분)의 원칙에 따른 금액에 대한 청구권이라는 상대설, 피보험자의 손해액을 충당하고 나머지 남은 손해배상액에 대한 차액이라는 차액(원칙)설이 있다. 차액설이 통설이다.

보험금의 분담 ✦✦

1. 수 개의 책임보험

(1) 의 의
피보험자가 동일한 사고로 제3자에게 배상책임을 짐으로써 입은 손해를 보상하는 수 개의 책임보험계약을 동시 또는 이시로 체결하는 경우를 말한다.

(2) 수 개의 책임보험의 요건
① 동일한 보험사고
② 중복 보험기간
③ 수 개의 보험계약 체결
④ 보험금 총액이 실제손해 초과
⑤ 동일한 피보험자

2. 중복보험
보상책임의 전부 또는 일부가 중복되는 수 개의 책임보험을 말한다.

(1) 자동차보험약관
"독립책임액 분담방식"으로 손해액을 보상한다.

(2) 상 법
① 비례보상방식
보험금액의 비율에 따라 보상책임을 진다.
② 연대책임주의
각 보험자는 각자의 보험금액 한도 내에서 연대책임을 진다.
* 「**상법**」 제673조 : 보험자 1인에 대한 권리의 포기는 다른 보험자에 대해 영향을 주지 않는다.

CHAPTER 02 자동차보험약관

01 자동차보험약관의 구속력과 해석원칙 ✦✦

1. 구속력

(1) 의 의

계약당사자 간의 권리와 의무는 보험약관에 의해 발생하게 되고, 각 계약당사자는 그 약관에 구속된다.

(2) 학 설

① 규범설

보험약관 = 법규범이다. 따라서 보험자가 계약자에게 중요한 내용을 설명하지 않아도 구속력이 있다.

② 계약설

보험약관 = 당사자간 합의이다. 따라서 중요한 내용을 설명해야만 구속력이 있다(다수설).

2. 해석원칙

(1) 신의성실의 원칙

작성/해석함에 있어 당사자간 신뢰에 반하지 않고 합리적으로 해석해야 한다.

(2) 객관적 해석의 원칙

약관조항의 의미와 내용은 객관적 기준에 의해 해석되어야 하며, 성실한 계약당사자의 일반적 표준을 고려해야 한다.

(3) 작성자 불이익의 원칙

약관의 내용이 모호하여 객관적 해석이 곤란할 때에는 작성자에게 불리하게 해석되어야 한다.

(4) 개별약정 우선의 원칙

약관에서 정하고 있는 사항에 관하여 사업자와 고객이 약관의 내용과 다르게 합의한 사항이 있을 때에는 당해 합의사항은 약관에 우선한다.

(5) 확대해석 금지의 원칙

계약자 또는 피보험자에게 불리하거나 부담을 주는 내용의 확대해석을 금한다.

자동차보험의 가입대상 및 적용 자동차 ✦

1. 자동차보험의 가입대상

「자동차관리법」상 자동차와 「건설기계관리법」상 건설기계 등을 대상으로 다음과 같이 적용된다.

(1) 개인용 자동차보험

승차정원 10인 이하 개인소유 자가용 자동차

(2) 업무용 자동차보험

자가용 자동차 중 개인용 가입차량 제외 자동차

(3) 영업용 자동차보험

모든 사업용 자동차

2. 「자배법」상 적용 자동차

(1) 「자동차관리법」상 자동차

원동기에 의해 육상을 이동할 목적으로 제작된 용구(피견인차 포함)로 다음과 같이 분류한다.
① 승용자동차
② 승합자동차
③ 화물자동차
④ 특수자동차
⑤ 이륜자동차[배기량이 50cc 미만(최고정격출력 4kW 이하)인 것도 포함]

(2) 「건설기계관리법」상 건설기계

① 덤프트럭
② 콘크리트 믹서 트럭
③ 타이어식 기중기
④ 타이어식 굴삭기
⑤ 트럭 적재식 아스팔트 살포기
⑥ 트럭 적재식 콘크리트 펌프

⑦ 트럭지게차

⑧ 도로보수트럭

⑨ 노면측정장비

(3) 「자동차관리법」상 적용제외 자동차
① 「건설기계관리법」에 따른 건설기계
② 「농업기계화 촉진법」에 따른 농업기계
③ 「군수품관리법」에 따른 차량
④ 궤도 또는 공중선에 의하여 운행되는 차량
⑤ 「의료기기법」에 따른 의료기기

3. 대인배상 Ⅰ의 의무가입 자동차

(1) 특 징
① 「자배법」 적용대상 자동차와 원칙적으로 동일하다.
② 무보차 상해의 범위보다는 좁다.

(2) 예 외
아래 대통령령으로 정하는 자동차
① 한국주류 국제연합 군대보유 자동차
② 한국주류 미합중국 군대보유 자동차
③ 운수업자가 아닌 외국인으로서 국토교통부장관 지정자가 보유하는 자동차
④ 피견인자동차

4. 무보험자동차 상해 적용 자동차

범위가 제일 넓고, 거의 모든 이동용 용구가 해당된다.
① 「자동차관리법」상 자동차
② 「건설기계관리법」상 건설기계
③ 「군수품관리법」상 차량
④ 「농업기계화촉진법」상 농업기계
⑤ 「도로교통법」상 원동기장치부착 자전거

5. 다른 자동차 특약

자가용 자동차 중 본래의 피보험자동차와 동일한 차종의 자동차로 인정범위가 가장 좁다.

① 승용자동차(다인승 1, 2종 포함)간

② 경·3종 승합자동차간

③ 경·4종 화물자동차 상호간

1. 과실상계

자동차사고에서 쌍방 간에 과실이 있으면 손해배상의 책임과 금액의 결정에 있어서 그 과실을 참작하는 것을 말한다.

2. 자동차손해배상보장법

자동차 사고시 피해자 보호를 위하여 모든 차량소유자에게 대인배상Ⅰ과 대물배상(가입한도 2천만원) 가입 의무화를 규정한 법률이다.

3. 전부손해

피보험자동차가 완전히 파손, 멸실 또는 오손되어 수리할 수 없는 상태이거나, 피보험자동차에 생긴 손해액과 보험회사가 부담하기로 한 비용의 합산액이 보험가액 이상인 경우를 말한다.

4. 정부보장사업

「자배법」상의 보장사업으로, 보유불명(뺑소니) 자동차 또는 무보험자동차에 의한 자동차사고로 피해자가 대인배상Ⅰ에서 전혀 보상을 받을 수 없는 경우에 해당 피해자에 대한 최소한의 구제를 목적으로 정부에서 시행하고 있는 보장제도이다.

5. 정차 및 주차

(1) 정 차

차가 5분을 초과하지 않고 정지하는 것으로 주차 외의 정지상태를 말한다.

(2) 주 차

차가 어떠한 사유로 인하여 계속하여 정지하거나 또는 그 차의 운전자가 그 차로부터 떠나서 즉시 운전할 수 없는 상태를 말한다.

6. 가지급금

자동차사고로 인하여 소요되는 비용을 충당하기 위하여 보험회사가 피보험자에 대한 보상책임이나 피해자에 대한 손해배상책임을 확정하기 전에 그 비용의 일부를 피보험자 또는 피해자에게 미리 지급하는 것을 말한다.

7. 무면허운전(조종)

「도로교통법」또는 「건설기계관리법」상의 운전(조종)면허에 관한 규정에 위반되는 무면허 또는 무자격운전(조종)을 말하며, 운전면허의 효력이 정지된 상황이거나 운전(조종)이 금지된 상황에서 운전(조종)하는 것을 포함한다.

8. 무보험자동차

피보험자동차가 아니면서 피보험자를 죽게 하거나 다치게 한 자동차로서 다음 중 어느 하나에 해당하는 것을 말한다. 단, 피보험자가 소유한 자동차를 제외한다.
① 자동차보험 「대인배상 Ⅱ」나 공제계약이 없는 자동차
② 자동차보험 「대인배상 Ⅱ」나 공제계약에서 보상하지 않는 경우에 해당하는 자동차
③ 약관에서 보상될 수 있는 금액보다 보상한도가 낮은 자동차보험의 「대인배상 Ⅱ」나 공제계약이 적용되는 자동차. 다만, 피보험자를 죽게 하거나 다치게 한 자동차가 2대 이상이고 각각의 자동차에 적용되는 자동차보험의 「대인배상 Ⅱ」또는 공제계약에서 보상되는 금액의 합계액이 이 약관에서 보상될 수 있는 금액보다 낮은 경우에 한하는 그 각각의 자동차
④ 피보험자를 죽게 하거나 다치게 한 자동차가 명확히 밝혀지지 않은 경우 그 자동차(「도로교통법」에 의한 개인형 이동장치는 제외)

9. 운전(조종) 및 운행

(1) 운전(조종)
「도로교통법」상 도로에서 자동차 또는 건설기계를 그 본래의 사용방법에 따라 사용하는 것을 말한다.

(2) 운 행
사람 또는 물건의 운송어부와 관계 없이 자동차를 그 용법에 따라 사용하거나 관리하는 것을 말한다(자배법 제2조 제2호).

10. 의무보험

「자배법」 제5조에 따라 자동차보유자가 의무적으로 가입하는 보험을 말한다.

11. 자동차보유자

자동차의 소유자나 자동차를 사용할 권리가 있는 자로서 자기를 위하여 자동차를 운행하는 자를 말한다(자배법 제2조 제3호).

1. 보상하는 손해

(1) 대인배상 Ⅰ

피보험자가 피보험자동차의 운행으로 인하여 타인을 사상케 한 경우,「자배법」제3조에 의한 손해배상책임을 짐으로써 입은 손해를 보상한다.

(2) 대인배상 Ⅱ

피보험자가 피보험자동차를 소유・사용・관리하는 동안에 생긴 피보험자동차의 사고로 인하여 타인을 사상케 하여 법률상 손해배상책임을 짐으로써 입은 손해를 보상한다. 단, 대인배상 Ⅰ에서 보상하는 손해를 초과하는 손해에 한한다.

(3) 자기신체사고

피보험자가 피보험자동차를 소유・사용・관리하는 동안에 생긴 다음 중 어느 하나의 사고로 인하여 상해를 입은 때 그로 인한 손해를 보상한다.

① 피보험자동차의 운행으로 인한 사고
② 피보험자동차의 운행 중 발생한 다음의 사고. 단, 피보험자가 피보험자동차에 탑승 중 일 때 한한다.
    ㉠ 날아오거나 떨어지는 물체와 충돌
    ㉡ 화재 또는 폭발
    ㉢ 피보험자동차의 낙하

(4) 무보험자동차에 의한 상해

피보험자가 무보험자동차로 인하여 생긴 사고로 상해를 입은 때 그로 인한 손해에 대하여 배상의무자가 있는 경우 보상한다.

배상의무자란, 무보험자동차로 인하여 생긴 사고로 피보험자를 사상케 함으로써 피보험자에게 입힌 손해에 대하여 법률상 손해배상책임을 지는 사람을 말한다.

2. 보상항목

(1) 대인배상 Ⅰ, Ⅱ

    ① **사망보험금** : 장례비, 위자료, 상실수익액

    ② **부상보험금** : 적극손해(치료관계비 등), 위자료, 휴업손해 등

    ③ **후유장애 보험금** : 위자료, 상실수익액, 가정간호비

(2) 자기신체사고

    사망/부상/후유장애 보험금

(3) 무보험자동차에 의한 상해

    대인배상과 동일하다. 단, 대인배상Ⅰ을 초과하는 손해에 한하여 보상한다.

3. 보험금 한도

(1) 대인배상 Ⅰ

    「자배법」에서 정한 기준에 따라 산출한 금액을 보상하며, 부상 및 후유장애의 경우 최고 1급 ~ 최저 14급으로 구성된다.

    ① **사망** : 1억5천만원 ~ 2천만원

    ② **부상** : 3천만원 ~ 50만원

    ③ **후유장애** : 1억5천만원 ~ 1천만원

(2) 대인배상 Ⅱ

    보험가입금액 한도 내에서 보상한다.

(3) 자기신체사고

    ① **사 망**

        보험가입금액 한도 내에서 보상한다.

    ② **부상/후유장애**

        상해/후유장애 등급별 보험가입금액 한도 내에서 보상한다.

(4) 무보험자동차에 의한 상해

    1인당 보험증권에 기재된 보험가입금액(2억/5억) 한도 내에서 보상한다.

05 자기신체사고 보험금의 종류와 한도 ✿✿

1. 사 망

피보험자가 상해를 입은 직접적인 결과로 사망하였을 때에는 보험증권에 기재된 사망보험가입금액을 한도로 한다.

2. 부 상

피보험자가 상해를 입은 직접적인 결과로 의사의 치료를 요하는 때에는 '자기신체사고 지급기준'의 '상해구분 및 급별 보험가입금액표' 상의 보험가입금액을 한도로 한다.

3. 후유장애

피보험자가 상해를 입은 직접적인 결과로 치료를 받은 후에도 신체에 장애가 남은 때에는 '자기신체사고 지급기준'의 '후유장애구분 및 급별 보험가입금액표'에 따라 보험증권에 기재된 후유장애 보험가입금액에 해당하는 각 장애등급별 보험금액을 한도로 한다.

1. 의 의

피보험이익의 주체로서 피보험이익을 받는 사람이며, 보험금청구권자이다. 배상책임보험에서는 피보험자 = 배상의무자이어야만 보험금청구권이 발생한다.

* 기명피보험자가 법인일 경우 그 법인의 이사와 감사를 기명피보험자로 본다.

2. 종 류

각 종류별 우선순위는 없다.

(1) 기명피보험자

피보험자동차를 소유·사용·관리하는 자(계약체결 당시면 족함) 중 보험증권에 기재된 사람을 말한다. 실무에서는 소유자, 할부차량 매수인, 리스임차인 등도 인정하고 있다.

(2) 친족피보험자

기명피보험자와 같이 살거나, 살림을 같이 하는 친족으로 피보험자동차를 사용하거나 관리하고 있는 자를 말한다.

① 기명피보험자의 묵시적 승낙이 있을 것으로 추정되기 때문에 피보험자로 인정한다.

② 사고발생 당시 피보험자를 사용·관리 중이어야 한다.

③ 친 족

8촌 이내 혈족, 4촌 이내 인척(혼인에 의해 형성된 친족관계), 배우자

④ '같이 산다'

동일가옥거주만으로 충분하고, 일시적 별거는 인정한다.

⑤ '살림을 같이 한다'

생계를 같이 하거나 부양관계에 있는 것을 의미한다.

⑥ 같이 살거나, 살림을 같이 하는지 불확실한 경우 사회통념상 기명피보험자의 승낙 없이 자동차를 사용할 수 있는 관계인가 여부가 중요하다.

피보험자의 부모, 배우자, 자녀
- **부모** : 피보험자의 부모, 양부모를 말한다.
- **배우자** : 법률상 배우자, 사실혼 관계에 있는 배우자를 말한다.
- **자녀** : 법률상 혼인관계에서 출생한 자녀, 사실혼 관계에서 출생한 자녀, 양자 또는 양녀를 말한다.

(3) 승낙피보험자

기명피보험자의 승낙을 얻어 피보험자동차를 사용하거나 관리하고 있는 자를 말한다.

① 불가피한 상황으로 발생하는 위험으로부터 보호하기 위한 취지이다.

② 기명피보험자의 명시적, 묵시적, 추정적 승낙이어도 인정된다.

③ 승낙피보험자의 승낙은 인정되지 않는다.

   * **예외** : 승낙피보험자에게 포괄적 사용, 관리를 위임한 경우(판례)

④ 반드시 현실적으로 피보험자동차를 사용 또는 관리하는 경우뿐 아니라 사회통념상 피보험자 동차에 대한 지배 또는 관리 상태의 경우도 포함한다.

⑤ 양도 중인 경우 양수인을 승낙피보험자로 인정한다(판례).

(4) 사용피보험자

기명피보험자의 사용자 또는 계약에 따라 기명피보험자의 사용자에 준하는 지위를 얻은 자를 말한다. 다만, 기명피보험자가 피보험자동차를 사용자의 업무에 사용하고 있는 때에 한한다.

① 기명피보험자가 피보험자동차를 사용자의 업무에 사용하고 있을 때 그 사용자

② 사용관계는 업무상 지휘/감독 관계면 족하다.

③ 사용자는 「자배법」상 책임과 더불어 「민법」상 사용자배상책임(제756조)도 부담한다.

(5) 운전피보험자

다른 피보험자(기명피보험자, 친족피보험자, 승낙피보험자, 사용피보험자)를 위하여 피보험자 동차를 운전 중인 자(운전보조자를 포함)를 말한다.

- **'위하여'**
  도와준다는 의미로 해석한다.
- **「자배법」상 '위하여'**
  자동차 사용에 있어서 운행지배와 운행이익이 운행자에게 귀속되는 것을 의미한다.

3. 피보험자 개별적용

(1) 의 의

동일사고로 복수의 피보험자가 발생할 경우 각 피보험자별로 책임발생요건이나 면책사유 등을 개별적으로 적용하는 것이다.

(2) 취 지

피보험자가 복수일 경우 피보험자의 이익 또한 개별적으로 존재하기 때문에 이를 보호해 주어야 한다(판례).

(3) 제외조항

표준약관 대인배상 Ⅱ 면책조항에서 일부를 제외하고 전면적으로 적용하고 있다.

① 계약자 또는 기명피보험자의 고의로 인한 손해

② 유상운송 면책

③ 시험용/경기용 등의 사용

④ 피보험자 본인 사상 면책(약관 해석상 개별적용 할 수 없음)

　피보험자가 복수인 경우, 피해자가 피보험자(A)인 이상 어느 다른 피보험자가 A에 대해 배상책임을 부담하더라도 A의 피보험자 신분에는 변동이 없다. 다른 피보험자들을 개별적용한들 피보험자 면책조항에 해당한다.

⑤ 이상위험, 천재지변 등(위험의 성격상 개별적용 할 수 없음)

(4) 구상권

판례는 피보험자에게 구상할 수 없다고 하고 있다. 하지만 학설에서는 아니다.

07 자기신체사고/무보험자동차상해/타차운전특약의 피보험자 ✯✯

1. 자기신체사고

① 대인배상 Ⅱ의 피보험자

② 피보험자의 부모, 배우자, 자녀

2. 무보험자동차에 의한 상해

① 기명피보험자와 그의 배우자

② ①의 부모, 자녀

③ 승낙피보험자(단, 피보험자동차에 탑승 중일 것, 취급업자는 제외)

④ ①, ②, ③을 위하여 피보험자동차를 운전 중인 자(단, 취급업자 제외)

3. 다른 자동차 운전담보특약

① 기명피보험자와 그의 배우자(단, 운전가능범위에 포함되지 않는 경우에는 피보험자로 보지 않는다)

② 1인 지정 한정운전특약의 경우 증권에 기재된 지정운전자

1. 의 의

보험기간 중 보험사고가 발생하여도 보험자가 보험금 지급책임을 면하게 되는 사유를 말한다.

2. 취 지

(1) 우연성 결여

보험사고는 장래 발생할지도 모를 우연한 사고에 대비하기 위한 경제적 제도이다. 따라서 그와 같은 우연성을 결여한 경우에는 보험의 본질적 기능을 해치게 된다.

예 ① 고의에 의한 사고, ② 자연발생적 손해(마모손실 손해 등)

(2) 위험의 이질성, 위험률의 차이

보험은 위험의 동질성을 기초로 대수의 법칙에 의하여 위험률을 측정, 그 위험을 분산시킨다. 따라서 위험의 동질성이 없는 경우 그 위험 또는 그 위험률 측정결과인 보험료는 특정위험단체 내의 형평성을 깨뜨리므로 원칙적으로 그 특정위험단체에서 배제된다.

예 ① 산업재해 면책약관, ② 유상운송 면책조항

(3) 이상위험, 거대위험의 배제

정상적인 보험료는 그 위험이 담보되지 않는 거대위험 또는 이상위험으로서 그 위험률의 측정이나 손해액의 측정이 곤란한 위험 등은 보험자의 부담능력을 초과하여 보험재정을 파탄시킬 수 있으므로 보험재정의 건전성 유지를 위하여 이들 위험은 배제된다.

예 천, 전, 핵(천재지변, 전쟁, 핵연료물질)에 의한 면책조항

(4) 범법행위의 억제

보험은 적법한 위험을 담보하는 것이 원칙이며, 반면 범법적 행위는 부득이 담보위험에 포함시킨다고 하더라도 이를 예방 또는 억제하는 기능도 가져야 한다.

예 ① 음주/무면허 운전면책, ② 유상운송면책, ③ 고의사고 면책 등

(5) 중복담보 배제 또는 보험상호간 영역조정

동일한 보험사고 이중이득 또는 부당이득을 취하려는 도덕적 위험을 예방하고 특히 손해보험의 경우 실손보상의 원칙을 확보하기 위한 등의 목적으로 이해된다.

예 산업재해 면책조항

3. 면책사유의 일반적 분류

(1) 「상법」상 면책사유

① 보험 전반적 면책사유

㉠ 보험계약자 등의 고의, 중과실로 인한 보험사고

㉡ 전쟁위험 면책 등

㉢ 보험계약해지로 인한 면책

㉣ 보험사고의 객관적 확정으로 인한 면책사유

② 손해보험 면책사유

㉠ 초과보험, 중복보험의 사기

㉡ 보험목적의 성질, 하자 또는 자연소모로 인한 손해

(2) 절대적 면책사유와 상대적 면책사유

① 절대적 면책사유

당사자 약정에 의해서도 담보할 수 없는 면책위험으로서 공서양속에 반하거나 반사회성, 보험의 본질 등에 반하는 위험을 말한다. 따라서 피보험자 개별적용을 하지 않는다.

예 고의사고

② 상대적 면책사유

당사자 약정으로 보험담보가 가능한 면책위험으로 피보험자 개별적용을 한다.

예 유상운송면책, 산업재해면책

(3) 책임면제사유와 담보위험제외사유

① 책임면제사유

사고발생 원인(인위적 사고 등)을 이유로 하는 면책사유

② 담보위험제외사유

사고발생 당시 상황(인수 부적합한 위험 등)을 이유로 하는 면책사유

4. 보험약관의 담보별 공통적 면책사유와 고유 면책사유

(1) 담보별 공통적 면책사유

① 고의사고

② 유상운송 : 대인배상Ⅰ에서 담보

③ 시험용, 경기용 등 사용

④ 무면허운전

  ㉠ 대인배상Ⅰ은 300만원 부분면책

  ㉡ 자기신체사고/무보험자동차 상해에서 담보

⑤ 음주운전

  대인배상Ⅰ, Ⅱ 합하여 1억1,000만원 부분면책

  * 대인배상 사고부담금은 자동차손해배상보장법 시행규칙 개정(2020. 7. 21.)으로 현행 최대 1억300만원에서 1억1천만원으로 인상되었다.

⑥ 이상위험(<u>천, 전, 핵</u>)

  ㉠ 대인배상Ⅰ에서 상황에 따라 부책

  ㉡ 풍수해 손해는 자기신체사고에서 담보

(2) 담보별 고유 면책사유

① 대인배상Ⅰ

  음주/무면허운전 부분면책(사고부담금제)

② 대인배상Ⅱ

  ㉠ 피보험자와 그 부모, 배우자, 자녀 면책

  ㉡ 산업재해면책

  ㉢ 제3자와의 계약으로 늘어난 손해 면책 등

③ 무보험자동차 상해

  배상의무자가 다음 중 어느 하나에 해당하는 사람일 경우에는 보상하지 않는다.

  ㉠ 상해를 입은 피보험자의 부모, 배우자, 자녀

  ㉡ 피보험자가 사용자의 업무에 종사하고 있을 때 피보험자의 사용자 또는 피보험자의 사용자의 업무에 종사 중인 다른 피용자

  * '배상의무자'라 함은 무보험자동차의 사고로 인하여 피보험자를 죽게 하거나 다치게 함으로써 피보험자에게 입힌 손해에 대하여 법률상 손해배상책임을 지는 사람을 말한다.

5. 구체적 설명

(1) 고의로 인한 손해

우연성이 없고, 신의성실의 원칙에 반하며, 비도덕적이고 공서양속에 반하는 행위여야 한다.

① 상 법

보험사고가 보험계약자 또는 피보험자나 보험수익자의 고의 또는 중대한 과실로 인하여 생긴 때에는 보험자는 보험금액을 지급할 책임이 없다.

② 약관과 상법의 차이

상법에서는 고의뿐 아니라 중과실로 인한 보험사고도 면책으로 하고 있으나, 자동차보험약관에서는 중과실 사고를 담보하고 있다.

이는 ⊙ 중대한 과실은 우연성이 결여되거나 공서양속에 반하는 정도가 아니고, ⓒ 자동차사고는 중대한 과실로 발생하는 것이 대부분이며, ⓒ 실무상 중과실과 경과실을 구별하기 어렵고, ⓔ 자동차보험 본래의 기능면에서도 면책하기 어렵기 때문이다.

또한, 인보험 및 상해보험에서도 중대한 과실을 담보하고 있다. 따라서 결국은 자동차보험을 제외한 손해보험에서만 중과실 면책조항이 적용된다.

③ 결과적 가중손해

보험계약자 등의 예상범위를 초과하는 고의에 의한 결과적 가중손해는 고의에 의한 손해로 보지 않을 것으로 예상된다(판례).

④ 피보험자 개별적용 여부

대인배상 Ⅱ에서 보험계약자 또는 기명피보험자의 고의만 개별적용을 배제한다.

(2) 유상운송면책

비사업용 자동차의 보험요율을 사업용 자동차보다 저렴하게 하기 위한 취지이다.

① 약 관

영리를 목적으로 요금이나 대가를 받고 반복적으로 피보험자동차를 사용하거나 대여한 때에 생긴 사고로 인한 손해는 면책한다.

② 예외 조항

임대차계약(계약기간이 30일 이상을 초과하는 경우에 한 함)에 의하여 임차인 피보험자동차를 전속적으로 사용하는 경우는 보상한다. 그러나 임차인이 피보험자동차를 요금이나 대가를 목적으로 반복적으로 사용하는 경우에는 보상하지 않는다. 업무용 자동차보험은 제외한다.

③ 유상운송 면책조건

⊙ 영리성 : 영리를 목적으로 '요금이나 대가'를 받아야 한다. '요금이나 대가'는 실비 변상적 성격의 경비 등은 포함되지 않는다고 본다.

ⓛ 반복성 : 일정한 단위시간 내에 2회 이상 되풀이 하는 것으로 유상운송 면책조항의 취지상 '유상운송으로 인하여 변경 또는 증가된 위험이 보험계약체결 당시 존재하고 있었다면 보험자가 보험계약을 체결하지 않거나 같은 보험료로 인수하지 않았을 정도로 파악해야 한다(판례).'

ⓒ 사고발생과의 인과관계 : 유상운송 중이면 족하고 유상운송과 사고발생 사이에 인과관계를 요하지 않는다. 또한 유상운송 일련의 과정 중에 발생한 사고도 유상운송 중 사고로 본다. 따라서 유상운송을 하러가거나 유상운송을 끝내고 귀가 중의 사고인 경우도 포함된다.

ⓔ 유상운송의 주체 : 어느 누가 피보험차량을 운행했던 간에 유상운송이면 무조건 면책된다.

④ 보험종목별·차종별 유상운송 면책의 차이점

구 분	적용차종	유상운송	장기임대차	담보특약	비 고
개인용	승 용	면 책	부 책	불 가	
	다인승 1, 2종 승용	면 책	부 책	가 능	
업무용	승 용	면 책	면 책	불 가	
	다인승 1, 2종 승용	면 책	면 책	가 능	
	승 합	면 책	면 책	가 능	
	화물차	부책(규정 無)			

(3) 무면허운전 면책

① 취 지

중대한 법규위반을 방지하고, 위험률을 관리하기 위한 취지이다.

② 면책요건

㉠ 운전자가 무면허운전을 했을 것

㉡ 피보험자 본인이 무면허운전을 했을 것

㉢ 기명피보험자의 명시적, 묵시적 승인하에 피보험자동차의 운전자가 무면허운전을 하였을 것

③ 무면허운전

㉠ 약관상 무면허운전 : 「도로교통법」 또는 「건설기계관리법」상의 운전(조종)면허에 관한 규정에 위반하는 무면허 또는 무자격 운전(조종)을 말하며, 운전(조종)면허 효력 정지 또는 금지 중에 있을 때 운전하는 것

ⓐ 운전면허를 받지 아니하고 운전

ⓑ 면허시험 합격 후 운전면허증을 현실적으로 교부받지 않고 운전

ⓒ 면허의 취소 또는 정지기간 중에 운전

ⓛ 약관상 운전 : 도로 또는 도로 이외의 장소에서 자동차를 그 본래의 사용방법에 따라 사용하는 것

ⓒ 판례상 운전 : 원동기의 시동을 걸고 핸들이나 가속기 또는 브레이크 등을 다루어 일정한 방향과 속도로 움직이게 하여 발진하거나 발진조작을 완료하는 것(기어를 넣는 것)

ⓔ 묵시적 승인여부의 판단기준(판례) : ⓐ 기명피보험자와 무면허운전자와의 관계, ⓑ 평소 차량의 운전 및 관리상황, ⓒ 당해 무면허운전이 가능하게 된 경위와 그 운행목적, ⓓ 평소 운전자의 무면허운전에 대해 기명피보험자가 취해 온 태도 등을 종합적으로 판단한다.

ⓜ 승인의 주체 : 주체는 기명피보험자이다. 그 외의 피보험자의 경우 면책불가론과 기명피보험자 준용론 간의 논란이 있다.

ⓗ 기명피보험자가 통상의 주의의무를 다하였음에도 운전자가 면허 없는 사실을 몰랐다면 무면허운전 면책약관을 적용할 수 없다.

ⓢ 무면허운전과 사고발생 간에 인과관계가 필요하지 않다.

④ 면책손해의 범위

ⓞ 대인배상Ⅰ : 1사고당 300만원의 사고부담금을 부과한다. 부담금은 귀책사유가 있는 피보험자, 즉 무면허운전을 한 피보험자 본인 또는 무면허운전을 명시적·묵시적으로 승인한 피보험자가 부담한다.

ⓛ 대인배상Ⅱ : 전부면책

⑤ 특수사례(판례)

소지한 면허로 피보험자동차를 운전할 수 없는데도, 보험자 측이 자동차검사증과 운전면허증을 제출받고 청약서의 운전자란에 그 면허번호를 기재하여 보험계약을 체결한 경우, 무면허운전 면책조항을 배제키로 하는 개별약정이 있다고 볼 수 있는지 여부가 문제되나, 우리나라 대법원 판례는 "소지한 면허가 취소/정지된 상태에서 이루어진 운전이 아닌 한 무면허운전 면책약관을 배제하는 개별약정이 있었다"고 하여 대체로 이를 긍정하고 있다.

(4) 음주운전 면책

① 취 지

ⓞ 사고위험의 증가로 그 위험을 보상하지 않겠다는 취지

ⓛ 중대한 법규위반을 방지하기 위한 취지

② 면책요건

ⓞ 음주운전이 있었을 것 : 혈중 알코올농도 0.03% 초과

ⓛ 피보험자 본인이 음주운전을 하였을 것

ⓒ 기명피보험자의 명시적, 묵시적 승인 하에 피보험자동차의 운전자가 음주운전을 하였을 것

ⓔ 사고가 음주 운전 중에 발생했을 것

(5) 시험용, 경기용 등 사용 면책

① 취 지

손해발생의 위험이 매우 크기 때문이다.

② 면책요건

단순 입사시험, 운전면허 시험, 시운전 등은 불포함하며, 한 패끼리 모여 하는 도로상의 경주도 불포함한다.

③ 적용범위

대인배상Ⅰ을 제외한 전담보에 적용된다.

(6) 이상위험 면책

① 취 지

㉠ 통계적으로 보험료 산정이 어렵다.

㉡ 사고의 대형화, 누적적인 손해증대로 보험자의 인수능력을 초과할 우려가 있다.

② 적용범위

㉠ 풍수재 면책의 경우 자기신체사고에서는 담보한다.

㉡ 대인배상Ⅰ의 경우 운행과 상당인과관계가 있는 경우라면 명시규정이 없기 때문에 부책한 사례가 있다.

(7) 피보험자 및 그 가족 면책(대인배상Ⅱ)

본 약관에 해당하는 피보험자는 그 스스로가 배상책임을 부담하여야 할 주체로서의 지위에 있다고 보아야 하며, 그러한 자의 부모, 배우자 및 자녀가 사상한 경우에는 그 손해는 그 가정 내에서 처리함이 보통이고 손해배상을 청구하지 않는 것이 사회통념상에도 부합하며, 나아가 이러한 자들이 신체사상에 대하여 '자기신체사고'로 보상받을 수 있는 길을 별도로 열어 놓고 있으므로 대인배상의 담보범위에서 제외하기 위함이 그 취지라 할 수 있다.

(8) 산업재해(업무상 재해) 면책(대인배상Ⅱ)

① 취 지

㉠ 위험의 이질성

㉡ 중복담보의 배제가 그 취지이다.

② 피용자 재해 면책요건

㉠ 피해자가 배상책임 의무가 있는 피보험자(사용자)의 피용자여야 한다.

㉡ 그 피용자인 피해자는 「산재보험법」에 의한 보상을 받을 수 있는 자야 한다.

③ 동료재해면책
　　㉠ 피보험자가 피보험자동차를 사용자의 업무에 사용 중일 것
　　㉡ 피해자가 피보험자와 동일한 사용자의 업무에 종사 중인 다른 피용자일 것
　　㉢ 그 피해자가 「산재보험법」에 의한 보상을 받을 수 있는 자일 것
　　㉣ 피보험자가 동료 피용자에게 법률상 손해배상책임을 질 것

④ 면책범위
　　㉠ 대인배상 Ⅱ에만 적용된다.
　　㉡ 산재보험 초과손해는 보상된다.

⑤ 대인배상 Ⅰ과의 관계
　　피해 피용자가 「자배법」상 타인에 해당하면 대인배상 Ⅰ에서는 보상된다. 따라서 피해 피용자가 산재보험금을 받았다 하더라도 그의 손해 중 산재보험금으로 전보되지 않은 대인배상 Ⅰ 부분에 대하여는 보험자에게 손해에 대한 보상을 청구할 수 있다.

(9) 제3자와의 계약으로 늘어난 손해 면책(대인배상 Ⅱ)

① 취 지
　　㉠ 예측하지 못한 손해에 해당하고, ㉡ 대인배상에서 담보할 성질의 위험이 아니기 때문이다.

② 계약의 유형
　　㉠ 배상책임과 손해에 대하여 법정요건 이하의 요건을 적용하는 것
　　㉡ 입증책임을 피보험자에게 불리하도록 전환하는 것
　　㉢ 법률상 손배책임액 이상으로 손해배상금에 대하여 약정하는 것 등

1. 자기신체사고

공통 면책사유와 같다.

단, 피보험자, 보험금을 받을 자의 고의사고의 경우 그 사람이 받을 수 있는 금액만을 면책한다.

2. 무보험자동차사고

자기신체사고 면책사유 외에 다음 중 어느 하나에 해당하는 사람이 배상의무자일 경우 보상하지 아니한다. 단, 이들이 무보험자동차를 운전하지 않은 경우로, 이들 이외에 다른 배상의무자가 있는 경우에는 보상한다.

① 상해를 입은 피보험자의 부모, 배우자, 자녀

② 피보험자가 사용자의 업무에 종사하고 있을 때 피보험자의 사용자 또는 피보험자의 동료 피용자(사용자의 업무에 종사 중일 것)

3. 다른 자동차 운전담보특약

대인배상Ⅱ + 자기신체사고 + 무보험자동차에 의한 상해 면책사유 외에 다음에 해당하는 손해 는 보상하지 아니한다.

① 피보험자가 사용자의 업무에 종사하고 있을 때, 그 사용자 소유 자동차를 운전 중 생긴 사고 로 인한 손해

② 피보험자가 소속한 법인 소유 자동차를 운전 중 생긴 사고로 인한 손해

③ 피보험자가 자동차 취급업무상 수탁받은 자동차를 운전 중 생긴 사고로 인한 손해

④ 피보험자가 다른 자동차를 유상운송(요금이나 대가를 지불 또는 받고) 운전 중 생긴 사고로 인한 손해

⑤ 피보험자가 다른 자동차의 사용에 대하여 정당한 권리를 가지고 있는 자의 승낙을 받지 않 고, 다른 자동차를 운전 중 생긴 사고로 인한 손해

⑥ 피보험자가 다른 자동차의 소유자에 대하여 법률상 손해배상책임을 짐으로써 입은 손해

⑦ 피보험자가 다른 자동차를 시험용 또는 경기용(이를 위한 연습포함)으로 사용하던 중 생긴 사고로 인한 손해

⑧ 보험증권에 기재된 운전가능 범위 외의 자가 다른 자동차를 운전 중 생긴 사고로 인한 손해

10 음주/무면허의 사고부담금 **

1. 사고부담금

피보험자 본인 또는 기명피보험자의 명시적·묵시적 승인 하에서의 음주/무면허 운전 중 사고로 대인배상에서 보험금을 지급하는 경우, 피보험자는 다음에서 정하는 사고부담금을 보험회사에 납입하여야 한다.

(1) 음주운전
   ① 대인배상Ⅰ : 1사고당 1,000만원
   ② 대인배상Ⅱ : 1사고당 1억원

(2) 무면허운전
   1사고당 대인배상Ⅰ 300만원

2. 납 입

피보험자는 지체 없이 사고부담금을 보험회사에 납입하여야 한다. 다만, 피보험자가 경제적 사유 등으로 이 사고부담금을 미납하였을 때 보험회사는 피해자에게 이 사고부담금을 포함하여 손해배상금을 우선 지급하고 피보험자에게 구상할 수 있다.

1. 유상운송

대인배상 Ⅱ에서는 피보험자동차가 영리의 목적으로 요금이나 대가를 받으며, 반복적으로 사용되는 동안의 손해를 면책사유로 하고 있다. 이는 사업용 자동차와의 보험요율차이, 「여객자동차운수사업법」상 범법행위가 되기 때문이다.

2. 개인용 자동차보험과 업무용 자동차보험의 유상운송 면책 비교

구 분	개인용 자동차보험	업무용 자동차보험
대상차종	10인 이하의 자가용 승용차	승용차 또는 승합차
면책 예외	계약기간이 30일을 초과하는 임대계약에 따라 임차인이 피보험자동차를 전속적으로 사용하는 경우	해당사항 없음
유상운송위험담보 특약	다인승 1, 2종 승용차만이 가입가능	모두 가능

12 지급보험금 계산 ✢✢✢

1. 대인배상

(1) 산 식

지급보험금 = '보험금지급기준에 의해 산출한 금액' 또는 '법원의 확정판결' 등에 따라 피보험자
가 배상할 금액 + 비용 – 공제액

(2) 비 용

다음 비용은 보험가입금액에 상관 없이 보상한다.

① 손해의 방지/경감을 위해 지출한 비용(긴급조치비용 포함)

② 타인으로부터 손해배상을 받을 수 있는 권리의 보전과 행사를 위하여 지출한 필요비용 또는
유익한 비용

③ 그 밖에 보험회사의 동의를 얻어 지출한 비용

(3) 공제액

대인배상 Ⅱ의 경우, 대인배상 Ⅰ에서 지급되는 금액 또는 대인배상 Ⅰ 미가입의 경우 지급될
수 있는 금액을 말한다.

2. 무보험자동차에 의한 상해

(1) 산 식

지급보험금 = 보험금지급기준에 의해 산출한 금액 + 비용 – 공제액

(2) 비 용

① 손해의 방지와 경감을 위하여 지출한 비용

② 타인으로부터 손해배상을 받을 수 있는 권리의 보전과 행사를 위하여 지출한 비용

(3) 공제액

① 대인배상 Ⅰ(책임공제 및 정부보장사업 포함)에 따라 지급될 수 있는 금액

② 자기신체사고에서 지급될 수 있는 금액. 단, 자기신체사고 보험금의 청구를 포기한 경우에
는 공제하지 않는다.

③ 배상의무자가 가입한 대인배상Ⅱ 또는 공제계약에 따라 지급될 수 있는 금액

④ 피보험자가 탑승 중이었던 자동차가 가입한 대인배상Ⅱ 또는 공제계약에 따라 지급될 수 있는 금액

⑤ 피보험자가 배상의무자로부터 이미 지급받은 손해배상액

⑥ 배상의무자가 아닌 제3자가 부담할 금액으로 피보험자가 이미 지급받은 금액

3. 자기신체사고

(1) 산 식

지급보험금 = 실제손해액 + 비용 − 공제액

다만, '비용'은 '공제액'이 발생하지 않는 경우에는 지급하지 않는다.

(2) 실제손해액

'대인배상, 무보험자동차에 의한 상해 지급기준'에 따라 산출한 금액 및 소송이 제기된 경우 확정판결금액으로서 과실상계 및 보상한도를 적용하기 전의 금액을 말한다.

(3) 비 용

① 손해의 방지와 경감을 위하여 지출한 비용

② 타인으로부터 손해배상을 받을 수 있는 권리의 보전과 행사를 위하여 지출한 비용

(4) 공제액

① 자동차보험(공제계약 포함) 대인배상Ⅰ(정부보장사업 포함) 및 대인배상Ⅱ에 의해 보상받을 수 있는 금액

② 배상의무자 이외의 제3자로부터 보상받은 금액

  * 다만, 위의 '공제액'이 발생하지 않는 경우에는 사망의 경우 보험증권에 기재된 사망보험가입 금액, 부상의 경우 실제 소요된 치료비(성형수술비 포함), 후유장애의 경우 보험증권에 기재된 후유장애 보험가입금액에 해당하는 각 장애등급별 보험금액을 각각 지급한다.

③ 무보험자동차에 의한 상해에서 지급된 금액

13 피보험자의 보험금청구와 지급 ✥✥✥

1. 보험금청구의 시기

(1) 대인배상 Ⅰ, Ⅱ

대한민국 법원에 의한 판결의 확정, 재판상의 화해·중재 또는 서면에 의한 합의로 손해배상액이 확정된 때이다.

(2) 자기신체사고

피보험자가 피보험자동차를 소유·사용·관리하는 동안에 생긴 피보험자동차의 사고로 인하여 죽거나 다친 때이다.

(3) 무보험자동차상해

피보험자가 무보험자동차에 의해 생긴 사고로 죽거나 다친 때이다.

2. 표준약관의 규정

(1) 청구 절차 및 유의 사항

① 보험회사는 보험금청구 서류를 받은 때는 지체 없이 보험금액을 정하고 그로부터 7일 이내에 지급한다.

② 보험회사가 정당한 사유 없이 보험금액을 정하는 것을 지연하였거나, 지급기일 내에 보험금을 지급하지 않았을 때, 지급할 보험금이 있는 경우에는 그 다음날부터 지급일까지의 기간에 대하여 '보험금을 지급할 때의 적립이율'에 따라 연단위 복리로 계산한 금액을 보험금에 더하여 지급한다. 다만, 피보험자의 책임 있는 사유로 지급이 지연될 때에는 그 해당기간에 대한 이자를 더하여 드리지 않는다.

③ 보험회사가 보험금청구 서류를 받은 때로부터 30일 이내에 보험금 지급의 거절 또는 연기 이유(추가 조사가 필요한 때에는 확인이 필요한 사항과 확인이 종료되는 시기를 포함)를 서면(전자우편 등 서면에 갈음할 수 있는 통신수단을 포함)으로 통지하지 않는 경우, 정당한 사유 없이 보험금 정하는 것을 지연한 것으로 본다.

④ 보험회사는 손해배상청구권자가 손해배상을 받기 전에는 보험금의 전부 또는 일부를 피보험자에게 지급하지 않으며, 피보험자가 손해배상청구권자에게 지급한 손해배상액을 초과하여 피보험자에게 지급하지 아니한다.

⑤ 피보험자의 보험금청구가 손해배상청구권자의 직접청구와 경합할 때에는 보험회사가 손해배상청구권자에게 우선하여 보험금을 지급한다.

⑥ 대인배상Ⅰ, Ⅱ, 자기신체사고, 무보험 자동차상해에서 보험회사는 피보험자 또는 손해배상청구권자의 청구가 있거나 그 밖의 원인으로 보험사고가 발생한 사실을 알았을 때에는 피해자 또는 손해배상청구권자를 진료하는 의료기관에 그 진료에 따른 자동차보험진료수가의 지급의사 유무 및 지급한도 등을 통지한다.

(2) 보험금청구시 제출할 서류

① 보험금 청구서

② 손해액을 증명하는 서류(진단서 등)

③ 손해배상의 이행사실을 증명하는 서류

④ 사고가 발생한 때와 장소 및 사고사실이 신고된 관할 경찰관서

⑤ 배상의무자의 주소, 성명 또는 명칭, 차량번호

⑥ 배상의무자의 대인배상Ⅱ 또는 공제계약의 유무 및 내용

⑦ 피보험자가 입은 손해를 보상할 대인배상Ⅱ 또는 공제계약, 배상의무자 또는 제3자로부터 이미 지급받은 손해배상금이 있을 때에는 그 금액

⑧ 전손보험금을 청구할 경우

    ㉠ 도난으로 인한 전손사고시 말소 사실증명서

    ㉡ 전손사고 후 이전매각시 이전서류

    ㉢ 전손사고 후 폐차시 폐차인수증명서

⑨ 그 밖에 보험회사가 꼭 필요하여 요청하는 서류 등(수리개시전 자동차점검, 정비견적서, 사진 등)

3. 보험금청구권의 소멸시효

(1) 소멸시효기간

담보여부를 불문하고 3년이다.

(2) 기산점

① 보험사고 발생시가 원칙이다.

② 배상책임담보에서는 손해액이 확정된 때이다.

가불금, 우선지급금, 가지급금 ✽✽

1. 가불금제도(자배법)

(1) 법적 근거와 취지

「자배법」상 인정된 제도로서 보험가입자 등이 「자배법」상 책임을 지게 된 때에 그 책임의 존부 등을 따지지 않고(우선지급제도와 다른 점), 일정금액을 우선 지급함으로써 피해자를 보호하는 제도이다.

(2) 청구권자

피해자가 청구권자이다.

(3) 청구내용

치료비(자동차보험 진료수가에 의한 진료비) 전액과 나머지 손해배상금에 대하여는 피해자 1인 당 보상한도액의 50% 상당액을 가불금으로 청구할 수 있다.

(4) 지급기한

청구일~10일 이내이다.

(5) 지급액 반환

보험가입자는 가불금 지급 후 보험가입자 등에게 손해배상책임이 없다는 것이 판명된 때에는 지급액 전액을, 또 지급한 가불금이 지급해야 할 보험금을 초과한 경우에는 그 초과액을 지급받은 자에게 그 반환을 청구할 수 있다. 반환받지 못할 경우 정부에 이를 청구할 수 있다.

(6) 기 타

가불금 청구권은 이를 압류 또는 양도할 수 없고, 이 청구권의 소멸시효는 3년이다.

2. 우선지급제도(교통사고처리특례법)

(1) 의 의

교통사고로 인해 가해자와 피해자간 합의가 성립되기 이전에도 치료비에 관한 통상비용의 전액과 약관에서 정한 지급기준금액의 50% 해당액을 우선 지급하여 피해자보호를 강화하는 제도로서 「교특법」에 의해 부여된 것이 아니라, 「교특법」의 적용을 받기 위한 보험약관에 의해 부여된 것이다.

(2) 청구권자

피해자가 청구권자이다.

(3) 지급범위

① 치료비에 관한 통상비용의 전액

② 부상의 경우, 지급기준에 의하여 산출한 위자료 전액과 휴업손해액의 50% 해당액

③ 후유장애의 경우, 지급기준에 의하여 산출한 위자료 전액과 상실수익액의 50% 해당액

다만, 사망의 경우에는 우선지급할 손해배상금이 없다. 또한 「자배법」에 의한 가불금이 있을 때에는 보험사업자 등은 우선지급할 손해배상금에서 이를 공제할 수 있다.

(4) 지급기한

청구일~7일 이내이다.

3. 가지급보험금제도(보험약관)

(1) 의 의

약관상 가불금제도와 우선지급금제도를 충족시키기 위한 제도이다. 이에 따라 가지급보험금의 지급범위가 다른 어느 것보다도 넓다.

(2) 청구권자

피보험자 이외의 피해자도 가능하다.

(3) 지급기한

지급액을 정한 날~7일 이내이다.

(4) 지급내용

대인배상의 경우 치료비(자동차보험 진료수가)는 전액, 진료수가 이외의 손해배상금은 약관에서 정하는 금액의 50%, 자기신체사고나 무보험자동차상해 등에서는 약관에 따른 금액의 50%이다.

(5) 지급을 거부할 수 있는 경우

해당 약관상 보험금지급책임이 발생하지 않는 것이 객관적으로 명백할 경우이다.

(6) 기타 사항

보험금지급에 관한 약관규정을 준용한다.

4. 가불금, 우선지급금, 가지급보험금의 상호관계

대인사고가 발생하면 피해자는 위 3가지에 대한 청구권을 갖는다. 3가지 청구권은 각각 별개로 모두 청구할 수 있는 것이 아니고, 3가지 청구권 중 가장 지급범위가 넓은 가지급보험금의 지급범위(보상한도액) 내에서 지급된다고 본다.

한편, 가불금, 우선지급금, 가지급보험금을 지급받게 되면 향후 지급될 보험금에서 이를 공제하게 되며, 특히 가지급보험금의 지급은 향후 최종보험금의 결정에 영향을 미치지 않는다.

15

합의 등의 협조 · 대행 및 공탁금 ✦

1. 약관 규정

보험회사는 피보험자의 협조요청이 있는 경우 피보험자의 법률상 손해배상책임을 확정하기 위하여 피보험자가 손해배상청구권자와 행하는 합의 · 절충 · 중재 또는 소송에 대하여 협조하거나, 피보험자를 위하여 이러한 절차를 대행한다.

2. 취 지

피보험자와 보험사는 보험계약으로 이루어진 공동이익체로서 보상책임액의 합리적인 확정과 피보험자에 대한 서비스 등의 차원이다.

3. 적용담보

대인배상에서만 인정된다.

4. 대행조건

피보험자에 대하여 보상책임을 지는 한도 내에서 대행한다. 그러나 다음과 같은 경우 대행하지 않는다.
① 피보험자가 손해배상청구권자에게 대하여 부담하는 법률상 손해배상책임액이 보험증권에 기재된 보험가입금액을 명백하게 초과하는 때
② 피보험자가 정당한 이유 없이 협력하지 않는 때

5. 효 과

소요된 비용은 약관에 따라 보상된다. 단, 피보험자가 정당한 이유 없이 협력하지 않는 경우 보험사는 그로 인하여 늘어난 손해에 대하여는 보상하지 않는다.

6. 공탁금의 대출

(1) 상법 규정

대인배상 등 책임보험의 보험자에게 피보험자를 위한 방어의무를 부과하고 있으므로, 피보험자는 담보의 제공 또는 공탁으로서 재판의 집행을 면할 수 있는 경우에는 보험자에 대하여 보험금액의 한도 내에서 담보의 제공 또는 공탁을 청구할 수 있다(상법 제720조 제2항).

(2) 약관 규정

약관에서는 보험자가 피보험자에게 공탁금을 대부하는 경우 공탁금 및 이자의 회수청구권을 보험자에게 양도하도록 규정하고 있다.

1. 손해방지 · 경감비용

보험사고 발생시 그로 인한 손해의 발생을 방지하거나 손해의 확대를 방지함은 물론 손해를 경감할 목적으로 행하는 행위에 필요하거나 유익하였던 비용으로 보험금액을 초과하더라도 보험자가 부담한다(긴급조치비용 포함).

2. 권리보전 · 행사비용

자동차사고 발생과 관련하여 제3자의 행위가 개입되고 제3자에게도 책임이 있는 경우, 제3자에 대한 청구권을 보전하고 행사하기 위해 필요한 비용이다.

3. 기타 보험회사의 동의를 얻어 지출한 비용

합의 · 절충비용, 소송비용 및 변호사 보수 등이 있다.

(1) 보험자 동의를 얻어 지출한 비용
보험자의 사전 동의를 얻어 지출한 비용은 보상한다.

(2) 보험자 요청에 의한 협력비용
피보험자가 보험회사에 협력하기 위해 지출한 비용은 보상한다.

(3) 방어비용(소송, 변호사 보수 등)
피해자가 피보험자를 상대로 손해배상청구를 한 경우 그 방어를 위하여 지출한 재판상 또는 재판 외 필요비용이다. 「상법」상 보험자의 방어의무를 전제로 하며, 보험의 목적에 포함된다고 규정되어 있다.

「상법」에서는 보험자의 지시에 의한 경우 보험금액을 초과하여도 보험자가 이를 부담하지만 약관에서는 보험자의 지시 여부를 불문한다.

제4과목 자동차보험의 이론과 실무(대인배상 및 자기신체손해)

「상법」상 손해방지비용과 방어비용의 비교

구 분	손해방지비용	방어비용
유사점	① 양 비용의 지출이 어떠한 효과를 발생하지 않았던 때에도 그 보상이 이루어진다. ② 보험자의 의도에 의한 비용 지출의 경우, 그 비용과 보상액의 합산액이 보험금액을 초과하는 경우에도 그 비용을 보상한다. ③ 양 비용의 보상은 모두 필요성의 존재라고 하는 요건에 의존한다. ④ 각각 보험자의 소송 진행에 관한 지시 또는 지도권을 승인하고 있다.	
차이점	① 보험금액을 초과해도 보상한다. ② 피보험자가 선급청구 할 수 없다. ③ 피해자의 피보험자에 대한 청구를 전제로 하는 것은 아니다. 그러나 보험사고로 인한 손해배상의무를 확정하는데 아무런 의미가 없는 비용은 해당하지 않는다.	① 보험금액 한도 내에서 보험자가 부담한다. ② 선급청구 할 수 있다.

1. 대인배상 Ⅰ 및 자동차보험에 처음 가입하는 자동차

(1) 시 기

보험계약자와 피해자 모두에게 보험혜택을 주기 위해 의무보험인 대인배상 Ⅰ에서는 보험책임 개시의 시각을 임의보험과 다르게 규정하고 있다.

① 원 칙

보험자가 보험료를 받은 때를 그 시기로 하며, 이륜자동차보험계약의 경우 보험계약자가 보험료를 우체국에 납입한 때에 접수 우체국에서 발행하는 영수증에 기록된 영수일시가 보험료의 영수시점이다.

② 예 외

㉠ 보험기간 개시 이전에 보험계약을 맺고 보험료를 받은 경우 : 보험기간의 첫날 0시

㉡ 책임개시일이 이전 대인배상 Ⅰ 계약의 종기와 같은 날일 경우 : 이전 계약의 종기

(2) 종 기

보험기간 마지막 날 24시이다.

> ┤ 심화학습 ├
>
> **자동차보험에 처음 가입하는 자동차**
>
> 자동차 판매업자 또는 그 밖의 양도인 등으로부터 매수인 또는 양수인에게 인도된 날부터 10일 이내에 처음으로 그 매수인 또는 양수인을 기명피보험자로 하는 자동차보험에 가입하는 신차 또는 중고차를 말한다. 다만, 피보험자동차의 양도인이 맺은 보험계약을 양수인이 승계한 후 그 보험기간이 종료되어 이 보험계약을 맺은 경우를 제외한다.

2. 임의보험(대인배상 Ⅰ 이외의 담보종목)

(1) 시 기

최초보험료의 지급을 전제로 하여 보험기간 첫날의 24시이다.

(2) 종 기

보험기간의 마지막 날 24시이다.

18　고지의무와 통지의무 ✱✱✱

1.　고지의무(계약전 알릴의무)

(1) 고지해야 할 중요한 사항(보험자 서면 질문사항)

　① 피보험자동차의 검사에 관한 사항

　② 피보험자동차의 용도, 차종, 등록번호(이에 준하는 번호도 포함), 차명, 연식, 적재정량, 구조 등 피보험자동차에 관한 사항

　③ 기명피보험자의 성명, 연령 등에 관한 사항(기명피보험자의 동의가 필요)

　④ 그 밖에 보험청약서에 기재된 사항 중에서 보험료의 계산에 영향을 미치는 사항

(2) 고지의무위반 효과

　보험자는 보험계약을 맺은 후 보험계약자가 계약전 알릴 의무를 위반한 사실이 확인되었을 때에는 추가보험료를 더 내도록 청구하거나, 보험계약을 해지할 수 있다.

2.　통지의무(계약후 알릴의무)

(1) 통지해야 할 사항

　① 용도, 차종, 등록번호, 적재정량, 구조 등 피보험자동차에 관한 사항 변경

　② 피보험자동차에 화약류, 고압가스, 폭발물, 인화물 등 위험물을 싣게 된 사실

　③ 그 밖에 위험이 뚜렷이 증가하는 사실이나 적용할 보험료에 차이가 발생한 사실

(2) 통지를 받은 경우 보험자의 선택

　통지를 받은 경우 보험자는 그 사실에 따라 보험료가 변경되는 경우 보험료를 더 받거나 돌려주고 계약을 승인하거나, 보험계약을 해지할 수 있다.

보험사고 발생시 의무 ✿✿✿

1. 의 의

보험계약자 또는 피보험자가 보험사고의 발생을 안 때에 이행해야할 의무로서 ① 손해방지경감 의무 및 권리보전의무, ② 사고발생 통지의무, ③ 손해배상 합의전 보험사의 동의의무, ④ 소송 사실 통지의무, ⑤ 도난신고의무, ⑥ 서류제출 및 보험사고조사 협력의무 등이 있다.

2. 의무발생요건

(1) 보험사고의 발생

의무는 보험사고가 일어난 때 발생한다.

(2) 보험계약자 등의 보험사고의 발생사실 인지

보험계약자 등이 보험사고의 발생사실을 알아야 한다.

(3) 보험자의 부지(不知)

보험자가 뒤늦게 보험사고의 발생을 알았다면 보험계약자 등에게 통지의무위반으로 대항할 수 있다.

3. 의무의 주요 유형

(1) 보험사고 발생 통지의무

① 통지의무자와 시점

보험계약자 또는 피보험자는 보험사고의 발생 사실을 안 때 지체 없이 통지를 하여야 한다. 지체 없이란 '귀책사유 있는 지연이 없이'라는 것을 의미하고 '즉시'의 의미는 아니다.

② 통지방식

통지방식에는 제한이 없다.

③ 통지의 내용

보험자가 보험금액 지급의무를 지게 될 보험사고가 발생하였다는 것을 알 수 있도록 하여야 한다.

㉠ 사고가 발생한 때, 곳, 상황 및 손해의 정도

㉡ 피해자 및 가해자의 성명, 주소, 전화번호

ⓒ 사고에 대한 증인이 있을 때에는 그의 성명, 주소, 전화번호

ⓔ 손해배상의 청구를 받은 때에는 그 내용

④ **통지의무 해태의 효과**

보험회사는 보험계약자 또는 피보험자가 정당한 이유 없이 통지의무를 이행하지 않을 경우 그로 인하여 늘어난 손해액이나 회복할 수 있었을 금액을 보험금에서 공제하거나 지급하지 않는다. 그러나 이러한 사유로 피해자에게 대항할 수는 없다고 봄이 상당하며, 통지의무해태로 인하여 손해가 증가되었다는 사실은 보험자가 입증하여야 한다.

(2) 손해방지경감의무

① **의무발생시점**

보험계약자나 피보험자가 보험사고 발생사실을 안 때이다.

② **보상책임 없는 사고의 경우**

원칙적으로 의무가 발생하지 아니한다. 그러나 사고 발생시 피보험자의 법률상 배상책임여부가 판명되지 아니한 상태에서 피해자의 위급구호를 위한 긴급비용지출의 경우 후에 피보험자의 배상책임이 없음이 밝혀져도 이는 보험자가 부담한다. 이 경우 응급처치일부터 면책통보를 한 날까지의 치료비에 한정한다(판례).

③ **손해방지경감의무 해태의 효과**

보험계약자 등이 정당한 이유 없이 의무를 해태할 경우 그로 인한 손해액이나 회복할 수 있었을 금액을 공제하거나 지급하지 아니한다. 그러나 이러한 사유로 피해자에게 대항할 수는 없다고 봄이 상당하다.

(3) 권리보전의무

보험계약자 등은 사고가 생긴 것을 안 때에는 다른 사람으로부터 손해배상을 받을 수 있는 권리가 있는 경우, 그 권리의 보전과 행사에 필요한 절차를 밟아야 하며, 그 정도는 보험계약이 없는 경우 자기의 이익보호를 위하여 적절한 조치를 취하는 정도면 족하다고 본다.

보험계약자 등이 정당한 이유 없이 이를 이행하지 아니한 경우, 그로 인해 늘어난 손해액이나 회복할 수 있었을 금액을 공제하거나 지급하지 아니한다.

(4) 손해배상 합의전 보험사의 동의의무

손해배상의 청구를 받은 경우에 미리 회사의 동의 없이 그 전부 또는 일부를 합의하여서는 아니된다. 그러나 피해자의 응급치료, 호송 그 밖의 긴급조치에 대하여는 회사의 동의를 필요로 하지 아니한다.

(5) 소송사실 통지의무

보험계약자나 피보험자는 손해배상청구의 소송을 걸려고 할 때, 또는 피해자가 소송을 걸어온 때에는 지체 없이 회사에 곧 알려야 하며, 정당한 이유 없이 이를 이행하지 않은 경우 그로 인하여 늘어난 손해액이나 회복할 수 있었을 금액을 보험금에서 공제하거나 지급하지 않는다.

(6) 도난신고의무

피보험자동차를 도난당하였을 때에는 지체 없이 그 사실을 경찰관서에 신고하여야 한다.

(7) 서류제출 및 보험사고 조사 협력의무

보험회사가 사고를 증명하는 서류 등 꼭 필요하다고 인정하는 자료를 요구한 경우에는 지체 없이 이를 제출하여야 하며, 또한 보험회사가 사고에 관해 조사하는데 협력하여야 한다.

(8) 보험료 지급의무

보험계약은 유상계약으로서 보험계약자는 보험자에 대하여 보험료를 지급할 의무가 있다. 만약 이를 해태한 경우 보험자는 상당한 기간을 정하여 보험계약자에게 최고하고 그 기간 내에 지급되지 아니한 때에는 그 계약을 해제할 수 있다고 보며, 보험계약시 계약 성립 후 부지급 상태로 2개월이 경과할 경우 그 계약은 해지된 것으로 본다(해제의제). 보험료지급의무는 1년의 시효에 의하여 소멸한다.

제4과목

자동차보험의 이론과 실무(대인배상 및 자기신체손해)

안심Touch

1. 보험계약 내용의 변경

(1) 보험계약의 변경

보험계약자는 의무보험을 제외하고는 보험회사의 승낙을 얻어 다음에 정한 사항을 변경할 수 있다. 이 경우 승낙을 서면 등으로 알리거나 보험증권의 뒷면에 기재하여 교부한다.

① 보험계약자. 다만, 보험계약자가 이 보험계약의 권리/위무를 피보험자동차의 양수인에게 이전함에 따라 보험계약자가 변경되는 경우에는 제48조(피보험자동차의 양도)에 따른다.

② 보험가입금액, 특별약관 등 그 밖의 계약내용

(2) 추가보험료 청구

보험회사는 그 계약내용의 변경으로 보험료가 변경된 경우 보험계약자에게 보험료를 반환하거나 추가보험료를 청구할 수 있다.

(3) 보험계약자의 사망

보험계약 체결 후 보험계약자가 사망한 경우 이 보험계약에 의한 보험계약자의 권리/의무는 사망시점에서의 법정상속인에게 이전한다.

2. 피보험자동차의 교체

(1) 의 의

보험계약자 또는 기명피보험자가 보험기간 중에 기존의 피보험자동차를 폐차 또는 양도하고 그 자동차와 동일한 차종의 다른 자동차로 교체하는 것을 말한다.

(2) 동일한 차종의 범위

① 개인용 자동차보험

개인소유 자가용 승용차 간에 적용된다. 따라서 소형, 중형, 대형 승용차 간에 대체한 경우에도 동일한 차종으로 대체한 경우로 본다(다인승 1, 2종 승용차를 포함한다).

② 업무용 자동차보험

㉠ 자가용 승용차간 : 소형/중형/대형 승용차간 교체한 경우 동일한 차종으로 교체한 것으로 본다. 다인승 1, 2종 승용차를 포함한다.

    ⓛ 화물자동차간 : 2종/3종 화물자동차간 또는 경/4종 화물자동차간 교체한 경우 동일한 차종으로 교체한 것으로 본다.

    ⓒ 승합자동차간 : 경/3종 승합자동차간 교체한 경우 동일한 차종으로 교체한 것으로 본다.

③ 영업용 자동차보험

동일한 차종으로 교체한 경우와 2종/3종 화물자동차간 교체한 경우 동일한 차종으로 교체한 것으로 본다.

(3) 승계시점

원칙은 보험사의 승인을 받은 때이다. 그러나 영업용과 업무용의 경우는 예외이다.

① 영업용 자동차

피보험자동차를 법령에 따라 교체한 때에는 교체된 자동차를 등록한 날로부터 자동승계된다.

② 업무용 자동차

피보험자동차가 관용자동차인 경우 피보험자동차를 대체하는 때에 자동승계된다.

(4) 효 과

① 기존 계약의 효력상실

② 대체 승인전 사고에 대한 보험자 면책

③ 승인의제

보험회사가 서면 등의 방법으로 통지를 받은 날로부터 10일 이내 승인 여부를 보험계약자에게 통지하지 않으면, 그 10일이 되는 다음날 0시에 승인한 것으로 본다.

④ 보험료의 반환 또는 추징

교체된 자동차에 적용하는 보험요율에 따라 보험료의 차이가 나는 경우 보험계약자에게 남는 보험료를 반환하거나 추가보험료를 청구할 수 있다.

21 피보험자동차의 양도 ✦✦✦

1. 양도의 개념

(1) 「표준약관」 제48조(피보험자동차의 양도)

① 보험계약자 또는 기명피보험자가 보험기간 중에 피보험자동차를 양도한 경우에는 이 보험계약으로 인하여 생긴 보험계약자 및 피보험자의 권리와 의무는 피보험자동차의 양수인에게 승계되지 않는다. 그러나 보험계약자가 이 권리와 의무를 양수인에게 이전하고자 한다는 뜻을 서면 등으로 보험회사에 통지하여 보험회사가 승인한 경우에는 그 승인한 때부터 양수인에 대하여 이 보험계약을 적용한다.

② 피보험자동차의 양도에는 소유권을 유보한 매매계약에 따라 자동차를 '산 사람' 또는 대차계약에 따라 자동차를 '빌린 사람'이 그 자동차를 피보험자동차로 하고, 자신을 보험계약자 또는 기명피보험자로 하는 보험계약이 존속하는 동안에 그 자동차를 '판 사람' 또는 '빌려준 사람'에게 반환하는 경우도 포함한다. 이 경우 '판 사람' 또는 '빌려준 사람'은 양수인으로 본다.

(2) 「상법」 제726조의4 제1항(자동차의 양도)

피보험자가 보험기간 중에 자동차를 양도한 때에는 양수인은 보험자의 승낙을 얻은 경우에 한하여 보험계약으로 인하여 생긴 권리와 의무를 승계한다.

2. 승 인

보험회사가 보험계약자의 통지를 받은 날부터 10일 이내에 승인여부를 보험계약자에게 통지하지 않으면, 그 10일이 되는 날의 다음날 0시에 승인한 것으로 본다.

3. 승인효과

① 보험회사가 승인을 하는 경우에는 피보험자동차의 양수인에게 적용되는 보험요율에 따라 보험료의 차이가 나는 경우 피보험자동차가 양도되기 전의 보험계약자에게 남는 보험료를 돌려주거나, 피보험자동차의 양도 후의 보험계약자에게 추가보험료를 청구한다.

② 보험회사가 승인을 거절한 경우 피보험자동차가 양도된 후에 발생한 사고에 대하여는 보험금을 지급하지 않는다.

4. 기명피보험자 사망의 경우 특칙

보험계약자 또는 기명피보험자가 보험기간 중에 사망하여 법정상속인이 피보험자동차를 상속하는 경우 이 보험계약도 승계된 것으로 본다. 다만, 보험기간이 종료되거나 자동차의 명의를 변경하는 경우에는 법정상속인을 보험계약자 또는 기명피보험자로 하는 새로운 보험계약을 맺어야 한다.

5. 의무보험의 승계[자배법 제26조(의무보험 계약의 승계)]

① 의무보험에 가입된 자동차가 양도된 경우에 그 자동차의 양도일(양수인이 매매대금을 지급하고 현실적으로 자동차의 점유를 이전받은 날을 말한다)부터 「자동차관리법」 제12조에 따른 자동차소유권 이전등록 신청기간이 끝나는 날(자동차소유권 이전등록 신청기간이 끝나기 전에 양수인이 새로운 책임보험 등의 계약을 체결한 경우에는 그 계약 체결일)까지의 기간은 「상법」 제726조의4에도 불구하고 자동차의 양수인이 의무보험의 계약에 관한 양도인의 권리의무를 승계한다.

② 제1항의 경우 양도인은 양수인에게 그 승계기간에 해당하는 의무보험의 보험료(공제계약의 경우에는 공제분담금을 말한다)의 반환을 청구할 수 있다.

③ 제2항에 따라 양수인이 의무보험의 승계기간에 해당하는 보험료를 양도인에게 반환한 경우에는 그 금액의 범위에서 양수인은 보험회사 등에게 보험료의 지급의무를 지지 아니한다.

1. 서 론

피보험자동차에 대하여 운전할 자를 한정하는 특약으로 보통보험약관보다 우선 적용되므로 특약에 의해 면책되면 대인배상 I을 제외하고, 그 특약이 적용되는 보통보험약관상의 제 담보는 모두 면책이다.

2. 유 형

(1) 가족 등 운전자 한정운전특약

① 취 지

운전할 자를 기명피보험자와 그 일정범위 내의 가족으로 한정하는 특약으로 보험료 할인이 목적이다.

② 종 류

㉠ 가족운전자 한정운전특약

㉡ 형제자매운전자 한정운전특약

㉢ 부부운전자 한정운전특약

(2) 운전자 연령한정운전특약

만 21세, 22세, 24세, 26세, 28세, 30세, 35세, 43세, 48세 이상 등으로 한정하고 있다. 나이계산은 주민등록상의 생년월일을 기준으로 사고일 현재의 만 나이로 계산한다.

(3) 기명피보험자 1인 운전한정특약

① 특약적용 조건

㉠ 차종 : 개인택시, 개인소유 2종/3종/4종 화물자동차여야 한다.

㉡ 소유자를 기명피보험자로 한다.

② 적용대상보험

개인용, 영업용 자동차보험

③ 운전자의 범위

기명피보험자 1인에 한정된다. 다만, 개인택시의 경우 관계 법령에 따라 신고를 한 대리운전자는 이 특약의 기명피보험자로 본다.

④ 최근의 경향

최근에는 손보사에 따라 특정운전자를 1인으로 한정하되, 운전하도록 하는 특약 등 다양한 상품이 판매되고 있다.

3. 면책의 예외

(1) 도난을 당한 경우

① 피보험자의 명시적·묵시적 의사에 기하지 아니한 채 제3자가 피보험자동차를 운전한 경우로서 피보험자의 승인 없이 피보험자동차를 사용한 무단운전까지도 포함한다(판례).

② 무보험차 상해에서는 도난사고의 경우 면책예외에 적용되지 않는다.

(2) 운전자 연령한정운전특약의 내용을 알려주지 아니한 경우

보험회사가 보통약관의 내용을 다시 제한하여 보험계약을 체결하는 때에 보험계약자 또는 피보험자에게 보험약관의 명시·설명의무를 이행하지 않은 경우 보험회사의 의무위반에 해당하므로 면책을 주장할 수 없다.

23 가족운전자 한정운전특약 ✦✦

1. 보상하는 손해

피보험자가 피보험자동차에 대하여 운전할 자를 보험증권에 기재된 피보험자 외 그 가족으로 한정하여 대인배상 I을 제외한 전 담보에 적용하여 보상한다.

2. 취 지

자동차의 운전자를 기명피보험자의 가족구성원으로 제한하는 대신 보험료를 낮추려는데 있다.

3. 운전자의 범위

(1) 약관상 운전가능자

① 기명피보험자의 부모와 양부모(계부모 포함)

② 기명피보험자의 배우자의 부모 또는 양부모(계부모 포함)

③ 법률상의 배우자 또는 사실혼관계에 있는 배우자

④ 법률상의 혼인관계에서 출생한 자녀, 사실혼 관계에서 출생한 자녀, 양자 또는 양녀(계자녀 포함)

⑤ 기명피보험자의 며느리(계자녀의 배우자 포함)

⑥ 기명피보험자의 사위(계자녀의 배우자 포함)

(2) 운전가능한 자의 범위

① 대법원 판결에서는 기명피보험자의 부(父)의 사실상의 배우자는 포함되지 않는다고 한다.

② 부첩관계에 있던 자도 동 특약상의 모(母)에 해당하지 아니한다고 한다.

③ 사실혼

혼인생활관계로서의 실체는 있으나, 호적법에 의해 혼인신고를 하지 않은 상태를 말한다. 우리 「민법」은 법률혼주의를 채택하고 있지만 상속을 제외한 특별한 경우 인정되기도 한다.

판례 **대판 1997.2.28., 선고, 96다53857)**

계모/계부는 원칙적으로는 부모에 해당하지 않는다. 다만, 가족의 구성원으로 가족공동체를 이루어 생계를 같이 하고, 실질적으로 기명피보험자의 부모의 역할을 하면서 피보험자동차를 이용하고 있다면 이에 포함된다고 해석함이 타당하다.

24 다른 자동차 운전담보특약 ✢✢

1. 의 의

피보험자가 다른 자동차(피보험자동차 이외의 차)를 운전하다가 대인배상 Ⅱ와 자기신체사고 등(기타는 회사별로 다름)의 손해를 입은 경우 해당 다른 자동차를 피보험자동차로 간주하여 보험자가 보상해주는 특약이다.

본 특약은 '운전자 한정운전특약'처럼 보통보험약관에 우선하여 적용되는 특약이 아닌 보통보험 약관과는 별도로 별개의 요건에 의해 적용되는 특약이다.

2. 취 지

해당 피보험자가 피보험자동차 이외의 차를 운전하면서 발생하게 되는 일시적 무보험상태로부 터 피해자와 피보험자를 보호하기 위함이다.

3. 적용대상

이 특별약관은 보통약관의 '무보험자동차에 의한 상해'에 가입한 자동차에 대하여 자동으로 적 용된다.

(1) 개인용 자동차보험

무보험자동차 상해담보 가입시 자동 담보된다.

(2) 업무용 자동차보험

보통약관의 무보험자동차 상해 가입자로서 기명피보험자가 개인이면서 피보험자동차가 경/3종 승합자동차, 경/4종 화물자동차인 경우에만 적용된다.

(3) 영업용 자동차보험

적용되지 않는다.

4. 보험자의 보상책임

(1) 보상책임의 발생요건

① 운전한 자(또는 운전자 지위에 있는 자)가 피보험자에 해당할 것

    ㉠ 피보험자의 범위는 기명피보험자와 그의 배우자이다.

    ㉡ 다른 자동차의 소유자는 이 보험계약의 자기신체사고의 피보험자로 간주하여, 보통약관에 따라 보상한다.

② 그 피보험자가 다른 자동차를 운전했을 것

    ㉠ 다른 자동차 : 자가용 자동차로서 피보험자동차와 동일한 차종으로 다음의 자동차

        ⓐ 기명피보험자와 그 부모, 배우자 또는 자녀가 소유하거나 통상 사용하는 자동차가 아닌 것

        ⓑ 기명피보험자가 자동차를 교체한 경우, 그 사실이 생긴 때로부터 회사가 보통약관의 '피보험자동차 교체' 조항에 의해 승인을 한 때까지의 교체 자동차

    ㉡ '소유'의 의미 : 자동차등록부상 소유명의자로 등록된 상태로, 현실적 소유자를 가려서 판단해야 한다.

    ㉢ 통상적 '사용한다'의 의미 : 본인의 의사에 따라 수시로 사용하는 상태를 말한다.

③ 피보험자가 대인사고로 법률상 배상책임을 지거나, 자신이 상해를 입었을 것

    ㉠ 대인사고는 대인배상 Ⅱ의 경우이다.

    ㉡ 그로 인하여 피보험자가 상해를 입은 경우는 자기신체사고에 관련된 것이다.

④ 면책사유에 해당하지 아니 할 것(약사법 취요 무법시연)

    ㉠ 보통약관 면책사유

    ㉡ 피보험자가 사용자의 업무에 종사하고 있을 때 그 사용자가 소유하는 자동차로 운전 중 사고로 인한 손해

    ㉢ 피보험자가 속한 법인이 소유하는 자동차로 운전 중 사고로 인한 손해

    ㉣ 피보험자가 자동차정비업, 주차장업, 급유업, 세차업, 자동차판매업, 대리운전업 등 자동차취급 업무상 수탁받은 자동차로 운전 중 생긴 사고로 인한 손해

    ㉤ 피보험자가 요금 또는 대가를 지불하거나 받고 다른 자동차를 운전 중 사고로 인한 손해. 반복성을 요하지 않으므로 임대차의 경우도 포함된다.

    ㉥ 피보험자가 다른 자동차의 사용에 대하여 정당한 권리를 가지고 있는 자의 승낙을 받지 아니하고 다른 자동차를 운전 중 생긴 사고로 인한 손해

    ㉦ 피보험자가 다른 자동차의 소유자에 대하여 법률상 손해배상책임을 짐으로써 입은 손해

        • 소유자는 동 특약상 자기신체사고의 피보험자로 간주된다.

        • 이 경우 소유자가 가입한 계약의 자기신체사고분을 초과한 부분만 보상된다.

약관상 면책인 '다른 자동차의 소유자'의 의미

법률상의 소유자 그 자체를 의미하는 것이지 「자배법」상 타인이 아닌 자 또는 운행자를 포함하는 것으로
볼 수는 없다.

◎ 피보험자가 다른 자동차를 시험용(다만, 운전면허시험을 위한 도로주행 시험용은 제외)
  또는 경기용이나 경기를 위한 연습용으로 사용하던 중 생긴 사고로 인한 손해

㉣ 보험증권에 기재된 운전가능연령 범위 외의 자가 다른 자동차 운전 중 생긴 사고로 인한
  손해

(2) 보상하는 손해

① 피보험자가 다른 자동차를 운전 중(주차 또는 정차 중을 제외) 생긴 대인사고나 대물사고로
  인하여 법률상 손해배상책임을 짐으로써 손해를 입은 때 또는 피보험자가 상해를 입었을
  때에는 해당 다른 자동차를 보통약관의 '대인배상 Ⅱ', '자기신체사고', '대물배상' 규정의 피
  보험자동차로 간주하여 보상한다.

② 또한, 그 사고로 다른 자동차의 소유자가 상해를 입었을 경우, 해당 보통약관 '자기신체사고'
  의 피보험자로 간주하여 보상한다.

③ 위 손해에 대하여 다른 자동차에 적용되는 보험계약에 따라 보험금이 지급될 수 있는 금액을
  초과하는 때에 한하여 그 초과액만을 보상한다.

5. 양도시 특칙

동 담보는 보통약관상의 피보험자동차의 사용을 전제로 보상관계가 결정되는 담보가 아니기
때문에 무보험자동차 상해를 포함한 보험계약이 유효한 경우에는 피보험자동차가 양도된 경우
에도 적용된다.

1. 의무보험 일시담보특약

(1) 의 의

피보험자동차의 양도 후 소유권이전까지 생길 수 있는 무보험상태를 방지하여 피해자보호를 목적으로 하는 특약이다.

(2) 적용대상

본 특약은 양수인이 차량을 양수한 후 등록하는 동안의 일시적 무보험상태를 막기 위하여 대인배상Ⅰ과 대물배상에 대하여 자동적으로 적용된다.

(3) 보험계약자 및 피보험자

보험증권에 기재된 피보험자동차가 양도된 날로부터 15일째 되는 날의 24시까지의 기간 동안은 그 자동차를 보통약관 대인배상Ⅰ/대물배상의 피보험자동차로 간주하고 양수인을 보험계약자 및 기명피보험자로 본다.

(4) 보험자의 보상책임

보험회사는 피보험자가 피보험자동차의 운행 또는 소유·사용·관리하는 동안 생긴 피보험자동차의 사고로 인하여 남을 죽게 하거나 다치게 한 경우와 남의 재물을 없애거나 훼손하여 법률상 손해배상책임을 짐으로써 입은 손해를 보통약관의 대인배상Ⅰ/대물배상(2천만원)에서 규정하는 바에 따라 보상한다.

(5) 보상하지 않는 경우

① 양도된 피보험자동차가 양수인 명의로 이전 등록된 이후 발생한 손해

② 양도된 피보험자동차에 대하여 양수인 명의로 유효한 대인배상Ⅰ 및 대물배상에 가입한 경우

③ 보통보험약관 대인배상Ⅰ/대물배상의 보험기간 마지막 날 24시 이후 발생한 손해

(6) 할인·할증과 보험료의 청구 및 납입

① 본 특약에 의해 보상한 경우 자동차보험요율서에서 정한 불량할증을 양수인에게 적용한다.

② 보험사는 보험기간에 대하여 단기요율로 계산한 해당 보험료를 양수인에게 청구할 수 있다.

③ 양수인은 위의 청구를 받은 때에는 지체 없이 이를 납입해야 한다.

2. 유상운송 위험담보특약

(1) 적용대상

① 개인용 자동차보험의 법인소유 승용차와 다인승 승용차

② 업무용 자동차보험(화물차 제외)

(2) 보상내용

보험자는 위 적용대상 피보험자동차를 유상으로 운송용에 제공하는 경우 특약에 따라 보상한다. 대인배상 Ⅰ에 대해서는 적용하지 않는다.

(3) 보상하는 손해

보통약관 면책사항에도 불구하고 영리를 목적으로 요금이나 대가를 목적으로 피보험자동차를 사용 또는 대여한 때에 생긴 사고로 인한 손해에 대하여 보상한다.

3. 보험료 분할 납입 특약

보험기간에 대한 보험료는 일시납이 원칙이나 계약자의 경제적 부담을 고려하여 분납을 인정하는 특약을 말한다. 단, 의무보험은 제외한다.

4. 관용자동차에 관한 특약

(1) 가입대상

피보험자동차가 관용자동차라면 피보험자의 선택과는 관계 없이 적용한다(업무용, 이륜자동차에만 적용).

(2) 면책손해

공적 업무 집행 관련 피보험자동차 탑승 중 사고로 인해 다른 법률 규정에 의해 보상을 받을 수 있는 경우 보상하지 않는다.

(3) 예외(도로주행시험용 자동차에 관한 추가특약)

① 적용대상

본 특약 자동차 중 도로주행시험용 자동차에 대하여 자동적 적용한다.

② 보상내용

「도로교통법」에 의한 도로주행시험에 응시하는 사람이 시험을 위한 운전 중 피보험자동차의 사고로 인하여 군인, 군무원, 경찰공무원 또는 향토예비군 대원을 사상케 하여 법률상 배상책임을 짐으로써 입은 손해를 이 추가특약에 따라 보상한다.

01 보험금 산정기준의 개요 ✿✿

1. 보상한도

(1) 대인배상 Ⅰ

　① 사 망

　　피해자 1인당 1억5천만원의 범위에서 피해자에게 발생한 손해액(다만, 그 손해액이 2천만원
　　미만인 경우에는 2천만원으로 한다)

　② 부 상

　　상해등급별 한도금액내 실손해액[50만원(14급) ~ 3,000만원(1급)]

　③ 후유장애

　　장해등급별 한도금액내 실손해액[1,000만원(14급) ~ 1억5천만원(1급)]

(2) 대인배상 Ⅱ

　보험증권에 기재된 보험가입금액을 보상한다.

2. 보상범위

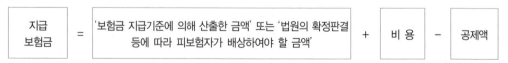

| 지급 보험금 | = | '보험금 지급기준에 의해 산출한 금액' 또는 '법원의 확정판결 등에 따라 피보험자가 배상하여야 할 금액' | + | 비 용 | − | 공제액 |

보험사는 '보험금 지급기준에 의해 산출한 금액'과 '비용'을 합한 금액에서 '공제액'을 공제한
후 보험금으로 지급하되 다음의 금액을 한도로 한다.

(1) 대인배상 Ⅰ

　「자배법」에서 정한 기준에 따라 산출한 금액

(2) 대인배상 Ⅱ

보험증권에 기재된 보험가입금액

3. 보험금 지급기준의 설치 취지

① 적절한 배상과 신속한 해결
② 보험자의 적정한 보험료 책정

4. 손해3분설에 따른 구분(판례)

(1) 위자료(정신적 손해)

정신적 고통에 대한 배상

(2) 적극적 손해

장례비, 치료비, 입원비, 개호비, 교통비 등

(3) 소극적 손해

휴업손해, 상실수익액, 일실퇴직금 등

┤ 심화학습 ├

손해3분설

손해3분설이란 피해자가 입은 손해를 '정신적 손해, 적극적 손해, 소극적 손해' 3가지로 나누어 각각에 대해 배상해주는 것을 말한다.

- **정신적 손해** : 위자료라고도 하며, 정신적으로 입은 손해에 대한 배상으로 비재산적 피해에 대한 배상을 의미한다. 판례는 정신적 손해는 적극적 손해를 배상함으로써 아울러 회복된다고 보고 있다.
- **적극적 손해** : 직접적으로 지출된 비용을 말한다.
- **소극적 손해** : 불법행위가 없었을 경우 피해자의 재산 상태에서 피해자가 불법행위로 인한 피해를 입은 후의 재산 상태의 차이를 말한다.

---

1. 보상하는 손해항목

장례비, 위자료, 상실수익액 등

2. 장례비

지급액 : 500만원

3. 위자료

(1) 의 의

상대방의 불법행위로 인하여 입은 정신적 고통을 금전으로 평가하여 지급하는 배상금을 말하며, 태아에게도 위자료 청구권을 인정한다.

(2) 법적 성질

손해배상으로 보는 배상설이 통설과 판례이다.

(3) 위자료 청구권자의 범위와 인정금액

① 사망자 본인 및 유족의 위자료

사망 당시 피해자의 나이가 65세 미만인 경우	8,000만원
사망 당시 피해자의 나이가 65세 이상인 경우	5,000만원

② 청구권자의 범위 및 청구권자별 지급기준
「민법」상 상속규정에 따른다.

4. 상실수익액

(1) 의 의

사상으로 인하여 노동능력의 전부 또는 일부를 상실하여 사고가 없었더라면 얻을 수 있었던 수익을 상실한 경우 평가한 금액이다.

(2) 학 설

구 분	소득상실설(또는 차액설)	가동능력 상실설(또는 평가설)
① 본 질	불법행위가 없었더라면 피해자가 얻을 수 있는 개개 소득의 상실로 본다.	소득 창출의 근거가 되는 노동능력의 상실자체를 상실수익손해의 본질로 본다.
② 산정방법	불법행위 당시의 소득과 불법행위 후의 향후 소득과의 차액을 산출한다.	상실된 노동능력의 가치를 불법행위 당시의 소득이나 추정소득에 의하여 평가한다(소득은 노동능력상실 평가자료에 불과).
③ 손해의 성격 파악	노동능력상실에 따른 손해를 소극적 손해로 파악한다.	손해를 현시점에서 이미 현실화된 상실된 노동능력 자체로 보며, 일종의 적극적 손해로 파악한다.

(3) 산정방법

사망한 본인의 월평균 현실소득액(제세액공제)에서 본인의 생활비(월평균현실소득액에 생활비율을 곱한 금액)를 공제한 금액에 취업가능월수에 해당하는 라이프니츠 계수를 곱하여 산정한다.

> **┃ 산 식**
>
> (월평균현실소득액 – 생활비) × (사망일부터 보험금지급일까지의 월수 + 보험금지급일부터 취업가능연한까지 월수에 해당하는 라이프니츠 계수)

1. 의 의

현실소득액이란 일정기간의 총 소득액에서 제세액을 공제한 실제의 소득액을 말한다.

2. 요 건

기본요건은 ① 본인 근로에 대한 대가성, ② 적법성, ③ 계속성 등이다.

3. 산정방법

[소득자의 분류]

유직자	증명할 수 있는 자	급여소득자
		사업소득자
		그 밖의 유직자
		기술직 종사자
	증명하기 곤란한 자	급여소득자
		사업소득자
		그 밖의 유직자
		기술직 종사자
	미성년자로서 현실소득액이 일용근로자 임금에 미달하는 자	
가사종사자		
무직자(학생 포함)		
소득이 두 가지 이상인 자		
외국인	유직자	국내 소득자로서 그 증명이 가능한 자
		그 이외의 자
	무직자(학생, 미성년자 포함)	

(1) 유직자

① 산정대상 기간

ⓐ 급여소득자 : 사고발생 직전 또는 사망직전 과거 3개월로 하되, 계절적 요인 등에 따라 급여의 차등이 있는 경우와 매월 수령하는 금액이 아닌 것은 과거 1년으로 한다.

ⓑ 급여소득자 이외의 자 : 사고발생 직전 과거 1년으로 하며, 기간이 1년 미만인 경우 계절적 요인을 감안하여 타당한 기간으로 한다.

② 산정방법

ⓐ 현실소득액을 증명할 수 있는 자 : 세법에 의한 관계증빙서에 따라 소득을 산정할 수 있는 자에 한하여 다음과 같이 산정한 금액으로 한다.

ⓐ 급여소득자

- 의의 : 「소득세법」 제20조에서 규정한 근로소득을 얻고 있는 자로서 일용근로자 이외의 자를 말한다.

- 산정 : 피해자가 근로의 대가로서 받은 보수액에서 제세액을 공제한 금액이다. 그러나 피해자가 사망 직전에 보수액의 인상이 확정된 경우에는 인상된 금액에서 제세액을 공제한 금액으로 한다.

┤ 심화학습 ├

용어풀이

- **근로의 대가로 받은 보수** : 본봉, 수당, 성과급, 상여금, 체력단련비, 연월차휴가보상금 등을 말하며, 실비변상적인 성격을 가진 대가는 제외한다.

- **세법에 따른 관계증빙서** : 사고발생 전에 신고하거나 납부하여 발행된 관계증빙서를 말한다. 다만, 신규취업자, 신규사업개시자 또는 사망 직전에 보수액의 인상이 확정된 경우에 한하여 세법 규정에 따라 정상적으로 신고하거나 납부(신고 또는 납부가 지체된 경우는 제외함)하여 발행된 관계증빙서를 포함한다.

ⓑ 사업소득자

- 의의 : 「소득세법」 제19조에서 규정한 사업소득을 얻고 있는 자로서 원칙적으로 세금납부 여부, 사업자등록증 여부, 상설사업자의 유무를 불문한다. 노무가치설을 통설 및 판례로 하고 있다.

- 산 정
  - 세법에 따른 관계증빙서에 따라 증명된 수입액에서 그 수입을 위하여 필요한 제경비 및 제세액을 공제하고 본인의 기여율을 감안하여 산정한 금액

▌산 식

[연간수입액 − 주요경비 − (연간수입액×기준경비율) − 제세공과금]×노무기여율×투자비율

(주) 1. 제 경비가 세법에 따른 관계증빙서에 따라 증명되는 경우에는 위 기준경비율 또는 단순경비율을 적용하지 않고 그 증명된 경비를 공제함

　　　2. 소득세법 등에 의해 단순경비율 적용대상자는 기준경비율 대신 그 비율을 적용함

　　　3. 투자비율은 증명이 불가능할 때에는 '1/동업자수'로 함

　　　4. 노무기여율은 85/100를 한도로 타당한 비율을 적용함

　　− 본인이 없더라도 사업의 계속성이 유지될 수 있는 경우에는 위의 산식에 따르지 않고 일용근로자 임금을 인정한다.

　　− 위에 따라 산정한 금액이 일용근로자 임금에 미달한 경우에는 일용근로자 임금을 인정한다.

┤ 심화학습 ├

일용근로자 임금

「통계법」제15조에 의한 통계작성 지정기관(대한건설협회, 중소기업중앙회)이 「통계법」제17조에 따라 조사·공표한 노임 중 공사부문은 보통인부, 제조부문은 단순노무종사원의 임금을 적용하여 아래와 같이 산정한다.

▌산 식

(공사부문 보통인부임금＋제조부문 단순노무종사원임금) / 2

* 월 임금 산출시 25일을 기준으로 산정

ⓒ 그 밖의 유직자(이자소득자, 배당소득자 제외)

　• 세법상의 관계증빙서에 따라 증명된 소득액에서 제세액을 공제한 금액

　• 다만, 부동산임대소득자의 경우에는 일용근로자 임금을 인정하며, 이 기준에서 정한 여타의 증명되는 소득이 있는 경우에는 그 소득과 일용근로자 임금 중 많은 금액을 인정한다.

ⓓ 기술직 종사자

「통계법」제15조에 의한 통계작성지정기관(공사부문 : 대한건설협회, 제조부문 : 중소기업중앙회)이 「통계법」제17조에 따라 조사, 공표한 노임에 의한 해당직종 임금이 많은 경우에는 그 금액을 인정한다. 다만, 사고발생 직전 1년 이내 해당 직종에 종사하고 있었음을 관련 서류를 통해 객관적으로 증명한 경우에 한한다.

* 기술직 종사자가 '관련 서류를 통해 객관적으로 증명한 경우'라 함은 자격증, 노무비 지급확인서 등의 입증 서류를 보험회사로 제출한 것을 말한다.

ⓒ 현실소득액을 증명하기 곤란한 자 : 세법에 의한 관계증빙서에 따라 소득을 산정할 수 없는 자는 다음과 같이 산정한 금액으로 한다.
ⓐ 급여소득자 : 일용근로자 임금
ⓑ 사업소득자 : 일용근로자 임금
ⓒ 그 밖의 유직자 : 일용근로자 임금
ⓓ 기술직 종사자 : 입증가능자와 동일
ⓒ 미성년자로서 현실소득액이 일용근로자 임금에 미달한 자 : 19세에 이르기까지는 현실소득액, 19세 이후는 일용근로자 임금

(2) 가사종사자
일용근로자 임금

(3) 무직자(학생 포함)
일용근로자 임금

(4) 현역병 등 군 복무해당자
① 현역병 등 군 복무자(급여소득자는 제외) : 공무원보수규정에 따른 본인 소득(단, 병역법에 따른 잔여 복무기간에 대해서만 적용)
② 현역병 등 군 복무예정자 : 공무원 보수규정에 따른 현역병 육군 기준 소득(단, 병역법에 따른 예정 복무기간에 대해서만 적용)

┤ 심화학습 ├

용어풀이
• '현역병 등'이라 함은 병역법에 따른 현역병, 의무소방원·의무경찰, 사회복무요원을 말함
• '병역법에 따른 잔여 또는 예정 복무기간'이라 함은 현역병은 병역법 제19조에 따른 기간, 의무소방원·의무경찰은 병역법 제25조에 따른 기간, 사회복무요원은 병역법 제42조에 따른 기간에 대해 사고발생일 기준으로 계산한 기간을 말함
• '공무원보수규정에 따른 본인 또는 현역병 육군 기준 소득'이라 함은 공무원보수규정 [별표13]에 따른 병 계급별 월 지급액의 산술평균을 말함

(5) 소득이 두 가지 이상인 자
① 세법에 따른 관계증빙서에 따라 증명된 소득이 두 가지 이상 있는 경우 : 그 합산액을 인정한다.
② 세법에 따른 관계증빙서에 따라 증명된 소득과 증명 곤란한 소득이 있는 때 혹은 증명이 곤란한 소득이 두 가지 이상 있는 경우 : 이 기준에 따라 인정하는 소득 중 많은 금액을 인정한다.

(6) 외국인

   ① 유직자

      ㉠ 국내에서 소득을 얻고 있는 자로서 그 증명이 가능한 자 : 위의 현실소득액의 증명이 가능한 자의 현실소득액 산정방법으로 산정한 금액

      ㉡ 그 이외의 자 : 일용근로자 임금

   ② 무직자(학생 및 미성년자 포함)

      일용근로자 임금

4. 생활비

(1) 의 의

사람이 생활을 영위하는데 필요한 비용으로 ① 피해자가 사망한 경우 또는 ② 여명이 가동기한 내로 단축된 경우에는 그 단축된 여명 이후부터 가동기한까지의 기대수입에서 생활비를 공제한다.

(2) 생활비 공제의 근거

   ① 손익상계설

      피해자의 생활비는 사고로 인하여 지출을 면하게 된 이익이므로 공제되어야 한다.

   ② 노동력 재생산비설(필요경비설)

      생활비는 수익을 올리기 위한 필요경비로서 기업의 순수익이 총수익에서 손금을 공제하여야 하는 것처럼 공제되어야 한다는 입장이다.

   ③ 소송실무

      법원실무는 피해자의 월수입 또는 연수입 총액에서 먼저 생활비를 공제하여 상실수익을 산정하고 있다.

(3) 생활비율

현실소득액의 1/3을 인정한다.

5. 취업가능월수

(1) 취업가능연한(가동연한)

   ① 원칙 : 65세로 하여 취업가능월수를 산정한다.

   ② 예외 : 법령, 단체협약 또는 그 밖의 별도의 정년에 관한 규정이 있으면 이에 의하여 취업가능월수를 산정한다.

      * 피해자가 「농업·농촌 및 식품산업기본법」 제3조 제2호에 따른 농업인이나 「수산업·어촌발전기본법」 제3조 제3호에 따른 어업인일 경우(피해자가 객관적 자료를 통해 증명한 경우에 한함)에는 취업가능연한을 70세로 하여 취업가능월수를 산정한다

(2) 62세 이상 피해자의 취업가능월수

피해자가 사망 당시(후유장애를 입은 경우에는 노동능력상실일) 62세 이상인 경우에는 다음의 「62세 이상 피해자의 취업가능월수」에 의하되, 사망일 또는 노동능력상실일부터 정년에 이르기까지는 월현실소득액을, 그 이후부터 취업가능월수까지는 일용근로자 임금을 인정한다.

[62세 이상 피해자의 취업가능월수]

피해자의 나이	취업가능월수
62세부터 67세 미만	36개월
67세부터 76세 미만	24개월
76세 이상	12개월

(3) 65세 미만인 직종에 종사하는 자

취업가능연한이 사회통념상 65세 미만인 직종에 종사하는 자인 경우 해당 직종에 타당한 취업가능연한 이후 65세에 이르기까지의 현실소득액은 사망 또는 노동능력 상실 당시의 일용근로자 임금을 인정한다.

(4) 취업시기

취업시기는 19세로 한다.

(5) 외국인

① **적법한 일시체류자**
ⓐ 국내 입국허가를 득하였으나 취업활동의 허가를 얻지 못한 자를 말한다.
ⓑ 생활 본거지인 본국의 소득기준을 적용한다. 다만, 적법한 일시체류자가 국내에서 취업활동을 한 경우 아래 ③을 적용한다.

② **적법한 취업활동자**
ⓐ 국내 취업활동 허가를 얻은 자를 말한다.
ⓑ 외국인 근로자의 적법한 체류기간 동안은 국내의 소득기준을 적용하고, 적법한 체류기간 종료 후에는 본국의 소득기준을 적용한다. 다만, 사고 당시 남은 적법한 체류기간이 3년 미만인 경우 사고일부터 3년간 국내의 소득기준을 적용한다.

③ **그 밖의 경우**
사고일부터 3년은 국내의 소득기준을, 그 후부터는 본국의 소득기준을 적용한다.

6. 라이프니츠 계수

법정이율 월 5/12%, 복리에 따라 중간이자를 공제하고 계산하는 방법이다.

▌ 산 식

$$\frac{1}{1+i} + \frac{1}{(1+i)^2} + \cdots\cdots + \frac{1}{(1+i)^n} \quad (i = 5/12\%, \ n = 취업가능월수)$$

┤ 심화학습 ├

중간이자 공제
- **보험금지급기준** : 라이프니츠식(L계수)
- **법원실무, 국가배상법** : 호프만식(H계수)
- **적용범위** : 장래의 기대수입에 대한 손해, 의료보조기, 개호비 등 장래 피해자의 여명기간 동안 계속적이고 정기적으로 지출될 향후 치료비 등에 중간이자를 공제한다.

1. 손해항목

위자료, 적극적 손해, 휴업손해, 기타 손해배상금

2. 위자료

(1) 청구권자

피해자 본인만 인정한다.

(2) 지급기준

책임보험 상해구분에 따라 다음과 같이 급별로 인정한다[15만원(14급) ~ 200만원(1급)].

(단위 : 만원)

급 별	인정액	급 별	인정액	급 별	인정액	급 별	인정액
1	200	5	75	9	25	13	15
2	176	6	50	10	20	14	15
3	152	7	40	11	20		
4	128	8	30	12	15		

3. 적극적 손해(구조수색비, 치료관계비)

(1) 구조수색비

피해자의 구조나 신원확인 또는 그 연고자 확인 등에 소요되는 비용을 말하며, 사회통념상으로 보아 필요타당한 실비를 지급한다.

(2) 치료관계비

의사의 진단 기간에서 치료에 소요되는 다음의 비용(외국에서 치료를 받은 경우에는 국내의료기관에서의 치료에 소요되는 비용 상당액. 다만, 국내의료기관에서 치료가 불가능하여 외국에서 치료를 받는 경우에는 그에 소요되는 타당한 비용)으로 하되, 관련법규에서 환자의 진료비로 인정하는 선택진료비를 포함한다.

① 입원료

　㉠ 입원료는 대중적인 일반병실(이하 '기준병실'이라 함)의 입원료를 지급한다. 다만, 의사가 치료상 부득이 기준병실보다 입원료가 비싼 병실(이하 '상급병실'이라 함)에 입원하여야 한다고 판단하여 상급병실에 입원하였을 때에는 그 병실의 입원료를 지급한다.

　㉡ 병실 사정으로 상급병실에 입원하였을 때에는 7일의 범위에서 그 병실의 입원료를 지급한다. 만약 입원일수가 7일을 넘을 경우 그 넘는 기간 중 차액을 지급하지 아니한다.

ⓒ 피보험자나 피해자의 희망으로 상급병실에 입원하였을 경우 역시 그 차액을 지급하지 아니한다.

② **치료비**

응급치료, 호송, 진찰, 전원, 퇴원, 투약, 수술(성형수술 포함), 처치, 의지, 의치, 안경, 보청기 등에 소요되는 필요타당한 실비를 인정한다.

③ **치아보철비**

금주조관보철(백금관보철 포함)에 소요되는 비용. 다만, 치아보철물의 외상으로 인하여 손상 또는 파괴되어 사용할 수 없게 된 경우에는 원상회복에 소요되는 비용을 인정한다.

4. 휴업손해

(1) 산정방법

부상으로 인하여 휴업함으로써 수입의 감소가 있었음을 관계 서류를 통해 증명할 수 있는 경우에 한하여 휴업기간 중 피해자의 실제 수입감소액의 85% 해당액을 지급한다.

(2) 산 식

> 1일 수입감소액 × 휴업일수 × (85 / 100)

(3) 휴업일수의 산정

피해자의 상해정도를 감안, 치료기간(향후 치료기간 포함)의 범위 내에서 인정한다.

(4) 수입감소액의 인정

① 유직자

ⓐ 사망한 경우 현실소득액의 산정방법에 따라 산정한 금액을 기준으로 하여 수입감소액을 산정한다.

ⓑ 실제의 수입감소액이 위의 기준으로 산정한 금액에 미달하는 경우에는 실제의 수입감소액으로 한다.

② 가사종사자

일용근로자 임금을 수입감소액으로 한다.

* **가사종사자** : 사고당시 2인 이상으로 구성된 세대에서 경제활동을 하지 않고 가사활동에 종사하는 자로서 주민등록관계서류와 세법상 관계서류 등을 통해 해당 사실을 증명한 사람을 말한다.

③ 무직자, 학생 등

ⓐ 무직자는 수입의 감소가 없는 것으로 한다.

ⓑ 유아, 연소자, 학생, 연금생활자, 그 밖의 금리나 임대료에 의한 생활자는 수입의 감소가 없는 것으로 한다.

5. 간병비

(1) 청구권자의 범위

피해자 본인만 인정한다.

(2) 인정 대상

① 책임보험 상해구분상 1급~5급에 해당하는 자 중 <u>객관적인 증빙자료</u>를 제출한 경우 인정한다.

② 동일한 사고로 부모 중 1인이 사망 또는 상해등급 1급~5급의 상해를 입은 7세 미만의 자중 객관적인 증빙자료를 제출한 경우 인정한다.

③ 「의료법」 제4조의2에 따른 비용을 보험회사가 부담하는 경우에는 비용 및 기간에 관계없이 인정하지 않는다.

   * **객관적인 증빙자료** : 진단서, 진료기록, 입원기록, 가족관계증명서 등 보험회사가 상해등급과 신분관계를 판단할 수 있는 서류를 말한다.

(3) 지급기준

① 위 인정 대상 ①에 해당하는 자는 책임보험 상해구분에 따라 다음과 같이 상해등급별 인정일수를 한도로 하여 실제입원기간을 인정한다.

② 위 인정 대상 ②에 해당하는 자는 최대 60일을 한도로 하여 실제입원기간을 인정한다.

③ 간병인원은 1일 1인 이내에 한하며, 1일 일용근로자 임금을 기준으로 지급한다.

④ 위 ①과 ②의 간병비가 피해자 1인에게 중복될 때에는 양자 중 많은 금액을 지급한다.

상해등급	인정일수
1급~2급	60일
3급~4급	30일
5급	15일

6. 그 밖의 손해배상금

(1) 입원하는 경우

입원기간 중 한 끼당 4,030원(병원에서 환자의 식사를 제공하지 않거나 환자의 요청에 따라 병원에서 제공하는 식사를 이용하지 않는 경우에 한함)

(2) 통원하는 경우

실제 통원한 일수에 대하여 1일 8,000원

1. 손해항목

위자료, 상실수익액, 개호비(가정간호비)

2. 위자료

(1) 청구권자의 범위

피해자 본인만 인정한다.

(2) 지급기준

노동능력상실률에 따라 ① 또는 ②에 의해 산정한 금액을 피해자 본인에게 지급한다.

① 노동능력상실률이 50% 이상인 경우

　㉠ **후유장애 판정 당시** 피해자의 나이가 65세 미만인 경우 : 45,000,000원 × 노동능력상실률 × 85%

　㉡ **후유장애 판정 당시** 피해자의 나이가 65세 이상인 경우 : 40,000,000원 × 노동능력상실률 × 85%

　㉢ 상기 ㉠, ㉡에도 불구하고 피해자가 이 약관에 따른 가정간호비 지급 대상인 경우에는 아래 기준을 적용한다.

　　ⓐ **후유장애 판정 당시** 피해자의 나이가 65세 미만인 경우 : 80,000,000원 × 노동능력상실률 × 85%

　　ⓑ **후유장애 판정 당시** 피해자의 나이가 65세 이상인 경우 : 50,000,000원 × 노동능력상실률 × 85%

　＊ 후유장애 판정에 대한 다툼이 있을 경우 최초 후유장애 판정 시점의 피해자 연령을 기준으로 후유장애 위자료를 산정한다.

② 노동능력상실률이 50% 미만인 경우

(단위 : %, 만원)

노동능력상실률	인정액
45% 이상 50% 미만	400
35% 이상 45% 미만	240
27% 이상 35% 미만	200
20% 이상 27%미만	160
14% 이상 20% 미만	120
9% 이상 14% 미만	100
5% 이상 9% 미만	80
0 초과 5% 미만	50

③ 후유장애 상실수익액을 지급하는 경우

후유장애 상실수익액을 지급하는 경우에는 후유장애 위자료를 지급한다. 다만, 부상 위자료 해당액이 더 많은 경우에는 그 금액을 후유장애 위자료로 지급한다.

3. 상실수익액

(1) 산정방법

피해자가 노동능력을 상실한 경우 피해자의 월평균 현실소득액에 노동능력상실률과 노동능력 상실기간에 해당하는 라이프니츠계수를 곱하여 산정한다. 다만, 소득의 상실이 없는 경우에는 치아보철로 인한 후유장애에 대해서는 지급하지 아니한다.

▌산 식

월평균현실소득액 × 노동능력상실률 × (노동능력상실일부터 보험금지급일까지의 월수 + 보험금지급일부터 취업 가능연한까지의 월수에 해당하는 라이프니츠계수)

(2) 현실소득액의 산정방법

① 유직자
  ㉠ 산정대상기간
    ⓐ 급여소득자 : 사고발생 직전 또는 노동능력 상실 직전 과거 3개월로 하되, 계절적 요인 등에 따라 급여의 변동이 있는 경우와 상여금, 체력단련비, 연월차휴가보상금 등 매월 수령하는 금액이 아닌 것은 과거 1년간으로 한다.
    ⓑ 급여소득자 이외의 자 : 사고발생 직전 과거 1년간으로 하며, 그 기간이 1년 미만인 경우에는 계절적인 요인 등을 감안하여 타당한 기간으로 한다.
  ㉡ 산정방법 : 사망한 경우 현실소득액의 산정방법과 같다.

② 가사종사자, 무직자(학생 포함), 현역병 등 군복무 해당자, 소득이 두 가지 이상인 자, 외국인 사망한 경우 현실소득액의 산정방법과 같다.

(3) 노동능력상실률

① 맥브라이드식 후유장애 평가방법에 따라 일반의 옥내 또는 옥외 근로자를 기준으로 실질적으로 부상 치료 진단을 실시한 의사 또는 해당과목 전문의가 진단·판정한 타당한 노동능력 상실률을 적용한다.

② 그 판정과 관련하여 다툼이 있을 경우 보험금 청구권자와 보험회사가 협의하여 정한 제3의 전문의료기관의 전문의에게 판정을 의뢰할 수 있다.

(4) 노동능력상실기간

사망한 경우 취업가능월수와 같다.

(5) 라이프니츠계수

사망한 경우와 같다.

4. 개호비(가정간호비)

(1) 인정대상

치료가 종결되어 더 이상의 치료효과를 기대할 수 없게 된 때에 1인 이상의 해당 전문의로부터 노동능력상실률 100%의 후유장애 판정을 받은 자로서 다음 요건에 해당하는 '<u>식물인간상태의 환자 또는 척수손상으로 인한 사지완전마비 환자</u>'로 생명유지에 필요한 일상생활의 처리동작에 있어 항상 다른 사람의 개호를 요하는 자에게 인정한다.

① 식물인간상태의 환자

뇌 손상으로 다음 항목에 모두 해당되는 상태에 있는 자이다.

㉠ 스스로는 이동이 불가능하다.

㉡ 자력으로는 식사가 불가능하다.

㉢ 대소변을 가릴 수 없는 상태이다.

㉣ 안구는 겨우 물건을 쫓아가는 수가 있으나, 알아보지는 못한다.

㉤ 소리를 내도 뜻이 있는 말은 못 한다.

㉥ '눈을 떠라', '손으로 물건을 쥐어라'하는 정도의 간단한 명령에는 가까스로 응할 수 있어도 그 이상의 의사소통은 불가능하다.

② 척수손상으로 인한 사지완전마비 환자

척수손상으로 인해 양팔과 양다리가 모두 마비된 환자로서 다음 항목에 모두 해당되는 자이다.

㉠ 생존에 필요한 일상생활의 동작(식사, 배설, 보행 등)을 자력으로 할 수 없다.

㉡ 침대에서 몸을 일으켜 의자로 옮기거나 집안에서 걷기 등의 자력이동이 불가능하다.

㉢ 욕창을 방지하기 위해 수시로 체위를 변경시켜야 하는 등 다른 사람의 상시 개호를 필요로 한다.

(2) 지급기준

가정간호 인원은 1일 1인 이내에 한하며, 가정간호비는 일용근로자 임금을 기준으로 보험금수령권자의 선택에 따라 일시금 또는 퇴원일부터 향후 생존기간에 한하여 매월 정기금으로 지급한다.

06 보험금 산정기준 - 노동능력상실률 ✿✿

1. 서 론

자동차보험지급기준에서는 맥브라이드식 장해평가법에 따라 노동능력상실률을 측정한다. 직종은 옥내 또는 옥외 근로자로만 구분하여 적용한다.

2. 장해평가

(1) 시 기

원칙적으로 치료종결 후 신체에 남은 증상이 더 이상 호전되지 않는다고 판단되는 최종의 상태, 증상이 고정된 상태에 이른 시점을 그 시기로 한다.

(2) 복합장해

큰 장해율 A(%), 작은 장해율 B(%)라 할 때, 합산장해율은 A(%) + (100 − A) × B(%)이 된다.

(3) 기왕장해

① 사고로 생긴 노동력상실률

사고로 생긴 노동력상실률 = 현재의 총 노동력상실률(기왕증부위 및 사고부의 합산분) − 기왕증부위 노동력상실률

② 기왕증부위 노동력상실률이 확인되지 않은 경우

사고로 생긴 노동력상실률 = 총 노동력상실률 − 기왕증에 의한 노동력상실률(= 총 노동력상실률 × 기왕증기여도 %)

③ 기왕증을 참작할 손해배상의 범위 : 전손해 적용원칙

㉠ 보험금 지급기준의 경우

손해액(위자료 포함) × (1 − 기왕증기여도 %)

㉡ 소송의 경우

재산적 전손해 × (1 − 기왕증기여도 %)

④ 기왕증과 과실상계의 적용순서

먼저 기왕증 등 소인의 기여도 비율 상당액을 공제하고, 그 나머지에 대해 과실비율 상당액을 공제하는 방법이 타당하다.

07 보험금 산정기준 – 과실상계 등 ✿✿✿

1. 과실상계

(1) 의 의

과실상계란 채무불이행·불법행위로 인하여 손해가 발생한 때 손해배상책임의 발생 또는 확대에 피해자에게도 과실이 있는 경우에 그 손해배상책임 및 금액을 정함에 있어 이를 참작하는 것을 말한다.

(2) 과실상계의 방법

① 대인배상 Ⅰ, 대인배상 Ⅱ에 의하여 산출한 금액에 대하여 피해자 측의 과실비율에 따라 상계하며, 무보험자동차에 의한 상해의 경우에는 피보험자의 과실비율에 따라 상계한다.

② 대인배상 Ⅰ
㉠ 사망보험금 : 상계한 후의 금액이 2,000만원에 미달하면 2,000만원을 보상한다.
㉡ 부상보험금 : 상계한 후의 금액이 치료관계비와 간병비의 합산액에 미달하면 치료관계비 (입원환자 식대를 포함)와 간병비를 보상한다.

③ 대인배상 Ⅱ 또는 무보험자동차에 의한 상해
사망보험금, 부상보험금 및 후유장애보험금을 합산한 금액을 기준으로 위 ①에 의하여 상계한 후의 금액이 치료관계비와 간병비의 합산액에 미달하면 치료관계비(입원환자 식대를 포함하며, 대인배상 Ⅰ에서 지급될 수 있는 금액을 공제)와 간병비를 보상한다.

(3) 과실비율의 적용기준

별도로 정한 자동차사고 과실비율의 인정기준을 참고하여 산정하고, 사고유형이 그 기준에 없거나 그 기준에 의한 과실비율의 적용이 곤란할 때에는 판결례를 참작하여 적용한다. 그러나 소송이 제기되었을 경우에는 확정판결에 의한 과실비율을 적용한다.

2. 손익상계

보험사고로 인하여 다른 이익을 받을 경우 이를 상계하여 보험금을 지급한다.

제4과목 자동차보험의 이론과 실무(대인배상 및 자기신체손해)

3. 동승자에 대한 감액

보험자동차에 동승한 자는 「동승자 유형별 감액비율표」에 따라 감액한다.

┤ 심화학습 ├

동승자 유형별 감액비율표

1. 기준요소

동승의 유형 및 운행목적	감액비율[*]
동승자의 강요 및 무단 동승	100%
음주운전자의 차량 동승	40%
동승자의 요청 동승	30%
상호 의논합의 동승	20%
운전자의 권유 동승	10%
운전자의 강요 동승	0%

* 다만, 피보험자와 동승자가 「여객자동차운수사업법」에 따른 토요일, 일요일 및 공휴일을 제외한 날의 출·퇴근 시간대(오전 7시부터 오전 9시까지 및 오후 6시부터 오후 8시까지를 말한다)에 실제의 출·퇴근 용도로 자택과 직장 사이를 이동하면서 승용차 함께타기를 실시한 경우에는 위 동승자 감액비율을 적용하지 않는다.

2. 수정요소

수정요소	수정비율
동승자의 동승과정에 과실이 있는 경우	+10~20%

4. 기왕증

(1) 의 의

'기왕증'이란 당해 자동차사고가 있기 전에 이미 가지고 있던 증상으로 특이체질 및 병적 소인 등을 포함하는 것을 말한다.

(2) 지급기준

① 기왕증으로 인한 손해는 보상하지 아니한다. 다만, 당해 자동차사고로 인하여 기왕증이 악화된 경우에는 기왕증이 손해에 관여한 정도(기왕증 관여도)를 반영하여 보상한다.

② 기왕증은 해당과목 전문의가 판정한 비율에 따라 공제한다. 다만, 그 판정에 다툼이 있을 경우 보험금 청구권자와 보험회사가 협의하여 정한 제3의 전문의료기관의 전문의에게 판정을 의뢰할 수 있다.

CHAPTER 04 기출유형문제풀이

---

01 「자배법」상 운행, 보유자, 공동운행자, 운전자, 운전보조자에 대해 쓰시오.

모범 답안

1. 운행자

(1) 의 의

「자배법」상 자기를 위하여 자동차를 운행하는 자로서 손해배상책임의 주체이다.

(2) 판단요소

당해 차량에 대한 운행지배와 운행이익을 향유하는 책임주체로서의 지위에 있다.

2. 보유자

(1) 의 의

자동차 소유자 또는 자동차를 사용할 권리가 있는 자로서 자기를 위하여 자동차를 운행하는 자를 말한다.

(2) 운행자와의 차이

보유자는 당연히 운행자에 해당하지만, 운행자는 반드시 보유자라 할 수 없다.

3. 공동운행자

(1) 의 의

하나의 차량에 대하여 2인 이상의 운행자가 있는 경우 이들 운행자를 말한다.

제4과목 자동차보험의 이론과 실무(대인배상 및 자기신체손해)

(2) 공동운행자의 타인성

① 공동운행자는 피해자에 대한 외부적 관계에서는 부진정연대책임을 지고, 내부적 관계에서는 원칙적으로 서로에게 「자배법」상 책임이 발생하지 않는다. 그러나 판례는 ② 운행지배가 타 공동운행자보다 간·잠·추(간접적·잠재적·추상적)일 때 보다 직·현·구(직접적, 현실적, 구체적)인 공동운행자에 대하여 타인성을 주장할 수 있다고 보고 있다. 그러나 ③ 타인성이 인정된다는 사실만으로 운행자성을 부인할 수는 없다고 보고 있다.

4. 운전자

운전자는 ① 다른 사람(운행자)을 위하여 자동차의 운전 또는 운전의 보조에 종사하는 자로서 운행자 책임을 지지 않으나, ② 타인으로도 보호 받을 수 없는 중간자적 위치로 이해할 수 있다.

5. 운전보조자

운전보조자는 ① 업무로서 운전자의 운전행위에 참여하여 그 지배 하에서 운전행위를 도와주는 자로서, ② 운전자와 더불어 사고를 미연에 방지하여야 할 주의가 있다 보기 때문에 「자배법」상 운전자와 같은 지위를 가진다. 그러나 ③ 사고 당시에 현실적으로 운전에 관여하지 않고 있었다면 타인으로서 보호 받을 수 있다(대법원 1999.9.17., 선고 99다22328, 판결).

02 「자배법」상 손해배상책임과 「민법」상 손해배상책임을 비교하고, 「자배법」과 「국가배상법」의 관계에 대하여 서술하시오.

모범 답안

1. 「자배법」과 「민법」상의 손해배상책임 비교

구 분	자배법(제3조)	민법(제750조, 제760조)
배상책임의 주체	운행자	운전자/사용자
배상책임의 객체	운행자와 운전자를 제외한 자	운전자를 제외한 자
운전자	운전행위자 내지 운전보조자로서 운행자를 위하여 운전한 자	운전 행위자
과 실	조건부 무과실책임주의	과실책임주의
입증책임	가해자(운행자)	피해자
배상책임의 범위	추상적, 포괄적	구체적, 제한적
적용대상	대인사고	대인, 대물사고
법적 지위	특별법	일반법

2. 「자배법」과 「국가배상법」과의 관계

(1) 「국가배상법」

국가나 지방자치단체는 공무원 또는 공무를 위탁받은 사인이 직무를 집행하면서 고의 또는 과실로 법령을 위반하여 타인에게 손해를 입히거나, 「자배법」에 따른 손해배상책임을 질 경우 이 법에 따라 그 손해를 배상하여야 한다.

(2) 「자배법」과의 관계

「자배법」 제3조는 자동차의 운행이 사적이든 공적이든, 해당 사고가 경과실, 중과실 또는 고의에 의한 것인지 가리지 않고 해당 공무원이 운행자에 해당하는 한 피해자에 대해 「국가배상법」에 우선하여 적용되므로 「국가배상법」에 대하여 특별법 위치에 있다고 본다.

03   절취운전 사고에서 보유자의 손해배상책임에 대해 약술하고, 운전자한정특약 위배시 효과에 대해 설명하시오.

모범 답안

1. 절취운전

보유자와 아무런 인적관계가 없는 제3자가 불법영득의 의사로 자동차를 절취하여 운전한 경우를 말한다.

2. 보유자의 손해배상책임

① 특단의 사정이 없는 한 절취 순간 보유자의 운행자성이 상실되는 것으로 보고 있다. 따라서 보유자는 운행자책임을 면하게 된다. ② 피해자가 공범(방조범)인가 여부는 고려대상이 아니다. 그러나 ③ 절취운전에 관한 보유자의 자동차 관리상의 하자가 있을 경우 「민법」 제750조의 불법행위 책임이 발생하게 되고, 이를 「자배법」에 적용시키는 문제에 관하여 통설과 판례는 적용설의 입장에서 보유자의 운행자 책임을 긍정하고 있다(근거 : 객관적 용인설과 피해자보호).

3. 운전자한정특약 위배시 효과

(1) 운전자한정특약

약관상 기명피보험자가 설정한 인원 이외의 자가 운전할 경우 대인배상 I 을 제외한 전담보가 면책된다.

(2) 절취운전으로 인한 특약 위배시 효과

기명피보험자의 명시적, 묵시적 승인이 없는 절취운전의 경우 비록 특약위반이라 하더라도 기명피보험자와의 관계에 있어서는 면책시킬 수 없다(= 면책약관 개별적용).

공동운행자, 공동운전자, 가족 및 무상동승자의 타인성에 대해 약술하시오.

모범 답안

1. 공동운행자의 타인성

(1) 공동운행자

하나의 사고에 운행자가 2인 이상 존재하는 경우를 말하며, 피해자에 대하여 부진정연대책임관계에 있고, 상호 간에는 원칙적으로 「자배법」상 책임이 발생하지 않는다.

(2) 타인성

공동운행자는 피해자와의 외부관계에 있어서는 부진정연대책임을 부담한다. 그러나 그들 간의 내부관계에 있어서는 운행자성 정도에 따라 운행자 책임이 경감될 뿐 타인임을 주장할 수 있다.

2. 공동운전자

(1) 교대운전자

① 의 의

업무로서 운전을 담당해야할 의무가 있는 자로서 사고당시 직접적인 운전행위를 하지 않은 자를 말한다.

② 타인성

운행자성이 없기 때문에 타인에 해당한다. 그러나 업무상 운전을 하여야 할 지위에 있음에도 불구하고 법령상 또는 직무상 임무에 위배하여 운전 미숙자에게 운전하게 하던 중 사고를 당한 경우는 그러하지 아니하다.

(2) 운전보조자

① 의 의

업무로서 운전자의 운전행위에 참여하여 그 지배하에서 운전행위를 도와주는 자로서 「자배법」 상 운전자에 해당한다.

② 타인성

운전보조자가 현실적으로 사고발생을 미연에 방지할 의무가 있거나 실제 운전에 관여한 경우에는 타인에 해당하지 않는다. 그러나 업무종사와 관계없이 운전자 등의 권유 또는 단순 호의로 운전자의 운전행위를 돕는 경우 운전보조자에 해당하지 않아 타인에 해당한다.

(3) 운전교습 중 운전지도원

운전교습생은 운전지도원의 수족으로서 운전하는 것으로 보아야 하므로 타인에 해당하지 않는다.

3. 가족 및 무상동승자

(1) 가 족

가족은 ① 보유자의 배우자나 직계존비속 등 근친자의 경우 운행자성을 입증하지 못하는 한 원칙적으로 「자배법」상 타인에 해당하며, ② 가족이 공동으로 운전 내지 사용해 온 경우에도 사고 당시 운전하지 않고 탑승하여 가다가 사고를 입은 경우 역시 공동운행자가 아닌 타인에 해당할 수 있다. 다만, ③ 탑승자의 운행자성이 운행자의 그것과 동일시 할 수 있는 경우라면 그러하지 아니하다.

(2) 무상동승자

호의동승은 ① 탑승자가 무상으로 장소적 이전을 향수하므로 운행이익을 가진다는 점, ② 동승에 의하여 운행경로의 변경 등 운행지배에 영향을 미치는 점 등의 특징이 있지만 운행자로 취급하지는 않으므로 타인에 해당한다. ③ 동승자 감액을 고려할 수 있지만, 사고차량에 단순 호의동승하였다는 사실만 가지고 이를 배상액 감경사유로 삼을 수 없다는 것이 판례의 입장이다.

공동불법행위의 유형과 효과에 대해 기술하시오.

1. 공동불법행위의 의의

공동불법행위란 여러 사람이 공동으로 타인에게 손해를 가하는 불법행위를 말하며, ① 협의의 공동불법행위, ② 가해자 불명의 공동불법행위, ③ 교사·방조가 있다.

2. 유 형

(1) 협의의 공동불법행위

① 각자의 행위가 각각 독립하여 불법행위의 요건을 갖추고, ② 각자의 행위가 서로 관련되고, 공동성이 있는 경우를 말한다.

(2) 가해자 불명의 공동불법행위

수인의 행위 중 어느 자의 행위가 손해발생의 원인이 되었는지를 알 수 없는 때에 성립하는 것으로 각 가해자 역시 고의, 과실 및 책임능력이 있을 것을 요건으로 한다.

(3) 교사·방조

교사라 함은 타인으로 하여금 불법행위의 의사결정을 하게 하는 것을 말하고, 방조라 함은 타인의 불법행위를 보조하는 것을 말한다. 부작위 내지 과실에 의한 방조도 이에 해당한다.

3. 효 과

(1) 책임의 연대성

공동불법행위 사고에서 가해자들은 피해자에 대하여 부진정연대채무를 부담하므로 피해자는 배상자력이 있는 연대채무자 중 1인을 상대로 청구하거나 연대채무자 전원을 상대로 연대하여 청구할 수 있다.

(2) 구상권 발생

공동불법행위자간 구상권 인정 여부에 관하여 부진정연대채무자간 구상은 이론상 발생하지 않으나 판례는 일관되게 구상권을 인정하고 있다.

06 「민법」상 손해배상책임 중 불법행위책임에 대하여 약술하시오.

1. 의 의

(1) 불법행위의 의의

불법행위란 고의 또는 과실로 타인에게 손해를 가하는 위법행위를 말한다.

(2) 고의의 개념

고의란 일정한 결과가 발생하리라는 것을 알면서도 감히 이를 행하는 심리상태를 말한다.

(3) 과실의 개념

과실이란 일정한 결과가 발생한다는 것을 알고 있었어야 함에도 불구하고, 주의를 게을리 하였기 때문에 그것을 알지 못하고서 어떤 행위를 하는 심리상태를 말한다.

2. 성립요건

(1) 주관적 요건

　① 가해자에게 고의 또는 과실이 있었을 것
　② 가해자에게 책임능력이 있을 것

(2) 객관적 요건

　① 가해행위가 위법할 것
　② 가해행위와 손해의 발생 사이에 인과관계가 존재할 것

07 피해자의 손해배상에 대한 합의가 완료된 후 피해자가 새로운 손해의 발생을 이유로 추가보상을 요구할 경우 이에 대한 보상여부를 결정하기 위한 이론적 근거 및 요건을 약술하시오.

> 모범 답안

1. 서 론

합의란 재판에 의하지 않고 상호 양보에 기하여 분쟁을 해결하는 당사자 간의 약정을 말하며, 그 내용으로는 통상 배상권리자의 모든 손해배상청구권을 포기한다는 권리포기 조항 및 소송을 제기하지 아니한다는 부제소 특약이 포함된다.

2. 제한적 해석이론(한정적 포기이론)

(1) 의 의

합의서상의 권리포기조항을 제한적으로 해석하여 합의 당시 피해자가 인식, 예상했던 손해만을 포기한 것으로 본다. 따라서 합의 당시 예상할 수 없었던 새롭고 중대한 손해에 대하여 사고와의 인과관계가 인정되는 범위 내에서는 합의의 효력이 미치지 않기 때문에 추가청구가 가능하다. 법원에서는 주로 이 제한적 해석을 통해 피해자보호를 도모하고 있다.

(2) 제한적 해석 판단을 위한 기준

① 합의에 이르게 된 경위,
② 합의 당시 예측할 수 있었던 사항들의 범위,
③ 합의금과 후발손해의 불균형정도,
④ 후발손해의 중대서 등을 종합 검토한다.

(3) 손해액 산정방법

합의 후 현재 나타난 최종적 전체 손해액에서 합의금을 단순 공제할 것이 아니라 합의의 효력이 여전히 미치는 손해, 즉 합의 당시 인식하고 있었거나 예견할 수 있었던 손해 등을 고려하여 산정한다.

(4) 적용요건

① 합의가 손해의 범위를 정확히 확인하기 어려운 상황에서 이루어졌을 것
② 후발손해가 합의 당시의 사정으로 보아 예상이 불가능할 것
③ 합의의 당사자가 후발손해를 예상했더라면 사회통념상 그 합의금액으로는 화해하지 않았을 것이라고 보는 것이 상당할 만큼 그 후발손해가 중대한 경우일 것
④ 손해가 사고와 상당인과관계가 있고, 소멸시효가 완성되지 않았을 것

08 정부보장사업에 대하여 약술하시오.

1. 의 의

자동차의 운행으로 인한 사고의 피해자가 의무보험에 의하여 보상을 받을 수 없는 경우 정부가 최저한의 보상을 해주는 제도를 말한다.

2. 책임발생요건

① 뺑소니 사고 : 보유자를 알 수 없는 자동차의 운행으로 인한 사고
② 무보험상태 자동차의 운행으로 인한 사고
③ 다른 법률에 의한 배상과의 조정사유가 없을 것

3. 지급보상금 산정

① 대인배상 I의 보험금 한도 내에서 입은 손해를 보상한다.
② 과실상계 후 금액이 대인배상 I의 보상한도보다 낮으면 낮은 금액이 보상금이 된다. 다만, 사망의 경우 최저보험금에 미달하면 최저보험금 2,000만원을 지급한다.

4. 소멸시효

정부보장사업 보상청구권의 소멸시효는 3년이다.

09 손해배상책임의 소멸사유 중 하나인 '합의'에 대하여 약술하시오.

모범 답안

1. 합의의 의의

합의란 일반적으로 재판에 의하지 않고 당사자 간에 존재하는 분쟁을 사적으로 해결하는 약정을 말한다.

2. 합의의 법적 성격

합의는 당사자간 상호 양보하여 분쟁을 끝내는 것을 주요 내용으로 하므로 「민법」상의 화해계약의 일종이라고 할 수 있다.

3. 합의의 효력

(1) 확정적 효력

합의가 있게 되면 당사자 간에 있었던 법률관계는 합의내용에 따라 확정되고 서로 다툴 수 없게 된다.

(2) 창설적 효력

합의가 있게 되면 종래의 법률관계가 어떠했는지 불문하고 현재의 합의에 의한 법률관계의 재정립과 그에 따른 새로운 법률효과가 발생한다.

10 약관상 보험금지급기준에서 "동승자유형별 감액비율"을 약술하시오.

모범 답안

1. 기준요소

동승의 유형 및 운행목적	감액비율[*]
동승자의 강요 및 무단 동승	100%
음주운전자의 차량 동승	40%
동승자의 요청 동승	30%
상호 의논합의 동승	20%
운전자의 권유 동승	10%
운전자의 강요 동승	0%

(*) 다만, 피보험자와 동승자가 「여객자동차운수사업법」에 따른 토요일, 일요일 및 공휴일을 제외한 날의 출·퇴근 시간대(오전 7시부터 오전 9시까지 및 오후 6시부터 오후 8시까지를 말한다)에 실제의 출·퇴근 용도로 자택과 직장 사이를 이동하면서 승용차 함께타기를 실시한 경우에는 위 동승자 감액비율을 적용하지 않는다

2. 수정요소

수정요소	수정비율
동승자의 동승과정에 과실이 있는 경우	+10% ~ 20%

11 자동차보험 대인배상에서 과실비율 적용기준에 이용되는 '신뢰의 원칙'과 그 사례를 서술하시오.

모범 답안

1. 과실의 의의

과실은 사회통념상 통상적으로 사람을 기준으로 하여 마땅히 해야 할 의무를 태만히 하였거나 해서는 안 될 의무를 행한 경우로써 행위자에게 부과된 주의의무를 해태한 경우를 말한다. 여기서 가해자의 과실은 법적 의무위반의 강한 의미의 주의의무위반을 말하고, 피해자의 과실은 사회통념상, 신의성실의 원칙상, 공동생활상 요구되는 약한 의미의 부주의를 말한다.

2. 과실인정기준의 필요성

불법행위로 인한 손해배상에서 피해자의 과실이 손해의 발생 또는 확대에 기여한 경우, 손해의 공평한 부담을 위하여 피해자의 손해배상금을 산정할 때 피해자의 과실만큼 상계 내지 참작하는 것이 원칙이다. 따라서 과실인정기준은 자동차 사고의 공평한 손해배상을 위하여 절대적으로 필요하다.

3. 신뢰의 원칙

(1) 의 의

교통규칙을 준수한 운전자는 다른 교통관여자가 교통규칙을 준수할 것이라고 신뢰하면 족하며, 다른 교통관여자가 교통규칙에 위반하여 행동할 것까지 예견하고 이에 대해서 주의의무를 다할 필요는 없다는 독일판례에서 유래한 이론이다.

(2) 대법원 판례의 입장

교통사고의 발생에 있어서 피해자나 제3자에 의한 교통법규위반 등의 이상행동이 개재되었을 때에 당시의 제반 사정에 비추어 그와 같은 이상행동은 없을 것이라고 신뢰하는 것이 상당한 경우에 가해자 측에 사고의 원인이 된 교통법규위반이 존재하지 않는 한 가해차량의 운행공용자 내지 운전자의 책임이 부정된다고 할 것이고(대법원 1988.10.11., 선고, 87다카1130, 판결), 도로를 운행하는 자동차의 운전자로서는 특별한 사정이 없는 한 다른 차량도 정상적으로 그 차선을 유지하면서 진행하리라고 신뢰하는 것이 보통이라고 할 것이므로 4차선 도로의 1차선을 운행하는 자동차의 운전자에게 우측 도로에서 오토바이가 나와 우회전하지 아니하고 갑자기 4차선 도로를 바로 가로질러 1차선으로 돌진하리라는 것까지 예상하여 운전할 주의의무는 없다 할 것이다(대법원 2000.09.05., 선고, 2000다12068, 판결).

(3) 적용사례

① 횡단보도에서 보행자 신호가 녹색신호에서 적색신호로 바뀔 무렵에 횡단보도를 지나가는 운전자에게는 주의의무가 있다.

② 육교 밑에서는 운전자의 주의의무가 없다.

③ 고속도로를 운행하는 자동차 운전자는 고속도로를 무단횡단하는 보행자가 있을 것을 예견하여 운전할 주의의무가 없고, 나타날 것을 예견하여 감속 서행할 의무가 없다.

(4) 적용 예외의 사례

① 상대방이 교통법규를 위반하고 있다는 것을 사고 전에 인식할 수 있었고, 사고를 피할 수 있는 충분한 기회가 있었다고 판단한 경우에는 신뢰의 원칙이 적용되지 않는다.

② 상대방이 교통질서를 위반하였지만 자신도 교통질서를 위반한 경우에는 신뢰의 원칙은 적용되지 않는다.

③ 도로의 여건이나 기타 상황을 보아 상대방의 교통질서위반이 충분히 예상되는 경우에는 신뢰의 원칙이 적용되지 않는다.

12　보험회사가 피해자 직접 청구건(件)을 처리함에 있어 사고 접수 시부터 보험금 지급에 이르기까지 취해야 할 각종 조치에 관하여 설명하시오.

모범 답안

1. 사고의 접수

자동차 보험사고 발생 신고시 접수할 사항은 다음과 같다.
① 사고일시 및 장소
② 사고상황 및 피해정도
③ 운전자 성명·주소 등 접수

2. 보험계약사항 확인 및 사고처리 안내

① 보험가입차량 여부를 확인한다.
② 보험종목, 피보험자, 한정운전자(특약시) 여부, 차량번호, 보험기간 등 확인한다.
③ 이후 사고처리 절차를 안내한다.

3. 사고조사 및 치료비(수리비) 지불보증

① 사고현장, 경찰서, 피보험자, 병원 등 확인, 과실비율 및 사고원인 등에 관한 사항을 조사한다.
② 보상책임 유무결정, 피보험자의 배상책임 존재유무, 면책사유 해당여부, 약관상 담보위험 여부, 보험계약 무효 또는 해지유무를 조사한다.
③ 병원·정비공장에 치료비(수리비) 지불을 보증한다.

4. 보험금 산정

손해액에 대한 조사 및 사실관계 등을 기초로 하여 보험가입금액 한도 내에서 보험금을 산정한다.

5. 보험금 지급 합의

보험회사는 사고의 피해자와 보험금 지급에 관한 합의를 해야 한다.

6. 보험금 결정 · 지급

① 보험회사가 합의를 대행하는 경우 피보험자에게 지급하며, 피보험자가 피해자에게 지급하고 보험금을 청구한 경우에는 피보험자에게 지급한다.

② 보험사고가 제3자에 의하여 발생한 경우, 보험회사는 피보험자가 그 제3자에 대하여 가지는 구상권을 대위취득한다.

7. 보험금 지급내역 및 향후 보험계약 갱신시 변동사항 안내

보험회사는 피보험자에게 보험금 지급내역을 고지하고, 향후 보험계약 갱신시 변동사항에 대해 안내하여야 한다.

13 상실률 20%와 기왕증기여도 50%, 상실률 20%의 각각 영구장해가 있는 경우, 사고만으로 인한 노동능력상실률과 중복장해율을 구하시오.

[모범 답안]

1. 노동능력상실률

기왕증기여도는 반드시 의학적으로 정확히 판정하여야 하는 것이 아니고, 변론에 나타난 기왕증의 원인과 정도, 기왕증과 후유증과의 상관관계, 피해자의 연령과 직업, 건강상태 등 제반사정을 고려하여 합리적으로 판단할 수 있다(대법원 1998.5.15., 선고, 96다24668, 판결). 구체적으로 기왕증기여도를 고려하여 노동능력상실률을 정하는 방법은 다음과 같다.

(1) 피해자의 소인이 기여한 후유장애가 하나뿐인 경우

사고로 인한 후유장애의 노동능력상실률에서 기왕증이 기여한 비율을 곱하는 방법으로 사고만으로 인한 노동능력상실률을 산정한다.

(2) 피해자의 소인이 기여한 후유장애 이외에 다른 후유장애가 존재하는 경우

그 기왕증이 기여한 후유장애의 노동능력상실률을 기왕증의 기여비율대로 산정한 다음 나머지 장해로 인한 노동능력상실률을 복합장해의 산정방식에 따라 합산하여 전체 노동능력상실률을 산정한다.

(3) 상실률 20%와 기왕증기여도 50%의 사고만으로 인한 노동능력상실률

사고만으로 인한 노동능력상실률 = 노동능력상실률 × (1 − 기왕증기여도)
$$= 20\% \times (1 - 0.5) = 10\%$$

※ '기왕증'이라 함은 당해 자동차사고가 있기 전에 이미 가지고 있던 증상으로 특이체질 및 병적 소인 등을 포함하는 것을 말한다.

2. 중복장해율

큰 장해율 A(%), 작은 장해율 B(%)라 할 때, 중복장해율은 A(%) + (100 − A) × B(%)로 산정한다.
중복장해율 = 20% + (100 − 20) × 10% = 28%

14   척추체장해 30% 5년 한시, 하지장해 20% 3년 한시, 상지장해 10% 영구장해가
      있는 경우 3개의 중복장해율을 판례에 따라 구하시오.

┌─────────┐
│ 모범 답안 │
└─────────┘

대법원 판례(대법원 1996.4.9., 선고, 95다15698, 판결)는 복합장해율 중에 높은 상실률 A%와
중간의 상실률 B%, 낮은 상실률 C%의 노동능력상실이 중복되는 경우 높은 장해율부터 점증계
산한다.

1. 2개의 중복장해율(AA)

$A\% + (100 - A) \times B\% = AA$

2. 3개의 중복장해율(BB)

$AA\% + (100 - AA) \times C\% = BB$로 산정한다는 방식을 채택한다.

따라서,

$30\% + (100 - 30) \times 20\% = 44\%$

$44\% + (100 - 44) \times 10\% = 49.6\%$

15 한 눈 실명의 장해(도시 일용 보통인부로서 노동능력상실률 24%)가 있는 사람이 불법행위로 인하여 척추 부위의 장해(도시 일용 보통인부로서 노동능력상실률 30%)를 입은 경우, 불법행위로 인한 노동능력상실률을 구하시오.

모범 답안

기왕의 장해가 존재하는 경우 기왕의 장해로 인한 후유장애와 사고로 인한 후유장애를 복합산정을 한 현재의 노동능력상실률에서 기왕의 장해로 인한 노동능력상실률을 감하여 산정한다. 다만, 기왕의 장해가 고정되어 의족 등 보조구의 착용이나 재활의학적인 적응훈련이나 오랫동안의 적응과정을 거쳐 회복의 여지가 있는 경우에는 단순히 맥브라이드표 등에 근거하여 상실률을 산정하는 것은 부당하고 이를 참작하여 원래 상실된 노동능력상실률이 회복된 정도를 감안하여야 한다(대법원 1994.4.12., 선고, 93다52372, 판결).

따라서, 30%+[(100 − 30) × 24/100] − 24% = 22.8%

16 주어진 다음의 사례에서 기왕증이 피해자의 전체 노동능력상실률에 미친 기여도를 계산하시오.

> [사 례]
> 1. 피해자의 기왕증 : 추간판탈출증
> 2. 사고로 경추부염좌상
>   • 노동능력상실률 40%
> 3. 피해자의 후유장애
>   • 경추추간판탈출증(노동능력상실률 20%)의 후유장애가 있음
>   • 기왕증이 후자의 증상에 대하여 60%의 기여도를 가짐

모범 답안

1. 기왕증을 고려하지 않은 당해 사고로 인한 노동능력상실률(복합장해율)

   $0.4 + (1 - 0.4) \times 0.2 = 0.52$

2. 기왕증을 고려한 당해 사고로 인한 순수한 노동능력상실률

   $0.4 + (1 - 0.4) \times 0.2 \times (1 - 0.6) = 0.448$

3. 기왕증이 피해자의 전체 노동능력상실률에 미친 기여도

   치료비 중 당해 사고로 인한 부분 계산할 때 필요하다.

   $1 - \dfrac{\text{순수한 노동능력상실률}}{\text{전체 노동능력상실률}} = 1 - \dfrac{0.448}{0.52} = 0.13846 = 13.846\%$

17 다음 사례에서 대인배상 I 지급기준에 의해 피해자의 유족에게 지급해야 할 사망보험금을 계산하시오.

> [사 례]
> ① 치료 중 사망한 피해자과실 : 70%
> ② 기발생치료비(보험회사에서 병원으로 지급함) : 2,500만원(참고 : 2,500만원×70% = 1,750만원)
> ③ 무과실로 산정한 사망보험금 : 1억원(위자료 5,000만원, 장례비 500만원, 상실수익액 4,500만원)

모범 답안

1. 유족에게 지급해야 할 사망보험금

사망보험금 = (사망보험금 × 가해자과실) − (기발생치료비 × 피해자과실)

= (1억원 × 30%) − (2,500만원 × 70%) = 3,000만원 − 1,750만원 = 1,250만원

2. 대인배상 I의 지급기준에 의한 사망보험금

「대인배상 I」에서 사망보험금은 과실상계에 의하여 상계한 후의 금액이 2,000만원에 미달하면 2,000만원을 보상하며, 부상보험금의 경우 과실상계한 후의 금액이 치료관계비와 간병비의 합산액에 미달하면 치료관계비(입원환자 식대를 포함)와 간병비를 보상하여야 한다.

3. 결 론

해당금액인 1,250만원은 최저 사망보험금 2,000만원에 미달하므로 2,000만원을 지급한다.

18 다음 사례에서 약관상 상대방 피해자에 대한 지급보험금 총액을 계산하시오.

> [사 례]
> ① 대인 : 무한보험가입, 대물 : 1 사고당 보상한도 1억 가입
> ② 피해자 과실비율 70%
> ③ 과실상계전 대인배상 치료비 총액 : 1,500만원
> ④ 과실상계전 대인배상 위자료 및 휴업손해액 총액 : 2,000만원
> ⑤ 과실상계전 대물배상 피해액 : 500만원

모범 답안

1. 대인배상

① 과실상계 후 위자료 및 휴업손해액 = 2,000만원 × 30% = 600만원

② 치료비는 보험회사가 병원에 직접 지급하게 되므로

   치료비 과실상계액 = 1,500만원 × 70% = 1,050만원

③ 대인배상액 = 600만원 − 1,050만원 = −450만원

④ 과실상계 후의 손해액(−450만원)이 치료관계비(1,500만원) 해당액에 미달하는 경우에는 치료관계비(1,500만원) 해당액을 보상하므로 대인배상 지급보험금은 1,500만원이다.

2. 대물배상

대물배상 = 500만원 × 30% = 150만원

3. 지급보험금 총액

치료관계비 1,500만원과 대물배상액 150만원을 합산한 1,650만원을 지급보험금 총액으로 한다.

19 다음 사례에 있어서 보험회사의 담보별·피해자별 보상책임, 각 보험금의 법정상속인, 합의 및 보험금의 수령권자 등에 관하여 설명하시오.

1. 사고발생경위
   업무용자동차보험 기명피보험자인 '甲'은 휴가차 그의 소유 피보험화물자동차에 동생인 '乙'(미성년자)을 태우고 고향을 향하여 운전하고 가다가 인도를 침범하여 때마침 인도를 보행하고 있던 '丙'과 '丁'(병의 처)을 충격한 다음 강으로 추락하였다.

2. 피해상황
   ① '甲'과 '乙' : 피보험화물자동차 운전석 및 조수석에서 익사한 상태로 발견되었다.
   ② '丙'과 '丁' : 중상을 입고 치료 중 '丙', '丁'의 순서로 사망하였다.

3. 유 족
   ① A : '甲'의 처
   ② B : '甲'과 'A'의 아들(성년자)
   ③ C : '甲'과 'A'의 딸(미성년자)
   ④ D : '甲'과 '乙'의 형제(성년자)
   ⑤ E : '丙'과 '丁'의 딸(미성년자)
   ⑥ F : '丙'의 아버지이자 '丁'의 시아버지(60세), 법원에서 F를 E의 후견인으로 선임
   ⑦ G : '丙'의 장모이자 '丁'의 친정어머니(70세)

4. 담 보
   유효한 대인배상 및 자기신체사고(사망보험금 수익자 미지정)

보험회사의 담보별·피해자별 보상책임, 각 보험금의 법정상속인, 합의 및 보험금의 수령권자에 대하여 논점별로 살펴본다.

1. 甲에 대한 보상책임

(1) 보상책임

甲은 직접 운전자로서, 달리 면책사항이 없으므로 자기신체사고의 보상대상이 된다.

(2) 법정 상속인

「민법」의 상속순위에 의하면 처(A)와 자식(B, C)들이 상속인이 되며, 상속은 처와 자식들이 각각 1.5 : 1 : 1의 비율로 상속하게 된다.

(3) 합의 및 보험금 수령권자

① A : '甲'의 처

자신의 상속지분에 대하여 합의권자가 되고, 보험금 수령권자가 된다.

② B : '甲'과 'A'의 아들(성년자)

성년자로서 자신의 상속지분에 대한 합의권자이면서, 보험금 수령권자가 된다.

③ C : '甲'과 'A'의 딸(미성년자)

미성년자로서 법정대리인인 A가 C의 상속지분에 대한 합의권자가 되고 보험금 수령권자가 된다.

2. 乙에 대한 보상책임

(1) 보상책임

乙은 「자배법」 및 「민법」상 타인에 해당되므로 대인배상 Ⅰ 및 Ⅱ 보상 대상이고, 달리 면책사항이 없으므로 대인배상 Ⅰ 및 Ⅱ로 보상한다.

(2) 법정상속인

「민법」의 상속순위에 의하면 형제인 甲과 D가 상속권자가 되며, 1 : 1로 상속하게 된다. 이때 동시사망의 경우에 대습상속이 문제가 되는데, 우리 판례는 대습상속을 인정하고 있다.

(3) 합의 및 보험금 수령권자

　① A : '甲'의 처

　　자신의 상속지분에 대하여 합의권자가 되고, 보험금 수령권자가 된다.

　② B : '甲'과 'A'의 아들(성년자)

　　성년자로서 자신의 상속지분에 대한 합의권자이면서, 보험금 수령권자가 된다.

　③ C : '甲'과 'A'의 딸(미성년자)

　　미성년자로서 법정대리인인 A가 C의 상속지분에 대한 합의권자가 되고 보험금 수령권자가 된다.

　④ D : '甲'과 '乙'의 형제(성년자)

　　성년자로서 자신의 상속지분에 대하여 합의권자 및 보험금 수령권자가 된다.

3. 丙에 대한 보상책임

(1) 보상책임

　丙은 인도를 보행 중에 사고를 당하였으므로 「자배법」 및 「민법」상 타인에 해당되며, 대인배상 Ⅰ 및 Ⅱ 보상 대상이다. 과실이 없고, 달리 면책 사항이 없으므로 대인배상 Ⅰ 및 Ⅱ로 보상한다.

(2) 법정상속인

　「민법」의 상속순위에 의하면 처와 E가 상속자가 되어 상속비율 1.5 : 1로 상속하게 되지만, 처는 丙사망후 곧 사망하였으므로 E가 다시 처의 상속분까지 모두 상속하게 된다.

(3) 합의 및 보험금 수령권자

　① 법정대리인

　　E는 본인의 상속지분 및 丁에게 상속된 상속지분에 대해 단독 상속권자가 되지만 미성년자이므로 법정대리인이 합의 및 보험금 수령권자가 된다.

　② 후견인

　　㉠ 미성년자의 법정대리인은 친권자인 부모가 되고 미성년자의 친권자가 없거나 부모가 친권을 행사할 수 없는 경우에는 후견인이 법정대리인이 된다. 후견인은 지정후견인, 선임후견인 순으로 된다. 미성년자에 대한 법정후견인제도는 폐지되었다.

　　㉡ 사안의 경우 지정후견인이 없어 법원에서 F를 후견인으로 선임하였으므로 F가 합의 및 보험금 수령권자가 된다.

4. 丁에 대한 보상책임

(1) 보상책임

丁은 인도를 보행 중에 사고를 당하였으므로 「자배법」 및 「민법」상 타인에 해당되며, 대인배상 Ⅰ 및 Ⅱ 보상 대상이다. 과실이 없고, 달리 면책 사항이 없으므로 대인배상 Ⅰ 및 Ⅱ로 보상한다.

(2) 법정상속인

「민법」의 상속순위에 의하면 E가 상속자가 된다.

(3) 합의 및 보험금 수령권자

① 법정대리인

E는 단독 상속권자가 되지만 미성년자이므로 법정대리인이 합의 및 보험금 수령권자가 된다.

② 후견인

㉠ 미성년자의 법정대리인은 친권자인 부모가 되고 미성년자의 친권자가 없거나 부모가 친권을 행사할 수 없는 경우에는 후견인이 법정대리인이 된다.

㉡ 사안의 경우 지정후견인이 없어 법원에서 F를 후견인으로 선임하였으므로 F가 합의 및 보험금 수령권자가 된다.

20 다음 사례를 검토하고, 물음에 답하시오.

〈사고내용〉

① 2016.8.1. 09:00경 A는 자신의 아버지 소유의 승용차 열쇠를 허락 없이 가지고 나와 자신의 친구인 B와 함께 놀러가기로 하고, B가 운전하여 가던 중 신호등 없는 교차로에서 C가 운전하는 화물차와 충돌하여 A는 부상하고, B와 C는 사망하였다.

② 각 차량의 과실비율은 승용차 90%, 화물차 10%로 최종 확정되었다.
(A는 20세 성인으로서 자동차운전면허가 없고, 평소 위 승용차를 운전한 적이 없으며, A의 아버지도 A에게 평소 운전을 허락한 바가 없음. B, C는 적격 운전면허 소지자임)

〈보험계약사항〉

① 승용차 : "갑" 보험회사에 승용차 소유자의 명의로 개인용 자동차보험(대인배상Ⅰ, 대인배상Ⅱ, 자기신체사고)을, 기명피보험자 1인 한정운전 특별약관을 첨부하여 가입

② 화물차 : "을" 보험회사에 소유자 C의 명의로 대인배상Ⅰ만 가입

〈손해상황(과실상계 전 실제 손해액)〉

A : 부상 : 2,000만원(치료비 1,000만원, 나머지 손해 1,000만원)
　　상해급수 5급(책임보험금의 한도금액 900만원), 후유장애 없음.

B : 치료 중 사망 : 3억원(치료비 1억원, 나머지 손해 2억원)

C : 현장 사망 : 2억원

질문사항 1. A, B, C의 책임에 관하여 운행자책임과 불법행위책임으로 나누어 각 상대방에 대한 손해배상책임을 설명하시오.

모범 답안

1. 운행자책임

(1) 소유자

자동차의 소유자는 비록 제3자가 무단으로 그 자동차를 운전하다가 사고를 내었다고 하더라도 그 운행에 있어 소유자의 운행지배와 운행이익이 완전히 상실되었다고 볼 특별한 사정이 없는 경우에는 그 사고에 대하여 「자동차손해배상보장법」 제3조 소정의 운행자로서의 책임을 부담한다. 즉 그 운행지배와 운행이익의 상실 여부는 평소의 자동차나 그 열쇠의 보관 및 관리 상태, 소유자의 의사와 관계없이 운행이 가능하게 된 경위, 소유자와 운전자의 인적 관계, 운전자의 차량 반환의사의 유무, 무단운행 후 소유자의 사후승낙 가능성, 무단운전에 대한 피해자의 인식

유무 등 객관적이고 외형적인 여러 사정을 사회통념에 따라 종합적으로 평가하여 이를 판단하여야 한다.

자동차 소유자(아버지)가 차량과 열쇠의 보관·관리를 소홀히 하고, 무단운행자가 자신의 자녀인 점을 고려하면 상대방 화물차량 운전자 C에 대하여 운행자책임을 지게 된다.

(2) 자녀 A

A는 아버지 소유의 승용차 열쇠를 허락 없이 가지고 나와 자신의 친구인 B에게 무단운전을 하게 하였으므로, 운행자에 해당하며, 무단운전의 사정을 모르는 화물차량 운전자 C에 대하여 운행자책임을 부담한다.

(3) A의 친구 B

B는 무단운전자로서 운행자에 해당하며, 무단운전의 사정을 모르는 화물차량 운전자 C에 대하여 운행자책임을 부담한다. A와 B는 공동운행자로서 연대책임을 지지만 A가 아버지의 자동차를 무단운전한다는 것을 알고 적극 동승하였다고 보기 어렵기 때문에 A에 대하여는 운행자책임이 없다.

(4) 화물차량 운전자 C

화물차량의 소유자인 운전자 C는 운행지배권이 존재하므로, 상대방 차량에 탑승한 A, B에 대하여 운행자책임을 부담한다.

2. 불법행위책임

(1) 자녀 A

A는 운행자로서 운행자책임을 부담하지만, 「민법」 제750조 불법행위책임을 부담하지 않는다.

(2) A의 친구 B

B는 무단운전자로서 A에 대하여 운행자책임이 없기 때문에 손해배상책임을 지지 않지만, C에 대하여 「민법」 제750조 불법행위책임을 부담한다.

(3) 화물차량 운전자 C

C는 상대방 차량에 탑승한 A, B에 대하여 「민법」 제750조 불법행위책임을 부담한다.

A, B, C에 대한 "갑", "을" 보험회사의 담보별 보상책임을 설명하고, 각각의 담보별 지급보험금을 산출하시오.

모범 답안

1. 보험회사의 담보별 보상책임

(1) "갑" 보험회사

① **자녀 A** : A는 친족피보험자에 해당하지만 1인 한정운전 특별약관에 해당하지 않으므로 대인 배상Ⅰ, 대인배상Ⅱ, 자기신체사고에 대해 보상책임이 없다.

② **A의 친구 B** : B는 피보험자동차를 운전한 자로서 타인에 해당되지 않고 피보험자에 해당하지 않으므로 대인배상Ⅰ, 대인배상Ⅱ, 자기신체사고에 대해 보상책임이 없다.

③ **화물차량 운전자 C** : 1인 한정운전 특별약관에 해당하지 않지만 기명피보험자의 운행자책임을 부담하므로 대인배상Ⅰ, 대인배상Ⅱ에 대한 보상책임이 있다. 자기신체사고에 대해서는 보상책임이 없다.

(2) "을" 보험회사

① **자녀 A와 A의 친구 B** : 기명피보험자 C는 대인배상Ⅰ만 가입하였으므로 대인배상Ⅰ에 대한 보상책임이 있다.

② **화물차량 운전자 C** : 기명피보험자 C는 대인배상Ⅰ만 가입하였고, 피보험자동차 운전자로서 타인에 해당되지 않으므로 보상책임이 없다.

2. 지급보험금

(1) "갑" 보험회사

화물차량 운전자 C에 대해 대인배상Ⅰ, 대인배상Ⅱ 보상책임이 있다. 즉 C는 현장사망하여 과실상계전 2억원의 손해액이 발생하였으므로 과실상계(10%)하면 다음과 같다.

2억원 × (1 − 10%) = 1억8,000만원

그런데 대인배상Ⅰ에서 사망시 최고한도액은 1억5,000만원이므로, 대인배상Ⅱ에서 나머지 3,000만원을 보상한다.

(2) "을" 보험회사

기명피보험자 C는 대인배상Ⅰ만 가입하였으므로 A와 B에 대해 대인배상Ⅰ에 대한 보상책임이 있다.

① A(부상)

과실상계전 2,000만원의 손해액이 발생하였으므로 과실상계(90%)하면 다음과 같다.

2,000만원 × (1 − 90%) = 200만원

그런데 치료비 1,000만원은 과실비율에 상관없이 보상한도액 내에서 전액보상되므로 책임보험금의 한도금액 900만원을 보상한다.

② B(치료 중 사망)

부상으로 치료를 받다가 그 부상이 원인이 되어 사망에 이른 경우에는 부상등급별 최대한도액과 사망보험금 최대한도액을 합산하여 책임보험금으로 지급한다(대판 2004.4.16., 선고, 2003다67755).

즉 B는 부상치료 중 사망하였으므로 최대 사망보험금 1억5,000만원과 부상등급별 최대한도액 3,000만원을 합산한 1억8,000만원의 한도 내에서 보상한다.

과실상계전 3억원의 손해액이 발생하였으므로 과실상계(90%)하면 다음과 같다.

3억원 × (1 − 90%) = 3,000만원

그런데 치료비 1억원은 과실비율에 상관없이 보상한도액 내에서 전액보상되고, 최저 사망보험금은 2,000만원이므로 1억2,000만원을 보상한다.

21 다음 자동차사고 피해자의 사례에서 자동차보험 약관상 대인배상 보험금 지급기준에 따른 취업가능연한을 고려하여 노동능력상실기간과 그 노동능력상실률을 산정하시오.

〈사례〉
① 생년월일 : 1957.1.1.
② 사고발생일 : 2017.8.1.
③ 장애확정일 : 2019.8.1.
④ 장애내용
피해자는 위 사고발생일 이전부터 노동능력상실률 20%의 기존 후유장애가 있었음. 이 사고로 피해자는 노동능력상실률 50%의 영구장애 및 노동능력상실률 10%의 3년 한시장애 평가를 받았음.
⑤ 소득 : 일용근로자 임금적용 대상자임

모범 답안

1. 노동능력상실기간

노동능력상실일이 62세 이상이므로 다음의 「62세 이상 피해자의 취업가능월수」에 의해 취업가능월수 36개월을 적용한다.

[62세 이상 피해자의 취업가능월수]

피해자의 나이	취업가능월수
62세부터 67세 미만	36월
67세부터 76세 미만	24월
76세 이상	12월

2. 노동능력상실률

사고발생일 이전부터 노동능력상실률 20%의 기존 후유장애가 있었으므로,

노동능력상실률 50%의 영구장애 = (1 − 20%) × 50% = 40%

노동능력상실률 10%(3년 한시장애) = 40% × 10% = 4%

따라서, 취업가능월수 36개월을 적용하므로, 장해확정일로부터 3년(36개월)간 한시적으로 44%를 적용한다.

22 다음 사례에서 현행 자동차보험약관에 따른 '갑', '을' 보험회사의 A 및 B에 대한 담보별 보상책임의 존부(存否)를 가려 그 내용을 약술하고, 각 담보별 지급보험금을 산출하시오.

〈사고내용 및 과실〉
① A는 자신의 소유 자동차에 친구 B를 동승시키고 운전 중, 교차로에서 C가 운전하는 자동차와 충돌하여 A가 부상하고, B가 현장 사망하였다.
② A와 C의 과실분담비율은 50% : 50%이며, 공동불법행위자 A와 C 전원에 대한 B의 피해자 과실비율은 20%이다.

〈보험가입사항〉
① A는 자신을 기명피보험자로 하여 '갑' 보험회사에 개인용자동차보험(대인배상 I · II, 자기신체사고, 무보험자동차에 의한 상해)을 가입하였다.
② C는 자신을 기명피보험자로 하여 '을' 보험회사에 대인배상 I만 가입하였다.

〈A, B의 과실상계전 실제손해액 및 보상한도액〉
① A의 과실상계전 실제손해액 : 1억원(치료비 3,000만원, 치료비외 부상손해액 2,000만원, 후유장애 손해액 5,000만원)

[A의 상해 · 후유장애 급수 및 보상한도액]

구 분	상해 1급	후유장애 8급
대인배상 I	3,000만원	4,500만원
자기신체사고	3,000만원	1,500만원

② B의 과실상계전 실제손해액(사망) : 3억원

모범 답안

1. 보험회사의 담보별 보상책임

(1) "을" 보험회사

A와 B에 대해서 대인배상 I에서 보상책임을 검토한다.
① A에 대한 보상책임
A는 타인이기 때문에 대인배상 I에서 보상책임이 있으며, 피해자 과실 50%를 상계한다.
② B에 대한 보상책임
B는 타인이기 때문에 대인배상 I에서 보상책임이 있으며, 피해자 과실 20%를 상계한다.

(2) "갑" 보험회사

A에 대해서는 자기신체사고 및 무보험자동차에 의한 상해, B에 대해서는 대인배상 Ⅰ과 대인배상 Ⅱ에서 보상책임을 검토한다.

① A에 대한 보상책임

A는 차량소유자로서 「자배법」상 타인이 아니기 때문에 대인배상 Ⅰ 및 대인배상 Ⅱ에서 보상책임이 없다. A는 기명피보험자이기 때문에 자기신체사고에 대해 보상책임이 있고, "을" 보험회사 대인배상 Ⅰ 보상액 및 "갑" 보험회사 무보험자동차에 의한 상해 보상액은 공제한다. 또한 C가 배상의무자이며, 상대차량이 대인배상 Ⅰ에만 가입되어 있기 때문에 무보험자동차에 의한 상해에 대해 보상책임이 있다. "을" 보험회사 대인배상 Ⅰ 보상액 및 "갑" 보험회사 자기신체사고 보상액은 공제한다.

② B에 대한 보상책임

B는 동승자로서 「자배법」상 타인이기 때문에 대인배상 Ⅰ 및 대인배상 Ⅱ에서 보상책임이 있다. 피해자 과실 20%를 과실상계하고, 공동불법행위자인 C와 "을" 보험회사 대인배상 Ⅰ에 대위권을 행사할 수 있다. B는 자기신체사고 및 무보험자동차에 의한 상해에 대해 피보험자가 아니기 때문에 보상책임이 없다.

2. 지급보험금

(1) "을" 보험회사

① A에 대한 지급보험금

ㄱ 부상보험금 = 5,000만원(치료비 3,000만원 + 기타 손해액 2,000만원) × 50%(과실상계)
　　　　　　　= 2,500만원

치료비가 3,000만원이므로 상해1급 한도액 3,000만원 전액 지급한다.

ㄴ 장해보험금 = 5,000만원 × 50%(과실상계) = 2,500만원(후유장애 8급 한도액 내)

ㄷ 소계 = 3,000만원 + 2,500만원 = 5,500만원

② B에 대한 지급보험금

ㄱ B에 대한 손해배상금 = 3억원 × (1 − 20%) = 2억4,000만원

"을" 보험회사의 대인배상 Ⅰ에서 책임비율(50%)에 따른 금액 1억2,000만원 지급한다 (사망 한도액 내).

ㄴ 대위권

"을" 보험회사는 책임보험 한도 내에서 보상하면 되므로 공동불법행위자인 C(피보험자)에 대해 어떠한 경우에도 구상권이 발생하지 않는다.

(2) "갑" 보험회사

　　① A에 대한 지급보험금

　　　㉠ 무보험자동차에 의한 상해

　　　　• 산식 = 지급기준액 + 비용 – 공제액

　　　　• 지급기준액 = 1억원 × 50%(과실상계) = 5,000만원

　　　　• 공제액 = "을" 보험사의 대인배상Ⅰ 보상액 5,500만원

　　　　• 공제액(5,500만원)이 지급기준액(5,000만원)을 초과하므로 지급보험금이 없다.

　　　㉡ 자기신체사고

　　　　무보험자동차에 의해 받을 수 있는 금액을 먼저 계산한 후 자손보험금에서 그 금액을 공제하는 순으로 계산하여야 한다.

　　　　• 산식 = 실제손해액 + 비용 – 공제액

　　　　• 부상보험금 = 5,000만원 – 3,000만원("을" 보험회사 대인배상Ⅰ) = 2,000만원

　　　　• 장해보험금 = 5,000만원 – 2,500원("을" 보험회사 대인배상Ⅰ) = 2,500만원
　　　　　후유장애 8급 한도액인 1,500만원을 지급한다.

　　　　• 소계 : 2,000만원 + 1,500만원 = 3,500만원

　　② B에 대한 지급보험금

　　　㉠ 손해배상금

　　　　B의 과실상계전 실제손해액이 3억원이고, 피해자 과실 20%를 과실상계하면 B에 대한 손해배상금 = 3억원 × (1 – 20%) = 2억4,000만원

　　　　• 대인배상Ⅰ = 1억2,000만원

　　　　• 대인배상Ⅱ = 1억2,000만원

　　　㉡ 대위권

　　　　"갑" 보험회사의 B에 대한 손해배상금 중 상대차량에 대한 구상금은 2억4,000만원 × 50% = 1억2,000만원이므로 "갑" 보험회사가 선 처리한 경우 "을" 보험회사 대인배상Ⅰ에 대해 1억2,000만원을 구상할 수 있다.

3. 결론

(1) "갑" 보험회사의 지급보험금

　　① A에 대한 지급보험금 : 자기신체사고에서 3,500만원

　　② B에 대한 지급보험금 : 대인배상Ⅰ·Ⅱ에서 2억4,000만원

　　③ 대위권 : "을" 보험회사 대인배상Ⅰ에 대해 1억2,000만원 구상

(2) "을" 보험회사의 지급보험금

　　① A에 대한 지급보험금 : 대인배상Ⅰ에서 5,500만원

　　② B에 대한 지급보험금 : 대인배상Ⅰ에서 1억2,000만원

　　③ 대위권 : 공동불법행위자인 C에게 구상권이 발생하지 않음

23 다음 사례에서 '갑' '을' 보험회사가 A에게 지급할 보험금을 약관상 지급기준에 따라 산출하시오.

〈사고 개요〉
① A는 2019년 7월 1일 본인 소유의 자동차로 편도 3차로의 2차로로 주행 중 3차로에서 2차로로 변경하여 오는 B 소유(운전) 차량과 충돌하는 사고로 치료(심장 파열 수술 시행) 중 사망함.
② A와 B의 과실분담비율은 각 40%와 60%임(단, A의 안전띠 미착용 과실 10%는 별도임).

〈보험계약사항〉
① A는 자신을 기명피보험자로 하여 "갑" 보험회사에 개인용자동차보험 전담보 가입(대인배상 Ⅱ : 무한, 자기신체사고 : 사망/후유장애 한도 1억5,000만원, 부상한도 3,000만원)
② B는 자신을 기명피보험자로 하여 "을" 보험회사에 개인용자동차보험 전담보 가입(대인배상 Ⅱ : 무한, 자기신체사고 : 사망/후유장애 한도 1억5,000만원, 부상한도 3,000만원)

〈손해 상황〉
① A는 사망 당시 만 65세로 유족으로는 부모, 배우자, 2남 1녀가 있음.
② A의 과실상계전 실제손해액 중 치료비는 2,000만원, 치료비외 부상손해액은 500만원(위자료 200만원, 휴업손해 300만원), 상실수익액은 1억원임.

모범 답안

1. "갑" 보험회사의 지급보험금

A는 "갑" 보험회사의 기명피보험자이므로 자기신체사고에서 보상해야 한다.

(1) 자기신체사고의 부상보험금

① 산식 = 실제손해액 + 비용 - 공제액

② 실제손해액

치료비 2천만원, 부상손해액 500만원(위자료 200만원, 휴업손해 300만원)에서 부상위자료는 사망위자료와 중복되므로 사망위자료만 인정한다. 따라서 실제손해액 2,300만원이다.

③ 비용 : 없음

④ 공제액 : "을" 보험회사 대인배상 Ⅰ 보상금 1,150만원

⑤ "갑" 보험회사의 부상보험금 = 2,300만원 - 1,150만원 = 1,150만원
1급 한도액은 3,000만원이므로 1,150만원으로 인정된다.

(2) 자기신체사고의 장해보험금

① 산식 = 실제손해액 + 비용 - 공제액

② 실제손해액

A는 치료 중 사망하였으므로 장례비 500만원, 위자료 5,000만원(사망 당시 피해자의 나이가 65세 이상인 경우 지급)이 지급되므로, 실제손해액 = 장례비 500만원 + 위자료 5,000만원 + 상실수익액 1억원 = 1억5,500만원이다.

③ 비용 : 없음

④ 공제액 : "을" 보험회사 대인배상 Ⅰ 보상금 7,750만원

⑤ "갑"보험회사의 사망보험금 = 1억5,500만원 - 7,750만원 = 7,750만원

1급 한도액은 1억5,000만원이므로 인정된다.

(3) 안전띠 미착용 공제 여부

자동차사고시 안전띠를 매지 않았다고 자동차보험 자손보험금을 감액하여 지급하는 약관은 상법에 위배되어 무효라는 대법원 판결(대판 2012다204808)에 따라, 안전띠 미착용에 따른 자기신체사고의 보험금을 감액하지 않는다.

(4) "갑" 보험회사의 지급보험금 합계액

부상보험금 1,150만원 + 장해보험금 7,750만원 = 8,900만원

2. "을" 보험회사의 지급보험금

A의 사망에 대하여 "을" 보험회사는 대인배상 Ⅰ 및 대인배상 Ⅱ에서 보상해야 한다.

(1) 대인배상 Ⅰ

① 부상보험금 : 과실상계전 손해액이 2,300만원이고, A의 과실은 50%(차대차 과실비율 40% + 안전띠 미착용 과실 10%)이다.

과실상계 후 손해배상금 = 2,300만원 × 50% = 1,150만원

② 사망보험금

㉠ 과실상계전 손해액

장례비 500만원 + 위자료 5,000만원 + 상실수익액 1억원 = 합계 1억5,500만원

㉡ 과실상계후 손해배상금

1억5,500만원 × 50% = 7,750만원

③ "을" 보험회사의 지급보험금 합계액

1,150만원＋7,750만원 = 8,900만원

'심장파열로 수술을 시행한 상해'는 1급(부상한도 3,000만원)이고, 치료 중 사망하였으므로 보상한도액은 3,000만원＋1억5,000만원 = 1억8,000만원이다.

따라서 대인배상 Ⅰ 지급보험금 합계액은 보상한도액 내이므로 8,900만원이다.

(2) 대인배상 Ⅱ

대인배상 Ⅰ 보상한도액 내에서 손해배상금이 모두 지급되었기 때문에 대인배상 Ⅱ에서 지급보험금은 없다.

3. A에 대한 지급보험금 합계액

① "갑" 보험회사의 자기신체사고 : 8,900만원

② "을" 보험회사의 대인배상 Ⅰ : 8,900만원

③ 합계액 : 1억7,800만원

24 다음 사례에서 불법체류자인 외국인 근로자의 상실수익액 산정방법을 쓰고, 대법원 판례의 입장을 설명하시오.

[사 례]
1. 당사자
   ① 신 청 인 : 甲(피해자의 조카)
   ② 피신청인 : 乙 화재해상보험㈜ 대표이사

2. 신청취지
   피해자 丙(사망자)은 불법체류자이나 개인용 자동차보험약관상 외국인이자 무직자에 해당되므로 해당 약관상의 지급기준에 의거 일용근로자 임금을 기준으로 정년(60세)까지 계산하여 산정한 상실수익액을 지급할 것을 요청함

3. 사실관계
   2014.6.13. 00:10경 피보험자 丁은 피보험차량을 운행하던 중 무단횡단하는 丙(중국 조선족 교포, 불법체류자)을 충격하여 사망케 한 사실

4. 보험계약사항
   ① 보험종목 : 개인용 자동차보험
   ② 피보험자 : 丁
   ③ 피보험차량 : 충남 ○○로 ○○○○호
   ④ 보험기간 : 2014.3.24. ~ 2015.3.24.
   ⑤ 담보종목 : 대인배상 Ⅰ·Ⅱ, 대물

모범 답안

1. 논 점

본건의 쟁점은 사망한 불법체류자(중국 조선족 교포)의 경우 상실수익액의 산정에 있어 약관상 지급기준에 근거하여 일용근로자 임금을 기준으로 정년(60세)까지 계산하여 산정한 상실수익액을 지급하는 것이 타당한지 여부라고 할 수 있다.

2. 판례의 경향

① 최근 유사판례(대판 1997.12.10., 선고, 96나57032)를 보면 "자동차 사고로 사망한 불법체류자(중국 조선족 교포)의 상실수익액의 산정에 대하여 사망 후 2년 간은 대한민국의 도시일용노동임금액을 인정하고, 그 이후에는 본국(모국) 거주지의 노동자의 평균임금을 기준으로 산정한 금액을 지급"토록 판시하고 있으며, 이외에도 불법체류자의 경우 상실수익액에 대하여 위와 유사한 판결(대판 1998.9.18., 선고, 98다25825)을 하고 있는 바, 이는 불법체류자에 대하여 정년까지 국내의 일용임금을 적용한다면 상실수익액이 과다계상되어 부당한 이득을 취하는 결과를 초래하기 때문이다.

② 위와 같이 판결한 것은, 불법체류자(망인)의 경우 불법체류사실이 적발되면 출입국관리법령에 따라 즉시 강제퇴거조치를 받을 지위에 있고, 가족이 모국(중국)에 거주하고 있어 일정한 기간이 지나면 스스로 중국으로 돌아갈 가능성도 있는 반면, 조선족 교포로서 국적취득의 가능성이 있고 가족 중 일부가 국내에 거주하고 있는 점, 현실적으로 많은 중국교포들이 체류기간을 넘어 국내에 체류하면서 상당기간 소득활동을 하고 있는데 그 불법기간은 통상 2년 정도인 점 등을 고려한 것이다.

③ 동건의 피해자의 경우도, 불법체류자에 해당되어 적발되면 강제퇴거조치를 받을 지위에 있으며, 피해자의 배우자 및 자녀가 중국에 거주하고 있는 반면 조카 등 일부 친척이 한국에 거주하고 있는 점 등 판례에서 고려하고 있는 사항이 유사하여 사망 후 2년 간은 대한민국의 도시일용노동임금액을 인정하고, 그 이후는 본국(중국)의 거주지의 노동자의 평균임금을 인정하는 것이 타당하다.

3. 결 론

이 건 사고와 관련하여 불법체류자의 상실수익액은 피신청인의 주장과 같이 2년 간은 대한민국의 도시일용노동임금액을 인정하고, 그 이후는 본국 거주지의 노동자의 평균임금을 기준으로 산정한 금액을 지급하여야 하므로 신청인이 정년까지 일용근로자 임금을 지급하라는 주장은 기각되었다.

25 다음의 사례에서 대리운전자가 교통사고를 야기한 경우 차량소유자가 책임을 부담하는지 여부를 판례에 따라 설명하시오.

[사 례]

1. 당사자
   ① 신청인 : 甲
   ② 차량소유자 : B
   ③ 대리운전자 : C
   ④ 피신청인 : 乙 보험주식회사

2. 신청취지
   피신청인은 2014.8.27. 발생한 교통사고와 관련하여 대리운전 의뢰인에게 손해배상 전액을 보상(100%)하고 대리운전자에게 구상하라.

3. 사실관계
   보험계약자는 乙 보험주식회사와 아래와 같이 보험계약을 체결하였음
   ① 계약자/피보험자 : A
   ② 담보내용 : 대인배상 Ⅰ, 대인배상 Ⅱ, 자손/자차 등을 가입함
   ③ 보험기간 : 2014.4.15. ~ 2015.4.15.
   ④ 사고일 : 2014.8.27.

4. 사고경위
   ① 2014.8.27. 밤 11시 경 B가 대리운전자(대리운전자보험 미가입)에게 운전을 의뢰한 후 본인 소유차량 조수석에 타고 가던 중 A 차량(□□화재 가입차량)과 충돌하는 사고 발생으로 B가 전치 12주의 부상을 입은 사고이다.
   ② 과실비율 : 80%(B 차량) : 20%(A 차량)

5. 당사자 주장
   ① 신청인 주장 : B는 대리운전의 의뢰인으로서 특별한 사정이 없는 한 운전행위에 개입할 여지가 없는 단순 동승자로서 과실이 없으며, 대리운전자(C)와 상대방 운전자(A)는 신호등이 없는 교차로에서 사고를 야기하여 B에 대하여 손해를 발생케 하였는 바, 이는 공동불법행위에 해당되므로 피신청인은 B에 대하여 손해액을 전액배상하고 대리운전자에게 구상하여야 한다.
   ② 피신청인 주장 : 가해자인 B가 대리운전을 의뢰하였다고 하더라도 운행자성이 인정되므로 B와 대리운전자가 80%의 책임을 부담하고 피해자인 피신청인 측은 20%의 책임만을 부담하는 것이 타당하다.

1. 논 점

① 사례의 논점은 차량소유자가 대리운전을 의뢰하여 사고가 발생한 경우 차량소유자가 운행자로서의 책임을 부담하는지 여부라 할 것이다.

② 차량소유자가 대리운전을 의뢰하여 사고가 발생한 경우 차량소유자의 운행지배와 운행이익의 상실여부는 차량소유자와 대리운전자의 관계(내부적 관계)에 해당되는지 또는 차량소유자와 제3자의 관계(외부적 관계)에 해당되는지에 따라 달리 결정되어야 할 것이다.

2. 판례의 경향

① 대리운전업자와 자동차의 소유자 또는 보유자 사이에서는 대리운전계약이 전제되고 이는 대리운전업자가 자동차의 소유자 또는 보유자에 대한 관계에서 일정한 대가를 받고 목적지까지 자동차를 안전하게 운전해야 할 의무를 부담하는 유상계약이므로 택시운전수와 승객의 경우와 마찬가지로 대리운전업자만 그 운행지배 및 운행이익을 가지게 된다고 할 것이어서(대법원 2005.9.25., 선고, 2005다25755, 판결) 자동차 소유자와 대리운전자 간의 내부적 관계에서는 대리운전자만이 모든 책임을 부담하고 자동차 소유자에게 책임의 분담을 요구할 수 없다(대법원 2008.3.27., 선고, 2008다 2616, 판결)고 할 것이다.

② 그러나, 자동차의 소유자가 유상의 대리운전계약을 체결하고 대리운전자에게 자동차를 운전하게 하였다고 하더라도 제3자인 피해자에게 대한 관계에서는 객관적, 외형적으로 위 자동차의 운행지배와 운행이익을 가지고 있으므로, 피해자가 자동차의 소유자 또는 보유자를 상대로 손해배상을 청구할 경우 자동차 소유자 또는 보유자가 그 운행지배와 운행이익을 부인할 수 없다(대법원 2008.3.27., 선고, 2008다 2616, 판결).

③ 동 건의 경우에 있어서도 가해차량의 소유자인 B가 2014.8.27. 대리운전자(C)에게 대리운전을 의뢰하고 동 대리운전자의 과실로 사고가 발생하였더라도, 피해자인 A에 대한 관계에 있어서는 자동차의 소유자 또는 보유자가 위 자동차의 운행지배와 운행이익을 가지고 있다고 보아야 할 것이므로, 동 교통사고로 인한 차량소유자인 B의 손해배상액을 정함에 있어, 대리운전자(C)의 과실비율을 그대로 적용함이 피해자(A)와의 형평성에 비추어 타당하다 할 것이다.

3. 결 론

결국 가해자인 B가 대리운전을 의뢰하였다 하더라도 '운전자성'이 인정되므로 차량소유자 B와 대리운전자 C가 80% 책임을 부담하고, 피신청인 측인 乙보험회사는 피해자(A)의 과실비율인 20%만큼만 손해배상책임을 부담하는 것이 타당하다.

26 다음의 사례에서 영업목적으로 운전하던 중 발생한 사고에 해당되는지 여부를 판례에 따라 설명하시오.

[사 례]
1. 당사자
   ① 신청인(보험계약자) : A
   ② 피신청인 : B화재해상보험

2. 사실관계
   보험계약는 피신청인과 아래와 같이 보험계약을 체결하였다.
   ① 계약일 : 2014.4.1.
   ② 보험기간 : 2014.4.1. ~ 2015.4.1.
   ③ 보장내용 : 형사합의지원금(타인사망) 등

3. 사건 경위
   ① 2014.6.15. 교통사고(사망사고) 발생
   ② 보험계약자 A는 본인 차량(15인승 승합차량)으로 영어학원 학원생들을 태워주고 운전하던 중 어린이(5살, 남)를 치어 사망케 한 사건임

4. 당사자 주장
   ① 신청인 주장 : 보험계약자의 친구인 영어학원 원장의 부탁으로 2~3차례 본인 차량(15인승 승합차량)에 영어학원 학원생들을 태워준 사실이 있으나, 보험계약자 A는 해당학원과 계약을 체결한 사실이 없고, 과거에 식사비(수고비)조로 2만원 정도 수령한 사실 외에 돈을 받은 사실이 없으며, 사고당일에도 돈을 받은 사실이 없는 데도, 보험회사는 금번 사고를 영업목적으로 차량을 운전하던 중 발생한 사고라고 주장하면서 보험금 지급을 거절하는 것은 부당하다.
   ② 피신청인 주장 : 약관상 "영업"은 "계속적 대가 내지 이익을 목적으로 하는 행위를 반복하는 것"으로 보이고 계속적 반복적 의사로 행하여 진 것이라면, 그 회수에 제한되지 않는다고 할 것이며, 신청인의 경우 2010년부터 업무용자동차 종합보험에 가입하면서, 유상운송특약에 가입하였던 점, 실제로 학원생을 수송하던 중 사고가 발생한 점, 영어학원장과 특별한 인적관계가 없어 대가없이 운송할 이유가 없는 점, 과거 소액이지만 돈을 받은 사실이 있는 점 등을 감안하면, 본건 사고는 자동차를 영업목적으로 운전하던 중 발생한 사고에 해당되므로 보험금을 지급할 수 없다.

1. 논 점

본 사례의 쟁점은 동 교통사고가 신청인이 자동차를 영업목적으로 운전하던 중 발생한 사고에 해당하는지 여부이다.

2. 특별약관의 규정

① 형사합의지원금(타인사망)담보 특별약관 제1조(보상하는 손해)에 따르면, 피보험자가 특약기간 중 자동차를 운전하던 중 급격하고도 우연한 자동차사고로 타인을 사망하게 하였을 경우 보험가입증서에 기재된 금액을 1사고당 형사합의지원금으로 지급한다고 규정하고 있다.

② 동 특약 제2조(보상하지 아니하는 손해)에 따르면, 피보험자가 자동차를 영업목적으로 운전하던 중 발생한 사고는 보상하지 않는 손해로 규정하고 있다.

3. 논점 검토

피신청인이 금번 사고는 보험계약자가 자동차를 영업목적으로 운전하던 중 발생한 사고라고 주장하나, 다음과 같은 이유로 피신청인의 주장을 받아들이기 어렵다.

① 당해 보험약관에서 영업의 의미를 명확하게 규정하고 있지 않으나, 자동차보험 보통약관 등에서 정하고 있는 유상운송의 정의 등에 비추어 볼 때, '영업 목적의 운전'이라고 함은 '자동차를 요금이나 대가를 목적으로 계속적 또는 반복적으로 사용하는 것'으로 보아야 할 것이며, 피보험자의 운전이 영업목적의 운전인지에 대한 판단은 운행목적과 운행형태를 종합적으로 고려하여 판단되어야 할 것이다.

② 피신청인이 제출한 증거자료 등에 따르면, 신청인은 약 4회 운전을 하였고, 사례비 또는 식사비 명목으로 2~3차례 2만원 또는 3만원을 수령한 사실을 확인할 수 있으나, 피보험자가 수령하였다고 하는 2만원 또는 3만원의 사례비는 사회통념상 영업 대가의 금원보다는 차량 운행에 필요한 유류대 등의 실비성격으로 보는 것이 타당하며, 더구나 문제가 된 금번 사고와 관련하여서는 신청인과 영어학원 원장 모두 사례비에 해당하는 금원을 주고 받은 사실이 없다고 일관되게 주장하고 있는 점 등을 종합적으로 고려할 때, 금번 사고와 관련된 신청인의 차량 운행이 요금이나 대가를 목적으로 이루어졌다고 보기 어렵다.

③ 또한 영어학원 학생 운송을 위한 동 차량운행이 비정기적으로 이루어 졌을 뿐만 아니라, 총 4회에 걸쳐 운행되는 등 그 운행 빈도도 높지 않아 일반적인 영업목적의 운전에 비하여 보험사고 발생의 위험률이 현저히 낮아 운행형태 측면을 고려할 때에도, 신청인의 자동차 운행이 영업목적의 운행이라고 보기 어렵다.

제4과목 자동차보험의 이론과 실무(대인배상 및 자기신체손해)

4. 판례의 경향

① 서적 배달업무에 종사하면서, 가끔 자신 소유의 승합차를 이용하여 서적을 배달한 사실이 있다는 정도의 사실만으로는 차량의 운송 경위나 목적, 빈도 등에 비추어 볼 때, '계속적·반복적인 유상운송제공행위'에 해당되지 않는다고 판단하였다(대법원 1996.1.26., 선고, 98다 48682, 판결).

② 학생들로부터 실비의 분담차원에서 이용료를 받고 운행하는 통학버스의 운행도 그 운행의 목적, 빈도 등에 비추어 볼 때, 피보험자동차를 요금이나 대가를 목적으로 계속적 또는 반복적으로 사용하는 경우로 보기 힘들다고 판단하였다(대법원 1995.5.12., 선고, 94다54726, 판결).

5. 결 론

피보험자가 자동차보험의 유상운송 특별약관에 가입되어 있다는 이유 등을 들어 금번 차량 운행을 영업목적의 차량운행으로 판단하고 보험금을 지급하지 않은 보험회사의 조치는 부당하므로 당해 약관에서 정하고 있는 형사합의금을 지급할 책임이 있다고 판단된다.

27 다음 사례에 의한 경우 「다른 자동차운전담보 특별약관」에서 보상하는 손해인지 여부를 판례에 따라 설명하시오.

> [사 례]
> 1. 당사자
>   ① 신청인(보험계약자) : A
>   ② 피신청인 : 보험회사
>
> 2. 사실관계
>   ① 보험기간 : 2014.3.22. ~ 2015.3.22.
>   ② 담보종목 : 대인배상 I, 대인배상 II, 대물배상, 자기신체사고, 무보험자동차에 의한 상해, 자기차량손해
>
> 3. 사건개요
>   ① 2014.6.18. 13 : 00 보험계약자(A)는 고객이 맡긴 카니발차량을 끌고 천정방음장치재료를 사가지고 오던 중 앞서가던 아반테 차량 추돌하는 사고를 냈으며, 사고 후에 고객이 자신의 차량을 보험계약자가 운전하다가 사고가 난 사실을 알고 화를 냈으며 이에 보험계약자가 고객에게 사고로 인한 보험료할증금액을 배상해 주기로 하였다.
>   ② 카니발차량의 경우 운전자 1인 한정운전특약에 가입되어 있어 보상을 받지 못하자, 피신청인에게 신청인이 가입한 개인용자동차보험의 「다른 자동차운전담보 특별약관」으로 보상 청구를 신청하였다.
>   ③ 피신청인(보험회사)은 신청인이 네비게이션 AS전문업체를 운영하는 자로서 자동차취급업무상 수탁받은 자동차를 운전하던 중 생긴 사고이고, 기명피보험자로부터 승낙을 받은 운행이라고 볼 수 없음을 이유로 보험금 지급을 거절하였다.

모범 답안

1. 논 점

본 사례의 쟁점은 동 교통사고가 신청인이 자동차취급업무상 수탁받은 자동차를 운전 중 생긴 사고인지 여부 및 신청인 다른 자동차의 사용자에 대하여 정당한 권리를 가지고 있는 자의 승낙을 받지 아니하고 다른 자동차를 운전 중 생긴 사고인지 여부이다.

2. 개인용자동차보험 「다른 자동차운전담보 특별약관」

(1) 보상하는 손해

보험회사는 피보험자가 다른 자동차를 운전 중 생긴 대인사고나 대물사고로 인하여 법률상 손해배상책임을 짐으로써 손해를 입은 때 또는 피보험자가 상해를 입었을 때에는 피보험자가 운전한 다른 자동차를 보통약관 '배상책임(대인배상 Ⅰ 제외)' 및 '자기신체사고' 규정의 피보험자동차로 간주하여 보통약관에서 규정하는 바에 따라 보상한다.

(2) 보상하지 아니하는 손해

보험회사는 보통약관 '보험회사가 보상하지 않는 사항'에서 정하는 이외에 다음과 같은 손해에 대하여도 보상하지 않는다.

① 피보험자가 자동차정비업, 주차장업, 급유업, 세차업, 자동차판매업, 대리운전업(대리운전자를 포함한다) 등 자동차취급업무상 수탁받은 자동차를 운전 중 생긴 사고로 인한 손해

② 피보험자가 다른 자동차의 사용자에 대하여 정당한 권리를 가지고 있는 자의 승낙을 받지 아니하고 다른 자동차를 운전 중 생긴 사고로 인한 손해

3. 논점 검토

(1) 자동차취급업무상 수탁받은 자동차를 운전 중 생긴 사고인지 여부

피신청인은 동 교통사고가 신청인이 자동차취급업무상 수탁받은 자동차를 운전 중 생긴 사고로 인한 손해라고 주장하나, 다음과 같은 이유로 피신청인의 주장을 받아들이기 어렵다.

① 동 특별약관 중 '기명피보험자가 자동차정비업, 주차장업, 급유업, 세차업, 자동차판매업 등 자동차취급업무상 수탁받은 자동차를 운행 중 생긴 사고로 인한 손해'를 보상에서 제외하고 있는 것은 수탁받은 자동차의 운행빈도나 운행형태가 위 특별약관에서 예정하고 있는 일반적인 경우와 달라져 그 위험이 보험자가 예상한 것 이상으로 커지는 정도에 이를 것을 요한다(대법원 2000.11.10. 선고 2000다34365, 판결)고 판단하고 있으므로 살피건대, 신청인은 일반적으로 방음재료를 주문하여 제작하지만, 사고일은 배달이 늦어진다고 하여 부득이하게 직접 운행할 수 밖에 없었고, 또한 신청인의 차량이 작아 불가피하게 고객의 차량을 이용하였던 점을 고려할 때 동 건에 있어서 신청인의 고객차량 이용은 일회적·예외적 경우에 해당하므로 신청인의 운행빈도나 운행행태 등의 면에서 사고발생의 위험이 커지는 경우로 보기 어렵다.

② 또한, 약관규제에 관한 법률상 고객에게 불리한 면책약관은 엄격하게 해석하여야 하므로 당해 약관에 네비게이션, 경보기, 방음장치의 판매·설치업자를 자동차취급업자로 명기하지 않은 이상 당연히 자동차취급업자에 포함된다고 할 수 없고, 사회통념상으로도 동 업무를 자동차취급업으로 보기도 어렵다.

③ 따라서, 천정방음장치 설치를 의뢰한 고객차량을 보험계약자가 직접 운전하다가 발생한 동건 교통사고를 자동차취급업무상 수탁받은 자동차를 운전 중 발생한 사고로 볼 수 없다.

(2) 피보험자가 고객의 승낙을 받지 아니하고 다른 자동차를 운전 중 생긴 사고인지 여부

피신청인은 동건 교통사고 당시 신청인이 고객 차량을 운전한 것은 신청인의 업무범위에 벗어나는 이례적인 것이고, 사고 후에 고객이 자신의 차량을 신청인이 운전하다가 사고가 난 사실을 알고 화를 냈으며, 이에 신청인이 고객에게 사고로 인한 보험료할증금액을 배상해 주기로 하였다는 점을 들어 고객의 승낙이 없는 운전이라고 주장하나, 다음과 같은 점에 비추어 피신청인의 주장은 타당하다고 볼 수 없다.

① 피보험자동차에 대한 승낙여부의 판단은 차량을 맡긴 그 당시의 시점을 기준으로 판단하여야 할 문제로 '고객이 사고사실을 알고 화를 냈다는 점' 등의 사후적인 우연한 요소를 들어 차량을 맡긴 당시로 소급하여 판단의 기준을 삼아서는 아니될 것이다.

② 고객이 동건 교통사고 차량을 맡길 당시 아무런 조건없이 보험계약자에게 차량의 열쇠를 맡겨둔 점, 만약 위 고객이 방음재료의 배달이 지연되는 상황을 알았다면 보다 빠른 작업을 위해 보험계약자가 방음재료를 직접 가지러 가는 것에 대하여 특별히 이의를 제기하지 않을 것이라는 점, 또한 위 고객이 방음재료를 가지러 감에 있어 신청인의 차량으로는 그 운반이 곤란하여 고객의 차량으로 운반할 수 밖에 없는 상황에 대하여 설명을 들었다면 이를 승낙하지 아니하였을 것이라고 단정할 수 없는 점 등에 비추어 보면 고객과 신청인 사이에 방음장치의 설치 및 재료 운반 등의 목적으로는 신청인이 고객차량을 사용할 수 있도록 하는 묵시적 승낙이 있었다고 볼 수 있다.

③ 만약, 고객이 신청인에게 자동차의 사용을 허락하지 않을 의도였다면 신청인에게 자동차만을 맡긴 채 열쇠를 스스로 보관하거나 자동차의 사용을 금지하는 명시적 · 묵시적 의사표시를 하였어야 하나, 차량과 함께 열쇠를 맡기면서 아무런 의사표시를 하지 않았으므로 차량사용을 금지한 것으로 보기 어렵다.

4. 결 론

피신청인(보험회사)은 신청인(보험계약자)이 고객차량을 운전하던 중 발생한 동건 교통사고로 인한 손해에 대하여 「다른 자동차운전담보특별약관」에 따라 보험금을 지급할 책임이 있다.

01 다음 사례에서 현행 자동차보험약관에 따른 '갑', '을' 보험회사의 A 및 B에 대한 담보별 보상책임의 존부(存否)를 가려 그 내용을 약술하고, 각 담보별로 지급보험금을 산출하시오. (40점)

〈사고내용 및 과실〉
• A는 자신의 소유 자동차에 친구 B를 동승시키고 운전 중, 교차로에서 C가 운전하는 자동차와 충돌하여 A가 부상하고, B가 현장에서 사망하였다.
• A와 C의 과실분담비율은 50% : 50%이며, 공동불법행위자 A와 C 전원에 대한 B의 피해자과실비율은 20%이다.

〈보험가입사항〉
• A는 자신을 기명피보험자로 하여 '갑'보험회사에 개인용 자동차보험(대인배상 Ⅰ·Ⅱ, 자기신체사고, 무보험자동차에 의한 상해)을 가입하였다.
• C는 자신을 기명피보험자로 하여 '을'보험회사에 대인배상 Ⅰ만 가입하였다.

〈A, B의 과실상계전 실제손해액 및 보상 한도액〉
• A의 과실상계전 실제손해액 : 1억원(치료비 3,000만원, 치료비외 부상손해액 2,000만원, 후유장애 손해액 5,000만원)

[A의 상해·후유장애 급수 및 보상한도액]

구 분	상해 1급	후유장애 8급
대인배상 Ⅰ	3,000만원	4,500만원
자기신체사고	3,000만원	1,500만원

• B의 과실상계전 실제손해액(사망) : 3억원

02 자동차보험약관상 보험회사의 보상책임을 대인배상Ⅰ과 대인배상Ⅱ로 구분하여 비교 설명하시오. (20점)

03 음주·무면허운전 사고에 대한 현행 자동차보험 약관규정에 관하여 설명하시오. (10점)

04 자동차보험약관상 현실소득액을 증명할 수 있는 급여소득자 및 사업소득자의 현실소득액 산정방법에 관하여 기술하시오. (10점)

05 대인배상Ⅰ의 보험금지급과 관련하여, 자동차손해배상보장법령에서 정한 '책임보험금'의 사망·부상·후유장해별 보험금산정기준에 대하여 설명하시오. (10점)

06 개인용 및 업무용 자동차보험에서 보험기간 중 피보험자동차의 매도·증여·상속·교체시 보험계약의 효력에 대하여 설명하시오. (10점)

01 다음 사례에서 B에 대한 '갑', '을', '병' 보험회사의 보상책임에 관하여 논하고, 보험회사별 각 지급보험금을 산출하시오. (40점)

〈사실관계〉

• A는 청소용역업체를 운영하는 자로서, 2015년 7월 3일 B소유의 공지에 적재되어 있는 쓰레기를 치우는 조건으로 80만원을 받기로 하는 계약을 B와 구두로 체결하였다. 이에 따라 2015년 7월 4일 A는 그의 종업원 C에게 회사 소유의 타이어식 굴삭기를 사용하여 B의 공지에 대한 청소작업을 수행하도록 지시하였다. 동 현장에 나온 B의 요구에 따라 필요한 작업을 하던 C가 B의 창고로 사용 중이던 컨테이너박스를 옮기기 위해 로프를 설치하면서 B에게 로프를 잡아달라고 하자, B가 컨테이너 박스 위에서 로프를 잡고 '중심이 맞는지 확인해보라'고 하므로 C가 동 굴삭기로 컨테이너 박스를 들어 올리는 순간 B가 중심을 잃고 땅에 떨어지는 사고가 발생하였다(B의 과실은 20%임).

• B는 A 및 C와 아무런 인적관계가 없으며, 재혼한 부인 및 계자녀 D와 함께 생활하고 있다.

〈보험계약내용〉

• '갑' 보험회사는 A 소유의 굴삭기에 대하여 영업용자동차보험계약 전담보를 인수함(대인배상 Ⅱ : 무한, 자기신체사고 : 사망/후유장애한도 1억원, 부상한도 1,500만원).

• '을' 보험회사는 B 소유의 승용차에 대하여 B를 기명피보험자로 하는 개인용자동차보험계약 전담보(대인배상 Ⅱ : 무한, 자기신체사고 : 사망/후유장애한도 1억원, 부상한도 1,500만원, 무보험자동차상해 : 가입금액 2억원)에 보험료분할납입특별약관을 첨부하여 인수하였는데, 사고 당시엔 납입약정일로부터 15일이 지나도록 분할보험료가 입금되지 않은 상태였음.

• '병' 보험회사는 D 소유의 승용차에 대하여 D를 기명피보험자로 하는 개인용자동차보험계약 전담보를 인수함(대인배상 Ⅱ : 무한, 자기신체사고 : 사망/후유장애한도 1억원, 부상한도 1,500만원, 무보험자동차상해 : 가입금액 2억원).

〈B의 피해내용〉

• 척추손상으로 인한 하지마비(상해등급 1급, 후유장애등급 1급)

• 실제손해액 5억원(부상 4천만원, 후유장애 4억6천만원)

02 다음 사례에서 '갑', '을' 보험회사가 A에게 지급할 보험금을 약관상 지급기준에 따라 산출하시오. (20점)

〈사고개요〉
- A는 2015년 7월 1일 본인 소유의 자동차로 편도 3차로의 2차로로 주행 중 3차로에서 2차로로 변경하여 오는 B소유(운전) 차량과 충돌하는 사고로 치료(심장파열로 수술시행) 중 사망함.
- A와 B의 과실분담비율은 각 40%와 60%임(단, A의 안전띠 미착용 과실 10%는 별도).

〈보험계약사항〉
- A는 자신을 기명피보험자로 하여 '갑' 보험회사에 개인용자동차보험 전담보 가입(대인배상 II : 무한, 자기신체사고 : 사망/후유장애한도 1억원, 부상한도 1,500만원)
- B는 자신을 기명피보험자로 하여 '을' 보험회사에 개인용자동차보험 전담보 가입(대인배상 II : 무한, 자기신체사고 : 사망/후유장애한도 1억원, 부상한도 1,500만원)

〈손해상황〉
- A는 사망 당시 만60세로서, 유족으로는 부모, 배우자, 2남 1녀의 자녀가 있음.
- A의 과실상계 전 실제손해액 중 치료비는 3천만원, 치료비 외 부상 손해액은 500만원 (위자료 200만원, 휴업손해 300만원), 상실수익액은 1억원임.

03 'ㄱ'물류회사에 근무하는 동료사이인 A와 B는 어느 날 퇴근하면서 회사 소유 승용차를 운전하여 교외로 나가 드라이브 겸 식사를 즐긴 뒤 자정이 넘은 심야에 회사 기숙사로 돌아가던 중 전방의 도로변 방호벽을 충격하는 사고를 냈다. 사고 승용차에는 동 식당 여종업원 C도 탑승 중이었는데, 이 사고로 A·B·C 모두 중상을 입었다. A는 사고당시 운전면허 정지처분 상태였는데, 적격면허 소지자인 B가 운전하였다고 주장하고 있다. 한편 동 승용차는 '갑'보험회사의 업무용자동차보험계약 전담보(대인배상 II : 무한)에 가입되어 있다.
이 사고의 조사 및 처리와 관련하여 '갑'보험회사의 손해사정사가 착안하여야 할 사항과 구체적인 조사요령 및 보험금지급에 관한 유의점 등을 설명하시오(단, 손해액산정 관련 부분은 제외함). (20점)

04 다음 사례에서 '갑', '을' 보험회사가 B의 유족에게 지급하여야 할 보험금을 산출하고, 그밖에 조치하여야 할 사항을 기술하시오. (10점)

〈사고개요〉
- A가 본인 소유 승용차에 친구 B를 태우고 가던 중 끼어들기 하던 C소유(운전) 승용차와 충돌하여 B가 현장에서 사망
- A와 C의 과실분담비율은 각 30%와 70%임.

〈보험계약내용〉
- A 소유차량은 '갑' 보험회사에 개인용 자동차보험 대인배상Ⅰ에만 가입
- C 소유차량은 '을' 보험회사에 개인용 자동차보험 대인배상Ⅰ에만 가입

〈B의 손해액〉
2억원(과실상계 후)

05 자동차보험 약관상 〈자동차사고 과실비율의 인정기준〉의 '유형별 과실적용 세부기준' 중 "과실상계 우선적용 사고"의 유형과 그 구체적 적용에 관하여 설명하시오. (10점)

01   다음 사례를 검토하고, 물음에 답하시오. (30점)

〈사고내용 및 과실〉

- 2016.8.1. 09:00경 A는 자신의 아버지 소유의 승용차 열쇠를 허락 없이 가지고 나와 자신의 친구인 B와 함께 놀러가기로 하고, B가 운전하여 가던 중 신호등 없는 교차로에서 C가 운전하는 화물차와 충돌하여 A는 부상하고, B와 C는 사망하였다.
- 각 차량의 과실비율은 승용차 90%, 화물차 10%로 최종 확정되었다.
  (A는 20세 성인으로서 자동차운전면허가 없고, 평소 위 승용차를 운전한 적이 없으며, A의 아버지도 A에게 평소 운전을 허락한 바가 없음. B, C는 적격 운전면허 소지자임.)

〈보험계약사항〉

- 승용차 : "갑" 보험회사에 승용차 소유자의 명의로 개인용 자동차보험(대인배상 I, 대인배상 II, 자기신체사고)을, 기명피보험자 1인 한정 운전 특별약관을 첨부하여 가입
- 화물차 : "을" 보험회사에 소유자 C의 명의로 대인배상 I만 가입

〈손해상황(과실상계전 실제 손해액)〉

- A
  부 상 : 2천만원(치료비 1천만원, 나머지 손해 1천만원)
  상해급수 5급(책임보험금의 한도금액 9백만원), 후유장애 없음.
- B
  치료 중 사망 : 3억원(치료비 1억원, 나머지 손해 2억원)
- C
  현장 사망 : 2억원

(1) A, B, C의 책임에 관하여, 운행자책임과 불법행위책임으로 나누어 각 상대방에 대한 손해배상책임을 설명하시오. (15점)

(2) A, B, C에 대한 "갑", "을" 보험회사의 담보별 보상책임을 설명하고, 각각의 담보별 지급보험금을 산출하시오. (15점)

02 현행(2016.4.1.일 사고부터) 자동차손해배상보장법시행령 별표 '상해의 구분과 책임보험의 한도금액'에 나오는 상해내용 가운데 척추손상에 관한 규정을, 상해급별, 한도금액, 상해내용(진단명), 영역별 세부지침 등으로 나누어 설명하시오. (20점)

03 현행 자동차보험 약관상 대인배상 보험금지급기준 중 '가정간호비'의 인정에 관하여 설명하고, 판례상 '개호비'(간호비) 인정실태와 비교하시오. (20점)

04 개인용 자동차보험 '다른 자동차 운전 담보' 특별약관상 보상하는 손해(보상내용)와 '다른 자동차'에 대하여 설명하시오. (15점)

05 다음 자동차사고 피해자의 사례에서, 자동차보험 약관상 대인배상 보험금 지급기준에 따른 취업가능연한을 고려하여 노동능력상실기간과 그 노동능력상실률을 산정하시오. (15점)

- 생년월일 : 1960.1.1.
- 사고발생일 : 2014.8.1.
- 장애확정일 : 2016.8.1.
- 장애내용 : 피해자는 위 사고발생일 이전부터 노동능력상실률 20%의 기존 후유장애가 있었음. 이 사고로 피해자는 노동능력상실률 50%의 영구장애 및 노동능력상실률 10%의 3년 한시장애 평가를 받았음.
- 소 득 : 일용근로자 임금적용 대상자임

01 다음의 사례에 있어서 보험사의 담보별 보상책임을 설명하고, 각 청구권자별 지급보험금을 계산하시오. (30점)

〈가족 관계〉
A : C의 아버지
B : C의 어머니
C : A와 B의 외아들
D : C의 배우자
E : C와 D 사이에 출생한 딸(미성년자)
F : D의 할아버지

〈보험계약 관계〉
자동차 소유자인 A는 본인을 기명피보험자로 하여 보험사에 자동차보험 대인배상(Ⅰ·Ⅱ) 및 자기신체사고(사망 5,000만원/부상 3,000만원/후유장애 5,000만원) 담보(가족운전자 한정운전 특별약관)에 가입함.

〈사고 발생경위〉
C는 2017년 8월 1일 A 소유 자동차에 B·D·E를 태우고 가다가 C의 운전 중 과실로 자동차가 전복되는 사고가 발생하여 C·D가 현장에서 동시사망하고, E는 치료 중 다음날 사망하였으며, B가 자동차손해배상보장법 시행령에서 정한 상해급별 1급에 해당하는 상해를 입었음.

〈손해 상황〉
B의 손해액 : 부상손해액 4천만원
C의 손해액 : 5억원
D의 손해액 : 4억원
E의 손해액 : 3억원(부상손해액 1천만원, 사망손해액 2억9천만원)
※ 위 각 손해액은 동승자 감액, 피해자 과실상계 등을 거친 확정 손해액임.

02 다음 사례에서 피해자 F에 대한 보험사의 보상책임을 설명하고, 지급보험금을 계산하시오. (20점)

A는 보험사와 #1화물차량을 피보험자동차로 하여 업무용자동차보험계약(보험기간 2017년 1월 1일~2018년 1월 1일)을 체결한 상태에서, 2017년 8월 1일 새로운 동종의 #2화물차량을 매수하면서 #1화물차량을 B에게 매도하고(매매대금 완제), 같은 날 보험사의 승인을 얻어 피보험자동차를 #1화물차량에서 #2화물차량으로 교체하고 소유권이전등록을 마쳤음.

B는 2017년 8월 8일 소유권이전등록을 하지 않은 채, #1화물차량을 중고차 수출업자인 C에게 매도하였고(매매대금 완제), C 역시 소유권이전등록을 하지 않은 상태(B, C는 동 차량에 대하여 자동차보험 미가입)에서 대리운전업자인 D(보험사에 자동차취급업자보험 가입)에게 #1화물차량을 차고지까지 운송하여 줄 것을 의뢰하였음.

이에 D의 직원인 E가 2017년 8월 15일 #1화물차량을 대리운전하던 중 대인사고를 일으켜 보행인 F에게 500만원(피해자 과실상계 등을 거친 확정 손해액, 대인배상 Ⅰ 200만원 포함)의 손해를 끼쳤음.

03 2017년 3월 자동차보험 표준약관의 〈대인배상〉 및 〈무보험자동차에 의한 상해〉 보험금 지급기준이 개정된 바, 그 가운데 "부상" 및 "후유장애"의 보험금 산출과 관련된 지급기준의 변경내용을 기술하시오. (20점)

04 자동차사고에 있어, 운전자의 법률상 지위 및 자동차보험약관상 지위에 대하여 설명하시오. (15점)

05 2016년부터 시행되고 있는 보험사기방지특별법에 관하여 설명하시오. (15점)

01 다음 사례를 검토하여 물음에 답하시오.

〈사고 내용〉

2018년 8월 1일 15:00경 건물 외벽 청소업자 A는 자신과 아무런 인적관계가 없는 자동차 임대업자 B로부터 고소작업차를 임차한 후, 고소작업차의 작업대(바스켓)에서 직접 청소작업 중 추락하여 중상을 입었다.

사고당시 정차한 상태에서 B의 고용 운전자 C가 고소작업차의 작업대를 운전(조종)하고 있었으며, 그 운전상의 과실이 인정되었다.

A는 자동차손해배상보장법 시행령에서 정한 상해급별 1급과 장애급별 1급이 인정되었으며, 위 사고발생과 관련한 A의 과실은 50%이다.

아울러 A는 사업주로서, 산업재해보상보험법상의 재해보상을 받을 수 없다.

※ 고소작업차(속칭 '스카이차')는 그 작업대에 작업자를 태우고 작업을 할 수 있으며, 자동차관리법 제3조 소정의 특수자동차에 해당함.

〈보험계약사항〉

• B는 고소작업차에 대하여 갑보험사의 '영업용 자동차보험'(대인배상 Ⅰ/대인배상 Ⅱ/ 자기신체사고 담보 및 무보험자동차에 의한 상해 담보 특별약관)에 가입.

• A는 자신 소유의 승용차에 대하여 을보험사의 '개인용 자동차보험'(대인배상 Ⅰ/ 대인배상 Ⅱ/ 자기신체사고 / 무보험자동차에 의한 상해)에 가입.

※ 갑보험사의 위 영업용 자동차보험 약관은 '자기신체사고'의 지급보험금 계산에서 '무보험자동차에 의한 상해 담보 특별약관'에 따라 지급될 수 있는 금액은 공제하도록 하고 있는데, 다만 그 특별약관 보험금의 청구를 포기하는 경우에는 공제하지 않는다고 규정하고 있음.

〈A의 손해사항 등〉

• 과실상계전 실제손해액 : 40,000만원(부상 손해 6,000만원 / 장애 손해 34,000만원)
  − 치료비 5,000만원 / 휴업손해액 1,000만원 / 상실수익액 30,000만원 / 장애 위자료 4,000만원

• A, B가 가입한 자동차보험의 보상한도

(단위 : 만원)

구 분	부상 1급	장애 1급
대인배상 Ⅰ	3,000	15,000
자기신체사고	3,000	10,000
무보험자동차에 의한 상해	20,000	

(1) A에 대한 손해배상책임의 주체와 그 법률상 근거를 약술하시오. (10점)

(2) A에 대한 갑, 을 보험사의 담보별 보상책임을 설명하시오. (10점)

(3) A에 대한 갑, 을 보험사의 담보별 지급보험금을 산출하고, 보험자 대위권 행사에 관하여 설명하시오. (10점)

02 현행 자동차보험 약관상 〈과실상계〉, 〈손익상계〉, 〈동승자에 대한 감액〉, 〈기왕증 공제〉에 관하여 설명하고, 그 적용 순서를 쓰시오. (15점)

03 현행 자동차손해배상보장법 및 자동차보험 약관상 피해자의 보호에 관한 사항들을 설명하시오. (15점)

04 현행 개인용 자동차보험 약관의 〈대인배상 Ⅰ〉, 〈대인배상 Ⅱ〉, 〈자기신체사고〉, 〈무보험자동차에 의한 상해〉에서 규정하고 있는 각 담보별 피보험자의 범위에 대하여 설명하시오. (15점)

제4과목 자동차보험의 이론과 실무(대인배상 및 자기신체손해)

05 산업재해보상보험 가입자인 갑물류회사의 직원 A는 자신의 자동차를 운전하여 통상적인 경로와 방법으로 출근하던 중 B가 운행하는 자동차의 일방과실에 의한 사고로 말미암아 현장에서 사망하였다.

이 건 사고에 대하여, 다음과 같이 자동차보험 대인배상 보험금과 산업재해보상보험 급여가 산정되고, 산업재해보상보험 급여 수급권자는 근로복지공단으로부터 보험급여를 받은 외에 달리 배상금을 받은 바 없다.

A의 유족으로는 배우자와 자녀 1명(성년자)이 있는데, 이 건 산업재해보상보험 급여를 받을 수 있는 자(수급권자)는 A의 배우자이며, 자녀는 수급권자가 아니다.

한편, 근로복지공단은 B가 가입한 을자동차보험회사에 구상권(대위권)을 행사한 바(다음 예시 참조), 이 경우 을보험사가 부담하여야 할 책임액을 산정함에 있어서 확인하여야 할 사항을 설명하고, 근로복지공단에 지급할 보험금을 산출하시오. (15점)

〈자동차보험 대인배상 지급기준에 의하여 산출된 보험금〉
위　자　료 : 50,000,000원
　　　　　　(청구권자의 범위 및 청구권자별 지급기준 : 민법상 상속규정에 따름)
장　례　비 : 5,000,000원
　　　　　　(청구권자의 범위 및 청구권자별 지급기준 : 민법상 상속규정에 따름)
상실수익액 : 35,000,000원
합　　　계 : 90,000,000원

〈산업재해보상보험법상의 보험급여〉
장　의　비 : 12,000,000원
유족일시금 : 130,000,000원
합　　　계 : 142,000,000원

06 현행 자동차보험 약관(대인배상 Ⅰ 및 Ⅱ, 자기신체사고, 무보험자동차에 의한 상해)상 손해배상청구권자의 직접청구권 및 피보험자의 보험금청구권 소멸시효 기산점에 대하여 설명하시오. (10점)

01 다음 사례를 검토하여 물음에 답하시오.

〈사고내용〉

2019년 7월 14일 11:00경 A와 B는 각각 자가용승용차를 운전 중 교차로에서 충돌하는 사고를 야기하였다. A는 직장동료 C의 요청으로 C소유 자동차를 운전하였는데 C와 동료직원 D가 동승하였으며, 다른 동료직원의 결혼식장에 함께 가던 중이었다(업무관련성 없음). 이 사고로 C는 사고 현장에서 사망하였고, D는 후유장해(상해1급, 장해7급)가 남게 되었다. A : B의 과실비율은 80% : 20%이며, 동승과정상 과실을 포함한 D의 호의동승감액비율은 50%이다.

〈보험계약사항〉

• A는 자가용승용차를 소유하고 있으며, 자신을 기명피보험자로 '갑' 보험회사의 개인용 자동차보험(대인배상1/대인배상2/자기신체사고/무보험자동차 상해)에 가입

• B는 위 사고자동차에 대하여 자신을 기명피보험자로 '을' 보험회사의 개인용자동차보험(대인배상1/대인배상2/자기신체사고)에 가입

• C는 위 사고자동차에 대하여 자신을 기명피보험자로 '병' 보험회사의 개인용자동차보험(대인배상1/대인배상2/자기신체사고)에 기명피보험자 1인 한정운전 특별약관으로 가입

〈손해상황 등〉

• C의 과실상계 전 실제손해액 : 22,000만원(장례비 500만원 / 사망위자료 8,000만원 / 상실수익액 13,500만원)

• D의 과실상계 전 실제손해액 : 10,000만원[부상손해 4,000만원(치료비 3,500만원/휴업손해 500만원) / 장해손해 6,000만원(장해위자료 1,000만원/상실수익액 5,000만원)]

• A, B, C가 가입한 자동차보험의 보상한도 　　　　　　　　　　　　　　　(단위 : 만원)

구 분	부상1급	장해7급	사 망
대인배상1	3,000	6,000	15,000
대인배상2	무 한		
자기신체사고	1,500	1,200	3,000
무보험자동차에 의한 상해	20,000		

(1) C 및 D에 대한 법률상 손해배상책임 및 각 보험회사의 담보별 보상책임을 설명하시오. (15점)

(2) C 및 D에 대한 각 보험회사의 담보별 지급보험금을 산출하고, 보험회사의 권리를 설명하시오. (15점)

제4과목 자동차보험의 이론과 실무(대인배상 및 자기신체손해)

02 다음 사례에서 보험금지급채무의 존재 또는 부존재를 가리기 위해 손해사정사가 착안, 검토하여야 할 사항을 대인배상1/대인배상2로 나누어 기술하시오. (20점)

〈사례〉
- A는 B의 피용자로서 아래 자동차보험의 보험기간 내에 B소유 자가용승용차를 운전 중, 도로를 횡단하던 C(A, B와 아무런 인적관계 없음)를 충격하여 부상케 한 바, 이에 C는 그 자동차보험회사에 피해자 직접청구권을 행사하였다.
- B는 자신을 기명피보험자로 하여 개인용자동차보험(운전자연령한정운전 특별약관)으로 대인배상1, 2에 가입하였다.
- A는 사고당시 위 특별약관에 위반되는 연령이었으며, 운전면허 정지 기간 중이었다.

03 자동차사고의 손해배상에 있어 노동능력상실률 평가에 관하여 설명하시오. (20점)

04 현행 자동차보험약관 「자동차사고 과실비율 인정기준」의 "수정요소"에 관하여 설명하시오. (15점)

05 업무상 과실 또는 중대한 과실로 교통사고를 일으킨 운전자에 대한 형사처벌 특례에 관하여 설명하시오. (15점)

01 자동차사고의 손해배상책임과 관련하여, 자동차손해배상보장법상의 책임과 민법 상의 책임을 비교·설명하시오. (25점)

02 자동차보험 제도에 있어서 피해자의 직접청구권에 대하여 설명하고, 약관상 유의 사항을 기술하시오. (15점)

03 현행 자동차보험 약관상 유상운송 면책에 대하여 설명하시오. (15점)

04 자동차보험에서 '피보험자동차의 양도'의 의의와 시점 및 효과에 대하여 설명하 시오. (15점)

05 현행 자동차보험 약관 지급기준상 '기술직 종사자'와 '현역병 등 군복무 해당자'의 현실소득액 산정방법과 취업가능월수에 대하여 설명하시오. (15점)

06 다음 사례에서 대인배상 지급기준에 따라 A에게 지급할 보험금을 계산하시오. (15점)

〈사고내용〉

2020년 09월 09일 보행자 A는 도로횡단 중 B가 운전하는 자동차에 의하여 상해를 입었으며, 보행자의 과실은 50%로 인정되었다. A는 사고 당시 48세 여자이다.

〈보험계약사항〉

B운전 자동차는 개인용 자동차보험 전담보에 가입(보험기간 2020.09.01. ~ 2021.09.01.)되어 있으며, 보험회사의 보상책임이 인정된다.

〈손해사항〉

A는 안정성척추골절로 40일 동안 입원(입원기간 간병인원은 1일 1인 인정됨) 후 50일 동안통원하였는데, 이후 영구장해로 감정되었다. 한편 A는 좌측 상악 제1대구치 · 제2대구치, 좌측 하악 제1대구치 등 3개 치아파절에 대하여 임플란트 시술을 받았다.

〈보험금 계산 기초〉

치료비(치과치료제외)	4,600,000원	임플란트 시술비(1치당)	1,000,000원
노동능력상실률	30%	휴업손해 인정액	3,500,000원
일용근로자 임금	100,000원	월평균 현실소득액	3,000,000원
후유장해 위자료(30%)	2,000,000원	상해등급 위자료(5급)	750,000원

※ 치료비는 이미 보험회사가 치료병원에 지급하였음(임플란트 시술비는 A가 부담하였음).

※ 노동능력상실일로부터 20개월 후 보험금을 지급하게 된 바, 보험금지급일로부터 취업가능연한까지의 월수에 해당하는 라이프니츠계수는 130임.

참고도서 및 사이트

[참고도서]
- 의학이론, 김정좌 저, 보험연수원, 2020
- 의학이론, 박진이 저, 미래보험교육원, 2020
- 의학이론, 임정원 저, 이패스코리아, 2020
- 의학이론, 이지이 저, 로이즈, 2020
- 의학이론, 구자웅 저, 한국손해사정연구원, 2020
- 의학이론, 오세창 저, 손사에듀, 2019

- 책임·근재보험의 이론과 실무, 최영호 저, 보험연수원, 2020
- 책임보험 및 근로자재해보상보험, 신록산 저, 로이즈, 2021
- 책임근재보험의 이론과 실무, 강효선 저, 미래보험교육원, 2020
- 배상책임보험 및 근재보험의 이론과 실무, 임경아 저, 이패스코리아, 2020
- 책임보험 및 근로자재해보상보험의 이론과 실무, 배민영 저, 한국손해사정연구원, 2020
- 책임보험·근로자재해보상보험의 이론과 실무, 김광준 저, 고시아카데미, 2020
- 근재·배상책임보험, 오세창 저, 손사에듀, 2018

- 제3보험의 이론과 실무, 임동섭 저, 보험연수원, 2020
- 제3보험의 이론과 실무, 최상은 저, 이패스코리아, 2020
- 제3보험의 이론과 실무, 이윤석 저, 한국손해사정연구원, 2020
- 제3보험의 이론과 실무, 이지이 저, 로이즈, 2020
- 제3보험의 이론과 실무, 정원석 저, 미래보험교육원, 2020
- 제3보험의 이론과 실무, 이용욱 저, 고시아카데미, 2020
- 제3보험의 이론과 실무, 윤금옥 저, 고시아카데미, 2020
- 제3보험의 이론과 실무, 배원석 저, 로이즈, 2019
- 제3보험의 이론, 장길용 저, 손사에듀, 2019
- 제3보험의 이론과 실무, 정태순 저, 고시아카데미, 2018
- 제3보험의 이론과 실무, 최영호 저, 이패스코리아, 2018

- 자동차보험의 이론과 실무(대인), 김광국 저, 보험연수원, 2020
- 자동차보험(대인) 이론과 실무, 윤성열 저, 이패스코리아, 2020
- 자동차보험의 이론과 실무, 배민영 저, 한국손해사정연구원, 2020
- 자동차보험의 이론과 실무(대인), 오한나 저, 미래보험교육원, 2020
- 자동차보험 이론과 실무, 박세원 저, 고시아카데미, 2020
- 자동차보험 이론과 실무, 김영길 저, 고시아카데미, 2020
- 자동차보험 대물이론과 실무, 김광준 저, 고시아카데미, 2019

[사이트]
- 법제처 www.moleg.go.kr
- 보험연수원 www.in.or.kr
- 보험개발원 www.kidi.or.kr
- 금융감독원 www.fss.or.kr
- 한국손해사정사회 www.kicaa.or.kr
- 보건복지부 www.mohw.go.kr
- 고용노동부 www.moel.go.kr
- 국민건강보험공단 www.nhic.or.kr
- 국민연금공단 www.nps.or.kr
- 근로복지공단 www.kcomwel.or.kr

시대교육그룹

시대교육 원격평생교육원

국민내일배움카드

1234 5678 9000 ****

국민내일배움카드로 지격증을 취득한다! 손해평가사

- 공정하고 객관적인 농업재해보험의 손해평가!
- 피해사실의 확인!
- 보험가액 및 손해액의 평가!

▶ 수강문의 : 02-719-7985

▶ 카드 발급문의 : 1350(고용노동부 국번없음)

▶ 시대교육 원격평생교육원 : cyber.sdedu.co.kr

손해사정사

현직 손해사정사의 이론중심 전략강의로 단기간 합격을 보장합니다.

1차 시험 이렇게 공부하라!

회독과 반복	선택과 집중	정답과 오답
생소한 개념, 어려운 용어 **반복적으로 학습**	**자신있는 과목에 집중**하여 평균 점수 올리기	오답을 놓치지 않고 **따로 정리하여 오답확률↓**

시대에듀 합격 전략 커리큘럼과 함께하면 1차 합격! 아직 늦지 않았습니다.

기본이론
기본 개념 확립을 위한 핵심이론 학습

문제풀이
단원별 문제풀이로 문제해결능력 향상

기출문제해설
최근 기출문제 분석으로 출제 포인트 집중학습

핵심 3단계 구성으로
한방에 끝내는 합격 이론서

1차 한권으로 끝내기

핵심이론 + 기본유형문제 + 기출분석문제

기본개념을 요약한 실전핵심 NOTE
최신 개정법령을 반영한 핵심이론
시험에 출제될 가능성이 높은 기본유형문제
대표 문제만 엄선한 기출분석문제 100선

합격률 100%

8년간 4만 독자들의 선택!

2022

E·D·F

Essential	Drill	Final
기본기 마스터	훈련	출제자의 시각

바이블

약술형 + 주관식 풀이형

신체 손해사정사 2차

부록

최신 개정 표준약관 수록

편저 한치영

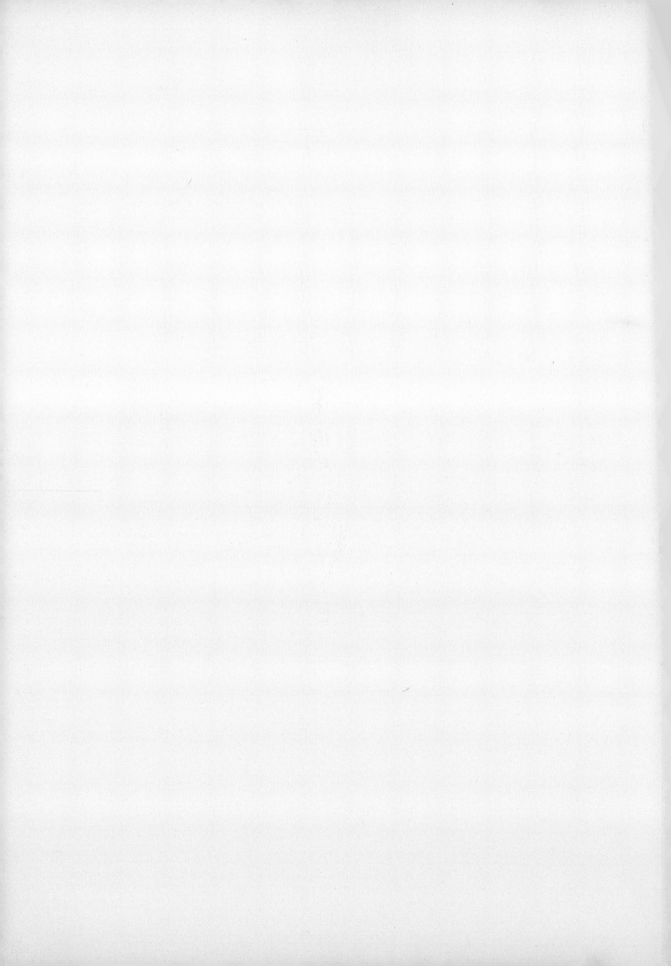

표준약관

01 화재보험 표준약관

〈개정 2005.2.15., 2010.3.29., 2011.1.19., 2014.12.26., 2015.12.29., 2018.3.2., 2019.12.20. 2020.7.31., 2020.10.16., 2021.7.1.〉

제1관 목적 및 용어의 정의

제1조(목적) 이 보험계약(이하 '계약'이라 합니다)은 보험계약자(이하 '계약자'라 합니다)와 보험회사(이하 '회사'라 합니다) 사이에 피보험자가 보험의 목적에 화재(벼락을 포함합니다. 이하 같습니다)로 입은 손해에 대한 위험을 보장하기 위하여 체결됩니다.

제2조(용어의 정의) 이 계약에서 사용되는 용어의 정의는 이 계약의 다른 조항에서 달리 정의되지 않는 한 다음과 같습니다.

1. 계약 관련 용어
   가. 계약자 : 회사와 계약을 체결하고 보험료를 납입할 의무를 지는 사람을 말합니다.
   나. 피보험자 : 보험사고로 인하여 손해를 입은 사람(법인인 경우에는 그 이사 또는 법인의 업무를 집행하는 그 밖의 기관)을 말합니다.
   다. 보험증권 : 계약의 성립과 그 내용을 증명하기 위하여 회사가 계약자에게 드리는 증서를 말합니다.
   라. 보험의 목적 : 이 약관에 따라 보험에 가입한 물건으로 보험증권에 기재된 건물 등을 말합니다.
2. 보상 관련 용어
   가. 보험가입금액 : 회사와 계약자 간에 약정한 금액으로 보험사고가 발생할 때 회사가 지급할 최대 보험금을 말합니다.
   나. 보험가액 : 재산보험에 있어 피보험 이익을 금전으로 평가한 금액으로 보험목적에 발생할 수 있는 최대 손해액을 말합니다(회사가 실제 지급하는 보험금은 보험가액을 초과할 수 없습니다).
   다. 자기부담금 : 보험사고로 인하여 발생한 손해에 대하여 계약자 또는 피보험자가 부담하는 일정 금액을 말합니다.
   라. 보험금 분담 : 이 계약에서 보장하는 위험과 같은 위험을 보장하는 다른 계약(공제계약을 포함합니다)이 있을 경우 비율에 따라 손해를 보상합니다.
   마. 대위권 : 회사가 보험금을 지급하고 취득하는 법률상의 권리를 말합니다.
3. 이자율 관련 용어
   가. 연단위 복리 : 회사가 지급할 금전에 이자를 줄 때 1년마다 마지막 날에 그 이자를 원금에 더한 금액을 다음 1년의 원금으로 하는 이자 계산방법을 말합니다.
   나. 보험개발원이 공시하는 보험계약대출이율 : 보험개발원이 정기적으로 산출하여 공시하는 이율로써 회사가 보험금의 지급 또는 보험료의 환급을 지연하는 경우 등에 적용합니다.
4. 기간과 날짜 관련 용어
   가. 보험기간 : 계약에 따라 보장을 받는 기간을 말합니다.
   나. 영업일 : 회사가 영업점에서 정상적으로 영업하는 날을 말하며, 토요일, '관공서의 공휴일에 관한 규정'에 따른 공휴일과 근로자의 날을 제외합니다.

제2관 보험금의 지급

제3조(보상하는 손해) ① 회사는 보험의 목적이 화재로 입은 아래의 손해를 보상하여 드립니다.

1. 사고에 따른 직접손해
2. 사고에 따른 소방손해(화재진압과정에서 발생하는 손해)
3. 사고에 따른 피난손해(피난지에서 5일 동안에 보험의 목적에 생긴 위 제1호 및 제2호의 손해를 포함합니다)

② 회사는 제1항에서 보장하는 위험으로 인하여 손해가 발생한 경우 계약자 또는 피보험자가 지출한 아래의 비용을 추가로 지급합니다.

1. 잔존물 제거비용 : 사고현장에서의 잔존물의 해체비용, 청소비용 및 차에 싣는 비용. 다만, 제1항에서 보장하지 않는 위험으로 보험의 목적이 손해를 입거나 관계법령에 의하여 제거됨으로써 생긴 손해에 대하여는 보상하여 드리지 않습니다.
2. 손해방지비용 : 손해의 방지 또는 경감을 위하여 지출한 필요 또는 유익한 비용
3. 대위권 보전비용 : 제3자로부터 손해의 배상을 받을 수 있는 경우에는 그 권리를 지키거나 행사하기 위하여 지출한 필요 또는 유익한 비용
4. 잔존물 보전비용 : 잔존물을 보전하기 위하여 지출한 필요 또는 유익한 비용. 다만, 제13조(잔존물)에 의해 회사가 잔존물을 취득한 경우에 한합니다.
5. 기타 협력비용 : 회사의 요구에 따르기 위하여 지출한 필요 또는 유익한 비용

> **【청소비용】** 사고현장 및 인근 지역의 토양, 대기 및 수질 오염물질 제거비용과 차에 실은 후 폐기물 처리비용은 포함되지 않습니다.

③ 아래의 물건은 보험증권에 기재하여야만 제1항의 보험의 목적이 됩니다.

1. 통화, 유가증권, 인지, 우표 및 이와 비슷한 것
2. 귀금속, 귀중품, 보옥, 보석, 글·그림, 골동품, 조각물 및 이와 비슷한 것
3. 원고, 설계서, 도안, 물건의 원본, 모형, 증서, 장부, 금형(쇠틀), 목형(나무틀), 소프트웨어 및 이와 비슷한 것
4. 실외 및 옥외에 쌓아둔 동산

> **【귀중품】** 무게나 부피가 휴대할 수 있으며, 점당 300만원 이상

④ 아래의 물건은 다른 약정이 없으면 제1항의 보험의 목적에 포함됩니다.

1. 건물인 경우
   가. 건물의 부속물 : 피보험자의 소유인 칸막이, 대문, 담, 곳간 및 이와 비슷한 것
   나. 건물의 부착물 : 피보험자 소유인 간판, 네온사인, 안테나, 선전탑 및 이와 비슷한 것
2. 건물이외 경우 : 피보험자 또는 그와 같은 세대에 속하는 사람의 소유물(생활용품, 집기·비품 등)

제4조(보상하지 않는 손해) 회사는 아래의 사유로 인한 손해는 보상하여 드리지 않습니다.

1. 계약자, 피보험자 또는 이들의 법정대리인의 고의 또는 중대한 과실
2. 화재가 발생했을 때 생긴 도난 또는 분실로 생긴 손해
3. 보험의 목적의 발효, 자연발열, 자연발화로 생긴 손해. 그러나, 자연발열 또는 자연발화로 연소된 다른 보험의 목적에 생긴 손해는 보상하여 드립니다.

4. 화재에 기인되지 않는 수도관, 수관 또는 수압기 등의 파열로 생긴 손해
5. 발전기, 여자기(정류기 포함), 변류기, 변압기, 전압조정기, 축전기, 개폐기, 차단기, 피뢰기, 배전반 및 그 밖의 전기기기 또는 장치의 전기적 사고로 생긴 손해. 그러나 그 결과로 생긴 화재손해는 보상하여 드립니다.
6. 원인의 직접, 간접을 묻지 않고 지진, 분화 또는 전쟁, 혁명, 내란, 사변, 폭동, 소요, 노동쟁의, 기타 이들과 유사한 사태로 생긴 화재 및 연소 또는 그 밖의 손해
7. 핵연료물질 또는 핵연료 물질에 의하여 오염된 물질의 방사성, 폭발성 그 밖의 유해한 특성 또는 이들의 특성에 의한 사고로 인한 손해
8. 위 제7호 이외의 방사선을 쬐는 것 또는 방사능 오염으로 인한 손해
9. 국가 및 지방자치단체의 명령에 의한 재산의 소각 및 이와 유사한 손해

> 【핵연료물질】 사용된 연료를 포함합니다.
> 【핵연료물질에 의하여 오염된 물질】 원자핵 분열 생성물을 포함합니다.

제5조(손해의 통지 및 조사) ① 보험의 목적에 손해가 생긴 경우 계약자 또는 피보험자는 지체 없이 이를 회사에 알려야 합니다.

② 계약자 또는 피보험자가 제1항의 통지를 게을리하여 손해가 증가된 때에는 회사는 그 증가된 손해는 보상하여 드리지 않습니다.

③ 회사가 제1항에 대한 손해의 사실을 확인하기 어려운 경우에는 계약자 또는 피보험자에게 필요한 증거자료의 제출을 요청할 수 있습니다.

④ 회사는 제1항의 통지를 받은 때에는 사고가 생긴 건물 또는 그 구내와 거기에 들어있는 피보험자의 소유물을 조사할 수 있습니다.

제6조(보험금의 청구) 피보험자가 보험금을 청구할 때에는 다음의 서류를 회사에 제출하여야 합니다.
1. 보험금 청구서(회사양식)
2. 신분증(주민등록증이나 운전면허증 등 사진이 붙은 정부기관발행 신분증, 아닌 경우에는 본인의 인감증명서 또는 본인서명사실확인서 포함) 〈개정 2018.3.2.〉
3. 기타 회사가 요구하는 증거자료

제7조(보험금의 지급절차) ① 회사는 제6조(보험금의 청구)에서 정한 서류를 접수한 때에는 접수증을 교부하고, 그 서류를 접수받은 후 지체 없이 지급할 보험금을 결정하고 지급할 보험금이 결정되면 7일 이내에 이를 지급하여 드립니다. 또한, 지급할 보험금이 결정되기 전이라도 피보험자의 청구가 있을 때에는 회사가 추정한 보험금의 50% 상당액을 가지급보험금으로 지급합니다.

② 회사가 제1항의 규정에 정한 지급기일 내에 보험금을 지급하지 않았을 때에는 그 다음날부터 지급일까지의 기간에 대하여 〈부표〉'보험금을 지급할 때의 적립이율'에 따라 연단위 복리로 계산한 금액을 보험금에 더하여 지급합니다. 그러나 계약자 또는 피보험자의 책임 있는 사유로 지급이 지연될 때에는 그 해당기간에 대한 이자를 더하여 지급하지 않습니다.

제8조(보험금 등의 지급한도) ① 제3조(보상하는 손해) 제1항의 손해에 의한 보험금과 제3조(보상하는 손해) 제2항의 잔존물 제거비용은 각각 제9조(지급보험금의 계산)를 준용하여 계산하며, 그 합계액은 보험증권에 기재된 보험가입금액을 한도로 합니다. 다만, 잔존물 제거비용은 손해액의 10%를 초과할 수 없습니다.
② 제3조(보상하는 손해) 제2항의 비용손해 중 손해방지비용, 대위권 보전비용 및 잔존물 보전비용은 제9조(지급보험금의 계산)를 준용하여 계산한 금액이 보험가입금액을 초과하는 경우에도 이를 지급합니다.
③ 제3조(보상하는 손해) 제2항의 비용손해 중 기타 협력비용은 보험가입금액을 초과한 경우에도 이를 전액 지급합니다.
④ 회사가 손해를 보상한 경우에는 보험가입금액에서 보상액을 뺀 잔액을 손해가 생긴 후의 나머지 보험기간에 대한 잔존보험가입금액으로 합니다. 보험의 목적이 둘 이상일 경우에도 각각 동 항의 규정을 적용합니다.

제9조(지급보험금의 계산) ① 회사가 지급할 보험금은 아래에 따라 계산합니다.
1. 보험가입금액이 보험가액의 80% 해당액과 같거나 클 때 : 보험가입금액을 한도로 손해액 전액. 그러나 보험가입금액이 보험가액보다 클 때에는 보험가액을 한도로 합니다.
2. 보험가입금액이 보험가액의 80% 해당액보다 작을 때 : 보험가입금액을 한도로 아래의 금액

$$\text{손해액} \times \frac{\text{보험가입금액}}{\text{보험가액의 80\% 해당액}}$$

② 동일한 계약의 목적과 동일한 사고에 관하여 보험금을 지급하는 다른 계약(공제계약을 포함합니다)이 있고 이들의 보험가입금액의 합계액이 보험가액보다 클 경우에는 아래에 따라 지급보험금을 계산합니다. 이 경우 보험자 1인에 대한 보험금 청구를 포기한 경우에도 다른 보험자의 지급보험금 결정에는 영향을 미치지 않습니다.
1. 다른 계약이 이 계약과 지급보험금의 계산방법이 같은 경우 :

$$\text{손해액} \times \frac{\text{이 계약의 보험가입금액}}{\text{다른 계약이 없는 것으로 하여 각각 계산한 보험가입금액의 합계액}}$$

2. 다른 계약이 이 계약과 지급보험금의 계산방법이 다른 경우 :

$$\text{손해액} \times \frac{\text{이 계약의 보험금}}{\text{다른 계약이 없는 것으로 하여 각각 계산한 보험금의 합계액}}$$

3. 이 계약이 타인을 위한 계약이면서 보험계약자가 다른 계약으로 인하여 상법 제682조에 따른 대위권 행사의 대상이 된 경우에는 실제 그 다른 계약이 존재함에도 불구하고 그 다른 계약이 없다는 가정 하에 제1항에 따라 계산한 보험금을 그 다른 계약에 우선하여 이 계약에서 지급합니다. 〈신설 2019.12.20.〉
4. 이 계약을 체결한 보험회사가 타인을 위한 보험에 해당하는 다른 계약의 보험계약자에게 상법 제682조에 따른 대위권을 행사할 수 있는 경우에는 이 계약이 없다는 가정 하에 다른 계약에서 지급받을 수 있는 보험금을 초과한 손해액을 이 계약에서 보상합니다. 〈신설 2019.12.20.〉
③ 하나의 보험가입금액으로 둘 이상의 보험의 목적을 계약하는 경우에는 전체가액에 대한 각 가액의 비율로 보험가입금액을 비례배분하여 제1항 또는 제2항의 규정에 따라 지급보험금을 계산합니다.

제10조(손해방지의무) 보험사고가 생긴 때에는 계약자 또는 피보험자는 손해의 방지와 경감에 힘써야 합니다. 만약, 계약자 또는 피보험자가 고의 또는 중대한 과실로 이를 게을리한 때에는 방지 또는 경감할 수 있었을 것으로 밝혀진 값을 손해액에서 뺍니다.

제11조(손해액의 조사결정) 회사가 보상할 손해액은 그 손해가 생긴 때와 곳에서의 보험가액에 따라 계산합니다.

제12조(현물보상) 회사는 손해의 일부 또는 전부에 대하여 재건축, 수리 또는 현물의 보상으로서 보험금의 지급에 대신할 수 있습니다.

제13조(잔존물) 회사가 제3조(보상하는 손해) 제1항의 보험금을 지급하고 잔존물을 취득할 의사표시를 하는 경우에는 그 잔존물은 회사의 소유가 됩니다.

제14조(대위권) ① 회사가 보험금을 지급한 때(현물보상한 경우를 포함합니다)에는 회사는 지급한 보험금 한도 내에서 계약자 또는 피보험자가 제3자에 대하여 가지는 손해배상청구권을 취득합니다. 다만, 회사가 보상한 금액이 피보험자가 입은 손해의 일부인 경우에는 피보험자의 권리를 침해하지 않는 범위 내에서 그 권리를 취득합니다.

② 계약자 또는 피보험자는 제1항에 의하여 회사가 취득한 권리를 행사하거나 지키는 것에 관하여 필요한 조치를 하여야 하며 또한 회사가 요구하는 증거 및 서류를 제출하여야 합니다.

③ 회사는 제1항 및 제2항에 불구하고 타인을 위한 계약의 경우에는 계약자에 대한 대위권을 포기합니다.

④ 회사는 제1항에 따른 권리가 계약자 또는 피보험자와 생계를 같이 하는 가족에 대한 것인 경우에는 그 권리를 취득하지 못합니다. 다만, 손해가 그 가족의 고의로 인하여 발생한 경우에는 그 권리를 취득합니다.

⑤ 회사는 제1항에 따른 권리가 계약자 또는 피보험자와 임대차계약을 체결하는 등 거주를 허락한 자(이하 '임차인등')에 대한 것으로서, 임차인등이 보험료를 납부하는 경우 임차인 등 및 이들과 생계를 같이하는 가족에 대한 대위권을 포기합니다. 다만, 손해가 임차인 등 및 가족의 고의로 인하여 발생한 경우에는 그러하지 않습니다. 〈신설 2020.7.31.〉

제3관 계약자의 계약 전 알릴 의무 등

제15조(계약 전 알릴 의무) 계약자, 피보험자 또는 이들의 대리인은 청약할 때 청약서(질문서를 포함합니다)에서 질문한 사항에 대하여 알고 있는 사실을 반드시 사실대로 알려야 합니다.

제16조(계약 후 알릴 의무) ① 계약을 맺은 후 보험의 목적에 아래와 같은 사실이 생긴 경우에는 계약자나 피보험자는 지체 없이 서면으로 회사에 알리고 보험증권에 확인을 받아야 합니다.

1. 이 계약에서 보장하는 위험과 동일한 위험을 보장하는 계약을 다른 보험자와 체결하고자 할 때 또는 이와 같은 계약이 있음을 알았을 때
2. 양도할 때
3. 보험의 목적 또는 보험의 목적을 수용하는 건물의 구조를 변경, 개축, 증축하거나 계속하여 15일 이상 수선할 때
4. 보험의 목적 또는 보험의 목적을 수용하는 건물의 용도를 변경함으로써 위험이 변경되는 경우
5. 보험의 목적 또는 보험의 목적이 들어있는 건물을 계속하여 30일 이상 비워 두거나 휴업하는 경우
6. 다른 곳으로 옮길 때
7. 위험이 뚜렷이 변경되거나 변경되었음을 알았을 때

② 회사는 제1항에 따라 위험이 감소된 경우에는 그 차액보험료를 돌려드리며, 위험이 증가된 경우에는 통지를 받은 날부터 1개월 이내에 보험료의 증액을 청구하거나 계약을 해지할 수 있습니다.

③ 계약자 또는 피보험자는 주소 또는 연락처가 변경된 경우에는 지체 없이 이를 회사에 알려야 합니다. 다만, 계약자 또는 피보험자가 알리지 않은 경우 회사가 알고 있는 최종의 주소 또는 연락처로 등기우편 등 우편물에 대한 기록이 남는 방법으로 회사가 알린 사항은 일반적으로 도달에 필요한 기간이 지난 때에는 계약자 또는 피보험자에게 도달한 것으로 봅니다.

제17조(사기에 의한 계약) 계약자, 피보험자 또는 이들의 대리인의 사기에 의하여 계약이 성립되었음을 회사가 증명하는 경우에는 계약일부터 5년 이내(사기사실을 안 날부터 1개월 이내)에 계약을 취소할 수 있습니다.

제4관 보험계약의 성립과 유지

제18조(보험계약의 성립) ① 계약은 계약자의 청약과 회사의 승낙으로 이루어집니다.

② 회사는 계약의 청약을 받고 보험료 전액 또는 제1회 보험료(이하 '제1회 보험료 등'이라 합니다)를 받은 경우에는 청약일부터 30일 이내에 승낙 또는 거절의 통지를 하며 통지가 없으면 승낙한 것으로 봅니다.

③ 회사가 청약을 승낙한 때에는 지체 없이 보험증권을 계약자에게 교부하여 드리며, 청약을 거절한 경우에는 거절통지와 함께 받은 금액을 계약자에게 돌려드립니다.

④ 이미 성립한 계약을 연장하거나 변경하는 경우에는 회사는 보험증권에 그 사실을 기재함으로써 보험증권의 교부에 대신할 수 있습니다.

제19조(청약의 철회) ① 계약자는 보험증권을 받은 날부터 15일 이내에 그 청약을 철회할 수 있습니다. 다만, 의무보험의 경우에는 철회의사를 표시한 시점에 동종의 다른 의무보험에 가입된 경우에만 철회할 수 있으며, 보험기간이 90일 이내인 계약 또는 전문금융소비자가 체결한 계약은 청약을 철회할 수 없습니다. 〈개정 2021.7.1.〉

> 【전문금융소비자】 보험계약에 관한 전문성, 자산규모 등에 비추어 보험계약에 따른 위험감수능력이 있는 자로서, 국가, 지방자치단체, 한국은행, 금융회사, 주권상장법인 등을 포함하며 「금융소비자 보호에 관한 법률」 제2조(정의) 제9호에서 정하는 전문금융소비자를 말합니다.
>
> 【일반금융소비자】 전문금융소비자가 아닌 계약자를 말합니다. 〈개정 2021.7.1.〉

② 제1항에도 불구하고 청약한 날부터 30일이 초과된 계약은 청약을 철회할 수 없습니다.

③ 청약철회는 계약자가 전화로 신청하거나, 철회의사를 표시하기 위한 서면, 전자우편, 휴대전화 문자메시지 또는 이에 준하는 전자적 의사표시(이하 '서면 등'이라 합니다)를 발송한 때 효력이 발생합니다. 계약자는 서면 등을 발송한 때에 그 발송 사실을 회사에 지체 없이 알려야 합니다. 〈개정 2021.7.1.〉

④ 계약자가 청약을 철회한 때에는 회사는 청약의 철회를 접수한 날부터 3영업일 이내에 납입한 보험료를 계약자에게 돌려드리며, 보험료 반환이 늦어진 기간에 대하여는 '보험개발원이 공시하는 보험계약대출이율'을 연단위 복리로 계산한 금액을 더하여 지급합니다. 다만, 계약자가 제1회 보험료 등을 신용카드로 납입한 계약의 청약을 철회하는 경우에 회사는 청약의 철회를 접수한 날부터 3영업일 이내에 해당 신용카드회사로 하여금 대금청구를 하지 않도록 해야 하며, 이 경우 회사는 보험료를 반환한 것으로 봅니다. 〈개정 2021.7.1.〉

⑤ 청약을 철회할 때에 이미 보험금 지급사유가 발생하였으나 계약자가 그 보험금 지급사유가 발생한 사실을 알지 못한 경우에는 청약철회의 효력은 발생하지 않습니다.

⑥ 제1항에서 보험증권을 받은 날에 대한 다툼이 발생한 경우 회사가 이를 증명하여야 합니다.

제20조(약관 교부 및 설명의무 등) ① 회사는 계약자가 청약할 때에 계약자에게 약관의 중요한 내용을 설명하여야 하며, 청약 후에 다음 각 호의 방법 중 계약자가 원하는 방법을 확인하여 지체 없이 약관 및 계약자 보관용 청약서를 제공하여 드립니다. 만약, 회사가 전자우편 및 전자적 의사표시로 제공한 경우 계약자 또는 그 대리인이 약관 및 계약자 보관용 청약서 등을 수신하였을 때에는 해당 문서를 드린 것으로 봅니다. 〈개정 2021.7.1.〉

1. 서면교부
2. 우편 또는 전자우편
3. 휴대전화 문자메시지 또는 이에 준하는 전자적 의사표시

② 제1항과 관련하여 통신판매계약의 경우, 회사는 계약자가 가입한 특약만 포함한 약관을 드리며, 계약자의 동의를 얻어 다음 중 한 가지 방법으로 약관의 중요한 내용을 설명할 수 있습니다. 〈신설 2020.10.16.〉

1. 인터넷 홈페이지에서 약관 및 약관의 중요한 내용을 설명한 문서를 읽거나 내려받게 하는 방법. 이 경우 계약자가 이를 읽거나 내려받은 것을 확인한 때에 당해 약관을 드리고 그 중요한 내용을 설명한 것으로 봅니다.
2. 전화를 이용하여 청약내용, 보험료납입, 보험기간, 계약 전 알릴 의무, 약관의 중요한 내용 등 계약을 체결하는데 필요한 사항을 질문 또는 설명하는 방법. 이 경우 계약자의 답변과 확인내용을 음성 녹음함으로써 약관의 중요한 내용을 설명한 것으로 봅니다.

> 【통신판매계약】 전화·우편·인터넷 등 통신수단을 이용하여 체결하는 계약을 말합니다.

③ 회사가 제1항에 따라 제공될 약관 및 계약자 보관용 청약서를 청약할 때 계약자에게 전달하지 않거나 약관의 중요한 내용을 설명하지 않은 때 또는 계약을 체결할 때 계약자가 청약서에 자필서명을 하지 않은 때에는 계약자는 계약이 성립한 날부터 3개월 이내에 계약을 취소할 수 있습니다.

> 【자필서명】 날인(도장을 찍음) 및 「전자서명법」 제2조 제2호에 따른 전자서명을 포함합니다. 〈개정 2021.7.1.〉

④ 제3항에 따라 계약이 취소된 경우에는 회사는 이미 납입한 보험료를 계약자에게 돌려 드리며, 보험료를 받은 기간에 대하여 보험개발원이 공시하는 보험계약대출이율을 연단위 복리로 계산한 금액을 더하여 지급합니다.

제21조(계약의 무효) 계약을 맺을 때에 보험의 목적에 이미 사고가 발생하였을 경우 이 계약은 무효로 합니다. 다만, 회사의 고의 또는 과실로 계약이 무효로 된 경우와 회사가 승낙 전에 무효임을 알았거나 알 수 있었음에도 불구하고 보험료를 반환하지 않은 경우에는 보험료를 납입한 날의 다음날부터 반환일까지의 기간에 대하여 회사는 보험개발원이 공시하는 보험계약대출이율을 연단위 복리로 계산한 금액을 더하여 돌려 드립니다.

제22조(계약내용의 변경 등) ① 계약자는 회사의 승낙을 얻어 다음의 사항을 변경할 수 있습니다. 이 경우 승낙을 서면 등으로 알리거나 보험증권의 뒷면에 기재하여 드립니다.

1. 보험종목
2. 보험기간
3. 보험료 납입주기, 납입방법 및 납입기간
4. 계약자, 피보험자
5. 보험가입금액, 보험료 등 기타 계약의 내용

② 회사는 계약자가 제1회 보험료 등을 납입한 때부터 1년 이상 지난 유효한 계약으로서 그 보험종목의 변경을 요청할 때에는 회사의 사업방법서에서 정하는 방법에 따라 이를 변경하여 드립니다.

③ 회사는 계약자가 제1항 제5호의 규정에 의하여 보험가입금액을 감액하고자 할 때에는 그 감액된 부분은 계약이 해지된 것으로 보며, 제33조(보험료의 환급)에 따라 보험료를 계약자에게 지급합니다.

④ 회사는 제1항에 따라 계약자를 변경한 경우, 변경된 계약자에게 보험증권 및 약관을 교부하고 변경된 계약자가 요청하는 경우 약관의 중요한 내용을 설명하여 드립니다.

제23조(보험의 목적에 대한 조사) 회사는 보험목적에 대한 위험상태를 조사하기 위하여 보험기간 중 언제든지 보험의 목적 또는 이들이 들어 있는 건물이나 구내를 조사할 수 있습니다.

제24조(타인을 위한 계약) ① 계약자는 타인을 위한 계약을 체결하는 경우에 그 타인의 위임이 없는 때에는 반드시 이를 회사에 알려야 하며, 이를 알리지 않았을 때에는 그 타인은 이 계약이 체결된 사실을 알지 못하였다는 사유로 회사에 이의를 제기할 수 없습니다.

② 타인을 위한 계약에서 보험사고가 발생한 경우에 계약자가 그 타인에게 보험사고의 발생으로 생긴 손해를 배상한 때에는 계약자는 그 타인의 권리를 해지지 않는 범위 안에서 회사에 보험금의 지급을 청구할 수 있습니다.

제5관 보험료의 납입

제25조(제1회 보험료 등 및 회사의 보장개시) ① 회사는 계약의 청약을 승낙하고 제1회 보험료 등을 받은 때부터 이 약관이 정한 바에 따라 보장을 합니다.

② 회사가 계약자로부터 계약의 청약과 함께 제1회 보험료 등을 받은 경우에 그 청약을 승낙하기 전에 계약에서 정한 보험금 지급사유가 생긴 때에는 회사는 계약상의 보장을 합니다.

③ 제2항의 규정에도 불구하고 회사는 다음 중 한 가지에 해당되는 경우에는 보장을 하지 않습니다.

1. 제15조(계약 전 알릴 의무)의 규정에 의하여 계약자 또는 피보험자가 회사에 알린 내용이 보험금 지급사유의 발생에 영향을 미쳤음을 회사가 증명하는 경우

2. 제4조(보상하지 않는 손해), 제17조(사기에 의한 계약), 제21조(계약의 무효) 또는 제30조(계약의 해지)의 규정을 준용하여 회사가 보장을 하지 않을 수 있는 경우

④ 계약자가 제1회 보험료 등을 자동이체 또는 신용카드로 납입하는 경우에는 자동이체신청 및 신용카드 매출승인에 필요한 정보를 회사에 제공한 때가 제1회 보험료 등을 납입한 때가 되나, 계약자의 책임있는 사유로 자동이체 또는 매출승인이 불가능한 경우에는 제1회 보험료 등이 납입되지 않은 것으로 봅니다.

⑤ 계약이 갱신되는 경우에는 제1항 내지 제3항에 의한 보장은 기존 계약에 의한 보장이 종료하는 때부터 적용합니다.

제26조(제2회 이후 보험료의 납입) 계약자는 제2회 이후의 보험료를 납입기일까지 납입하여야 하며, 회사는 계약자가 보험료를 납입한 경우에는 영수증을 발행하여 드립니다. 다만, 금융회사(우체국을 포함합니다)를 통하여 보험료를 납입한 경우에는 그 금융회사 발행 증빙서류를 영수증으로 대신합니다.

> 【납입기일】계약자가 제2회 이후의 보험료를 납입하기로 한 날을 말합니다.

제27조(보험료의 납입이 연체되는 경우 납입최고[독촉]와 계약의 해지) ① 계약자가 제2회 이후의 보험료를 납입기일까지 납입하지 않아 보험료 납입이 연체 중인 경우에는 회사는 14일(보험기간이 1년 미만인 경우에는 7일) 이상의 기간을 납입최고(독촉)기간으로 정하여 계약자(타인을 위한 계약의 경우 그 특정된 타인을 포함합니다)에게 다음의 내용을 서면(등기우편 등), 전화(음성녹음) 또는 전자문서 등으로 알려드립니다. 다만, 계약이 해지되기 전에 발생한 보험금 지급사유에 대하여 회사는 계약상의 보장을 합니다.

1. 납입최고(독촉)기간 내에 연체보험료를 납입하여야 한다는 내용
2. 납입최고(독촉)기간이 끝나는 날까지 보험료를 납입하지 않을 경우 그 끝나는 날의 다음날에 계약이 해지된다는 내용

② 제1항의 납입최고(독촉)기간은 납입최고(독촉)의 통지가 계약자(타인을 위한 계약의 경우에는 그 특정된 타인을 포함)에게 도달한 날부터 시작되며, 납입최고(독촉)기간의 마지막 날이 영업일이 아닌 때에는 최고(독촉)기간은 그 다음 날까지로 합니다.

③ 회사가 제1항에 의한 납입최고(독촉) 등을 전자문서로 안내하고자 할 경우에는 계약자의 서면에 의한 동의를 얻어 수신확인을 조건으로 전자문서를 송신하여야 하며, 계약자가 전자문서에 대하여 수신을 확인하기 전까지는 그 전자문서는 송신되지 않은 것으로 봅니다. 회사는 전자문서가 수신되지 않은 것으로 확인되는 경우에는 제1항의 납입최고(독촉)기간을 설정하여 제1항에서 정한 내용을 서면(등기우편 등) 또는 전화(음성녹음)로 다시 알려 드립니다.

④ 제1항에 따라 계약이 해지된 경우에는 제33조(보험료의 환급)에 따라 보험료를 계약자에게 지급합니다.

제28조(보험료의 납입연체로 인한 해지계약의 부활[효력회복]) ① 제27조(보험료의 납입이 연체되는 경우 납입최고[독촉]와 계약의 해지)에 따라 계약이 해지되었으나 계약자가 제33조(보험료의 환급)에 따라 보험료를 돌려받지 않은 경우 계약자는 해지된 날부터 3년 이내에 회사가 정한 절차에 따라 계약의 부활(효력회복)을 청약할 수 있습니다. 이 경우 회사가 그 청약을 승낙한 때에는 계약자는 부활(효력회복)을 청약한 날까지의 연체된 보험료에 보험개발원이 공시하는 월평균 정기예금이율 + 1% 범위 내에서 각 상품별로 회사가 정하는 이율로 계산한 금액을 더하여 납입하여야 합니다.

② 제1항에 따라 해지계약을 부활(효력회복)하는 경우에는 제15조(계약 전 알릴 의무), 제17조(사기에 의한 계약), 제18조(보험계약의 성립), 제25조(제1회 보험료 등 및 회사의 보장개시) 및 제30조(계약의 해지)의 규정을 준용합니다.

제29조(강제집행 등으로 인한 해지계약의 특별부활[효력회복]) ① 타인을 위한 계약의 경우 제33조(보험료의 환급)에 따른 계약자의 환급금 청구권에 대한 강제집행, 담보권실행, 국세 및 지방세 체납처분절차에 의해 계약이 해지된 경우에는, 회사는 해지 당시의 피보험자가 계약자의 동의를 얻어 계약 해지로 회사가 채권자에게 지급한 금액을 회사에게 지급하고 제22조(계약내용의 변경 등) 제1항의 절차에 따라 계약자 명의를 피보험자로 변경하여 계약의 특별부활(효력회복)을 청약할 수 있음을 피보험자에게 통지하여야 합니다.

② 회사는 제1항에 의한 계약자 명의변경 신청 및 계약의 특별부활(효력회복) 청약을 승낙하며, 계약은 청약한 때부터 특별부활(효력회복) 됩니다.

③ 회사는 제1항의 통지를 계약이 해지된 날부터 7일 이내에 하여야 합니다. 다만, 회사의 통지가 7일을 지나서 도달하고 이후 피보험자가 제1항에 의한 계약자 명의변경 신청 및 계약의 특별부활(효력회복)을 청약한 경우에는 계약이 해지된 날부터 7일이 되는 날에 특별부활(효력회복) 됩니다.

④ 피보험자는 통지를 받은 날부터 15일 이내에 제1항의 절차를 이행할 수 있습니다.

제6관 계약의 해지 및 보험료의 환급 등

제30조(계약의 해지) ① 계약자는 손해가 발생하기 전에는 언제든지 계약을 해지할 수 있습니다. 다만 타인을 위한 계약의 경우에는 계약자는 그 타인의 동의를 얻거나 보험증권을 소지한 경우에 한하여 계약을 해지할 수 있습니다.

② 회사는 계약자 또는 피보험자의 고의로 손해가 발생한 경우 이 계약을 해지할 수 있습니다.

③ 회사는 아래와 같은 사실이 있을 경우에는 손해의 발생여부에 관계없이 그 사실을 안 날부터 1개월 이내에 이 계약을 해지할 수 있습니다.

1. 계약자, 피보험자 또는 이들의 대리인이 제15조(계약 전 알릴 의무)에도 불구하고 고의 또는 중대한 과실로 중요한 사항에 대하여 사실과 다르게 알린 때
2. 뚜렷한 위험의 변경 또는 증가와 관련된 제16조(계약 후 알릴 의무)에서 정한 계약 후 알릴 의무를 이행하지 않았을 때

④ 제3항 제1호의 경우에도 불구하고 다음 중 하나에 해당하는 경우에는 회사는 계약을 해지할 수 없습니다.

1. 회사가 계약 당시에 그 사실을 알았거나 과실로 인하여 알지 못하였을 때
2. 회사가 그 사실을 안 날부터 1개월 이상 지났거나 또는 제1회 보험료 등을 받은 때부터 보험금 지급사유가 발생하지 않고 2년이 지났을 때
3. 계약을 체결한 날부터 3년이 지났을 때
4. 보험을 모집한 자(이하 "보험설계사 등"이라 합니다)가 계약자 또는 피보험자에게 알릴 기회를 주지 않았거나 계약자 또는 피보험자가 사실대로 알리는 것을 방해한 경우, 계약자 또는 피보험자에게 사실대로 알리지 않게 하였거나 부실한 사항을 알릴 것을 권유했을 때. 다만, 보험설계사 등의 행위가 없었다 하더라도 계약자 또는 피보험자가 사실대로 알리지 않거나 부실한 사항을 알렸다고 인정되는 경우에는 계약을 해지할 수 있습니다.

⑤ 제3항에 의한 계약의 해지는 손해가 생긴 후에 이루어진 경우에도 회사는 그 손해를 보상하여 드리지 않습니다. 그러나 손해가 제3항 제1호 및 제2호의 사실로 생긴 것이 아님을 계약자 또는 피보험자가 증명한 경우에는 보상하여 드립니다.

⑥ 회사는 다른 보험가입내역에 대한 계약 전·후 알릴 의무 위반을 이유로 계약을 해지하거나 보험금 지급을 거절하지 않습니다.

제30조의2(위법계약의 해지) ① 계약자는 「금융소비자 보호에 관한 법률」 제47조 및 관련규정이 정하는 바에 따라 계약 체결에 대한 회사의 법 위반사항이 있는 경우 계약 체결일부터 5년 이내의 범위에서 계약자가 위반사항을 안 날부터 1년 이내에 계약해지요구서에 증빙서류를 첨부하여 위법계약의 해지를 요구할 수 있습니다. 다만, 의무보험의 해지를 요구하려는 경우에는 동종의 다른 의무보험에 가입되어 있어야 합니다.

② 회사는 해지요구를 받은 날부터 10일 이내에 수락여부를 계약자에 통지하여야 하며, 거절할 때에는 거절 사유를 함께 통지하여야 합니다.

③ 계약자는 회사가 정당한 사유 없이 제1항의 요구를 따르지 않는 경우 해당 계약을 해지할 수 있습니다.

④ 제1항 및 제3항에 따라 계약이 해지된 경우 회사는 제33조(보험료의 환급) 제1항 제1호에 따른 환급금을 계약자에게 지급합니다.

⑤ 계약자는 제1항에 따른 제척기간에도 불구하고 민법 등 관계 법령에서 정하는 바에 따라 법률상의 권리를 행사할 수 있습니다. 〈본조신설 2021.7.1.〉

제31조(중대사유로 인한 해지) ① 회사는 아래와 같은 사실이 있을 경우에는 그 사실을 안 날부터 1개월 이내에 계약을 해지할 수 있습니다.

1. 계약자 또는 피보험자가 보험금을 지급받을 목적으로 고의로 보험금 지급사유를 발생시킨 경우 〈개정 2021.7.1.〉
2. 계약자 또는 피보험자가 보험금 청구에 관한 서류에 고의로 사실과 다른 것을 기재하였거나 그 서류 또는 증거를 위조 또는 변조한 경우. 다만, 이미 보험금 지급사유가 발생한 경우에는 보험금 지급에 영향을 미치지 않습니다.

② 회사가 제1항에 따라 계약을 해지한 경우 회사는 그 취지를 계약자에게 통지하고 제33조(보험료의 환급)에 따라 보험료를 계약자에게 지급합니다.

제32조(회사의 파산선고와 해지) ① 회사가 파산의 선고를 받은 때에는 계약자는 계약을 해지할 수 있습니다.

② 제1항의 규정에 따라 해지하지 않은 계약은 파산선고 후 3개월이 지난 때에는 그 효력을 잃습니다.

③ 제1항의 규정에 따라 계약이 해지되거나 제2항의 규정에 따라 계약이 효력을 잃는 경우에 회사는 제33조(보험료의 환급)에 의한 보험료를 계약자에게 지급합니다.

제33조(보험료의 환급) ① 이 계약이 무효, 효력상실 또는 해지된 때에는 다음과 같이 보험료를 돌려드립니다. 다만, 보험기간 중 보험사고가 발생하고 보험금이 지급되어 보험가입금액이 감액된 경우에는 감액된 보험가입금액을 기준으로 환급금을 계산하여 돌려드립니다.

1. 계약자 또는 피보험자의 책임 없는 사유에 의하는 경우 : 무효의 경우에는 회사에 납입한 보험료의 전액, 효력상실 또는 해지의 경우에는 경과하지 않은 기간에 대하여 일단위로 계산한 보험료
2. 계약자 또는 피보험자의 책임 있는 사유에 의하는 경우 : 이미 경과한 기간에 대하여 단기요율(1년 미만의 기간에 적용되는 요율)로 계산한 보험료를 뺀 잔액. 다만 계약자, 피보험자의 고의 또는 중대한 과실로 무효가 된 때에는 보험료를 돌려드리지 않습니다.

② 보험기간이 1년을 초과하는 계약이 무효 또는 효력상실인 경우에는 무효 또는 효력상실의 원인이 생긴 날 또는 해지일이 속하는 보험년도의 보험료는 위 제1항의 규정을 적용하고 그 이후의 보험년도에 속하는 보험료는 전액을 돌려드립니다.

③ 제1항 제2호에서 '계약자 또는 피보험자의 책임 있는 사유'라 함은 다음 각호를 말합니다.

1. 계약자 또는 피보험자가 임의 해지하는 경우
2. 회사가 제17조(사기에 의한 계약), 제30조(계약의 해지) 또는 제31조(중대사유로 인한 해지)에 따라 계약을 취소 또는 해지하는 경우
3. 보험료 미납으로 인한 계약의 효력 상실

④ 계약의 무효, 효력상실 또는 해지로 인하여 회사가 돌려드려야 할 보험료가 있을 때에는 계약자는 환급금을 청구하여야 하며, 회사는 청구일의 다음 날부터 지급일까지의 기간에 대하여 '보험개발원이 공시하는 보험계약대출이율'을 연단위 복리로 계산한 금액을 더하여 지급합니다.

제7관 분쟁의 조정 등

제34조(분쟁의 조정) ① 계약에 관하여 분쟁이 있는 경우에는 분쟁당사자 또는 기타 이해관계인과 회사는 금융감독원장에게 조정을 신청할 수 있으며, 분쟁조정 과정에서 계약자는 관계 법령이 정하는 바에 따라 회사가 기록 및 유지·관리하는 자료의 열람(사본의 제공 또는 청취를 포함한다)을 요구할 수 있습니다. 〈개정 2021.7.1.〉

② 회사는 일반금융소비자인 계약자가 조정을 통하여 주장하는 권리나 이익의 가액이 「금융소비자 보호에 관한 법률」 제42조에서 정하는 일정 금액 이내인 분쟁사건에 대하여 조정절차가 개시된 경우에는 관계 법령이 정하는 경우를 제외하고는 소를 제기하지 않습니다. 〈신설 2021.7.1.〉

제35조(관할법원) 이 계약에 관한 소송 및 민사조정은 계약자의 주소지를 관할하는 법원으로 합니다. 다만, 회사와 계약자가 합의하여 관할법원을 달리 정할 수 있습니다.

제36조(소멸시효) 보험금청구권, 보험료 또는 환급금반환청구권은 3년간 행사하지 않으면 소멸시효가 완성됩니다.

제37조(약관의 해석) ① 회사는 신의성실의 원칙에 따라 공정하게 약관을 해석하여야 하며 계약자에 따라 다르게 해석하지 않습니다.

② 회사는 약관의 뜻이 명백하지 않은 경우에는 계약자에게 유리하게 해석합니다.

③ 회사는 보상하지 않는 손해 등 계약자나 피보험자에게 불리하거나 부담을 주는 내용은 확대하여 해석하지 않습니다.

제38조(설명서 교부 및 보험안내자료 등의 효력) ① 회사는 일반금융소비자에게 청약을 권유하거나 일반금융소비자가 설명을 요청하는 경우 보험상품에 관한 중요한 사항을 계약자가 이해할 수 있도록 설명하고 계약자가 이해하였음을 서명(「전자서명법」 제2조 제2호에 따른 전자서명을 포함), 기명날인 또는 녹취 등을 통해 확인받아야 하며, 설명서를 제공하여야 합니다. 〈신설 2021.7.1.〉

② 설명서, 약관, 계약자 보관용 청약서 및 보험증권의 제공 사실에 관하여 계약자와 회사간에 다툼이 있는 경우에는 회사가 이를 증명하여야 합니다. 〈신설 2021.7.1.〉

③ 보험설계사 등이 모집과정에서 사용한 회사 제작의 보험안내자료의 내용이 약관의 내용과 다른 경우에는 계약자에게 유리한 내용으로 계약이 성립된 것으로 봅니다.

> **【보험안내자료】** 계약의 청약을 권유하기 위해 만든 서류 등을 말합니다.

제39조(회사의 손해배상책임) ① 회사는 계약과 관련하여 임직원, 보험설계사 및 대리점의 책임있는 사유로 인하여 계약자 및 피보험자에게 발생된 손해에 대하여 관계 법령 등에 따라 손해배상의 책임을 집니다.

② 회사는 보험금 지급 거절 및 지연지급의 사유가 없음을 알았거나 알 수 있었음에도 불구하고 소를 제기하여 계약자 또는 피보험자에게 손해를 가한 경우에는 그에 따른 손해를 배상할 책임을 집니다.

③ 회사가 보험금 지급여부 및 지급금액에 관하여 현저하게 공정을 잃은 합의로 계약자 또는 피보험자에게 손해를 가한 경우에도 회사는 제2항에 따라 손해를 배상할 책임을 집니다.

제40조(개인정보보호) ① 회사는 이 계약과 관련된 개인정보를 이 계약의 체결, 유지, 보험금 지급 등을 위하여 「개인정보 보호법」, 「신용정보의 이용 및 보호에 관한 법률」 등 관계 법령에 정한 경우를 제외하고 계약자 또는 피보험자의 동의 없이 수집, 이용, 조회 또는 제공하지 않습니다. 다만, 회사는 이 계약의 체결, 유지, 보험금 지급 등을 위하여 위 관계 법령에 따라 계약자 및 피보험자의 동의를 받아 다른 보험회사 및 보험관련단체 등에 개인정보를 제공할 수 있습니다.

② 회사는 계약과 관련된 개인정보를 안전하게 관리하여야 합니다.

제41조(준거법) 이 계약은 대한민국 법에 따라 규율되고 해석되며, 약관에서 정하지 않은 사항은 「금융소비자 보호에 관한 법률」, 상법, 민법 등 관계 법령을 따릅니다. 〈개정 2021.7.1.〉.

제42조(예금보험에 의한 지급보장) 회사가 파산 등으로 인하여 보험금 등을 지급하지 못할 경우에는 예금자 보호법에서 정하는 바에 따라 그 지급을 보장합니다.

〈부표〉 보험금을 지급할 때의 적립이율(제7조 제2항 관련) 〈신설 2015.12.29.〉

기 간	지 급 이 자
지급기일의 다음 날부터 30일 이내 기간	보험계약대출이율
지급기일의 31일 이후부터 60일 이내 기간	보험계약대출이율 + 가산이율(4.0%)
지급기일의 61일 이후부터 90일 이내 기간	보험계약대출이율 + 가산이율(6.0%)
지급기일의 91일 이후 기간	보험계약대출이율 + 가산이율(8.0%)

주) 보험계약대출이율은 보험개발원이 공시하는 보험계약대출이율을 적용합니다.

02 생명보험 표준약관

〈개정 2005.2.15., 2008.3.26., 2010.1.29., 2011.1.19., 2013.12.17., 2014.12.26., 2015.8.31., 2015.12.29., 2018.3.2., 2018.7.10., 2019.12.20. 2020.7.31., 2020.10.16., 2021.7.1.〉

제1관 목적 및 용어의 정의

제1조(목적) 이 보험계약(이하 '계약'이라 합니다)은 보험계약자(이하 '계약자'라 합니다)와 보험회사(이하 '회사'라 합니다) 사이에 피보험자의 생존이나 사망에 대한 위험을 보장하기 위하여 체결됩니다.

제2조(용어의 정의) 이 계약에서 사용되는 용어의 정의는 이 계약의 다른 조항에서 달리 정의되지 않는 한 다음과 같습니다.
1. 계약관계 관련 용어
   가. 계약자 : 회사와 계약을 체결하고 보험료를 납입할 의무를 지는 사람을 말합니다.
   나. 보험수익자 : 보험금 지급사유가 발생하는 때에 회사에 보험금을 청구하여 받을 수 있는 사람을 말합니다.
   다. 보험증권 : 계약의 성립과 그 내용을 증명하기 위하여 회사가 계약자에게 드리는 증서를 말합니다.
   라. 진단계약 : 계약을 체결하기 위하여 피보험자가 건강진단을 받아야 하는 계약을 말합니다.
   마. 피보험자 : 보험사고의 대상이 되는 사람을 말합니다.
2. 지급사유 관련 용어
   가. 장해 : 〈부표 3〉 장해분류표에서 정한 기준에 따른 장해상태를 말합니다.
   나. 재해 : 〈부표 4〉 재해분류표에서 정한 재해를 말합니다.
   다. 중요한 사항 : 계약 전 알릴 의무와 관련하여 회사가 그 사실을 알았더라면 계약의 청약을 거절하거나 보험가입금액 한도 제한, 일부 보장 제외, 보험금 삭감, 보험료 할증과 같이 조건부로 승낙하는 등 계약 승낙에 영향을 미칠 수 있는 사항을 말합니다.
3. 지급금과 이자율 관련 용어
   가. 연단위 복리 : 회사가 지급할 금전에 이자를 줄 때 1년마다 마지막 날에 그 이자를 원금에 더한 금액을 다음 1년의 원금으로 하는 이자 계산방법을 말합니다.
   나. 평균공시이율 : 전체 보험회사 공시이율의 평균으로, 이 계약 체결 시점의 이율을 말합니다.
   다. 해지환급금 : 계약이 해지되는 때에 회사가 계약자에게 돌려주는 금액을 말합니다.
4. 기간과 날짜 관련 용어
   가. 보험기간 : 계약에 따라 보장을 받는 기간을 말합니다.
   나. 영업일 : 회사가 영업점에서 정상적으로 영업하는 날을 말하며, 토요일, '관공서의 공휴일에 관한 규정'에 따른 공휴일과 근로자의 날을 제외합니다.

제2관 보험금의 지급

제3조(보험금의 지급사유) 회사는 피보험자에게 다음 중 어느 하나의 사유가 발생한 경우에는 보험수익자에게 약정한 보험금을 지급합니다.

1. 보험기간 중의 특정시점에 살아 있을 경우 : 중도보험금
2. 보험기간이 끝날 때까지 살아 있을 경우 : 만기보험금
3. 보험기간 중 사망한 경우 : 사망보험금
4. 보험기간 중 진단 확정된 질병 또는 재해로 장해분류표(〈부표 3〉 참조)에서 정한 각 장해지급률에 해당하는 장해상태가 되었을 때 : 장해보험금
5. 보험기간 중 질병이 진단 확정되거나 입원, 통원, 요양, 수술 또는 수발이 필요한 상태가 되었을 때 : 입원보험금 등

제4조(보험금 지급에 관한 세부규정) ① 제3조(보험금의 지급사유) 제3호 '사망'에는 보험기간에 다음 어느 하나의 사유가 발생한 경우를 포함합니다.

1. 실종선고를 받은 경우 : 법원에서 인정한 실종기간이 끝나는 때에 사망한 것으로 봅니다.
2. 관공서에서 수해, 화재나 그 밖의 재난을 조사하고 사망한 것으로 통보하는 경우 : 가족관계등록부에 기재된 사망연월일을 기준으로 합니다.

② 「호스피스·완화의료 및 임종과정에 있는 환자의 연명의료 결정에 관한 법률」에 따른 연명의료중단등 결정 및 그 이행으로 피보험자가 사망하는 경우 연명의료중단등결정 및 그 이행은 제3조(보험금의 지급사유) 제3호 '사망'의 원인 및 '사망보험금' 지급에 영향을 미치지 않습니다. 〈신설 2018.7.10.〉

③ 제3조(보험금의 지급사유) 제4호에서 장해지급률이 재해일 또는 질병의 진단 확정일부터 180일 이내에 확정되지 않는 경우에는 재해일 또는 진단 확정일부터 180일이 되는 날의 의사 진단에 기초하여 고정될 것으로 인정되는 상태를 장해지급률로 결정합니다. 다만, 장해분류표(〈부표 3〉 참조)에 장해판정시기를 별도로 정한 경우에는 그에 따릅니다. 〈개정 2018.7.10.〉

④ 제3항에 따라 장해지급률이 결정되었으나 그 이후 보장받을 수 있는 기간(계약의 효력이 없어진 경우에는 보험기간이 10년 이상인 계약은 재해일 또는 진단 확정일부터 2년 이내로 하고, 보험기간이 10년 미만인 계약은 재해일 또는 진단 확정일부터 1년 이내)에 장해상태가 더 악화된 때에는 그 악화된 장해상태를 기준으로 장해지급률을 결정합니다. 〈개정 2018.7.10.〉

⑤ 삭제 〈2018.7.10.〉

⑥ 삭제 〈2018.7.10.〉

⑦ 삭제 〈2018.7.10.〉

⑧ 장해분류표에 해당되지 않는 장해는 신체의 장해 정도에 따라 장해분류표의 구분에 준하여 지급액을 결정합니다.

⑨ 보험수익자와 회사가 제3조(보험금의 지급사유) 제3호에서 제5호의 보험금 지급사유에 대해 합의하지 못할 때는 보험수익자와 회사가 함께 제3자를 정하고 그 제3자의 의견에 따를 수 있습니다. 제3자는 의료법 제3조(의료기관)에 규정한 종합병원 소속 전문의 중에서 정하며, 보험금 지급사유 판정에 드는 의료비용은 회사가 전액 부담합니다.

제5조(보험금을 지급하지 않는 사유) 회사는 다음 중 어느 한 가지로 보험금 지급사유가 발생한 때에는 보험금을 지급하지 않습니다.

1. 피보험자가 고의로 자신을 해친 경우
   다만, 다음 중 어느 하나에 해당하면 보험금을 지급합니다.
   가. 피보험자가 심신상실 등으로 자유로운 의사결정을 할 수 없는 상태에서 자신을 해친 경우 특히 그 결과 사망에 이르게 된 경우에는 재해사망보험금(약관에서 정한 재해사망보험금이 없는 경우에는 재해 이외의 원인으로 인한 사망보험금)을 지급합니다.
   나. 계약의 보장개시일(부활(효력회복)계약의 경우는 부활(효력회복)청약일)부터 2년이 지난 후에 자살한 경우에는 재해 이외의 원인에 해당하는 사망보험금을 지급합니다.

2. 보험수익자가 고의로 피보험자를 해친 경우
   다만, 그 보험수익자가 보험금의 일부 보험수익자인 경우에는 다른 보험수익자에 대한 보험금은 지급합니다. 〈개정 2014.12.26.〉

3. 계약자가 고의로 피보험자를 해친 경우

제6조(보험금 지급사유의 발생통지) 계약자 또는 피보험자나 보험수익자는 제3조(보험금의 지급사유)에서 정한 보험금 지급사유의 발생을 안 때에는 지체 없이 이를 회사에 알려야 합니다.

제7조(보험금의 청구) ① 보험수익자는 다음의 서류를 제출하고 보험금을 청구하여야 합니다.

1. 청구서(회사양식)
2. 사고증명서(사망진단서, 장해진단서, 입원치료확인서 등)
3. 신분증(주민등록증이나 운전면허증 등 사진이 붙은 정부기관 발행 신분증, 본인이 아닌 경우에는 본인의 인감증명서 또는 본인서명사실확인서 포함) 〈개정 2018.3.2.〉
4. 기타 보험수익자가 보험금 수령에 필요하여 제출하는 서류

② 제1항 제2호의 사고증명서는 의료법 제3조(의료기관)에서 규정한 국내의 병원이나 의원 또는 국외의 의료관련법에서 정한 의료기관에서 발급한 것이어야 합니다.

제8조(보험금의 지급절차) ① 회사는 제7조(보험금의 청구)에서 정한 서류를 접수한 때에는 접수증을 드리고 휴대전화 문자메세지 또는 전자우편 등으로도 송부하며, 그 서류를 접수한 날부터 3영업일 이내에 보험금을 지급합니다. 다만, 보험금 지급사유의 조사나 확인이 필요한 때에는 접수 후 10영업일 이내에 지급합니다.

② 회사는 제3조(보험금의 지급사유) 제1호 또는 제2호에 해당하는 보험금의 지급시기가 되면 지급시기 7일 이전에 그 사유와 회사가 지급하여야 할 금액을 계약자 또는 보험수익자에게 알려드리며, 제1항에 따라 보험금을 지급할 때 보험금 지급일까지의 기간에 대한 이자는 〈부표 4-1〉'보험금을 지급할 때의 적립이율 계산'과 같이 계산합니다.

③ 회사가 보험금 지급사유를 조사·확인하기 위하여 제1항의 지급기일 이내에 보험금을 지급하지 못할 것으로 예상되는 경우에는 그 구체적인 사유, 지급예정일 및 보험금 가지급제도(회사가 추정하는 보험금의 50% 이내를 지급)에 대하여 피보험자 또는 보험수익자에게 즉시 통지하여 드립니다. 다만, 지급예정일은 다음 각 호의 어느 하나에 해당하는 경우를 제외하고는 제7조(보험금의 청구)에서 정한 서류를 접수한 날부터 30영업일 이내에서 정합니다.

1. 소송제기
2. 분쟁조정신청
3. 수사기관의 조사
4. 해외에서 발생한 보험사고에 대한 조사

5. 제6항에 따른 회사의 조사요청에 대한 동의 거부 등 계약자, 피보험자 또는 보험수익자의 책임 있는 사유로 보험금 지급사유의 조사와 확인이 지연되는 경우

6. 제4조(보험금 지급에 관한 세부규정) 제9항에 따라 보험금 지급사유에 대해 제3자의 의견에 따르기로 한 경우

④ 제3항에 의하여 장해지급률의 판정 및 지급할 보험금의 결정과 관련하여 확정된 장해지급률에 따른 보험금을 초과한 부분에 대한 분쟁으로 보험금 지급이 늦어지는 경우에는 보험수익자의 청구에 따라 이미 확정된 보험금을 먼저 가지급합니다. 〈개정 2014.12.26.〉

⑤ 제3항에 의하여 추가적인 조사가 이루어지는 경우, 회사는 보험수익자의 청구에 따라 회사가 추정하는 보험금의 50% 상당액을 가지급보험금으로 지급합니다. 〈신설 2014.12.26.〉

⑥ 계약자, 피보험자 또는 보험수익자는 제14조(계약 전 알릴 의무 위반의 효과)와 제1항 및 제3항의 보험금 지급사유조사와 관련하여 의료기관, 국민건강보험공단, 경찰서 등 관공서에 대한 회사의 서면 조사 요청에 동의하여야 합니다. 다만, 정당한 사유 없이 이에 동의하지 않을 경우에는 사실확인이 끝날 때까지 회사는 보험금 지급지연에 따른 이자를 지급하지 않습니다. 〈개정 2014.12.26.〉

⑦ 회사는 제6항의 서면조사에 대한 동의 요청시 조사목적, 사용처 등을 명시하고 설명합니다. 〈신설 2014.12.26.〉

제9조(보험금 받는 방법의 변경) ① 계약자(보험금 지급사유 발생 후에는 보험수익자)는 회사의 사업방법서 에서 정한 바에 따라 제3조(보험금의 지급사유) 제3호 및 제4호에 따른 사망보험금이나 장해보험금의 전부 또는 일부에 대하여 나누어 지급받거나 일시에 지급받는 방법으로 변경할 수 있습니다.

② 회사는 제1항에 따라 일시에 지급할 금액을 나누어 지급하는 경우에는 나중에 지급할 금액에 대하여 평균공시이율을 연단위 복리로 계산한 금액을 더하며, 나누어 지급할 금액을 일시에 지급하는 경우에는 평균공시이율을 연단위 복리로 할인한 금액을 지급합니다.

제10조(주소변경통지) ① 계약자(보험수익자가 계약자와 다른 경우 보험수익자를 포함합니다)는 주소 또는 연락처가 변경된 경우에는 지체 없이 그 변경 내용을 회사에 알려야 합니다.

② 제1항에서 정한 대로 계약자 또는 보험수익자가 변경 내용을 알리지 않은 경우에는 계약자 또는 보험수 익자가 회사에 알린 최종의 주소 또는 연락처로 등기우편 등 우편물에 대한 기록이 남는 방법으로 알린 사항은 일반적으로 도달에 필요한 시일이 지난 때에 계약자 또는 보험수익자에게 도달된 것으로 봅니다.

제11조(보험수익자의 지정) 이 계약에서 계약자가 보험수익자를 지정하지 않은 때에는 보험수익자를 제3조 (보험금의 지급사유) 제1호 및 제2호의 경우는 계약자로 하고, 같은 조 제3호는 피보험자의 법정상속인, 제4호 및 제5호는 피보험자로 합니다.

제12조(대표자의 지정) ① 계약자 또는 보험수익자가 2명 이상인 경우에는 각 대표자를 1명 지정하여야 합니 다. 이 경우 그 대표자는 각각 다른 계약자 또는 보험수익자를 대리하는 것으로 합니다.

② 지정된 계약자 또는 보험수익자의 소재가 확실하지 않은 경우에는 이 계약에 관하여 회사가 계약자 또는 보험수익자 1명에 대하여 한 행위는 각각 다른 계약자 또는 보험수익자에게도 효력이 미칩니다.

③ 계약자가 2명 이상인 경우에는 그 책임을 연대로 합니다.

제3관 계약자의 계약 전 알릴 의무 등

제13조(계약 전 알릴 의무) 계약자 또는 피보험자는 청약할 때(진단계약의 경우에는 건강진단할 때를 말합니다) 청약서에서 질문한 사항에 대하여 알고 있는 사실을 반드시 사실대로 알려야(이하 '계약 전 알릴 의무'라 하며, 상법상 '고지의무'와 같습니다) 합니다. 다만, 진단계약에서 의료법 제3조(의료기관)의 규정에 따른 종합병원과 병원에서 직장 또는 개인이 실시한 건강진단서 사본 등 건강상태를 판단할 수 있는 자료로 건강진단을 대신할 수 있습니다.

제14조(계약 전 알릴 의무 위반의 효과) ① 회사는 계약자 또는 피보험자가 제13조(계약 전 알릴 의무)에도 불구하고 고의 또는 중대한 과실로 중요한 사항에 대하여 사실과 다르게 알린 경우에는 회사가 별도로 정하는 방법에 따라 계약을 해지하거나 보장을 제한할 수 있습니다. 그러나 다음 중 한 가지에 해당되는 때에는 계약을 해지하거나 보장을 제한할 수 없습니다.

1. 회사가 계약 당시에 그 사실을 알았거나 과실로 인하여 알지 못하였을 때
2. 회사가 그 사실을 안 날부터 1개월 이상 지났거나 또는 보장개시일부터 보험금 지급사유가 발생하지 않고 2년(진단계약의 경우 질병에 대하여는 1년)이 지났을 때
3. 계약을 체결한 날부터 3년이 지났을 때
4. 회사가 이 계약을 청약할 때 피보험자의 건강상태를 판단할 수 있는 기초자료(건강진단서 사본 등)에 따라 승낙한 경우에 건강진단서 사본 등에 명기되어 있는 사항으로 보험금 지급사유가 발생하였을 때 (계약자 또는 피보험자가 회사에 제출한 기초자료의 내용 중 중요사항을 고의로 사실과 다르게 작성한 때에는 계약을 해지하거나 보장을 제한할 수 있습니다)
5. 보험설계사 등이 계약자 또는 피보험자에게 고지할 기회를 주지 않았거나 계약자 또는 피보험자가 사실대로 고지하는 것을 방해한 경우, 계약자 또는 피보험자에게 사실대로 고지하지 않게 하였거나 부실한 고지를 권유했을 때
   다만, 보험설계사 등의 행위가 없었다 하더라도 계약자 또는 피보험자가 사실대로 고지하지 않거나 부실한 고지를 했다고 인정되는 경우에는 계약을 해지하거나 보장을 제한할 수 있습니다.

② 회사는 제1항에 따라 계약을 해지하거나 보장을 제한할 경우에는 계약 전 알릴 의무 위반사실(계약해지 등의 원인이 되는 위반사실을 구체적으로 명시)뿐만 아니라 계약 전 알릴 의무 사항이 중요한 사항에 해당되는 사유 및 계약의 처리결과를 "반대증거가 있는 경우 이의를 제기할 수 있습니다"라는 문구와 함께 계약자에게 서면 등으로 알려 드립니다.〈개정 2020. 7. 31.〉

③ 제1항에 따라 계약을 해지하였을 때에는 제32조(해지환급금) 제1항에 따른 해지환급금을 드리며, 보장을 제한하였을 때에는 보험료, 보험가입금액 등이 조정될 수 있습니다.

④ 제13조(계약 전 알릴 의무)의 계약 전 알릴 의무를 위반한 사실이 보험금 지급사유 발생에 영향을 미쳤음을 회사가 증명하지 못한 경우에는 제1항에도 불구하고 계약의 해지 또는 보장을 제한하기 이전까지 발생한 해당 보험금을 지급합니다.

⑤ 회사는 다른 보험가입내역에 대한 계약 전 알릴 의무 위반을 이유로 계약을 해지하거나 보험금 지급을 거절하지 않습니다.

제15조(사기에 의한 계약) 계약자 또는 피보험자가 대리진단, 약물사용을 수단으로 진단절차를 통과하거나 진단서 위·변조 또는 청약일 이전에 암 또는 인간면역결핍바이러스(HIV) 감염의 진단 확정을 받은 후 이를 숨기고 가입하는 등의 뚜렷한 사기의사에 의하여 계약이 성립되었음을 회사가 증명하는 경우에는 보장개시일부터 5년 이내(사기사실을 안 날부터는 1개월 이내)에 계약을 취소할 수 있습니다.

제4관 보험계약의 성립과 유지

제16조(보험계약의 성립) ① 계약은 계약자의 청약과 회사의 승낙으로 이루어집니다.

② 회사는 피보험자가 계약에 적합하지 않은 경우에는 승낙을 거절하거나 별도의 조건(보험가입금액 제한, 일부보장 제외, 보험금 삭감, 보험료 할증 등)을 붙여 승낙할 수 있습니다.

③ 회사는 계약의 청약을 받고, 제1회 보험료를 받은 경우에 건강진단을 받지 않는 계약은 청약일, 진단계약은 진단일(재진단의 경우에는 최종 진단일)부터 30일 이내에 승낙 또는 거절하여야 하며, 승낙한 때에는 보험증권을 드립니다. 그러나 30일 이내에 승낙 또는 거절의 통지가 없으면 승낙된 것으로 봅니다.

④ 회사가 제1회 보험료를 받고 승낙을 거절한 경우에는 거절통지와 함께 받은 금액을 돌려 드리며, 보험료를 받은 기간에 대하여 평균공시이율+1%를 연단위 복리로 계산한 금액을 더하여 지급합니다. 다만, 회사는 계약자가 제1회 보험료를 신용카드로 납입한 계약의 승낙을 거절하는 경우에는 신용카드의 매출을 취소하며 이자를 더하여 지급하지 않습니다.

⑤ 회사가 제2항에 따라 일부보장 제외 조건을 붙여 승낙하였더라도 청약일로부터 5년(갱신형 계약의 경우에는 최초 청약일로부터 5년)이 지나는 동안 보장이 제외되는 질병으로 추가 진단(단순 건강검진 제외) 또는 치료 사실이 없을 경우, 청약일로부터 5년이 지난 이후에는 이 약관에 따라 보장합니다. 〈신설 2018.7.10.〉

⑥ 제5항의 '청약일로부터 5년이 지나는 동안'이라 함은 이 약관 제26조(보험료의 납입이 연체되는 경우 납입최고(독촉)와 계약의 해지)에서 정한 계약의 해지가 발생하지 않은 경우를 말합니다. 〈신설 2018.7.10.〉

⑦ 이 약관 제27조(보험료의 납입연체로 인한 해지계약의 부활(효력회복))에서 정한 계약의 부활이 이루어진 경우 부활을 청약한 날을 제5항의 청약일로 하여 적용합니다. 〈신설 2018.7.10.〉

제17조(청약의 철회) ① 계약자는 보험증권을 받은 날 부터 15일 이내에 그 청약을 철회할 수 있습니다. 다만, 회사가 건강상태 진단을 지원하는 계약, 보험기간이 90일 이내인 계약 또는 전문금융소비자가 체결한 계약은 청약을 철회할 수 없습니다. 〈개정 2021.7.1.〉

> **【전문금융소비자】** 보험계약에 관한 전문성, 자산규모 등에 비추어 보험계약에 따른 위험감수능력이 있는 자로서, 국가, 지방자치단체, 한국은행, 금융회사, 주권상장법인 등을 포함하며 「금융소비자 보호에 관한 법률」 제2조(정의) 제9호에서 정하는 전문금융소비자를 말합니다.
>
> **【일반금융소비자】** 전문금융소비자가 아닌 계약자를 말합니다. 〈개정 2021.7.1.〉

② 제1항에도 불구하고 청약한 날부터 30일이 초과된 계약은 청약을 철회할 수 없습니다. 〈신설 2014.12.26.〉

③ 청약철회는 계약자가 전화로 신청하거나, 철회의사를 표시하기 위한 서면, 전자우편, 휴대전화 문자메시지 또는 이에 준하는 전자적 의사표시(이하 '서면 등'이라 합니다)를 발송한 때 효력이 발생합니다. 계약자는 서면 등을 발송한 때에 그 발송 사실을 회사에 지체 없이 알려야 합니다. 〈개정 2021.7.1.〉

④ 계약자가 청약을 철회한 때에는 회사는 청약의 철회를 접수한 날부터 3영업일 이내에 납입한 보험료를 돌려드리며, 보험료 반환이 늦어진 기간에 대하여는 이 계약의 보험계약대출이율을 연단위 복리로 계산한 금액을 더하여 지급합니다. 다만, 계약자가 제1회 보험료를 신용카드로 납입한 계약의 청약을 철회하는 경우에는 회사는 청약의 철회를 접수한 날부터 3영업일 이내에 해당 신용카드회사로 하여금 대금청구를 하지 않도록 해야 하며, 이 경우 회사는 보험료를 반환한 것으로 봅니다. 〈개정 2021.7.1.〉

⑤ 청약을 철회할 때에 이미 보험금 지급사유가 발생하였으나 계약자가 그 보험금 지급사유가 발생한 사실을 알지 못한 경우에는 청약철회의 효력은 발생하지 않습니다. 〈개정 2014.12.26.〉

⑥ 제1항에서 보험증권을 받은 날에 대한 다툼이 발생한 경우 회사가 이를 증명하여야 합니다. 〈신설 2014.12.26.〉

제18조(약관교부 및 설명의무 등) ① 회사는 계약자가 청약할 때에 계약자에게 약관의 중요한 내용을 설명하여야 하며, 청약 후에 다음 각 호의 방법 중 계약자가 원하는 방법을 확인하여 지체 없이 약관 및 계약자 보관용 청약서를 제공하여 드립니다. 만약, 회사가 전자우편 및 전자적 의사표시로 제공한 경우 계약자 또는 그 대리인이 약관 및 계약자 보관용 청약서 등을 수신하였을 때에는 해당 문서를 드린 것으로 봅니다. 〈개정 2021.7.1.〉

1. 서면교부
2. 우편 또는 전자우편
3. 휴대전화 문자메시지 또는 이에 준하는 전자적 의사표시

② 제1항과 관련하여 통신판매계약의 경우, 회사는 계약자가 가입한 특약만 포함한 약관을 드리며, 계약자의 동의를 얻어 다음 중 한 가지 방법으로 약관의 중요한 내용을 설명할 수 있습니다. 〈신설 2020.10.16.〉

1. 인터넷 홈페이지에서 약관 및 그 설명문(약관의 중요한 내용을 알 수 있도록 설명한 문서)을 읽거나 내려받게 하는 방법. 이 경우 계약자가 이를 읽거나 내려받은 것을 확인한 때에 당해 약관을 드리고 그 중요한 내용을 설명한 것으로 봅니다.
2. 전화를 이용하여 청약내용, 보험료납입, 보험기간, 계약 전 알릴 의무, 약관의 중요한 내용 등 계약을 체결하는데 필요한 사항을 질문 또는 설명하는 방법. 이 경우 계약자의 답변과 확인내용을 음성 녹음함으로써 약관의 중요한 내용을 설명한 것으로 봅니다.

> **【통신판매계약】** 전화·우편·인터넷 등 통신수단을 이용하여 체결하는 계약을 말합니다.

③ 회사가 제1항에 따라 제공될 약관 및 계약자 보관용 청약서를 청약할 때 계약자에게 전달하지 않거나 약관의 중요한 내용을 설명하지 않은 때 또는 계약을 체결할 때 계약자가 청약서에 자필서명(날인(도장을 찍음) 및 「전자서명법」 제2조 제2호에 따른 전자서명을 포함합니다)을 하지 않은 때에는 계약자는 계약이 성립한 날부터 3개월 이내에 계약을 취소할 수 있습니다. 〈개정 2021.7.1.〉

④ 제3항에도 불구하고 전화를 이용하여 계약을 체결하는 경우 다음의 각 호의 어느 하나를 충족하는 때에는 자필서명을 생략할 수 있으며, 위 제2항의 규정에 따른 음성녹음 내용을 문서화한 확인서를 계약자에게 드림으로써 계약자 보관용 청약서를 전달한 것으로 봅니다.

1. 계약자, 피보험자 및 보험수익자가 동일한 계약의 경우
2. 계약자, 피보험자가 동일하고 보험수익자가 계약자의 법정상속인인 계약일 경우

⑤ 제3항에 따라 계약이 취소된 경우에는 회사는 계약자에게 이미 납입한 보험료를 돌려드리며, 보험료를 받은 기간에 대하여 보험계약대출이율을 연단위 복리로 계산한 금액을 더하여 지급합니다.

제19조(계약의 무효) 다음 중 한 가지에 해당되는 경우에는 계약을 무효로 하며 이미 납입한 보험료를 돌려드립니다. 다만, 회사의 고의 또는 과실로 계약이 무효로 된 경우와 회사가 승낙 전에 무효임을 알았거나 알 수 있었음에도 보험료를 반환하지 않은 경우에는 보험료를 납입한 날의 다음 날부터 반환일까지의 기간에 대하여 회사는 이 계약의 보험계약대출이율을 연단위 복리로 계산한 금액을 더하여 돌려드립니다.

1. 타인의 사망을 보험금 지급사유로 하는 계약에서 계약을 체결할 때까지 피보험자의 서면(「전자서명법」 제2조 제2호에 따른 전자서명이 있는 경우로서 상법 시행령 제44조의2에 정하는 바에 따라 본인 확인 및 위조·변조 방지에 대한 신뢰성을 갖춘 전자문서를 포함)에 의한 동의를 얻지 않은 경우. 다만, 단체가 규약에 따라 구성원의 전부 또는 일부를 피보험자로 하는 계약을 체결하는 경우에는 이를 적용하지 않습니다. 이 때 단체보험의 보험수익자를 피보험자 또는 그 상속인이 아닌 자로 지정할 때에는 단체의 규약에서 명시적으로 정한 경우가 아니면 이를 적용합니다. 〈개정 2021.7.1.〉
2. 만 15세 미만자, 심신상실자 또는 심신박약자를 피보험자로 하여 사망을 보험금 지급사유로 한 계약의 경우. 다만, 심신박약자가 계약을 체결하거나 소속 단체의 규약에 따라 단체보험의 피보험자가 될 때에 의사능력이 있는 경우에는 계약이 유효합니다. 〈개정 2015.8.31.〉
3. 계약을 체결할 때 계약에서 정한 피보험자의 나이에 미달되었거나 초과되었을 경우. 다만, 회사가 나이의 착오를 발견하였을 때 이미 계약나이에 도달한 경우에는 유효한 계약으로 보나, 제2호의 만 15세 미만자에 관한 예외가 인정되는 것은 아닙니다.

제20조(계약내용의 변경 등) ① 계약자는 회사의 승낙을 얻어 다음의 사항을 변경할 수 있습니다. 이 경우 승낙을 서면으로 알리거나 보험증권의 뒷면에 기재하여 드립니다.
1. 보험종목
2. 보험기간
3. 보험료의 납입주기, 납입방법 및 납입기간
4. 보험가입금액
5. 계약자
6. 기타 계약의 내용
② 계약자는 보험수익자를 변경할 수 있으며 이 경우에는 회사의 승낙이 필요하지 않습니다. 다만, 변경된 보험수익자가 회사에 권리를 대항하기 위해서는 계약자가 보험수익자가 변경되었음을 회사에 통지하여야 합니다.
③ 회사는 계약자가 제1회 보험료를 납입한 때부터 1년 이상 지난 유효한 계약으로서 그 보험종목의 변경을 요청할 때에는 회사의 사업방법서에서 정하는 방법에 따라 이를 변경하여 드립니다.
④ 회사는 계약자가 제1항 제4호에 따라 보험가입금액을 감액하고자 할 때에는 그 감액된 부분은 해지된 것으로 보며, 이로써 회사가 지급하여야 할 해지환급금이 있을 때에는 제32조(해지환급금) 제1항에 따른 해지환급금을 계약자에게 지급합니다.
⑤ 계약자가 제2항에 따라 보험수익자를 변경하고자 할 경우에는 보험금의 지급사유가 발생하기 전에 피보험자가 서면으로 동의하여야 합니다.
⑥ 회사는 제1항에 따라 계약자를 변경한 경우, 변경된 계약자에게 보험증권 및 약관을 교부하고 변경된 계약자가 요청하는 경우 약관의 중요한 내용을 설명하여 드립니다.

제21조(보험나이 등) ① 이 약관에서의 피보험자의 나이는 보험나이를 기준으로 합니다. 다만, 제19조(계약의 무효) 제2호의 경우에는 실제 만 나이를 적용합니다.
② 제1항의 보험나이는 계약일 현재 피보험자의 실제 만 나이를 기준으로 6개월 미만의 끝수는 버리고 6개월 이상의 끝수는 1년으로 하여 계산하며, 이후 매년 계약 해당일에 나이가 증가하는 것으로 합니다.
③ 피보험자의 나이 또는 성별에 관한 기재사항이 사실과 다른 경우에는 정정된 나이 또는 성별에 해당하는 보험금 및 보험료로 변경합니다.

【보험나이 계산 예시】
생년월일 : 1988년 10월 2일, 현재(계약일) : 2014년 4월 13일
⇒ 2014년 4월 13일 − 1988년 10월 2일 = 25년 6월 11일 = 26세

제22조(계약의 소멸) 피보험자의 사망으로 인하여 이 약관에서 규정하는 보험금 지급사유가 더 이상 발생할 수 없는 경우에는 이 계약은 그때부터 효력이 없습니다. 이때 사망을 보험금 지급사유로 하지 않는 경우에는 '보험료 및 책임준비금 산출방법서'에서 정하는 바에 따라 회사가 적립한 사망 당시의 책임준비금을 지급합니다.

【책임준비금】 장래의 보험금, 해지환급금 등을 지급하기 위하여 계약자가 납입한 보험료 중 일정액을 회사가 적립해 둔 금액을 말합니다.

제5관 보험료의 납입

제23조(제1회 보험료 및 회사의 보장개시) ① 회사는 계약의 청약을 승낙하고 제1회 보험료를 받은 때부터 이 약관이 정한 바에 따라 보장을 합니다. 또한, 회사가 청약과 함께 제1회 보험료를 받은 후 승낙한 경우에도 제1회 보험료를 받은 때부터 보장이 개시됩니다. 자동이체 또는 신용카드로 납입하는 경우에는 자동이체신청 또는 신용카드매출승인에 필요한 정보를 제공한 때를 제1회 보험료를 받은 때로 하며, 계약자의 책임 있는 사유로 자동이체 또는 매출승인이 불가능한 경우에는 보험료가 납입되지 않은 것으로 봅니다.
② 회사가 청약과 함께 제1회 보험료를 받고 청약을 승낙하기 전에 보험금 지급사유가 발생하였을 때에도 보장개시일부터 이 약관이 정하는 바에 따라 보장을 합니다.

【보장개시일】 회사가 보장을 개시하는 날로서 계약이 성립되고 제1회 보험료를 받은 날을 말하나, 회사가 승낙하기 전이라도 청약과 함께 제1회 보험료를 받은 경우에는 제1회 보험료를 받은 날을 말합니다. 또한, 보장개시일을 계약일로 봅니다.

③ 회사는 제2항에도 불구하고 다음 중 한 가지에 해당되는 경우에는 보장을 하지 않습니다.
1. 제13조(계약 전 알릴 의무)에 따라 계약자 또는 피보험자가 회사에 알린 내용이나 건강진단 내용이 보험금 지급사유의 발생에 영향을 미쳤음을 회사가 증명하는 경우
2. 제14조(계약 전 알릴 의무 위반의 효과)를 준용하여 회사가 보장을 하지 않을 수 있는 경우
3. 진단계약에서 보험금 지급사유가 발생할 때까지 진단을 받지 않은 경우. 다만, 진단계약에서 진단을 받지 않은 경우라도 재해로 보험금 지급사유가 발생하는 경우에는 보장을 해드립니다.
④ 청약서에 피보험자의 직업 또는 직종별로 보험가입금액의 한도액이 명시되어 있음에도 그 한도액을 초과하여 청약을 하고 청약을 승낙하기 전에 보험금 지급사유가 발생한 경우에는 그 초과 청약액에 대하여는 보장을 하지 않습니다.

제24조(제2회 이후 보험료의 납입) 계약자는 제2회 이후의 보험료를 납입기일까지 납입하여야 하며, 회사는 계약자가 보험료를 납입한 경우에는 영수증을 발행하여 드립니다. 다만, 금융회사(우체국 포함)를 통하여 보험료를 납입한 경우에는 그 금융회사 발행 증빙서류를 영수증으로 대신합니다.

【납입기일】 계약자가 제2회 이후의 보험료를 납입하기로 한 날을 말합니다.

제25조(보험료의 자동대출납입) ① 계약자는 제26조(보험료의 납입이 연체되는 경우 납입최고(독촉)와 계약의 해지)에 따른 보험료의 납입최고(독촉)기간이 지나기 전까지 회사가 정한 방법에 따라 보험료의 자동대출납입을 신청할 수 있으며, 이 경우 제33조(보험계약대출) 제1항에 따른 보험계약대출금으로 보험료가 자동으로 납입되어 계약은 유효하게 지속됩니다. 다만, 계약자가 서면 이외에 인터넷 또는 전화(음성녹음) 등으로 자동대출납입을 신청할 경우 회사는 자동대출납입 신청내역을 서면 또는 전화(음성녹음) 등으로 계약자에게 알려드립니다.

② 제1항에도 불구하고 보험계약대출금과 보험계약대출이자를 더한 금액이 해지환급금(해당 보험료가 납입된 것으로 계산한 금액을 말합니다)을 초과하는 때에는 보험료의 자동대출납입을 더는 할 수 없습니다.

③ 제1항 및 제2항에 따른 보험료의 자동대출납입 기간은 최초 자동대출납입일부터 1년을 한도로 하며 그 이후의 기간에 대한 보험료의 자동대출납입을 위해서는 제1항에 따라 재신청을 하여야 합니다.

④ 보험료의 자동대출납입이 행하여진 경우에도 자동대출납입 전 납입최고(독촉)기간이 끝나는 날의 다음 날부터 1개월 이내에 계약자가 계약의 해지를 청구한 때에는 회사는 보험료의 자동대출납입이 없었던 것으로 하여 제32조(해지환급금) 제1항에 따른 해지환급금을 지급합니다.

제26조(보험료의 납입이 연체되는 경우 납입최고(독촉)와 계약의 해지) ① 계약자가 제2회 이후의 보험료를 납입기일까지 납입하지 않아 보험료 납입이 연체 중인 경우에 회사는 14일(보험기간이 1년 미만인 경우에는 7일) 이상의 기간을 납입최고(독촉)기간(납입최고(독촉)기간의 마지막 날이 영업일이 아닌 때에는 최고(독촉)기간은 그 다음 날까지로 합니다)으로 정하여 아래 사항에 대하여 서면(등기우편 등), 전화(음성녹음) 또는 전자문서 등으로 알려드립니다. 다만 해지 전에 발생한 보험금 지급사유에 대하여 회사는 보상하여 드립니다.

1. 계약자(보험수익자와 계약자가 다른 경우 보험수익자를 포함합니다)에게 납입최고(독촉)기간 내에 연체보험료를 납입하여야 한다는 내용

2. 납입최고(독촉)기간이 끝나는 날까지 보험료를 납입하지 않을 경우 납입최고(독촉)기간이 끝나는 날의 다음 날에 계약이 해지된다는 내용(이 경우 계약이 해지되는 때에는 즉시 해지환급금에서 보험계약대출 원금과 이자가 차감된다는 내용을 포함합니다)

② 회사가 제1항에 따른 납입최고(독촉) 등을 전자문서로 안내하고자 할 경우에는 계약자에게 서면 또는 「전자서명법」 제2조 제2호에 따른 전자서명으로 동의를 얻어 수신확인을 조건으로 전자문서를 송신하여야 하며, 계약자가 전자문서에 대하여 수신을 확인하기 전까지는 그 전자문서는 송신되지 않은 것으로 봅니다. 회사는 전자문서가 수신되지 않은 것을 확인한 경우에는 제1항에서 정한 내용을 서면(등기우편 등) 또는 전화(음성녹음)로 다시 알려드립니다. 〈개정 2021.7.1.〉

③ 제1항에 따라 계약이 해지된 경우에는 제32조(해지환급금) 제1항에 따른 해지환급금을 계약자에게 지급합니다.

제27조(보험료의 납입연체로 인한 해지계약의 부활(효력회복)) ① 제26조(보험료의 납입이 연체되는 경우 납입최고(독촉)와 계약의 해지)에 따라 계약이 해지되었으나 해지환급금을 받지 않은 경우(보험계약대출 등에 따라 해지환급금이 차감되었으나 받지 않은 경우 또는 해지환급금이 없는 경우를 포함합니다) 계약자는 해지된 날부터 3년 이내에 회사가 정한 절차에 따라 계약의 부활(효력회복)을 청약할 수 있습니다. 회사가 부활(효력회복)을 승낙한 때에 계약자는 부활(효력회복)을 청약한 날까지의 연체된 보험료에 평균공시이율 + 1% 범위 내에서 각 상품별로 회사가 정하는 이율로 계산한 금액을 더하여 납입하여야 합니다. 다만, 금리연동형보험은 각 보험상품별 사업방법서에서 별도로 정한 이율로 계산합니다.

② 제1항에 따라 해지계약을 부활(효력회복)하는 경우에는 제13조(계약 전 알릴 의무), 제14조(계약 전 알릴 의무 위반의 효과), 제15조(사기에 의한 계약), 제16조(보험계약의 성립) 제2항 및 제3항 및 제23조(제1회 보험료 및 회사의 보장개시)를 준용합니다.

제28조(강제집행 등으로 인한 해지계약의 특별부활(효력회복)) ① 회사는 계약자의 해지환급금 청구권에 대한 강제집행, 담보권실행, 국세 및 지방세 체납처분절차에 따라 계약이 해지된 경우 해지 당시의 보험수익자가 계약자의 동의를 얻어 계약 해지로 회사가 채권자에게 지급한 금액을 회사에 지급하고 제20조(계약 내용의 변경 등) 제1항의 절차에 따라 계약자 명의를 보험수익자로 변경하여 계약의 특별부활(효력회복)을 청약할 수 있음을 보험수익자에게 통지하여야 합니다.

② 회사는 제1항에 따른 계약자 명의변경 신청 및 계약의 특별부활(효력회복) 청약을 승낙합니다.

③ 회사는 제1항의 통지를 지정된 보험수익자에게 하여야 합니다. 다만, 회사는 법정상속인이 보험수익자로 지정된 경우에는 제1항의 통지를 계약자에게 할 수 있습니다.

④ 회사는 제1항의 통지를 계약이 해지된 날부터 7일 이내에 하여야 합니다.

⑤ 보험수익자는 통지를 받은 날(제3항에 따라 계약자에게 통지된 경우에는 계약자가 통지를 받은 날을 말합니다)부터 15일 이내에 제1항의 절차를 이행할 수 있습니다.

제6관 계약의 해지 및 해지환급금 등

제29조(계약자의 임의해지 및 피보험자의 서면동의 철회권) ① 계약자는 계약이 소멸하기 전에 언제든지 계약을 해지할 수 있으며(다만, 연금보험의 경우 연금이 지급 개시된 이후에는 해지할 수 없습니다), 이 경우 회사는 제32조(해지환급금) 제1항에 따른 해지환급금을 계약자에게 지급합니다.

② 제19조(계약의 무효)에 따라 사망을 보험금 지급사유로 하는 계약에서 서면으로 동의를 한 피보험자는 계약의 효력이 유지되는 기간에는 언제든지 서면동의를 장래를 향하여 철회할 수 있으며, 서면동의 철회로 계약이 해지되어 회사가 지급하여야 할 해지환급금이 있을 때에는 제32조(해지환급금) 제1항에 따른 해지환급금을 계약자에게 지급합니다.

제29조의2(위법계약의 해지) ① 계약자는 「금융소비자 보호에 관한 법률」 제47조 및 관련규정이 정하는 바에 따라 계약 체결에 대한 회사의 법 위반사항이 있는 경우 계약 체결일부터 5년 이내의 범위에서 계약자가 위반사항을 안 날부터 1년 이내에 계약해지요구서에 증빙서류를 첨부하여 위법계약의 해지를 요구할 수 있습니다.

② 회사는 해지요구를 받은 날부터 10일 이내에 수락여부를 계약자에 통지하여야 하며, 거절할 때에는 거절 사유를 함께 통지하여야 합니다.

③ 계약자는 회사가 정당한 사유 없이 제1항의 요구를 따르지 않는 경우 해당 계약을 해지할 수 있습니다.

④ 제1항 및 제3항에 따라 계약이 해지된 경우 회사는 제32조(해지환급금) 제4항에 따른 해지환급금을 계약자에게 지급합니다.

⑤ 계약자는 제1항에 따른 제척기간에도 불구하고 민법 등 관계 법령에서 정하는 바에 따라 법률상의 권리를 행사할 수 있습니다. 〈본조신설 2021.7.1.〉

제30조(중대사유로 인한 해지) ① 회사는 아래와 같은 사실이 있을 경우에는 그 사실을 안 날부터 1개월 이내에 계약을 해지할 수 있습니다.

1. 계약자, 피보험자 또는 보험수익자가 보험금을 지급받을 목적으로 고의로 보험금 지급사유를 발생시킨 경우 〈개정 2021.7.1.〉

2. 계약자, 피보험자 또는 보험수익자가 보험금 청구에 관한 서류에 고의로 사실과 다른 것을 기재하였거
   나 그 서류 또는 증거를 위조 또는 변조한 경우. 다만, 이미 보험금 지급사유가 발생한 경우에는 보험금
   지급에 영향을 미치지 않습니다.
② 회사가 제1항에 따라 계약을 해지한 경우 회사는 그 취지를 계약자에게 통지하고 제32조(해지환급금)
제1항에 따른 해지환급금을 지급합니다.

제31조(회사의 파산선고와 해지) ① 회사가 파산의 선고를 받은 때에는 계약자는 계약을 해지할 수 있습니다.
② 제1항의 규정에 따라 해지하지 않은 계약은 파산선고 후 3개월이 지난 때에는 그 효력을 잃습니다.
③ 제1항의 규정에 따라 계약이 해지되거나 제2항의 규정에 따라 계약이 효력을 잃는 경우에 회사는 제32
조(해지환급금) 제1항에 의한 해지환급금을 계약자에게 드립니다.

제32조(해지환급금) ① 이 약관에 따른 해지환급금은 보험료 및 책임준비금 산출방법서에 따라 계산합니다.
② 해지환급금의 지급사유가 발생한 경우 계약자는 회사에 해지환급금을 청구하여야 하며, 회사는 청구를
접수한 날부터 3영업일 이내에 해지환급금을 지급합니다. 해지환급금 지급일까지의 기간에 대한 이자의
계산은 〈부표 4-1〉 '보험금을 지급할 때의 적립이율 계산'에 따릅니다.
③ 회사는 경과기간별 해지환급금에 관한 표를 계약자에게 제공하여 드립니다.
④ 제29조의2(위법계약의 해지)에 따라 위법계약이 해지되는 경우 회사가 적립한 해지 당시의 책임준비금
을 반환하여 드립니다. 〈신설 2021.7.1.〉

제33조(보험계약대출) ① 계약자는 이 계약의 해지환급금 범위 내에서 회사가 정한 방법에 따라 대출(이하
'보험계약대출'이라 합니다)을 받을 수 있습니다. 그러나 순수보장성보험 등 보험상품의 종류에 따라 보험
계약대출이 제한될 수도 있습니다.
② 계약자는 제1항에 따른 보험계약대출금과 보험계약대출이자를 언제든지 상환할 수 있으며 상환하지
않은 때에는 회사는 보험금, 해지환급금 등의 지급사유가 발생한 날에 지급금에서 보험계약대출의 원금과
이자를 차감할 수 있습니다.
③ 회사는 제26조(보험료의 납입이 연체되는 경우 납입최고(독촉)와 계약의 해지)에 따라 계약이 해지되는
때에는 즉시 해지환급금에서 보험계약대출의 원금과 이자를 차감합니다.
④ 회사는 보험수익자에게 보험계약대출 사실을 통지할 수 있습니다.

제34조(배당금의 지급) ① 회사는 금융감독원장이 정하는 방법에 따라 회사가 결정한 배당금을 계약자에게
지급합니다.
② 회사는 배당금 지급이 결정되었을 때에는 그 내역을 계약자에게 알려드립니다.

제7관 분쟁의 조정 등

제35조(분쟁의 조정) ① 계약에 관하여 분쟁이 있는 경우 분쟁 당사자 또는 기타 이해관계인과 회사는 금융감
독원장에게 조정을 신청할 수 있으며, 분쟁조정 과정에서 계약자는 관계 법령이 정하는 바에 따라 회사가
기록 및 유지·관리하는 자료의 열람(사본의 제공 또는 청취를 포함한다)을 요구할 수 있습니다.
〈개정 2021.7.1.〉
② 회사는 일반금융소비자인 계약자가 조정을 통하여 주장하는 권리나 이익의 가액이 「금융소비자 보호에
관한 법률」 제42조에서 정하는 일정 금액 이내인 분쟁사건에 대하여 조정절차가 개시된 경우에는 관계
법령이 정하는 경우를 제외하고는 소를 제기하지 않습니다. 〈신설 2021.7.1.〉

제36조(관할법원) 이 계약에 관한 소송 및 민사조정은 계약자의 주소지를 관할하는 법원으로 합니다. 다만, 회사와 계약자가 합의하여 관할법원을 달리 정할 수 있습니다.

제37조(소멸시효) 보험금청구권, 보험료 반환청구권, 해지환급금청구권, 책임준비금 반환청구권 및 배당금 청구권은 3년간 행사하지 않으면 소멸시효가 완성됩니다. 〈개정 2014.12.26.〉

제38조(약관의 해석) ① 회사는 신의성실의 원칙에 따라 공정하게 약관을 해석하여야 하며 계약자에 따라 다르게 해석하지 않습니다.

② 회사는 약관의 뜻이 명백하지 않은 경우에는 계약자에게 유리하게 해석합니다.

③ 회사는 보험금을 지급하지 않는 사유 등 계약자나 피보험자에게 불리하거나 부담을 주는 내용은 확대하여 해석하지 않습니다.

제39조(설명서 교부 및 보험안내자료 등의 효력) ① 회사는 일반금융소비자에게 청약을 권유하거나 일반금융소비자가 설명을 요청하는 경우 보험상품에 관한 중요한 사항을 계약자가 이해할 수 있도록 설명하고 계약자가 이해하였음을 서명(「전자서명법」 제2조 제2호에 따른 전자서명을 포함), 기명날인 또는 녹취 등을 통해 확인받아야 하며, 설명서를 제공하여야 합니다. 〈신설 2021.7.1.〉

② 설명서, 약관, 계약자 보관용 청약서 및 보험증권의 제공 사실에 관하여 계약자와 회사간에 다툼이 있는 경우에는 회사가 이를 증명하여야 합니다. 〈신설 2021.7.1.〉

③ 보험설계사 등이 모집과정에서 사용한 회사 제작의 보험안내자료(계약의 청약을 권유하기 위해 만든 자료 등을 말합니다) 내용이 이 약관의 내용과 다른 경우에는 계약자에게 유리한 내용으로 계약이 성립된 것으로 봅니다.

제40조(회사의 손해배상책임) ① 회사는 계약과 관련하여 임직원, 보험설계사 및 대리점의 책임 있는 사유로 계약자, 피보험자 및 보험수익자에게 발생된 손해에 대하여 관계 법령 등에 따라 손해배상의 책임을 집니다.

② 회사는 보험금 지급거절 및 지연지급의 사유가 없음을 알았거나 알 수 있었는데도 소를 제기하여 계약자, 피보험자 또는 보험수익자에게 손해를 가한 경우에는 그에 따른 손해를 배상할 책임을 집니다.

③ 회사가 보험금 지급 여부 및 지급금액에 관하여 현저하게 공정을 잃은 합의로 보험수익자에게 손해를 가한 경우에도 회사는 제2항에 따라 손해를 배상할 책임을 집니다.

제41조(개인정보보호) ① 회사는 이 계약과 관련된 개인정보를 이 계약의 체결, 유지, 보험금 지급 등을 위하여 「개인정보 보호법」, 「신용정보의 이용 및 보호에 관한 법률」 등 관계 법령에 정한 경우를 제외하고 계약자, 피보험자 또는 보험수익자의 동의 없이 수집, 이용, 조회 또는 제공하지 않습니다. 다만, 회사는 이 계약의 체결, 유지, 보험금 지급 등을 위하여 위 관계 법령에 따라 계약자 및 피보험자의 동의를 받아 다른 보험회사 및 보험관련단체 등에 개인정보를 제공할 수 있습니다.

② 회사는 계약과 관련된 개인정보를 안전하게 관리하여야 합니다.

제42조(준거법) 이 계약은 대한민국 법에 따라 규율되고 해석되며, 약관에서 정하지 않은 사항은 「금융소비자 보호에 관한 법률」, 상법, 민법 등 관계 법령을 따릅니다. 〈개정 2021.7.1.〉

제43조(예금보험에 의한 지급보장) 회사가 파산 등으로 인하여 보험금 등을 지급하지 못할 경우에는 예금자 보호법에서 정하는 바에 따라 그 지급을 보장합니다.

장해분류표

1 총 칙

1. 장해의 정의

1) '장해'라 함은 상해 또는 질병에 대하여 치유된 후 신체에 남아 있는 영구적인 정신 또는 육체의 훼손상태 및 기능상실 상태를 말한다. 다만, 질병과 부상의 주증상과 합병증상 및 이에 대한 치료를 받는 과정에서 일시적으로 나타나는 증상은 장해에 포함되지 않는다.

2) '영구적'이라 함은 원칙적으로 치유하는 때 장래 회복할 가망이 없는 상태로서 정신적 또는 육체적 훼손상태임이 의학적으로 인정되는 경우를 말한다.

3) '치유된 후'라 함은 상해 또는 질병에 대한 치료의 효과를 기대할 수 없게 되고 또한 그 증상이 고정된 상태를 말한다.

4) 다만, 영구히 고정된 증상은 아니지만 치료 종결 후 한시적으로 나타나는 장해에 대하여는 그 기간이 5년 이상인 경우 해당 장해지급률의 20%를 장해지급률로 한다.

5) 위 4)에 따라 장해지급률이 결정되었으나 그 이후 보장받을 수 있는 기간(계약의 효력이 없어진 경우에는 보험기간이 10년 이상인 계약은 상해 발생일 또는 질병의 진단확정일부터 2년 이내로 하고, 보험기간이 10년 미만인 계약은 상해 발생일 또는 질병의 진단확정일부터 1년 이내)에 장해상태가 더 악화된 때에는 그 악화된 장해상태를 기준으로 장해지급률을 결정한다.

2. 신체부위

'신체부위'라 함은 ① 눈 ② 귀 ③ 코 ④ 씹어먹거나 말하는 기능 ⑤ 외모 ⑥ 척추(등뼈) ⑦ 체간골 ⑧ 팔 ⑨ 다리 ⑩ 손가락 ⑪ 발가락 ⑫ 흉·복부장기 및 비뇨생식기 ⑬ 신경계·정신행동의 13개 부위를 말하며, 이를 각각 동일한 신체부위라 한다. 다만, 좌·우의 눈, 귀, 팔, 다리, 손가락, 발가락은 각각 다른 신체부위로 본다.

3. 기 타

1) 하나의 장해가 관찰 방법에 따라서 장해분류표상 2가지 이상의 신체부위에서 장해로 평가되는 경우에는 그 중 높은 지급률을 적용한다.

2) 동일한 신체부위에 2가지 이상의 장해가 발생한 경우에는 합산하지 않고 그중 높은 지급률을 적용함을 원칙으로 한다. 그러나 각 신체부위별 판정기준에서 별도로 정한 경우에는 그 기준에 따른다.

3) 하나의 장해가 다른 장해와 통상 파생하는 관계에 있는 경우에는 그중 높은 지급률만을 적용하며, 하나의 장해로 둘 이상의 파생장해가 발생하는 경우 각 파생장해의 지급률을 합산한 지급률과 최초 장해의 지급률을 비교하여 그 중 높은 지급률을 적용한다.

4) 의학적으로 뇌사판정을 받고 호흡기능과 심장박동기능을 상실하여 인공심박동기 등 장치에 의존하여 생명을 연장하고 있는 뇌사상태는 장해의 판정대상에 포함되지 않는다. 다만, 뇌사판정을 받은 경우가 아닌 식물인간상태(의식이 전혀 없고 사지의 자발적인 움직임이 불가능하여 일상생활에서 항시 간호가 필요한 상태)는 각 신체부위별 판정기준에 따라 평가한다.

5) 장해진단서에는 ① 장해진단명 및 발생시기 ② 장해의 내용과 그 정도 ③ 사고와의 인과관계 및 사고의 관여도 ④ 향후 치료의 문제 및 호전도를 필수적으로 기재해야 한다. 다만, 신경계·정신행동 장해의 경우 ① 개호(장해로 혼자서 활동이 어려운 사람을 곁에서 돌보는 것) 여부 ② 객관적 이유 및 개호의 내용을 추가로 기재하여야 한다.

② 장해분류별 판정기준

1. 눈의 장해

가. 장해의 분류

장해의 분류	지급률
1) 두 눈이 멀었을 때	100
2) 한 눈이 멀었을 때	50
3) 한 눈의 교정시력이 0.02 이하로 된 때	35
4) 한 눈의 교정시력이 0.06 이하로 된 때	25
5) 한 눈의 교정시력이 0.1 이하로 된 때	15
6) 한 눈의 교정시력이 0.2 이하로 된 때	5
7) 한 눈의 안구(눈동자)에 뚜렷한 운동장해나 뚜렷한 조절기능장해를 남긴 때	10
8) 한 눈에 뚜렷한 시야장해를 남긴 때	5
9) 한 눈의 눈꺼풀에 뚜렷한 결손을 남긴 때	10
10) 한 눈의 눈꺼풀에 뚜렷한 운동장해를 남긴 때	5

나. 장해판정기준

1) 시력장해의 경우 공인된 시력검사표에 따라 최소 3회 이상 측정한다.

2) '교정시력'이라 함은 안경(콘택트렌즈를 포함한 모든 종류의 시력 교정수단)으로 교정한 원거리 최대교정시력을 말한다. 다만, 각막이식술을 받은 환자인 경우 각막이식술 이전의 시력상태를 기준으로 평가한다.

3) '한눈이 멀었을 때'라 함은 안구의 적출은 물론 명암을 가리지 못하거나('광각무') 겨우 가릴 수 있는 경우('광각유')를 말한다.

4) '한눈의 교정시력이 0.02 이하로 된 때'라 함은 안전수동(Hand Movement)[주1], 안전수지(Finger Counting)[주2] 상태를 포함한다.

   ※ 주1) 안전수동 : 물체를 감별할 정도의 시력상태가 아니며 눈앞에서 손의 움직임을 식별할 수 있을 정도의 시력상태

   　주2) 안전수지 : 시표의 가장 큰 글씨를 읽을 수 있는 정도의 시력은 아니나 눈 앞 30cm 이내에서 손가락의 개수를 식별할 수 있을 정도의 시력상태

5) 안구(눈동자) 운동장해의 판정은 질병의 진단 또는 외상 후 1년 이상이 지난 뒤 그 장해 정도를 평가한다.

6) '안구(눈동자)의 뚜렷한 운동장해'라 함은 아래의 두 경우 중 하나에 해당하는 경우를 말한다.

   가) 한 눈의 안구(눈동자)의 주시야(머리를 움직이지 않고 눈만을 움직여서 볼 수 있는 범위)의 운동범위가 정상의 1/2 이하로 감소된 경우

   나) 중심 20도 이내에서 복시(물체가 둘로 보이거나 겹쳐 보임)를 남긴 경우

7) '안구(눈동자)의 뚜렷한 조절기능장해'라 함은 조절력이 정상의 1/2 이하로 감소된 경우를 말한다. 다만, 조절력의 감소를 무시할 수 있는 50세 이상(장해진단시 연령 기준)의 경우에는 제외한다.

8) '뚜렷한 시야 장해'라 함은 한 눈의 시야 범위가 정상시야 범위의 60% 이하로 제한된 경우를 말한다. 이 경우 시야검사는 공인된 시야검사방법으로 측정하며, 시야장해 평가시 자동시야검사계(골드만 시야검사)를 이용하여 8방향 시야범위 합계를 정상범위와 비교하여 평가한다.

9) '눈꺼풀에 뚜렷한 결손을 남긴 때'라 함은 눈꺼풀의 결손으로 눈을 감았을 때 각막(검은 자위)이 완전히 덮이지 않는 경우를 말한다.

10) '눈꺼풀에 뚜렷한 운동장해를 남긴 때' 라 함은 눈을 떴을 때 동공을 1/2 이상 덮거나 또는 눈을 감았을 때 각막을 완전히 덮을 수 없는 경우를 말한다.

11) 외상이나 화상 등으로 안구의 적출이 불가피한 경우에는 외모의 추상(추한 모습)이 가산된다. 이 경우 안구가 적출되어 눈자위의 조직요몰(凹沒) 등으로 의안마저 끼워 넣을 수 없는 상태이면 '뚜렷한 추상(추한 모습)'으로, 의안을 끼워 넣을 수 있는 상태이면 '약간의 추상(추한 모습)'으로 지급률을 가산한다.

12) '눈꺼풀에 뚜렷한 결손을 남긴 때'에 해당하는 경우에는 추상(추한 모습)장해를 포함하여 장해를 평가한 것으로 보고 추상(추한 모습)장해를 가산하지 않는다. 다만, 안면부의 추상(추한 모습)은 두 가지 장해평가 방법 중 피보험자에게 유리한 것을 적용한다.

2. 귀의 장해

가. 장해의 분류

장해의 분류	지급률
1) 두 귀의 청력을 완전히 잃었을 때	80
2) 한 귀의 청력을 완전히 잃고, 다른 귀의 청력에 심한 장해를 남긴 때	45
3) 한 귀의 청력을 완전히 잃었을 때	25
4) 한 귀의 청력에 심한 장해를 남긴 때	15
5) 한 귀의 청력에 약간의 장해를 남긴 때	5
6) 한 귀의 귓바퀴의 대부분이 결손된 때	10
7) 평형기능에 장해를 남긴 때	10

나. 장해판정기준

1) 청력장해는 순음청력검사 결과에 따라 데시벨(dB : decibel)로서 표시하고 3회 이상 청력검사를 실시한 후 적용한다. 다만, 각 측정치의 결과값 차이가 ±10dB 이상인 경우 청성뇌간반응검사(ABR)를 통해 객관적인 장해 상태를 재평가하여야 한다.

2) '한 귀의 청력을 완전히 잃었을 때'라 함은 순음청력검사 결과 평균순음역치가 90dB 이상인 경우를 말한다.

3) '심한 장해를 남긴 때'라 함은 순음청력검사 결과 평균순음역치가 80dB 이상인 경우에 해당되어, 귀에다 대고 말하지 않고는 큰 소리를 알아듣지 못하는 경우를 말한다.

4) '약간의 장해를 남긴 때'라 함은 순음청력검사 결과 평균순음역치가 70dB 이상인 경우에 해당되어, 50cm 이상의 거리에서는 보통의 말소리를 알아듣지 못하는 경우를 말한다.

5) 순음청력검사를 실시하기 곤란하거나(청력의 감소가 의심되지만 의사소통이 되지 않는 경우, 만 3세 미만의 소아 포함) 검사결과에 대한 검증이 필요한 경우에는 '언어청력검사, 임피던스 청력검사, 청성뇌간반응검사(ABR), 이음향방사검사' 등을 추가실시 후 장해를 평가한다.

다. 귓바퀴의 결손

1) '귓바퀴의 대부분이 결손된 때'라 함은 귓바퀴의 연골부가 1/2 이상 결손된 경우를 말한다.

2) 귓바퀴의 연골부가 1/2 미만 결손이고 청력에 이상이 없으면 외모의 추상(추한 모습)장해로만 평가한다.

라. 평형기능의 장해

1) '평형기능에 장해를 남긴 때'라 함은 전정기관 이상으로 보행 등 일상생활이 어려운 상태로 아래의 평형장해 평가항목별 합산점수가 30점 이상인 경우를 말한다.

항 목	내 용	점 수
검사 소견	양측 전정기능 소실	14
	양측 전정기능 감소	10
	일측 전정기능 소실	4
치료 병력	장기 통원치료(1년간 12회 이상)	6
	장기 통원치료(1년간 6회 이상)	4
	단기 통원치료(6개월간 6회 이상)	2
	단기 통원치료(6개월간 6회 미만)	0
기능 장해 소견	두 눈을 감고 일어서기 곤란하거나 두 눈을 뜨고 10m 거리를 직선으로 걷다가 쓰러지는 경우	20
	두 눈을 뜨고 10m 거리를 직선으로 걷다가 중간에 균형을 잡으려 멈추어야 하는 경우	12
	두 눈을 뜨고 10m 거리를 직선으로 걸을 때 중앙에서 60cm 이상 벗어나는 경우	8

2) 평형기능의 장해는 장해판정 직전 1년 이상 지속적인 치료 후 장해가 고착되었을 때 판정하며, 뇌병변 여부, 전정기능 이상 및 장해상태를 평가하기 위해 아래의 검사들을 기초로 한다.
가) 뇌영상검사(CT, MRI)
나) 온도안진검사, 전기안진검사(또는 비디오안진검사) 등

3. 코의 장해

가. 장해의 분류

장해의 분류	지급률
1) 코의 호흡기능을 완전히 잃었을 때	15
2) 코의 후각기능을 완전히 잃었을 때	5

나. 장해판정기준

1) '코의 호흡기능을 완전히 잃었을 때'라 함은 일상생활에서 구강호흡의 보조를 받지 않는 상태에서 코로 숨쉬는 것만으로 정상적인 호흡을 할 수 없다는 것이 비강통기도검사 등 의학적으로 인정된 검사로 확인되는 경우를 말한다.

2) '코의 후각기능을 완전히 잃었을 때'라 함은 후각신경의 손상으로 양쪽 코의 후각기능을 완전히 잃은 경우를 말하며, 후각감퇴는 장해의 대상으로 하지 않는다.

3) 양쪽 코의 후각기능은 후각인지검사, 후각역치검사 등을 통해 6개월 이상 고정된 후각의 완전손실이 확인되어야 한다.

4) 코의 추상(추한 모습)장해를 수반한 때에는 기능장해의 지급률과 추상장해의 지급률을 합산한다.

4. 씹어먹거나 말하는 장해

가. 장해의 분류

장해의 분류	지급률
1) 씹어먹는 기능과 말하는 기능 모두에 심한 장해를 남긴 때	100
2) 씹어먹는 기능에 심한 장해를 남긴 때	80
3) 말하는 기능에 심한 장해를 남긴 때	60
4) 씹어먹는 기능과 말하는 기능 모두에 뚜렷한 장해를 남긴 때	40
5) 씹어먹는 기능 또는 말하는 기능에 뚜렷한 장해를 남긴 때	20
6) 씹어먹는 기능과 말하는 기능 모두에 약간의 장해를 남긴 때	10
7) 씹어먹는 기능 또는 말하는 기능에 약간의 장해를 남긴 때	5
8) 치아에 14개 이상의 결손이 생긴 때	20
9) 치아에 7개 이상의 결손이 생긴 때	10
10) 치아에 5개 이상의 결손이 생긴 때	5

나. 장해의 평가기준

1) 씹어먹는 기능의 장해는 윗니(상악치아)와 아랫니(하악치아)의 맞물림(교합), 배열상태 및 아래턱의 개구운동, 삼킴(연하)운동 등에 따라 종합적으로 판단하여 결정한다.

2) '씹어먹는 기능에 심한 장해를 남긴 때'라 함은 심한 개구운동 제한이나 저작운동 제한으로 물이나 이에 준하는 음료 이외는 섭취하지 못하는 경우를 말한다.

3) '씹어먹는 기능에 뚜렷한 장해를 남긴 때' 라 함은 아래의 경우 중 하나 이상에 해당되는 때를 말한다.

   가) 뚜렷한 개구운동 제한 또는 뚜렷한 저작운동 제한으로 미음 또는 이에 준하는 정도의 음식물(죽 등)이외는 섭취하지 못하는 경우

   나) 위·아래턱(상·하악)의 가운데 앞니(중절치)간 최대 개구운동이 1cm 이하로 제한되는 경우

   다) 위·아래턱(상·하악)의 부정교합(전방, 측방)이 1.5cm 이상인 경우

   라) 1개 이하의 치아만 교합되는 상태

   마) 연하기능검사(비디오 투시검사)상 연하장애가 있고, 유동식 섭취 시 흡인이 발생하고 연식 외에는 섭취가 불가능한 상태

4) '씹어먹는 기능에 약간의 장해를 남긴 때'라 함은 아래의 경우 중 하나 이상에 해당되는 때를 말한다.

   가) 약간의 개구운동 제한 또는 약간의 저작운동 제한으로 부드러운 고형식(밥, 빵 등)만 섭취 가능한 경우

   나) 위·아래턱(상·하악)의 가운데 앞니(중절치)간 최대 개구운동이 2cm 이하로 제한되는 경우

   다) 위·아래턱(상·하악)의 부정교합(전방, 측방)이 1cm 이상인 경우

   라) 양측 각 1개 또는 편측 2개 이하의 치아만 교합되는 상태

   마) 연하기능검사(비디오 투시검사)상 연하장애가 있고, 유동식 섭취시 간헐적으로 흡인이 발생하고 부드러운 고형식 외에는 섭취가 불가능한 상태

5) 개구장해는 턱관절의 이상으로 개구운동 제한이 있는 상태를 말하며, 최대 개구상태에서 위·아래턱(상·하악)의 가운데 앞니(중절치)간 거리를 기준으로 한다. 단, 가운데 앞니(중절치)가 없는 경우에는 측정가능한 인접 치아간 거리의 최대치를 기준으로 한다.

6) 부정교합은 위턱(상악)과 아래턱(하악)의 부조화로 윗니(상악치아)와 아랫니(하악치아)가 전방 및 측방으로 맞물림에 제한이 있는 상태를 말한다.

7) '말하는 기능에 심한 장해를 남긴 때'라 함은 아래의 경우 중 하나 이상에 해당되는 때를 말한다.
   가) 언어평가상 자음정확도가 30% 미만인 경우
   나) 전실어증, 운동성실어증(브로카실어증)으로 의사소통이 불가한 경우
8) '말하는 기능에 뚜렷한 장해를 남긴 때'라 함은 아래의 경우 중 하나 이상에 해당되는 때를 말한다.
   가) 언어평가상 자음정확도가 50% 미만인 경우
   나) 언어평가상 표현언어지수 25 미만인 경우
9) '말하는 기능에 약간의 장해를 남긴 때'라 함은 아래의 경우 중 하나 이상에 해당되는 때를 말한다.
   가) 언어평가상 자음정확도가 75% 미만인 경우
   나) 언어평가상 표현언어지수 65 미만인 경우
10) 말하는 기능의 장해는 1년 이상 지속적인 언어치료를 시행한 후 증상이 고착되었을 때 평가하며, 객관적인 검사를 기초로 평가한다.
11) 뇌·중추신경계 손상(정신·인지기능 저하, 편마비 등)으로 인한 말하는 기능의 장해(실어증, 구음장애) 또는 씹어먹는 기능의 장해는 신경계·정신행동 장해 평가와 비교하여 그 중 높은 지급률 하나만 인정한다.
12) '치아의 결손'이란 치아의 상실 또는 발치된 경우를 말하며, 치아의 일부 손상으로 금관치료(크라운 보철수복)를 시행한 경우에는 치아의 일부 결손을 인정하여 1/2개 결손으로 적용한다.
13) 보철치료를 위해 발치한 정상치아, 노화로 인해 자연 발치된 치아, 보철(복합레진, 인레이, 온레이 등)한 치아, 기존 의치(틀니, 임플란트 등)의 결손은 치아의 상실로 인정하지 않는다.
14) 상실된 치아의 크기가 크든지 또는 치간의 간격이나 치아 배열구조 등의 문제로 사고와 관계없이 새로운 치아가 결손된 경우에는 사고로 결손된 치아 수에 따라 지급률을 결정한다.
15) 어린이의 유치는 향후에 영구치로 대체되므로 후유장해의 대상이 되지 않으나, 선천적으로 영구치 결손이 있는 경우에는 유치의 결손을 후유장해로 평가한다.
16) 가철성 보철물(신체의 일부에 붙였다 떼었다 할 수 있는 틀니 등)의 파손은 후유장해의 대상이 되지 않는다.

5. 외모의 추상(추한 모습)장해

가. 장해의 분류

장해의 분류	지급률
1) 외모에 뚜렷한 추상(추한 모습)을 남긴 때	15
2) 외모에 약간의 추상(추한 모습)을 남긴 때	5

나. 장해판정기준
1) '외모'란 얼굴(눈, 코, 귀, 입 포함), 머리, 목을 말한다.
2) '추상(추한 모습)장해'라 함은 성형수술(반흔성형술, 레이저치료 등 포함)을 시행한 후에도 영구히 남게 되는 상태의 추상(추한 모습)을 말한다.
3) '추상(추한 모습)을 남긴 때'라 함은 상처의 흔적, 화상 등으로 피부의 변색, 모발의 결손, 조직(뼈, 피부 등)의 결손 및 함몰 등으로 성형수술을 하여도 더 이상 추상(추한 모습)이 없어지지 않는 경우를 말한다.
4) 다발성 반흔 발생시 각 판정부위(얼굴, 머리, 목) 내의 다발성 반흔의 길이 또는 면적은 합산하여 평가한다. 단, 길이가 5mm 미만의 반흔은 합산대상에서 제외한다.

5) 추상(추한 모습)이 얼굴과 머리 또는 목 부위에 걸쳐 있는 경우에는 머리 또는 목에 있는 흉터의 길이 또는 면적의 1/2을 얼굴의 추상(추한 모습)으로 보아 산정한다.

다. 뚜렷한 추상(추한 모습)

   1) 얼 굴

     가) 손바닥 크기 1/2 이상의 추상(추한 모습)

     나) 길이 10cm 이상의 추상 반흔(추한 모습의 흉터)

     다) 지름 5cm 이상의 조직함몰

     라) 코의 1/2 이상 결손

   2) 머 리

     가) 손바닥 크기 이상의 반흔(흉터) 및 모발결손

     나) 머리뼈의 손바닥 크기 이상의 손상 및 결손

   3) 목

     손바닥 크기 이상의 추상(추한 모습)

라. 약간의 추상(추한 모습)

   1) 얼 굴

     가) 손바닥 크기 1/4 이상의 추상(추한 모습)

     나) 길이 5cm 이상의 추상반흔(추한 모습의 흉터)

     다) 지름 2cm 이상의 조직함몰

     라) 코의 1/4 이상 결손

   2) 머 리

     가) 손바닥 크기 1/2 이상의 반흔(흉터) 및 모발결손

     나) 머리뼈의 손바닥 크기 1/2 이상의 손상 및 결손

   3) 목

     손바닥 크기 1/2 이상의 추상(추한 모습)

마. 손바닥 크기

'손바닥 크기'라 함은 해당 환자의 손가락을 제외한 손바닥의 크기를 말하며, 12세 이상의 성인에서는 $8 \times 10cm$(1/2 크기는 $40cm^2$, 1/4 크기는 $20cm^2$), 6~11세의 경우는 $6 \times 8cm$(1/2 크기는 $24cm^2$, 1/4 크기는 $12cm^2$), 6세 미만의 경우는 $4 \times 6cm$(1/2 크기는 $12cm^2$, 1/4 크기는 $6cm^2$)로 간주한다.

6. 척추(등뼈)의 장해

가. 장해의 분류

장해의 분류	지급률
1) 척추(등뼈)에 심한 운동장해를 남긴 때	40
2) 척추(등뼈)에 뚜렷한 운동장해를 남긴 때	30
3) 척추(등뼈)에 약간의 운동장해를 남긴 때	10
4) 척추(등뼈)에 심한 기형을 남긴 때	50
5) 척추(등뼈)에 뚜렷한 기형을 남긴 때	30
6) 척추(등뼈)에 약간의 기형을 남긴 때	15
7) 추간판탈출증으로 인한 심한 신경 장해	20
8) 추간판탈출증으로 인한 뚜렷한 신경 장해	15
9) 추간판탈출증으로 인한 약간의 신경 장해	10

나. 장해판정기준

1) 척추(등뼈)는 경추에서 흉추, 요추, 제1천추까지를 동일한 부위로 한다. 제2천추 이하의 천골 및 미골은 체간골의 장해로 평가한다.

2) 척추(등뼈)의 기형장해는 척추체(척추뼈 몸통)을 말하며, 횡돌기 및 극돌기는 제외한다. 이하 이 신체부위에서 같다)의 압박률 또는 척추체(척추뼈 몸통)의 만곡 정도에 따라 평가한다.

   가) 척추체(척추뼈 몸통)의 만곡변화는 객관적인 측정방법(Cobb's Angle)에 따라 골절이 발생한 척추체(척추뼈 몸통)의 상·하 인접 정상 척추체(척추뼈 몸통)를 포함하여 측정하며, 생리적 정상만곡을 고려하여 평가한다.

   나) 척추(등뼈)의 기형장해는 척추체(척추뼈 몸통)의 압박률, 골절의 부위 등을 기준으로 판정한다. 척추체(척추뼈 몸통)의 압박률은 인접 상·하부[인접 상·하부 척추체(척추뼈 몸통)에 진 구성 골절이 있거나, 다발성 척추골절이 있는 경우에는 골절된 척추와 가장 인접한 상·하부] 정상 척추체(척추뼈 몸통)의 전방 높이의 평균에 대한 골절된 척추체(척추뼈 몸통) 전방 높이의 감소비를 압박률로 정한다.

   다) 척추(등뼈)의 기형장해는 「산업재해보상보험법 시행규칙」상 경추부, 흉추부, 요추부로 구분하여 각각을 하나의 운동단위로 보며, 하나의 운동단위 내에서 여러 개의 척추체(척추뼈 몸통)에 압박골절이 발생한 경우에는 각 척추체(척추뼈 몸통)의 압박률을 합산하고, 두 개 이상의 운동단위에서 장해가 발생한 경우에는 그 중 가장 높은 지급률을 적용한다.

3) 척추(등뼈)의 장해는 퇴행성 기왕증 병변과 사고가 그 증상을 악화시킨 부분만큼, 즉 이 사고와의 관여도를 산정하여 평가한다.

4) 추간판탈출증으로 인한 신경 장해는 수술 또는 시술(비수술적 치료) 후 6개월 이상 지난 후에 평가한다.

5) 신경학적 검사상 나타난 저린감이나 방사통 등 신경자극증상의 원인으로 CT, MRI 등 영상검사에서 추간판탈출증이 확인된 경우를 추간판탈출증으로 진단하며, 수술 여부에 관계없이 운동장해 및 기형장해로 평가하지 않는다.

6) 심한 운동장해란 다음 중 어느 하나에 해당하는 경우를 말한다.

   가) 척추체(척추뼈 몸통)에 골절 또는 탈구로 4개 이상의 척추체(척추뼈 몸통)를 유합(아물어 붙음) 또는 고정한 상태

   나) 머리뼈(두개골), 제1경추, 제2경추를 모두 유합 또는 고정한 상태

7) 뚜렷한 운동장해란 다음 중 어느 하나에 해당하는 경우를 말한다.

   가) 척추체(척추뼈 몸통)에 골절 또는 탈구로 3개의 척추체(척추뼈 몸통)를 유합(아물어 붙음) 또는 고정한 상태

   나) 머리뼈(두개골)와 제1경추 또는 제1경추와 제2경추를 유합 또는 고정한 상태

   다) 머리뼈(두개골)와 상위목뼈(상위경추 : 제1, 2경추) 사이에 CT 검사 상, 두개 대후두공의 기저점(basion)과 축추 치돌기 상단사이의 거리(BDI : Basion-Dental Interval)에 뚜렷한 이상전위가 있는 상태

   라) 상위목뼈(상위경추 : 제1, 2경추) CT 검사상, 환추 전방 궁(arch)의 후방과 치상돌기의 전면과의 거리(ADI : Atlanto-Dental Interval)에 뚜렷한 이상전위가 있는 상태

8) 약간의 운동장해

　머리뼈(두개골)와 상위목뼈(상위경추 : 제1, 2경추)를 제외한 척추체(척추뼈 몸통)에 골절 또는 탈구로 2개의 척추체(척추뼈 몸통)를 유합(아물어 붙음) 또는 고정한 상태

9) 심한 기형이란 다음 중 어느 하나에 해당하는 경우를 말한다.

　가) 척추(등뼈)의 골절 또는 탈구 등으로 35° 이상의 척추전만증(척추가 앞으로 휘어지는 증상), 척추후만증(척추가 뒤로 휘어지는 증상) 또는 20° 이상의 척추측만증(척추가 옆으로 휘어지는 증상) 변형이 있을 때

　나) 척추체(척추뼈 몸통) 한 개의 압박률이 60% 이상인 경우 또는 한 운동단위 내에 두 개 이상 척추체(척추뼈 몸통)의 압박골절로 각 척추체(척추뼈 몸통)의 압박률의 합이 90% 이상일 때

10) 뚜렷한 기형이란 다음 중 어느 하나에 해당하는 경우를 말한다.

　가) 척추(등뼈)의 골절 또는 탈구 등으로 15° 이상의 척추전만증(척추가 앞으로 휘어지는 증상), 척추후만증(척추가 뒤로 휘어지는 증상) 또는 10° 이상의 척추측만증(척추가 옆으로 휘어지는 증상) 변형이 있을 때

　나) 척추체(척추뼈 몸통) 한 개의 압박률이 40% 이상인 경우 또는 한 운동단위 내에 두 개 이상 척추체(척추뼈 몸통)의 압박골절로 각 척추체(척추뼈 몸통)의 압박률의 합이 60% 이상일 때

11) 약간의 기형이란 다음 중 어느 하나에 해당하는 경우를 말한다.

　가) 1개 이상의 척추(등뼈)의 골절 또는 탈구로 경도(가벼운 정도)의 척추전만증(척추가 앞으로 휘어지는 증상), 척추후만증(척추가 뒤로 휘어지는 증상) 또는 척추측만증(척추가 옆으로 휘어지는 증상) 변형이 있을 때

　나) 척추체(척추뼈 몸통) 한 개의 압박률이 20% 이상인 경우 또는 한 운동단위 내에 두 개 이상 척추체(척추뼈 몸통)의 압박골절로 각 척추체(척추뼈 몸통)의 압박률의 합이 40% 이상일 때

12) '추간판탈출증으로 인한 심한 신경 장해'란 추간판탈출증으로 추간판을 2마디 이상(또는 1마디 추간판에 대해 2회 이상) 수술하고도 마미신경증후군이 발생하여 하지의 현저한 마비 또는 대소변의 장해가 있는 경우

13) '추간판탈출증으로 인한 뚜렷한 신경 장해'란 추간판탈출증으로 추간판 1마디를 수술하고도 신경생리검사에서 명확한 신경근병증의 소견이 지속되고 척추신경근의 불완전 마비가 인정되는 경우

14) '추간판탈출증으로 인한 약간의 신경 장해'란 추간판탈출증이 확인되고 신경생리검사에서 명확한 신경근병증의 소견이 지속되는 경우

7. 체간골의 장해

가. 장해의 분류

장해의 분류	지급률
1) 어깨뼈(견갑골)나 골반뼈(장골, 제2천추 이하의 천골, 미골, 좌골 포함)에 뚜렷한 기형을 남긴 때	15
2) 빗장뼈(쇄골), 가슴뼈(흉골), 갈비뼈(늑골)에 뚜렷한 기형을 남긴 때	10

나. 장해판정기준

1) '체간골'이라 함은 어깨뼈(견갑골), 골반뼈(장골, 제2천추 이하의 천골, 미골, 좌골 포함), 빗장뼈(쇄골), 가슴뼈(흉골), 갈비뼈(늑골)를 말하며 이를 모두 동일한 부위로 본다.

2) '골반뼈의 뚜렷한 기형'이라 함은 아래의 경우 중 하나에 해당하는 때를 말한다.

가) 천장관절 또는 치골문합부가 분리된 상태로 치유되었거나 좌골이 2.5cm 이상 분리된 부정유합 상태

나) 육안으로 변형(결손을 포함)을 명백하게 알 수 있을 정도로 방사선 검사로 측정한 각(角) 변형이 20° 이상인 경우

다) 미골의 기형은 골절이나 탈구로 방사선 검사로 측정한 각(角) 변형이 70° 이상 남은 상태

3) '빗장뼈(쇄골), 가슴뼈(흉골), 갈비뼈(늑골), 어깨뼈(견갑골)에 뚜렷한 기형이 남은 때'라 함은 방사선 검사로 측정한 각(角) 변형이 20° 이상인 경우를 말한다.

4) 갈비뼈(늑골)의 기형은 그 개수와 정도, 부위 등에 관계없이 전체를 일괄하여 하나의 장해로 취급한다. 다발성늑골 기형의 경우 각각의 각(角) 변형을 합산하지 않고 그 중 가장 높은 각(角) 변형을 기준으로 평가한다.

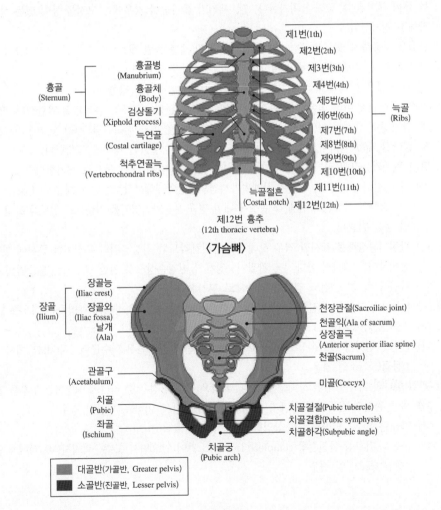

〈가슴뼈〉

〈골반뼈〉

8. 팔의 장해

가. 장해의 분류

장해의 분류	지급률
1) 두 팔의 손목 이상을 잃었을 때	100
2) 한 팔의 손목 이상을 잃었을 때	60
3) 한 팔의 3대 관절 중 관절 하나의 기능을 완전히 잃었을 때	30
4) 한 팔의 3대 관절 중 관절 하나의 기능에 심한 장해를 남긴 때	20
5) 한 팔의 3대 관절 중 관절 하나의 기능에 뚜렷한 장해를 남긴 때	10
6) 한 팔의 3대 관절 중 관절 하나의 기능에 약간의 장해를 남긴 때	5
7) 한 팔에 가관절이 남아 뚜렷한 장해를 남긴 때	20
8) 한 팔에 가관절이 남아 약간의 장해를 남긴 때	10
9) 한 팔의 뼈에 기형을 남긴 때	5

나. 장해판정기준

1) 골절부에 금속내고정물 등을 사용하였기 때문에 그것이 기능장해의 원인이 되는 때에는 그 내고정물 등이 제거된 후 장해를 평가한다. 단, 제거가 불가능한 경우에는 고정물 등이 있는 상태에서 장해를 평가한다.

2) 관절을 사용하지 않아 발생한 일시적인 기능장해(예를 들면 캐스트로 환부를 고정시켰기 때문에 치유 후의 관절에 기능장해가 발생한 경우)는 장해로 평가하지 않는다.

3) '팔'이라 함은 어깨관절(견관절)부터 손목관절(완관절)까지를 말한다.

4) '팔의 3대 관절'이라 함은 어깨관절(견관절), 팔꿈치관절(주관절), 손목관절(완관절)을 말한다.

5) '한 팔의 손목 이상을 잃었을 때'라 함은 손목관절(완관절)부터(손목관절 포함) 심장에 가까운 쪽에서 절단된 때를 말하며, 팔꿈치관절(주관절) 상부에서 절단된 경우도 포함한다.

6) 팔의 관절기능장해 평가는 팔의 3대 관절의 관절운동범위 제한 등으로 평가한다.

   가) 각 관절의 운동범위 측정은 장해평가시점의 「산업재해보상보험법 시행규칙」 제47조 제1항 및 제3항의 정상인의 신체 각 관절에 대한 평균 운동가능영역을 기준으로 정상각도 및 측정방법 등을 따른다.

   나) 관절기능장해를 표시할 경우 장해부위의 장해각도와 정상부위의 측정치를 동시에 판단하여 장해상태를 명확히 한다. 단, 관절기능장해가 신경손상으로 인한 경우에는 운동범위 측정이 아닌 근력 및 근전도 검사를 기준으로 평가한다.

7) '관절 하나의 기능을 완전히 잃었을 때'라 함은 아래의 경우 중 하나에 해당하는 경우를 말한다.

   가) 완전 강직(관절굳음)

   나) 근전도 검사상 완전손상(complete injury) 소견이 있으면서 도수근력검사(MMT)에서 근력이 '0등급(zero)'인 경우

8) '관절 하나의 기능에 심한 장해를 남긴 때'라 함은 아래의 경우 중 하나에 해당하는 경우를 말한다.

   가) 해당 관절의 운동범위 합계가 정상 운동범위의 1/4 이하로 제한된 경우

   나) 인공관절이나 인공골두를 삽입한 경우

   다) 근전도 검사상 완전손상(complete injury)소견이 있으면서 도수근력검사(MMT)에서 근력이 '1등급(trace)'인 경우

9) '관절 하나의 기능에 뚜렷한 장해를 남긴 때'라 함은 아래의 경우 중 하나에 해당하는 경우를 말한다.
　가) 해당 관절의 운동범위 합계가 정상 운동범위의 1/2 이하로 제한된 경우
　나) 근전도 검사상 불완전한 손상(incomplete injury) 소견이 있으면서 도수근력검사(MMT)에서
　　근력이 2등급(poor)인 경우
10) '관절 하나의 기능에 약간의 장해를 남긴 때'라 함은 아래의 경우 중 하나에 해당하는 때를 말한다.
　가) 해당 관절의 운동범위 합계가 정상 운동범위의 3/4 이하로 제한된 경우
　나) 근전도 검사상 불완전한 손상(incomplete injury)소견이 있으면서 도수근력검사(MMT)에서
　　근력이 3등급(fair)인 경우
11) '가관절^{주)}이 남아 뚜렷한 장해를 남긴 때'라 함은 상완골에 가관절이 남은 경우 또는 요골과 척골의
　2개 뼈 모두에 가관절이 남은 경우를 말한다.
　※ 주) 가관절이란, 충분한 경과 및 골이식술 등 골유합을 얻는데 필요한 수술적 치료를 시행하였음에도 불구하
　　고 골절부의 유합이 이루어지지 않는 '불유합' 상태를 말하며, 골유합이 지연되는 지연유합은 제외한다.
12) '가관절이 남아 약간의 장해를 남긴 때'라 함은 요골과 척골 중 어느 한 뼈에 가관절이 남은 경우를
　말한다.
13) '뼈에 기형을 남긴 때'라 함은 상완골 또는 요골과 척골에 변형이 남아 정상에 비해 부정유합된
　각 변형이 15° 이상인 경우를 말한다.
다. 지급률의 결정
　1) 한 팔의 3대 관절 중 관절 하나에 기능장해가 생기고 다른 관절 하나에 기능장해가 발생한 경우
　　지급률은 각각 적용하여 합산한다.
　2) 1상지(팔과 손가락)의 후유장해지급률은 원칙적으로 각각 합산하되, 지급률은 60% 한도로 한다.

9. 다리의 장해
가. 장해의 분류

장해의 분류	지급률
1) 두 다리의 발목 이상을 잃었을 때	100
2) 한 다리의 발목 이상을 잃었을 때	60
3) 한 다리의 3대 관절 중 관절 하나의 기능을 완전히 잃었을 때	30
4) 한 다리의 3대 관절 중 관절 하나의 기능에 심한 장해를 남긴 때	20
5) 한 다리의 3대 관절 중 관절 하나의 기능에 뚜렷한 장해를 남긴 때	10
6) 한 다리의 3대 관절 중 관절 하나의 기능에 약간의 장해를 남긴 때	5
7) 한 다리에 가관절이 남아 뚜렷한 장해를 남긴 때	20
8) 한 다리에 가관절이 남아 약간의 장해를 남긴 때	10
9) 한 다리의 뼈에 기형을 남긴 때	5
10) 한 다리가 5cm 이상 짧아지거나 길어진 때	30
11) 한 다리가 3cm 이상 짧아지거나 길어진 때	15
12) 한 다리가 1cm 이상 짧아지거나 길어진 때	5

나. 장해판정기준
　1) 골절부에 금속내고정물 등을 사용하였기 때문에 그것이 기능장해의 원인이 되는 때에는 그 내고정
　　물 등이 제거된 후 장해를 평가한다. 단, 제거가 불가능한 경우에는 고정물 등이 있는 상태에서
　　장해를 평가한다.
　2) 관절을 사용하지 않아 발생한 일시적인 기능장해(예를 들면 캐스트로 환부를 고정시켰기 때문에
　　치유 후의 관절에 기능장해가 발생한 경우)는 장해로 평가하지 않는다.

3) '다리'라 함은 엉덩이관절(고관절)부터 발목관절(족관절)까지를 말한다.

4) '다리의 3대 관절'이라 함은 엉덩이관절(고관절), 무릎관절(슬관절), 발목관절(족관절)을 말한다.

5) '한 다리의 발목 이상을 잃었을 때'라 함은 발목관절(족관절)부터(발목관절 포함) 심장에 가까운 쪽에서 절단된 때를 말하며, 무릎관절(슬관절)의 상부에서 절단된 경우도 포함한다.

6) 다리의 관절기능장해 평가는 다리의 3대 관절의 관절운동범위 제한 및 무릎관절(슬관절)의 동요성 등으로 평가한다.

   가) 각 관절의 운동범위 측정은 장해평가시점의 「산업재해보상보험법 시행규칙」 제47조 제1항 및 제3항의 정상인의 신체 각 관절에 대한 평균 운동가능영역을 기준으로 정상각도 및 측정방법 등을 따른다.

   나) 관절기능장해가 신경손상으로 인한 경우에는 운동범위 측정이 아닌 근력 및 근전도 검사를 기준으로 평가한다.

7) '관절 하나의 기능을 완전히 잃었을 때'라 함은 아래의 경우 중 하나에 해당하는 때를 말한다.

   가) 완전 강직(관절굳음)

   나) 근전도 검사상 완전손상(complete injury) 소견이 있으면서 도수근력검사(MMT)에서 근력이 '0등급(zero)'인 경우

8) '관절 하나의 기능에 심한 장해를 남긴 때'라 함은 아래의 경우 중 하나에 해당하는 때를 말한다.

   가) 해당 관절의 운동범위 합계가 정상 운동범위의 1/4 이하로 제한된 경우

   나) 인공관절이나 인공골두를 삽입한 경우

   다) 객관적 검사(스트레스 엑스선)상 15mm 이상의 동요관절(관절이 흔들리거나 움직이는 것)이 있는 경우

   라) 근전도 검사상 완전손상(complete injury) 소견이 있으면서 도수근력검사(MMT)에서 근력이 '1등급(trace)'인 경우

9) '관절 하나의 기능에 뚜렷한 장해를 남긴 때'라 함은 아래의 경우 중 하나에 해당하는 때를 말한다.

   가) 해당 관절의 운동범위 합계가 정상 운동범위의 1/2 이하로 제한된 경우

   나) 객관적 검사(스트레스 엑스선)상 10mm 이상의 동요관절(관절이 흔들리거나 움직이는 것)이 있는 경우

   다) 근전도 검사상 불완전한 손상(incomplete injury)소견이 있으면서 도수근력검사(MMT)에서 근력이 2등급(poor)인 경우

10) '관절 하나의 기능에 약간의 장해를 남긴 때'라 함은 아래의 경우 중 하나에 해당하는 때를 말한다.

   가) 해당 관절의 운동범위 합계가 정상 운동범위의 3/4 이하로 제한된 경우

   나) 객관적 검사(스트레스 엑스선)상 5mm 이상의 동요관절(관절이 흔들리거나 움직이는 것)이 있는 경우

   다) 근전도 검사상 불완전한 손상(incomplete injury)소견이 있으면서 도수근력검사(MMT)에서 근력이 3등급(fair)인 경우

11) 동요장해 평가 시에는 정상측과 환측을 비교하여 증가된 수치로 평가한다.

12) '가관절^{주)}'이 남아 뚜렷한 장해를 남긴 때'라 함은 대퇴골에 가관절이 남은 경우 또는 경골과 종아리뼈의 2개 뼈 모두에 가관절이 남은 경우를 말한다.

   ※ 주) 가관절이란, 충분한 경과 및 골이식술 등 골유합을 얻는데 필요한 수술적 치료를 시행하였음에도 불구하고 골절부의 유합이 이루어지지 않는 '불유합' 상태를 말하며, 골유합이 지연되는 지연유합은 제외한다.

13) '가관절이 남아 약간의 장해를 남긴 때'라 함은 경골과 종아리뼈 중 어느 한 뼈에 가관절이 남은 경우를 말한다.

14) '뼈에 기형을 남긴 때'라 함은 대퇴골 또는 경골에 기형이 남아 정상에 비해 부정유합된 각 변형이 15° 이상인 경우를 말한다.

15) 다리 길이의 단축 또는 과신장은 스캐노그램(scanogram)을 통하여 측정한다.

다. 지급률의 결정

1) 한 다리의 3대 관절 중 관절 하나에 기능장해가 생기고 다른 관절 하나에 기능장해가 발생한 경우 지급률은 각각 적용하여 합산한다.

2) 1하지(다리와 발가락)의 후유장해 지급률은 원칙적으로 각각 합산하되, 지급률은 60% 한도로 한다.

10. 손가락의 장해

가. 장해의 분류

장해의 분류	지급률
1) 한 손의 5개 손가락을 모두 잃었을 때	55
2) 한 손의 첫째 손가락을 잃었을 때	15
3) 한 손의 첫째 손가락 이외의 손가락을 잃었을 때(손가락 하나마다)	10
4) 한 손의 5개 손가락 모두의 손가락뼈 일부를 잃었을 때 또는 뚜렷한 장해를 남긴 때	30
5) 한 손의 첫째 손가락의 손가락뼈 일부를 잃었을 때 또는 뚜렷한 장해를 남긴 때	10
6) 한 손의 첫째 손가락 이외의 손가락의 손가락뼈 일부를 잃었을 때 또는 뚜렷한 장해를 남긴 때(손가락 하나마다)	5

나. 장해판정기준

1) 골절부에 금속내고정물 등을 사용하였기 때문에 그것이 기능장해의 원인이 되는 때에는 그 내고정물 등이 제거된 후에 장해를 평가한다. 단, 제거가 불가능한 경우에는 고정물 등이 있는 상태에서 장해를 평가한다.

2) 관절을 사용하지 않아 발생한 일시적인 기능장해(예를 들면 캐스트로 환부를 고정시켰기 때문에 치유 후의 관절에 기능장해가 발생한 경우)는 장해로 평가하지 않는다.

3) 손가락에는 첫째 손가락에 2개의 손가락관절이 있다. 그 중 심장에서 가까운 쪽부터 중수지관절, 지관절이라 한다.

4) 다른 네 손가락에는 3개의 손가락관절이 있다. 그 중 심장에서 가까운 쪽부터 중수지관절, 제1지관절(근위지관절) 및 제2지관절(원위지관절)이라 부른다.

5) '손가락을 잃었을 때'라 함은 첫째 손가락에서는 지관절부터 심장에서 가까운 쪽에서, 다른 네 손가락에서는 제1지관절(근위지관절)부터(제1지관절 포함) 심장에서 가까운 쪽으로 손가락이 절단되었을 때를 말한다.

6) '손가락뼈 일부를 잃었을 때'라 함은 첫째 손가락의 지관절, 다른 네 손가락의 제1지관절(근위지관절)부터 심장에서 먼 쪽으로 손가락 뼈의 일부가 절단된 경우를 말하며, 뼈 단면이 불규칙해진 상태나 손가락 길이의 단축 없이 골편만 떨어진 상태는 해당하지 않는다.

7) '손가락에 뚜렷한 장해를 남긴 때'라 함은 첫째 손가락의 경우 중수지관절 또는 지관절의 굴신(굽히고 펴기)운동영역이 정상 운동영역의 1/2 이하인 경우를 말하며, 다른 네 손가락에 있어서는 제1, 제2지관절의 굴신운동영역을 합산하여 정상운동영역의 1/2 이하이거나 중수지관절의 굴신(굽히고 펴기)운동영역이 정상운동영역의 1/2 이하인 경우를 말한다.

8) 한 손가락에 장해가 생기고 다른 손가락에 장해가 발생한 경우, 지급률은 각각 적용하여 합산한다.
9) 손가락의 관절기능장해 평가는 손가락 관절의 관절운동범위 제한 등으로 평가한다. 각 관절의 운동범위 측정은 장해평가시점의 「산업재해보상보험법 시행규칙」 제47조 제1항 및 제3항의 정상인의 신체 각 관절에 대한 평균 운동가능영역을 기준으로 정상각도 및 측정방법 등을 따른다.

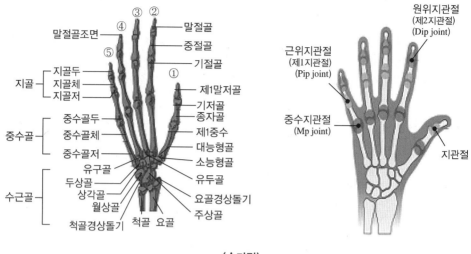

〈손가락〉

11. 발가락의 장해

가. 장해의 분류

장해의 분류	지급률
1) 한 발의 리스프랑관절 이상을 잃었을 때	40
2) 한 발의 5개 발가락을 모두 잃었을 때	30
3) 한 발의 첫째 발가락을 잃었을 때	10
4) 한 발의 첫째 발가락 이외의 발가락을 잃었을 때(발가락 하나마다)	5
5) 한 발의 5개 발가락 모두의 발가락뼈 일부를 잃었을 때 또는 뚜렷한 장해를 남긴 때	20
6) 한 발의 첫째 발가락의 발가락뼈 일부를 잃었을 때 또는 뚜렷한 장해를 남긴 때	8
7) 한 발의 첫째 발가락 이외의 발가락의 발가락뼈 일부를 잃었을 때 또는 뚜렷한 장해를 남긴 때(발가락 하나마다)	3

나. 장해판정기준

1) 골절부에 금속내고정물 등을 사용하였기 때문에 그것이 기능장해의 원인이 되는 때에는 그 내고정물 등이 제거된 후에 장해를 평가한다. 단, 제거가 불가능한 경우에는 고정물 등이 있는 상태에서 장해를 평가한다.
2) 관절을 사용하지 않아 발생한 일시적인 기능장해(예를 들면 캐스트로 환부를 고정시켰기 때문에 치유 후의 관절에 기능장해가 발생한 경우)는 장해로 평가하지 않는다.
3) '발가락을 잃었을 때'라 함은 첫째 발가락에서는 지관절부터 심장에 가까운 쪽을, 나머지 네 발가락에서는 제1지관절(근위지관절)부터(제1지관절 포함) 심장에서 가까운 쪽을 잃었을 때를 말한다.
4) 리스프랑관절 이상에서 잃은 때라 함은 족근-중족골간 관절 이상에서 절단된 경우를 말한다.

5) '발가락뼈 일부를 잃었을 때'라 함은 첫째 발가락의 지관절, 다른 네 발가락의 제1지관절(근위지관절)부터 심장에서 먼 쪽으로 발가락 뼈 일부가 절단된 경우를 말하며, 뼈 단면이 불규칙해진 상태나 발가락 길이의 단축 없이 골편만 떨어진 상태는 해당하지 않는다.

6) '발가락에 뚜렷한 장해를 남긴 때'라 함은 첫째 발가락의 경우에 중족지관절과 지관절의 굴신(굽히고 펴기)운동범위 합계가 정상 운동 가능영역의 1/2 이하가 된 경우를 말하며, 다른 네 발가락에 있어서는 중족지관절의 신전운동범위만을 평가하여 정상운동범위의 1/2 이하로 제한된 경우를 말한다.

7) 한 발가락에 장해가 생기고 다른 발가락에 장해가 발생한 경우, 지급률은 각각 적용하여 합산한다.

8) 발가락 관절의 운동범위 측정은 장해평가시점의 「산업재해보상보험법 시행규칙」 제47조 제1항 및 제3항의 정상인의 신체 각 관절에 대한 평균 운동가능영역을 기준으로 정상각도 및 측정방법 등을 따른다.

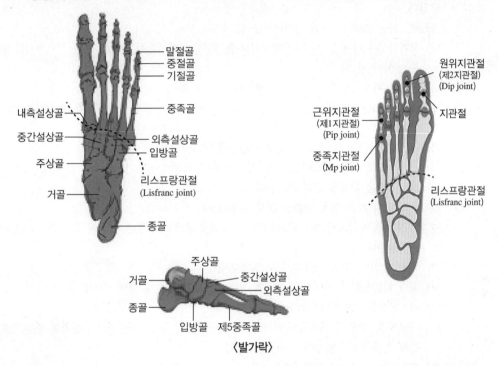

〈발가락〉

12. 흉·복부장기 및 비뇨생식기의 장해

가. 장해의 분류

장해의 분류	지급률
1) 심장 기능을 잃었을 때	100
2) 흉복부장기 또는 비뇨생식기 기능을 잃었을 때	75
3) 흉복부장기 또는 비뇨생식기 기능에 심한 장해를 남긴 때	50
4) 흉복부장기 또는 비뇨생식기 기능에 뚜렷한 장해를 남긴 때	30
5) 흉복부장기 또는 비뇨생식기 기능에 약간의 장해를 남긴 때	15

나. 장해의 판정기준

1) '심장 기능을 잃었을 때'라 함은 심장 이식을 한 경우를 말한다.

2) '흉복부장기 또는 비뇨생식기 기능을 잃었을 때'라 함은 아래의 경우 중 하나에 해당하는 때를 말한다.

    가) 폐, 신장, 또는 간장의 장기이식을 한 경우

    나) 장기이식을 하지 않고서는 생명유지가 불가능하여 혈액투석, 복막투석 등 의료처치를 평생토록 받아야 할 때

    다) 방광의 저장기능과 배뇨기능을 완전히 상실한 때

3) '흉복부장기 또는 비뇨생식기 기능에 심한 장해를 남긴 때'라 함은 아래의 경우 중 하나에 해당하는 때를 말한다.

    가) 위, 대장(결장~직장) 또는 췌장의 전부를 잘라내었을 때

    나) 소장을 3/4 이상 잘라내었을 때 또는 잘라낸 소장의 길이가 3m 이상일 때

    다) 간장의 3/4 이상을 잘라내었을 때

    라) 양쪽 고환 또는 양쪽 난소를 모두 잃었을 때

4) '흉복부장기 또는 비뇨생식기 기능에 뚜렷한 장해를 남긴 때'라 함은 아래의 경우 중 하나에 해당하는 때를 말한다.

    가) 한쪽 폐 또는 한쪽 신장을 전부 잘라내었을 때

    나) 방광 기능상실로 영구적인 요도루, 방광루, 요관 장문합 상태

    다) 위, 췌장을 50% 이상 잘라내었을 때

    라) 대장절제, 항문 괄약근 등의 기능장해로 영구적으로 장루, 인공항문을 설치한 경우(치료과정에서 일시적으로 발생하는 경우는 제외)

    마) 심장기능 이상으로 인공심박동기를 영구적으로 삽입한 경우

    바) 요도괄약근 등의 기능장해로 영구적으로 인공요도괄약근을 설치한 경우

5) '흉복부장기 또는 비뇨생식기 기능에 약간의 장해를 남긴 때'라 함은 아래의 경우 중 하나에 해당하는 때를 말한다.

    가) 방광의 용량이 50cc 이하로 위축되었거나 요도협착, 배뇨기능 상실로 영구적인 간헐적 인공요도가 필요한 때

    나) 음경의 1/2 이상이 결손되었거나 질구 협착으로 성생활이 불가능한 때

    다) 폐질환 또는 폐 부분절제술 후 일상생활에서 호흡곤란으로 지속적인 산소치료가 필요하며, 폐기능 검사(PFT)상 폐환기 기능(1초간 노력성 호기량, FEV1)이 정상예측치의 40% 이하로 저하된 때

6) 흉복부, 비뇨생식기계 장해는 질병 또는 외상의 직접 결과로 인한 장해를 말하며, 노화에 의한 기능장해 또는 질병이나 외상이 없는 상태에서 예방적으로 장기를 절제, 적출한 경우는 장해로 보지 않는다.

7) 상기 흉복부 및 비뇨생식기계 장해항목에 명기되지 않은 기타 장해상태에 대해서는 '〈붙임〉 일상생활 기본동작(ADLs) 제한 장해평가표'에 해당하는 장해가 있을 때 ADLs 장해 지급률을 준용한다.

8) 상기 장해항목에 해당되지 않는 장기간의 간병이 필요한 만성질환(만성간질환, 만성폐쇄성폐질환 등)은 장해의 평가 대상으로 인정하지 않는다.

13. 신경계·정신행동 장해

가. 장해의 분류

장해의 분류	지급률
1) 신경계에 장해가 남아 일상생활 기본동작에 제한을 남긴 때	10~100
2) 정신행동에 극심한 장해를 남긴 때	100
3) 정신행동에 심한 장해를 남긴 때	75
4) 정신행동에 뚜렷한 장해를 남긴 때	50
5) 정신행동에 약간의 장해를 남긴 때	25
6) 정신행동에 경미한 장해를 남긴 때	10
7) 극심한 치매 : CDR 척도 5점	100
8) 심한치매 : CDR 척도 4점	80
9) 뚜렷한 치매 : CDR 척도 3점	60
10) 약간의 치매 : CDR 척도 2점	40
11) 심한 간질발작이 남았을 때	70
12) 뚜렷한 간질발작이 남았을 때	40
13) 약간의 간질발작이 남았을 때	10

나. 장해판정기준

1) 신경계

가) "신경계에 장해를 남긴 때"라 함은 뇌, 척수 및 말초신경계 손상으로 "〈붙임〉일상생활 기본동작(ADLs) 제한 장해평가표"의 5가지 기본동작중 하나 이상의 동작이 제한되었을 때를 말한다.

나) 위 가)의 경우 "〈붙임〉일상생활 기본동작(ADLs) 제한 장해평가표" 상 지급률이 10% 미만인 경우에는 보장대상이 되는 장해로 인정하지 않는다.

다) 신경계의 장해로 발생하는 다른 신체부위의 장해(눈, 귀, 코, 팔, 다리 등)는 해당 장해로도 평가하고 그 중 높은 지급률을 적용한다.

라) 뇌졸중, 뇌손상, 척수 및 신경계의 질환 등은 발병 또는 외상 후 12개월 동안 지속적으로 치료한 후에 장해를 평가한다. 그러나, 12개월이 지났다고 하더라도 뚜렷하게 기능 향상이 진행되고 있는 경우 또는 단기간내에 사망이 예상되는 경우는 6개월의 범위에서 장해 평가를 유보한다.

마) 장해진단 전문의는 재활의학과, 신경외과 또는 신경과 전문의로 한다.

2) 정신행동

가) 정신행동장해는 보험기간 중에 발생한 뇌의 질병 또는 상해를 입은 후 18개월이 지난 후에 판정함을 원칙으로 한다. 단, 질병발생 또는 상해를 입은 후 의식상실이 1개월 이상 지속된 경우에는 질병발생 또는 상해를 입은 후 12개월이 지난 후에 판정할 수 있다.

나) 정신행동장해는 장해판정 직전 1년 이상 충분한 정신건강의학과의 전문적 치료를 받은 후 치료에도 불구하고 장해가 고착되었을 때 판정하여야 하며, 그렇지 않은 경우에는 그로써 고정되거나 중하게 된 장해에 대해서는 인정하지 않는다.

다) '정신행동에 극심한 장해를 남긴 때'라 함은 장해판정 직전 1년 이상 지속적인 정신건강의학과의 치료를 받았으며 GAF 30점 이하인 상태를 말한다.

라) '정신행동에 심한 장해를 남긴 때'라 함은 장해판정 직전 1년 이상 지속적인 정신건강의학과의 치료를 받았으며 GAF 40점 이하인 상태를 말한다.

마) '정신행동에 뚜렷한 장해를 남긴 때'라 함은 장해판정 직전 1년 이상 지속적인 정신건강의학과의 치료를 받았으며, 보건복지부고시 「장애등급판정기준」의 '능력장해측정기준'⁽주⁾ 상 6개 항목 중 3개 항목 이상에서 독립적 수행이 불가능하여 타인의 도움이 필요하고 GAF 50점 이하인 상태를 말한다.

> ※ 주) 능력장해측정기준의 항목 : ㉮ 적절한 음식섭취, ㉯ 대소변관리, 세면, 목욕, 청소 등의 청결 유지, ㉰ 적절한 대화기술 및 협조적인 대인관계, ㉱ 규칙적인 통원·약물 복용, ㉲ 소지품 및 금전관리나 적절한 구매행위, ㉳ 대중교통이나 일반공공시설의 이용

바) '정신행동에 약간의 장해를 남긴 때'라 함은 장해판정 직전 1년 이상 지속적인 정신건강의학과의 치료를 받았으며, 보건복지부고시 「장애등급판정기준」의 '능력장해측정기준' 상 6개 항목 중 2개 항목 이상에서 독립적 수행이 불가능하여 타인의 도움이 필요하고 GAF 60점 이하인 상태를 말한다.

사) '정신행동에 경미한 장해를 남긴 때'라 함은 장해판정 직전 1년 이상 지속적인 정신건강의학과의 치료를 받았으며, 보건복지부고시 「장애등급판정기준」의 '능력장해측정기준' 상 6개 항목 중 2개 항목 이상에서 독립적 수행이 불가능하여 타인의 도움이 필요하고 GAF 70점 이하인 상태를 말한다.

아) 지속적인 정신건강의학과의 치료란 3개월 이상 약물치료가 중단되지 않았음을 의미한다.

자) 심리학적 평가보고서는 정신건강의학과 의료기관에서 실시되어져야 하며, 자격을 갖춘 임상심리전문가가 시행하고 작성하여야 한다.

차) 정신행동장해 진단 전문의는 정신건강의학과 전문의를 말한다.

카) 정신행동장해는 뇌의 기능 및 결손을 입증할 수 있는 뇌자기공명촬영, 뇌전산화촬영, 뇌파 등 객관적 근거를 기초로 평가한다. 다만, 보호자나 환자의 진술, 감정의의 추정 혹은 인정, 한국표준화가 이루어지지 않고 신빙성이 적은 검사들(뇌 SPECT 등)은 객관적 근거로 인정하지 않는다.

타) 각종 기질성 정신장해와 외상후 간질에 한하여 보상한다.

파) 외상후 스트레스장애, 우울증(반응성) 등의 질환, 정신분열증(조현병), 편집증, 조울증(양극성장애), 불안장애, 전환장애, 공포장애, 강박장애 등 각종 신경증 및 각종 인격장애는 보상의 대상이 되지 않는다.

3) 치 매

가) "치매"라 함은 정상적으로 성숙한 뇌가 질병이나 외상 후 기질성 손상으로 파괴되어 한번 획득한 지적기능이 지속적 또는 전반적으로 저하되는 것을 말한다.

나) 치매의 장해평가는 임상적인 증상 뿐 아니라 뇌영상검사(CT 및 MRI, SPECT 등)를 기초로 진단되어져야 하며, 18개월 이상 지속적인 치료 후 평가한다. 다만, 진단시점에 이미 극심한 치매 또는 심한 치매로 진행된 경우에는 6개월간 지속적인 치료 후 평가한다.

다) 치매의 장해평가는 전문의(정신건강의학과, 신경과)에 의한 임상치매척도(한국판 Expanded Clinical Dementia Rating) 검사결과에 따른다.

4) 뇌전증(간질)

가) "뇌전증(간질)"이라 함은 돌발적 뇌파이상을 나타내는 뇌질환으로 발작(경련, 의식장해 등)을 반복하는 것을 말한다.

나) 간질발작의 빈도 및 양상은 지속적인 항간질제(항전간제) 약물로도 조절되지 않는 간질을 말하며, 진료기록에 기재되어 객관적으로 확인되는 간질발작의 빈도 및 양상을 기준으로 한다.

다) "심한 간질 발작"이라 함은 월 8회 이상의 중증발작이 연 6개월 이상의 기간에 걸쳐 발생하고, 발작할 때 유발된 호흡장애, 흡인성 폐렴, 심한 탈진, 구역질, 두통, 인지장해 등으로 요양관리가 필요한 상태를 말한다.

라) "뚜렷한 간질 발작"이라 함은 월 5회 이상의 중증발작 또는 월 10회 이상의 경증발작이 연 6개월 이상의 기간에 걸쳐 발생하는 상태를 말한다.

마) "약간의 간질 발작"이라 함은 월 1회 이상의 중증발작 또는 월 2회 이상의 경증발작이 연 6개월 이상의 기간에 걸쳐 발생하는 상태를 말한다.

바) "중증발작"이라 함은 전신경련을 동반하는 발작으로써 신체의 균형을 유지하지 못하고 쓰러지는 발작 또는 의식장해가 3분 이상 지속되는 발작을 말한다.

사) "경증발작"이라 함은 운동장해가 발생하나 스스로 신체의 균형을 유지할 수 있는 발작 또는 3분 이내에 정상으로 회복되는 발작을 말한다.

일상생활 기본동작(ADLs) 제한 장해평가표

유 형	제한 정도에 따른 지급률
이동동작	• 특별한 보조기구를 사용함에도 불구하고 다른 사람의 계속적인 도움이 없이는 방 밖을 나올 수 없는 상태 또는 침대에서 휠체어로 옮기기를 포함하여 휠체어 이동시 다른 사람의 계속적인 도움이 필요한 상태 (지급률 40%) • 휠체어 또는 다른 사람의 도움 없이는 방밖을 나올 수 없는 상태 또는 보행이 불가능하나 스스로 휠체어를 밀어 이동이 가능한 상태 (30%) • 목발 또는 보행기(walker)를 사용하지 않으면 독립적인 보행이 불가능한 상태 (20%) • 보조기구 없이 독립적인 보행은 가능하나 보행시 파행(절뚝거림)이 있으며, 난간을 잡지 않고는 계단을 오르내리기가 불가능한 상태 또는 평지에서 100m 이상을 걷지 못하는 상태 (10%)
음식물 섭취	• 입으로 식사를 전혀 할 수 없어 계속적으로 튜브(비위관 또는 위루관)나 경정맥 수액을 통해 부분 혹은 전적인 영양공급을 받는 상태 (20%) • 수저 사용이 불가능하여 다른 사람의 계속적인 도움이 없이는 식사를 전혀 할 수 없는 상태 (15%) • 숟가락 사용은 가능하나 젓가락 사용이 불가능하여 음식물 섭취에 있어 부분적으로 다른 사람의 도움이 필요한 상태 (10%) • 독립적인 음식물 섭취는 가능하나 젓가락을 이용하여 생선을 바르거나 음식물을 자르지는 못하는 상태 (5%)
배변·배뇨	• 배설을 돕기 위해 설치한 의료장치나 외과적 시술물을 사용함에 있어 타인의 계속적인 도움이 필요한 상태, 또는 지속적인 유치도뇨관 삽입상태, 방광루, 요도루, 장루상태 (20%) • 화장실에 가서 변기위에 앉는 일(요강을 사용하는 일 포함)과 대소변 후에 뒤처리시 다른 사람의 계속적인 도움이 필요한 상태, 또는 간헐적으로 자가 인공도뇨가 가능한 상태(CIC), 기저귀를 이용한 배뇨, 배변 상태 (15%) • 화장실에 가는 일, 배변, 배뇨는 독립적으로 가능하나 대소변후 뒤처리에 있어 다른 사람의 도움이 필요한 상태 (10%) • 빈번하고 불규칙한 배변으로 인해 2시간 이상 계속되는 업무를 수행하는 것이 어려운 상태, 또는 배변, 배뇨는 독립적으로 가능하나 요실금, 변실금이 있을 때 (5%)
목 욕	• 세안, 양치, 샤워, 목욕 등 모든 개인위생 관리시 타인의 지속적인 도움이 필요한 상태 (10%) • 세안, 양치시 부분적인 도움 하에 혼자서 가능하나 목욕이나 샤워시 타인의 도움이 필요한 상태 (5%) • 세안, 양치와 같은 개인위생관리를 독립적으로 시행가능하나 목욕이나 샤워시 부분적으로 타인의 도움이 필요한 상태 (3%)
옷 입고 벗기	• 상·하의 의복 착탈시 다른 사람의 계속적인 도움이 필요한 상태 (10%) • 상·하의 의복 착탈시 부분적으로 다른 사람의 도움이 필요한 상태 또는 상의 또는 하의중 하나만 혼자서 착탈의가 가능한 상태 (5%) • 상·하의 의복착탈시 혼자서 가능하나 미세동작(단추 잠그고 풀기, 지퍼 올리고 내리기, 끈 묶고 풀기 등)이 필요한 마무리는 타인의 도움이 필요한 상태 (3%)

〈부표 4〉

재해분류표

1. 보장대상이 되는 재해
다음 각 호에 해당하는 재해는 이 보험의 약관에 따라 보험금을 지급합니다.
① 한국표준질병·사인분류상의 (S00~Y84)에 해당하는 우발적인 외래의 사고
② 감염병의 예방 및 관리에 관한 법률 제2조 제2호에서 규정한 제1급감염병 〈개정 2020.7.31.〉

2. 보험금을 지급하지 않는 재해
다음 각 호에 해당하는 경우에는 재해분류에서 제외하여 보험금을 지급하지 않습니다.
① 질병 또는 체질적 요인이 있는 자로서 경미한 외부 요인으로 발병하거나 그 증상이 더욱 악화된 경우
② 사고의 원인이 다음과 같은 경우 〈개정 2020.7.31.〉
- 과잉노력 및 격심한 또는 반복적 운동(X50)
- 무중력 환경에서의 장시간 체류(X52)
- 식량 부족(X53)
- 물 부족(X54)
- 상세불명의 결핍(X57)
- 고의적 자해(X60~X84)
- 법적 개입 중 법적 처형(Y35.5)
③ '외과적 및 내과적 치료 중 환자의 재난(Y60~Y69)' 중 진료기관의 고의 또는 과실이 없는 사고(단, 처치 당시에는 재난의 언급이 없었으나 환자에게 이상반응이나 합병증을 일으키게 한 외과적 및 기타 내과적 처치(Y83~Y84)는 보장)
④ '자연의 힘에 노출(X30~X39)' 중 급격한 액체손실로 인한 탈수
⑤ '우발적 익사 및 익수(W65~W74), 기타 호흡과 관련된 불의의 위험(W75~W84), 눈 또는 인체의 개구부를 통하여 들어온 이물질(W44)' 중 질병에 의한 호흡장해 및 삼킴장해
⑥ 한국표준질병·사인분류상의 (U00~U99)에 해당하는 질병
※ 1. ( ) 안은 제8차 개정 한국표준질병·사인분류(통계청고시 제2020-175호, 2021.1.1. 시행)상의 분류번호이며, 제9차 개정 이후 상기 재해 이외에 추가로 위 1 및 2의 각 호에 해당하는 재해가 있는 경우에는 그 재해도 포함되는 것으로 합니다. 〈개정 2020.7.31.〉
  2. 위 1. 보장대상이 되는 재해 ②에 해당하는 감염병은 보험사고 발생당시 시행중인 법률을 적용하며, 2. 보험금을 지급하지 않는 재해 ⑥에 해당하더라도 보장대상에서 제외하지 않습니다. 〈신설 2020.7.31.〉

〈부표 4-1〉 보험금을 지급할 때의 적립이율 계산(제8조 제2항 및 제32조 제2항 관련)

구 분	기 간		지 급 이 자
사망보험금, 장해보험금, 입원급여금 (제3조 제3호에서 제5호)	지급기일의 다음 날부터 30일 이내 기간		보험계약대출이율
	지급기일의 31일 이후부터 60일 이내 기간		보험계약대출이율 + 가산이율(4.0%)
	지급기일의 61일 이후부터 90일 이내 기간		보험계약대출이율 + 가산이율(6.0%)
	지급기일의 91일 이후 기간		보험계약대출이율 + 가산이율(8.0%)
중도보험금 (제3조 제1호)	지급사유가 발생한 날의 다음 날부터 청구일까지의 기간	보험기간 만기일 이내	평균공시이율
		보험기간 만기 이후	1년 이내 : 평균공시이율의 50% 1년 초과기간 : 1%
	청구일의 다음 날부터 지급일까지의 기간		보험계약대출이율
만기보험금(제3조 제2호) 및 해지환급금 (제32조 제1항)	지급사유가 발생한 날의 다음 날부터 청구일까지의 기간		1년 이내 : 평균공시이율의 50% 1년 초과기간 : 1%
	청구일의 다음 날부터 지급일까지의 기간		보험계약대출이율

주) 1. 중도보험금 및 만기보험금은 회사가 보험금의 지급시기 도래 7일 이전에 지급할 사유와 금액을 알리지 않은 경우, 지급사유가 발생한 날의 다음 날부터 청구일까지의 기간은 평균공시이율을 적용한 이자를 지급합니다.
2. 지급이자의 계산은 연단위 복리로 계산하며, 금리연동형보험은 일자 계산합니다.
3. 계약자 등의 책임 있는 사유로 보험금 지급이 지연된 때에는 그 해당기간에 대한 이자는 지급되지 않을 수 있습니다. 다만, 회사는 계약자 등이 분쟁조정을 신청했다는 사유만으로 이자지급을 거절하지 않습니다. 〈단서 신설 2020.7.31.〉
4. 금리연동형보험의 경우 상기 평균공시이율은 적립순보험료에 대한 적립이율을 말합니다.
5. 가산이율 적용시 제8조(보험금의 지급절차) 제3항 각 호의 어느 하나에 해당되는 사유로 지연된 경우에는 해당기간에 대하여 가산이율을 적용하지 않습니다.
6. 가산이율 적용시 금융위원회 또는 금융감독원이 정당한 사유로 인정하는 경우에는 해당 기간에 대하여 가산이율을 적용하지 않습니다.

03 질병 · 상해보험 표준약관(손해보험 회사용)

〈개정 2010.1.29., 2011.1.19., 2013.12.17., 2014.12.26., 2015.8.31., 2015.12.29., 2018.3.2., 2018.7.10., 2018.11.6., 2019.12.20. 2020.7.31., 2020.10.16., 2021.7.1.〉

제1관 목적 및 용어의 정의

제1조(목적) 이 보험계약(이하 '계약'이라 합니다)은 보험계약자(이하 '계약자'라 합니다)와 보험회사(이하 '회사'라 합니다) 사이에 피보험자의 질병이나 상해에 대한 위험을 보장하기 위하여 체결됩니다.

제2조(용어의 정의) 이 계약에서 사용되는 용어의 정의는, 이 계약의 다른 조항에서 달리 정의되지 않는 한 다음과 같습니다.

1. 계약관계 관련 용어

   가. 계약자 : 회사와 계약을 체결하고 보험료를 납입할 의무를 지는 사람을 말합니다.

   나. 보험수익자 : 보험금 지급사유가 발생하는 때에 회사에 보험금을 청구하여 받을 수 있는 사람을 말합니다.

   다. 보험증권 : 계약의 성립과 그 내용을 증명하기 위하여 회사가 계약자에게 드리는 증서를 말합니다.

   라. 진단계약 : 계약을 체결하기 위하여 피보험자가 건강진단을 받아야 하는 계약을 말합니다.

   마. 피보험자 : 보험사고의 대상이 되는 사람을 말합니다.

2. 지급사유 관련 용어

   가. 상해 : 보험기간 중에 발생한 급격하고도 우연한 외래의 사고로 신체(의수, 의족, 의안, 의치 등 신체보조장구는 제외하나, 인공장기나 부분 의치 등 신체에 이식되어 그 기능을 대신할 경우는 포함합니다)에 입은 상해를 말합니다.

   나. 장해 : 〈부표 9〉 장해분류표에서 정한 기준에 따른 장해상태를 말합니다.

   다. 중요한 사항 : 계약전 알릴 의무와 관련하여 회사가 그 사실을 알았더라면 계약의 청약을 거절하거나 보험가입금액 한도 제한, 일부 보장 제외, 보험금 삭감, 보험료 할증과 같이 조건부로 승낙하는 등 계약 승낙에 영향을 미칠 수 있는 사항을 말합니다.

3. 지급금과 이자율 관련 용어

   가. 연단위 복리 : 회사가 지급할 금전에 이자를 줄 때 1년마다 마지막 날에 그 이자를 원금에 더한 금액을 다음 1년의 원금으로 하는 이자 계산방법을 말합니다.

   나. 평균공시이율 : 전체 보험회사 공시이율의 평균으로, 이 계약 체결 시점의 이율을 말합니다.

   다. 해지환급금 : 계약이 해지되는 때에 회사가 계약자에게 돌려주는 금액을 말합니다.

4. 기간과 날짜 관련 용어

   가. 보험기간 : 계약에 따라 보장을 받는 기간을 말합니다.

   나. 영업일 : 회사가 영업점에서 정상적으로 영업하는 날을 말하며, 토요일, '관공서의 공휴일에 관한 규정'에 따른 공휴일과 근로자의 날을 제외합니다.

제2관 보험금의 지급

제3조(보험금의 지급사유) 회사는 피보험자에게 다음 중 어느 하나의 사유가 발생한 경우에는 보험수익자에게 약정한 보험금을 지급합니다.

1. 보험기간 중에 상해의 직접결과로써 사망한 경우(질병으로 인한 사망은 제외합니다) : 사망보험금
2. 보험기간 중 진단확정된 질병 또는 상해로 장해분류표(〈부표 9〉 참조)에서 정한 각 장해지급률에 해당하는 장해상태가 되었을 때 : 후유장해보험금
3. 보험기간 중 진단확정된 질병 또는 상해로 입원, 통원, 요양, 수술 또는 수발(간병)이 필요한 상태가 되었을 때 : 입원보험금, 간병보험금 등

제4조(보험금 지급에 관한 세부규정) ① 제3조(보험금의 지급사유) 제1호 '사망'에는 보험기간에 다음 어느 하나의 사유가 발생한 경우를 포함합니다.

1. 실종선고를 받은 경우 : 법원에서 인정한 실종기간이 끝나는 때에 사망한 것으로 봅니다.
2. 관공서에서 수해, 화재나 그 밖의 재난을 조사하고 사망한 것으로 통보하는 경우 : 가족관계등록부에 기재된 사망연월일을 기준으로 합니다.

② 「호스피스·완화의료 및 임종과정에 있는 환자의 연명의료 결정에 관한 법률」에 따른 연명의료중단 등 결정 및 그 이행으로 피보험자가 사망하는 경우 연명의료중단 등 결정 및 그 이행은 제3조(보험금의 지급사유) 제1호 '사망'의 원인 및 '사망보험금' 지급에 영향을 미치지 않습니다. 〈신설 2018.7.10.〉

③ 제3조(보험금의 지급사유) 제2호에서 장해지급률이 상해 발생일 또는 질병의 진단 확정일부터 180일 이내에 확정되지 않는 경우에는 상해 발생일 또는 질병의 진단확정일부터 180일이 되는 날의 의사 진단에 기초하여 고정될 것으로 인정되는 상태를 장해지급률로 결정합니다. 다만, 장해분류표(〈부표 9〉 참조)에 장해판정시기를 별도로 정한 경우에는 그에 따릅니다. 〈개정 2018.7.10.〉

④ 제3항에 따라 장해지급률이 결정되었으나 그 이후 보장받을 수 있는 기간(계약의 효력이 없어진 경우에는 보험기간이 10년 이상인 계약은 상해 발생일 또는 질병의 진단확정일부터 2년 이내로 하고, 보험기간이 10년 미만인 계약은 상해 발생일 또는 질병의 진단확정일부터 1년 이내)에 장해상태가 더 악화된 때에는 그 악화된 장해상태를 기준으로 장해지급률을 결정합니다. 〈개정 2018.7.10.〉

④ 삭제 〈2018.7.10.〉

⑤ 삭제 〈2018.7.10.〉

⑥ 삭제 〈2018.7.10.〉

⑦ 삭제 〈2018.7.10.〉

⑧ 장해분류표에 해당되지 않는 후유장해는 피보험자의 직업, 연령, 신분 또는 성별 등에 관계없이 신체의 장해정도에 따라 장해분류표의 구분에 준하여 지급액을 결정합니다. 다만, 장해분류표의 각 장해분류별 최저 지급률 장해정도에 이르지 않는 후유장해에 대하여는 후유장해보험금을 지급하지 않습니다.

⑨ 보험수익자와 회사가 제3조(보험금의 지급사유)의 보험금 지급사유에 대해 합의하지 못할 때는 보험수익자와 회사가 함께 제3자를 정하고 그 제3자의 의견에 따를 수 있습니다. 제3자는 의료법 제3조(의료기관)에 규정한 종합병원 소속 전문의 중에 정하며, 보험금 지급사유 판정에 드는 의료비용은 회사가 전액 부담합니다.

⑩ 같은 질병 또는 상해로 두 가지 이상의 후유장해가 생긴 경우에는 후유장해 지급률을 합산하여 지급합니다. 다만, 장해분류표의 각 신체부위별 판정기준에 별도로 정한 경우에는 그 기준에 따릅니다.

⑪ 다른 질병 또는 상해로 인하여 후유장해가 2회 이상 발생하였을 경우에는 그 때마다 이에 해당하는 후유장해지급률을 결정합니다. 그러나 그 후유장해가 이미 후유장해보험금을 지급받은 동일한 부위에 가중된 때에는 최종 장해상태에 해당하는 후유장해보험금에서 이미 지급받은 후유장해보험금을 차감하여 지급합니다. 다만, 장해분류표의 각 신체부위별 판정기준에서 별도로 정한 경우에는 그 기준에 따릅니다.

⑫ 이미 이 계약에서 후유장해보험금 지급사유에 해당되지 않았거나(보장개시 이전의 원인에 의하거나 또는 그 이전에 발생한 후유장해를 포함합니다), 후유장해보험금이 지급되지 않았던 피보험자에게 그 신체의 동일 부위에 또다시 제11항에 규정하는 후유장해상태가 발생하였을 경우에는 직전까지의 후유장해에 대한 후유장해보험금이 지급된 것으로 보고 최종 후유장해 상태에 해당되는 후유장해보험금에서 이를 차감하여 지급합니다.

⑬ 회사가 지급하여야 할 하나의 진단확정된 질병 또는 상해로 인한 후유장해보험금은 보험가입금액을 한도로 합니다.

제5조(보험금을 지급하지 않는 사유) ① 회사는 다음 중 어느 한가지로 보험금 지급사유가 발생한 때에는 보험금을 지급하지 않습니다.

1. 피보험자가 고의로 자신을 해친 경우. 다만, 피보험자가 심신상실 등으로 자유로운 의사결정을 할 수 없는 상태에서 자신을 해친 경우에는 보험금을 지급합니다.
2. 보험수익자가 고의로 피보험자를 해친 경우. 다만, 그 보험수익자가 보험금의 일부 보험수익자인 경우에는 다른 보험수익자에 대한 보험금은 지급합니다. 〈개정 2014.12.26.〉
3. 계약자가 고의로 피보험자를 해친 경우
4. 피보험자의 임신, 출산(제왕절개를 포함합니다), 산후기. 그러나, 회사가 보장하는 보험금 지급사유로 인한 경우에는 보험금을 지급합니다.
5. 전쟁, 외국의 무력행사, 혁명, 내란, 사변, 폭동

② 회사는 다른 약정이 없으면 피보험자가 직업, 직무 또는 동호회 활동목적으로 아래에 열거된 행위로 인하여 제3조(보험금의 지급사유)의 상해 관련 보험금 지급사유가 발생한 때에는 해당 보험금을 지급하지 않습니다.

1. 전문등반(전문적인 등산용구를 사용하여 암벽 또는 빙벽을 오르내리거나 특수한 기술, 경험, 사전훈련을 필요로 하는 등반을 말합니다), 글라이더 조종, 스카이다이빙, 스쿠버다이빙, 행글라이딩, 수상보트, 패러글라이딩
2. 모터보트, 자동차 또는 오토바이에 의한 경기, 시범, 흥행(이를 위한 연습을 포함합니다) 또는 시운전 (다만, 공용도로상에서 시운전을 하는 동안 보험금 지급사유가 발생한 경우에는 보장합니다)
3. 선박에 탑승하는 것을 직무로 하는 사람이 직무상 선박에 탑승하고 있는 동안 〈개정 2020.7.31.〉

제6조(보험금 지급사유의 통지) 계약자 또는 피보험자나 보험수익자는 제3조(보험금의 지급사유)에서 정한 보험금 지급사유의 발생을 안 때에는 지체 없이 그 사실을 회사에 알려야 합니다.

제7조(보험금의 청구) ① 보험수익자는 다음의 서류를 제출하고 보험금을 청구하여야 합니다.

1. 청구서(회사 양식)
2. 사고증명서(진료비계산서, 사망진단서, 장해진단서, 입원치료확인서, 의사처방전(처방조제비) 등)
3. 신분증(주민등록증이나 운전면허증 등 사진이 붙은 정부기관발행 신분증, 본인이 아닌 경우에는 본인의 인감증명서 또는 본인서명사실확인서 포함) 〈개정 2018.3.2.〉

4. 기타 보험수익자가 보험금의 수령에 필요하여 제출하는 서류

② 제1항 제2호의 사고증명서는 의료법 제3조(의료기관)에서 규정한 국내의 병원이나 의원 또는 국외의 의료관련법에서 정한 의료기관에서 발급한 것이어야 합니다.

제8조(보험금의 지급절차) ① 회사는 제7조(보험금의 청구)에서 정한 서류를 접수한 때에는 접수증을 드리고 휴대전화 문자메시지 또는 전자우편 등으로도 송부하며, 그 서류를 접수한 날부터 3영업일 이내에 보험금을 지급합니다.

② 회사가 보험금 지급사유를 조사·확인하기 위해 필요한 기간이 제1항의 지급기일을 초과할 것이 명백히 예상되는 경우에는 그 구체적인 사유와 지급예정일 및 보험금 가지급제도(회사가 추정하는 보험금의 50% 이내를 지급)에 대하여 피보험자 또는 보험수익자에게 즉시 통지합니다. 다만, 지급예정일은 다음 각 호의 어느 하나에 해당하는 경우를 제외하고는 제7조(보험금의 청구)에서 정한 서류를 접수한 날부터 30영업일 이내에서 정합니다.

1. 소송제기
2. 분쟁조정 신청
3. 수사기관의 조사
4. 해외에서 발생한 보험사고에 대한 조사
5. 제6항에 따른 회사의 조사요청에 대한 동의 거부 등 계약자, 피보험자 또는 보험수익자의 책임있는 사유로 보험금 지급사유의 조사와 확인이 지연되는 경우
6. 제4조(보험금 지급에 관한 세부규정) 제9항에 따라 보험금 지급사유에 대해 제3자의 의견에 따르기로 한 경우

③ 제2항에 의하여 장해지급률의 판정 및 지급할 보험금의 결정과 관련하여 확정된 장해지급률에 따른 보험금을 초과한 부분에 대한 분쟁으로 보험금 지급이 늦어지는 경우에는 보험수익자의 청구에 따라 이미 확정된 보험금을 먼저 가지급합니다. 〈개정 2014.12.26.〉

④ 제2항에 의하여 추가적인 조사가 이루어지는 경우, 회사는 보험수익자의 청구에 따라 회사가 추정하는 보험금의 50% 상당액을 가지급보험금으로 지급합니다. 〈개정 2014.12.26.〉

⑤ 회사는 제1항의 규정에 정한 지급기일내에 보험금을 지급하지 않았을 때(제2항의 규정에서 정한 지급예정일을 통지한 경우를 포함합니다)에는 그 다음날부터 지급일까지의 기간에 대하여 〈부표 9-1〉 '보험금을 지급할 때의 적립이율 계산'에서 정한 이율로 계산한 금액을 보험금에 더하여 지급합니다. 그러나 계약자, 피보험자 또는 보험수익자의 책임있는 사유로 지급이 지연된 때에는 그 해당기간에 대한 이자는 더하여 지급하지 않습니다. 〈개정 2014.12.26.〉

⑥ 계약자, 피보험자 또는 보험수익자는 제16조(알릴 의무 위반의 효과) 및 제2항의 보험금 지급사유조사와 관련하여 의료기관, 국민건강보험공단, 경찰서 등 관공서에 대한 회사의 서면에 의한 조사요청에 동의하여야 합니다. 다만, 정당한 사유 없이 이에 동의하지 않을 경우 사실 확인이 끝날 때까지 회사는 보험금 지급지연에 따른 이자를 지급하지 않습니다. 〈개정 2017.6.19.〉

⑦ 회사는 제6항의 서면조사에 대한 동의 요청시 조사목적, 사용처 등을 명시하고 설명합니다. 〈신설 2014.12.26.〉

제9조(만기환급금의 지급) ① 회사는 보험기간이 끝난 때에 만기환급금을 보험수익자에게 지급합니다.

② 회사는 계약자 및 보험수익자의 청구에 의하여 제1항에 의한 만기환급금을 지급하는 경우 청구일부터 3영업일 이내에 지급합니다.

③ 회사는 제1항에 의한 만기환급금의 지급시기가 되면 지급시기 7일 이전에 그 사유와 지급할 금액을 계약자 또는 보험수익자에게 알려드리며, 만기환급금을 지급함에 있어 지급일까지의 기간에 대한 이자의 계산은 〈부표 9-1〉 '보험금을 지급할 때의 적립이율 계산'에 따릅니다.

제10조(보험금 받는 방법의 변경) ① 계약자(보험금 지급사유 발생 후에는 보험수익자)는 회사의 사업방법서에서 정한 바에 따라 보험금의 전부 또는 일부에 대하여 나누어 지급받거나 일시에 지급받는 방법으로 변경할 수 있습니다.

② 회사는 제1항에 따라 일시에 지급할 금액을 나누어 지급하는 경우에는 나중에 지급할 금액에 대하여 평균공시이율을 연단위 복리로 계산한 금액을 더하며, 나누어 지급할 금액을 일시에 지급하는 경우에는 평균공시이율을 연단위 복리로 할인한 금액을 지급합니다.

제11조(주소변경통지) ① 계약자(보험수익자가 계약자와 다른 경우 보험수익자를 포함합니다)는 주소 또는 연락처가 변경된 경우에는 지체 없이 그 변경내용을 회사에 알려야 합니다.

② 제1항에서 정한대로 계약자 또는 보험수익자가 변경내용을 알리지 않은 경우에는 계약자 또는 보험수익자가 회사에 알린 최종의 주소 또는 연락처로 등기우편 등 우편물에 대한 기록이 남는 방법으로 회사가 알린 사항은 일반적으로 도달에 필요한 기간이 지난 때에 계약자 또는 보험수익자에게 도달된 것으로 봅니다.

제12조(보험수익자의 지정) 보험수익자를 지정하지 않은 때에는 보험수익자를 제9조(만기환급금의 지급) 제1항의 경우는 계약자로 하고, 제3조(보험금의 지급사유) 제1호의 경우는 피보험자의 법정상속인, 같은 조 제2호 및 제3호의 경우는 피보험자로 합니다.

제13조(대표자의 지정) ① 계약자 또는 보험수익자가 2명 이상인 경우에는 각 대표자를 1명 지정하여야 합니다. 이 경우 그 대표자는 각각 다른 계약자 또는 보험수익자를 대리하는 것으로 합니다.

② 지정된 계약자 또는 보험수익자의 소재가 확실하지 않은 경우에는 이 계약에 관하여 회사가 계약자 또는 보험수익자 1명에 대하여 한 행위는 각각 다른 계약자 또는 보험수익자에게도 효력이 미칩니다.

③ 계약자가 2명 이상인 경우에는 그 책임을 연대로 합니다.

제3관 계약자의 계약 전 알릴 의무 등

제14조(계약 전 알릴 의무) 계약자 또는 피보험자는 청약할 때(진단계약의 경우에는 건강진단할 때를 말합니다) 청약서에서 질문한 사항에 대하여 알고 있는 사실을 반드시 사실대로 알려야(이하 '계약 전 알릴 의무'라 하며, 상법상 '고지의무'와 같습니다) 합니다. 다만, 진단계약의 경우 의료법 제3조(의료기관)의 규정에 따른 종합병원과 병원에서 직장 또는 개인이 실시한 건강진단서 사본 등 건강상태를 판단할 수 있는 자료로 건강진단을 대신할 수 있습니다.

제15조(상해보험 계약 후 알릴 의무) ① 계약자 또는 피보험자는 보험기간 중에 피보험자에게 다음 각 호의 변경이 발생한 경우에는 우편, 전화, 방문 등의 방법으로 지체 없이 회사에 알려야 합니다. 〈개정 2018.3.2.〉

1. 보험증권 등에 기재된 직업 또는 직무의 변경
   가. 현재의 직업 또는 직무가 변경된 경우
   나. 직업이 없는 자가 취직한 경우

다. 현재의 직업을 그만둔 경우

> [직업]
> 1) 생계유지 등을 위하여 일정한 기간동안(예 : 6개월 이상) 계속하여 종사하는 일
> 2) 1)에 해당하지 않는 경우에는 개인의 사회적 신분에 따르는 위치나 자리를 말함
>   예) 학생, 미취학아동, 무직 등
>
> [직무]
> 직책이나 직업상 책임을 지고 담당하여 맡은 일

2. 보험증권 등에 기재된 피보험자의 운전 목적이 변경된 경우
   예) 자가용에서 영업용으로 변경, 영업용에서 자가용으로 변경 등
3. 보험증권 등에 기재된 피보험자의 운전여부가 변경된 경우
   예) 비운전자에서 운전자로 변경, 운전자에서 비운전자로 변경 등
4. 이륜자동차 또는 원동기장치 자전거(전동킥보드, 전동휠 등 전동기로 작동하는 개인형 이동장치를 포함하며, 장애인 또는 교통약자가 사용하는 보행보조용 의자차인 전동휠체어, 의료용 스쿠터 등은 제외합니다)를 계속적으로 사용(직업, 직무 또는 동호회 활동과 출퇴근용도 등으로 주로 사용하는 경우에 한함)하게 된 경우 〈개정 2020.7.31.〉

② 회사는 제1항의 통지로 인하여 위험의 변동이 발생한 경우에는 제22조(계약내용의 변경 등)에 따라 계약내용을 변경할 수 있습니다. 〈개정 2018.3.2.〉

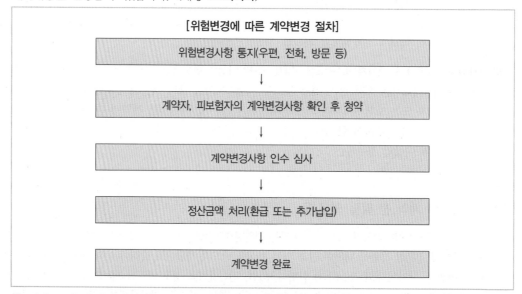

③ 회사는 제2항에 따라 계약내용을 변경할 때 위험이 감소된 경우에는 보험료를 감액하고, 이후 기간 보장을 위한 재원인 책임준비금 등의 차이로 인하여 발생한 정산금액(이하 "정산금액"이라 합니다)을 환급하여 드립니다. 한편 위험이 증가된 경우에는 보험료의 증액 및 정산금액의 추가납입을 요구할 수 있으며, 계약자는 이를 납입하여야 합니다. 〈신설 2018.3.2.〉

④ 제1항의 통지에 따라 위험의 증가로 보험료를 더 내야 할 경우 회사가 청구한 추가보험료(정산금액을 포함합니다)를 계약자가 납입하지 않았을 때, 회사는 위험이 증가되기 전에 적용된 보험요율(이하 "변경전 요율"이라 합니다)의 위험이 증가된 후에 적용해야 할 보험요율(이하 "변경후 요율"이라 합니다)에 대한 비율에 따라 보험금을 삭감하여 지급합니다. 다만, 증가된 위험과 관계없이 발생한 보험금 지급사유에 관해서는 원래대로 지급합니다. 〈개정 2018.3.2.〉

⑤ 계약자 또는 피보험자가 고의 또는 중대한 과실로 제1항 각 호의 변경사실을 회사에 알리지 않았을 경우 변경후 요율이 변경전 요율보다 높을 때에는 회사는 그 변경사실을 안 날부터 1개월 이내에 계약자 또는 피보험자에게 제4항에 따라 보장됨을 통보하고 이에 따라 보험금을 지급합니다. 〈개정 2018.3.2.〉

제16조(알릴 의무 위반의 효과) ① 회사는 아래와 같은 사실이 있을 경우에는 손해의 발생여부에 관계없이 이 계약을 해지할 수 있습니다.

1. 계약자 또는 피보험자가 고의 또는 중대한 과실로 제14조(계약 전 알릴 의무)를 위반하고 그 의무가 중요한 사항에 해당하는 경우
2. 뚜렷한 위험의 증가와 관련된 제15조(상해보험 계약 후 알릴 의무) 제1항에서 정한 계약 후 알릴 의무를 계약자 또는 피보험자의 고의 또는 중대한 과실로 이행하지 않았을 때

② 제1항 제1호의 경우에도 불구하고 다음 중 하나에 해당하는 경우에는 회사는 계약을 해지할 수 없습니다.

1. 회사가 계약 당시에 그 사실을 알았거나 과실로 인하여 알지 못하였을 때
2. 회사가 그 사실을 안 날부터 1개월 이상 지났거나 또는 제1회 보험료를 받은 때부터 보험금 지급사유가 발생하지 않고 2년(진단계약의 경우 질병에 대하여는 1년)이 지났을 때
3. 계약을 체결한 날부터 3년이 지났을 때
4. 회사가 이 계약을 청약할 때 피보험자의 건강상태를 판단할 수 있는 기초자료(건강진단서 사본 등)에 따라 승낙한 경우에 건강진단서 사본 등에 명기되어 있는 사항으로 보험금 지급사유가 발생하였을 때 (계약자 또는 피보험자가 회사에 제출한 기초자료의 내용 중 중요사항을 고의로 사실과 다르게 작성한 때에는 계약을 해지할 수 있습니다)
5. 보험설계사 등이 계약자 또는 피보험자에게 고지할 기회를 주지 않았거나 계약자 또는 피보험자가 사실대로 고지하는 것을 방해한 경우, 계약자 또는 피보험자에게 사실대로 고지하지 않게 하였거나 부실한 고지를 권유했을 때. 다만, 보험설계사 등의 행위가 없었다 하더라도 계약자 또는 피보험자가 사실대로 고지하지 않거나 부실한 고지를 했다고 인정되는 경우에는 계약을 해지할 수 있습니다.

③ 제1항에 따라 계약을 해지하였을 때에는 제34조(해지환급금) 제1항에 따른 해지환급금을 계약자에게 지급합니다.

④ 제1항 제1호에 의한 계약의 해지가 보험금 지급사유 발생 후에 이루어진 경우에 회사는 보험금을 지급하지 않으며, 계약 전 알릴 의무 위반사실(계약해지 등의 원인이 되는 위반사실을 구체적으로 명시)뿐만 아니라 계약 전 알릴 의무사항이 중요한 사항에 해당되는 사유를 "반대증거가 있는 경우 이의를 제기할 수 있습니다"라는 문구와 함께 계약자에게 서면 등으로 알려 드립니다. 〈개정 2020.7.31.〉

⑤ 제1항 제2호에 의한 계약의 해지가 보험금 지급사유 발생 후에 이루어진 경우에는 제15조(상해보험 계약 후 알릴 의무) 제4항 또는 제5항에 따라 보험금을 지급합니다. 〈개정 2018.3.2.〉

⑥ 제1항에도 불구하고 알릴 의무를 위반한 사실이 보험금 지급사유 발생에 영향을 미쳤음을 회사가 증명하지 못한 경우에는 제4항 및 제5항에 관계없이 약정한 보험금을 지급합니다. 〈개정 2018.11.6.〉

⑦ 회사는 다른 보험가입내역에 대한 계약 전 알릴 의무 위반을 이유로 계약을 해지하거나 보험금 지급을 거절하지 않습니다.

제17조(사기에 의한 계약) 계약자 또는 피보험자가 대리진단, 약물사용을 수단으로 진단절차를 통과하거나 진단서 위·변조 또는 청약일 이전에 암 또는 인간면역결핍바이러스(HIV) 감염의 진단 확정을 받은 후 이를 숨기고 가입하는 등 사기에 의하여 계약이 성립되었음을 회사가 증명하는 경우에는 계약일부터 5년 이내(사기사실을 안 날부터 1개월 이내)에 계약을 취소할 수 있습니다.

제4관 보험계약의 성립과 유지

제18조(보험계약의 성립) ① 계약은 계약자의 청약과 회사의 승낙으로 이루어집니다.

② 회사는 피보험자가 계약에 적합하지 않은 경우에는 승낙을 거절하거나 별도의 조건(보험가입금액 제한, 일부보장 제외, 보험금 삭감, 보험료 할증 등)을 붙여 승낙할 수 있습니다.

③ 회사는 계약의 청약을 받고, 제1회 보험료를 받은 경우에 건강진단을 받지 않는 계약은 청약일, 진단계약은 진단일(재진단의 경우에는 최종 진단일)부터 30일 이내에 승낙 또는 거절하여야 하며, 승낙한 때에는 보험증권을 드립니다. 그러나 30일 이내에 승낙 또는 거절의 통지가 없으면 승낙된 것으로 봅니다.

④ 회사가 제1회 보험료를 받고 승낙을 거절한 경우에는 거절통지와 함께 받은 금액을 계약자에게 돌려 드리며, 보험료를 받은 기간에 대하여 평균공시이율 + 1%를 연단위 복리로 계산한 금액을 더하여 지급합니다. 다만, 회사는 계약자가 제1회 보험료를 신용카드로 납입한 계약의 승낙을 거절하는 경우에는 신용카드의 매출을 취소하며 이자를 더하여 지급하지 않습니다.

⑤ 회사가 제2항에 따라 일부보장 제외 조건을 붙여 승낙하였더라도 청약일로부터 5년(갱신형 계약의 경우에는 최초 청약일로부터 5년)이 지나는 동안 보장이 제외되는 질병으로 추가 진단(단순 건강검진 제외) 또는 치료 사실이 없을 경우, 청약일로부터 5년이 지난 이후에는 이 약관에 따라 보장합니다. 〈신설 2018.7.10.〉

⑥ 제5항의 '청약일로부터 5년이 지나는 동안'이라 함은 이 약관 제28조(보험료의 납입이 연체되는 경우 납입최고(독촉)와 계약의 해지)에서 정한 계약의 해지가 발생하지 않은 경우를 말합니다. 〈신설 2018.7.10.〉

⑦ 이 약관 제29조(보험료의 납입연체로 인한 해지계약의 부활(효력회복))에서 정한 계약의 부활이 이루어진 경우 부활을 청약한 날을 제5항의 청약일로 하여 적용합니다. 〈신설 2018.7.10.〉

제19조(청약의 철회) ① 계약자는 보험증권을 받은 날부터 15일 이내에 그 청약을 철회할 수 있습니다. 다만, 회사가 건강상태 진단을 지원하는 계약, 보험기간이 90일 이내인 계약 또는 전문금융소비자가 체결한 계약은 청약을 철회할 수 없습니다. 〈개정 2021.7.1.〉

> **【전문금융소비자】** 보험계약에 관한 전문성, 자산규모 등에 비추어 보험계약에 따른 위험감수능력이 있는 자로서, 국가, 지방자치단체, 한국은행, 금융회사, 주권상장법인 등을 포함하며 「금융소비자 보호에 관한 법률」 제2조(정의) 제9호에서 정하는 전문금융소비자를 말합니다.
>
> **【일반금융소비자】** 전문금융소비자가 아닌 계약자를 말합니다. 〈개정 2021.7.1.〉

② 제1항에도 불구하고 청약한 날부터 30일이 초과된 계약은 청약을 철회할 수 없습니다. 〈신설 2014.12.26.〉

③ 청약철회는 계약자가 전화로 신청하거나, 철회의사를 표시하기 위한 서면, 전자우편, 휴대전화 문자메시지 또는 이에 준하는 전자적 의사표시(이하 '서면 등'이라 합니다)를 발송한 때 효력이 발생합니다. 계약자는 서면 등을 발송한 때에 그 발송 사실을 회사에 지체 없이 알려야 합니다. 〈개정 2021.7.1.〉

④ 계약자가 청약을 철회한 때에는 회사는 청약의 철회를 접수한 날부터 3영업일 이내에 납입한 보험료를 돌려드리며, 보험료 반환이 늦어진 기간에 대하여는 이 계약의 보험계약대출 이율을 연단위 복리로 계산한 금액을 더하여 지급합니다. 다만, 계약자가 제1회 보험료를 신용카드로 납입한 계약의 청약을 철회하는 경우에 회사는 청약의 철회를 접수한 날부터 3영업일 이내에 해당 신용카드회사로 하여금 대금청구를 하지 않도록 해야 하며, 이 경우 회사는 보험료를 반환한 것으로 봅니다. 〈개정 2021.7.1.〉

⑤ 청약을 철회할 때에 이미 보험금 지급사유가 발생하였으나 계약자가 그 보험금 지급사유가 발생한 사실을 알지 못한 경우에는 청약철회의 효력은 발생하지 않습니다. 〈개정 2014.12.26.〉

⑥ 제1항에서 보험증권을 받은 날에 대한 다툼이 발생한 경우 회사가 이를 증명하여야 합니다. 〈신설 2014.12.26.〉

제20조(약관교부 및 설명의무 등) ① 회사는 계약자가 청약할 때에 계약자에게 약관의 중요한 내용을 설명하여야 하며, 청약 후에 다음 각 호의 방법 중 계약자가 원하는 방법을 확인하여 지체 없이 약관 및 계약자 보관용 청약서를 제공하여 드립니다. 만약, 회사가 전자우편 및 전자적 의사표시로 제공한 경우 계약자 또는 그 대리인이 약관 및 계약자 보관용 청약서 등을 수신하였을 때에는 해당 문서를 드린 것으로 봅니다. 〈개정 2021.7.1.〉

1. 서면교부
2. 우편 또는 전자우편
3. 휴대전화 문자메시지 또는 이에 준하는 전자적 의사표시

② 제1항과 관련하여 통신판매계약의 경우, 회사는 계약자가 가입한 특약만 포함한 약관을 드리며, 계약자의 동의를 얻어 다음 중 한 가지 방법으로 약관의 중요한 내용을 설명할 수 있습니다. 〈신설 2020.10.16.〉

1. 인터넷 홈페이지에서 약관 및 그 설명문(약관의 중요한 내용을 알 수 있도록 설명한 문서)을 읽거나 내려받게 하는 방법. 이 경우 계약자가 이를 읽거나 내려받은 것을 확인한 때에 당해 약관을 드리고 그 중요한 내용을 설명한 것으로 봅니다.
2. 전화를 이용하여 청약내용, 보험료납입, 보험기간, 계약 전 알릴 의무, 약관의 중요한 내용 등 계약을 체결하는 데 필요한 사항을 질문 또는 설명하는 방법. 이 경우 계약자의 답변과 확인내용을 음성 녹음함으로써 약관의 중요한 내용을 설명한 것으로 봅니다.

> **【통신판매계약】** 전화·우편·인터넷 등 통신수단을 이용하여 체결하는 계약을 말합니다.

③ 회사가 제1항에 따라 제공될 약관 및 계약자 보관용 청약서를 청약할 때 계약자에게 전달하지 않거나 약관의 중요한 내용을 설명하지 않은 때 또는 계약을 체결할 때 계약자가 청약서에 자필서명(날인(도장을 찍음) 및 「전자서명법」 제2조 제2호에 따른 전자서명을 포함합니다)을 하지 않은 때에는 계약자는 계약이 성립한 날부터 3개월 이내에 계약을 취소할 수 있습니다. 〈개정 2021.7.1.〉

④ 제3항에도 불구하고 전화를 이용하여 계약을 체결하는 경우 다음의 각 호의 어느 하나를 충족하는 때에는 자필서명을 생략할 수 있으며, 제2항의 규정에 따른 음성녹음 내용을 문서화한 확인서를 계약자에게 드림으로써 계약자 보관용 청약서를 전달한 것으로 봅니다.

1. 계약자, 피보험자 및 보험수익자가 동일한 계약의 경우
2. 계약자, 피보험자가 동일하고 보험수익자가 계약자의 법정상속인인 계약일 경우

⑤ 제3항에 따라 계약이 취소된 경우에는 회사는 이미 납입한 보험료를 계약자에게 돌려 드리며, 보험료를 받은 기간에 대하여 보험계약대출이율을 연단위 복리로 계산한 금액을 더하여 지급합니다.

제21조(계약의 무효) 다음 중 한 가지에 해당되는 경우에는 계약을 무효로 하며 이미 납입한 보험료를 돌려드립니다. 다만, 회사의 고의 또는 과실로 계약이 무효로 된 경우와 회사가 승낙 전에 무효임을 알았거나 알 수 있었음에도 보험료를 반환하지 않은 경우에는 보험료를 납입한 날의 다음날부터 반환일까지의 기간에 대하여 회사는 이 계약의 보험계약대출이율을 연단위 복리로 계산한 금액을 더하여 돌려 드립니다.

1. 타인의 사망을 보험금 지급사유로 하는 계약에서 계약을 체결할 때까지 피보험자의 서면(「전자서명법」제2조 제2호에 따른 전자서명이 있는 경우로서 상법 시행령 제44조의2에 정하는 바에 따라 본인 확인 및 위조·변조 방지에 대한 신뢰성을 갖춘 전자문서를 포함)에 의한 동의를 얻지 않은 경우. 다만, 단체가 규약에 따라 구성원의 전부 또는 일부를 피보험자로 하는 계약을 체결하는 경우에는 이를 적용하지 않습니다. 이 때 단체보험의 보험수익자를 피보험자 또는 그 상속인이 아닌 자로 지정할 때에는 단체의 규약에서 명시적으로 정한 경우가 아니면 이를 적용합니다. 〈개정 2021.7.1.〉

2. 만 15세 미만자, 심신상실자 또는 심신박약자를 피보험자로 하여 사망을 보험금 지급사유로 한 경우. 다만, 심신박약자가 계약을 체결하거나 소속 단체의 규약에 따라 단체보험의 피보험자가 될 때에 의사능력이 있는 경우에는 계약이 유효합니다. 〈개정 2015.8.31.〉

3. 계약을 체결할 때 계약에서 정한 피보험자의 나이에 미달되었거나 초과되었을 경우. 다만, 회사가 나이의 착오를 발견하였을 때 이미 계약나이에 도달한 경우에는 유효한 계약으로 보나, 제2호의 만 15세 미만자에 관한 예외가 인정되는 것은 아닙니다.

제22조(계약내용의 변경 등) ① 계약자는 회사의 승낙을 얻어 다음의 사항을 변경할 수 있습니다. 이 경우 승낙을 서면 등으로 알리거나 보험증권의 뒷면에 기재하여 드립니다.

1. 보험종목
2. 보험기간
3. 보험료 납입주기, 납입방법 및 납입기간
4. 계약자, 피보험자
5. 보험가입금액, 보험료 등 기타 계약의 내용

② 계약자는 보험수익자를 변경할 수 있으며 이 경우에는 회사의 승낙이 필요하지 않습니다. 다만, 변경된 보험수익자가 회사에 권리를 대항하기 위해서는 계약자가 보험수익자가 변경되었음을 회사에 통지하여야 합니다.

③ 회사는 계약자가 제1회 보험료를 납입한 때부터 1년 이상 지난 유효한 계약으로서 그 보험종목의 변경을 요청할 때에는 회사의 사업방법서에서 정하는 방법에 따라 이를 변경하여 드립니다.

④ 회사는 계약자가 제1항 제5호에 따라 보험가입금액을 감액하고자 할 때에는 그 감액된 부분은 해지된 것으로 보며, 이로써 회사가 지급하여야 할 해지환급금이 있을 때에는 제34조(해지환급금) 제1항에 따른 해지환급금을 계약자에게 지급합니다.

⑤ 계약자가 제2항에 따라 보험수익자를 변경하고자 할 경우에는 보험금 지급사유가 발생하기 전에 피보험자가 서면으로 동의하여야 합니다.

⑥ 회사는 제1항에 따라 계약자를 변경한 경우, 변경된 계약자에게 보험증권 및 약관을 교부하고 변경된 계약자가 요청하는 경우 약관의 중요한 내용을 설명하여 드립니다.

제23조(보험나이 등) ① 이 약관에서의 피보험자의 나이는 보험나이를 기준으로 합니다. 다만, 제21조(계약의 무효) 제2호의 경우에는 실제 만 나이를 적용합니다.

② 제1항의 보험나이는 계약일 현재 피보험자의 실제 만 나이를 기준으로 6개월 미만의 끝수는 버리고 6개월 이상의 끝수는 1년으로 하여 계산하며, 이후 매년 계약 해당일에 나이가 증가하는 것으로 합니다.

③ 피보험자의 나이 또는 성별에 관한 기재사항이 사실과 다른 경우에는 정정된 나이 또는 성별에 해당하는 보험금 및 보험료로 변경합니다.

> 【보험나이 계산 예시】
> 생년월일 : 1988년 10월 2일, 현재(계약일) : 2014년 4월 13일
> ⇒ 2014년 4월 13일 − 1988년 10월 2일 = 25년 6월 11일 = 26세

제24조(계약의 소멸) 피보험자의 사망으로 인하여 이 약관에서 규정하는 보험금 지급사유가 더 이상 발생할 수 없는 경우에는 이 계약은 그 때부터 효력이 없습니다. 이 때 사망을 보험금 지급사유로 하지 않는 경우에는 '보험료 및 책임준비금 산출방법서'에서 정하는 바에 따라 회사가 적립한 사망 당시의 책임준비금을 지급합니다.

> 【책임준비금】 장래의 보험금, 해지환급금 등을 지급하기 위하여 계약자가 납입한 보험료 중 일정액을 회사가 적립해 둔 금액을 말합니다.

제5관 보험료의 납입

제25조(제1회 보험료 및 회사의 보장개시) ① 회사는 계약의 청약을 승낙하고 제1회 보험료를 받은 때부터 이 약관이 정한 바에 따라 보장을 합니다. 또한, 회사가 청약과 함께 제1회 보험료를 받은 후 승낙한 경우에도 제1회 보험료를 받은 때부터 보장이 개시됩니다. 자동이체 또는 신용카드로 납입하는 경우에는 자동이체신청 또는 신용카드매출승인에 필요한 정보를 제공한 때를 제1회 보험료를 받은 때로 하며, 계약자의 책임 있는 사유로 자동이체 또는 매출승인이 불가능한 경우에는 보험료가 납입되지 않은 것으로 봅니다.

② 회사가 청약과 함께 제1회 보험료를 받고 청약을 승낙하기 전에 보험금 지급사유가 발생하였을 때에도 보장개시일부터 이 약관이 정하는 바에 따라 보장을 합니다.

> 【보장개시일】 회사가 보장을 개시하는 날로서 계약이 성립되고 제1회 보험료를 받은 날을 말하나, 회사가 승낙하기 전이라도 청약과 함께 제1회 보험료를 받은 경우에는 제1회 보험료를 받은 날을 말합니다. 또한, 보장개시일을 계약일로 봅니다.

③ 회사는 제2항에도 불구하고 다음 중 한 가지에 해당되는 경우에는 보장을 하지 않습니다.

1. 제14조(계약 전 알릴 의무)에 따라 계약자 또는 피보험자가 회사에 알린 내용이나 건강진단 내용이 보험금 지급사유의 발생에 영향을 미쳤음을 회사가 증명하는 경우
2. 제16조(알릴 의무 위반의 효과)를 준용하여 회사가 보장을 하지 않을 수 있는 경우
3. 진단계약에서 보험금 지급사유가 발생할 때까지 진단을 받지 않은 경우. 다만, 진단계약에서 진단을 받지 않은 경우라도 상해로 보험금 지급사유가 발생하는 경우에는 보장을 해드립니다.

제26조(제2회 이후 보험료의 납입) 계약자는 제2회 이후의 보험료를 납입기일까지 납입하여야 하며, 회사는 계약자가 보험료를 납입한 경우에는 영수증을 발행하여 드립니다. 다만, 금융회사(우체국을 포함합니다)를 통하여 보험료를 납입한 경우에는 그 금융회사 발행 증빙서류를 영수증으로 대신합니다.

> **【납입기일】** 계약자가 제2회 이후의 보험료를 납입하기로 한 날을 말합니다.

제27조(보험료의 자동대출납입) ① 계약자는 제28조(보험료의 납입이 연체되는 경우 납입최고(독촉)와 계약의 해지)에 따른 보험료의 납입최고(독촉)기간이 지나기 전까지 회사가 정한 방법에 따라 보험료의 자동대출납입을 신청할 수 있으며, 이 경우 제35조(보험계약대출) 제1항에 따른 보험계약대출금으로 보험료가 자동으로 납입되어 계약은 유효하게 지속됩니다. 다만, 계약자가 서면 이외에 인터넷 또는 전화(음성녹음) 등으로 자동대출납입을 신청할 경우 회사는 자동대출납입 신청내역을 서면 또는 전화(음성녹음) 등으로 계약자에게 알려드립니다.

② 제1항의 규정에 의한 대출금과 보험료의 자동대출납입일의 다음날부터 그 다음 보험료의 납입최고(독촉)기간까지의 이자(보험계약대출이율 이내에서 회사가 별도로 정하는 이율을 적용하여 계산)를 더한 금액이 해당 보험료가 납입된 것으로 계산한 해지환급금과 계약자에게 지급할 기타 모든 지급금의 합계액에서 계약자의 회사에 대한 모든 채무액을 뺀 금액을 초과하는 경우에는 보험료의 자동대출납입을 더는 할 수 없습니다.

③ 제1항 및 제2항에 따른 보험료의 자동대출납입 기간은 최초 자동대출납입일부터 1년을 한도로 하며 그 이후의 기간에 대한 보험료의 자동대출납입을 위해서는 제1항에 따라 재신청을 하여야 합니다.

④ 보험료의 자동대출납입이 행하여진 경우에도 자동대출납입전 납입최고(독촉)기간이 끝나는 날의 다음날부터 1개월 이내에 계약자가 계약의 해지를 청구한 때에는 회사는 보험료의 자동대출납입이 없었던 것으로 하여 제34조(해지환급금) 제1항에 따른 해지환급금을 지급합니다.

제28조(보험료의 납입이 연체되는 경우 납입최고(독촉)와 계약의 해지) ① 계약자가 제2회 이후의 보험료를 납입기일까지 납입하지 않아 보험료 납입이 연체 중인 경우에 회사는 14일(보험기간이 1년 미만인 경우에는 7일) 이상의 기간을 납입최고(독촉)기간(납입최고(독촉)기간의 마지막 날이 영업일이 아닌 때에는 최고(독촉)기간은 그 다음 날까지로 합니다)으로 정하여 아래 사항에 대하여 서면(등기우편 등), 전화(음성녹음) 또는 전자문서 등으로 알려드립니다. 다만, 해지 전에 발생한 보험금 지급사유에 대하여 회사는 보상하여 드립니다.

1. 계약자(보험수익자와 계약자가 다른 경우 보험수익자를 포함합니다)에게 납입최고(독촉)기간 내에 연체보험료를 납입하여야 한다는 내용

2. 납입최고(독촉)기간이 끝나는 날까지 보험료를 납입하지 않을 경우 납입최고(독촉)기간이 끝나는 날의 다음날에 계약이 해지된다는 내용(이 경우 계약이 해지되는 때에는 즉시 해지환급금에서 보험계약대출 원금과 이자가 차감된다는 내용을 포함합니다)

② 회사가 제1항에 따른 납입최고(독촉) 등을 전자문서로 안내하고자 할 경우에는 계약자에게 서면 또는 「전자서명법」 제2조 제2호에 따른 전자서명으로 동의를 얻어 수신확인을 조건으로 전자문서를 송신하여야 하며, 계약자가 전자문서에 대하여 수신을 확인하기 전까지는 그 전자문서는 송신되지 않은 것으로 봅니다. 회사는 전자문서가 수신되지 않은 것을 확인한 경우에는 제1항에서 정한 내용을 서면(등기우편 등) 또는 전화(음성녹음)로 다시 알려 드립니다. 〈개정 2021.7.1.〉

③ 제1항에 따라 계약이 해지된 경우에는 제34조(해지환급금) 제1항에 따른 해지환급금을 계약자에게 지급합니다.

제29조(보험료의 납입연체로 인한 해지계약의 부활(효력회복)) ① 제28조(보험료 납입이 연체되는 경우 납입최고(독촉)와 계약의 해지)에 따라 계약이 해지되었으나 해지환급금을 받지 않은 경우(보험계약대출 등에 따라 해지환급금이 차감되었으나 받지 않은 경우 또는 해지환급금이 없는 경우를 포함합니다) 계약자는 해지된 날부터 3년 이내에 회사가 정한 절차에 따라 계약의 부활(효력회복)을 청약할 수 있습니다. 회사가 부활(효력회복)을 승낙한 때에 계약자는 부활(효력회복)을 청약한 날까지의 연체된 보험료에 평균공시이율 + 1% 범위 내에서 각 상품별로 회사가 정하는 이율로 계산한 금액을 더하여 납입하여야 합니다. 다만 금리연동형보험은 각 상품별 사업방법서에서 별도로 정한 이율로 계산합니다.

② 제1항에 따라 해지계약을 부활(효력회복)하는 경우에는 제14조(계약 전 알릴 의무), 제16조(알릴 의무 위반의 효과), 제17조(사기에 의한 계약), 제18조(보험계약의 성립) 및 제25조(제1회 보험료 및 회사의 보장개시)를 준용합니다.

제30조(강제집행 등으로 인한 해지계약의 특별부활(효력회복)) ① 회사는 계약자의 해지환급금 청구권에 대한 강제집행, 담보권실행, 국세 및 지방세 체납처분절차에 따라 계약이 해지된 경우 해지 당시의 보험수익자가 계약자의 동의를 얻어 계약 해지로 회사가 채권자에게 지급한 금액을 회사에 지급하고 제22조(계약 내용의 변경 등) 제1항의 절차에 따라 계약자 명의를 보험수익자로 변경하여 계약의 특별부활(효력회복)을 청약할 수 있음을 보험수익자에게 통지하여야 합니다.

② 회사는 제1항에 따른 계약자 명의변경 신청 및 계약의 특별부활(효력회복) 청약을 승낙합니다.

③ 회사는 제1항의 통지를 지정된 보험수익자에게 하여야 합니다. 다만, 회사는 법정상속인이 보험수익자로 지정된 경우에는 제1항의 통지를 계약자에게 할 수 있습니다.

④ 회사는 제1항의 통지를 계약이 해지된 날부터 7일 이내에 하여야 합니다.

⑤ 보험수익자는 통지를 받은 날(제3항에 따라 계약자에게 통지된 경우에는 계약자가 통지를 받은 날을 말합니다)부터 15일 이내에 제1항의 절차를 이행할 수 있습니다.

제6관 계약의 해지 및 해지환급금 등

제31조(계약자의 임의해지 및 피보험자의 서면동의 철회) ① 계약자는 계약이 소멸하기 전에는 언제든지 계약을 해지할 수 있으며, 이 경우 회사는 제34조(해지환급금) 제1항에 따른 해지환급금을 계약자에게 지급합니다.

② 제21조(계약의 무효)에 따라 사망을 보험금 지급사유로 하는 계약에서 서면으로 동의를 한 피보험자는 계약의 효력이 유지되는 기간에는 언제든지 서면동의를 장래를 향하여 철회할 수 있으며, 서면동의 철회로 계약이 해지되어 회사가 지급하여야 할 해지환급금이 있을 때에는 제34조(해지환급금) 제1항에 따른 해지환급금을 계약자에게 지급합니다.

제31조의2(위법계약의 해지) ① 계약자는 「금융소비자 보호에 관한 법률」 제47조 및 관련규정이 정하는 바에 따라 계약 체결에 대한 회사의 법 위반사항이 있는 경우 계약 체결일부터 5년 이내의 범위에서 계약자가 위반사항을 안 날부터 1년 이내에 계약해지요구서에 증빙서류를 첨부하여 위법계약의 해지를 요구할 수 있습니다.

② 회사는 해지요구를 받은 날부터 10일 이내에 수락여부를 계약자에 통지하여야 하며, 거절할 때에는 거절 사유를 함께 통지하여야 합니다.

③ 계약자는 회사가 정당한 사유 없이 제1항의 요구를 따르지 않는 경우 해당 계약을 해지할 수 있습니다.

④ 제1항 및 제3항에 따라 계약이 해지된 경우 회사는 제34조(해지환급금) 제4항에 따른 해지환급금을 계약자에게 지급합니다.

⑤ 계약자는 제1항에 따른 제척기간에도 불구하고 민법 등 관계 법령에서 정하는 바에 따라 법률상의 권리를 행사할 수 있습니다. 〈본조신설 2021.7.1.〉

제32조(중대사유로 인한 해지) ① 회사는 아래와 같은 사실이 있을 경우에는 안 날부터 1개월 이내에 계약을 해지할 수 있습니다.

1. 계약자, 피보험자 또는 보험수익자가 보험금을 지급받을 목적으로 고의로 보험금 지급사유를 발생시킨 경우 〈개정 2021.7.1.〉

2. 계약자, 피보험자 또는 보험수익자가 보험금 청구에 관한 서류에 고의로 사실과 다른 것을 기재하였거나 그 서류 또는 증거를 위조 또는 변조한 경우. 다만, 이미 보험금 지급사유가 발생한 경우에는 보험금 지급에 영향을 미치지 않습니다.

② 회사가 제1항에 따라 계약을 해지한 경우 회사는 그 취지를 계약자에게 통지하고 제34조(해지환급금) 제1항에 따른 해지환급금을 지급합니다.

제33조(회사의 파산선고와 해지) ① 회사가 파산의 선고를 받은 때에는 계약자는 계약을 해지할 수 있습니다.

② 제1항의 규정에 따라 해지하지 않은 계약은 파산선고 후 3개월이 지난 때에는 그 효력을 잃습니다. 〈개정 2014.12.26.〉

③ 제1항의 규정에 따라 계약이 해지되거나 제2항의 규정에 따라 계약이 효력을 잃는 경우에 회사는 제34조(해지환급금) 제1항에 의한 해지환급금을 계약자에게 지급합니다.

제34조(해지환급금) ① 이 약관에 따른 해지환급금은 보험료 및 책임준비금 산출방법서에 따라 계산합니다.

② 해지환급금의 지급사유가 발생한 경우 계약자는 회사에 해지환급금을 청구하여야 하며, 회사는 청구를 접수한 날부터 3영업일 이내에 해지환급금을 지급합니다. 해지환급금 지급일까지의 기간에 대한 이자의 계산은 〈부표 9-1〉 '보험금을 지급할 때의 적립이율 계산'에 따릅니다.

③ 회사는 경과기간별 해지환급금에 관한 표를 계약자에게 제공하여 드립니다.

④ 제31조의2(위법계약의 해지)에 따라 위법계약이 해지되는 경우 회사가 적립한 해지 당시의 책임준비금을 반환하여 드립니다. 〈신설 2021.7.1.〉

제35조(보험계약대출) ① 계약자는 이 계약의 해지환급금 범위 내에서 회사가 정한 방법에 따라 대출(이하 '보험계약대출'이라 합니다)을 받을 수 있습니다. 그러나, 순수보장성보험 등 보험상품의 종류에 따라 보험계약대출이 제한될 수도 있습니다.

② 계약자는 제1항에 따른 보험계약대출금과 그 이자를 언제든지 상환할 수 있으며 상환하지 않은 때에는 회사는 보험금, 해지환급금 등의 지급사유가 발생한 날에 지급금에서 보험계약대출의 원금과 이자를 차감할 수 있습니다.

③ 제2항의 규정에도 불구하고 회사는 제28조(보험료 납입이 연체되는 경우 납입최고(독촉)와 계약의 해지)에 따라 계약이 해지되는 때에는 즉시 해지환급금에서 보험계약대출의 원금과 이자를 차감합니다.

④ 회사는 보험수익자에게 보험계약대출 사실을 통지할 수 있습니다.

제36조(배당금의 지급) ① 회사는 금융감독원장이 정하는 방법에 따라 회사가 결정한 배당금을 계약자에게 지급합니다.

② 회사는 배당금 지급이 결정되었을 때에는 그 내역을 계약자에게 알려 드립니다.

제7관 분쟁의 조정 등

제37조(분쟁의 조정) ① 계약에 관하여 분쟁이 있는 경우 분쟁 당사자 또는 기타 이해관계인과 회사는 금융감독원장에게 조정을 신청할 수 있으며, 분쟁조정 과정에서 계약자는 관계 법령이 정하는 바에 따라 회사가 기록 및 유지·관리하는 자료의 열람(사본의 제공 또는 청취를 포함한다)을 요구할 수 있습니다. 〈개정 2021.7.1.〉

② 회사는 일반금융소비자인 계약자가 조정을 통하여 주장하는 권리나 이익의 가액이 「금융소비자 보호에 관한 법률」 제42조에서 정하는 일정 금액 이내인 분쟁사건에 대하여 조정절차가 개시된 경우에는 관계 법령이 정하는 경우를 제외하고는 소를 제기하지 않습니다. 〈신설 2021.7.1.〉

제38조(관할법원) 이 계약에 관한 소송 및 민사조정은 계약자의 주소지를 관할하는 법원으로 합니다. 다만, 회사와 계약자가 합의하여 관할법원을 달리 정할 수 있습니다.

제39조(소멸시효) 보험금청구권, 만기환급금청구권, 보험료 반환청구권, 해지환급금청구권, 책임준비금 반환청구권 및 배당금청구권은 3년간 행사하지 않으면 소멸시효가 완성됩니다. 〈개정 2014.12.26.〉

제40조(약관의 해석) ① 회사는 신의성실의 원칙에 따라 공정하게 약관을 해석하여야 하며 계약자에 따라 다르게 해석하지 않습니다.

② 회사는 약관의 뜻이 명백하지 않은 경우에는 계약자에게 유리하게 해석합니다.

③ 회사는 보험금을 지급하지 않는 사유 등 계약자나 피보험자에게 불리하거나 부담을 주는 내용은 확대하여 해석하지 않습니다.

제41조(설명서 교부 및 보험안내자료 등의 효력) ① 회사는 일반금융소비자에게 청약을 권유하거나 일반금융소비자가 설명을 요청하는 경우 보험상품에 관한 중요한 사항을 계약자가 이해할 수 있도록 설명하고 계약자가 이해하였음을 서명(「전자서명법」 제2조 제2호에 따른 전자서명을 포함), 기명날인 또는 녹취 등을 통해 확인받아야 하며, 설명서를 제공하여야 합니다. 〈신설 2021.7.1.〉

② 설명서, 약관, 계약자 보관용 청약서 및 보험증권의 제공 사실에 관하여 계약자와 회사간에 다툼이 있는 경우에는 회사가 이를 증명하여야 합니다. 〈신설 2021.7.1.〉

③ 보험설계사 등이 모집과정에서 사용한 회사 제작의 보험안내자료(계약의 청약을 권유하기 위해 만든 자료 등을 말합니다)의 내용이 약관의 내용과 다른 경우에는 계약자에게 유리한 내용으로 계약이 성립된 것으로 봅니다.

제42조(회사의 손해배상책임) ① 회사는 계약과 관련하여 임직원, 보험설계사 및 대리점의 책임있는 사유로 계약자, 피보험자 및 보험수익자에게 발생된 손해에 대하여 관계 법령 등에 따라 손해배상의 책임을 집니다.

② 회사는 보험금 지급 거절 및 지연지급의 사유가 없음을 알았거나 알 수 있었는데도 소를 제기하여 계약자, 피보험자 또는 보험수익자에게 손해를 가한 경우에는 그에 따른 손해를 배상할 책임을 집니다.

③ 회사가 보험금 지급여부 및 지급금액에 관하여 현저하게 공정을 잃은 합의로 보험수익자에게 손해를 가한 경우에도 회사는 제2항에 따라 손해를 배상할 책임을 집니다.

제43조(개인정보보호) ① 회사는 이 계약과 관련된 개인정보를 이 계약의 체결, 유지, 보험금 지급 등을 위하여 「개인정보 보호법」, 「신용정보의 이용 및 보호에 관한 법률」 등 관계 법령에 정한 경우를 제외하고 계약자, 피보험자 또는 보험수익자의 동의없이 수집, 이용, 조회 또는 제공하지 않습니다. 다만, 회사는 이 계약의 체결, 유지, 보험금 지급 등을 위하여 위 관계 법령에 따라 계약자 및 피보험자의 동의를 받아 다른 보험회사 및 보험관련단체 등에 개인정보를 제공할 수 있습니다.

② 회사는 계약과 관련된 개인정보를 안전하게 관리하여야 합니다.

제44조(준거법) 이 계약은 대한민국 법에 따라 규율되고 해석되며, 약관에서 정하지 않은 사항은 「금융소비자 보호에 관한 법률」, 상법, 민법 등 관계 법령을 따릅니다. 〈개정 2021.7.1.〉

제45조(예금보험에 의한 지급보장) 회사가 파산 등으로 인하여 보험금 등을 지급하지 못할 경우에는 예금자보호법에서 정하는 바에 따라 그 지급을 보장합니다.

〈부표 9〉 장해분류표

〈생명보험 표준약관 참조〉

〈붙임〉 일상생활 기본동작(ADLs) 제한 장해평가표

〈생명보험 표준약관 참조〉

〈부표 9-1〉 보험금을 지급할 때의 적립이율 계산(제8조 제5항, 제9조 제3항 및 제34조 제2항 관련)

구 분	기 간	지 급 이 자
사망보험금, 후유장해보험금, 입원보험금, 간병보험금 등 (제3조)	지급기일의 다음 날부터 30일 이내 기간	보험계약대출이율
	지급기일의 31일 이후부터 60일 이내 기간	보험계약대출이율 + 가산이율(4.0%)
	지급기일의 61일 이후부터 90일 이내 기간	보험계약대출이율 + 가산이율(6.0%)
	지급기일의 91일 이후 기간	보험계약대출이율 + 가산이율(8.0%)
만기환급금 (제9조 제1항) 및 해지환급금 (제34조 제1항)	지급사유가 발생한 날의 다음 날부터 청구일까지의 기간	1년 이내 : 평균공시이율의 50% 1년 초과기간 : 1%
	청구일의 다음 날부터 지급일까지의 기간	보험계약대출이율

주) 1. 만기환급금은 회사가 보험금의 지급시기 도래 7일 이전에 지급할 사유와 금액을 알리지 않은 경우, 지급사유가 발생한 날의 다음 날부터 청구일까지의 기간은 평균공시이율을 적용한 이자를 지급합니다.
2. 지급이자의 계산은 연단위 복리로 계산하며, 금리연동형보험은 일자 계산합니다.
3. 계약자 등의 책임 있는 사유로 보험금 지급이 지연된 때에는 그 해당기간에 대한 이자는 지급되지 않을 수 있습니다. 다만, 회사는 계약자 등이 분쟁조정을 신청했다는 사유만으로 이자지급을 거절하지 않습니다. 〈단서 신설 2020.7.31.〉
4. 금리연동형보험의 경우 상기 평균공시이율은 적립순보험료에 대한 적립이율을 말합니다.
5. 가산이율 적용시 제8조(보험금의 지급절차) 제2항 각 호의 어느 하나에 해당되는 사유로 지연된 경우에는 해당기간에 대하여 가산이율을 적용하지 않습니다.
6. 가산이율 적용시 금융위원회 또는 금융감독원이 정당한 사유로 인정하는 경우에는 해당 기간에 대하여 가산이율을 적용하지 않습니다.

04 실손의료보험 표준약관(기본형)

〈개정 2010.3.29., 2011.1.19., 2011.6.29., 2012.12.28., 2014.2.11., 2014.12.26., 2015.11.30., 2015.12.29., 2016.12.8., 2017.3.22., 2018.3.2., 2018.7.10., 2018.11.6. 2020.7.31., 2020.10.16., 2021.7.1.〉

> 실손의료보험은 보험회사가 피보험자의 질병 또는 상해로 인한 손해(의료비에 한정합니다)를 보상하는 상품입니다.

제1관 일반사항 및 용어의 정의

제1조(보장종목) ① 회사가 판매하는 기본형 실손의료보험상품은 다음과 같이 상해급여형, 질병급여형의 2개 보장종목으로 구성되어 있습니다. 〈개정 2015.11.30., 2017.3.22., 2021.7.1.〉

보장종목	보상하는 내용
상해급여	피보험자가 상해로 인하여 의료기관에 입원 또는 통원하여 급여^{주)} 치료를 받거나 급여 처방조제를 받은 경우에 보상
질병급여	피보험자가 질병으로 인하여 의료기관에 입원 또는 통원하여 급여 치료를 받거나 급여 처방조제를 받은 경우에 보상

주)「국민건강보험법」에서 정한 요양급여 또는 「의료급여법」에서 정한 의료급여

② 회사는 이 약관의 명칭에 '급여 실손의료비'라는 문구를 포함하여 사용합니다. 〈개정 2015.11.30., 2021.7.1.〉

제2조(용어의 정의) 이 약관에서 사용하는 용어의 뜻은 〈붙임 1〉과 같습니다.

제2관 회사가 보상하는 사항

제3조(보장종목별 보상내용) 회사가 이 계약의 보험기간 중 보장종목별로 각각 보상하거나 공제하는 내용은 다음과 같습니다.

보장종목	보상하는 사항
(1) 상해급여	① 회사는 피보험자가 상해로 인하여 의료기관에 입원 또는 통원(외래 및 처방조제)하여 치료를 받은 경우에는 급여의료비를 제5조(보험가입금액 한도 등)에서 정한 연간 보험가입금액의 한도 내에서 다음과 같이 보상합니다. 다만, 법령 등에 따라 의료비를 감면받거나 의료기관으로부터 의료비를 감면받은 경우(의료비를 납부하는 대가로 수수한 금액 등은 감면받은 의료비에 포함)에는 감면 후 실제 본인이 부담한 의료비 기준으로 계산하며, 감면받은 의료비가 근로소득에 포함된 경우, 「국가유공자 등 예우 및 지원에 관한 법률」 및 「독립유공자 예우에 관한 법률」에 따라 의료비를 감면받은 경우에는 감면 전 의료비로 급여의료비를 계산합니다.

구 분	보상금액
입 원 (입원실료, 입원제비용 입원수술비)	「국민건강보험법」에서 정한 요양급여 또는 「의료급여법」에서 정한 의료급여 중 본인부담금(본인이 실제로 부담한 금액으로서 요양급여 비용 또는 의료급여 비용의 일부를 본인이 부담하는 일부 본인부담금과 요양급여 비용 또는 의료급여 비용의 전부를 본인이 부담하는 전액 본인부담금을 말합니다)의 80%에 해당하는 금액
통 원 (외래제비용, 외래수술비, 처방조제비)	통원 1회당(외래 및 처방조제 합산)「국민건강보험법」에서 정한 요양급여 또는 「의료급여법」에서 정한 의료급여 중 본인부담금(본인이 실제로 부담한 금액으로서 요양급여 비용 또는 의료급여 비용의 일부를 본인이 부담하는 일부 본인부담금과 요양급여 비용 또는 의료급여 비용의 전부를 본인이 부담하는 전액 본인부담금을 말합니다)에서 〈표 1〉의 '통원항목별 공제금액'을 뺀 금액 〈표 1〉 통원항목별 공제금액

(1)
상해급여

〈표 1〉 통원항목별 공제금액

항 목	공제금액
「의료법」제3조 제2항에 의한 의료기관(동법 제3조의3에 의한 종합병원은 제외), 「국민건강보험법」제42조 제1항 제4호에 의한 보건소·보건의료원·보건지소, 동법 제42조 제1항 제5호에 의한 보건진료소에서의 외래 및 「국민건강보험법」제42조 제1항 제2호에 의한 약국, 동법 제42조 제1항 제3호에 의한 한국희귀·필수의약품센터에서의 처방·조제(의약분업 예외지역 등에서의 약사의 직접 조제 포함)	1만원과 보장대상 의료비의 20% 중 큰 금액
「국민건강보험법」제42조 제2항에 의한 전문요양기관, 「의료법」제3조의4에 의한 상급종합병원, 동법 제3조의3에 의한 종합병원에서의 외래 및 그에 따른 「국민건강보험법」제42조 제1항 제2호에 의한 약국, 동법 제42조 제1항 제3호에 의한 한국희귀·필수의약품센터에서의 처방·조제	2만원과 보장대상 의료비의 20% 중 큰 금액

② 제1항의 상해에는 유독가스 또는 유독물질을 우연히 일시에 흡입, 흡수 또는 섭취한 결과로 생긴 중독증상이 포함됩니다. 다만, 유독가스 또는 유독물질을 상습적으로 흡입, 흡수 또는 섭취한 결과로 생긴 중독증상과 세균성 음식물 중독증상은 포함되지 않습니다.

③ 피보험자가 「국민건강보험법」제5조, 제53조, 제54조에 따라 요양급여 또는 「의료급여법」제4조, 제15조, 제17조에 따라 의료급여를 적용받지 못하는 경우에는 다음과 같이 보상합니다.

1. 의료비(「국민건강보험 요양급여의 기준에 관한 규칙」에 따라 보건복지부장관이 정한 급여의료비 항목만 해당합니다) 중 본인이 실제로 부담한 금액(통원의 경우 본인이 실제로 부담한 금액에서 같은 조 제1항 〈표 1〉의 '통원항목별 공제금액'을 뺀 금액)의 40%를 제5조(보험가입금액 한도 등)에서 정한 연간 보험가입금액의 한도 내에서 보상합니다.

2. 법령 등에 따라 의료비를 감면받거나 의료기관으로부터 의료비를 감면받은 경우(의료비를 납부하는 대가로 수수한 금액 등은 감면받은 의료비에 포함)에는 제1호를 적용하지 아니하고 감면 후 실제 본인이 부담한 의료비에 대해서만 제1항의 보상금액에 따라 계산한 금액을 제5조(보험가입금액 한도 등)에서 정한 연간 보험가입금액의 한도 내에서 보상합니다. 다만, 감면받은 의료비가 근로소득에 포함된 경우, 「국가유공자 등 예우 및 지원에 관한 법률」 및 「독립유공자 예우에 관한 법률」에 따라 의료비를 감면받은 경우에는 감면 전 의료비에 대해서 제1항의 보상금액에 따라 계산한 금액을 제5조에서 정한 연간 보험가입금액의 한도 내에서 보상합니다.

④ 피보험자가 입원하여 치료를 받던 중 보험계약이 종료되더라도 그 계속 중인 입원에 대해서는 다음 예시와 같이 보험계약 종료일 다음날부터 180일까지 보상합니다.

⑤ 피보험자가 통원하여 치료를 받던 중 보험계약이 종료되더라도 그 계속 중인 통원에 대해서는 다음 예시와 같이 보험계약 종료일 다음날부터 180일 이내의 통원을 보상하며 최대 90회 한도 내에서 보상합니다.

〈입원 및 통원 보상기간 예시〉

보상대상기간 (1년)	보상대상기간 (1년)	보상대상기간 (1년)	추가보상 (180일)
↑ 계약일 (2022. 1. 1.)	↑ 계약 해당일 (2023. 1. 1.)	↑ 계약 해당일 (2024. 1. 1.)	↑ 계약 종료일 (2024. 12. 31.)	↑ 보상 종료일 (2025. 6. 29.)

(1) 상해급여

⑥ 종전 계약을 자동갱신하거나 같은 회사의 보험상품에 재가입하는 경우에는 종전 계약의 보험기간을 연장하는 것으로 보아 제4항과 제5항을 적용하지 않습니다.

⑦ 하나의 상해(같은 상해로 2회 이상 치료를 받는 경우에도 이를 하나의 상해로 봅니다)로 인해 동일한 의료기관에서 같은 날 외래 및 처방을 함께 받은 경우 처방일자를 기준으로 외래 및 처방조제를 합산하되(조제일자가 다른 경우도 동일하게 적용) 통원 1회로 보아 제1항, 제5항 및 제6항을 적용합니다.

⑧ 하나의 상해로 인해 하루에 같은 치료를 목적으로 2회 이상 통원치료(외래 및 처방조제 합산)를 받은 경우 1회의 통원으로 보아 제1항, 제5항 및 제6항을 적용합니다. 이 때 공제금액은 2회 이상의 중복방문 의료기관 중 가장 높은 공제금액을 적용합니다.

⑨ 회사는 피보험자가 상해로 인하여 의료기관에서 본인의 장기 등(「장기 등 이식에 관한 법률」 제4조에 의한 "장기 등"을 의미합니다)의 기능회복을 위하여 「장기 등 이식에 관한 법률」 제42조 및 관련 고시에 따라 장기 등의 적출 및 이식에 드는 비용(공여적합성 여부를 확인하기 위한 검사비, 뇌사장기기증자 관리료 및 이에 속하는 비용항목 포함)은 제1항부터 제8항에 따라 보상합니다.

(2) 질병급여

① 회사는 피보험자가 질병으로 의료기관에 입원 또는 통원(외래 및 처방조제)하여 치료를 받은 경우에는 급여의료비를 제5조(보험가입금액 한도 등)에서 정한 연간 보험가입금액의 한도 내에서 다음과 같이 보상합니다. 다만, 법령 등에 따라 의료비를 감면받거나 의료기관으로부터 의료비를 감면받은 경우(의료비를 납부하는 대가로 수수한 금액 등은 감면받은 의료에 포함)에는 감면 후 실제 본인이 부담한 의료비 기준으로 계산하며, 감면받은 의료비가 근로소득에 포함된 경우, 「국가유공자 등 예우 및 지원에 관한 법률」 및 「독립유공자 예우에 관한 법률」에 따라 의료비를 감면받은 경우에는 감면 전 의료비로 급여의료비를 계산합니다.

구 분	보상금액
입 원 (입원실료, 입원제비용 입원수술비)	「국민건강보험법」에서 정한 요양급여 또는 「의료급여법」에서 정한 의료급여 중 본인부담금(본인이 실제로 부담한 금액으로서 요양급여 비용 또는 의료급여 비용의 일부를 본인이 부담하는 일부 본인부담금과 요양급여 비용 또는 의료급여 비용의 전부를 본인이 부담하는 전액 본인부담금을 말합니다)의 80%에 해당하는 금액
통 원 (외래제비용, 외래수술비, 처방조제비)	통원 1회당(외래 및 처방조제 합산) 「국민건강보험법」에서 정한 요양급여 또는 「의료급여법」에서 정한 의료급여 중 본인부담금(본인이 실제로 부담한 금액으로서 요양급여 비용 또는 의료급여 비용의 일부를 본인이 부담하는 일부 본인부담금과 요양급여 비용 또는 의료급여 비용의 전부를 본인이 부담하는 전액 본인부담금을 말합니다)에서 〈표 1〉의 '통원항목별 공제금액'을 뺀 금액

<表 1> 통원항목별 공제금액

항 목	공제금액
「의료법」 제3조 제2항에 의한 의료기관(동법 제3조의3에 의한 종합병원은 제외), 「국민건강보험법」 제42조 제1항 제4호에 의한 보건소·보건의료원·보건지소, 동법 제42조 제1항 제5호에 의한 보건진료소에서의 외래 및 「국민건강보험법」 제42조 제1항 제2호에 의한 약국, 동법 제42조 제1항 제3호에 의한 한국희귀·필수의약품센터에서의 처방·조제(의약분업 예외지역 등에서의 약사의 직접 조제 포함)	1만원과 보장대상 의료비의 20% 중 큰 금액
「국민건강보험법」 제42조 제2항에 의한 전문요양기관, 「의료법」 제3조의4에 의한 상급종합병원, 동법 제3조의3에 의한 종합병원에서의 외래 및 그에 따른 「국민건강보험법」 제42조 제1항 제2호에 의한 약국, 동법 제42조 제1항 제3호에 의한 한국희귀·필수의약품센터에서의 처방·조제	2만원과 보장대상 의료비의 20% 중 큰 금액

(2) 질병급여

② 피보험자가 「국민건강보험법」 제5조, 제53조, 제54조에 따라 요양급여 또는 「의료급여법」 제4조, 제15조, 제17조에 따라 의료급여를 적용받지 못하는 경우에는 다음과 같이 보상합니다.

1. 의료비(「국민건강보험 요양급여의 기준에 관한 규칙」에 따라 보건복지부장관이 정한 급여의료비 항목만 해당합니다) 중 본인이 실제로 부담한 금액(통원의 경우 본인이 실제로 부담한 금액에서 같은 조 제1항 〈표 1〉의 '통원항목별 공제금액'을 뺀 금액)의 40%를 제5조(보험가입금액 한도 등)에서 정한 연간 보험가입금액의 한도 내에서 보상합니다.

2. 법령 등에 따라 의료비를 감면받거나 의료기관으로부터 의료비를 감면받은 경우(의료비를 납부하는 대가로 수수한 금액 등은 감면받은 의료비에 포함)에는 제1호를 적용하지 아니하고 감면 후 실제 본인이 부담한 의료비에 대해서만 제1항의 보상금액에 따라 계산한 금액을 제5조(보험가입금액 한도 등)에서 정한 연간 보험가입금액의 한도 내에서 보상합니다. 다만, 감면받은 의료비가 근로소득에 포함된 경우, 「국가유공자 등 예우 및 지원에 관한 법률」 및 「독립유공자 예우에 관한 법률」에 따라 의료비를 감면받은 경우에는 감면 전 의료비에 대해서 제1항의 보상금액에 따라 계산한 금액을 제5조에서 정한 연간 보험가입금액의 한도 내에서 보상합니다.

③ 피보험자가 입원하여 치료를 받던 중 보험계약이 종료되더라도 그 계속 중인 입원에 대해서는 다음 예시와 같이 보험계약 종료일 다음날부터 180일까지 보상합니다.

④ 피보험자가 통원하여 치료를 받던 중 보험계약이 종료되더라도 그 계속 중인 통원에 대해서는 다음 예시와 같이 보험계약 종료일 다음날부터 180일 이내의 통원을 보상하며 최대 90회 한도 내에서 보상합니다.

〈입원 및 통원 보상기간 예시〉

보상대상기간 (1년)	보상대상기간 (1년)	보상대상기간 (1년)	추가보상 (180일)
↑ 계약일 (2022. 1. 1.)	↑ 계약 해당일 (2023. 1. 1.)	↑ 계약 해당일 (2024. 1. 1.)	↑ 계약 종료일 (2024. 12. 31.) ↑ 보상 종료일 (2025. 6. 29.)

⑤ 종전 계약을 자동갱신하거나 같은 회사의 보험상품에 재가입하는 경우에는 종전 계약의 보험기간을 연장하는 것으로 보아 제3항과 제4항을 적용하지 않습니다.

	⑥ 하나의 질병으로 동일한 의료기관에서 같은 날 외래 및 처방을 함께 받은 경우 처방일자를 기준으로 외래 및 처방조제를 합산하되(조제일자가 다른 경우도 동일하게 적용) 통원 1회로 보아 제1항, 제4항 및 제5항을 적용합니다.
(2) 질병급여	⑦ "하나의 질병"이란 발생 원인이 동일한 질병(의학상 중요한 관련이 있는 질병은 하나의 질병으로 간주하며, 하나의 질병으로 2회 이상 치료를 받는 경우에는 이를 하나의 질병으로 봅니다)을 말하며, 질병의 치료 중에 발생된 합병증 또는 새로 발견된 질병의 치료가 병행되거나 의학상 관련이 없는 여러 종류의 질병을 갖고 있는 상태에서 통원한 경우에는 하나의 질병으로 간주합니다.
	⑧ 하나의 질병으로 하루에 같은 치료를 목적으로 2회 이상 통원치료(외래 및 처방조제 합산)를 받은 경우 1회의 통원으로 보아 제1항, 제4항 및 제5항을 적용합니다. 이 때 공제금액은 2회 이상의 중복방문 의료기관 중 가장 높은 공제금액을 적용합니다.
	⑨ 회사는 피보험자가 질병으로 인하여 의료기관에서 본인의 장기 등(「장기 등 이식에 관한 법률」 제4조에 의한 "장기 등"을 의미합니다)의 기능회복을 위하여 「장기 등 이식에 관한 법률」 제42조 및 관련 고시에 따라 장기 등의 적출 및 이식에 드는 비용(공여적합성 여부를 확인하기 위한 검사비, 뇌사장기기증자 관리료 및 이에 속하는 비용항목 포함)은 제1항부터 제8항에 따라 보상합니다. 〈본조신설 2021.7.1.〉

제3관 회사가 보상하지 않는 사항

제4조(보상하지 않는 사항) 회사가 보상하지 않는 사항은 보장종목별로 다음과 같습니다.

보장종목	보상하지 않는 사항
(1) 상해급여	① 회사는 다음의 사유로 인하여 생긴 급여의료비는 보상하지 않습니다. 1. 피보험자가 고의로 자신을 해친 경우. 다만, 피보험자가 심신상실 등으로 자유로운 의사결정을 할 수 없는 상태에서 자신을 해친 사실이 증명된 경우에는 보상합니다. 2. 보험수익자가 고의로 피보험자를 해친 경우. 다만, 그 보험수익자가 보험금의 일부 보험수익자인 경우에는 다른 보험수익자에 대한 보험금은 지급합니다. 3. 계약자가 고의로 피보험자를 해친 경우 4. 피보험자가 임신, 출산(제왕절개를 포함합니다), 산후기로 입원 또는 통원한 경우. 다만, 회사가 보상하는 상해로 인하여 입원 또는 통원한 경우에는 보상합니다. 5. 전쟁, 외국의 무력행사, 혁명, 내란, 사변, 폭동으로 인한 경우 6. 피보험자가 정당한 이유없이 입원기간 중 의사의 지시를 따르지 않거나 의사가 통원치료가 가능하다고 인정함에도 피보험자 본인이 자의적으로 입원하여 발생한 입원의료비 7. 피보험자가 정당한 이유없이 통원기간 중 의사의 지시를 따르지 않아 발생한 통원의료비 ② 회사는 다른 약정이 없으면 피보험자가 직업, 직무 또는 동호회 활동 목적으로 한 다음의 어느 하나에 해당하는 행위로 인하여 생긴 상해에 대해서는 보상하지 않습니다. 1. 전문등반(전문적인 등산용구를 사용하여 암벽 또는 빙벽을 오르내리거나 특수한 기술, 경험, 사전 훈련이 필요한 등반을 말합니다), 글라이더 조종, 스카이다이빙, 스쿠버다이빙, 행글라이딩, 수상보트, 패러글라이딩 2. 모터보트·자동차 또는 오토바이에 의한 경기, 시범, 행사(이를 위한 연습을 포함합니다) 또는 시운전(다만, 공용도로에서 시운전을 하는 동안 발생한 상해는 보상합니다) 3. 선박에 탑승하는 것을 직무로 하는 사람이 직무상 선박에 탑승하고 있는 동안 ③ 회사는 다음의 급여의료비에 대해서는 보상하지 않습니다. 1. 「국민건강보험법」에 따른 요양급여 중 본인부담금의 경우 국민건강보험 관련 법령에 따라 국민건강보험공단으로부터 사전 또는 사후 환급이 가능한 금액(본인부담금 상한제) 2. 「의료급여법」에 따른 의료급여 중 본인부담금의 경우 의료급여 관련 법령에 따라 의료급여기금 등으로부터 사전 또는 사후 환급이 가능한 금액(「의료급여법」에 따른 본인부담금 보상제 및 본인부담금 상한제)

(1) 상해급여	3. 자동차보험(공제를 포함합니다)에서 보상받는 치료관계비(과실상계 후 금액을 기준으로 합니다) 또는 산재보험에서 보상받는 의료비. 다만, 본인부담의료비(자동차보험 진료수가에 관한 기준 및 산재보험 요양급여 산정기준에 따라 발생한 실제 본인 부담의료비)는 제3조(보장종목별 보상내용) (1)상해급여 제1항, 제2항 및 제4항부터 제8항에 따라 보상합니다. 4. 「응급의료에 관한 법률」 및 동법 시행규칙에서 정한 응급환자에 해당하지 않는 자가 동법 제26조 권역응급의료센터 또는 「의료법」 제3조의4에 따른 상급종합병원 응급실을 이용하면서 발생한 응급의료관리료로서 전액 본인부담금에 해당하는 의료비
(2) 질병급여	① 회사는 다음의 사유로 인하여 생긴 급여의료비는 보상하지 않습니다. 1. 피보험자가 고의로 자신을 해친 경우. 다만, 피보험자가 심신상실 등으로 자유로운 의사결정을 할 수 없는 상태에서 자신을 해친 사실이 증명된 경우에는 보상합니다. 2. 보험수익자가 고의로 피보험자를 해친 경우. 다만, 그 보험수익자가 보험금의 일부 보험수익자인 경우에는 다른 보험수익자에 대한 보험금은 지급합니다. 3. 계약자가 고의로 피보험자를 해친 경우 4. 피보험자가 정당한 이유 없이 입원기간 중 의사의 지시를 따르지 않거나 의사가 통원치료가 가능하다고 인정함에도 피보험자 본인이 자의적으로 입원하여 발생한 입원의료비 5. 피보험자가 정당한 이유 없이 통원기간 중 의사의 지시를 따르지 않아 발생한 통원의료비 ② 회사는 '한국표준질병사인분류'에 따른 다음의 의료비에 대해서는 보상하지 않습니다. 1. 정신 및 행동장애(F04~F99). 다만, F04~F09, F20~F29, F30~F39, F40~F48, F51, F90~F98과 관련한 치료에서 발생한 「국민건강보험법」에 따른 요양급여에 해당하는 의료비는 보상합니다. 2. 여성생식기의 비염증성 장애로 인한 습관성 유산, 불임 및 인공수정관련 합병증(N96~N98)으로 발생한 의료비 중 전액 본인부담금 및 보험가입일로부터 2년 이내에 발생한 의료비 3. 피보험자가 임신, 출산(제왕절개를 포함합니다), 산후기로 입원 또는 통원한 경우(O00~O99) 4. 선천성 뇌질환(Q00~Q04). 다만, 피보험자가 보험가입당시 태아인 경우에는 보상합니다. 5. 요실금(N39.3, N39.4, R32) ③ 회사는 다음의 급여의료비에 대해서는 보상하지 않습니다. 1. 「국민건강보험법」에 따른 요양급여 중 본인부담금의 경우 국민건강보험 관련 법령에 따라 국민건강보험공단으로부터 사전 또는 사후 환급이 가능한 금액(본인부담금 상한제) 2. 「의료급여법」에 따른 의료급여 중 본인부담금의 경우 의료급여 관련 법령에 따라 의료급여기금 등으로부터 사전 또는 사후 환급이 가능한 금액(「의료급여법」에 따른 본인부담금 보상제 및 본인부담금 상한제) 3. 성장호르몬제 투여에 소요된 비용으로 부담한 전액 본인부담금 4. 산재보험에서 보상받는 의료비. 다만, 본인부담의료비(산재보험 요양급여 산정기준에 따라 발생한 실제 본인 부담의료비)는 제3조(보장종목별 보상내용) (2) 질병급여 제1항 및 제3항부터 제8항에 따라 보상합니다. 5. 사람면역결핍바이러스(HIV) 감염으로 인한 치료비(다만, 「의료법」에서 정한 의료인의 진료상 또는 치료중 혈액에 의한 HIV 감염은 해당 진료기록을 통해 객관적으로 확인되는 경우는 보상합니다) 6. 「응급의료에 관한 법률」 및 동법 시행규칙에서 정한 응급환자에 해당하지 않는 자가 동법 제26조 권역응급의료센터 또는 「의료법」 제3조의4에 따른 상급종합병원 응급실을 이용하면서 발생한 응급의료관리료로서 전액 본인부담금에 해당하는 의료비 〈본조신설 2021.7.1.〉

제4조의2(특별약관에서 보상하는 사항) ① 제3조 및 제4조에도 불구하고 다음 각 호에 해당하는 의료비는 기본형 실손의료보험에서 보상하지 않습니다. 〈신설 2017.3.22., 개정 2021.7.1.〉

1. 비급여 의료비
2. 제1호와 관련하여 자동차보험(공제를 포함합니다) 또는 산재보험에서 발생한 본인부담의료비

② 제1항 제1호 및 제2호에서 정한 의료비와 다른 의료비가 함께 청구되어 각 항목별 의료비가 구분되지 않는 경우 회사는 보험금 지급금액 결정을 위해 계약자, 피보험자 또는 보험수익자에게 각각의 의료비에 대한 확인을 요청할 수 있습니다. 〈신설 2017.3.22., 개정 2021.7.1.〉

제4관 보험금의 지급

제5조(보험가입금액 한도 등) ① 이 계약의 연간 보험가입금액은 제3조(보장종목별 보상내용) (1) 상해급여에 대하여 입원과 통원의 보상금액을 합산하여 5천만원 이내에서, (2) 질병급여에 대하여 입원과 통원의 보상금액을 합산하여 5천만원 이내에서 회사가 정한 금액 중 계약자가 선택한 금액을 말하며, 제3조(보장종목별 보상내용)에 의한 급여의료비를 이 금액 한도 내에서 보상합니다.

② 이 계약에서 '연간'이라 함은 계약일로부터 매1년 단위로 도래하는 계약 해당일 전일까지의 기간을 말하며, 입원 또는 통원 치료시 해당일이 속한 보험연도의 보험가입금액 한도를 적용합니다.

③ 제1항 및 제2항에도 불구하고 「국민건강보험법」에 따른 본인부담금 상한제 또는 「의료급여법」에 따른 본인부담금 보상제 및 본인부담금 상한제 적용항목은 실제 본인이 부담한 금액(「국민건강보험법」 또는 「의료급여법」 등 관련 법령에서 사전 또는 사후 환급이 가능한 금액은 제외한 금액)을 한도로 제3조(보장종목별 보상내용) 및 제4조(보상하지 않는 사항)에 따라 보상합니다.

④ 제3조(보장종목별 보상내용)에서 정한 입원의 경우 급여의료비 중 보상금액을 제외한 나머지 금액['「국민건강보험법」에서 정한 요양급여 또는 「의료급여법」에서 정한 의료급여 중 본인부담금'(본인이 실제로 부담한 금액을 말합니다)의 20%에 해당하는 금액]이 계약일 또는 매년 계약 해당일부터 기산하여 연간 200만원을 초과하는 경우 그 초과금액은 제1항의 한도 내에서 보상합니다.

⑤ 제3조(보장종목별 보상내용)에서 정한 통원의 경우 (1) 상해급여 또는 (2) 질병급여 각각에 대하여 통원 1회당 20만원 이내에서 회사가 정한 금액 중 계약자가 선택한 금액의 한도 내에서 보상합니다.

⑥ 제3조(보장종목별 보상내용) (1) 상해급여 제4항 또는 제5항 및 (2) 질병급여 제3항 또는 제4항에 따른 계속 중인 입원 또는 통원의 보상한도는 연간 보험가입금액에서 직전 보험기간 종료일까지 지급한 금액을 차감한 잔여 금액을 한도로 적용합니다. 〈본조신설 2021.7.1.〉

제5조의2(보험가입금액 한도 등에 대한 설명 의무) ① 회사는 제18조(약관 교부 및 설명 의무 등)에 따라 계약자가 청약할 때에 약관의 중요한 내용을 설명할 경우, 제5조(보험가입금액 한도 등)의 내용도 함께 설명하여 드립니다.

② 제1항에 따라 보험가입금액 한도 등을 설명할 때에, 회사는 계약자에게 제5조(보험가입금액 한도 등) 제3항의 '본인부담금 상한제' 및 '본인부담금 보상제'에 대한 사항을 구체적으로 설명하여 드립니다. 〈본조신설 2021.7.1.〉

※ 「국민건강보험법」에 따른 본인부담금 상한제 : 요양급여비용 중 본인이 부담한 비용의 연간 총액이 일정 상한액(국민건강보험 지역가입자의 세대별 보험료 부담수준 또는 직장가입자의 개인별 보험료 부담수준에 따라 국민건강보험법 등 관련 법령에서 정한 금액(81만원 ~ 584만원))을 초과하는 경우 그 초과액을 국민건강보험공단이 부담하는 제도

※ 「의료급여법」에 따른 본인부담금 보상제 : 수급권자의 급여대상 본인부담금이 매 30일간 다음 금액을 초과하는 경우, 초과금액의 50%에 해당하는 금액을 의료급여기금 등이 부담하는 제도
1. 1종 수급권자 : 2만원
2. 2종 수급권자 : 20만원

※ 「의료급여법」에 따른 본인부담금 상한제 : 본인부담금 보상제에 따라 지급받은 금액을 차감한 급여대상 본인부담금이 다음 금액을 초과하는 경우, 그 초과액 전액을 의료급여기금 등이 부담하는 제도

1. 1종 수급권자 : 매 30일간 5만원
2. 2종 수급권자 : 연간 80만원(다만, 의료법 제3조 제2항 제3호 라목에 따른 요양병원에 연간 240일을 초과하여 입원한 경우에는 연간 120만원으로 한다)

다만, 관련 법령 등이 변경되는 경우 변경된 기준을 따릅니다(상기 예시금액은 2021년 5월 기준).

제6조(보험금 지급사유 발생의 통지) 계약자, 피보험자 또는 보험수익자는 제3조(보장종목별 보상내용)에서 정한 보험금 지급사유가 발생한 것을 알았을 때에는 지체 없이 그 사실을 회사에 알려야 합니다. 〈개정 2015.11.30.〉

제7조(보험금의 청구) ① 보험수익자는 다음의 서류를 제출하고 보험금을 청구하여야 합니다. 〈개정 2015.11.30.〉

1. 청구서(회사 양식)
2. 사고증명서[(진료비계산서, 진료비세부내역서, 입원치료확인서, 의사처방전(처방조제비)] 등
3. 신분증(주민등록증이나 운전면허증 등 본인임을 확인할 수 있는 사진이 붙은 정부기관에서 발행한 신분증, 본인이 아닌 경우에는 본인의 인감증명서 또는 본인서명사실확인서 포함) 〈개정 2018.3.2.〉
4. 그 밖에 보험수익자가 보험금 수령에 필요하여 제출하는 서류

② 제1항 제2호의 사고증명서는 「의료법」 제3조(의료기관)에서 규정한 국내의 의료기관에서 발급한 것이어야 합니다. 〈개정 2015.11.30., 2021.7.1.〉

제8조(보험금의 지급절차) ① 회사는 제7조(보험금의 청구)에서 정한 서류를 접수한 때에는 접수증을 드리고 휴대전화 문자메세지 또는 전자우편 등으로도 송부하며, 그 서류를 접수한 날부터 3영업일 이내에 보험금을 지급합니다. 〈개정 2021.7.1.〉

② 제1항에도 불구하고 회사는 보험금 지급사유를 조사·확인하기 위하여 제1항의 지급기일 이내에 보험금을 지급하지 못할 것으로 명백히 예상되는 경우에는 그 구체적인 사유와 지급예정일 및 보험금 가지급제도(회사가 추정하는 보험금의 50% 이내의 금액을 지급하는 제도를 말합니다)에 대하여 피보험자 또는 보험수익자에게 즉시 통지하여 드립니다. 다만, 지급예정일은 다음 각 호의 어느 하나에 해당하는 경우를 제외하고는 제7조(보험금의 청구)에서 정한 서류를 접수한 날부터 30영업일 이내에서 정합니다. 〈개정 2015.11.30., 2021.7.1.〉

1. 소송제기
2. 분쟁조정 신청
3. 수사기관의 조사
4. 외국에서 발생한 보험사고에 대한 조사
5. 제5항에 따른 회사의 조사요청에 대한 동의 거부 등 계약자, 피보험자 또는 보험수익자에게 책임이 있는 사유로 보험금 지급사유의 조사와 확인이 지연되는 경우
6. 제7항에 따라 보험금 지급사유에 대해 제3자의 의견에 따르기로 한 경우

③ 제2항에 따라 추가적인 조사가 이루어지는 경우 회사는 보험수익자의 청구에 따라 회사가 추정하는 보험금의 50% 상당액을 가지급보험금으로 지급합니다. 〈신설 2014.12.26., 개정 2015.11.30.〉

④ 회사는 제1항에서 정한 지급기일 내에 보험금을 지급하지 않았을 때(제2항에서 정한 지급예정일을 통지한 경우를 포함합니다)에는 그 다음 날부터 지급일까지의 기간에 대하여 〈붙임 2〉에서 정한 이율로 계산한 금액을 보험금에 더하여 지급합니다. 다만, 계약자, 피보험자 또는 보험수익자에게 책임이 있는 사유로 지급이 지연된 경우에는 그 기간에 대한 이자는 지급하지 않습니다. 〈개정 2014.12.26., 2015.11.30.〉

⑤ 계약자, 피보험자 또는 보험수익자는 제14조(알릴 의무 위반의 효과) 및 제2항의 보험금 지급사유조사와 관련하여 의료기관, 국민건강보험공단, 경찰서 등 관공서에 대한 회사의 서면에 의한 조사요청에 동의하여야 합니다. 다만 정당한 사유없이 이에 동의하지 않을 경우에는 사실확인이 끝날 때까지 회사는 보험금 지급지연에 따른 이자를 지급하지 않습니다. 〈개정 2014.12.26., 2015.11.30., 2021.7.1.〉

⑥ 회사는 제5항의 서면조사에 대한 동의 요청시 조사목적, 사용처 등을 명시하고 설명합니다. 〈신설 2014.12.26.〉

⑦ 보험수익자와 회사가 제3조(보장종목별 보상내용)의 보험금 지급사유에 대해 합의하지 못할 때는 보험수익자와 회사가 함께 제3자를 정하고 그 제3자의 의견에 따를 수 있습니다. 제3자는 「의료법」 제3조(의료기관)에 규정한 종합병원 소속 전문의 중에 정하며, 보험금 지급사유 판정에 드는 의료비용은 회사가 전액 부담합니다. 〈개정 2014.12.26., 2015.11.30.〉

⑧ 회사는 계약자, 피보험자 또는 보험수익자에게 「국민건강보험법」에 따른 본인부담금 상한제, 「의료급여법」에 따른 본인부담금 상한제 및 보상제와 관련한 확인요청을 할 수 있습니다. 〈신설 2015.11.30.〉

⑨ 회사는 보험금 지급금액 결정을 위해 확인이 필요한 경우 계약자, 피보험자 또는 보험수익자에게 건강보험심사평가원의 진료비확인요청제도를 활용할 수 있도록 동의해 줄 것을 요청할 수 있으며, 진료비확인요청제도를 활용할 경우 회사는 이를 활용한 사례를 집적하고 먼저 유사 사례가 있는지를 확인하고 이용합니다. 〈신설 2015.11.30., 개정 2021.7.1.〉

⑩ 회사는 보험금 지급시 보험수익자에게 휴대전화 문자메시지, 전자우편 또는 이와 유사한 전자적 장치 등으로 다음 각 호의 사항을 안내하여 드리며, 보험수익자는 안내한 사항과 관련하여 구체적인 계산내역 등에 대하여 회사에 설명을 요청할 수 있습니다. 〈신설 2021.7.1.〉

1. 보험금 지급일 등 지급절차
2. 보험금 지급내역
3. 보험금 심사 지연시 지연사유 및 예상지급일
4. 보험금을 감액하여 지급하거나 지급하지 아니하는 경우에는 그 사유 등

제9조(보험금을 받는 방법의 변경) ① 계약자(보험금 지급사유 발생 후에는 보험수익자를 말합니다)는 회사의 사업방법서에서 정한 바에 따라 보험금의 전부 또는 일부에 대하여 나누어 지급받거나 일시에 지급받는 방법으로 변경할 수 있습니다. 〈개정 2015.11.30.〉

② 회사는 제1항에 따라 일시에 지급할 금액을 나누어 지급하는 경우에는 나중에 지급할 금액에 대하여 평균공시이율을 연단위 복리로 계산한 금액을 더하여 지급하며, 나누어 지급할 금액을 일시에 지급하는 경우에는 평균공시이율을 연단위 복리로 할인한 금액을 지급합니다. 〈개정 2015.11.30.〉

제10조(주소변경의 통지) ① 계약자(보험수익자가 계약자와 다른 경우 보험수익자를 포함합니다)는 주소 또는 연락처가 변경된 경우에는 지체 없이 그 변경내용을 회사에 알려야 합니다.

② 제1항에서 정한 대로 계약자 또는 보험수익자가 변경내용을 알리지 않은 경우에는 계약자 또는 보험수익자가 회사에 알린 최종 주소 또는 연락처로 등기우편 등 우편물에 대한 기록이 남는 방법을 통하여 회사가 알린 사항은 일반적으로 도달에 필요한 기간이 지난 때에 계약자 또는 보험수익자에게 도달된 것으로 봅니다. 〈개정 2015.11.30.〉

제11조(대표자의 지정) ① 계약자 또는 보험수익자가 2명 이상인 경우에는 각 대표자를 1명 지정하여야 하며, 그 대표자는 각각 다른 계약자 또는 보험수익자를 대리하는 것으로 합니다. 〈개정 2015.11.30.〉

② 지정된 계약자 또는 보험수익자의 소재가 확실하지 않은 경우에는 이 계약에 관하여 회사가 계약자 또는 보험수익자 1명에 대하여 한 행위는 각각 다른 계약자 또는 보험수익자에게도 효력이 미칩니다.

③ 계약자가 2명 이상인 경우에는 연대하여 그 책임을 집니다. 〈개정 2015.11.30.〉

제5관 계약자의 계약 전 알릴 의무 등

제12조(계약 전 알릴 의무) 계약자 또는 피보험자는 청약할 때(진단계약의 경우에는 건강진단을 할 때를 말합니다) 청약서에서 질문한 사항에 대하여 알고 있는 사실을 반드시 사실대로 알려야(상법에 따른 "고지의무"와 같으며, 이하 "계약 전 알릴 의무"라 합니다) 합니다. 다만, 진단계약의 경우 「의료법」 제3조(의료기관)에 따른 종합병원이나 병원에서 직장 또는 개인이 실시한 건강진단서 사본 등 건강상태를 판단할 수 있는 자료로 건강진단을 대신할 수 있습니다. 〈개정 2015.11.30.〉

제13조(상해보험 계약 후 알릴 의무) ① 계약자 또는 피보험자는 보험기간 중에 피보험자에게 다음 각 호의 변경이 발생한 경우에는 우편, 전화, 방문 등의 방법으로 지체 없이 회사에 알려야 합니다.
〈개정 2018.3.2., 2021.7.1.〉

1. 보험증권 등에 기재된 직업 또는 직무의 변경
   가. 현재의 직업 또는 직무가 변경된 경우
   나. 직업이 없는 자가 취직한 경우
   다. 현재의 직업을 그만둔 경우

> [직업]
> 1) 생계유지 등을 위하여 일정한 기간동안(예 : 6개월 이상) 계속하여 종사하는 일
> 2) 1)에 해당하지 않는 경우에는 개인의 사회적 신분에 따르는 위치나 자리를 말함
>   예) 학생, 미취학아동, 무직 등
>
> [직무]
> 직책이나 직업상 책임을 지고 담당하여 맡은 일

2. 보험증권 등에 기재된 피보험자의 운전 목적이 변경된 경우
   예) 자가용에서 영업용으로 변경, 영업용에서 자가용으로 변경 등
3. 보험증권 등에 기재된 피보험자의 운전여부가 변경된 경우
   예) 비운전자에서 운전자로 변경, 운전자에서 비운전자로 변경 등
4. 이륜자동차 또는 원동기장치 자전거(전동킥보드, 전동휠 등 전동기로 작동하는 개인형 이동장치를 포함하며, 장애인 또는 교통약자가 사용하는 보행보조용 의자차인 전동휠체어, 의료용 스쿠터 등은 제외합니다.)를 계속적으로 사용(직업, 직무 또는 동호회 활동과 출퇴근용도 등으로 주로 사용하는 경우에 한함)하게 된 경우 〈개정 2020.7.31.〉

② 회사는 제1항의 통지로 인하여 위험의 변동이 발생한 경우에는 제20조(계약내용의 변경 등)에 따라 계약내용을 변경할 수 있습니다. 〈개정 2018.3.2., 2021.7.1.〉

[위험변경에 따른 계약변경 절차]

| 위험변경사항 통지(우편, 전화, 방문 등) |
| 계약자, 피보험자의 계약변경사항 확인 후 청약 |
| 계약변경사항 인수 심사 |
| 정산금액 처리(환급 또는 추가납입) |
| 계약변경 완료 |

③ 회사는 제2항에 따라 계약내용을 변경할 때 위험이 감소된 경우에는 보험료를 감액하고, 이후 기간 보장을 위한 재원인 책임준비금 등의 차이로 인하여 발생한 정산금액(이하 "정산금액"이라 합니다)을 환급하여 드립니다. 한편 위험이 증가된 경우에는 보험료의 증액 및 정산금액의 추가납입을 요구할 수 있으며, 계약자는 이를 납입하여야 합니다. 〈신설 2018.3.2.〉

④ 제1항의 통지에 따라 위험의 증가로 보험료를 더 내야 할 경우 회사가 청구한 추가보험료(정산금액을 포함합니다)를 계약자가 납입하지 않았을 때, 회사는 위험이 증가되기 전에 적용된 보험요율(이하 "변경 전 요율"이라 합니다)의 위험이 증가된 후에 적용해야 할 보험요율(이하 "변경 후 요율"이라 합니다)에 대한 비율에 따라 보험금을 삭감하여 지급합니다. 다만, 증가된 위험과 관계없이 발생한 보험금 지급사유에 관해서는 원래대로 지급합니다. 〈개정 2018.3.2.〉

⑤ 계약자 또는 피보험자가 고의 또는 중대한 과실로 제1항 각 호의 변경사실을 회사에 알리지 않았을 경우 변경 후 요율이 변경 전 요율보다 높을 때에는 회사는 그 변경사실을 안 날부터 1개월 이내에 계약자 또는 피보험자에게 제4항에 따라 보장됨을 통보하고 이에 따라 보험금을 지급합니다. 〈개정 2018.3.2.〉

제14조(알릴 의무 위반의 효과) ① 회사는 다음과 같은 사실이 있을 경우에는 보험금 지급사유의 발생 여부에 관계없이 그 사실을 안 날부터 1개월 이내에 이 계약을 해지할 수 있습니다. 〈개정 2015.11.30., 2021.7.1.〉

1. 계약자나 피보험자가 고의 또는 중대한 과실로 제12조(계약 전 알릴 의무)를 위반하고 그 알릴 의무가 있는 사항이 중요한 사항에 해당하는 경우

2. 계약자나 피보험자가 고의 또는 중대한 과실로 뚜렷한 위험의 증가와 관련된 제13조(상해보험 계약 후 알릴 의무) 제1항에서 정한 계약 후 알릴 의무를 이행하지 않았을 때

② 제1항 제1호의 경우라도 다음의 어느 하나에 해당하는 경우에는 회사는 계약을 해지할 수 없습니다. 〈개정 2015.11.30.〉

1. 회사가 계약 당시에 그 사실을 알았거나 과실로 알지 못하였을 때

2. 회사가 그 사실을 안 날부터 1개월 이상 지났거나 또는 제1회 보험료를 받은 날부터 보험금 지급사유가 발생하지 않고 2년(진단계약의 경우 질병에 대해서는 1년)이 지났을 때

3. 계약체결일부터 3년이 지났을 때

4. 이 계약을 청약할 때 회사가 피보험자의 건강상태를 판단할 수 있는 기초자료(건강진단서 사본 등을 말합니다)에 따라 승낙한 경우에 건강진단서 사본 등에 명기되어 있는 사항으로 보험금 지급사유가 발생하였을 때. 다만, 계약자 또는 피보험자가 회사에 제출한 기초자료의 내용 중 중요사항을 고의로 사실과 다르게 작성한 때에는 계약을 해지할 수 있습니다.

5. 보험설계사 등이 다음의 어느 하나에 해당하는 행위를 하였을 때. 다만, 보험설계사 등이 다음의 행위를 하지 않았더라도 계약자 또는 피보험자가 사실대로 고지하지 않거나 부실하게 고지했다고 인정되는 경우에는 계약을 해지할 수 있습니다.

    가. 계약자 또는 피보험자에게 고지할 기회를 주지 않았을 때
    나. 계약자 또는 피보험자가 사실대로 고지하는 것을 방해하였을 때
    다. 계약자 또는 피보험자에게 사실대로 고지하지 않게 하였거나 부실하게 고지하도록 권유했을 때

③ 제1항에 따라 계약을 해지하였을 때에는 회사는 제34조(해지환급금) 제1항에 따른 해지환급금을 계약자에게 지급합니다. 〈개정 2015.11.30., 2021.7.1.〉

④ 제1항 제1호에 따른 계약의 해지가 보험금 지급사유가 발생한 후에 이루어진 경우에 회사는 보험금을 지급하지 않습니다. 이 경우 회사는 계약자에게 계약 전 알릴 의무 위반사실(계약해지 등의 원인이 되는 위반사실을 구체적으로 명시)과 계약 전 알릴 의무사항이 중요한 사항에 해당되는 사유를 "반대증거가 있는 경우 이의를 제기할 수 있습니다"라는 문구와 함께 서면 등으로 알려드립니다. 〈개정 2020.7.31.〉

⑤ 제1항 제2호에 따른 계약의 해지가 보험금 지급사유 발생 후에 이루어진 경우에는 회사는 제13조(상해보험 계약 후 알릴 의무) 제4항 또는 제5항에 따라 보험금을 지급합니다. 〈개정 2018.3.2., 2021.7.1.〉

⑥ 제1항에도 불구하고 알릴 의무를 위반한 사실이 보험금 지급사유가 발생하는 데에 영향을 미쳤음을 회사가 증명하지 못한 경우에는 제4항 및 제5항에도 불구하고 해당 보험금을 지급합니다. 〈개정 2015.11.30., 2018.11.6.〉

⑦ 회사는 다른 보험가입내역에 대한 계약 전 알릴 의무 위반을 이유로 계약을 해지하거나 보험금 지급을 거절하지 않습니다. 〈개정 2015.11.30.〉

제15조(사기에 의한 계약) 계약자 또는 피보험자가 대리진단이나 약물사용을 통하여 진단절차를 통과하거나, 진단서를 위조 또는 변조하거나, 청약일 이전에 암 또는 사람면역결핍바이러스(HIV) 감염의 진단 확정을 받은 후 이를 숨기고 가입하는 등 사기에 의하여 계약이 성립되었음을 회사가 증명하는 경우에는 회사는 계약일부터 5년 이내(사기사실을 안 날부터 1개월 이내)에 계약을 취소할 수 있습니다. 〈개정 2015.11.30., 2021.7.1.〉

제6관 보험계약의 성립과 유지

제16조(보험계약의 성립) ① 계약은 계약자의 청약과 회사의 승낙으로 이루어집니다.

② 회사는 피보험자가 계약에 적합하지 않은 경우에는 승낙을 거절하거나 별도의 조건(보험가입금액 제한, 일부보장 제외, 보험금 삭감, 보험료 할증 등을 말합니다)을 붙여 승낙할 수 있습니다. 〈개정 2015.11.30.〉

③ 회사는 계약의 청약을 받고, 제1회 보험료를 받은 경우에 건강진단을 받지 않는 계약은 청약일, 진단계약은 진단일(재진단의 경우에는 최종 진단일을 말합니다)부터 30일 이내에 승낙하거나 거절하여야 하며, 승낙한 경우에는 보험증권을 드립니다. 이 경우 30일 이내에 회사가 승낙 또는 거절의 통지를 하지 않으면 승낙한 것으로 봅니다. 〈개정 2015.11.30.〉

④ 회사가 제1회 보험료를 받고 승낙을 거절한 경우에는 거절통지와 함께 받은 금액을 돌려드리며, 보험료를 받은 기간에 대하여 평균공시이율에 1%를 더한 이율을 연단위 복리로 계산한 금액을 더하여 지급합니다. 다만, 제1회 보험료를 신용카드로 납입한 계약의 승낙을 거절하는 경우 회사는 신용카드의 매출을 취소하며 이자를 더하여 지급하지 않습니다. 〈개정 2015.11.30.〉

⑤ 회사가 제2항에 따라 일부보장 제외 조건을 붙여 승낙하였더라도 청약일로부터 5년(갱신형 계약의 경우에는 최초 청약일로부터 5년)이 지나는 동안 보장이 제외되는 질병으로 추가 진단(단순 건강검진 제외) 또는 치료 사실이 없을 경우, 청약일로부터 5년이 지난 이후에는 이 약관에 따라 보장합니다. 〈신설 2018.7.10.〉

⑥ 제5항의 '청약일로부터 5년이 지나는 동안'이라 함은 이 약관 제27조(보험료의 납입이 연체되는 경우 납입최고(독촉)와 계약의 해지)에서 정한 계약의 해지가 발생하지 않은 경우를 말합니다. 〈신설 2018.7.10., 2021.7.1.〉

⑦ 이 약관 제28조(보험료의 납입연체로 인한 해지계약의 부활(효력회복))에서 정한 계약의 부활이 이루어진 경우 부활을 청약한 날을 제5항의 청약일로 하여 적용합니다. 〈신설 2018.7.10., 2021.7.1.〉

제17조(청약의 철회) ① 계약자는 보험증권을 받은 날부터 15일 이내에 그 청약을 철회할 수 있습니다. 다만, 다음 각 호의 어느 하나에 해당하는 계약은 철회할 수 없습니다. 〈개정 2015.11.30., 2021.7.1.〉

1. 회사가 건강상태 진단을 지원하는 계약
2. 보험기간이 90일 이내인 계약
3. 전문금융소비자가 체결한 계약

> **【전문금융소비자】** 보험계약에 관한 전문성, 자산규모 등에 비추어 보험계약에 따른 위험감수능력이 있는 자로서, 국가, 지방자치단체, 한국은행, 금융회사, 주권상장법인 등을 포함하며 「금융소비자 보호에 관한 법률」 제2조(정의) 제9호에서 정하는 전문금융소비자를 말합니다.
>
> **【일반금융소비자】** 전문금융소비자가 아닌 계약자를 말합니다.

② 제1항에도 불구하고 청약한 날부터 30일이 지나면 청약을 철회할 수 없습니다. 〈개정 2015.11.30.〉

③ 청약철회는 계약자가 전화로 신청하거나, 철회의사를 표시하기 위한 서면, 전자우편, 휴대전화 문자메시지 또는 이에 준하는 전자적 의사표시(이하 '서면 등'이라 합니다)를 발송한 때 효력이 발생합니다. 계약자는 서면 등을 발송한 때에 그 발송 사실을 회사에 지체 없이 알려야 합니다. 〈개정 2021.7.1.〉

④ 계약자가 청약을 철회한 때에는 회사는 청약의 철회를 접수한 날부터 3영업일 이내에 납입한 보험료를 돌려드리며, 보험료 반환이 늦어진 기간에 대하여는 이 계약의 보험계약대출이율을 연단위 복리로 계산한 금액을 더하여 지급합니다. 다만, 계약자가 제1회 보험료를 신용카드로 납입한 계약의 청약을 철회하는 경우에는 회사는 청약의 철회를 접수한 날부터 3영업일 이내에 해당 신용카드회사로 하여금 대금청구를 하지 않도록 해야 하며, 이 경우 회사는 보험료를 반환한 것으로 봅니다. 〈개정 2021.7.1.〉

⑤ 청약을 철회할 때에 이미 보험금 지급사유가 발생하였으나 계약자가 그 보험금 지급사유가 발생한 사실을 알지 못한 경우에는 청약철회의 효력이 발생하지 않습니다. 〈개정 2015.11.30.〉

⑥ 제1항에서 보험증권을 받은 날에 대한 다툼이 발생한 경우 회사가 이를 증명하여야 합니다. 〈신설 2014.12.26.〉

제18조(약관 교부 및 설명의무 등) ① 회사는 계약자가 청약할 때에 계약자에게 약관의 중요한 내용을 설명하여야 하며, 청약 후에 다음 각 호의 방법 중 계약자가 원하는 방법을 확인하여 지체 없이 약관 및 계약자 보관용 청약서를 제공하여 드립니다. 만약, 회사가 전자우편 및 전자적 의사표시로 제공한 경우 계약자 또는 그 대리인이 약관 및 계약자 보관용 청약서 등을 수신하였을 때에는 해당 문서를 드린 것으로 봅니다. 〈개정 2021.7.1.〉

1. 서면교부
2. 우편 또는 전자우편
3. 휴대전화 문자메시지 또는 이에 준하는 전자적 의사표시

② 제1항과 관련하여 통신판매계약의 경우, 회사는 계약자가 가입한 특약만 포함한 약관을 드리며, 계약자의 동의를 얻어 다음 중 한 가지 방법으로 약관의 중요한 내용을 설명할 수 있습니다. 〈신설 2020.10.16.〉

1. 인터넷 홈페이지에서 약관 및 그 설명문(약관의 중요한 내용을 설명한 문서)을 읽거나 내려받게 하는 방법. 이 경우 계약자가 이를 읽거나 내려 받은 것을 확인한 때에 해당 약관을 드리고 그 중요한 내용을 설명한 것으로 봅니다.
2. 전화를 이용하여 청약내용, 보험료납입, 보험기간, 계약 전 알릴 의무, 약관의 중요한 내용 등 계약을 체결하는데 필요한 사항을 질문 또는 설명하는 방법. 이 경우 계약자의 답변과 확인내용을 음성 녹음함으로써 약관의 중요한 내용을 설명한 것으로 봅니다.

> 【통신판매계약】 전화·우편·인터넷 등 통신수단을 이용하여 체결하는 계약을 말합니다.
> 〈신설 2021.7.1.〉

③ 다음의 어느 하나의 경우 계약자는 계약이 성립한 날부터 3개월 이내에 계약을 취소할 수 있습니다. 〈개정 2014.12.26., 2015.11.30., 2021.7.1.〉

1. 회사가 제1항에 따라 제공하여야 할 약관 및 계약자 보관용 청약서를 계약자가 청약할 때 계약자에게 전달하지 않았거나 약관의 중요한 내용을 설명하지 않은 경우
2. 계약을 체결할 때 계약자가 청약서에 자필서명을 하지 않은 경우(도장을 찍는 날인과 「전자서명법」 제2조 제2호에 따른 전자서명을 포함합니다)

④ 제3항에도 불구하고 전화를 이용하여 계약을 체결하는 경우에 다음의 어느 하나에 해당할 때에는 자필서명을 생략할 수 있으며, 제2항에 따른 음성녹음 내용을 문서화한 확인서를 계약자에게 드림으로써 계약자 보관용 청약서를 전달한 것으로 봅니다. 〈개정 2015.11.30., 2021.7.1.〉

1. 계약자, 피보험자 및 보험수익자가 동일한 계약의 경우
2. 계약자, 피보험자가 동일하고 보험수익자가 계약자의 법정상속인인 계약의 경우

⑤ 제3항에 따라 계약이 취소된 경우 회사는 계약자에게 이미 납입한 보험료를 돌려드리며, 보험료를 받은 기간에 대하여 보험계약대출이율을 연단위 복리로 계산한 금액을 더하여 지급합니다. 〈개정 2015.11.30., 2021.7.1.〉

⑥ 회사는 관계 법규에 따라 피보험자가 될 사람이 다른 실손 의료보험계약을 체결하고 있는지를 확인하고, 그 결과 피보험자가 될 사람이 다른 실손 의료보험계약의 피보험자로 되어 있는 경우에는 보상방식 등을 구체적으로 설명하여 드립니다. 〈개정 2015.11.30., 2021.7.1.〉

제19조(계약의 무효) ① 계약을 체결할 때 계약에서 정한 피보험자의 나이에 미달되거나 초과되었을 경우에는 계약을 무효로 하며, 이미 납입한 보험료를 돌려 드립니다. 다만, 회사가 나이의 착오를 발견하였을 때 이미 계약나이에 도달한 경우에는 해당 계약은 유효한 계약으로 보며, 이미 납입한 보험료는 돌려드리지 않습니다. 〈개정 2015.11.30.〉

② 회사의 고의 또는 과실로 계약이 무효로 된 경우 및 회사가 승낙 전에 무효임을 알았거나 알 수 있었음에도 보험료를 반환하지 않은 경우에는 보험료를 납입한 날의 다음 날부터 반환까지의 기간에 대하여 회사는 이 계약의 보험계약대출이율을 연단위 복리로 계산한 금액을 더하여 돌려 드립니다. 〈개정 2015.11.30.〉

제20조(계약내용의 변경 등) ① 계약자는 회사의 승낙을 받아 다음의 사항을 변경할 수 있습니다. 이 경우 회사는 승낙사실을 서면 등으로 알리거나 보험증권의 뒷면에 적어 드립니다. 〈개정 2015.11.30.〉

1. 보험종목 또는 보장종목
2. 보험기간
3. 보험료 납입주기, 납입방법 및 납입기간
4. 계약자, 보험가입금액 등 그 밖의 계약내용

② 계약자가 제1회 보험료를 납입한 날부터 1년 이상 지난 유효한 계약으로서 그 보험종목의 변경을 요청할 경우 회사는 회사의 사업방법서에서 정하는 방법에 따라 보험종목을 변경하여 드립니다. 〈개정 2015.11.30.〉

③ 계약자가 제1항 제4호에 따라 보험가입금액을 감액하려는 경우 회사는 그 감액된 부분은 계약이 해지된 것으로 보며, 이로 인하여 회사가 지급하여야 할 해지환급금이 있을 때에는 제34조(해지환급금) 제1항에 따른 해지환급금을 계약자에게 지급합니다. 〈개정 2015.11.30., 2021.7.1.〉

④ 계약자는 회사의 승낙 없이 보험수익자를 변경할 수 있습니다. 다만, 변경된 보험수익자가 회사에 권리자로서 대항하기 위해서는 계약자가 보험수익자가 변경되었음을 회사에 통지하여야 합니다. 〈개정 2015.11.30.〉

⑤ 계약자가 제4항에 따라 보험수익자를 변경하고자 할 경우에는 보험금의 지급사유가 발생하기 전에 피보험자가 서면으로 동의하여야 합니다.

⑥ 제1항에 따라 계약자가 변경된 경우 회사는 변경된 계약자에게 보험증권 및 약관을 드리고, 변경된 계약자가 요청하는 경우 약관의 중요한 내용을 설명하여 드립니다. 〈개정 2015.11.30.〉

제21조(보험나이 등) ① 이 약관에서 피보험자의 나이는 보험나이를 기준으로 합니다. 〈개정 2015.11.30.〉

② 제1항의 보험나이는 계약일 현재 피보험자의 실제 만 나이를 기준으로 6개월 미만의 끝수는 버리고 6개월 이상의 끝수는 1년으로 하여 계산하며, 이후 매년 계약 해당일에 나이가 증가하는 것으로 합니다.

③ 피보험자의 나이 또는 성별에 관한 기재사항이 사실과 다른 경우에는 정정된 나이 또는 성별에 해당하는 보험금 및 보험료로 변경합니다.

> **【보험나이 계산 예시】**
> 생년월일 : 1988년 10월 2일, 현재(계약일) : 2014년 4월 13일
> ⇒ 2014년 4월 13일 − 1988년 10월 2일 = 25년 6월 11일 = 26세

제22조(계약의 소멸) 피보험자가 사망하여 이 약관에서 규정하는 보험금 지급사유가 더 이상 발생할 수 없는 경우에는 이 계약은 그 때부터 효력이 없습니다. 〈개정 2015.11.30.〉

제23조(재가입) ① 계약이 다음 각 호의 조건을 충족하고 계약자가 제4항에 따라 재가입의사를 표시한 때에는 이 약관의 제16조(보험계약의 성립) 및 제18조(약관 교부 및 설명의무 등)를 준용하여 회사가 정한 절차에 따라 계약자는 기존 계약에 이어 재가입할 수 있으며, 이 경우 회사는 기존계약의 가입 이후 발생한 상해 또는 질병을 사유로 가입을 거절할 수 없습니다. 〈신설 2021.7.1.〉

1. 재가입일에 있어서 피보험자의 나이가 회사가 최초 가입 당시 정한 재가입 나이의 범위 내일 것
2. 재가입 전 계약의 보험료가 정상적으로 납입완료 되었을 것

② 이 계약의 자동갱신종료 후 계약자가 재가입을 원하는 경우 계약자는 재가입 시점에서 회사가 판매하는 실손의료보험 상품으로 가입을 할 수 있으며, 회사는 이를 거절할 수 없습니다.

③ 회사는 계약자에게 보장내용 변경주기가 끝나는 날 이전까지 2회 이상 재가입 요건, 보장내용 변경내역, 보험료 수준, 재가입 절차 및 재가입 의사 여부를 확인하는 내용 등을 서면(등기우편 등), 전화(음성녹음), 전자문서, 휴대전화 문자메시지 또는 이에 준하는 전자적 의사표시 등으로 알려드리고, 회사는 계약자의 재가입의사를 전화(음성녹음), 직접 방문 또는 전자적 의사표시, 통신판매계약의 경우 통신수단을 통해 확인합니다. 〈신설 2021.7.1.〉

④ 계약자는 제3항에 따른 재가입안내와 재가입여부 확인 요청을 받은 경우 재가입 의사를 표시하여야 합니다. 〈신설 2021.7.1.〉

⑤ 제3항 및 제4항에도 불구하고, 회사가 계약자의 재가입 의사를 확인하지 못한 경우(계약자와의 연락두절로 회사의 안내가 계약자에게 도달하지 못한 경우 포함)에는 직전계약과 동일한 조건으로 보험계약을 연장합니다. 〈신설 2021.7.1.〉

⑥ 제5항에 따라 직전 계약과 동일한 조건으로 자동 연장된 경우 계약자는 그 연장된 날로부터 90일 이내에 그 계약을 취소할 수 있으며, 회사는 연장된 날 이후 계약자가 납입한 보험료 전액을 환급합니다. 〈신설 2021.7.1.〉

⑦ 제5항에 따라 직전 계약과 동일한 조건으로 자동 연장된 경우 보험계약의 연장일은 회사가 계약자의 재가입의사를 확인한 날(계약자 등이 회사에 보험금을 청구함으로써 계약자에게 연락이 닿아 회사가 계약자의 재가입의사를 확인한 날 등)까지로 합니다. 계약자의 재가입 의사가 확인된 경우에는 제1항에서 정한 절차에 따라 회사가 재가입 의사를 확인한 날에 판매중인 상품으로 다시 재가입하는 것으로 하며, 기존 계약은 해지됩니다. 다만, 계약자가 재가입을 원하지 않는 경우에는 해당 시점으로부터 계약은 해지됩니다. 〈신설 2021.7.1.〉

⑧ 제5항에 따라 직전 계약과 동일한 조건으로 자동 연장된 경우 계약자는 회사에 재가입 의사를 표시할 수 있습니다. 회사는 계약자의 재가입 의사가 확인되었을 때에는 제1항에서 정한 절차에 따라 회사가 재가입 의사를 확인한 날에 판매중인 상품으로 재가입하는 것으로 하며, 기존 계약은 해지됩니다. 〈신설 2021.7.1.〉

⑨ 제7항 또는 제8항에 따라 계약이 해지된 경우 회사는 제34조(해지환급금) 제1항에 따른 해지환급금을 계약자에게 지급합니다. 〈신설 2021.7.1.〉

제7관 보험료의 납입

제24조(제1회 보험료 및 회사의 보장개시) ① 회사는 계약의 청약을 승낙하고 계약자부터 제1회 보험료를 받은 때부터 이 약관에서 정한 바에 따라 보장을 합니다. 또한, 회사가 청약과 함께 제1회 보험료를 받은 후 승낙한 경우에도 제1회 보험료를 받은 때부터 보장이 개시됩니다. 다만, 계약자가 제1회 보험료를 자동이체 또는 신용카드로 납입하는 경우에는 자동이체 신청 및 신용카드매출 승인에 필요한 정보를 제공한 때를 제1회 보험료를 받은 때로 하며, 계약자에게 책임이 있는 사유로 자동이체 또는 매출승인이 불가능한 경우에는 보험료가 납입되지 않은 것으로 봅니다. 〈개정 2015.11.30.〉

② 회사가 청약과 함께 제1회 보험료를 받고 청약을 승낙하기 전에 보험금 지급사유가 발생하였을 때에도 보장개시일부터 이 약관에서 정하는 바에 따라 보장을 합니다. 〈개정 2015.11.30.〉

> 【보장개시일】 회사가 보장을 개시하는 날로서 계약이 성립되고 제1회 보험료를 받은 날을 말하나, 회사가 승낙하기 전이라도 청약과 함께 제1회 보험료를 받은 경우에는 제1회 보험료를 받은 날을 말합니다. 또한, 보장개시일을 계약일로 봅니다.

③ 회사는 제2항에도 불구하고 다음의 어느 하나에 해당하는 경우에는 보장을 하지 않습니다. 〈개정 2015.11.30., 2021.7.1.〉

1. 제12조(계약 전 알릴 의무)에 따라 계약자 또는 피보험자가 회사에 알린 내용 또는 건강진단 내용이 보험금 지급사유의 발생에 영향을 미쳤음을 회사가 증명하는 경우

2. 제14조(알릴 의무 위반의 효과)를 준용하여 회사가 보장을 하지 않을 수 있는 경우

3. 진단계약에서 보험금 지급사유 발생 시까지 피보험자가 진단을 받지 않은 경우. 다만, 진단계약에서 진단을 받지 않은 경우라도 상해로 보험금 지급사유가 발생한 경우에는 보장을 해드립니다.

④ 계약이 갱신되는 경우에는 제1항부터 제3항까지의 규정에 따른 보장은 기존 계약에 의한 보장이 종료하는 때부터 적용합니다. 〈개정 2015.11.30.〉

제25조(제2회 이후 보험료의 납입) 계약자는 제2회부터의 보험료를 납입기일까지 납입하여야 하며, 계약자가 보험료를 납입한 경우 회사는 영수증을 발행하여 드립니다. 다만, 금융회사(우체국을 포함합니다)를 통하여 보험료를 납입한 경우에는 그 금융회사가 발행한 증명서류를 영수증으로 대신합니다. 〈개정 2015.11.30.〉

> 【납입기일】 계약자가 제2회부터의 보험료를 납입하기로 한 날을 말합니다.

제26조(보험료의 자동대출납입) ① 계약자는 제27조[보험료의 납입이 연체되는 경우 납입최고(독촉)와 계약의 해지]에 따른 보험료의 납입최고(독촉)기간이 지나기 전까지 보험료의 자동대출납입을 신청할 수 있으며, 이 경우 제35조(보험계약대출) 제1항에 따른 보험계약대출금으로 보험료가 자동으로 납입되어 계약은 유효하게 지속됩니다. 다만, 계약자가 서면 외에 인터넷 또는 전화(음성녹음) 등으로 자동대출납입을 신청할 경우 회사는 자동대출납입 신청내용을 서면 또는 전화(음성녹음) 등으로 계약자에게 알려드립니다. 〈개정 2015.11.30., 2021.7.1.〉

② 제1항의 규정에 따른 대출금과 보험료의 자동대출납입일의 다음날부터 그 다음 보험료의 납입최고(독촉)기간까지의 이자(보험계약대출이율 이내에서 회사가 별도로 정하는 이율을 적용하여 계산)를 합산한 금액이 해당 보험료가 납입된 것으로 계산한 해지환급금과 계약자에게 지급할 기타 모든 지급금의 합계액에서 계약자의 회사에 대한 모든 채무액을 뺀 금액을 초과하는 경우에는 보험료의 자동대출납입을 더는 할 수 없습니다.

③ 제1항과 제2항에 따른 보험료의 자동대출납입 기간은 최초 자동대출납입일부터 1년을 한도로 하며, 그 이후의 기간에 대한 보험료의 자동대출납입을 위해서는 제1항에 따라 재신청을 하여야 합니다. 〈개정 2015.11.30.〉

④ 보험료의 자동대출납입이 이루어진 경우에도 자동대출납입 전 납입최고(독촉)기간이 끝나는 날의 다음날부터 1개월 이내에 계약자가 계약의 해지를 청구하였을 때에는 회사는 보험료의 자동대출납입이 없었던 것으로 하여 제34조(해지환급금) 제1항에 따른 해지환급금을 지급합니다. 〈개정 2015.11.30., 2021.7.1.〉

⑤ 회사는 자동대출납입이 종료된 날부터 15일 이내에 자동대출납입이 종료되었음을 서면, 전화(음성녹음을 포함합니다) 또는 전자문서(문자메시지를 포함합니다) 등으로 계약자에게 안내하여 드립니다. 〈개정 2015.11.30.〉

제27조[보험료의 납입이 연체되는 경우 납입최고(독촉)와 계약의 해지] ① 계약자가 제2회부터의 보험료를 납입기일까지 납입하지 않아 보험료 납입이 연체 중인 경우 회사는 14일(보험기간이 1년 미만인 경우에는 7일) 이상의 기간을 납입최고(독촉)기간[납입최고기간의 마지막 날이 영업일이 아닐 때에는 최고(독촉)기간은 그 다음 날까지로 합니다]으로 정하여 다음 사항에 대하여 서면(등기우편 등), 전화(음성녹음) 또는 전자문서 등으로 알려드립니다. 다만, 계약이 해지되기 전에 발생한 보험금 지급사유에 대하여 회사는 보상합니다. 〈개정 2015.11.30.〉

1. 계약자(보험수익자와 계약자가 다른 경우 보험수익자를 포함합니다)에게 납입최고(독촉)기간 내에 연체보험료를 납입하여야 한다는 내용
2. 납입최고(독촉)기간이 끝나는 날까지 보험료를 납입하지 않을 경우 납입최고(독촉)기간이 끝나는 날의 다음 날에 계약이 해지된다는 내용. 이 경우 계약이 해지되면 즉시 해지환급금에서 보험계약대출원금과 이자가 차감된다는 내용을 포함합니다.

② 회사가 제1항에 따른 납입최고(독촉) 등을 전자문서로 안내하려는 경우에는 계약자에게 서면 또는 「전자서명법」 제2조 제2호에 따른 전자서명으로 동의를 받아 수신확인을 조건으로 전자문서를 송신하여야 하며, 계약자가 전자문서에 대하여 수신을 확인하기 전까지는 그 전자문서는 송신되지 않은 것으로 봅니다. 〈개정 2015.11.30., 2021.7.1.〉

③ 회사는 제2항에 따른 확인 결과 전자문서가 수신되지 않은 것을 알았을 때에는 제1항에서 정한 내용을 서면(등기우편 등) 또는 전화(음성녹음)로 다시 알려 드립니다. 〈개정 2015.11.30.〉

④ 제1항에 따라 계약이 해지된 경우에는 제34조(해지환급금) 제1항에 따른 해지환급금을 계약자에게 지급합니다. 〈개정 2015.11.30., 2021.7.1.〉

제28조[보험료의 납입연체로 인한 해지계약의 부활(효력회복)] ① 제27조(보험료의 납입이 연체되는 경우 납입최고(독촉)와 계약의 해지)에 따라 계약이 해지되었으나 계약자가 해지환급금을 받지 않은 경우(보험계약대출 등에 따라 해지환급금이 차감되었으나 받지 않은 경우 또는 해지환급금이 없는 경우를 포함합니다) 계약자는 해지된 날부터 3년 이내에 회사가 정한 절차에 따라 계약의 부활(효력회복)을 청약할 수 있습니다. 회사가 부활(효력회복)을 승낙한 경우에는 계약자는 부활(효력회복)을 청약한 날까지의 연체된 보험료에 평균공시이율에 1%를 더한 이율의 범위내에서 각 상품별로 회사가 정하는 이율로 계산한 금액을 더하여 납입하여야 합니다. 다만 금리연동형보험은 각 상품별 사업방법서에서 별도로 정한 이율로 계산합니다. 〈개정 2015.11.30., 2021.7.1.〉

② 제1항에 따라 해지계약을 부활(효력회복)하는 경우에는 제12조(계약 전 알릴 의무), 제14조(알릴 의무 위반의 효과), 제15조(사기에 의한 계약), 제16조(보험계약의 성립) 및 제24조(제1회 보험료 및 회사의 보장개시)를 준용합니다. 〈개정 2021.7.1.〉

제29조[강제집행 등으로 인한 해지계약의 특별부활(효력회복)] ① 회사는 계약자의 해지환급금 청구권에 대한 강제집행, 담보권실행, 국세 및 지방세 체납처분절차에 따라 계약이 해지된 경우 해지 당시의 보험수익자가 계약자의 동의를 받아 계약 해지로 회사가 채권자에게 지급한 금액을 회사에 지급하고 제20조(계약내용의 변경 등) 제1항의 절차에 따라 계약자 명의를 보험수익자로 변경하여 계약의 특별부활(효력회복)을 청약할 수 있음을 보험수익자에게 통지하여야 합니다. 〈개정 2015.11.30., 2021.7.1.〉

② 회사는 보험수익자가 제1항에 따른 계약자 명의변경 신청 및 계약의 특별부활(효력회복) 청약을 한 경우 이를 승낙하며, 계약은 청약한 때부터 특별부활(효력회복) 됩니다. 〈개정 2015.11.30.〉

③ 회사는 제1항의 통지를 지정된 보험수익자에게 하여야 합니다. 다만, 법정상속인이 보험수익자로 지정된 경우 회사는 제1항의 통지를 계약자에게 할 수 있습니다. 〈개정 2015.11.30.〉

④ 회사는 제1항의 통지를 계약이 해지된 날부터 7일 이내에 하여야 합니다. 다만, 회사의 통지가 7일이 지나 보험수익자에게 도달하고 이후 그 보험수익자가 제1항에 따른 계약자 명의변경 신청 및 계약의 특별부활(효력회복)을 청약한 경우에는 계약이 해지된 날부터 7일이 되는 날에 특별부활(효력회복) 됩니다. 〈개정 2015.11.30.〉

⑤ 보험수익자는 통지를 받은 날(제3항에 따라 계약자에게 통지된 경우에는 계약자가 통지를 받은 날을 말합니다)부터 15일 이내에 제1항의 절차를 이행할 수 있습니다. 〈개정 2015.11.30.〉

제30조(보험료의 계산) ① 보험기간이 종료되어 갱신되는 계약(이하 '갱신계약'이라 합니다)의 보험료는 갱신일 현재의 보험요율에 관한 제도를 반영하여 계산된 보험료를 적용하며, 그 보험료는 나이의 증가, 보험료산출에 관한 기초율의 변동 등의 사유로 인하여 인상 또는 인하될 수 있습니다.

② 갱신계약의 보험료는 매년 최대 25% 범위(나이의 증가로 인한 보험료 증감분은 제외) 내에서 인상 또는 인하될 수 있습니다. 다만, 회사가 금융위원회로부터 경영개선권고, 경영개선요구 또는 경영개선명령을 받은 경우는 예외로 합니다.

③ 이 조항에 따른 보험료계산 방법은 보장내용 변경주기 및 관계법령의 개정에 따라 변경될 수 있습니다. 〈본조신설 2021.7.1.〉

【갱신년도별 보험료 적용 예시】

▶ 최초보험료, XX세 남자, 월 14,000원, 매년 보험료* 최대 인상(25%) 가정시

  * 기본형 실손의료보험과 실손의료보험 특별약관에 함께 가입하였을 경우를 가정하여 산출한 보험료입니다.

(단위 : 원)

구 분	XX세	XX+1세	XX+2세	XX+3세	XX+4세	XX+5세
나이 증가분(A)		560	728	946	1,230	1,599
보험료 산출 기초율(위험률 등) 증가분 (B＝전년도 기준보험의 최대 25% 가정)		3,640	4,732	6,152	7,997	10,396
기준보험료 (C＝전년도 기준보험료＋A＋B)	14,000	18,200	23,660 (21,294)*	30,758 (27,682)*	39,985 (35,987)*	51,980 (46,782)*

* (　)은 직전 2년 무사고시 보험료 10% 할인 추가 적용 기준
  (상기 보험료계산 예시는 단순예시로, 실제로 납입해야 하는 보험료와 상이할 수 있습니다)

제8관 계약의 해지 및 해지환급금 등

제31조(계약자의 임의해지) 계약자는 계약이 소멸하기 전에 언제든지 계약을 해지할 수 있으며, 계약이 해지된 경우 회사는 제34조(해지환급금) 제1항에 따른 해지환급금을 계약자에게 지급합니다.
〈개정 2015.11.30., 2021.7.1.〉

제31조의2(위법계약의 해지) ① 계약자는 「금융소비자 보호에 관한 법률」 제47조 및 관련규정이 정하는 바에 따라 계약 체결에 대한 회사의 법 위반사항이 있는 경우 계약 체결일부터 5년 이내의 범위에서 계약자가 위반사항을 안 날부터 1년 이내에 계약해지요구서에 증빙서류를 첨부하여 위법계약의 해지를 요구할 수 있습니다.
② 회사는 해지요구를 받은 날부터 10일 이내에 수락여부를 계약자에 통지하여야 하며, 거절할 때에는 거절 사유를 함께 통지하여야 합니다.
③ 계약자는 회사가 「금융소비자 보호에 관한 법률 시행령」 제38조 제4항의 각 호에서 정하는 정당한 사유 없이 제1항의 요구를 따르지 않는 경우 해당 계약을 해지할 수 있습니다.
④ 제1항 및 제3항에 따라 계약이 해지된 경우 회사는 제34조(해지환급금) 제4항에 따른 해지환급금을 계약자에게 지급합니다.
⑤ 계약자는 제1항에 따른 제척기간에도 불구하고 민법 등 관계 법령에서 정하는 바에 따라 법률상의 권리를 행사할 수 있습니다. 〈본조신설 2021.7.1.〉

제32조(중대사유로 인한 해지) ① 회사는 다음과 같은 사실이 있을 경우에는 그 사실을 안 날부터 1개월 이내에 계약을 해지할 수 있습니다. 〈개정 2015.11.30.〉
1. 계약자, 피보험자 또는 보험수익자가 보험금(보험료 납입면제를 포함합니다)을 지급받을 목적으로 고의로 상해 또는 질병을 발생시킨 경우
2. 계약자, 피보험자 또는 보험수익자가 보험금 청구에 관한 서류에 고의로 사실과 다른 것을 적었거나 그 서류 또는 증거를 위조 또는 변조한 경우. 다만, 이미 보험금 지급사유가 발생한 경우에는 보험금 지급에 영향을 미치지 않습니다.
② 회사는 제1항에 따라 계약을 해지한 경우 그 사실을 계약자에게 통지하고 제34조(해지환급금) 제1항에 따른 해지환급금을 지급합니다. 〈개정 2015.11.30., 2021.7.1.〉

제33조(회사의 파산선고와 해지) ① 회사가 파산의 선고를 받은 경우 계약자는 계약을 해지할 수 있습니다.
〈개정 2015.11.30.〉
② 제1항에 따라 해지하지 않은 계약은 파산선고 후 3개월이 지나면 그 효력을 잃습니다.
〈개정 2015.11.30.〉
③ 제1항에 따라 계약이 해지되거나 제2항에 따라 계약이 효력을 잃는 경우 회사는 제34조(해지환급금) 제1항에 따른 해지환급금을 계약자에게 지급합니다. 〈개정 2015.11.30., 2021.7.1.〉

제34조(해지환급금) ① 이 약관에 따른 해지환급금은 보험료 및 책임준비금 산출방법서에 따라 계산합니다.
② 해지환급금의 지급사유가 발생한 경우 계약자는 회사에 해지환급금을 청구하여야 하며, 회사는 청구를 접수한 날부터 3영업일 이내에 해지환급금을 지급합니다. 해지환급금 지급일까지의 기간에 대한 이자의 계산은 〈붙임 2〉에 따릅니다.
③ 회사는 경과기간별 해지환급금에 관한 표를 계약자에게 제공하여 드립니다.
④ 제31조의2(위법계약의 해지)에 따라 위법계약이 해지되는 경우 회사가 적립한 해지 당시의 책임준비금을 반환하여 드립니다. 〈신설 2021.7.1.〉

제35조(보험계약대출) ① 계약자는 이 계약의 해지환급금 범위 내에서 회사가 정한 방법에 따라 대출을 받을 수 있습니다. 다만, 순수보장성보험 등 보험상품의 종류에 따라 보험계약대출이 제한될 수도 있습니다. 〈개정 2015.11.30.〉

② 계약자는 제1항에 따른 보험계약대출금과 그 이자를 언제든지 상환할 수 있습니다. 〈개정 2015.11.30.〉

③ 계약자가 보험금, 해지환급금 등의 지급사유가 발생한 날에 보험계약대출금과 그 이자를 상환하지 않은 경우 회사는 그 지급금에서 보험계약대출의 원금과 이자를 차감할 수 있습니다. 〈개정 2015.11.30.〉

④ 제3항에도 불구하고 제27조[보험료의 납입이 연체되는 경우 납입최고(독촉)와 계약의 해지]에 따라 계약이 해지되는 경우 회사는 즉시 해지환급금에서 보험계약대출의 원금과 이자를 차감합니다. 〈개정 2015.11.30., 2021.7.1.〉

⑤ 회사는 보험수익자에게 보험계약대출 사실을 통지할 수 있습니다. 〈개정 2015.11.30.〉

제36조(배당금의 지급) ① 회사는 금융감독원장이 정하는 방법에 따라 회사가 결정한 배당금을 계약자에게 지급합니다.

② 회사는 배당금 지급이 결정되었을 때에는 그 명세를 계약자에게 알려 드립니다. 〈개정 2015.11.30.〉

제9관 다수보험의 처리 등

제37조(다수보험의 처리) ① 다수보험의 경우 각 계약의 보장대상의료비 및 보장책임액에 따라 제2항에서 정한 방법으로 계산된 각 계약의 비례분담액을 지급합니다. 〈개정 2015.11.30., 2021.7.1.〉

② 각 계약의 보장책임액 합계액이 각 계약의 보장대상의료비 중 최고액에서 각 계약의 피보험자부담 공제금액 중 최소액을 차감한 금액을 초과한 다수보험은 아래의 산출방식에 따라 각 계약의 비례분담액을 계산합니다. 〈개정 2015.11.30., 2021.7.1.〉

$$\text{각 계약별 비례분담액} = (\text{각 계약의 보장대상의료비 중 최고액} - \text{각 계약의 피보험자부담 공제금액 중 최소액})$$
$$\times \frac{\text{각 계약별 보장책임액}}{\text{각 계약별 보장책임액을 합한 금액}}$$

제38조(연대책임) ① 2009년 10월 1일 이후에 신규로 체결된 보험수익자가 동일한 다수보험의 경우 보험수익자는 보험금 전부 또는 일부의 지급을 다수계약이 체결되어 있는 회사 중 한 회사에 청구할 수 있고, 청구를 받은 회사는 해당 보험금을 이 계약의 보험가입금액 한도 내에서 지급합니다. 〈개정 2015.11.30.〉

② 제1항에 따라 보험금을 지급한 회사는 보험수익자가 다른 회사에 대하여 가지는 해당 보험금 청구권을 취득합니다. 다만, 회사가 지급한 금액이 보험수익자가 다른 회사에 청구할 수 있는 보험금의 일부인 경우에는 해당 보험수익자의 보험금 청구권을 침해하지 않는 범위에서 그 권리를 취득합니다. 〈개정 2015.11.30.〉

제10관 분쟁의 조정 등

제39조(분쟁의 조정) ① 계약에 관하여 분쟁이 있는 경우 분쟁 당사자 또는 기타 이해관계인과 회사는 금융감독원장에게 조정을 신청할 수 있으며, 분쟁조정 과정에서 계약자는 관계 법령이 정하는 바에 따라 회사가 기록 및 유지·관리하는 자료의 열람(사본의 제공 또는 청취를 포함한다)을 요구할 수 있습니다. 〈개정 2015.11.30., 2021.7.1.〉

② 회사는 일반금융소비자인 계약자가 조정을 통하여 주장하는 권리나 이익의 가액이 「금융소비자 보호에 관한 법률」 제42조에서 정하는 일정 금액 이내인 분쟁사건에 대하여 조정절차가 개시된 경우에는 관계 법령이 정하는 경우를 제외하고는 소를 제기하지 않습니다. 〈신설 2021.7.1.〉

제40조(관할법원) 이 계약에 관한 소송 및 민사조정은 계약자의 주소지를 관할하는 법원이 하는 것으로 합니다. 다만, 회사와 계약자가 합의하여 관할법원을 달리 정할 수 있습니다. 〈개정 2015.11.30.〉

제41조(소멸시효) 보험금청구권, 만기환급금청구권, 보험료반환청구권, 해지환급금청구권, 책임준비금반환청구권 및 배당금청구권은 3년간 행사하지 않으면 소멸시효가 완성됩니다. 〈개정 2014.12.26.〉

제42조(약관의 해석) ① 회사는 신의성실의 원칙에 따라 공정하게 약관을 해석하며, 계약자에 따라 다르게 해석하지 않습니다. 〈개정 2015.11.30.〉

② 회사는 약관의 뜻이 명백하지 않은 경우에는 계약자에게 유리하게 해석합니다.

③ 회사는 보상하지 않는 사항 등 계약자나 피보험자에게 불리하거나 부담을 주는 내용은 확대하여 해석하지 않습니다.

제43조(설명서 교부 및 보험안내자료 등의 효력) ① 회사는 일반금융소비자에게 청약을 권유하거나 일반금융소비자가 설명을 요청하는 경우 보험상품에 관한 중요한 사항을 계약자가 이해할 수 있도록 설명하고 계약자가 이해하였음을 서명(「전자서명법」 제2조 제2호에 따른 전자서명을 포함), 기명날인 또는 녹취 등을 통해 확인받아야 하며, 설명서를 제공하여야 합니다. 〈신설 2021.7.1.〉

② 설명서, 약관, 계약자 보관용 청약서 및 보험증권의 제공 사실에 관하여 계약자와 회사 간에 다툼이 있는 경우에는 회사가 이를 증명하여야 합니다. 〈신설 2021.7.1.〉

③ 보험설계사 등이 모집과정에서 사용한 회사 제작의 보험안내자료(계약의 청약을 권유하기 위하여 만든 자료 등을 말합니다)의 내용이 약관의 내용과 다른 경우에는 계약자에게 유리한 내용으로 계약이 성립된 것으로 봅니다.

제44조(회사의 손해배상책임) ① 회사는 계약과 관련하여 임직원, 보험설계사 또는 대리점에 책임이 있는 사유로 계약자, 피보험자 및 보험수익자에게 손해를 입힌 경우에는 관계 법령 등에 따라 손해를 배상할 책임을 집니다. 〈개정 2015.11.30.〉

② 회사는 보험금 지급 거절 및 지연지급의 사유가 없음을 알았거나 알 수 있었는데도 소송을 제기하여 계약자, 피보험자 또는 보험수익자에게 손해를 입힌 경우에는 그에 따른 손해를 배상할 책임을 집니다. 〈개정 2015.11.30.〉

③ 회사가 보험금 지급 여부 및 지급금액에 관하여 현저하게 불공정한 합의로 보험수익자에게 손해를 입힌 경우에도 회사는 제2항에 따라 손해를 배상할 책임을 집니다. 〈개정 2015.11.30.〉

④ 회사가 제18조(약관 교부 및 설명의무 등) 제6항에 따른 의무를 이행하지 않아 계약자가 다수의 실손의료보험에 가입한 경우, 회사는 계약자에게 손해를 배상할 책임을 집니다. 〈신설 2015.11.30., 개정 2021.7.1.〉

⑤ 회사가 제4항에 따라 계약자에게 손해를 배상할 책임이 발생한 경우 계약자는 이 계약(또는 특별약관)의 최초계약일부터 5년 이내에 회사에 손해배상을 청구할 수 있고, 이 계약의 최초계약일부터 손해배상을 청구하기 전까지 납입한 보험료와 이에 대한 이자(보험료를 받은 기간에 대하여 보험계약대출이율을 연단위 복리로 계산한 금액)를 합한 금액을 손해배상액으로 합니다. 〈신설 2015.11.30.〉

제45조(개인정보보호) ① 회사는 이 계약과 관련된 개인정보를 이 계약의 체결, 유지, 보험금 지급 등을 위하여 「개인정보 보호법」, 「신용정보의 이용 및 보호에 관한 법률」 등 관계 법령에서 정한 경우를 제외하고 계약자, 피보험자 또는 보험수익자의 동의 없이 수집, 이용, 조회 또는 제공하지 않습니다. 다만, 회사는 이 계약의 체결, 유지, 보험금 지급 등을 위하여 위 관계 법령에 따라 계약자 및 피보험자의 동의를 받아 다른 보험회사 및 보험관련단체 등에 개인정보를 제공할 수 있습니다. 〈개정 2015.11.30.〉
② 회사는 계약과 관련된 개인정보를 안전하게 관리하여야 합니다.

제46조(준거법) 이 계약은 대한민국 법에 따라 규율되고 해석되며, 약관에서 정하지 않은 사항은 「금융소비자 보호에 관한 법률」, 상법, 민법 등 관계 법령을 따릅니다. 〈개정 2021.7.1.〉

제47조(예금보험에 의한 지급보장) 회사가 파산 등으로 보험금 등을 지급하지 못할 경우에는 「예금자보호법」에서 정하는 바에 따라 그 지급을 보장합니다. 〈개정 2015.11.30.〉

〈붙임 1〉 용어의 정의〈개정 2015.11.30., 2017.3.22., 2021.7.1〉

용 어	정 의
계 약	보험계약
진단계약	계약을 체결하기 위하여 피보험자가 건강진단을 받아야 하는 계약
보험증권	계약의 성립과 계약내용을 증명하기 위하여 회사가 계약자에게 드리는 증서
계약자	보험회사와 계약을 체결하고 보험료를 납입하는 사람
피보험자	보험금 지급사유 또는 보험사고 발생의 대상(객체)이 되는 사람
보험수익자	보험금을 수령하는 사람
보험기간	회사가 계약에서 정한 보상책임을 지는 기간
회 사	보험회사
보험연도	당해연도 계약 해당일부터 차년도 계약 해당일 전일까지 매 1년 단위의 연도. 예를 들어 보험계약일이 2021년 7월 1일인 경우 보험연도는 2021년 7월 1일부터 2022년 6월 30일까지 1년이 됩니다.
연단위복리	회사가 지급할 금전에 대한 이자를 줄 때 1년마다 마지막 날에 그 이자를 원금에 더한 금액을 다음 1년의 원금으로 하는 이자 계산방법
평균공시이율	전체 보험회사 공시이율의 평균으로, 이 계약 체결 시점의 이율을 말함
해지환급금	계약이 해지되는 때에 회사가 계약자에게 돌려주는 금액
영업일	회사가 영업점에서 정상적으로 영업하는 날을 말하며, 토요일, 「관공서의 공휴일에 관한 규정」에 따른 공휴일과 근로자의 날은 제외
상 해	보험기간 중 발생한 급격하고 우연한 외래의 사고
상해보험계약	상해를 보장하는 계약
의 사	「의료법」 제2조(의료인)에서 정한 의사, 한의사 및 치과의사의 자격을 가진 사람
약 사	「약사법」 제2조(정의)에서 정한 약사 및 한약사의 자격을 가진 사람
의료기관	다음 각호의 의료기관 1. 「의료법」 제3조(의료기관) 제2항에서 정하는 의료기관을 말하며, 종합병원·병원·치과병원·한방병원·요양병원·의원·치과의원·한의원(조산원 제외) 2. 「국민건강보험법」 제42조 제1항 제4호에 의한 보건소·보건의료·보건지소 및 동법 제42조 제1항 제5호에 의한 보건진료소
약 국	「약사법」 제2조 제3호에 따른 장소로서, 약사가 수여(授與)할 목적으로 의약품 조제업무를 하는 장소를 말하며, 의료기관의 조제실은 제외하며 「국민건강보험법」 제42조 제1항 제3호에 의한 한국 희귀·필수의약품센터를 포함함
입 원	의사가 피보험자의 질병 또는 상해로 인하여 치료가 필요하다고 인정한 경우로서 자택 등에서 치료가 곤란하여 의료기관 또는 이와 동등하다고 인정되는 의료기관에 입실하여 계속하여 6시간 이상 체류하면서 의사의 관찰 및 관리 하에 치료를 받는 것
입원의 정의 중 '이와 동등하다고 인정되는 의료기관'	보건소, 보건의료원 및 보건지소 등 「의료법」 제3조(의료기관) 제2항에서 정한 의료기관에 준하는 의료기관으로서 군의무대, 치매요양원, 노인요양원 등에 속해 있는 요양원, 요양시설, 복지시설 등과 같이 의료기관이 아닌 곳은 이에 해당되지 않음
입원실료	입원치료 중 발생한 기준병실 사용료, 환자 관리료, 식대 등
입원제비용	입원치료 중 발생한 진찰료, 검사료, 방사선료, 투약 및 처방료(퇴원시 의사로부터 치료목적으로 처방받은 약제비 포함), 주사료, 이학요법(물리치료, 재활치료)료, 정신요법료, 처치료, 치료재료, 석고붕대료(cast), 지정진료비 등
입원수술비	입원치료 중 발생한 수술료, 마취료, 수술재료비 등
입원의료비	입원실료, 입원제비용, 입원수술비, 상급병실료 차액

통 원	의사가 피보험자의 질병 또는 상해로 치료가 필요하다고 인정하는 경우로서, 병원에 입원하지 않고 병원을 방문하여 의사의 관리하에 치료에 전념하는 것
처방조제	의사 및 약사가 피보험자의 질병 또는 상해로 치료가 필요하다고 인정하는 경우로서, 통원으로 인하여 발행된 의사의 처방전으로 약국의 약사가 조제하는 것. 이 경우 「국민건강보험법」 제42조 제1항 제3호에 따른 한국희귀의약품센터에서의 처방조제 및 의약분업 예외 지역에서의 약사의 직접조제를 포함
외래제비용	통원치료 중 발생한 진찰료, 검사료, 방사선료, 투약 및 처방료, 주사료, 이학요법(물리치료, 재활치료)료, 정신요법료, 처치료, 치료재료, 석고붕대료(cast), 지정진료비 등
외래수술비	통원치료 중 발생한 수술료, 마취료, 수술재료비 등
처방조제비	병원 의사의 처방전에 따라 조제되는 약국의 처방조제비 및 약사의 직접조제비
통원의료비	외래제비용, 외래수술비, 처방조제비
요양급여	「국민건강보험법」 제41조(요양급여)에 따른 가입자 및 피부양자의 질병·부상 등에 대한 다음의 요양급여 1. 진찰·검사 2. 약제·치료재료의 지급 3. 처치·수술 또는 그 밖의 치료 4. 예방·재활 5. 입 원 6. 간 호 7. 이 송
의료급여	「의료급여법」 제7조(의료급여의 내용 등)에 따른 가입자 및 피부양자의 질병·부상 등에 대한 다음 각 호의 의료급여 1. 진찰·검사 2. 약제·치료재료의 지급 3. 처치·수술 또는 그 밖의 치료 4. 예방·재활 5. 입 원 6. 간 호 7. 이 송 8. 그 밖에 의료 목적의 달성을 위한 조치
「국민건강보험법」에 따른 본인부담금 상한제	「국민건강보험법」에 따른 요양급여 중 연간 본인부담금 총액이 「국민건강보험법 시행령」 별표 3에서 정하는 금액을 넘는 경우에 그 초과한 금액을 공단에서 부담하는 제도를 말하며, 국민건강보험 관련 법령의 변경에 따라 환급기준이 변경될 경우에는 회사는 변경되는 기준에 따름
「의료급여법」에 따른 본인부담금 보상제 및 본인부담금 상한제	「의료급여법」에 따른 의료급여 중 본인부담금이 「의료급여법 시행령」 제13조(급여비용의 부담)에서 정하는 금액을 넘는 경우에 그 초과한 금액을 의료급여기금 등에서 부담하는 제도를 말하며, 의료급여 관련 법령의 변경에 따라 환급기준이 변경될 경우에는 회사는 변경된 기준에 따름
보장대상의료비	실제 부담액 − 보상제외금액* * 제3관 회사가 보장하지 않는 사항에 따른 금액
보장책임액	(보장대상의료비 − 피보험자부담 공제금액)과 보험가입금액 중 작은 금액
다수보험	실손 의료보험계약(우체국보험, 각종 공제, 상해·질병·간병보험 등 제3보험, 개인연금·퇴직보험 등 의료비를 실손으로 보상하는 보험·공제계약을 포함)이 동시에 또는 순차적으로 2개 이상 체결되었고, 그 계약이 동일한 보험사고에 대하여 각 계약별 보상책임액이 있는 여러 개의 실손 의료보험계약을 말함

〈붙임 2〉 보험금을 지급할 때의 적립이율 계산 〈개정 2015.11.30., 2015.12.29., 2020.7.31., 2021.7.1.〉

구 분	기 간	지급이자
보장관련 보험금 (제3조)	지급기일의 다음 날부터 30일 이내 기간	보험계약대출이율
	지급기일의 31일 이후부터 60일 이내 기간	보험계약대출이율 + 가산이율(4.0%)
	지급기일의 61일 이후부터 90일 이내 기간	보험계약대출이율 + 가산이율(6.0%)
	지급기일의 91일 이후 기간	보험계약대출이율 + 가산이율(8.0%)
해지환급금 (제34조 제1항)	지급사유가 발생한 날의 다음 날부터 청구일까지의 기간	1년 이내 : 평균공시이율의 50%
		1년 초과기간 : 1%
	청구일의 다음 날부터 지급일까지의 기간	보험계약대출이율

주) 1. 만기환급금은 회사가 보험금의 지급시기 도래 7일 이전에 지급할 사유와 금액을 알리지 않은 경우, 지급사유가 발생한 날의 다음 날부터 청구일까지의 기간은 평균공시이율을 적용한 이자를 지급합니다.
2. 지급이자의 계산은 연단위 복리로 계산하며, 금리연동형보험은 날짜 단위로 계산합니다.
3. 계약자 등에게 책임이 있는 사유로 보험금 지급이 지연된 경우에는 그 해당기간에 대한 이자는 지급되지 않을 수 있습니다. 다만, 회사는 계약자 등이 분쟁조정을 신청했다는 사유만으로 이자지급을 거절하지 않습니다.
   〈단서신설 2020.7.31.〉
4. 금리연동형보험의 경우 상기 평균공시이율은 적립순보험료에 대한 적립이율을 말합니다.
5. 가산이율 적용시 제8조(보험금의 지급절차) 제2항 각 호의 어느 하나에 해당되는 사유로 지연된 경우에는 해당기간에 대하여 가산이율을 적용하지 않습니다.
6. 가산이율 적용시 금융위원회 또는 금융감독원이 정당한 사유로 인정하는 경우에는 해당 기간에 대하여 가산이율을 적용하지 않습니다.

05 해외여행 실손의료보험 표준약관(기본형)

〈개정 2010.3.29., 2011.1.19., 2011.6.29., 2012.12.28., 2014.2.11., 2014.12.26., 2015.11.30., 2015.12.29., 2016.12.8., 2017.3.22., 2018.3.2., 2018.7.10., 2018.11.6, 2020.7.31., 2020.10.16. 2021.7.1.〉

> 해외여행 실손의료보험은 해외여행 중에 피보험자의 상해 또는 질병으로 인한 의료비를 보험회사가 보상하는 상품입니다.

제1관 일반사항 및 용어의 정의

제1조(보장종목) 회사는 기본형 해외여행 실손의료보험상품을 상해의료비형, 질병의료비형 등 2가지 이내의 보장종목으로 구성합니다. 〈개정 2015.11.30., 2021.7.1.〉

보장종목	세부 구성항목	보상하는 내용
상해 의료비	해 외	피보험자가 해외여행 중에 입은 상해로 인하여 해외의료기관[주1]에서 의료비가 발생한 경우에 보상
	국내(급여)	피보험자가 해외여행 중에 입은 상해로 인하여 의료기관에 입원 또는 통원하여 급여[주2] 치료를 받거나 급여 처방조제를 받은 경우에 보상
질병 의료비	해 외	피보험자가 해외여행 중에 질병으로 인하여 해외의료기관[주1]에서 의료비가 발생한 경우에 보상
	국내(급여)	피보험자가 해외여행 중에 질병으로 인하여 의료기관에 입원 또는 통원하여 급여[주2] 치료를 받거나 급여 처방조제를 받은 경우에 보상

주1) 해외의료기관은 해외소재 의료기관을 말하며, 해외소재약국을 포함합니다. 이하 동일합니다.
주2) 「국민건강보험법」에서 정한 요양급여 또는 「의료급여법」에서 정한 의료급여

제2조(용어의 정의) 이 약관에서 사용하는 용어의 뜻은 붙임 1과 같습니다. 〈개정 2015.11.30., 2021.7.1.〉

제2관 회사가 보상하는 사항

제3조(보장종목별 보상내용) 회사가 이 계약의 보험기간 중 보장종목별로 각각 보상하는 내용은 다음과 같습니다.

보장종목	세부 구성항목	보상하는 사항
(1) 상해 의료비	해 외	① 회사는 피보험자가 보험증권에 기재된 해외여행 중에 상해를 입고, 이로 인해 해외의료기관에서 의사(치료받는 국가의 법에서 정한 병원 및 의사의 자격을 가진 자에 한함)의 치료를 받은 때에는 보험가입금액을 한도로 피보험자가 실제 부담한 의료비 전액을 보상합니다. ② 제1항의 상해에는 유독가스 또는 유독물질을 우연히 일시에 흡입, 흡수 또는 섭취한 결과로 생긴 중독증상이 포함됩니다. 다만, 유독가스 또는 유독물질을 상습적으로 흡입, 흡수 또는 섭취한 결과로 생긴 중독증상과 세균성 음식물 중독증상은 포함되지 않습니다. 〈개정 2015.11.30.〉 ③ 해외여행 중에 피보험자가 입은 상해로 인해 치료를 받던 중 보험기간이 끝났을 경우에는 보험기간 종료일부터 180일까지(보험기간 종료일은 제외합니다) 보상합니다.
	국내(급여)	① 회사는 피보험자가 보험증권에 기재된 해외여행 중에 상해를 입고, 이로 인해 국내의료기관·약국에서 치료를 받은 때에는 붙임 2에 따라 보상합니다. 다만, 보험기간이 1년 미만인 경우에는 해외여행 중에 피보험자가 입은 상해로 보험기간 종료후 30일(보험기간 종료일은 제외합니다) 이내에 의사의 치료를 받기 시작했을 때에는 의사의 치료를 받기 시작한 날부터 180일(통원은 180일 동안 90회)까지만(보험기간 종료일은 제외합니다) 보상합니다. 〈개정 2021.7.1.〉
(2) 질병 의료비	해 외	① 회사는 피보험자가 보험증권에 기재된 해외여행 중에 질병으로 인하여 해외의료기관에서 의사(치료받는 국가의 법에서 정한 병원 및 의사의 자격을 가진 자에 한함)의 치료를 받은 때에는 보험가입금액을 한도로 피보험자가 실제 부담한 의료비 전액을 보상합니다. ② 해외여행 중에 피보험자가 제1항의 질병으로 인해 치료를 받던 중 보험기간이 끝났을 경우에는 보험기간 종료일부터 180일까지(보험기간 종료일은 제외합니다) 보상합니다.
	국내(급여)	① 회사는 피보험자가 보험증권에 기재된 해외여행 중에 발생한 질병으로 인해 국내의료기관·약국에서 치료를 받은 때에는 붙임 3에 따라 보상합니다. 다만, 보험기간이 1년 미만인 경우에는 해외여행 중에 질병을 원인으로 하여 보험기간 종료후 30일(보험기간 종료일은 제외합니다) 이내에 의사의 치료를 받기 시작했을 때에는 의사의 치료를 받기 시작한 날부터 180일(통원은 180일 동안 90회)까지만(보험기간 종료일은 제외합니다) 보상합니다. 〈개정 2018.7.10., 2021.7.1.〉

제3관 회사가 보상하지 않는 사항

제4조(보상하지 않는 사항) 회사가 보상하지 않는 사항은 보장종목별로 다음과 같습니다.
〈개정 2015.11.30., 2016.12.8., 2018.11.6., 2020.7.31., 2021.7.1.〉

보장종목	세부 구성항목	보상하지 않는 사항
(1) 상해 의료비	해 외	① 회사는 다음의 사유로 인하여 생긴 의료비는 보상하지 않습니다. 〈개정 2015.11.30., 2021.7.1.〉 1. 피보험자가 고의로 자신을 해친 경우. 다만, 피보험자가 심신상실 등으로 자유로운 의사결정을 할 수 없는 상태에서 자신을 해친 사실이 증명된 경우에는 보상합니다. 2. 보험수익자가 고의로 피보험자를 해친 경우. 다만, 그 보험수익자가 보험금의 일부 보험수익자인 경우에는 다른 보험수익자에 대한 보험금은 지급합니다. 3. 계약자가 고의로 피보험자를 해친 경우 4. 피보험자가 임신, 출산(제왕절개를 포함합니다), 산후기로 치료한 경우. 다만 회사가 보상하는 상해로 인한 경우에는 보상합니다. 5. 전쟁, 외국의 무력행사, 혁명, 내란, 사변, 폭동으로 인한 경우 6. 피보험자가 정당한 이유 없이 입원기간 중 의사의 지시를 따르지 않거나 의사가 통원치료가 가능하다고 인정함에도 피보험자 본인이 자의적으로 입원하여 발생한 입원의료비 〈개정 2021.7.1.〉 7. 피보험자가 정당한 이유 없이 통원기간 중 의사의 지시를 따르지 않아 발생한 통원의료비 〈신설 2021.7.1.〉 ② 회사는 다른 약정이 없으면 피보험자가 직업, 직무 또는 동호회 활동 목적으로 한 다음의 어느 하나에 해당하는 행위로 인하여 생긴 상해에 대해서는 보상하지 않습니다. 〈개정 2015.11.30.〉 1. 전문등반(전문적인 등산용구를 사용하여 암벽 또는 빙벽을 오르내리거나 특수한 기술, 경험, 사전 훈련이 필요한 등반을 말합니다), 글라이더 조종, 스카이다이빙, 스쿠버다이빙, 행글라이딩, 수상보트, 패러글라이딩 2. 모터보트, 자동차 또는 오토바이에 의한 경기, 시범, 행사(이를 위한 연습을 포함합니다) 또는 시운전(다만, 공용도로에서 시운전을 하는 동안 발생한 상해는 보상합니다) 3. 선박에 탑승하는 것을 직무로 하는 사람이 직무상 선박에 탑승하고 있는 동안 〈개정 2020.7.31.〉 ③ 회사는 아래의 의료비에 대하여는 보상하지 않습니다. 〈개정 2015.11.30.〉 1. 건강검진(단, 검사결과 이상 소견에 따라 건강검진센터 등에서 발생한 추가 의료비용은 보상합니다), 예방접종, 인공유산에 든 비용. 다만, 회사가 보상하는 상해 치료를 목적으로 하는 경우에는 보상합니다. 2. 영양제, 비타민제, 호르몬 투여, 보신용 투약, 친자 확인을 위한 진단, 불임검사, 불임수술, 불임복원술, 보조생식술(체내, 체외 인공수정을 포함합니다), 성장촉진, 의약외품과 관련하여 소요된 비용. 다만, 회사가 보상하는 상해 치료를 목적으로 하는 경우에는 보상합니다. 3. 의치, 의수족, 의안, 안경, 콘택트렌즈, 보청기, 목발, 팔걸이(Arm Sling), 보조기 등 진료재료의 구입 및 대체비용. 다만, 인공장기 등 신체에 이식되어 그 기능을 대신하는 경우에는 보상합니다. 4. 외모개선 목적의 치료로 인하여 발생한 의료비 　가. 쌍꺼풀수술(이중검수술. 다만, 안검하수 , 안검내반 등을 치료하기 위한 시력개선 목적의 이중검수술은 보장합니다), 코성형수술(융비술), 유방확대(다만, 유방암 환자의 유방재건술은 보장합니다)·축소술, 지방흡입술, 주름살제거술 등 　나. 사시교정, 안와격리증(양쪽 눈을 감싸고 있는 뼈와 뼈 사이의 거리가 넓은 증상)의 교정 등 시각계 수술로써 시력개선 목적이 아닌 외모개선 목적의 수술

(1) 상해 의료비	해 외	다. 안경, 콘택트렌즈 등을 대체하기 위한 시력교정술(국민건강보험 요양급여 대상 수술방법 또는 치료재료가 사용되지 않은 부분은 시력교정술로 봅니다) 라. 외모개선 목적의 다리정맥류 수술 마. 그 밖에 외모개선 목적의 치료로 국민건강보험 비급여대상에 해당하는 치료 5. 진료와 무관한 각종 비용(TV시청료, 전화료, 각종 증명료 등을 말합니다), 의사의 임상적 소견과 관련이 없는 검사비용, 간병비
	국내(급여)	① 붙임 4에 따라 적용합니다. 〈개정 2021.7.1.〉
(2) 질병 의료비	해 외	① 회사는 아래의 사유를 원인으로 하여 생긴 의료비는 보상하지 않습니다. 〈개정 2015.11.30., 2021.7.1.〉 1. 피보험자가 고의로 자신을 해친 경우. 다만, 피보험자가 심신상실 등으로 자유로운 의사결정을 할 수 없는 상태에서 자신을 해친 사실이 증명된 경우에는 보상합니다. 2. 보험수익자가 고의로 피보험자를 해친 경우. 다만, 그 보험수익자가 보험금의 일부 보험수익자인 경우에는 다른 보험수익자에 대한 보험금은 지급합니다. 3. 계약자가 고의로 피보험자를 해친 경우 4. 피보험자가 정당한 이유 없이 입원기간 중 의사의 지시를 따르지 않거나 의사가 통원치료가 가능하다고 인정함에도 피보험자 본인이 자의적으로 입원하여 발생한 입원의료비 〈개정 2021.7.1.〉 5. 피보험자가 정당한 이유 없이 통원기간 중 의사의 지시를 따르지 않아 발생한 통원의료비 〈신설 2021.7.1.〉 ② 회사는 한국표준질병사인분류에 있어서 아래의 의료비에 대하여는 보상하지 않습니다. 〈개정 2015.11.30.〉 1. 정신 및 행동장애(F04~F99)(다만, F04~F09, F20~F29, F30~F39, F40~F48, F51, F90~F98과 관련한 치료에서 발생한 「국민건강보험법」에 따른 요양급여에 해당하는 의료비는 보상합니다) 〈개정 2018.11.6.〉 2. 여성생식기의 비염증성 장애로 인한 습관성 유산, 불임 및 인공수정관련 합병증(N96~N98) 3. 피보험자가 임신, 출산(제왕절개를 포함합니다), 산후기로 치료한 경우(O00~O99) 4. 선천성 뇌질환(Q00~Q04) 5. 비만(E66) 6. 요실금(N39.3, N39.4, R32) 7. 직장 또는 항문질환 중 「국민건강보험법」에 따른 요양급여에 해당하지 않는 부분(I84, K60~K62, K64) ③ 회사는 다음의 의료비에 대하여는 보상하지 않습니다.〈개정 2015.11.30., 2021.7.1.〉 1. 건강검진(단, 검사결과 이상 소견에 따라 건강검진센터 등에서 발생한 추가 의료비용은 보상합니다), 예방접종, 인공유산에 든 비용. 다만, 회사가 보상하는 질병 치료를 목적으로 하는 경우에는 보상합니다. 2. 영양제, 비타민제, 호르몬 투여(다만, 국민건강보험의 요양급여 기준에 해당하는 성조숙증을 치료하기 위한 호르몬 투여는 보상합니다), 보신용 투약, 친자 확인을 위한 진단, 불임검사, 불임수술, 불임복원술, 보조생식술(체내, 체외 인공수정을 포함합니다), 성장촉진, 의약외품과 관련하여 소요된 비용. 다만, 회사가 보상하는 질병 치료를 목적으로 하는 경우에는 보상합니다. 3. 다음의 어느 하나에 해당하는 치료로 인하여 발생한 의료비 가. 단순한 피로 또는 권태 나. 주근깨, 다모, 무모, 백모증, 딸기코(주사비), 점, 모반(피보험자가 보험가입당시 태아인 경우 화염상모반 등 선천성 비신생물성모반(Q82.5)은 보상합니다), 사마귀, 여드름, 노화현상으로 인한 탈모 등 피부질환

안심Touch

(2) 질병 의료비	해 외	다. 발기부전(impotence)·불감증, 단순 코골음(수면무호흡증(G47.3)은 보상합니다), 치료를 동반하지 않는 단순포경(phimosis) 라. 〈삭제〉 4. 의치, 의수족, 의안, 안경, 콘택트렌즈, 보청기, 목발, 팔걸이(Arm Sling), 보조기 등 진료재료의 구입 및 대체비용. 다만, 인공장기 등 신체에 이식되어 그 기능을 대신하는 경우에는 보상합니다. 5. 아래에 열거된 국민건강보험 비급여 대상으로 신체의 필수 기능개선 목적이 아닌 외모개선 목적의 치료로 인하여 발생한 의료비 　가. 쌍꺼풀수술(이중검수술. 다만, 안검하수, 안검내반 등을 치료하기 위한 시력개선 목적의 이중검수술은 보상합니다), 코성형수술(융비술), 유방확대(다만, 유방암 환자의 유방재건술은 보상합니다)·축소술, 지방흡입술, 주름살제거술 등 　나. 사시교정, 안와격리증(양쪽 눈을 감싸고 있는 뼈와 뼈 사이의 거리가 넓은 증상)의 교정 등 시각계 수술로서 시력개선 목적이 아닌 외모개선 목적의 수술 　다. 안경, 콘택트렌즈 등을 대체하기 위한 시력교정술(국민건강보험 요양급여 대상 수술방법 또는 치료재료가 사용되지 않은 부분은 시력교정술로 봅니다) 　라. 외모개선 목적의 다리정맥류 수술 　마. 그 밖에 외모개선 목적의 치료로 국민건강보험 비급여대상에 해당하는 치료 6. 진료와 무관한 각종 비용(TV시청료, 전화료, 각종 증명료 등을 말합니다), 의사의 임상적 소견과 관련이 없는 검사비용, 간병비 7. 사람면역결핍바이러스(HIV)감염으로 인한 치료비(다만, 「의료법」에서 정한 의료인의 진료상 또는 치료중 혈액에 의한 HIV감염은 해당진료기록을 통해 객관적으로 확인되는 경우는 제외합니다) 〈개정 2021.7.1.〉
	국내(급여)	① 붙임 5에 따라 적용합니다. 〈개정 2021.7.1.〉

제4조의2(특별약관에서 보상하는 사항) ① 제3조 및 제4조에도 불구하고 다음 각 호에 해당하는 국내 상해의료비 및 국내 질병의료비는 기본형 해외여행 실손의료보험에서 보상하지 않습니다. 〈신설 2017.3.22., 2021.7.1.〉

1. 비급여의료비

2. 제1호와 관련하여 자동차보험(공제를 포함합니다) 또는 산재보험에서 발생한 본인부담의료비

② 제1항 제1호 및 제2호에서 정한 의료비와 다른 의료비가 함께 청구되어 각 항목별 의료비가 구분되지 않는 경우 회사는 보험금 지급금액 결정을 위해 계약자, 피보험자 또는 보험수익자에게 각각의 의료비에 대한 확인을 요청할 수 있습니다. 〈신설 2017.3.22., 개정 2021.7.1.〉

제4관 보험금의 지급

제5조(보험가입금액 한도 등) ① 이 계약의 보험가입금액은 (1) 상해의료비 해외, (2) 질병의료비 해외의 경우 각각에 대하여 계약시 계약자가 선택한 금액, (1) 상해의료비 국내(급여), (2) 질병의료비 국내(급여)의 경우 연간 (1) 상해의료비 국내(급여)에 대하여 입원과 통원의 보상금액을 합산하여 5천만원 이내에서, (2) 질병의료비 국내(급여)에 대하여 입원과 통원의 보상금액을 합산하여 5천만원 이내에서 회사가 정한 금액 중 계약자가 선택한 금액을 말하며, 제3조(보장종목별 보상내용)에 의한 의료비를 이 금액 한도 내에서 보상합니다.

② 이 계약에서 '연간'이라 함은 계약일로부터 매 1년 단위로 도래하는 계약 해당일 전일까지의 기간을 말하며, 입원 또는 통원 치료시 해당일이 속한 보험연도의 보험가입금액 한도를 적용합니다.

③ (1) 상해의료비 국내(급여), (2) 질병의료비 국내(급여)의 경우 제1항 및 제2항에도 불구하고 「국민건강보험법」에 따른 본인부담금 상한제 또는 「의료급여법」에 따른 본인부담금 보상제 및 본인부담금 상한제 적용항목은 실제 본인이 부담한 금액(「국민건강보험법」 또는 「의료급여법」 등 관련 법령에서 사전 또는 사후 환급이 가능한 금액은 제외한 금액)을 한도로 제3조(보장종목별 보상내용) 및 제4조(보상하지 않는 사항)에 따라 보상합니다.

④ (1) 상해의료비 국내(급여) 및 (2) 질병의료비 국내(급여)는 제3조(보장종목별 보상내용)에서 정한 입원의 경우 보상금액을 제외한 나머지 금액['「국민건강보험법」에서 정한 요양급여 또는 「의료급여법」에서 정한 의료급여 중 본인부담금'(본인이 실제로 부담한 금액을 말합니다)의 20%에 해당하는 금액]이 계약일 또는 매년 계약 해당일부터 기산하여 연간 200만원을 초과하는 경우 그 초과금액은 제1항의 한도 내에서 보상합니다.

⑤ 제3조(보장종목별 보상내용)에서 정한 통원의 경우 (1) 상해의료비 국내(급여) 또는 (2) 질병의료비 국내(급여) 각각에 대하여 통원 1회당 20만원 이내에서 회사가 정한 금액 중 계약자가 선택한 금액의 한도 내에서 보상합니다.

⑥ 붙임 2 국내 의료기관 의료비 중 보상하는 상해의료비 제4항 또는 제5항, 붙임 3 국내 의료기관 의료비 중 보상하는 질병의료비 제3항 또는 제4항에 따른 계속 중인 입원 또는 통원의 보상한도는 연간 보험가입금액에서 직전 보험기간 종료일까지 지급한 금액을 차감한 잔여 금액을 한도로 적용합니다.
〈본조신설 2021.7.1.〉

제5조의2(보험가입금액 한도 등에 대한 설명의무) ① 회사는 제18조(약관 교부 및 설명의무 등)에 따라 계약자가 청약할 때에 약관의 중요한 내용을 설명할 경우, 제5조(보험가입금액 한도 등)의 내용도 함께 설명하여 드립니다.

② 제1항에 따라 보험가입금액 한도 등을 설명할 때에, 회사는 계약자에게 붙임 4 국내의료기관 의료비 중 보상하지 않는 상해의료비 제3항, 붙임 5 국내의료기관 의료비 중 보상하지 않는 질병의료비 제3항 및 제5조(보험가입금액 한도 등) 제3항의 '본인부담금 상한제' 및 '본인부담금 보상제'에 대한 사항을 구체적으로 설명하여 드립니다. 〈본조신설 2021.7.1.〉

※ 「국민건강보험법」에 따른 본인부담금 상한제 : 요양급여비용 중 본인이 부담한 비용의 연간 총액이 일정 상한액(국민건강보험 지역가입자의 세대별 보험료 부담수준 또는 직장가입자의 개인별 보험료 부담수준에 따라 국민건강보험법 등 관련 법령에서 정한 금액(81만원～584만원))을 초과하는 경우 그 초과액을 국민건강보험공단이 부담하는 제도

※ 「의료급여법」에 따른 본인부담금 보상제 : 수급권자의 급여대상 본인부담금이 매 30일간 다음 금액을 초과하는 경우, 초과금액의 50%에 해당하는 금액을 의료급여기금 등이 부담하는 제도
1. 1종 수급권자 : 2만원
2. 2종 수급권자 : 20만원

※ 「의료급여법」에 따른 본인부담금 상한제 : 본인부담금 보상제에 따라 지급받은 금액을 차감한 급여대상 본인부담금이 다음 금액을 초과하는 경우, 그 초과액 전액을 의료급여기금 등이 부담하는 제도
1. 1종 수급권자 : 매 30일간 5만원
2. 2종 수급권자 : 연간 80만원(다만, 의료법 제3조 제2항 제3호 라목에 따른 요양병원에 연간 240일을 초과하여 입원한 경우에는 연간 120만원으로 한다)

다만, 관련 법령 등이 변경되는 경우 변경된 기준을 따릅니다(상기 예시금액은 2021년 5월 기준).

제6조(보험금 지급사유 발생의 통지) 계약자, 피보험자 또는 보험수익자는 제3조(보장종목별 보상내용)에서 정한 보험금 지급사유가 발생한 것을 알았을 때에는 지체 없이 그 사실을 회사에 알려야 합니다. 〈개정 2015.11.30.〉

제7조(보험금의 청구) ① 보험수익자는 다음의 서류를 제출하고 보험금을 청구하여야 합니다. 〈개정 2015.11.30.〉
  1. 청구서(회사 양식)
  2. 사고증명서(진료비계산서, 진료비세부내역서, 입원치료확인서, 의사처방전(처방조제비) 등)
  3. 신분증(주민등록증이나 운전면허증 등 본인임을 확인할 수 있는 사진이 붙은 정부기관에서 발행한 신분증, 본인이 아닌 경우에는 본인의 인감증명서 또는 본인서명사실확인서 포함) 〈개정 2018.3.2.〉
  4. 그 밖에 보험수익자가 보험금 수령에 필요하여 제출하는 서류
  ② 제1항 제2호의 사고증명서는 「의료법」 제3조(의료기관)에서 규정한 국내의 병원이나 의원 또는 국외의 의료관련법에서 정한 의료기관에서 발급한 것이어야 합니다.

제8조(보험금의 지급절차) ① 회사는 제7조(보험금의 청구)에서 정한 서류를 접수한 때에는 접수증을 드리고 휴대전화 문자메시지 또는 전자우편 등으로도 송부하며, 그 서류를 접수한 날부터 3영업일 이내에 보험금을 지급합니다. 〈개정 2021.7.1.〉
  ② 제1항에도 불구하고 회사는 보험금 지급사유를 조사·확인하기 위하여 제1항의 지급기일 이내에 보험금을 지급하지 못할 것으로 명백히 예상되는 경우에는 그 구체적인 사유와 지급예정일 및 보험금 가지급제도(회사가 추정하는 보험금의 50% 이내의 금액을 지급하는 제도를 말합니다)에 대하여 피보험자 또는 보험수익자에게 즉시 통지하여 드립니다. 다만, 지급예정일은 다음 각 호의 어느 하나에 해당하는 경우를 제외하고는 제7조(보험금의 청구)에서 정한 서류를 접수한 날부터 30영업일 이내에서 정합니다. 〈개정 2015.11.30., 2021.7.1.〉
  1. 소송제기
  2. 분쟁조정 신청
  3. 수사기관의 조사
  4. 외국에서 발생한 보험사고에 대한 조사
  5. 제5항에 따른 회사의 조사요청에 대한 동의 거부 등 계약자, 피보험자 또는 보험수익자에게 책임이 있는 사유로 보험금 지급사유의 조사와 확인이 지연되는 경우
  6. 제7항에 따라 보험금 지급사유에 대해 제3자의 의견에 따르기로 한 경우
  ③ 제2항에 따라 추가적인 조사가 이루어지는 경우 회사는 보험수익자의 청구에 따라 회사가 추정하는 보험금의 50% 상당액을 가지급보험금으로 지급합니다. 〈신설 2014.12.26, 개정 2015.11.30.〉
  ④ 회사는 제1항에서 정한 지급기일 내에 보험금을 지급하지 않았을 때(제2항에서 정한 지급예정일을 통지한 경우를 포함합니다)에는 그 다음날로부터 지급일까지의 기간에 대하여 〈부표〉'보험금을 지급할 때의 적립이율'에 따라 연단위 복리로 계산한 금액을 보험금에 더하여 지급합니다. 다만, 계약자, 피보험자 또는 보험수익자에게 책임이 있는 사유로 지급이 지연된 경우에는 그 기간에 대한 이자는 지급하지 않습니다. 〈개정 2014.12.26., 2015.11.30., 2015.12.29.〉
  ⑤ 계약자, 피보험자 또는 보험수익자는 제14조(알릴 의무 위반의 효과) 및 제2항의 보험금 지급사유 조사와 관련하여 의료기관 및 국민건강보험공단, 경찰서 등 관공서에 대한 회사의 서면에 의한 조사요청에 동의하여야 합니다. 다만, 정당한 사유 없이 이에 동의하지 않을 경우 회사는 사실확인이 끝날 때까지 보험금 지급지연에 따른 이자를 지급하지 않습니다. 〈개정 2014.12.26., 2015.11.30., 2021.7.1.〉

⑥ 회사는 제5항의 서면조사에 대한 동의 요청시 조사목적, 사용처 등을 명시하고 설명합니다. 〈신설 2014.12.26.〉

⑦ 보험수익자와 회사가 제3조(보장종목별 보상내용)의 보험금 지급사유에 대해 합의하지 못할 때는 보험수익자와 회사가 함께 제3자를 정하고 그 제3자의 의견에 따를 수 있습니다. 제3자는 「의료법」 제3조(의료기관)에 규정된 종합병원 소속 전문의 중에서 정하며, 보험금 지급사유 판정에 드는 의료비용은 회사가 전액 부담합니다. 〈개정 2014.12.26., 2015.11.30.〉

⑧ 회사는 계약자, 피보험자 또는 보험수익자에게 「국민건강보험법」에 따른 본인부담금 상한제, 「의료급여법」에 따른 본인부담금 상한제 및 보상제와 관련한 확인요청을 할 수 있습니다. 〈신설 2015.11.30.〉

⑨ 회사는 보험금 지급금액 결정을 위해 확인이 필요한 경우 계약자, 피보험자 또는 보험수익자에게 건강보험심사평가원의 진료비확인요청제도를 활용할 수 있도록 동의해 줄 것을 요청할 수 있으며, 진료비확인요청제도를 활용할 경우 회사는 이를 활용한 사례를 집적하고 먼저 유사 사례가 있는지를 확인하고 이용합니다. 〈신설 2015.11.30., 개정 2021.7.1.〉

⑩ 회사는 보험금 지급시 보험수익자에게 휴대전화 문자메시지, 전자우편 또는 이와 유사한 전자적 장치 등으로 다음 각 호의 사항을 안내하여 드리며, 보험수익자는 안내한 사항과 관련하여 구체적인 계산내역 등에 대하여 회사에 설명을 요청할 수 있습니다. 〈신설 2021.7.1.〉

1. 보험금 지급일 등 지급절차
2. 보험금 지급내역
3. 보험금 심사 지연시 지연 사유 및 예상지급일
4. 보험금을 감액하여 지급하거나 지급하지 아니하는 경우에는 그 사유 등

제9조(보험금을 받는 방법의 변경) ① 계약자(보험금 지급사유 발생 후에는 보험수익자를 말합니다)는 회사의 사업방법서에서 정한 바에 따라 보험금의 전부 또는 일부에 대하여 나누어 지급받거나 일시에 지급받는 방법으로 변경할 수 있습니다. 〈개정 2015.11.30.〉

② 회사는 제1항에 따라 일시에 지급할 금액을 나누어 지급하는 경우에는 나중에 지급할 금액에 대하여 평균공시이율을 연단위 복리로 계산한 금액을 더하여 지급하며, 나누어 지급할 금액을 일시에 지급하는 경우에는 평균공시이율을 연단위 복리로 할인한 금액을 지급합니다. 〈개정 2015.11.30.〉

제10조(주소변경의 통지) ① 계약자(보험수익자가 계약자와 다른 경우 보험수익자를 포함합니다)는 주소 또는 연락처가 변경된 경우에는 지체 없이 그 변경내용을 회사에 알려야 합니다.

② 제1항에서 정한 대로 계약자 또는 보험수익자가 변경내용을 알리지 않은 경우에는 계약자 또는 보험수익자가 회사에 알린 최종 주소 또는 연락처로 등기우편 등 우편물에 대한 기록이 남는 방법을 통하여 회사가 알린 사항은 일반적으로 도달에 필요한 기간이 지난 때에 계약자 또는 보험수익자에게 도달된 것으로 봅니다. 〈개정 2015.11.30.〉

제11조(대표자의 지정) ① 계약자 또는 보험수익자가 2명 이상인 경우에는 각 대표자를 1명 지정하여야 하며, 그 대표자는 각각 다른 계약자 또는 보험수익자를 대리하는 것으로 합니다. 〈개정 2015.11.30.〉

② 지정된 계약자 또는 보험수익자의 소재가 확실하지 않은 경우에는 이 계약에 관하여 회사가 계약자 또는 보험수익자 1명에 대하여 한 행위는 각각 다른 계약자 또는 보험수익자에게도 효력이 미칩니다.

③ 계약자가 2명 이상인 경우에는 연대하여 그 책임을 집니다. 〈개정 2015.11.30.〉

제5관 계약자의 계약 전 알릴 의무 등

제12조(계약 전 알릴 의무) 계약자 또는 피보험자는 청약할 때(진단계약의 경우에는 건강진단을 할 때를 말합니다) 청약서에서 질문한 사항에 대하여 알고 있는 사실을 반드시 사실대로 알려야(상법에 따른 "고지 의무"와 같으며, 이하 "계약 전 알릴 의무"라 합니다) 합니다. 다만, 진단계약의 경우 「의료법」 제3조(의료 기관)에 따른 종합병원이나 병원에서 직장 또는 개인이 실시한 건강진단서 사본 등 건강상태를 판단할 수 있는 자료로 건강진단을 대신할 수 있습니다. 〈개정 2015.11.30.〉

제13조(상해보험 계약 후 알릴 의무) ① 계약자 또는 피보험자는 보험기간 중에 피보험자에게 다음 각 호의 변경이 발생한 경우에는 우편, 전화, 방문 등의 방법으로 지체 없이 회사에 알려야 합니다.
〈개정 2018.3.2., 2021.7.1.〉

1. 보험증권 등에 기재된 직업 또는 직무의 변경
   가. 현재의 직업 또는 직무가 변경된 경우
   나. 직업이 없는 자가 취직한 경우
   다. 현재의 직업을 그만둔 경우

> [직업]
> 1) 생계유지 등을 위하여 일정한 기간동안(예 : 6개월 이상) 계속하여 종사하는 일
> 2) 1)에 해당하지 않는 경우에는 개인의 사회적 신분에 따르는 위치나 자리를 말함
>   예) 학생, 미취학아동, 무직 등
>
> [직무]
> 직책이나 직업상 책임을 지고 담당하여 맡은 일

2. 보험증권 등에 기재된 피보험자의 운전 목적이 변경된 경우
   예) 자가용에서 영업용으로 변경, 영업용에서 자가용으로 변경 등
3. 보험증권 등에 기재된 피보험자의 운전여부가 변경된 경우
   예) 비운전자에서 운전자로 변경, 운전자에서 비운전자로 변경 등
4. 이륜자동차(자동차관리법상 이륜차로 분류되는 삼륜 또는 사륜의 자동차를 포함) 또는 원동기장치 자전 거(전동킥보드, 전동이륜평행차, 전동기의 동력만으로 움직일 수 있는 자전거 등 개인형 이동장치를 포함)를 계속적으로 사용(직업, 직무 또는 동호회 활동과 출퇴근용도 등으로 주로 사용하는 경우에 한 함)하게 된 경우(다만, 전동휠체어, 의료용 스쿠터 등 보행보조용 의자차는 제외합니다)

② 회사는 제1항의 통지로 인하여 위험의 변동이 발생한 경우에는 제20조(계약내용의 변경 등)에 따라 계약내용을 변경할 수 있습니다. 〈개정 2018.3.2., 2021.7.1.〉

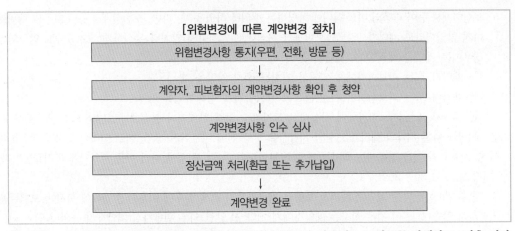

[위험변경에 따른 계약변경 절차]

위험변경사항 통지(우편, 전화, 방문 등)

↓

계약자, 피보험자의 계약변경사항 확인 후 청약

↓

계약변경사항 인수 심사

↓

정산금액 처리(환급 또는 추가납입)

↓

계약변경 완료

③ 회사는 제2항에 따라 계약내용을 변경할 때 위험이 감소된 경우에는 보험료를 감액하고, 이후 기간 보장을 위한 재원인 책임준비금 등의 차이로 인하여 발생한 정산금액(이하 "정산금액"이라 합니다)을 환급하여 드립니다. 한편 위험이 증가된 경우에는 보험료의 증액 및 정산금액의 추가납입을 요구할 수 있으며, 계약자는 이를 납입하여야 합니다. 〈신설 2018.3.2.〉

④ 제1항의 통지에 따라 위험의 증가로 보험료를 더 내야 할 경우 회사가 청구한 추가보험료(정산금액을 포함합니다)를 계약자가 납입하지 않았을 때, 회사는 위험이 증가되기 전에 적용된 보험요율(이하 "변경전 요율"이라 합니다)의 위험이 증가된 후에 적용해야 할 보험요율(이하 "변경후 요율"이라 합니다)에 대한 비율에 따라 보험금을 삭감하여 지급합니다. 다만, 증가된 위험과 관계없이 발생한 보험금 지급사유에 관해서는 원래대로 지급합니다. 〈개정 2018.3.2.〉

⑤ 계약자 또는 피보험자가 고의 또는 중대한 과실로 제1항 각 호의 변경사실을 회사에 알리지 않았을 경우 변경후 요율이 변경전 요율보다 높을 때에는 회사는 그 변경사실을 안 날부터 1개월 이내에 계약자 또는 피보험자에게 제4항에 따라 보장됨을 통보하고 이에 따라 보험금을 지급합니다. 〈개정 2018.3.2.〉

제14조(알릴 의무 위반의 효과) ① 회사는 다음과 같은 사실이 있을 경우에는 보험금 지급사유의 발생 여부에 관계없이 그 사실을 안 날부터 1개월 이내에 이 계약을 해지할 수 있습니다. 〈개정 2015.11.30., 2021.7.1.〉

1. 계약자나 피보험자가 고의 또는 중대한 과실로 제12조(계약 전 알릴 의무)를 위반하고 그 알릴 의무가 있는 사항이 중요한 사항에 해당하는 경우
2. 계약자나 피보험자가 고의 또는 중대한 과실로 뚜렷한 위험의 증가와 관련된 제13조(상해보험 계약 후 알릴 의무) 제1항에서 정한 계약 후 알릴 의무를 이행하지 않았을 때

② 제1항 제1호의 경우라도 다음의 어느 하나에 해당하는 경우에는 회사는 계약을 해지할 수 없습니다. 〈개정 2015.11.30.〉

1. 회사가 계약 당시에 그 사실을 알았거나 과실로 인하여 알지 못하였을 때
2. 회사가 그 사실을 안 날부터 1개월 이상 지났거나 또는 제1회 보험료를 받은 날부터 보험금 지급사유가 발생하지 않고 2년(진단계약의 경우 질병에 대해서는 1년)이 지났을 때
3. 계약 체결일부터 3년이 지났을 때
4. 이 계약을 청약할 때 회사가 피보험자의 건강상태를 판단할 수 있는 기초자료(건강진단서 사본 등을 말합니다)에 따라 승낙한 경우에 건강진단서 사본 등에 명기되어 있는 사항으로 보험금 지급사유가 발생하였을 때. 다만, 계약자 또는 피보험자가 회사에 제출한 기초자료의 내용 중 중요사항을 고의로 사실과 다르게 작성한 때에는 계약을 해지할 수 있습니다.

안심Touch

5. 보험설계사 등이 다음의 어느 하나에 해당하는 행위를 하였을 때. 다만, 보험설계사 등이 다음의 행위를 하지 않았더라도 계약자 또는 피보험자가 사실대로 고지하지 않거나 부실하게 고지했다고 인정되는 경우에는 계약을 해지할 수 있습니다.

　가. 계약자 또는 피보험자에게 고지할 기회를 주지 않았을 때

　나. 계약자 또는 피보험자가 사실대로 고지하는 것을 방해하였을 때

　다. 계약자 또는 피보험자에게 사실대로 고지하지 않게 하였거나 부실하게 고지하도록 권유했을 때

③ 제1항에 따른 계약의 해지가 보험금 지급사유 발생 전에 이루어진 경우, 이로 인하여 회사가 환급하여야 할 보험료가 있을 경우에는 회사는 제32조(보험료의 환급) 제1항에 따라 이를 계약자에게 지급합니다. 〈개정 2015.11.30., 2021.7.1.〉

④ 제1항 제1호에 따른 계약의 해지가 보험금 지급사유가 발생한 후에 이루어진 경우에 회사는 보험금을 지급하지 않습니다. 이 경우 회사는 계약자에게 계약 전 알릴 의무 위반사실(계약해지 등의 원인이 되는 위반사실을 구체적으로 명시)과 계약 전 알릴 의무사항이 중요한 사항에 해당되는 사유를 "반대증거가 있는 경우 이의를 제기할 수 있습니다"라는 문구와 함께 서면 등으로 알려드립니다. 또한 이 경우 계약 해지로 인하여 회사가 환급하여야 할 보험료가 있을 경우에는 제32조(보험료의 환급) 1항에 따라 이를 계약자에게 지급합니다. 〈개정 2020.7.31., 2021.7.1.〉

⑤ 제1항 제2호에 따른 계약의 해지가 보험금 지급사유 발생 후에 이루어진 경우에는 회사는 제13조(상해 보험계약 후 알릴 의무) 제4항 또는 제5항에 따라 보험금을 지급합니다. 〈개정 2018.3.2., 2021.7.1.〉

⑥ 제1항에도 불구하고 알릴 의무를 위반한 사실이 보험금 지급사유가 발생하는 데에 영향을 미쳤음을 회사가 증명하지 못한 경우에는 제4항 및 제5항에도 불구하고 해당 보험금을 지급합니다. 〈개정 2015.11.30., 2018.11.6.〉

⑦ 회사는 다른 보험가입내역에 대한 계약 전 알릴 의무 위반을 이유로 계약을 해지하거나 보험금 지급을 거절하지 않습니다. 〈개정 2015.11.30.〉

제15조(사기에 의한 계약) 계약자 또는 피보험자가 대리진단이나 약물사용을 통하여 진단절차를 통과하거나, 진단서를 위조 또는 변조하거나, 청약일 이전에 암 또는 사람면역결핍바이러스(HIV) 감염의 진단 확정을 받은 후 이를 숨기고 가입하는 등 사기에 의하여 계약이 성립되었음을 회사가 증명하는 경우에는 회사는 계약일부터 5년 이내(사기사실을 안 날부터 1개월 이내)에 계약을 취소할 수 있습니다. 〈개정 2015.11.30., 2021.7.1.〉

제6관 보험계약의 성립과 유지

제16조(보험계약의 성립) ① 계약은 계약자의 청약과 회사의 승낙으로 이루어집니다.

② 회사는 피보험자가 계약에 적합하지 않은 경우에는 승낙을 거절하거나 별도의 조건(보험가입금액 제한, 일부보장 제외, 보험금 삭감, 보험료 할증 등을 말합니다)을 붙여 승낙할 수 있습니다. 〈개정 2015.11.30.〉

③ 회사는 계약의 청약을 받고, 제1회 보험료를 받은 경우에 건강진단을 받지 않는 계약은 청약일, 진단계약은 진단일(재진단의 경우에는 최종 진단일을 말합니다)부터 30일 이내에 승낙하거나 거절하여야 하며, 승낙한 경우에는 보험증권을 드립니다. 이 경우 30일 이내에 회사가 승낙 또는 거절의 통지를 하지 않으면 승낙한 것으로 봅니다. 〈개정 2015.11.30.〉

④ 회사가 제1회 보험료를 받고 승낙을 거절한 경우에는 거절통지와 함께 받은 금액을 돌려드리며, 보험료를 받은 기간에 대하여 '보험개발원이 공시하는 정기예금이율'에 1%를 더한 이율을 연단위 복리로 계산한 금액을 더하여 지급합니다. 다만, 제1회 보험료를 신용카드로 납입한 계약의 승낙을 거절하는 경우 회사는 신용카드의 매출을 취소하며 이자를 더하여 지급하지 않습니다. 〈개정 2015.11.30.〉

⑤ 회사가 제2항에 따라 일부보장 제외 조건을 붙여 승낙하였더라도 청약일로부터 5년(갱신형 계약의 경우에는 최초 청약일로부터 5년)이 지나는 동안 보장이 제외되는 질병으로 추가 진단(단순 건강검진 제외) 또는 치료 사실이 없을 경우, 청약일로부터 5년이 지난 이후에는 이 약관에 따라 보장합니다.
〈신설 2018.7.10.〉

⑥ 제5항의 '청약일로부터 5년이 지나는 동안'이라 함은 이 약관 제26조(보험료의 납입이 연체되는 경우 납입최고(독촉)와 계약의 해지)에서 정한 계약의 해지가 발생하지 않은 경우를 말합니다.
〈신설 2018.7.10., 개정 2021.7.1.〉

⑦ 이 약관 제27조(보험료의 납입연체로 인한 해지계약의 부활(효력회복))에서 정한 계약의 부활이 이루어진 경우 부활을 청약한 날을 제5항의 청약일로 하여 적용합니다. 〈신설 2018.7.10., 개정 2021.7.1.〉

제17조(청약의 철회) ① 계약자는 보험증권을 받은 날부터 15일 이내에 그 청약을 철회할 수 있습니다. 다만, 다음 각 호의 어느 하나에 해당하는 계약은 철회할 수 없습니다. 〈개정 2014.12.26., 2015.11.30., 2021.7.1.〉

1. 회사가 건강상태 진단을 지원하는 계약
2. 보험기간이 90일 이내인 계약
3. 전문금융소비자가 체결한 계약

> **【전문금융소비자】** 보험계약에 관한 전문성, 자산규모 등에 비추어 보험계약에 따른 위험감수능력이 있는 자로서, 국가, 지방자치단체, 한국은행, 금융회사, 주권상장법인 등을 포함하며 「금융소비자 보호에 관한 법률」 제2조(정의) 제9호에서 정하는 전문금융소비자를 말합니다.
>
> **【일반금융소비자】** 전문금융소비자가 아닌 계약자를 말합니다. 〈개정 2021.7.1.〉

② 제1항에도 불구하고 청약한 날부터 30일이 지나면 청약을 철회할 수 없습니다. 〈신설 2014.12.26., 개정 2015.11.30.〉

③ 청약철회는 계약자가 전화로 신청하거나, 철회의사를 표시하기 위한 서면, 전자우편, 휴대전화 문자메시지 또는 이에 준하는 전자적 의사표시(이하 '서면 등'이라 합니다)를 발송한 때 효력이 발생합니다. 계약자는 서면 등을 발송한 때에 그 발송 사실을 회사에 지체 없이 알려야 합니다. 〈신설 2014.12.26., 개정 2015.11.30., 2021.7.1.〉

④ 계약자가 청약을 철회하였을 때에는 회사는 청약의 철회를 접수한 날부터 3일 이내에 납입한 보험료를 계약자에게 돌려드리며, 보험료 반환이 늦어진 기간에 대해서는 '보험개발원이 공시하는 정기예금이율'을 연단위 복리로 계산한 금액을 더하여 지급합니다. 다만, 계약자가 제1회 보험료를 신용카드로 납입한 계약의 청약을 철회하는 경우에 회사는 신용카드의 매출을 취소하며 이자를 더하여 지급하지 않습니다.
〈개정 2014.12.26., 2015.11.30.〉

⑤ 청약을 철회할 때에 이미 보험금 지급사유가 발생하였으나 계약자가 그 보험금 지급사유가 발생한 사실을 알지 못한 경우에는 청약철회의 효력이 발생하지 않습니다. 〈개정 2014.12.26., 2015.11.30.〉

⑥ 제1항에서 보험증권을 받은 날에 대한 다툼이 발생한 경우 회사가 이를 증명하여야 합니다.
〈개정 2014.12.26.〉

제18조(약관 교부 및 설명의무 등) ① 회사는 계약자가 청약할 때에 계약자에게 약관의 중요한 내용을 설명하여야 하며, 청약 후에 다음 각 호의 방법 중 계약자가 원하는 방법을 확인하여 지체 없이 약관 및 계약자 보관용 청약서를 제공하여 드립니다. 만약, 회사가 전자우편 및 전자적 의사표시로 제공한 경우 계약자 또는 그 대리인이 약관 및 계약자 보관용 청약서 등을 수신하였을 때에는 해당 문서를 드린 것으로 봅니다. 〈개정 2021.7.1.〉.

1. 서면교부
2. 우편 또는 전자우편
3. 휴대전화 문자메시지 또는 이에 준하는 전자적 의사표시

② 제1항과 관련하여 통신판매계약의 경우, 회사는 계약자가 가입한 특약만 포함한 약관을 드리며, 계약자의 동의를 얻어 다음 중 한 가지 방법으로 약관의 중요한 내용을 설명할 수 있습니다. 〈신설 2020.10.16., 개정 2021.7.1.〉

1. 인터넷 홈페이지에서 약관 및 그 설명문(약관의 중요한 내용을 설명한 문서)을 읽거나 내려받게 하는 방법. 이 경우 계약자가 이를 읽거나 내려받은 것을 확인한 때에 해당 약관을 드리고 그 중요한 내용을 설명한 것으로 봅니다.
2. 전화를 이용하여 청약내용, 보험료납입, 보험기간, 계약 전 알릴 의무, 약관의 중요한 내용 등 계약을 체결하는데 필요한 사항을 질문하거나 설명하는 방법. 이 경우 계약자의 답변과 확인내용을 음성 녹음함으로써 약관의 중요한 내용을 설명한 것으로 봅니다.

> **【통신판매계약】** 전화·우편·인터넷 등 통신수단을 이용하여 체결하는 계약을 말합니다.

③ 다음의 어느 하나의 경우 계약자는 계약이 성립한 날부터 3개월 이내에 계약을 취소할 수 있습니다. 〈개정 2015.11.30., 2021.7.1.〉

1. 회사가 제1항에 따라 제공하여야 할 약관 및 계약자 보관용 청약서를 계약자가 청약할 때 계약자에게 전달하지 않았거나 약관의 중요한 내용을 설명하지 않은 경우
2. 계약을 체결할 때 계약자가 청약서에 자필서명을 하지 않은 경우(도장을 찍는 날인과 「전자서명법」 제2조 제2호에 따른 전자서명을 포함합니다.)

④ 제3항에도 불구하고 전화를 이용하여 계약을 체결하는 경우에 다음의 어느 하나에 해당할 때에는 자필서명을 생략할 수 있으며, 제2항에 따른 음성녹음 내용을 문서화한 확인서를 계약자에게 드림으로써 계약자 보관용 청약서를 전달한 것으로 봅니다. 〈개정 2015.11.30., 2021.7.1.〉

1. 계약자, 피보험자 및 보험수익자가 동일한 계약의 경우
2. 계약자, 피보험자가 동일하고 보험수익자가 계약자의 법정상속인인 계약의 경우

⑤ 제3항에 따라 계약이 취소된 경우 회사는 계약자에게 이미 납입한 보험료를 돌려드리며, 보험료를 받은 기간에 대하여 '보험개발원이 공시하는 정기예금이율'을 연단위 복리로 계산한 금액을 더하여 지급합니다. 〈개정 2015.11.30., 2021.7.1.〉

⑥ 회사는 관계 법규에 따라 피보험자가 될 사람이 다른 실손의료보험계약을 체결하고 있는지를 확인하고, 그 결과 피보험자가 될 사람이 다른 실손의료보험계약의 피보험자로 되어 있는 경우에는 보상방식 등을 구체적으로 설명하여 드립니다. 〈개정 2015.11.30.〉

제19조(계약의 무효) ① 계약을 체결할 때 계약에서 정한 피보험자의 나이에 미달되거나 초과되었을 경우에는 계약을 무효로 하며, 이미 납입한 보험료를 돌려 드립니다. 다만, 회사가 나이의 착오를 발견하였을 때 이미 계약나이에 도달한 경우에는 해당 계약은 유효한 계약으로 보며, 이미 납입한 보험료는 돌려드리지 않습니다. 〈개정 2015.11.30.〉

② 회사의 고의 또는 과실로 계약이 무효로 된 경우 및 회사가 승낙 전에 무효임을 알았거나 알 수 있었음에도 보험료를 반환하지 않은 경우에는 보험료를 납입한 날의 다음 날부터 반환일까지의 기간에 대하여 회사는 '보험개발원이 공시하는 정기예금이율'을 연단위 복리로 계산한 금액을 더하여 돌려 드립니다. 〈개정 2015.11.30.〉

제20조(계약내용의 변경 등) ① 계약자는 회사의 승낙을 받아 다음의 사항을 변경할 수 있습니다. 이 경우 회사는 승낙사실을 서면 등으로 알리거나 보험증권의 뒷면에 적어 드립니다. 〈개정 2015.11.30.〉
1. 보험종목 또는 보장종목
2. 보험기간
3. 보험료 납입주기, 납입방법 및 납입기간
4. 계약자, 보험가입금액 등 그 밖의 계약내용

② 계약자가 제1회 보험료를 납입한 날부터 1년 이상 지난 유효한 계약으로서 그 보험종목의 변경을 요청할 경우 회사는 회사의 사업방법서에서 정하는 방법에 따라 보험종목을 변경하여 드립니다. 〈개정 2015.11.30.〉

③ 계약자가 제1항 제4호에 따라 보험가입금액을 감액하려는 경우 회사는 그 감액된 부분은 계약이 해지된 것으로 보며, 이로 인하여 회사가 지급하여야 할 해지환급금이 있을 때에는 제32조(보험료의 환급) 제1항에 따라 이를 계약자에게 지급합니다. 〈개정 2015.11.30., 2021.7.1.〉

④ 계약자는 회사의 승낙 없이 보험수익자를 변경할 수 있습니다. 다만, 변경된 보험수익자가 회사에 권리자로서 대항하기 위해서는 계약자가 보험수익자가 변경되었음을 회사에 통지하여야 합니다. 〈개정 2015.11.30.〉

⑤ 계약자가 제4항에 따라 보험수익자를 변경하고자 할 경우에는 보험금의 지급사유가 발생하기 전에 피보험자가 서면으로 동의하여야 합니다.

⑥ 제1항에 따라 계약자가 변경된 경우 회사는 변경된 계약자에게 보험증권 및 약관을 드리고, 변경된 계약자가 요청하는 경우 약관의 중요한 내용을 설명하여 드립니다. 〈개정 2015.11.30.〉

제21조(보험나이 등) ① 이 약관에서 피보험자의 나이는 보험나이를 기준으로 합니다. 〈개정 2015.11.30.〉

② 제1항의 보험나이는 계약일 현재 피보험자의 실제 만 나이를 기준으로 6개월 미만의 끝수는 버리고 6개월 이상의 끝수는 1년으로 하여 계산하며, 이후 매년 계약 해당일에 나이가 증가하는 것으로 합니다.

③ 피보험자의 나이 또는 성별에 관한 기재사항이 사실과 다른 경우에는 정정된 나이 또는 성별에 해당하는 보험금 및 보험료로 변경합니다.

【보험나이 계산 예시】
생년월일 : 1988년 10월 2일, 현재(계약일) : 2014년 4월 13일
⇒ 2014년 4월 13일 - 1988년 10월 2일 = 25년 6월 11일 = 26세

제22조(계약의 소멸) 피보험자가 사망하여 이 약관에서 규정하는 보험금 지급사유가 더 이상 발생할 수 없는 경우에는 이 계약은 그 때부터 효력이 없습니다. 〈개정 2015.11.30.〉

제23조(재가입) ① 계약이 다음 각 호의 조건을 충족하고 계약자가 제4항에 따라 재가입의사를 표시한 때에는 이 약관의 제16조(보험계약의 성립) 및 제18조(약관 교부 및 설명의무 등)를 준용하여 회사가 정한 절차에 따라 계약자는 기존 계약에 이어 재가입할 수 있으며, 이 경우 회사는 기존계약의 가입 이후 발생한 상해 또는 질병을 사유로 가입을 거절할 수 없습니다. 〈신설 2021.7.1.〉
1. 재가입일에 있어서 피보험자의 나이가 회사가 최초 가입 당시 정한 재가입 나이의 범위 내일 것
2. 재가입 전 계약의 보험료가 정상적으로 납입완료 되었을 것
② 이 계약의 자동갱신종료 후 계약자가 재가입을 원하는 경우 계약자는 재가입 시점에서 회사가 판매하는 실손의료보험 상품으로 가입을 할 수 있으며, 회사는 이를 거절할 수 없습니다.
③ 회사는 계약자에게 보장내용 변경주기가 끝나는 날 이전까지 2회 이상 재가입 요건, 보장내용 변경내역, 보험료 수준, 재가입 절차 및 재가입 의사 여부를 확인하는 내용 등을 서면(등기우편 등), 전화(음성녹음), 전자문서, 휴대전화 문자메시지 또는 이에 준하는 전자적 의사표시 등으로 알려드리고, 회사는 계약자의 재가입의사를 전화(음성녹음), 직접 방문 또는 전자적 의사표시, 통신판매계약의 경우 통신수단을 통해 확인합니다. 〈신설 2021.7.1.〉
④ 계약자는 제3항에 따른 재가입안내와 재가입여부 확인 요청을 받은 경우 재가입 의사를 표시하여야 합니다. 〈신설 2021.7.1.〉
⑤ 제3항 및 제4항에도 불구하고, 회사가 계약자의 재가입 의사를 확인하지 못한 경우(계약자와의 연락두절로 회사의 안내가 계약자에게 도달하지 못한 경우 포함)에는 직전계약과 동일한 조건으로 보험계약을 연장합니다. 〈신설 2021.7.1.〉
⑥ 제5항에 따라 직전 계약과 동일한 조건으로 자동 연장된 경우 계약자는 그 연장된 날로부터 90일 이내에 그 계약을 취소할 수 있으며, 회사는 연장된 날 이후 계약자가 납입한 보험료 전액을 환급합니다. 〈신설 2021.7.1.〉
⑦ 제5항에 따라 직전 계약과 동일한 조건으로 자동 연장된 경우 보험계약의 연장일은 회사가 계약자의 재가입의사를 확인한 날(계약자 등이 회사에 보험금을 청구함으로써 계약자에게 연락이 닿아 회사가 계약자의 재가입의사를 확인한 날 등)까지로 합니다. 계약자의 재가입 의사가 확인된 경우에는 제1항에서 정한 절차에 따라 회사가 재가입 의사를 확인한 날에 판매중인 상품으로 다시 재가입하는 것으로 하며, 기존 계약은 해지됩니다. 다만, 계약자가 재가입을 원하지 않는 경우에는 해당 시점으로부터 계약은 해지됩니다. 〈신설 2021.7.1.〉
⑧ 제5항에 따라 직전 계약과 동일한 조건으로 자동 연장된 경우 계약자는 회사에 재가입 의사를 표시할 수 있습니다. 회사는 계약자의 재가입 의사가 확인되었을 때에는 제1항에서 정한 절차에 따라 회사가 재가입 의사를 확인한 날에 판매중인 상품으로 재가입하는 것으로 하며, 기존 계약은 해지됩니다. 〈신설 2021.7.1.〉
⑨ 제7항 또는 제8항에 따라 계약이 해지된 경우 회사는 제32조(보험료의 환급) 제1항에 따른 해지환급금을 계약자에게 지급합니다. 〈신설 2021.7.1.〉

제7관 보험료의 납입

제24조(제1회 보험료 및 회사의 보장개시) ① 회사는 계약의 청약을 승낙하고 계약자로부터 제1회 보험료를 받은 때부터 이 약관에서 정한 바에 따라 보장을 합니다. 또한, 회사가 청약과 함께 제1회 보험료를 받은 후 승낙한 경우에도 제1회 보험료를 받은 때부터 보장이 개시됩니다. 다만, 계약자가 제1회 보험료를 자동이체 또는 신용카드로 납입하는 경우에는 자동이체 신청 및 신용카드매출 승인에 필요한 정보를 제공한 때를 제1회 보험료를 받은 때로 하며, 계약자에게 책임이 있는 사유로 자동이체 또는 매출승인이 불가능한 경우에는 보험료가 납입되지 않은 것으로 봅니다. 〈개정 2015.11.30.〉

② 회사가 청약과 함께 제1회 보험료를 받고 청약을 승낙하기 전에 보험금 지급사유가 발생하였을 때에도 보장개시일부터 이 약관에서 정하는 바에 따라 보장을 합니다. 〈개정 2015.11.30.〉

> **【보장개시일】** 회사가 보장을 개시하는 날로서 계약이 성립되고 제1회 보험료를 받은 날을 말하나, 회사가 승낙하기 전이라도 청약과 함께 제1회 보험료를 받은 경우에는 제1회 보험료를 받은 날을 말합니다. 또한, 보장개시일을 계약일로 봅니다.

③ 회사는 제2항에도 불구하고 다음의 어느 하나에 해당하는 경우에는 보장을 하지 않습니다. 〈개정 2015.11.30., 2021.7.1.〉
1. 제12조(계약 전 알릴 의무)에 따라 계약자 또는 피보험자가 회사에 알린 내용 또는 건강진단 내용이 보험금 지급사유의 발생에 영향을 미쳤음을 회사가 증명하는 경우
2. 제14조(알릴 의무 위반의 효과)를 준용하여 회사가 보장을 하지 않을 수 있는 경우
3. 진단계약에서 보험금 지급사유 발생 시까지 피보험자가 진단을 받지 않은 경우. 다만, 진단계약에서 진단을 받지 않은 경우라도 상해로 보험금 지급사유가 발생한 경우에는 보장을 해드립니다.

④ 계약이 갱신되는 경우에는 제1항부터 제3항까지의 규정에 따른 보장은 기존 계약에 의한 보장이 종료하는 때부터 적용합니다. 〈개정 2015.11.30.〉

제25조(제2회 이후 보험의 납입) 계약자는 제2회부터의 보험료를 납입기일까지 납입하여야 하며, 계약자가 보험료를 납입한 경우 회사는 영수증을 발행하여 드립니다. 다만, 금융회사(우체국을 포함합니다)를 통하여 보험료를 납입한 경우에는 그 금융회사가 발행한 증명서류를 영수증으로 대신합니다. 〈개정 2015.11.30.〉

> **【납입기일】** 계약자가 제2회부터의 보험료를 납입하기로 한 날을 말합니다.

제26조[보험료의 납입이 연체되는 경우 납입최고(독촉)와 계약의 해지] ① 계약자가 제2회부터의 보험료를 납입기일까지 납입하지 않아 보험료 납입이 연체 중인 경우 회사는 14일(보험기간이 1년 미만인 경우에는 7일) 이상의 기간을 납입최고(독촉)기간[납입최고기간의 마지막 날이 영업일이 아닐 때에는 최고(독촉)기간은 그 다음 날까지로 합니다]으로 정하여 다음 사항에 대하여 서면(등기우편 등), 전화(음성녹음) 또는 전자문서 등으로 알려드립니다. 다만, 계약이 해지되기 전에 발생한 보험금 지급사유에 대하여 회사는 보상합니다. 〈개정 2015.11.30.〉
1. 계약자(보험수익자와 계약자가 다른 경우 보험수익자를 포함합니다)에게 납입최고(독촉)기간 내에 연체보험료를 납입하여야 한다는 내용
2. 납입최고(독촉)기간이 끝나는 날까지 보험료를 납입하지 않을 경우 납입최고(독촉)기간이 끝나는 날의 다음 날에 계약이 해지된다는 내용. 이 경우 계약이 해지되면 즉시 해지환급금에서 보험계약대출원금과 이자가 차감된다는 내용을 포함합니다.

② 회사가 제1항에 따른 납입최고(독촉) 등을 전자문서로 안내하려는 경우에는 계약자에게 서면 또는「전자서명법」제2조 제2호에 따른 전자서명으로 동의를 받아 수신확인을 조건으로 전자문서를 송신하여야 하며, 계약자가 전자문서에 대하여 수신을 확인하기 전까지는 그 전자문서는 송신되지 않은 것으로 봅니다. 〈개정 2015.11.30., 2021.7.1.〉

③ 회사는 제2항에 따른 확인 결과 전자문서가 수신되지 않은 것을 알았을 때에는 제1항에서 정한 내용을 서면(등기우편 등) 또는 전화(음성녹음)로 다시 알려 드립니다. 〈개정 2015.11.30.〉

④ 회사가 제1항에 따라 계약이 해지된 경우에는 이로 인하여 회사가 환급하여야 할 보험료가 있을 경우에는 제32조(보험료의 환급) 제1항에 따라 이를 계약자에게 지급합니다. 〈개정 2015.11.30., 2021.7.1.〉

제27조[보험료의 납입연체로 인한 해지계약의 부활(효력회복)] ① 제26조[보험료의 납입이 연체되는 경우 납입최고(독촉)와 계약의 해지]에 따라 계약이 해지되었으나 계약자가 해지환급금을 받지 않은 경우(보험계약대출 등에 따라 해지환급금이 차감되었으나 받지 않은 경우 또는 해지환급금이 없는 경우를 포함합니다) 계약자는 해지된 날부터 3년 이내에 회사가 정한 절차에 따라 계약의 부활(효력회복)을 청약할 수 있습니다. 회사가 부활(효력회복)을 승낙한 경우에는 계약자는 부활(효력회복)을 청약한 날까지의 연체된 보험료에 '보험개발원이 공시하는 정기예금이율'에 1%를 더한 이율의 범위 내에서 각 상품별로 회사가 정하는 이율로 계산한 금액을 더하여 납입하여야 합니다. 다만 금리연동형보험은 각 상품별 사업방법서에서 별도로 정한 이율로 계산합니다. 〈개정 2015.11.30., 2021.7.1.〉

② 제1항에 따라 해지계약을 부활(효력회복)하는 경우에는 제12조(계약 전 알릴 의무), 제14조(알릴 의무 위반의 효과), 제15조(사기에 의한 계약), 제16조(보험계약의 성립) 및 제24조(제1회 보험료 및 회사의 보장개시)를 준용합니다. 〈개정 2021.7.1.〉

제28조[강제집행 등으로 인한 해지계약의 특별부활(효력회복)] ① 회사는 계약자의 해지환급금 청구권에 대한 강제집행, 담보권실행, 국세 및 지방세 체납처분절차에 따라 계약이 해지된 경우 해지 당시의 보험수익자가 계약자의 동의를 받아 계약 해지로 회사가 채권자에게 지급한 금액을 회사에 지급하고 제19조(계약 내용의 변경 등) 제1항의 절차에 따라 계약자 명의를 보험수익자로 변경하여 계약의 특별부활(효력회복)을 청약할 수 있음을 보험수익자에게 통지하여야 합니다. 〈개정 2015.11.30.〉

② 회사는 보험수익자가 제1항에 따른 계약자 명의변경 신청 및 계약의 특별부활(효력회복) 청약을 한 경우 이를 승낙하며, 계약은 청약한 때부터 특별부활(효력회복) 됩니다. 〈개정 2015.11.30., 2021.7.1.〉

③ 회사는 제1항의 통지를 지정된 보험수익자에게 하여야 합니다. 다만, 법정상속인이 보험수익자로 지정된 경우 회사는 제1항의 통지를 계약자에게 할 수 있습니다. 〈개정 2015.11.30.〉

④ 회사는 제1항의 통지를 계약이 해지된 날부터 7일 이내에 하여야 합니다. 다만, 회사의 통지가 7일이 지나 보험수익자에게 도달하고 이후 그 보험수익자가 제1항에 따른 계약자 명의변경 신청 및 계약의 특별부활(효력회복)을 청약한 경우에는 계약이 해지된 날부터 7일이 되는 날에 특별부활(효력회복) 됩니다. 〈개정 2015.11.30.〉

⑤ 보험수익자는 통지를 받은 날(제3항에 따라 계약자에게 통지된 경우에는 계약자가 통지를 받은 날을 말합니다)부터 15일 이내에 제1항의 절차를 이행할 수 있습니다. 〈개정 2015.11.30.〉

제8관 계약의 해지 및 해지환급금 등

제29조(계약자의 임의해지) ① 계약자는 계약이 소멸하기 전에 언제든지 계약을 해지할 수 있으며, 계약이 해지된 경우 회사가 환급하여야 할 보험료가 있을 경우에는 제32조(보험료의 환급)에 따라 이를 계약자에게 지급합니다. 〈개정 2015.11.30., 2021.7.1.〉

② 보험금 지급사유 발생으로 회사가 보험금을 지급한 때에도 보험가입금액이 감액되지 않은 경우에는 계약자는 그 보험금 지급사유 발생 후에도 계약을 해지할 수 있습니다.

제29조의2(위법계약의 해지) ① 계약자는 「금융소비자 보호에 관한 법률」 제47조 및 관련규정이 정하는 바에 따라 계약체결에 대한 회사의 법위반사항이 있는 경우 계약체결일부터 5년 이내의 범위에서 계약자가 위반사항을 안 날부터 1년 이내에 계약해지요구서에 증빙서류를 첨부하여 위법계약의 해지를 요구할 수 있습니다.

② 회사는 해지요구를 받은 날부터 10일 이내에 수락여부를 계약자에 통지하여야 하며, 거절할 때에는 거절 사유를 함께 통지하여야 합니다.

③ 계약자는 회사가 「금융소비자 보호에 관한 법률 시행령」 제38조 제4항의 각 호에서 정하는 정당한 사유 없이 제1항의 요구를 따르지 않는 경우 해당 계약을 해지할 수 있습니다.

④ 제1항 및 제3항에 따라 계약이 해지된 경우 회사는 제32조(보험료의 환급) 제3항에 따른 해지환급금을 계약자에게 지급합니다.

⑤ 계약자는 제1항에 따른 제척기간에도 불구하고 민법 등 관계 법령에서 정하는 바에 따라 법률상의 권리를 행사할 수 있습니다. 〈본조신설 2021.7.1.〉

제30조(중대사유로 인한 해지) ① 회사는 다음과 같은 사실이 있을 경우에는 그 사실을 안 날부터 1개월 이내에 계약을 해지할 수 있습니다. 〈개정 2015.11.30.〉

1. 계약자, 피보험자 또는 보험수익자가 보험금(보험료 납입면제를 포함합니다)을 지급받을 목적으로 고의로 상해 또는 질병을 발생시킨 경우
2. 계약자, 피보험자 또는 보험수익자가 보험금 청구에 관한 서류에 고의로 사실과 다른 것을 적었거나 그 서류 또는 증거를 위조 또는 변조한 경우. 다만, 이미 보험금 지급사유가 발생한 경우에는 보험금 지급에 영향을 미치지 않습니다.

② 회사가 제1항에 따라 계약을 해지한 경우 회사는 그 취지를 계약자에게 통지하고, 해지시 회사가 환급하여야 할 보험료가 있을 경우에는 제31조(보험료의 환급)에 따라 이를 계약자에게 지급합니다.

제31조(회사의 파산선고와 해지) ① 회사가 파산의 선고를 받은 경우 계약자는 계약을 해지할 수 있습니다. 〈개정 2015.11.30.〉

② 제1항에 따라 해지하지 않은 계약은 파산선고 후 3개월이 지나면 그 효력을 잃습니다. 〈개정 2015.11.30.〉

③ 제1항에 따라 계약이 해지되거나 제2항에 따라 계약이 효력을 잃는 경우 회사는 제32조(보험료의 환급)에 따른 환급금을 계약자에게 지급합니다. 〈개정 2015.11.30., 2021.7.1.〉

제32조(보험료의 환급) ① 이 계약이 소멸된 때에는 다음과 같이 보험료를 돌려 드립니다.

1. 계약자, 피보험자 또는 보험수익자의 책임없는 사유에 의하는 경우 : 무효의 경우에는 회사에 납입한 보험료의 전액, 해지의 경우에는 경과하지 않은 기간에 대하여 일단위로 계산한 보험료
2. 계약자, 피보험자 또는 보험수익자의 책임있는 사유에 의하는 경우 : 이미 경과한 기간에 대하여 단기요율(1년 미만의 기간에 적용되는 요율)로 계산한 보험료를 뺀 잔액. 다만, 계약자, 피보험자 또는 보험수익자의 고의 또는 중대한 과실로 무효가 된 때에는 보험료를 돌려드리지 않습니다.

② 보험기간이 1년을 초과하는 계약이 무효인 경우에는 무효의 원인이 생긴 날 또는 해지일이 속하는 보험년도의 보험료는 제1항의 규정을 적용하고 그 이후의 보험년도에 속하는 보험료는 전액을 돌려드립니다.
③ 제29조의2(위법계약의 해지)에 따라 위법계약이 해지되는 경우 회사가 적립한 해지 당시의 책임준비금을 반환하여 드립니다. 〈신설 2021.7.1.〉

제9관 다수보험의 처리 등

제33조(다수보험의 처리) ① 다수보험의 경우 각 계약의 보장대상의료비 및 보장책임액에 따라 제2항에서 정한 방법으로 계산된 각 계약의 비례분담액을 지급합니다. 〈개정 2015.11.30., 2021.7.1.〉
② 각 계약의 보장책임액 합계액이 각 계약의 보장대상의료비 중 최고액에서 각 계약의 피보험자부담 공제금액 중 최소액을 차감한 금액을 초과한 다수보험은 아래의 산출방식에 따라 각 계약의 비례분담액을 계산합니다. 〈개정 2021.7.1.〉

> 각 계약별 비례분담액 = (각 계약의 보장대상의료비 중 최고액 − 각 계약의 피보험자부담 공제금액 중 최소액)
> $\times$ $\dfrac{\text{각 계약별 보장책임액}}{\text{각 계약별 보장책임액을 합한 금액}}$

제34조(연대책임) ① 2009년 10월 1일 이후에 신규로 체결된 보험수익자가 동일한 다수보험의 경우 보험수익자는 보험금 전부 또는 일부의 지급을 다수계약이 체결되어 있는 회사 중 한 회사에 청구할 수 있고, 청구를 받은 회사는 해당 보험금을 이 계약의 보험가입금액 한도 내에서 지급합니다. 〈개정 2015.11.30.〉
② 제1항에 따라 보험금을 지급한 회사는 보험수익자가 다른 회사에 대하여 가지는 해당 보험금 청구권을 취득합니다. 다만, 회사가 지급한 금액이 보험수익자가 다른 회사에 청구할 수 있는 보험금의 일부인 경우에는 해당 보험수익자의 보험금 청구권을 침해하지 않는 범위 내에서 그 권리를 취득합니다. 〈개정 2015.11.30.〉

제10관 분쟁의 조정 등

제35조(분쟁의 조정) ① 계약에 관하여 분쟁이 있는 경우 분쟁 당사자 또는 기타 이해관계인과 회사는 금융감독원장에게 조정을 신청할 수 있으며, 분쟁조정 과정에서 계약자는 관계 법령이 정하는 바에 따라 회사가 기록 및 유지·관리하는 자료의 열람(사본의 제공 또는 청취를 포함한다)을 요구할 수 있습니다. 〈개정 2015.11.30., 2021.7.1.〉
② 회사는 일반금융소비자인 계약자가 조정을 통하여 주장하는 권리나 이익의 가액이 「금융소비자 보호에 관한 법률」 제42조에서 정하는 일정 금액 이내인 분쟁사건에 대하여 조정절차가 개시된 경우에는 관계 법령이 정하는 경우를 제외하고는 소를 제기하지 않습니다. 〈신설 2021.7.1.〉

제36조(관할법원) 이 계약에 관한 소송 및 민사조정은 계약자의 주소지를 관할하는 법원이 하는 것으로 합니다. 다만, 회사와 계약자가 합의하여 관할법원을 달리 정할 수 있습니다. 〈개정 2015.11.30.〉

제37조(소멸시효) 보험금 청구권, 보험료 또는 환급금 반환청구권 및 배당금 청구권은 3년간 행사하지 않으면 소멸시효가 완성됩니다. 〈개정 2014.12.26.〉

제38조(약관의 해석) ① 회사는 신의성실의 원칙에 따라 공정하게 약관을 해석하며, 계약자에 따라 다르게 해석하지 않습니다. 〈개정 2015.11.30.〉

② 회사는 약관의 뜻이 명백하지 않은 경우에는 계약자에게 유리하게 해석합니다.

③ 회사는 보상하지 않는 사항 등 계약자나 피보험자에게 불리하거나 부담을 주는 내용은 확대하여 해석하지 않습니다.

제39조(설명서 교부 및 보험안내자료 등의 효력) ① 회사는 일반금융소비자에게 청약을 권유하거나 일반금융소비자가 설명을 요청하는 경우 보험상품에 관한 중요한 사항을 계약자가 이해할 수 있도록 설명하고 계약자가 이해하였음을 서명(「전자서명법」 제2조 제2호에 따른 전자서명을 포함), 기명날인 또는 녹취 등을 통해 확인받아야 하며, 설명서를 제공하여야 합니다. 〈신설 2021.7.1.〉

② 설명서, 약관, 계약자 보관용 청약서 및 보험증권의 제공 사실에 관하여 계약자와 회사 간에 다툼이 있는 경우에는 회사가 이를 증명하여야 합니다. 〈신설 2021.7.1.〉

③ 보험설계사 등이 모집과정에서 사용한 회사 제작의 보험안내자료(계약의 청약을 권유하기 위하여 만든 자료 등을 말합니다)의 내용이 약관의 내용과 다른 경우에는 계약자에게 유리한 내용으로 계약이 성립된 것으로 봅니다.

제40조(회사의 손해배상책임) ① 회사는 계약과 관련하여 임직원, 보험설계사 또는 대리점에 책임이 있는 사유로 계약자, 피보험자 및 보험수익자에게 손해를 입힌 경우에는 관계 법령 등에 따라 손해를 배상할 책임을 집니다. 〈개정 2015.11.30.〉

② 회사는 보험금 지급 거절 및 지연지급의 사유가 없음을 알았거나 알 수 있었는데도 소송을 제기하여 계약자, 피보험자 또는 보험수익자에게 손해를 입힌 경우에는 그에 따른 손해를 배상할 책임을 집니다. 〈개정 2015.11.30.〉

③ 회사가 보험금 지급 여부 및 지급금액에 관하여 현저하게 불공정한 합의로 보험수익자에게 손해를 입힌 경우에도 회사는 제2항에 따라 손해를 배상할 책임을 집니다. 〈개정 2015.11.30.〉

④ 회사가 제18조(약관 교부 및 설명의무 등) 제6항에 따른 의무를 이행하지 않아 계약자가 다수의 실손의료보험에 가입한 경우, 회사는 계약자에게 손해를 배상할 책임을 집니다. 〈개정 2015.11.30., 2021.7.1.〉

⑤ 회사가 제4항에 따라 계약자에게 손해를 배상할 책임이 발생한 경우 계약자는 이 계약(또는 특별약관)의 최초계약일부터 5년 이내에 회사에 손해배상을 청구할 수 있고, 이 계약의 최초계약일부터 손해배상을 청구하기 전까지 납입한 보험료와 이에 대한 이자(보험료를 받은 기간에 대하여 보험계약대출이율을 연단위 복리로 계산한 금액)를 합한 금액을 손해배상액으로 합니다. 〈신설 2015.11.30.〉

제41조(개인정보보호) ① 회사는 이 계약과 관련된 개인정보를 이 계약의 체결, 유지, 보험금 지급 등을 위하여 「개인정보 보호법」, 「신용정보의 이용 및 보호에 관한 법률」 등 관계 법령에서 정한 경우를 제외하고 계약자, 피보험자 또는 보험수익자의 동의 없이 수집, 이용, 조회 또는 제공하지 않습니다. 다만, 회사는 이 계약의 체결, 유지, 보험금 지급 등을 위하여 위 관계 법령에 따라 계약자 및 피보험자의 동의를 받아 다른 보험회사 및 보험관련단체 등에 개인정보를 제공할 수 있습니다. 〈개정 2015.11.30.〉

② 회사는 계약과 관련된 개인정보를 안전하게 관리하여야 합니다.

제42조(준거법) 이 계약은 대한민국 법에 따라 규율되고 해석되며, 약관에서 정하지 않은 사항은 「금융소비자 보호에 관한 법률」, 상법, 민법 등 관계 법령을 따릅니다. 〈개정 2021.7.1.〉

제43조(예금보험에 의한 지급보장) 회사가 파산 등으로 보험금 등을 지급하지 못할 경우에는 「예금자보호법」에서 정하는 바에 따라 그 지급을 보장합니다. 〈개정 2015.11.30.〉

〈붙임 1〉 **용어의 정의** 〈개정 2015.11.30., 2017.3.22., 2021.7.1.〉
〈실손의료보험 표준약관 참조〉

〈붙임 2〉 **국내의료기관 의료비 중 보상하는 상해의료비** 〈개정 2015.11.30., 2021.7.1.〉

보장종목	보상하는 사항
(1) 상해급여	① 회사는 피보험자가 상해로 인하여 의료기관에 입원 또는 통원(외래 및 처방조제)하여 치료를 받은 경우에는 급여의료비를 제5조(보험가입금액 한도 등)에서 정한 연간 보험가입금액의 한도 내에서 다음과 같이 보상합니다. 다만, 법령 등에 따라 의료비를 감면받거나 의료기관으로부터 의료비를 감면받은 경우(의료비를 납부하는 대가로 수수한 금액 등은 감면받은 의료비에 포함)에는 감면 후 실제 본인이 부담한 의료비 기준으로 계산하며, 감면받은 의료비가 근로소득에 포함된 경우, 「국가유공자 등 예우 및 지원에 관한 법률」 및 「독립유공자 예우에 관한 법률」에 따라 의료비를 감면받은 경우에는 감면 전 의료비로 급여의료비를 계산합니다.

구 분	보상금액	
입 원 (입원실료, 입원제비용 입원수술비)	「국민건강보험법」에서 정한 요양급여 또는 「의료급여법」에서 정한 의료급여 중 본인부담금(본인이 실제로 부담한 금액으로서 요양급여 비용 또는 의료급여 비용의 일부를 본인이 부담하는 일부 본인부담금과 요양급여 비용 또는 의료급여 비용의 전부를 본인이 부담하는 전액 본인부담금을 말합니다)의 80%에 해당하는 금액	
통 원 (외래제비용, 외래수술비, 처방조제비)	통원 1회당(외래 및 처방조제 합산) 「국민건강보험법」에서 정한 요양급여 또는 「의료급여법」에서 정한 의료급여 중 본인부담금(본인이 실제로 부담한 금액으로서 요양급여 비용 또는 의료급여 비용의 일부를 본인이 부담하는 일부 본인부담금과 요양급여 비용 또는 의료급여 비용의 전부를 본인이 부담하는 전액 본인부담금을 말합니다)에서 〈표 1〉의 '통원항목별 공제금액'을 뺀 금액	

〈표 1〉 통원항목별 공제금액

항 목	공제금액
「의료법」 제3조 제2항에 의한 의료기관(동법 제3조의3에 의한 종합병원은 제외), 「국민건강보험법」 제42조 제1항 제4호에 의한 보건소·보건의료원·보건지소, 동법 제42조 제1항 제5호에 의한 보건진료소에서의 외래 및 「국민건강보험법」 제42조 제1항 제2호에 의한 약국, 동법 제42조 제1항 제3호에 의한 한국희귀·필수의약품센터에서의 처방·조제(의약분업 예외지역 등에서의 약사의 직접 조제 포함)	1만원과 보장대상 의료비의 20% 중 큰 금액
「국민건강보험법」 제42조 제2항에 의한 전문요양기관, 「의료법」 제3조의4에 의한 상급종합병원, 동법 제3조의3에 의한 종합병원에서의 외래 및 그에 따른 「국민건강보험법」 제42조 제1항 제2호에 의한 약국, 동법 제42조 제1항 제3호에 의한 한국희귀·필수의약품센터에서의 처방·조제	2만원과 보장대상 의료비의 20% 중 큰 금액

② 제1항의 상해에는 유독가스 또는 유독물질을 우연히 일시에 흡입, 흡수 또는 섭취한 결과로 생긴 중독증상이 포함됩니다. 다만, 유독가스 또는 유독물질을 상습적으로 흡입, 흡수 또는 섭취한 결과로 생긴 중독증상과 세균성 음식물 중독증상은 포함되지 않습니다.

③ 피보험자가 「국민건강보험법」 제5조, 제53조, 제54조에 따라 요양급여 또는 「의료급여법」 제4조, 제15조, 제17조에 따라 의료급여를 적용받지 못하는 경우에는 다음과 같이 보상합니다.

1. 의료비(「국민건강보험 요양급여의 기준에 관한 규칙」에 따라 보건복지부장관이 정한 급여의료비 항목만 해당합니다) 중 본인이 실제로 부담한 금액(통원의 경우 본인이 실제로 부담한 금액에서 같은 조 제1항 〈표 1〉의 '통원항목별 공제금액'을 뺀 금액)의 40%를 제5조(보험가입금액 한도 등)에서 정한 연간 보험가입금액의 한도 내에서 보상합니다.

2. 법령 등에 따라 의료비를 감면받거나 의료기관으로부터 의료비를 감면받은 경우(의료비를 납부하는 대가로 수수한 금액 등은 감면받은 의료비에 포함)에는 제1호를 적용하지 아니하고 감면 후 실제 본인이 부담한 의료비에 대해서만 제1항의 보상금액에 따라 계산한 금액을 제5조(보험가입금액 한도 등)에서 정한 연간 보험가입금액의 한도 내에서 보상합니다. 다만, 감면받은 의료비가 근로소득에 포함된 경우, 「국가유공자 등 예우 및 지원에 관한 법률」 및 「독립유공자 예우에 관한 법률」에 따라 의료비를 감면받은 경우에는 감면 전 의료비에 대해서 제1항의 보상금액에 따라 계산한 금액을 제5조에서 정한 연간 보험가입금액의 한도 내에서 보상합니다.

④ 피보험자가 입원하여 치료를 받던 중 보험계약이 종료되더라도 그 계속 중인 입원에 대해서는 다음 예시와 같이 보험계약 종료일 다음날부터 180일까지 보상합니다.

⑤ 피보험자가 통원하여 치료를 받던 중 보험계약이 종료되더라도 그 계속 중인 통원에 대해서는 다음 예시와 같이 보험계약 종료일 다음날부터 180일 이내의 통원을 보상하며 최대 90회 한도 내에서 보상합니다.

〈입원 및 통원 보상기간 예시〉

(1) 상해급여

보상대상기간 (1년)	보상대상기간 (1년)	보상대상기간 (1년)	추가보상 (180일)
↑ 계약일 (2022. 1. 1.)	↑ 계약 해당일 (2023. 1. 1.)	↑ 계약 해당일 (2024. 1. 1.)	↑ 계약 종료일 (2024. 12. 31.)

↑ 보상 종료일 (2025. 6. 29.)

⑥ 종전 계약을 자동갱신하거나 같은 회사의 보험상품에 재가입하는 경우에는 종전 계약의 보험기간을 연장하는 것으로 보아 제4항과 제5항을 적용하지 않습니다.

⑦ 하나의 상해(같은 상해로 2회 이상 치료를 받는 경우에도 이를 하나의 상해로 봅니다)로 인해 동일한 의료기관에서 같은 날 외래 및 처방을 함께 받은 경우 처방일자를 기준으로 외래 및 처방조제를 합산하되(조제일자가 다른 경우도 동일하게 적용) 통원 1회로 보아 제1항, 제5항 및 제6항을 적용합니다.

⑧ 하나의 상해로 인해 하루에 같은 치료를 목적으로 2회 이상 통원치료(외래 및 처방조제 합산)를 받은 경우 1회의 통원으로 보아 제1항, 제5항 및 제6항을 적용합니다. 이 때 공제금액은 2회 이상의 중복방문 의료기관 중 가장 높은 공제금액을 적용합니다.

⑨ 회사는 피보험자가 상해로 인하여 의료기관에서 본인의 장기 등(「장기 등 이식에 관한 법률」 제4조에 의한 "장기 등"을 의미합니다)의 기능회복을 위하여 「장기 등 이식에 관한 법률」 제42조 및 관련 고시에 따라 장기 등의 적출 및 이식에 드는 비용(공여적합성 여부를 확인하기 위한 검사비, 뇌사장기기증자 관리료 및 이에 속하는 비용항목 포함)은 제1항부터 제8항에 따라 보상합니다.

〈붙임 3〉 국내의료기관 의료비 중 보상하는 질병의료비 〈개정 2015.11.30., 2018.7.10., 2018.11.6., 2021.7.1.〉

보장종목	보상하는 사항
(2) 질병급여	① 회사는 피보험자가 질병으로 의료기관에 입원 또는 통원(외래 및 처방조제)하여 치료를 받은 경우에는 급여의료비를 제5조(보험가입금액 한도 등)에서 정한 연간 보험가입금액의 한도 내에서 다음과 같이 보상합니다. 다만, 법령 등에 따라 의료비를 감면받거나 의료기관으로부터 의료비를 감면받은 경우(의료비를 납부하는 대가로 수수한 금액 등은 감면받은 의료비에 포함)에는 감면 후 실제 본인이 부담한 의료비 기준으로 계산하며, 감면받은 의료비가 근로소득에 포함된 경우,「국가유공자 등 예우 및 지원에 관한 법률」및「독립유공자 예우에 관한 법률」에 따라 의료비를 감면받은 경우에는 감면 전 의료비로 급여의료비를 계산합니다.

구 분	보상금액
입 원 (입원실료, 입원제비용 입원수술비)	「국민건강보험법」에서 정한 요양급여 또는「의료급여법」에서 정한 의료급여 중 본인부담금(본인이 실제로 부담한 금액으로서 요양급여 비용 또는 의료급여 비용의 일부를 본인이 부담하는 일부 본인부담금과 요양급여 비용 또는 의료급여 비용의 전부를 본인이 부담하는 전액 본인부담금을 말합니다.)의 80%에 해당하는 금액
통 원 (외래제비용, 외래수술비, 처방조제비)	통원 1회당(외래 및 처방조제 합산)「국민건강보험법」에서 정한 요양급여 또는「의료급여법」에서 정한 의료급여 중 본인부담금(본인이 실제로 부담한 금액으로서 요양급여 비용 또는 의료급여 비용의 일부를 본인이 부담하는 일부 본인부담금과 요양급여 비용 또는 의료급여 비용의 전부를 본인이 부담하는 전액 본인부담금을 말합니다)에서 〈표 1〉의 '통원항목별 공제금액'을 뺀 금액 〈표 1〉 통원항목별 공제금액

〈표 1〉 통원항목별 공제금액

항 목	공제금액
「의료법」제3조 제2항에 의한 의료기관(동법 제3조의3에 의한 종합병원은 제외),「국민건강보험법」제42조 제1항 제4호에 의한 보건소·보건의료원·보건지소, 동법 제42조 제1항 제5호에 의한 보건진료소에서의 외래 및「국민건강보험법」제42조 제1항 제2호에 의한 약국, 동법 제42조 제1항 제3호에 의한 한국희귀·필수의약품센터에서의 처방·조제(의약분업 예외지역 등에서의 약사의 직접 조제 포함)	1만원과 보장대상 의료비의 20% 중 큰 금액
「국민건강보험법」제42조 제2항에 의한 전문요양기관,「의료법」제3조의4에 의한 상급종합병원, 동법 제3조의3에 의한 종합병원에서의 외래 및 그에 따른「국민건강보험법」제42조 제1항 제2호에 의한 약국, 동법 제42조 제1항 제3호에 의한 한국희귀·필수의약품센터에서의 처방·조제	2만원과 보장대상 의료비의 20% 중 큰 금액

② 피보험자가「국민건강보험법」제5조, 제53조, 제54조에 따라 요양급여 또는「의료급여법」제4조, 제15조, 제17조에 따라 의료급여를 적용받지 못하는 경우에는 다음과 같이 보상합니다.
1. 의료비(「국민건강보험 요양급여의 기준에 관한 규칙」에 따라 보건복지부장관이 정한 급여의료비 항목만 해당합니다) 중 본인이 실제로 부담한 금액(통원의 경우 본인이 실제로 부담한 금액에서 같은 조 제1항 〈표 1〉의 '통원항목별 공제금액'을 뺀 금액)의 40%를 제5조(보험가입금액 한도 등)에서 정한 연간 보험가입금액의 한도 내에서 보상합니다.

2. 법령 등에 따라 의료비를 감면받거나 의료기관으로부터 의료비를 감면받은 경우(의료비를 납부하는 대가로 수수한 금액 등은 감면받은 의료비에 포함)에는 제1호를 적용하지 아니하고 감면 후 실제 본인이 부담한 의료비에 대해서만 제1항의 보상금액에 따라 계산한 금액을 제5조(보험가입금액 한도 등)에서 정한 연간 보험가입금액의 한도 내에서 보상합니다. 다만, 감면받은 의료비가 근로소득에 포함된 경우, 「국가유공자 등 예우 및 지원에 관한 법률」 및 「독립유공자 예우에 관한 법률」에 따라 의료비를 감면받은 경우에는 감면 전 의료비에 대해서 제1항의 보상금액에 따라 계산한 금액을 제5조에서 정한 연간 보험가입금액의 한도 내에서 보상합니다.
③ 피보험자가 입원하여 치료를 받던 중 보험계약이 종료되더라도 그 계속 중인 입원에 대해서는 다음 예시와 같이 보험계약 종료일 다음날부터 180일까지 보상합니다.
④ 피보험자가 통원하여 치료를 받던 중 보험계약이 종료되더라도 그 계속 중인 통원에 대해서는 다음 예시와 같이 보험계약 종료일 다음날부터 180일 이내의 통원을 보상하며 최대 90회 한도 내에서 보상합니다.

〈입원 및 통원 보상기간 예시〉

보상대상기간 (1년)	보상대상기간 (1년)	보상대상기간 (1년)	추가보상 (180일)	
↑	↑	↑	↑	↑
계약일 (2022. 1. 1.)	계약 해당일 (2023. 1. 1.)	계약 해당일 (2024. 1. 1.)	계약 종료일 (2024. 12. 31.)	보상 종료일 (2025. 6. 29.)

(2)
질병급여

⑤ 종전 계약을 자동갱신하거나 같은 회사의 보험상품에 재가입하는 경우에는 종전 계약의 보험기간을 연장하는 것으로 보아 제3항과 제4항을 적용하지 않습니다.
⑥ 하나의 질병으로 동일한 의료기관에서 같은 날 외래 및 처방을 함께 받은 경우 처방일자를 기준으로 외래 및 처방조제를 합산하되(조제일자가 다른 경우도 동일하게 적용) 통원 1회로 보아 제1항, 제4항 및 제5항을 적용합니다.
⑦ "하나의 질병"이란 발생 원인이 동일한 질병(의학상 중요한 관련이 있는 질병은 하나의 질병으로 간주하며, 하나의 질병으로 2회 이상 치료를 받는 경우에는 이를 하나의 질병으로 봅니다)을 말하며, 질병의 치료 중에 발생된 합병증 또는 새로 발견된 질병의 치료가 병행되거나 의학상 관련이 없는 여러 종류의 질병을 갖고 있는 상태에서 통원한 경우에는 하나의 질병으로 간주합니다.
⑧ 하나의 질병으로 하루에 같은 치료를 목적으로 2회 이상 통원치료(외래 및 처방조제 합산)를 받은 경우 1회의 통원으로 보아 제1항, 제4항 및 제5항을 적용합니다. 이 때 공제금액은 2회 이상의 중복방문 의료기관 중 가장 높은 공제금액을 적용합니다.
⑨ 회사는 피보험자가 질병으로 인하여 의료기관에서 본인의 장기 등(「장기 등 이식에 관한 법률」 제4조에 의한 "장기 등"을 의미합니다)의 기능회복을 위하여 「장기 등 이식에 관한 법률」 제42조 및 관련 고시에 따라 장기 등의 적출 및 이식에 드는 비용(공여적합성 여부를 확인하기 위한 검사비, 뇌사장기기증자 관리료 및 이에 속하는 비용항목 포함)은 제1항부터 제8항에 따라 보상합니다.
〈본조신설 2021.7.1.〉

〈붙임 4〉 국내의료기관 의료비 중 보상하지 않는 상해의료비 〈신설 2021.7.1.〉

보장종목	보상하지 않는 사항
(1) 상해급여	① 회사는 다음의 사유로 인하여 생긴 급여의료비는 보상하지 않습니다. 1. 피보험자가 고의로 자신을 해친 경우. 다만, 피보험자가 심신상실 등으로 자유로운 의사결정을 할 수 없는 상태에서 자신을 해친 사실이 증명된 경우에는 보상합니다. 2. 보험수익자가 고의로 피보험자를 해친 경우. 다만, 그 보험수익자가 보험금의 일부 보험수익자인 경우에는 다른 보험수익자에 대한 보험금은 지급합니다. 3. 계약자가 고의로 피보험자를 해친 경우 4. 피보험자가 임신, 출산(제왕절개를 포함합니다), 산후기로 입원 또는 통원한 경우. 다만, 회사가 보상하는 상해로 인하여 입원 또는 통원한 경우에는 보상합니다. 5. 전쟁, 외국의 무력행사, 혁명, 내란, 사변, 폭동으로 인한 경우 6. 피보험자가 정당한 이유 없이 입원기간 중 의사의 지시를 따르지 않거나 의사가 통원치료가 가능하다고 인정함에도 피보험자 본인이 자의적으로 입원하여 발생한 입원의료비 7. 피보험자가 정당한 이유없이 통원기간 중 의사의 지시를 따르지 않아 발생한 통원의료비 ② 회사는 다른 약정이 없으면 피보험자가 직업, 직무 또는 동호회 활동 목적으로 한 다음의 어느 하나에 해당하는 행위로 인하여 생긴 상해에 대해서는 보상하지 않습니다. 1. 전문등반(전문적인 등산용구를 사용하여 암벽 또는 빙벽을 오르내리거나 특수한 기술, 경험, 사전 훈련이 필요한 등반을 말합니다), 글라이더 조종, 스카이다이빙, 스쿠버다이빙, 행글라이딩, 수상보트, 패러글라이딩 2. 모터보트・자동차 또는 오토바이에 의한 경기, 시범, 행사(이를 위한 연습을 포함합니다) 또는 시운전(다만, 공용도로에서 시운전을 하는 동안 발생한 상해는 보상합니다) 3. 선박에 탑승하는 것을 직무로 하는 사람이 직무상 선박에 탑승하고 있는 동안 ③ 회사는 다음의 급여의료비에 대해서는 보상하지 않습니다. 1. 「국민건강보험법」에 따른 요양급여 중 본인부담금의 경우 국민건강보험 관련 법령에 따라 국민건강보험공단으로부터 사전 또는 사후 환급이 가능한 금액(본인부담금 상한제) 2. 「의료급여법」에 따른 의료급여 중 본인부담금의 경우 의료급여 관련 법령에 따라 의료급여기금 등으로부터 사전 또는 사후 환급이 가능한 금액(「의료급여법」에 따른 본인부담금 보상제 및 본인부담금 상한제) 3. 자동차보험(공제를 포함합니다)에서 보상받는 치료관계비(과실상계 후 금액을 기준으로 합니다) 또는 산재보험에서 보상받는 의료비. 다만, 본인부담의료비(자동차보험 진료수가에 관한 기준 및 산재보험 요양급여 산정기준에 따라 발생한 실제 본인 부담의료비)는 제3조(보장종목별 보상내용) (1) 상해급여 제1항, 제2항 및 제4항부터 제8항에 따라 보상합니다. 4. 「응급의료에 관한 법률」 및 동법 시행규칙에서 정한 응급환자에 해당하지 않는 자가 동법 제26조 권역응급의료센터 또는 「의료법」 제3조의4에 따른 상급종합병원 응급실을 이용하면서 발생한 응급의료관리료로서 전액 본인부담금에 해당하는 의료비

〈붙임 5〉 국내의료기관 의료비 중 보상하지 않는 질병의료비 〈신설 2021.7.1.〉

보장종목	보상하지 않는 사항
(2) 질병급여	① 회사는 다음의 사유로 인하여 생긴 급여의료비는 보상하지 않습니다. 1. 피보험자가 고의로 자신을 해친 경우. 다만, 피보험자가 심신상실 등으로 자유로운 의사결정을 할 수 없는 상태에서 자신을 해친 사실이 증명된 경우에는 보상합니다. 2. 보험수익자가 고의로 피보험자를 해친 경우. 다만, 그 보험수익자가 보험금의 일부 보험수익자인 경우에는 다른 보험수익자에 대한 보험금은 지급합니다. 3. 계약자가 고의로 피보험자를 해친 경우 4. 피보험자가 정당한 이유 없이 입원기간 중 의사의 지시를 따르지 않거나 의사가 통원치료가 가능하다고 인정함에도 피보험자 본인이 자의적으로 입원하여 발생한 입원의료비 5. 피보험자가 정당한 이유 없이 통원기간 중 의사의 지시를 따르지 않아 발생한 통원의료비 ② 회사는 '한국표준질병사인분류'에 따른 다음의 의료비에 대해서는 보상하지 않습니다. 1. 정신 및 행동장애(F04~F99). 다만, F04~F09, F20~F29, F30~F39, F40~F48, F51, F90~F98과 관련한 치료에서 발생한 「국민건강보험법」에 따른 요양급여에 해당하는 의료비는 보상합니다. 2. 여성생식기의 비염증성 장애로 인한 습관성 유산, 불임 및 인공수정관련 합병증(N96~N98)으로 발생한 의료비 중 전액 본인부담금 및 보험가입일로부터 2년 이내에 발생한 의료비 3. 피보험자가 임신, 출산(제왕절개를 포함합니다), 산후기로 입원 또는 통원한 경우(O00~O99) 4. 선천성 뇌질환(Q00~Q04). 다만, 피보험자가 보험가입당시 태아인 경우에는 보상합니다. 5. 요실금(N39.3, N39.4, R32) ③ 회사는 다음의 급여의료비에 대해서는 보상하지 않습니다. 1. 「국민건강보험법」에 따른 요양급여 중 본인부담금의 경우 국민건강보험 관련 법령에 따라 국민건강보험공단으로부터 사전 또는 사후 환급이 가능한 금액(본인부담금 상한제) 2. 「의료급여법」에 따른 의료급여 중 본인부담금의 경우 의료급여 관련 법령에 따라 의료급여기금 등으로부터 사전 또는 사후 환급이 가능한 금액(「의료급여법」에 따른 본인부담금 보상제 및 본인부담금 상한제) 3. 성장호르몬제 투여에 소요된 비용으로 부담한 전액 본인부담금 4. 산재보험에서 보상받는 의료비. 다만, 본인부담의료비(산재보험 요양급여 산정기준에 따라 발생한 실제 본인 부담의료비)는 제3조(보장종목별 보상내용) (2) 질병급여 제1항 및 제3항부터 제8항에 따라 보상합니다. 5. 사람면역결핍바이러스(HIV) 감염으로 인한 치료비(다만, 「의료법」에서 정한 의료인의 진료상 또는 치료중 혈액에 의한 HIV 감염은 해당 진료기록을 통해 객관적으로 확인되는 경우는 보상합니다) 6. 「응급의료에 관한 법률」 및 동법 시행규칙에서 정한 응급환자에 해당하지 않는 자가 동법 제26조 권역응급의료센터 또는 「의료법」 제3조의4에 따른 상급종합병원 응급실을 이용하면서 발생한 응급의료관리료로서 전액 본인부담금에 해당하는 의료비 〈본조신설 2021.7.1.〉

06 배상책임보험 표준약관

〈개정 2010.3.29., 2011.1.19., 2011.6.29., 2014.12.26., 2015.12.29., 2018.3.2. 2020.10.16., 2021.7.1.〉

제1관 목적 및 용어의 정의

제1조(목적) 이 보험계약(이하 '계약'이라 합니다)은 보험계약자(이하 '계약자'라 합니다)와 보험회사(이하 '회사'라 합니다) 사이에 피보험자가 법률상의 배상책임을 부담함으로써 입은 손해에 대한 위험을 보장하기 위하여 체결됩니다.

제2조(용어의 정의) 이 계약에서 사용되는 용어의 정의는 이 계약의 다른 조항에서 달리 정의되지 않는 한 다음과 같습니다.

1. 계약 관련 용어
   가. 계약자 : 회사와 계약을 체결하고 보험료를 납입할 의무를 지는 사람을 말합니다.
   나. 피보험자 : 보험사고로 인하여 타인에 대한 법률상 손해배상책임을 부담하는 손해를 입은 사람(법인인 경우에는 그 이사 또는 법인의 업무를 집행하는 그 밖의 기관)을 말합니다.
   다. 보험증권 : 계약의 성립과 그 내용을 증명하기 위하여 회사가 계약자에게 드리는 증서를 말합니다.
2. 보상 관련 용어
   가. 배상책임 : 보험증권상의 보장지역 내에서 보험기간중에 발생된 보험사고로 인하여 타인에게 입힌 손해에 대한 법률상의 책임을 말합니다.
   나. 보상한도액 : 회사와 계약자 간에 약정한 금액으로 피보험자가 법률상의 배상책임을 부담함으로써 입은 손해 중 제8조(보험금 등의 지급한도)에 따라 회사가 책임지는 금액의 최대 한도를 말합니다.
   다. 자기부담금 : 보험사고로 인하여 발생한 손해에 대하여 계약자 또는 피보험자가 부담하는 일정 금액을 말합니다.
   라. 보험금 분담 : 이 계약에서 보장하는 위험과 같은 위험을 보장하는 다른 계약(공제계약을 포함합니다)이 있을 경우 비율에 따라 손해를 보상합니다.
   마. 대위권 : 회사가 보험금을 지급하고 취득하는 법률상의 권리를 말합니다.
3. 이자율 관련 용어
   가. 연단위 복리 : 회사가 지급할 금전에 이자를 줄 때 1년마다 마지막 날에 그 이자를 원금에 더한 금액을 다음 1년의 원금으로 하는 이자 계산방법을 말합니다.
   나. 보험개발원이 공시하는 보험계약대출이율 : 보험개발원이 정기적으로 산출하여 공시하는 이율로써 회사가 보험금의 지급 또는 보험료의 환급을 지연하는 경우 등에 적용합니다.
4. 기간과 날짜 관련 용어
   가. 보험기간 : 계약에 따라 보장을 받는 기간을 말합니다.
   나. 영업일 : 회사가 영업점에서 정상적으로 영업하는 날을 말하며, 토요일, '관공서의 공휴일에 관한 규정'에 따른 공휴일과 근로자의 날을 제외합니다.

제2관 보험금의 지급

제3조(보상하는 손해) 회사는 피보험자가 보험증권상의 보장지역 내에서 보험기간 중에 발생된 보험사고로 인하여 피해자에게 법률상의 배상책임을 부담함으로써 입은 아래의 손해를 이 약관에 따라 보상하여 드립니다.

1. 피보험자가 피해자에게 지급할 책임을 지는 법률상의 손해배상금
2. 계약자 또는 피보험자가 지출한 아래의 비용
    가. 피보험자가 제11조(손해방지의무) 제1항 제1호의 손해의 방지 또는 경감을 위하여 지출한 필요 또는 유익하였던 비용
    나. 피보험자가 제11조(손해방지의무) 제1항 제2호의 제3자로부터 손해의 배상을 받을 수 있는 그 권리를 지키거나 행사하기 위하여 지출한 필요 또는 유익하였던 비용
    다. 피보험자가 지급한 소송비용, 변호사비용, 중재, 화해 또는 조정에 관한 비용
    라. 보험증권상의 보상한도액내의 금액에 대한 공탁보증보험료. 그러나 회사는 그러한 보증을 제공할 책임은 부담하지 않습니다.
    마. 피보험자가 제12조(손해배상청구에 대한 회사의 해결) 제2항 및 제3항의 회사의 요구에 따르기 위하여 지출한 비용

제4조(보상하지 않는 손해) 회사는 아래의 사유로 인한 손해는 보상하여 드리지 않습니다.

1. 계약자, 피보험자 또는 이들의 법정대리인의 고의로 생긴 손해에 대한 배상책임
2. 전쟁, 혁명, 내란, 사변, 테러, 폭동, 소요, 노동쟁의 기타 이들과 유사한 사태로 생긴 손해에 대한 배상책임
3. 지진, 분화, 홍수, 해일 또는 이와 비슷한 천재지변으로 생긴 손해에 대한 배상책임
4. 피보험자가 소유, 사용 또는 관리하는 재물이 손해를 입었을 경우에 그 재물에 대하여 정당한 권리를 가진 사람에게 부담하는 손해에 대한 배상책임
5. 피보험자와 타인 간에 손해배상에 관한 약정이 있는 경우, 그 약정에 의하여 가중된 배상책임
6. 핵연료물질 또는 핵연료물질에 의하여 오염된 물질의 방사성, 폭발성 그 밖의 유해한 특성 또는 이들의 특성에 의한 사고로 생긴 손해에 대한 배상책임
7. 위 제6호 이외의 방사선을 쬐는 것 또는 방사능 오염으로 인한 손해
8. 티끌, 먼지, 석면, 분진 또는 소음으로 생긴 손해에 대한 배상책임
9. 전자파, 전자장(EMF)으로 생긴 손해에 대한 배상책임
10. 벌과금 및 징벌적 손해에 대한 배상책임

> 【핵연료물질】 사용된 연료를 포함합니다.
> 【핵연료물질에 의하여 오염된 물질】 원자핵 분열 생성물을 포함합니다.

제5조(손해의 통지 및 조사) ① 계약자 또는 피보험자는 아래와 같은 사실이 있는 경우에는 지체 없이 그 내용을 회사에 알려야 합니다.

1. 사고가 발생하였을 경우 사고가 발생한 때와 곳, 피해자의 주소와 성명, 사고상황 및 이들 사항의 증인이 있을 경우 그 주소와 성명
2. 피해자로부터 손해배상청구를 받았을 경우
3. 피해자로부터 손해배상책임에 관한 소송을 제기받았을 경우

② 계약자 또는 피보험자가 제1항 각호의 통지를 게을리하여 손해가 증가된 때에는 회사는 그 증가된 손해를 보상하여 드리지 않으며, 제1항 제3호의 통지를 게을리 한 때에는 소송비용과 변호사비용도 보상하여 드리지 않습니다. 다만, 계약자 또는 피보험자가 상법 제657조 제1항에 의해 보험사고의 발생을 회사에 알린 경우에는 제3조(보상하는 손해) 제1호 및 제2호 '다'목 또는 '라'목의 비용에 대하여 보상한도액을 한도로 보상하여 드립니다.

제6조(보험금의 청구) 피보험자가 보험금을 청구할 때에는 다음의 서류를 회사에 제출하여야 합니다.
1. 보험금 청구서(회사양식)
2. 신분증(주민등록증이나 운전면허증 등 사진이 붙은 정부기관발행 신분증, 본인이 아닌 경우에는 본인의 인감증명서 또는 본인서명사실확인서 포함) 〈개정 2018.3.2.〉
3. 손해배상금 및 그 밖의 비용을 지급하였음을 증명하는 서류
4. 회사가 요구하는 그 밖의 서류

제7조(보험금의 지급절차) ① 회사는 제6조(보험금의 청구)에서 정한 서류를 접수한 때에는 접수증을 교부하고, 그 서류를 접수받은 후 지체 없이 지급할 보험금을 결정하고 지급할 보험금이 결정되면 7일 이내에 이를 지급하여 드립니다. 또한, 지급할 보험금이 결정되기 전이라도 피보험자의 청구가 있을 때에는 회사가 추정한 보험금의 50% 상당액을 가지급보험금으로 지급합니다.

② 회사는 제1항의 지급보험금이 결정된 후 7일(이하 '지급기일'이라 합니다)이 지나도록 보험금을 지급하지 않았을 때에는 지급기일의 다음날부터 지급일까지의 기간에 대하여 〈부표〉 '보험금을 지급할 때의 적립이율'에 따라 연단위 복리로 계산한 금액을 보험금에 더하여 지급합니다. 그러나 피보험자의 책임있는 사유로 지체된 경우에는 그 해당기간에 대한 이자를 더하여 지급하지 않습니다.

제8조(보험금 등의 지급한도) ① 회사는 1회의 보험사고에 대하여 다음과 같이 보상합니다. 이 경우 보상한도액과 자기부담금은 각각 보험증권에 기재된 금액을 말합니다.
1. 제3조(보상하는 손해) 제1호의 손해배상금 : 보상한도액을 한도로 보상하되, 자기부담금이 약정된 경우에는 그 자기부담금을 초과한 부분만 보상합니다.
2. 제3조(보상하는 손해) 제2호 '가'목, '나'목 또는 '마'목의 비용 : 비용의 전액을 보상합니다.
3. 제3조(보상하는 손해) 제2호 '다'목 또는 '라'목의 비용 : 이 비용과 제1호에 의한 보상액의 합계액을 보상한도액내에서 보상합니다.

② 보험기간 중 발생하는 사고에 대한 회사의 보상총액은 보험증권에 기재된 총 보상한도액을 한도로 합니다.

제9조(의무보험과의 관계) ① 회사는 이 약관에 의하여 보상하여야 하는 금액이 의무보험에서 보상하는 금액을 초과할 때에 한하여 그 초과액만을 보상합니다. 다만, 의무보험이 다수인 경우에는 제10조(보험금의 분담)를 따릅니다.

② 제1항의 의무보험은 피보험자가 법률에 의하여 의무적으로 가입하여야 하는 보험으로서 공제계약을 포함합니다.

③ 피보험자가 의무보험에 가입하여야 함에도 불구하고 가입하지 않은 경우에는 그가 가입했더라면 의무보험에서 보상했을 금액을 제1항의 "의무보험에서 보상하는 금액"으로 봅니다.

제10조(보험금의 분담) ① 이 계약에서 보장하는 위험과 같은 위험을 보장하는 다른 계약(공제계약을 포함합니다)이 있을 경우 각 계약에 대하여 다른 계약이 없는 것으로 하여 각각 산출한 보상책임액의 합계액이 손해액을 초과할 때에는 아래에 따라 손해를 보상합니다. 이 계약과 다른 계약이 모두 의무보험인 경우에도 같습니다.

$$\text{손해액} \times \frac{\text{이 계약의 보상책임액}}{\text{다른 계약이 없는 것으로 하여 각각 계산한 보상책임액의 합계액}}$$

② 이 계약이 의무보험이 아니고 다른 의무보험이 있는 경우에는 다른 의무보험에서 보상되는 금액(피보험자가 가입을 하지 않은 경우에는 보상될 것으로 추정되는 금액)을 차감한 금액을 손해액으로 간주하여 제1항에 의한 보상할 금액을 결정합니다.

③ 피보험자가 다른 계약에 대하여 보험금 청구를 포기한 경우에도 회사의 제1항에 의한 지급보험금 결정에는 영향을 미치지 않습니다.

제11조(손해방지의무) ① 보험사고가 생긴 때에는 계약자 또는 피보험자는 아래의 사항을 이행하여야 합니다.
1. 손해의 방지 또는 경감을 위하여 노력하는 일(피해자에 대한 응급처치, 긴급호송 또는 그 밖의 긴급조치를 포함합니다)
2. 제3자로부터 손해의 배상을 받을 수 있는 경우에는 그 권리를 지키거나 행사하기 위한 필요한 조치를 취하는 일
3. 손해배상책임의 전부 또는 일부에 관하여 지급(변제), 승인 또는 화해를 하거나 소송, 중재 또는 조정을 제기하거나 신청하고자 할 경우에는 미리 회사의 동의를 받는 일

② 계약자 또는 피보험자가 정당한 이유 없이 제1항의 의무를 이행하지 않았을 때에는 제3조(보상하는 손해)에 의한 손해에서 다음의 금액을 뺍니다.
1. 제1항 제1호의 경우에는 그 노력을 하였더라면 손해를 방지 또는 경감할 수 있었던 금액
2. 제1항 제2호의 경우에는 제3자로부터 손해의 배상을 받을 수 있었던 금액
3. 제1항 제3호의 경우에는 소송비용(중재 또는 조정에 관한 비용 포함) 및 변호사비용과 회사의 동의를 받지 않은 행위에 의하여 증가된 손해

제12조(손해배상청구에 대한 회사의 해결) ① 피보험자가 피해자에게 손해배상책임을 지는 사고가 생긴 때에는 피해자는 이 약관에 의하여 회사가 피보험자에게 지급책임을 지는 금액한도 내에서 회사에 대하여 보험금의 지급을 직접 청구할 수 있습니다. 그러나 회사는 피보험자가 그 사고에 관하여 가지는 항변으로써 피해자에게 대항할 수 있습니다.

② 회사가 제1항의 청구를 받았을 때에는 지체 없이 피보험자에게 통지하여야 하며, 회사의 요구가 있으면 계약자 및 피보험자는 필요한 서류증거의 제출, 증언 또는 증인출석에 협조하여야 합니다.

③ 피보험자가 피해자로부터 손해배상의 청구를 받았을 경우에 회사가 필요하다고 인정할 때에는 피보험자를 대신하여 회사의 비용으로 이를 해결할 수 있습니다. 이 경우에 회사의 요구가 있으면 계약자 또는 피보험자는 이에 협력하여야 합니다.

④ 계약자 및 피보험자가 정당한 이유 없이 제2항, 제3항의 요구에 협조하지 않았을 때에는 회사는 그로 인하여 늘어난 손해는 보상하지 않습니다.

제13조(합의·절충·중재·소송의 협조·대행 등) ① 회사는 피보험자의 법률상 손해배상책임을 확정하기 위하여 피보험자가 피해자와 행하는 합의·절충·중재 또는 소송(확인의 소를 포함합니다)에 대하여 협조하거나, 피보험자를 위하여 이러한 절차를 대행할 수 있습니다.

② 회사는 피보험자에 대하여 보상책임을 지는 한도 내에서 제1항의 절차에 협조하거나 대행합니다.

> **【보상책임을 지는 한도】** 동일한 사고로 이미 지급한 보험금이나 가지급보험금이 있는 경우에는 그 금액을 공제한 액수를 말합니다.

③ 회사가 제1항의 절차에 협조하거나 대행하는 경우에는 피보험자는 회사의 요청에 따라 협력해야 하며, 피보험자가 정당한 이유 없이 협력하지 않을 경우에는 그로 말미암아 늘어난 손해에 대해서 보상하지 않습니다.

④ 회사는 다음의 경우에는 제1항의 절차를 대행하지 않습니다.

1. 피보험자가 피해자에 대하여 부담하는 법률상의 손해배상책임액이 보험증권에 기재된 보상한도액을 명백하게 초과하는 때
2. 피보험자가 정당한 이유 없이 협력하지 않을 때

⑤ 회사가 제1항의 절차를 대행하는 경우에는 피보험자에 대하여 보상책임을 지는 한도 내에서 가압류나 가집행을 면하기 위한 공탁금을 피보험자에게 대부할 수 있으며 이에 소요되는 비용을 보상합니다. 이 경우 대부금의 이자는 공탁금에 붙여지는 것과 같은 이율로 하며, 피보험자는 공탁금(이자를 포함합니다)의 회수청구권을 회사에 양도하여야 합니다.

제14조(대위권) ① 회사가 보험금을 지급한 때(현물보상한 경우를 포함합니다)에는 회사는 지급한 보험금의 한도 내에서 아래의 권리를 가집니다. 다만, 회사가 보상한 금액이 피보험자가 입은 손해의 일부인 경우에는 피보험자의 권리를 침해하지 않는 범위 내에서 그 권리를 가집니다.

1. 피보험자가 제3자로부터 손해배상을 받을 수 있는 경우에는 그 손해배상청구권
2. 피보험자가 손해배상을 함으로써 대위 취득하는 것이 있을 경우에는 그 대위권

② 계약자 또는 피보험자는 제1항에 의하여 회사가 취득한 권리를 행사하거나 지키는 것에 관하여 조치를 하여야 하며, 또한 회사가 요구하는 증거 및 서류를 제출하여야 합니다.

③ 회사는 제1항, 제2항에도 불구하고 타인을 위한 보험계약의 경우에는 계약자에 대한 대위권을 포기합니다.

④ 회사는 제1항에 따른 권리가 계약자 또는 피보험자와 생계를 같이 하는 가족에 대한 것인 경우에는 그 권리를 취득하지 못합니다. 다만, 손해가 그 가족의 고의로 인하여 발생한 경우에는 그 권리를 취득합니다.

제3관 계약자의 계약 전 알릴 의무 등

제15조(계약 전 알릴 의무) 계약자, 피보험자 또는 이들의 대리인은 청약할 때 청약서(질문서를 포함합니다)에서 질문한 사항에 대하여 알고 있는 사실을 반드시 사실대로 알려야 합니다.

제16조(계약 후 알릴 의무) ① 계약을 맺은 후 보험의 목적에 아래와 같은 사실이 생긴 경우에는 계약자나 피보험자는 지체 없이 서면으로 회사에 알리고 보험증권에 확인을 받아야 합니다.

1. 청약서의 기재사항을 변경하고자 할 때 또는 변경이 생겼음을 알았을 때
2. 이 계약에서 보장하는 위험과 동일한 위험을 보장하는 계약을 다른 보험자와 체결하고자 할 때 또는 이와 같은 계약이 있음을 알았을 때

3. 위험이 뚜렷이 변경되거나 변경되었음을 알았을 때

② 회사는 제1항에 따라 위험이 감소된 경우에는 그 차액보험료를 돌려드리며, 위험이 증가된 경우에는 통지를 받은 날부터 1개월 이내에 보험료의 증액을 청구하거나 계약을 해지할 수 있습니다.

③ 계약자 또는 피보험자는 주소 또는 연락처가 변경된 경우에는 지체 없이 이를 회사에 알려야 합니다. 다만, 계약자 또는 피보험자가 알리지 않은 경우 회사가 알고 있는 최종의 주소 또는 연락처로 등기우편 등 우편물에 대한 기록이 남는 방법으로 회사가 알린 사항은 일반적으로 도달에 필요한 기간이 지난 때에는 계약자 또는 피보험자에게 도달한 것으로 봅니다.

제16조2(양도) 보험의 목적의 양도는 회사의 서면동의 없이는 회사에 대하여 효력이 없으며, 회사가 서면 동의한 경우 계약으로 인하여 생긴 권리와 의무를 함께 양도한 것으로 합니다. 다만, 의무보험인 경우에는 회사의 서면동의가 없는 경우에도 청약서에 기재된 사업을 양도하였을 때 계약으로 인하여 생긴 권리와 의무를 함께 양도한 것으로 봅니다.

제17조(사기에 의한 계약) 계약자, 피보험자 또는 이들의 대리인의 사기에 의하여 계약이 성립되었음을 회사가 증명하는 경우에는 계약일부터 5년 이내(사기사실을 안 날부터 1개월 이내)에 계약을 취소할 수 있습니다.

제4관 보험계약의 성립과 유지

제18조(보험계약의 성립) ① 계약은 계약자의 청약과 회사의 승낙으로 이루어집니다.

② 회사는 계약의 청약을 받고 보험료 전액 또는 제1회 보험료(이하 '제1회 보험료 등'이라 합니다)를 받은 경우에는 청약일부터 30일 이내에 승낙 또는 거절의 통지를 하며 통지가 없으면 승낙한 것으로 봅니다.

③ 회사가 청약을 승낙한 때에는 지체 없이 보험증권을 계약자에게 교부하여 드리며, 청약을 거절한 경우에는 거절통지와 함께 받은 금액을 계약자에게 돌려드립니다.

④ 이미 성립한 계약을 연장하거나 변경하는 경우에는 회사는 보험증권에 그 사실을 기재함으로써 보험증권의 교부에 대신할 수 있습니다.

제19조(청약의 철회) ① 계약자는 보험증권을 받은 날부터 15일 이내에 그 청약을 철회할 수 있습니다. 다만, 의무보험의 경우에는 철회의사를 표시한 시점에 동종의 다른 의무보험에 가입된 경우에만 철회할 수 있으며, 보험기간이 90일 이내인 계약 또는 전문금융소비자가 체결한 계약은 청약을 철회할 수 없습니다. 〈개정 2021.7.1.〉

> 【전문금융소비자】 보험계약에 관한 전문성, 자산규모 등에 비추어 보험계약에 따른 위험감수능력이 있는 자로서, 국가, 지방자치단체, 한국은행, 금융회사, 주권상장법인 등을 포함하며 「금융소비자 보호에 관한 법률」 제2조(정의) 제9호에서 정하는 전문금융소비자를 말합니다.
>
> 【일반금융소비자】 전문금융소비자가 아닌 계약자를 말합니다. 〈개정 2021.7.1.〉

② 제1항에도 불구하고 청약한 날부터 30일이 초과된 계약은 청약을 철회할 수 없습니다.

③ 청약철회는 계약자가 전화로 신청하거나, 철회의사를 표시하기 위한 서면, 전자우편, 휴대전화 문자메시지 또는 이에 준하는 전자적 의사표시(이하 '서면 등'이라 합니다)를 발송한 때 효력이 발생합니다. 계약자는 서면 등을 발송한 때에 그 발송 사실을 회사에 지체 없이 알려야 합니다. 〈개정 2021.7.1.〉

④ 계약자가 청약을 철회한 때에는 회사는 청약의 철회를 접수한 날부터 3영업일 이내에 납입한 보험료를 계약자에게 돌려 드리며, 보험료 반환이 늦어진 기간에 대하여는 보험개발원이 공시하는 보험계약대출이율을 연단위 복리로 계산한 금액을 더하여 지급합니다. 다만, 계약자가 제1회 보험료 등을 신용카드로 납입한 계약의 청약을 철회하는 경우에 회사는 청약의 철회를 접수한 날부터 3영업일 이내에 해당 신용카드회사로 하여금 대금청구를 하지 않도록 해야 하며, 이 경우 회사는 보험료를 반환한 것으로 봅니다. 〈개정 2021.7.1.〉

⑤ 청약을 철회할 때에 이미 보험금 지급사유가 발생하였으나 계약자가 그 보험금 지급사유가 발생한 사실을 알지 못한 경우에는 청약철회의 효력은 발생하지 않습니다.

⑥ 제1항에서 보험증권을 받은 날에 대한 다툼이 발생한 경우 회사가 이를 증명하여야 합니다.

제20조(약관 교부 및 설명의무 등) ① 회사는 계약자가 청약할 때에 계약자에게 약관의 중요한 내용을 설명하여야 하며, 청약 후에 다음 각 호의 방법 중 계약자가 원하는 방법을 확인하여 지체 없이 약관 및 계약자 보관용 청약서를 제공하여 드립니다. 만약, 회사가 전자우편 및 전자적 의사표시로 제공한 경우 계약자 또는 그 대리인이 약관 및 계약자 보관용 청약서 등을 수신하였을 때에는 해당 문서를 드린 것으로 봅니다. 〈개정 2021.7.1.〉

1. 서면교부
2. 우편 또는 전자우편
3. 휴대전화 문자메시지 또는 이에 준하는 전자적 의사표시

② 제1항과 관련하여 통신판매계약의 경우, 회사는 계약자가 가입한 특약만 포함한 약관을 드리며, 계약자의 동의를 얻어 다음 중 한 가지 방법으로 약관의 중요한 내용을 설명할 수 있습니다. 〈신설 2020.10.16.〉

1. 인터넷 홈페이지에서 약관 및 그 설명문(약관의 중요한 내용을 설명한 문서)을 읽거나 내려받게 하는 방법. 이 경우 계약자가 이를 읽거나 내려 받은 것을 확인한 때에 해당 약관을 드리고 그 중요한 내용을 설명한 것으로 봅니다.
2. 전화를 이용하여 청약내용, 보험료납입, 보험기간, 계약 전 알릴 의무, 약관의 중요한 내용 등 계약을 체결하는 데 필요한 사항을 질문 또는 설명하는 방법. 이 경우 계약자의 답변과 확인내용을 음성 녹음함으로써 약관의 중요한 내용을 설명한 것으로 봅니다.

> 【통신판매계약】 전화·우편·인터넷 등 통신수단을 이용하여 체결하는 계약을 말합니다.

③ 회사가 제1항에 따라 제공될 약관 및 계약자 보관용 청약서를 청약할 때 계약자에게 전달하지 않거나 약관의 중요한 내용을 설명하지 않은 때 또는 계약을 체결할 때 계약자가 청약서에 자필서명을 하지 않은 때에는 계약자는 계약이 성립한 날부터 3개월 이내에 계약을 취소할 수 있습니다.

> 【자필서명】 날인(도장을 찍음) 및 「전자서명법」 제2조 제2호에 따른 전자서명을 포함합니다. 〈개정 2021.7.1.〉

④ 제3항에 따라 계약이 취소된 경우에는 회사는 이미 납입한 보험료를 계약자에게 돌려드리며, 보험료를 받은 기간에 대하여 보험개발원이 공시하는 보험계약대출이율을 연단위 복리로 계산한 금액을 더하여 지급합니다.

제21조(계약의 무효) 계약을 맺을 때에 보험사고가 이미 발생하였을 경우 이 계약은 무효로 합니다. 다만, 회사의 고의 또는 과실로 계약이 무효로 된 경우와 회사가 승낙 전에 무효임을 알았거나 알 수 있었음에도 불구하고 보험료를 반환하지 않은 경우에는 보험료를 납입한 날의 다음날부터 반환일까지의 기간에 대하여 회사는 보험개발원이 공시하는 보험계약대출이율을 연단위 복리로 계산한 금액을 더하여 돌려 드립니다.

제22조(계약내용의 변경 등) ① 계약자는 회사의 승낙을 얻어 다음의 사항을 변경할 수 있습니다. 이 경우 승낙을 서면 등으로 알리거나 보험증권의 뒷면에 기재하여 드립니다.

1. 보험종목
2. 보험기간
3. 보험료 납입주기, 납입방법 및 납입기간
4. 계약자, 피보험자
5. 보상한도액, 보험료 등 기타 계약의 내용

② 회사는 계약자가 제1회 보험료 등을 납입한 때부터 1년 이상 지난 유효한 계약으로서 그 보험종목의 변경을 요청할 때에는 회사의 사업방법서에서 정하는 방법에 따라 이를 변경하여 드립니다.

③ 회사는 계약자가 제1항 제5호의 규정에 의하여 보상한도액을 감액하고자 할 때에는 그 감액된 부분은 계약이 해지된 것으로 보며, 제33조(보험료의 환급)에 따라 보험료를 계약자에게 지급합니다.

④ 회사는 제1항에 따라 계약자를 변경한 경우, 변경된 계약자에게 보험증권 및 약관을 교부하고 변경된 계약자가 요청하는 경우 약관의 중요한 내용을 설명하여 드립니다.

제23조(조사) ① 회사는 보험목적에 대한 위험상태를 조사하기 위하여 보험기간 중 언제든지 피보험자의 시설과 업무내용을 조사할 수 있고 필요한 경우에는 그의 개선을 피보험자에게 요청할 수 있습니다.

② 회사는 제1항에 따른 개선이 완료될 때까지 계약의 효력을 정지할 수 있습니다.

③ 회사는 이 계약의 중요사항과 관련된 범위 내에서는 보험기간 중 또는 회사에서 정한 보험금 청구서류를 접수한 날부터 1년 이내에는 언제든지 피보험자의 회계장부를 열람할 수 있습니다.

제24조(타인을 위한 계약) ① 계약자는 타인을 위한 계약을 체결하는 경우에 그 타인의 위임이 없는 때에는 반드시 이를 회사에 알려야 하며, 이를 알리지 않았을 때에는 그 타인은 이 계약이 체결된 사실을 알지 못하였다는 사유로 회사에 이의를 제기할 수 없습니다.

② 타인을 위한 계약에서 보험사고가 발생한 경우에 계약자가 그 타인에게 보험사고의 발생으로 생긴 손해를 배상한 때에는 계약자는 그 타인의 권리를 해하지 않는 범위 안에서 회사에 보험금의 지급을 청구할 수 있습니다.

제5관 보험료의 납입

제25조(제1회 보험료 등 및 회사의 보장개시) ① 회사는 계약의 청약을 승낙하고 제1회 보험료 등을 받은 때부터 이 약관이 정한 바에 따라 보장을 합니다.

② 회사가 계약자로부터 계약의 청약과 함께 제1회 보험료 등을 받은 경우에 그 청약을 승낙하기 전에 계약에서 정한 보험사고가 생긴 때에는 회사는 계약상의 보장을 합니다.

③ 제2항의 규정에도 불구하고 회사는 다음 중 한 가지에 해당되는 경우에는 보장을 하지 않습니다.

1. 제15조(계약 전 알릴 의무)의 규정에 의하여 계약자 또는 피보험자가 회사에 알린 내용이 보험금 지급사유의 발생에 영향을 미쳤음을 회사가 증명하는 경우

2. 제4조(보상하지 않는 손해), 제17조(사기에 의한 계약), 제21조(계약의 무효) 또는 제30조(계약의 해지)의 규정을 준용하여 회사가 보장을 하지 않을 수 있는 경우

④ 계약자가 제1회 보험료 등을 자동이체 또는 신용카드로 납입하는 경우에는 자동이체신청 및 신용카드 매출 승인에 필요한 정보를 회사에 제공한 때가 제1회 보험료 등을 납입한 때가 되나, 계약자의 책임있는 사유로 자동이체 또는 매출승인이 불가능한 경우에는 제1회 보험료 등이 납입되지 않은 것으로 봅니다.

⑤ 계약이 갱신되는 경우에는 제1항 내지 제3항에 의한 보장은 기존 계약에 의한 보장이 종료하는 때부터 적용합니다.

제26조(제2회 이후 보험료의 납입) 계약자는 제2회 이후의 보험료를 납입기일까지 납입하여야 하며, 회사는 계약자가 보험료를 납입한 경우에는 영수증을 발행하여 드립니다. 다만, 금융회사(우체국을 포함합니다)를 통하여 보험료를 납입한 경우에는 그 금융회사 발행 증빙서류를 영수증으로 대신합니다.

> 【납입기일】 계약자가 제2회 이후의 보험료를 납입하기로 한 날을 말합니다.

제27조(보험료의 납입이 연체되는 경우 납입최고[독촉]와 계약의 해지) ① 계약자가 제2회 이후의 보험료를 납입기일까지 납입하지 않아 보험료 납입이 연체 중인 경우에 회사는 14일(보험기간이 1년 미만인 경우에는 7일) 이상의 기간을 납입최고(독촉)기간으로 정하여 계약자(타인을 위한 계약의 경우 그 특정된 타인을 포함합니다)에게 다음의 내용을 서면(등기우편 등), 전화(음성녹음) 또는 전자문서 등으로 알려드립니다. 다만, 계약이 해지되기 전에 발생한 보험금 지급사유에 대하여 회사는 계약상의 보장을 합니다.

1. 납입최고(독촉)기간 내에 연체보험료를 납입하여야 한다는 내용
2. 납입최고(독촉)기간이 끝나는 날까지 보험료를 납입하지 않을 경우 그 끝나는 날의 다음날에 계약이 해지된다는 내용

② 제1항의 납입최고(독촉)기간은 납입최고(독촉)의 통지가 계약자(타인을 위한 계약의 경우에는 그 특정된 타인을 포함)에게 도달한 날부터 시작되며, 납입최고(독촉)기간의 마지막 날이 영업일이 아닌 때에는 최고(독촉)기간은 그 다음 날까지로 합니다.

③ 회사가 제1항에 의한 납입최고(독촉) 등을 전자문서로 안내하고자 할 경우에는 계약자의 서면에 의한 동의를 얻어 수신확인을 조건으로 전자문서를 송신하여야 하며, 계약자가 전자문서에 대하여 수신을 확인하기 전까지는 그 전자문서는 송신되지 않은 것으로 봅니다. 회사는 전자문서가 수신되지 않은 것으로 확인되는 경우에는 제1항의 납입최고(독촉)기간을 설정하여 제1항에서 정한 내용을 서면(등기우편 등) 또는 전화(음성녹음)로 다시 알려 드립니다.

④ 제1항에 따라 계약이 해지된 경우에는 제33조(보험료의 환급)에 따라 보험료를 계약자에게 지급합니다.

제28조(보험료의 납입연체로 인한 해지계약의 부활[효력회복]) ① 제27조(보험료의 납입이 연체되는 경우 납입최고[독촉]와 계약의 해지)에 따라 계약이 해지되었으나 계약자가 제33조(보험료의 환급)에 따라 보험료를 돌려받지 않은 경우 계약자는 해지된 날부터 3년 이내에 회사가 정한 절차에 따라 계약의 부활(효력회복)을 청약할 수 있습니다. 이 경우 회사가 그 청약을 승낙한 때에는 계약자는 부활(효력회복)을 청약한 날까지의 연체된 보험료에 보험개발원이 공시하는 월평균 정기예금이율 + 1% 범위 내에서 각 상품별로 회사가 정하는 이율로 계산한 금액을 더하여 납입하여야 합니다.

② 제1항에 따라 해지계약을 부활(효력회복)하는 경우에는 제15조(계약 전 알릴 의무), 제17조(사기에 의한 계약), 제18조(보험계약의 성립), 제25조(제1회 보험료 등 및 회사의 보장개시) 및 제30조(계약의 해지)의 규정을 준용합니다.

제29조(강제집행 등으로 인한 해지계약의 특별부활[효력회복]) ① 타인을 위한 계약의 경우 제33조(보험료의 환급)에 따른 계약자의 환급금 청구권에 대한 강제집행, 담보권실행, 국세 및 지방세 체납처분절차에 의해 계약이 해지된 경우에는, 회사는 해지 당시의 피보험자가 계약자의 동의를 얻어 계약 해지로 회사가 채권자에게 지급한 금액을 회사에게 지급하고 제22조(계약내용의 변경 등) 제1항의 절차에 따라 계약자 명의를 피보험자로 변경하여 계약의 특별부활(효력회복)을 청약할 수 있음을 피보험자에게 통지하여야 합니다.

② 회사는 제1항에 의한 계약자 명의변경 신청 및 계약의 특별부활(효력회복) 청약을 승낙하며, 계약은 청약한 때부터 특별부활(효력회복) 됩니다.

③ 회사는 제1항의 통지를 계약이 해지된 날부터 7일 이내에 하여야 합니다. 다만, 회사의 통지가 7일을 지나서 도달하고 이후 피보험자가 제1항에 의한 계약자 명의변경 신청 및 계약의 특별부활(효력회복)을 청약한 경우에는 계약이 해지된 날부터 7일이 되는 날에 특별부활(효력회복) 됩니다.

④ 피보험자는 통지를 받은 날부터 15일 이내에 제1항의 절차를 이행할 수 있습니다.

제6관 계약의 해지 및 보험료의 환급 등

제30조(계약의 해지) ① 계약자는 손해가 발생하기 전에는 언제든지 계약을 해지할 수 있습니다. 다만, 타인을 위한 계약의 경우에는 계약자는 그 타인의 동의를 얻거나 보험증권을 소지한 경우에 한하여 계약을 해지할 수 있습니다.

② 회사는 계약자 또는 피보험자의 고의로 손해가 발생한 경우 이 계약을 해지할 수 있습니다.

③ 회사는 아래와 같은 사실이 있을 경우에는 손해의 발생여부에 관계없이 그 사실을 안 날부터 1개월 이내에 이 계약을 해지할 수 있습니다.

1. 계약자, 피보험자 또는 이들의 대리인이 제15조(계약 전 알릴 의무)에도 불구하고 고의 또는 중대한 과실로 중요한 사항에 대하여 사실과 다르게 알린 때.

2. 뚜렷한 위험의 변경 또는 증가와 관련된 제16조(계약 후 알릴 의무)에서 정한 계약 후 알릴 의무를 이행하지 않았을 때

④ 제3항 제1호의 경우에도 불구하고 다음 중 하나에 해당하는 경우에는 회사는 계약을 해지할 수 없습니다.

1. 회사가 계약 당시에 그 사실을 알았거나 과실로 인하여 알지 못하였을 때

2. 회사가 그 사실을 안 날부터 1개월 이상 지났거나 또는 제1회 보험료 등을 받은 때부터 보험금 지급사유가 발생하지 않고 2년이 지났을 때

3. 계약을 체결한 날부터 3년이 지났을 때

4. 보험을 모집한 자(이하 "보험설계사 등"이라 합니다)가 계약자 또는 피보험자에게 알릴 기회를 주지 않았거나 계약자 또는 피보험자가 사실대로 알리는 것을 방해한 경우, 계약자 또는 피보험자에게 사실대로 알리지 않게 하였거나 부실한 사항을 알릴 것을 권유했을 때. 다만, 보험설계사 등의 행위가 없었다 하더라도 계약자 또는 피보험자가 사실대로 알리지 않거나 부실한 사항을 알렸다고 인정되는 경우에는 계약을 해지할 수 있습니다.

⑤ 제3항에 의한 계약의 해지는 손해가 생긴 후에 이루어진 경우에도 회사는 그 손해를 보상하여 드리지 않습니다. 손해가 제3항 제1호 및 제2호의 사실로 생긴 것이 아님을 계약자 또는 피보험자가 증명한 경우에는 보상하여 드립니다.

⑥ 회사는 다른 보험가입내역에 대한 계약 전·후 알릴 의무 위반을 이유로 계약을 해지하거나 보험금 지급을 거절하지 않습니다.

제30조의2(위법계약의 해지) ① 계약자는 「금융소비자 보호에 관한 법률」 제47조 및 관련규정이 정하는 바에 따라 계약체결에 대한 회사의 법위반사항이 있는 경우 계약체결일부터 5년 이내의 범위에서 계약자가 위반사항을 안 날부터 1년 이내에 계약해지요구서에 증빙서류를 첨부하여 위법계약의 해지를 요구할 수 있습니다. 다만, 의무보험의 해지를 요구하려는 경우에는 동종의 다른 의무보험에 가입되어 있어야 합니다.

② 회사는 해지요구를 받은 날부터 10일 이내에 수락여부를 계약자에 통지하여야 하며, 거절할 때에는 거절 사유를 함께 통지하여야 합니다.

③ 계약자는 회사가 정당한 사유 없이 제1항의 요구를 따르지 않는 경우 해당 계약을 해지할 수 있습니다.

④ 제1항 및 제3항에 따라 계약이 해지된 경우 회사는 제33조(보험료의 환급) 제1항 제1호에 따른 환급금을 계약자에게 지급합니다.

⑤ 계약자는 제1항에 따른 제척기간에도 불구하고 민법 등 관계 법령에서 정하는 바에 따라 법률상의 권리를 행사할 수 있습니다. 〈본조신설 2021.7.1.〉

제31조(중대사유로 인한 해지) ① 회사는 아래와 같은 사실이 있을 경우에는 그 사실을 안 날부터 1개월 이내에 계약을 해지할 수 있습니다.

1. 계약자 또는 피보험자가 보험금을 지급받을 목적으로 고의로 보험금 지급사유를 발생시킨 경우 〈개정 2021.7.1.〉

2. 계약자 또는 피보험자가 보험금 청구에 관한 서류에 고의로 사실과 다른 것을 기재하였거나 그 서류 또는 증거를 위조 또는 변조한 경우. 다만, 이미 보험금 지급사유가 발생한 경우에는 보험금 지급에 영향을 미치지 않습니다.

② 회사가 제1항에 따라 계약을 해지한 경우 회사는 그 취지를 계약자에게 통지하고 제33조(보험료의 환급)에 따라 보험료를 계약자에게 지급합니다.

제32조(회사의 파산선고와 해지) ① 회사가 파산의 선고를 받은 때에는 계약자는 계약을 해지할 수 있습니다.

② 제1항의 규정에 따라 해지하지 않은 계약은 파산선고 후 3개월이 지난 때에는 그 효력을 잃습니다.

③ 제1항의 규정에 따라 계약이 해지되거나 제2항의 규정에 따라 계약이 효력을 잃는 경우에 회사는 제33조(보험료의 환급)에 의한 보험료를 계약자에게 지급합니다.

제33조(보험료의 환급) ① 이 계약이 무효, 효력상실 또는 해지된 때에는 다음과 같이 보험료를 돌려드립니다.

1. 계약자 또는 피보험자의 책임 없는 사유에 의하는 경우 : 무효의 경우에는 회사에 납입한 보험료의 전액, 효력상실 또는 해지의 경우에는 경과하지 않은 기간에 대하여 일단위로 계산한 보험료

2. 계약자 또는 피보험자의 책임 있는 사유에 의하는 경우 : 이미 경과한 기간에 대하여 단기요율(1년 미만의 기간에 적용되는 요율)로 계산한 보험료를 뺀 잔액. 다만, 계약자, 피보험자의 고의 또는 중대한 과실로 무효가 된 때에는 보험료를 돌려드리지 않습니다.

② 제1항 제2호에서 '계약자 또는 피보험자의 책임 있는 사유'라 함은 다음 각 호를 말합니다.

1. 계약자 또는 피보험자가 임의 해지하는 경우

2. 회사가 제17조(사기에 의한 계약), 제30조(계약의 해지) 또는 제31조(중대사유로 인한 해지)에 따라 계약을 취소 또는 해지하는 경우

3. 보험료 미납으로 인한 계약의 효력 상실

③ 계약의 무효, 효력상실 또는 해지로 인하여 회사가 돌려드려야 할 보험료가 있을 때에는 계약자는 환급금을 청구하여야 하며, 회사는 청구일의 다음 날부터 지급일까지의 기간에 대하여 '보험개발원이 공시하는 보험계약대출이율'을 연단위 복리로 계산한 금액을 더하여 지급합니다.

제7관 분쟁의 조정 등

제34조(분쟁의 조정) ① 계약에 관하여 분쟁이 있는 경우에는 분쟁당사자 또는 기타 이해관계인과 회사는 금융감독원장에게 조정을 신청할 수 있으며, 분쟁조정 과정에서 계약자는 관계 법령이 정하는 바에 따라 회사가 기록 및 유지·관리하는 자료의 열람(사본의 제공 또는 청취를 포함한다)을 요구할 수 있습니다. 〈개정 2021.7.1.〉

② 회사는 일반금융소비자인 계약자가 조정을 통하여 주장하는 권리나 이익의 가액이 「금융소비자 보호에 관한 법률」 제42조에서 정하는 일정 금액 이내인 분쟁사건에 대하여 조정절차가 개시된 경우에는 관계 법령이 정하는 경우를 제외하고는 소를 제기하지 않습니다. 〈신설 2021. 7.1.〉

제35조(관할법원) 이 계약에 관한 소송 및 민사조정은 계약자의 주소지를 관할하는 법원으로 합니다. 다만, 회사와 계약자가 합의하여 관할법원을 달리 정할 수 있습니다.

제36조(소멸시효) 보험금청구권, 보험료 또는 환급금 반환청구권은 3년간 행사하지 않으면 소멸시효가 완성됩니다.

제37조(약관의 해석) ① 회사는 신의성실의 원칙에 따라 공정하게 약관을 해석하여야 하며 계약자에 따라 다르게 해석하지 않습니다.

② 회사는 약관의 뜻이 명백하지 않은 경우에는 계약자에게 유리하게 해석합니다.

③ 회사는 보상하지 않는 손해 등 계약자나 피보험자에게 불리하거나 부담을 주는 내용은 확대하여 해석하지 않습니다.

제38조(설명서 교부 및 보험안내자료 등의 효력) ① 회사는 일반금융소비자에게 청약을 권유하거나 일반금융소비자가 설명을 요청하는 경우 보험상품에 관한 중요한 사항을 계약자가 이해할 수 있도록 설명하고 계약자가 이해하였음을 서명(「전자서명법」 제2조 제2호에 따른 전자서명을 포함), 기명날인 또는 녹취 등을 통해 확인받아야 하며, 설명서를 제공하여야 합니다. 〈신설 2021.7.1.〉

② 설명서, 약관, 계약자 보관용 청약서 및 보험증권의 제공 사실에 관하여 계약자와 회사간에 다툼이 있는 경우에는 회사가 이를 증명하여야 합니다. 〈신설 2021.7.1.〉

③ 보험설계사 등이 모집과정에서 사용한 회사 제작의 보험안내자료의 내용이 약관의 내용과 다른 경우에는 계약자에게 유리한 내용으로 계약이 성립된 것으로 봅니다.

> 【보험안내자료】 계약의 청약을 권유하기 위해 만든 서류 등을 말합니다.

제39조(회사의 손해배상책임) ① 회사는 계약과 관련하여 임직원, 보험설계사 및 대리점의 책임있는 사유로 인하여 계약자 및 피보험자에게 발생된 손해에 대하여 관계 법령 등에 따라 손해배상의 책임을 집니다.

② 회사는 보험금 지급 거절 및 지연지급의 사유가 없음을 알았거나 알 수 있었음에도 불구하고 소를 제기하여 계약자 또는 피보험자에게 손해를 가한 경우에는 그에 따른 손해를 배상할 책임을 집니다.

③ 회사가 보험금 지급여부 및 지급금액에 관하여 현저하게 공정을 잃은 합의로 계약자 또는 피보험자에게 손해를 가한 경우에도 회사는 제2항에 따라 손해를 배상할 책임을 집니다.

제40조(개인정보보호) ① 회사는 이 계약과 관련된 개인정보를 이 계약의 체결, 유지, 보험금 지급 등을 위하여 「개인정보 보호법」, 「신용정보의 이용 및 보호에 관한 법률」 등 관계 법령에 정한 경우를 제외하고 계약자 또는 피보험자의 동의없이 수집, 이용, 조회 또는 제공하지 않습니다. 다만, 회사는 이 계약의 체결, 유지, 보험금 지급 등을 위하여 위 관계 법령에 따라 계약자 및 피보험자의 동의를 받아 다른 보험회사 및 보험관련단체 등에 개인정보를 제공할 수 있습니다.

② 회사는 계약과 관련된 개인정보를 안전하게 관리하여야 합니다.

제41조(준거법) 이 계약은 대한민국 법에 따라 규율되고 해석되며, 약관에서 정하지 않은 사항은 상법, 민법 등 관계 법령을 따릅니다.

제42조(예금보험에 의한 지급보장) 회사가 파산 등으로 인하여 보험금 등을 지급하지 못할 경우에는 예금자보호법에서 정하는 바에 따라 그 지급을 보장합니다.

〈부표〉 보험금을 지급할 때의 적립이율(제7조 제2항 관련) 〈신설 2015.12.29.〉

기 간	지 급 이 자
지급기일의 다음 날부터 30일 이내 기간	보험계약대출이율
지급기일의 31일 이후부터 60일 이내 기간	보험계약대출이율 + 가산이율(4.0%)
지급기일의 61일 이후부터 90일 이내 기간	보험계약대출이율 + 가산이율(6.0%)
지급기일의 91일 이후 기간	보험계약대출이율 + 가산이율(8.0%)

주) 보험계약대출이율은 보험개발원이 공시하는 보험계약대출이율을 적용합니다.

07 자동차보험 표준약관

〈개정 2001.3.9, 2001.7.27, 2002.12.13, 2004.6.25, 2005.12.9, 2006.11.10, 2010.1.29, 2011.1.19, 2011.5.8, 2012.12.28, 2014.6.30., 2015.12.29., 2016.3.18., 2016.6.23., 2017.1.20., 2018.5.25., 2019.4.26. 2020.4.29. 2020.10.16., 2021.7.1.〉

자동차보험 종목 및 가입대상

보 험 종 목	가 입 대 상
개인용 자동차보험	법정 정원 10인승 이하의 개인 소유 자가용 승용차. 다만, 인가된 자동차학원 또는 자동차학원 대표자가 소유하는 자동차로서 운전교습, 도로주행교육 및 시험에 사용되는 승용자동차는 제외
업무용 자동차보험	개인용 자동차를 제외한 모든 비사업용 자동차
영업용 자동차보험	사업용 자동차
이륜자동차보험	이륜자동차 및 원동기장치자전거
농기계보험	동력경운기, 농용트랙터 및 콤바인 등 농기계

※ 이하의 표준약관은 개인용 자동차보험을 기준으로 작성한 것임.

제1편 용어의 정의 및 자동차보험의 구성

제1조(용어의 정의) 이 약관에서 사용하는 용어의 뜻은 다음과 같습니다.

1. 가지급금 : 자동차사고로 인하여 소요되는 비용을 충당하기 위하여, 보험회사가 피보험자에 대한 보상책임이나 피해자에 대한 손해배상책임을 확정하기 전에 그 비용의 일부를 피보험자 또는 피해자에게 미리 지급하는 것을 말합니다.

2. 단기요율 : 보험기간이 1년 미만인 보험계약에 적용되는 보험요율을 말합니다.

3. 마약 또는 약물 등 : 「도로교통법」 제45조에서 정한 '마약, 대마, 향정신성의약품 그 밖의 행정자치부령이 정하는 것'을 말합니다.

4. 무면허운전(조종) : 「도로교통법」 또는 「건설기계관리법」의 운전(조종)면허에 관한 규정에 위반되는 무면허 또는 무자격운전(조종)을 말하며, 운전(조종)면허의 효력이 정지된 상황이거나 운전(조종)이 금지된 상황에서 운전(조종)하는 것을 포함합니다.

5. 무보험자동차 : 피보험자동차가 아니면서 피보험자를 죽게 하거나 다치게 한 자동차로서 다음 중 어느 하나에 해당하는 것을 말합니다. 이 경우 자동차라 함은 「자동차관리법」에 의한 자동차, 「건설기계관리법」에 의한 건설기계, 「군수품관리법」에 의한 차량, 「도로교통법」에 의한 원동기장치자전거 및 개인형이동장치, 「농업기계화촉진법」에 의한 농업기계를 말하며, 피보험자가 소유한 자동차를 제외합니다.

   가. 자동차보험 「대인배상Ⅱ」나 공제계약이 없는 자동차

   나. 자동차보험 「대인배상Ⅱ」나 공제계약에서 보상하지 않는 경우에 해당하는 자동차

   다. 이 약관에서 보상될 수 있는 금액보다 보상한도가 낮은 자동차보험의 「대인배상Ⅱ」나 공제계약이 적용되는 자동차. 다만, 피보험자를 죽게 하거나 다치게 한 자동차가 2대 이상이고 각각의 자동차에 적용되는 자동차보험의 「대인배상Ⅱ」 또는 공제계약에서 보상되는 금액의 합계액이 이 약관에서 보상될 수 있는 금액보다 낮은 경우에 한하는 그 각각의 자동차

   라. 피보험자를 죽게 하거나 다치게 한 자동차가 명확히 밝혀지지 않은 경우 그 자동차(「도로교통법」에 의한 개인형 이동장치는 제외)

6. 부분품, 부속품, 부속기계장치

   가. 부분품 : 엔진, 변속기(트랜스미션) 등 자동차가 공장에서 출고될 때 원형 그대로 부착되어 자동차의 조성부분이 되는 재료를 말합니다.

   나. 부속품 : 자동차에 정착[1] 또는 장비[2]되어 있는 물품을 말하며, 자동차 실내에서만 사용하는 것을 목적으로 해서 자동차에 고정되어 있는 내비게이션이나 고속도로통행료단말기[3]를 포함합니다. 다만 다음의 물품을 제외합니다.

      (1) 연료, 보디커버, 세차용품

      (2) 법령에 의해 자동차에 정착하거나 장비하는 것이 금지되어 있는 물건

      (3) 통상 장식품으로 보는 물건

      (4) 부속기계장치

   다. 부속기계장치 : 의료방역차, 검사측정차, 전원차, 방송중계차 등 자동차등록증상 그 용도가 특정한 자동차에 정착되거나 장비되어 있는 정밀기계장치를 말합니다.

---

1) 정착 : 볼트, 너트 등으로 고정되어 있어서 공구 등을 사용하지 않으면 쉽게 분리할 수 없는 상태
2) 장비 : 자동차의 기능을 충분히 발휘하기 위해 갖추어 두고 있는 상태 또는 법령에 따라 자동차에 갖추어 두고 있는 상태
3) 고속도로통행료단말기 : 고속도로 통행료 등의 지급을 위해 고속도로 요금소와 통행료 등에 관한 정보를 주고받는 송수신 장치(예 : 하이패스 단말기)

7. 운전(조종) : 「도로교통법」상 도로[도로교통법 제44조(술에 취한 상태에서의 운전금지)·제45조(과로한 때의 운전 금지)·제54조(사고 발생시 조치) 제1항·제148조(벌칙) 및 제148조의2(벌칙)의 경우에는 도로 외의 곳을 포함]에서 자동차 또는 건설기계를 그 본래의 사용방법에 따라 사용하는 것을 말합니다.

8. 운행 : 사람 또는 물건의 운송 여부와 관계없이 자동차를 그 용법에 따라 사용하거나 관리하는 것을 말합니다(「자동차손해배상보장법」 제2조 제2호)

9. 음주운전(조종) : 「도로교통법」에 정한 술에 취한 상태에서 운전(조종)하거나 음주측정에 불응하는 행위를 말합니다.

10. 의무보험 : 「자동차손해배상보장법」 제5조에 따라 자동차보유자가 의무적으로 가입하는 보험을 말합니다.

11. 자동차보유자 : 자동차의 소유자나 자동차를 사용할 권리가 있는 자로서 자기를 위하여 자동차를 운행하는 자를 말합니다(「자동차손해배상보장법」 제2조 제3호)

12. 자동차 취급업자 : 자동차정비업, 대리운전업, 주차장업, 급유업, 세차업, 자동차판매업, 자동차탁송업 등 자동차를 취급하는 것을 업으로 하는 자(이들의 피용자 및 이들이 법인인 경우에는 그 이사와 감사를 포함)를 말합니다.

13. 피보험자 : 보험회사에 보상을 청구할 수 있는 자로서 다음 중 어느 하나에 해당하는 자를 말하며, 구체적인 피보험자의 범위는 각각의 보장종목에서 정하는 바에 따릅니다.
   가. 기명피보험자 : 피보험자동차를 소유·사용·관리하는 자 중에서 보험계약자가 지정하여 보험증권의 기명피보험자란에 기재되어 있는 피보험자를 말합니다.
   나. 친족피보험자 : 기명피보험자와 같이 살거나 살림을 같이 하는 친족으로서 피보험자동차를 사용하거나 관리하고 있는 자를 말합니다.
   다. 승낙피보험자 : 기명피보험자의 승낙을 얻어 피보험자동차를 사용하거나 관리하고 있는 자를 말합니다.
   라. 사용피보험자 : 기명피보험자의 사용자 또는 계약에 따라 기명피보험자의 사용자에 준하는 지위를 얻은 자. 다만, 기명피보험자가 피보험자동차를 사용자의 업무에 사용하고 있는 때에 한합니다.
   마. 운전피보험자 : 다른 피보험자(기명피보험자, 친족피보험자, 승낙피보험자, 사용피보험자를 말함)를 위하여 피보험자동차를 운전 중인 자(운전보조자를 포함)를 말합니다.

14. 피보험자동차 : 보험증권에 기재된 자동차를 말합니다.

15. 피보험자의 부모, 배우자, 자녀
   가. 피보험자의 부모 : 피보험자의 부모, 양부모를 말합니다.
   나. 피보험자의 배우자 : 법률상의 배우자 또는 사실혼관계에 있는 배우자를 말합니다.
   다. 피보험자의 자녀 : 법률상의 혼인관계에서 출생한 자녀, 사실혼관계에서 출생한 자녀, 양자 또는 양녀를 말합니다.

16. 휴대품 및 소지품
   가. 휴대품 : 통상적으로 몸에 지니고 있는 물품으로 현금, 유가증권, 만년필, 소모품, 손목시계, 귀금속, 장신구, 그 밖에 이와 유사한 물품을 말합니다.
   나. 소지품 : 휴대품을 제외한 물품으로 정착되어 있지 않고 휴대할 수 있는 물품을 말합니다.[4]

---

4) 예 : 휴대전화기, 노트북, 캠코더, 카메라, 음성재생기(CD 플레이어, MP3 플레이어, 카세트테이프 플레이어 등), 녹음기, 전자수첩, 전자사전, 휴대용라디오, 핸드백, 서류가방, 골프채 등

17. 사고발생 시의 조치의무 위반 : 「도로교통법」에서 정한 사고발생 시의 조치를 하지 않은 경우를 말합니다. 다만, 주·정차된 차만 손괴한 것이 분명한 경우에 피해자에게 인적사항을 제공하지 아니한 경우는 제외합니다.

18. 보험가액 : 보험계약 체결 당시 또는 보험사고발생 당시 보험개발원의 자동차보험 차량기준가액표(적용요령 포함)에 정한 가액을 말합니다.

제2조(자동차보험의 구성) ① 보험회사가 판매하는 자동차보험은 「대인배상Ⅰ」, 「대인배상Ⅱ」, 「대물배상」, 「자기신체사고」, 「무보험자동차에 의한 상해」, 「자기차량손해」의 6가지 보장종목과 특별약관으로 구성되어 있습니다.

② 보험계약자는 다음과 같은 방법에 의해 자동차보험에 가입합니다.

1. 의무보험 : 「자동차손해배상보장법」 제5조에 의해 보험에 가입할 의무가 있는 자동차보유자는 「대인배상Ⅰ」과 「대물배상」(「자동차손해배상보장법」에서 정한 보상한도에 한함)을 반드시 가입하여야 합니다.

2. 임의보험 : 의무보험에 가입하는 보험계약자는 의무보험에 해당하지 않는 보장종목을 선택하여 가입할 수 있습니다.

③ 각 보장종목별 보상 내용은 다음과 같으며 상세한 내용은 제2편 자동차보험에서 보상하는 내용에 규정되어 있습니다.

1. 배상책임 : 자동차사고로 인하여 피보험자가 손해배상책임을 짐으로써 입은 손해를 보상

보장종목	보상하는 내용
가. 「대인배상Ⅰ」	자동차사고로 다른 사람을 죽게 하거나 다치게 한 경우에 「자동차손해배상보장법」에서 정한 한도에서 보상
나. 「대인배상Ⅱ」	자동차사고로 다른 사람을 죽게 하거나 다치게 한 경우, 그 손해가 「대인배상Ⅰ」에서 지급하는 금액을 초과하는 경우에 그 초과손해를 보상
다. 「대물배상」	자동차사고로 다른 사람의 재물을 없애거나 훼손한 경우에 보상

2. 배상책임 이외의 보장종목 : 자동차사고로 인하여 피보험자가 입은 손해를 보상

보장종목	보상하는 내용
가. 「자기신체사고」	피보험자가 죽거나 다친 경우에 보상
나. 「무보험자동차에 의한 상해」	무보험자동차에 의해 피보험자가 죽거나 다친 경우에 보상
다. 「자기차량손해」	피보험자동차에 생긴 손해를 보상

④ 자동차보험료는 보험회사가 금융감독원에 신고한 후 사용하는 '자동차보험요율서'에서 정한 방법에 의하여 계산합니다.

┌─ 〈예 시〉 ───

납입할 보험료 = 기본보험료 × 특약 요율 × 가입자특성요율(보험가입경력요율 ± 교통법규위반경력요율) × 특별요율
　　　　　　　× 우량할인 · 불량할증요율 × 사고건수별 특성요율

구 분	내 용
기본보험료	차량의 종류, 배기량, 용도, 보험가입금액, 성별, 연령 등에 따라 미리 정해놓은 기본적인 보험료
특약요율	운전자의 연령범위를 제한하는 특약, 가족으로 운전자를 한정하는 특약 등 가입시에 적용하는 요율
가입자특성요율	보험가입기간이나 법규위반경력에 따라 적용하는 요율
특별요율	자동차의 구조나 운행실태가 같은 종류의 차량과 다른 경우 적용하는 요율
우량할인 · 불량할증요율	사고발생 실적에 따라 적용하는 요율
사고건수별 특성요율	직전 3년간 사고유무 및 사고건수에 따라 적용하는 요율

※ 자동차보험료 계산에 관한 세부적인 사항은 각 보험회사별로 일부 상이

──

제2편 자동차보험에서 보상하는 내용

제1장 배상책임

제1절 대인배상 I

제3조(보상하는 손해) 「대인배상 I」에서 보험회사는 피보험자가 피보험자동차의 운행으로 인하여 다른 사람을 죽거나 다치게 하여 「자동차손해배상보장법」 제3조에 의한 손해배상책임을 짐으로써 입은 손해를 보상합니다.

제4조(피보험자) 「대인배상 I」에서 피보험자라 함은 다음 중 어느 하나에 해당하는 자를 말하며, 다음에서 정하는 자 외에도 「자동차손해배상보장법」상 자동차보유자에 해당하는 자가 있는 경우에는 그 자를 「대인배상 I」의 피보험자로 봅니다.
1. 기명피보험자
2. 친족피보험자
3. 승낙피보험자
4. 사용피보험자
5. 운전피보험자

제5조(보상하지 않는 손해) 보험계약자 또는 피보험자의 고의로 인한 손해는 「대인배상 I」에서 보상하지 않습니다. 다만, 「자동차손해배상보장법」 제10조의 규정에 따라 피해자가 보험회사에 직접청구를 한 경우, 보험회사는 자동차손해배상보장법령에서 정한 금액을 한도로 피해자에게 손해배상금을 지급한 다음 지급한 날부터 3년 이내에 고의로 사고를 일으킨 보험계약자나 피보험자에게 그 금액의 지급을 청구합니다.

제2절 대인배상 II와 대물배상

제6조(보상하는 손해) ① 「대인배상 II」에서 보험회사는 피보험자가 피보험자동차를 소유·사용·관리하는 동안에 생긴 피보험자동차의 사고로 인하여 다른 사람을 죽게 하거나 다치게 하여 법률상 손해배상책임을 짐으로써 입은 손해(「대인배상 I」에서 보상하는 손해를 초과하는 손해에 한함)를 보상합니다.
② 「대물배상」에서 보험회사는 피보험자가 피보험자동차를 소유·사용·관리하는 동안에 생긴 피보험자동차의 사고로 인하여 다른 사람의 재물을 없애거나 훼손하여 법률상 손해배상책임을 짐으로써 입은 손해를 보상합니다.

제7조(피보험자) 「대인배상 II」와 「대물배상」에서 피보험자라 함은 다음 중 어느 하나에 해당하는 자를 말합니다.
1. 기명피보험자
2. 친족피보험자
3. 승낙피보험자. 다만, 자동차 취급업자가 업무상 위탁받은 피보험자동차를 사용하거나 관리하는 경우에는 피보험자로 보지 않습니다.
4. 사용피보험자
5. 운전피보험자. 다만, 자동차 취급업자가 업무상 위탁받은 피보험자동차를 사용하거나 관리하는 경우에는 피보험자로 보지 않습니다.

제8조(보상하지 않는 손해) ① 다음 중 어느 하나에 해당하는 손해는 「대인배상Ⅱ」와 「대물배상」에서 보상하지 않습니다.

1. 보험계약자 또는 기명피보험자의 고의로 인한 손해
2. 기명피보험자 이외의 피보험자의 고의로 인한 손해
3. 전쟁, 혁명, 내란, 사변, 폭동, 소요 또는 이와 유사한 사태로 인한 손해
4. 지진, 분화, 태풍, 홍수, 해일 등 천재지변으로 인한 손해
5. 핵연료물질의 직접 또는 간접적인 영향으로 인한 손해
6. 영리를 목적으로 요금이나 대가를 받고 피보험자동차를 반복적으로 사용하거나 빌려 준 때에 생긴 손해. 다만, 다음 각목의 어느 하나에 해당하는 경우에는 보상합니다.
   가. 임대차계약(계약기간이 30일을 초과하는 경우에 한함)에 따라 임차인이 피보험자동차를 전속적으로 사용하는 경우(다만, 임차인이 피보험자동차를 영리를 목적으로 요금이나 대가를 받고 반복적으로 사용하는 경우에는 보상하지 않습니다)
   나. 피보험자와 동승자가 「여객자동차운수사업법」에 따른 토요일, 일요일 및 공휴일을 제외한 날의 출·퇴근 시간대(오전 7시부터 오전 9시까지 및 오후 6시부터 오후 8시까지를 말한다)에 실제의 출·퇴근 용도로 자택과 직장 사이를 이동하면서 승용차 함께타기를 실시한 경우
7. 피보험자가 제3자와 손해배상에 관한 계약을 맺고 있을 때 그 계약으로 인하여 늘어난 손해
8. 피보험자동차를 시험용, 경기용 또는 경기를 위해 연습용으로 사용하던 중 생긴 손해. 다만, 운전면허시험을 위한 도로주행시험용으로 사용하던 중 생긴 손해는 보상합니다.

② 다음 중 어느 하나에 해당하는 사람이 죽거나 다친 경우에는 「대인배상Ⅱ」에서 보상하지 않습니다.

1. 피보험자 또는 그 부모, 배우자 및 자녀
2. 배상책임이 있는 피보험자의 피용자로서 「산업재해보상보험법」에 의한 재해보상을 받을 수 있는 사람. 다만, 그 사람이 입은 손해가 같은 법에 의한 보상범위를 넘어서는 경우 그 초과손해를 보상합니다.
3. 피보험자동차가 피보험자의 사용자의 업무에 사용되는 경우 그 사용자의 업무에 종사 중인 다른 피용자로서, 「산업재해보상보험법」에 의한 재해보상을 받을 수 있는 사람. 다만, 그 사람이 입은 손해가 같은 법에 의한 보상범위를 넘는 경우 그 초과손해를 보상합니다.

③ 다음 중 어느 하나에 해당하는 손해는 「대물배상」에서 보상하지 않습니다.

1. 피보험자 또는 그 부모, 배우자나 자녀가 소유·사용·관리하는 재물에 생긴 손해
2. 피보험자가 사용자의 업무에 종사하고 있을 때 피보험자의 사용자가 소유·사용·관리하는 재물에 생긴 손해
3. 피보험자동차에 싣고 있거나 운송중인 물품에 생긴 손해
4. 다른 사람의 서화, 골동품, 조각물, 그 밖에 미술품과 탑승자와 통행인의 의류나 휴대품에 생긴 손해
5. 탑승자와 통행인의 분실 또는 도난으로 인한 소지품에 생긴 손해. 그러나 훼손된 소지품에 한하여 피해자 1인당 200만원의 한도에서 실제 손해를 보상합니다.

④ 제1항 제2호와 관련해서 보험회사가 제9조(피보험자 개별적용) 제1항에 따라 피해자에게 손해배상을 하는 경우, 보험회사는 손해배상액을 지급한 날부터 3년 이내에 고의로 사고를 일으킨 피보험자에게 그 금액의 지급을 청구합니다.

제3절 배상책임에서 공통으로 적용할 사항

제9조(피보험자 개별적용) ① 이 장의 규정은 각각의 피보험자마다 개별적으로 적용합니다. 다만 제8조(보상하지 않는 손해) 제1항 제1호, 제6호, 제9호를 제외합니다.

② 제1항에 따라 제10조(지급보험금의 계산)에 정하는 보험금의 한도가 증액되지는 않습니다.

제10조(지급보험금의 계산) ① 「대인배상Ⅰ」, 「대인배상Ⅱ」, 「대물배상」에서 보험회사는 이 약관의 '보험금 지급기준에 의해 산출한 금액'과 '비용'을 합한 금액에서 '공제액'을 공제한 후 보험금으로 지급하되 다음의 금액을 한도로 합니다.

1. 「대인배상Ⅰ」 : 자동차손해배상보장법령에서 정한 기준에 따라 산출한 금액
2. 「대인배상Ⅱ」, 「대물배상」 : 보험증권에 기재된 보험가입금액

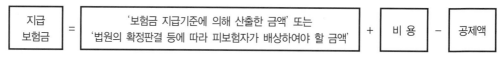

② 소송(민사조정, 중재를 포함)이 제기되었을 경우에는 대한민국 법원의 확정판결 등5)에 따라 피보험자가 손해배상청구권자에게 배상하여야 할 금액(지연배상금을 포함)을 제1항의 '보험금 지급기준에 의해 산출한 금액'으로 봅니다.

③ 제1항의 '비용'은 다음 중 어느 하나에 해당하는 금액을 말합니다. 이 비용은 보험가입금액과 관계없이 보상하여 드립니다.

1. 손해의 방지와 경감을 위하여 지출한 비용(긴급조치비용을 포함)
2. 다른 사람으로부터 손해배상을 받을 수 있는 권리의 보전과 행사를 위하여 지출한 필요 비용 또는 유익한 비용
3. 그 밖에 보험회사의 동의를 얻어 지출한 비용

④ 제1항의 '공제액'은 다음의 금액을 말합니다.

1. 「대인배상Ⅱ」 : 「대인배상Ⅰ」에서 지급되는 금액 또는 피보험자동차가 「대인배상Ⅰ」에 가입되지 않은 경우에는 「대인배상Ⅰ」에서 지급될 수 있는 금액
2. 「대물배상」 : 사고차량을 고칠 때에 엔진, 변속기(트랜스미션) 등 부분품을 교체한 경우 교체된 기존 부분품의 감가상각에 해당하는 금액

제11조(음주운전, 무면허운전 또는 사고발생 시의 조치의무 위반 관련 사고부담금) ① 피보험자 본인이 음주운전이나 무면허운전을 하는 동안에 생긴 사고 또는 사고발생 시의 조치의무를 위반한 경우 또는 기명피보험자의 명시적·묵시적 승인하에서 피보험자동차의 운전자가 음주운전이나 무면허운전을 하는 동안에 생긴 사고 또는 사고발생 시의 조치의무를 위반한 경우로 인하여 보험회사가 「대인배상Ⅰ」, 「대인배상Ⅱ」 또는 「대물배상」에서 보험금을 지급하는 경우, 피보험자는 다음에서 정하는 사고부담금을 보험회사에 납입하여야 합니다.

1. 「대인배상Ⅰ」 : 1사고당 음주운전 1,000만원, 무면허운전 300만원, 사고발생 시의 조치의무 위반 300만원
2. 「대인배상Ⅱ」 : 1사고당 1억원
3. 「대물배상」

---

5) '법원의 확정판결 등'이라 함은 법원의 확정판결 또는 법원의 확정판결과 동일한 효력을 갖는 조정결정, 중재판정 등을 말합니다.

가. 「자동차손해배상보장법」 제5조 제2항의 규정에 따라 자동차보유자가 의무적으로 가입하여야 하는 「대물배상」 보험가입금액 이하 손해 : 1사고당 음주운전 500만원, 무면허운전 100만원, 사고발생 시의 조치의무 위반 100만원

나. 「자동차손해배상보장법」 제5조 제2항의 규정에 따라 자동차보유자가 의무적으로 가입하여야 하는 「대물배상」 보험가입금액 초과 손해 : 1사고당 5,000만원

② 피보험자는 지체 없이 음주운전, 무면허운전 또는 사고발생 시의 조치의무 위반 사고부담금을 보험회사에 납입하여야 합니다. 다만, 피보험자가 경제적인 사유 등으로 이 사고부담금을 미납하였을 때 보험회사는 피해자에게 이 사고부담금을 포함하여 손해배상금을 우선 지급하고 피보험자에게 이 사고부담금의 지급을 청구할 수 있습니다.

제2장 배상책임 이외의 보장종목

제1절 자기신체사고

제12조(보상하는 손해) 「자기신체사고」에서 보험회사는 피보험자가 피보험자동차를 소유·사용·관리하는 동안에 생긴 자동차의 사고로 인하여 죽거나 다친 때 그로 인한 손해를 보상하여 드립니다.

> ※ 「자기신체사고」에서 보장하는 '자동차의 사고'에 관한 구체적인 사항은 개별 보험회사의 약관에서 규정

제13조(피보험자) 「자기신체사고」에서 피보험자는 보험회사에 보상을 청구할 수 있는 사람으로 그 범위는 다음과 같습니다.

> ※ '피보험자'에 관한 구체적인 사항은 개별 보험회사의 약관에서 규정

제14조(보상하지 않는 손해) 다음 중 어느 하나에 해당하는 손해는 「자기신체사고」에서 보상하지 않습니다.

1. 피보험자의 고의로 그 본인이 상해를 입은 때. 이 경우 그 피보험자에 대한 보험금만 지급하지 않습니다.
2. 상해가 보험금을 받을 자의 고의로 생긴 때에는 그 사람이 받을 수 있는 금액
3. 피보험자동차 또는 피보험자동차 이외의 자동차를 시험용, 경기용 또는 경기를 위해 연습용으로 사용하던 중 생긴 손해. 다만, 운전면허시험을 위한 도로주행시험용으로 사용하던 중 생긴 손해는 보상합니다.
4. 전쟁, 혁명, 내란, 사변, 폭동, 소요 및 이와 유사한 사태로 인한 손해
5. 지진, 분화 등 천재지변으로 인한 손해
6. 핵연료물질의 직접 또는 간접적인 영향으로 인한 손해
7. 영리를 목적으로 요금이나 대가를 받고 피보험자동차를 반복적으로 사용하거나 빌려 준 때에 생긴 손해. 다만, 다음 각목의 어느 하나에 해당하는 경우에는 보상합니다.
   가. 임대차계약(계약기간이 30일을 초과하는 경우에 한함)에 따라 임차인이 피보험자동차를 전속적으로 사용하는 경우(다만, 임차인이 피보험자동차를 영리를 목적으로 요금이나 대가를 받고 반복적으로 사용하는 경우에는 보상하지 않습니다)
   나. 피보험자와 동승자가 「여객자동차운수사업법」에 따른 토요일, 일요일 및 공휴일을 제외한 날의 출·퇴근 시간대(오전 7시부터 오전 9시까지 및 오후 6시부터 오후 8시까지를 말한다)에 실제의 출·퇴근 용도로 자택과 직장 사이를 이동하면서 승용차 함께타기를 실시한 경우

제15조(보험금의 종류와 한도) 보험회사가 「자기신체사고」에서 지급하는 보험금의 종류와 한도는 다음과 같습니다.

> ※ '보험금의 종류와 한도'에 관한 구체적인 사항은 개별 보험회사의 약관에서 규정

제16조(지급보험금의 계산) 「자기신체사고」의 지급보험금은 다음과 같이 계산합니다.

> ※ '지급보험금의 계산'에 관한 구체적인 사항은 개별 보험회사의 약관에서 규정

제2절 무보험자동차에 의한 상해

제17조(보상하는 손해) 「무보험자동차에 의한 상해」에서 보험회사는 피보험자가 무보험자동차로 인하여 생긴 사고로 죽거나 다친 때에 그로 인한 손해에 대하여 배상의무자6)가 있는 경우에 이 약관에서 정하는 바에 따라 보상하여 드립니다.

제18조(피보험자) 「무보험자동차에 의한 상해」에서 피보험자는 보험회사에 보상을 청구할 수 있는 사람으로 그 범위는 다음과 같습니다.

> ※ '피보험자'에 관한 구체적인 사항은 개별 보험회사의 약관에서 규정

제19조(보상하지 않는 손해) 다음 중 어느 하나에 해당하는 손해는 「무보험자동차에 의한 상해」에서 보상하지 않습니다.
1. 보험계약자의 고의로 인한 손해
2. 피보험자의 고의로 그 본인이 상해를 입은 때. 이 경우 당해 피보험자에 대한 보험금만 지급하지 않습니다.
3. 상해가 보험금을 받을 자의 고의로 생긴 때는 그 사람이 받을 수 있는 금액
4. 전쟁, 혁명, 내란, 사변, 폭동, 소요 및 이와 유사한 사태로 인한 손해
5. 지진, 분화, 태풍, 홍수, 해일 등 천재지변으로 인한 손해
6. 핵연료물질의 직접 또는 간접적인 영향으로 인한 손해
7. 영리를 목적으로 요금이나 대가를 받고 피보험자동차를 반복적으로 사용하거나 빌려 준 때에 생긴 손해. 다만, 다음 각목의 어느 하나에 해당하는 경우에는 보상합니다.
    가. 임대차계약(계약기간이 30일을 초과하는 경우에 한함)에 따라 임차인이 피보험자동차를 전속적으로 사용하는 경우(다만, 임차인이 피보험자동차를 영리를 목적으로 요금이나 대가를 받고 반복적으로 사용하는 경우에는 보상하지 않습니다)
    나. 피보험자와 동승자가 「여객자동차운수사업법」에 따른 토요일, 일요일 및 공휴일을 제외한 날의 출·퇴근 시간대(오전 7시부터 오전 9시까지 및 오후 6시부터 오후 8시까지를 말한다)에 실제의 출·퇴근 용도로 자택과 직장 사이를 이동하면서 승용차 함께타기를 실시한 경우
8. 피보험자동차 또는 피보험자동차 이외의 자동차를 시험용, 경기용 또는 경기를 위해 연습용으로 사용하던 중 생긴 손해. 다만, 운전면허시험을 위한 도로주행시험용으로 사용하던 중 생긴 손해는 보상합니다.

---

6) '배상의무자'라 함은 무보험자동차로 인하여 생긴 사고로 피보험자를 죽게 하거나 다치게 함으로써 피보험자에게 입힌 손해에 대하여 법률상 손해배상책임을 지는 사람을 말합니다.

9. 피보험자가 피보험자동차가 아닌 자동차를 영리를 목적으로 요금이나 대가를 받고 운전하던 중 생긴 사고로 인한 손해

10. 다음 중 어느 하나에 해당하는 사람이 배상의무자일 경우에는 보상하지 않습니다. 다만, 이들이 무보험 자동차를 운전하지 않은 경우로, 이들 이외에 다른 배상의무자가 있는 경우에는 보상합니다.

    가. 상해를 입은 피보험자의 부모, 배우자, 자녀

    나. 피보험자가 사용자의 업무에 종사하고 있을 때 피보험자의 사용자 또는 피보험자의 사용자의 업무 에 종사 중인 다른 피용자

제20조(지급보험금의 계산) 「무보험자동차에 의한 상해」의 지급보험금은 다음과 같이 계산합니다. 다만, 「도로교통법」에 의한 개인형 이동장치로 인한 손해는 자동차손해배상보장법시행령 제3조에서 정하는 금 액을 한도로 합니다.

> ※ '지급보험금의 계산'에 관한 구체적인 사항은 개별 보험회사의 약관에서 규정

제3절 자기차량손해

제21조(보상하는 손해) 「자기차량손해」에서 보험회사는 피보험자가 피보험자동차를 소유·사용·관리하는 동안에 발생한 사고로 인하여 피보험자동차에 직접적으로 생긴 손해를 보험증권에 기재된 보험가입금액을 한도로 보상하되 다음 각 호의 기준에 따릅니다.

1. 보험가입금액이 보험가액보다 많은 경우에는 보험가액을 한도로 보상합니다.

2. 피보험자동차에 통상 붙어있거나 장치되어 있는 부속품과 부속기계장치는 피보험자동차의 일부로 봅니 다. 그러나 통상 붙어 있거나 장치되어 있는 것이 아닌 것은 보험증권에 기재한 것에 한합니다.

3. 피보험자동차의 단독사고(가해자 불명사고를 포함합니다) 또는 일방과실사고의 경우에는 실제 수리를 원칙으로 합니다.

4. 경미한 손상7)의 경우 보험개발원이 정한 경미손상 수리기준에 따라 복원수리하는데 소요되는 비용을 한도로 보상합니다.

> ※ 「자기차량손해」에서 보장하는 '사고'에 관한 구체적인 사항은 개별 보험회사의 약관에서 규정

제22조(피보험자) 「자기차량손해」에서 피보험자는 보험회사에 보상을 청구할 수 있는 사람으로 보험증권에 기재된 기명피보험자입니다.

제23조(보상하지 않는 손해) 다음 중 어느 하나에 해당하는 손해는 「자기차량손해」에서 보상하지 않습니다.

1. 보험계약자 또는 피보험자의 고의로 인한 손해

2. 전쟁, 혁명, 내란, 사변, 폭동, 소요 및 이와 유사한 사태로 인한 손해

3. 지진, 분화 등 천재지변으로 인한 손해

4. 핵연료물질의 직접 또는 간접적인 영향으로 인한 손해

5. 영리를 목적으로 요금이나 대가를 받고 피보험자동차를 반복적으로 사용하거나 빌려 준 때에 생긴 손 해. 다만, 다음 각목의 어느 하나에 해당하는 경우에는 보상합니다.

---

7) 외장부품 중 자동차의 기능과 안전성을 고려할 때 부품교체 없이 복원이 가능한 손상

가. 임대차계약(계약기간이 30일을 초과하는 경우에 한함)에 따라 임차인이 피보험자동차를 전속적으로 사용하는 경우(다만, 임차인이 피보험자동차를 영리를 목적으로 요금이나 대가를 받고 반복적으로 사용하는 경우에는 보상하지 않습니다)

나. 피보험자와 동승자가 「여객자동차운수사업법」에 따른 토요일, 일요일 및 공휴일을 제외한 날의 출·퇴근 시간대(오전 7시부터 오전 9시까지 및 오후 6시부터 오후 8시까지를 말한다)에 실제의 출·퇴근 용도로 자택과 직장 사이를 이동하면서 승용차 함께타기를 실시한 경우

6. 사기 또는 횡령으로 인한 손해

7. 국가나 공공단체의 공권력 행사에 의한 압류, 징발, 몰수, 파괴 등으로 인한 손해. 그러나 소방이나 피난에 필요한 조치로 손해가 발생한 경우에는 그 손해를 보상합니다.

8. 피보험자동차에 생긴 흠, 마멸, 부식, 녹, 그 밖에 자연소모로 인한 손해

9. 피보험자동차의 일부 부분품, 부속품, 부속기계장치만의 도난으로 인한 손해

10. 동파로 인한 손해 또는 우연한 외래의 사고에 직접 관련이 없는 전기적, 기계적 손해

11. 피보험자동차를 시험용, 경기용 또는 경기를 위해 연습용으로 사용하던 중 생긴 손해. 다만, 운전면허시험을 위한 도로주행시험용으로 사용하던 중 생긴 손해는 보상합니다.

12. 피보험자동차를 운송 또는 싣고 내릴 때에 생긴 손해

13. 피보험자동차가 주정차중일 때 피보험자동차의 타이어나 튜브에만 생긴 손해. 다만, 다음 중 어느 하나에 해당하는 손해는 보상합니다(타이어나 튜브의 물리적 변형이 없는 단순 오손의 경우는 제외).

가. 다른 자동차가 충돌하거나 접촉하여 입은 손해

나. 화재, 산사태로 입은 손해

다. 가해자가 확정된 사고[8]로 인한 손해

14. 다음 각목의 어느 하나에 해당하는 자가 무면허운전, 음주운전 또는 마약·약물운전[9]을 하였을 때 생긴 손해

가. 보험계약자, 기명피보험자

나. 30일을 초과하는 기간을 정한 임대차계약에 의해 피보험자동차를 빌린 임차인[10]

다. 기명피보험자와 같이 살거나 생계를 같이 하는 친족

제24조(지급보험금의 계산) 「자기차량손해」의 지급보험금은 다음과 같이 계산합니다.

> ※ '지급보험금의 계산'에 관한 구체적인 사항은 개별 보험회사의 약관에서 규정

---

8) '가해자가 확정된 사고'라 함은 피보험자동차에 장착되어 있는 타이어나 튜브를 훼손하거나 파손한 사고로, 경찰관서를 통하여 가해자(기명피보험자 및 기명피보험자의 부모, 배우자, 자녀는 제외)의 신원이 확인된 사고를 말합니다.

9) '마약·약물운전'이라 함은 마약 또는 약물 등의 영향으로 인하여 정상적인 운전을 하지 못할 우려가 있는 상태에서 피보험자동차를 운전하는 것을 말합니다.

10) 임차인이 법인인 경우에는 그 이사, 감사 또는 피고용자(피고용자가 피보험자동차를 법인의 업무에 사용하고 있는 때에 한함)를 포함합니다.

제3편 보험금 또는 손해배상의 청구

제1장 피보험자의 보험금 청구

제25조(보험금을 청구할 수 있는 경우) 피보험자는 다음에서 정하는 바에 따라 보험금을 청구할 수 있습니다.

보장종목	보험금을 청구할 수 있는 경우
1. 「대인배상Ⅰ」, 「대인배상Ⅱ」, 「대물배상」	대한민국 법원에 의한 판결의 확정, 재판상의 화해, 중재 또는 서면에 의한 합의로 손해배상액이 확정된 때
2. 「자기신체사고」	피보험자가 피보험자동차를 소유, 사용, 관리하는 동안에 생긴 자동차의 사고로 인하여 죽거나 다친 때
3. 「무보험자동차에 의한 상해」	피보험자가 무보험자동차에 의해 생긴 사고로 죽거나 다친 때
4. 「자기차량손해」	사고가 발생한 때. 다만, 피보험자동차를 도난당한 경우에는 도난사실을 경찰관서에 신고한 후 30일이 지나야 보험금을 청구할 수 있습니다. 만약, 경찰관서에 신고한 후 30일이 지나 보험금을 청구하였으나 피보험자동차가 회수되었을 경우에는 보험금의 지급 및 피보험자동차의 반환 여부는 피보험자의 의사에 따릅니다.

제26조(청구 절차 및 유의 사항) ① 보험회사는 보험금 청구에 관한 서류를 받았을 때에는 지체 없이 지급할 보험금액을 정하고 그 정하여진 날부터 7일 이내에 지급합니다.

② 보험회사가 정당한 사유 없이 보험금액을 정하는 것을 지연하였거나 제1항에서 정한 지급기일 내에 보험금을 지급하지 않았을 때, 지급할 보험금이 있는 경우에는 그 다음날부터 지급일까지의 기간에 대하여 〈부표〉 '보험금을 지급할 때의 적립이율'에 따라 연단위 복리로 계산한 금액을 보험금에 더하여 지급합니다. 다만, 피보험자의 책임 있는 사유로 지급이 지연될 때에는 그 해당기간에 대한 이자를 더하여 드리지 않습니다.

③ 보험회사가 보험금 청구에 관한 서류를 받은 때부터 30일 이내에 피보험자에게 보험금을 지급하는 것을 거절하는 이유 또는 그 지급을 연기하는 이유(추가 조사가 필요한 때에는 확인이 필요한 사항과 확인이 종료되는 시기를 포함)를 서면(전자우편 등 서면에 갈음할 수 있는 통신수단을 포함)으로 통지하지 않는 경우, 정당한 사유 없이 보험금액을 정하는 것을 지연한 것으로 봅니다.

④ 보험회사는 손해배상청구권자가 손해배상을 받기 전에는 보험금의 전부 또는 일부를 피보험자에게 지급하지 않으며, 피보험자가 손해배상청구권자에게 지급한 손해배상액을 초과하여 피보험자에게 지급하지 않습니다.

⑤ 피보험자의 보험금 청구가 손해배상청구권자의 직접청구와 경합할 때에는 보험회사가 손해배상청구권자에게 우선하여 보험금을 지급합니다.

⑥ 「대인배상Ⅰ」, 「대인배상Ⅱ」, 「자기신체사고」, 「무보험자동차에 의한 상해」에서 보험회사는 피보험자 또는 손해배상청구권자의 청구가 있거나 그 밖의 원인으로 보험사고가 발생한 사실을 알았을 때에는 피해자 또는 손해배상청구권자를 진료하는 의료기관에 그 진료에 따른 자동차보험 진료수가의 지급의사 유무 및 지급한도 등을 통지합니다.

제27조(제출 서류) 피보험자는 보장종목별로 다음의 서류 등을 구비하여 보험금을 청구하여야 합니다.

보험금 청구시 필요 서류 등	대인배상	대물배상	자기차량손해	자기신체사고	무보험자동차에 의한 상해
1. 보험금 청구서	○	○	○	○	○
2. 손해액을 증명하는 서류(진단서 등)	○	○	○	○	○
3. 손해배상의 이행사실을 증명하는 서류	○	○			
4. 사고가 발생한 때와 장소 및 사고사실이 신고된 관할 경찰관서의 교통사고사실확인원 등			○		○
5. 배상의무자의 주소, 성명 또는 명칭, 차량번호					○
6. 배상의무자의 「대인배상Ⅱ」 또는 공제계약의 유무 및 내용					○
7. 피보험자가 입은 손해를 보상할 「대인배상Ⅱ」 또는 공제계약, 배상의무자 또는 제3자로부터 이미 지급받은 손해배상금이 있을 때에는 그 금액					○
8. 전손보험금을 청구할 경우					
도난으로 인한 전손사고시 말소 사실증명서			○		
전손사고 후 이전매각시 이전서류		○	○		
전손사고 후 폐차시 폐차인수증명서		○	○		
9. 그 밖에 보험회사가 꼭 필요하여 요청하는 서류 등(수리개시 전 자동차점검·정비견적서, 사진 등. 이 경우 수리개시 전 자동차점검·정비견적서의 발급 등에 관한 사항은 보험회사에 구두 또는 서면으로 위임할 수 있으며, 보험회사는 수리개시 전 자동차점검·정비견적서를 발급한 자동차정비업자에게 이에 대한 검토의견서를 수리개시 전에 회신하게 됩니다)	○	○	○	○	○

제28조(가지급금의 지급) ① 피보험자가 가지급금을 청구한 경우 보험회사는 이 약관에 따라 지급할 금액의 한도에서 가지급금(자동차보험 진료수가는 전액, 진료수가 이외의 보험금은 이 약관에 따라 지급할 금액의 50%)을 지급합니다.

② 보험회사는 가지급금 청구에 관한 서류를 받았을 때에는 지체 없이 지급할 가지급액을 정하고 그 정하여진 날부터 7일 이내에 지급합니다.

③ 보험회사가 정당한 사유 없이 가지급액을 정하는 것을 지연하거나 제2항에서 정하는 지급기일 내에 가지급금을 지급하지 않았을 때, 지급할 가지급금이 있는 경우에는 그 다음날부터 지급일까지의 기간에 대하여 보험개발원이 공시한 보험계약대출이율을 연단위 복리로 계산한 금액을 가지급금에 더하여 드립니다.

④ 보험회사가 가지급금 청구에 관한 서류를 받은 때부터 10일 이내에 피보험자에게 가지급금을 지급하는 것을 거절하는 이유 또는 그 지급을 연기하는 이유(추가 조사가 필요한 때에는 확인이 필요한 사항과 확인이 종료되는 시기를 포함)를 서면(전자우편 등 서면에 갈음할 수 있는 통신수단을 포함)으로 통지하지 않는 경우, 정당한 사유 없이 가지급액을 정하는 것을 지연한 것으로 봅니다.

⑤ 보험회사는 이 약관상 보험회사의 보험금 지급책임이 발생하지 않는 것이 객관적으로 명백할 경우에 가지급금을 지급하지 않을 수 있습니다.

⑥ 피보험자에게 지급한 가지급금은 장래 지급될 보험금에서 공제되나, 최종적인 보험금의 결정에는 영향을 미치지 않습니다.

⑦ 피보험자가 가지급금을 청구할 때는 보험금을 청구하는 경우와 동일하게 제27조(제출 서류)에서 정하는 서류 등을 보험회사에 제출하여야 합니다.

제2장 손해배상청구권자의 직접 청구

제29조(손해배상을 청구할 수 있는 경우) 피보험자가 법률상의 손해배상책임을 지는 사고가 생긴 경우, 손해배상청구권자는 보험회사에 직접 손해배상금을 청구할 수 있습니다. 다만 보험회사는 피보험자가 그 사고에 관하여 가지는 항변으로 손해배상청구권자에게 대항할 수 있습니다.

제30조(청구 절차 및 유의 사항) ① 보험회사가 손해배상청구권자의 청구를 받았을 때에는 지체 없이 피보험자에게 통지합니다. 이 경우 피보험자는 보험회사의 요청에 따라 증거확보, 권리보전 등에 협력하여야 하며, 만일 피보험자가 정당한 이유 없이 협력하지 않은 경우 그로 인하여 늘어난 손해에 대하여는 보상하지 않습니다.

② 보험회사가 손해배상청구권자에게 지급하는 손해배상금은 이 약관에 의하여 보험회사가 피보험자에게 지급책임을 지는 금액을 한도로 합니다.

③ 보험회사가 손해배상청구권자에게 손해배상금을 직접 지급할 때에는 그 금액의 한도에서 피보험자에게 보험금을 지급하는 것으로 합니다.

④ 보험회사는 손해배상청구에 관한 서류 등을 받았을 때에는 지체 없이 지급할 손해배상액을 정하고 그 정하여진 날부터 7일 이내에 지급합니다.

⑤ 보험회사가 정당한 사유 없이 손해배상액을 정하는 것을 지연하였거나 제4항에서 정하는 지급기일 내에 손해배상금을 지급하지 않았을 때, 지급할 손해배상금이 있는 경우에는 그 다음날부터 지급일까지의 기간에 대하여 〈부표〉 '보험금을 지급할 때의 적립이율'에 따라 연단위 복리로 계산한 금액을 손해배상금에 더하여 지급합니다. 그러나 손해배상청구권자의 책임 있는 사유로 지급이 지연될 때에는 그 해당기간에 대한 이자를 더하여 드리지 않습니다.

⑥ 보험회사가 손해배상 청구에 관한 서류를 받은 때부터 30일 이내에 손해배상청구권자에게 손해배상금을 지급하는 것을 거절하는 이유 또는 그 지급을 연기하는 이유(추가 조사가 필요한 때에는 확인이 필요한 사항과 확인이 종료되는 시기를 포함)를 서면(전자우편 등 서면에 갈음할 수 있는 통신수단을 포함)으로 통지하지 않는 경우, 정당한 사유 없이 손해배상액을 정하는 것을 지연한 것으로 봅니다.

⑦ 보험회사는 손해배상청구권자의 요청이 있을 때는 손해배상액을 일정기간으로 정하여 정기금으로 지급할 수 있습니다. 이 경우 각 정기금의 지급기일의 다음날부터 다 지급하는 날까지의 기간에 대하여 보험개발원이 공시한 정기예금이율에 따라 연단위 복리로 계산한 금액을 손해배상금에 더하여 드립니다.

제31조(제출 서류) 손해배상청구권자는 보장종목별로 다음의 서류 등을 구비하여 보험회사에 손해배상을 청구하여야 합니다.

손해배상청구권자가 직접 청구하는 경우 필요 서류 등	대인배상Ⅰ·Ⅱ	대물배상
1. 교통사고 발생사실을 확인할 수 있는 서류	○	○
2. 손해배상청구서	○	○
3. 손해액을 증명하는 서류	○	○
4. 그 밖에 보험회사가 꼭 필요하여 요청하는 서류 등(수리개시 전 자동차점검·정비견적서, 사진 등. 이 경우 수리개시 전 자동차점검·정비견적서의 발급 등에 관한 사항은 보험회사에 구두 또는 서면으로 위임할 수 있으며, 보험회사는 수리개시 전 자동차점검·정비견적서를 발급한 자동차정비업자에게 이에 대한 검토의견서를 수리개시 전에 회신하게 됩니다)	○	○

제32조(가지급금의 지급) ① 손해배상청구권자가 가지급금을 청구한 경우 보험회사는 「자동차손해배상보장법」 또는 「교통사고처리특례법」 등에 의해 이 약관에 따라 지급할 금액의 한도에서 가지급금(자동차보험 진료수가는 전액, 진료수가 이외의 손해배상금은 이 약관에 따라 지급할 금액의 50%)을 지급합니다.

② 보험회사는 가지급금 청구에 관한 서류 등을 받았을 때에는 지체 없이 지급할 가지급액을 정하고 그 정하여진 날부터 7일 이내에 지급합니다.

③ 보험회사가 정당한 사유 없이 가지급액을 정하는 것을 지연하거나 제2항에 정한 지급기일 내에 가지급금을 지급하지 않았을 때에는, 지급할 가지급금이 있는 경우 그 다음날부터 지급일까지의 기간에 대하여 보험개발원이 공시한 보험계약대출이율에 따라 연 단위 복리로 계산한 금액을 가지급금에 더하여 드립니다.

④ 보험회사가 가지급금 청구에 관한 서류를 받은 때부터 10일 이내에 손해배상청구권자에게 가지급금을 지급하는 것을 거절하는 이유 또는 그 지급을 연기하는 이유(추가 조사가 필요한 때에는 확인이 필요한 사항과 확인이 종료되는 시기를 포함)를 서면(전자우편 등 서면에 갈음할 수 있는 통신수단을 포함)으로 통지하지 않는 경우, 정당한 사유 없이 가지급액을 정하는 것을 지연한 것으로 봅니다.

⑤ 보험회사는 「자동차손해배상보장법」 등 관련 법령상 피보험자의 손해배상책임이 발생하지 않거나 이 약관상 보험회사의 보험금 지급책임이 발생하지 않는 것이 객관적으로 명백할 경우에는 가지급금을 지급하지 아니할 수 있습니다.

⑥ 손해배상청구권자에게 지급한 가지급금은 장래 지급될 손해배상액에서 공제되나, 최종적인 손해배상액의 결정에는 영향을 미치지 않습니다.

⑦ 손해배상청구권자가 가지급금을 청구할 때는 손해배상을 청구하는 경우와 동일하게 제31조(제출 서류)에 정한 서류 등을 보험회사에 제출하여야 합니다.

제3장 보험금의 분담 등

제33조(보험금의 분담) 「대인배상 I · II」, 「대물배상」, 「무보험자동차에 의한 상해」, 「자기신체사고」, 「자기차량손해」에서는 다음과 같이 보험금을 분담합니다.

1. 이 보험계약과 보상책임의 전부 또는 일부가 중복되는 다른 보험계약(공제계약을 포함)이 있는 경우
   : 다른 보험계약이 없는 것으로 가정하여 각각의 보험회사에 가입된 자동차 보험계약에 의해 산출한 보상책임액의 합계액이 손해액보다 많을 때에는 다음의 산식에 따라 산출한 보험금을 지급합니다.

$$손해액 \times \frac{이\ 보험계약에\ 의해\ 산출한\ 보상책임액}{다른\ 보험계약이\ 없는\ 것으로\ 하여\ 각\ 보험계약에\ 의해\ 산출한\ 보상책임액의\ 합계액}$$

2. 이 보험계약의 「대인배상 I」, 「대인배상 II」, 「대물배상」에서 동일한 사고로 인하여 이 보험계약에서 배상책임이 있는 피보험자가 둘 이상 있는 경우에는 제10조(지급보험금의 계산)에 의한 보상한도와 범위에 따른 보험금을 각 피보험자의 배상책임의 비율에 따라 분담하여 지급합니다.

3. 제1호 또는 제2호의 규정에도 불구하고 자동차 취급업자가 가입한 보험계약에서 보험금이 지급될 수 있는 경우에는 그 보험금을 초과하는 손해를 보상합니다.

제34조(보험회사의 대위) ① 보험회사가 피보험자 또는 손해배상청구권자에게 보험금 또는 손해배상금을 지급한 경우에는 지급한 보험금 또는 손해배상금의 범위에서 제3자에 대한 피보험자의 권리를 취득합니다. 다만, 보험회사가 보상한 금액이 피보험자의 손해의 일부를 보상한 경우에는 피보험자의 권리를 침해하지 않는 범위에서 그 권리를 취득합니다.

② 보험회사는 다음의 권리는 취득하지 않습니다.

1. 「자기신체사고」의 경우 제3자에 대한 피보험자의 권리. 다만, 보험금을 '별표 1. 대인배상, 무보험자동차에 의한 상해 지급기준'에 의해 지급할 때는 피보험자의 권리를 취득합니다.

2. 「자기차량손해」의 경우 피보험자동차를 정당한 권리에 따라 사용하거나 관리하던 자에 대한 피보험자의 권리. 다만, 다음의 경우에는 피보험자의 권리를 취득합니다.

   가. 고의로 사고를 낸 경우, 무면허운전이나 음주운전을 하던 중에 사고를 낸 경우, 또는 마약 또는 약물 등의 영향으로 정상적인 운전을 하지 못할 우려가 있는 상태에서 운전을 하던 중에 사고를 낸 경우

   나. 자동차 취급업자가 업무로 위탁받은 피보험자동차를 사용하거나 관리하는 동안에 사고를 낸 경우

3. 피보험자가 생계를 같이하는 가족에 대하여 갖는 권리. 다만, 손해가 그 가족의 고의로 인하여 발생한 경우에는 피보험자의 권리를 취득합니다.

③ 피보험자는 보험회사가 제1항 또는 제2항에 따라 취득한 권리의 행사 및 보전에 관하여 필요한 조치를 취하여야 하며, 또한 보험회사가 요구하는 자료를 제출하여야 합니다.

제35조(보험회사의 불성실행위로 인한 손해배상책임) ① 보험회사는 이 보험계약과 관련하여 임직원, 보험설계사, 보험대리점의 책임 있는 사유로 인하여 보험계약자 및 피보험자에게 발생된 손해에 대하여 관계 법률 등에서 정한 바에 따라 손해배상책임을 집니다.

② 보험회사가 보험금의 지급여부나 지급금액에 관하여 보험계약자 또는 피보험자의 곤궁, 경솔 또는 무경험을 이용하여 현저하게 공정을 잃은 합의를 한 경우에도 손해를 배상할 책임을 집니다.

제36조(합의 등의 협조·대행) ① 보험회사는 피보험자의 협조 요청이 있는 경우 피보험자의 법률상 손해배상책임을 확정하기 위하여 피보험자가 손해배상청구권자와 행하는 합의·절충·중재 또는 소송(확인의 소를 포함)에 대하여 협조하거나, 피보험자를 위하여 이러한 절차를 대행합니다.

② 보험회사는 피보험자에 대하여 보상책임을 지는 한도(동일한 사고로 이미 지급한 보험금이나 가지급금이 있는 경우에는 그 금액을 공제한 금액. 이하 같음) 내에서 제1항의 절차에 협조하거나 대행합니다.

③ 보험회사가 제1항의 절차에 협조하거나 대행하는 경우에는 피보험자는 보험회사의 요청에 따라 협력해야 합니다. 피보험자가 정당한 이유 없이 협력하지 않는 경우 그로 인하여 늘어난 손해에 대하여는 보상하지 않습니다.

④ 보험회사는 다음의 경우에는 제1항의 절차를 대행하지 않습니다.

1. 피보험자가 손해배상청구권자에 대하여 부담하는 법률상의 손해배상책임액이 보험증권에 기재된 보험가입금액을 명백하게 초과하는 때

2. 피보험자가 정당한 이유 없이 협력하지 않는 때

제37조(공탁금의 대출) 보험회사가 제36조(합의 등의 협조·대행) 제1항의 절차를 대행하는 경우에는, 피보험자에 대하여 보상책임을 지는 한도에서 가압류나 가집행을 면하기 위한 공탁금을 피보험자에게 대출할 수 있으며 이에 소요되는 비용을 보상합니다. 이 경우 대출금의 이자는 공탁금에 붙여지는 것과 같은 이율로 정하며, 피보험자는 공탁금(이자를 포함)의 회수청구권을 보험회사에 양도하여야 합니다.

제4편 일반사항

제1장 보험계약의 성립

제38조(보험계약의 성립) ① 이 보험계약은 보험계약자가 청약을 하고 보험회사가 승낙을 하면 성립합니다.

② 보험계약자가 청약을 할 때 '제1회 보험료(보험료를 분납하기로 약정한 경우)' 또는 '보험료 전액(보험료를 일시에 지급하기로 약정한 경우)'(이하 '제1회 보험료 등'이라 함)을 지급하였을 때, 보험회사가 이를 받은 날부터 15일 이내에 승낙 또는 거절의 통지를 발송하지 않으면 승낙한 것으로 봅니다.

③ 보험회사가 청약을 승낙했을 때에는 지체 없이 보험증권을 보험계약자에게 드립니다. 그러나 보험계약자가 제1회 보험료 등을 지급하지 않은 경우에는 그러하지 않습니다.

④ 보험계약이 성립되면 보험회사는 제42조(보험기간)의 규정에 따라 보험기간의 첫 날부터 보상책임을 집니다. 다만, 보험계약자로부터 제1회 보험료 등을 받은 경우에는, 그 이후 승낙 전에 발생한 사고에 대해서도 청약을 거절할 사유가 없는 한 보상합니다.

제39조(약관 교부 및 설명의무 등) ① 보험회사는 보험계약자가 청약을 한 경우 보험계약자에게 약관 및 보험계약자 보관용 청약서(청약서 부본)를 드리고 약관의 중요한 내용을 설명하여 드립니다.

② 통신판매보험계약[11]에서 보험회사는 보험계약자의 동의를 얻어 다음 중 어느 하나의 방법으로 약관을 교부하고 중요한 내용을 설명하여 드립니다.

1. 사이버몰(컴퓨터를 이용하여 보험거래를 할 수 있도록 설정된 가상의 영업장)을 이용하여 모집하는 경우 : 사이버몰에서 약관 및 그 설명문(약관의 중요한 내용을 알 수 있도록 설명한 문서)을 읽거나 내려 받게 하는 방법. 이 경우 보험계약자가 이를 읽거나 내려 받은 것을 확인한 때에는 약관을 드리고 중요한 내용을 설명한 것으로 봅니다.

2. 전화를 이용하여 모집하는 경우 : 전화를 이용하여 청약내용, 보험료납입, 보험기간, 계약 전 알릴 의무, 약관의 중요한 내용 등 계약 체결을 위하여 필요한 사항을 질문하거나 설명하는 방법. 이 경우 보험계약자의 답변과 확인내용을 음성 녹음함으로써 약관의 중요한 내용을 설명한 것으로 봅니다.

③ 보험회사는 다음 각 호의 방법 중 계약자가 원하는 방법을 확인하여 지체 없이 약관 및 계약자 보관용 청약서를 제공하여 드립니다. 만약, 회사가 전자우편 및 전자적 의사표시로 제공한 경우 계약자 또는 그 대리인이 약관 및 계약자 보관용 청약서 등을 수신하였을 때에는 해당 문서를 드린 것으로 봅니다. 〈개정 2021.7.1.〉

1. 서면교부

2. 우편 또는 전자우편

3. 휴대전화 문자메시지 또는 이에 준하는 전자적 의사표시

④ 다음 중 어느 하나에 해당하는 경우 보험계약자는 계약체결일부터 3개월 이내에 계약을 취소할 수 있습니다. 다만, 의무보험은 제외합니다.

1. 보험계약자가 청약을 했을 때 보험회사가 보험계약자에게 약관 및 보험계약자 보관용 청약서(청약서 부본)를 드리지 않은 경우

2. 보험계약자가 청약을 했을 때 보험회사가 청약시 보험계약자에게 약관의 중요한 내용을 설명하지 않은 경우

3. 보험계약자가 보험계약을 체결할 때 청약서에 자필서명[12]을 하지 않은 경우

---

11) '통신판매보험계약'이라 함은 보험회사가 전화·우편·컴퓨터통신 등 통신수단을 이용하여 모집하는 보험계약을 말합니다.
12) 자필서명에는 날인(도장을 찍음) 또는 「전자서명법」 제2조 제2호의 규정에 의한 방식을 포함합니다. 〈개정 2021.7.1.〉

⑤ 제4항에 따라 계약이 취소된 경우 보험회사는 이미 받은 보험료를 보험계약자에게 돌려 드리며, 보험료를 받은 기간에 대하여 보험개발원이 공시한 보험계약대출이율에 따라 연 단위 복리로 계산한 금액을 더하여 지급합니다.

제40조(설명서 교부 및 보험안내자료 등의 효력) ① 회사는 일반금융소비자에게 청약을 권유하거나 일반금융소비자가 설명을 요청하는 경우 보험상품에 관한 중요한 사항을 계약자가 이해할 수 있도록 설명하고 계약자가 이해하였음을 서명, 기명날인 또는 녹취 등을 통해 확인받아야 하며, 설명서를 제공하여야 합니다. 〈신설 2021.7.1.〉

② 설명서, 약관, 청약서 부본 및 증권의 제공 사실에 관하여 계약자와 회사간에 다툼이 있는 경우에는 회사가 이를 증명하여야 합니다. 〈신설 2021.7.1.〉

③ 보험회사가 보험모집과정에서 제작·사용한 보험안내자료(서류·사진·도화 등 모든 안내자료를 포함)의 내용이 보험약관의 내용과 다른 경우에는 보험계약자에게 유리한 내용으로 보험계약이 성립된 것으로 봅니다.

제41조(청약 철회) ① 일반금융소비자[13]는 보험증권을 받은 날부터 15일과 청약을 한 날부터 30일 중 먼저 도래하는 기간 내에 보험계약의 청약을 철회할 수 있습니다. 〈개정 2021.7.1.〉

② 제1항에서 보험회사가 보험계약자에게 보험증권을 드린 것에 관해 다툼이 있으면 보험회사가 이를 증명합니다.

③ 제1항에도 불구하고 다음 중 어느 하나에 해당하는 경우에는 보험계약의 청약을 철회할 수 없습니다. 〈개정 2021.7.1.〉

1. 전문금융소비자[14]가 보험계약의 청약을 한 경우
2. 「자동차손해배상 보장법」에 따른 의무보험(다만, 일반금융소비자가 동종의 다른 의무보험에 가입한 경우는 제외)
3. 보험기간이 90일 이내인 보험계약
4. 〈삭제〉

④ 청약철회는 계약자가 전화로 신청하거나, 철회의사를 표시하기 위한 서면, 전자우편, 휴대전화 문자메시지 또는 이에 준하는 전자적 의사표시(이하 '서면 등'이라 합니다)를 발송한 때 효력이 발생합니다. 계약자는 서면 등을 발송한 때에 그 발송 사실을 회사에 지체 없이 알려야 합니다. 〈신설 2021.7.1.〉

⑤ 보험회사는 보험계약자의 청약 철회를 접수한 날부터 3영업일 이내에 받은 보험료를 보험계약자에게 돌려 드립니다. 〈개정 2021.7.1.〉

⑥ 청약을 철회할 당시에 이미 보험사고가 발생하였으나 보험계약자가 보험사고가 발생한 사실을 알지 못한 경우에는 청약 철회의 효력은 발생하지 않습니다.

⑦ 보험회사가 제4항의 보험료 반환기일을 지키지 못하는 경우, 반환기일의 다음날부터 반환하는 날까지의 기간은 보험개발원이 공시한 보험계약대출이율에 따라 연단위 복리로 계산한 금액을 더하여 돌려드립니다. 다만, 계약자가 제1회 보험료를 신용카드로 납입한 계약의 청약을 철회하는 경우에 회사는 청약의 철회를 접수한 날부터 3영업일 이내에 해당 신용카드회사로 하여금 대금청구를 하지 않도록 해야 하며, 이 경우 회사는 보험료를 반환한 것으로 봅니다. 〈개정 2021.7.1.〉

---

13) '일반금융소비자'라 함은 전문금융소비자가 아닌 계약자를 말합니다.
14) '전문금융소비자'라 함은 보험계약에 관한 전문성, 자산규모 등에 비추어 보험계약에 따른 위험감수능력이 있는 자로서, 국가, 지방자치단체, 한국은행, 금융회사, 주권상장법인 등을 포함하며 「금융소비자 보호에 관한 법률」 제2조(정의) 제9호에서 정하는 전문금융소비자를 말합니다. 〈개정 2021.7.1.〉

제42조(보험기간) 보험회사가 피보험자에 대해 보상책임을 지는 보험기간은 다음과 같습니다.

구 분	보험기간
1. 원 칙	보험증권에 기재된 보험기간의 첫날 24시부터 마지막 날 24시까지. 다만, 의무보험(책임공제를 포함)의 경우 전(前) 계약의 보험기간과 중복되는 경우에는 전 계약의 보험기간이 끝나는 시점부터 시작합니다.
2. 예외 : 자동차보험에 처음 가입하는 자동차[15] 및 의무보험	보험료를 받은 때부터 마지막 날 24시까지. 다만, 보험증권에 기재된 보험기간 이전에 보험료를 받았을 경우에는 그 보험기간의 첫날 0시부터 시작합니다.

제43조(사고발생지역) 보험회사는 대한민국(북한지역을 포함) 안에서 생긴 사고에 대하여 보험계약자가 가입한 보장종목에 따라 보상해 드립니다.

제2장 보험계약자 등의 의무

제44조(계약 전 알릴 의무) ① 보험계약자는 청약을 할 때 다음의 사항에 관해서 알고 있는 사실을 보험회사에 알려야 하며, 제3호의 경우에는 기명피보험자의 동의가 필요합니다.

1. 피보험자동차의 검사에 관한 사항
2. 피보험자동차의 용도, 차종, 등록번호(이에 준하는 번호도 포함하며, 이하 같음), 차명, 연식, 적재정량, 구조 등 피보험자동차에 관한 사항
3. 기명피보험자의 성명, 연령 등에 관한 사항
4. 그 밖에 보험청약서에 기재된 사항 중에서 보험료의 계산에 영향을 미치는 사항

② 보험회사는 이 보험계약을 맺은 후 보험계약자가 계약 전 알릴 의무를 위반한 사실이 확인되었을 때에는 추가보험료를 더 내도록 청구하거나, 제53조(보험회사의 보험계약 해지) 제1항 제1호, 제4호에 따라 해지할 수 있습니다.

제45조(계약 후 알릴 의무) ① 보험계약자는 보험계약을 맺은 후 다음의 사실이 생긴 것을 알았을 때에는 지체 없이 보험회사에 그 사실을 알리고 승인을 받아야 합니다. 이 경우 그 사실에 따라 보험료가 변경되는 경우 보험회사는 보험료를 더 받거나 돌려주고 계약을 승인하거나, 제53조(보험회사의 보험계약 해지) 제1항 제2호, 제4호에 따라 해지할 수 있습니다.

1. 용도, 차종, 등록번호, 적재정량, 구조 등 피보험자동차에 관한 사항이 변경된 사실
2. 피보험자동차에 화약류, 고압가스, 폭발물, 인화물 등 위험물을 싣게 된 사실
3. 그 밖에 위험이 뚜렷이 증가하는 사실이나 적용할 보험료에 차이가 발생한 사실

② 보험계약자는 보험증권에 기재된 주소 또는 연락처가 변경된 때에는 지체 없이 보험회사에 알려야 합니다. 보험계약자가 이를 알리지 않으면 보험회사가 알고 있는 최근의 주소로 알리게 되므로 불이익을 당할 수 있습니다.

제46조(사고발생시 의무) ① 보험계약자 또는 피보험자는 사고가 생긴 것을 알았을 때에는 다음의 사항을 이행하여야 합니다.

---

15) '자동차보험에 처음 가입하는 자동차'라 함은 자동차 판매업자 또는 그 밖의 양도인 등으로부터 매수인 또는 양수인에게 인도된 날부터 10일 이내에 처음으로 그 매수인 또는 양수인을 기명피보험자로 하는 자동차보험에 가입하는 신차 또는 중고차를 말합니다. 다만, 피보험자동차의 양도인이 맺은 보험계약을 양수인이 승계한 후 그 보험기간이 종료되어 이 보험계약을 맺은 경우를 제외합니다.

1. 지체 없이 손해의 방지와 경감에 힘쓰고, 다른 사람으로부터 손해배상을 받을 수 있는 권리가 있는 경우에는 그 권리(공동불법행위에서 연대채무자 상호간의 구상권을 포함하며, 이하 같음)의 보전과 행사에 필요한 절차를 밟아야 합니다.
2. 다음 사항을 보험회사에 지체 없이 알려야 합니다.
    가. 사고가 발생한 때, 곳, 상황(출·퇴근시 승용차 함께타기 등) 및 손해의 정도
    나. 피해자 및 가해자의 성명, 주소, 전화번호
    다. 사고에 대한 증인이 있을 때에는 그의 성명, 주소, 전화번호
    라. 손해배상의 청구를 받은 때에는 그 내용
3. 손해배상의 청구를 받은 경우에는 미리 보험회사의 동의 없이 그 전부 또는 일부를 합의하여서는 안됩니다. 그러나 피해자의 응급치료, 호송 그 밖의 긴급조치는 보험회사의 동의가 필요하지 않습니다.
4. 손해배상청구의 소송을 제기하려고 할 때 또는 제기 당한 때에는 지체 없이 보험회사에 알려야 합니다.
5. 피보험자동차를 도난당하였을 때에는 지체 없이 그 사실을 경찰관서에 신고하여야 합니다.
6. 보험회사가 사고를 증명하는 서류 등 꼭 필요하다고 인정하는 자료를 요구한 경우에는 지체 없이 이를 제출하여야 하며, 또한 보험회사가 사고에 관해 조사하는 데 협력하여야 합니다.
② 보험회사는 보험계약자 또는 피보험자가 정당한 이유 없이 제1항에서 정한 사항을 이행하지 않은 경우 그로 인하여 늘어난 손해액이나 회복할 수 있었을 금액을 보험금에서 공제하거나 지급하지 않습니다.

제3장 보험계약의 변동 및 보험료의 환급

제47조(보험계약 내용의 변경) ① 보험계약자는 의무보험을 제외하고는 보험회사의 승낙을 얻어 다음에 정한 사항을 변경할 수 있습니다. 이 경우 승낙을 서면 등으로 알리거나 보험증권의 뒷면에 기재하여 드립니다.
1. 보험계약자. 다만, 보험계약자가 이 보험계약의 권리·의무를 피보험자동차의 양수인에게 이전함에 따라 보험계약자가 변경되는 경우에는 제48조(피보험자동차의 양도)에 따릅니다.
2. 보험가입금액, 특별약관 등 그 밖의 계약의 내용
② 보험회사는 제1항에 따라 계약내용의 변경으로 보험료가 변경된 경우 보험계약자에게 보험료를 반환하거나 추가보험료를 청구할 수 있습니다.
③ 보험계약 체결 후 보험계약자가 사망한 경우 이 보험계약에 의한 보험계약자의 권리·의무는 사망시점에서의 법정상속인에게 이전합니다.

제48조(피보험자동차의 양도) ① 보험계약자 또는 기명피보험자가 보험기간 중에 피보험자동차를 양도한 경우에는 이 보험계약으로 인하여 생긴 보험계약자 및 피보험자의 권리와 의무는 피보험자동차의 양수인에게 승계되지 않습니다. 그러나 보험계약자가 이 권리와 의무를 양수인에게 이전하고자 한다는 뜻을 서면 등으로 보험회사에 통지하여 보험회사가 승인한 경우에는 그 승인한 때부터 양수인에 대하여 이 보험계약을 적용합니다.
② 보험회사가 제1항에 의한 보험계약자의 통지를 받은 날부터 10일 이내에 승인 여부를 보험계약자에게 통지하지 않으면, 그 10일이 되는 날의 다음날 0시에 승인한 것으로 봅니다.
③ 제1항에서 규정하는 피보험자동차의 양도에는 소유권을 유보한 매매계약에 따라 자동차를 '산 사람' 또는 대차계약에 따라 자동차를 '빌린 사람'이 그 자동차를 피보험자동차로 하고, 자신을 보험계약자 또는 기명피보험자로 하는 보험계약이 존속하는 동안에 그 자동차를 '판 사람' 또는 '빌려준 사람'에게 반환하는 경우도 포함합니다. 이 경우 '판 사람' 또는 '빌려준 사람'은 양수인으로 봅니다.

④ 보험회사가 제1항의 승인을 하는 경우에는 피보험자동차의 양수인에게 적용되는 보험요율에 따라 보험료의 차이가 나는 경우 피보험자동차가 양도되기 전의 보험계약자에게 남는 보험료를 돌려드리거나, 피보험자동차의 양도 후의 보험계약자에게 추가보험료를 청구합니다.

⑤ 보험회사가 제1항의 승인을 거절한 경우 피보험자동차가 양도된 후에 발생한 사고에 대하여는 보험금을 지급하지 않습니다.

⑥ 보험계약자 또는 기명피보험자가 보험기간 중에 사망하여 법정상속인이 피보험자동차를 상속하는 경우 이 보험계약도 승계된 것으로 봅니다. 다만, 보험기간이 종료되거나 자동차의 명의를 변경하는 경우에는 법정상속인을 보험계약자 또는 기명피보험자로 하는 새로운 보험계약을 맺어야 합니다.

제49조(피보험자동차의 교체) ① 보험계약자 또는 기명피보험자가 보험기간 중에 기존의 피보험자동차를 폐차 또는 양도한 다음 그 자동차와 동일한 차종의 다른 자동차로 교체한 경우에는, 보험계약자가 이 보험계약을 교체된 자동차에 승계시키고자 한다는 뜻을 서면 등으로 보험회사에 통지하여 보험회사가 승인한 때부터 이 보험계약이 교체된 자동차에 적용됩니다. 이 경우 기존의 피보험자동차에 대한 보험계약의 효력은 보험회사가 승인할 때에 상실됩니다.

② 보험회사가 서면 등의 방법으로 통지를 받은 날부터 10일 이내에 제1항에 의한 승인 여부를 보험계약자에게 통지하지 않으면, 그 10일이 되는 날의 다음날 0시에 승인한 것으로 봅니다.

③ 제1항에서 규정하는 '동일한 차종의 다른 자동차로 교체한 경우'라 함은 개인소유 자가용승용자동차 간에 교체한 경우를 말합니다.

④ 보험회사가 제1항의 승인을 하는 경우에는 교체된 자동차에 적용하는 보험요율에 따라 보험료의 차이가 나는 경우 보험계약자에게 남는 보험료를 돌려드리거나 추가보험료를 청구할 수 있습니다. 이 경우 기존의 피보험자동차를 말소등록한 날 또는 소유권을 이전등록한 날부터 승계를 승인한 날의 전날까지의 기간에 해당하는 보험료를 일할로 계산하여 보험계약자에게 반환하여 드립니다.

⑤ 보험회사가 제1항의 승인을 거절한 경우 교체된 자동차를 사용하다가 발생한 사고에 대해서는 보험금을 지급하지 않습니다.

〈예시〉 일할계산의 사례

$$기납입보험료 \ 총액 \times \frac{해당기간}{365(윤년 : 366)}$$

제50조(보험계약의 취소) 보험회사가 보험계약자 또는 피보험자의 사기에 의해 보험계약을 체결한 점을 증명한 경우, 보험회사는 보험기간이 시작된 날부터 6개월 이내(사기 사실을 안 날부터는 1개월 이내)에 계약을 취소할 수 있습니다.

제51조(보험계약의 효력 상실) 보험회사가 파산선고를 받은 날부터 보험계약자가 보험계약을 해지하지 않고 3월이 경과하는 경우에는 보험계약이 효력을 상실합니다.

제52조(보험계약자의 보험계약 해지·해제) ① 보험계약자는 언제든지 임의로 보험계약의 일부 또는 전부를 해지할 수 있습니다. 다만, 의무보험은 다음 중 어느 하나에 해당하는 경우에만 해지할 수 있습니다.

1. 피보험자동차가 「자동차손해배상보장법」 제5조 제4항에 정한 자동차(의무보험 가입대상에서 제외되거나 도로가 아닌 장소에 한하여 운행하는 자동차)로 변경된 경우

2. 피보험자동차를 양도한 경우. 다만, 제48조(피보험자동차의 양도) 또는 제49조(피보험자동차의 교체)에 따라 보험계약이 양수인 또는 교체된 자동차에 승계된 경우에는 의무보험에 대한 보험계약을 해지할 수 없습니다.

3. 피보험자동차의 말소등록으로 운행을 중지한 경우. 다만, 제49조(피보험자동차의 교체)에 따라 보험계약이 교체된 자동차에 승계된 경우에는 의무보험에 대한 보험계약을 해지할 수 없습니다.

4. 천재지변, 교통사고, 화재, 도난 등의 사유로 인하여 피보험자동차를 더 이상 운행할 수 없게 된 경우. 다만, 제49조(피보험자동차의 교체)에 따라 보험계약이 교체된 자동차에 승계된 경우에는 의무보험에 대한 보험계약을 해지할 수 없습니다.

5. 이 보험계약을 맺은 후에 피보험자동차에 대하여 이 보험계약과 보험기간의 일부 또는 전부가 중복되는 의무보험이 포함된 다른 보험계약(공제계약을 포함)을 맺은 경우

6. 보험회사가 파산선고를 받은 경우

7. 「자동차손해배상보장법」 제5조의2에서 정하는 '보험 등의 가입의무 면제' 사유에 해당하는 경우

8. 자동차해체재활용업자가 해당 자동차·자동차등록증·등록번호판 및 봉인을 인수하고 그 사실을 증명하는 서류를 발급한 경우

9. 「건설기계관리법」에 따라 건설기계해체재활용업자가 해당 건설기계와 등록번호표를 인수하고 그 사실을 증명하는 서류를 발급한 경우

② 이 보험계약이 의무보험만 체결된 경우로서, 이 보험계약을 맺기 전에 피보험자동차에 대하여 의무보험이 포함된 다른 보험계약(공제계약을 포함하며, 이하 같음)이 유효하게 맺어져 있는 경우에는, 보험계약자는 그 다른 보험계약이 종료하기 전에 이 보험계약을 해제할 수 있습니다. 만일, 그 다른 보험계약이 종료된 후에는 그 종료일 다음날부터 보험기간이 개시되는 의무보험이 포함된 새로운 보험계약을 맺은 경우에 한하여 이 보험계약을 해제할 수 있습니다.

③ 타인을 위한 보험계약에서 보험계약자는 기명피보험자의 동의를 얻거나 보험증권을 소지한 경우에 한하여 제1항 또는 제2항의 규정에 따라 보험계약을 해지하거나 또는 해제할 수 있습니다.

제52조의2(위법계약의 해지) ① 계약자는 「금융소비자 보호에 관한 법률」 제47조 및 관련규정이 정하는 바에 따라 계약 체결에 대한 회사의 법 위반사항이 있는 경우 계약 체결일부터 5년 이내의 범위에서 계약자가 위반사항을 안 날부터 1년 이내에 계약해지요구서에 증빙서류를 첨부하여 위법계약의 해지를 요구할 수 있습니다. 다만, 「자동차손해배상 보장법」에 따른 의무보험에 대해 해지 요구를 할 때에는 동종의 다른 의무보험에 가입되어 있는 경우에만 해지할 수 있습니다.

② 회사는 해지요구를 받은 날부터 10일 이내에 수락 여부를 계약자에 통지하여야 하며, 거절할 때에는 거절 사유를 함께 통지하여야 합니다.

③ 계약자는 회사가 정당한 사유 없이 제1항의 요구를 따르지 않는 경우 해당 계약을 해지할 수 있습니다.

④ 제1항 및 제3항에 따라 계약이 해지된 경우 회사는 제54조(보험료의 환급) 제3항 제1호에 따른 보험료를 계약자에게 지급합니다.

⑤ 계약자는 제1항에 따른 제척기간에도 불구하고 민법 등 관계 법령에서 정하는 바에 따라 법률상의 권리를 행사할 수 있습니다. 〈본조신설 2021.7.1.〉

제53조(보험회사의 보험계약 해지) ① 보험회사는 다음 중 어느 하나에 해당하는 경우가 발생하였을 때, 그 사실을 안 날부터 1월 이내에 보험계약을 해지할 수 있습니다. 다만, 제1호, 제2호, 제4호, 제5호에 의한 계약해지는 의무보험에 대해 적용하지 않습니다.

1. 보험계약자가 보험계약을 맺을 때 고의 또는 중대한 과실로 제44조(계약 전 알릴 의무) 제1항의 사항에 관하여 알고 있는 사실을 알리지 않거나 사실과 다르게 알린 경우. 다만, 다음 중 어느 하나에 해당하는 경우 보험회사는 보험계약을 해지하지 못합니다.

　　가. 보험계약을 맺은 때에 보험회사가 보험계약자가 알려야 할 사실을 알고 있었거나 과실로 알지 못하였을 때

나. 보험계약자가 보험금을 지급할 사고가 발생하기 전에 보험청약서의 기재사항에 대하여 서면으로 변경을 신청하여 보험회사가 이를 승인하였을 때

다. 보험회사가 보험계약을 맺은 날부터 보험계약을 해지하지 않고 6개월이 경과한 때

라. 보험을 모집한 자(이하 "보험설계사 등"이라 합니다)가 보험계약자 또는 피보험자에게 계약 전 알릴 의무를 이행할 기회를 부여하지 아니하였거나 보험계약자 또는 피보험자가 사실대로 알리는 것을 방해한 경우, 또는 보험계약자 또는 피보험자에 대해 사실대로 알리지 않게 하였거나 부실하게 알리도록 권유했을 때. 다만, 보험설계사 등의 행위가 없었다 하더라도 보험계약자 또는 피보험자가 사실대로 알리지 않거나 부실하게 알린 것으로 인정되는 경우에는 그러하지 아니합니다.

마. 보험계약자가 알려야 할 사항이 보험회사가 위험을 측정하는데 관련이 없을 때 또는 적용할 보험료에 차액이 생기지 않은 때

2. 보험계약자가 보험계약을 맺은 후에 제45조(계약 후 알릴 의무) 제1항에 정한 사실이 생긴 것을 알았음에도 불구하고 지체 없이 알리지 않거나 사실과 다르게 알린 경우. 다만, 보험계약자가 알려야 할 사실이 뚜렷하게 위험을 증가시킨 것이 아닌 때에는 보험회사가 보험계약을 해지하지 못합니다.

3. 보험계약자가 정당한 이유 없이 법령에 정한 자동차검사를 받지 않은 경우

4. 보험회사가 제44조(계약 전 알릴 의무) 제2항, 제45조(계약 후 알릴 의무) 제1항, 제48조(피보험자동차의 양도) 제4항, 제49조(피보험자동차의 교체) 제4항에 따라 추가보험료를 청구한 날부터 14일 이내에 보험계약자가 그 보험료를 내지 않은 경우. 다만, 다음 중 어느 하나에 해당하는 경우 보험회사는 보험계약을 해지하지 못합니다.

가. 보험회사가 제44조 제1항에서 규정하는 계약 전 알릴 의무 위반 사실을 안 날부터 1월이 지난 경우

나. 보험회사가 보험계약자로부터 제45조(계약 후 알릴 의무) 제1항에서 정하는 사실을 통지받은 후 1월이 지난 경우

5. 보험금의 청구에 관하여 보험계약자, 피보험자, 보험금을 수령하는 자 또는 이들의 법정대리인의 사기 행위가 발생한 경우.

② 보험회사는 보험계약자가 계약 전 알릴 의무 또는 계약 후 알릴 의무를 이행하지 아니하여 제1항 제1호 또는 제2호에 따라 보험계약을 해지한 때에는 해지 이전에 생긴 사고에 대해서도 보상하지 않으며, 이 경우 보험회사는 지급한 보험금의 반환을 청구할 수 있습니다. 다만, 계약 전 알릴 의무 또는 계약 후 알릴 의무를 위반한 사실이 사고의 발생에 영향을 미치지 않았음이 증명된 때에는 보험회사는 보상합니다.

③ 보험회사는 보험계약자가 다른 보험의 가입내역을 알리지 않거나 사실과 다르게 알렸다는 이유로 계약을 해지하거나 보험금 지급을 거절하지 아니합니다.

제54조(보험료의 환급 등) ① 보험기간이 시작되기 전에 보험료가 변경된 때에는 변경 전 보험료와 변경 후 보험료의 차액을 더 받거나 돌려 드립니다.

② 보험회사의 고의·과실로 보험료가 적정하지 않게 산정되어 보험계약자가 적정보험료를 초과하여 납입한 경우, 보험회사는 이를 안 날 또는 보험계약자가 반환을 청구한 날부터 3일 이내에 적정보험료를 초과하는 금액 및 이에 대한 이자(납입한 날부터 반환하는 날까지의 기간에 대해 보험개발원이 공시한 보험계약대출이율에 따라 연 단위 복리로 계산한 금액)를 돌려드립니다. 다만, 보험회사에게 고의·과실이 없을 경우에는 적정보험료를 초과한 금액만 돌려드립니다.

③ 보험회사는 보험계약이 취소되거나 해지된 때, 또는 그 효력이 상실된 때에는 다음과 같이 보험료를 돌려드립니다.

1. 보험계약자 또는 피보험자의 책임 없는 사유에 의하는 경우 : 제39조 제4항에 의해 계약이 취소된 때에는 보험회사에 납입한 보험료의 전액, 효력 상실되거나 해지(제52조의2에 따른 위법계약 해지를 포함한다)된 경우에는 경과하지 않은 기간에 대하여 일단위로 계산한 보험료

2. 보험계약자 또는 피보험자의 책임 있는 사유에 의하는 경우 : 이미 경과한 기간에 대하여 단기요율로 계산한 보험료를 뺀 잔액

3. 보험계약이 해지(제52조의2에 따른 위법계약 해지를 포함한다)된 경우, 계약을 해지하기 전에 보험회사가 보상하여야 하는 사고가 발생한 때에는 보험료를 환급하지 않습니다. 〈개정 2021.7.1.〉

④ 제3항에서 '보험계약자 또는 피보험자에게 책임이 있는 사유'라 함은 다음의 경우를 말합니다.

1. 보험계약자 또는 피보험자가 임의 해지하는 경우(의무보험의 해지는 제외)

2. 보험회사가 제50조(보험계약의 취소) 또는 제53조(보험회사의 보험계약 해지)에 따라 보험계약을 취소하거나 해지하는 경우

3. 보험료 미납으로 인한 보험계약의 효력 상실

⑤ 보험계약이 해제된 경우에는 보험료 전액을 환급합니다.

⑥ 이 약관에 의해 보험회사가 보험계약자가 낸 보험료의 전부 또는 일부를 돌려드리는 경우에는 보험료를 반환할 의무가 생긴 날부터 3일 이내에 드립니다.

⑦ 보험회사가 제6항의 반환기일이 지난 후 보험료를 반환하는 경우에는 반환기일의 다음 날부터 반환하는 날까지의 기간은 보험개발원이 공시한 보험계약대출이율에 따라 연단위 복리로 계산한 금액을 더하여 돌려드립니다. 다만, 이 약관에서 이자의 계산에 관해 달리 정하는 경우에는 그에 따릅니다.

제4장 그 밖의 사항

제55조(약관의 해석) ① 보험회사는 신의성실의 원칙에 따라 공정하게 약관을 해석하여야 하며 보험계약자에 따라 다르게 해석하지 않습니다.

② 보험회사는 약관의 뜻이 명백하지 않은 경우에는 보험계약자에게 유리하게 해석합니다.

③ 보험회사는 보상하지 않는 손해 등 보험계약자나 피보험자에게 불리하거나 부담을 주는 내용은 확대하여 해석하지 않습니다.

제56조(보험회사의 개인정보이용 및 보험계약 정보의 제공) ① 보험회사는 제27조(제출서류) 제5호, 제6호의 배상의무자의 개인정보와 제46조(사고발생시 의무) 제2호 나목, 다목의 피해자, 가해자 및 증인의 개인정보를 보험사고의 처리를 위한 목적으로만 이용할 수 있습니다.

② 보험회사는 보험계약에 의한 의무의 이행 및 관리를 위한 판단자료로 활용하기 위하여 「개인정보보호법」 제15조, 제17조, 제22조 내지 제24조, 「신용정보의 이용 및 보호에 관한 법률」 제32조, 같은 법 시행령 제28조에서 정하는 절차에 따라 보험계약자와 피보험자의 동의를 받아 다음의 사항을 다른 보험회사 및 보험관계단체에 제공할 수 있습니다.

1. 기명피보험자의 성명, 주민등록번호 및 주소와 피보험자동차의 차량번호, 형식, 연식

2. 계약일시, 보험종목, 보장종목, 보험가입금액, 자기부담금 및 보험료 할인·할증에 관한 사항, 특별약관의 가입사항, 계약 해지시 그 내용 및 사유

3. 사고일시 또는 일자, 사고내용 및 각종 보험금의 지급내용 및 사유

제57조(피보험자동차 등에 대한 조사) 보험회사는 피보험자동차 등에 관하여 필요한 조사를 하거나 보험계약자 또는 피보험자에게 필요한 설명 또는 증명을 요구할 수 있습니다. 이 경우 보험계약자, 피보험자 또는 이들의 대리인은 이러한 조사 또는 요구에 협력하여야 합니다.

제58조(예금보험기금에 의한 보험금 등의 지급보장) 보험회사가 파산 등으로 인하여 보험금 등을 지급하지 못할 경우에는 예금자보호법에서 정하는 바에 따라 그 지급을 보장합니다.

제59조(보험사기행위 금지) 보험계약자, 피보험자, 피해자 등이 보험사기행위를 행한 경우 관련 법령에 따라 형사처벌 등을 받을 수 있습니다.

제60조(분쟁의 조정) ① 이 보험계약의 내용 또는 보험금의 지급 등에 관하여 보험회사와 보험계약자, 피보험자, 손해배상청구권자, 그 밖에 이해관계에 있는 자 사이에 분쟁이 있을 경우에는 금융감독원에 설치된 금융분쟁조정위원회의 조정을 받을 수 있으며, 분쟁조정 과정에서 계약자는 관계 법령이 정하는 바에 따라 회사가 기록 및 유지·관리하는 자료의 열람(사본의 제공 또는 청취를 포함한다)을 요구할 수 있습니다. 〈개정 2021.7.1.〉

② 회사는 일반금융소비자인 계약자가 조정을 통하여 주장하는 권리나 이익의 가액이 「금융소비자 보호에 관한 법률」 제42조에서 정하는 일정 금액 이내인 분쟁사건에 대하여 조정절차가 개시된 경우에는 관계 법령이 정하는 경우를 제외하고는 소를 제기하지 않습니다. 〈신설 2021.7.1.〉

제61조(관할법원) 이 보험계약에 관한 소송 및 민사조정은 보험회사의 본점 또는 지점 소재지 중 보험계약자 또는 피보험자가 선택하는 대한민국 내의 법원을 합의에 따른 관할법원으로 합니다.

제62조(준용규정) 이 계약은 대한민국 법에 따라 규율되고 해석되며, 약관에서 정하지 않은 사항은 「금융소비자 보호에 관한 법률」, 상법, 민법 등 관계 법령을 따릅니다. 〈개정 2021.7.1.〉

〈별표 1〉 대인배상, 무보험자동차에 의한 상해 지급기준

가. 사 망

각 보장종목별 보험가입금액 한도 내에서 다음의 금액을 지급함.

항 목	지급기준
1. 장례비	지급액 : 5,000,000원
2. 위자료	가. 사망자 본인 및 유족의 위자료 (1) 사망 당시 피해자의 나이가 65세 미만인 경우 : 80,000,000원 (2) 사망 당시 피해자의 나이가 65세 이상인 경우 : 50,000,000원 나. 청구권자의 범위 및 청구권자별 지급기준 : 민법상 상속규정에 따름
3. 상실수익액	가. 산정방법 : 사망한 본인의 월평균 현실소득액(제세액공제)에서 본인의 생활비(월평균현실소득액에 생활비율을 곱한 금액)를 공제한 금액에 취업가능월수에 해당하는 라이프니츠 계수를 곱하여 산정. 다만, 나. (4) 현역병 등 군 복무 해당자의 잔여 또는 예정 복무기간에 대해서는 본인의 생활비를 공제하지 않음.

〈산 식〉

(월평균현실소득액−생활비) × (사망일부터 보험금지급일까지의 월수 + 보험금지급일부터 취업가능연한까지 월수에 해당하는 라이프니츠 계수)

나. 현실소득액의 산정방법
  (1) 유직자
    (가) 산정대상기간
      ① 급여소득자 : 사고발생 직전 또는 사망 직전 과거 3개월로 하되, 계절적 요인 등에 따라 급여의 차등이 있는 경우와 상여금, 체력단련비, 연월차휴가보상금 등 매월 수령하는 금액이 아닌 것은 과거 1년간으로 함.
      ② 급여소득자 이외의 자 : 사고발생 직전 과거 1년간으로 하며, 기간이 1년 미만인 경우에는 계절적인 요인 등을 감안하여 타당한 기간으로 함.
    (나) 산정방법
      1) 현실소득액을 증명할 수 있는 자
        세법에 의한 관계증빙서에 따라 소득을 산정할 수 있는 자에 한하여 다음과 같이 산정한 금액으로 함
        가) 급여소득자
          피해자가 근로의 대가로서 받은 보수액에서 제세액을 공제한 금액. 그러나 피해자가 사망 직전에 보수액의 인상이 확정된 경우에는 인상된 금액에서 제세액을 공제한 금액

〈용어풀이〉

① '급여소득자'라 함은 소득세법 제20조에서 규정한 근로소득을 얻고 있는 자로서 일용근로자 이외의 자를 말함.
② '근로의 대가로 받은 보수'라 함은 본봉, 수당, 성과급, 상여금, 체력단련비, 연월차휴가보상금 등을 말하며, 실비변상적인 성격을 가진 대가는 제외함.
③ '세법에 따른 관계증빙서'라 함은 사고발생 전에 신고하거나 납부하여 발행된 관계증빙서를 말함. 다만, 신규취업자, 신규사업개시자 또는 사망 직전에 보수액의 인상이 확정된 경우에 한하여 세법 규정에 따라 정상적으로 신고하거나 납부(신고 또는 납부가 지체된 경우는 제외함)하여 발행된 관계증빙서를 포함함.

나) 사업소득자

　① 세법에 따른 관계증빙서에 따라 증명된 수입액에서 그 수입을 위하여 필요한 제경비 및 제세액을 공제하고 본인의 기여율을 감안하여 산정한 금액

〈산 식〉

[연간수입액 − 주요경비 − (연간수입액 × 기준경비율) − 제세공과금] × 노무기여율 × 투자비율

(주)
1. 제 경비가 세법에 따른 관계증빙서에 따라 증명되는 경우에는 위 기준경비율 또는 단순경비율을 적용하지 않고 그 증명된 경비를 공제함.
2. 소득세법 등에 의해 단순경비율 적용대상자는 기준경비율 대신 그 비율을 적용함.
3. 투자비율은 증명이 불가능할 때에는 '1/동업자수'로 함.
4. 노무기여율은 85/100를 한도로 타당한 율을 적용함.

　② 본인이 없더라도 사업의 계속성이 유지될 수 있는 경우에는 위 ①의 산식에 따르지 않고 일용근로자 임금을 인정함.
　③ 위 ①에 따라 산정한 금액이 일용근로자 임금에 미달한 경우에는 일용근로자 임금을 인정함.

〈용어풀이〉
① 이 보험계약에서 사업소득자라 함은 소득세법 제19조에서 규정한 소득을 얻고 있는 자를 말함.
② 이 보험계약에서 일용근로자 임금이라 함은 통계법 제15조에 의한 통계작성 지정기관(대한건설협회, 중소기업중앙회)이 통계법 제17조에 따라 조사·공표한 노임 중 공사부문은 보통인부, 제조부문은 단순노무종사원의 임금을 적용하여 아래와 같이 산정함.

〈산 식〉
(공사부문 보통인부임금 + 제조부문 단순노무종사원임금)/2
* 월 임금 산출시 25일을 기준으로 산정

다) 그 밖의 유직자(이자소득자, 배당소득자 제외)
세법상의 관계증빙서에 따라 증명된 소득액에서 제세액을 공제한 금액. 다만, 부동산임대소득자의 경우에는 일용근로자 임금을 인정하며, 이 기준에서 정한 여타의 증명되는 소득이 있는 경우에는 그 소득과 일용근로자 임금 중 많은 금액을 인정함.
라) 위 가), 나), 다)에 해당하는 자로서 기술직 종사자는 통계법 제15조에 의한 통계작성지정기관(공사부문 : 대한건설협회, 제조부문 : 중소기업중앙회)이 통계법 제17조에 따라 조사, 공표한 노임에 의한 해당직종 임금이 많은 경우에는 그 금액을 인정함. 다만, 사고발생 직전 1년 이내 해당 직종에 종사하고 있었음을 관련 서류를 통해 객관적으로 증명한 경우에 한함.

〈용어풀이〉
기술직 종사자가 '관련 서류를 통해 객관적으로 증명한 경우'라 함은 자격증, 노무비 지급확인서 등의 입증 서류를 보험회사로 제출한 것을 말함.

2) 현실소득액을 증명하기 곤란한 자

세법에 의한 관계증빙서에 따라 소득을 산정할 수 없는 자는 다음과 같이 산정한 금액으로 함.

가) 급여소득자

일용근로자 임금

나) 사업소득자

일용근로자 임금

다) 그 밖의 유직자

일용근로자 임금

라) 위 가), 나), 다)에 해당하는 자로서 기술직 종사자는 통계법 제15조에 의한 통계작성지정기관(공사부문 : 대한건설협회, 제조부문 : 중소기업중앙회)이 통계법 제17조에 따라 조사, 공표한 노임에 의한 해당직종 임금이 많은 경우에는 그 금액을 인정함. 다만, 사고발생 직전 1년 이내 해당 직종에 종사하고 있었음을 관련 서류를 통해 객관적으로 증명한 경우에 한함.

3) 미성년자로서 현실소득액이 일용근로자 임금에 미달한 자 : 19세에 이르기까지는 현실소득액, 19세 이후는 일용근로자 임금

(2) 가사종사자 : 일용근로자 임금

(3) 무직자(학생 포함) : 일용근로자 임금

(4) 현역병 등 군 복무해당자

(가) 현역병 등 군 복무자(급여소득자는 제외) : 공무원보수규정에 따른 본인 소득(단, 병역법에 따른 잔여 복무기간에 대해서만 적용)

(나) 현역병 등 군 복무예정자 : 공무원보수규정에 따른 현역병 육군 기준 소득(단, 병역법에 따른 예정 복무기간에 대해서만 적용)

〈용어풀이〉

① '현역병 등'이라 함은 병역법에 따른 현역병, 의무소방원·의무경찰, 사회복무요원을 말함.

② '병역법에 따른 잔여 또는 예정 복무기간'이라 함은 현역병은 병역법 제19조에 따른 기간, 의무소방원·의무경찰은 병역법 제25조에 따른 기간, 사회복무요원은 병역법 제42조에 따른 기간에 대해 사고발생일 기준으로 계산한 기간을 말함.

③ '공무원보수규정에 따른 본인 또는 현역병 육군 기준 소득'이라 함은 공무원보수규정 [별표 13]에 따른 병 계급별 월 지급액의 산술평균을 말함.

---

(5) 소득이 두 가지 이상인 자

(가) 세법에 따른 관계증빙서에 따라 증명된 소득이 두 가지 이상 있는 경우에는 그 합산액을 인정함.

(나) 세법에 따른 관계증빙서에 따라 증명된 소득과 증명 곤란한 소득이 있는 때 혹은 증명이 곤란한 소득이 두 가지 이상 있는 경우에 이 기준에 따라 인정하는 소득 중 많은 금액을 인정함.

(6) 외국인

(가) 유직자

① 국내에서 소득을 얻고 있는 자로서 그 증명이 가능한 자 : 위 1)의 현실소득액의 증명이 가능한 자의 현실소득액 산정방법으로 산정한 금액

② 위 ① 이외의 자 : 일용근로자 임금

(나) 무직자(학생 및 미성년자 포함) : 일용근로자 임금

다. 생활비율 : 1/3

라. 취업가능월수

(1) 취업가능연한을 65세로 하여 취업가능월수를 산정함. 다만, 법령, 단체협약 또는 그 밖의 별도의 정년에 관한 규정이 있으면 이에 의하여 취업가능월수를 산정하며, 피해자가 「농업·농촌 및 식품산업기본법」 제3조 제2호에 따른 농업인이나 「수산업·어촌발전기본법」 제3조 제3호에 따른 어업인일 경우(피해자가 객관적 자료를 통해 증명한 경우에 한함)에는 취업가능연한을 70세로 하여 취업가능월수를 산정함.

(2) 피해자가 사망 당시(후유장애를 입은 경우에는 노동능력상실일) 62세 이상인 경우에는 다음의 「62세 이상 피해자의 취업가능월수」에 의하되, 사망일 또는 노동능력상실일부터 정년에 이르기까지는 월현실소득액을, 그 이후부터 취업가능월수까지는 일용근로자 임금을 인정함

〈62세 이상 피해자의 취업가능월수〉

피해자의 나이	취업가능월수
62세부터 67세 미만	36월
67세부터 76세 미만	24월
76세 이상	12월

(3) 취업가능연한이 사회통념상 65세 미만인 직종에 종사하는 자인 경우 해당 직종에 타당한 취업가능연한 이후 65세에 이르기까지의 현실소득액은 사망 또는 노동능력 상실 당시의 일용근로자 임금을 인정함.

(4) 취업시기는 19세로 함.

(5) 외국인

(가) 적법한 일시체류자[*1]인 경우 생활 본거지인 본국의 소득기준을 적용함. 다만 적법한 일시체류자가 국내에서 취업활동을 한 경우 아래 (다)를 적용함.

(나) 적법한 취업활동자[*2]인 경우 외국인 근로자의 적법한 체류기간 동안은 국내의 소득기준을 적용하고, 적법한 체류기간 종료 후에는 본국의 소득기준을 적용함. 다만, 사고 당시 남은 적법한 체류기간이 3년 미만인 경우 사고일부터 3년간 국내의 소득기준을 적용함.

(다) 그 밖의 경우 사고일부터 3년은 국내의 소득기준을, 그 후부터는 본국의 소득기준을 적용함.

(*1) '적법한 일시체류자'라 함은 국내 입국허가를 득하였으나 취업활동의 허가를 얻지 못한 자를 말합니다.

(*2) '적법한 취업활동자'라 함은 국내 취업활동 허가를 얻은 자를 말합니다.

마. 라이프니츠 계수 : 법정이율 월 5/12%, 복리에 따라 중간이자를 공제하고 계산하는 방법

〈산 식〉

$$\frac{1}{1+i} + \frac{1}{(1+i)^2} + \cdots\cdots + \frac{1}{(1+i)^n}$$

$i = 5/12\%$, n = 취업가능월수

나. 부 상

각 보장종목별 보험가입금액 한도 내에서 다음의 금액을 지급하되, 「대인배상Ⅰ」은 「자동차손해배상보장법시행령」 [별표 1]에서 정한 상해급별 보상한도 내에서 지급함.

항 목	지급기준
1. 적극손해	가. 구조수색비 : 사회통념상으로 보아 필요타당한 실비 나. 치료관계비 : 의사의 진단 기간에서 치료에 소요되는 다음의 비용(외국에서 치료를 받은 경우에는 국내의료기관에서의 치료에 소요되는 비용 상당액. 다만, 국내의료기관에서 치료가 불가능하여 외국에서 치료를 받는 경우에는 그에 소요되는 타당한 비용)으로 하되, 관련법규에서 환자의 진료비로 인정하는 선택진료비를 포함함. 　(1) 입원료 　　(가) 입원료는 대중적인 일반병실(이하 '기준병실'이라 함)의 입원료를 지급함. 다만, 의사가 치료상 부득이 기준병실보다 입원료가 비싼 병실(이하 '상급병실'이라 함)에 입원하여야 한다고 판단하여 상급병실에 입원하였을 때에는 그 병실의 입원료를 지급함. 　　(나) 병실의 사정으로 부득이 상급병실에 입원하였을 때에는 7일의 범위에서는 그 병실의 입원료를 지급함. 만약, 입원일수가 7일을 넘을 때에는 그 넘는 기간은 기준병실의 입원료와 상급병실의 입원료와의 차액은 지급하지 아니함. 　　(다) 피보험자나 피해자의 희망으로 상급병실에 입원하였을 때는 기준병실의 입원료와 상급병실의 입원료와의 차액은 지급하지 아니함. 　(2) 응급치료, 호송, 진찰, 전원, 퇴원, 투약, 수술(성형수술 포함), 처치, 의지, 의치, 안경, 보청기 등에 소요되는 필요타당한 실비 　(3) 치아보철비 : 금주조관보철(백금관보철 포함)에 소요되는 비용. 다만, 치아보철물이 외상으로 인하여 손상 또는 파괴되어 사용할 수 없게 된 경우에는 원상회복에 소요되는 비용
2. 위자료	가. 청구권자의 범위 : 피해자 본인 나. 지급기준 : 책임보험 상해구분에 따라 다음과 같이 급별로 인정함. (단위 : 만원)

급 별	인정액	급 별	인정액	급 별	인정액	급 별	인정액
1	200	5	75	9	25	13	15
2	176	6	50	10	20	14	15
3	152	7	40	11	20		
4	128	8	30	12	15		

다. 과실상계 후 후유장애 상실수익액과 가정간호비가 후유장애 보험금 보상한도를 초과하는 경우에는 부상보험금 한도 내에서 부상 위자료를 지급함.

항 목	지급기준
3. 휴업손해	가. 산정방법 : 부상으로 인하여 휴업함으로써 수입의 감소가 있었음을 관계 서류를 통해 증명할 수 있는 경우에 한하여 휴업기간 중 피해자의 실제 수입감소액의 85% 해당액을 지급함.

┌─〈용어풀이〉
'관계 서류를 통해 증명할 수 있는 경우'라 함은 세법상 관계 서류 또는 기타 객관적으로 인정되는 자료 등을 통해 증명한 경우를 말함.

┌─〈산 식〉

$$\text{1일 수입감소액} \times \text{휴업일수} \times \frac{85}{100}$$

나. 휴업일수의 산정

    (1) 휴업일수의 산정 : 피해자의 상해정도를 감안, 치료 기간의 범위에서 인정함.

    (2) 사고 당시 피해자의 나이가 취업가능연한을 초과한 경우, 휴업일수를 산정하지 아니함. 다만, 위 가.에 따라 관계 서류를 통해 증명한 경우에는 인정함.

    (3) 취업가능연한 : 65세를 기준으로 함. 다만, 법령, 단체협약 또는 그 밖의 별도의 정년에 관한 규정이 있으면 이에 의하며, 피해자가 「농업·농촌 및 식품산업기본법」 제3조 제2호에 따른 농업인이나 「수산업·어촌발전기본법」 제3조 제3호에 따른 어업인일 경우(피해자가 객관적 자료를 통해 증명한 경우에 한함)에는 70세로 함.

다. 수입감소액의 산정

    (1) 유직자

        (가) 사망한 경우 현실소득액의 산정방법에 따라 산정한 금액을 기준으로 하여 수입감소액을 산정함.

        (나) 실제의 수입감소액이 위 (가)의 기준으로 산정한 금액에 미달하는 경우에는 실제의 수입감소액으로 함.

    (2) 가사종사자

        (가) 일용근로자 임금을 수입감소액으로 함.

> 〈용어풀이〉
>
> 가사종사자라 함은 사고 당시 2인 이상으로 구성된 세대에서 경제활동을 하지 않고 가사활동에 종사하는 자로서 주민등록 관계 서류와 세법상 관계서류 등을 통해 해당 사실을 증명한 사람을 말함.

    (3) 무직자

        (가) 무직자는 수입의 감소가 없는 것으로 함.

        (나) 유아, 연소자, 학생, 연금생활자, 그 밖의 금리나 임대료에 의한 생활자는 수입의 감소가 없는 것으로 함.

    (4) 소득이 두가지 이상의 자

        사망한 경우 현실소득액의 산정방법과 동일

    (5) 외국인

        사망한 경우 현실소득액의 산정방법과 동일

4. 간병비

가. 청구권자의 범위 : 피해자 본인

나. 인정대상

    (1) 책임보험 상해구분상 1~5급에 해당하는 자 중 객관적인 증빙자료를 제출한 경우 인정함.

    (2) 동일한 사고로 부모 중 1인이 사망 또는 상해등급 1~5급의 상해를 입은 7세 미만의 자 중 객관적인 증빙자료를 제출한 경우 인정함.

    (3) 의료법 제4조의2에 따른 비용을 보험회사가 부담하는 경우에는 비용 및 기간에 관계없이 인정하지 않음.

> 〈용어풀이〉
>
> '객관적인 증빙자료'라 함은 진단서, 진료기록, 입원기록, 가족관계증명서 등 보험회사가 상해등급과 신분관계를 판단할 수 있는 서류를 말함.

다. 지급기준
(1) 위 인정대상 (1)에 해당하는 자는 책임보험 상해구분에 따라 다음과 같이 상해 등급별 인정일수를 한도로 하여 실제 입원기간을 인정함.
(2) 위 인정대상 (2)에 해당하는 자는 최대 60일을 한도로 하여 실제 입원기간을 인정함.
(3) 간병인원은 1일 1인 이내에 한하며, 1일 일용근로자 임금을 기준으로 지급함.
(4) 위 (1)과 (2)의 간병비가 피해자 1인에게 중복될 때에는 양자 중 많은 금액을 지급함.

상해등급	인정일수
1급~2급	60일
3급~4급	30일
5급	15일

5. 그 밖의 손해배상금	위 1. 내지 4. 외에 그 밖의 손해배상금으로 다음의 금액을 지급함. 가. 입원하는 경우 　입원기간 중 한 끼당 4,030원(병원에서 환자의 식사를 제공하지 않거나 환자의 요청에 따라 병원에서 제공하는 식사를 이용하지 않는 경우에 한함) 나. 통원하는 경우 　실제 통원한 일수에 대하여 1일 8,000원

다. 후유장애

각 보장종목별 보험가입금액 한도 내에서 다음의 금액을 지급하되, 「대인배상Ⅰ」은 「자동차손해배상보장법시행령」 [별표 2]에서 정한 후유장애급별 보상한도 내에서 지급함.

항 목	지급 기준
1. 위자료	가. 청구권자의 범위 : 피해자 본인 나. 지급기준 : 노동능력상실률에 따라 (1)항 또는 (2)항에 의해 산정한 금액을 피해자 본인에게 지급함. 　(1) 노동능력상실률이 50% 이상인 경우 　　(가) 후유장애 판정 당시[*1] 피해자의 나이가 65세 미만인 경우 : 　　　45,000,000원 × 노동능력상실률 × 85% 　　(나) 후유장애 판정 당시[*1] 피해자의 나이가 65세 이상인 경우 : 　　　40,000,000원 × 노동능력상실률 × 85% 　　(다) 상기 (가), (나)에도 불구하고 피해자가 이 약관에 따른 가정간호비 지급 대상인 경우에는 아래 기준을 적용함 　　　① 후유장애 판정 당시[*1] 피해자의 나이가 65세 미만인 경우 : 　　　　80,000,000원 × 노동능력상실률 × 85% 　　　② 후유장애 판정 당시[*1] 피해자의 나이가 65세 이상인 경우 : 　　　　50,000,000원 × 노동능력상실률 × 85% 　　[*1] 후유장애 판정에 대한 다툼이 있을 경우 최초 후유장애 판정 시점의 피해자 연령을 기준으로 후유장애 위자료를 산정합니다.

(2) 노동능력상실률이 50% 미만인 경우

(단위 : %, 만원)

노동능력상실률	인정액
45% 이상 50% 미만	400
35% 이상 45% 미만	240
27% 이상 35% 미만	200
20% 이상 27% 미만	160
14% 이상 20% 미만	120
9% 이상 14% 미만	100
5% 이상 9% 미만	80
0 초과 5% 미만	50

다. 후유장애 상실수익액을 지급하는 경우에는 후유장애 위자료를 지급함. 다만, 부상 위자료 해당액이 더 많은 경우에는 그 금액을 후유장애 위자료로 지급함.

2. 상실수익액

가. 산정방법 : 피해자가 노동능력을 상실한 경우 피해자의 월평균 현실소득액에 노동 능력상실률과 노동능력상실기간에 해당하는 라이프니츠 계수를 곱하여 산정함. 다 만, 소득의 상실이 없는 경우에는 치아보철로 인한 후유장애에 대해서는 지급하지 아니함.

─〈산 식〉─

월평균현실소득액 × 노동능력상실률 × (노동능력상실일부터 보험금지급일까지의 월수 + 보험금지급일부터 취업가능연한까지의 월수에 해당하는 라이프니츠계수)

나. 현실소득액의 산정방법
(1) 유직자
(가) 산정대상기간
① 급여소득자 : 사고발생 직전 또는 노동능력상실 직전 과거 3개월로 하 되, 계절적 요인 등에 따라 급여의 변동이 있는 경우와 상여금, 체력단 련비, 연월차휴가보상금 등 매월 수령하는 금액이 아닌 것은 과거 1년 간으로 함.
② 급여소득자 이외의 자 : 사고발생 직전 과거 1년간으로 하며, 그 기간이 1년 미만인 경우에는 계절적인 요인 등을 감안하여 타당한 기간으로 함.
(나) 산정방법
사망한 경우 현실소득액의 산정방법과 동일
(2) 가사종사자
사망한 경우 현실소득액의 산정방법과 동일
(3) 무직자(학생포함)
사망한 경우 현실소득액의 산정방법과 동일
(4) 현역병 등 군 복무해당자
사망한 경우 현실소득액의 산정방법과 동일
(5) 소득이 두 가지 이상인 자
사망한 경우 현실소득액의 산정방법과 동일
(6) 외국인
사망한 경우 현실소득액의 산정방법과 동일

<table>
<tr><td></td><td colspan="2">다. 노동능력상실률
맥브라이드식 후유장애 평가방법에 따라 일반의 옥내 또는 옥외 근로자를 기준으로 실질적으로 부상 치료 진단을 실시한 의사 또는 해당 과목 전문의가 진단·판정한 타당한 노동능력상실률을 적용하며, 그 판정과 관련하여 다툼이 있을 경우 보험금 청구권자와 보험회사가 협의하여 정한 제3의 전문의료기관의 전문의에게 판정을 의뢰할 수 있음.
라. 노동능력상실기간
사망한 경우 취업가능월수와 동일
마. 라이프니츠 계수
사망한 경우와 동일</td></tr>
</table>

다. 노동능력상실률

맥브라이드식 후유장애 평가방법에 따라 일반의 옥내 또는 옥외 근로자를 기준으로 실질적으로 부상 치료 진단을 실시한 의사 또는 해당 과목 전문의가 진단·판정한 타당한 노동능력상실률을 적용하며, 그 판정과 관련하여 다툼이 있을 경우 보험금 청구권자와 보험회사가 협의하여 정한 제3의 전문의료기관의 전문의에게 판정을 의뢰할 수 있음.

라. 노동능력상실기간

사망한 경우 취업가능월수와 동일

마. 라이프니츠 계수

사망한 경우와 동일

---

3. 가정간호비

가. 인정대상

치료가 종결되어 더 이상의 치료효과를 기대할 수 없게 된 때에 1인 이상의 해당 전문의로부터 노동능력상실률 100%의 후유장애 판정을 받은 자로서 다음 요건에 해당하는 '식물인간상태의 환자 또는 척수손상으로 인한 사지완전마비 환자'로 생명유지에 필요한 일상생활의 처리동작에 있어 항상 다른 사람의 개호를 요하는 자

(1) 식물인간상태의 환자

뇌손상으로 다음 항목에 모두 해당되는 상태에 있는 자

(가) 스스로는 이동이 불가능하다.

(나) 자력으로는 식사가 불가능하다.

(다) 대소변을 가릴 수 없는 상태이다.

(라) 안구는 겨우 물건을 쫓아가는 수가 있으나, 알아보지는 못한다.

(마) 소리를 내도 뜻이 있는 말은 못한다.

(바) '눈을 떠라', '손으로 물건을 쥐어라'하는 정도의 간단한 명령에는 가까스로 응할 수 있어도 그 이상의 의사소통은 불가능하다.

(2) 척수손상으로 인한 사지완전마비 환자

척수손상으로 인해 양팔과 양다리가 모두 마비된 환자로서 다음 항목에 모두 해당되는 자

(가) 생존에 필요한 일상생활의 동작(식사, 배설, 보행 등)을 자력으로 할 수 없다.

(나) 침대에서 몸을 일으켜 의자로 옮기거나 집안에서 걷기 등의 자력이동이 불가능하다.

(다) 욕창을 방지하기 위해 수시로 체위를 변경시켜야 하는 등 다른 사람의 상시 개호를 필요로 한다.

나. 지급기준

가정간호 인원은 1일 1인 이내에 한하며, 가정간호비는 일용근로자 임금을 기준으로 보험금수령권자의 선택에 따라 일시금 또는 퇴원일부터 향후 생존기간에 한하여 매월 정기금으로 지급함.

〈별표 2〉 대물배상 지급기준

항 목	지급기준
1. 수리비용	가. 지급대상 　원상회복이 가능하여 수리하는 경우 나. 인정기준액 　(1) 수리비 　　사고 직전의 상태로 원상회복하는데 소요되는 필요 타당한 비용으로서 실제 수리비용 　　다만, 경미한 손상$^{(*1)}$의 경우 보험개발원이 정한 경미손상 수리기준에 따라 복원수리하는데 　　소요되는 비용을 한도로 함 　　(*1) 외장부품 중 자동차의 기능과 안전성을 고려할 때 부품교체 없이 복원이 가능한 손상 　(2) 열처리 도장료 　　수리시 열처리 도장을 한 경우 차량연식에 관계없이 열처리 도장료 전액 　(3) 한도 　　수리비 및 열처리 도장료의 합계액은 피해물의 사고 직전 가액의 120%를 한도로 지급함. 다 　　만, 피해물이 다음 중 어느 하나에 해당하는 경우에는 130%를 한도로 함 　　(가) 내용연수$^{(*1)}$가 지난 경우 　　(나) 「여객자동차운수사업법」 제84조 제2항에 의한 차량충당연한을 적용받는 승용자동차나 　　　승합자동차 　　(다) 「화물자동차운수사업법」 제57조 제1항에 의한 차량충당연한을 적용받는 화물자동차 　　　(*1) 보험개발원의 「차량가액기준표」에서 정하는 내용연수를 말합니다.
2. 교환가액	가. 지급대상 　피해물이 다음 중 어느 하나에 해당하는 경우 　(1) 수리비용이 피해물의 사고 직전 가액을 초과하여 수리하지 않고 폐차하는 경우 　(2) 원상회복이 불가능한 경우 나. 인정기준액 　(1) 사고 직전 피해물의 가액 상당액 　(2) 사고 직전 피해물의 가액에 상당하는 동종의 대용품을 취득할 때 실제로 소요된 필요타당한 　　비용
3. 대차료	가. 대 상 　비사업용자동차(건설기계 포함)가 파손 또는 오손되어 가동하지 못하는 기간 동안에 다른 자동차를 　대신 사용할 필요가 있는 경우 나. 인정기준액 　(1) 대차를 하는 경우 　　(가) 대여자동차는 「여객자동차운수사업법」에 따라 등록한 대여사업자에게서 차량만을 빌릴 　　　때를 기준으로 동급$^{(*1)}$의 대여자동차 중 최저요금의 대여자동차를 빌리는데 소요되는 통상 　　　의 요금$^{(*2)}$ 　　　다만, 피해차량이 사고시점을 기준으로 「여객자동차운수사업법」에 따른 운행연한 초과로 　　　동급의 대여차동차를 구할 수 없는 경우에는 피해차량과 동일한 규모$^{(*3)}$의 대여자동차 중 　　　최저요금의 대여자동차를 기준으로 함. 　　　(*1) "동급"이라 함은 배기량, 연식이 유사한 차량을 말합니다. 　　　(*2) "통상의 요금"이라 함은 자동차 대여시장에서 소비자가 자동차대여사업자로부터 자 　　　　동차를 빌릴 때 소요되는 합리적인 시장가격을 말합니다. 　　　(*3) "규모"라 함은 「자동차관리법시행규칙」 별표 1 자동차의 종류 중 규모별 세부기준(경 　　　　형, 소형, 중형, 대형)에 따른 자동차의 규모를 말합니다. 　　(나) 대여자동차가 없는 차종$^{(*1)}$은 보험개발원이 산정한 사업용 해당차종(사업용 해당 차종의 　　　구분이 곤란할 때에는 사용방법이 유사한 차종으로 하며, 이하 같음) 휴차료 일람표 범위 　　　에서 실임차료. 다만, 5톤 이하 또는 밴형 화물자동차 및 대형 이륜자동차(260cc 초과)의 　　　경우 중형승용차급 중 최저요금 한도로 대차 가능

(*1) "대여자동차가 없는 차종"이라 함은 「여객자동차운수사업법」 제30조에 따라 자동차 대여사업에 사용할 수 있는 자동차 외의 차종을 말합니다.

(2) 대차를 하지 않는 경우

(가) 동급의 대여자동차가 있는 경우 : 해당 차량과 동급의 최저요금 대여자동차 대여시 소요되는 통상의 요금의 35% 상당액

(나) 「여객자동차운수사업법」에 따른 운행연한 초과로 동급의 대여자동차를 구할 수 없는 경우 : 위 (1)-(가) 단서에 따라 대차를 하는 경우 소요되는 대차료의 35% 상당액

(다) 대여자동차가 없는 경우 : 사업용 해당 차종 휴차료 일람표 금액의 35% 상당액

다. 인정기간

(1) 수리가능한 경우

수리를 위해 자동차정비업자에게 인도하여 수리가 완료될 때까지 소요된 기간으로 하되, 25일 (실제 정비작업시간이 160시간을 초과하는 경우에는 30일)을 한도로 함.

다만, 부당한 수리지연이나 출고지연 등의 사유로 인해 통상의 수리기간[*1]을 초과하는 기간은 인정하지 않음.

(*1) "통상의 수리기간"이라 함은 보험개발원이 과거 3년간 렌트기간과 작업시간 등과의 상관관계를 합리적으로 분석하여 산출한 수리기간(범위)를 말합니다.

(2) 수리 불가능한 경우 : 10일

| 4. 휴차료 | 가. 지급대상 |

가. 지급대상

사업용자동차(건설기계 포함)가 파손 또는 오손되어 사용하지 못하는 기간 동안에 발생하는 타당한 영업손해

나. 인정기준액

(1) 증명자료가 있는 경우

1일 영업수입에서 운행경비를 공제한 금액에 휴차 기간을 곱한 금액

(2) 증명자료가 없는 경우

보험개발원이 산정한 사업용 해당 차종 휴차료 일람표 금액에 휴차 기간을 곱한 금액

다. 인정기간

(1) 수리가능한 경우

(가) 수리를 위해 자동차정비업자에게 인도하여 수리가 완료될 때까지의 기간으로 하되, 30일을 한도로 함.

(나) 「여객자동차운수사업법 시행규칙」에 의하여 개인택시운송사업 면허를 받은 자가 부상으로 자동차의 수리가 완료된 후에도 자동차를 운행할 수 없는 경우에는 사고일부터 30일을 초과하지 않는 범위에서 운행하지 못한 기간으로 함.

(2) 수리 불가능한 경우 : 10일

| 5. 영업손실 |

가. 지급대상

소득세법령에 정한 사업자의 사업장 또는 그 시설물을 파괴하여 휴업함으로써 상실된 이익

나. 인정기준액

(1) 증명자료가 있는 경우

소득을 인정할 수 있는 세법에 따른 관계증빙서에 의하여 산정한 금액

(2) 증명자료가 없는 경우

일용근로자 임금

다. 인정기간

(1) 원상복구에 소요되는 기간으로 함. 그러나 합의지연 또는 부당한 복구지연으로 연장되는 기간은 휴업기간에 넣지 아니함.

(2) 영업손실의 인정기간은 30일을 한도로 함.

항 목	지급 기준

6. 자동차시세 하락손해	가. 지급대상
	    사고로 인한 자동차(출고 후 5년 이하인 자동차에 한함)의 수리비용이 사고 직전 자동차가액이 20%를 초과하는 경우
	나. 인정기준액
	    (1) 출고 후 1년 이하인 자동차 : 수리비용의 20%
	    (2) 출고 후 1년 초과 2년 이하인 자동차 : 수리비용의 15%
	    (3) 출고 후 2년 초과 5년 이하인 자동차 : 수리비용의 10%

〈별표 3〉 과실상계 등

항 목	지급 기준

1. 과실상계	가. 과실상계의 방법
	    (1) 이 기준의 「대인배상Ⅰ」, 「대인배상Ⅱ」, 「대물배상」에 의하여 산출한 금액에 대하여 피해자 측의 과실비율에 따라 상계하며, 「무보험자동차에 의한 상해」의 경우에는 피보험자의 과실비율에 따라 상계함.
	    (2) 「대인배상Ⅰ」에서 사망보험금은 위 (1)에 의하여 상계한 후의 금액이 2,000만원에 미달하면 2,000만원을 보상하며, 부상보험금의 경우 위 (1)에 의하여 상계한 후의 금액이 치료관계비와 간병비의 합산액에 미달하면 치료관계비(입원환자 식대를 포함)와 간병비를 보상함.
	    (3) 「대인배상Ⅱ」 또는 「무보험자동차에 의한 상해」에서 사망보험금, 부상보험금 및 후유장애보험금을 합산한 금액을 기준으로 위 (1)에 의하여 상계한 후의 금액이 치료관계비와 간병비의 합산액에 미달하면 치료관계비(입원환자 식대를 포함하며, 「대인배상Ⅰ」에서 지급될 수 있는 금액을 공제)와 간병비를 보상함.
	나. 과실비율의 적용기준
	    별도로 정한 자동차사고 과실비율의 인정기준을 참고하여 산정하고, 사고유형이 그 기준에 없거나 그 기준에 의한 과실비율의 적용이 곤란할 때에는 판결례를 참작하여 적용함. 그러나 소송이 제기되었을 경우에는 확정판결에 의한 과실비율을 적용함.

2. 손익상계	보험사고로 인하여 다른 이익을 받을 경우 이를 상계하여 보험금을 지급함.
3. 동승자에 대한 감액	피보험자동차에 동승한 자는 〈별표 4〉의 「동승자 유형별 감액비율표」에 따라 감액함.
4. 기왕증	가. 기왕증$^{(*1)}$으로 인한 손해는 보상하지 아니함. 다만, 당해 자동차사고로 인하여 기왕증이 악화된 경우에는 기왕증이 손해에 관여한 정도(기왕증 관여도)를 반영하여 보상함. 나. 기왕증은 해당 과목 전문의가 판정한 비율에 따라 공제함. 다만, 그 판정에 다툼이 있을 경우 보험금 청구권자와 보험회사가 협의하여 정한 제3의 전문의료기관의 전문의에게 판정을 의뢰할 수 있음. (*1) "기왕증"이라 함은 당해 자동차사고가 있기 전에 이미 가지고 있던 증상으로 특이체질 및 병적 소인 등을 포함하는 것을 말합니다.

〈별표 4〉 동승자 유형별 감액비율표

1. 기준요소

동승의 유형 및 운행목적	감액비율(*1)
동승자의 강요 및 무단 동승	100%
음주운전자의 차량 동승	40%
동승자의 요청 동승	30%
상호 의논합의 동승	20%
운전자의 권유 동승	10%
운전자의 강요 동승	0%

(*1) 다만, 피보험자와 동승자가 「여객자동차운수사업법」에 따른 토요일, 일요일 및 공휴일을 제외한 날의 출·퇴근 시간대(오전 7시부터 오전 9시까지 및 오후 6시부터 오후 8시까지를 말한다)에 실제의 출·퇴근 용도로 자택과 직장 사이를 이동하면서 승용차 함께타기를 실시한 경우에는 위 동승자 감액비율을 적용하지 않습니다.

2. 수정요소

수정요소	수정비율
동승자의 동승과정에 과실이 있는 경우	+10~20%

〈부표〉 보험금을 지급할 때의 적립이율(제26조 제2항 및 제30조 제5항 관련) 〈신설 2015.12.29.〉

기 간	지 급 이 자
지급기일의 다음 날부터 30일 이내 기간	보험계약대출이율
지급기일의 31일 이후부터 60일 이내 기간	보험계약대출이율 + 가산이율(4.0%)
지급기일의 61일 이후부터 90일 이내 기간	보험계약대출이율 + 가산이율(6.0%)
지급기일의 91일 이후 기간	보험계약대출이율 + 가산이율(8.0%)

주) 보험계약대출이율은 보험개발원이 공시하는 보험계약대출이율을 적용합니다.